李学勤先生清华讲义丛书

金文与西周文献合证（上册）

李学勤 ◎ 著
董喆 ◎ 整理
刘国忠 ◎ 审校

清华大学出版社
北京

内 容 简 介

本书是李学勤先生最后的公开课讲稿，记录了 2008 年至 2011 年间先生所讲授的金文课程。本书介绍了商末至西周季年绝大多数重要器物，所述内容构建了西周金文的知识框架，提供了西周金文的研究范式，指明了西周金文的研究方向，是考古类型学、二重证据法以及系联法综合运用的体现。

本书既可视为《西周铜器断代》和《西周青铜器铭文分代史征》的延续，又可视为夏商周断代工程《西周金文历谱》的补正，还可视为《史记·周本纪》的出土文献注本。

本书内容深入浅出，可作初入门径之用，又可为深入研究之资。

版权所有，侵权必究。举报：010-62782989，beiqinquan@tup.tsinghua.edu.cn。

图书在版编目（CIP）数据

金文与西周文献合证/李学勤著；董喆整理；刘国忠审校.—北京：清华大学出版社，2023.9 (2024.7 重印)
（李学勤先生清华讲义丛书）
ISBN 978-7-302-63923-7

Ⅰ.①金… Ⅱ.①李… ②董… ③刘… Ⅲ.①金文－研究－中国－西周时代 ②古文献学－研究－中国－西周时代 Ⅳ.①K877.34 ②G256.1

中国国家版本馆 CIP 数据核字（2023）第 115962 号

责任编辑：张维嘉
封面设计：何凤霞
责任校对：欧 洋
责任印制：宋 林

出版发行：清华大学出版社
网　　址：https://www.tup.com.cn, https://www.wqxuetang.com
地　　址：北京清华大学学研大厦 A 座　　邮　编：100084
社 总 机：010-83470000　　邮　购：010-62786544
投稿与读者服务：010-62776969，c-service@tup.tsinghua.edu.cn
质量反馈：010-62772015，zhiliang@tup.tsinghua.edu.cn
印 装 者：三河市人民印务有限公司
经　　销：全国新华书店
开　　本：148mm×210mm　　印　张：50.5　　字　数：1623 千字
版　　次：2023 年 11 月第 1 版　　印　次：2024 年 7 月第 3 次印刷
定　　价：298.00 元（全三册）

产品编号：101539-01

前　言

一、相关情况简介

　　这部讲义记录了李学勤先生最后一门公开课，即"金文与西周文献合证"的授课内容。先生于 2008 年 9 月开始讲授，2011 年 6 月结束，共历时三年。三年间，除有特殊情况，先生每周都会开课，这部讲义就是在先生讲课录音的基础之上整理而成的。

　　这门课的开设，与清华简的入藏密切相关，2008 年 7 月，清华大学经校友捐赠，入藏了一批战国竹简，通称清华简。清华简中有众多《尚书》类与历史类的著作，其内容涉及西周历史的众多方面，李先生深感重任在肩。为了更好地开展清华简的相关工作，培养出土文献整理与研究方面的人才，先生在担任新成立的清华大学出土文献研究与保护中心主任并主持清华简保护、整理和研究工作的同时，于 2008 年 9 月开设了"金文与西周文献合证"这门课程，并持续讲授至 2011 年春季学期。2011 年暑假期间，李先生出现了眩晕现象，学校担心李先生的身体，遂不让他继续上公开课，这一授课工作也随之告一段落。

　　由目录可知，先生的"金文与西周文献合证"课程始自商末的二祀邲其卣，终于西周中期的霸伯尚盂。始自二祀邲其卣与周人的思想有关，众所周知，就王朝更替而言，西周始于"武王克商"，但若虑及周人之思想，西周实应始自"文王受命"，根据《尚书》及相关彝铭的记载，周人言及西周世系时多始自文王，大盂鼎、史墙盘、逨盘均可为证，是以西周金文理应从文王讲起。但

I

是，迄今为止我们还未发现文王的器物，若想了解文王的器物，则需参考与文王同时期的器物，文王主要活动于商末，二祀邲其卣恰为商末金文的典型代表，故而课程肇始于此。霸伯尚盂为西周中期前段器，课程终于此，并非先生的金文只讲到西周中期前段，而是因为霸伯尚盂乃当时新见的材料，所以先生特选编入课。这也是这门课的特点之一，即在讲述常见器物时穿插讲述当时新见的器物，如何簋、京师畯尊、内史亳同以及北赵晋侯墓地所出之鸟形盉。就时序而言，讲义所记录的金文下限应为周宣王二十三年（公元前 805 年）的小克鼎和文盨。宣王二十三年之后的器物，先生只提到了逨盘，逨盘本身并没有明确纪年，但与之同出的杨家村其他器物，如逨鼎等，均有明确纪年，或为四十二年（公元前 795 年），或为四十三年（公元前 794 年），故而逨盘的时代亦应为宣王晚年。问题在于先生只是在讲墙盘时，将墙盘与逨盘的前段进行了对读，严格来说，先生并未专门讲述逨盘，所以逨盘并非此部讲义的下限。

先生原本想在 2011 年 9 月继续开课，但由于身体原因，从当年秋季学期开始，先生就不再上公开课了，但仍在家中继续指导研究生。虽然宣王时期的器物没有讲完，但宣世的其他器物，如毛公鼎、吴虎鼎、四十二年逨鼎等，先生在 2005 年至 2007 年的课上曾专门讲过，所以先生所讲的金文，实际上是从商末一直到西周季年。

二、讲义所见先生的治学特点

由目录可知，先生讲了当时所见商末西周间的绝大多数重要器物，这是先生金文研究的集中体现，亦可视为探寻先生治学特点的良机。关于讲义所见先生的治学特点，此处拟从"方法论""重视学术史"以及"书籍使用"三方面进行说明。

1. 方法论

通过整理讲义，我们认为先生研治金文的思路可以归纳为具体问题具体分析——根据铭文的特点采用相应的研究方法。但在此基础之上，还有一以贯之的准则，即王国维先生提出的"二重证据法"以及陈梦家先生总结的"系联"。

之所以有"二重证据法"和"系联"两套准则，是因为西周早、中、晚期传世文献的数量各有不同。传世文献所载多为历史大事，西周早期，历史大事甚夥，相应的传世文献也就较多。西周中期，王朝趋于稳定，历史大事锐减，相应的传世文献也就随之减少。西周晚期，王室衰微，历史大事再次增多，相应的传世文献也就逐渐增多。有鉴于此，研究西周早、晚期的彝铭时，先生多用"二重证据法"，即以出土材料与传世文献对读，使之相互补正。研究西周中期的彝铭时，先生多用"系联"，即对相关铜器进行联系，使原本散见的彝铭有机地结合为整体，借以补正西周中期文献的不足。实际上"二重证据法"和"系联"两套准则的使用，恰为先生具体问题具体分析的体现。

关于彝铭与传世文献的关系，先生认为西周金文本身并没有补充多少历史大事，真正能补充的不过是周厉王灭鄂之事，此种现象恰恰说明古人留给我们的传世文献足够用。正因如此，先生在课上一直强调唐兰先生的观点，即"古文字的功夫不在古文字本身，而在传世文献"。先生对此做了进一步的阐释，古文字的功夫之所以在传世文献，是因为传世文献经过了后世学者的千锤百炼，我们现在对于出土文献的解释，大多也是在移用传世文献的说法,这也是传世文献的重要性所在。先生随堂引用的传世文献很多,如《尚书》《逸周书》《诗经》《左传》《周礼》《吕氏春秋》《史记》等;诸多传世文献中,先生最为推崇《史记》,《史记》融古今于一炉,先生的研究对象也和《史记》大体相当,从先秦一直到汉武帝之时。

研治金文,《尚书》不可或缺,对于《尚书》注本的选择,先生特别提到了杨筠如的《尚书覈诂》。杨先生是王国维先生的弟子,杨氏《尚书覈诂》为遵循"二重证据法"而作,书中列举了当时所见的甲骨文、金文材料,并以之与《尚书》对读。正因杨书有此特点,先生建议大家研读《尚书》可以《覈诂》为注本。

除《尚书》之外,先生还特别提到研究金文要参考《周礼》。对于《周礼》的评价,先生赞同《四库全书总目》的说法,即《周礼》最初确由周公所创,但后来多有增益,且书中的内容不可能完全实行。先生说:

> 不能认为《周礼》的内容完全符合于某一个时代的具体事实。但是对于周王朝的结构和具体运作,《周礼》还是能够给我们一些启发,特别是西周中晚期的材料更接近于《周礼》,这或许是因为《周礼》的基本结构依据的还是西周中晚期的情况,至于说是否如此,我们还可以继续讨论。即使是最怀疑《周礼》的人,在他的研究中,也不能不用《周礼》,因为客观事实就是如此。

先生讲授儹匜、文盨等器时,均用到了《周礼》,并据彝铭论证了《周礼》的可靠性。文盨提到宣王殷见南邦君诸侯,此事具体负责者为"士㝬父",此"士㝬父"即儹匜之"吏㕣","吏㕣"

在厉王时乃是司寇一系的属官，至宣王时已升任司寇一系的长官。殷见之事由大行人负责，就文盨而言，"士匋父"应职司大行人，司寇主管法律，与职司殷见的大行人似不相关，但在《周礼》中，大行人却明属司寇之下，这在一定程度上增强了《周礼》的可信性。也正是由于《周礼》在金文研究中的不可替代性，先生建议大家通读《周礼》。

《尚书》《周礼》等传世文献对研究西周早、晚期的史事大有裨益，但西周中期的传世文献较少，使得"二重证据法"的运用多有不便，因此对于西周中期彝铭的研究，先生多采用陈梦家先生所主张的"系联"，即根据同作器者、同时人、同父祖关系、同族名、同官名、同事、同地名以及同时的原则，将相关的器物系联在一起，使之成为史料。

在论述"系联"时，先生特别提到两点注意事项：其一为不同时期的人会有相同的称谓；其二为根据同一个人进行系联，若处理不当，可能会造成青铜器时代的凝缩。对于这两点，先生有详论。

不同时期的人会有相同的称谓，如马坡令器中的"周公"。先生认为不能一看到"周公"就认为是"周公旦"，因为"周公"这个名称一直流传下来，直到战国前期才断，至周显王时又封了"东周公"和"西周公"，实际上东、西周公的灭亡还要在周赧王死后，所以"周公"流传的时间比周朝还长。

根据同一个人进行系联，若处理不当，可能会造成青铜器时代的凝缩。先生认为历史上往往有一种现象，即某人的政治生命较长，但君主在位的时间较短，所以同一个人的生活时间或可跨越数个王世，此种情况在西周中期尤为明显，特别是懿、孝、夷三王，他们在位的时间都不长，因此不能认为载有同一个人名的器物就一定属于同一个王世。如果简单地以同一个人物为线索，系联相关的人物，就可能造成误解，对此先生以自身为例进行说明。先生说：

> 现在我跟大家在一起，所以我跟大家是同时人，这是没问题的。当年我在清华读书，我的老师是金岳霖先生，金先生在"文革"之后才过世，在世的时间也比较长，所以我跟金先生也是同时的人，这也没有什么问题。可是在座的大家可能没有一个人见过金岳霖先生，更重要的是金先生是见过梁启超先生的，他们还在一起教过书，当时金先生比较年轻，梁启超先生也不过就是六十岁左右，如果这样算，我就和梁启超先生是同时的人了，甚至在座诸位也可以与梁启超先生算作同时的人，这样得出的结论就非常荒谬。

先生认为解决"凝缩"的方法之一，就是以考古类型学的标准作为基础，类型分得准确，凝缩的概率就会随之降低。"系联"注意事项的提出是先生思辨力的体现，这与先生在甲骨断代中所提出的"同一王世不见得只有一类卜辞，同一类卜辞也不见得属于一个王世"有异曲同工之妙。①

对于文字考释，先生秉持"道不远人"的原则。先生认为文字的考释不能绕太多的弯，应该让读者觉得简明易懂，因为前人所作的铭文不会太复杂，不会是让人想了半天也想不明白的东西。

---

① 李学勤：《评陈梦家〈殷虚卜辞综述〉》，载《李学勤早期文集》，第52-68页，石家庄：河北教育出版社，2008年。

如果一种说法绕了九曲十八弯才出来，那么这种说法很可能是不对的。

2. 重视学术史

先生在讲课时常常提到要重视学科历史，并以数学为例进行说明，先生说：

> 任何一门学科都可以有其学问的历史，而且这个历史本身也可以成为一门学科。比如有数学，就会有数学史，而数学史的研究，会给数学的研究提供很多的经验教训和线索，所以对于数学的研究而言，数学史的研究在一定程度上是必不可少的。有些学者，包括学问上不是很深入的年轻朋友，每每看不清楚学术史的价值，他们会有一个想法，就是有能力的人都去做前沿的、本体的研究去了，只有那些本事不大、没有能力的人才去做学术史的研究，这种看法要在自然科学史研究所，都是为人切齿痛恨的，可是这个看法相当普遍。实际上以数学史而言，数学史的研究会给数学研究的发展带来很多有意义的东西，就好像文学史的研究也会给文学带来很多有意义的东西，而且文学史和数学史本身，也都会成为一个相当独立的学科。但是现在的文学史系做得太大了，把文学系变成了文学史系，而不是一个真正的文学系，这样就不太好了，因为文学系所教授学生的更多是文学创作，而不是专门的文学史研究。可是一个学科的历史，会给该学科的研究带来很大的好处，这是没什么问题的，历史学科也是如此，有些学术史的文章，会给

历史学科带来很多好处。前些年裘锡圭先生就写了一篇文章①，论述了晚清学者发现金文中"前文人"的例子，说《大诰》中的"宁王"就是"文王"，这个发现的影响是非常大的，不仅仅是认识了一个字，而是提供了一种研究方法。

与先生私下交流时，先生曾言及对某些结论的看法，先生认为我们在研究时不仅要了解结论是什么，更重要的是要去探究作者为什么得出这样的结论，而对于同一问题的不同结论，也要了解分歧在何处，并探究分歧产生的原因。实际上寻找分歧并了解分歧产生的原因，就是在梳理该问题的学术史，很多的背景、方法和解决问题的线索也大多可在学术史中寻得端倪。

讲义中由学术史得出相关经验的例子很多，此处以马坡令器为例进行说明。

马坡令器的时代有两说，一为成王，一为昭王，主成王说者以郭沫若先生为代表，主昭王说者以罗振玉、唐兰二位先生为代表。其中的主要分歧就是对令方彝中"周公子明保"的理解，郭沫若将其与鲁侯尊的"王命明公遣三族伐东夷"系联，认为令方彝的"明保"即鲁侯尊的"明公"，也就是指"伯禽"，遂定令方彝为成王时器。唐兰先生则认为令方彝中有"康宫"，"康宫"是康王之庙，所以令方彝的时代不会早到成王，而应定为昭王。仅从铭文上考虑，两种说法各有道理，所以马坡令器的时代一直悬而未决。1976年庄白一号窖藏的出土使解决该问题有了转机，先

---

① 裘锡圭：《谈谈清末学者利用金文校勘〈尚书〉的一个重要发现》，载《裘锡圭学术文集·语言文字与古文献卷》，第412-422页，上海：复旦大学出版社，2012年。

生根据令方彝与庄白所出析方彝形制相近，判断出令方彝与析方彝时代相当，析方彝的器主"析"所对应的时代为昭王，所以令方彝的时代也应为昭王[①]，至此马坡令器的时代方有定论。对此，先生认为，用庄白一号的铜器来确定马坡令器的时代，换做其他人写，结论也是一样，因为这是科学。对马坡令器时代的研究，给了我们很大的启发，即研究铜器时，要以考古类型学作为断代的首要标准。

3. 书籍使用
（1）拓本的选用

先生习惯在课前发拓本，课程中的大部分拓本选自《殷周金文集成》，若涉及新出的铜器，先生则会选择发表在刊物上的拓本。此处试举两例，以说明先生对拓本的态度。

其一为京师畯尊，先生在讲京师畯尊时，曾提到过一个标准，就是如果拓本的清晰度欠佳，一般不建议发表。但也有例外，京师畯尊就是如此。当时先生手中的京师畯尊铭拓质量甚差，多处漫漶不清，但先生还是发表了这个拓本，因为这篇铭文的内容极为重要。尊铭首句即言"王涉汉伐楚"，涉及昭王南征的史事，因其是在渡过汉水之后伐楚，所以可以由此判断楚国初封时楚都的位置。后来吴镇烽先生在鉴定藏品时见到了这件尊，拍摄了照片，并重新对铭文进行了释读，纠正了先生将"克"释为"以"的错误。实际上根据更为清晰的铭文照片，很容易判断出此字为"克"，但当时先生手中的拓本不甚清晰，所以才会有释读之误，这也正是先生强调如果拓本的清晰度较差，一般不建议发表的原因。

---

① 参看李学勤：《西周中期青铜器的重要标尺》，载《新出青铜器研究》，第83-93页，北京：文物出版社，1990年。

其二为宜侯夨簋,先生在讲金文时往往会选择同一器物的不同拓本进行对照,宜侯夨簋就是如此。宜侯夨簋是修复器,由于黏合物的影响,宜侯夨簋的拓本不甚清晰,先生在课上就介绍了吴镇烽先生《西周金文撷英》的拓本,《撷英》中宜侯夨簋的拓本确实要清晰很多。

由上述两例可知,研究铭文首要之务即寻求质量最好的拓本,这是彝铭研究的基础。正因如此,笔者在与先生商讨拓本的拣选原则时,先生建议把能找到的拓本都附在书中,以便互相参照。

(2) 各家说法的查找及选择

先生在课上问及如何查找各家说法,得到的回答大多是《金文诂林》,但先生认为孙稚雏先生的《金文著录简目》更便于查检。相关的青铜器论文也可使用孙稚雏先生的《青铜器论文索引》,但是孙氏的《索引》截止到1983年,1983年之后的论文,可以参考张懋镕先生的《青铜器论文索引1983—2001》。

对于各家说法的拣选原则,一般是最早、最权威以及最原始,先生在讲课的过程中也遵循这一原则。如述及"赤⊗巿"之时,先生认同"⊗"释为"予",读为"芋"的讲法,陈梦家先生就用过此说法,但据先生所知,最先提出该说法的应是李旦丘,先生在课上特别指出了这一点。

(3) 关于虚词的解释

先生主张对于虚词不必解释得过细,就金文释读而言,杨树达的《词诠》和裴学海的《古书虚字集释》基本够用。对此先生在课上有专门说明,先生说:

> 从高邮王氏以来,很多学者对中国古文的文法、修辞做了大量的研究,其中很重要的一点,就是指出了商

周古文里面有很多虚字，汉晋以来的注疏总是要把这些虚词讲成实词，可是讲成实词读起来就不通，高邮王氏集前人之大成，指出来很多句首、句中、句尾的虚词。在这方面后来又有很多学者做了补充，杨树达先生的《词诠》是集大成之作，后来有很多学者补充了《词诠》，发展了杨说。关于虚词方面的书，我们常用的有好几种，其中就有裴学海的《古书虚字集释》，裴先生的书在内容上比杨树达先生的书更为充实，举的例子也多，但裴先生所举的例子有些地方实在是比较牵强，所以失之过宽，后来很多的语言学家对此都是这种看法。后来还有很多学者也做了很多相关的研究，但我认为关于虚词的研究到杨树达先生那里已经渐趋完善。

先生在课上对《古书虚字集释》和《词诠》做了评介，杨树达先生的《词诠》是虚词研究的集大成之作，裴学海先生的《古书虚字集释》比杨书例证更多，论述更为翔实，但裴书失之过宽。先生言外之意应为，二书当互相参看，根据不同的情况，采取不同的说法。先生为文也是如此，涉及具体虚词的解释，或取杨说，或取裴说，并无一定之规，视具体情况而定。

三、讲义的价值和意义

这部讲义的价值，我们认为主要体现在以下三个方面，即西周金文框架性背景知识的建立、西周金文研究范式的提供以及西周金文研究方向的指明。

1. 西周金文框架性背景知识的建立

所谓"西周金文框架性背景知识的建立",就是这部讲义为金文研究建立了一个系统的知识网,提供了金文研究所需的诸多背景知识。

在和先生探讨整理讲义的细节时,先生曾谈及研究铜器的方法,先生认为铜器的研究并不复杂,或按时代做,或按内容做,这部讲义就是按时代做的范例。从目录可知,先生讲授金文,从商末一直讲到宣王晚年,横跨整个西周时期,其中最为典型的特征就是将所讲的金文按照时代排序,并尽可能地与传世文献结合。因此,这部讲义既可视为《西周铜器断代》和《西周青铜器铭文分代史征》的延续,又可视为夏商周断代工程《西周金文历谱》的补正,还可视为《史记·周本纪》的出土文献注本。先生的课程以时代为纲,同时兼及铜器的其他知识,对形制、月相、康宫、明保等问题均有涉及,由此也可将讲义视作一部金文学史。

此即西周金文框架性背景知识的作用,也是先生用心设计课程的体现。

2. 西周金文研究范式的提供

在讲义中,我们还可以看出先生研究金文的范式。先生在讲授某件铜器时,并不是一开始就讲解铭文,而是先介绍该铜器的背景知识,如出土情况、流传著录情况以及出土地的相关情况等,这些信息往往可以和铭文的内容相印证。比如宜侯夨簋出自江苏丹徒烟墩山,该簋铭文中的"厥川三百"所反映的恰恰就是苏南的地貌。

铜器是铭文的载体，所以研究铭文首先要看铜器的器形，因为器形可以提供铜器的相对年代，即该铜器属于西周早期、中期，还是晚期，以及是该期的前段还是后段。明确此点之后，再对铭文进行研究，最后根据铭文所提供的信息，确定该件铜器所属的确切王世。在断代的基础之上，先生将彝铭与传世文献结合，运用"二重证据法"和"系联"，对铜器的史料价值进行申论。

要之，先生研究金文的步骤大体如下：先搜集铜器的背景信息，再根据器形确定相对年代，然后对铭文进行释读，并结合铭文内容确定所属王世，最后与传世文献以及相关铜器结合，对所涉及的问题进行讨论。总之，先生的金文研究是考古类型学、"二重证据法"以及"系联"的有机结合。

3. 西周金文研究方向的指明

郭沫若先生在《卜辞通纂》的序言中言及"阙疑"[①]，郭氏说：

> 然所谓阙疑者，乃谓疑之而思之，而苦思之，苦思之不得，始无可奈何而阙之，以待能者，非谓疑而置之不问也。

先生的"阙疑"精神恰如郭老所言，是苦思不得而阙之，此点从讲义中可见一斑，正是由于先生孜孜以求，才会有讲义中所记录的未能解决的问题和有进一步讨论余地的问题，这些可以为今后的研究指明方向，而这也是讲义的精髓之一，现举数例以明之。

---

① 郭沫若：《卜辞通纂》，载《郭沫若全集·考古编》第二卷，第 17 页，北京：科学出版社，1983 年。

未能解者，如小盂鼎之"甲申"。小盂鼎第一行的"甲申"二字，陈梦家的摹本上有，但是由于小盂鼎已丢失，从现存的拓本中很难看出，但吴式芬《捃古录金文》的摹本中确有"甲申"二字，至于作《捃古录金文》摹本的人是否看过原器，就不得而知了。可这两个字确实存在，而且与后文的"翌日乙酉"相合，问题在于小盂鼎的铭文太长，中间是否有日子相隔还不清楚，所以并不能确定就是"甲申"。

又如《度邑》的"厥征天民名三百六十夫"，"征"有"聚合"之义，"名"训为"数"，此句可理解为"聚合了三百六十个天选之人"，这是成汤建立商朝的一种说法，具体是什么情况，还是不清楚。

有进一步讨论余地者，如康王时期大盂鼎和恭王时期史墙盘的铭文均为分范制作，盖为西周早中期用一块范制作铭文，在技术上仍有困难。宣王时期的逨盘铭文就是由一整块范制成，但同为宣王时期的毛公鼎和逨鼎，铭文却是分范制成，这应是毛公鼎和逨鼎的器壁弯曲所致，由于器壁弯曲，导致制作难度大，故而毛公鼎、逨鼎依旧体现了分范的特点，由此可探寻当时制范技术的变化。

又如可以孙稚雏先生的《天亡簋铭文汇释》为基础，对天亡簋的考释写一本书，只需再补充一些新的文章，看一下各家如何取舍，特别是各家考释是如何受到文献、文字以及相关思想的影响，这对我们有特别的教育意义。

再如"共和"所指为何？是周召二公共同行政，抑或实有"共伯和干王位"之事？铭文中的"师龢父""伯龢父"究竟是不是"共伯和"？

以上数例为先生在课上所提出的有待解决的问题，先生在开课伊始就指出这门课的重点是提出问题,而不是一定要得出答案。先生认为西周离我们太过遥远,当时的很多事情我们不知道,铭文中的很多问题我们也不懂,所以很难给出确切答案,实际上科学研究的最终目的往往是寻找最优解,这也是先生"阙疑"精神的体现。

清华大学出土文献研究与保护中心
2023 年

凡　例

一、释文

1. 释文一般按照行款书写，若一行排列不下，则顺延至下一行。
2. 释文中有缺字时用"□"表示，一个"□"表示缺一个字。如不能确定缺字的数量，则以"……"表示。
3. 释文中有缺字，李先生补出的部分，用【】表示。
4. 如果李先生认为某字可以隶定，但不确定，则先写出该字释文，再在该字释文后加"（？）"表示。

二、注释

1. 尊重李先生原意起见，对于各家说法，凡李先生在讲课时有确指者皆出注，泛指者，为避免歧义，皆不出注。
2. 本书按照授课时间整理，每一课单列一篇，每篇标题标明授课内容，标题上方标明授课时间。
3. 本书为李先生2008年至2011年的讲稿，凡2011年之后先生对此讲稿所涉及的内容有所补正之处，以"整理者按"标出。
4. 如果先生在讲课中的说法与实际查到的说法有出入，则在注释中以"整理者按"标出。
5. 若有文章对于读者的理解有帮助，则以"整理者按"标出。

三、器形照片及铭文拓本

1. 本书根据录音整理而成,因此其中所附器形照片以及铭文拓本皆为整理者插入,图版主要选自吴镇烽先生编纂的《商周金文资料通鉴》,一般不逐一注明来源。

2. 凡出自《商周金文资料通鉴》之外的图版,皆随文注明来源。

引用书目简称

《甲骨文合集》　　　　　《合集》
《殷周金文集成》　　　　《集成》
《历代钟鼎彝器款识法帖》　薛氏《钟鼎》
《两周金文辞大系考释》　《大系》
《殷虚书契前编》　　　　《前》
《殷虚书契续编》　　　　《续》

目　录

绪论（一） 1
绪论（二） 34
䖵其三卣（上） 64
䖵其三卣（下） 94
《西伯戡黎》、䚄簋、献簋 121
《微子》 148
天亡簋 172
西周世系、《泰誓》、利簋（上） 195
利簋（下）、《牧誓》（上） 218
《牧誓》（下）、《克殷》 243
《度邑》、何尊（上） 265
何尊（下） 286
《金縢》 307
䇶簋 327
塱方鼎 348
禽簋、犅刼尊、犅伯巂卣 367
保尊、保卣 387
康侯丰鼎、康侯斧、濬司徒遻簋 407

太保簋、大保方鼎、宪鼎、鲁公鼎、伯宪盉、太史友甗、克盉、
　　克罍、太保玉戈 ………………………………………… 427
宜侯夨簋 …………………………………………………… 452
麦方尊 ……………………………………………………… 474
大盂鼎（上）、邢侯簋 …………………………………… 493
大盂鼎（下）、小盂鼎（上） …………………………… 512
小盂鼎（下） ……………………………………………… 532
总结及昭王时代铜器（一） ……………………………… 547
昭王时代铜器（二） ……………………………………… 570
昭王时代铜器（三） ……………………………………… 590
昭王时代铜器（四） ……………………………………… 612
西周中期铜器略论、班簋（上） ………………………… 627
班簋（中） ………………………………………………… 643
班簋（下）、噩鼎、寗鼎、员卣、旟鼎 ………………… 655
厚趠方鼎、𩝠奰进方鼎、詯簋 …………………………… 673
"师雍父组"青铜器（一） ………………………………… 688
"师雍父组"青铜器（二） ………………………………… 707
"师雍父组"青铜器（三） ………………………………… 721
"穆公组"青铜器（一） …………………………………… 736
"穆公组"青铜器（二） …………………………………… 752
"穆公组"青铜器（三） …………………………………… 765
"穆公组"青铜器（四） …………………………………… 780
"虎组"青铜器 ……………………………………………… 791
匙簋、师痹簋盖、师永盂（上） ………………………… 811
师永盂（下） ……………………………………………… 828
京师畯尊、恭王时代铜器略论、卫簋、卫盉（上） …… 839

卫盉（下）、格伯簋......857
五祀卫鼎、乖伯簋、九年卫鼎（上）......873
九年卫鼎（下）......890
申氏两簠、士山盘......903
史墙盘（一）......922
史墙盘（二）、逑盘（上）......941
逑盘（下）、史墙盘（三）......957
史墙盘（四）......973
师覩鼎、师丞钟、即簋......987
师望壶、师望鼎、师宝钟、姬寏母豆、内史亳同......1005
曶鼎（上）......1025
曶鼎（下）......1042
师酉簋、师酉鼎、询簋......1056
师询簋......1075
蔡簋......1091
元年师兑簋、三年师兑簋......1111
师嫠簋、辅师嫠簋、师㝬簋......1124
元年师旋簋、五年师旋簋、史密簋......1142
引簋......1160
㝬簋、五祀㝬钟......1178
宗周宝钟、伯㦰父簋（上）......1193
伯㦰父簋（下）、翏生盨、鄂侯驭方鼎、禹鼎（上）......1209
禹鼎（下）、再簋、再盨、应侯视工簋......1229
应侯视工钟、应侯视工鼎、应侯视工簋、公作敔簋、敔簋（上）......1248
敔簋（下）、晋侯铜人、晋侯苏钟（上）......1271

晋侯苏钟（中） 1294

晋侯苏钟（下）、多友鼎（上） 1309

多友鼎（下）、儺匜（上） 1328

儺匜（下）、文盨 1344

散氏盘（上） 1356

散氏盘（中） 1371

散氏盘（下）、青川木牍 1385

尌从鼎、尌从盨（上） 1398

尌从盨（下）、克钟、克镈（上） 1414

鸟形盉 1431

克钟、克镈（下）、克盨 1444

大克鼎（上） 1460

大克鼎（中） 1477

大克鼎（下）、小克鼎、师克盨（上） 1493

师克盨（下）、兮甲盘（上） 1511

兮甲盘（中） 1528

兮甲盘（下）、驹父盨盖 1543

虢季子白盘、霸伯尚盂 1560

后记 1574

·2008年下半年第一次课·

绪论(一)

近年出土文献研究的内容和过去有所不同,大学里面的研究课程,不管是本科生还是研究生,一般都是循环性的,就是今年讲什么,明年还讲什么,所以老师还是比较省力气的,一般有一个讲义就可以了,基本上是这样一个做法。我们这个课不然,参加的同学大都是连续来听的,所以必须要讲些新的东西,好在我们这个学科还是比较大的,很多东西都可以讲,因此内容上有一定的连续性,但我们每一年的课都是从头开始,有一个自成起讫,这方面大家可以放心。

我们在过去几年讲过甲骨文,讲过青铜器,主要是青铜器本身的知识,还讲过金文。今年我原来的设想是在这个学期讲两周之际的青铜器,这样可以结合文献来讲,不过由于我们当前形势的关系,所以有所改变,我想今年的内容以商末周初为主,讲商末周初这一段的文献和青铜器,为什么这样做,将来大家慢慢地就会有所体会。

课程的具体设计是这样的,在每一个学期开始的时候,我们都会有两节课作为绪论课,然后进入本题。每个学期我们尽可能地安排一次到两次讨论课，讨论课还是有用的，不过还有待于进一步改进。我昨天刚刚从临淄回来，在临淄他们办了一个稷下学坛，稷下学坛是不能不去的，所以我去开坛，在那里讲课。讲课之前，主办方建议不设提问题的时间。我们在这里说不提问题，我比较理解，但是如果有一天我们请一个外国学者来讲，我们不提问题是非常不礼貌的事情。在外国，如果学者讲完之后没有人提问题，他就会觉得他讲的是完全失败的，没引起什么反应，那是很可怕的事情，他一定会难过好几天。所以邀请人总要自己提几个问题，凑合凑合，一般都是这样一个情形。我们希望今年的讨论会能够开得比去年更理想一点，讨论会不要变成大家提问，我来回答，变成问答会，而是希望大家互相讨论。我想今年的基本安排就是这样，今年选了这门课的，如果有外系的同学，请大家不要害怕，我们讲的内容可能比较深，到时候出题，一定会考虑大家的水平，也不会难为大家，这是我要说清楚的。今年的课我想还是这样，这一周和下一周我们作为绪论课，就不给大家发材料了。

我们的投影仪不能用了，我屡次希望这个投影仪能用，现在我就体会到投影仪和现有的各种电子产品一样，型号一过期就没有办法了，现在要修就需要一大笔经费，我想就是整个都坏了，实际上是没法修的。所以我们会在第三周开始，在课前告诉大家以后每次课讲的内容，让大家预先有一个准备。

今天我们谈绪论，绪论从什么地方开始呢？我想就从"出土文献"这个词讲起，也趁这个机会和大家进一步探讨一下"出土文献研究"这门课。我个人一直不太喜欢用"出土文献"这个词，因为这个词有时候会给大家带来一些误解，可是现在大家比较习惯了，我们清华马上也要成立一个出土文献中心，这样说起来，"出土文献"现在已经普遍使用了，我想还是接受这个词。可按古书来讲是不通的，"文"和"献"是不一样的，孔子说"文献足征"以及"文献不足征"，"文"指的是"文字记载"，"献"指的是"贤人"，"献民"就是"贤人"，所以"文"和"献"本来并不一样，不过后来"文""献"都变成了文字记载，所以"出土文献"就变成了"从地下出土、发现的与文字有关的记载"，虽然我不太喜欢这个词，但是还是要用它。这就引起了下面的一些议论，就是"出土文献研究"和我们过去常说的"中国古文字学"是怎么样的一个关系。

"中国古文字学"是一个正式的学科，按照我国政府的学科分类表，"出土文献研究"这个名称是没有的，正式的名称是"中国古文字学"，我们有"历史文献学"，还有一个是"中国古典文献学"，并没有一个词叫"出土文献学"。"中国古典文献学"和"历史文献学"分处于两个不同的学科门类："中国古典文献学"列在中文学科下面，属于中文系的系统；"历史文献学"列在历史学科下面，属于历史系的系统；二者有所不同。过去我在国务院学位委员会工作的时候，一直觉得这个分法不太合适，曾经私下做过一些了解，确实做了一些工作，做完这些工作的结果就是我觉得这个划分还是对的，"中国古典文献学"和"历史文献学"的分立还是有道理的。今年10月11日，我们准备召开纪念中国古文字研究会成立三十周年大会，这个会是在吉林大学召开，之所以在吉大，是因为这个学会的成立地点就是在吉林大学。这个学会叫"中国古文字研究会"，但不管是研究出土文献的，还是研究历史的，只要是涉及古文字的都是要去的，这里面就有很多复杂的名称了。可是为什么这个分立还是有一定的道理呢？因为我们对于所谓"出土文献"或者是说"古文字"的研究，在方法的倾向上，确实有一些不同，特别是在近年，这一点就更为明显。大家可以看，中文系的先生们，他们在研究的时候，首先是从文字的字形、音韵、训诂入手，运用现代语言文字的方法进行研究，写了一些专题，这些方面我们历史系的研究生有些并不见得那么熟悉，有时候读起来还是有些困难，包括我个人在内，有时候看着也不是很习惯，可是这些是很有贡献的。实际上这不但是一种学风，更应该说是一种方向，是一种研究方法，这种研究方法提供了很多研究成果，是很好的一件事。当然，我不是说"中国古典文献学"和"历史文献学"在方法上有严格的区分，但是倾向还是比较清楚的。我们做历史文献学的，主要是把这些古文字材料作为史料来处理。现在大家很少用"史料"这个词了，这个词用得最热闹的就是傅斯年先生，傅先生说"上穷碧落下黄泉，动手动脚找东西"，他在历史语言研究所的时候，就把历史语言研究变成了史料研究，虽然大家批评他，但这也代表了一种学风，也确实有它的好处。把古文字作为史料来研究，它的着眼点、研究方向和纯粹从语言文字出发并不完全一样，二者互相可以配合，我认为是合则两全，分则两伤，各有好处，但是二者的倾向是不一样的，从相关的学者身上可以看出二者的不同。

从这一点谈起，我们就进入了今天绪论的内容。最近我们有些体会，把地下出土的文字材料强调作为史料来使用，作为历史研究的一个主要部分，然后和传世的历史文献也就是非出土的文献对照结合，这个方法的提出者就是我们古文字学的奠基人王国维先生。这一点不但影响了中国古文字学这个大的学科，也影响了中国的古史和考古学，规定了中国考古学的特点，也规定了中国古史研究的特点，居于二者之间的，从我们来说，常用的不是"出土文献"，而是"中国古文字学"，所以王国维先生是中国古文字学的鼻祖，是现代中国古文字学真正的奠基人。

有些先生喜欢强调叫"罗王之学",这些年我也有一个说法,我认为罗、王还是有些不太一样。虽然他们的关系极为密切,甚至很多地方是分不开的,可还是不太一样。我想用一个简单的话来说,就是"承前启后",罗振玉先生是"承前",王国维先生是"启后",大家读他们的书就可以明白了。历史所买了大连图书馆编的《罗雪堂合集》,这个书卖得太贵了,一套要四万元,其实用这个价钱可以买我国台湾出的《罗雪堂先生全集》七编,这个书现在还是可以买到的。大连版的太贵,所以他们也没敢让我给写序,大概是怕我写完序,得送我一套,这是真的,他们一直让我给写序,结果最后偷偷地出了,并没有要我的序,当然这是说笑。总体来说,罗振玉的学问虽然也在现代学术的门坎上,但他更多的是承前,而王国维新的方面就要多得多了。罗振玉基本上没有受到西方的影响,虽然罗振玉跟日本的关系很深,而且据说法兰西学院让他做院士,可是他究竟是一个比较纯粹的中国人,而王国维就不同了。刚才我们说了两种倾向,其中从历史文献的角度来看中国古文字学,也就是我们在课程中给大家展示的这种方向,并不是像中文系开的那种课,更多地讲文字、训诂方面,而是从史料的方面来看,这个方向是王国维先生开启的,就是报纸上整天讲的"二重证据法"。

在座有新来的同学不太了解"二重证据法",我们在这里介绍一下,介绍的目的是因为我们对"二重证据法"有一些新的理解。过去我们写文章提到"二重证据法",根据的是王国维先生在清华的讲义,就是《古史新证》,清华大学出版社1994年出版。这本书是很好的,在座的同学现在还可以买得到,书的封面写着"王国维最后的讲义",这是1925年到1926年间王国维先生在清华开课的讲义。

在座诸位有的不太熟悉王国维先生的历史,王国维先生是在1925年的春天接受了清华大学的聘约。在这之前,北大的国学门请他做导师,王先生没有同意,他只是给北大国学门的研究生开了一些研究的题目,这是他做的唯一的事,这一点大家看王先生的年谱就可以知道,这些题目现在还存在。1924年,清华大学在曹云祥校长的主持之下,决议要把清华变成一个现代意义上的真正的大学。清华是1911年正式建校,在前面一段时间,清华是留美预备学校,当时的留美预备学校并不是只有清华一个,河南大学也是①。留美预备学校利用的是美国"退还"的庚子赔款,当时成立了一个基金会,所以清华不是由当时北洋政府的教育部门来管理,而是由外交部来管理,清华当时是外交部的学校,这是当时的特点,因为它用的是庚款基金。到了二十世纪二十年代,清华的一些著名学者和有识之士,包括清华当时一些很好的校长——大家不要对那时候的校长有误会,认为他们都是外交部的官僚,其实有几个校长还真是不错的——当时他们就做了一个决定,就是要将清华建设成一个现代意义上的真正的大学。这个决定从1924年到1925年逐渐实施,其中主要有两个措施,一个是成立大学部,一个是成立研究院。大家说清华本来不就是大学吗?实际上清华本来是作为留美预备学校的,里面有一些小孩是很小的,也就是大致中学的水平,他们就开始进这个学校了。这个问题在这里就不详谈了,清华的同学都应该了解清华的这段校史,我们校史馆中有明确的说明。我们现在正在编新的清华大学校史,是三卷本,准备在百年校庆时正式推出,不过在这之前大家想看,可以去看《清华大学九十年》,这部书在叙述事实上是非常详尽的。

---

① 整理者按:河南大学的前身是河南留学欧美预备学校,创立于1912年。

大学部的建立，我们今天不详谈了，比如历史系真正成立是在 1926 年，细节就不说了。研究院的建立则是在 1925 年，建立之初，当时的设想是非常广泛的，文理都有，是一个非常广泛的研究院。但从具体条件来说，最有条件马上能够在国际上成为前沿的是国学，这个道理大家可以理解，因为那时候中国的理工在世界上是排不上的，什么东西我们能行呢？当然是人文学科了，这就是国学，所以首先设立的是国学，清华研究院也就变成了清华国学研究院。这里要强调一点，就是从来都没有"清华国学研究院"这样一个机构，实际上就是"清华研究院"，这是正式的名称，可是后来大家都这么讲，也写成了书，所以就逐渐成了"清华国学研究院"，这一点在时任主任吴宓所做的演讲中有很详细的记载。

清华研究院建立的时候，参考了当时国际上最先进的研究经验。实际上最能引以为鉴的是两方面，一方面从国内来说，是中国书院制度的传统。今天我仍然认为中国的书院传统是非常宝贵的，而且今后还应该发扬光大，这种传统式的书院今天在韩国还有，我们在这方面做得还很不够，所以我很支持研究书院史，比如湖南大学，还有福建的一些地方，这方面他们做了很多工作。再有一方面，是在相当程度上学习了英国的牛津大学、剑桥大学的制度。二者有什么不同呢？中国的书院制度是以导师为核心的，是山长制，某个书院好不好，那就看该书院的山长好不好，有时候山长就是一个人，或者他再请几位，可是他这一个人就起了根本性的作用。现在湖南大学的岳麓书院，南宋时期的山长是张栻，当时他在岳麓书院，所以朱子就去见他，他就把朱子请到书院里去演讲，这就是"朱张会讲"，是湖湘学派的一件大事，对于南宋的学术非常之重要，从这里就可以看出导师也就是山长的特别作用。英国的制度，是更多地把多学科的东西融会在了一起，牛津或剑桥大学的一些制度，在座的有些同学可能不太了解，它的学院和大学并不在一个系统里面，它的 college 实际上是一个学术性的生活团体。比方说我是剑桥大学克莱亚堂的客座研究员（visiting fellow），它是一个学术团体。至于一名新生，去大学读书，读什么系或者什么学科，是大学部的事情。这种模式的优点是多学科的师生可以生活在一起，便于学术交流。这一点在美国并没有完全继承，虽然美国有些学校在某些点上继承了这个传统，包括哈佛大学和芝加哥大学，他们也很想在这方面参考一些东西，可最后总是没有做到这一点，这跟美国的社会条件有关系，英美的文化性质不同。

  清华的国学研究院在相当程度上都考虑了这些东西，我觉得研究院在当时吸收了中西双方的长处，所以清华国学研究院的师生实际上是在一起生活的，就在现在的清华学堂。在清华学堂里面，每一个导师有一间屋子，学生随时可以去问问题，这个是有很大好处的，当然那个时候人比较少。

  清华研究院想请几位导师，当时的筹备者就去请教胡适，胡适当时经过新文化运动，已经很有名了，于是胡适就推荐了几个人，其中就有王国维，王国维本身并不想做这件事，王国维住在城里。关于聘请王国维的故事，大家大都知道，吴宓当时是清华研究院的筹备主任，他就拿着曹云祥的信去拜见王国维，据后来回忆，王国维事先了解到吴宓是哈佛大学比较文学史白璧德的学生，认为吴宓一定是西装少年，应该是进来握握手的这种，结果不是这样，吴宓拿着曹云祥的信，进来之后，站在客厅中间，恭恭敬敬三鞠躬，然后说明来意。王国维对此印象甚佳，认为确实是礼贤下士的学风，虽然当时清华被认为是一个洋学校，但确实是礼贤下士，所以王国维就决定要来。

王国维决定来之后，他是全身心地投入到这个工作，王国维这个人就是这样，他是不乱说的，要不他就不做，要做就真做。大家看王国维有关的书信就会知道，他什么事情都是为清华考虑的，而且考虑得非常周到，所以他是非常认真地来做这个事情。王国维当年4月份就搬进了清华，住所是清华西院的十六号和十七号。这里有一个情况，西院的房子是一排一排的，原先给王国维的两套房子，结果发现一个在一头，一个在另一头，两个号分别在两头，所以后来就给王国维调换了一下。

王国维是清华四大导师之一，其他的三大导师是梁启超、陈寅恪和赵元任。具体情况就不在这里详细说了，比如赵元任是住在照澜院1号，这个房子现在还在，前些日子，我还看到有人在那拍电视片，可是没有看到在电视上演，当然，那是赵先生的住所。

王国维搬进了学校后，到了秋天，招第一班学生，其中包括很多后来很著名的学者，第一个毕业的就是徐中舒先生，他是王国维直接指导的弟子，在这方面王国维先生做了很多工作。

为什么我说我有些新的看法呢？就是大家以前一直认为"二重证据法"主要的依据，是王国维在清华研究院所开设的第一门课——"古史新证"。这门课上王国维所发的讲义现在都在，清华大学出版社在1994年把它们影印出版了，名字就叫《古史新证》。

《古史新证》这个讲义其实过去在杂志上也登过，后来出版了一个赵斐云的记录本，赵斐云也就是赵万里，他的字是斐云，也是清华研究院的学生，我认识他。赵万里的记录本是北京来薰阁书店印的，印数很少，可那个本子曾是《古史新证》最流行的本子，虽然它比杂志所登载的要详细，可是所有的本子都没有清华出的这个本子好，因为清华出版的这个本子是当时的原始讲义。其实清华编印这个本子的时候，我不在场，如果当时我在场，我会建议把赵斐云的本子附在后面，虽然二者大致上相同，但还是有些出入，这样会好一点，可是后来没有做到。

现在我有一个新的观点，准备写一篇文章，就是王国维"二重证据法"虽然是在"古史新证"这个课里具体提出来的，但这个思想观点的形成经过了很长时间，而"二重证据法"的正式表述，还有一个事情应该与之结合起来看待，这就是王国维在1925年7月研究院还没有正式招生前所做的演讲。

这里我要跟大家说明一下当时的具体情况，当时的清华是一个留美预备学校，由很多班级组成，有很多种学生，所以有些学生暑期依然在校。在暑期的时候，当时清华的学生会考虑到像王国维先生这么有名的大学者来了清华，就想请王国维先生给他们讲一讲，所以学生会就去找了王国维先生，王先生同意了，就做了这个演讲。可惜，我们现在在《王国维年谱》以及相关的材料里面，没有查出来这个演讲具体是在哪一天，只知道这次演讲的时间是在7月，其实如果查当时的《清华周刊》，按道理是应该能找到的，但好像并没有一个明确的日子，这是很可惜的事情。这篇演讲当时就发表在《清华周刊》上，后来还有一个方壮猷的记录本，印在北平女子师范大学的《女师大学术季刊》上[①]，方壮猷后来也成了清华国学研究院的学生，在座大家可能有人知道社科院的方克立，方壮猷是他的父亲。现在我们能看到的，是《王国维遗书》里面收录的，具体是在《静庵文集续编》里面。《静庵文集续编》是王国维过世之后，大家所收集的资料，题目叫做《最近二三十年中中国新发见之学问》，这就是这个演讲的记录，是后

[①] 整理者按：经核对，该文发表在《女师大学术季刊》1930年第1卷第4期上，题为《近三十年中国学问上之新发见》，署名方式为"王静庵先生讲演方欣安记注"，欣安为方壮猷的字。

编的，所根据的大概是王国维的底稿，因为这个讲稿看起来跟王国维的文章一样，不太像是一个纯粹的记录稿。在后来编的上海书店出版社的《王国维遗书》中，这篇文章收在第 5 册。

《最近二三十年中中国新发见之学问》有很多人引用，内容特别重要，但是大家并没有考虑到应该把这篇文章和《古史新证》的"二重证据法"放在一起来看，其实二者互相说明。换句话说，《最近二三十年中中国新发见之学问》里所提的观点，基本上是王国维大半生研究经验的总结，而王国维就是根据这个演讲里面所提出的方向来设计的"古史新证"课程的。以前没有人这样指出过，最近我由于工作的关系，又找到这些数据，才体会到这些看法，至于说对不对，大家可以讨论。

王国维的《静庵文集续编》有好几种本子，《古史新证》大家就用清华出的这个本子，这个本子是最好的。我再强调一遍，王国维先生在 7 月份的这个演讲，并不是一个草率从事的演讲，王国维先生也不常演讲，他这个人也不是那么喜欢随便说话，日常生活中他是平易近人的，看他弟子的记录就知道他在国庆节还跟学生一块唱歌，他并不是一个很严峻的人，也不是一个崖岸自高的人。可是王国维是不轻易去讲学术问题的，传说王国维在清华的时候，有学生去找他问问题，他一般都是三句话，就是"不知道""不懂得"或"弗晓得"。之所以这样，是因为他不轻易谈一些问题，他非常负责任，非常严谨，他不会轻易地去回答一些问题，包括他做演讲也是一样。他写的文章都很短，可是他不轻易写，他要是写就一定有新东西，当然今天我们看不一定都对。实际上没有任何一个科学家，他做的东西是全部都对的，这从来也没有过，是不可能的。可王国维先生是非常谨慎的，所以《最近二三十年中中国新发见之学问》是很短的，《古史新证》也没有多少字,完全可以印在一个杂志上,但内容是非常丰富的。把这两个搁在一块儿,才能全面了解他所说的什么叫"最近二三十年中中国新发见之学问",以及他为什么要讲"古史新证"。建议大家回去看一看,我最近打算写一篇文章,可能很快就会完成。

在《最近二三十年中中国新发见之学问》这篇文章中,王国维先生提出了一个最基本的观点,这个观点可以说是他从其一生的研究中所体会到的一点。文章开头就说"古来新学问起,大都由于新发见"。王国维讲话就是这样,非常概括,就这么几个字。"古来新学问起"指的是中国自古以来新学问的兴起,他所谓的"新学问"指的是什么呢?他所讲的"新学问",并不是说像今天的一个学科,我的体会是说一种学术潮流,或者说是一种学风,也可以说是一个学科门类、一种趋势、一种方向。因为王国维所讲的"学"是一个整体,中国人讲"学"从来是一个整体,不是要分开的,这跟西方不同,大家要体会这一点。西方的"学"就是我们今天所流行的这种学科分类,很像图书分类法,每个学问都是分立的,中国人从来不这么讲,中国人讲的学问是一个统一体,所以"新学问"讲的是一种新的潮流、新的趋向。不但王国维这么讲,梁启超、陈寅恪也是这样讲,大家看梁启超的《清代学术概论》,一开头就讲思潮,陈寅恪也是如此。陈寅恪在给陈援庵的《敦煌劫余录》作序的时候,用了佛教的话,即"预流""未入流"。他们所讲的都是学问的一种潮流,当然也包括学科的一种内容,可主要讲的是学术作为整体来看。"古来新学问起"指的应该是一种新的学术局面,"大都由于新发见"是说"新学问的出现由新发现开始"。"新发现"是什么呢?王国维先生举了几个例子,即"有孔子壁中书出,而后有汉以来古文家之学",这个"古文家之学"指的是"古文经学"。孔子壁中书是一个重大发现,发现的具体时间现在也没有办法定在哪一年，大致是在景帝末武帝初，我个人倾向景帝末的说法。孔壁中书发现的相关情况，大家都知道，是当时曲阜的鲁恭王好宫室，也就是喜欢盖房，他就把孔家的一部分房子给拆了，结果从墙里拆出了书。这一点我过去给大家解释过，大家不要忘了，那个时候的房是夯土的，不像现在是用砖砌的，今天砖砌的房，想藏书那怎么藏啊？夯土墙是很容易藏的，只要拿凿子或者刀挖出一个洞，然后把书放在里面，外面拿板一隔，拿泥一糊，就看不见了，可是这个书后来找不到了，结果等到拆房的时候给拆出来了。类似的事伏生也做过，伏生也壁藏，藏的是《尚书》，他的书找到了，但是里面坏了一大部分，就是竹简烂了，没保护好。

孔子壁中书的发现，带来了古文经学，后来刘歆继承父业检校朝廷的书籍，读到了很多的古书，可这些重要的学术资料居然在学术上没有体现，于是他就移书太常博士，对朝廷的这些学官进行指责，意思是有这些书，你们为什么不承认？由此便引起了所谓"今古文之争"，这是学术史上的大事。

"今古文之争"一直影响到清代，甚至于影响到今天，今天我们大家讲经学，仍然有今古文的区别。比如皮锡瑞的《今文尚书考证》，就属于今文学派，而且是非常严格的今文学派，章太炎就是古文学派。今古文之争还影响到了古史辨派，其影响之大，在中国学术史上难以想象。为什么会有这么大的影响呢？因为孔壁中书有经典，换言之，孔壁中发现的是经典。这种事情只有中国有吗？外国也是有的，研究古典学的发现了《雅典政制》，这部书是在埃及发现的，对古希腊史的研究可以说是一种爆发、一种革命，书中讲的一些东西和过去的理解完全不一样，可是又不能否定。《雅典政制》这本书的作用，大家有兴趣可以看一看，中文版的有商务印书馆"汉译世界学术名著丛书"的本子,书的前面有一个序录,介绍了这些事情。再比如"死海文书"(Dead Sea Scrolls),现在以色列给"死海文书"建立了一个独立的博物馆,我们看到了"死海文书",就知道《圣经》是怎么来的,因为很多东西是在今本也就是传世本《圣经》的前面。这就是说,一种新的发现,给整个学问造成了极大的影响,特别是对于中国这种整体性的学术,造成了极大的波澜,这就很清楚了。

王国维先生又说"有赵宋古器出,而后有宋以来古器物、古文字之学"。"赵宋"就是"宋朝","古器出"就是发现了很多青铜器,继而就产生了宋朝及以后的古器物学和古文字学,这一点王国维是讲了,可是王先生对这一点并不是太强调,但后面关于这方面的论述还有。王国维先生后来又提到了"古金石、古器物",这就是讲青铜器的发现。赵宋时期流行青铜器的收藏,因此很多人就去找寻青铜器,估计盗墓的风气就会兴起,在这种情况下,出现了很多书籍,也造成了一门新的学问,就是后来所谓古器物、古文字的研究。

"惟晋时汲冢竹简出土后,即继以永嘉之乱,故其结果不甚著,然同时杜元凯注《左传》,稍后郭璞注《山海经》,已用其说,而《纪年》所记禹、益、伊尹事,至今成为历史上之问题。然则中国纸上之学问赖于地下之学问者,固不自今日始矣"。这说的就是汲冢竹书,汲冢的发现是在西晋武帝时,具体的时间一般有三种说法,即咸宁五年、太康元年或太康二年,现在综合各种方面的因素来看,我个人同意北大朱希祖先生的看法[①],认为咸宁五年最合理。汲冢的发现,就是在今天河南的汲县,有一个人叫"不准",

---

① 朱希祖:《汲冢书考》,第1页,北京:中华书局,1960年。

这个人姓"不",也有的人说应该读"丕",我们暂时就读为"不准"。不准在这个地方走路的时候,赶上下雨,脚陷下去了,结果就发现了一个古墓,墓中出土了很多竹简,据说有七十五篇,是用车装起来的。当时的西晋政府用了全力,调集学者来进行整理。杜预在他所著的《春秋经传集解》的后序中,详细记载了他当时怎样去看这些竹简,以及这批竹简有什么特点,换言之,杜预当时去参观了这批竹简的整理。很可惜的是,西晋初年政局动荡,后来又发生了永嘉之乱,整理工作受到影响,未能全部完成。不过,郭璞注《山海经》用了汲冢竹书中的说法,尤其是《竹书纪年》所记载的一些事情,比如说禹、益、伊尹等,到现在还是历史上的问题,大家都在争论。而在王国维先生做这个演讲的前一段时间,也就是新文化运动之后,很多人都在引《竹书纪年》的一些说法,所以《竹书纪年》的影响还是很大的。我们还可以替王先生补充一下,就是从清代开始《竹书纪年》就被用来订正《史记》的《六国年表》,这对战国历史的研究起着最根本的作用,今天我们用的《战国年表》,都是经过改正的,改正主要用的就是《竹书纪年》,今天的考古材料证明用《竹书纪年》改正过的《六国年表》是可信的,所以《竹书纪年》的影响也非常大。

最后王国维先生就说这些发现都是中国历史上很大的发现,但其中有两个最大的发现,一个是孔壁,一个是汲冢,所以王先生说"中国纸上之学问赖于地下之学问者,固不自今日始矣",我想王国维先生当时讲的一定很多,很热闹,王先生认为中国纸上的学问依赖地下的学问,不是从现在才开始的,自古以来就是这样,王先生这里是从汉朝讲起,依次是汉朝的、西晋的、宋朝的。王先生认为自汉朝以来历史上最大的发现一共有三个,第一个是孔子壁中书,第二个是汲冢书,第三个就是当前的发现;他举了殷墟甲骨文字、敦煌塞上及西域各处之汉晋木简、敦煌千佛洞之六朝及唐人写本书卷、内阁大库之元明以来书籍档册。王国维这里讲了历史上的最大发现是三项,实际上从历史来看,就是两项,所以他没有讲赵宋古器,虽然他用赵宋古器举了例子,但是最大发现并没有赵宋古器,因为赵宋古器没有那么大的影响。这是很对的,虽然赵宋古器发扬光大了古器物的研究,但是对整个学问的影响并没有那么大,真正影响大的是孔壁中经和汲冢竹书。

王国维先生所举的当前的例子,一共有四个,即甲骨文字、西陲木简、敦煌卷子、内阁大库档案。当然,内阁大库档案严格来说,并不能算是地下的,可也是过去的东西,是一种发现。大家要知道,王国维先生所举的这四种发现,到现在为止,都成了专门的学问,所以王国维先生的这篇演讲,跟科学上很多重要的文字一样,都具有预见性。在当时,也就是1925年,这些东西虽然很重要,可是并没有那么兴盛光大,研究者还是很少的,王国维先生对这四者中的前三者都做出了非常大的贡献,这是没有问题的。对于甲骨文,他和罗振玉一起做了《殷虚书契考释》,并且还写出了《殷卜辞中所见先公先王考》以及《续考》,这些都是震惊世界的东西。对于西陲木简,他和罗振玉合著了《流沙坠简》,这些是那些外国人所研究不了的,伯希和、沙畹那些人对木简并没有做出真正深入的研究,他们是外国人,没有这个能力,我们不能责怪他们,实际上真正去做这些的还是罗振玉和王国维。对于敦煌卷子,王国维所做的成绩也是非常大的,这大家都知道。内阁大库档案是罗振玉抢救的。这些工作都是王国维亲自参加的。现在我们回顾起来,这四个发现都成了专门的学科。甲骨方面,我常常说就是"甲骨学",现在我们大家都承认这个学科名称;关于木简的研究,我们现在称之为"简牍学",或者叫"简帛学";"敦煌学"也是专门性的学科；内阁大库就是"文书档案学"。所以王国维先生的演讲不简单，最突出的就是有预见性，他说这些东西都会成为新的学问，后来真的就做到了，所以王国维讲得好，大家也都注意到了这一点，可是有一点大家并没有充分注意到，这就是我们今天要讲的内容。

王国维在演讲中说，中国纸上之学问赖于地下之学问，这就是说，中国历史上新学问之起，常由于新发现。什么叫做"新发现"呢？"新发现"指的就是地下的学问。什么是"新学问"呢？就是纸上之学问。这就是"二重证据法"，王国维1925年讲"古史新证"的时候，就是这样来做的。可是大家都没有指出《古史新证》和《最近二三十年中中国新发见之学问》的关系，实际上二者的关系是很清楚的，就是王国维的"二重证据法"是在他多年学习、研究的实践经验中产生的，而这个实践经验凝练起来，就成了《最近二三十年中中国新发见之学问》所讲的这些内容，这一点后来成为一个方法，就是"二重证据法"。我常常说这一点规定了中国后来的古史研究、考古学研究和古文字学研究的基本方向，所以古史研究、考古学和古文字学就分不开了，中国研究古史的人，谁不用考古材料呢？不用考古材料怎么去研究呢？所以王国维提出的"二重证据法"就是这样来的。大家说你这个说法是不是还有一些牵强附会的地方？那我们就看看"二重证据法"的原文，大家只要读一下就会明白了。

"古史新证"讲义的原文在清华出版的这个本子中有，这是他后来请人抄的，然后石印发表。我们现在可以指出，王国维"古史新证"这门课本身就是根据"二重证据法"来设计的，王国维之所以设计这门课，有当时历史的原因，是当时学术史上的迫切需要。这门课叫"古史新证"，这和"古史辨"这个词有对应关系。

后来有人说这个说法不对，因为"古史新证"是在1925年，《古史辨》第一册出版是在1926年，所以先有"古史新证"，后有"古史辨"这个词。这个说法不对，"古史辨"这个词固然没有，但顾颉刚先生在他的文章里开头就写了"辨古史"，那是在1923年。换言之，1923年顾颉刚先生就提到了"辨古史"这个词，所以后来才有"古史辨"，因此"古史新证"这个词是针对"古史辨"来的。大家有兴趣可以看看《古史辨》的第一册，里面收了王国维先生的这篇文章。大家要知道，"古史辨"这样一个讨论，后来形成运动，是1923年的事。它是1919年五四运动和新文化运动展开之后很重要的一个组成部分，从政治史和文化史上来说是进步的，我们今天应该充分加以肯定。"古史辨"是从胡适先生开始的，胡适先生当时研究《红楼梦》，在搜集材料的过程中，和他的学生顾颉刚先生有所讨论，后来胡适先生就提到了"古史辨"的基本思想，这些内容大家去翻一翻《古史辨》第一册和第二册的序就清楚了。

  1923年出现了"古史辨"，根据现在我们所知道的材料，王国维先生一开始并没有很直接地去了解"古史辨"的一些东西。可是王国维先生当时遇到了一个问题，就是钱玄同先生写了一篇文章，批评了王国维，直接点名和王国维讨论。[①]这是因为王国维此前在《史籀篇疏证序》一文中提出了"战国时秦用籀文六国用古文说"，钱玄同对此表示反对；而这个时候容庚先生也支持钱玄同的观点，这是王国维先生所不能同意的。因为容庚是罗振玉的学生，虽然不是王国维的直接弟子，也等于是他的弟子。所以王先

---

① 钱玄同：《论〈说文〉及壁中古文经书》，载《古史辨》第一册，第66页，上海：上海古籍出版社，1982年。

生就写了一封信指责容庚的说法,这封信保留在了《王国维全集》中。后来王国维先生写了一篇文章《桐乡徐氏印谱序》,讲六国文字的问题①,钱、王两位先生在这个问题上展开了讨论。关于这个问题,我曾经写过一篇文章,登在《清华大学学报》上②,大家可以看一看。

当然,王国维注意到了"古史辨"这个思潮的兴起,据说当时有人问王国维对"古史辨"有什么看法,王国维认为"古史辨"是破坏的多,建设的少,所以《古史新证》一开头就讲,"研究中国古史为最纠纷之问题,上古之事传说与史实混而不分,史实之中固不免有所缘饰,与传说无异,而传说之中亦往往有史实为之素地,二者不易区别,此世界各国之所同也"。这里讲的是怎么研究中国古史,所以《古史新证》是研究中国古史的一种方法,可以说是古史研究的方法论。王先生首先说这个研究很难,是"最纠纷之问题",也就是"最困难的问题",王国维先生写文章不像咱们那么白,他写得很古雅。"上古之事传说与史实混而不分"是讲中国上古的历史有很多的传说,其中一定有传说和神话的成分,不可能全是事实,可"传说之中亦往往有史实为之素地"。"素地"这个词我过去总不太理解是什么意思,后来查到这个词是从日本人那里来的,就是英文的 background,也就是"背景",换言之,"素地"就是"背景",用的是《论语》中的"绘事而后素"的典故。也就是说,传说看似是神话性的东西,可是它有史实的背景,如果否认这个背景,那也错了,这就是王国维的论点,而这一点是"世界各国之所同也"。

---

① 王国维:《桐乡徐氏印谱序》,载《观堂集林》,第 298-304 页,北京:中华书局,1959 年。
② 李学勤:《王国维〈桐乡徐氏印谱序〉的背景与影响》,《清华大学学报》2005 年第 2 期。

这就是王国维的特点了,王国维学贯中西,大家可千万不要认为王国维拖着个辫子,就说明他是一个腐儒。辫子是有的,可是他不是腐儒,这一点郭沫若先生早就指出了。[①]王国维的思想是中西兼通的,所以他说"世界各国之所同",研究者不认同这个共同性也不行,不但中国如此,外国也如此,他说这个话是很大胆的。

"在中国古代已注意此事,孔子曰'信而好古',又曰'君子于其不知,盖阙如也'。故于夏殷之礼,曰'吾能言之,杞、宋不足征也,文献不足故也!'孟子于古事之可存疑者,则曰'于传有之'。于不足信者,曰'好事者为之'。太史公作《五帝本纪》,取孔子所传《五帝德》及《帝系姓》,而斥不雅驯之百家言。于《三代世表》,取《世本》,而斥黄帝以来皆有年数之《谍记》,其术至为谨慎,然好事之徒,世多有之,故《尚书》于今古文外,在汉有张霸之《百两篇》,在魏晋有伪孔安国之书,《百两》虽斥于汉,而伪孔书则六朝已降行用,迄于今日。又汲冢所出《竹书纪年》,自夏以来,皆有年数,亦《谍记》之流亚,皇甫谧作《帝王世纪》,亦为五帝三王尽加年数,后人乃复取以补太史公书,此信古之过也。"王国维先生指出历史上有些东西是不可靠的,不能完全相信,相信就错了,所以"信古"是有过的,完全"信古"是不对的。"信古""疑古"这个提法最早就是王国维先生讲的,至于说是不是更早还有人这么提,我就不知道了。罗振玉后来回忆王国维的时候,说他在清末民初就和王国维谈过"信古""疑古"[②],这个是不真实的,因为罗振玉的这段话是一种回忆,在回忆里面用了一些新

---

① 郭沫若:《鲁迅与王国维》,载《历史人物》,上海:海燕书店,1951年。
② 罗振玉:《海宁王忠悫公传》,载《王国维全集》第二十册,第227-231页,杭州:浙江教育出版社,广州:广东教育出版社,2009年。

的词,这是不可能的,关于这个问题,我专门写过一篇文章讨论①,在这里我就不详细讲了。

王国维又说"至于近世,乃知孔安国本《尚书》之伪,《纪年》之不可信",这是对的,王国维完全肯定这一点,就是不能够完全信古,"而疑古之过,乃并尧、舜、禹之人物而亦疑之"。"疑古"也有过,过是什么呢?就是连尧、舜、禹这些人物也都怀疑,这是不行的。这个针对性就很明显了,指的就是"古史辨",因为《古史辨》一开头讲的就是尧、舜、禹,而且实际上也针对日本学者。"尧舜禹抹杀论"是日本的白鸟库吉提出来的,白鸟库吉属于日本的东京学派,东京学派最早提出这一点,比古史辨要早得多。我不赞成顾颉刚的观点来自白鸟库吉的说法,因为顾先生是不大读这些日本著作的,可是他们的思想是一致的。但是王国维对这些成果熟得很,王国维精通日文,出身于罗振玉所创始的东文学社,他是专门学过日语的,王国维翻译的日文的东西很多,所以他知道东京学派的主张。

王国维还说,"其于怀疑之态度及批评之精神,不无可取,然惜于古史材料未尝为充分之处理也"。王先生肯定这种批判精神,但同时也认为他们没有对古史材料进行充分的研究,换言之就是他们的研究不够。

"吾辈生于今日,幸于纸上之材料外,更得地下之新材料,由此种材料,我辈固得据以补正纸上之材料,亦得证明古书之某部分全为实录,即百家不雅驯之言,亦不无表示一面之事实,此'二重证据法'惟在今日始得为之,虽古书之未得证明者,不能加以否定,而其已得证明者,不能不加以肯定,可断言也。"这就是他

---

① 李学勤:《读王国维先生〈古史新证〉》,《人民政协报》1998年2月2日。

7月份演讲里面的内容,我辈生在今天,不但有纸上的材料,而且还有地下之新材料。"纸上的材料"就是他在演讲中所说的"纸上之学问","地下之新材料"也就是"地下之学问"。因此,讲"二重证据法"一定要从7月的这次演讲讲起,这一点过去大家不大注意,只讲《古史新证》,可是并没有看到王国维是怎么讲的。"由此种材料,我辈固得据以补正纸上之材料"是说我们用地下的材料来补充、纠正纸上的材料,纸上的材料有不可信的地方,我们用地下的材料来补充纠正。"亦得证明古书之某部分全为实录",也就是说,通过这些我们可以证明古书某些部分完全是真的,这里他是具体有所指的,比如说他最后用甲骨文证明《史记·殷本纪》的世系全为实录,虽然还是有些错误,但基本上是对的。"即百家不雅驯之言,亦不无表示一面之事实","百家不雅驯之言"就是"不雅训之百家言",是《史记》里面司马迁的话,换言之就是"各种说法"。这些说法也不无表现一面之事实,也就是说从一个侧面来看,这些说法还是反映了历史上的一些东西,当然并不是说完全相信,但还是有可信之处。"此'二重证据法'惟在今日始得为之",是说现在有这么多发现,我们才能做,所以"虽古书之未得证明者,不能加以否定,而其已得证明者,不能不加以肯定,可断言也"。王国维这个话说得很重了,他说古书上那些没有得到证明的,不能够随便加以否定,有些内容是古书上说的,也确实有一些不可信的地方,但是不能全部否定掉,而且已经证明了的东西,不能不加以肯定,所以王国维的基本思想和"疑古"是相反的。"疑古派"说这个东西证明不了是真的,那么我们就认为是假的;王国维则认为古书中的东西,在没有被证明的情况下,不能轻易否定。他的出发点和"古史辨"是不一样的,也正因如此王国维才设计了这门课。由此可知,王国维先生不是脱离现实的，他讲这门课的时候，就是针对当时的学术界，这可能是大家完全想象不到的。

我们再看看这门课的内容，也就是王国维是怎么讲的。所谓纸上之材料，也就是研究古史的纸上材料，他举了十项：第一是《尚书》；第二是《诗》；第三是《易》，也就是《周易》；第四是《大戴礼》中的《五帝德》及《帝系姓》；第五是《春秋》；第六是《左传》和《国语》；第七是《世本》；第八是《竹书纪年》，这里指的是《古本竹书纪年》；第九是《战国策》及周秦诸子；第十是《史记》。地下材料他举了两种：一是甲骨文字；二是金文。所以，他下面讲的这些，就是如何用这种方法来讨论古史。第一个就是"禹"，这是针对"古史辨"的。所以王国维先生讲这门课，在当时是非常前沿的，我们不是说王国维先生的都对，可是他是针对当时学术界的现状来讲的。后来《古史辨》第六册请清华的冯友兰先生作序，冯先生是哲学家，所以用哲学的方式来概括这种问题，冯先生采用了"三段论"法，就是"信古"阶段、"疑古"阶段和"释古"阶段，"释古"在一定意义上看起来好像是回到了"信古"，可"释古"是超越了"信古"和"疑古"的。前些年，清华的老校友王瑶先生也写了一些文章来讲述清华学派，清华学派的特点就是"释古"。我们学校中文系的老主任徐葆耕先生也专门写过一本书叫《释古与清华学派》。我们今天不谈这种学术史的问题，这不是我们要讲的内容，我们讲的是王国维先生作为出土文献和古文字学的奠基人，他当时根据学术界的一些具体情况，来设计了这样一门课程。这门课是带着大家来读文献的，这门课里面很具体地去讲这些，课后发了很多材料，包括金文的注释，比如散氏盘、大盂鼎、克鼎、毛公鼎等。

在"古史新证"结束之后，王国维开始了另外一门课，就是读《尚书》。所以王国维在清华对古史所做的工作，完全是按照他的"二重证据法"去设计的。"古史新证"是根据他的研究成果，从方法上来讨论古史研究，当然这是他的观点，所以他既引用了地下的材料，也引用了纸上的材料，然后加以对照。在这个基础上，王先生再讲金文，因为金文可以和《诗》《书》《史记》等文献直接对照，他讲了很多篇金文，有很多创见。大家对照《观堂集林》和《古史新证》，就会发现他在一些地方已经有了很大的改进，这个工作如果有人有时间还是可以做的，这对研究王国维而言还是很重要的。然后王国维就开了一门《尚书》课，还讲授《仪礼》，但《仪礼》讲得很少，主要还是《尚书》。所以，在《古史新证》的后面，还有两篇讲课记录，分别叫做《王观堂先生〈尚书〉讲授记》以及《观堂学〈书〉记》，记录者是他的两个弟子，一个是刘盼遂先生，一个是吴其昌先生，这两位先生后来都成为著名的学者。

吴其昌先生后来长时间在武汉大学，大家可能会知道吴世昌，吴世昌是吴其昌的弟弟，是做文学的，在社科院文学研究所。可惜的是吴其昌先生过世比较早，可是他的贡献很大，最主要的工作是在金文方面，他的《金文历朔疏证》以及《金文世族谱》都是非常重要的著作，吴先生的女儿吴令华女士近些年整理了他的一些遗著，要陆续出版，我应她的要求，还写了个序，现在还没有印完，马上就要出来了。吴其昌先生在金文和甲骨文方面都有很重要的贡献，他的一些材料大家可以去看《武汉大学学报》，由于他过世比较早，所以后来知道他的人比较少。

刘盼遂先生一直活到了 1966 年，到了"文化大革命"，这个时间是不会错的。刘盼遂先生一直是在北师大，他是著名的语言文字学家，代表作是一部文集，叫做《文字音韵学论丛》，书里的内容非常精到，在小学方面有特别重要的贡献。《刘盼遂文集》前些年也由北京师范大学出版社出版。前些时候过世的史树青先生是刘先生的学生，史先生写过一个刘先生的事略，虽然没有正式出版，但曾在刘先生的追悼会上散发过。

吴其昌先生和刘盼遂先生都是王国维先生的及门弟子，《王观堂先生〈尚书〉讲授记》和《观堂学〈书〉记》是他们学《尚书》的笔记，大家可以通过这些笔记去看看王国维是怎么讲《尚书》的。大家可以想一想，王国维先生当时是怎么去讲这几门课的，他基本上一开头是讲方法，就是《古史新证》，用他自己的研究成果来证明"二重证据法"。之后既讲文献，又讲金文，金文和文献可以互相对照，所以这几门课之间是有机联系的，并非随便设计。王国维先生在清华研究院所指导的学生中，也有人在这方面做了一些专门工作，其中专门做《尚书》的，就是《尚书覈诂》的作者杨筠如先生。杨先生是湖南人，现在的人基本上都不知道他了，他在二十世纪五十年代过世，死在西北大学。①我自己没有机会见到这位先生。六十年代初的时候，陕西人民出版社出版了他的《尚书覈诂》。

在清华研究院的四班弟子当中，每人都要做一个论文题目，来国学研究院的人，最后的成果就是写一篇论文。研究院对论文的要求是非常高的，不是像现在硕士、博士论文的这个样子，我不客气地说，现在的硕士论文、博士论文都比不上当年。当时等于是要写一部著作，也可能是一篇文章，但需要导师的肯定，比如徐中舒先生讲甲骨文、金文中所见的殷周民族，就写了《殷周民族考》，王国维说行，这样就毕业了。

---

① 整理者按：杨筠如先生最后并非终于西北大学，李先生曾专门写文章澄清此点，参看李学勤：《关于杨筠如先生晚年事迹的补正》，《古籍整理研究学刊》2010年第3期。

杨筠如先生是做《尚书》的，最后的成果是《尚书覈诂》，王国维给他写了一个序，可以说杨筠如先生几乎是清华国学研究院里面唯一一个完全做经学的，大家或许认为那个时代做经学是很流行的，但其实也不尽然，因为做经学费力气。我查了一下，就我所查到的资料而言，这四班学生中真正做经学的只有两个人，一位是杨筠如，还有一位就是杜钢百。现在已经很少有人知道杜钢百了，可是最近这个名字被有些人注意到，但也没有提到他是王国维在清华的学生，这位先生后来在西南师范学院，也就是现在的西南大学，跟吴宓先生在一起。吴宓先生最后在现在的西南大学去世，当时叫西南师范学院。关于吴宓先生，还有各种的传记，其中一个叫《心香泪酒祭吴宓》，书中谈到杜钢百的地方就特别多，但那个书并不是太可靠，这一点大家对照吴宓的日记就知道。

杜钢百是研究经学史的，只有杨筠如是专门做《尚书》的，大家可以试想一下，杨筠如先生在两年左右的时间里面居然做了一部《尚书》注，然后他就把《尚书覈诂》带走了，带到南方去了。到了南方之后，他把这个稿子寄回给王国维，王国维先生看了之后，就给他写了个序，我认为这篇序是王国维最后的著作，我想不出王国维在这之后还有什么著作，这点我在为新版《尚书覈诂》写的序言中已经提到了。王国维写这篇序是非常仔细的，他还有底稿。

我手里用的《尚书覈诂》是陕西人民出版社的本子，这部书我多年来一直在用，我现在仍然认为这是我们今天能读到的《尚书》注中最好的一种。我在新版序言中提到今人的《尚书》注，最流行的有三种。一个是曾运乾的《尚书正读》。曾运乾，字星笠，是湖南人，曾先生非常有名，他和杨树达先生的关系非常好，虽然《尚书正读》很好,可是现在出版的那个本子过于简略,我觉得不足以全面展示曾先生的学问,这是我的看法,所以大家实际上也不是真正地去用他的书。在大陆大家用得比较多的基本上就是《尚书覈诂》,在台湾地区是屈万里(字翼鹏)的《尚书集释》,杨、屈二人的书各有好处,杨筠如这个书的特点是完全按照王国维的路数去走,所以《尚书覈诂》尽可能地要去用金文材料,当然这个书成书比较早。我在序中提到《尚书覈诂》有一个《北强月刊》的本子,这是因为杨筠如先生曾经在河南大学待过,当时河南大学有两个他的清华同学,一个是做《古书虚字集释》的裴学海,还有一个就是高亨,他们还给杨先生的书提过一些意见,这在杨先生的自序中已经提到了。当时他们有一个刊物叫《北强月刊》,《北强月刊》一般都是比较薄的,并没有多少页,但是有一个专号非常厚,这个专号分为两部分,前一部分是裴学海的《老子正诂》,后一部分就是《尚书覈诂》的前一半。其实这个《北强月刊》我以前有,"文革"的时候没了,现在要找起来可能就非常困难了,我想也许清华会有,这是很难得的一本书。

《尚书覈诂》1961年在陕西人民出版社出版过,但是这个版本惨不忍睹。大家要知道,当时是困难时期,所以书又回到了抗日战争时期的那个样子,是用黑草纸印的,一碰就破,那个书我看得特别仔细,现在都烂了,但是我还保存着。后来我认识了陕西人民出版社的社长,他是西北大学的学生,当时我就跟他商量,他说如果我可以去重新标点一下,他可以重印《尚书覈诂》。那个时候他给了我一个复印本,这个事情我在序中已经提到了,当时复印机很难得,所以复印本还是挺难得的一件事。我一直没有时间,后来就交给了我的学生黄怀信,黄先生现今在曲阜师大工作,他是做《尚书》的,他把这个书重新校了,所以大家现在都可以用到这个书，我还是很推荐这个书的，这是我们现在读《尚书》用得很方便的一部书。

  以上是对王国维先生的介绍，虽然不是很全面，但还是可以看到王先生在清华研究院设计的这些课程，不是像有些人想的那样，是零零碎碎的，而是有道理的，他所设计的课程非常深远地影响了整个学术界。虽然《古史新证》这个书过去流传不广，今天还是流传不广，也没有很多人读过，现在大家用的有些材料，很多是从《古史辨》中摘录的，我劝大家还是仔细地读一读《古史新证》，而且要和《最近二三十年中中国新发见之学问》合在一起来读，这会对大家有所帮助。

  我们总结一下上面所讲的内容，从历史学的角度去研究出土文献，王国维先生给我们树立了一个榜样。他的特点就是，虽然他对考释也非常重视，但不是单从一两个字的考释出发，而是将出土材料作为历史的依据，作为历史的文献来研究，把纸上的学问和地下的学问结合起来，这就是"二重证据法"，所以大家一定要将纸上材料和地下材料对读，互相结合，互相研究，互相证明。怎么能懂出土的东西呢？要根据纸上的材料，根据古书的知识来理解这些出土文献。相反地，对于纸上的传世文献，怎么证明它的真伪，做进一步的理解呢？这就需要根据出土的材料，两者互相证明。所以，从这里我们就看到了这些年大家谈的一个问题。我们谈到了冯友兰先生的"三段论"法，从"信古"到"疑古"，再到"释古"，不管是哪个阶段，目的都是研究古史，所以叫做"古史辨""古史新证"。而且从"古史新证"，后来派生出了所谓"新证"之学，这是于省吾先生提出来的，于先生主持建立了中国古文字研究会，提倡"新证"之学，他自己就写过很多部新证，如《尚书新证》《诗经新证》。《诗经新证》有两个，一个是《双剑誃

〈诗经〉新证》,一个是《泽螺居〈诗经〉新证》,一直到《〈穆天子传〉新证》,他的女婿吴振武教授把这些东西结集成《双剑誃群经新证》和《双剑誃诸子新证》,在中华书局出版,就是所谓"新证"之学。"新证"之学实际上就是用"二重证据法"来研究的,于先生的"新证"之学更多地是用地下的材料去证明纸上的材料,而非相反。

发展"新证"之学,特别是从考古学上发展这一点的,是李济先生。李济,字济之,是清华国学研究院中的第一位讲师。清华研究院当时是四大导师,年龄最大的是梁启超,五十岁的样子,之后是王国维,还不到五十岁,然后是赵元任,再然后是陈寅恪,最后一个二十多岁的就是李济之,也就是李济先生。李济先生是湖北钟祥人,他是哈佛大学人类学系毕业的,搞体质人类学,也受到过考古学的训练,他1922年回到中国,首先在南开待了一段时间,1923年发现了新郑古墓,他就到新郑去做了一些考察,他自己说这是不成功的工作,1925年他就到清华来了。到清华之后,他和美国的弗利尔美术馆做了一个协议,就是要进行田野发掘。1926年他发掘了山西夏县西阴村,这是中国现代考古学成立的标志之一,他将夏县西阴村的东西运到了清华学堂,一共有几十箱陶片,王国维先生还专门去看。在这个基础之上,李济先生主持了殷墟发掘,今年是殷墟发掘八十周年。李济之先生写了几篇重要的论文,多次谈到"古史重建",他提出的口号就叫做"古史重建",所以我们现在就有"古史辨""古史新证"和"古史重建",这是一脉相承的。特别是"古史重建"的观点和傅斯年先生对于历史学的观点相呼应,当然傅斯年先生的研究也还是有所不同,可是他在史语所提倡的方向和这个是相呼应的,在这方面我国台湾的学者写过很好的文章,比如王汎森先生等,他们都写过这方面的专门文章，有过很多的讨论。特别是傅斯年先生所提倡的对史料的看法，以及他提倡的史语所的学风，和"古史重建"的观点特别一致。当然"古史重建"这个观点和王国维说的"古史新证"还是有些不太一样，这些问题之间的关系，还有待进一步研究。对于前辈的看法，我们的知识都是有限的，体会也不一定正确，大家可以慢慢地研究。

我们可以看到，中国古史研究的基本规模和方向，王国维先生已经做好了奠基工作，这一点我们还是要承认的，包括"古史重建"，虽然是以考古为主的，但实际上也是从王国维先生这里一脉相承的，这一点李济之先生自己也这样讲。从这些方面就可以看到，从历史的角度来研究出土文献，仍然是我们重要的方向。当然，我们完全不否认中文学科从语言、文字、训诂的角度去研究出土文献的方向，我想这是并行不悖的。李济之先生晚年在"中研院"史语所一直提倡要修一部上古史，当时有些学者认为还不成熟，但李济之先生坚持一定要修，最近新出版的"中研院"《纪念殷墟发掘八十周年学术研讨会论文集》，在院史中专门谈到了这个问题。李济先生主编的上古史，后来并没有做成一个很正式的出版物，叫《中国上古史稿》，还没有形成一个真正的上古史。我想这个工作今后两岸的学者可以共同努力，根据现在新的发现、新的研究修一部《中国上古史》还是很有必要的，我们支持这样的一个方向。

为什么我们今天来谈这个问题呢？今天这堂课一开始我们就提到了，从王国维先生作为奠基者的这样一些工作一直谈下来，虽然这是1925年的事，离现在也非常遥远，可还是很有意义的。所以，我想今年我们的课是不是更多地从这方面试探一下，这是我的想法，就是把文献和地下的材料相结合，具体来说是与金文结合，因为其他的文字材料没有那么多，可文献的材料是非常之多的，我们把这些材料进行对读。大家要知道，对读是有限制的，因为并不是什么材料都能够对读，而且我们还要照顾到两者之间的系统性。比如过去我们读金文的时候，也读到过商代的金文，这次我们会选录几篇商代晚期篇幅比较长的金文，仔细地来研究，之后再读《诗经》和《尚书》中的有关部分，主要是《尚书》。当然，这样读有些地方大家可能会觉得接不上，比如《高宗肜日》，《高宗肜日》是可以和甲骨文对读的，实际上能读的也就是那么多，可我们还是应该读，互相对读的结果一定会互相印证，希望我们这些课不但是给大家介绍一些知识，还能让大家对这些方法论有所体会，也能有所创新，这是我们希望去做的。西周的就更好读了，我们通过这些去熟悉西周的文字和历史，一些重要的问题，我们还要去进行讨论，比如"周公摄政称王"这类的问题，这个问题已经吵了快3000年了，这种问题究竟是怎么回事，我们可以来共同讨论。

  以上就是我们在这方面的一些想法，我们可能会碰到这样一个结果，就是有几堂课只讲金文，有几堂课只讲《尚书》，可是我们尽可能地把这些穿插在一起。其实，这个工作陈梦家先生早就想做，不知道大家有没有看过陈梦家先生的《西周铜器断代》，他的做法是开头的时候，先把金文排起来，但后面一定要有一个史实的部分，而且有时候会按专题来整理文献，他也是想对读的，比如说武、成之间的史事，武王时期有什么事，成王时期有什么事，都给记录出来，但这些事并不一定在金文中都有，或者还没发现。比如"平三监"，有哪几件铜器是"平三监"，还确实比较难找，最近还真出现了一件"平三监"的铜器①，可是如果不熟悉

---

① 整理者按：此即"何簋"。

"平三监"史事，就读不出来。所以，我的想法就是在这个课里面，我们一起来好好地读一读这些文献，主要是《尚书》。以《尚书》为基础，这样就很有好处了，可以使在座的各位在将来对这方面有一些感觉，就是在看金文的时候，会觉得有一些内容和《尚书》是一样的；或者我们读《尚书》的时候，也可以分析出来哪些地方是和金文一致的，是原始的，哪些地方是经过修改的，这是这个课的设想。下一次课我想把商周金文和《尚书》都概括地来介绍一下，《尚书》的基本知识和商末、西周金文的基本知识就是我们下一次课要讲的内容，可能更多地是讲一些关于《尚书》的知识，因为关于《尚书》的知识，在以前的课中我们没有很好地讲过。

最后我们总结一下今天所讲的内容，我们今天所讲的课作为整个课程的绪论，主要讲的内容是我们对于这个课的设计，就是从历史的角度，具体来说是从古史的角度，了解出土文献和传世文献之间的关系，我们希望这个课对各位能有一些帮助。

据我个人所知，多年以来在大学里面，没有《尚书》这门课。在"文革"以前，蒋善国先生在吉林大学讲过《尚书》，这是我知道的，后来他有一本书叫《尚书综述》，这本书很好，将来我给大家推荐的书目中也包括这本书。我见过蒋善国先生，是在1978年古文字研究会成立的时候。当时蒋先生的身体已经很不好了，他来的时候要用专车把他拉来，当时天气很冷，就把他浑身都裹起来，然后搀下来。我们这些年研究《尚书》，著作最多的是刘起釪先生，刘起釪先生今年也有九十多岁了，我记得好像是在"文革"以前，辽宁大学请他讲过《尚书》，他在自序中提到过。[1]他当时

---

[1] 顾颉刚、刘起釪：《尚书校释译论》序言，第17页，北京：中华书局，2005年。

去讲《尚书》，可是讲了半天，也只讲了《尚书》版本流传的历史，没有讲《尚书》的内容，他觉得很遗憾，应该是当时给的时间太少，或者是学生不易接受。我们不是这样做，当然我们在下次的绪论课里面，会特别讲一讲《尚书》的流传以及相关的基本知识，可主要还是读《尚书》本身的文字，了解有关的历史事实，这些在以前大家是很少去研究的，这是我们要去做的。我们所用的书，会在下一次特别讲解。

今天的课，我们介绍了王国维先生研究古史的"二重证据法"，特别强调了"二重证据法"的基本著作，不是只有《古史新证》，还有1925年7月在清华的演讲，就是《最近二三十年中国新发见之学问》。二者结合起来，才能看到王国维先生在他一生最后的时候，对古史研究所做的他的总结，同时也给我们的出土文献研究开辟了一条道路。我们的课也想在一定程度上模仿一下王国维先生，看看有没有可能，通过金文对《尚书》以及相关的历史事实有更多的了解。

·2008年下半年第二次课·

绪论（二）

上一次我们所讲的主要是出土文献研究对于历史研究的重要价值和意义，我们特别讲到了作为出土文献研究奠基人的王国维先生对出土文献的一些提法，以及他是怎么做的。为什么要讲这些呢？因为这些内容是我们今后所讲课程的基本结构和基本思想。上次我们提到了王国维先生所提出的"二重证据法"，这些年很多人写文章讨论"二重证据法"，如果大家看一些有关中国史学史特别是中国近代史学史的书，里面就有很多讨论。

现在很多学者喜欢用"出土文献研究"来指代"中国的古文字学"，实际上"出土文献研究"就是中国的古文字学，奠基人就是王国维先生。王国维先生与罗振玉先生常常被并称为"罗王"，而"罗王之学"指的就是罗振玉和王国维的学术研究。在学术研究中，他们两人是结合在一起的，二人互相配合得很好，有很多工作实际上是二人合作的。最近文物出版社出版了罗振玉《殷虚书契考释》的稿本[①]，稿本中的很多地方是王国维所写，罗振玉在《序》中也提到了该书的很多地方是与王国维共同讨论的。大家要

---

① 指《殷虚书契考释原稿信札》一书，北京：文物出版社，2008年。

知道，虽然后来王国维和罗振玉是同辈，也是亲家，但实际上王国维年纪较小，罗振玉从一开始来说应该算是王国维的前辈，罗振玉对王国维多有提携。虽然二人多有合作，但由于二人的学术基础不同，罗、王的学术研究还是有差别的，二人可以说是承前启后，罗振玉基本上是承前的，王国维启后。

罗振玉主要是承前，他是赵宋以来金石器物之学传流的最后一人。当然罗氏不仅仅是承前，也有很多新的东西，他所做的很多事是前代人不会做的。比如他把明器专门出了一本书，其中就有陶俑之类的东西，这种工作宋以来的金石器物研究者们是不会去做的，因为他们认为这些明器没有价值。所以中国自古以来不知道发现了多少陶器、陶俑等所谓明器一类的东西，但无人提及，也无人著录，这些东西出土后大多都被抛弃掉了，而开始提倡、著录明器，并有专书的，就是罗振玉。罗振玉是很有新的眼光的，但总的说起来，罗振玉的思想、观点以及他的研究更多的是继承前人，这一点大家读罗振玉的著作就会知道。

王国维的学术背景则完全不同，王国维一开始就是学外文的，他的外文非常好。我们很快就会看到新版的《王国维全集》，《全集》收录了王国维所翻译的东西，有几十种之多，其中的很多东西我们先前并不知道是王氏所译。由于王国维出身于罗振玉所设的东文学社，所以他所翻译的多是日文文献。而王氏在哲学、文学方面所受的训练及造诣是罗振玉所没有的，但罗振玉对古书以及金石古器的收藏亦是王氏所不能及的，所以罗振玉自言是他引导王国维进入了经史、金石学的领域，这的确是事实。王国维跟随罗振玉到了日本，利用罗氏所藏的书和器物，改变了过去的研究方向，将注意力集中在经史、金石之学。可即使是在这之后，罗、王二人的有些研究还是有所差别，比如王氏对于西北史地的研究、对于元史的研究，罗振玉是不大做的。虽然两人的研究有很多重合，也有合作，甚至在某些地方分不出究竟是谁所作，但是二人终究是不太一样的。整体而言，罗、王二人是由旧到新，承前启后，但王国维更多的是启后，后来也就有了所谓的古文字之学。下个月的 11 日，在吉林大学召开中国古文字研究会三十周年的大会，这个"中国古文字学"，实际上就是出土文献的研究。

在中国的学科史上，有一点是很奇怪的，古文字学和文字学是不同的，中国文字学所研究的对象包括中国自古至今所有的文字，而且不仅限于汉字，还包括各种民族的文字，但主流仍是汉字。但即使是以汉字为主，中国文字学与古文字学的研究从来就不一样，这是历史造成的，我们现在所说的古文字学实际上就是出土文献。为什么要叫做"出土文献"呢？因为如果叫"中国古文字学"，很容易被人误解为就是研究字的，而叫"出土文献"就可以把与之相关的各种研究包括在内了，所以很多人特别强调"出土"，特别是出土文献研究。

王国维先生提出了"二重证据法"，所谓的"二重证据法"是指利用出土的文字材料去研究中国历史文化的一种方法，这是研究出土文献的根本方法，也是研究中国古史的重要方法。大家若有兴趣，可以去看一些中国近代史学史的著作，其中都提到了这一方法。

最近一些年，很多人都写文章来阐述"二重证据法"，并想补充和发展这一方法，我个人也只看过一部分。但不论如何，"二重证据法"所起的作用是非常大的。所以大家不要看轻了王国维"二重证据法"的作用。清华版的《古史新证》前面的介绍中就特别提到，"书中所提出的'二重证据法'是中国近代史学史上的一座里程碑，影响至为深远"。这不是做广告，也不是讲义本身说的，这是一个比较公允的说法。之所以这样讲，是因为"二重证据法"为中国的古史研究和古文字研究规定了一个方向，并成为中国历史学和考古学之间的链环。中国的历史学和考古学一直以来都是互相结合的，过去我常引用夏鼐先生的话，夏鼐先生认为中国考古学和历史学的研究就像车子的两轮，飞鸟的两翼。[①]夏先生的话是很有道理的，这种思想就是从王国维先生那里直接发展而来的。今后中国的考古学研究和历史学研究仍会沿着这个方向发展下去。而作为二者中间链环的就是出土文献，也就是中国古文字学的研究。

研究"二重证据法"，不能仅看《古史新证》，因为《古史新证》所述的并不是"二重证据法"的全貌。虽然王国维先生五十岁就去世了，但"二重证据法"是王国维根据多年的研究经验归结出来的，此归结并非偶然，而是经过了很长时间的酝酿和发展。王国维的著作还是很多的，但相对于今天并不算太大，除去他所翻译的部分，以《王国维遗书》来看并没有多少，《王国维遗书》的字很大，如果排成小字并不很多。他们那个时代的人，并不像现在的人一写就几万字，特别是现在一剪一贴再一复制就更多了，那个时代的人可没有这个本事，特别是罗振玉、王国维，他们写的东西都不是很长，很少有很长的东西，大多很简短，但非常凝练，很多内容要从整个的学术发展的角度去研究。所以研究"二重证据法"还要与1925年7月的《最近二三十年中中国新发见之学问》的演讲相结合。

---

① 整理者按：夏鼐对历史学和考古学曾有论述，他说："虽然二者同是以恢复人类历史的本来面目为目标，是历史科学（广义历史学）的两个主要的组成部分，犹如车子的两轮，飞鸟的两翼，不可偏废。但二者是历史科学中的两个关系密切而各自独立的部门。"参看夏鼐：《夏鼐文集》（上），第31页，北京：社会科学文献出版社，2000年。

《最近二三十年中中国新发见之学问》的演讲特别重要，最近这些年，很多学者都在引用。其中引用最多的就是1900年前后的这一时期，王国维认为这是发现的时代，一共有四大发现，即1899年发现的甲骨文，1900年以后发现的西域木简、敦煌卷子以及明清内阁大库档案。实际上看讲稿记录就会发现最后还提到一个发现，就是中国境内发现的外族遗文，这一点很重要，王国维去世之后，陈寅恪在写纪念王国维的文章时还特意提到。

之所以大家近些年都讲这些，是因为这四大发现后来都成了国际重视的学科。甲骨文，又叫"甲骨学"，但"甲骨学"这个称谓从何人开始还有些争论，一般认为"甲骨学"是王国维的弟子、河南大学的朱芳圃先生首先提出的，我一直是这么看，直到今天我还是这么看。我见过朱先生，我见他的时候，朱先生已经满头白发，朱先生在"文革"之前过世。朱先生写了两本书，书名是《甲骨学商史编》和《甲骨学文字编》，线装的，由商务印书馆出版，这是率先使用"甲骨学"这个词的。可是上海博物馆的濮茅左先生在编《甲骨学与商史论著目录》时引用了周予同先生的文章，周先生的文章比朱芳圃的早，而且也用了"甲骨学"一词，但这篇文章没人看过，一直没有找到，所以情况究竟如何，还不太清楚。因此，一般说起来，"甲骨学"当源于朱芳圃先生。西域木简，后来的发展就不仅限于西域木简，还有竹简、帛书，我们称之为"简牍学""简帛学"，而且还能与韩国、日本所发现的简联系起来。敦煌学就更不用说了，人人承认，后来也成为独立的学科。明清大库内阁档案成了后来的档案学，也成了学科，即档案学系，像人大的档案学系就很重要。

王国维先生提出的这四大发现，到后来都成了学科，这证明了王国维先生那次讲演的预见性，这是很不容易的，很少有学者能做到这一点。我们今天觉得不稀奇,但是放眼于20世纪20年代,在当时整体的学术环境下,能提出这一点,是非常难得的,一般人做不到。除了内阁大库档案,四大发现的前三者,王国维先生都做出了重大贡献。

王国维先生为什么要做这次演讲呢?

这个演讲的背景,我们查一下就可以知道,王国维先生在1925年2月接受清华研究院的聘请,成为清华研究院的导师。清华本为留美预备班,此时想成为一所正规的一流大学,所以就成立了研究院,在2月,研究院就开始筹备了。之所以反复提出这个时间,是想让大家知道王氏是如何提出"二重证据法"的,是如何给出土文献作出方法论指导的。

1925年2月12日,清华成立了研究院的筹备处,吴宓为主任,即日办公。吴宓是一个很严谨的人,看他的日记就能知道,他每天吃几个馒头都要记录下来。早起吃两个馒头,中午又吃两个,他是陕西人,比较喜欢吃这个。曹云祥校长在2月12日任命吴宓为主任,第二天吴宓就进城去找王国维,可见吴宓对聘请王国维是有准备的,在此之前胡适曾向其推荐王国维,胡适曾经给清华校长推荐了几个可以担任清华研究院导师的人选,其中最重要的一个就是王国维。胡适所提出这些人选,是顾颉刚先生提出来的,顾颉刚是胡适的学生,但此说法仅见于顾潮写的传记,这一点我在顾先生的日记中并没有看到,不知道根据是什么,不过这是很可能的,因为当时顾先生虽然处在胡适的学生这样一个位置,但是以二人的关系,顾颉刚是完全可能向胡适提出这样的建议的。

吴宓拿着校长曹云祥的信,第二天就进城了,吴宓向王国维行了三鞠躬礼,王国维接受了清华的任命。王国维之所以接受,据说是遵从了溥仪的指示。王国维确实去看了溥仪,因为王国维当时担任南书房行走，在溥仪的这个小朝廷的范围内，王国维是要和溥仪说一下的，这也说明王国维先生循规蹈矩，王先生认为这是他应该做的，溥仪也同意王国维去清华。但这是一种形式，根据吴宓先生的回忆，王国维当时就表示接受，并不是说一定要得到溥仪的批准。可王国维去看过溥仪，这确是事实。

之后，王国维搬进了清华西院，至于时间则有4月17日、4月18日两说，但我认为应以17日为准，因为这是王国维在未搬入西院之前自己说的。王国维在搬家之前就说计划在三月多少号，也就是公历的4月17日迁居清华。王国维先生全家从城里搬出，住进了清华西院。王国维迁居到清华的那间房子今天还在，前两天我还问了校长，校长说这个房子要保存，大家可以去看看。之所以有人说18日，是因为王国维在17日出席了清华研究院的第一次院务会议，我想当时搬家没那么容易，需要时间。当时也没有搬家公司，大家知道，搬家公司是改革开放的结果，过去只有上海有，北京从来都没有搬家公司，新中国成立前上海的是在租界，那是外国的东西。北京最早的搬家公司是烤鸭店转的，由烤鸭变成了搬家。王国维在17日出席了清华研究院的第一次院务会议，王国维对清华研究院的事情是相当认真的，不仅此时如此，当年在哈同所办的仓圣明智大学编刊物时王国维先生就全力以赴。同样，王国维对清华也是全力以赴，后来院里的很多事都和他有关。曾经有人提议让王国维先生做清华研究院的主任，王国维表示拒绝，因为他认为自己不擅长行政工作，后来还是让吴宓做了清华研究院的主任（吴宓此前是筹备处主任），当然吴宓的主任只做了一年。

当年7月，清华研究院招生，王国维不但出题，还进城参加监考，王先生当时也才四十多岁，参加监考也不稀奇，可是对于王国维的身份来说，大家会觉得有些特别。后来的阅卷到录取，王国维均有参加。吴宓并没有参加监考，这从吴宓的日记中可以知道，吴宓当时有事。我们前面提到的《最近二三十年中中国新发见之学问》的演讲就是在7月进行的。

这次演讲是在暑期进行的，因为当时研究院的学生还没有被正式录取，留美班和大学预备部的一些人有一个学生会，学生会的这些人说王国维先生来了，我们还没有见过面，想请王国维先生做一次演讲，所以这是学生会请王国维先生做的一次公开演讲。这并不是在一个班里做演讲，而是公开的，谁都可以听。关于这个演讲，我曾有过一个考虑，就是我们并不知道这个演讲具体是在哪一天，王国维没有记录，虽然后来的讲义发表在《清华周刊》上，但也只是说7月演讲，并没有说是哪一天演讲，可是仔细想一想，还是可以知道演讲在哪一天。

这次演讲的本子现今能见到的有两个：一个是《清华周刊》版，收录在赵万里编的《静庵文集续编》里面；另一个是方壮猷的记录版，后来登在1930年《女师大学术季刊》上。方壮猷是王国维后来招的学生，他怎么会做这个记录呢？可能是当时方壮猷已经被录取了。大家要知道，录取的时间是7月27日，清华在7月27日这天发的榜，而方壮猷作为王国维的学生能够听到演讲并且做了记录，所以我们猜想这次演讲很可能是在7月27日之后进行的。这个道理很简单，如果方壮猷不是清华的学生，而且他是外地来的，他怎么会知道清华有这个演讲？在当时说起来，清华是很远的，不是那么方便，所以我想最可能的是这个演讲在7月27日之后。当然这只是猜测，我们没有更多的根据。方壮猷的记录应该是和《清华周刊》的本子对勘过的，但二者还是有很多不同，甚至连标题都不一样，赵万里的本子叫"最近二三十年"，到了方壮猷的本子就变成了"近三十年"。这两个本子哪一个更好呢？我个人认为还是赵万里的本子更好，因为赵万里是王国维的助教，王国维后来所发表的很多东西都是赵万里誊清的。包括后来的《古史新证》也是如此，《古史新证》由来薰阁出版，是大开本，印数很少。赵万里是有意地在誊写这些东西，这样王国维的手稿就可以保存下来了。我们可以猜想，如果这次演讲有底稿，那一定是赵万里看到的，而不是方壮猷，方壮猷的本子只是一个记录，他应该也参考了《周刊》的本子。

为什么我们要讲这一点呢？大家可以算一下时间，如果王国维的演讲确实是在7月27日之后，也就是7月末，而"古史新证"的讲授则是在研究院开学伊始进行的。1925年9月9日，全校举行开学典礼，包括旧制的留美部、新制的大学部，以及研究院。9月14日，研究院开始上课，第一堂课就是王国维的"古史新证"，地点在清华学堂，当时有记录说听讲者甚众，除了研究院的学员外，旧制留美部、新制大学部师生均有参加，所以王国维在8月就应该开始准备"古史新证"的课程了。王国维讲得非常细，而且讲义都已经准备好了，并且随堂印发，现在我们手上的就是他当时的讲义。如果我们推定不错，王先生在7月末做了《最近二三十年中中国新发见之学问》的演讲，然后就准备"古史新证"，从时间上看这两者应该是一回事，所以二者的内容是互相参照的。

王国维为什么要讲"古史新证"？

王国维到清华来，他非常认真，早就设计了要讲"古史新证"。当时的几位先生，梁启超、赵元任都讲课，陈寅恪当时还没有到清华，陈先生是1926年才到校的。王国维的"古史新证"与7月《最近二三十年中中国新发见之学问》的演讲有关，实际上演讲讲的是当前学术趋势，就是从他的角度来看，他所涉及的学科的发展趋势。在讲学术趋势这一点上，清华各大导师之间是互有影响的。比如梁启超《清代学术概论》，一开始就讲思潮，后来陈寅恪在给陈垣《敦煌劫余录》所作的序中也提到了"预流""未入流"[①]，这些都是讲潮流。王国维也是如此，他讲思想趋势，而且提出一种方法论性质的东西并讲授给学生，这是很重要的，所以王国维的演讲是有针对性的，并不是随便找一个题目来讲。所以"古史新证"这门课也是有针对性的，这个针对性其实很明显，就是针对当时的古史讨论，也就是我们今天说的古史辨运动，该运动开始于1923年，与1919年五四运动相关，是历史学界一种改革性的思潮。

古史辨运动源于1923年胡适给他的学生顾颉刚所写的一封信，由此展开了关于古史的讨论，这个讨论非常热烈，有很多人参加。我曾一再说"古史新证"这个词和"古史辨"有一定的关系，当然有些人认为这个说法不对，因为古史辨的第一册出版于1926年，"古史新证"的讲授是在1925年，王国维不会预知"古史辨"。但是，"辨古史"一词在1923年就有了，而且在此之前，曹聚仁编纂了一本《古史讨论集》，所以"古史新证"是参加古史讨论的，这是没有问题的。因此，王国维提出一些方法，就是讨论古史应该怎么研究，怎么看待中国的古史，怎么看待中国古代的文化。这是在大讨论的环境下所讲的一门课。这种具有针对性的课，如果不了解当时学术背景，就很难理解。

王国维在开课伊始就讲了"二重证据法"。王氏在《古史新证·总论》中说"研究中国古史为最纠纷之问题"。如何才能既不

[①] 整理者按：陈寅恪在《敦煌劫余录·序》中曾言："一时代之学术，必有其新材料与新问题。取用此材料，以研求问题，则为此时代学术之新潮流。治学之士，得预于此潮流者，谓之预流（借用佛教初果之名）。其未得预者，谓之未入流。此古今学术史之通义，非彼闭门造车之徒所能同喻者也。"

陷于信古的不足之处,又不陷于疑古的不足之处呢?最主要的一个办法就是"二重证据法"。这就是他这门课的目的,也是他给"二重证据法"下的一个范围和定义。何为"二重证据法"呢?他说:"吾辈生于今日,幸于纸上之材料外,更得地下之新材料。由此种材料,我辈固得据以补正纸上之材料,亦得证明古书之某部分全为实录,即百家不雅驯之言,亦不无表现一面之事实。此二重证据法,惟在今日始得为之。"[1]所以,此处说的"二重证据"指的就是纸上的材料和地下的新材料,而这一点就是王氏在《最近二三十年中中国新发见之学问》中所讲的。

《古史新证》在纸上材料这方面列举了十项,从《尚书》《诗经》一直讲到《史记》,而所举的地下之新材料就是甲骨文和金文。所以他心目中的地下材料,主要指的就是出土的文献材料,也就是古文字材料。当然,从方法论来说,这点后来扩大了,变成了整个考古学的内容。但王国维当时并没有这样的一个提法,他讲的主要是甲骨文和金文。所以,他讲的四大发现基本上都是文字类的东西。而我们,包括我在内,所理解的"二重证据法"是将纸上材料和地下材料互相印证。单纯这么讲是对的,但是还不够。现在仔细想一下,王国维的想法不仅仅是这样,因为王国维的想法是以地下的材料为主体,用地下的材料来研究纸上的材料,去进一步地补充、纠正并发展纸上材料。因为纸上的材料是固定的,《诗》《书》《史记》都在那摆着,是不会变的。而地下材料是日新月异的,所以王国维在7月末的演讲中,一开始就讲了这样一个问题。王国维以为古来新学问起,大都由于新发现。现今所谓新发现指的就是甲骨文、金文这一类的东西,而古代的新发现就是孔

---

[1] 王国维:《古史新证》,第2页,北京:清华大学出版社,1994年。

壁中书和汲冢竹书。王国维确实也是以地下的材料为主体，用地下的材料来研究纸上的材料，去进一步地补充、纠正并发展纸上材料，王国维的课程就是这样设计的。

王国维首先讲的就是"古史新证"，这是作为方法论来讲的，就是给出一个研究方法。用什么来展示这种研究方法呢？就是用他自己的研究成果。他的研究成果得到了世界公认，并且针对性很明显，所以他一开头就讲"禹"。为什么要先讲"禹"呢？因为古史讨论就是从"禹"开始的，一直到今天，"禹"还是在被讨论。2002年发现的燹公盨铭文就讲大禹治水，美国马上就要召开研讨会，专门讨论这个发现，所以"禹"还是很重要的。因此，在"古史新证"课的一开始讲的就是"禹"。但是，王氏主要讲的内容是其本人对甲骨文、金文的研究，特别是商朝世系的研究，并以此说明"二重证据法"能起到一个什么样的作用。所以"古史新证"这门课，是一个方法论性质的课，不是一门简简单单讲授甲骨文、金文的课。"二重证据法"还有进一步的内容，就是怎么样用新的材料更进一步地来看纸上的材料。

王国维当时所发的讲义大部分都保存在这本《古史新证》中，其中的大部分是金文释文和考释，有些是其过去所写的金文文章，有些就是一篇释文。

大家知道我们手里的《古史新证》是怎么来的吗？这本讲义真是难得，因为当时王国维的讲义就是随便发了，也没有经过什么人的整理，后来有赵万里《古史新证》的本子。但比起赵万里的本子，我们的这个本子原始多了。现在我们手里拿的本子是北大中文系的季镇淮先生提供的，季先生在西南联大研究院做过助教，这本讲义是他20世纪90年代在书柜中翻书时偶然发现的。1952年院系调整，季先生从清华西院搬到了北大中关园，有一天许维遹先生的夫人带信给他,让他去挑书,说是许先生的遗书家人不再保存,季先生选了五部书,其中就包括这部讲义。但是许维遹先生是如何得到这个讲义的就不得而知了,许先生当时并不是听课者。

这份讲义告诉我们王国维在当时做了很多事,这里面还有对于六国古文的研究,关于此点,我在《清华大学学报》上写过一篇文章,大家有兴趣可以看一下。①对于六国古文的这部分研究,是对批评者的答复,就是与钱玄同关于某些观点的讨论。

王国维不但发了金文的材料讲授金文,还讲《尚书》。王国维用很大的力气给大家讲《尚书》,讲《尚书》时不但从传统的训诂注疏来讲,还与金文对照,这也应该认为是"二重证据法"实践的一部分,引导大家如何运用"二重证据法"进行出土文献研究。与此同时,他还讲授过《说文》,这是文字学的基础。所以大家应该明白,王国维作为国学院的导师,他是很用心地来设计他的课程的,在理论上、方法论上用他一生的研究成果来讲授他的治学方法,也就是"二重证据法";作为进一步的引导,还给大家讲《尚书》和金文。这就是我们对王国维当时授课的一点体会。

这个做法有特别的好处,就是有一个方法论贯穿整个研究。王国维的学生杨筠如的《尚书覈诂》就是按照这个方法做的,这是截至目前能够看到的用金文的知识来注解《尚书》的最好的一部书。王国维对该书的评价很高,他认为历代研治《尚书》都有其代表作:第一个就是《孔传》,《孔传》虽未必是孔安国自己作的,应该说到晋代才定稿,但《孔传》总结了汉、晋对《尚书》

---

① 李学勤:《王国维〈桐乡徐氏印谱序〉的背景与影响》,《清华大学学报》2005 年第 2 期。

的研究，所以《十三经注疏》中用的是《孔传》；再后来的研究，就是朱熹弟子蔡沈的《书集传》，该书总结了《孔传》以后一直到宋代对《尚书》的研究；而杨筠如的《覈诂》则总结了明清以来对《尚书》的研究。所以王国维对杨书的评价是很高的，当然为弟子写序总是要说得更好一点，可实际上也是不错的，这部书也是我们今天研究《尚书》，包括讲《尚书》很主要的一个依据。

我们现在的课，就是要学习王国维先生所奠定的这个路数，继续做下去。我们的课要把金文的材料和《尚书》的材料都列举出来，同时并进地去讲，虽然不可能一一对照，可基本上还是这样。另外也还要学习清华的另一位前辈陈梦家先生，陈先生所做的基本上也是这个工作，他的《尚书通论》和《西周铜器断代》都是如此，即先将文献和文字的材料加以整理，再举出有关的金文，看一下金文中有哪些内容可以补充、修正文献的材料，当然不可能全面地补充，因为金文不是《尚书》，但是这样金文和《尚书》的关系就可以看得非常清楚。陈梦家先生所走的路，实际上就是王国维先生所走的路，这也可以说是清华的一个传统。

我们还可以进一步去看一下王国维的讲演和"古史新证"这门课。

王国维在《最近二三十年中中国新发见之学问》中不仅讲了四大发现，还讲了历史上的两次最大发现，我们从这个角度再去体会一下我们究竟如何利用考古和文字有关的新发现来研究古代历史。

王国维在演讲中说中国自汉以来，总共有三次最大发现，第一次是孔壁中书，第二次是汲冢竹书，第三次是当前的四大发现。实际上讲历史上的发现只有两个，因为王先生这是演讲，所以大家读起来会觉得有些矛盾，前面讲历史上共有三大发现，后面只有两个。王国维先生在演讲的开头说,"古来新学问起,大都由于新发现,有孔子壁中书出,而后有汉以来古文家之学;有赵宋古器出,而后有宋以来古器物、古文字之学。惟晋时汲冢竹简出土后,即继以永嘉之乱,故其结果不甚著"。[①]此处王国维讲了历史上的发现有三个,但后面说的就不是这样,后面王先生说的三大发现是算上今天的四大发现,实际上历史上的大发现只有两个,没有再讲赵宋古器,王国维的这个矛盾,过去的人也没有注意到,现在我们重新很细地去读就会发现其中有矛盾。

实际上赵宋古器就是指青铜器,那么王国维是否重视赵宋古器呢?王国维当然是很重视赵宋古器的,他对宋代古器物、古文字之学做过深入的研究。大家要知道,最早的宋代金文的著录表——《宋代金文著录表》就是王国维编的,这是他亲手编的,其中每件器物真伪,王国维都有评议。在《静庵文集续编》中,就在这篇演讲的后面,还有一篇关于宋代器物学的专门文章,详细地讨论了赵宋古器,这也是他当时的研究成果,所以王国维在文中提到了赵宋古器。但是王国维在真正评论历史上重大发现的时候,并没有列出赵宋古器,这是有特别道理的。为什么呢?我想这个道理很简单,孔壁中书的发现,是重新发现了古代的经典,这是经典,不是一般的发现,虽然发现了一个鼎或一个盘也很重要,但并不是经典,当时的人尤其是汉朝人特别讲过这个问题。汲冢竹书为什么重要呢?汲冢竹书中《竹书纪年》是核心,十二篇《竹书纪年》中的很多记载和观点与当时传统的历史观点相反,这一点和宋代古器物学也是不一样的。所以,

---

[①] 王国维:《最近二三十年中中国新发见之学问》,载《王国维考古学文辑》,第87-91页,南京:凤凰出版社,2008年。

影响学术史的带有文字的重大发现一定是涉及文化思想的核心部分,或者是涉及历史史实的核心部分,所以王国维认为孔壁中书和汲冢竹书是最大发现。至于说是不是这样,我们可以讨论一下。

在座的同学,有些比较了解孔壁中书和汲冢竹书,有些还不是很了解,所以我先简单地介绍一下相关情况。

(一)孔壁中书

现今在曲阜孔府中有一面影壁墙,上写"孔壁"二字。这当然不是真正的孔壁,如果孔壁中经的竹简是藏在那里面,那就藏也藏不进去,发掘也发掘不出来,原来的墙是夯土的,所以才能藏书。

孔壁中经是什么时候发现的?这个问题到今天仍不能够最后考定,但大致情况我们是知道的。《汉书》中说孔壁中书的发现时间在武帝末,这一定是错的,因为武帝末已经没有鲁恭王了。实际上真正的发现时间,一定是在景帝末年到武帝前期这几十年之间。大家要知道,历史上很多事情都是这样,史书中的很多事情都没有办法考定,所以孔壁中经的发现自汉代以来就不断地在争论,我觉得没有必要太准确。如果没有新的材料出现,这个问题将会一直争论下去。但以我个人而言,我觉得景帝末年的可能性会大一些。

事件起因是鲁恭王好宫室,去拆孔家的房子,结果从墙里面发现了竹简。大家要注意,孔壁中的竹简、汲冢竹简与现在我们所发现的竹简,性质有所不同。至今为止,我们再也没有发现类似于孔壁中书那样重要的发现,但类似的发现过去还有,比如西汉时,河内女子发老屋,出了《泰誓》《易传》等三篇东西。这些东西是当时具体的历史产物，不是我们现在一般的考古工作能够遇到的，别的时代也不会再有了，这是焚书坑儒的结果，因为其他时代没有必要壁藏书籍。后来有人学这个，比如郑所南的《心史》，也是政治性的书，就是放入铁函中，沉到井下，后来又被发现，据说是这样。这种做法到现在还有，美国经济大萧条时期，有人认为美国就要垮了，便将有历史文化价值的东西放到一个雪茄形的容器中，沉到大西洋中去了，准备供以后的考古来重新发现。

孔壁藏书是与秦始皇焚书坑儒直接相关的，是秦始皇三十四年到汉惠帝四年的挟书令所造成的中国学术史上的特殊现象，在全世界历史上是独一无二的，有其特殊性，所以现在大家不要想着考古基址的墙中能挖出书来，这在当时也是极其特别的事情。但当时不是只有一个人这么做，此后与《尚书》有关的还有两次，其中之一就是伏生。伏生也是将他自己的《尚书》壁藏起来，后来自己拿出来的时候，有些已经坏掉了，所以传下来的只有28篇，抑或29篇。伏生能活到汉初，所以我们知道藏书者是他，但孔壁中书的藏者我们就不知道了。为什么要讲这个问题呢？这是因为孔壁中书的内容应该和藏者有关。也就是说，为什么要藏书？为什么要藏这些书？这个问题过去很少人仔细考虑过，现在我们发现了很多竹简帛书，逐渐我们就知道书的内容和墓主有密切关系。

无论如何，孔壁中经和秦始皇焚书坑儒有关，这一点没有什么问题，要不然不会费那么大的力气把竹简藏起来。希望大家能够体会到焚书坑儒是非常厉害的，其影响超乎很多人的想象。秦代的法律，令出必行，没有令的也要行，是特别厉害的，所以当时的影响特别大。如果大家看《盐铁论》之类的书，就会明白秦朝灭亡之快就和这一点有直接的关系，秦法非常有效，也颇为苛刻，所有的人都有可能被法律所镇压，在这种情况下，人人自危。大家想一想，那些起义的人不都是这么来的吗？陈胜、吴广就是这样，因为天降大雨，误了时间，即使到了也是死，所以陈胜、吴广就造反了。如果当时的法律不是那么严，到那里检讨解释一下就过去了，他们为什么还会造反呢？交一份检讨书就行了。但当时不能检讨，马上就要罚。大家看一看秦始皇陵出土的瓦券就知道了。秦始皇陵所出的瓦券大部分都是"居赀"。什么叫"居赀"呢？所谓"居赀"就是罚款，这是秦律中最低的刑罚。而且罚款是以武器为单位的，比如罚得较少的就是罚一个盾牌的价钱，并不是直接罚盾牌，而是罚款。最少的是罚一个系甲所用的带子的钱。所以受"居赀"的很多是自由人，有的人爵位还很高，如果没有付清钱款，就要去服劳役，用服劳役来抵钱，多少天抵多少钱，当时就是这样的一种办法。修秦始皇陵的人中，大多都有一块砖券或者瓦券，上面写着某某郡、某某里的工师、上造或没有爵位的士伍等，都在那里劳动，而其中有人的爵位还很高、路很远，也一样在修陵。但这些人不是真正的刑徒，而是被罚款的自由人，所以劳动死了之后还有一个券，类似于一个小墓志。至于奴隶之类，连券都没有，所以秦法太过严酷。大家可以想象，李斯建议的挟书令下达之后，令下三十日，不烧即是死罪，所以要藏书。

孔壁中书到底是谁藏的呢？这个我认为不可考。汉朝时有些记载，特别是孔家的人，这些记载见于《孔丛子》，当然这是他们家族中的一种传说。大家要知道，家谱、家记、家史是非常重要的史料，但是一定要仔细对待，因为这类的东西中不准确的地方最多，不一定是弄虚作假，有时只是为了攀龙附凤。比如，秦姓之人就不愿意说自己是秦桧的后人，实际上可能真的就是秦桧的后代,秦桧的后代很多。如果是姓岳的,他跟岳飞毫无关系,但也说是岳飞的后代,这是人之常情,也不一定是故意骗人。所以孔家所传的这些书,比如《孔子家语》《孔丛子》也是如此。《孔丛子》中有一个记载,说藏壁中书者为子鱼,子鱼也就是孔鲋,后来成了陈胜的博士。当时有一人名叫陈余,他说:"秦将灭先王之籍,而子为书籍之主,其危矣。"子鱼说:"顾有可惧者,必或求天下之书焚之,书不出则有祸,吾将先藏之以待其求,求至无患矣。"这种说法有没有可能呢?我认为也有可能,因为秦人想焚书这一点,不是李斯的时候才开始,大家看一看《商君书》就可以知道,秦早就主张消灭《诗》《书》,《韩非子》也是如此。《商君书》称《诗》为"虱",《韩非子》称《书》为"蠹",可见《诗》《书》就是消灭对象,所以秦早就有了焚书的方针,这也是秦末法家的一贯政策。因此陈余对孔鲋所说的话,逻辑上是有可能的,但事实上无法证明,所以不能说孔壁中书是孔鲋所藏。但是,我们可以推想,孔壁中书很有可能就是孔家之人所藏,因为外人不太可能跑到孔府去藏书,所以应该与孔家有关,如果是孔家人所藏,而又要找出一个代表,那就是家主孔鲋,所以《孔丛子》这个说法我们虽然不能够证明,但也非常有可能。不论如何,孔家人是藏了一些书的,我们可以猜想这些书一定是当时孔家人认为很珍贵,因为当时的书很多。现在我们有人认为当时的书很少,实际上并不是这样,当时的书很多,这一点不用看出土材料,大家看《汉书·艺文志》就可以知道。虽然经过秦火焚烧,但《诗》、《书》、百家语等还是留下来很多,可是九成以上的书我们已经看不到了。正因为留下来的书还是很多,所以焚书并未将中国文化斩绝,但破坏是很大的。所以孔壁中书的发现正好适应了汉代学术界的要求，那就是兴灭继绝，恢复和继续古代的文化传统，这也是汉代初年学术界最大的事。汉代学术界一开头就是要继续这个传统，要不然就没办法了。我们说的是学术界，实际上学术界和教育界是一回事。什么时候才能设立博士？什么时候才能进行普遍的教育？其中最迫切的需要就是那些经典的文献，汉代人对经典的认知和现在不同，我们今天认为《诗》《书》等五经是史料，但在当时却是指导人们思想的基础和方针，整个国家都要依靠这些。没有了怎么办呢？六经变成了五经，五经中的很多东西都缺了，没有人传授了，这就等于国之大政没有遵循了，国家应该怎么发展他们不知道了，所以孔壁的发现影响最大。

孔壁中究竟发现了什么呢？

大家可以猜想，即使是拆房，也拆不出太多的书。比如说我们现在这个屋子，孔家房的面积也不会比这间屋子大太多，战国时期的孔家也不会是什么太了不起的人家，不会是诸侯，他们的居室也达不到像章华台一般的规模，而且是夯土的，所以鲁恭王摧枯拉朽地就拆掉了。如果就是一面墙，也不太可能全挖空了，变成一个大书架，实际上就应该是一个比较大的洞，或者几个洞，把书放到里面，外面用板或树枝封好，再抹上泥。秦火之后，后人忘记了，所以就找不到了。如果真是孔鲋所藏，便很好解释，那就是他去世了，也没有把这件事告诉家人，其他人也就不知道了。

究竟孔壁所藏的书有多少呢？这就有不同的说法了，还是以《汉书·艺文志》所载较为可信。因为《汉书·艺文志》源于《别录》和《七略》，而《七略》的作者刘歆是专门注古文经书的。但《汉书·艺文志》最大的问题就是将孔壁中书的发现时间记为武帝末年，这是错误的，因为武帝末年，已经没有鲁恭王了。《汉书·艺文志》记载："鲁共王坏孔子宅，欲以广其宫，而得古文《尚书》

及《礼记》《论语》《孝经》凡数十篇,皆古字也。"这还是一个比较可靠的说法。我个人认为此处的"古文"二字应该包括到《孝经》为止,意思是这些书都是古文。其中的《礼》应该包括一部分逸《礼》,有人认为应该在"礼记"中间加顿号,表示发现的是礼经和礼记。这条记载比较合理,《尚书》《礼》《记》《论语》《孝经》是当时的普及读本,我们猜想壁藏的这些东西应是当时最基本的教本。但这之中为什么没有《诗经》和《周易》呢?因为《周易》并不是最基本的教本,并且作为卜筮之书是不烧的,但不烧的仅是经文,传文不行。而《诗经》在当时是人人会背的,是可歌可咏的,所以在当时也没有什么散失的问题,因而得以保存。《孝经》在当时就叫《孝经》了,《吕氏春秋》是先秦的书,其中就有《孝经》的说法。以上这些就是当时最常见的书,而这些也是儒家最基本的教本。大家知道,曲阜的传统一直是弦歌之声不辍,即使在几次大战争的时候,他们也是该教书还是教书,最后一课也是要上的,所以最基本的教本是最重要的,藏也要藏这些书,至于说参考书就没办法了,因此孔壁中所藏的书在种类上才是这种结构。

发现这些书之后,据《史记·儒林传》记载,"孔氏有古文《尚书》,而安国以今文读之,因以起其家,逸《书》得十余篇,盖《尚书》滋多于是矣"。这是很重要的记载,司马迁是孔安国的学生,当然司马迁有很多老师,比如他的父亲司马谈,以及孔安国、董仲舒等,其中最重要的就是孔安国,孔安国当时是《尚书》博士,司马迁曾问故于孔安国,所以司马迁的这个记载一定很准确,因为这是他老师的事。因此《史记》载"孔氏有古文《尚书》"之事,即孔壁中有古文《尚书》。"逸《书》得十余篇",据后人考证,一般认为是有十六篇。所谓逸《书》就是没有传授之书,也就是没有师传的书,很多人以为逸《书》是丢了的书,这不一定,因为有的书在汉代还是存在的，但仍然叫做"逸"。

　　刘歆受皇帝之命，在刘向去世后继续整理古籍，他在整理古书的时候发现了这些东西，刘歆说，"及鲁恭王坏孔子宅，欲以为宫，而得古文于坏壁之中，逸《礼》有三十九，《书》十六篇"。刘歆的说法虽然没有那么直接，但基本与司马迁的记载相符。也就是说，《书》除了伏生所传的今文《尚书》以外，还多了十六篇。而《礼》除了高堂生所传的十七篇之外，又多了三十九篇，这三十九篇里包括一些《记》。当然后来《汉书·艺文志》中讲的《礼记》中的有些"古文"，不全出自孔壁，有些是河间献王搜集来的，但孔壁中所出的书基本上就是这样，这些多出来的篇数共为五十五篇，再加上《论语》《孝经》原有的篇数，和"数十篇"差不多。总之当时的发现不及百篇之数，按照现在我们对于竹简的认识，这个数量已经不小了，应该有很大的一个范围，一个墙壁恐怕还装不进去，总之是一个很大的发现。

　　还有一点请大家要特别注意，不要相信王充《论衡》中认为《左传》也是孔壁中书的说法，这是不对的。大家要知道，《左传》是很大的，而且《左传》是有古文本流传的，是张苍献的，北平侯张苍是荀子一脉，荀子传《左传》，所以张苍有另外的一个途径得到《左传》的古文本。

　　我们在传世典籍中还是能看到一些传抄的古文《尚书》、古文《论语》、古文《孝经》，但古《礼》并不多见，大概是没有流传下来。

　　王国维认为孔壁中书是历史上的最大发现，因为这个发现引出了"经今古文之争"。我个人一直认为汉代有"经今古文之争"，但没有"经今古文学派"，这点很容易理解，因为这些新发现的东西与已立为博士经典的一些东西，有时候会不一致，我们不能说成今文一派、古文一派，但今古文确实是常常不一致，这种事我们今天看起来并不稀奇，但这种不一致在当时是不得了的事。因为当时人认为"经"是神圣而不可侵犯的、有指导性的、有特别意义的一种文献，如果发生争论该怎么办？所以已经立为学官的博士对于这些东西是排斥的，他们不承认这些东西，也不同意将古文立为学官。我们不能认为这些反对者完全是为了保权、保财，这是拿现在的思想去讲。实际上"经"作为指导性的文献，有了分歧，他们就一定要排斥那些东西，因此古文经被湮没了很久。

在古文经中，古本《论语》、古本《孝经》和今本的差别不是很大，最大的差别在《尚书》，因为《尚书》有十六篇之多。而《礼》虽也有很多，但《礼》在当时并不是那么实用。所以古文《尚书》的出现就成为"经今古文之争"的导火线，这场争论不仅局限在汉代，到后来一直延续到了现代，甚至可以说到今天。当然《左传》与《公羊传》之争也是如此，可最重要的是《尚书》之争。孔壁发现了逸《书》十六篇，后来杜林又在西北之地发现了漆书古文《尚书》一卷，这些东西流传下来之后，就成了古文《尚书》的系统。据说孔安国将发现的古文《尚书》献给了朝廷，当时汉武帝在位，发生了巫蛊之乱，巫蛊之乱是一场宫廷动乱，有人认为巫蛊之乱不过几天的时间，应当不会影响古文《尚书》的流传。其实古文《尚书》是否立学官这种事情，需要武帝朝廷的决定，而巫蛊之乱也就是立太子之事，影响到当时整体的政治情绪，汉武帝也就无心过问此事，而立古文《尚书》为学官之事也就不了了之。按照现在传本的《尚书大序》的说法，汉武帝让孔安国为《尚书》作传，这一点未必可靠，可是孔家的人应该是作了。

将古文《尚书》献于朝廷这件事是不是孔安国本人做的呢？这也有疑问，因为孔安国似乎活不到这个年纪。所以到东汉的时候，荀悦在写《前汉纪》时加了一个"家"字，以为孔安国家献之，这或许是后人为了弥合这件事情。总之，立古文《尚书》为学官之事最终没能实现。

《史记》载孔安国"以今文读之"，有人认为所谓"以今文读之"就是以伏生的今文本子去读，恐怕也不是这样。所谓"今文"就是汉朝通行的字，即小篆或隶书，"以今文读之"就是将其写成当时通行的字，换言之即以今文写定。这在署名孔安国的《尚书大序》中以"隶古定"言之，就是用隶书把古字写定下来，而"隶定"一词也由此而来，我们今天把商周时期的古文字比如甲骨文、金文用今天的字写定下来就叫做"隶定"。这是一件非常重大的事情，过去人并不懂得这个做法，当时的很多主要的经典还是采用口传，比如《公羊传》，直到汉文帝时才将之写下来，而将简文用隶定的方法写出来，孔安国是做这个工作的第一人。不管《大序》是不是孔安国写出来的，孔安国确实是做"隶定"工作的第一人，他是我们现在所知的研究这个问题最早的一位先生。

孔壁中书大部分都没有流传下来。孔安国"以今文读之"，我们猜想孔安国是很难的，因为经过挟书令，特别是经过了秦统一文字之后，教育系统对于商周系统的文字也就是六国文字都已废除，这比我们今天简体字和繁体字的差别可大多了，今天我们很多人不认识繁体字，这也不过几十年的时间。有一个笑话说，有人查《后汉书》，但不知道"后汉书"这三个字怎么写，因为这三个字现在都简化了。二者相比，繁简字的差异还算是小的，由古文写定成隶书要难得多。所以，孔安国是否能正确地写出所有的古文，并将《尚书》完全读出来，我们表示怀疑，因为这一点基本上是做不到的。我们今天也是如此，很多古文字我们是写不定的。可是由于孔安国"以今文读之"这件事对学术界的影响太大，一直到东晋，还有孔传本的《尚书》，当然孔传本的《尚书》我认为在西晋时就已经有了。到了唐玄宗时，卫包才将这些隶古定的字改为楷书。没有改字的本子，现今所能见到的有敦煌写卷的本子以及日本流传的本子，从石刻的角度来说，还有正始石经的本子。这些本子上的字看起来很古怪，后来研究《尚书》的某些人就认为这些全是假的。今天我们再看这些古本，不仅不是假的，而且基本上还保留了战国古文的特点。

不论如何，历史上确实有过古文《尚书》的出现，包括《左传》的古文，肯定是有的，虽然那些字在传抄过程中经过了很多变化，有些有讹误，有些我们已经看不明白了，可仍然是古文，这对学术史的影响是极大的。到了晚清，又出现了今古文之争，而晚清的今古文之争也和古史辨有密切的关系，这种影响到了今天依然存在。所以大家不要认为孔壁中书是一个小小的发现，只是发现了一些竹简，事实上影响极大，一直到今天我们还是在讨论之中。

总之，王国维认为孔壁中书是学术史上的最重大发现，是一点也不错的，因为孔壁中书的发现对学术史影响巨大，之所以重要的根本原因，是孔壁中所出之书是经典。

（二）汲冢竹书

汲冢竹书是中国学术史上的第二次重大发现。发现时间有三说，即咸宁五年、太康元年以及太康二年，这个范围比孔壁的要小，是三选一，现在多认为以咸宁五年为好。

晋武帝咸宁五年，不准盗发了一个战国大墓，这里可以明确地说是一个大墓，因为看见墓了，发掘出来就是一个墓葬。此墓的地点，现在有一个最好的材料，就是在太康十年的时候，立了一座齐太公吕望碑，这座碑现今还在，碑文中引了一段《竹书》，可见当时的人对汲冢竹书很重视，还进行了一些讨论。碑文中记载了这个墓的位置，是在汲县西偏，也就是在汲县县城的西面，现在一般都说这个地方在汲县西面二十里。汲县的县治从那时一直到今天并没有大的改变，那个地方现在还有人去考察，确实有墓葬群，这个地方我个人没有去过，我想以后有机会还是要去一下。

问题在于自该墓发现起，很多人都认为这是一座战国时代的魏国墓葬，但能不能证明是王墓就很难说了。该墓的墓主有两种说法，一种说法是魏襄王，另一种说法是魏安釐王。不论是魏襄王还是魏安釐王，都城在大梁，也就是现在的开封，魏王能否葬在汲县，还是一个问题。当时人为什么认为这是一个王墓呢？当时的人并没有按现在的考古要求去发掘该墓，只是把墓挖了，把东西拿了出来。因为当时并不懂得要找墓口，所以对该墓葬的形制也不大了解。该墓当时的情况还是很好，人们可以爬进去，并且还有人将墓中的竹简点燃来照明，可见墓中的竹简是干的，这种情况是很特殊的。根据记载，墓中还出了钟磬、玉管、铜剑，现在知道墓中出的东西就是这些，由此可以判断这是一个墓葬，而且是一个相当大的墓葬，这是没问题的。但是，现在我们知道，发现钟磬、玉管、铜剑这些东西并不能确定该墓就是王墓。我们很难想象魏襄王或魏安釐王会埋葬在汲县，这个可能性不太大，这个问题就留待以后讨论了。总之，我们知道这是一个大墓就可以了。

这个墓一定是魏襄王时代的，因为墓中有一部《竹书纪年》，

《竹书纪年》还能看到的文字中提到了"今王"。过去的引文引错了，写成了"令王"，这个"今王"就相当于"襄王"，这一点前后一排就可以知道；也有的书中将其写作"哀王"，这也是错字，应该是襄王，就是孟子见过的梁惠王、梁襄王中的梁襄王。所以，这个墓是战国中期偏晚的一个墓葬。

附带说一下，《竹书纪年》中有一个"周隐王"，有人说这个"周隐王"就是"周赧王"，如果真是这样，那么这个墓的时代就会晚于魏襄王。后来经过对佚文进行排比，证明"周隐王"并不是"周赧王"，这个问题过去北大朱希祖的《汲冢书考》、方诗铭的《古本〈竹书纪年〉辑证》都有过讨论。现在我们常用的《竹书纪年》的本子，就是上海古籍出版社出的方诗铭《古本〈竹书纪年〉辑证》。所以这个墓不会晚到周赧王，而是一个魏襄王时代的墓。"今王"的说法，我们在《世本》中也见到了，《世本》佚文中有"今王迁"，"今王迁"就是"赵王迁"，所以《世本》中的有些文字是战国末期赵王迁时代的，而在云梦睡虎地秦简中也有"今王"，这个问题我们在此就不详细讨论了。

汲冢竹书的数量比孔壁中经的数量要大得多，因为汲冢竹书是随葬品。按照史书的记载，汲冢竹书共有 75 篇，其中有《纪年》12 篇，《易经》2 篇，《易繇阴阳卦》2 篇，《卦下易经》1 篇，《公孙段》2 篇，《国语》3 篇，《名》3 篇，《师春》1 篇，《琐语》11 篇，《梁丘藏》1 篇，《缴书》2 篇，《生封》1 篇，《大历》2 篇，《穆天子传》5 篇，《图诗》1 篇，另有杂书 19 篇，其中包括《周食田法》《周书》《论楚事》《周穆王美人盛姬死事》）。

今天我们可以看到一些墓葬出土的书，再看汲冢竹书，就可以知道，这就是一个墓葬所出之书的目录，因为我们今天看到的一些墓葬的随葬品就是这个样子，大致就是这样一个格局，反映的都是当时流行的读物。

有些书需要简单说一下，这些书中最主要的是《纪年》，是三晋的一个人所作的史书。《纪年》的原本，现在看不到了，而束皙、和峤的整理本到唐代时也逐渐散佚了，今天没有全本。现今能够见到的较为可靠的《纪年》文字，是在各书中引用的，也不过一百条左右，后来学者将其编为《古本竹书纪年》。但《古本竹书纪年》中有一些可能不是真正的《竹书纪年》所有，很可能是源于《琐语》《师春》等书。之所以这样说，是因为当时人就认为《纪年》是从夏代讲起的，可是今天流传的一些《古本竹书纪年》佚文，是从黄帝时代讲起的，这些讲述五帝的内容是否属于《纪年》，还不好说。所以古书中说是《竹书》或《纪年》，也不一定真的就是《竹书纪年》，当时的整理也不是那么细致。可是无论如何，《纪年》是最为主要的。

这些书中，与占卜有关的内容很多，比如《易经》《易繇阴阳卦》《卦下易经》，而《易繇阴阳卦》《卦下易经》的内容近于《说卦》，只是爻辞不同，类似的东西我们今天也已经发现了。《公孙段》记录了一个名叫"公孙段"的人讨论《周易》的一些东西。《师春》的内容也与《周易》有关，其中提到了"十二次"。《国语》讲了一些楚、晋之事。《琐语》讲神怪之事，比如其中讲到周幽王出生的一些征兆，预示着将要亡国。《梁丘藏》讲墓地的随葬品。《缴书》是讲射箭的。《生封》讲帝王所封，可能是讲什么人封于什么地方之类的事情。《大历》是一部历法书。《穆天子传》是一部小说类的东西，讲周穆王游行的故事；《周穆王美人盛姬死事》就附在《穆天子传》中，今天还能看到，《穆天子传》本为五卷，现在的《穆天子传》是六卷，而第六卷就是《周穆王美人盛姬死事》。

因汲冢书中有《周书》，所以有人认为整个《逸周书》就是从汲冢中来的，这是不对的，因为《逸周书》有71篇，而整个汲冢竹书的数量才75篇。

  汲冢竹书的结构就是一个墓中随葬书的结构，现在发现的马王堆帛书、上博简也都是类似这个样子。其中最为重要，也是使汲冢竹书成为最大发现之一的原因就是《纪年》。虽然现在《纪年》已经保存得很少了，但在当时就受到了学者的特别认可。大家知道，杜预作为征南大将军去平乱，平乱归来就到了汲冢竹书的整理小组，去看这些发现。整理者们一看领导来了，就要招待了，于是就给杜预介绍了一番，杜预就将相关的内容写在了他刚刚完成的《春秋经传集解后序》里面，其中提到了很多内容，而引起当时人震动的也是这些内容，因为《纪年》中的很多内容与当时的历史书籍相违背。比如"夏年多殷"，我们一般认为夏朝有四百多年，有的说是472年或473年，有的则认为是432年或433年，可《左传》说商朝是"载祀六百"，也就是有六百年之久。然而《纪年》中却说"夏年多殷"，认为夏朝的年数比商朝要长，这又该怎么解释呢？今天的《纪年》看不到这点了，可是杜预在《后序》中就是这样记载的，我个人认为这可能是当时整理过程中的一个阶段性结果，究竟是怎么样，还有待研究。再比如《纪年》中谈到过伊尹的事情，说伊尹不是为了教育太甲才放太甲于桐宫，而是为了篡位，太甲后来逃出之后就把伊尹杀了。类似这样的事情，和传统的记载完全相反，特别是《纪年》中关于战国的很多历史内容，古书中是没有的。古本《纪年》的战国部分是最宝贵的发现，因为今天《史记》的《六国年表》就是用《纪年》来更正的，而更正之后的结果与出土的金文材料一致，这也就是《纪年》的价值所在。因此，《纪年》当时就引起了学术界的震动，一直到今天还在研究。大家如果想对这方面有所了解，我推荐大家看杨宽先生的《战国史》，杨先生的《战国史》后面有一个《年表》，这个《年表》就是用《纪年》来修正的，这个《年表》并不全是杨宽先生自己做的，而是清代以来许多学者研究的结果。这个《年表》的主要思路，就是用《竹书纪年》配合诸子百家的著作，纠正《史记》的《六国年表》。这个结果究竟有多大，大家看杨宽先生的书就可以知道了。所以，汲冢竹书可以称为中国学术史上的最大发现之一。

上面所说的《竹书纪年》是古本《竹书纪年》，而非今本的《竹书纪年》。今本《竹书纪年》是在相关佚文的基础之上逐渐补充出来的，补充者是何人也不可考。今本《竹书纪年》的这种情况和孔传本的古文《尚书》有些相似，其内容并不可信，但也不是完全没有根据，仍有一定的参考价值。

这次所讲的内容和上一次多少有些重复，这主要是考虑到很多同学没有听过上一次的课，所以我按照新的条理又再整理了一下。我们总结一下，王国维作为中国古文字学以及出土文献研究的奠基者，给我们指出了一个方向，就是用地下出土的材料去补充、修正纸上文献的材料；而这种方法也是我们所要采用的，我们的课就是按照这个方法来做。一方面我们要去读《尚书》，让大家对商末和周代的一些历史在文献层面有所了解；另一方面我们要用青铜器，也就是金文的一些材料，结合有关的发现去补充、修正这些古书，使大家能在相关方面得到一些启示和帮助。

· 2008 年下半年第三次课 ·

邲其三卣（上）

今天我们讲邲其三卣，这三件器物我们曾经讲过，这次要再仔细地讲一讲。为什么要选这三件器物呢？我们希望通过这些材料和有关文献逐渐进入周朝早期的历史、文献以及相关的金文材料，邲其三卣是我们选的一个开端。之所以这样说，是因为商周之际的关系问题长时期以来就是出土文献研究和古代史研究的大问题，商周之际的关系，古人也不是没有涉及，但将其作为一个专门问题提出来的还是王国维先生。前两次课我们花了很多时间，和大家谈王国维治学方法的问题，王国维先生是最早论述商周之际的关系并提出观点的学者，自从王先生提出之后，这个问题一直在被讨论。这个问题过去我们讲青铜器的时候多少提到过，今天我们再把它简单地说一下。

王国维先生一生在出土材料以及古史方面做了大量的工作，其中最使他闻名于世的是《殷卜辞中所见先公先王考》以及《续考》，王国维是在日本写的这篇文章，当时他在日本有工作。前些年，在日本发现了王国维旅日期间所写的《殷卜辞中所见先公先王考》的稿本，收录在纪念清华国学研究院成立八十周年的纪念册中。最早知道这件事情的并不是我，我算是知道得比较早的。二十世纪八十年代初，我去日本大阪附近的关西大学教书，关西大学是日本很著名的私立大学，让我印象最深的就是关西大学的图书馆特别好，是当时日本大学图书馆中特别好的一个。在八十年代，日本很多大学的图书馆还是很旧的，包括京都大学和东京大学，书虽然很多，用起来却并不是很方便；而关西大学的图书馆则非常现代化，非常有名。我到这里去的时候，正好碰到关西大学接收内藤湖南也就是内藤虎次郎先生的一部分遗物，当时我看到的是一共六个大纸箱。大家要知道，内藤湖南和王国维是非常好的朋友，在纸箱上有一份遗物目录，其中就提到王国维的手札。当时我在关西大学文学部和他们谈，想看一下里面的东西，但是内藤先生的家属有一个要求，就是这些箱子中的东西要一箱一箱地点查，不能够一下都打开，而其中有关王国维的材料是在后面的箱子里面，所以当时没有办法看到。后来葛兆光老师到日本，当时已经查点到与王国维有关的箱子了，葛兆光就看到了这批东西，发现其中不但有王国维的信件，而且还有《殷卜辞中所见先公先王考》的手稿。这份稿本不是《殷卜辞中所见先公先王考》最初起草的手稿，应是当时王国维抄了一份给内藤湖南互相交流。可是这份手稿有一个不同点，就是手稿后面附有一个《余考》，而《余考》后面那部分就是王国维另一篇名作《殷周制度论》的雏形，内容和《殷周制度论》非常相似。从这里我们就能知道，王国维当时只想写《殷卜辞中所见先公先王考》，但在写作的过程中，王先生有很多感想，而这些感想应该说超出了甲骨文考据的范围，因为其中谈到了整个殷周制度之间的转换和差别，我想在座的多数同学是读过《殷周制度论》的，如果没有读过，我建议大家去读一读，《殷周制度论》很短，但内容非常突出。

《殷周制度论》强调了一个思想，就是从商代到周代的变革是中国历史上最大的变革之一。商与周在建国制度上有根本的不同，比如立子立嫡之制、庙数之制、同姓不婚等，具体的大家可以去看《殷周制度论》的原文，这个问题历史学界、考古学界一直都在讨论，不但在中国，在日本以及世界其他地方，凡是谈到中国古代的人都要讨论这几个问题，其影响非常之大。所以我们为什么总是讲王国维，是因为不得不谈。由此就引出了一个问题，就是商周之间的制度是如何转变的，而这也是以后选读材料时，大家需要考虑的问题，我们不是为了读这些材料而读，而且要在读的同时通过这些材料来了解当时的历史文化。我们了解历史文化的时候，不能仅仅局限在某些具体的史实上，而是应该提高到一定的高度来看，就是理解从商到周究竟是一个怎样的过程。这个问题到今天还没有完全解决，也许再过几个时代也不能完全解决，可是这和我们今后大部分的研究都有关系。

谈到这个问题，大家可以想象一下，中国古人是怎么看待这个问题的。我们从孔子说起，孔子认为商末周初的变化是很大的，孔子最崇拜的人是周公，周公是很重要的，周公之所以重要，按传统的观点是因为他制礼作乐，为周代几百年的历史奠定了一个基本的规模，使周成为一个强大、统一的王朝。孔子就想恢复这样的传统，并建立周公那样的基业，所以孔子说"如有用我者，吾其为东周乎"，就是说要使西周的繁盛在东周重新得以实现。

从正统儒学的观点来看，周是一个大发展的时代，而且文武之道也变成了圣王之道。虽然荀子主张法后王，而不法先王，但实际上荀子所谓的先王、后王差不多是一样的，主要也是文武之道。荀子所说的先王是为了区别更早的，而他所主张的基本上也是文武之道。所以在中国传统的观念中，商周之间的变化是很大的，但这个变化基本上是一个王朝的递嬗，不是像我们今天很多人脑海中所想的那种变化，因为这就是一个新王朝取代了一个旧王朝，而且出现了文王、武王、周公那样的圣人，只是王朝改变了，天下还是那个天下，中国还是中国。后来有些人从"三统"的角度来论述这个改变，也产生了种种说法，但仍未超出王朝更替的范围。换言之，殷周之间的变化只是王朝的更替，而不是民族或文化传统的改变。

可是有些历史学家并不这样认为，他们主张夏、商、周是三个平行的民族，互相递嬗，进行统治，因此夏、商、周也代表了三个不同民族的文化传统，至少商、周变成了两个文化传统，这种说法的代表就是傅斯年的《夷夏东西说》。按傅斯年的说法，殷商属于东夷的系统，夏与周则属于西方的系统，所以夷和夏、东和西是对立的。这和中国传统的说法是很不一样的。中国传统说法认为，不管是什么圣王，实际上理想的圣王的文化传统是一样的，因此商汤和周文王、周武王应该是一样的，并没有什么根本的不同。所谓尧、舜、禹、汤、文、武、周公，也都是一个文化传统，并不是其他的传统，只是由于商朝败坏了，所以周就起来替代了这个传统。

把夏、商、周说成不同传统，在清代就有影子，今天没有时间详细讨论这些东西，如果要写可以写清代学术的一些问题。为什么说这件事在清代就有影子呢？因为清军入关后，统治者遇到了一个很大的问题，就是要说服民众，让他们认为清贵族的统治是合法合理的，不是一种凭借暴力来实现的，而这最好的借口，就是说自己和周一样，是吊民伐罪。明末有农民战争，造成了很大的变乱，明王朝已经内外交困，百姓处于水深火热之中，所以清军入关解救百姓是合理合法的,这就和周入主商是一个道理。这种思想在清代之时非常流行,特别是当时讲历史的书,比如《满洲源流考》等。这种思想在当时贵族中非常普遍,其中以《儿女英雄传》为代表。他们认为满族的服饰是最符合周代正统的,如果看一下中国的礼书,周代的人身上佩带的很多东西,明朝服饰没有,只有满族的服饰才有;清代的八旗制度以及分封制度,应该说相当程度上也模仿了周代的制度。这个问题大家如果有兴趣,可以去写一些东西,这是很有意思的,而事实上也确实有些像,清军入关之后,至少在形式上和周初的封建是很相似的。

实际上,殷周之间的变革是一个非常大的问题,所以我们就要探索这段时间的文献,这对于我们研究古代的历史文化是非常有意义的。说实在的,我们真正能够有多一些的材料来讲明白这段历史,从传世文献来说,其实要到商周之际以后。商周之际以前的材料不是没有,但非常有限。从商周之际以后就比较详细了,到了春秋以后就更详细了,但商周之际一直到西周,毕竟要比夏商甚至再往前那一段要详细得多,所以弄清楚商周之际的情况是我们研究古代历史文化很重要的一个基础。现在我们还是比较有条件的,因为自商周之际起,我们才有了比较多的金文以及《诗》《书》这样的材料,所以我们可以将《诗》《书》与金文相对照。甲骨文也很重要,可并没有多少文献与之相对照。比如武丁时期那么多的事情,可我们在传世文献中很难找到与之对照的材料。前些天去平陆开会,有人跟我讨论傅说,傅说这么重要的一个人物,后来星星都有用傅说来命名的,可甲骨文中没有找到。有人说甲骨文中的"梦父"就是傅说,这个说法是不对的。甲骨文中究竟有没有傅说,还不是很清楚,这个问题现在还是解决不了,之所以如此，就是孔子说的"文献不足征"，我们没有那么多的材料，虽然看见了甲骨文，但还是不能完全认识。自商周之际开始，两方面的材料在相当程度上都开始增多，所以有些东西我们就可以认识了，我们将来的研究还可以从这些材料往上推。

从这些方面我们就可以看到商周之际的重要性，首先指出商周之际重要性的还是王国维，对此葛兆光先生有过很好的讨论[①]，葛先生认为王国维也处在一个大的改朝换代的时期，所以有了一些感慨。当然我们并不是说王国维在搞影射史学，可是王先生当时对制度的变革有所感受，这还是事实，葛兆光先生这方面的论文，大家可以看一看。

现在我们就能讨论一个问题——为什么商周之际对我们研究周代历史特别重要？

周人，包括周代的人，他们认为周王朝应该始于文王，而不是武王克商，这一点大家要注意，这一点古人是很强调的，但近代的人不是很注意这个问题。从王朝的角度来讲，西周当然是始于武王伐商，现在我们初步推断武王克商是在公元前1046年，这是目前一个阶段性的成果，可实际上周人不是这么看的，周人认为西周是从文王受命开始，这在周人自己的记载中就有所反映，比如史墙盘、逨盘这些材料，在讲述周代历史的时候就是从文王讲起的，文献的记载也是如此，因此周代的建立还是要从周文王开始。文王究竟有没有称王，这个问题从战国一直讨论到了今天，这个问题究竟怎么看，以后我们还有机会继续讨论。

---

① 葛兆光：《王国维手稿本〈殷虚卜辞中所见先公先王考〉跋》，载《余音》，第65-78页，桂林：广西师范大学出版社，2017年。

周王朝的建立要从周文王开始，是因为在周文王时，周的规模基本上已经定了，所以周人总讲文王受天有大命。有人用祥瑞来讲这个问题，说文王受命由某些祥瑞表现出来，等等，但这些都是后人说的，当时的人也不一定是这个样子，可无论如何，文王受命这个观点在周人的思想中从未改变过。周文王确实是一个很特殊的人物，由于考古方面的材料有限，我们今天对于周文王知道的不是很多，可是我们还是可以看到周文王有一些特殊的作用。因此，不管是从考古学的角度来讲，还是从古文字的角度来讲，商周之际的这段历史都应该从文王讲起。所以我们今天选几篇商末的材料，就是卹其三卣。

这次所讲的卹其三卣，就是二祀、四祀、六祀卹其卣，这三件器物的时代现在已经不用讨论了，就是帝辛二祀、四祀、六祀，帝辛元祀的材料今天还没有发现。而帝辛的时候，周文王已经在位。选这三件器物的目的，就是想让大家了解一下真正的商末金文是什么样子，等到以后再读西周金文的时候，大家就能体会到二者的不同。我们不会带大家读很多商代的金文，但这三件是最根本的，也是我们能够确定时间的铭文最长的器物。迄今为止，商代的铭文没有一件达到五十个字的，有人以为这三件就是商代最长的金文了，这是不正确的，商代铭文字数最多的是斋卣，现藏日本白鹤美术馆，斋卣一共有四十九个字，卹其三卣中有一件是四十七个字，仅次于斋卣。

我们现在来读卹其三卣，从这里面来看它们的文化特点，我们不是要讲商代文化，而是为了对照周代文化。这三件东西，我们过去谈过，可是必须要告诉大家，这个研究是日益深入的。我自己最早研究这三件东西是在二十世纪五十年代初，实际上可能还不到1950年，我就看到过这三件东西，我最早看到这三件东西是在《殷历谱》上，最早这三件东西没有拓本，但《殷历谱》上有董作宾先生的摹本。卣其三卣是在殷墟出土的，这是没问题的，虽然不是发掘品，但传流有序。

殷墟的发掘自 1928 年开始，到 1937 年抗日战争全面爆发被迫停止，共发掘十五次。这十五次发掘在殷墟的考古史上是非常值得纪念的事情，其中的很多发现都是震惊世界的，这是一点问题都没有的。但平心而论，这十五次发掘中像卣其三卣这样的铜器还没有出现过。之所以这样说，是因为这十五次考古发掘出土的青铜器，都著录在李济、万家保所编的《古器物研究专刊》之中，该书把这十五次发掘的铜器基本上都发表了，当中除了铜泡这样的小件铜器以外，相对比较大一些的铜器也不过两百多件，数量并不是很大，这和当时的发掘地点有关系。还有一部分盗掘出土的青铜器，或者偶然发现的一些很重要的东西，也没有很多。所以我们一直强调，研究商代青铜器仅仅依靠那个时期的发掘材料是完全不够的，要是根据这批材料来讲，很多东西就根本没有涉及，可实际上当时已经出现了很多东西。我过去在德国看到了一批东西，很多都是出自一个坑的，就像现在的五十四号墓，还有郭家庄那样，很多东西都是方形的，我在德国基本上都看到了。1937 年抗日战争全面爆发，当时中央研究院史语所的考古队不得不撤离，所以抗日战争时期，殷墟就处在一个失控的状态之下，无人管理，这一时期殷墟究竟发生了什么事，今天还有考证的余地。敌伪时期出版的刊物曾经提到，东亚考古学会和当时的伪北大组织过一批人到殷墟做工作，这种事是肯定有的，究竟当时有什么发现，到今天也没有报道。若去查一下敌伪时期的杂志，或许能有所发现，我常常推荐的有两个，一个是《华北编译馆馆刊》，另一个是《中和》。华北编译馆是敌伪时期的一个学术机构，程树德的《论语集释》就是华北编译馆印的。《华北编译馆馆刊》《中和》我们历史研究所都有,里面多是一些消息,比如谁去了殷墟,发生了一些什么事,到现在也没有很好地记录下来,实际上应该把这些记录下来,大家有兴趣可以写一篇文章。虽然当时有人去过殷墟调查,可是并没有真正考古学意义上的发掘。

虽然没有正式的考古发掘,但当时是否有人偷挖,还是日本人做了什么事,我们还不是很清楚,可还是出了不少东西。这是可以理解的,当地有些人可能早就想挖了,他们看到十五次发掘出了那么多东西,当时看管很严,当地人就没法挖,等到考古队撤离之后,当地人就开始挖了。还有一个原因就是战乱时期豫北一带非常困苦,当地的百姓挖一点东西也可以理解。清华的那批甲骨就是那个时候挖的,那是村民在村中有意为之的,当时有意地找甲骨,结果就找到了清华的这一批,另外还出了什么,我们就不知道了。不仅是殷墟,别处也存在这种情况,前段时间,国家花了几千万买了子龙大鼎,虽然比不上后母戊方鼎,但这是目前见到的商代晚期最大的圆鼎,也是商周时期第二大的圆鼎,现在成了国家博物馆的镇馆之宝。子龙大鼎就是二十世纪四十年代在河南辉县出土的,它的出土地肯定是辉县,因为有这种铭文的铜器都是辉县一带出土的。抗日战争时期,这个区域一定出了一些东西,具体是什么东西还有待考证。我常常说,我们不但要有考古学,还要有考古学史。考古学史是一个非常重要的学科,在世界上已经得到很多重视,我们这方面的工作做得还很差,希望这个学科将来能有机会得到发展,我们不要忘记过去,很多的考古学材料、线索都在过去的资料当中。

这三件卹其卣就是二十世纪四十年代出土的,据现在我们能够掌握的一些材料,二祀和六祀是一起出的。所谓"一起出"是传闻之说，我们并不能证明一定是同一个墓葬出的，或者是一个坑出的，这个我们不知道，但至少可以证明是同时出现的。四祀是另外出的，这里大家可能会觉得奇怪，可事实上就是如此。不过这也很难说，比如当时是一个墓，最初的时候只挖了一半，拿出来两个，后来又挖另一半，又拿出来一个，当时不认识墓，就为拿东西，他们不用考虑别的问题。三件邲其卣的出土情况大致就是如此。二祀的这一件著录最早，著录在李泰棻的《痴盦藏金》中，李泰棻是山西人，过去在北师大教过书，他还写过《西周史征》。当时我看到《殷历谱》上的材料，马上就去找了《痴盦藏金》，二祀是当时唯一一件有器形的，四祀和六祀的器形在当时看不到。现在看起来，二祀、四祀和六祀这三件卣几乎就是在同时出现的，具体情况就不得而知了。

邲其三卣在安阳出土之后，据说是在北京修复的，后面还会提到修复的事情。这里要说明一下，大家千万不要认为所有的青铜器都像博物馆中陈列得那样整齐，许许多多的青铜器在地下的时候都是碎的、弯的、瘪的，出土之后大多都要经过修复。所以我常常说，鉴定青铜器不能把假锈作为判断真伪的唯一标准，因为经过修复的铜器大多都会有假锈。从以上材料可以知道，这三件卣就是二十世纪四十年代同时出现的，更确切地说是在1945年以前，从安阳到了敌伪占领下的北京。到了北京之后，二祀提梁卣就归了李泰棻。当时修复三件卣的人都是古董商，现在修复系统的人都是古董商系统的，这是没问题的，这门技术就是古董商培养出来的，北京所谓"古铜张"等都是这样的。有人说他们是给宫里服务的，实际上他们并不属于宫里，而是宫里委托他们做的，就好像宫里吃的东西一样，比如说月盛斋的羊肉，慈禧很喜欢吃，就让月盛斋做羊肉进贡。宫里的铜器一般是从古董商处购买，或者是让他们修,"古铜张"等人就是这么来做的。这三件东西到了北京之后,古董商就做了拓本,拓本流传得就比较广了,究竟是怎么流传的,我们就不太知道了,但大致就是这样。当年胡厚宣先生回忆他收藏甲骨,在抗日战争时期他也听说了北方一些地方出甲骨的消息,虽然他看不见这些甲骨,但是他知道这些消息,所以抗日战争胜利之后,他马上就跑到北京去搜集材料,抢占先机,我认为这是很好的一个作风。这个也是一样,当时出土青铜器的地方不仅限于殷墟,比如有一批很重要的东西就是在周原出土的,就是扶风任家村的那一批器物,一坑有一百多件,是膳夫梁其之物。膳夫梁其的这批东西出土后肯定是到了西安的,西安当时没有被日军占领,所以这批器物的拓本很容易就流到了四川,郭沫若先生当时在四川,他马上就写了文章,发表在《说文月刊》上。[①]很奇怪的是,郭沫若先生的这篇文章很多人不知道,后来是否收到了《郭沫若全集》的考古编中,我还没有查过,我手里没有考古编,大家有兴趣可以查一查。这篇文章写得很好,还有附图,虽然有的图印得和黑墨一样,但有些图还是可以看清的。卯其三卣也是如此,拓本流传到了后方,当时首先看到的就是董作宾先生,所以在《殷历谱》中有董先生的摹本。之所以是摹本,是因为《殷历谱》是石印本的书,不能印照片,所以董先生的《殷历谱》便以摹本的形式著录。不过该摹本不太准确,我们也不必为他避讳,比如他把"帝"字上面的横摹成了点,就使"文武帝乙"变成了"文武丁帝乙",这是不准确的。

卯其三卣的拓本流传出去之后,在没有看到这三件东西的情况下,也有些学者对这三件东西的真伪产生了怀疑,继而又进行

---

① 郭沫若:《陕西新出土器铭考释》,《说文月刊》第三卷第10期,1942年。

了一些讨论,其中以张政烺先生为首。①我相信当时张政烺先生也没有看过实物,只是见过拓本。张先生一直怀疑这三件东西,这种怀疑是很有道理的,我自己也怀疑过。所以我在二十世纪五十年代所写的文章中,也认为这三件器物是假的,我在文中还附了一张当时没人看到的四祀邲其卣的拓本。前些年我编选文集,觉得不好意思,才把拓本给删掉了。

大家之所以产生怀疑,是因为二祀邲其卣和四祀邲其卣上有三处铭文,这在以往并无其例。所谓三处铭文是指除了盖器对铭之外,在该器的外底还有一处铭文,而且外底的铭文特别长,特别不好懂,有些字的写法也很不好理解,在这种情况之下,特别是思想敏锐的学者,对此表示怀疑是不稀奇的。董作宾先生是从来都不怀疑这三件卣的,董先生也怀疑过东西,就是那三件戈,我也跟着怀疑过,但现在又发现了新的类似的戈,说明董先生对那三件戈的怀疑也是不对的。同样,张政烺先生对邲其三卣的怀疑也是不对的。我自己曾经犯过这样的错误,应该说出来,这不是我们对于前贤有什么议论,客观事实就是这样。不仅是中国学者表示怀疑,外国人也怀疑,特别是日本的松丸道雄先生,也一直持怀疑态度,最后联系故宫,将实物拿出来看。这个事情我还帮了些忙,看完之后我问松丸道雄先生这三件器物的真伪,他很不好意思,也没有再表示意见,我想他承认这是真的。

很多东西就是这样,这不是为我自己辩护,很多前辈和同辈的学者,包括我们在内,没有人从来没有看错过东西,千万不要相信"万灵通"的说法。我们会说前辈说的东西不一定对,可是

---

① 张政烺:《邲其卣的真伪问题》,载《甲骨金文与商周史研究》,第202-210页,北京:中华书局,2012年。

我们要理解那是当时的条件,他们当时的认识是这样,这并不是说他们的聪明才智有什么问题;我们的聪明才智肯定不如前辈,他们有错误,我们同样也会有错误,将来人看我们的著作,错误更多;可是我们不能不提,这不是说前面先生之短,而是说有一个认识的过程。有些道理就非常简单,比如那三件戈,刃是倒的,刃朝上怎么用呢?好像不可理解。这两件卣也是一样,为什么器盖对铭了,外底还会有铭文呢?当时看起来是不合理的,但现在看起来是正确的,不会是假的。所以有些东西是不能以常理来揣测的,已知的标准也需要进一步修正,这是一个科学认识的过程。

  邲其三卣后来的流传是很清楚的,最后都归到了北京故宫博物院,现在三件器物都摆放在故宫的青铜器馆,因为它们在学术史上的意义太大了。大家要知道,后来北京修铜器的老工人大多都到了故宫,或者是中国历史博物馆,在故宫有一位修铜器的老先生叫王文昶,我跟他很熟,现在已经过世了。1983年,王先生在《故宫博物院院刊》上写了《铜卣辨伪》一文①,这篇文章提到了一些假的提梁卣,可是有一段专门讲了这三件提梁卣,这三件器物从安阳出来之后,就是他当年做学徒时的古玩店修复的,所以他对这三件铜器非常了解——当时是什么样子,哪些地方是修复的;后来通过X光照片,看到了当时修补的痕迹。这在现代科技条件下是没有办法隐藏的,人证、物证都有,邲其三卣的真伪问题就此得以解决。不仅如此,从古文字的角度也可以提供很多证据,比如最具争议的就是器铭中的"文武帝乙"。为什么后来我们

---

① 王文昶:《铜卣辨伪》,《故宫博物院院刊》1983年第2期。

坚信这个东西呢？是因为"文武帝乙"在周原的凤雏甲骨中出现了，凤雏的卜甲中是有"文武帝乙"的，2002年出现的鼒方鼎中也有"文武帝乙"。所以"文武帝乙"这个词已经见了三次了，而凤雏的卜甲和鼒方鼎都没有可怀疑的余地，特别是凤雏卜甲，是通过考古发掘出土的，所以这三件卹其卣的真伪问题也就彻底解决了。

之所以选择这三件器物，是因为这三件卣是确定帝辛时期青铜器的基础，也是纣王时期年代学研究的基础。这三件器物都有明确的历日，都属于同一个族氏，都有同一个人"卹其"，还有明确的"周祭"记录，所谓"周祭"是指一种循环的、规律的祭祀方法，并且这三件器物的历日是相互卡住的，各隔两年，即二年、四年、六年。我们还能知道"文武帝乙"就是纣王的父亲"帝乙"，这就是我们研究商末周初的基础。如果只是单独一件东西，我们可以有多种解释，所以仅有一件东西是不够的，必须要有若干件东西，而这三件东西就把一系列的东西都卡住了，可以说从帝辛元年到帝辛十一年就完全固定了。实际上帝辛的东西一直可以排到二十五年，二十五年之后，我们就不太清楚了，这样说起来，卹其三卣就特别重要了，而且这三个铭文的内容也特别有代表性，这也就是我们选择这三件器物的原因。

由于投影仪坏了，我们没法给大家展示器形，但是器形很容易查到，而且这三件东西就在故宫摆着，大家都可以看到。这里有一件事要说明一下，大家拿到的是马承源《商周青铜器铭文选》的本子，《商周青铜器铭文选》将"卹"字所从的"卩"写成了"阝"，即从邑，这是不对的，"卹"字就应从"卩"。在这个问题上经常弄错，我在写稿子的时候会特别圈出来，在校对的时候还要重新校。另外,《商周青铜器铭文选》称"四祀邲其卣"为"四祀邲其壶",这是马承源先生的意见,我们一般还是不这么看,因为马先生把瘦颈并带有提梁的器物都叫做"壶"。马说有一定的道理,因为有与四祀邲其卣类似的器物,是西周时期的,自名为"壶"。提梁卣没有自名为"卣"的,所以究竟应该叫"四祀邲其卣"还是"四祀邲其壶",仍有讨论的余地。我们按照学术界的一般意见,还是把这三件东西都叫做"卣",不用"壶"这个说法,因为该器有捉手,并且器身比较细。今天我们主要讲的不是青铜器,所以这个问题我们在这里不去详细讨论,过去我们讲铜器的时候曾经专门讲过。

这次我们主要来看一下铭文。大家可能会发现,我今天讲的和我两年之前讲铜器的时候讲的不太一样,会有一些新的想法,不过基本上还是差不多的。我们今天主要讲的不是商代金文,但商代金文的一些特点,这些特点希望大家记住,我们以后再讲周代金文的时候,大家就可以看出差别。

我们先来看二祀邲其卣(见图1、图2、图3、图4):

图1　二祀邲其卣　　　图2　二祀邲其卣外底铭

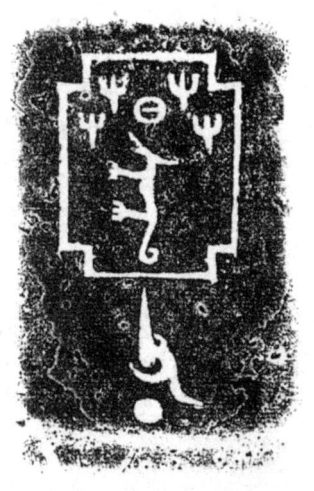 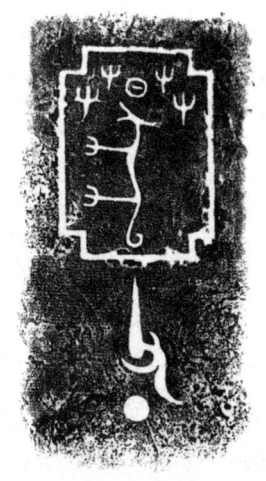

图3 二祀邲其卣盖铭　　　图4 二祀邲其卣内底铭

二祀邲其卣外底铭文释文：
丙辰①，王令邲
其兄（贶）䵼
于夆田瀉②，亐（宾）
贝五朋③。才（在）正月，遘
于匕（妣）丙彡（肜）日大乙奭，
隹（惟）王二祀④。既
祤于上帝⑤。

二祀邲其卣盖铭与器内底铭文释文：
亚獏父丁

①"丙辰"一语，大家要注意"丙辰"这两个字的写法，"丙"字的中间是填实的。"辰"字，大家一般都

说就是"蜃",也就是"蚌壳",从这个铭文上看确实很像,就是一个肉体从壳中伸出来,是一种腹足类的东西。此处的"丙辰"是一个日子,是"帝辛二祀正月丙辰",商代的习惯,年月都是放在后面写,周初还是这样。

②"王令㲋㠯(其)兄(贶)鼜捋(于)夆田渼"一句,大家注意"王"字的下半部分像一个填实的三角形,类似的写法在铜器铭文中还是很普遍的,甲骨的黄组卜辞中,如果仔细看就会发现"王"字的下部还是略宽一些,并不是完全的一个直画。特别值得注意是"令"字下面人形的头部比较胖,并且向前略弯。我们曾特别指出,甲骨中的家谱刻辞为真的一个标准,就是人形的头部都是比较胖的。商代一直到周初,很多器物上都能看出这个特点,有些甲骨中也能看到这个特点,这种地方是一般的作假者想象不出来的,也是很难做到的。此处"令"读为"命"。"㲋"字左侧的"𢎥"释为"必",这里必须说明,现在甲骨文中这个字释为"必",大家的意见不太一致,有很多讨论,因为有很多不同形体的字都被释为"必",有的先生还有专门的论文,这些问题还需要梳理一下,将来哪位研究文字的可以把这个问题再研究一下。不过无论如何,我认为这个字读为"必"是最合理的,"𢎥"字如果加上一笔,就变成了"戈",如果把"戈"金属的部分去掉,就变成了"𢎥",也就是"必",所以"𢎥"字像除了戈首的戈柲,"必"的本义也是如此。"密"字的古文字,很多也是从"𢎥"的。这个问题还可以进一步讨论,因为究竟哪一个字是"必",还有一些不

同的看法，比如于省吾先生认为"㔾"就是"必"字①，这个字究竟是否为"必"，还可以讨论。从必，从卩的"卲"字，《说文》中有。② "丌"就是"其"，这个人叫"卲其"，"卲其"一定是有具体含义的名字，扶风任家村出土的器物中有"梁其"，"梁其"这个名字在古书中是有的，鲁国就有一个人叫"梁其"③，我个人认为"梁其"就是"良期"的意思，这是我的一个猜想，至于"卲其"是什么意思，还不太知道。但"卲其"是他的名，不包括他的族氏，也不是一名一字，器主的名就叫"卲其"。铭文中的"贶"即"贶"字，古代有些字有分化，可是有些字也是有合化的，就是在古代有区分的字，后来都合在了一起，比如甲骨文中有"兄""祝"和"贶"，这三个字是不一样的，这一点是姚孝遂先生指出来的④，姚先生认为甲骨文的"兄"即"兄"字，"祝"即"祝"字，"贶"就是"贶"字。但"贶"是否为"贶"字，这一点今天还证明不了。"贶"在此处义为"赏赐"。过去我一直认为"黌"字应该分成两部分来读，最近这几年我认为这个想法不对，因为下面的"殷"字已经在"宀"的里面了，不大可能把"黌"读为两个字，还是作为一个字来读，这究竟是一个什么字呢？我们很难分析，也很难研究，可是无论

---

① 于省吾：《双剑誃殷契骈枝三编》，第20-22页，北京：中华书局，2009年。
② 整理者按：《说文·卩部》："卲，宰之也，从卩，从必。"
③ 整理者按：即《左传》之"梁其胫"。
④ 姚孝遂：《〈殷契粹编〉校读》，载《古文字研究》第十三辑，北京：中华书局，1986年；又姚孝遂：《古文字的符号化问题》，载《古文字学论集初编》，第104-105页，香港：香港中文大学出版社，1983年。

如何有一点是一定的，就是上边是两个"来"，下边从"殷"，是没有问题的，为什么从"殷"还不知道，但一定是从"肙"声的字，上半部分就读为"𢾭"。所以"𩪋"可读为"釐"，"釐"作为名词，可训为"福"，在古书中有一个用法就是"福胙"，指祭祀时所用的肉。"既釐"义为"赐予胙肉"，就是将祭祀时的牺牲的肉切成块，腌制好之后，送给有关的人。"赐胙"在当时是很大的事情，是一种信仰性的仪式，跑到千里之外去送肉，这种事情到了战国时还在做，战国时期周天子赐胙肉于秦国，秦国要收起来，还要做特别的纪念，这在当时是一种带有宗教性质的重大礼节。"夆"字中有几个点，这是饰笔，没有什么特别的意义，按照甲骨文来理解，"夆"可以理解为"逢"，"逢"这个地方在今天的山东境内，"逢伯"是姜姓的诸侯。"田"读为"甸"，是当时的一种爵称，即"侯、甸、男、邦、采、卫"之"甸"，"侯、甸、男、邦、采、卫"都是诸侯之称，关于这个问题，裘锡圭先生写过专门的文章。① "㵆"字，特别难于分析，我过去把这个字理解为"㬎"②，但现在看起来这个理解不对，因为这个字的下面是从"♉"的，我查了好几个拓本，都是如此，而"♉"最好的理解就是从"肉"，可这里是反过来写的，这个写法真是奇怪。所以大家要知道，人名的事情常常是很奇怪的，有时候会用一些很

---

① 裘锡圭：《甲骨卜辞中所见"田""牧""卫"等职官的研究——兼论"侯""甸""男""卫"等几个诸侯的起源》，载《文史》第十九辑，北京：中华书局，1983年。
② 李学勤：《䜌其三卣》，载《青铜器与古代史》，第158-173页，台北：联经出版事业股份有限公司，2005年。

冷僻的字，至于说这个字的结构究竟是什么样子，将来我们找一些类似的字再考虑一下。我们的理解，"澋"字的左边可以作为"水"字的省笔，右边从日、从水、从肉，所以隶定为"澋"，这个字的结构是非常不好理解的，也许我们的分析还是不对，但在这里"澋"是一个人名，"夆甸澋"就是"逢甸澋"，即"逢国的诸侯澋"，结构与"崇侯虎""攸侯喜"一样。这句话的意思是"在丙辰这天，王命卯其把胙肉送给逢国的诸侯澋"。

③ "宁（宾）贝五朋"一句，"宁"即"宾"字，是从"丏"的，"丏"亦作"万"。"宾"是动词，所宾之物是"贝五朋"，也就是"五朋贝"，王国维认为"十贝"为一朋①，这点是否正确，还可以研究。凡是赏赐什么东西，或者赠送什么东西，所做的回赠叫做"宾"，"宾"本身就有"赠"的意思，也就是"宾赠"。在"王"对下属有所赏赐的情况下，使臣不能白跑一趟，受赐者总要给使臣一些东西，作为慰劳，这里给的就是五朋贝。大家不要认为只有五朋贝，逢甸澋还有很多东西要回报给王的，但给王的东西不属于卯其，故没有记录在铭文中，铭文中只记录了卯其所得到的东西，就是五朋贝，卯其觉得这是很值得纪念的事情，所以就做了这件提梁卣。

④ "才（在）正月，遘玨（于）匕（妣）丙彡（肜）日大乙奭，隹（惟）王二祀"一句，"才"通"在"，"才正月"就是"在正月"。商代的记日习惯是将"日"记在最前，"月"记在文中，而"年"记在文末。"遘玨（于）

---

① 王国维：《说珏朋》，载《观堂集林》，第160-163页，北京：中华书局，1959年。

匕（妣）丙肜（肜）日大乙爽",这里讲的是"周祭","周祭"是我们现在的一个词,古书中是没有的,所谓"周祭",就是一种循环的祭祀。周祭是从上甲开始,对先公、先王、先妣进行祭祀。"遘珝（于）匕（妣）丙肜（肜）日大乙爽"应该怎样理解呢?"遘"的意思是"遇",义为"正值"。"珝"即"于",商末周初的"于"字多写作"珝",因为"珝"的本义是出气,所以右半边有像气之形的一笔。"匕"即"妣",古书中的"妣",有两个解释:一个是"祖母",或辈分更高的女性;另一个是"母亲",《尧典》中有"如丧考妣"。可是绝大多数古代的东西,包括甲骨文和金文,"妣"指的多是祖母,或辈分更高的女性,比如曾祖母、高祖母等,往上多少代都算。但我们不能说《尧典》错了,只是与传统训诂有所不同,关于这一点,我们以后再讨论。"肜"读为"肜","肜日"即"肜日",是"周祭"的一种,"周祭"有"翼""肜""协"三种。"翼""肜""协"是祭祀的方法,到了纣王时,每一年就分为这样的三段。但是这三段跟月份不是直接配合的,是有错动的,是一种祭祀的年,这三段时间加在一起,差不多就是36周到37周,正好是一年,这是很巧的,所以把"一年"称为"一祀",在这一年中有一个"祀"的循环。"肜日"在古书中说是"祭之明日又祭",就是祭祀的第二天再次祭祀,至于商代是不是这样,我们也不知道,我们对商代的东西知道得太少了。"大乙"就是"成汤"。"爽"可以读为"相"或"偶",义为"配偶"。这篇铭文的"爽"字特别清楚,与班簋中"爽"的字形一样,班簋中的"爽"是"昧爽"之"爽",

在班簋中只能读为"爽"。所以虽然在甲骨文中这个字的变化很大,有种种写法,但读为"爽"是最好的,这是于省吾先生的意见①,而于先生所根据的就是这件二祀邲其卣。至于说"㸚"字究竟读为什么,还可以讨论,目前还没有新的材料。这篇铭文是将"大乙爽"放在了后面,甲骨文中常常写作"大乙爽妣丙",而这种颠倒语序的情况在甲骨文中常见,比如"十祀又五"指"十五祀",而"十祀肜日又五"指的还是"十五祀",甲骨文中的句子有时候会前后颠倒,这是商朝文字的特点。实际上西周的时候,比如《尚书》中也会有前后颠倒的句子,古人是这样的。所以"妣丙肜日大乙爽"就是"大乙爽妣丙肜日",义为"对大乙的配偶妣丙举行肜祭的这一天"。在甲骨文中,"大乙"的配偶就是"妣丙","遘于妣丙肜日大乙爽"就是"遘于大乙爽妣丙肜日",义为"正值对大乙的配偶妣丙进行肜祭的这一天",而这一天就是"丙辰"。"隹(惟)王二祀"的"隹"即"惟","祀"就是"年",《尔雅·释天》"夏曰岁,商曰祀,周曰年",所以这件事发生在二年正月丙辰。

⑤ "既㲋孖(于)上帝"一句,"既㲋孖(于)上帝"与纪年无关,"既"是"已经","㲋"字,从戈,从丮,见于《说文·丮部》"击踝也,从戈,从丮,读若踝",因此"㲋"可读若"踝"。根据文义判断,"㲋"在此处一定是祭祀的名称,所以我们猜测,"㲋"可以读为"祼",是用一种香酒,就是所谓的"鬯",在神位前浇灌,所以

---

① 于省吾:《释爽》,载《甲骨文字释林》,第45-47页,北京:中华书局,1979年。

有的时候写成"祼"。这是一种祭祀的方式,在铭文中理解为"祭祀"就可以了,祭祀的对象是"上帝",也就是《周礼》中所谓的"昊天上帝",是至高之神,在古代"帝"与"天"等同,所以"上帝"就是"上天"。有人将"上帝"读为"上下帝",这是不行的,因为中国古代并没有"下帝"一词。有人认为"下帝"是王的祖先,这也是不对的,王的祖先应该在"周祭"中祭祀。所以此处还是读为"上帝",对照四祀邲其卣铭中"文武帝乙"的"帝"字,上面也有一横,所以不能读为"上下帝",而且古人多言"下上""小大""短长",不说"上下""大小""长短",因此这个地方应读为"上帝"。祭祀上帝并不在肜日里面,那为什么要在这天祭祀上帝呢?由夏商周断代工程所排的历谱可知,"丙辰"这天是朔日,是二祀的正月初一,也就是新年的第一天,所以会有一个告天的典礼。为什么要讲祭祀呢?将来我们讲何尊,大家就会看到何尊也和这种事有关,就是把祭天的时候用的祭牲,分配给了诸侯,这是非常大的一件事,在这之后才有"贶蠒"这件事。所以,铭文中是没有废话的,制作铜器是一件很费劲的事,铭文也会写得很简洁,每一句话都是有用的。

"亚獏父丁"是邲其的族徽。"獏"字,古代有人说就是"熊猫",这个说法不一定准确,我自己不太赞成,一般所谓"獏"是亚热带的一种动物,鼻子是卷的,这个问题我们就不讨论了。这件东西主要是祭祀父丁的,"父丁"是邲其的父亲,虽然在外底铭文中没有说为谁作器,但在这里就说明了,是给父丁的。

大家可能会问,邲其是干什么的?我个人猜测,邲其的身份应该是一个史官。有一个现象,大家可以写一篇文章,实际上青铜器上文笔最好的,文字较长的,字写得好的,其作器者大都是史官,比如史墙盘,史官做的东西,文字就好一些,这是因为史官是当时的知识分子。我猜想邲其的职务应该和史官有些关系,所以才去做这些事,但这只是一种猜测。

二祀邲其卣的内容就是如此,我们再来看四祀邲其卣(见图5、图6、图7、图8)。

图5 四祀邲其卣

图6 四祀邲其卣盖铭

图7 四祀邲其卣内底铭

图8 四祀邲其卣外底铭

四祀邲其卣外底铭文释文：
乙子（巳），王曰："尊
文武帝乙宜。"①
才（在）酃（召）大廟（庭），遘（遘）
乙翼日②。丙午，酓③。
丁未，煮④。己酉，王
才（在）梌，邲戈（其）易（赐）贝⑤。
才（在）三（四）月，隹（惟）
王三（四）祀，翼日。

四祀邲其卣盖铭与器内底铭文释文：
亚獏，父丁。

① "乙子（巳），王曰：'尊文武帝乙宜。'"一句，这里要注意"王"字的写法，此铭中的"王"作" "，最下面的一笔，两头是翘起来的，这是当时的一个特点。"曰"字，铭文中作" "，写作"口"，但实际上是"曰"字，古文字中的"曰"，常常写成"口"字，这是裘锡圭先生指出来的①，甲骨文中常常有这种现象，对于这种问题，我们的思想要灵活一些。现在我们知道，"文武帝乙"就是"帝乙"，甲骨文中有"文武丁"，周原甲骨以及青铜器中有"文武帝乙"，所以甲骨文中的"文武帝"有可能是两个人，过去有人说所有"文武帝"都是"文武丁"，

---

① 裘锡圭：《关于殷墟卜辞中的所谓"廿祀"和"廿司"》，载《裘锡圭学术文集·甲骨文卷》，第467-472页，上海：复旦大学出版社，2012年。

这是不对的,而所有的"文武帝"都是"文武帝乙"也是不对的,实际上在乙日祭祀的,是"文武帝乙",在丁日祭祀的,是"文武丁",这一点最近几个年轻学者的博士论文已经提到了,这是很对的。"宜"字,像一个东西上面放着两块肉,所以过去很多人认为是"俎"字,现在我们知道"俎"字应作"俎",所以这里还是读为"宜",义为"肴肉"。古书中有"宜"训为"祭肉"的例子,但只限于军礼,是打仗时的一种祭祀。甲骨文中"宜"的意思要广泛一些,就是用肉食的一种祭祀。"䜅"训为"进","䜅……宜"也就是甲骨文中的"䜅宜于……",所以"䜅文武帝乙宜"即"䜅宜于文武帝乙",即向文武帝乙进献胙肉。"文武帝乙"是帝乙的庙号,此铭中的"王"就应该是帝乙的儿子帝辛,也就是纣王,所以这三件东西都是纣王时候的东西,这是明确无疑的。

② "才(在)𧧼(召)大廟(庭),遘(遘)乙翼日"一句,"𧧼"即"召","召公"之"召"就写成这样,此处指的不是"召公",而是一个地名,一般认为是今之河南北部的郼邵,但究竟是否为郼邵,还可以讨论,但是"召"是一个很重要的地方,特别是在商末。这里要说明一下,研究商代或周初的地理是最困难的事,过去我们很习惯根据前辈的一些说法找到几个地名,特别是有那么两三个是连续的,并且都在同一个地方,认为这就一定对。现在看来未必是这样,因为古代的地名重复的很多,很难讲一定在什么地方,过去说笑话,北京叫"二眼井""四眼井"的都不知道有多少,所以研究古代的地名是非常困难的一件事,而且大家常常希望古代的地名

能够与我们所发现的遗址相对照。但是按照地名去考察却没有发现什么遗址，可这种调查就一定可靠吗？有些事情是很难讲的，最近在郑州二环路外面一个叫芦村河的地方，发现了大型的二里头文化遗址，而且周围还有好几个，这就证明了二里头文化在郑州是很大的。过去以为郑州的二里头文化是很少的，就是所谓的洛达庙文化，现在看起来，不但有遗址，而且面积很大，内容很丰富，堆积也很厚。所以不能认为我们没有发现的东西，就一定不存在。这就好像洹北商城，我们怎么也想象不到，这些事情是很难讲的。无论如何，"召"这个地方在帝辛时期特别重要，是在这里给文武帝乙做"宜祭"的。当然，"宜祭"并不一定要在宗庙里，因为商代包括周初也有这种情形，就是可以带着木主的，换言之，神主可以随行。这里举行的是"宜祭"而非"周祭"，这和虢方鼎不同，虢方鼎举行的是"周祭"，我估计"周祭"一定是在宗庙中进行，不能随便进行，但这里的"宜祭"应是一个临时的祭祀，是在"召大廎"进行的。"廎"即"庭"，也就是说，这次祭祀是在"召"的庭院中露天进行的，这种祭祀很多，在甲骨文中能找到很多这样的例子，所以卜辞中有的时候会问"下雨"还是"不下雨"，在屋中祭祀，下点小雨没有关系，可在外面就不行了。"召庭"见于甲骨文，如曾毅公《甲骨缀合编》202："辛未卜，在召庭，惟嫩，其命卿事。"这件事情也很大，"卿事"是卿大夫中最高的，或者就是"六卿"这类的人物，可见在召大庭可以做很大的事，所以"召"这个地方一定很重要，有人说"召"在河南济源一带，河南济源有没有这么大的遗址,我们不知道。总之,在召大庭举行了"隣宜"这个仪式,究竟什么叫"隣宜",我们还不太清楚,可无论如何,应该是和"肉"有关的祭祀,是用牺牲的肉类进行的一种祭祀,而且是祭祀先王的,所以这种祭祀很重要。"傋"即"遘",遇也,义为"正值"。这个祭祀活动发生在商王四年的四月乙巳日这一天,是翼日,按照周祭的表来推算,这里的"乙"指"太乙",而非"帝乙",所以此处的"乙翼日"是"太乙成汤的翼日"。这种事情是常有的,当时人认为很普通,所以就没有写"太乙",只是写了"乙"。"遘乙翼日"和"隣宜"并不是一件事,二者没有关系,因为"周祭"即使是在战争时期也照常进行,所以可以考虑"周祭"是在商王朝首都的宗庙里按时间进行的。这就好像日历一样,昨天是重阳节,而今天我们讲课,实际上"重阳节"和"讲课"之间没有什么关系,"遘乙翼日"和"隣宜"也是如此,"遘乙翼日"和"隣宜"是两件事,二者之间并没有什么关系,只是恰好赶上了,就记录在了一起。

③"丙午,䰜"一句,"丙午"是"乙巳"的第二天,在"丙午"这天,做了"䰜"这件事。"䰜"字《说文》中有,不过写法不太一样,《说文·龟部》中有"䰜"字,读若"写",所以我猜想"䰜"也应读若"写",通为"泻"。所谓"泻"是一种动作,即将一个东西倒到另外一个东西里,之所以要"泻",我猜想应是与"隣宜"有关,因为"隣宜"用的肉要烹制很久,要用文火去炖,就像法国人说他们的汤是最好的,因为法国的汤有的要炖70天,法国人是这么说,我们没有吃过这种东西。

所以，"脾宜"的肉可能需要文火炮制，所以丙午那天要"泻"。

④"丁未，鬻"一句，"丁未"是乙巳的第三天。"鬻"字看起来复杂，实际上就是"煮"字，下面像火，中间有肉，两边有冒的香气，上有勺子，"者"是声符，所以这个字就是"煮"。前一天也就是丙午，要用文火炖，这时候应该是大火烧，使肉能够炖烂。这些事情看起来很简单，不过是吃肉而已，但实际上却是祭祀大事，是给父乙做的，所以在几天里连续进行，这是可以理解的。

⑤"己酉，王才（在）榆，邲其易（赐）贝"一句，"己酉"是"乙巳"的第五天，此时王离开"召"，到了"榆"。"榆"即"榆"，是一个地名，"榆"这个地方在甲骨文中也经常出现，是一处打猎游乐的地方。邲其可能是巫、祝、史一类的官员，所以才在召大庭做这些事，在"己酉"这天，"脾宜"的事情已经做完了，所以"邲其赐贝"，此处的"赐贝"是被动用法，即"邲其被王赐予贝"。

由盖和内底的铭文可知，这件器物同样是祭祀"亚獏父丁"的。从二祀和四祀邲其卣，加上今天来不及讲的六祀邲其卣，我们看到了商代铜器的很多特点，这些特点和西周的铜器是很不一样的，这一点从铭文的格式上就有所体现，虽然商代的格式到了西周初年还有所沿用，但二者的基本精神不同。商王诸事中，以祭祀最为根本，体现出了"商人尚鬼"的思想，这里的"鬼"指的不是《聊斋志异》中所谓的"妖鬼"，而是"祖先"，而商代的祭祀方式也与此密切相关。这一点到了周代就有所不同了，不是说周代不注重祭祀，而是说"祭祀"并不是周人最中心的观念，周人的核心观念是礼乐制度，周代也再没有"周祭"这种祭祀了，在《周礼》中也是看不到"周祭"的。由甲骨文可知，"周祭"在武丁时期就开始萌芽了，可真正发展成一个制度是在商末，到了纣王形成了"周祭"这种情况，所以商末金文的现象和纣王统治的特点也是有关系的。

· 2008 年下半年第四次课 ·

卿其三卣（下）

我们已经开始进入正题了，可是现在所讲的内容还是在周代青铜器的前面，我们希望举一些商末铜器铭文的例子，让大家认识到商末青铜器的特点。在这个基础上再去看周代青铜器，就会知道二者的不同之处；如果二者有不同，具体是在哪些方面。这里我们不涉及青铜器本身的一些问题，因为这些问题我们过去讲青铜器的时候曾经讲过。不过，在必要的时候，也还是会提到。

上次我们讲到三件卿其卣，还有一件六祀的卿其卣没有谈到，今天我们从六祀卿其卣讲起（见图1、图2）。上次我们说过，六祀卿其卣和二祀卿其卣是一起出的，虽然四祀卿其卣也在二十世纪四十年代出土于殷墟，可是六祀和二祀据传说是一次所出。从器形上来看，六祀卿其卣也与二祀卿其卣相当相似。

实际上六祀卿其卣是不能叫"卿其卣"的，因为青铜器命名的原则，是以器主来命名的，虽然六祀卿其卣铭文中提到了"卿其"，但器主并不是"卿其"，而是"作册䂞"。我一直认为"䂞"这个字还有另外一种隶定方式，就是"又"和"子"应该是相结合的，否则"子"与"隹"的下部，也就是鸟的爪部，不会结合得那么紧密，所以此处有可能是借笔，或可将其下半部读为"孚"，但我现在还没有和更多有关文字进行对比。如果真的是"孚",那么是不是这个字在读音上有什么值得考虑的地方,我们以后再考虑,这里我们还是隶定为"雀"。不过这个问题不大,就是一个人名,和我们下面所讨论的问题没有多大关系。因为"隻"在甲骨文中就读为"获",所以"雀"我们就读"huò"。这件器的器主是"作册雀",这是没有问题的,铭文中有"邲财易乍册雀皇、珤"一语,是"邲其"对"作册雀"进行赏赐。有一点需要大家注意,就是"邲其"在这里就不是器主了。我们看许许多多的青铜器,比如"王赐""侯赐"等,其规律为被赐者是器主。因此,严格来讲六祀邲其卣是不能称作"邲其卣"的,应称为"作册雀卣"。

图1 六祀邲其卣

图2 六祀邲其卣器铭

六祀邲其卣释文:
乙亥①,邲财(其)易(锡)乍(作)

册肇皇（瑞）、珏（玪）②，用乍（作）
且（祖）癸障（尊）彝。才（在）六
月，隹（惟）王六祀，翼日。亚獏。

①"乙亥"一语，"乙亥"是日子，上次我们讲到了商代铭文的特点，商代记录时间的时候，将"日"放在最前，"月"放在中间，"年"放在末尾，还有所谓"祀季"，"祀季"有"翼""肜""协"三种，就好像一年有三个 season（季）一样，这与商代的祀谱有关。这件器物的作器时间为六年六月乙亥，是非常准确的，根据四祀邲其卣中的"文武帝乙"可知这件器物一定是帝辛时期的，所以这件器物的作器时间一定是帝辛六年六月的乙亥日，而"乙亥"这一天在周祭中一定是属于"翼日"那一季的，根据甲骨文周祭祀谱的排列可知，这是完全正确的。

②"邲其（其）易（锡）乍（作）册肇皇（瑞）、珏（玪）"一句，"邲其"是一个地位很高的人，大家要知道，在当时能作青铜器的人都是有一定身份的，要不然在当时的社会里就作不了青铜器了，特别是受赏赐来作青铜器的人，是有一定的身份的。由此我们再回看二祀和四祀的邲其卣，就会发现"邲其"这个人在纣王的王朝中地位很高。

在这次赏赐的过程中，"肇"是受赏作器者，"邲其"是施动者，是赐贝于"乍册肇"的人。"乍册"即"作册"，是史官，"册"就是"简册"，制作简册的人就是史官，现在我们对于中国古代史官的认识，要比过去更深刻一些。长时间以来，大家对于史官的作用，认识还是不够，其实史官在当时社会中所起的作用是很重要的，比我们过去想的重要。我常常强调，《周礼》是六官，但史官并不是六官之一，也就是说，史官并非六卿之职。可是如果去读《周礼》的本文，就会发现"太史"有其独立性，虽然是在春官之下，可是其本身的体例好像又独立出来了，大家翻一翻《周礼》，不难发现这种现象。这就说明史官在古代所起的作用特别大，这一点在青铜器上也有所反映，铭文篇幅较长的、文辞较好的铜器大都为史官所作，因为史官是当时的知识分子，是专家。有些武将就不作带有铭文的青铜器了，也许他们本身就不认识字，这种事是经常有的，并不稀奇。

这篇铭文是讲"卲其"赐给"乍册睘"一些东西，可是他们的族氏铭文是一样的，都是"亚貘"。不管我们对"亚貘"这种族氏如何理解（我个人认为它不是"氏"，但类似于"氏"，到周代就变成所谓的"氏"了），这种所谓的族氏，它所指的总是一定的有血缘关系的人群。"乍册睘"和"卲其"既然属于同一个族氏，那么"乍册睘"和"卲其"应该有亲戚关系，"卲其"的辈分一定要高于"乍册睘"，而且这两个人一定不是亲兄弟。因为二祀和四祀中是"亚貘父丁"，而六祀中完全没有提到"父丁"，我们可以猜测"卲其"和"乍册睘"不是同一个父亲。当然这个问题大家可以和我辩论，说六祀的卣不是给父亲的，而是给祖癸的。此外，"乍册睘"也不是"卲其"的儿子，如果二人是父子关系，那么六祀中就应该是"祖丁"而不是"祖癸"，因为"卲其"的父亲是"父丁"。当然这里又可以辩论，因为商代时可以有很多个"祖"，也可以有很多个"父"，可是在"卲其"家族铜器很少的情况之下，二人还是直系的可能性更大。

在这种情况之下，我们估计"乍册夨"是"卲其"的一个近亲，至于近到什么程度，我们就不知道了，但二者为亲兄弟或父子的可能性不是太大，当然这只是推测。

大家不要忘了，在商周时期，史官有一定的血缘性，这个血缘传统不但在中国如此，在其他地方也是一样，因为"史官"这种人是要经过特殊训练的。现在我们在秦律和汉律的一些条文中，都可以看到不是史官的儿子是不能够做史官的，秦律明确规定非史子不得为史，这是为了保持学识的传统，就和手工业一样。马克思说过，学者实际上是一种手工业者。学者整天趴在那里写字或者按键盘，就跟鞋匠整天在那里修皮鞋道理是一样的。所以，保持这种传统在古代社会里是必然的，是要世代传流下去的，不是史官的儿子就不能学史。如果是各地选来的史官，送到太史那里去接受教导，这些被选者本身也要有一定的背景。当然，这一点到汉代就逐渐淡化了，但在汉代以前的社会，这一点还是很重要的。所以在这里我们就有一个大胆的设想，就是"卲其"这个人也和"史官"有一定关系，所以他的铜器铭文写得那么好，字也那么漂亮。我想这个猜测是不过分的，当然这只是猜测，我们还没有了解更多。

"卲其"这个人在当时还是很活跃的，在二祀、四祀，商王都派他出去办事，可见"卲其"的身体还是很健康的，如果"乍册夨"是"卲其"的子侄辈，那"乍册夨"还是很年轻的，因为这时是王的六祀，与二祀、四祀时间相差不远。在这些地方，我们可以有一些想象。

"卲其"给"乍册夨"的"堂"和"琮"是玉器，这是没问题的。"堂"下面有一横画，过去我一直读为"一"字，仔细考虑过后，我认为这一横画也可能不是一个独立的字。因为盖铭和器铭中"一"的位置不一样,且长度和整个字差不多,如果是"一"字,写的时候就不会考虑那么多,会写得很长,所以很可能是在"玉"字的下面加一个饰笔,但这一点我在当时别的铭文里还没有找到例证。不过,从这几件卹其卣本身看,"其"字下面有的是有一横画的,二卹是没有的,四卹看不清楚,六卹是很清楚的,"其"字下面有一横画,而这一横画的长度也和整个字的宽度大体一样,这个现象和"坣"字很相似,所以很可能是一个饰笔。如果不作为饰笔,那盖铭和器铭之间就差了一个字,究竟是怎么回事,我们还可以进一步讨论。至于说这两个字怎么读,现在还有很多争论,我简单地把这些想法给大家说一说,也不一定对。

我个人认为"坣"字,应是"瑞"字的省文,是从玉,从耑省,现在的古文字学者不大用"从某省"的说法,实际上这在《说文》学中是非常普遍的,在《说文》系统中,很多都是从某省声,当然有些时候《说文》中说的省声是不对的,可是这种体例不能说完全没有。我个人认为"坣"这个字读为"瑞"挺好的。至于说"珇"字读为什么,就有很多讨论了。"珇"字所从之"亞"有"亞""㐄"等形,这个字一定不是"亚"字。早期的时候,基本上所有的学者都把它读为"宁",如果读"亞"为"宁",那么"珇"就应隶定成"玗",读为"杼","杼"的本义是"织布的梭子",可是在有些文献中是将"杼"和玉器联系在一起,这就是《考工记》。《周礼·考工记·玉人》"大圭长三尺,杼上终葵首","圭"的上面是尖的,底下是方的,所以有人认为"珇"应读为"杼",是一种大圭。但问题在于《考工记》中的"杼"字并不只见于《玉人》,还见于《轮人》,"杼"的意思是把东西削薄、削尖,而不是玉器的名称。"终葵"是棍棒一类的东西,所以后来打鬼的神也叫"钟馗",汉代的人认为"终葵"和"金吾"有关,就是棍棒一类,即"殳"。"大圭"的上面是尖薄的,下面是厚粗的,所以叫"杼上终葵首",如果按照注疏中的这种解释,"杼"就不是"圭"的名称,这个问题在吴大澂《古玉图考》中就有讨论。所以"琡"能不能读为"杼"就很值得讨论了,这个问题在文字学上需要解释。复旦大学的陈剑在他的论文集中发表了一篇文章,他认为"亞"应是"琮"的象形字,并将甲骨文中的"亞侯"读为"崇侯"。①可是琮中间是圆的,"亞"的中间是方的,因此"亞"是否为"琮"还可以讨论,而且陈剑的论证很复杂,环节也比较多,所以陈剑的这篇论文在古文字界没有被普遍接受,我对这个说法也有所保留。可是无论如何,如果有"崇侯",最好是在"帝辛"的时候发现,因为"帝辛"的时候有"崇侯虎",但是"亞侯"多见于自组和宾组卜辞,自组和宾组是武丁早期的卜辞,所以"亞侯"是否为"崇侯"还可以进一步讨论。武丁时期是有一个"▨侯虎"的,"▨"字,我们还不认识。在这件铜器中,我们对于这两个字的讨论也就是这么多了,大家知道"坒"和"琡"是玉器就可以了。

现在看起来,商末的青铜器铭文中,赏赐玉器的特别多,所赐的玉器各种各样。最近一些年,大家在铜器铭文特别是族氏铭文中,找到很多玉器的象形字,比如"▨"就是古书中所谓的"牙璋",又比如铜器中的"▨"字,肯定也是一种玉器,还有"▨"字,等等,这一类字是否都有后世的形声字与之对应,比如"琮""璧"等,还可以进一步讨论。

今天我们对卲其三卣进行了介绍,我们希望不只是简单地给大家讲铭文,而且我们的课主要也不是讲商代的青铜器。我们

---

① 陈剑:《释"琮"及相关诸字》,载《甲骨金文考释论集》,第 315 页,北京:线装书局,2007 年。

希望大家首先掌握的是商末青铜器的格式包括哪几个基本的特点；这些基本特点，有的到了西周立刻就消失了，有的则是逐渐消失的。

商代的铜器铭文有哪些特点呢？

1. 记年、月、日的方法

商代记录时间的时候，将"日"放在最前，"月"放在中间，"年"放在末尾，最后再配以周祭的祀季。这一点大家不要轻视，很多人认为这是当时的书写或语言习惯，实际上并不完全是这样。因为中国历史上很重要的一个问题就是"正朔"，"正朔"是王朝更替的重要标志之一，有些人按照汉朝的说法，认为一般是"三正"，即"夏正""殷正""周正"，似乎区别仅是岁首不同，就是岁首是否放在有"冬至"的那个月。其实"正朔"的意义不完全是这样，"正朔"的改变会引起历法的改变，《尚书》中就很重视这一点，《尧典》前半段的大部分内容就是讲这些内容，要讲如何置闰，如何成岁，一年有366日，等等，实际上就是要规定一个历法，并且颁布天下，这是一个王朝的重要象征。历法并不是随便使用的，而是要由王朝来规定，王朝制定历法并将之颁行天下，这是其政权非常重要的一个方面，也是我们理解中国古代文化很重要的一个方面。《尚书》的第一篇就是《尧典》，《尧典》一开头讲的就是历法，所以大家千万不要轻视。而"定正朔"这一点，到了清末还是如此，每年还要印黄历，包括民国的时候也还要印。按照规定，黄历的封面上一定是有龙的，"黄历"本作"皇历"，后来因为是黄色封面，民国时候不好再叫皇帝的"皇"了，就改叫"黄历"了。当年没有月份牌，更没有我们今天那种西方式的日历，所以每年都要印黄历，这是指导当时人们的生活的，不是一个简单的仪式,是一件很重要的事情,关系到当时所有人的生活。我小的时候还看到过这样的历书,后来在香港也还是印这样的历书,香港的历书封面变成了红色,但中间还是有原来的花纹,今天在香港还能看见。所以,历法是很重要的,如果说商周有什么不同,历法就是一个很大的区别,象征了朝代的转换。

2. 商代铭文中多有族氏铭文

商代铭文中多有族氏铭文,又称"族徽",我从来不赞成把这些叫图画文字,这个问题今天我们不从理论的角度来讨论,实际上族氏铭文还是文字,可是常常写得很美术化。虽然族氏铭文很像图画,但并不是由原始文字保留下来的。二十世纪二十年代的时候,北大的沈兼士先生曾经写过一篇论文,认为这些是"图画文字"[①],所用的也是西方的观点。现在西方"图画文字说"的观点也衰落了,这种观点认为文字起源于图画,比如"亚貘"的"貘",左边写得很像"犬",所以"犬"这个字就起源于图画,再比如"足",最初是画五个脚趾,后来变成了画三个脚趾,谁能是三个脚趾呢?那是青蛙。可是看藁城台西的陶文,确实是五个脚趾。因此,"所有的文字都是图画变的"这种说法是不正确的。无论如何,这些族徽代表了有一定血缘关系的族群,至于说这种族群相当于社会学或者人类学上的什么概念,还可以讨论。族徽是很普遍的,如果大家买一部《殷周金文集成》,或者是我国台湾出的《金文总集》,就会发现这种铭文占了将近一半,特别是爵、觚上,大部分是这种族氏铭文,要不就是"父甲""父乙"之类的文字。族氏铭文从

---

① 沈兼士:《国语问题之历史的研究》,载《沈兼士学术论文集》,第 21-41 页,北京:中华书局,1986 年。

宋朝就开始研究，直到现在还没有得到充分解决。

有一个很重要的论点，即只有夏、商才有族氏铭文，到了周代就没有了，其实这个观点从北宋起就开始有了。这就跟所谓"日名"一样，只要看见有父甲、父乙，或者是母丁、母丙这样的铭文，就认为是商代的，因为古书中说商代有日名，而周代没有。现在还有学者持类似的观点，即凡是有族氏的都是商人，我个人对这个观点不是很赞成。将这种观点发挥到极致的是罗振玉，罗振玉将所能见到的族氏铭文汇集在一起，编成了《殷文存》一书。他认为有族氏铭文的都是商代的器物，不过他也承认这种说法不一定对，其中也还会有周代的遗留，但不中不远，差不多。当时王国维从日本回来之后，寓居在哈同所办的仓圣明智大学，罗振玉的《殷文存》即发表在王国维主编的《学术丛编》中。《殷文存》是在《三代吉金文存》之前，而《三代吉金文存》的名字也是由《殷文存》想到的。在这之后，有一个人叫王辰编了一部很有名的书，叫《续殷文存》。我非常抱歉地告诉大家，到今天我对于王辰这个人的生平还是不太清楚。二十世纪三十年代在《考古社刊》中提到过一些，但也是语焉不详。王辰这部书收集的范围大为扩大，凡是带有族氏铭文的，甚至是有点像族氏铭文的，全部加以收录。《续殷文存》比罗振玉的《殷文存》大多了，其中甚至有西周晚期和春秋时期的铭文，所以族徽并不能够成为划分时代的标准。但无论如何，早期的商代金文在族氏铭文这一点上是很突出的，至于说西周是什么样子，等到我们讲西周铜器的时候再来考察。

族氏铭文是非常普遍的，现在能够找到的最晚的例子可以到春秋，但在春秋时已经极为个别。而商代的某些族氏，一直到西周晚期依旧存在，比如"椟中戈形"（这是宋朝人的讲法），也就是"☒",这个铭文在沣西遗址所出的西周晚期铜器上还有,虽然形状已有些变化,甚至有些写倒了,可还是这个铭文。这个铭文商代就有,一直到了西周晚期还存在,其中最好的一件是一个尊,在西安市博物馆,这些都是发掘品,真伪没有问题。目前见于著录的族氏铭文中,时代最晚的是一件战国壶,在四川博物馆,说是出土品,但我对这个说法非常怀疑。后来我到四川博物馆,把这件东西调出来看,找到了它的卡片,确实是发掘出土的,可是后来证明这个壶并不是真正的考古发掘出土,但确实是挖出来的,出土后在社会上流传了两年,所以这件壶的铭文是伪刻的,不足为凭。沣西所出的东西是没有问题的,因为是考古发掘出土,而且有好几件;但沣西出的东西不是最晚的,最晚的有族氏铭文的器物是河南郏县太仆乡出土的。解放初期,郏县太仆乡出了一些春秋早期的器物,其中有族氏铭文☒。大家要知道,郏县是《国语·郑语》中所述的"邬""弊""补""舟"等小国的所在地,后来被郑国所吞并,郏县所出的器物估计就是那些小国的遗留。郏县太仆乡所出的铜器大都在河南博物院,但也有几件并不在河南博物院,而在开封市博物馆。后来著录的人大都不知道这几件东西,我到开封市博物馆专门调出来看过,确定是郏县太仆乡的。

我们暂时就举这两者,一个是历法特点,一个是族氏铭文特点。下面我们再举几个例子,扩充一下大家在这方面的看法,进一步了解商代金文的基本特征。

我们就从帝辛说起,抓住一些帝辛时期的标准器。前些年做夏商周断代工程的时候,我专门做过这个工作。哪些是帝辛时期的青铜器?我们可以举很多,但我们的要求是可以确定年月的器物,帝辛的历谱就是以此为基础的,其中也包括甲骨文,可是甲骨文没有那么多，不足以撑起帝辛的历谱，所以需要把甲骨文和金文结合起来，才能正式撑起帝辛的历谱。这个工作我们曾经做过，但在这里我们不能详细地介绍这些东西了，我把具体的做法写在这里，大家有时间可以去看一看。这方面我曾经写过一篇小文章，收在《夏商周年代学札记》中，叫做《帝辛元祀至十一祀祀谱的补充和检验》①，这篇文章距现在已有一段时间了，现在看起来虽然还有些缺点，但基本上还是对的。

帝辛的二祀有二祀邲其卣。三祀有一个老虎的骨头，就是所谓的"虎上膊骨"，过去都以为是肋骨，其实不是肋骨。这个虎骨在加拿大，后来收在许进雄先生编的《怀特氏等收藏甲骨集》中。这件东西开始时大家认为和宰丰骨一样，都是肋骨，宰丰骨不是帝辛的，而是文丁的，后来加拿大安大略博物馆做了鉴定，证明是老虎的上膊骨，这件东西很容易找到，在《甲骨文合集》中就有。四祀就是四祀邲其卣。六祀有两件，一件是作册般卣，另一件是小臣邑斝。七祀有殷墟1713号墓发掘出土的亚鱼鼎，虽然亚鱼鼎不能直接证明是帝辛的，但在殷墟文化分期中是最晚的，所以一定属于帝辛，这个不会错，而且在历法上排起来完全合适。九祀到十一祀有征夷方卜辞。大家要知道，商代的周祭祀谱和每一年不是完全重迭的，是交错的，所以二祀的祀谱从二祀邲其卣就已经推到元祀了，而十一祀之后的历谱也定可继续延长，这些材料就可以把帝辛元祀到十一祀的历谱整个架起来，因为周祭祀谱是固定的，其中的年月日也是固定的，所以十一年的祀谱是不会错的，董作宾先生就说他的《殷历谱》一天也不会差，是合天的，实际上确实如此。以上这些是目前为止，我们对于商末历

---

① 李学勤：《帝辛元祀至十一祀祀谱的补充和检验》，载《夏商周年代学札记》，第230-239页，沈阳：辽宁大学出版社，1999年。

法所能掌握的最好的材料。从这一点就可以看出卯其卣的重要性，这些东西放在一起，在历法上一定是一致的，而且用现代的历法推算也都完全能推得出来，商代周祭的规律也一定是一致的，两者加在一起是不可移动的。但问题在于怎么证明这些东西是帝辛时期的，而解决这个问题，靠的就是四祀卯其卣，因为四祀卯其卣铭中有"文武帝乙"，所以它必须是帝辛时期的。这一点应该说是青铜器研究对于中国古代科技史最重要的一个贡献，没有别的东西能够相比，别的东西定不下来，而这些东西可以定下来，老实说这比西周还好。西周宣王时代，铜器好像很多，但在历法上不能全部密合，总觉得有些问题，总要差几天。究竟是怎么回事，还要等更多的材料，我们现在也没有办法最后证明，只能是目前有一个说法。但帝辛历谱就不一样了，这一段的历法是清楚的，当然如果用今天的格里高利历来推，究竟应该合公元多少年，还可以继续研究。但当时的历法就是这样，这是没问题的，它已经定了，而且幅度很长，从元祀一直到十一祀，而其中最重要的就是四祀卯其卣有"文武帝乙"，这成为考古学上的一个重要定点。虽然四祀卯其卣本身不是一件考古发掘品，但在年代学上的意义极大，不能不承认它。有些人不承认它，就把最根本的东西拔掉。现在我们能证明它了，四祀卯其卣的重要性也就显示出来了，可惜的就是四祀卯其卣不是一个考古发掘品，但仍然是不可动摇的。

以上的这些还不够，帝辛的东西还可以向后推，从上述这些东西就可以知道其规律，具体的情况大家可以去看我的那篇文章。[1]

---

[1] 李学勤：《帝辛元祀至十一祀祀谱的补充和检验》，载《夏商周年代学札记》，第230-239页，沈阳：辽宁大学出版社，1999年。

关于帝辛的历谱，我还推荐夏商周断代工程的一名女博士徐凤先，她现在已经是自然科学研究所的研究员了，徐凤先的著作是《商末周祭祀谱合历研究》，所谓"合历"就是"能合什么样的历法"，这本书是世界图书出版公司2006年出版的。该书用现代天文学的方法来推算，将帝辛的历法恢复了出来，这是不能改变的，至少在这段是错不了的。恢复出来的一个重大结果，就是商代至少在这一时段的历法是"岁中置闰"。商代是"岁中置闰"这一点，董作宾先生早就讲了[①]，但董先生是用战国时期六历中的殷历来推的，故称《殷历谱》。所谓"岁中置闰"，是指闰月在一年的中间。说实话，我多年以来想反对这个说法，但现在宣告失败。当时之所以反对，是因为董作宾先生当年是用六历中的殷历来推的，六历是战国时代的历法，商代不会用战国时代的殷历，这一点我们要说清楚，这是不可能的事。可是董先生是这么推算的，这样推算的结果当然是岁中置闰，这是没有问题的，所以他说祖甲、帝辛是岁中置闰，祖甲时代我们今天不去讨论，但是现在证明帝辛时代确实是岁中置闰。我过去之所以不服气这个说法，是因为西周不是岁中置闰。现在我们已经可以用各种金文材料证明，西周特别是西周中晚期，绝对不是岁中置闰，而是岁末置闰，换句话说就是西周有十三个月，即把闰月放在第十三个月。十三月一定是在一年的最后，这一点有很多金文可以证明，而且我们对这一点也可以推算出来。大家要知道，岁中置闰一定比岁末置闰先进。这是因为，岁中置闰时，怎么才能知道要在哪个月置闰呢？就是要看这个月有没有中气，所置的闰月中不能包含二十四节气里的

---

① 董作宾：《殷历中几个重要问题》，载《董作宾先生全集·甲编》，第177-200页，台北：艺文印书馆，1977年。

中气。岁末置闰就没有这个考虑，因此岁末置闰显然是不够先进的。可是从金文来看，岁末置闰这个制度从周初一直持续到宣王，都是有十三月的，那个十三月一算就是在最后，特别是周宣王时代的吴虎鼎，吴虎鼎用历法推算应该有个十三月，结果吴虎鼎正好是十三月。如此看来，西周的历法还没有商朝帝辛时期的历法进步，当然商代武丁时期就是十三月，是岁末置闰，可是至少从祖甲的时候就已经有改变了，到商末的时候就已经很清楚了。西周时期为什么又改回去了呢？这是商周时期一个很大的不同。

这个问题听起来很专业，但对于了解商周文化，可以给我们很多的启示。这个问题我们在这里也不能太多地去讨论，请大家有时间回去看看我们列举的这几件材料，这些材料我在《帝辛元祀至十一祀祀谱的补充和检验》一文中都做了解释。在这里还有一点需要说明，就是有一个字，当时我没有认出，后来才识读出来，我把这个字说一下，这是个人的一个想法，不一定对。

虎上膊骨刻辞中有"获大褋虎"一语，"褋"字过去不认识，近几年我有了一些想法，因为从另外一些材料中看到了这个字。2007年的时候，我写过一篇小文章，叫《伯狱青铜器与西周典祀》[①]，是在台湾"古文字与古代史"的学术讨论会上提出的，讲"伯狱"的青铜器。这批铜器是西周中期的，其中有一件狱簋，簋铭中有"其日夙夕用秉䉳辜祀于秉百神"一语。大家要知道，周人"尚臭"，就是周人祭祀的时候会考虑用香气，"辜"字我个人读为"典"，"典祀"一词见于《尚书》，此处的"神"不是"神灵"的"神"，实际

---

① 李学勤：《伯狱青铜器与西周典祀》，载《文物中的古文明》，第289-294页，北京：商务印书馆，2008年。

上是指"祖先"而言。我们还可以看到一件东西,就是西周初年的鲁侯角,这件铜器很有名,因为鲁侯的东西很少,但铭文很难读懂,鲁侯角铭文中有"鲁侯作爵,用尊鬯亯盟"一语。

"褋""嗇""鼻"三字皆从"朱",而从木的字,大都是在"木"的基础上加一定的标志来表意,如"末"字。所以我个人的想法,"朱"应该是一个指事字,应读为"本",就是"根本"的"本","本"所示的是"茎",也就是木的中间部分。"本"是在中间,而"根"则指"木"的根部,"根"的古文作"米",就是脚下面的部分。"朱"则是"本"。读"朱"为"本","褋""嗇""鼻"就都可以读通,因为"本""芬"音近,"芬"的意思就是"香气",可将"嗇""鼻"读为"芬","其日夙夕用乎嗇辜祀于乎百神"义为"早晚用香气来典祀百神"。"鼻"字,从"自","自"是"鼻子"的意思,"鼻"就是一个形声字,只是加了一个形符,所以"鼻"是"芬"的本字,因为"鼻"是"香气","香气"是要用鼻子来闻的。"尊"是"进","鼻鬯"就是"香鬯","鬯"是香草,"亯",郭沫若读为"临"[①],"用尊鼻鬯亯盟"大意就是进献香鬯,在盟誓上使用,所以"鼻"读为"芬"也是很合适的。那么"褋"可读为"贲","贲"字义为"黄白色的花纹",见于《经典释文》所引的王肃注,大老虎就是黄白色的,所以"大褋虎"可读为"大贲虎",义为黄白相间的大老虎。大家要知道,古文字的考释只是一种学说,并不是所有的字都能确定,除非有特别明确的证据,像这种就只是一种推论,但我觉得还是可以的,这是附带谈的,不是今天谈的主题。

---

① 郭沫若:《鲁侯爵释文》,载《殷周青铜器铭文研究》,第97-100页,北京:科学出版社,1961年。

帝辛的历谱我们已经推到了十一祀，但还可以继续往下推，比如董作宾先生在《殷历谱》中就推到了六十祀，所以帝辛历谱是可以继续推的，可是我们需要证据，其中非常好的一个证据就是戫方鼎（见图 3、图 4），关于这件方鼎，我写过一篇文章，印在《文物》2005 年第九期①，这件方鼎现在就陈列在保利艺术博物馆，大家可以去看一看。

图 3　戫方鼎

图 4　戫方鼎拓本

戫方鼎铭文释文：
乙未，王宾（宾）文武帝
乙彡（肜）日①，自鬲俎②，王
返入雩，王商（赏）戫
贝，用乍（作）父丁宝
障彝，才（在）五
月，隹（惟）王廿祀又二③。

①"乙未，王宾（宾）文武帝乙彡（肜）日"一语，

---

① 李学勤：《试论新发现的戫方鼎和荣仲方鼎》，载《文物中的古文明》，第 236-243 页，北京：商务印书馆，2008 年。

因为铭文中有"文武帝乙",所以一定是帝辛时期的,这是没有问题的。也不会是帝辛的儿子武庚的,因为武庚没有二十二年。特别重要的就是"王窑(宾)……彡(肜)日",这是很正规的周祭的文辞格式,与甲骨文的周祭是完全一样的。由此铭文可知,帝乙是在周祭之中的,但若将帝乙排进周祭祀谱,则会与上甲到太乙这一段有重叠,因为周祭只有三十六周到三十七周,时间太短,排不下。所以究竟如何排,目前在甲骨文中还没有证据,因为包括武乙、文丁、帝乙在内的诸王都没有和其他周祭卜辞同版的例子。武乙配妣戊,文丁配妣癸,都有相关的卜辞或金文为证,但就是没有同版关系的卜辞来证明其在周祭中的位置。所以当时究竟怎么排,还是不得而知。但无论如何,帝乙一定在周祭中,因为这种铭文的格式就是周祭的格式。关于这方面,历史语言研究所的常玉芝先生做了很多工作,可无论如何文武帝乙明确是有周祭的,这是很清楚的。之所以没有将"肜日"写在最后,是因为这一天是纣王亲自去祭祀他的父亲,所以格式有些不同,可基本上还是一样的。

②"自斸偁"即"王从斸偁出发",目的是亲自去祭祀帝乙。"偁"字不识,在甲骨文中多次出现,有人读为"山寨"的"寨",这不太可能,纣王不会占山为王。虽然"偁"字不认识,但意思比较明白,一定是王在外居住的一个地方,相当于古书中所说的"离宫别馆",是供王居住的,不是任何人都能居住的。这个字其实是一个很普通的字,甲骨文、金文中还有以这个字为人名的,西周金文中还有一个名叫塑的人,即从这个字而来,可惜

我们不认识。"膏"是地名，下文的"亯"即"膏"之省文。在帝辛时期的很多铜器中都有这个地名，利簋中也有这个字，周武王在甲子日克商，克商的第八天是辛未，在辛未这天，武王在"膏"这个地方对利进行了赏赐，可见此地不会离朝歌太远。而从鼽方鼎铭文中判断，这个地方离朝歌肯定不远，因为王去祭祀，当天就回来了，应是朝发夕至。今天朝发夕至可以到达长春，但在那个时候是不可能的，而且纣王走得是很舒服的，不会早上六点钟起来，然后上路拼命跑，这是不大可能的，所以现在看起来，这个地方也不会是有的学者所认为的"管"，也就是郑州。如果是郑州，纣王要去宗庙里祭祀就比较麻烦了。大家会说也许纣王不到宗庙去祭祀，这也是不对的，因为纣王是离开他所住的地方去祭祀的，铭文中并未提及去何处祭祀，所以最有可能的就是去他父亲的宗庙祭祀，这是很清楚的。他不会到一个临时的、专门设置的类似于"召大庭"的地方去祭祀，因为肜日的周祭都是在商都的宗庙里进行。这点征夷方卜辞就可以证明，即使王去山东打仗，周祭并未停止，依旧循环进行，这是当时的规定，王不一定会亲自参加，会有人代表，所以周祭还是会照常进行。就好像清朝，天坛有御路，只有天子来了才能走，难道每一年清朝皇帝都要来祭天吗？事实上是没有这个事的，皇帝往往是不去的，而是派遣官员代表，拿着他的诏书去的，要不然皇帝就累死了。鼽方鼎铭文中记载纣王是亲自去祭祀的，就和甲骨文中"王宾"的道理一样，王到膏去，所以这个地方不可能是郑州，"膏"应该是殷墟附近的一个地方，单日的路程即可以到达。

③"佳（惟）王廿祀又二"一语，铭文中的"廿"作"Ⅴ"，"廿"的这个写法是特别值得注意的，这才是真正的"廿"字，这个问题是裘锡圭先生最早注意且做过详细论证的。[①]过去认为"凵"是"廿"，但实际上是"曰"，而不是"廿"，这一点我们在郊其卣中已经看到了。在甲骨文、金文中，商末年祀的最高数字是二十五祀，周代的是四十三年，就是眉县杨家村出的器物。

䣙方鼎铭文告诉我们一件很大的事情，就是所谓"纣都朝歌"。按古书的说法，纣王的时候并不都于今天的殷墟。我们以后会读《尚书》，等读到《牧誓》的时候，就会知道武王当时是在"牧"这个地方打仗，即所谓的"牧野"，"牧野"这个地方自古以来就是明确的，是在今天的河南新乡。我常常说笑话，天津有一个歌唱家叫关牧村，她是新乡人，之所以叫牧村，就因为她是牧野人，这是她自己说的，这是不会错的，所以新乡不仅出新飞冰箱。今天新乡最得意的地方就是新飞冰箱了，大家要是到新乡，当地人马上就会谈到新飞冰箱，实际上牧野是商周时期非常重要的地方。如果是在牧野打仗，那离殷墟有多远呢？至少也要有半天以上的路程，所以纣王当时不会是死在安阳。如果牧野的位置没错，那么帝辛身死之处就不可能在今天的殷墟，这也就是有些人到现在也不服气殷墟的原因，甚至有的日本学者到今天还认为殷墟不是都城，当然我们现在是不能接受这个观点的，除了个别的学者，没有人接受这个观点。殷墟当然是一个首都，而且时间肯定一直

[①] 裘锡圭：《关于殷墟卜辞中的所谓"廿祀"和"廿司"》，载《裘锡圭学术文集·甲骨文卷》，第467-472页，上海：复旦大学出版社，2012年。

持续到商末，这也是没有问题的。可是我们可以想象，虽然安阳是首都所在地，但是纣王不一定住在那里，所以《古本竹书纪年》说："自盘庚迁殷，至纣之灭，二百七十三年，更不徙都。纣时稍大其邑，南距朝歌，北据邯郸及沙丘，皆为离宫别馆。""朝歌"之"朝"，我读为"zhāo"，有人不同意这个观点，读为"cháo"，但我是读"zhāo"的，我想这个说法虽然不见得是《竹书纪年》本文，可基本上是这样的。大家知道，沙丘是很靠北的，在邯郸北面；南面直到朝歌，朝歌就是淇县。最主张此种说法的人是郭沫若先生，郭先生一直到编《甲骨文合集》的时候还是这样看，郭沫若先生从来都不承认有帝辛卜辞，他总说"帝乙迁沬"，因为帝乙时已经迁都了。所以郭老一直认为帝乙时的卜辞可能还有一点，帝辛的卜辞就没了，因此到了编《甲骨文合集》的时候，他一直比较犹豫，编《中国史稿》时也是如此，这是他一贯的观点。为什么郭沫若在这方面这么执着呢？我想道理也是很简单的，就是郭老相信古书，古书中讲的位置明显是淇县，而非今天的殷墟。有关这些，我们今天还可以做一些讨论。

"纣都朝歌"在很多人心中一直是有些悬疑的问题，淇县的人对这一点特别重视，淇县有一位田涛老师，他编了一本书叫《纣都朝歌》，过去他常常参加我们先秦史学会的一些活动，现在已经八十多岁了，淇县人很重视他的这个说法。"纣都朝歌"的问题和我们所要讨论的商周之际的这段历史有密切关系，很多问题都要从这个问题来考虑。"纣都朝歌"究竟是怎么回事呢？文献中有一系列的材料指出纣都朝歌。

《左传·定公四年》有一段是鲁国的祝鮀讲周初几个国家的分封，其中有鲁国之封、晋国之封，还有卫国之封，讲到卫国时，他说"命以《康诰》，而封于殷虚"，现在有些年轻的朋友一看这个以为是封在安阳,卫国哪能封在安阳呢?这段话很明确地说是封在殷墟,但《左传·定公四年》这段话中的"殷虚"指的不是"安阳",这个"殷虚"是"朝歌",这是很清楚的。《康诰》在《周书》中是很重要的一篇,里面还有种种问题。

再如《史记·卫康叔世家》说周公,"以武庚殷余民封康叔为卫君,居河、淇间故商墟"。我们今天所讲的"殷墟"也是从《史记》中来的,我们所讲的"殷墟"是"洹水南,殷虚上"的"殷虚",这是司马迁讲述楚汉之间的关系时所讲的"殷墟",就是今天的安阳。但《卫康叔世家》讲的是"商墟",这是司马迁的看法,这个地方讲得很清楚,是不会误解的。这里面有几点,第一点是"以武庚殷余民","武庚"是帝辛的儿子,武王克商之后,武王是称天子了,但并没有彻底把殷消灭,而是封了帝辛的儿子武庚。后来武庚同管、蔡作乱失败,有的说武庚死了,有的说武庚跑了,总之是下落不明。周公就把殷遗民封给康叔,命之为卫君,这就是"命以《康诰》,而封于殷虚"。第二点就是所封的地方,所封之地在"河、淇"之间,大家知道,这是黄河的古河道,淇水是入黄河的,"河、淇"之间就是"朝歌",所以司马迁说的"商墟"的位置就是在河、淇之间,这个不会是安阳,很明显是"朝歌",就是今天的淇县。司马迁的认识就是这样,这是很清楚的一件事情。

又如《尚书·酒诰》:"王若曰:'明大命于妹邦。'"此"王"是"周成王",什么叫"妹邦"呢?"妹"是一个地名,就是"朝歌","朝歌"在当时叫做"妹",武庚所居之处就是"妹"。清代有的学者认为"妹"应读为"沬",但按照传统的说法,还是读为"妹"。这个问题等以后我们讲到的时候再讨论,今天我们从金文来看是"妹",是从"未"的,这一点大家要注意。《酒诰》后面的内容都是对卫国讲的,《康诰》《酒诰》《梓材》三篇都是封卫的诰辞。就在卫国这个地方,出土的铜器有沫司徒送簋,这件东西是1931年从河南浚县辛村卫国墓地中出的,是当时盗掘的。1931年正是殷墟发掘的时候,在河南浚县辛村有人盗掘出一批铜器,当时中研院史语所得知消息后就去接管这个地方,并进行发掘,相关的发掘材料现在都在台湾的史语所。后来在大陆,曾参加过此次发掘的郭宝钧先生写了一本报告叫《浚县辛村》。当时盗掘出土的器物中就有沫司徒送簋,他们说这个墓就是康叔墓,这个我们不知道对不对,可确实有康叔的铜器,有"康侯"的字样。沫司徒送簋就是在这个地方出土的,所以这件簋是卫国的铜器,这是毋庸置疑的。簋铭为:"王来伐商邑,祉(诞)命康侯啚(鄙)㔾(于)卫,渚(沫)司徒送眔啚(鄙),作厥考障彝。冊。"这件簋后来流散到英国去了,现在在大英博物院,铭文最后的"冊"是族徽。沫司徒送簋是1931年出土的,这是不会错的,簋铭很明确地说明了一些问题。首先是"王来伐商邑","商邑"就是"商都",这个"商都"是武庚的都城,所以"商"就在这个地方。然后是"祉(诞)令康侯啚(鄙)㔾(于)卫","祉"读为"诞",是一个虚词,"鄙"字,《广雅》训为"居也","康侯"就是"康叔封","诞命康侯鄙于卫"即"命康叔封居于卫"。在"命康叔封居于卫"的时候,有一个人叫"渚(沫)司徒送"。"眔"即古书中的"暨",与"及"是通用字,义为"参加"。由铭文可知,"送"是渚地的司徒,司徒是管理百姓之官,渚地的司徒送参加了康叔封卫的典礼,所以作了这件铜器。所以"卫"就应在渚地。而"渚"也就是"商邑",也就是武庚所都。而卫国在什么地方呢?卫国在"朝歌"。这一点在铜器上看起来也是很直接的,《酒诰》还有"妹土"等话语,《诗经·鄘风·桑中》有"送我乎淇之上矣",这说明卫国在淇水之上,这是没问题的。

因此,不管是《诗》《书》,还是青铜器,都指出了"商都"为"朝歌",至少武庚所居之处就是后来所谓的"朝歌",就是卫国这个地方,在今天的淇县。这个问题就需要我们很好地去考虑,我个人认为对这种问题,文献上的证据是不能抹杀的,还有待于将来的考古发现。

淇县这个地方,我个人去过多次,还有很多专门研究商代的考古学家,特别是邹衡先生,也去过多次,邹衡先生在淇县做过调查,他的结论是淇县周围并没有大型的商代遗址,可是淇县确实也出土了商代的青铜器。这个问题究竟将来的情况怎么样,还需要进一步研究。在二十世纪五十年代,当时郑州的考古学家安金槐先生曾写过一则消息,登在《文物参考资料》上,该消息称在淇县发现了一段商代城墙,这件事情后来我直接问过安先生,安先生说确有其事,但是具体地点因为时隔多年,已经记得不是很清楚了,这一点还可以进一步调查。

我在这里要说一下,关于古代的文化遗址,中国的考古工作时间并不长,过几天在安阳要召开殷墟发掘八十周年的会议,有一些学者会参加,他们让我去参加,可是我这次去不了。殷墟发掘不过八十周年,当然这是很值得纪念的,但究竟也只有八十年而已。中国的考古还有很多工作要做。有些遗址是我们想象不到的,比如最近在郑州的南二环路外面的芦村河,发现了很大规模的二里头遗址,和过去我们讲洛达庙的发现差不多,而且周围发现了很多个二里头遗址。这是在《中国文物报》上登载的消息,我还没有时间去看,可是这是不会错的,因为有那么大的遗址,而且堆积还很厚,所以这是很大的事,可是过去谁听说过呢?洹北商城也是如此,过去也没有人听说过。所以对于这类问题,文献的材料不应该被抹杀，应该存疑，将来我们再继续证明。

不过无论如何，有一点是要说明的，就是从文献来看，牧野之战的"牧野"以及纣王灭国的地点不会在安阳。我们可以设想，当时安阳还是首都，可是纣王住得很远，住在淇县一带，这不是不可能，淇县应是纣王的离宫别馆之所在。这就好比康熙、雍正住在圆明园的九洲清晏一样，九洲清晏的西部现在已经开放了，前些日子我专门去了一趟，走着去是很累的，一个来回要十五里，不过里面有电瓶车，如果有同学想去可以坐电瓶车，五块钱往返票。圆明园相对于紫禁城而言是很远的，可是康、雍、乾等皇帝都是住在圆明园的，一直到英法联军火烧圆明园为止。由𠦑方鼎得知，这样解释比较合理，当然我们并不是说"𪭢"就在淇县，这一点我们并不确定，但"𪭢"很可能是纣王当时的一个离宫别馆。"𪭢"地当时很重要，有六七件铜器都讲到了这个地方，而且"𪭢"这个地方一定是一个聚落，不是宫殿的一部分，因为有些铜器中称"𪭢"为"𪭢师"。

此外，作册般铜鼋也可说明此问题，"作册般"是参加征夷方的，征夷方是纣王时事，所以作册般铜鼋为纣王时器。铜鼋铭文讲述了纣王到了洹水之上，发现了一个大鼋，射了一箭，随从又射了三箭，把这只鼋射死了，射死之后就把这只鼋赐给了作册般，并让他写一个乐曲。当时我就指出一点[①]，该铭文中提到纣王在洹水上田猎，这在甲骨文中没有，整个甲骨文中，田猎的地点没有在洹水的，因为洹水在家门口，住在安阳的人在洹水上打什么猎呢？所以纣王是不会在家门口打猎的，但铭文中确说"过于洹"，

---

① 李学勤：《作册般铜鼋考释》，载《文物中的古文明》，第 216-219 页，北京：商务印书馆，2008 年。

这样看起来，纣王当时很可能不住在安阳，而是回安阳时途经洹水，捉了这个鳖。当然这只是猜想，不能证明。

这也说明了王国维在"二重证据法"中所讲的，古书上已经得到证明的，是可以实证的，而古书上没有得到证明的，我们不要轻易抹杀。关于"纣都朝歌"这个说法还要考虑文献，因为古书上的材料太明显了，并不是误解，我们没有办法给出另外的解释，而且不是一条记载，是多重记载，包括《诗》《书》《史记》。从文献来说，没有比这些材料更准确的了，并且还有铜器铭文也可以证明。这样看起来，"纣都朝歌"这个说法不能完全抹杀。实际上"纣都朝歌"与"自盘庚迁殷至纣灭二百七十三年，更不徙都"并不矛盾。即安阳虽为首都，但纣王有一段时间并不在安阳居住，而是住在朝歌。到了武庚时期，由于是周武王封的，所以地盘就很小了，就不可能有过去那么大的规模，这样的情况之下，后来封卫也就封在了朝歌。我在朝歌，也就是今天的淇县，很仔细地看过，淇县确实是有商代的东西，不仅是商代的，差不多各个时期的东西都有。当时我去的时候，我们刚刚认出了裴李岗的陶片，这个地方有类似裴李岗的东西，可见淇县还是一个文化积累比较久的地方，应该说淇县这个地方特别重要。

淇县有很多名产，其中之一就是"缠丝鸭蛋"。"缠丝鸭蛋"真是很特别的，淇水中有一种鸭子，所产的鸭蛋煮熟或做成腌鸭蛋之后，鸭蛋的黄红中透黄，是很漂亮的，如果对切开，就会发现鸭蛋中有螺旋形，或者是同心圆形，不像普通的鸭蛋，切开之后就是一个平面。我亲眼得见，是不会错的，别的地方没有见过这种东西，所以叫"缠丝鸭蛋"。当年我去淇县的时候，只有一个很小的文化馆，里面有一些铜鼎之类的陈列，我常常跟他们说，不要总是讲"缠丝鸭蛋"，还是多讲讲商都的传说比较好。我认为淇县还是有很多考古发现的余地，至少卫国总是有的，卫国故城现在还有遗存，但是就现在能看到的城墙而言，是春秋时期的，西周的还看不到。河南省考古所还没有做过相关工作，至于说再往下能否推到西周就不知道了。

通过这两次课，我想让大家认识到商代金文的一些基本特点，其中一点是很明显的，就是历法问题，在入周之后，历法马上就变了。还有一点就是金文的体裁，入周之后也是马上就变。可是青铜器的形制、纹饰等，在入周之后并没有什么大的改变。还有就是族氏铭文这类的问题，其关系究竟怎样，以后我们还会专门去讲。下一次课我们讲《尚书》中商代末期的那两篇，就是《西伯戡黎》和《微子》，如果有多余的时间，我们再来看《周本纪》。

· 2008 年下半年第五次课 ·

《西伯戡黎》、䚄簋、献簋

《西伯戡黎》

前几次课，我们讲了一些商末的青铜器，目的是与周初的青铜器相对比，可实际上我们所讲的商末青铜器的时代已经到了商代的最末，也就是纣王的时候。大家要明白一个道理，纣王的时候已经进入了周人的时代，按照周人的看法，周朝是从周文王开始的，这一点大家要注意，我们现在发现的新的青铜器上面，凡是讲到西周世系的，一定是从文王讲起。我希望大家看一看《周本纪》，《周本纪》中有周人的世系，这个世系现在看起来与殷商的世系一样，基本上是比较可靠的。周人的世系还是很长的，可是西周的青铜器一讲周代的世系，一定是从文王开始，甚至战国、秦汉时期的人讲到周人世系时，也都讲文王受命、武王克商。以上这些总的特点是什么呢？就是在周人看来，周王朝是从周文王开始的。有人认为这和周文王称王有关系，实际上现在从各方面材料来看，至少我个人还是认为周文王在世的时候并没有称王。周武王即位之后，追王几代祖先，也不是从文王开始的，而是从太王开始的，即所谓"追王太王、王季、文王"。可是在周人的观念中，西周是从文王开始的，所以说"文王受天有大命"，或者与武王合在一起说"文武受命"，这是周人的观念。前两次课我也常常提到，西周在某些方面是有些像清代的，清代也是这样，清人讲祖先时，是从努尔哈赤开始的，后面是清太宗，然后才是顺治，可是清人并没有再向前推。中国历史上的一些王朝，由于政治、思想、习惯、礼俗等一些原因，有它们自己的安排。无论如何，即使我们今天不承认孟子所谓的文王三分天下而有其二，可至少在周文王时，周朝的形势已成，所以周人把周王朝的开端放在文王，还是有一定道理的。但从目前所掌握的材料来看，还没有足够的理由说文王在世时就已经称王，就像三国时期曹操生前并没有称帝一样。从这个角度来说，中国历史在某些方面还是有一定的共同性。

不管怎么说，我们近期所讲的内容已经到周文王时期了，换言之，我们已经完全进入周了，周文王的时代，我们已经接触到了，只不过这时的周还没有取代殷商的地位。所以从这个时候开始，我们也就要去读《尚书》了，《尚书》的《商书》中有两篇是属于这个时期的，就是《西伯戡黎》和《微子》，在讲《西伯戡黎》之前，先介绍一下《尚书》的基本结构。

《尚书》的本子是分为几个部分的，按照传统说法，今天我们看到的《尚书》是孔子所编订的，这在《史记》和《汉书》中都有明确的说明。这件事还是很有可能的，虽然现在有很多人不愿意相信这一点，可实际上是完全有可能的。我们看上博简的《孔子诗论》就可以知道，孔子对《诗》做过很多讨论，所以孔子对《书》也可以有很多讨论。如果大家还愿意相信一下《孔丛子》，《孔丛子》中就记载了孔子对《书》的很多讨论，但该书中有很多汉代人的东西，不一定很准确。《孔丛子》是东汉晚年编成的一部书，书中还是保存了一些古代的材料，但有很多地方不准确。

传说孔子所编的《尚书》一共是一百篇，孔子编《尚书》的原则是断自尧舜，换句话说是从尧舜开始的，下限一直到春秋。

春秋对于孔子来说就比较现代了，但离孔子生活的时代还是比较远的，因为《尚书》的下限是《秦誓》，《秦誓》是秦穆公时代，离孔子还是比较遥远，以后我们还有机会来讨论这些问题。现在还有一个《尚书序》存在，一共是一百篇。若我们相信《尚书序》，那么我们就可以知道孔子所编订的《尚书》是哪一百篇。其中最早的就是《尧典》，最晚是《秦誓》，换言之，从《尧典》到《秦誓》一共有一百篇，从唐虞开始，一直到秦，这就是百篇《尚书》的结构。当然这一点在多大程度上反映了现实，还有待继续研究和讨论，今天很难有一个最后的定论。可不论怎么说，《尚书》是可以按时代分为四个部分的，最开始是《虞书》，然后是《夏书》，之后是《商书》，最后是《周书》。也就是说，《尚书》是按照虞、夏、商、周四代来分的。按照传统的说法，孔子删《书》的时候，是有意地从《虞书》开始的，并不是说孔子没有看到《尧典》以前还有很多东西。中国是始自黄帝的，所以尧之前的东西还是应该有的，但孔子没有要这些东西，孔子之所以这样安排，是因为孔子认为尧舜时期是中国历史上的黄金时代，是代表着至圣之治的。在这种情况之下，《尚书》从《尧典》开始，《尚书》的下限到《秦誓》，是因为秦穆公是当时的霸主，这代表了孔子对政治的一种看法，就是从尧舜的禅让之制，一直到春秋的霸主，这反映了整个历史的线索。这是传统的看法，究竟是怎么样，以后我们还有机会讨论。

不管怎么说，《尚书》由《虞书》《夏书》《商书》《周书》组成，大家也许会有一个疑问，尧是陶唐氏，舜是有虞氏，为什么《尧典》要放在《虞书》中？实际上"唐"和"虞"是一样的，尧禅让给舜之后，按古书上的记载，是没有改变国号的，所以陶唐氏和有虞氏本身就是有关系的，是禅让的关系，并未改变过国号，这一点现在发现的金文已经证明了。金文中有一个女子叫"唐姚"，尧是祁姓，舜才是姚姓，怎么会出现"唐姚"呢？可见国号一直没有改，一直到周代的时候还有唐国，唐国后来为周公所灭，灭了之后就封给了唐叔虞，就是后来的晋国。可是唐人还是在，迁到了杜，称唐杜氏，后来在晋国还有唐的后裔。由此可知，唐、虞确实是不太分的，至于究竟怎么样，这些问题太古了，我们知道的有限，但唐、虞还是有关系的。

我们这个课主要是讲周代的金文，文献和金文对读要到商末才能开始，因为在周人的观念中，周是始自文王的，所以我们要从周文王时代讲起，也就是从商末讲起。在今本的《尚书》中，《商书》还是有几篇存在的，其中《汤誓》《盘庚》《高宗肜日》都是比较早的，时代在周文王之前，而属于纣王也就是相当于周文王之时的《尚书》只有两篇，就是《西伯戡黎》和《微子》。这两篇虽然是后人所记，但所讲的确是商代之事，所以放在《商书》也是没有问题的。我们讲这两篇的目的，主要是让大家体会出土文献是如何与《尚书》相结合的。

　　《序》曰："殷始咎周，周人乘黎。祖伊恐，奔告于受，作《西伯戡黎》。"

这段是《尚书序》，不是《西伯戡黎》的本文，过去人们认为《尚书序》是一个很晚的东西，甚至有人说是汉代人的作品。2002年发现了一件燹公盨，铭文中有"随山浚川"一语，只见于《尚书序》，可见《尚书序》还是有所本的。虽然《尚书序》定本也许很晚，可一定有所本，因此我们对于《尚书序》当刮目相看。实际上《尚书序》确实很有用，我们对《尚书》很多篇章的理解，还要依靠，至少是要考虑《尚书序》，所以《尚书序》还是要注意的。《尚书序》究竟是何人所作，这个说法很多，最传统的说法是孔子所作，孔子编订完了百篇《尚书》，就写了百篇《尚书序》，这个说法很好，可是一定不会对，《尚书序》还应是孔子的后人、弟子或后世儒家的人所写。

这篇《尚书序》一开始就说"殷始咎周，周人乘黎"，这讲述了西伯戡黎的历史背景。由《周本纪》可知，周本为商朝属下的西方诸侯，经过了一个由小到大的很明显的发展过程，到了商末的时候，周的地位已经很高了，故称"西伯"。按照《古本竹书纪年》的记载，周文王的父亲季历就已经做了"西伯"，后来季历被商王文丁所杀。但《古本竹书纪年》的说法是战国时期一种非传统的说法，究竟可不可靠还不好说，至少目前还没法证明。可无论如何，按照《周本纪》的说法，到了文王的时候，文王已是纣的"三公"之一，商朝中有"三公"，在甲骨文中没有发现"三公"的说法，但当时有一些重要的大臣，这是可以理解的，其中之一就是周文王。周文王是诸侯，又在王朝中做大臣，这种情况在周代是很普遍的，所以这个制度从商末开始是很可能的。

西伯戡黎的起因是"殷始咎周"，"殷"指"商王朝"，实际上就是"纣王"，言外之意是纣王已经开始对文王不满意了，之所以不满意，是因为周在不断地扩大其力量。关于周扩大力量的过程，史书上有不同的说法，但大略相同，因为史书中所述周人扩大力量的过程，主要根据的就是《诗经》中《大雅》和《周颂》的部分，司马迁就认为这是阐述周人发展最好的材料。从各方面来看，虽然《诗经》中的某些细节我们了解得不是那么准确，但总体上来说，这些材料还是比较可信的。这里需要提及一点，上博简中的《容成氏》在周的发展过程这一点上的讲法是完全不同的，《容成氏》中提到了"九邦"的说法，这应是战国时期非传统的说法，我个人认为我们还是应该信《诗经》，不能信《容成氏》，这个道理是很明显的。

周人常言"文王受命"，历史上应该是有"文王受命"之事的，因为这是周公所讲，见于《尚书・无逸》"文王受命惟中身，厥享国五十年"。也就是说文王在位有五十年之久，现在看起来，文王在位五十年是可信的。"受命惟中身"是说文王在中年时受命，也有人说是在即位的中间受命，总之是在年龄或者即位的中间，有一次"受命"。什么叫"受命"呢？这个问题到现在也没有一个正经的正史的记载，只有些纬书的说法，就是文王受命时出现了一些祥瑞，至于是什么祥瑞，也有不同的说法，而祥瑞造成的结果，就是文王相信他受命了。祥瑞这种事，中国很多朝代都有，唐、宋时没有祥瑞，当时的皇帝就自己造一个，比如宋真宗就造了房顶兽头上的天书。中国的受命传说，自古以来就有。但不管怎么说，"文王受命惟中身"是没有什么问题的，就是在文王即位的中期阶段有一件值得纪念的大事，即"受命"。有人说文王受命以后就称王了，目前来看，这点我们还不能够完全证明。因为如果文王受命后真的称王，他就不能在纣的手下当大臣了，这是纣王绝对不能容忍的。而认为文王在被囚获释之后受命称王，在时间上又有矛盾，所以最好的解释就是文王在世时，并没有真正称王，关于这个问题我们以后还有更多的材料，大家可以继续讨论。

"周人乘黎"一句，"乘"字，本义为"克服""超越"。甲骨文作"𠁣"，像一个人踏在树上，小篆也还是这样，"上树"可以叫"乘"，"上房"也可以叫"乘"，换言之，"爬上去"都可以叫"乘"。"周人乘黎"之"乘"是"克服""战胜"之义，实际上"乘"和"胜"的古音完全相同，包山楚简中有"勅"字，就是"胜"字，所以在一定意义上"乘黎"可读为"胜黎"，"胜"也有"压制""超越"之义。中国的这一点,西方人觉得很奇怪,中国人认为"A胜B"和"A败B"是一样的,比如两个足球队,战果是"A队打败了B队",也可以说"A队战胜了B队",这两种说法的意思是一样的,西方人就觉得不好理解,这是我们的语言习惯。

"祖伊恐,奔告于受"一句,"周人乘黎"是这篇的记事,就是"周人战胜了黎国",在这种情况下,当时纣王有一个大臣叫"祖伊","祖伊"在甲骨文中并未发现。大家可以研究有没有可能发现这个人,这是一个很重要的人,按照传统的说法,"祖伊"就是《高宗肜日》中"祖己"的后人。学甲骨文的人,一看到"祖己"就想到这是一个祖先的名称,可是古人从来不这么看,古人认为"祖己"的"祖"是氏,而不是"祖先"。这个说法究竟对不对,还需要以后继续研究,今天不讲《商书》,我们就不讨论这个问题了。不过"祖伊"的"祖"无论如何不能当"祖先"讲,因为"祖先"之"祖"后面再加上一个"伊"字,在《尚书》中出现的可能性不大。总之,"祖伊"是一个人名,属于"祖氏"家族,是纣王重要的贤臣。"祖伊恐"就是"祖伊害怕了",祖伊认为"周人乘黎"这件事对商王朝的影响太大,所以就"奔告于受"。"受"就是"纣",二者为同音字,所以"纣王"又称"帝辛""受辛","受辛"也就是"纣辛"。祖伊"奔告于受",因此就作了《西伯戡黎》。按照《尚书序》的说法,《西伯戡黎》就是"祖伊"作的。大家要知道,古人所谓的"作"和后来的人所谓的"作"不太相同,特别是现在有了版权法,就是所谓的"copyright",实际上古人并不见得这样讲。古人所谓的"作"并不一定是其本人所作,他的弟子所作也算是他本人所作。《墨子》就是这样,《墨子》中哪些文字是墨子本人写的呢?也许一点也没有,有的是墨子讲授,他的弟子记录的,有的就是他的弟子写的,后来传下来;即所谓"墨分为三,俱诵墨经"。究竟哪句话是墨翟本人所写,当时人也不太介意这件事。外国也是一样，比如柏拉图，我常常说柏拉图到中国就应该叫"柏子"了，究竟多少是柏拉图亲口所说，我们并不知道，而苏格拉底却一个字也没有，都是从柏拉图那里说出来的。可是我们不能认为这样就不能研究古人的思想，那么多人写柏拉图和苏格拉底，如果按照这种疑古的说法，哪一篇也站不住，西方哲学也就不存在了。所以《尚书序》中所谓的"作《西伯戡黎》"也就是这个意思，就是"有人记载这件事情"。因为这里面讲了一些关于"祖伊"思想的话，如果不是通过"祖伊"传下来，后人是不得而知的。

《西伯戡黎》正文：

> 西伯既戡黎①，祖伊恐，奔告于王曰："天子，天既讫我殷命，格人元龟，罔敢知吉②。非先王不相我后人，惟王淫戏用自绝③。故天弃我，不有康食，不虞天性，不迪率典④。今我民罔弗欲丧，曰：'天曷不降威？'⑤大命不挚，今王其如台？⑥"

> 王曰："呜呼！我生不有命在天？"⑦祖伊反，曰："呜呼！乃罪多参在上，乃能责命于天？⑧殷之既丧，指乃功，不无戮于尔邦。⑨"

"西伯既戡黎"的"西伯"指"周文王"，他的名字是"昌"。周文王当时是做"西伯"，什么叫"西伯"呢？传统上主要有两种说法，其一为郑玄的说法，郑玄以为"西伯"指"九州"里的一州之伯。他说："西伯，周文王也，时国于岐，封为雍州伯也。国在西，故曰西伯。""岐"即"岐周"，在今天的周原，也就是陕西扶风、岐山一带，地属九州中的雍州，文王是雍州的领袖，他是雍州之伯，雍州在西方，所以称"西伯"。大家要知道，"九州"

的说法是非常有道理的,大概二十年前我就推崇社科院考古研究所邵望平先生的文章[①],邵先生的文章就是讲"九州"的,但她是用新石器的材料来讲的,就是"九州"实际上反映了中国古代政治、文化分布。如果我们能用夏、商、周的考古材料来讲,会更好一些,因为"九州"实际上是讲夏、商、周时期文化、政治的分布。但目前为止,还不能够从古文字中找到"九州"存在的证据,有人曾做过一些努力,从甲骨文中找到了一些材料,可是那些材料,今天看来还是站不住,可信度不高。但不论如何,郑玄的观点是一种传统的说法,即文王是雍州之伯,雍州在西方,故称"西伯"。这也就是说,每一州中可以有很多诸侯,而这些诸侯中有一个首领,这个首领就是"州伯"。还有一种为《礼记·王制》的说法,《王制》认为当时的天下是分为东、西、南、北四方的,每一方均有一个"伯",称为"方伯",所谓"方伯连帅",这个地位就更高了,这是另外一种说法。究竟"伯"指的是哪一个,还可以进一步研究。大家要知道,"伯"就是"霸","春秋五霸"亦作"春秋五伯"。所以并不是到春秋时期才有"霸",实际上在更早的时候也是有"霸"的,但当时是否有这个制度,还可以讨论。这里要和大家说,周朝的金文,比如武王的一些铜器中就涉及这样一些问题,不论是"殷同"之礼,还是王出去巡狩各国,这种事情在当时是很多的。所谓"殷同",就是把诸侯召集起来朝见王,很多人认为这些事情多是后人编的,其实完全不是这样,现在在金文中可以找出许许多多的材料,可见当时是确有其事的。不管天子是去巡行,还是召集诸侯,都是要分四方的,比如保卣铭

---

① 邵望平:《〈禹贡〉九州的考古学研究——兼说中国古代文明的多元性》,载《九州学刊》第二卷第 1 期;又见邵望平:《〈禹贡〉九州风土考古学丛考》,载《九州学刊》第二卷第 2 期。

文讲"殷东国五侯"这一类,就是召见东国之侯。在甲骨文中也是分四方的,但是否每一方都有一个领袖,还不太清楚。可是无论如何,"西伯"可以理解为西方诸侯中之雄长者,不管是否有这种制度,至少文王的地位是这样的。换言之,在西方诸侯中,文王为首,而称文王为"西伯"也就是这个意思。此处大家不要误解,特别是看过《封神榜》的。因为《封神榜》中确实有四个"方伯",崇侯虎是"北伯",闻太师伐北海时所伐的是"东伯",这应该是从纣克东夷来的,北海郡确实是有的,但古书中是没有"闻仲"其人的,所以《封神榜》还是有些历史依据的。在抗日战争时期,真的有人曾经将《封神榜》写进了商朝的历史,有的先生为了驳斥这一点,专门揭露了某些考证中用了《封神榜》的材料,这个问题我们就不在这里讨论了。现在很多人注意到"西伯"的问题,这是因为周原甲骨。我们研究出土文献与《尚书》之间的关系,会涉及周原甲骨,所以还是要说一下这个问题。

在周原的岐山凤雏村出了一批甲骨,这批甲骨迄今为止仍是周原所出甲骨中最大的一批。西周甲骨的出土地点,现在已经比较多了,有个别经过最后的检验,没有得到正式的承认,可是最重要的还是在周原和周原附近。我听说最近周公庙又出了一批甲骨,数量很少,究竟内容怎么样,我还没有去过,也不知道。可是周公庙的甲骨即使全加在一起,还是不如凤雏的丰富,凤雏的是最为丰富的一批,其次是岐山周公庙的甲骨。周公庙不属于狭义的周原范围,可是属于广义的周原的范围,广义周原的概念是史念海先生提出的。我们这里说的是凤雏的甲骨,凤雏村原名凤邹村,该村有姓凤者,有姓邹者,故名凤邹,后改名凤雏,大家不要把它和"庞统"联系在一起,二者是没有关系的。凤雏所出的甲骨中有两片记有"周方伯",所以和"西伯"有关。

释文如下：

H 11：84

贞：王其桼侑大甲，㗊周方伯蠱，由正，不才于受有佑。

H 11：82

……在文武……贞：王其邵帝□天□殟（典）㗊周方伯，□□，由正，亡才……王受有佑。

这两片甲骨的字非常小，要利用放大镜才能看清楚，时代定为周文王是非常合适的。有人认为凤雏的甲骨都是周文王的，这是肯定不行的，有些可据人名推断为西周早期的，但这两片是周文王时代的，这是不会错的。若将这两片卜甲放在文王为纣的"三公"之一、当时是臣属于纣的背景下，这两片卜甲的内容就好理解了，如果脱离了这个背景，这两片甲骨就很难理解。

首先要说明，这两片卜甲是周人卜的，因为该卜甲的钻凿形制以及修治方式是周的，不是商的。其次，卜辞中的"王"不可能是周王，因为文中既有"王"，又有"周方伯"。最重要的是文中有"大甲""文武……"，此处的"文武……"可能是"文武丁"，也可能是"文武帝乙"，这些是商人的祖先，不是周人的祖先。中国在夏、商、周时期有一个基本原则，就是不是自己的祖先是不能祭祀的，中国后来也是这样，谁也不会去祭祀别人的祖宗。因此，这里的"王"就是"纣王"，而纣王时代的"周方伯"当然就是"周文王"。"㗊"字，就是《说文》中的"㗊"，义为"告"。总之，这是对"祖先"或者"天"举行的一种仪式，来告周方伯，很可能是纣王封周文王为西伯的一个占卜，这是最可能的一种说法。所以这两片卜甲真的很宝贵，和历史有很密切的关系，与史书的记载也不矛盾。"囟"是"思"字所从,读为"斯"。"ナ"即"左","左"在卜辞中表示"不好"的意思。"右"是"保佑",是"好"的意思,这一点在外国也是如此,因为人用右手是顺的,左手是不顺的,当然左利手除外。英文有"sinister",是"邪恶"的意思,而"sinister"的字源就是"左"。从这两片卜甲中可以看到,所谓"周方伯"也就是"西伯"的意思。甲骨中还有"夷方伯""盂方伯",可见称"方伯"者,总是诸侯中的雄长者,就是诸侯中能称为"霸主""雄长"的这种人。但是,我们不能像《王制》那样推论,认为当时就有四方,并且每一方都有方伯,就好像《封神榜》中的那样,在当时恐怕不太可能有这种制度。

我们继续看《西伯戡黎》的正文。

① "西伯既戡黎"的"既"字意思是"已经","既"字的这个用法很重要。西周青铜器中有月相,月相中有三个都带"既",分别是"既生霸""既望""既死霸";其实还有第四个,就是周原甲骨中的"既吉","初吉"可能就是"既吉"。换言之,四个都是带有"既"的。"既"的意思都是"已经","既吉"就是"已经过了朔日",但也包括"朔日"本身,"既望"也是一样。"戡"为"克""胜"之义,在敦煌出的《尚书》中又写作"钱"。"黎"即今天的山西黎城,这一点后面会专门讨论。

② "天子,天既讫我殷命,格人元龟,罔敢知吉"一句,"讫"训为"止","天既讫我殷命"义为"上天已经要结束殷商的大命了",换言之,就是殷商有亡国的可能。"格人元龟"的"格人",自古以来就讲不明白,有的本子写作"格尔元龟",可是"格尔元龟"也不太通,

所以这个地方我们只能阙疑,我们要学习王国维先生,不知道就说不知道。关于"格人"的问题,杨筠如有一个讨论,杨筠如引《论衡》中的说法,认为"格人"即"贤人"[①],但这只是汉朝人的一种说法,可是"格"为什么是"贤",还不太清楚,这个说法比注疏的说法还是要好,但我们只是作为一种参考。"元龟"即"大龟"。"罔敢知吉"即"没有人认为是吉的"。"格人元龟,罔敢知吉"义为"不论是贤人还是占卜用的大龟,没有人认为这是好的现象",也就是说"殷的凶象已成"。

③"非先王不相我后人,惟王淫戏用自绝"一句,"非先王不相我后人"这一句非常之好,从这句话中可以看出,这真的是商朝人的思想,因为商朝人祭祀,最主要的对象是他的祖先。这一点看甲骨文就可以知道,甲骨文中不论是一般的祭祀,还是后来形成的周祭,所祭祀的对象多为祖先;至于说祭天也还是有的,但是很少,也不是那么重要,这和周人不太一样。在商人的观念中,祖先是最重要的。"相"义为"帮助"。"非先王不相我后人,惟王淫戏用自绝"义为"不是祖先不帮助我们,而是王整日嬉戏胡闹把自己毁了"。这是"祖伊"劝告纣王的话,所以"祖伊"是当时的贤人,后来在《汉书》的《古今人表》中,"祖伊"是列入"贤人"这一类的,是当时非常重要的一个人物,直接对纣王进谏。

④"故天弃我,不有康食,不虞天性,不迪率典"一句,"故天弃我"这一点很重要,很多人认为商人没有

---

① 杨筠如:《尚书覈诂》,第184页,西安:陕西人民出版社,2005年。

"天"的概念,这个说法有些夸大。这个说法最早是郭沫若先生提出来的,郭先生在《青铜时代》中有一篇《先秦天道观之进展》,就提到了商代的卜辞中很少提到"天",但郭老并不认为商朝没有"天"的概念。后来有些人把郭老的说法发展到了极限,好像连"天"都没有了,这是不会的。任何古代文明总是能看到"天"的,因为"天"就在上面,仰头可见,而且由于当时人与自然之间的关系,人们会对"天"有一种崇敬的思想,这也是必然的。所以虽然甲骨文中"天"很少见,可也不是完全没有,也不等于说当时没有"天"的概念,这一点是应该特别注意的。"康"义为"安","不有康食"就是"不能安安静静吃饭"。按照杨筠如的意见,"食"当读为"事"①,我觉得这个是不必要的,"不有康食"就可以了,不一定非要读"食"为"事"。"虞"训为"度",度量,"天性"即"天的性质",也就是"天命","不度天性"就是"不管天应该做的事"。"迪"训为"由","率"训为"法","不迪率典"即"不遵循法则"。我一直推荐杨筠如的《尚书覈诂》,一方面《尚书覈诂》注意到金文,另一方面也吸收了明、清注疏之长。可是《尚书覈诂》有一个缺点,就是这个书太简略了,没有注明这些说法的出处,当然要是都注明出处,这个书恐怕加厚两倍都不止,可是这方面写得太少,这也是《尚书覈诂》的不足之处。

⑤ "今我民罔弗欲丧,曰:'天曷不降威?'"一句,"今我民罔弗欲丧",即现在我们的民众都想要商朝亡国。

---

① 杨筠如:《尚书覈诂》,第184页,西安:陕西人民出版社,2005年。

"天降威"这个说法在金文中很多,班簋中就有"天威","天威"这个观念在《周书》中是特别多的,指的就是"天的威严"。

⑥ "大命不挚,今王其如台"一句,"挚"通"至","大命不挚"就是"大命不再到我们这里来了"。"如台"是《尚书》中常见的一个词,"如台"从训诂上讲,根本就不懂,可是《史记》把"如台"换成了"奈何"。大家知道,司马迁曾受教于孔安国,所以司马迁对今文《尚书》和古文《尚书》都很熟。孔安国本人就是今文《尚书》的博士,后来又专门去研究古文《尚书》,所以《史记》的说法还是可信的。但"如台"为什么是"奈何"呢?前人认为"如"可以训为"奈",这是没问题的,但"台"为什么能训为"何",还说不清楚。俞樾认为"台""何"是一声之转,这个说法不行,因为"台"是之部字,"何"是歌部字,王力先生就指出了二者不能通转。可是无论如何,"如台"的意思就是"奈何"。孔传中对"如台"还有一个解释,就是"如我",因为"台"作为代词的时候,意思是"我",可"如我"是不通的,所以孔传的说法也不行。我们认为"如台"是《尚书》特有的一个词,而且"如台"应是商代的词,因"如台"只见于《尚书》的《商书》,比如《汤誓》有"夏罪其如台",《盘庚》有"卜稽曰其如台",《高宗肜日》有"乃曰其如台",再有就是《西伯戡黎》"今王其如台"。"如台"一共见了4次,都是在《商书》,也都是今文《尚书》,伪古文《尚书》是没有的,可见伪古文也读不懂"如台"。所以我们猜想这真的是商人的一个词,研究甲骨文的同学可以尝

试一下是否能在甲骨文中找到这个词,这不是不可能的,因为《盘庚》有"卜稽曰其如台",有人说"稽"就是"王占曰"的"占"。

⑦"王曰:'呜呼!我生不有命在天?'"一句,纣王说:"我生下来我的命就在天上呢!"他自信得很,根本就不想改变,可以说是怙恶不悛。

⑧"乃罪多参在上,乃能责命于天?"一句,"参"训为"置",即"你的罪都到天上了,你还跟天讲什么命?""责"在这里训为"求"。

⑨"殷之既丧,指乃功,不无戮于尔邦"一句,"功"训为"成"。"指乃功"在训诂上也是有一定困难的,《尚书覈诂》对这个词的说法也比较迂曲,可是"指乃功"的意思就是"指日可至"。"不无戮于尔邦","戮"训为"罪",此处义为"获罪"。意思是说,我们这些人都会获罪受辱。

西伯戡黎是周人扩张过程中的一件大事,实际上周人自季历的时候就已经开始扩张了,季历生活在武乙、文丁时期,可是那个时候还不那么重要,因为当时主要是和西落鬼戎打仗。到了周文王的时候,扩张的范围就比较广了,至于说文王都做了哪些事,古书中有不同的说法。

据《周本纪》记载,"文王受命"的时候,最重要的一件事就是"断虞芮之讼",这件事和"文王受命"有密切关系。此处"断虞芮之讼"的"虞国""芮国"和周代以后的"虞""芮"不同,周代的"虞""芮"都是姬姓国,是周人后来封的。此处的"虞""芮"指的是商代的"虞""芮",地点与周代也有些不同,"虞"的地理位置是没有什么变化的,商代的"虞"在今山西西南的平陆,"芮"应该在"虞"的旁边,就是今天的芮城,平陆和芮城今天还是邻县。平陆在商代肯定是很重要的,过了平陆就是垣曲,在垣曲发现了商代的古城,平陆出土的商代大铜鼎和郑州商城出的一样大,垣曲商城也同样是二里岗时期的。到了周代,"芮"的地望在今天陕西的大荔,现在我们知道周代的"芮"向北可至韩城,韩城当时还有一个梁国,现在发现的两周之际的芮国墓葬就在韩城的梁带村,在大荔北边。但是,商代的"芮"一定是在芮城,要不然就没法"断虞芮之讼"了,所谓"虞芮之讼"是指"虞""芮"两国的疆界之争,"虞""芮"的疆界争执不下,而商王朝不管这件事,"虞""芮"两国又不愿意诉诸战争,于是两国的国君就去问周文王。传说两国国君到了周的疆界,发现周的政治清明,种地的人都互相谦让田界,民风淳朴,敬重避让长者,他们看到这种情形,觉得没脸去见周文王,于是就回去了。当然这只是当时的一种说法,不见得真是如此。无论如何,周文王调解了"虞芮之争",所以虞、芮一定是邻国。

按照《史记·周本纪》的说法,周文王受命之后,一年断虞芮之讼,明年伐犬戎,明年伐密须,明年伐耆,明年伐邘,明年伐崇。关于文王扩张的过程,还有一种说法,见于《尚书大传》。

《尚书大传》是现存有关《尚书》的最早的注本,属于今文《尚书》系统,是伏生的弟子们所作。大家知道,伏生的弟子分为两支,分别是夏侯氏和欧阳氏,夏侯氏又分大小夏侯,都立于学官。《大传》据说是伏生本人作的,但这也不一定,伏生当时已经老成那个样子了,还作什么《大传》呢?应该是伏生的弟子所作。后来因为这个书很重要,所以称为《大传》,这个《大传》并不是字句训诂,这和《毛诗诂训传》不同,《毛诗诂训传》是大、小毛公逐字逐句地去训解《诗经》。《尚书大传》就和《韩诗外传》一样,是对《尚书》整体思想的叙述，都是当时教学用的一些著作。

按照《尚书大传》的说法，周文王一年断虞芮之讼，二年伐邘，三年伐密须，四年伐犬戎，五年伐耆，六年伐崇。"邘"一般认为是在今河南北部的沁阳。"密须"是在西面，就是甘肃的灵台。"犬戎"是西北的少数民族，没有具体的地方，大概可以从甘肃一直到青海。"耆"就是"黎"。"崇"在今天陕西的眉县，靠近丰镐。"眉县"以前写作"郿县"，我常常说笑话，将"郿"写成"眉"，当地人不太高兴，认为把耳朵都去掉了。攻打崇国是一场非常艰苦的战斗，用了一些现代化的攻城工具，比如云梯、冲木等，这一点《诗经》记载得很清楚，所以崇国一定是有城墙的。文王伐崇之后，就在丰水旁建丰邑，即"既伐于崇，作邑于丰"。

这段叙述反映了周人在文王时期发展扩张的过程，是四面发展的。在太王时期，周人对戎人还是采取回避的态度，在戎人的压制之下；到了季历的时候，季历就率领周人打败了周围很多的戎人，巩固了周的统治；到了文王受命之后，一年断虞芮之讼，二年伐邘，三年伐密须，四年伐犬戎，五年伐耆，六年伐崇，做了一系列的事情。也就是说，周人的势力在不断地扩展，所以就引起商王朝一些有识之士的恐慌，可见"文王既戡黎"是商周之际很大的一件事。

虽然《史记·周本纪》与《尚书大传》的记载在顺序上略有差异，其中最主要的区别就是"伐邘"和"伐犬戎"的时间不一样，但是大致的意思是一样的，没有什么很大的差别。其中最重要的，也是最后起决定性作用的是"伐崇"。"崇"是一个非常重要的国家，上次我提到陈剑认为"丵"即"崇"[①]，这个说法还可

---

① 陈剑：《释"琮"及相关诸字》，载《甲骨金文考释论集》，第 315 页，北京：线装书局，2007 年。

以讨论。按古书上说，"崇"是商朝的同姓国，是子姓，这个说法对不对，我们不知道，但这还是很可能的，就是说"崇"是代表殷商的。在周文王时期，"崇"的国君崇侯虎也是纣的"三公"之一，所以崇侯虎的地位和周文王相当。但崇侯虎与文王不睦，经常在纣王那里进谗言，文王被拘也与崇侯虎有关。因此，崇国不论是在地方还是在中央，都是当时周人眼中最大的敌人。所以，周在伐崇之后就迁都了，马上建立了新的都城，这就是"丰"。武王的"镐京"与"丰"只隔着一条河，实为一地之扩充，文王都丰，武王都镐，实际上是在一个地方，并不是有了"镐京"之后，"丰"就完全不要了。"崇"被灭之后，纣王的势力就非常差了，所谓文王"三分天下有其二"的形势，大概也就是在这个时期形成的。可是，在伐崇之前，很重要的一个战役就是"伐耆"，也就是"伐黎"。

"黎"字，《尚书》中写作"黎"，但实际上这个字有多种不同的写法。《说文》中作"𠫑"，《尚书大传》和《史记·周本纪》作"耆"，《史记·殷本纪》作"饥"，三家注引徐广说作"阢"。"黎"和"𠫑"都是来母脂部字，"耆"是群母脂部字，"饥"是见母脂部字，所以这些字都是通假字，写法很不一样，这并不稀奇，古时候很多的字就是如此。那么究竟哪一种写法对呢？这个问题就很值得我们讨论了。"𠫑"字，《说文》云："殷诸侯，国在上党东北。"此处明确说是"殷诸侯"，那这个"𠫑"指的就是西伯所戡之"𠫑"，地点在上党东北，这个地方今天还叫做"黎"，就是今天山西省的黎城县，在地理方面，没有其他值得引用的说法。黎城在太行山区，离高平很近，靠近河北，翻过太行山就是河北的涉县；涉县有的时候归山西，有的时候归河南，有的时候归河北，现在属于河北。那么究竟哪个写法才是本字呢？这个字在周原凤雏甲骨中有，写法与《说文》完全一致，而且是"征𠫑"，所以一定是和黎国打仗，凤雏甲骨中有文王时代的甲骨，因此"䣨"应为"西伯戡黎"之"黎"的本字。

最近一些年，对"黎"有一些新的说法，并联系到了一些青铜器。2007年山西黎城县出土了一些西周晚期青铜器，器铭上出现了"楷宰""楷侯宰"的字样。因为"皆"字可写成"𥁕"或"𥁃"，这在秦始皇的诏量上就有，所以"楷"就是"楷"字。这个问题就很值得注意了，因为"楷"与"饥"同音，也是见母脂部字，而且这批铜器的出土地就是黎城，所以有学者就提出"楷"就是"黎"，而作器者楷宰，也就是黎侯之宰。这个讲法看起来非常有道理。

西周金文中的"楷"是一个很重要的国家，见过很多次，今天把这些材料介绍一下。1999年，有一件青铜器流散到了新加坡，我看见的时候，就是在新加坡，后来我给新加坡亚洲文明博物馆编了一本铜器的书，收了这件铜器。因为这个书很少有人看到，所以我在《故宫博物院院刊》上写了一篇文章，介绍了这件器物，后来收入我的论文集《中国古代文明研究》里。[①]这件铜器很重要，也有助于我们理解《西伯戡黎》。这件铜器就是菁簋，是穆王时代的器物。不过大家可能会有些失望，因为有些问题最后还是没有定论。

菁簋

菁簋（见图1、图2）释文：
隹（惟）十月初吉壬申[①]，馭
戎大出于楷（楷）[②]，菁博戎，执

---

① 李学勤：《菁簋铭文考释》，载《中国古代文明研究》，第68-71页，上海：华东师范大学出版社，2005年。

嚨（讯）隻（获）戜（馘）③。楷（楷）侯秦（锡）善马三（四）匹、臣一家、贝五朋④。善鼽（扬）侯休，用乍（作）楷（楷）中（仲）好宝⑤。

图1 善簋

图2 善簋铭文照片

① "隹（惟）十月初吉壬申"一句，现在从各方面看，这应该是周穆王时代的铜器，是在周穆王某一年的十月初吉壬申，"初吉"在一个月的前十天里面。

② "驭戎大出于楷（楷）"一句，"驭戎"一词，杨树达先生有过解释，不其簋铭文中有"驭方猃狁"，杨树达先生认为"驭方猃狁"中的"驭"就是"朔"，"驭方"即"朔方"，也就是"北方"。①过去有人胶柱鼓瑟，认为要到汉朝设朔方郡时才有"朔方"，这可不对，很多古书

---

① 杨树达：《不娶簋再跋》，载《积微居金文说》，第88页，上海：上海古籍出版社，2007年。

中都有"朔方",所以此处的"驭戎"即古书中的"北戎",在今天山西、陕西的北部。"北戎"和"猃狁"还不太一样,大家读过王国维先生的文章就会知道[①],中国古代对于北方少数民族就是一个统称,究竟当时北方少数民族自己叫什么,我们是不知道的,所以此处只是给了一个统称"戎","北戎"就是"北方的戎人"。"大出"一词,在征夷方等甲骨卜辞中就有。戎人"大出"到了楷国,可见楷国是与戎人相邻的。

③"薋博戎,执嚻(讯)隻(获)馘(馘)"一句,"薋"是作器者,"薋"字在字书中能够查到,但在这里"薋"是一个很普通的字,就是"葛",上博简《孔子诗论》中"葛"就是这种写法。"博"读为"薄"字,训为"迫",义为"近击"。"执讯"指"俘虏",见于《诗·小雅·出车》。"馘"指砍下的人头,"馘"字中的"𠙻"是"首"字的省文,不能读为"而"。国博所藏的小臣墙甲骨刻辞中也有这个字,应读为"首"。

④"楷(楷)侯肈(釐)薋马三(四)匹、臣一家、贝五朋"一句,"肈"即"釐",是"赏赐"的意思。

⑤"薋覴(扬)侯休,用乍(作)楷(楷)中(仲)好宝"一句,"休"训为"美"。"楷中"即"楷仲",由"用作楷仲好宝"可知"楷仲"是"薋"的父亲,所以"薋"应是"楷侯"家族中的人,"楷仲"是次子,"楷侯"是长子,因此"薋"应是"楷侯"的侄子,或是"楷侯"的堂弟。

---

① 王国维:《鬼方昆夷猃狁考》,载《观堂集林》,第583-606页,北京:中华书局,1959年。

䚄簋铭文讲述了"䚄"抵御戎人的战争，因此"楷国"的地望应与北戎相近，"楷"在古书中是找不到的，但写成"黎"就可以知道了，因为黎国一直到了春秋时还存在。那么这个"楷国"是一个什么国呢？看起来也应是西周封的国。我之所以要说这一点，是因为如果"楷"就是古书中的"黎"的话，这个"黎国"已非商代的"黎国"，而是周重新封的"黎国"，就像"虞""芮"一样，文王"断虞芮之讼"时的"虞""芮"和西周时重新封的姬姓的"虞""芮"不是一回事。"楷"也是一样，那么我们是怎么知道䚄簋中的"楷"是周初重新封的国，而非商代的黎国呢？那就要看康王时期的献簋。

献簋

献簋（见图3、图4）铭文释文：
隹（惟）九月既望庚寅，楷（楷）
白（伯）于遘王，休，亡尤①。朕
辟天子、楷（楷）白（伯）令氒（厥）臣献
金车②，对朕辟休，乍（作）朕文
考光父乙③，十枻（世）不誩（忘），献
身才（在）毕公家受天子休④。

① "楷（楷）白（伯）于遘王，休，亡尤"一句，"于"是虚字，与塑方鼎的"周公于征伐东夷丰伯尃古"的"于"字用法相同。"遘"字，训为"遇"，义为"见"。"献"是"楷伯"的下属，可见"献"是跟着他的君主"楷

图 3　献簋

图 4　献簋拓本

伯”去见王的，实际上并不是“楷伯”到天子那里去，而是“楷伯”在他自己的领地内招待王。“休”训为“美”，“尤”指“罪尤”，“亡尤”即“没有过错”。

②“朕辟天子、楷（楷）白（伯）令氒（厥）臣献金车”一句，“辟”义为“君主”，对于“献”而言，“天子”和“楷伯”都是他的君主。“令”，义为“赐给”。“金车”是指“带有青铜饰件的车”，张家川出土的车很多都带有青铜零件，实际上也就是“金车”一类的东西。

③“对朕辟休，乍（作）朕文考光父乙”一句，“父乙”就是“献”的“文考”，所以“献”的父亲是有日名的。大家不要认为周人没有日名，实际上周人也是有日名的。

④“十枻（世）不䛨（忘），献身才（在）毕公家受天子休”一句，“枻”读为“世”，“䛨”读为“忘”，“十

世不忘"义为"十辈子都不会忘记"。"才（在）毕公家"是说"献在毕公家见王"，从这里就可以看到"楷伯"和"毕公"有一定的关系。大家要知道，山西的很多人都与"毕公"有关，比如"韩""赵""魏"中的"魏"就是"毕公"之后。前几年在山西绛县横北村出土的器物中，也有与"毕"通婚的铜器。

现在就有一个问题，"楷伯"是否就是"毕公"的后人？这一点还不敢肯定。因为铭文中说"楷伯于遘王"，而"遘王"的具体地点应该是在毕公家，但这个事情有很多种可能性，也有可能是王在毕公家，楷伯去朝见王，这种事情《左传》《国语》中有很多，所以不能从这里必然推论出"楷伯"一定是毕公的后代，究竟是怎么回事，我们还不是很清楚。但"楷伯"和毕公有关系，这是必然的，关系究竟怎样，不要做过多的推论。过去郭沫若先生、杨树达先生都说"楷伯"就是毕公的子孙，实际上这也不一定，因为如果"楷伯"就是毕公的子孙，铭文就不会说是"楷伯于遘王"。但是，从各方面的材料来看，"楷"是周王朝很重要的一个诸侯国。

这里又带来一个问题，这个问题大家可能觉得不满意，因为没有一个最后的意见。献簋与"楷伯"有关，而献簋是罗振玉的东西。我要特别说明一下，据记载，罗振玉收到献簋这件东西的时候，因为出土时碎得很厉害，就剩器底较为完好，器身经过很大修复，所以献簋的器形未必靠得住，但不管怎么样，献簋的器形还是合理的。据罗振玉记载，献簋的出土地在保安，这个保安并不是北京附近的保安，北京这边的是新保安。献簋的出土地在保安，就是今天陕北的志丹县。所以在黎城县出土青铜器之前，我根据献簋的出土地，认为楷国的地理位置在陕北①，志丹县是很靠北的，在延安地区，而这也和蓍簋中的"驭戎大出于楷"相合，"驭戎"即"北戎"，"北戎"侵犯陕北，在地理位置上也很合适。若将楷国放在山西黎城县，在纬度上太靠南，那就离北戎太远了，当时北戎的势力也不太可能深入到黎城县境内。可能大家会说，这个东西就出土在黎城，上面写着"楷"，"楷"与"黎"的音又是相通的，为什么就不能将"楷"定在黎城呢？因为黎城县所出的是"楷国"一个官员的铜器，是"楷国"的"宰"，虽然也提到了"楷侯"，但并非"楷侯"本人的铜器。而献簋为什么会出在保安这一系列的问题还有待进一步研究。

前几年在绛县横北村出土了"倗伯"的器物，出土之后，我专门去看过，也写了一篇稿子②，这个"倗伯"就是《穆天子传》中的"䣙伯絮"之后。《穆天子传》虽然是一部带有演义、小说性质的书，但其中所讲到的人物还是可信的。在古书中，"䣙伯絮"是河宗之子，职务是守河宗，河宗在今天的河套地区，即内蒙古的托克托以西，后来赵国兴盛，奄有河宗。传说虽如此，但是"䣙伯絮"后人的器物出土于绛县，这就好比"楷"的器物，有些出在保安，有些出在黎城。这些现象是否能揭示出一个问题，即周初为了抵御北方的戎人，故将"倗伯"封在河宗，将"楷"封在保安，而他们的后人又迁徙到了山西境内。究竟是否如此，我们还不知道，但这个问题是很值得讨论的。甚至可以联想到晋国传说也是有两个不同的地点，一个是在山西南部北赵晋侯墓地，还

---

① 李学勤：《蓍簋铭文考释》，载《中国古代文明研究》，第 68-71 页，上海：华东师范大学出版社，2005 年。
② 李学勤：《论倗伯再簋的历日》，载《文物中的古文明》，第 538-540 页，北京：商务印书馆，2008 年。

有一种说法是在太原。北方和南方之间为什么会有一些共同的说法？这些恐怕也不一定是传闻之误，可能还是有些道理的。

按照古书的说法，"西伯戡黎"之"黎"，在今山西上党附近的黎城，而且出土材料中也有与之相关的东西，但"西伯戡黎"之"黎"不论是不是在黎城，它一定不是我们在铜器中看到的"楷"，二者可能是一个地方，但君主肯定不是一个系统。

若西伯所戡之"黎"真是在山西黎城，那就意味着西周的势力已经很接近商的王畿了。据相关考证，微子、箕子的封地都在山西境内。当然还有人说在山东、河南，但最好的一些考证，特别是清朝人做的一些工作，都认为在山西一带，这些地方比黎城更靠北。因此"西伯既戡黎"，就已经深入内地，"祖伊恐"也就可以理解了。

《西伯戡黎》之所以能留下来成为教本，就是因为这篇文字把商朝灭亡的教训留下来了，也可以看到"祖伊"这样一个贤臣所起的作用。"祖伊"对纣王是直谏的，而纣王是如何拒谏的，也可以看得很清楚。

· 2008 年下半年第六次课 ·

《微子》

上一次我们讲到了《商书》的《西伯戡黎》，今天我们来讲《微子》。在今传本的《尚书》中，商末的材料就是《西伯戡黎》和《微子》。《微子》就训诂的角度来看，要比《西伯戡黎》的难度更大，若大家有兴趣，可以读一下历代关于《微子》的注疏，读过之后就会发现，《微子》后半部分每一家的说法都不一样。之所以如此，是因为《微子》的后半部分特别难懂。所以首先要说明一下，今天我所讲述的也只能是一种说法。这些说法是从历代学者的解释中选择出来的，至于选择得对不对，讲得通不通，都可以进一步讨论。王国维先生常说，《尚书》能懂十之四五就不错了[①]，我们比不了王先生，也许我们只懂十之二三。不过也正是因为《微子》如此难懂，才证明《微子》确实是真古文。我们现在的人和古书的时代相差得太远，即使这篇古文不是商朝当时定本的，它的定本时代也一定很早，所以里面的一些问题，我们不能够完全了解。

---

① 王国维：《与友人论〈诗〉〈书〉中成语书》，载《观堂集林》，第 75-78 页，北京：中华书局，1959 年。

我们先来通读一遍《微子》，然后再结合出土材料，讨论一下其中存在的问题。

《尚书序》曰："殷既错天命①，微子作诰父师、少师②。"

① "殷既错天命"一句，"殷"即"商"，但"商"什么时候开始称"殷"，还是有讨论余地的，绝大多数人认为称"殷"始自"盘庚迁殷"。可是据古书记载，在"盘庚迁殷"之前就有人在安阳建都。大家现在到安阳去，就会看到相州宾馆，唐代称"安阳"为"相州"，因为"安阳"是河亶甲所居之"相"。河亶甲在盘庚之前，所以"盘庚迁殷"是"从先王之居"，但究竟是从哪位先王，还有不同的说法，所以"商"何时始称"殷"，还不是完全确定的问题。"错"训为"过"，义为"失去"。"殷既错天命"就是"殷已经失掉了天命"，这是周人的口吻，因为在文王受命之后，周人就不再认为殷人还拥有天命，这里就涉及文王是否称王的问题，这个问题还可以继续讨论。

② "微子作诰父师、少师"一句，微子是商朝的一个大臣，按照传统的训诂，包括《孔传》以及郑玄的说法，此时的微子是纣的"三公"之一。纣的"三公"有很多种说法，如《史记·周本纪》认为纣之"三公"指"西伯昌""鄂侯"和"九侯"。其中"九侯"又作"鬼侯"，"九"和"鬼"古音相近。"鄂侯"之"鄂"，现在有材料可以考证，我个人认为应该是武昌之"鄂"，而非河南淅川以北之"鄂"。按照孔传等一些传统的说法，微子也是居"三公"之位的。关于微子，大家都有所了解，

我们后面还会讨论。"作诰"是动词,有人认为"作诰"处有缺字,应为"作诰诰父师、少师",即"诰"后应有重文。实际上这个"诰"带有"文诰"的意思,是《尚书》中的一种书体,所以《微子》应是一种诰体,虽然是微子和父师、少师的一个简单对话,可实际上是很隆重的一件事情,所以是作为文诰来处理的,这一点大家看《微子》的正文就可以知道。什么叫"父师""少师"?"父师""少师"是当时的两种身份,"师"训为"长","父师""少师"可能是两种官职的名称,也可能不是专职的官职名称,而是两种称呼。在《殷本纪》和《宋世家》中,"父师"作"太师","太师""少师"读起来就更通顺一些。我认为这并不是《史记》的异文,而是《史记》的换字。所谓"换字"是指《史记》在引用《诗》《书》时,由于《诗》《书》的文字太难懂,司马迁为了使文章通俗易晓,就用容易理解的同义字替换了《诗》《书》中难懂的字,比如《史记》将《西伯戡黎》中的"如台"换成"奈何",等等。对于《史记》的换字,历代学者均有研究,一直到晚清的简朝亮,而将此问题作综合研究的则是我国台湾学者古国顺,他的著作是《史记述尚书研究》,这个书写得很好,每一个地方都对照了。我们可以猜想,此处的"太师"就是用来解释"父师"的,因为"父师"太难懂了。那么商代有没有类似的名称呢?确实是有的,在武丁时期的宾组卜辞中就有"师盘",一般认为"师盘"就是古书中的"甘盘",因为"甘盘"的职务是"师",故称"师盘"。我认为这个说法还是有道理的,罗振玉、王国维都是这样讲。广义的"师"是"官长"之称,此种用法在西周金文中常见,换言之,做什么官都可以称"师";但也有狭义的"师",狭义的"师"有很多种,最为常见的是"乐师",就是和"音乐"有关,而和"音乐"有关,也就和"教育"有关,这一点读《周礼》就可以知道。所以"师"是有很多种的,不能一看到"师"就认为是"乐师"。有人就把"太师""少师"和"乐官"联系起来了,因为这可以和《论语》联系起来,这个问题我们后面还会提到。

《微子》正文:

微子若曰①:"父师、少师②,殷其弗或乱正四方③,我祖厎遂陈于上,我用沈酗于酒,用乱败厥德于下④。殷罔不小大好草窃奸宄⑤,卿士师师非度⑥。凡有辜罪,乃罔恒获⑦,小民方兴,相为敌仇⑧。今殷其沦丧,若涉大水,其无津涯,殷遂丧越至于今?⑨"

①"微子若曰"一句,《微子》一开头就是"微子若曰",这一点非常重要。大家要知道,在《尚书》中称"若曰"的大都是"王若曰"。"若"字,古人不太懂,《孔传》《蔡传》这些标准注本,多训"若"为"顺",但"微子顺曰""王顺曰",总是不大通顺,这是不对的。什么人开始指出"若"字比较准确的意思呢?是宋朝的苏东坡,苏轼在《东坡书传》中认为"若"的意思与"若此""如此"相类似,但还没有明确训诂,可意思是对的。所以后来的人,特别是晚清以来的学者,就都了解了,所谓"王若曰"就是"王如此说",用白话就是"王这样说"。现在写新闻,也有人套用英文的例子,比如英文中就有

"...said"，而且是把"...said"放在引文的后面，这就等于说"若曰"。"若曰"会给我们带来一些观念，为什么会有"若曰"呢？这是因为古时有传命之人，如果是本人在说，就不会用"若曰"，这一点在金文中也是如此，金文中有很多"王若曰"，是在传命的过程中引述王所说的话，所以才用"王若曰"以示区别。在戏剧里面，一有圣旨，就是"奉天承运，皇帝诏曰"，其实圣旨不一定都是这种写法。元朝的圣旨就更复杂，是"长生天气力里，大福荫护助里"，实际上都是这样一个开头。"皇帝诏曰"也就等于说"王若曰"，因为并不是王亲自在那里说话，而是有人代王传命。此处是"微子若曰"，可见是传文诰的人，或者是记述文诰的人这样写的。金文中的"王若曰"也是记述王说的话，或者是接受王册命的人记述的时候是这样写的。在"王若曰"之后的内容就不是记录者的语气了，而是王的语气，比如"余一人"就不是史官的语气，而是王本人所说的话。这里面有几个问题可以讨论，第一个问题，是不是只有少数人能用"若曰"？从文献和金文的角度看，并非只有王才能用"若曰"，有些地位较高的人也可以用"若曰"，比如《尚书》中的"微子若曰""父师若曰"，当然这些人的地位是很高的，但毕竟不是王，所以不是只有王能用"若曰"。金文中也是一样，最引起大家重视的就是师𫊣簋，师𫊣簋一开始有"伯龢父若曰"，有人认为"伯龢父"就是篡王位的"共伯和"，现在看起来，"伯龢父"并非"共伯和"，既然并非只有王才能用"若曰"，所以对于"伯龢父"也就不必过分推论。可是能够用"若曰"的人毕竟是很少的，金文中常有"公曰""侯曰"，这就是因为没有用很隆重的传命礼仪。只有很隆重的传命场合，或者是在特别记述的时候，才会用"若曰"。第二个问题就是"若曰"这个词是什么时候开始有的？过去认为"若曰"始于《微子》，在出土的材料中，殷墟第三次发掘时出了一片骨，上有"王若曰：'羌，女……。'"后来董作宾先生就此还写了《王若曰古义》一文。① 由此我们就看到，"王若曰"一词在商代确实是有的，所以"微子若曰""父师若曰"也不稀奇。

② "父师、少师"一句，关于"父师""少师"的身份，过去注解《尚书》的人有几种不同的揣测。传统说法认为"父师""少师"就是"箕子"和"比干"。《论语》中是有《微子》篇的，其中说："微子去之，箕子为之奴，比干谏而死，孔子曰：'殷有三仁焉。'"这段话是孔子对于商代历史的一段评论，之所以称之为"仁人"而不是"贤人""圣人"，是因为这三个人对于黎民百姓所受的苦难有不忍之心。微子出走了，离开了朝廷，抛弃了他的政治地位。箕子佯狂，就是假装发疯，为纣所囚。比干直谏，被纣剖心而死，有人说空心菜就是这么来的，这是小说家言。现在淇县还有"摘心台"，后写作"摘星台"，不过"摘星台"确实有龙山遗址，我亲自去看过，地层中就有龙山的陶片，最上面确实有商代的。《尚书》的《微子》就与孔子的评论有直接的关系。孔子怎么会知道这个事呢？孔子是商人的后代，孔子是宋国人，微子为宋

---

① 董作宾：《王若曰古义》，载《说文月刊》（第四卷合订本），上海：说文月刊社，1944年。

之始君,所以孔子也是微子的后裔。因此孔子是了解这件事的。《孔传》《蔡传》以及皇侃的《论语义疏》中所引的郑玄注,都认为"父师"是"三公"之一,指的是"箕子","少师"是孤卿之官,"孤卿"是"六卿"中职位最高的,指的是"比干"。这是一种推测,我们并不能落实,不过这个说法非常普遍,一直传流到《封神榜》。后来到了清朝,有些人有另外一种说法,认为此处的"父师""少师"是《史记·周本纪》中的商代乐师,这种说法以孙星衍《尚书今古文注疏》为代表。孙星衍的这部书现在比较流行,因为在清人注疏中,这是比较完整的一部,所以后来"四库备要"本,中华书局的十三经清人注疏中都用的是《尚书今古文注疏》。但是孙星衍的说法是不大可信的,微子和当时的乐官去讲这些,这是不大可能的,所以孙说仅供参考。我们把"父师""少师"理解为当时朝中的重臣就可以了。

③"殷其弗或乱正四方"一句,"或"读为"有","有"的古音属之部,"或"的古音属职部,所以可通。虽然今天读起来"或"和"有"的差别很大,但在古代的时候二者音近。"乱"字有一个训诂,就是"治",实际上"乱"是从"𠓿""𠓿"变化而来,所以"乱"训为"治"是反训,"乱"有的时候是"混乱",但有的时候可以训为"治","治"和"乱"看起来是相反的,但却是一致的。不过从出土文字来看,二者并不相同。所谓"乱正四方",就是"治正四方"。"殷其弗或乱正四方"即"殷不能理正四方",也就是说,商王朝再也不能统治天下了。"微子去商"之事应发生在"西伯戡黎"之后,所以《微

子》排在《商书》的最后，此时周已是三分天下而有其二，所以微子才说这样的话。

④ "我祖厎遂陈于上，我用沈酗于酒，用乱败厥德于下"一句，"祖"指"祖先"，这里很能体现出"殷人尚鬼"的思想，所谓的"鬼"并非"妖鬼"，而是指"祖先"。商人对祖先的崇拜是特别突出的，上次课中已经谈到，甲骨文中的祭祀对象主要是"祖先"，很少有"天"和"上帝"，因为殷人认为祖先对现世所起的作用特别明显。"厎"读为"致"，义为"达到"。"遂陈"这个词是历代注疏家反复讨论的，到今天也没有一个最后的说法。比较好的说法，是训"遂"为"成"，训"陈"为"久"。"陈"就是"久"的意思，今天我们说"陈年花雕"就是"久年花雕"。"我祖厎遂陈于上"义为"我们的祖先能够达到成功且永久地在天上"。这是其中的一种读法，还可以有其他不同的读法，但我觉得这个读法稍好一些，最近几种比较新的注本，大都采用了这种说法。"沈酗"即"沉醉酗酒"，这是商末的一件大事，商代不论是朝堂还是百姓，都很爱饮酒，这在考古上有明确证明，现今所出的商代铜器中，酒器是最突出的，到了周初之后，酒器的数量就逐渐减少。而且有的金文就明确提到了"酒"的问题，周康王时的大盂鼎就是其中之一，大盂鼎铭可以和《尚书》《酒诰》相配合。周初禁酒，就是在"酒"的方面加以严格的限制，这是当时政治上的一个重要决策。古代的酒是很淡的，商人用"黍稷"做酒，这种酒类似于今天的"米酒"，与今天的"黄酒"还有所不同，浙江的黄酒是用糯米做的，山东的黄酒是用黄米做的，

实际上商人的酒类似于今天的"醪糟",所以传说商代有"酒池肉林"。可无论如何,"酒"在当时的政治中起了重大作用。"用乱败厥德于下"的"乱"就是"扰乱",不能训为"治"。大家要注意,此句中"于上"和"于下"相对,"于上"指的是"祖先",商人的祖先在天上,他们建立并巩固了商朝。"于下"指的主要是当时的王朝贵族,他们都"沈酗于酒""乱败厥德"。这里特别提到"酒",据我个人的猜想,还应该有另外一重含义。古人为什么用酒来祭祀呢?古人用作祭祀的酒,叫做"郁鬯","鬯"是一种香草,把这种香草捣碎,就可以成为一种香料,这就是"郁",加入酒中,可以增加酒的香气。如果是用黑黍米制作的,则称为"秬鬯"。这种酒可以饮用,但最重要的作用是祭祀,在祭祀的过程中,不论是"酒"还是"肉",都是以香气来上达于天。同样,"沈酗于酒"这种恶行也会传达于上天,使"祖先"不安,这与当时的宗教观念有很密切的关系。酗酒的行为导致上下分裂,也就不会得到祖先的保佑。

⑤"殷罔不小大好草窃奸宄"一句,"罔"训为"无"。"草"读为"抄",义为"抢掠"。"草窃"即"偷抢",今天说"抄袭",就是"剽窃","抄"和"剽"义近。"草窃"在这里指的并不是简单的盗窃,而是指各种非法越分的行为。"小大"有两种理解,一种是"小人"和"大人",另一种解释是"草窃之事"有小有大。大家要注意,这里不说"大小"而说"小大"。古人常常是这样,说对比词的时候,往往和我们现在相反,我们说"大小",古人说"小大",我们说"多少",古人说"少多",这种

例子一直到汉初还有。"奸"与"宄"同义,指"不好的行为"。

⑥"卿士师师非度"一句,"卿士"一词,甲骨文、金文中有,往往写作"卿事"或"卿㠯"。大家要知道,"士"是官员的总称,凡是庶民以上的都可称"士"。《尚书》中的"多士"之"士"不仅指"士"这一级,实际上是包括卿大夫等官员在内的。"卿"是"士"中最高的级别,在"六卿"之中,最管事的人称为"卿士",并不是一般的"士"。"师师"一词,前一个"师"训为"众",是形容词,后一个"师"训为"长",是名词,所以"师师"的意思是"众官长",也就是"各级官长"。《大学》引《诗》云"殷之未丧师,克配上帝",此句中的"丧师"就是"丧众",所以甲骨文中的"丧众"就是"丧师"。"卿士"也罢,"师师"也罢,全都"非度"。"度"指"法度","非度"也就是"不守法度"。"卿士师师非度"义为"卿士和众官长都做非法的事情"。

⑦"凡有辜罪,乃罔恒获"一句,"辜"训为"罪","辜""罪"同义连用。"罔"义为"无","恒"训为"常"。"凡有辜罪,乃罔恒获"义为"凡是有罪之人都不会被捕获"。当时的有罪之人,大都不被揭露,也不受惩处,整个国家已经陷入腐败的深渊。

⑧"小民方兴,相为敌仇"一句,"方"读为"旁",训为"大","兴"训为"起","方兴"即"大起"。"方兴"又见于多友鼎。"相为敌仇"指"人民与朝廷为敌",所以会造成天下大乱的局面。

⑨"今殷其沦丧,若涉大水,其无津涯,殷遂丧越至于今"一句,"今殷其沦丧"即"现在商朝就要沦亡了"。就好像"过大水"一样,"津"指"渡口","涯"指"边际","其无津涯"就是"看不到对岸,也看不到渡口",换言之是没有希望,这体现了微子绝望的心情。"越"训为"失",与"丧"同义连用。此处将"越"作为一个虚字,也是可以的。"至于今"就是"今",常常放在句子的最后。二十世纪七十年代出土的中山王礜鼎铭中也有"至于今","至于今"指的就是"现在",而不是"从古至今"。"殷遂丧越至于今"义为"现在殷就要灭亡了"。

以上是微子所说的一段话,这段话说得非常沉重,这就涉及所谓"微子去之",也就解释了微子为什么要抛弃朝廷隐遁起来。一直到武王伐纣的时候,微子才再次出现,最后是微子代表殷人投降,他是政治上的反对派,最后封在宋国。

曰①:"父师、少师,我其发出狂,吾家耄逊于荒②。今尔无指告予,颠隮若之何其?③"

①"曰"的主语是微子,这段话还是微子所言。
②"父师、少师,我其发出狂,吾家耄逊于荒"一句,"发"训为"起"。"狂"读为"往",义为"走"。"我其发出狂"即"我要出走了",也就是"escape",所以是"微子去之"。"耄"训为"老","逊"训为"遁"。"荒"指"荒野",古代的时候中间是"国",是一个城市,外面是"郊","郊"外是"野"。此句义为"老而隐遁于荒",也就是"老死于荒野"。"我其发出狂,吾家耄逊于荒"

带有选择的意味，即"我是出走，还是老死于荒野呢？"也有的注疏家把"我其发出狂，吾家耄逊于荒"作为一个事情来讲，即"我走了就是老死于荒"。

③"今尔无指告予，颠隮若之何其？"一句，"指"义为"指点"。"颠"训为"倒"，"隮"训为"坠"。"颠隮"义为"堕落""毁灭"。"其"音"jī"，是句末语助词。"若之何"即"奈何"之义。"今尔无指告予，颠隮若之何其？"义为"现今你不指点我，大家都灭亡了怎么办？"

这是微子对父师、少师所说的话，父师、少师也表了态，就是下面的这段话。

父师若曰[①]："王子！天毒降灾荒殷邦，方兴沈酗于酒，乃罔畏畏，咈其耇长旧有位人[②]。今殷民乃攘窃神祇牺牷牲用，以容将食无灾[③]。降监殷民，用乂雠敛，召敌仇不怠[④]。罪合于一，多瘠罔诏[⑤]。商今其有灾，我兴受其败，商其沦丧，我罔为臣仆[⑥]，诏王子出，迪我旧云刻子，王子弗出，我乃颠隮[⑦]。自靖，人自献于先王，我不顾行遁[⑧]。"

①"父师若曰"一句，这一段是"父师"所说的话，微子问的是"父师"和"少师"，但具体答复的是"父师"。如果前人的说法有道理，那么"父师"应该就是"箕子"。但是这和后文的解释不一致，因为有学者认为后文的"刻子"是"箕子"，如果这样解释，那么"父师"就不是"箕子"了。"父师"究竟是什么人，我们还说不定，这一点暂时存疑。

②"王子！天毒降灾荒殷邦，方兴沈酗于酒，乃罔

畏畏，咈其耉长旧有位人"一句，"王子"指"微子"。"微子"是"帝乙"的长子，与"纣"是一母所生，但按照《吕氏春秋·当务》的记载，生"微子"时，他的母亲还没有被"帝乙"立为正室，是一个偏妃，在做偏妃时一共生了两个儿子，大的是"微子"，小的是"微仲"，成为正室之后始生"纣王"。"微子""微仲"和"纣王"是亲兄弟，最后立的是"纣王"，具体的原因我们后面会讲。总之，"微子"是王子，确切地说是"帝乙"的庶长子，所以"父师"称"微子"为"王子"。"毒"义为"害"，"荒"也有"灾害"之义。此处断为"天毒降灾荒，殷邦方兴沈酗于酒"，亦通。"方兴"即"旁兴"，义为"大起"。"乃罔畏畏"的"畏畏"，第二个"畏"字，读为"威"，"畏威"就是"畏惧天威"，西周金文中"天威"之"威"多作"畏"。"咈"见于《说文》，义为"违反"。"耉"义为"老"，"长"亦训为"老"，"耉长"就是"老成的贤人"。"旧"义为"过去"，"旧有位人"即"过去有地位的人"。"咈其耉长旧有位人"是指违反旧有的传统。商的传统还是有可取之处的，大家看《周书》就可以知道，周公对"帝乙"之前的历代商王都是给予肯定的，唯独对"帝辛"加以批判。

③ "今殷民乃攘窃神祇牺牷牲用，以容将食无灾"一句，此处可以看出商人很重视祭祀。但是现在这些殷民却"攘窃神祇牺牷牲用"，"攘""窃"同义，就是"偷窃"。"神祇"一语，"神"指"天神"，"地神"曰"祇"。"牺"是一种专门用作祭祀的牛，"牷"指祭祀时所用的完整的祭牲，"牲"就是不完整的祭牲，比如"猪头"之

类。"牺牷牲"放在一起，泛指"牺牲"。"容"训为"用"，见《释名》。"将"训为"持"，义为"拿"。此句义为"将用作祭祀的牺牲拿来吃掉了，却没有灾祸"。这在当时的社会中是极其重大的事件，是大逆不道的。

④"降监殷民，用乂雠敛，召敌仇不怠"一句，"降监"即"下视"，是由上往下看，有"监督"之义，讲"降监"的，一般指"君长"而言。"降监殷民"就是"监督殷民的人"，也就是"朝廷官长"，夒公盨铭文中有"降民监德"。"乂"读为"刈"，训为"杀"。"雠"或作"稠"，训为"多"。"敛"指"赋税"。"用乂雠敛"就是"杀害人民，加重赋税"，大意就是如此，这些地方很难有一个准确的训诂，我们只是按照前人的说法，通读一下。"召"义为"招致"。"敌仇"即前文的"小民方兴，相为敌仇"之"敌仇"。"怠"训为"已"，"不怠"即"不已"，义为"无休止"，"召敌仇不怠"即"招致了人民无休止的敌视和仇恨"。这一段对商朝末年政治上的弊政予以明显的揭露，将来我们读《尚书》的其他篇章，就可以看到周人是如何指责这种状况的，这和《微子》这篇是有关系的，后面很长一段时间，周人一直都在讲这些事情。

⑤"罪合于一，多瘠罔诏"一句，"罪合于一"即"所有的罪恶都集中在了一起"，结果就是"多瘠罔诏"。"瘠"训为"病"，"诏"训为"告"，"多瘠罔诏"就是"这么多的问题没有地方去说"。

⑥"商今其有灾，我兴受其败，商其沦丧，我罔为臣仆"一句，大家要知道，"有灾""无灾"这一类的词，经常在甲骨文中出现。大家要注意此处"兴"字的用法，

"兴"是从"同"的,"我兴受其败"就是"我同受其败"。在古文字中"兴"还可以写作从"凡"的,以后我们讲金文的时候,大家就可以看到"凡"和"同"常常是通用的。这一点在音韵上是完全没有道理的,因为"凡"和"同"在音韵上是不能通的,可是当时在书写中却常常通用。所以,金文中的"同公"就是"凡公","凡"为"周公"之后。天亡簋有"王凡三方",实际上就是"王同三方"。"商其沦丧"就是前文说的"今殷其沦丧",义为"商就要灭亡了"。"我罔为臣仆"即"我们也就不能作为大臣了"。

⑦"诏王子出,迪我旧云刻子,王子弗出,我乃颠隮"一句,这里的"诏"字,我个人认为最好训为"助",训"诏"为"告"亦通,但是训为"助"更好一些,"诏王子出"即"帮助王子您出走"。"迪我旧云刻子"是最难讲的一句,我介绍两个比较好的说法。"迪"和"惟"一样,是句首虚字,"旧"义为"曾经"。有人认为"刻子"是"箕子",如果是这样,那么"父师"就不是"箕子"了。为什么这样说呢?因为《周易》"箕子之明夷"的"箕子"或作"荄滋","荄"相当于"刻","滋"相当于"子"。还有一种解释是将"刻"读为"克",训为"胜","克子"即"克尽子道",言外之意是微子的出走可以为商王朝留下一条血脉。但是,这些解释都不是太通顺,也可能这里有什么问题,或者有我们不理解的地方,总之"迪我旧云刻子"是《微子》中最难讲的一句。"王子弗出,我乃颠隮",是说如果你不走的话,那我们整个都完了。

⑧"自靖,人自献于先王,我不顾行遯"一句,"靖"字,《尔雅·释诂》"靖,谋也",这是一个很不常见的解释,但还是有根据的。"自靖"即"自谋",也就是"自己打算"。"人自献于先王"即"自己去告诉先王","我不顾行遯"即"我不管你是出走还是隐遁"。"父师"的话实际上是劝"微子"出走,但"父师""少师"并不出走,这样理解正好符合孔子所说的"微子去之",而"箕子"和"比干"没有出走,这也符合"父师""少师"就是"箕子"和"比干"的说法。即使不是这样,"父师""少师"也和"箕子""比干"一样没有出走。

我们大致上把《微子》读了一遍,但大家也许还是不满意,因为读起来没有那么顺。实际上读起来就是不那么顺,以后我们读《尚书》也是如此,我们真懂得的地方也不过十之六七,剩下的十之二三,多是勉强的讲法,至于说对不对,还可以讨论。我们对于甲骨文和金文的了解,还比不上我们对于《尚书》的了解,因为《尚书》已经研究了两千多年,甲骨文、金文刚出来的时候,很多人都在讲,我说老实话,很多讲法都靠不住,所以大家不要以为这有什么奇怪,这么古老的东西,距离我们又这么远,我们不可能全都能懂。

《微子》记录了一个重大史实,就是商代末年王朝因腐化而解体,当时的一些有识之士,对此表示不满,微子就是其中之一,结果微子就走了。"微子出走"是一件很重要的事情,从商王朝的立场上来说,"微子出走"为殷商延续了一线血脉。武王克商标志着"商"作为王朝的覆灭,周武王做了天子,但武王封纣的儿子"武庚"以续殷祀。后来"武庚"因三监之乱被诛,这样"商"的王系就完全不存在了，这个时候就封微子于宋，所以孔壁的古文《尚书》中有《微子之命》。今本亦有，但为后人伪作，原文已佚。可是宋国之封确实如此，一直到春秋时期，宋人依旧认为他们是商的后裔，此点在考古中得到了证明。1978 年河南固始侯古堆一号墓出土了宋国的媵器，铭曰"有殷天乙唐孙宋公欒作其妹句敔夫人季子媵簠"，证明宋国是"殷天乙唐（汤）"的后人。

"微"是一个什么样的国家呢？按传统的说法，"微"是"商"一个畿内国，也就是商王畿内的一个诸侯国，商代和西周的诸侯国都有畿内和畿外之分，畿内国是在王畿之内服务的，这种情况一直到东周时期还是如此。经过清代学者的考证，一般认为"微"在今天的山西潞城的可能性最大，潞城位于山西东南，属于商王畿的范围。也有的古书说"微"是一个畿外国，"微子"就像"周文王"一样，在王朝做"三公"。如果说我们今天对"微"有一种历史地理的看法，比较可信的还是山西潞城。是不是真的就在潞城，我们还不知道，那就要看今后的考古工作了。但是，迄今为止还没有在潞城找到大型的商代遗址，也没有找到微子在商代的墓地。

关于"微"，前些年有一个很重要的发现，就是史墙盘。1976 年 12 月，陕西扶风庄白一号窖藏出土了 103 件青铜器，这是一个西周时代的家族窖藏，这种家族的青铜器窖藏，我们已经发现了很多，庄白是其中最著名的之一。庄白窖藏中最重要的器物就是史墙盘，史墙盘前半段讲了西周文、武、成、康以来的世系，后半段讲"史墙"家族的历史。这种叙事方法，在西周的青铜器中已经见过几次了，比如 2003 年杨家村出的逨盘，也是既讲了王世，也讲了祖先。"史墙"这个家族就和"微"有关系，史墙盘涉及"微"者如下："……青幽高且（祖），才（在）敩（微）霝（灵）处。

雩武王既䞯殷，散（微）史剌（烈）且（祖）廼（乃）来见武王，武王则令周公舍㘞，于周卑（俾）处。……"这段话叙述了"史墙"祖先的情况，"青"读为"静"，"静幽"形容"遥远"。"高祖"是"史墙"的始祖，但指的不一定是一个人，也可能是指很多代祖先。"在微灵处"即"灵处在微"，是在"微"这个地方居住的，"灵"训为"善"。由此可知，"史墙"这一家是微国官员的后人。"雩"通"粤"，是一个虚字。"䞯"读为"捷"，"捷殷"就是"克殷"。"剌"读为"烈"，"且"即"祖"，"烈祖"担任的是"微史"，也就是微国的史官，史墙家族代代都是史官。由"雩武王既䞯殷，微史烈祖乃来见武王"可知，烈祖是来投降武王的。我们不妨想象一下，"史墙"的烈祖就是跟随"微子"一起投降周王朝的，因为微子就是投降的，微子去商隐遁，后来武王克商，微子肉袒牵羊，举行了投降的典礼，微子投降所带的人中应该就有史墙的祖先。史墙的祖先见了武王之后，就成了武王的史官，所以武王就让周公"舍㘞"，"㘞"字多释为"寓"，但"禹"和"禺"的韵部相隔太远，我认为读"㘞"为"宅"更合适。"舍㘞"也就是给了一块居住地。"于周卑处"的"卑"读为"俾"，训为"使"，"于周"的"周"就是居住地所在，也就是"周原"。"史墙"的儿子叫"癝"，他有一件钟，钟铭上也抄了这段话，不同之处在于"以五十颂处"，"颂"应读为"容"，因为"癝"是一个司礼的官员，"以五十颂处"即"以五十种礼容来居处"。由此可知，"史墙"家族是一种司礼的史官。总之，这个事情是和"微子"有关的。以上就是我们能知道的与"微"有关的一些线索，后来"史墙"家族留在了周王朝，没有跟随"微子"到宋国。

大家或许会问，有没有和"微子"有关的考古发现呢？答案是没有。微子后来封在宋国，宋国大致在今天的商丘，商丘很难做考古工作，因为商丘是黄泛区，黄河几次改道，商丘都是被淹没的，所以宋国的遗址都在沙子下面。大家如果去商丘，就会发现有遗址的地方大都在很高的台地上。前些年，哈佛大学的张光直先生与社科院考古所合作，对商丘进行了考古发掘，最后找到了东周的宋城，这已经是一个很大的发现了，而西周宋城一定还在东周宋城之下，所以是很难进行考古工作的。

不过，有一个很可能和宋国有关的重大发现，这就是河南鹿邑太清宫的大墓。大家会问为什么这个地方会有一个道观呢？相传鹿邑是老子的故里，所以这里的太清宫是祭祀老子的。这个墓已经出了一个很好的发掘报告，即《鹿邑太清宫长子口墓》。这个墓是1997年发掘的，是一个相当于诸侯级别的大墓，出土的青铜器都是商末周初的，地点是鹿邑非常靠北的地方，离商丘很近，所以在商丘专门开过学术会议。很多学者认为这个墓和宋国有关，又因为这个墓的时代是周初，因此有的学者认为这是微子的墓。我们认为这不可能是微子墓，因为墓中出土铜器的铭文是非常清楚的，多作"长子口"。不论怎么解释，这个人的名字是叫"口"的，所以墓主不会是微子。有人认为微子名叫"启"，"启"也是从"口"的，但是说"微子"名"启"，字"口"，这是没有什么根据的。很多人认为"长子"是国名，实际上"长子"就是"大儿子"。湖北黄陂鲁台山所出的鼎铭中有"长子狗"，若"长"为国名，那为什么一个在湖北，一个在鹿邑呢？这是没有道理的，所以我认为"长子"就是大儿子，关于此点，我写过一篇文章。①

---

① 李学勤：《长子、中子与别子》，载《中国古代文明研究》，第91-94页，上海：华东师范大学出版社，2005年。

我们有一个很好的例子，是一件提梁卣，但这件铜器好像没有收在《集成》中，可能是器名不一样，这就是《捃古录金文》2.1.51.卣。这件卣的时代也是周初的，铭文云："鱼伯彭长子照作宝尊彝。"此处的"长子"一定是一个称呼，不会是其他的意思，"长子"的铜器有很多，而且凡是能够看到"长子"的铜器，祭祀的对象不是"父"就是"母"，并无例外。鹿邑同墓所出的器物中，还有作"子口寻作文母乙彝"的，"寻"训为"再"，此即"子口再作文母乙彝"，也是"子"和"母"相对应。所以此处的"长子"就是"大儿子"，因此长子口墓所葬者就是某位国君的大儿子，名叫"口"。

那么"口"是谁的长子呢？实际上"口"这个人是能找出来的，至少我们有一个很好的推测，我写过一篇文章，讲述这个问题。[①]《史记·宋世家》"微子开者，殷帝乙之首子而帝纣之庶兄也"，据此可知微子是帝乙的大儿子，是纣王的庶兄。《吕氏春秋·当务》有"纣之同母三人，其长曰微子启，其次曰中衍，其次曰受德，受德乃纣也"，可见纣有同母兄弟三人，分别是"微子""中衍"和"纣"，因为生纣时，其母被立为正室，所以最后立纣为商王。在《礼记·檀弓上》中有一段话，即"微子舍其孙腯而立衍也"，郑玄注曰："微子嫡子死，立其弟衍，殷礼也。"之所以说是"殷礼"，是因为在商朝时，常常有兄终弟及的情况，甲骨文就是如此，阳甲、盘庚、小辛、小乙是兄弟四人，依次继承了王位，之后是小乙的儿子武丁，武丁之后是孝己，因为孝己早死，不得即位，故谓之"小王"。之后是祖庚、祖甲兄弟依次即位，再之

---

① 李学勤：《关于鹿邑太清宫大墓墓主的推测》，载《文物中的古文明》，第306-307页，北京：商务印书馆，2008年。

后的廪辛、康丁还是兄终弟及。但是武乙之后，就基本上是传子了，所以虽然我们不能说商代一定是兄终弟及，但至少是常有的事，宋国后来也是如此，所以说这是"殷礼"，郑玄的这个说法是很有道理的。《孔子家语·本姓》有"其弟曰仲思，名衍，或名泄，嗣微之后，故号微仲"的记载，由以上的材料可知，微子启的嫡子早死，但他有一个孙子名叫"腯"，可是微子并没有传位给他的孙子"腯"，而是传位给他的弟弟"仲衍"。根据文献的记载，微子启是有长子的，我认为这个"长子"就是"口"。虽然有些猜测的意思，但从文献上看也是很合适的，与墓中器物的时代是一致的。如果"长子口"真的是微子启的儿子，那么这就和孔子的儿子比孔子死得早一样，孔子活的时间很长，他的孙子子思，孔子也能看见。同样，微子活的时间也很长，也能看到他的孙子"腯"，但微子并没有传位给"腯"，而是传给了他的弟弟"仲衍"，而"微仲衍"也就成了宋国的第二任国君。

大家如果对青铜器有兴趣，可以读一下《鹿邑太清宫长子口墓》，这本书可以告诉我们很多东西，书中有很多器物，这些器物的时代是很清楚的。如果我们的这个解释可信，那么长子口墓的时代相当于宋国的第一代。如果今后我们真的发现了微子的墓，墓中的器物也不过如此，因为微子启的死和他儿子的死不会相差多时间，二者的时代是一样的。长子口墓中的某些器物是非常特别的，过去我们认为是商代的器物，但事实上确实可以传到周初，而这些器物也确实给我们解决了很多疑难的问题。前些时候出现了一件很重要的器物，这件器物还没有著录，我在这里简单地说一下。就是有一种鼎，鼎的上面有一个盖子，盖上有四个脚，倒过来又可以成为一个承盘鼎，类似的器物在长子口墓中就有。前些时候大家还怀疑觉公簋，而与觉公簋纹饰相似的器物，在长子口墓中也有。所以不管"长子口"是不是微子的大儿子，长子口墓中所出的器物应是商末周初的代表，而且国别一定是宋国，因为在商丘不可能再有那么强大的一个诸侯，因此长子口墓的器物可以作为该时代器物的标尺。我很推荐这本书，大家可以看一看，这样一个完整的墓，出土了整套的青铜器，又明确是这个时代的，今天是很难找的。

这里还可以看到一些问题，就是宋国确实继承了商代的很多东西，特别是祭俗和习惯等方面，所以关于宋国的历史考古还有必要进一步发展。五四运动时期，很多人特别是胡适先生也指出了[①]，在春秋战国时期，很多人取笑宋国，说宋国人总是做傻事，特别是宋襄公，明明可以打胜仗，却坚守击之无礼，结果战败了，这就是所谓的宋襄公之仁。郑国人也常被嘲笑，比如"郑人买履"之类，后来都进了小学教科书，变成了嘲弄的对象。好像自古以来对于宋、郑的人总是不太客气，我觉得这确实没有道理，因为宋国传留了商代很多东西，我们相信以后关于宋国的考古会有新的发展。

商丘是黄泛区，所以考古工作很难开展，开封也是如此，开封是战国时魏国都城"大梁"之所在，但非常难发掘。开封赵宋古城的墙基址都在地表八米以下，比如潘坑、杨坑。虽然"潘杨"的故事不太准确，但很多遗址确实是在坑里的。现在发现的南宋城墙都是非常深的，魏国大梁城的遗址还在赵宋故城下面不知多少，而且地下水位也很高，潘坑、杨坑就是两个湖，所以想找到大梁城的遗址是很困难的。虽然商丘是黄泛区，但宋国的考古不是不能做。今天我们发现了很多宋国的器物，春秋的、战国的都有，

---

① 胡适：《说儒》，载《中央研究院历史语言研究所集刊》第四卷第3期。

这些器物中有的是流传到其他地方去的,比如"嫁女",也有些东西就是大梁的,比如战国时代的大梁司寇鼎。可见当时有些地方地势不平,所以有些遗址我们还是可以看到。因此,西周宋国的考古将来还是有开展的希望,我不一定看得见,希望在座的能够看见。

为什么宋国的考古如此重要呢?这就要阐扬张光直先生的遗志了。张先生是不搞东周的,张光直先生根据董作宾先生对于甲骨文的研究[①],认为商丘应该是商人最早的都城[②],商丘封给了宋国,所以要找商丘就要先找西周时宋国的封地,要找西周宋国的封地就要先找东周宋国的封地。而据史书记载,东周宋国的封地就在商丘,后来由张长寿先生主持发掘,发现了东周的宋城。今天的商丘市并不是过去的商丘县,二者还是有一定的距离,实际上在明朝时商丘的城址就移动过一次了。我到过商丘的旧址,当地的考古工作者给我介绍过一些出土遗物,从岳石文化到商的遗物都有,所以当地的考古还是有希望。鹿邑太清宫就是如此,长子口墓表现的与商文化的关系特别突出,所以长子口墓非常可能是一个宋国早年的墓葬,也非常值得进一步研究。我们对商丘的考古工作抱有很大希望,也希望张光直先生的遗愿有一天会实现,我们可以在这个基础上探寻宋国初封的遗址,从而进一步探寻商文化的起源。

大家也许会问,"微子"的"微"有没有可能被发现呢?我想这也是完全有可能的,这些年常常宣传现在是我们考古学的一个

---

① 《殷历谱·闰谱》:"大邑商亦即今之商丘,盖其地为殷之古都,先王之宗庙在焉。"董作宾:《殷历谱》,中央研究院历史语言研究所石印本,1945年。
② 张长寿、张光直:《河南商丘地区殷商文明调查发掘初步报告》,《考古》1997年第4期。

黄金时代，最近这两年很少说了，因为很多大遗址不让挖了。我认为中国考古的黄金时代还早得很，西方的考古学进行了差不多二百年，很多地方也没有发掘出来，埃及还发现了新的金字塔。我们中国那么大，历史那么久，还有很多东西没有发现，所以我们完全有可能发现这些东西。

· 2008年下半年第七次课 ·

天亡簋

前几次课我们谈到了商末的《尚书》和相关的青铜器。商末的青铜器是很多的，但铭文都不长，没有达到五十个字的，最长的是小子𠭯卣，共有铭文四十九个字。可到了周初，铭文的数量马上就开始拉长，而且拉长了很多，这种情况估计与商人和周人的传统不同有关。这并不是说商末的青铜器在技术上不能把文字做长，也不是说在习惯上不能有长的文字，比如《尚书》中的《盘庚》三篇，文字是很长的。大家要知道，《盘庚》即使是在疑古学风最盛的时候，一般也没有人怀疑，没有人讲《盘庚》是伪书，或者是后来的东西，当然也有人说有周人的修饰。在这样的情况之下，商代的人有很长的文字并不稀奇。我们可以想象商代的文字也是写在竹简上面，当时也就有很长的文字存在，并不是商人没有能力写长的东西，这一点是一定要说清楚的。在这一点上，我认为观点鲜明而且讲得很好的是专门研究《尚书》的刘起釪先生。刘先生是顾颉刚先生的弟子，继承了顾先生的疑古学风，可是在商人有能力将文字做长这一点上和顾先生讲得不太一样。刘先生的观点是很明确的，商代人可以做比较长的文字，不是都像甲骨文、金文那样，刘先生也特别举到了像《盘庚》这样的文字。有关这个问题，大家如果有兴趣可以看看刘先生的著作[1]，我个人是非常支持他这部著作的，刘先生发表出来之后，我就写文章支持他。[2]

《周书》是从周武王开始的，但有些东西实际上就是商周之际的，或者更早一些；比如天亡簋，也就是所谓的"大丰簋"，这篇东西多认为是周武王时期的，但也有很多学者认为是武王伐纣之前的，如果是武王伐纣之前的，严格地讲就是商末的；这种事情有时候我们也没有办法将其划分得那么清楚。比如马王堆帛书，马王堆帛书中就有秦代的东西，这是没有问题的；其中有一篇是《篆书阴阳五行》，但这个讲法是不行的，因为这里面的文字不是篆书，也没有"五行"的内容，所以后来我们整理小组给它起名叫《式法》。叫《式法》也不一定完全合适，可无论如何，叫《篆书阴阳五行》是不合适的。《式法》的时代很可能是秦始皇廿五年，但"秦始皇廿五年"这个说法严格来讲不太准确，因为嬴政称"始皇帝"是在廿六年，因此《通鉴纲目》等书均称之为"秦王政廿五年"，可是我觉得这也没必要，一般行文上也不太考虑这个问题。可无论如何，这篇东西很可能写在秦王政廿五年，严格来讲"秦王政廿五年"应该算战国，因为这时还没有统一六国，统一六国是廿六年，所以这件东西写在战国的最后一年。对这些问题，我们不能看得太死，天亡簋也是如此，这也就是为什么我们的课以周为主，却也要涉及商末，因为"文王受命"就是在商末。从周人的角度看，"文王受命"是周王朝的开始，所以周人一讲世系就

---

[1] 顾颉刚、刘起釪：《尚书校释译论》，第958页，北京：中华书局，2005年。
[2] 李学勤：《甲骨卜辞与〈尚书·盘庚〉》，载《通向文明之路》，第79-83页，北京：商务印书馆，2010年。

是从文王讲起,就是"文王受命""武王克商"。

谈到"文王受命"就会涉及"文王称王"的问题。文王究竟有没有称王?如果称王了,是在何时称王?这在古史研究中有很大争议,希望新发现的清华简可以提供一些材料。"文王称王"这个问题是很大的,影响到我们对于商周之际历史的认识。文王如果称王,那就是从受命开始的。《尚书·无逸》说"文王受命惟中身,厥享国五十年","中身"指"中年时期",不是初年,也不是末年。"五十年"指"文王共在位五十年",不是"受命之后五十年",有些人以为是"受命之后五十年",这种说法从周代开始就有了。对于文王时代的历法,战国时期的人已经不很清楚了,所以当时有不同的说法。代表的说法就是《礼记》,《礼记》记载文王活了九十七岁,如果文王活了九十七岁,那就可以和《无逸》的"文王受命惟中身,厥享国五十年"相合,可是这种说法只是对《无逸》的一种理解。我们今天读的《诗》《书》,实际上周代人就在读,至少是春秋战国时期,人人都在读,虽然在内容上有一些差别,但基本上就是这些东西。我们现在看到的战国时代的一些理解,每每会受到对《诗》《书》理解的影响。过去很多人认为"经学"是汉代产生的,汉代的"经学"在政治、文化上都起到了很大的作用。实际上并不是这样,至少在孔子以后"经学"就已经存在了,孔子已经用"经"去教授学生了。孔子对"经"的看法,我们能找到的比较早的材料,比如上博简的《孔子诗论》,不管《孔子诗论》是否为孔子本人所作,但仍是个人对"经"的一种解释,而对"经"的解释就是"经学"。其他人对于"经"的解释,就可以完全不一样,比如《墨子》,《墨子》中有很多引《诗》《书》的地方,墨家的解释就与儒家很不一样。所以,当时不但有"经"和"经学",而且"经学"还有不同的派别,而所谓诸子百家的派别,在一定程度上也受到了这方面的影响。因此我们可以看到,对"经"的解释会影响到我们对于古史的一些基本观点。从我们今天的研究角度来看,有的可能是没有道理的。比如《无逸》的说法就是这样,《礼记》中说周文王做了一个梦,醒后就把武王叫来,说了梦中的境况,说要把自己的岁数给武王几年,这个故事就是从《无逸》中来的;它要解释"文王受命惟中身,厥享国五十年"这种说法,于是就造成了文王活了九十七岁,武王活了九十三岁。还有一个最明显的例子,就是"周公摄政",这个问题在后面还会专门讲到,我们在这里顺便提一下,有助于大家理解战国时代经说的一些看法。

《洛诰》最后说"惟周公诞保文武受命惟七年",《洛诰》中讲了很重要的一件事,就是周公把成王请到新建成的东都洛邑,并把政权还给了成王。从这种意义上来说,周公在政治上掌权应该是没什么问题的,因为从各方面的材料来看,成王初年确实是周公在管理朝政。由此就产生了一种看法,就是周公在周初当了七年的王。这种看法战国时期就有,一直延续到汉代,今天依旧存在,很多人写文章说周公称王。比如讲"封卫"的沬司徒送簋有"王来伐商邑,诞令康侯鄙于卫",我们可以肯定地说,"康侯鄙于卫"一定是在"平三监"之后,因为"卫"是"三监"之一,当时将"纣"的王畿分为三部分,称为"邶""鄘""卫",继而设立"三监"。"三监"有两种说法:一种说法是"管叔""蔡叔"和"武庚";另一种说法是"管叔""蔡叔"和"霍叔"共同监管"武庚"。不管是哪一种说法,"卫"当时还是在"三监"的管理之下,所以商朝当时并没有最后绝嗣,虽然"武庚"已经不是天子了,但"商"还是存在,后来是用"微子"来代替"武庚"俾守商祀。因此,沬司徒送簋中的"王来伐商邑"一定不是"武王来伐商邑",因为"三监"叛乱时,武王已经去世了,平定"三监"的是周公,所以很多人就认为"王来伐商邑"的"王"就是"周公",因此认为周公称王。大家要考虑一下如何理解渣司徒逜簋的铭文,实际上"王来伐商邑"的"王"就是"周",也就是"周朝",而把"王"讲为"周成王"也是可以的,并不是说一定是成王到了"商邑"这个地方,"成王"命令一个人去伐商邑也是可以的,所以这个证据并不充分。此时的"成王"一定不是像战国或西汉的人所说的还在襁褓之中,也就是一个小娃娃,这与《礼记》所说的武王活到了九十三岁矛盾,武王都九十三岁了,成王怎么还是幼童呢?所以这些讲法并不能自圆其说。为什么一定要强调"周公称王"呢?就是因为《洛诰》中"惟周公诞保文武受命惟七年"的说法。古人认为这句话应理解为周公也参加了受命,并不是仅有文武受命,所以"惟七年"指的是"周公七年"。这个理解就不一样了,那为什么是"周公七年"而不是"成王七年"呢?古人认为这是"周公摄政称王"。可是今天我们读金文,就不会这样理解,因为金文中每一个"惟"字应该单独成句,即"惟周公诞保文武受命"是一件事,"惟七年"又是一件事。所以此处的"惟七年"完全可能是"成王七年",而且有很多器物上都是如此,特别是何尊,何尊铭文的最后就是"惟王五祀",这个"惟王五祀"是"成王五祀"。这个地方就发生争论了,就是"成王五祀"应该从什么时候算起,而这也就牵涉到"周公摄政"的问题了。何尊铭文讲的是所谓"五年营成周",那么"惟王五祀"讲的是"成王五年",还是"周公五年"呢?这就有争论了。可是无论如何,何尊写的是"惟王五祀",换言之是"王"的五祀,这个"王"究竟是"成王",还是"周公",依然有争论。

关于"周公摄政称王"的相关问题,我们以后还会专门讨论。

但我个人是不赞同"周公摄政称王"的,因为最近我们还找到了一些例子,张光裕先生也专门写了文章讨论这个问题,这篇文章不久就会发表。①但不论是史墙盘,还是逨盘,讲到西周世系时都没有"周公"的位置。还有就是前些年入藏国博的柞伯鼎就讲到了"周公",从柞伯鼎铭来看,"周公"完全是一个普通的大臣,"柞"就是古书中的"胙",是"周公"之后。鼎铭的"惟乃祖周公,有辟于周邦"只是说"周公"对周王室有功,并未"称王"。所以从各方面来看,周公称王的可能性很小。这些问题就是由当时读《诗》《书》引起的。这一类的问题还有,其中影响最大的就是"禅让",因为《尚书》中有《尧典》,而且大家都在读,所以就引出了多种"禅让"的学说。"禅让"学说的影响很大,自古以来都是"禅让",这与现在的古代人类学研究是不一致的,现在的人类学研究表明,早期的氏族部落一定还是"家长制"的。但无论怎么说,《诗》《书》这些经典,对当时的人在思想上有非常大的影响。因为当时人人都读,所以影响很大,这个道理大家是可以理解的,这也是设立这门课的原因。我们适逢其会,清华收到了一批新的竹简。

今天给大家发了两件拓本,一件是天亡簋,另一件是利簋,我们先讲天亡簋。天亡簋一直是中国最引人注目的青铜器之一,道光年间在陕西岐山出土,在今天的周原范围之内,但究竟是在岐山的什么地方,我们不知道。可有一点是非常清楚的,就是天亡簋是和毛公鼎一起出的,天亡簋出土之后,由当时陕西的著名古董商苏兆年带到了西安。苏兆年有一个哥哥叫苏亿年,他们和"凤眼张"都是当时陕西最著名的古董商。陕西自古以来就是出青铜器的大省,一直到今天仍然如此;其次是河南,因为陕、豫两省

---

① 张光裕:《何簋铭文与西周史事新证》,《文物》2009年第2期。

是夏商周的所在地。苏兆年、苏亿年的相关事迹，在容庚先生的《商周彝器通考》中有详细记述，其实如果搜集有关他们的材料，可以搜集到很多，一直到二十世纪七十年代，西安的一些老先生还能讲出他们的故事。我自己在七十年代末八十年代初到西安访问过一些老先生，他们讲述了不少出土文物和贩卖文物的故事，可惜没有做很好的调查，如果对这些材料做一些调查，那就可以提供给我们很多线索，现在经过时间的推移，了解这些的人已经很少了。我经常提倡各省的博物馆和考古研究所调查一下这方面的材料，这方面陕西做得还是比较好的，宝鸡出了一些回忆性质的书，大家可以看一下。之所以讲这一点，是因为这些东西影响到了对天亡簋的研究。

后来，天亡簋和毛公鼎都归了山东的著名收藏家陈介祺。陈介祺，号簠斋，山东潍县人，是晚清时期最著名的收藏家，也是最有眼力的一个人，陈介祺收藏的青铜器假的非常之少。这里我插一句话，常常有人议论，前辈收藏家中谁的眼力好，谁的眼力不好，我认为以收藏眼力而言，晚清首推陈介祺，吴大澂还比不上，在陈介祺之后，就是罗振玉。陈介祺和罗振玉收藏的东西都很好，但这并不是说他们所收藏的东西就没有假的，没有任何一个搞收藏鉴定的专家是从来不走眼的，这一点要说清楚。实际上不可能有这样的人，就好像我们做科学实验，没有不失误的，一个著名的医生从来没治死过人，这是不可能的。可是，陈、罗二人的很多东西都很好，而且他们能从这些东西中有新的发现，提出一些新的观点，这样的学者是最好的，陈介祺在晚清时期足以代表。陈介祺好是好，可是有一个问题，就是没有什么很成体系的著作，今天我们研究他都是靠他的一些片纸只字。他在世的时候还写过《传古别录》，但《传古别录》实际上是他的一些信件，更多的是讲怎么拓东西。后来上海印了《簠斋尺牍》，这个书应该重印，书中多是他与当时人的一些书信，比如吴大澂、王懿荣、胡羲赞（字石查）、鲍康（字子年）等，在这些信中有很多陈簠斋的学问见解，另外就是他日常写的一些跋语。后来出版的《簠斋吉金录》是后人根据他的一些材料编的，里面的内容极不完全，不能代表陈介祺的研究。陈介祺最大的贡献是他是第一个鉴定、收藏陶文的，在同治的时候就开始了，陈介祺在陶文上的贡献，就好像王国维在甲骨文上一样，可是他的《簠斋藏陶》在他在世的时候，从未正式出版，都是拓本，现在都收在一些陶文的大书里面，基本上都已经发表过了，陈簠斋收藏的陶文现在都在青岛博物馆。陈簠斋收藏的封泥也是最早最好的，比如西汉的"皇帝信玺"封泥，就是陈簠斋的，陈氏所收藏的封泥现在多在日本东京博物馆，就是原来的日本帝国博物馆。陈簠斋所收藏的铜器，也有很多在日本，比如最著名的"十钟"。

  陈介祺在世的时候，最重视的青铜器就是毛公鼎和天亡簋，这是他最为得意的，也是最着重研究的。毛公鼎大家都知道，有497个字，是单件铜器上字数最多的，迄今为止未被打破，所以陈簠斋在世的时候是秘而不宣的，毛公鼎的拓本也仅送给了很少的几个人。毛公鼎早期的拓本是很难得的，因为鼎的底部是弯的，在当时也很难拓，所以真正的拓本是非常难得的。而且陈介祺在世的时候就做了模型，所以毛公鼎有伪器传世。关于这个问题，澳大利亚的巴纳先生和香港中文大学的张光裕先生都有专门考证。①

---

① Noel Barnard, Mao Kung Ting: A Major Western Chou Period Bronze Vessel, A Rebuttal of a Rebuttal and Further Evidence of the Questionable Aspect of Its Authenticity, Canberra 1974；又见张光裕：《论两篇伪作的毛公鼎铭文》，载《澹烟疏雨——张光裕问学论稿》，第43-55页，上海：上海古籍出版社，2018年。

但是巴纳认为今天在台北故宫的毛公鼎是假的①,这一点是错的。可是毛公鼎有假的,这是没有问题的。

天亡簋和毛公鼎是同出的,有些学者包括董作宾先生,认为毛公鼎是周成王时的②,今天看起来这点是需要否认的。毛公鼎肯定是周宣王时代的东西,但天亡簋却是周武王时代的,这两件器物怎么会在一起呢?经过多年的周原考古,我们认为这种情况并不稀奇。周原曾经发现过很多的青铜器窖藏,一个窖藏内可能会有很多代的器物,当然窖藏是要以其中时代最晚的器物为其时代下限的。毛公鼎和天亡簋在同一个窖藏中出土,所以该窖藏的时代应该是宣王或者宣王之后,而这个窖藏中有武王时代的东西一点也不稀奇,同样的例子就是利簋。利簋在陕西临潼零口镇出土,零口就在铁路线上,早年去西安,坐慢车在零口是有站的,过了零口就是西安车站。当时从北京到西安要坐二十二个小时到二十三个小时,是要坐夜车的,睡梦中听说到零口了,就要起来收拾东西,再有十几分钟就到西安了。利簋也是在一个窖藏中出土的,与利簋同出的器物,同样有西周晚期的,这与毛公鼎和天亡簋出土的情况一样。正是因为毛公鼎和天亡簋同时出土,陈介祺本人是特别强调二者的出土关系的,他有一个观点,认为天亡簋也应属于毛氏家族,所以陈介祺称之为"毛伯聃簋",并由此推断此"聃"即武王最小的弟弟冉季载。③这是他当时的一些零零碎碎的想法,对不对可以讨论。大家要知道,"毛叔"也是武王的

---

① Noel Barnard, Mao Kung Ting: A Major Western Chou Period Bronze Vessel, A Rebuttal of a Rebuttal and Further Evidence of the Questionable Aspect of Its Authenticity, Canberra 1974.

② 董作宾:《毛公鼎》,载《董作宾先生全集·乙编》第六册,台北:艺文印书馆,1977年。

③ 陈介祺:《簠斋金文题识》,第17页,北京:文物出版社,2005年。

一个弟弟,名叫"郑","毛叔郑"是奉明水的。当然毛公鼎的"毛公"不是"毛叔郑",因为"毛叔郑"是周初的人。陈介祺读为"聃"的字,是铭文中左起第二行的倒数第二个字,今天看来应该是"朕"字,可当时陈簠斋是这样看的。

天亡簋代表了商周之际最典型的簋,是一个方座四耳簋,下面是方座,上面是碗形,并且有四个耳。方座四耳簋多是商周之际的,至于说商周之际的范围有多宽,还可以讨论,但大多是这个时期的,后来方座四耳簋就被认为是周器的一个特色,不过这些观念我们今天应当重新考虑。这里要特别提醒一下大家,最近在殷墟孝民屯以南发现了铸铜遗址和一些铸铜的陶范。这些陶范所代表的青铜器类型,多是我们过去认为在陕西出土的西周青铜器的类型。这就造成了一个结果,就是殷墟发现了铸铜的范,但是很少发现具体的青铜器,而在宝鸡能看到青铜器,却找不到铸青铜器所用的范,这个问题现在也就成了商周青铜器研究中的一个核心问题。当然,这个问题最终还是要通过考古来解决,而不是通过推论。关于这个问题,我提供过一个线索,就是殷墟前些年发现的郭家庄墓,墓中所出的器物与陕西的某些器物相似,特别是其中出土的提梁卣,与陕西斗鸡台所出的那两个提梁卣很相似,关于此点,我专门写过文章。[①]到现在为止,由于我们没有发现比较多的殷墟末期的青铜器群,而其中最典重、最华丽的殷墟青铜器的类型,我们看到的也很少,因此我们就会误以为在宝鸡出的就是当地的特色,我们猜想也就是这么回事,要不然孝民屯怎么会有范呢?周人在商末时已经相当强大了,怎么还会到殷墟来定造青铜器呢?这恐怕不太可能,所以过去我们认为的一些属

---

① 李学勤:《郭家庄与斗鸡台——从卣的关联看殷周文化异同》,《学习与探索》1999年第3期。

于周人青铜器的特点，实际上并不是周人所独有的特点，应该是一个时代的特点。

天亡簋的纹饰过去认为是很特别的，器身上有卷体夔纹，就是在龙首的后面有一个螺旋形的身子。天亡簋出现之后，卷体夔纹就被认为是当时周人所特有的纹饰，但后来在其他器物上也找到了这种纹饰，比如在陈梦家先生的《西周铜器断代》中，就可以看到仲爯簋、德簋也有类似的花纹，在四川彭县竹瓦街所发现的大铜罍上也有同样的花纹。现在这种花纹就不稀奇了，在甘肃、宝鸡出土了好几件，所以卷体夔纹是商周之际所特有的一种纹饰，但并不像以前想象得那么罕见，认为是周武王时期特有的一种纹饰。

天亡簋出现之后，马上就成为青铜器学者、金文学者最关心的青铜器之一，可以说是迄今为止研究学者发表意见最多的青铜器之一，相关文章可以找到几十篇，包括许许多多的书，凡是涉及金文的，多会讲到这件东西。我自己也尽可能地读这些材料，我可以推荐一篇文章，就是中山大学孙稚雏先生的《天亡簋铭文汇释》。孙稚雏先生是容庚、商承祚先生的嫡传弟子，容、商二位先生在古文字方面有四大弟子，就是曾宪通、孙稚雏、陈伟湛、张振林，过去还有马国权，但马国权移民了，现在也不在世了。张振林是帮着修订《金文编》的，孙稚雏先生也退休了，孙先生做了许许多多的工作，比如他编的《金文著录简目》等，都是我们必用的，到今天还是很好用，《殷周金文集成》的索引不好查，还是《金文著录简目》更好用，希望此书以后可以增订。孙稚雏先生做了很多有益于他人的贡献，其中之一是做一些重要金文的汇释。这个想法非常好，就是把各家的说法汇集在一起，然后再提出自己的说法，可是最主要的工作是提供各家的说法。我想孙先生应该是做了很多，但发表的很少，《天亡簋铭文汇释》是第一篇，刊登在《古文字研究》的第三辑，大家若想了解各家有关天亡簋的说法，看一下孙先生的文章就差不多了，此后有关天亡簋的新说法很有限。如果在座诸位有想对金文进行深入研究的，也可以从这篇文章中学到很多方法。大家看过孙先生的文章就会知道，天亡簋这样一篇看起来不太长的铭文，却费了大家很多心思，为什么呢？因为铭文较长且能定为周武王时代的器物是极少的，曾经有很多人做过实验，想将一些器物定为周武王时器，比如陈梦家先生想把保尊、保卣定为武王时器，郭沫若先生想把上博所藏的小臣单觯定为武王时器，但后来证明多半不对，这些器物的时代还是成王。迄今为止，真正能定为武王时器且铭文较长的只有两件，就是天亡簋和利簋。利簋的争论虽然多，但需要讨论的地方没有天亡簋多，天亡簋从陈介祺发表以来，不知道有多少学者费尽心思去研究，逐步深入。

大家要知道，任何一门学科都应有一个与之相辅助的学科，就是这个学科的学科历史。比如有数学，就会有数学史，数学史非常有用，很多数学方面的重要贡献是受到了数学史的启发，物理学也是一样。在文科方面，哲学有哲学史，史学有史学史。可是在我们国家，研究考古学史、古文字学史的人还是很少。不知道大家有没有兴趣对天亡簋的考释写一本书，如果能写一本书，一定会有很好的贡献，我保证这本书能写到二十五万字，达到出版的中级水平，而且也不费事，就以孙稚雏先生的文章为基础。当然孙先生的文章也有一定的不足，就是参考的外国的材料太少，还有可补充的地方，在孙先生的文章之后，还有一些新的文章，也可以补充。但不论如何，大家如果看一下各家怎样取舍，特别是各家所作的考释是如何受到文献、文字以及相关思想的影响的，将会有很大收获。所以天亡簋完全可以写一本书，而且这本书还能畅销。

必须说明，我们不能像孙稚雏先生那样，一家一家地给大家介绍，我们没有那么多的时间，只是尽可能地把不同的想法给大家说一下。当然，最后一定会说我个人的想法，如果不说，就对不起大家。我的想法和各家的想法很不一样，在备课的时候，我也会去查有关的材料，也读了孙先生的这篇文章，我才发现有些我觉得是我自己想到的，其实前人早就想到了，所以实际上真的属于我想的事情并不太多，可还是有几点想法，供大家参考。大家要知道，金文的考释不能绕太多的弯，应该让读者觉得简明易懂，因为前人的金文不会太复杂，不会是让人想了半天也想不明白的东西。所以，我常常说古文字研究应该是"道不远人"，如果有一种说法绕了九曲十八弯才出来，这种说法很可能就不对。

天亡簋（见图1、图2）的铭文有些地方有一些磨损，之所以有这些磨损，有两种可能，一种是使用的时间太久了产生的磨损，一种是作铜器的模板本身就有缺点，导致文字不清楚，这在金文中是很常见的。

图1　天亡簋

图2　天亡簋铭文拓本

天亡簋释文：

【乙】亥①，王又大豐，王凡三方②。王
祀珷（于）天室，降，天亡又③。王
衣祀珷（于）王丕（丕）显考文王④，
事喜帝⑤，文王德（？）才（在）上⑥。不（丕）
显王乍（作）省，不（丕）繇王乍（作）庚⑦，不（丕）克
乞衣王祀⑧。丁丑，王乡大宜，王降，
亡助，綮復禀⑨，隹（惟）朕
又蔑，每（敏）敭王休于尊⑩。

① "[乙]亥"一句，"乙"字原文没有，是我们补的。为什么知道这是"乙"字呢？是因为后面有"丁丑"，这就像小盂鼎后面有"乙酉"，而把前面补为"甲申"一样，天亡簋也是如此。天亡簋只有干支而无年月，这是很可惜的。

② "王又大豐，王凡三方"一句，"豐"字，从陈介祺起，很多人都把这个字读为"豐"，这是不对的。现在我们知道，"豐"和"豐"从甲骨文起就有区别，其实这一点王国维就指出过①，但王先生并没有详细讨论，所以后人对于这一点总是有所犹豫。因为在一些器物，特别是在春秋以后的器物中，"豐"和"豐"有混淆的现象，可是这种混淆并不等于说在商周的古文字里面，"豐"和"豐"不能区别。因为"豐"是从"￥"的，再怎么省也要表现出植物的样子，"豐"是从"￥"的，王国维在《说珏朋》中认为"￥"是"玉"，这是很有可能的。不论怎

---

① 王国维：《释礼》，载《观堂集林》，第290页，北京：中华书局，1959年。

么说,王国维先生已经指出了"豐"和"豊"的差别,就这件器物而言,应读为"王又大豐"。如果读为"王又大豐",大家就会感觉到平淡无奇,并没有特别的意思。如果读为"大豐"就很麻烦了,因为有人将"豐"读为"封建"的"封",但"封"在金文中从来没有写作"豐"的,也没有"豐"假借为"封"的例子,而且"大豐"也读不太通。实际上"大豐"一词是见于金文的,这就是《西清古鉴》中的麦尊。麦尊是周成王时器,可是麦尊没有拓本,只有摹本,铭中有"为大豐",这一点前人就已指出了。麦尊讲述了"周成王"和"邢侯"的一次活动,"邢侯"受封之后朝见"成王","成王"和"邢侯"的关系很好,在举行完祭祀之后,还和"邢侯"一起坐船,在辟雍中举行射礼,并把"邢侯"带到宫殿里去,给了他很厚重的赏赐。这件事情叫做"为大豐",就是举行了一场很大的典礼,所以"为大豐"和"王有大豐"是一样的,都包括了祭祀和一些重要的仪节。不要像某些学者那样,将"大豐"理解为某种具体的礼,实际上"王有大豐",就是"王举行了一场重大的典礼"。因此,这件铜器不能叫"大豐簋",但这件器的器主究竟叫什么,后面还会提到。"王凡三方"的"三方",大家仔细看拓本,确实是"三方",而不是"四方"。很多人说是"四"字掉了一横,这种说法除非是有特别的证据,否则大家不要采用。我们不能改字解经,在解释古文字的时候,通常不能改字,除非有特别的证据,否则不能说古人错了,改字的情况确实存在,但一般情况下不能改字。难点就在"三方",为什么是"三方"呢?关键是上面的"凡"字。

清代的一些学者，包括刘心源等人都已经指出了此处的"凡"应读为"同"[①]，这是非常正确的。我们现在知道，甲骨文、金文中的"凡"很多都应该读为"同"，因为"同"省掉"口"就是"凡"，但这点从音韵上说不通，可事实就是如此，就好像"周"字也会省掉"口"，这一点清朝人就指出来了。前段时间，我国台湾的蔡哲茂先生写文章，谈到了甲骨文中的"肩凡有疾"[②]，蔡先生指出"凡"字有时写作"兴"，这样就读通了，"肩"是徐宝贵读出来的[③]，训为"克"，"克兴有疾"就是"有了病能好"。为什么"凡"和"兴"能联系起来呢？因为"凡"就是"同"字，而"兴（兴）"是从"同"的。天亡簋中的"凡"读为"同"是最好的，"同"就是"殷同""朝见"，是"王朝各方诸侯的朝见"。古书中讲得很清楚，"朝见"是分为东、南、西、北四方的，为什么这里是"三方"呢？因为周人是西方的，所以这次典礼朝见的是东、南、北三方的人，所以说是"王同三方"。这一点可以和礼书相对照，大家可以读一下黄以周《礼书通故》中有关"殷同"的部分。"王又大丰，王凡三方"即"王举行了很大的典礼，朝见三方的诸侯"。由此我们可以设想，天亡簋所记之事一定是在"伐纣"之后不久，因为"伐纣"以前，"武王"还没有做天子，所以不太可能朝见其他三方的诸侯。这

---

① 刘心源：《奇觚室吉金文述》，载《金文文献集成》第十三册，第203-204页，香港：明石文化国际出版有限公司，2004年。
② 蔡哲茂：《殷卜辞"肩凡有疾"解》，载《屈万里先生百岁诞辰国际学术研讨会论文集》，2006年。
③ 徐宝贵：《石鼓文整理研究》，第833-834页，北京：中华书局，2008年。

时西方诸侯在武王的率领之下，这正是"武王伐纣"时候的情形，以后我们会读到《牧誓》，《牧誓》中武王就说"逖矣，西土之人"，"西土之人"不仅是西方的诸侯，还有西方的少数民族，即庸、蜀、羌、髳、微、卢、彭、濮。当时的"西土之人"在武王的率领之下，所以不需要朝见，只需朝见其他三方的诸侯，这非常符合"克商"之后的情形。武王在"克殷"之后没几年就去世了，具体是几年，说法不一，但时间是很短的，夏商周断代工程采用"武王在位四年"的说法。

③"王祀珤（于）天室，降，天亡又"一句，"王祀于天室"与"王同三方"是相结合的，因为古代朝见诸侯的时候，多要举行祭祀。"王祀于天室"就是"王在天室祭祀"，什么叫天室呢？"天室"见于《逸周书》的《度邑》，"度"就是"宅"，"度邑"就是"宅邑"，是讲建立东都的事情。《度邑》被司马迁的《史记》所采用，大家可以看看《周本纪》。《度邑》讲到了武王伐纣，执行了天的命令，武王认为应该"定天保，依天室"，"定"训为"正"，"天保"是"天的保护"，"依"是"依靠"，"天室"就是祭天的地方，过去解释天亡簋的人讲"天室"就是"明堂"，这是没有问题的。周人的明堂之祭，首先是祭天，然后以文王配祀。"天室"是祭天的所在，就像现在的天坛，可是天坛那种制度和古代的明堂不同。"降"就是"退"，是从祭祀的地方下来。明堂确实是比较高的，建在高台之上，这在《考工记》中有记载，但《考工记》所述不一定符合周人的明堂制度，但明堂很高是没什么问题的。实际上，"降"就是从祭祀的地方退出，不见得

一定是要走下来。"天亡"现在很多人认为是人名,说实话接受这种说法是不得已,因为一个人叫"天亡",实在是比较奇怪,古代确实有"天姥",但都是有神话传说的性质,以"天"为氏很少见。而且一个人叫"亡",这个名字也确实太差,比"不准"还不好。最希望大家注意的是下面的"又"字,这个"又"字与"王又大豐"的"又"字不太一样。第四行"事"字所从的"又"和"王又大豐"的"又"很接近,但与"天亡又"的"又"还是有差别,实际上"天亡又"的"又"和"丁丑"的"丑"字比较接近。我个人认为"天亡又"的"又"并不是"又"字,而是"尤"字,只是少写了一笔,当然"又"跟"尤"本身也可以通假,读"又"为"尤"也是可以的,所以读为"天亡尤"是最好的。"亡尤"在甲骨文中常见,"尤"就是"罪尤","天亡尤"就是"天没有什么怪罪的地方"。当然,这只是一种想法,还有些勉强,仅供大家参考。

④ "王衣祀珶(于)王不(丕)显考文王"一句,"于"写作"珶",商末周初常见。"衣"字,在甲骨文、金文中多读为"卒",这一点我和裘锡圭先生都写过文章。[①]田猎卜辞中有"卒逐亡灾",过去一直读"衣逐亡灾",可是"衣逐亡灾"根本就读不通。"卒"就是"完","卒逐亡灾"就是"一直到打猎打完都没有灾"。"丕""显"都有"大"的意思,"王卒祀于王丕显考文王"即"王完成了对于其伟大父亲文王的祭祀"。正因为簋铭中的"王"

[①] 李学勤:《多友鼎的"卒"字及其他》,载《新出青铜器研究》,北京:文物出版社,1990年;裘锡圭:《释殷墟卜辞中的"卒"和"律"》,载《裘锡圭学术文集·甲骨文卷》,上海:复旦大学出版社,2012年。

称"文王"为"丕显考",所以才将这件器物定为武王时代。

⑤"事喜帝"一句,前人已指出"喜"应读为《诗经·商颂·玄鸟》"大糦是承"之"糦","糦"同"饎",《说文》:"酒食也。""帝"就是"禘",此处不能读为"上帝",因为下文还有"上"字,"上"字是两横,此处的"帝"字上面没有两横。而且读为"事喜上帝"也是不通的,"上帝"就是"天",刚才已经祭祀过天了,现在祭的是"文王",怎么还会再祭天呢?所以此处不能读为"事喜上帝",应读为"事喜帝"。"事"是"进献","事喜帝"即进献酒食,举行禘礼。

⑥"文王德(?)才(在)上"一句,"文王"下面的一个字是有缺笔的,于省吾先生对此有过专门讨论,于先生认为此处最可能的是"德"字。[①]从剩余的笔画看,读为"德"可能性还是比较大的,但这并不一定准确,需要加一个问号。金文中涉及"在上"时,多讲"严在上,翼在下",但从字形上看,此处肯定不是"严"字。《诗·小雅·六月》"有严有翼","严"指"威严","翼"是"保护",也有人说是"恭敬"。

⑦"不(丕)显王乍(作)省,不(丕)騻王乍(作)赓"一句,此句中的"王"是谁呢?因为前面有"文王",所以"王作省"和"王作赓"中的"王"是时王,也就是"武王"。"丕显王作省"和"丕騻王作赓"是作器者歌颂时王,也就是武王的话,而不是"武王"告"文王"

[①] 于省吾:《双剑誃吉金文选》,第171-172页,北京:中华书局,2009年。

之词。"省"义为"视察"。"丕显王作省"是"武王去省察文王之德"。"緐"相当于"肆"字。"庸"字,从宋朝以来就读为"庸",在此处读为"庸"也是可以的,"庸"训为"功"。有学者认为"庸"应读为"赓",义为"接续"。但是,读为"赓"在音韵上有些困难。

⑧ "不(丕)克乞衣王祀"一句,"衣"读为"卒"。"乞"读为"迄",义为"完"。"彡"不是"三",而是"乞","乞"字甲骨文作"彡",中间一横较短,这是于省吾先生释出来的。① "乞卒"就是"结束"。"丕克乞卒王祀"就是"卒祀",即"能够很好地完成对文王的祭祀"。这次祭祀的整个过程是先祭天,再以文王配享,和礼书上的记载一致。武王朝见诸侯,祭祀"天"和"文王",这是很重要的事,可以设想一下,这应该是武王建立周朝,成为天子之后,所做的最重要的一件事。

⑨ "丁丑,王乡大宜,王降,亡助,祭复槀"一句,"王乡大宜"是一种典礼,"宜"是一种肉食,"大宜"是一种宴席的名称,类似我们现在说的"满汉全席"。卯其卣铭有"尊文武帝乙宜",令簋铭有"尊宜于王姜"。令簋有两件,在法国的基美博物馆。"王姜"是活人,"文武帝乙"是死人,所以"宜"并非死人专用,活人也可以用。殷墟的 1003 大墓出土的小臣系石簋刻铭中也有"尊宜",三门峡还有"小臣系"的玉器。"乡"即"飨",所谓"王乡大宜"并非王自己吃肉,而是举行一个宴会。"王降"就是"王退"。"亡助,祭复槀"是最难懂的,可

---

① 于省吾:《释气》,载《甲骨文字释林》,第79-83页,北京:中华书局,1979年。

是前人还是指出了一些线索。"助"字，虽然在古文字中只见过一次，但是"助"是从"贝"的，"贝"可读为"败"，《合集》20576 有"克贝"，"克贝"就是"克败"，所以我的意见，"助"当读为"败"，"亡败"就是"没有过错"，与上文的"亡尤"义同。"䇒"字，有人认为"䇒"字的下半部分为"首"之省文，但无论如何，"䇒"是从"䇒"的，所以读为"釐"，义为"赏赐"。赏赐的是"橐"，"橐"是从𤼵，从贝的，"𤼵"就是口袋。大家要知道，中国人的口袋有两种，一种是一头封闭、一头开口的，另一种是两头都是通的，用的时候两头都可以系上。所以，"橐"字的意思就是"一口袋贝"。"𠆢"字，前人多认为是"退"，但"𠆢"还是和"退"有些差别，此处"𠆢"很可能是人名，也就是作器者。这句话的意思就是"王赏给𠆢一口袋贝"。

⑩ "隹（惟）朕又蔑，每（敏）啟王休于尊"一句，"蔑"字，很多人都读为"庆"，这是不对的。于省吾先生读为"蔑"①，于先生之所以能读出来，是因为于老请人专门拓了这篇铭文，得到了最清晰的拓本。实际上"蔑"的右边就是"戈"，只不过有点断，左边上面有一个头，下面有一个人，所以这个字就是"蔑"，于省吾先生在这一点上真是敏锐。金文中多见"蔑曆"，张光裕先生发现了一件智簋，上有"嘉曆"，所以"蔑"的意思就是"嘉"，即"嘉赏"。② "朕"字，唐兰先生认为"朕"是器主的

---

① 于省吾：《关于"天亡簋"铭文的几点论证》，《考古》1960 年第 8 期。
② 张光裕：《新见智簋铭文对金文研究的意义》，《文物》2000 年第 6 期。

名字①，唐先生在故宫博物院担任副院长时，主管青铜器，他专门写了一篇文章叫《朕簋》。但于省吾先生并不是这样看的，大英博物院有一件邢侯簋，该铭文中有"朕臣天子"一语，"朕"在甲骨文和西周金文中全是领格，义为"我的"，是不能当"我"来用的，因此"朕臣天子"不能读为"我臣天子"。于省吾先生认为此处的"朕臣天子"就是"畯臣天子"，"畯"训为"长"，"畯臣天子"就是"长臣于天子"。②我们按照于先生的推论，将"惟朕又蔑"读为"惟畯有蔑"，也是有可能的。"每"读为"敏"，"每敭"即"敏扬"。"鷺"字，现在有人想把这个字读为一个字，这不太可能，因为我们从未见过"鷺"字下面从任何字的，所以还是遵照陈介祺先生的读法③，将"鷺"读为两个字，即"鷺毁"的合文。

我个人的想法，如果"朕"不是人名，那"復"就是人名，两种读法都有可能，今天我不能够给大家一个我个人的倾向，因为"復"字还是读不出来，读为"退"还是不太行。因为说不清楚是叫朕簋，还是叫復簋，所以我想我们还是老实一点，夹着尾巴做人，还是叫天亡簋或者大豊簋。

我们的上述说法仅供参考，虽然我们还有很多不懂的地方，就好像以后读《尚书》也一定会有很多不懂的地方一样，可我们还是能够观其大意。天亡簋是武王克商之后所作的一件铜器，当

---

① 唐兰：《朕簋》，《文物参考资料》1958年第9期。后收入《唐兰全集》第三册，第1049-1050页，上海：上海古籍出版社，2015年。
② 于省吾：《关于"天亡簋"铭文的几点论证》，《考古》1960年第8期。
③ 陈介祺：《聃敦释说》，载《簠斋藏古册目并题记》，第24页，邹安校本。

然这件器物不是武王自己作的,也不是所谓的"冉季载""毛叔郑"所作,可天亡簋仍然记述了武王时期的一件大事,涉及西周早期王朝的建立。古时候举行"殷同"的典礼,在古书上是很常见的,在金文中也有很多,比如保尊、保卣铭文中所记述的"四方会"也是这种性质的典礼,包括西周晚期金文中还有关于"巡狩"的一些记载,当时是真的在做这些事。这就涉及我们如何理解西周王朝,西周是一个相当统一的王朝,是一个很强大的国家。郭沫若先生指出周人祭天[①],这一点在天亡簋中也是很突出的。其实商朝人也是要祭天的,但从甲骨文来看,商人对于先祖的祭祀更为突出。我们并不是说商人不"祭天",但到了周初"祭天"马上就凸显出来了,因此周人在思想、信仰等方面,与殷商有所不同,比如天亡簋中强调"德"的观念(如果我们没有读错的话),也是看得非常清楚的。

---

① 郭沫若:《先秦天道观之进展·二》,载《郭沫若全集·历史编》第一卷,第331-345页,北京:人民出版社,1982年。

· 2008 年下半年第八次课 ·

西周世系、《泰誓》、利簋（上）

西周世系

上一次我们讲了天亡簋，为什么把天亡簋放在前面讲呢？是因为传统上都认为天亡簋是周代的第一件器物。天亡簋铭中有"王同三方"，而"王同三方"不会在武王克商以前，如果这种理解没错，那么天亡簋就不会是西周王朝最早的器物。最早的应该是利簋，利簋是克商的时候作的，因此利簋的时代要比天亡簋稍微早一些。可无论如何，天亡簋一定是在武王在世的时候作的，而武王在世的时间只有几年，所以天亡簋也是西周最早的器物之一。文王时期的长铭铜器，我们还找不到，但是相当于文王时期的青铜器是可以找到的。

这次的课，我们还是回到西周王朝的建立。上次课讲完之后，有同学问了一些问题，其中就谈到西周世系，这个问题与我们研究周人的起源有很密切的关系，特别是有些学者引用了殷墟甲骨中和"周"有关的材料，那么应该如何看待这些材料和周人世系的关系呢？这次课我们就先讲一讲周人世系，在这个问题谈完之后，我们再回到武王克商。

按照周人的观点，"文王受命"是西周王朝的开始，所以"文王"是西周王朝的第一代王，这一点不论从文献上还是从考古上都能得到证明。商人的世系可以从考古上得以证明,王国维先生有一篇名文叫《殷卜辞中所见先公先王考》,王先生很严格地将"汤"以前的叫"先公","汤"以后的叫"先王",这是传统的说法。从甲骨文来看,在"汤"以前,至少"王亥"是称王的,后人认为这是追称的。周人的世系在传统历史学里面是从来没有异说的,基本上都是根据《周本纪》而来。大家知道,《周本纪》中关于先周世系的记载,主要是根据《诗》《书》,特别是《诗经》中的《公刘》《绵》等篇。王国维先生认为既然殷商的世系从甲骨文中得到了基本肯定,那么夏的世系也是可以推论的。①根据王国维先生的观点,我们也可以继续推论,既然《史记》所记的殷商世系基本上是正确的,那么周的世系就更不用说了,这个推论是很符合逻辑的,所以大家对这方面讨论也不多。如果我们去看历史上的注疏和一些学者的讨论,就会知道关于先周世系的讨论还是不少的,而且还是有一些需要讨论的问题。关于这个问题,曲阜师大的杨朝明写了一篇文章,叫做《〈史记·周本纪〉关于周先王世系的记述》,刊载在《文史》2008年第三期。这篇文章对西周世系进行了一些讨论,这些讨论还是比较合乎道理的,所以我愿意在这里推荐给大家。这篇文章最主要的是讲了"后稷"并不是一个人,而是一批人,因为在"弃"之后是"世为后稷"。"后稷"不是一代人的这种说法,古人已经讲过了,但是没有杨朝明讲得清楚,大家有兴趣可以看一看。

《周本纪》所记载的周人世系如下:

弃(后稷)—不窋—鞠—公刘—庆节—皇仆—差

---

① 王国维:《古史新证》,第52页,北京:清华大学出版社,1994年。

弗—毁隃—公非—高圉—亚圉—公叔祖类—古公亶父—季历—文王

这里面有一些争论，但并不多，比殷商的要少，我们主要想讲一下甲骨文中殷周战争方面的材料，这个问题和我们这门课是有直接关系的。

弃：弃是周人最早的祖先，弃就是后稷。"后稷"这个词过去认为在西周金文中是没有的，但裘锡圭先生有一个说法，裘先生认为，墙盘铭中"上帝司夔"的"司夔"应该就是"后稷"。①当然，裘先生是通过一个疑问的方式提出来的，并未做详细的论证，但是裘先生认为此处读为"上帝后稷"是最好的。裘先生的说法是非常明智的，但这个问题还需要进一步探讨。

不窋：弃之子。"窋"字，很多本子，特别是泷川资言的本子，将这个字写作"窟"，这个写法不好，应该写作"窋"，音 zhú。

鞠：一名"鞠陶"，当然我们可以猜测"陶"字和"鞠"字很像，所以多出来一个"陶"字，但还有待证明。

公刘：公刘将国自"邰"迁到了"豳"，"豳"亦作"邠"，在今旬邑县西南，并非今天的彬县，参见《汉书·地理志》。

庆节：国于"豳"。

差弗：过去《周金文存》中有一件戈被认为是"差弗"的，现在看起来这个观点完全不对。

公非：皇甫谧云"公非字辟方"，所以"公非"又叫"公非辟方"。"辟方"是一个周人常用的名字，古书中常有名"辟方""开方"的。

高圉：一名"侯侔"。

---

① 裘锡圭：《史墙盘铭解释》，《文物》1978 年第 3 期。

亚圉：一名"云都"，在《左传》《国语》中多次谈到高圉、亚圉。

公叔祖类："公叔祖类"很像周人的名字，因为排行是"叔"，所以"公叔祖类"应该不是长子。

古公亶父：公叔祖类的儿子，古公亶父有3个儿子：太伯、虞仲和季历。

季历：季历后来即位，他的儿子就是周文王。

自《史记》三家注以来，就指出了从"弃"到"公刘"只有四世是不可能的，因为"弃"是尧舜时候的人。按照《诗经》的说法，"公刘"复兴"后稷"之业。这里附带说一句，"后稷"是管农事的官，在远古社会里面，有一种以官职传世的传统，从人类学的角度来看是很普遍的，并不是只有中国才有。中国古代有一些家族专管一种事，特别是五行之官，比如"祝融"就是火官。而"后稷"职司农事，"稷"的本义是一种黄米，是中国古人最主要的一种粮食。尧舜时期的中心在山西，山西人到今天依旧在吃小米和黄米，所以黍稷在当时是最为主要的食物，现在从考古学上证明，事实也确实是如此。"后稷"之官到夏代末年就废了，到了"公刘"时期，就窜于戎狄之间。虽然"公刘"复兴"后稷"之业，但那已是很多代之后的事情了。"公刘"所处的时代，按照古书的说法是"夏政之衰"，也就是到了夏代末年，因此从"弃"至"公刘"的这段世系就有问题了。实际上关于这个问题，《史记》中有解释，但不是写在《周本纪》中。《史记》的《刘敬叔孙通列传》云"周之先自后稷，尧封之邰，积德累善十有余世，公刘避桀于豳"，这样讲就比较合理了，其实刘敬的话也不见得有太多的依据，应该也是推理的。总之，周的始祖是"弃"，之所以叫这个名字，是因为他是被抛弃的。这一类的国家始祖，每每都是如此的，比如罗马的罗慕路斯就是如此。"弃"因为有功，被尧封于"邰"。"邰"在《诗经》中有记载，是一个非常有名的地方，在今天陕西的武功县西南。武功县一带，在近年的先周文化考古中是很重要的，这个地方确实有丰富的先周文化，所以"武功"与先周有关是没有什么问题的。按照刘敬的说法，从"弃"至"公刘"，中间应有十几代，这是很简单的，尧后面是舜，舜后面是禹，禹后面就是夏王朝了，夏王朝的年数在古书中也是比较一致的，不是432年，就是472年，共十四世，十七王。所以，周人怎么说也要有十几代，不管刘敬所言有没有我们所不知道的文献依据，但这种说法是很合理的。所以"公刘"是在夏桀时期，也就是在夏政之衰，"后稷"之官也不用做了，他们一家就跑掉了，窜于戎狄之间。对于这段历史，《诗经》中有很生动的描写，认为是夏朝末年的故事。夏末之时，"公刘"从"邰"迁到了"豳"，在今天的旬邑县西南，并非今天的彬县。旬邑就比较靠近周原了，古公亶父就是从"豳"迁到了周原，这些地方都是先周文化的中心，从考古学上来看也都是比较合理的。这里就给了我们一个很重要的标尺，如果刘敬的说法是正确的，那么"公刘"已经到了夏末，对比夏的世系，应该是比较合理的。下面就是商代了，当然各个家族传世的多少是会有很大差别的，因为人寿有长有短，结婚也有早有晚，所以一个世代的间隔有时会差很多。可是也总有极限，因为生子不能太早，也不会太晚，而且特别是在以男系为主的情况之下，总有一定的嫡长权，所以传系的差别不能太大。从"公刘"开始到"古公亶父"是九代，这样我们就可以设想，从"公刘"算起，到"古公亶父"正好是第十代，把"古公亶父"放到"盘庚迁殷"之后，也就是进入了殷墟时期，这是完全可能的。大家对比一下殷世系就可以明白，当然在这一点上可以有几代的差别，特别是商世系有一些特点，比如兄终弟及，传弟的情况比较多，但总的世系传递不会相差太大。这种关于"世系"的讨论是很有意义的，人类学上认为这是关于"kinship"（亲属关系，血缘关系）的研究，在美国人类学系，凡是选修文化人类学的学生，大多会发一本关于"kinship"的调查手册，以便去做田野调查，早期的文化人类学都是要做这些工作的，我们在这方面的研究很差，很多问题讲不太清楚。

我个人也没有做过这方面的调查，我不是学社会学的，也不是学人类学的，可是我做过一件事。1964年我去山东海阳搞"四清"，我住的村子叫下院口，当地道教很多，所以村名叫下院口。这个村子很大，有几百户人家，可是村里除极个别人之外都姓"任"，并且都有排行，我就很奇怪，但在当时的气氛之下，问这种问题好像不太合适。在熟悉之后，我居然看到了他们的家谱，家谱是手写的，当时能给我看，这是对我莫大的信任，今天我还是很感动。看过家谱之后，才知道这个聚居在一条河两岸分为八个生产队的大村子，实际上是明代中叶偏晚时兄弟两个人的后裔，所以我们不能低估"kinship"网络的形成。海阳是山区，很荒凉的，没有什么人烟，当时由于某些原因，两兄弟就进山了，一个住在河的北边，一个住在河的南边。到了1964年的时候，就形成了一个五百户人家的任姓大村落。我还结合考古工作，找到了兄弟两人的墓，墓碑虽然很简单，但是年月日还是很清楚的，和家谱完全一致。结果几百年后就形成了一个团体，分成了许多房，有很多分支。1964年同时存在的姓"任"的人共有九代，最早的一代是"天"字辈，最晚的一代是"春"字辈，所以在称呼上没法叫。但是大家要明白，各个分支中，越是嫡系的，所传的辈分就越晚，越小的分支，辈分就会越高，这是必然的结果。也就是说，对于这么长的世系来讲，会造成许许多多的现象。这个村落是聚居的，分出去的很少，但是如果像周人这样搬来搬去，造成的分布就会越来越大，这并不是什么灵怪的现象。所以"古公亶父"大致到了殷墟时期，也就是商代后期，这是完全可能的。所以，从"公刘"往下的这一段世系是比较可信的，特别是《左传》《国语》中多次谈到"高圉""亚圉"，说明这两个人肯定是存在的，那么从"古公亶父"往下也就是客观事实了。

现在我们要推断一个很重要的事，就是甲骨文中有商王派遣诸侯翦周之事。甲骨文中有"翦"字，过去大家都认为是从"菐"的，但"菐"在古文中从无"征伐"之义。近年由于研究楚简，我们认识到这个字应该读为"翦"或者是"戋"，所谓"成王践奄"就是"成王伐奄"。上面的部分，刘钊认为是"岸"字所从。[①]关于这个字还有很多讨论，现在还有很多人不服，可是我告诉大家，不服也没用，因为后来屡次证明，包括我们的清华简也有证据，这个字一定读为"翦"，这是不会错的，这也就是研究战国文字对于研究殷、西周文字的启示。

"翦周"在甲骨文中见过多次，所以这是很重要的事情。甲骨文中关于"周"的东西比想象的要多，很多与"周人"没有什么关系，我们不要多想，但"翦周"一定与"周人"有关，我们可以举一些例子。

《合集》23560：戊子卜，𡧊贞，王曰："余其曰多尹，其令二侯上𢀩𠈇𠦪侯其□周。"

---

① 刘钊：《利用郭店楚简字形考释金文一例》，载《古文字考释丛稿》，第140-148页，长沙：岳麓书社，2005年。

《续》3.2.2：己卯卜，允贞：令多子族从犬侯寽周，由王事，五月。

《前》7.31.4：己卯卜，允贞：令旃从🔲侯寽周……。

"允"这个卜人，大家很熟悉，是宾组的，一般认为宾组是武丁卜辞。"兑"是出组，所以《合集》23560是出组卜辞，《续》3.2.2和《前》7.31.4是宾组卜辞，但他们的字体是一样的。有关这方面的讨论，研究分期的人做过很多次，最后比较详细的综合讨论，在黄天树老师的《殷墟王卜辞的分类与断代》里面。黄老师称这些为宾三组卜辞，换言之，这三条卜辞是同时的，因为出组的卜人和宾组的卜人有一个交叉的时间，甚至见于同版。这种交叉的卜辞，黄老师有过很好的推论，认为一定是在祖庚时期，甚至可以到祖甲初年。[①]

这三条卜辞所记载的确实应该是同一件事，我们可以猜想《合集》23560中所缺的字就是"寽"。大家要注意"余其曰多尹"中"曰"的用法，"曰"在后世的文言文中是不及物动词，所以后面没有宾语，但在甲骨文、金文中却可作为及物动词，义为"告"，春秋战国之后就很难找到这种用法了，即使有解释起来也比较勉强。"余其曰多尹，其令二侯上絲眔🔲侯其□周"是王所说的话，实际上就是为这段话来占卜吉凶。"多尹"即"多君"，指商王朝的大臣。"令"读为"命"，"眔"训为"及"，这句话是说王命两个诸侯去寽周，一个是"上絲"，还有一个是"🔲侯"，所以"二侯"和"上絲眔🔲侯"是同位语。这两个侯的名字也有些怪，一

---

① 黄天树：《殷墟王卜辞的分类与断代》，第100页，北京：科学出版社，2007年。

个叫"上𢆞",可见还有"下𢆞",这种地名在古代是经常有的,比如说"上蔡"和"下蔡"。从卜辞的内容和卜人的关系看,这条卜辞放在祖庚时期是比较合适的,最晚是祖甲初年,到不了宾组,换句话说,这条卜辞到不了武丁。

《续》3.2.2 是讲"令多子族从犬侯翦周","多子"见于《尚书》和《逸周书》,"多子"的意思似于"多君",关于这一点,我过去专门写过一篇文章,印在《甲骨文与殷商史》中。[①]"多子族"即"多子之族",也就是"家兵",换言之就是"各大臣所属的军队",与"王族"相对,"王族"就是"王所属的军队"。"犬侯"的出现,更使我们确定"翦周"的"周"指的是"周王朝","犬侯"应与"犬戎"有关,具体对不对,我们还不能够证明,但至少加强了我们的信心。我认为"𠈭"和《前》7.31.4 中的"𠈭"应该是同一个字,实际上就是"给"(读为"𱍒"字)。"旃"是人名,也可能是族名。

那么,甲骨文中的"翦周"之"周",是否指"周人"呢?大家要知道,"周人"原本不叫"周",是古公亶父来到周原之后,看到"周原膴膴",所以在此建国,他们漂泊了一段时间之后,最终找到了这样一个地方。因为这个地方原本就叫做"周",所以因名曰"周",这一点从《诗经》来看是很清楚的。也有一种可能,是在古公亶父来到周原之前,在周原上原本有一个国,是古公亶父打败该国之后建立的周。但这种猜测不可信,因为《诗·大雅·绵》中讲得很清楚,古公亶父到周原时,周原无人定居,土地肥美,所以就选了这样一个地方。若有人国于此,而为周人所败,那就

---

① 李学勤:《释多君、多子》,载《甲骨文与殷商史》,上海:上海古籍出版社,1983年。

不应该是《诗经》所描述的景象。整天讲甲骨文中商周关系的那些人，都没有把这个问题说清楚。当然，也可以说古公亶父打的不是周原的"周"，那就没法解释"周人"为什么叫"周"了，因为"周"是由"周原"而得名，这就造成了很大的麻烦。探讨这个问题，要从商周世系的对比入手，看看有没有推论的可能性。我们先录商人世系于下，在此从"武丁"开始：

……武丁—祖庚
—祖甲—廪辛
—康丁—武乙—文丁—帝乙—帝辛

要证明甲骨文中的"翦周"之"周"为"周王朝"，而非其他部落，其必要条件之一即需证明古公亶父迁"岐"称"周"的时间不会晚于祖庚至祖甲。所以要从文王逆推古公亶父所处的时代。

首先，周文王的时代是定的，应在文丁末年到纣的末年。因为武王克商时是载木主而行，据此推断，文王去世的时间应在武王伐纣前不久。《古本竹书纪年》云："十一年，文丁杀季历。"据《古本竹书纪年》记载，文丁在位只有十一年，而文王即位一定是在季历死后，若此记载可信，那么将文王定于文丁末年到纣之末年是可以的。而史载文王在位五十年，在年数上约等于从文丁末年到帝乙，再到纣的末年的总年数。

其次，《古本竹书纪年》云，"武乙三十四年，周王季历来朝""三十五年，季历伐西落鬼戎"。若《古本竹书纪年》的记载可靠，则季历的时代也是可以推定的，应是在武乙、文丁时期。

最后，太伯、虞仲让位的时间应在康丁到武乙之间，因为季历有子昌，这就是后来的周文王，而且古公亶父很喜欢昌，可见在太伯、虞仲让位之时，季历的年纪已经不小了，至少不会是小孩子，否则不会有儿子昌。武乙在位三十四年，所以让位之事应发生在武乙时期，甚至是康丁时期，而让位之时，古公亶父最小的儿子都已经有儿子了，可知古公亶父当时已经很老了，但古公亶父的寿命又很长，因此将古公亶父的时代定在祖庚到康丁也是可以的，只要不按照今本《无逸》的记载，将祖甲定为三十三年（夏商周断代工程就没有采用祖甲三十三年的记载），而是采用今文《尚书》中的说法，即太甲是三十三年。即使认为祖甲就是三十三年，也不是不可能的，只要廪辛、康丁在位的时间很短，我们将古公亶父迁"岐"称"周"的时间，定在祖甲之初或祖庚之末也不是不可以。所以大胆地讲，"翦周"卜辞中的"周"是指"周王朝"，而之所以"翦周"，可能与古公亶父在周原建国之事有关，这不是不可能的事。

以上是我们补充讲的一个内容，下面我们再回到武王伐纣时期的《尚书》和金文。需要说明的是，《尚书》中涉及"武王伐纣"的，除了《牧誓》之外，还有一篇《泰誓》，所以我们今天要把《泰誓》的问题说一说。

《泰誓》

关于《泰誓》有种种矛盾，"泰"在古书中亦作"太""大"，因为太过重要，起的作用特别大，所以叫"泰誓"。《泰誓》很长，是周武王在孟津大会八百诸侯，公布商之罪状，做战前动员的誓师之词。《牧誓》则是周的军队进入商都地界，决战前武王发布的号令。《泰誓》在先秦的时候特别有用，几乎是人人必读的，所以先秦的很多古书引过《泰誓》，而且不只是儒家，如《左传》《国语》《礼记·坊记》①《墨子》《管子》《孟子》《荀子》等，而且很多书中还引用过多次。可见《泰誓》在当时是很重要的一篇，但这一篇究竟是否为伏生所传，以至于在汉代之后如何存在，这些都是问题，所以《泰誓》的问题是很复杂的，在前面的课中，我给大家讲过伏生传《尚书》的故事，包括伏生怎么藏《尚书》，以及晚年怎么传《尚书》。那么，伏生究竟传了多少篇《尚书》呢？古书中一直都有两种说法，一种是二十八篇，一种是二十九篇。一般认为是二十九篇，可是有些人坚持二十八篇，甚至于像《孔丛子》这样的书，认为《尚书》传自伏生的有二十八篇，并以此对应上天二十八星宿，这显然是带有纬学性质的牵强附会之说，不足为据。究竟伏生是传了二十九篇还是二十八篇呢？关键就在于有无《泰誓》。

《史记·儒林列传》以及后来根据《史记》和刘歆的《七略》所编的《汉书·艺文志》，都认为伏生所传的《尚书》有二十九篇。特别是《史记》的《儒林列传》，因为司马迁离伏生并没有那么远，还有重要的一点，就是司马迁在《周本纪》中明确引了《泰誓》，由此可知，司马迁认为是有《泰誓》的。更重要的证据来自于《尚书大传》，《尚书大传》的原本今已失传，只有辑本传世。辑本有两个，一个是清人陈寿祺的辑本，陈氏的辑本很好，但外面更流行的是王闿运的辑本，王氏的辑本不如陈寿祺，但里面的一些注

---

① 整理者按：《礼记·坊记》一般认为是子思的作品，现在看来是很可靠的。

解有独到之处。王闿运的辑本易得，在万有文库中就有。相传《尚书大传》为伏生所作，但实际上应为伏生的弟子所作，应该是张生一直到欧阳这些人的作品，所以《尚书大传》代表了伏生的传统。后来的人，特别是晚清的人讲今文经学，就一定要讲伏生，也就会讲《尚书大传》，王闿运就是搞今文经学的。《尚书大传》中也引了《泰誓》，而且是直引《泰誓》，这就说明伏生这一派是有《泰誓》的，这与司马迁、班固的说法是一致的，所以伏生传二十九篇是有依据的，而二十九篇和二十八篇的差别就在于有无《泰誓》。

可是这个说法也有问题，今天我们见到的五十八篇本的《尚书》，就是十三经注疏中的《尚书正义》，是东晋时梅赜所献的孔传本，当然这里面有些篇是伪古文。所谓"伪古文"，是说根据过去辑录的一些东西重编的一种本子，不是真正的古文《尚书》，这一点现在可以说是定论，现在虽然有人想推翻这个观点，但在我看来是推不翻的。这里面也有三篇《泰誓》，这三篇《泰誓》是分合的问题，所以汉朝就有人说伏生所传应该是三十一篇，不是二十九篇。如果我们现在从孔传本中找所谓的今文《尚书》，只能找到二十八篇，没有《泰誓》这一篇，孔传本中的《泰誓》就是伪古文，这是不解之一。还有不解之二，大家要知道，古文《尚书》的传流，除了伏生的传本以外，还多出了十六篇，到了孔传本才说是五十八篇。但不管怎么说，我们今天仍能看到唐人卫包改字前的孔传本，不是《尚书正义》的本子。唐玄宗天宝年间，唐明皇让卫包把隶古定的字都改成了今字，所以我们今天看到的都是卫包的改字本。可是改字以前的隶古定本，我们还能看到，其中最早的是魏三体石经的本子，但里面所记述的《尚书》也不超出二十八篇。还有现藏日本、在敦煌出土的卷子本上也有隶古定本的孔传《尚书》,里面很多的字还是有根据的,可是这些有根据的字,要是考证起来,最好的都在这二十八篇里面,这也是很奇怪的,特别是三体石经。那么我们就会有一个问题,就是正始石经在刻的时候有没有一个类似于孔传那样多十六篇的本子呢?如果有这个本子,为什么一点都没有留下来呢?如果当时只有二十八篇的本子,那为什么只有二十八篇,而没有另外的十六篇呢?现在有一点我们可以断言,就是根据我们今天所掌握的战国文字的知识,正始石经中的古文都是有根据的,一定是真的战国古文,其中的一些文字与今天出土的战国材料相一致,有些字我们根本没法认,就是根据三体石经才认出来的,而且有些字到今天也不好解释。可见三体石经中的古文确有根据,那么也就真有古文《尚书》了,可问题在于正始石经中是没有《泰誓》的,如果当时孔安国是以今文来读古文,那十六篇古文他读不了,但是其他的应该能传下来,可是也没有《泰誓》。

因此,问题的关键都在《泰誓》,这就出现了一个很大的问题,就是《泰誓》究竟是如何而来的?我告诉大家,这个问题现在解决不了,要靠将来新的发现,我们希望清华简能够解决,但不知道能不能做。我们必须说,不管是研究古文字,还是研究《尚书》这样的文献,不是所有的东西都有答案,能够提出问题反而比给出一个不可信的答案要好,希望大家注意。关于《泰誓》的来源,汉代有一种说法,就是《泰誓》是后得的,并非伏生所传,这在汉朝有几个材料,其中最重要的是东汉王充的《论衡》。《论衡·正说》篇云:"至孝宣皇帝之时,河内女子发老屋,得逸《易》《礼》《尚书》各一篇,奏之。宣帝下示博士,然后《易》《礼》《尚书》各益一篇,而《尚书》二十九篇始定矣。"汉宣帝时已经是西汉中叶,所谓"河内"指的是今天的豫北一带,包括济源、修武、新乡等地,也就是小浪底水库周边。"发老屋"即"拆毁老房子"。"逸"义为"遗失"。这段话是说汉宣帝时,河内的女子拆毁老房子,结果发现了已经遗失的《易》《礼》《尚书》各一篇,这是《论衡》中很明确的一个记载,到了《隋书·经籍志》就认为《论衡》中河内女子发老屋所得的那一篇《尚书》就是《泰誓》。大家知道,我们中国目录学的发展是很长的,可是目前保存比较完整的早期目录学著述,除了《汉书》的《艺文志》,就是《隋书》的《经籍志》,中间有很多东西都已经遗失了。若按照这种说法,则自《泰誓》亡于秦火后,就一直未有流传,直至汉宣帝时才又出现。但这种说法是有问题的,因为《尚书大传》也直引《泰誓》,并且司马迁曾全篇引用过《泰誓》,这说明在伏生和司马迁的时代一定是有《泰誓》流传的,因此《论衡》认为《泰誓》亡于秦火后,直至汉宣帝时才又出现是不对的,这个问题就变得很复杂了。清朝有一些学者就在这个问题上采取调和、抹稀泥的办法,就说司马迁和作《尚书大传》那时候的人对《泰誓》已经很熟了,还是能背诵一些的,所以他们没见过《泰誓》这一篇,而是根据他们所背诵的内容去写的。这个说法很不讲理,《泰誓》能够记得,那其他的古文《尚书》就不能记得吗?为什么其他的材料没有,只有《泰誓》有呢?所以这个说法也讲不通。还有一些学者采用另外一种办法,比如蒋善国先生的《尚书综述》,就说这件事情发现的时间是很早的,《论衡》把发现的时间记错了,实际上不是宣帝时候的事,而是武帝时候的事。这个说法好像比较合理,在武帝的时候,司马迁可能还活着,孔安国的《尚书》可能还没有献上,这样就混在一起了,但这是毫无根据地改古书,是最大的忌讳,肯定也是不能接受的。所以这个事情没有出路。

如果我们仔细考察,就会发现《论衡》中"河内女子发老屋"

这件事情本身就是有问题的，我写过一篇小稿子，专门讲这个问题，但当时不是讲《泰誓》，而是讲《易经》。①《论衡·正说》篇中说发现了《易》《礼》《尚书》各一篇，这个《礼》指的是什么，王充说他不知道，而《易》的这一篇，包括《经典释文》在内，多认为是《说卦》。《说卦》是否后出，对于我们研究《周易》关系重大，特别是马王堆帛书中有与《说卦》相关的材料，这是在研究中不能不讨论的。

《论衡·谢短》篇云："宣帝时，河内女子坏老屋，得佚《礼》一篇，十六篇中是何篇是者？"后来传的佚《礼》是十六篇，现在我们说是十七篇，这里面的佚《礼》究竟是十六篇中的哪一篇，王充也不知道。所以王充不知道佚《礼》具体是哪一篇，而且王充也没有说逸《易》《尚书》是哪一篇。后来的《经典释文》和《隋书·经籍志》说逸《易》指的是《说卦》，逸《尚书》指的是《泰誓》。这种问题后来很多人都是这么讲的，但这里面一定是有问题的。

司马迁在《孔子世家》中已经很明确地提到了《说卦》的问题，《史记·孔子世家》云："孔子晚而喜《易》，'序彖系象说卦文言'，读《易》韦编三绝，曰：'假我数年，若是，我于《易》则彬彬矣。'"孔子晚年喜欢《易经》，这一点我们已经在马王堆帛书中看到了。"序彖系象说卦文言"这句话非常有意思，我一直认为这句话非常巧妙，司马迁在这句话上做了特别的考虑，这句话是没法用现代标点的，一用现代标点就讲不明白，因为司马迁用这句话把《易经》的十翼都包括了，除了《杂卦》，因为《说卦》《序卦》《杂卦》后来被认为是一个系统。实际上这句话有两种理

---

① 李学勤：《西汉河内女子得逸书考》，载《周易溯源》，第 169-176 页，成都：巴蜀书社，2006 年。

解：第一种是将"序""系""说""文"作为动词，标点为"序《象》、系《象》、说《卦》、文《言》"；第二种是将"序"作为动词，标点为"序象、系、象、说卦、文言"。所以司马迁是非常巧妙的，把十翼都包括在内了。但不管怎么说，这句中都是有《说卦》的，而《淮南九师道训》和韩婴的《易传》都认为《易》有十二篇，就是两篇经再加上十翼，《荀子》亦援引《说卦》。从这些方面来看，认为《说卦》后得是不行的。至于《礼》就更没法考了，因为今天那十几篇《仪礼》都在，而这十几篇从来就是传的，一开始就说《仪礼》有十七篇，怎么又会多一篇呢？而且那一篇根本就指不出来。所以王充所讲的"逸《易》《礼》《尚书》各一篇"都不能落实，可见《论衡》的这个说法是很值得怀疑的，并不足据，这不是故意怀疑古书，实际上前人在给《论衡》作注的时候也都是这么讲的。

当然，河内女子发老屋得书这种事情应该是有的，这和孔壁中经的道理一样。今天我们可以想一想，当时的人从各种角度得到一些先秦的竹简，不是太难的事，所以还会有其他相关的记载，比如杜林在西州得漆书古文《尚书》一卷，而且整天在手里拿着，这还是可以的，西州是今天的甘肃一带，所以简是干的。可是，我们不能认为所有的古书记载今天都能坐实，有的可能是传闻有误，有的是我们不知道。所以像《泰誓》这个问题就很难讲，今天还是一个很大的疑问，但不论如何，今天我们能读到的《尚书正义》中的《泰誓》三篇是伪古文。虽然里面引了不少古书中的话，可是整篇来说是伪古文。实际上所谓"伪古文"，我经常引用陈寅恪先生的话，就是"掇史逸文"，是指采集散见于古书中的逸文并加以补充，这种做法不仅是古文《尚书》如此，魏晋时期的很多书都有这种性质，比如《今本竹书纪年》和《西京杂记》皆是如此。有人认为《西京杂记》完全是葛洪自己造的，可是葛洪明明说不是他自己造的，但又不能完全相信他，可里面有些东西一定是汉朝遗留的，比如"六博"的口诀，《西京杂记》中就有。这个口诀我们根本就不懂，可就是这个口诀，我们在连云港出土的木简上就看到了，上面有一个图，图中就是这个口诀。可是在葛洪的时期，他应该是不会知道的，应该就是汉代传下来的，或者说肯定有汉朝的根据。再比如说，《西京杂记》中讲到了赵飞燕，赵飞燕是能够在掌上跳舞的，现在看来掌上跳舞这件事从杂技的角度，并不是完全不可能。《西京杂记》记载赵飞燕有一个九层的博山炉，虽然今天还没有发现九层的博山炉，但在河北满城汉墓中发现了一个七层的博山炉。满城汉墓是中山靖王的墓，刘备就是中山靖王之后，中山靖王墓中有七层博山炉，那么汉朝王室有九层博山炉就完全不稀奇了。因此所谓的"伪书"往往包括了真的内容，"伪古文"也是这样，当时的人已经没有这些古文了，他们在传流《尚书》的时候，搜集了一些材料，补充了一些东西，当时的人可能认为这是一个很好的事，可是我们今天来看就是造伪了。

今天我们的课讲了几个问题，第一个就是甲骨文中的商周关系问题，这个问题从时间上来算有些紧张，但还是有可能的。至于说《泰誓》的问题也不能给大家什么新的看法，可是我们要指出一点，就是今天我们看到的三篇《泰誓》是伪古文，是不能作为先秦的材料来引用的。但《泰誓》过去是一定有的，而且《泰誓》中谈到了很多重要的问题。即使是《尚书大传》中引用的《泰誓》也不一定完全符合当时的史事，因为在传流的过程中很可能会有一些变形。《泰誓》的重要之处是涉及了武王伐纣的年代学问题，《泰誓》中谈到了武王伐纣的一些年代，这些年代在《史记》中都引了，至于说这个年代今天是否能够引用，还有待于进一步研究。夏商周断代工程没有充分考虑这个年代，因为《泰誓》中的年代和其他的材料有明显的矛盾，这个问题应当如何解释，还有待于研究。总之，《泰誓》是当时《尚书》中非常重要的一篇，而且流传极广，在先秦时期是人所共知的，可是秦火之后的情况，我们现在还没有更多的了解。

利簋（上）

利簋的铭文并不长，可是研究起来比较复杂，有很多问题可以讨论。这件东西是一件饕餮纹的簋，器形没有特别值得注意的地方，就跟今天我们看天亡簋没有什么稀奇一样，而且天亡簋的卷体夔纹算是比较少见的，这件饕餮纹是比较普通的。利簋刚发现的时候，大家也没有特别重视它。利簋1976年发现于临潼零口镇，零口是西安市外的第一个小站。当时有人打电话，说在零口发现了青铜器，负责人就去了，结果一看出了好几件东西，于是就把这些东西装在一个麻袋中，坐着火车给背回来了，据说是站着回来的，但这个事情不知道能不能证实。现在我们知道，利簋是武王克商之后所作的最早的一件器物，和天亡簋一起藏于国博。

利簋（见图1、图2）释文：

珷征商[①]，隹（惟）甲巤（子）朝[②]，岁

鼎克䎽，夙又（有）商[③]。辛未[④]，

王才（在）阑𠂤（师）[⑤]，易（锡）又（右）吏（史）利

金，用乍（作）檀公宝隣（尊）彝[⑥]。

图1　利簋　　　　　图2　利簋铭文拓本

①"珷征商"一句，利簋铭文一开头就是"珷征商"，大家仔细看一下，就会发现利簋的字体和天亡簋不太一样，当然这种不一样是感性的，并不能论证，实际上这种不一样体现的是商周之间的差别，利簋的字体更像商代的，特别是"䇂"和"䍃"很像商代晚期的文字。天亡簋字体的风格就有些不太一样，更像西周的文字。我想这点很容易解释，就是天亡簋是在陕西的周人故地作的，利簋是武王克商之后不久，在殷商的故地作的。当然这只是一种感觉，大家没有必要过于发挥，可是这两件东西放在一起，就会让人感觉很不一致，利簋在某些点上

更像甲骨文。从这些地方也可以看到，某些字在当时已经有很多不同的写法，比如"征"字是从"彳"的，和今天的"征"字一样。这种写法的"征"在当时并不常见，甲骨文中的"征"一般都不从"彳"，西周金文的"征"也很少有从"彳"的，但在利簋中确实就是这样写的。其实这也没有什么，只是说明当时文字的多样性。过去研究古文字的人，每每对于这种多样性了解不够。如果在这里允许我随便说话，我觉得今天的书画界对于这种多样性的了解也是不够的，他们常常想不到，一个人一生中所写的东西，风格可以很不一样，甚至于同时写的东西，风格也可能不一样，这和笔迹学鉴定不同，笔迹学鉴定首先就要承认这一点，要不然就不要笔迹学鉴定了。就拿签字来说，签字签多少次，笔迹总会有不一样的地方，可以写得很不一样，但是在某些点上，用笔迹鉴定的方法还是可以证明是一样的。古人也是如此，不能说某个人，比如某位画家在嘉靖二十九年中所写的字完全一样，哪有这种事呢？我们写字也是一样，早上手僵，写出的字是一个样子，中午比较暖和了，写出的字又是一个样子，并不稀奇。这不是用鉴定学的方法来看，而是从风格的角度来看，从风格的角度来看就是有所不同，特别是书法家写字变幻莫测，甲骨文、金文也是如此。早年的时候，我们学甲骨，读前辈的书，或者是那个时候我们给大家讲课，比如二十世纪七十年代末到八十年代初，我在历史所讲课的时候，我一定是说字迹的变化在各个时期如何不同，最简单的例子就是"癸"字。以前董作宾先生认为早期的作"〤"，晚期的作"〤"，只要不出头的"癸"字就一定是早期的，出头的就是晚期的。[①]这是最好的例子，很多人都知道。可是在今天看来就是大谬不然，是完全不对的，今天花园庄东地出的甲骨里面，"癸"字就多是出头的，显然比有些不出头的要早得多，所以这个标准就完全不适用了。很多字都是如此，所以不要把古人的字，特别是带有书法艺术性质的作品看得太死，"珷征商"的"征"就是如此，甚至"王"字也是如此。现在我们知道，有时会在王的谥法上加一个"王"，我们已经看到很多次了。最早的大家最熟悉的就是大盂鼎，大盂鼎中的"文王"就写作"玟"，武王写作"珷"，所以当时考释大盂鼎的人，比如吴大澂就说这是给"文王"和"武王"特别造了一个字。[②]要是按照这个说法，就不能读为"武王征商"，而是"珷征商"，可是"珷征商"是不大通的，所以"珷"还是应该理解为"武王"的合文。实际上"珷"字本身就有两种读法，一种是读为"武王"，可是如果"珷"下面还有"王"字，那么"珷王"就不能读为"武王王"，读为"武王"就可以了。之所以如此，是因为最近出土了应公鼎，应国是武王之后，应公鼎铭中提到了"珷帝日丁"，"珷帝日丁"和"文武帝乙"的格式是一样的，如果把"珷"读为"武王"的合文，就变成了"武王帝日丁"，那么"王"与"帝"就重复了。因此"珷"有的时候应理解为合文，

---

① 董作宾：《甲骨文断代研究例》，载《中国现代学术经典·董作宾卷》，第116-118页，石家庄：河北教育出版社，1996年。
② 吴大澂：《愙斋集古录》第四册，载《金文文献集成》第十二册，第205页，香港：明石文化国际出版有限公司，2004年。

有的时候只是一种特殊的写法。周穆王三十四年的鲜簋中有"珋王","珋王"就是"昭王",所以不仅"文""武"可以加"王"字旁,其他的周王也可以加。我们对于这些地方应该灵活看待。所以利簋中的"珷征商",我们还是读为"武王征商"。

② "隹(惟)甲巤(子)朝"一句,"巤"就是"子"字,写法很像甲骨文,有一定的图画性。"朝"义为"早晨"。"武王征商"的这一天是在"甲子"的天明,这一点非常重要,因为"武王征商"是历史上的大事,所以很多书都强调"武王征商"是在"甲子"的天明。关于"武王征商",最主要的记载是《国语·周语》中伶州鸠的一段话,这段话记载了武王伐纣时的天象。"伶"是乐官,为什么乐官叫"伶"呢?传说黄帝时有乐官名叫"伶伦",从此以后,凡是乐官都可以称为"伶",就和射箭的人叫"羿"一样。"伶"是官名,不是伶氏,他的名字叫"州鸠"。关于"武王伐纣"时的天象以及布阵过程,古书中有很多记载,那段时间的天气是不太好的,所以战国时代的诸子有的讲当时下雨,有的讲下雪,总之是天气不好。可是武王在天气不好、天象也不好的情况之下,力排众议,进入到了商的郊区,当夜就开始布阵,到天亮的时候就准备战斗,战斗的誓言就是《牧誓》。

· 2008 年下半年第九次课 ·

利簋（下）、《牧誓》（上）

利簋（下）

上次课我们讲了一部分利簋，讲过之后，有的同学问了我一个问题，就是利簋中的"武王"是"谥法"还是"生称"？这个问题本来应该讲的，但上次时间太短，这次我们把这个问题说一下。

在西周金文里面，在叙述历史事件的时候，如果讲到当时的"王"，大部分只用"王"，用谥法比如"文""武""成""康"等的是很少的，这也就说明一个问题，就是如果"王"是"生称谥法"的，比如"武王"活着的时候就叫"武王"，"文王"活着的时候就叫"文王"，那么就应该在"王"活着的金文中，普遍使用这个谥法。就好比慈禧太后，在她的照片上面就写着"大清国"，后面一大串有三十几个字，最后是"慈禧皇太后"，这个"生称"是称号，不是"谥法"，就好像光绪死后称清德宗，他活的时候永远不会称"德宗"。

为什么在个别王的铭文中有用该王谥法的情况呢？这个道理一说就可以明白，就是这件铜器作得晚，大家不要认为铜器的制作时间就一定是铭文中叙述的时间，过去研究金文的人常常这么说。比如利簋是什么时候作器？就是"武王克商"之年那个月的"辛未"作器，实际上这是不可能的，大家可以想一想，"辛未"

那天能作器吗?"辛未"那一天战争还没结束,虽然商已经被占领了,但后面还有很多战事,所以真正的作器时间是在"辛未"之后。这样的例子很多,如果大家有兴趣可以看一看宋朝著录的叔夷钟,叔夷钟铭在称呼同一个齐侯时,前半段用"齐侯",后半段却用他的谥法。这是因为在铜器的制作过程中,齐侯去世了,所以铭文中才会出现这种情况。其中最影响我们理解的例子就是晋侯苏钟,晋侯苏钟的铭文是后刻的,我一直认为晋侯苏钟的铭文是在宣王时刻的,但讲的是厉王时候的事[①],所以铭文中用的名词就不一样。利簋也是如此,不可能在"武王克商"那个月的"辛未"真正制作利簋。大家要知道,武王克商回到宗周,没过几年就去世了,具体是几年还有不同的说法,最长的说法是六年,但六年的可能性最小,最短的是两年,现在证明两年是不对的,但总之是在几年之后就去世了。这件器物在武王去世之后制作,用来纪念征商之事,所以铭文中用了"珷"的谥法。这样的例子在西周金文中是有的,凡是这样的例子都可以用这种方法来说明。大家要知道,如果是"王"活着的时候就有这种称号,那在"王"活着的时候应该普遍使用,因为这种称号是一种美称。如果"王"有美称却偏偏不说,那这是何居心呢?当然这个问题还可以讨论。有关这个问题,中华书局的盛冬铃写过一篇讲"谥法"的文章[②],大家可以参看。

今天的这次课是结合《牧誓》来讲利簋,但不一定能讲完,我们先把利簋仔细地讨论一下。

---

① 李学勤:《晋侯苏钟的年代学问题》,载《文物中的古文明》,第511-519页,北京:商务印书馆,2008年;又见李学勤:《晋侯苏编钟的时、地、人》,载《夏商周年代学札记》,第7-11页,沈阳:辽宁大学出版社,1999年。

② 盛冬铃:《西周铜器铭文中的人名及其对断代的意义》,《文史》1983年第17辑。

利簋释文：
珷征商①，隹（惟）甲嵒（子）朝②，岁
鼎克䏁，夙又（有）商③。辛未④，
王才（在）㝐𠂤（师）⑤，易（锡）又（右）吏（史）利
金，用乍（作）檀公宝隣（尊）彝⑥。

②"隹（惟）甲嵒（子）朝"一句，此处一定要在"朝"下断句，"甲子朝"指的是"甲子那天的早晨"，在古书和甲骨文、金文里面，关于一天的时段，有很多的词，有些学甲骨的先生们认为有的并不是时段，究竟是不是时段，还可以进一步讨论。可是无论如何，时段是很多的。到了秦汉之后，将一天分为多少"刻"，为什么叫"刻"呢？因为当时用滴漏，滴漏在韩国还有，滴漏是装水的，上面有标尺，水逐渐滴漏出去，标尺也逐渐下降，而标尺上面有刻度，所以叫"刻"。一天分成多少"刻"，有不同的制度，如果大家想对漏刻制度有详细的了解，可以看陈梦家先生的《汉简缀述》，但在商代还没有这个制度。现在看起来，商朝一直到西周对一天里面的时段的划分，主要还是通过太阳的视运动。所谓的视运动就是人眼所看到的太阳的位置，这样就可以说得很细。比如讲"早晨"就有"昧爽""旦""朝"等，我们现在可以知道"昧爽"应该是最早的，"昧"是"不明"，"爽"是"明"，所以"昧爽"就是"天似明未明之际"。这一点特别是在农村的人感受是很深的，因为农村不像城市中有房子遮挡，而天似明不明的时候，给人的感觉就特别黑。关于这一点还有一个笑话，朱元璋后来是真

龙天子了，可是他原来当和尚，当和尚的时候没饭吃，于是就在夜里偷人家的锅煮饭吃，结果睡着了，早上起来想还，但还不了了，就要被人发现了，于是朱元璋就说天要再黑一会儿就好了，天果然就黑了一会儿。这个传说我们南方人小时候经常听人讲，所以管这个时间叫"偷锅底"，这就是所谓"昧爽"，是要亮没亮，还看不见太阳的时候。"旦"，即太阳在地平线上，已经出来了。"朝"是在草中有日，或者是有月，是太阳还在地平线的边际之上。可是这些词在古书中有一个特点，就是合言的时候就分得很细，分开的时候意思多可互相通用，中国古书中很多词都有这个特点，包括名词和形容词。比如"疾"和"病"，"疾""病"看起来好像一样，但在古书中"疾"和"病"并不一样，"疾"是一般的害病，而"疾甚曰病"，就是特别厉害了才叫"病"。这些词合言对比的时候分得很细，分开的时候，我们也不要追求太甚。所以，"朝"这个词在这里就理解为"早晨"。大家要知道，古人起得很早，因为中国是农业国家，古人要保持农业习惯，与今天的都市生活相反，今天的都市生活在古人看来是"俾昼作夜"，是很不好的事情，所以古人起得一般都很早，一直到清朝也是如此。清朝的皇帝起得是很早的，如果早上不起，就有太监在旁边读祖训，以催促皇帝起床。当然这在晚清时期恐怕就不能实行了，但在清朝中叶还是如此，这一点大家看起居注就可以知道。皇帝是不能反对读祖训的，非起不可，所以上朝也是非常早的。清朝的大臣是不能住在内城的，他们进城非常麻烦，先要到千步廊等着上朝，有的大臣住在北城，那就要绕皇城，这样就更麻烦。在这种情况之下，当时的人都有起早的习惯。据说大臣们有的吃得多，有的吃得少。吃得少的早上起来吃两块小点心，一直上朝到九、十点钟才能回家吃午饭；可是吃得多的会带一只烧鹅，坐着轿子，边走边吃，到了上朝的时候，烧鹅也吃完了，这是说笑话，但这说明古人的习惯是如此。所以，《尚书》里面很多事情都说"朝某某"，比如《牧誓》就有"时甲子昧爽，王朝至于商郊牧野"，利簋铭文也就证明了武王克商的战役确实是在"甲子朝"，也就是"发生在甲子那天的早晨"，这可以和《牧誓》对读，而这篇铭文好就好在这里。不好的地方在于利簋的铭文确实太简了，所以下面的"岁鼎克聞，夙又（有）商"就引起了无穷的争论。

③"岁鼎克聞，夙又（有）商"一句，当时参与讨论的学者见到这件东西都很兴奋，所以都要写文章，当时在世的一些老先生基本都参加了讨论，比如唐兰先生、于省吾先生、张政烺先生等，其实他们是两辈人，唐先生和于先生是一辈，张先生要晚一辈，是他们的学生，陈梦家也是，但陈梦家是容庚先生的学生。当时最难讲的就是"岁鼎克聞"。"夙又（有）商"是很好理解的，因为"夙"字不能属上读，而且这和古书是完全一致的。"夙"的意思也是"早"，这一点大家看"夙"的字形就可以理解了，"夙"字是从月，从人的，就是"凌晨看见残月"的意思，就是所谓的"杨柳岸晓风残月"的那种景色，也是"黎明""清晨"的意思。"又"读为"有"，"有商"就是"占有了商"，这里的"有"比英文的"occupy"

（占领）要更广泛一些，不是单纯的占领，而是整个拥有了天下。为什么前文是"甲子朝"后面又写"夙有商"呢？这是因为当时确实有其事，这一点大家看《周本纪》就能明白。这场战争是从"甲子"早晨开始的，据说纣的军队有七十万人，"其会如林"，是非常雄壮的，然后武王就派太公望去挑战，于是就冲到了纣的军队中，因为纣的军队早就想造反，所以并没有什么抵抗，一下子就垮了。当然这个过程中也不是完全没有抵抗，《武成》中说是"血流漂杵"，这里的"杵"不是"木棍"，而是"盾牌"，可见战争还是很激烈的。这场战争整整打了一天，纣王一看不行了，就退到了朝歌城内，登上了所谓"南单之台"，也就是"鹿台"，把玉石挂在身上，自焚而死。"自焚而死"这个事情已经到夜里了，所以第二天早晨，武王才进入朝歌，进入朝歌之后，把纣的头砍下来。纣的两个后妃自尽了，武王把她们的头也砍下来。这就是当时的具体情况，所以这场战争是从"朝"到"夙"，也就是从第一天早晨一直进行到第二天早晨，持续了二十四个小时。这是很合理的，因为是从今天的新乡一直打到朝歌，朝歌也就是今天的淇县，因此是"夙有商"。

那么"岁鼎克𣌭"应该怎么讲呢？有人认为"𢧔"应读为"戉"，但是，"岁"在甲骨文中是从"止"的，作"𢦒"，后来"止"简化成了"点"，作"𢧐"，这在甲骨文中是凿凿可据的，所以"𢧔"一定不是"戉"字。有人认为"岁"从"戉"声，也比较牵强，还需要证明。所以"𢧔"释为"岁"是没有问题的，为什么有人要把"㦰"释为"戉"呢？因为想把"戉"理解为"夺取"，把下面的"鼎"讲成"九鼎"，"戉鼎"就是"夺取九鼎"。但问题在于"戉"并没有这个训诂，所谓"杀人越货"，大家查一下就知道，这个训诂很晚，而且"杀人越货"的"越"也不见得就是"夺取"的意思。所以，这种说法不太好讲。把"䵼"读为"昏"是可以的，因为纣王昏庸无道，所以用"昏"代指"纣王"，但这也是不好讲的。我认为应该像孙稚雏先生那样搞一个利簋的集释，这可以写成很大的一篇论文，可以找出十几种说法，我个人一直认为张政烺先生的说法还是最好的。虽然张先生没有说，但我们可以为张先生的说法找一些证据。张政烺先生认为"㦰"字当隶定为"岁"，"岁鼎"是一种天象。①这里的"岁"应理解为"岁星"，也就是"木星"，"木星"为什么叫"岁星"呢？因为"木星"的视运动，以十二个地球年为一个周期。所以，可以依据木星的运动轨迹，把天空分成十二个部分，也就是十二次，当然十二次的顺序正好和木星的运动顺序相反，所以古人就设想还有一个和木星对立的东西，这就是"太岁"，但"太岁"事实上是不存在的。我认为把"㦰"讲成"岁"是最好的说法。我写了一篇小文，帮助张先生来讨论这个问题。②因为张先生的说法确实能够找到证据，而刚刚讲的那些说法，很难找到文献上的证据，我觉得目前能找到证据的，也只有这种说法。为什么是这样？我分几点给大家说一说。

第一点，岁星在古代是非常重要的，特别是在打仗的时候，所谓"岁之所在，国不可伐"，古人不能向着岁星的方向进攻。《国

---

① 张政烺：《利簋释文》，《考古》1978年第1期。
② 李学勤：《利簋铭与岁星》，载《夏商周年代学札记》，第204-205页，沈阳：辽宁大学出版社，1999年。

语·周语下》:"昔武王伐殷,岁在鹑火,月在天驷,日在析木之津,辰在斗柄,星在天鼋。""鹑火"为十二次之一,是周之宿,所以"岁"只要是在"鹑火",周人打仗就会赢。因此如果我们相信《国语》的这段话,那么我们在推算"武王克商"历日的时候,都会考虑到"岁在鹑火"。而看岁星的这种现象,在当时的战争中是非常普遍的,这一点《国语》中讲得很清楚,而利簋中提到"岁",和古书是一致的。什么人来看岁星呢?这就是史官。据《周礼》可知,如果天子出征,那么"太史"和"太师"会坐在车中抱着"式盘"。"式盘"一直到现在还有,岁数大点的人很多都见过这个东西,香港的街上就有卖的。"式盘"就是一个罗盘,古代的罗盘和今天不同,但基本结构是一样的,这里面有方向、星宿、岁次等,现在的罗盘很大,罗盘是很有科学意义的。指南针是中国四大发明之一,其中很大的表现就是在罗盘上,航海时用的也是这样一个东西。罗盘和当时的信仰是有一定关系的,和星相也有关,所以太史要用式盘来报天时。当然式盘在地理上也很有用,打仗时也要考虑地理的因素。按照《周礼》的记载,史官中的一部分人是专门观天象的,打仗的时候必须报告天象。"又吏"即"右史","吏"和"史"在甲骨文中常常通用,到了西周中期之后,才明确地区分开来。我们可以设想在利簋的时期,"吏"和"史"还没有分开,所以把"吏"读为"史"还是可以的。利簋的器主"利"是右史,所以他是史官。我们可以想象一下,"利"为什么会作这件铜器。作器者往往是要纪念所受的赏赐,这是非常荣耀的一件事情,那么天子为什么要赏赐"利"呢?一定是"利"有功绩,而这个功绩一定要记在铭文里面,如果铭文中所讲的事情和"利"一点关系都没有,那"利"为什么要受赏呢?所以把"岁"讲成"岁星",变成史官所观测的对象,正好和"利"的身份相当,因此这一点比较有说服力。其他的就不行了,如果是理解为把九鼎拿走了,这件事和右史是没有什么关系的,"利"又没有亲自运鼎,这就没有道理。把"岁"讲成天象和"䤐"字有关,这个字的基本意思就是"闻"。为什么读为"闻"比较好呢?因为在甲骨文中是有先例的。《合集》11485 和 11486 都是讲月食的,其中有"三日乙酉夕,月有食,闻"。这是武丁时期的卜辞,这段卜辞是先记录时间,然后记录天象,最后是"闻","闻"是"报告"的意思。我们可以设想这个月食发生的地点不一定在安阳,或者观测的时候不一定在安阳;也可能是就在安阳,可是商王武丁没有看见,但是史官看见了,所以向武丁报告,这是董作宾先生在《殷历谱》中讲的[1],所以"闻"可以是一种报告天象的行为。大家要知道,司马迁是太史,也是讲天文的,他是支持太初历的。因此作为史官是要观测天象的,有了天象就要报告。"利"是右史,所以也要报告天象,"克闻"就是"能够闻",正因为"利"报告了岁星的位置,所以"利"立了功,要不然右史"利"怎么会受到赏赐呢?什么叫"岁鼎"呢?张政烺先生训"鼎"为"当",这是非常正确的。我们还可以找到一个佐证,就是《离骚》的"摄提贞于孟陬兮,惟庚寅吾以降"。此句中的"贞"就是"当","孟陬"指"正月",这句是说屈原的生日是正月的庚寅日,大家都是这样推算屈原的生日,从王逸开始就是这样讲。"贞"和"鼎"在甲骨文中是一个字,所以"岁鼎"即"岁贞",也就是"岁当",指岁星正当中天,也就是正好在子午线上。现在我们推算的"武王伐纣"的时间是公元前 1046 年 1 月 20 日,那天岁星正好在子午线。总之,读为"岁当"只是一种解释,并不是说一定对,但至

---

[1] 董作宾:《殷代月食考》,载《董作宾全集·甲编》,第 227-248 页,台北:艺文印书馆,1977 年。

少是一种比较圆满的说法,因为这和当时的语言习惯、当时的事情以及器主的身份都相合。我们可以设想,《牧誓》所载的那一天,史官就开始履行他的工作——仰观天象,结果就发现岁星正当中天,然后报告了这件事情,鼓舞了士气,所以"夙有商"。这里要说一下,最早提到"岁"为"木星"的是于省吾先生,但是于先生后来并没有用这种说法。真正用这种说法的是张政烺先生,但张先生没有把"鼎"讲为"中天"。

④"辛未"一句,如果"甲子"是第一天,那么"辛未"就是第八天。"辛未"这天周武王在干什么呢?这个我们是知道的,王国维先生做过武王克商的日志,其中有一篇东西,就是原来古文《尚书》的《武成》,今天保存在《逸周书》中,就是《世俘》。经过古今许多学者的讨论,大家公认《逸周书》中的《世俘》就是古文《尚书》中《武成》的别本。《武成》是孔壁的古文《尚书》,发现之后,逐渐就遗失了,今天《尚书正义》中的《武成》是伪古文。《武成》好像就不存在了,可是《汉书·律历志》中有引用,《汉书·律历志》根据的是刘歆的《世经》,刘歆在三统《世经》中引了《武成》。刘歆引的《武成》虽然某些字有所不同,但基本上是保存在《世俘》中的,所以《世俘》就是古文的《武成》。今天的《世俘》开头就说"惟四月乙未日,武王成辟四方",这里面正好有"武成"两个字,所以我们猜想这篇叫《武成》就是这个原因,而不是像伪古文的《武成》中的"大告武成"。关于《逸周书》的问题,我们就不详细讨论了,可是《逸周书》中告诉了我们这段历史。武王克商前后每天做了

什么事,《世俘》多有记载,我们简单说一下,大家对于利簋就了解得比较清楚了。可能有人会问什么是"世俘"?"世"训为"大","世俘"就是"大俘",这篇记载了武王俘获的东西是非常多的,从人到物各种东西都有,所以叫《世俘》。《世俘》中有如下几条记载:

惟一月丙辰旁生霸,若翼日丁巳,王乃步自于周,征伐商王纣。

读这些篇目是很有用的,很多金文的体例都和这些一样。此处的"丙辰"应依据《汉书·律历志》所引的《武成》改为"壬辰"。这不是我们随意更改古书,而是本身的干支就有矛盾,所以要依据《律历志》进行校改。"丁巳"也应该为"癸巳","旁生霸"应为"旁死霸",在下半月。而"王乃步自于周,征伐商王纣"应改为"王乃步自周,于征伐商王纣",因为金文中有"于伐",这里的"周"应指"宗周",也就是"镐京"。这个记载和过去传的《泰誓》不同,证明汉朝人讲的《泰誓》也不那么可靠,而《世俘》就可靠得多,因为《世俘》和利簋在各方面都比较合适。根据夏商周断代工程的推算,"壬辰"是二十日,"癸巳"是二十一日。

越若来二月既死霸,越五日甲子朝至,接于商,则咸刘商王纣,执矢恶臣百人,太公望命御方来。

"至"就是到了战争前线,这里就给利簋提供了一个月份,就是"二月","甲子"应该是二十二日,可见武王在路上走了一个多月,按照当时的情况,从陕西到河南走一个月是很合理的。"咸"训为"既",义为"已经"。"刘"义为"杀"。"矢"通"誓"。"方来"是人名，可能就是"恶来"，"飞廉""恶来"是秦人和赵人的祖先，所谓"秦赵共祖"。"太公望命御方来"就是"甲子"当天的事情，所以"方来"应是纣王的救兵，那么"方来"是"恶来"的可能性就非常高了。

丁卯，望至。告以馘俘。

过去讲《世俘》的人，对"望至"的"至"理解得不是太准确，多认为"望至"是指"太公望抵御方来归来"。上文有"甲子朝至"，并不是说战争在"甲子朝"结束，而是在"甲子朝"到达战争前线。这里也是一样，"太公望命御方来"是"甲子"那天的事，到了"丁卯"，太公望就到了抵御方来的前线。"至"指的是"受命而至"，即"率领军队到达战争的地点"，而不是"太公望打完仗回来"。因为如果理解为"打完仗回来"，那时间就太短了，不太可能在三天之内又走路又打仗。这一点看《世俘》的全篇就可以知道。《世俘》中还有伐蜀的记载，很少有人敢说这个"蜀"指的是"四川"；实际上，到达那个地方，至于说从哪里出发，具体怎么到的，文中并没有说，我在写柞伯鼎的文章中提到过这一点。[①]"馘"指"杀死的人"，"俘"指"俘获"，"告以馘俘"应该是后来的事情。

戊辰，王遂御循自祀文王，时日王立政。

"御""循"都是祭名。"立政"指武王作为天子开始处理政务。

[①] 李学勤：《从柞伯鼎铭谈〈世俘〉文例》，载《通向文明文明之路》，第126-129页，北京：商务印书馆，2010年。

在这一年的正月二十日，周武王从镐京出发，经过了一个多月的时间，在二月二十二日，发生了"甲子"这天的战争，不但杀了商王纣，还抓了上百个恶臣，而且还派太公望去抵御方来。到了"丁卯"这一天，太公望受命到达前线。在"戊辰"这天，王举行了一个祭祀，来祭祀文王。同在这一天，"王立政"，也就是武王作为天子开始处理政务。再往下就是利簋所记之事，即"辛未，王在𢆷师，锡右史利金"，在这之后还有很多记载，多是派兵打仗的事，战争一直继续到四月。

⑤ "王才（在）𢆷𠂤（师）"一句，"𢆷"是地名，"𢆷"在哪里呢？我们可以想象，"𢆷"不会离朝歌到殷墟这片商的中心区太远。现在从考古上来看，殷墟也就是安阳作为商都的时间一定持续到了商末，在殷墟出土的甲骨文上面有帝辛二十三祀，从出土的青铜器来说，过去著录的有帝辛二十五祀的。纣王的时间不会太长，不会像董作宾先生排殷历谱那样有六七十年之久，要是有六七十年，纣王就不会那么宠爱妲己了。从考古上看，甚至于西周初年的东西也还有。所以我一直认为"纣都朝歌"是确有其事的，但朝歌只是离宫别馆，是都城的一种扩大，就好像康、雍、乾住在圆明园一样。"𢆷"这个地方，过去研究的人常常把它想得太远，包括我个人在内。这个误解是由于《世俘》中的日程，《世俘》中派了很多人去打仗，我们都以为要回来报告，如果是这样，那么周武王就不会在商都了，我们觉得武王很快就离开了商都。因此，于省吾先生认为"𢆷"应读为"管"①，因为《逸

---

① 于省吾：《利簋铭文考释》，《文物》1977年第8期。

周书》中很多篇都说"武王在管","管"就是今天的"郑州"。过去有人怀疑郑州叫"管城"对不对,现在看还是对的,因为郑州还是有不少殷墟时期的遗址。但是从新发现的一些材料,包括坂方鼎来看,把"𪚰"理解为"郑州"是不合适的,因为郑州距离安阳太远,王不太可能从安阳到郑州去,所以"𪚰"还是在安阳、朝歌、淇县附近。"𪚰"这个地名在青铜器中出现过多次,可见纣王当时是经常去"𪚰"的。而将"𪚰"读为"馆",也是读不通的,因为利簋中明确出现了"𪚰𠂤"。在文献和金文中,称"某𠂤"的应该是地名,是人所居之处。比如《公刘》中有"京𠂤",《洛诰》中有"洛𠂤","𠂤"训为"众",是住人的。就好像"市"一样,当时有"集市",所以就把这个地方称为"市",比如"北京市""天津市"。这个地方叫"𪚰𠂤","𠂤"指的就是"居住点",并不是"馆阁""宗庙"一类建筑物的名称。总之,王到了"𪚰𠂤"这个地方。如果大家愿意听我胡猜,我觉得"𪚰𠂤"应该就在淇县,就在"朝歌"这一带。①大家要知道,"朝歌"是后来的名称。

⑥ "用乍(作)檀公宝隮(尊)彝"一句,"檀公"是"右史利"的祖先。在西周金文中,能称"公"的,多指封在该诸侯国或封邑的第一代人,这在金文和文献中都是如此。比如卫国的第一代是康叔封,金文中称"康公",之所以称"康公",是因为他是封于"康"的第一代。再比如鲁国的第一代就是"鲁公","鲁公"就是"伯

---

① 李学勤:《试论新出现的坂方鼎和荣仲方鼎》,载《文物中的古文明》,第236-243页,北京:商务印书馆,2008年。

禽",鲁国的第二代就不能叫"鲁公"了,应该称谥法。"檀"字是从"屮"的,在甲骨文中,从"屮"与从"木"常常可以互换,比如"嘉"字,甲骨文又作"㚼",只是少了一个"口"。所以"檀"字应从"木",就是"檀"。"檀"作为一个诸侯国,或者是一个封邑,在古书中是有的,而且很有名。《左传·成公十一年》:"昔周克商,使诸侯抚封,苏忿生以温为司寇,与檀伯达封于河。"这段话是周王朝的人讲的,传述了周初的史事。"周克商"就是"武王克商","抚"训为"有","使诸侯抚封"义为"诸侯皆有所封"。"苏忿生"被封于"温",所以后来"温"就称为"苏",也就是"苏国",史颂鼎中就有"苏",就在今天河南的温县。"檀伯达"被封于"河",所以"檀"虽然说不准在什么地方,但应该也是在所谓"河内"一带,就是郑州以北,洛阳以东。所以,《汉书·古今人表》记载"檀伯达"为武王之臣,就是根据《左传》。"右史利"是"檀公"的后人,但是"右史利"和"檀公"都不是《左传》中的"檀伯达",因为这时刚刚克商,"檀伯达"还没有被分封,这样看起来,"右史利"可能是"檀伯达"的弟弟,也是属于"檀"这个家族的。关于"檀伯达",过去有很多讨论,最早对"檀伯达"进行研究的是日本的贝塚茂树,他在二十世纪三十年代结合了一些商代的青铜器对"檀伯达"进行了考证,这是学术史方面的问题,今天看起来还不能证实,但贝塚茂树还是对"檀伯达"做了很多研究。

利簋这篇铭文,虽然字数不多,但内容是非常丰富的,不是很简单的东西，我们讲得还是很简单，有很多问题还没有涉及。利簋是我们目前所见西周克商之后最早的一件器物，是在克商之后的第八天，当然利簋的铸造不一定是在这个时候，可能会晚几年，可利簋所记的事情是早的。《尚书》中有一篇所记之事比利簋所记的事情还要早，即"甲子"那天的事情，这就是《牧誓》。

《牧誓》（上）

在读《牧誓》的同时，大家可以再读一下《周本纪》《世俘》和《克殷》，关于"武王克商"的材料，基本上就是这些，当然后世的书中还有很多记载，但那些都不是最基本的，最基本的就是这些。

我们先要说一下什么是"牧"，什么是"誓"。

对于"牧"的解释有不同的说法，现在我们能看到且比较流行的，是《尔雅》，但这并不是最准确的说法。《尔雅·释地》言"邑外谓之郊，郊外谓之牧，牧外谓之野"，"邑"就是"居邑"，也就是一个居住点，虽然不一定有城，但确实是一个居住点，居住点外面就叫做"郊"，北京就有"东郊""西郊"，我们清华就在西郊。"郊"仍然是邑的组成部分，古人讲"郊者，交也"，与"邑"的土地交联，所以谓之"郊"。"郊"外就是"牧"了，之所以叫"牧"，是因为"郊"外没有什么人，是放牧的地方；再往外连放牧的都没有了，那就是"野"了。所以有人认为《牧誓》中的"牧野"就是"商邑"外面的"牧"和"野"，就是"商邑"之外的一块地方。如果这么讲，"牧野"就不是一个明确的地名了，由此也带来了一个问题，就是这个地方很难说是今天淇县以南的新乡。

当时的首都还是应该在安阳,如果我们的猜想没有错,纣王晚年更多的是住在淇县一带,实际上这已经到了保卫首都的南苑了,所以战争发生在今天的新乡境内,如果是从安阳到新乡就太远了,这是不可能的,那么牧野之战就不能发生在今天的新乡这一带。大家要知道,"牧野"不是后人造的一个词,这个词见于《诗经》,比如《诗·大雅·大明》"殷商之旅,其会如林,矢于牧野,维予侯兴","侯"是"唯"的意思,"矢"训为"陈"。这是讲当时牧野之战的时候,殷人的军队像树林一样陈列在牧野,这正是我们周人兴起的时候。如果把《大明》中的"牧野"讲成"郊外"似乎不太合适。更重要的材料也见于《诗经》,这就是《閟宫》。《诗·鲁颂·閟宫》"致天之届,于牧之野",大家要知道,只有鲁国是有《颂》的,因为鲁国是周公之后,周公是很受人尊敬的,所以允许鲁国用《颂》。这也就是鲁国宗庙的不同之处。"致天之届"就等于说是"致天之罚",在"于牧之野"中,"牧"和"野"中间有一个"之"字,这样看起来,"牧"还应该是一个地名。所以传统的经注多不用《尔雅》的说法,大都认为"牧"是一个地名,认为这个战争是发生在"牧"的郊外。我个人觉得我们还是老实一点比较好,《说文》中有"坶"字,这是个很古的字,《说文》中很明确地说"坶"就是"牧野"之"牧",在朝歌以南七十里,在今天的新乡境内,新乡今天还有牧野区。

"誓"在古书中有明确的记载,"誓"是"号令"。《左传》中有"誓军旅"之语,杜预认为是"宣号令",这是对的。《牧誓》的"誓"与"盟誓"的"誓"不太相同,"盟誓"的"誓"是对神来说的,是一种约定起誓,而《牧誓》的"誓"指的是"号令",是在军队开始战斗时的一篇号令,所以《牧誓》就是在牧地发表的一篇号令,也就是周武王动员军队的一篇号令。

《序》曰：武王戎车三百两，虎贲三百人，与受战于牧野，作《牧誓》。

这是《尚书序》的说法，至于"戎车"是不是三百辆，"虎贲"是不是三百人，有不同的说法，我们就不详细谈了。

《牧誓》正文：

时甲子昧爽①，王朝至于商郊牧野，乃誓②。王左杖黄钺，右秉白旄以麾③，曰："逖矣，西土之人！"④

①"时甲子昧爽"一句，"时"就是"那个时间"。有一种说法认为"时"就是"之日"，而"之日"也见于甲骨文和西周金文。"之日"在甲骨文中有很多，大家查一下相关的索引就可以知道。但在金文中并不是很多见，最主要的一个是麦尊。我个人认为"时"与"之日"不一样，《逸周书·世俘》有"时日王立政"，这里的"时日"可以理解为"之日"，也就是"这一天"。金文中也是一样，麦尊中不但有"之日"，还有"之夕"，"之夕"就是"这天晚上"。可是不论用"时日""之日"还是"之夕"，前面要有一个叙述，"时日""之日"和"之夕"是不能用在开头的，所以"时甲子昧爽"的"时"和"之日"还是不一样，"时甲子昧爽"应该就是"时在甲子昧爽"。关于"之日"和"之夕"，麦尊里面讲得是很清楚的。麦尊铭文说的是在周成王的时候，周公的一个儿子邢侯去见成王，成王跟邢侯很亲热，因为他们是堂兄弟，然后就招待邢侯，一起饮酒、射箭，之后还有赏赐，再后面就是"之日"如何，"之夕"如何，所以在"之日"

和"之夕"的前面都是有上文的。

②"王朝至于商郊牧野，乃誓"一句，这句话中同时讲到了"郊""牧""野"，要是按照《尔雅》的讲法，"商郊牧野"到底是讲"郊""牧"还是"野"呢？所以用《尔雅》是讲不通的，因此"商郊牧野"还是应该理解为"商邑郊外的牧野"，还是把"牧野"理解成一个地名比较好，特别是《诗·鲁颂·閟宫》中的"牧之野"，一定是"牧"地之野。"誓"就是"号令"，这里应该是对整个部队进行号令。大家要注意，此处有"朝至"这个词，《尚书》中与之类似的句子很多，《世俘》篇里也有，这是周人的习语，在当时很流行，所以我们在很多篇里面都能看到。《世俘》有"武王朝至，燎于周"，《召诰》有"王朝步自周""太保朝至于洛"以及"周公乃朝用书命庶殷侯甸男邦伯"。"朝至"在金文中也有，比如令尊、令方彝的"明公朝至于成周"，这是周初习见的句子，在之前和之后都很少见，这也证明这些材料都是真的，也是非常特别的。这些句子中的"朝"都是"早晨"的意思，《牧誓》就是很好的证明，因为《牧誓》中说了"时甲子昧爽"。"朝"，《说文》训为"旦"，就是"早晨"的意思。古书中不但有"朝至"，而且还有"朝步"。《世俘》"武王朝至，燎于周"，即"武王早晨就到了，在周举行燎祭"。"燎祭"是一种祭天的典礼，现在天坛还有像铁架子之类的东西，是圆的，很粗，上面有铁筐，里面放柴，是祭天用的。这里的"周"就是"宗周"。《召诰》有"王朝步自周"，"步"训为"行"，大家不要以为"步"就是用腿走，大家可以放心，周武王是一定不会用

腿这么走的，应该是乘车从周出发。"太保朝至于洛"就是"太保早晨到了洛"，"太保"就是"召公奭"。"周公乃朝用书命庶殷侯甸男邦伯"就是"周公用文件来命众殷民中的侯、甸、男三服的国君"，"庶"是"众"，"邦"是"国"，"伯"是"君"，所以"邦伯"就是"国君"。这是周公用红头文件把命令传达下去，而不是说邦伯都在那里站着听命令。令尊、令方彝有"明公朝至于成周"，这里的"明公"是"周公"的后人，"明"是形容词，不是一个国名。令尊、令方彝现在认为是周昭王时器，这是没有错的，我个人的意见是周穆王元年。[①]在这些地方，大家可以看到，"朝至"不能看得太死，大家不要认为"王朝至于商郊牧野"就是"武王在早晨才到牧野"，武王在路上走了一夜，实际上周武王头一天就已经到了，是在癸亥夜里布的阵，可是武王宣布号令是在第二天早晨。从这些就能看到文献和金文之间的关系，二者相对照，就会知道文献是很有特色的，同时也证明了文献的真实性。

③"王左杖黄钺，右秉白旄以麾"一句，"杖"，我们今天每每会理解为"扶着"，就好像"拐杖"一样，实际上并不是这样，"杖"在《说文》中训为"持也"，就是"拿着"。当然"钺"的柄有多长，还可以讨论，今天还没有考古的实物。可是类似这种钺的实物是有的，就是属于国君拿的一种钺。最典型的例子是河北平山中山王嚳墓中出的钺，这是封给中山侯的，因为封的时候中

---

① 李学勤：《令方尊、方彝新释》，载《古文字研究》第十六辑，北京：中华书局，1985年。

山还没有称"王",而是称"侯",所以叫中山侯钺。钺铭有"用敬(儆)厥众",是说这个钺是拿来儆戒军众的,所以这种钺是军礼中所用的器物。这些年,有些学者总想讲钺的作用是代表王权的,这个问题很值得进一步去讨论,有很多学者做了很好的研究,比如吉林大学的林沄先生认为"王"字形体和"钺"有关系[1],这是一个很好的探索,但是否如此,我们还可以进一步研究。不过从中山侯钺来看,至少在军旅之中,国君是常常拿着钺的,至于说上朝的时候拿不拿钺,我们就不知道了。"黄钺"就是黄色的钺,"黄"是一种金属的颜色,不会是黄金的钺,而是一种铜钺。除了"黄钺"以外,还有"玄钺",所谓"玄钺"一般就是铁刃铜钺。"右秉白旄以麾"的"旄"是"牦牛尾",这里是指用牦牛尾做的旗帜一类的东西。中国古代的旗和我们现在想象的不太一样,现在我们各国的国旗基本上是长方形的,但古代的时候不是这样,古代的很多旗子是一条一条的,即所谓"游",当然旗上有时还会有织绣之物。前些年,在河南淮阳发掘的楚王墓中就有旗子,可以看出是长条形的,当然织物已经看不见了,但是上面镶的贝壳还在,是用贝壳镶嵌的四瓣花型的纹饰。牦牛尾做成的旗子,过去人在制作《三礼图》的时候曾经画过,但我个人不太相信,我想还是要将牦牛尾加工成旗子一样的东西,而不是拿着一条牦牛的尾巴。总之,所谓"牦"不见得真是用牦牛尾做的,而是类似于牦牛尾的一种旗帜。大家知道,后

---

[1] 林沄:《说"王"》,《考古》1965年第6期。

世有"麈尾",是类似拂尘一类的东西,开始确实是用鹿尾制作的,后来就不见得了。"秉"训为"执","麾"就是"指挥",武王左手拿着黄钺,右手拿着白牦来指挥。

④"逖矣,西土之人"一句,"逖"训为"远","逖"也可以写作"逷","易"与"狄"同音。"逖矣,西土之人"就是"很远了,西土的人"。这是非常生动的,就好比今天首长来检阅说:"同志们辛苦了!"可以想象有人列队站在武王面前,当然那个年代还没有麦克风。

王曰:"嗟!我友邦冢君御事、司徒、司马、司空、亚旅、师氏、千夫长、百夫长及庸、蜀、羌、髳、微、卢、彭、濮人①,称尔戈、比尔干、立尔矛,予其誓②。"

①"嗟!我友邦冢君御事、司徒、司马、司空、亚旅、师氏、千夫长、百夫长及庸、蜀、羌、髳、微、卢、彭、濮人"一句,"嗟"是叹词。"我友邦冢君御事"一语,各家的理解有所不同,断句也不太相同。什么是"友邦冢君"呢?这在传统训诂上也有不同的理解,有人认为"友"就是"有","友邦"就是"有邦",也就是"邦"。"冢"训为"大",古书中的"冢子"就是"大子",也就是"太子"。所以,"友邦冢君"就是"有国之大君"。这个讲法比较奇怪,在金文里面,从来没见过把这种用法的"有"写成"朋友"之"友"的;金文中的"有无"之"有"写作"又",从不写作"友"。所以,这里的"友"还是有"朋友"的含义在里面。周人伐商,随之而来的有八百诸侯,这些诸侯都是周人的"友",相当于周

的盟国,周为盟长。当时的周人还没有成为天子,即使是文王当时已称王,也还没有得到大家的承认而真正拥有天子的地位;虽然是"三分天下有其二",大家也只是拥周为长,承认周的盟主地位,所以武王称这些诸侯为"友邦冢君"还是比较合适的。这些都不是我说的,过去的学者讲过,大家有兴趣可以看一下简朝亮的《尚书集注述疏》。此外,在古文中"友"类似于"僚",后来到了明清的时候,几个人同朝为官就可以称为"同僚",所以"友"可训为"多""庶""众",比如"郑桓公"就叫"友",字"多父","多"和"友"可以互训,那么"友邦冢君"也可以理解为"众邦冢君"。什么是"御事"呢?"御"训为"用","事"是"执事之人","御事"就是"用事之臣"。"友邦冢君御事"是很客气的话,是敬语,就好像说"陛下""殿下",就像过去我们写信称"某某足下""某某左右"一样,虽然说的是他本人,但并不直指其人,而是说他足下的人,或者是他左右的人。"陛下""殿下"也是一样,都不直指其人,而是说台阶下面服侍国君的人,实际上说的就是国君。"友邦冢君御事"也是一样,不直接指称国君,而是说国君的用事之臣,这样讲要好得多,所以"友邦冢君御事"应该连在一起读。类似的词在很多地方还有,比如《大诰》有"肆予告我友邦君尔庶邦君越庶士御事","友邦君"就是"友邦冢君",只不过省去了形容词"冢"。"庶"训为"众","庶邦君"就是"众邦君"。"越"训为"与","御事"就是"御事之士"。《酒诰》有"我西土棐徂邦君御事小子","小子"是"僚属"的意思。《梓材》有"王其效邦君越御事"。《召诰》有"太保乃以庶邦冢君出取币","币"是一种丝织品。《逸周书·商誓》有"其比冢邦君",其实这里的"商誓"应该读为"商哲","比"义为"结党","冢邦君"应该还是"邦冢君",这一点过去校《逸周书》的人已经指出来了。所以,我认为《牧誓》中的"我友邦冢君御事"指的就是"诸侯"。西周晚期的史颂鼎铭中有"友里君百生,帅䣛盩于成周"一语,"百生"即"百姓","友"训为"众",类似于"诸"。"里"是当时的一种基层组织,"君"是"首领","里君"相当于后来的"保甲长"。"帅"义为"率领"。"䣛"字,杨树达先生读为"曹偶"之"偶",是"伙伴"的意思。[①]"盩"字,读为"调",训为"卖"。此句中"友里君百生"的格式,与"友邦冢君御事"基本上是一样的,这也证明了文献的记载是对的。"司徒""司马""司空"合称"三有司",考之金文,西周王朝的"六卿"中有"司徒""司马""司空",地方的各个城市中也有"司徒""司马""司空"之官。"司徒"是管人口的,"司马"是管军事的,"司空"是管工程建设的,当时每一个地方都设有这样的官。《牧誓》中的"三有司"地位很高,指的是王朝中的"三有司",而不是地方上的"三有司"。"亚旅"一词,在西周金文中是非常罕见的,二十世纪七十年代,河北元氏西张村出土了西周早期的师𬭚父簋,里面有"亚旅",前几年新出的亚旅父已簋也有"亚旅"。"亚旅"这个词多次见于文献,"亚"是"次"的意思,"旅"是"众"的意思。

---

① 杨树达:《史颂簋跋》,载《积微居金文说》,第51页,北京:中华书局,1997年。

《左传·成公二年》:"公会晋师于上鄍,赐三帅先路三命之服,司马、司空、舆帅、候正、亚旅皆受一命之服。"晋国的"三帅"是三军之帅,都是卿一级的,赐的是三命之服,"亚旅"则是受的一命之服。所以"亚旅"就是"三帅"的副手,因此"亚旅"是"副贰"之官,类似于"众大夫",杜预注云:"亚旅,亦大夫也。""亚旅"也见于《诗经》,《诗·载芟》有"侯亚侯旅",我一直认为商周金文中带有"亚"字的,多有"大夫"的意思。"师氏"是掌管军事的官,《周礼》中有"师氏"之官。"千夫长""百夫长"是徒兵的领袖,这个词曾有沿用,但后来就不大使用了,晚清时期翻译外文还经常用这一类的词。徒兵是按照"十进制"编组的,所以称"千夫长""百夫长","十进制"在罗马是很普遍的,张政烺先生有文章专门讲述"十进制"编制[①],这是有道理的。

---

① 张政烺:《古代中国的十进制氏族组织》,载《张政烺文史论集》,第 277-313 页,北京:中华书局,2004 年。

· 2008年下半年第十次课 ·

《牧誓》（下）、《克殷》

《牧誓》（下）

今天继续讲《牧誓》，我们用《尚书》《史记》和金文对"武王克商"这个问题进行了多方面的陈述和探索。我们已经强调过了，"武王克商"是中国历史上很大的一件事，在当时的影响特别大，是中国古代最长的两个王朝的交替。中国历史上，如果从王朝持续的时间来看，最长的就是周朝，《三字经》里面就说"八百载，最长久"。可是我曾屡次强调，实际上周朝从"平王东迁"以后，国家就逐渐分裂了，王朝的实力就很弱了。在这种情况下，我们从王朝统一的角度来看，周朝的时间就没有八百年，应该就只有西周的那一段，现在从各方面看，西周的历史还不到三百年。当然究竟是多少年还可以讨论，所以虽然周王朝存在的时间很长，可实际上统一且强大的时间并不长。商朝就不是这样，《左传》说商朝是"载祀六百"，虽然现在有各种不同的看法，但我个人认为商朝"载祀六百"是合理的，即使是最低的限度，就像《竹书纪年》说的有四百九十六年，那也是将近五百年，五百年的商王朝也是最长的王朝。所以，"武王克商"是中国两个时间最长的王朝之间的大变革，这个变革确实非常之大，这一点大家能够理解，因此遗留给我们的文献和相关材料也就特别多，环绕着

"武王克商"我们会讲到很多东西,《牧誓》就是其中最重要的一篇。

王曰:"嗟!我友邦冢君御事、司徒、司马、司空、亚旅、师氏、千夫长、百夫长及庸、蜀、羌、髳、微、卢、彭、濮人①,称尔戈、比尔干、立尔矛,予其誓②。"

① "嗟!我友邦冢君御事、司徒、司马、司空、亚旅、师氏、千夫长、百夫长及庸、蜀、羌、髳、微、卢、彭、濮人"一句,"庸、蜀、羌、髳、微、卢、彭、濮",根据传统注疏的记载,这些都是当时的西南夷人,武王伐纣一开始就说了"西土之人",所以武王所率领的人主要是西土之人,所包括的诸侯主要也是西土的诸侯。《左传·昭公九年》记载了周的"四土",即所谓的"东土""西土""南土""北土"。"西土"指的是"后稷"以后在宗周周围所建立的一些领土,我们可以设想一下,"西土"大致还是在关西的,就是在函谷一线以西,是否还能包含函谷以东的一部分,还不能确定。"西土"一定是有很多诸侯的,所以武王讲"我友邦冢君"。但"庸、蜀、羌、髳、微、卢、彭、濮"就不是一般的诸侯了,这些是夷人。这个地方大家要特别注意,应该说这种结构在商代和周代都存在,就是当时有两种不同的情况。一种就是王朝和下属不同等级的诸侯,但是这里面是不包括那些"蛮""夷""戎""狄"的,"蛮""夷""戎""狄"虽然可以附属于王朝,但却或叛或服,他们与王朝的关系和诸侯是不一样的。这一点大家一定要弄清楚,过去王国

维先生写过《古诸侯称王说》,现在核对起来看,"称王"的基本上都是"蛮""夷""戎""狄"之类,而"蛮""夷""戎""狄"称王,王朝是表示同意的,并不是说不可以。可如果是下面的诸侯,比如"公""侯""伯""子""男"要是"称王",那是绝对不可以的。因此四裔的一些民族本身就维持着一定的独立性,或者是半独立的,或者甚至在一定时期就变成独立的了。用中央王朝的话讲就是"时叛时服","叛"是"叛离王朝","服"是"服从王朝",这些民族与王朝的关系是经常改变的,所以"庸、蜀、羌、髳、微、卢、彭、濮"也就是这样的一些人,这些人没有"邦冢君"那样的结构,应该是一种以血缘性结构为基础的组织,所以没有列在"诸侯"里面。关于《牧誓》八族的具体问题,可以看一下顾颉刚先生写的《牧誓八国》,这是顾先生的笔记,是抗战的时候写的,刊载在二十世纪四十年代油印出版的《浪口村随笔》中,新中国成立以后又收入了顾先生的《史林杂识初编》。今天看起来,说"牧誓八国"好像不太恰当,说"牧誓八族"可能更好一些,因为他们和那些诸侯国不太一样。"牧誓八族"是很值得研究的,因为这些可以反映出"武王伐纣"的依靠力量。"武王伐纣"除了依靠那些同盟的诸侯以外,还依靠了一些西南夷。这是非常有意思的事,等于说当时西方封建的诸侯和西南夷一起,跟随武王去伐纣,而且这些西南夷起了很大的作用。这里面没有提到"巴",可是在古书的记载中,巴人是参加了武王伐纣的,这一点前人有不同的解释。一种解释认为"巴"后来是个姬姓国,就是"巴"实际上已经有周人的同姓贵族作为君长。大家要知道，从王季到文王的这段时间，周人向江汉以南做了很多发展，这一点可以参看郑玄《毛诗笺》中对于周、召二南的讨论。《周南》《召南》之所以独立出来，就是因为周的风教自文王以后开始逐渐向南传播，换言之，在"伐纣"以前，周人的势力已经向南发展了。我们现在不知道姬姓的"巴"是什么时候封的，可是大家看《左传》里面说"巴、濮、楚、邓，吾南土也"，可见当时"巴"已经属于周人统治的"南土"了，所以有人认为当时已经封了姬姓的"巴"了，"巴"已经是当时的诸侯了，所以就没有放在西南夷里面。另一种说法是在"九州"中，"巴""蜀"同州，《牧誓》中说到"蜀"也就把"巴"包括在内了。可是无论如何，巴人参加"武王伐纣"在很多古书中都有记载，《尚书大传》中说巴人在"武王伐纣"时是"前歌后舞"，就是一边唱歌跳舞，一边进攻，非常勇敢。到了汉高祖的时候，巴人也有这样的表现，汉高祖就回忆了这件事。《牧誓》中只举了"庸、蜀、羌、髳、微、卢、彭、濮"，我们来研究一下它们的地理位置以及相关情况。

如果我们读一下《浪口村随笔》，就会知道顾颉刚先生是从《孔传》说起的，《孔传》虽然不完全是孔安国的手笔，但是却代表了汉晋时期经学家们的说法。《孔传》中说"庸、濮在江汉之南"，"江汉"是一个明确的地区，指的是汉水和长江交叉的一个地带，换句话说就是湖北北部，当然汉水还是很长的，长江也是很长的，可是他们交叉的地点就是今天的武汉，所谓"汉口""夏口"就是汉水入江之处。同学们可能没有看到过早期的汉水，新中国成立以前的汉江可不是今天的样子。今天到汉阳看看汉水，会觉得汉水已经不小了，但这还不到过去的三分之一，新中国成立以后修了水利工程，特别是丹江口水库建成以后，汉水比以前差远了。我最早看到汉江涨水是在二十世纪五十年代，应该是在1954年年末到1955年年初，具体时间记不清了。当时我和张政烺先生去买书，1954年夏天长江发大水，我们到汉口的时候，洪水早就退掉了，可是江汉关那条大路上的房子差不多都有一层楼高的水印，就是说当时的水淹了差不多一层楼。这是武汉很大的一个劫难，它的影响非常之大，后来修筑了堤坝，现在不太可能有这种情况了，从这些就可以看出"江汉"在当时是非常重要的。这里再顺便提一点，就是楚国一定是在汉水以南，很多人主张把楚始都"丹阳"放在丹江口水库一带，从今天新发现的材料来看，我认为这种可能性不大，楚国主要的位置还是应该在江汉以南。可是不管怎么说，《孔传》认为当时的"庸"和"濮"还是应该在江汉以南。"蜀"所指非常广泛，包括现在四川很大的一部分，《孔传》云"蜀者，叟也"，"蜀"就是"叟"，汉印里面还有很多写"叟"的，"叟"是汉代人对"蜀"的称呼。"羌"，《孔传》说"羌在西"，孔颖达《正义》认为这里的"西"不是指"周"之西，而是指"蜀"之西，这个解释是很对的。"羌"在"蜀"之西，一直到今天还是如此，"5·12"地震的位置就是"羌"之所在，那个地方今天还有北川羌族自治县。现在羌族人的比例较小，人口很少，主要集中在北川、汶川、茂县一带。《孔传》认为"髳"和"微"也在巴蜀。《孔传》认为"卢"和"彭"在西北，孔颖达《正义》中说是在"东蜀"的西北，"东蜀"就是四川的东部，包括今天的重庆。《孔传》的解释大抵就是这样，根据孔颖达的《正义》来理解，《孔传》

是以"蜀"为中心来讲这些地区的,为什么以"蜀"为中心呢?因为"蜀"的位置在当时是很固定的,《孔传》这样讲是非常有道理的,大家不要轻视。顾颉刚先生认为《孔传》说得太模糊,这与顾颉刚先生对"庸、蜀、羌、髳、微、卢、彭、濮"的理解有关系,顾先生认为这是八个"国",但实际上这是八种"族",这种少数民族是会流动的,而且他们的分布也不是那么集中,和当时的诸侯国不一样,诸侯国有明确的疆界,而少数民族会流动的。比如说周代北方的"狄","白狄"最早的时候是在陕西北部,然后到了山西北部,从山西北部再往南发展,从今天的娘子关、井陉一带穿过了太行山,在河北中部建立了三个国家,一个就是"鲜虞",也就是后来的"中山",另外两个就是"鼓国"和"肥国"。"鲜虞"在今天的石家庄以北的正定,"肥国"在今天的晋州,"鼓国"在今天的藁城。"肥国"和"鼓国"在春秋末期被晋国吞并,只有"中山"一直传留下来,而且"中山"的君长在一定时期还和"子"姓有一定的关系。也就是说,"白狄"从陕北一直到了河北中部,所以"庸、蜀、羌、髳、微、卢、彭、濮"这些人有的也会流动到很远的地方。后来有人认为"濮"现在是在云南,而且"濮"在云南这一点不但是魏晋时期见于记载,一直到明清时期还有,这并不稀奇,就是一部分濮人到了云南,居住在那里,一直传留了下来。总之,"庸、蜀、羌、髳、微、卢、彭、濮"是当时的少数民族,当时处在中国的西南部,被称为"西南夷",这是没什么问题的。后来一般是用《左传》的地理来讲"庸、蜀、羌、髳、微、卢、彭、濮"的,《左传》是春秋时代的情况,这和"武王伐纣"时期的情况可能一样,也可能不一样,我们不要太拘泥,可是《左传》还是提供了一些材料。比如《左传·文公十六年》讲到了"庸"和"百濮"联合起来去伐楚,当时的"百濮"

之首是一个小国叫"麇"。大家可以想象一下,"百濮"当时应该是一个少数民族,这种少数民族里面有一部分人比较开化,可以成立一个诸侯国,其余的人还保持原始状态,所以"麇"可以率领"百濮",之所以叫"百濮",是因为有许许多多的"濮","麇"就是其中之首。就好像说"群舒",其中有很多种"舒",比如"舒鸠"等,多在今天的安徽舒城一带,是以舒城为中心的一批人。所以,这些少数民族不能与华夏的诸侯国一概而论,特别是我们现在的一些记载都是华夏人写的,这里所说的"华夏"是比较广义的,甚至包括楚人在内,这些人所写的一些东西,对于某些少数民族的称呼往往是模糊不清的。比如华夏人所谓的"戎狄",古书中有各种各样的"戎"和"狄",至于他们本人怎么称呼那可不一定,我们并不知道他们本身叫什么。这一点外国也是一样,希腊、罗马的一些书籍里面记载的"蛮族"也多得很,很多"蛮族"就是后来的日耳曼人,因此日耳曼人遗留下来的文献怎么和当时希腊、罗马的文献勾连起来,也就成了外国古代史上的一个重大问题,虽然有些能对起来,但也说不清。因为所谓的比较文明的那些人是看不上那些"蛮族"的,只是给一些笼统的称呼,叫他们"蛮""夷""戎""狄",就好比"匈奴",至于"匈奴"下面分多少支,至今也搞不太清楚。对于这些问题,我们应该从人类学、民族史的观点来看,不能完全从华夏人的角度来观察。可是根据《左传·文公十六年》的记载,"庸"和"百濮"的"麇"是比较清楚的,"庸"在湖北的竹山以东,"麇"在神农架一带,就是今天的郧县,这两个地方都是湖北西北部的山区。"蜀"一直以来就是确定的,就是以成都平原为中心的,所以《孔传》以"蜀"作为一个标志是没有错的。"羌"的流动性也比较大,《说文》认为"羌"是"西方牧羊人"。我必须声明,现在很多人把"羌"

和"姜"联系起来,这个联系的可信度有多高还不好说,我个人一直非常怀疑这个说法。特别是甲骨文中的"羌"究竟是什么意思,我认为还需要进一步研究。甲骨文里面多是"羌多少人",而没有其他,实际上其他的种族是极少的。我个人找过两例,我认为是"夷多少人",但是这两例有些问题,因为这两版甲骨上面有残缺,在"夷"上面就没有字了,或许完整的甲骨上在"夷"的上面还有"羌"字,这也不好说。特别是甲骨文有一些"获羌"的地名肯定不在西方,但仍说是"获羌",这又是为什么呢?所以"羌"字是否可以理解为一个民族的名称还是可以专门讨论的。过去大家都相信傅斯年先生的"夷夏东西说",商朝人是"夷",整天去逮"羌",大家觉得顺理成章,可有些问题还是需要进一步研究。但甲骨文里面的"羌方"是没有错的,因为还有几个"方"和"羌方"在一起,我们就不在这里详细讨论了,不过《牧誓》里面的"羌",确实是《说文》所讲的"西方牧羊人"。我曾经去过"羌"的所在地,看到过他们的文化遗迹,有几点是一定要说清楚的。第一点,"羌"确实是牧羊人,在他们的聚居地到处都能看到大的羊角,这在他们那里是一种文化的象征。再有一点,他们被公认为夏禹之后,所谓"禹兴于西羌",这种说法在他们那里是神圣不可侵犯的。当初我去北川参观大禹庙,我以为只有那几个地方有大禹庙,实际上完全不是这样,当地人说每个村子都有大禹庙。我们可以设想,当时的"羌"是西南一个很大的部族,比现在大多了。《诗·殷武》中说"自彼氐羌",这是讲商代的时候有"氐"也有"羌",开始"氐"和"羌"是分开的,后来"氐"和"羌"又融合了,羌族中有一支"白马羌",他们就是"氐"的后裔,所以"氐"还是存在的。"髳"和"微"也特别值得讨论,到了汉代,"羌人"和"蜀人"还有,"濮人"也还有,后来到了云南，可"庸"和"彭"就没有了，但"髳"是有的。很奇怪的是"髳"在汉代受到了特殊的待遇，《说文》里面说"汉令有髳长"，什么叫"汉令有髳长"呢？过去的人不知所云，段注和《说文诂林》中的一些说法也是就文论义，没有什么新的说法。张家山汉简的《奏谳书》里面有一个人叫"髳长苍"，这说明汉代的律令里面确实有一种人叫"髳长"。小徐本云："髳，羌地名，髳地之长。""髳长"在汉代是一种有特殊身份的人。我认为所谓"髳长"应该类似于"賨人"，"賨人"也是巴蜀地区的少数民族，如果没读错的话，"賨"在西周初的金文中就有。由于我们所不知道的一些原因，"髳"在汉代受到了一些特殊的待遇，"髳"的领袖带有特定的身份叫"髳长"，所以"髳"应该是当时的一个民族。有人认为"髳"就是河南的"茅戎"，这是不对的，因为"髳"是西南地区的人。"微"是特别值得注意的，可是"微"到了春秋战国以后就比较少见了。吴大澂有一本书叫《愙斋集古录》，"愙斋"是吴大澂的号，之所以叫"愙斋"，是因为吴大澂收藏了一个鼎，吴氏称之为"愙鼎"，这件鼎现藏南京博物院，鼎铭云："覥𦥑师眉䏦王为周愙，易贝五朋，用为宝器，鼎二、簋二，其用享于厥帝考。""眉"和"微"是经常通用的字，吴大澂认为"眉"就是"微"，这是很有道理的。可吴大澂认为这是"微子"，这当然是不对的。但"眉"很可能确实就是这个"微"，"眉䏦王"就是"微䏦王"。"䏦"这个字这样隶定是不对的，只是暂时隶定成这样，具体是什么，还有待研究。"愙"可以读为"客"，"微"是西南夷，故可称王，因为对他很尊重，所以不以为臣，而以为周客，由此可见"微"在西周时还是很起作用的。其他的器物上也有"眉"，也就是"微"，比如共王时代乖伯簋铭有"王命益公征眉敖"。还有周原出土的九年卫鼎铭有"眉敖者膚🦴,吏见于王","者"疑读为"诸","膚"读为"虏","🦴"疑读为"系(繫)",意思还有待于研究。这三处铭文中的"敖"是"酋豪"之义,实际上就是"酋长",一些少数民族的领袖称"敖"。古文《尚书》中有一篇叫《旅敖》,"敖","豪"也。"眉敖"和"眉𦙫王"一样,就是"微"的领袖。如果这种推想不错,"微"在西周还是挺有作用的。"卢"在《左传》里也有,叫做"卢戎",在湖北的南漳县东北。"彭",前人的说法最为复杂,比较可信的说法是"彭"在今天的四川北部,今天川北还有"彭山""彭县"。综上可知,武王率领的人,不但有今天陕西、甘肃以及山西的一部分诸侯,还有江汉的一部分诸侯,但还是以函谷以西的部分为主,此外还有一大批"西南夷",这些"西南夷"应该更有战斗力。

②"称尔戈、比尔干、立尔矛,予其誓"一句,"称"是"举","比"是排起来,一只手举起戈,另一只手把盾牌排起来,这是很生动的。"戈"的柲是比较短的,而"矛"的柲是比较长的,所以是"举戈""立矛"。"予"是武王自称,"誓"是"号令",不是"对天起誓"。

王曰:"古人有言曰:'牝鸡无晨,牝鸡之晨,惟家之索。'①今商王受惟妇言是用②,昏弃厥肆祀弗答,昏弃厥遗王父母弟不迪③,乃惟四方之多罪逋逃是崇、是长、是信、是使,是以为大夫卿士,俾暴虐于百姓,以奸宄于商邑④,今予发惟共行天之罚⑤。今日之事,不愆于六步、七步,乃止齐焉,夫子勖哉!不愆于四伐、五伐、六伐、七伐,乃止齐焉,勖哉夫子⑥!尚桓桓,如虎、如貔、如熊、如罴于商郊⑦,弗迓克奔,以役西土,勖哉夫子⑧!尔所弗勖,其于尔躬有戮⑨!"

① "古人有言曰:'牝鸡无晨,牝鸡之晨,惟家之索。'"一句,这句话可以有两种理解,一种是古人之言仅是"牝鸡无晨";另一种是把"牝鸡无晨,牝鸡之晨,惟家之索"都包括在内。此处的"古人"应该是一个泛指,大家不要纠结于是哪位古人。"索"训为"空""尽"。"牝鸡无晨,牝鸡之晨,惟家之索"义为"母鸡不能打鸣,母鸡如果打鸣,这个家就亡了"。

② "今商王受惟妇言是用"一句,"受"就是"纣",二者是通假关系。有的书上说"受"又叫"受德",因为《尚书》中有"受德"连在一起的句子,所以认为"纣"名叫"受德",这是错的。"妇"指"妲己","妲己"是有苏氏之女,颂鼎中就有"苏","苏"在今天河南温县一带。

③ "昏弃厥肆祀弗答,昏弃厥遗王父母弟不迪"一句,"昏弃"之"昏"可以写作"昬",是从"民"声的,所以"昏弃"又可以读作"泯弃",义为"不顾"。"肆祀"之"祀"就是"祭祀","肆"的本义是"陈列",所以大凡"成列"的,都可以叫做"肆",比如编钟的单位就是"肆",一肆编钟就是由大到小的一列编钟,列鼎也可以称"肆"。而"肆"本身也有"祭祀"的意思,因为"祭祀"就是把东西陈列起来,《周礼·太祝》的郑玄注:"肆,享祭宗庙也。"所以"肆祀"就是"祭祀"的意思。"答"训为"对",也可以训为"报",所以我们常说"对答""报答"。大家要知道,所有的祭祀在古人看来,都是对

于鬼神的"对""报"。"昏弃厥肆祀弗答"就是"不去进行祭祀，也不去报答他的祖先"，这在当时是对商朝极大的谴责。"王父母弟"一语，过去有不同的理解，我们认为"王"在甲骨文、金文中常与"皇"通用，"皇"是从"王"声的，最近出现的金文中有"王姑"，这是应侯给他的姑姑作的铜器，此处的"王"就是"皇"，义为"大"，是一种敬称，和"周王"并没有什么关系。"王父"就是"皇父"，"父"指父辈之人，这点正符合商末周初人的语言习惯。在甲骨文中，"伯父""叔父"都可以称"父"，是指"父辈"而言，并不仅指亲生父亲。比如"阳甲""盘庚""小辛""小乙"是四兄弟，"武丁"是"小乙"的儿子，但"武丁"在祭祀时将"阳甲""盘庚""小辛"都称为"父"，这就是所谓的"诸父"，一直到汉代还是这么说。"母弟"是"亲弟"，指一母所生之"弟"，这个"弟"也不一定比"纣王"小。具体来讲，"王父母弟"指的就是"比干""箕子""微子"那些人。"比干""箕子"是"王父"，"微子"是"母弟"。"迪"训为"用"，"不迪"就是"不用"，这是实有所指，就是孔子所谓的"殷有三仁"。

④"乃惟四方之多罪逋逃是崇、是长、是信、是使，是以为大夫卿士，俾暴虐于百姓，以奸宄于商邑"一句，"逋"训为"逃"，"多罪逋逃"泛指"有罪之人"。"崇"训为"敬"，"长"训为"尊"，"信"是"宠信"，"使"是"任用"。"卿士"是"卿大夫"中的执政之官。"俾"是"使"。"以奸宄于商邑"的"以"是连词，训为"而"，"奸宄"指"坏事"。"商邑"就是"商国"，古书中称为

"大邑商",或"天邑商",这种说法体现了当时的社会状况。当时的一个国家或者一个诸侯国,它的中心就是一个城市,不但中国如此,西方也一样,常常所谓的一个国实际上就是中间的一座城,所以一个国或者一个王朝总是以中心的那个城为名的,比如盘庚迁殷之后,"商"也就称为"殷"了,因为"商"都于"殷"。因此虽然看起来是一个大的国家或者是一个王朝,但它的中心就是一个城市,也就是一个邑,这里用"商邑"指代"商朝"。

⑤"今予发惟共行天之罚"一句,"发"是武王的名,今天我们还不知道出土文献中作为武王名的"发"究竟应该怎么写,因为古文字中还没有看到。"共"读为"恭",义为"敬"。武王提出了以上这些伐纣的理由,即所谓"师出有名",所以后来孟子说武王伐纣是"以至仁伐至不仁"。

⑥"今日之事,不愆于六步、七步,乃止齐焉,夫子勖哉!不愆于四伐、五伐、六伐、七伐,乃止齐焉,勖哉夫子"一句,"今日之事"指的就是这场战争。"愆"是"差错"。"勖"训为"勉",义为"好好干"。"六步""七步"和"四伐""五伐""六伐""七伐",自古以来就有不同的解释,不管怎么说,这些都是与行军打仗的"军阵"有关的。当时军阵的形式我们还不是很清楚,这里说"四伐""五伐""六伐""七伐",可为什么不说"八伐""九伐"?这应是与当时军阵的具体布置有关,大家要知道,古代的战争是冷兵器时代下的战争,是一种军阵式的战争,不论是战车还是战车旁边的徒兵都是要摆阵的,不是像后来舞台上所演的那样,双方各出一员战

将打一下就完,古人真正的作战要摆成阵列的形式,所以这里面讲的"步"和"伐"都应该是军阵用语。"伐"是"击刺",应该是阵法中攻击的一种方式。外国人也是一样,不知道大家看没看过前一阵子得奥斯卡奖的《特洛伊》,里面打仗的时候是要列阵的,一边击鼓,一边往前走,事实上真的就是这种打法,而不是一对一。甲骨文中常见"伐人""伐羌",早期的学者作过考释,比如罗振玉的《殷虚书契考释》等,大都是用《牧誓》来讲,他们不认为"伐"是"杀人",多认为"伐"是一种武舞,就是在祭祀时进行的一种舞蹈。把"伐"读为"杀"或"人祭"是很晚的事情,是在吴其昌写了《殷代人祭考》之后,特别是考古发现了"人祭"之后,大家才多把"伐"理解为"杀人"。究竟"伐"应该怎样解释,什么行为才能叫做"伐"等,还可以进一步讨论。"乃止齐焉",这是说军阵要保持"止"和"齐","止"是"定","齐"是"整齐",不是说军队就站那里不动,是要在动的过程中保持稳定和整齐。"夫子"是对参战者的尊称。

⑦ "尚桓桓,如虎、如貔、如熊、如罴于商郊"一句,"桓桓"是"武勇"之貌。"尚"是"其",表示"希望""期待"的意思。"貔"是"豹子"一类的东西。有人说"貔"是"猞猁",这恐怕不对,因为"猞猁"在新疆一带才有,猞猁皮是在康熙入疆以后进入中原的,到了左宗棠收复新疆的时候才流行开来,在这以前猞猁皮是很罕见的。有人认为熊不那么厉害,那是耍的狗熊,真正的熊是非常凶猛的,在东北的人大多了解这一点,山里有熊是很大的事情,周文王访姜太公时

曾梦见太公是"熊",就是这个道理。"商郊"指的就是"牧野"。

⑧"弗迓克奔,以役西土,勖哉夫子"一句,"弗迓克奔,以役西土"是讲政策。"迓"读为"御",训为"止"。"克奔"是"能跑的人"。"役"是"用"。意思是,对于那些叛离商朝的人,要实行正确的收容政策,不要一见跑的人就杀掉。

⑨"尔所弗勖,其于尔躬有戮"一句,"躬"训为"身","戮"训为"罚"。意思是,如果不好好干就要给予警告,军令大都是这样。

《牧誓》大致就是如此,我们可以想象一下,这在当时是很雄壮的,这篇后来也就成为我们最好的经典之一,之后凡是有大的战争,其文诰大都仿照《牧誓》的这种格式。

《克殷》

武王伐纣是一件非常大的事,与之相关的史料是非常多的,《尚书》中有《泰誓》和《牧誓》,还有《武成》。《武成》现在已经看不到了,但《逸周书》中有《世俘》。可是大家要注意,司马迁在《周本纪》中基本没有用《世俘》的材料,如果《世俘》就是《武成》,二者完全一样,司马迁为什么不用?司马迁是孔安国的弟子,亲自问学《尚书》于孔安国,如果孔安国有古文《尚书》的《武成》篇,司马迁为什么不采用呢?再有就是孟子所引用的古本《武成》中有"血流漂杵"的记载,这在《世俘》中也是没有的。因此，我们认为《世俘》和《武成》是有关系的，可能是《武成》的别本，可是不能够完全相信《世俘》就是《武成》，这一点究竟应该怎么看，以后如果有新的材料，还可以进一步研究。那么《周本纪》有没有用《逸周书》的材料呢？答案是有的，而且还不少。司马迁没有怎么用《世俘》这一篇，主要用的是《克殷》和《度邑》。表面上《世俘》的内容是最不符合读书人的心理的，孟子认为"武王伐纣"是"以至仁伐至不仁"，是不会"血流漂杵"的。后人读《世俘》看到其中描述了那么多的杀伐，与传统道德观念不一样，认为这很奇怪，但我们今天读《世俘》的时候，反而觉得特别宝贵，《克殷》和《度邑》就不是这样，所以我们猜想《世俘》的记述更符合"武王伐纣"的原始状况。

《克殷》的某些内容是其他篇所没有的，而司马迁在《周本纪》中记述相关内容时，就是用《克殷》的。

《克殷》正文：

周车三百五十乘，陈于牧野，帝辛从①。武王使尚父与伯夫致师②。王既誓，以虎贲戎车驰商师，商师大崩③。商辛奔内，登于廪台之上，屏遮而自焚于火④。

①"周车三百五十乘，陈于牧野，帝辛从"一句，周人的战车有三百五十乘，这个规模是非常大的。前两年美国的夏含夷教授写文章，讲甲骨文中的车战，认为当时的车并不多。①当然这个问题我们可以讨论，可是不管怎么说，三百五十乘在当时是很了不起的事，虽然春

---

① 夏含夷：《中国马车的起源及其历史意义》，载《古史异观》，第99-130页，上海：上海古籍出版社，2005年。

秋时期千乘之国并不罕见，但在周初就是规模很大的一支军队了。"帝辛从"是追述前事，因为纣王活着的时候是不会叫"帝辛"的。"从"义为"跟随"，相当于英文中的"follow"，也就是说有一个与周军对等的摆阵。按其他古书讲，纣王部队的规模更大，但《克殷》并没有讲。

②"武王使尚父与伯夫致师"一句，"尚父"就是《诗经》中的"师尚父"，也就是"太公望"，后来称为"齐太公"。按照《周本纪》等古书的说法，周文王见到姜子牙说"吾太公望子久矣"，所以称之为"太公望"。这只是一种说法，是不是真的这样就不知道了，可姜子牙去世之后，齐国确实是称他为"太公"的。不过大家要知道，人名常常有这么叫的，过去科学院历史所有一个很好的历史学家叫吴太等，为什么叫"太等"呢？是因为他奶奶等着他，他的母亲总是不生孩子，后来他奶奶终于等到他了，所以就叫"太等"，我说这就和"太公望"一样；后来他觉得这个名字不好，就把"等"字去掉了，就叫"吴太"。"太公望"的名叫"望"，字"尚父"，"伯夫"就是"百夫"，太公望不是一个人去致师的，而是带了一百个军人，"致师"就是"挑战"。这一点在《诗经》中也有描写，我们就不详细引述了。

③"王既誓，以虎贲戎车驰商师，商师大崩"一句，"王既誓"的"誓"就是《牧誓》，周武王在牧野誓师的时候，挑战已经在进行了，武王誓师完毕，战争正式开始。"虎贲"是周朝的御林军，"贲"和"奔跑"的"奔"有关，"虎贲"，就像是"老虎跑"一样；也有人说"贲"

就是虎皮的颜色。"虎贲"是一种经过专门训练的卫队，这种部队在世界各国都会有的。"商师大崩"不是一个简单的事，是有一个很长的过程。

④"商辛奔内，登于廩台之上，屏遮而自焚于火"一句，纣王看到大势已去就跑了，这是一个很长的过程，因为纣王自焚时已经到了晚上，而牧野之战开始是在"甲子"的早晨，实际上战事进行了差不多一个白天。"廩台"就是古本《纪年》所谓的"南单之台"，也称为"鹿台"。我们可以想象，"鹿台"是本来的名称，而"南单"是地名，"朝歌"这个地方可能就被称为"南单"。在甲骨文中，我们可以看到"东单""南单""西单""北单"。至于说什么叫"单"，不太清楚，有人说"单"就是"坛"，我们也不知道这个说法对不对。"南单"也见于潘祖荫藏的一个觚，觚上有两字就是"南单"，我们可以想象，因为朝歌在安阳以南，所以称为"南单"。"北单"后来成了一个族氏，武官村大墓中就有"北单"。"屏遮"是"遮挡"，拿什么遮挡呢？《世俘》中就说得很清楚，纣王是用很多玉把自己遮挡起来。这一点是很真实的，中国古人认为以玉作为随葬，对遗体和灵魂都有保护作用。良渚文化就是这样，玉璧将整个墓穴盖得很满。一直到很晚，比如晋侯墓地中也是把玉都穿在身上，这种服饰又重又长，活着的时候是穿不起来的，因为穿上就走不了路了，实际上这种玉制的服饰就是入殓的时候用的东西，到后来就发展成了所谓的"玉衣"，"玉衣"到汉代时还在使用。这些是对玉的一种看法，我们猜想纣王也

是如此,还有一层意思是纣王想把宝贝都带走,所以就用玉把身体包起来,然后放火自杀。据《世俘》记载,这里面最好的玉叫"天智玉",传说"天智玉"是不会烧坏的。

武王乃手太白以麾诸侯,诸侯毕拜,遂揖之①。商庶百姓咸俟于郊,群宾佥进,曰:"上天降休",再拜稽首,武王答拜②。先入适王所,乃克射之三发,而后下车,而击之以轻吕,斩之以黄钺,折悬诸太白③。适二女之所,乃既缢,王又射之三发,乃右击之以轻吕,斩之以玄钺,悬诸小白,乃出场于厥军④。

①"武王乃手太白以麾诸侯,诸侯毕拜,遂揖之"一句,"太白"实际上就是"大帛",也就是"大白旗",这是诸侯对武王致贺。

②"商庶百姓咸俟于郊,群宾佥进,曰:'上天降休',再拜稽首,武王答拜"一句,"群宾"指各方面来的客人,包括各方诸侯以及夷人的领袖,都来给周武王致贺。"休"训为"美"。这些都是战胜之后的事情。

③"先入适王所,乃克射之三发,而后下车,而击之以轻吕,斩之以黄钺,折悬诸太白"一句,"王"指纣王,纣王已经死了,但武王还是要在战车上射三支箭,这是表示"战胜"的意思。"轻吕"是短剑。从考古上看,真正有两面对称刃的短剑,最早出现就是在西周初年,在琉璃河遗址就有,而且有剑鞘。我个人一直认为剑起源于巴蜀,因为三星堆有形制相同的玉质短剑出土,就是十几厘米长的柳叶形的剑,在成都的十二桥遗址中还

有薄铜短剑出土,这种短剑可能就是从西南夷来的。"轻吕"这个词一直到汉代还在用,汉代称之为"径路",即所谓的"径路刀","径路"应是"轻吕"的音转。这个问题还是值得好好地去研究的,日本学者江上波夫在《北方系青铜器之研究》中专门对"径路""轻吕"进行了考证,他认为这是北方民族的一种语言,指的就是"短刀""短剑",我觉得江上波夫先生讲得非常有道理。"斩之以黄钺"就是用铜钺把纣的头砍下来,然后悬挂在大白旗上示众。这种战胜之后的表现,外国一样也有,当年我在英国看莎士比亚的《麦克白》,开头就是这样,军队战胜归来,举着旗子,旗子上都挂着人头。"折"训为"断"。

④ "适二女之所,乃既缢,王又射之三发,乃右击之以轻吕,斩之以玄钺,悬诸小白,乃出场于厥军"一句,"二女"指纣王的两个妃子,其中一个是"妲己",另一个不知道是谁,大家不要认为是《封神榜》中的"胡喜妹"。我想"射之三发"这种行为还有"辟邪"的意思,因为已经死了,需要辟邪。什么叫"场"呢?"锄地"曰"场",就是"开辟出一个广场"。以上这些就是当天发生的事情,当然这不是"甲子"那天的事情,纣王死在"甲子"那天的晚上,利簋中讲"夙有商",是第二天早上才整个占领,所以这些应该是"乙丑"那天的事情。

及期,百夫荷素质之旗于王前,叔振奏拜假,又陈常车,周公把大钺,召公把小钺以夹王,散宜生、泰颠、闳夭皆执轻吕以奏王①。王入,即位于社,群臣毕从②。毛叔郑奉明水,卫叔傅礼,召公奭赞采,师尚父牵牲。尹逸策曰:"殷末孙受,德迷先成汤之明,侮灭神祇不祀,昏暴商邑百姓,其彰显闻于昊天上帝。"武王再拜稽首,乃出③。

①"及期,百夫荷素质之旗于王前,叔振奏拜假,又陈常车,周公把大钺,召公把小钺以夹王,散宜生、泰颠、闳夭皆执轻吕以奏王"一句,"素质之旗"是白绸子做的旗。"叔振"就是"曹叔振铎",是武王的一个弟弟,封于"曹"。古人双字的名往往可以省成一个字,比如"重耳"就可以叫"重"。"假"通"嘏",义为"大福"。"常车"就是"太常之车","太常"是"画有日月的旗子"。"散宜生"是"散宜"氏,"散宜生""泰颠""闳夭"都是文王时代的大臣。

②"王入,即位于社,群臣毕从"一句,"即位于社"是说武王在社即天子位,在这之前武王还没有即位。

③"毛叔郑奉明水,卫叔傅礼,召公奭赞采,师尚父牵牲。尹逸策曰:'殷末孙受,德迷成汤之明,侮灭神祇不祀,昏暴商邑百姓,其彰显闻于昊天上帝。'武王再拜稽首,乃出"一句,"毛叔郑"是武王之弟,封于"毛"。"卫叔"是武王的弟弟,名"封",后来封于"卫"。"采"是类似于哈达一类的东西。"尹逸"就是"史佚","尹逸"是"尹氏",所以后来西周金文的史官常常称为"尹氏"。①这就好像乐官称为"伶"一样,相传黄帝有乐官名叫"伶

---

① 整理者按:李先生后对此有专文讨论,参看李学勤:《〈大诰〉尹氏及有关问题》,载《清华简及古代文明》,第350-354页,南昌:江西教育出版社,2017年。

伦"，所以后世的乐官就称为"伶"。这一段整体讲的是胜利之后的庆典，文中对于参加庆典的人有详细的记述，《周本纪》中的有关叙述，就是根据这个来的。

立王子武庚，命管叔相①。命召公、卫叔释百姓之囚，乃命南宫忽振鹿台之财、巨桥之粟，乃命南宫伯达、史佚迁九鼎三巫，乃命闳夭封比干之墓，乃命宗祝崇宾飨祷之于军②。乃班。

① "立王子武庚，命管叔相"一句，这一段讲述了武王采取的几个措施，"立王子武庚，命管叔相"就是其中之一。武王并没有完全废掉商朝，而是立了纣的儿子武庚，俾守商祀。"管叔"是武王的同母弟，名鲜。

② "乃命南宫伯达、史佚迁九鼎三巫，乃命闳夭封比干之墓，乃命宗祝崇宾飨祷之于军"一句，"三巫"是什么意思，还搞不清楚。有人说"巫"是"玉"之误，还有人说"巫"是"筮"。"宗祝"即"太祝"，"崇宾"是人名，也就是"宗祝"的名字。

以上就是《克殷》的内容，大家可以找来看一看，就在《逸周书》里面，现在《逸周书》有一些很好的注本，曲阜师大黄怀信所作的《逸周书汇校集注》还是不错的。大家在看《克殷》的同时，可以对照《周本纪》，因为《周本纪》的注解比较详细，看一下哪些是《周本纪》里面有的，哪些是没有的，这对大家是一个很好的练习。

· 2008年下半年第十一次课 ·

《度邑》、何尊（上）

《度邑》

前几次课我们讲了一些与"武王伐纣"有关的材料，"武王伐纣"是一个大题目。前些年我们做夏商周断代工程，"武王伐纣"也是一个重要课题，并没有和周代或商代放在一起，是单独来做的。这是因为"武王伐纣"的材料特别多，相应地把文献与金文结合起来的机会也就比较多，从成王往后，相关的材料就会变得少一些，相应地与文献直接对照的材料也会减少。这次课还是没有离开最早的这一段，今天我们讲《逸周书》中的《度邑》。

我们首先要说明一下，《逸周书》中的有些篇，从今天的角度来看，是和《尚书》等同的。《逸周书》现存目录是七十一篇，当然其中有几篇是有目无文的。至于说《逸周书》是不是"孔子删书之余"，还可以讨论。所谓"孔子删书之余"是说孔子删《书》成百篇，后来伏生传下来的只有二十九篇，再加上《逸周书》的七十一篇正好是一百篇。所以《汉书·艺文志》认为《逸周书》有七十一篇，是"孔子删书之余"，但也可能是孔子选这一百篇的时候没有选这些篇。这个问题一直有很大争论，我们希望清华简在一定程度上可以解决这个问题，因为清华简中包含一些《逸周书》的内容。但不管怎么说，从战国一直到汉代，很多人认为《逸周书》具有和《尚书》同等的史料价值，虽然《逸周书》不入于学官，不为《尚书》博士所掌，但和《尚书》的史料价值等同，所以当时人在引用《逸周书》的时候称"周书"，甚至有的就称"书"，从这些可以看出《逸周书》在某些时候和《尚书》是平等的。这样做是有相当根据的，因为《逸周书》中的若干篇，春秋时代的人已经引了，这在《左传》《国语》《战国策》中都可以看到，虽然例子不多，但在引《逸周书》和引《诗》《书》时并没有多大差别，所以《逸周书》中的有些篇还是很重要的。特别是司马迁作《周本纪》用了不少《逸周书》的材料，其中有一篇就是《度邑》。"度"在古书中和"宅"是通用字，因此"度邑"就是"宅邑"，而"宅某地"在甲骨文中就有，"宅"训为"居"，所以"度邑"就是"居邑"，也就是"建设、设立一个都邑"，它的意思比今天我们所说的"居"要稍微广一点。《度邑》中讲到要建立一个都邑，这个都邑就是"成周"，也就是今天的河南洛阳。《度邑》篇的内容是见于《周本纪》的，大家可以对读一下，《史记》在引用《度邑》的时候，也和引用其他篇一样有所省改，并把一些不容易懂的字加以改变，把这些文献进行对读，对我们都是很好的练习。司马迁对《诗》《书》以及《逸周书》的解释，代表了那个时期的诂训，这是非常值得我们注意的。

《度邑》正文：

维王克殷，国君诸侯，乃征厥献民、九牧之师见王于殷郊[①]。王乃升汾之阜，以望商邑[②]。永叹曰："呜呼！不淑充天对，遂命一日，维显畏弗忘。"[③]

[①]"维王克殷，国君诸侯，乃征厥献民、九牧之师见王于殷郊"一句，"克殷"是一个词，一般不说"克殷

国",我们在很多的文献中都可以看到"克殷"是连读的。如果在"国"处断句,看起来句子比较完整,可是大家要知道,"君诸侯"这个词在同时代的文献中是很难找到的,而"君天下"这类的词都是比较晚的,所以还是应该在"殷"下点断。这里的"王"指"武王","维王克殷"也就是"武王克殷",《逸周书》中有一篇就叫《克殷》。"国君诸侯"这个地方是不是有缺字,我们还可以讨论。"国君"就是"邦君","国"和"邦"是可以通用的,《牧誓》中有"友邦君"。"维王克殷,国君诸侯"的意思是"武王战胜了殷,包括殷的邦君诸侯"。"乃征厥献民、九牧之师见王于殷郊"是说武王克殷之后曾开了一个大会,地点在"殷郊","殷郊"就是"商邑之郊",《逸周书·世俘》中提到了这件事,而且不止一次。"献民"一词曾经引起过很多讨论,按传统的意思就是"贤人",等于说"俊民",也就是"出类拔萃的人",有时也作"民献",《大诰》中说"厥民献有十夫"。这里需要说明,有一个很流行的意见,就是把大盂鼎的"人鬲"读为"民献","人"和"民"通用没有问题,但"鬲"和"献"是不能通用的,这个说法虽然很巧,可是做不到,从形、音、义三方面来看"鬲"和"献"是不能通的。这个说法虽然流行于一时,很多人写文章由此做推论,但是近年来有人不同意这个说法。今年,特别是学文字的人,更多地注意到文字通假的问题,所以把"人鬲"说成"民献"是不行的,实际上"献民"指的就是殷的族长、领袖,当然这里面包括殷王朝的官员。"师"训为"众","九牧"按传统说就是"九州之牧","牧"有"官员"的意思,更多指武职的官员,甲骨文中就有,比如"右牧""左牧"等,裘锡圭先生有专文论述。①"牧"本是"牧人",也就是"放牧的人",但古人认为官员就是来放牧民众的,所以《管子》有《牧民》篇,"牧"就是"治理"。至于说当时是否就有"九牧之官",我们也不是完全清楚,因为《逸周书》流传日久,被后人改窜的地方比较多。

②"王乃升汾之阜,以望商邑"一句,"汾"应该是一个地名,在"殷郊"附近。大家要知道,从安阳到淇县,再到新乡,一路上没有什么很高的山,如果找高山,那就是太行山,或者是辉县的百泉山,即邵康节曾生活的"百泉山",剩下的大都是小山,"小山"谓之"阜"。《殷虚书契菁华》中有一片大版的甲骨,上面就有"王在廷中登阜"之事,这个山就更小了,是在宗庙的院子里面。但武王在这里所登的山要更大一些,因为登上此山可以望见整个商都。但这个山也不需要太大,就好比想看北京的全貌,登景山就差不多了。站在"汾之阜"就可以望见整个商邑,至于说"汾之阜"究竟在什么地方,还不知道。

③"永叹曰:'呜呼!不淑充天对,遂命一日,维显畏弗忘。'"一句,"永"训为"长","永叹"即"长叹"。"淑"是"善""美"的意思,见于《尔雅》,"淑"在古文字中写作"弔"。"充"是"当","天对"之"对"是"配"的意思,古人认为人间的帝王是"上天"之"对"

---

① 裘锡圭:《甲骨卜辞中所见的"田""牧""卫"等职官的研究——兼论"侯""甸""男""卫"等几种诸侯的起源》,载《古代文史研究新探》,第343-365页,南京:江苏古籍出版社,1992年。

或"配"。"不淑充天对"就是"不善当天之对",也就是"不善当天子",没有尽到天子的职责,实际上说的就是纣王,结果就是"遂命一日"。"遂"就是"坠",训为"失",古人认为谁做天子,那是上天的命令,所谓"大命未集"就是"大命未成",而"失掉天命"就是"坠命"。"不坠"一词,常见于金文。"显"是"显现","畏"是"天威"。"弗忘"就是"不要忘记",因为"殷鉴不远"。

王至于周,自鹿至于丘中,具明不寝①。王小子御告叔旦,叔旦亟奔即王,曰:"久忧劳,问害不寝。"②曰:"安,予告汝③。"

①"王至于周,自鹿至于丘中,具明不寝"一句,武王回到了周,结果在归周途中遇到了一个问题,那就是"具明不寝"。"鹿"和"丘中"是周境内的小地名。"其"是"有","具明"就是"天亮了"。"不寝"就是"睡不着觉"。由此看来,武王很可能有失眠症,身体不好,所以在克商之后不久就去世了。因为是在"自鹿至于丘中",所以这不是一个晚上睡不着,而是很多天都睡不着。按理说克殷归来,并且大获全胜,是一件很好的事情,可是武王睡不着觉。

②"王小子御告叔旦,叔旦亟奔即王,曰:'久忧劳,问害不寝。'"一句,"御"是"用事之臣","小子御"是周武王的内侍近臣。"叔旦"就是"周公旦",是文王的第四子。文王的大儿子叫"伯邑考",大家要知道,"伯邑考"这个名字是不见于《尚书》的,可是很多书里面都提到了,所以这是不会错的。"武王"是老二,当然没

有书明说武王是老二。武王再往下是"管叔鲜""周公叔旦"以及"蔡叔度",最小的是"冉季载"。有人认为"周公"比"管叔"大,这一点我们现在证明不了。但不管怎么说,这三个人都是称"叔"的,那么谁是"仲"呢?就是"武王",所以一般认为"武王"是"文王"次子。"即"训为"就"。"害"读为"胡",周厉王的名字叫"胡",在金文中写作"㝬",所以"害"就是"胡",当然这么读在韵部上有点问题,但很多证据都证明"害"就是"胡",这里就不详细讨论了。"问害不寝"就是"问胡不寝","问"是"问候",不是"询问"。大凡睡不着觉的人,都不知道为什么睡不着,他自己本身也想睡,可就是睡不着,他数羊都数到两千八了,还是睡不着,他自己也不知道为什么。所以,这里是周公问候武王。

③"安,予告汝"一句,大家可以想象一下,这时候武王就靠在床上,当时是否有今天这样的床,我们还不知道,也可能是在席上,不过商代的时候,可能有比较低的睡榻。"安"就是"安坐",也就是"请坐","予告汝"就是"我告诉你"。

王曰:"呜呼,旦!惟天不享于殷,发之未生至于今六十年①,夷羊在牧,飞鸿满野,天自幽,不享于殷,乃今有成②。惟天建殷,厥征天民名三百六十夫,弗顾亦不宾威,用戾于今③。呜呼!予忧兹难近,饱于恤,辰是不室,我未定天保,何寝能欲?④"

①"呜呼,旦!惟天不享于殷,发之未生至于今六十年"一句,由这些地方就会明白前面为什么提到"升

汾之阜",它联系到了周武王克商之后的一些表现,所以这篇记录写得很好。首先是把武王克商之后的表现写出来,再联系到武王睡不着觉,然后和周公谈话,最后说出自己的感想,前后文是呼应的,前面的那段话并不是没有用。"享"是"受祭"的意思,人祭祀神可以叫做"享",天享受人的祭祀也叫做"享"。"天不享于殷"就是"天不受殷的祭祀了",也就是"天抛弃了殷"。"发之未生至于今六十年"是说"武王未出生的时候天已经抛弃了殷,到今天已经六十年了"。这个地方需要特别考虑,虽然和年代学没有直接的关系,但可以提供一种估算。此处的"六十年"有三种理解,第一种理解是从"纣王即位"算起。因为纣王是很不好的,特别是《尚书》中提到从成汤一直到帝乙祭祀上天都是很好的,不管周人对文丁、帝乙是什么看法,至少在周人的讲话中,并没有讲帝乙不好,而且把帝乙和纣王区分开来。如果从"纣王元年"算起,那纣王在位的时间就很长了,也就是说纣王有六十年,这不太可能。必须指出,董作宾的《殷历谱》就将纣王的年数算得很长,有六十多岁,这不合理,因为和纣王的行事不匹配,所以"发之未生至于今六十年"的起始时间要早于纣王,而周人说帝乙之前的历代商王都很好,估计是在一定条件下这么说。第二种理解就是从"文王受命"开始算起。文王在位的年数只有两个记载:一个是在《尚书·无逸》中的"五十年";还有一个是《吕氏春秋》的记载,说文王在位五十一年,而且算得很准,说文王八年时曾有地震。大家要知道,陕西是一个地震区,清代的时候,华山发生地震,就把汉代的华山碑给震碎了，二十世纪五十年代的时候对华山碑的碎片进行过清理。大家可以估计一下，"发之未生"也就是"武王还未出生"，武王是文王的次子，换句话说是文王很年轻的时候。可即使是这样，算起来也不合适，所以"天不享于殷"估计是要从比较早的时间算起。第三种理解是从武乙算起。按周人的记载，商人从武乙以来就有些败德，传说武乙跑到黄河去打猎，传说是做了一个皮口袋，里面装满狗血，并拿箭射它，结果口袋破裂，血流出，武乙说这是把天射了，所以武乙在打猎的时候让雷给劈死了，即所谓"武乙雷震死"。不论怎么讲，"天不享于殷，发之未生至于今六十年"中的"六十年"估计是要超过文王的时代，至少是要在"文王受命"以前。要不然就没法算了，因为文王最多就五十年，文王死后到武王伐纣，中间所隔的时间也是非常短的，一般认为是武王十一年伐纣，这样算起来，文王在位五十年，再加上武王十一年，就差不多是六十年了。所以，最可能的算法是从"文王即位"算起。当然武王所说的时间不可能那么细，但我们推想，从"文王即位"算起，基本上符合这个时间。

②"夷羊在牧，飞鸿满野，天自幽，不享于殷，乃今有成"一句，"夷羊"，过去很多书中都提到过，朱右曾引了《淮南子》的高诱注，还有韦昭注，都说"夷羊"是一种神兽。"飞鸿"的"鸿"不是"大雁"，"鸿"读为"蝗"，是一种虫子。我们可以猜想，所谓"夷羊"是一种恶神，"牧"是"郊野"，"夷羊在牧"和"飞鸿满野"都是说灾异很多。"幽"是"幽冥"，也就是"看不见的

地方"，"天自幽"就是"看不见天"，也就是"在那个时候天就已经抛弃了殷"。说实在的，就算当时真有一些灾异也不稀奇，中国那么大，有灾异是很常见的，而一个王朝的灭亡常常和灾异有关。二十世纪三十年代，竺可桢先生曾在古气象学上做过一些工作，他认为在"武王伐纣"这一段时间，地球从暖周期转移到了冷周期①，所以那个时候的天气、环境会有很多的变化，就会出现一些特殊的现象，这也不足为奇。"乃今有成"，是说现在看到了结果。

③ "惟天建殷，厥征天民名三百六十夫，弗顾亦不宾威，用戾于今"一句，这句话我们不能完全理解，应是当时人对商朝的一种看法。"建殷"的"建"就是"封"，所以我们说"封建"，"封"本是土地的疆界，先堆起一个土堆，然后在土堆上种上一种特别的树，这就是"封"，散氏盘对"封"有比较详细的记载，现在我们发现的《秦律》里面对"封"具体是多高多宽都有明确规定。封的时候常常有树，而且这个树还常常被祭祀，就是所谓的"丛社"，这些和理解古代社会是有关系的。小臣謰鼎铭中的"召公建匽"就是"召公封燕"，"惟天建殷"就是"天建立了殷"。"天民名三百六十夫"，"名"是"数"的意思，秦汉的青铜器上常有编号，而编号常常写为"名多少"或者"第多少"。其实"名"和"第"的意思一样，就是"数"，即"名数""次第"，所以"名三百六十夫"就是"人数有三百六十"。"征"是"聚合"的意思，"天

---

① 竺可桢：《中国近五千年来气候变迁的初步研究》，《考古学报》1972年第1期。

民"是"天选之人"。这是成汤建立商朝的时候曾经有的一种说法,但具体是什么情况我们还是搞不清楚。"弗顾亦不宾威"的"威",写法是非常古的,现在的《逸周书》里面还是这么写,这个字在一般的书里面是没有的。"宾"有"近"的意思,"弗顾亦不宾威"就是"即使是天不去管成汤,商也不会近于灭亡","戾"训为"至","用戾于今"即"用至于今"。这是因为商汤有德,并且拥有三百六十个贤人,所以可以传国六百年之久,可见这三百六十夫就是商朝建立时商人的祖先。这一句大致的意思就是这样,很多地方我们不懂,所以不可能把《逸周书》中的每个字都解释清楚。《尚书》的很多地方,我们也不懂,现在讲的很多也是强讲,很多时候也只是给出一种解释,真正是不是这样,还需要长期的研究。

④"呜呼!予忧兹难近,饱于恤,辰是不室,我未定天保,何寝能欲?"一句,"予忧兹难近"义为"我很忧虑,这件事是很难达到的",这件事指的就是拥有"天民名三百六十夫"。"饱于恤"的"饱"是"充满","恤"训为"忧"。"辰是不室"的"辰"训为"时","时是不室"就是"不室",也就是"没有家"。"我未定天保"义为"我不确定天是否保护我们"。"何寝能欲"的"欲"应该按照朱右曾的讲法,训为"安",也就是"我怎么能安寝呢?"由这段可知,武王真正忧虑的是周人不能像商朝一样建立稳固的王朝。

王曰:"旦,予克致天之明命,定天保,依天室①,志我其恶,㞷从殷王纣,日夜劳来定我于西土②,我维显服,及德之方明③。"叔旦泣涕于常,悲不能对④。

①"予克致天之明命,定天保,依天室"一句,连续几次说"王曰",这在金文中见过很多次。"致"是"得到"。"明"训为"大"。"予克致天之明命"就是"我能得天之大命",这里所谓的"得天之大命"指的就是"克商"。"依天室"的"依"是"依靠"的意思,"天室"是"祭祀天的宗庙",天亡簋中有"天室"。所谓"定天保,依天室"就是要有一个家,实际上就是要建立一个新的都城,这个都城就是这个王朝的基础。实际上,在商周时期,一个王朝或一个大诸侯国的中心就是一个大的都城。

②"志我其恶,㞷从殷王纣,日夜劳来定我于西土"一句,"志"是"记录","志我其恶"就是"记下来我们所痛恨的事"。我们所痛恨的事是什么呢?就是"㞷从殷王纣"。"㞷",贬也。《毛传》训为"坠","㞷从殷王纣"就是"像纣王一样失坠天命"。"日夜劳来定我于西土"即"日夜勤劳使周人能定于西土"。

③"我维显服,及德之方明"一句,"服"训为"事","我维显服"即"我们明显要做的事",实际上这个事就是"及德之方明"。"方"读为"旁",训为"大","德之方明"就是"德之大明"。中国人所讲的天人关系与西方人不同。西方人,不论是希腊人还是罗马人,他们的神只是一个城市的保护者。据希腊神话传说,雅典卫城刚建立的时候,有两个神去竞争,要相互比赛,同时神还要给人一些好处。海神波塞冬用三叉戟一戳,就把海分

开了,出现了一个洞,里面有一匹马。雅典娜给的是橄榄树,这个"橄榄"不是我们吃的青果橄榄,而是榨橄榄油的"橄榄"。人们最后认为雅典娜给的东西好,所以就以雅典娜为守护神,橄榄树就成了雅典城的象征。那匹马后来被人们养了起来,这就是马的起源。这是西方人的天人观念。我们的祖先建立一个城市是要"定天保""依天室"的,是要依靠天的,所以城市的中心是宗庙,而宗庙是祭祀天和祖先的,是一个王朝的基础,把这些做好了就可以"充天之对"。

④"叔旦泣涕于常,悲不能对"一句,"常"读为"裳",就是"下面的衣服"。所谓"下面的衣服"指的不是我们今天的"裤子",中国古人的裤子是套裤,是没有裆的,前面有"市"作为遮挡。"悲不能对"的"对"训为"答"。

王□□传于后①。王曰:"旦,汝维朕达弟,予有使汝,汝播食不遑暇食,矧其有乃室②。今维天使予,维二神授朕灵期,予未至于休,予近怀于朕室③。汝维幼子大有知④。昔皇祖厎于今,勖厥遗得显义,告期付于朕身,肆若农服田,饥以望获⑤。予有不显,朕卑皇祖不得高位于上帝⑥,汝幼子庚厥心,庶乃来班朕大环,兹于有虞意,乃怀厥妻子,德不可追于上,民亦不可答于下⑦。朕不宾在高祖,维天不嘉,于降来省,汝其可瘳于兹⑧。乃今我兄弟相后,我筮龟其何所即?今用建庶建。"⑨叔旦恐,泣涕共手⑩。

①"王□□传于后"一句,这是武王和周公讨论"传后"的事情,我们可以揣想武王可能有比较严重的慢性病,因为武王总是睡不着觉。

②"汝维朕达弟,予有使汝,汝播食不遑暇食,矧其有乃室"一句,"达弟"的"达"是"通达""明达","予有使汝"是"我派你做事情",在金文中也有类似的话,如师毂簋"才(在)先王小学,女(汝)敏可事(使)","汝敏可使"就是"你聪明可用"。"播"训为"陈列","播食不遑暇食"义为"食物摆在这里却没有时间去吃"。周公是非常勤劳的一个人,这点在古书中多次提到,所谓"一沐三握发,一饭三吐哺"。"矧"就是"况且","矧其有乃室"就是"哪里还能有家室?"这里的"有家室"指"安居不出"。

③"今维天使予,维二神授朕灵期,予未致于休,予近怀于朕室"一句,"天使予"就是"上天派我克商"。"灵"读为"令",训为"善","灵期"就是"好期限",实际上就是"死期",这里是婉转的说法。朱右曾将"灵"训为"零落"之"零",有些迂曲。"予近怀于朕室"就是"我整天在家里面想"。

④"汝维幼子大有知"一句,"知"读为"智"。何尊中有"尔有唯小子亡哉(识)",这两句的句式是非常相似的。大家要知道,"小子"不能理解为"小孩",同样"幼子"也不能理解为"小孩",实际上"小子"或"幼子"是君王对臣子的一种口吻。有人认为"维"应读为"虽",也就是"虽然",可"汝虽幼子大有知"就读不通了,如果真的这样读,那周公就真的变成小孩子了,但当时周公的年纪已经不小了,所以还是读"唯"为好。从这些地方,可以看出《度邑》虽经后人改窜,但总的说起来,还是真正周初的东西。

⑤ "昔皇祖厎于今，勖厥遗得显义，告期付于朕身，肆若农服田，饥以望获"一句，这是武王讲过去的事，"皇祖"指的可能是"太王"或"王季"。"勖"训为"勉"。朱右曾认为"遗"是"遗训"，这是很对的。"期"是"期望"。"肆"就是"惟"，是虚字。此句义为"祖先把遗训传给子孙，就好像是农夫种地渴望收获一样"。

⑥ "予有不显，朕卑皇祖不得高位于上帝"一句，"不显"义为"不明"，"予有不显"即"我有什么做得不对"。"朕卑皇祖不得高位于上帝"的"卑"通"俾"，训为"使"。商周时代的宗教观念认为，王的祖先是在上帝左右的，如果子孙不肖，那么他也就不能配天祭祀了。比如纣王灭了，商朝的宗庙就没有了，所以商的祖先也就不再配享于天了，而是换成了周的祖先配享于天。

⑦ "汝幼子庚厥心，庶乃来班朕大环，兹于有虞意，乃怀厥妻子，德不可追于上，民亦不可答于下"一句，"幼子"是君主对臣下的一种口吻，"庚"字，朱右曾读为"更换"之"更"，恐怕不太合适，我认为读为"康"更合适，"康"就是从"庚"的，"康"训为"安"。"庶乃来班朕大环"的"来"字，朱右曾训为"勤"。"班"读为"颁"，义为"颁布"。"环"读为"还"，义为"回报"，"还"的对象是天和他的祖先。"兹于有虞意"的"虞"也有"安"的意思。

⑧ "朕不宾在高祖，维天不嘉，于降来省，汝其可瘳于兹"一句，"宾"训为"近"。"瘳"字，朱右曾训为"愈"，也就是"做得更好"。这一段特别难讲，我也参考了一些训诂，但没有一个满意的说法，可能是这里面有

错字,这是没有办法的事。王国维先生说他自己对《尚书》只能懂十之四五,我们也就能懂十之二三,很多不懂的地方我们也不能装懂,我们只是提供给大家一种说法。比如"瘳"字读为"愈","瘳"本来是"病好"的意思,我猜想朱右曾认为这个"愈"就是"增益"的意思,可究竟是不是这样,我们也不能揣测前人的说法,所以有些地方我们只能观其大意。

⑨"乃今我兄弟相后,我筮龟其何所即?今用建庶建"一句,"乃今我兄弟相后"是武王想让周公来继承王位。"我筮龟其何所即"的"筮"是"筮法","龟"是"卜法",古人决定大事的时候是要占卜的。"我筮龟其何所即?今用建庶建"义为"不管我们的占卜怎么说,我们用庶子来建立",此处的"庶"一定是"庶子",因为"周公"是"叔",不是"嫡"。这句话也不完全懂,但大意就是武王要立周公作为他的继承人,而不是成王。

⑩"叔旦恐,泣涕共手",周公听了这个话,吓得不得了,一边哭,一边拱手而拜。

王曰:"呜呼,旦!我图夷兹殷,其惟依天室①。其有宪命,求兹无远,天有求绎,相我不难②。自洛汭延于伊汭,居易无固,其有夏之居③。我南望过于三涂,我北望过于岳鄙,顾过于有河,宛瞻于伊洛,无远天室。其名兹曰度邑④。"

① "我图夷兹殷,其惟依天室"一句,"图"是"计划","夷"训为"平","夷殷"一词,大家会在新发现的金文中看到。① "天室"是"宗庙"。

---

① 整理者按:此即何簋,何簋有"惟八月公陕殷年"。

②"其有宪命,求兹无远,天有求绎,相我不难"一句,"宪命"就是"大命"。"其有宪命,求兹无远"就是"有什么大命去天室里面求,不要离天室太远",所以才要"依天室"。这也就是说"天室"的位置不是随便选的,古人认为"天室"是天所居的地方,是在土地的正中,也就是在嵩山。今天在登封还有周公测影台,这是"天下之中",嵩山的"少室""太室"应该和"天室"有关。建都不能离天下之中太远,从宗教的角度来说,如果离得太远,就不能与神相通,从统治来说也不太适宜。

③"自洛汭延于伊汭,居易无固,其有夏之居"一句,这句说的是"天下之中"的具体位置。"洛"和"雒"在汉代是要分开的,一个是西洛水,一个是东洛水,可是先秦没有这个差别,伊水入洛水,洛水再入黄河,自伊至洛的平原就是洛阳。"居易无固"义为"平坦没有险固","其有夏之居"是说"这是夏代建立的地方",今天的二里头文化就在这个地方。中国人的建城思想和外国人不太一样,建设一个都城要在什么地方呢?中国人认为一方面要"定天保,依天室",另一方面要"居易无固";外国人建城要选险固之地,依山背水才是建城的好地方。但中国人的思想完全不是这样,之所以要建立在天下之中,是因为洛阳是四土的中心,"四方入贡道里均"。此外,在历史上这是夏人的地方,周人想要继承夏人的传统,所以不在商晚期的都城安阳、淇县一带建立新都,而是回到了夏代所居之地建都。关于夏代的遗址,这些年我们做了很多,最早是偃师二里头,后来是登封王城

岗，还有禹州瓦店、巩义稍柴等，这些大型的相当于二里头时代的夏代的遗址，都在伊洛地区。

④"我南望过于三涂，我北望过于岳鄙，顾过于有河，宛瞻于伊洛，无远天室。其名兹曰度邑"一句，"三涂山"有好几个，朱右曾认为此处的"三涂山"位于嵩县西南。"岳鄙"指的就是"太行山"。"宛"字，朱右曾训为"坐见"，就是"坐着看"。"天室"指嵩山一带。

《度邑》篇中，有很多地方我们不是很懂，但大意是明白的。在《度邑》中，周武王在克殷后有一种感叹，希望吸取商朝灭亡的教训，重新建立一个王朝，以符合天命的需要。所以周武王回到周以后，向周公回顾了殷商灭亡的教训，特别说了要"定天保，依天室"。武王考虑了两件事情，一件是让周公为嗣，另一件就是建立新的都城，即后来的成周。这两件事情，武王在世的时候都没有实现，因为武王克商后不久就去世了，关于"武王有疾"的事情在《金縢》中有所记述。可是武王并不像成王那样立有遗嘱，成王是有遗嘱的，这就是《尚书》的《顾命》。古代的《顾命》篇包括《康王之诰》，今本的《尚书》则把《顾命》和《康王之诰》分为两篇。《顾命》就是成王的遗嘱，武王没有，那武王有什么遗命呢？现在看起来武王的遗命就是《度邑》，可是这时候武王并没有死。

"以周公为后"在当时的情况下还是有可能的，这一点可以和清朝刚刚建立的时候对比，我常常认为西周初年的历史和清初很相似。"以周公嗣位"这件事情，由于周公本人的主张并没有实现，周公明确地表示要辅佐成王登基。

建新都城这件事在《周本纪》中也有，用的就是《度邑》中的这段话，问题在于这件事前人多不信，比如崔东壁的《丰镐考信录》等。实际上，这件事是完全可靠的，证据就是何尊。由何尊铭文可知，成周的建立确实是周武王定的。这就给了我们一个很大的教训，就是王国维先生所讲的，即使是百家不雅驯之言，也有一面之事实，就好比《度邑》，看似荒诞无稽，但仔细看起来并不如此。

何尊（上）

何尊，二十世纪六十年代出土于陕西宝鸡贾村塬，贾村塬离斗鸡台、戴家湾不远，从地理学上来说，属于同一个区域。何尊是农民修房子的时候挖出来的，这件尊特别漂亮，发现之后交到了文物部门，后来就成了宝鸡博物馆的一件重要藏品。这件尊在当时没有受到什么重视，真正受重视是在"文化大革命"期间。1974年，国家准备举办无产阶级"文化大革命"出土文物展览。大家要知道，1972年周总理做了一个批示，就是恢复《考古学报》《考古》和《文物》这三大考古学杂志，之后这三大杂志就出版了，在当时引起了轰动，文物考古工作就成了"文革"期间荒漠中唯一的一朵花了，《文物》卖了几万册，据说第一期把版都印坏了，因为那个时候实在是没得看，《文物》杂志人人都买。大家知道，马王堆的那个"老太太"出土之后，就把马王堆的出土品放在一个庙里展览，四周用铁栏杆围上，结果把铁栏杆都挤弯了。因此，无产阶级"文化大革命"出土文物展览在当时是很轰动的一件事，后来还出了一本图册。1975年的下半年，相关的文物被调到了北京，放在武英殿陈列，其中就包括这件尊。大家都去看这些文物，当时我也看到了这件尊，这是我第一次看见这件尊，不但看见了，还拿出来仔细看了一遍，确实是没有字的。这是怎么回事呢？可能是这件尊在地下的时候里面有一些酒一类的东西，沉淀之后就形成了很厚的锈，是看不见底的，当时谁也不知道尊底有字。但是何尊确实很好看，所以从陕西调进京，以供展览。后来这批东西准备出国展览，所以就派了一些人对这批文物进行清理，其中就包括上海博物馆的马承源先生。马先生看这件东西的内底很脏，就拿到中国历史博物馆，清洗了一下，一清洗就发现内底有字。工作人员把这件事告诉马先生，马先生一看，觉得字很多，于是就让工作人员彻底清洗，结果露出了一大片铭文。

我们拿到的是上博的拓本，从中可以看出中间有一块坏的地方，这块地方是后补的。当然我们拿的不是很好的拓本，早期的比较好的拓本，中间坏的地方还能看见一些笔画，所以何尊并不是真的缺字，因为字的笔画是一定的。缺的地方是"文王受兹大命"，如果找到好的拓本就可以看见"大"字的上半部和"命"字的下部。我用的是吴镇烽《西周金文撷英》的拓本，这个拓本比较好。

何尊的时代为成王五年，因为铭文的最后是"惟王五祀"，这一点和甲骨文是一样的，年祀都是放在最后。大家注意，这一定是"王"的五祀，而不是"周公"的五祀，也不是什么人摄政的五祀，因为铭文中王还说了一段话。有人认为这里的"王"就是"周公"，是周公摄政称王。现在从越来越多的证据来看，"周公称王"的说法是很难成立的。为什么大家要讲周公摄政称王？原因之一就是《洛诰》，因为《洛诰》中有"惟周公诞保文武受命惟七年"。如果理解成"周公诞保文武而受命惟七年",就很容易认为周公本人摄政称王。但现在看起来,凡是带有"惟"字的,应该另起一句,这句应读为"周公诞保文武受命,惟七年",麦尊就是这样,所以此处理解为"成王七年"也是可以的。周公摄政的时间越长,成王的岁数就越小,有的古书不但坐实了周公摄政,还认为周公称王,因此认为成王的岁数很小,甚至说成王在襁褓之中;该书还说文王活了九十七岁,武王活了九十三岁,可是如果武王活了九十多岁,怎么会有一个在襁褓之中的小孩当太子呢?这就几乎没法理解,所以在这些地方就有很多矛盾,还需要我们以后根据新的材料去研究。当然,说"周公称王"还有一个原因,就是《康诰》,这和《康诰》第一段的读法有关,这个问题我们以后会谈到。但不论如何,何尊中的"王"和"惟王五祀"的"王"是同一个人,就是周成王。

何尊的铭文证明了成王和周公实现了武王的遗愿,虽然以周公为后这一点,由于周公的坚持没有实现,但建立一个新的都城,即营建成周是实现了的。关于"营成周"这一点,古书上也有一些记载,其中讲得最细的是《尚书大传》。大家要知道,《尚书大传》是伏生的弟子所作,是一部西汉早期的书。今天《尚书大传》没有全本了,但有辑本传世,最好的辑本就是陈寿祺的本子,王闿运的本子也有它的好处。《尚书大传》中有两段文字涉及了周朝开国的一些事情。其中一段讲文王,是这样记载的:"文王一年质虞、芮,二年伐于,三年伐密须,四年伐畎夷,纣乃囚之""五年之初,散宜生等献宝而释文王。文王出则克耆,六年伐崇则称王"。王国维的《周开国年表》参考了《尚书大传》的说法,但没有全用,特别是没有用"文王称王"的说法。《尚书大传》涉及的另外一段周初史事讲的就是周公摄政,记载如下:"一年救乱,二年克殷，三年践奄，四年建侯卫，五年营成周，六年制礼作乐，七年致政。"

一年救乱：平三监，见《大诰》。

二年克殷：伐武庚。

三年践奄：见《多士》。

四年建侯卫：封诸侯，见《康诰》。

五年营成周：见《召诰》。

七年致政：见《洛诰》。

大家要知道，这些说法就是根据《尚书》来的，但不管怎么说，《尚书大传》的"五年营成周"与何尊铭文的"惟王五祀"一致。

· 2008 年下半年第十二次课 ·

何尊（下）

  这次我们还是继续讲何尊（见图1、图2），上次我已经说明，大家手里的铭文拓本来自《商周青铜器铭文选》，这个拓本不是很理想，所以有几个字看得不是很清楚，不过我会把释文写出来，这样对大家有帮助。今天可以把何尊的内容讲完，下次我们讲《尚书》的《金縢》，讲完《金縢》，武王的内容就可以了。

  可能有人说为什么不读《洪范》，《洪范》这一篇不是单纯的记事文字，和一般的历史文献不一样，体例也有所不同，对于《洪范》的研究是一个比较复杂的问题。我个人的意见，由于《洪范》不能和金文对照，因此还是不在这里讲。但是必须要说明，《洪范》的内容还是非常早的，因为《洪范》可以和《逸周书》中的相关篇目对照。可《洪范》中关于史实方面的内容不多，所以我们讲《金縢》。下一个学期我们从"周公摄政"以及成王的有关问题讲起，一直讲到昭王时期为止；从《尚书》来说，我们还会讲到穆王的《吕刑》，如果可能还会讲到《逸周书》的《尝麦》。

图1 何尊　　　　　　图2 何尊拓本

何尊释文：

隹（惟）王初䙴宅于（于）成周，复禀
珷王豊（礼），祼自天①。才（在）三月丙戌，
王䊔宗小子于（于）京室②，曰："昔才（在）
尔考公氏，克逑玟王，肆玟
王受兹大命③。隹（惟）珷王既克大
邑商，则廷告于（于）天④，曰：'余其
宅兹中或，自之乂民。'⑤乌
乎，尔有唯小子亡戠（识），眡于（于）
公氏，有勞于（于）天，徹令，苟
言戈（哉）⑥。""叀王龏（恭）德谷天，顺我
不每⑦。"王咸䊔，何易（锡）贝卅朋，用乍（作）
𢆶公宝尊彝，隹（惟）王五祀⑧。

①"隹（惟）王初䙴宅于（于）成周，复禀珷王豊（礼），祼自天"一句，这篇铭文的最难的就是这句，我们曾讲过多次，前面有日月，最后纪年，从商代以来就

是这样，商代的甲骨文、金文纪年月的格式都是如此。这种格式到周代就比较罕见了，可即使是到了西周晚期，还有个别铭文的格式是这个样子，那时候可能认为这是一种古体，是一种比较复古的写法。对于这篇铭文，我们一定要记住是"惟王五祀"，也就是说这是"王的五年"，所以不能讲成是"成王没有即位，而周公摄政的五年"。如果有人主张"周公称王"，那是可以的，如果是成王没有即位，按照王国维读《洛诰》的方法，即《洛诰》的"作元祀"是"成王元祀"，那么在"成王元祀"以前的七年用的什么年号呢？这就有两种可能：一种就是继续武王的年号，这是没有任何文献依据的，我们不能采用；再有一种就是周公摄政的年号，如果周公不称王，那就不能叫做"惟王五祀"，所以这里处理起来就有困难。最好的解释就是成王在位，而周公作为一个大臣来帮助成王掌管政权。也就是说，在武王去世后就是成王元年，这是目前为止最好的一个解释，当然我们今天还没有更坚强的证据，但是从这篇铭文来看还是如此。因此对这篇铭文的年代就有两种解释，一种是"成王五年"，而这个"成王五年"也就是周公摄政的第五年，如果是这样，那么成王的年纪就不会太小，不是像战国时代的某些记载，说成王是在襁褓之中的小娃娃，而将成王说成襁褓之中的小娃娃是没法说通的，这和武王的年纪相冲突。"惟王五祀"还有一种算法，就是周公摄政七年结束之后再算五年，可是如果这样说，这篇铭文的很多地方没法讲，因为这篇铭文讲的是"营建成周"的事情，而"营建成周"是在周公摄政时期，到《洛诰》的时候，也就是到了周公摄政第七年还政成王的时候，成周已经建成了，这一点《洛诰》中讲得清清楚楚，所以第一句的"罤"字读成什么都不好讲。除非有一个我们从来都不知道的大事件，就是周公摄政七年之后，成王又有一个五年计划，也就是成王十二年的时候，成王把家搬到了成周，但是这在文献中完全没有记载。所以这种说法是不太可取的，因此对于"罤"字就要特别讨论。"罤"究竟应该怎样隶定，因为没有别的字可以参照，所以还是有问题。"罤"的左边和"迁"字很像，"迁"字在金文中见过不止一次，可是"迁"字的写法和"罤"不完全一样，只是上部和"迁"字比较像，就是四个手中间拿着一个像"X"一样的东西。可是"迁"字的下半部应该是从"邑"的，可是"罤"并不从"邑"，是从两个圈的字，而且两个圈下面也不是"人"字，所以"罤"不是"迁"字。绝大多数的学者都读为"迁"，若读为"迁"就会带来很多的矛盾，难以和文献相调和，"罤"字是我随便写的，实际上我也不知道应该怎样隶定，大家不要相信"罤"这个写法。把"罤"读为"迁"会带来什么样的问题呢？文献并没有记载成王迁过都，不仅是成王，就是整个西周也没有迁都到成周，成周仅仅是陪都。中国的"两都制"就是从这时开始的，当然有些学者认为夏朝、商朝就有"两都制"，但在文献上都没有记载。从文献的角度来说，中国的"两都制"就从这里开始。大家要知道，宗周和成周的关系，奠定了长安、洛阳千年并存的基础，在宋代以前，中国的首都大多在长安、洛阳之间，这是中国历史上的大事，而且对整个世界都有影响。日本后来形成了关东和关西,也就是京都和东京,也是模仿这种"两都制"。这种"两都"的结构,对于当时的亚洲社会是非常有利的,而这些的基础就是从营成周开始的。那么"䎽"究竟应该读为什么呢?迄今为止,我们不能从古文字学上给出一个满意的说明,可是我认为最好的说法是周凤五先生的提法,周凤五先生将"䎽"字读为"营"。①虽然我们今天解释不了为什么读为"营",但这种读法还是目前为止最好的,因为这种读法最能够照顾铭文与文献之间的关系。"䎽"字中两个圈的部分最值得注意,实际上两个圈的部分就是"营"字所从。甲骨文中"雍己"的"雍"中间的两个圈就是"营"字,"雍"字本来是从"营"得声的,当然这不是《说文》的讲法,是我们今天的理解。但把"䎽"字读为"营"是一个非常好的读法,正好和《尚书大传》的"五年营成周"相合,因此这句可读为"惟王初营宅于成周"。"营"是"奠基""规划"的意思,清华的建筑学院最初叫营建系,这是梁思成先生定的,取自《营造法式》。如果这个读法可靠,那就是说成王一即位,周公便开始摄政,在五年的时候"营成周"。这和《尚书大传》的记载一致,《尚书大传》有"周公摄政,一年救乱,二年克殷,三年践奄,四年建侯卫,五年营成周,六年制礼作乐,七年致政",这个次第是和几篇《尚书》相联系的:"践奄"有《多士》篇,"四年建侯卫"有《康诰》篇,"五年营成周"有《召诰》篇,"七年致政"有《洛诰》篇。如果

---

① 周凤五:《〈孔子诗论〉新释文及注解》,载《上博馆藏战国楚竹书研究》,第152-172页,上海:上海书店出版社,2002年。

《尚书大传》的记载可信,那么"五年营成周"就正好合于何尊,这也说明周公只是一位很重要的大臣,曾经管理过政权,但并没有称王,而这也和柞伯鼎的记载相合。"惟王初营宅于成周"的"宅"训为"居",就是居住的地方,这不是说已经把成周建成了,而是已经把成周规划好了,这一点和《召诰》是一致的,《召诰》就是成王五年。这样去理解"惟王初营宅于成周",应是目前为止我们能找到的最好的选择,除非我们有更好的材料。

"复禀珷王豐"的"复"训为"再",也就是"重新","禀"一般读为"禀",义为"遵行"。也就是说武王的时候曾经进行过这种礼,成王的时候又按照武王进行时的礼又重新做了一次,换句话说,这个礼武王只进行过一次,如果武王经常进行这种礼,然后又废止,铭文中就不会这样说了,而"行武王礼"这件事是和整篇铭文有关的。此处一定是"豐"而不是"豐",关于"豐"和"豐"的区别,王国维已经讲得很清楚了。[①]"祼"字在甲骨文中常见,是一个会意字,是用两个手拿着一个带有"流"的器物,倒在"示",也就是"神主"上,从各方面来看,"祼"应该读为"裸"。中国自古以来的崇拜对象就是神主,而在祭祀神主的时候是有"尸"的,就是用"生人"来代表"主",而不是用一个像,甚至"天子"还可以代表"神"。一般来说是以"孙"来代表"祖",因为祖孙血脉相关,所以在祭祀的时候父亲是会给孩子行礼的。这种"尸"的问题在很多的古文字材料上都有,我们在此不详

---

① 王国维:《释礼》,载《观堂集林》,第290页,北京:中华书局,1959年。

细讨论。在祭祀神主时，要竖起白茅草，把香酒倒在神主上，让酒很慢地从白茅上流下来，这就代表受祭的祖先饮了这杯酒，这种做法是见于礼书的，《左传》也提到过。可究竟是如何执行这件事的，目前还没有人做过实验，大家有兴趣可以试一下。过去有人作《三礼图》曾涉及这件事，但还是有很多想象的成分。古代的有些东西我们虽然看到一些记载，可是将其变为实际的行动，还是有些困难。此处的"祼自天"就是"祭祀自天"，"祼"就是祭祀的具体行动，是从"天"开始的。周初的礼很多书都有记载，特别是宋代学者对此有很多讨论，而关于如何祭天，从战国时代开始就有很多不同的说法。比如说"配享"的问题，祭天在什么地方祭，怎么祭，"天"和"上帝"有什么样的关系，这些都是很复杂的问题。特别是到了汉代，当时的人们把"上帝"和"五帝"合在一起了，这就造成了对古代祭祀之礼的一些误解。祭天可以在南郊建起一个祭天的圜丘，今天的北京天坛就是这样做的。除此之外，古时还有"明堂"，在明堂里也是要祭"天"和"上帝"的，"明堂"是和"辟雍""太学"在一起的，不可能在郊外，由此就产生了种种不同的学说，矛盾不一。可有一点是很清楚的，就是在周初的祭祀有两种，一种是以始祖后稷配天，另一种是以文王配天，这是因为文王是受命之祖，也就是建立周人统治的祖先，其中以文王配天的情况较多。我个人认为，最值得注意的一个理论见于《孝经》，《孝经》中说"宗祀文王于明堂，以配上帝"，实际上这是战国时有关这个问题最明确的一个记载，当然也有争论，但现在看起来，

《孝经》中的这个说法与金文比较合。后代学者也讨论过这个问题，特别是宋代的一些学者。宋代学者是相信《孝经》的，因为宋代学者是读四书的，四书是孔、曾、思、孟的传统，《孝经》是属于"曾"的，所以宋代学者对《孝经》中的"祭天"有很多讨论。其中最好的就是吕祖谦在《吕氏家塾读〈诗〉记》中的讨论。吕祖谦认为明堂是"祀上帝而文王配焉"，并且还举出了一个其他人没有举出过的证据，他说："《周颂·我将》虽祀文王之乐歌，必先延祀天而祀文王。"《周颂·我将》原文如下："我将我享，维羊维牛，维天其右之。仪式刑文王之典，日靖四方。伊嘏文王，既右享之，我其夙夜，畏天之威，于时保之。"这篇《诗经》的句式和金文非常相似，"将"就是金文中"蠶彝"的"蠶"，义为"享"，"将"字就像有一只手拿着一块肉，本身就有"祭祀"的意思。《我将》是祭祀文王的诗，但是一定是从"天"讲起，也就是说，在祭天的同时以文王配享。这就可以联系到天亡簋的铭文，天亡簋先讲"祭天"，在"祭天"时应该是有一个类似于"明堂"的多层建筑，先是在上层祭天，然后在下面配祀文王，这和《我将》所说的制度一致，所以我们甚至于可以大胆地想，所谓"复稟珷王礼"就是天亡簋中的礼，而这种礼在武王的时候，不会举行多次，因为武王在克商之后没有几年就去世了。所以成王营成周时重新行这种礼，是"祼自天"，祭祀是从"祭天"开始的。

②"才（在）三月丙戌，王享宗小子𢓊（于）京室"一句，时间是成王五祀的四月丙戌，"四月丙戌"放在这

里是既管上，又管下，也就是说"裸自天"和"𢁉宗小子"是同一天的事。"𢁉"字，唐兰先生第一个指出"𢁉"读为"诰"。①我常常说，我个人见过的古文字学的老前辈中，唐兰先生是最聪明的，唐先生的思维特别敏捷，为什么唐先生认为这个字读为"诰"呢？是因为有一个"𠱧"字，见于《汗简》和《古文四声韵》，是一个传抄古文，"𠱧"读为"诰"，这一点是很容易理解的，因为"𠱧"是从"告"声的，而唐先生认为"𠱧"应该就是"𢁉"，现在从各方面看，"𢁉"就是"诰"字。唐先生的说法是一个非常聪明的说法，虽然唐先生提出来的时候并没有什么论证，说实在的，在当时的情况下也没法论证。"𢁉"字，从廾，从言，怎么会是"诰"呢？但它确实是"诰"字。所以很多古文字，包括传抄古文，我们知道是什么字，可就是说不明白为什么是这个字，这是因为我们的知识不够。古人看起来很容易理解，但我们今天还不能给出一个合理的说明，我们只能承认就是这个字。我曾经提过一个说法，楚简的《缁衣》中也有"诰"字，写作"🙏"，我认为这个字是从廾，从言省②，但这只是一个猜想，我不坚持这个说法。总之，"𢁉"即"诰"，义为"诰命""教训"。"宗小子"一词，在陕西眉县李家村出土的盠方彝上也出现过，二十世纪五十年代盠方彝出土的时候，我曾写过文章，我认为"宗小子"是"同

---

① 唐兰：《西周青铜器铭文分代史征》，第75页，北京：中华书局，1986年。
② 李学勤：《论上海博物馆所藏的一支〈缁衣〉简》，载《重写学术史》，第251-254页，石家庄：河北教育出版社，2002年。

宗的小子"①，这个说法现在看起来恐怕不对。"宗小子"应该是宗伯系统职官的通称，管祭祀的官是"宗伯"。当然"宗伯"这个词在西周的时候有没有我们还不知道，但与"祭祀"有关的官员都是归"宗"的，比如《周礼·春官》的"大宗伯"，下面还有"宗人"，都是管理宗庙的官员，与"礼制"有关。所以"宗小子"是管宗庙的，因为是相对于"王"而言的，所以称"宗小子"。"京"是"高"的意思，"京室"就是"京宫"，"京室"见于《吕氏春秋》的《古乐》，《古乐》中讲了很多故事，就是当时最流行的一些乐曲、乐舞是怎么来的，这些乐曲的来源都有相关的历史故事，这里面就讲了"武王伐纣"。武王伐纣胜利之后，就"荐俘馘于京太室"，虽然《吕氏春秋》是战国末年的书，但还是能保留一些古词，"京太室"是当时宗庙中最高的地方，也就是"京室"，在武王时期，"京室"是祭祀文王的。昭王时代的令尊、令方彝中有"京宫"和"康宫"，"康宫"是以"康王"为首的宗庙群，当然这些东西我们只能知道大概，古人的有些东西我们确实不知道，这是必须要承认的。但不论如何，这里的祭祀和天亡簋是一样的，都是先祭天，然后祭祀文王，而此处成王是"复禀武王礼"，可能是先祭天，再祭祀文王、武王，然后对宗小子"何"进行教训，所以当时成王的年纪一定不会太小，应该是一个很有能力也有很多知识的人。

③ "昔才（在）尔考公氏，克逨玟王，龕（肆）玟

---

① 李学勤：《郿县李家村铜器考》，载《李学勤早期文集》，第38-41页，石家庄：河北教育出版社，2008年。

王受兹大命"一句,"昔在"这个词在金文和《尚书》中都有,"昔在"就是"过去"。"尔考"是"你已故的父亲",生时称为"父""母",死后称"考""妣"。"公氏"就是"公",因为他的父亲是称"公"的,就是后面的"▢公",可是"▢"字怎么看也看不清楚是什么字,这是因为铭文有磨损,将来再发现一个类似的东西,我们才能知道。可是无论如何"▢"不是一个谥法,而是一个地名,或是一个封邑的名称。因为"何"的父亲称为"公",所以"王"称之为"尔考公氏"。"氏"是比较虚的一个字,"公氏"就是"公",金文中还有"伯氏""侯氏",称"公氏"是一种很尊敬的口气。"昔在尔考公氏"就是"过去你的父亲公爵",当然按照五等爵,他的父亲在世时是否称"公",我们不得而知,但是已故的都是可以称"公"的。"克"训为"能"。"逨"字,我一直读为"佐"①,意思就是"辅助",当然这是我个人的说法,大家不同意也没关系。这里的"玟王""珷王"的"玟""珷"不能读为合文,因为后面都有"王"字。"肆(肆)"是一个虚字,"肆玟王受兹大命"也就是"文王受命"。这里面没有说"公氏"辅佐武王,很可能是到了武王的时候,已经是"何"来掌祭祀之职,"何"的父亲已经过世了,这是我们的一种推测。

④ "隹(惟)珷王既克大邑商,则廷告于(于)天"一句,"大邑商"就是"商",古时的一个国常常以它的

---

① 李学勤:《论𫊸公盨及其重要意义》,载《新出青铜器研究》,第296-305页,北京:人民美术出版社,2016年。

都城为代表,商朝以"商邑"为代表,"商邑"就是"大邑商",所以说"大邑商"指的就是商朝。相反的,《尚书》中"周人"自称为"小邦周",这是客气话。大家要注意,像这种诰命类的金文或《尚书》,其中会带有很多敬语一类的词,春秋时期也是一样,《左传》里面有些人说话就很不一样,用了很特别的一些词,虽然是很霸道、很横,但用词却特别谦恭,这些是当时的官话。"则"训为"乃","廷"字不太好讲,我过去在讲的时候,曾经勉强讲了一下。① 大家要知道,研究古文字,最忌勉强,可是有的时候,为了给别人介绍,不得不提一些让自己心中不安的说法。在《广雅》中,"廷"可训为"归",王念孙在《广雅疏证》中认为"廷"是"廷"之讹。如果是"归告于天"读起来就很通顺,可这是孤证,也不能推翻王念孙的说法,所以这个说法也不太好。还有一种说法是"在廷中告天",也就是"在一个广场里面告天",但这不太像当时的礼制,所以"廷"字还可以讨论。

⑤ "曰:'余其宅兹中或,自之辥民。'"一句,此处"曰"的主语是**武王**,"宅"训为"居"。"中或"即"中国",也就是"国土之中",这跟我们今天的国号没有关系,或者说"中土",抑或"土中","余其宅兹中或"义为"我要居住在国土的中心"。"辥"或作**㣤**,就是古书中的"乂"字,义为"治理"。"之"指代"国之中",这也就是说,武王要在国土之中建立一个都城。此处引

---

① 李学勤:《何尊新释》,载《新出青铜器研究》,第 34-39 页,北京:人民美术出版社,2016 年。

的是周武王的话，是武王的告天之词，所以大家可以看到"武王告天"这件事，实际上就是成王所复禀的"武王礼"。为什么成王要"复禀武王礼"呢？就是因为要"营成周"，而"营宅于成周"就是"宅兹中或，自之辥民"，正因如此，成王才按照武王礼的模式，重新祭天，祭祀文王。所以我认为何尊中的"武王礼"就应该是天亡簋中的礼，这个推想不算太过，完全有可能，因为这种事太少了，在当时不是随便能做的。就好像克商之后，《世俘》中的祭祀，都是不能随便做的，也不是经常有的，是特别宏大的礼。

⑥ "乌乎，尔有唯小子亡戠（识），眡㸔（于）公氏，有𦀚㸔（于）天，叡令，苟𢕉戋（哉）"一句，"尔有唯小子亡戠（识）"可与《度邑》的"汝唯小子大有智"对读，《度邑》中是武王对周公说，何尊中是成王对"何"说。我们可以想象，此时"何"的年纪也不小了，所以大家不要认为"何"真的是个小孩子，就好像周公不是幼子一样，这是王对于臣下的一种口吻，即使是老头也是一样。所谓"君臣之别"在当时的社会中是极其重要的，不是后来讲民主的人所能想象的，当时见到皇帝是浑身发抖的，因为从小的训练就是这样，所以成王对"何"说"尔有唯小子亡识"，就是"你没有什么知识"，但却"眡㸔（于）公氏，有𦀚㸔（于）天"。"眡"就是"视"，训为"比"，"视于公氏"就是"比于公氏"，义为"和公氏一样"，后来的法律也是这样，如"视五两罪"，就是"比五两罪"。"𦀚"字过去多读为"勋"，我认为这个字是从"冖"声的，所以读为"愍"，训为"勤"，义为"功

劳"①,"有愍于天"就是"有勤于天"。为什么这样说呢？因为宗庙里管祭祀的官是通天的，也与鬼神相通。"徹"字就是"彻"，训为"通"，"命"即"令"，"彻命"就是"通达大命"，就是"把天命通达于王"。《度邑》中就是这样讲的，即"其有宪命，求兹无远"。由此可知，"何"是宗庙之官，我猜想应该是"太祝"一类的官员。"苟"读为"敬"，"言"是"祭祀"，"敬言"就是"恭恭敬敬地祭祀"。

⑦"叀王䢔（恭）德谷天，顺我不每"一句，"叀"是虚字，在甲骨文中很常见，常常和"惟"的意思一样。"顺"读为"训"，"每"读为"敏"，天亡簋的"每扬王休"就是"敏扬王休"。"谷"读为"裕"，但究竟应当如何解释，还不太清楚，需要进一步研究体会。"叀王䢔（恭）德谷天，顺我不每"是"何"说的话。

⑧"王咸亯，何易（锡）贝卅朋，用乍（作）㲳公宝尊彝，隹（惟）王五祀"一句，"王咸亯"的"咸"训为"既"，义为"已经"。

何尊记载了一个很重要的历史事件，就是"营成周"。武王克商之后得了失眠症，睡不着觉，于是就和周公讲了一段话，记载下来就是《度邑》。很多人都不相信《度邑》，认为其中所述之事都是编造的，但从何尊来看，《度邑》篇所记在历史上确有其事。

实际上《度邑》讲了两件事，其中一件就是度邑，也就是武王选定了后来的成周之地作为周的东都。我认为周武王当时是想

---

① 李学勤：《青铜器与古代史》，第191-192页，台北：联经出版事业股份有限公司，2005年。

把周整个都搬到成周来，可事实上，不论是从《尚书》、金文，还是从考古来看，成周在整个西周也只是一个陪都。现在我们知道，洛阳一带有很多周人的墓葬、宗庙以及政府机构，这种情况就好像明代的北京和南京一样，明朝时南京是有六部的，但是南京的六部比较虚。西周的历代周王从未在成周长期居住，从金文和传世文献看都是如此。周王并不一定总是住在宗周，按古书上讲，周懿王曾经迁居于"犬丘"，周穆王曾居于"郑"，这个"郑"指的是"南郑"，也就是陕西的华县。这些都是临时居住，而不是真正的迁都，现在看起来，整个西周的都城还是在宗周。实际上，周人也并没有放弃以前的首都——岐周，就是现在的周原一带，所以在周原可以看到很多周代重要朝臣的墓葬以及出土的铜器，那是不是这些人都封在周原呢？这是不可能的，因为周原在古书上就是周、召二公的封地，现在有人说还有一些诸侯国封在周原，这是不可信的，因为周原的面积很小，开车十五分钟就跑完了，所以只是一些朝臣居住在岐周。因此，岐周在当时还是一个很重要的据点，周人并没有完全放弃他们的故居，所以封给了周、召二公。

洛阳所起的作用，更多的是统治东方，在西周的金文中，只要是南征或者东征，都是从成周出发的。成周还迁有殷遗民，这些殷民后来就成了"成周八师"，也称"殷八师"。在宗周的是"西六师"，宗周有六乡，每乡出一军，共有六军，所以称"西六师"。所以从营建成周开始，就把周变为"两都制"，在西面以宗周为中心，然后再往东到河南，以成周为中心，这样正好控制住了黄河的中游地带，使中原成为政治、经济、文化的中心。周武王就是这样想的，在《度邑》中，周武王认为洛阳"居易无固"，是有夏之居。所以《周本纪》中说成周是"四方入贡道里均"，也就是说洛阳是天下之中，四面八方的人来朝见，路程都差不多，这就是选择洛阳的原因。中国自古以来就反对偏安之局，首都不在中心就是偏安了，所以后人批评北宋迁都开封，定都开封总不像是一个大王朝的气势。明朝开始定都南京，也是不太好，等到定都北京，情况就有所不同了，因为北京在燕王扫北以后，北方的压力就已经减少了。到了清代，北京与北方连成了一片，北京也就成了中心，这种形式在北宋以前是不太能够想象的，因为各个时期的情况不同。

特别是"中国"的概念，如果把"中国"两个字连接起来看，何尊就是关于"中国"最早的材料了。为什么说洛阳是天下之中呢？河南人说话总是"中不中"的，我们说"行不行"，河南人说"中不中"，后来这被认为是中州人的特点。河南是八方风雨会中州，确实是"中"之所在。不仅在古代如此，在民国时也是这样。北伐以后，国民党定都南京，之后就成立了国语委员会，目的是要确定国语。当时很多河南人就联名上书，认为不能用北京话作为国语，因为北京不是天下之中，应该用中州原音，也就是以河南话为标准，可后来并没有实现。《尚书》中多次讲"土中"，指的就是"洛阳"，在古文字上的证据就是何尊。

过去我专门写过一篇文章，来说明"天下之中"的问题。[①]在中国古人的思想里面，洛阳一带就是天下之中，这一点在文献中有很多记载，比如《史记·货殖列传》："昔唐人都河东，殷人都河内，周人都河南，三河若鼎足，王者所更居也，建国各数百千岁，东国诸侯所聚会。""河东"就是山西的南端，战国时魏国之

---

① 李学勤：《〈根在河洛〉序》，载《通向文明之路》，第318-321页，北京：商务印书馆，2010年。

所在，后来称为河东郡的这一带。"唐人"就是尧、舜，传说尧都平阳，舜都蒲坂，黄河在禹门口以北是由北向南流的，后来转过来向东流，所以在黄河东边的山西一带是尧、舜所居；而与尧、舜、禹有关的传说都在这一带。"河内"指的是河南偃师一带，也就是偃师商城，按《汉书·地理志》记载，"西亳"就在偃师。在这个问题上，我们不想陷入考古的争论，但从文献的角度讲，"亳"在偃师，这个地方后来被称为"河内"，河内的中心就是今天的沁阳、济源一带，也就是小浪底水库的位置。如果把范围放宽一点，按照邹衡先生的讲法[①]，认为"亳"在郑州也差不多。"河南"在汉代就是洛阳，洛阳出土的秦汉陶文都是"河氏"，"河氏"就是"河南氏"的省称。"三河"就是"河东""河内""河南"，所以后来的考古学家、古史学家大多是在这个区域内寻找三代的遗迹，因为自古以来就是这样讲，现在看起来也确实如此，比如李济先生发掘山西夏县西阴村，就在河东。司马迁不但是大历史学家，还是一个大地理学家，因为他到过的地方特别多，这些地方讲得很准确。这些地区里面，真正叫"天下之中"的就是洛阳，也叫"地中""土中"。《逸周书·作雒》："周公敬念于后，曰：'予畏周室不延，俾中天下，及将致政，乃作大邑成周于土中。'"周公担心周室不得长久，于是就在"天下之中"建立成周，以延周祚，事实上也是这样，但这是武王的决策。有一点要说明，过去对《召诰》《洛诰》有不同的解释，所以当时建的是一个城还是两个城一直有争论。但从考古来看，西周时只能有一个城，就是"成周"。有人认为当时建了两个城，即"王城"和"成周"，实际上"王城"是有的，但是要到春秋中期以后，那时洛阳变为两个城，一个是

---

① 邹衡：《夏商周考古学论文集》，第195-203页，北京：文物出版社，1980年。

"王城",一个是"成周"。"土中"就是"天下之中",所以"中国"就是"土中"。

这个观念非常久远。《周礼·地官·大司徒》中有很多地方讨论到了"天下之中",如果大家有兴趣,可以看一下孙诒让的《周礼正义》,其中特别提到了"土圭测景"。"景"就是"影","土圭测影"是为了将当时"天下之中"的概念科学化,周公测影台就在嵩山南面的登封,是元代建的,而那个台所在的位置就是"天下之中"。大家要知道,这类建筑在科技史上的意义是很大的,最近报纸上在讨论,说今年的时钟要加一个闰秒,这和地球的律动有关。大家不要以为加一秒这个事不值一提,实际上完全不是这样,如果累积起来,影响就非常之大。我总怀疑我们所推的中国古代的月食是有些问题的,因为一直解释不清地球律动对月食的影响,其实应该根据日食的相关数据,来纠正地球的律动常数,但实际上并没有办法真正证明。这会影响到很多问题,随着航天技术的发展,天体力学会变成一个很重要的问题,而长时间、长距离的天体力学问题,除了历史上的资料以外,目前还没有别的办法,现在的那些只有几十年的历史,是没有办法确定这些问题的。用"土圭测影"来定"天下之中"是一个非常大的问题,不仅是中国学者,外国学者也做过很多讨论。比如研究甲骨文的吉德炜,我记得是1983年,我们在他那里开会,那天是夏至,吉德炜正在吃饭,忽然就拍案而起,他说到时间了,于是就爬到了房顶。此前他在房顶弄了个尺子,目的是做测影,看看是不是日短至。土圭测影是中国自古以来大地测量的一个很好的地标。今天加一个闰秒,是对格林威治标准时的一个调整,格林威治作为零度的子午线所在,是整个地文测量的基础之一,这种方法传到中国是在明末清初的时候。当时的中国皇帝不同意用西方的测量方法，认为应该用中国的测量方法。所以，大家看清代印的地图，虽然也有经纬线，但是它的子午线的零度是在北京。这种地图我小时候还能在地摊上看到，包括日本印的中国地图，再比如说法国印的大清国邮政地图也是如此。把北京作为零度也是有地标的，这个地标就在北大医院里面。在府右街老北大医院里有一座锁起来的建筑物，当中有一个金属的地标，这就是清代时确定的零度线。当时测量所用的仪器现在都保存在故宫，过去出过一本小的图录，大家有兴趣可以看看。

周公测影台传说就是周公营建成周时所确定的那个点，那个点也就是"天下之中"，当时作为地球平面的中心。《周礼·地官·大司徒》讲得很清楚："日至之景，尺有五寸，谓之地中。天地之所合也，四时之所交也，风雨之所会也，阴阳之所和也。然则百物阜安，乃建王国焉。"就是在夏至正午立一个圭表，圭上面是有尖的，在夏至正午的时候，圭影的长度如果是一尺五寸，这个地方就是"天下之中"。它位于古代的阳城，也就是今天登封的告成镇。为什么夏至正午日影为一尺五寸的地方就是天下之中呢？这个问题清代学者江永讲得比较正确，江永认为告成镇就是《度邑》中所讲的夏人之居，并不是说这个地方是"天下之中"，所以夏人居住在那里，而是因为夏人长期建都在那里，所以那里才是"天下之中"。从当时的情况看，告成镇确实是在夏代疆域比较靠正中心的位置。把"天下之中"定为首都的思想，一直延续到了现代。抗日战争胜利之后就有一个讨论，有人建议不要还都南京，因为南京是偏安之地，当时很多人主张建都兰州，因为以今天的地图而言，兰州确实是在比较中间的位置，当然这并没有考虑到政治、经济、对外等各方面的因素。但是，把"天下之中"作为首都的思想是根深蒂固的。江永就指出了之所以把这个地方定为天下之中，是因为这个地方是夏人之都，而这一点周武王已经讲了，在今天的考古学上也已经得到了证明，二里头文化总是与夏代有关，二里头遗址在偃师，离登封也很近。1958年，徐旭生先生带着考古所的一些人去豫北考察，目的是要找到夏墟，当时很多人引为笑柄，甚至指着徐先生的鼻子骂，结果二里头遗址虽然不是徐先生第一个看见的，却是徐先生第一个确定的。这是徐先生的贡献，也是他《中国古史的传说时代》思想的一个结果，大家应该从当时整个学术史的发展来看待这个发现。后来"文革"期间安金槐先生到登封王城岗去找禹都，当时也有很多非议，结果就挖到了登封的王城岗遗址，王城岗的城址现在还在扩大，最后的结果还不知道。考古证明这个地方真的是夏人之居，这是没有错的，"天下之中"的说法就是这样来的，其中的关键就在《度邑》里面，从这里我们就可以看到它的重要性。

我认为这是周武王对中国历史的一大贡献，武王改变了自商代以来都城流动不居的状况。大家要知道，商代的首都迁徙了多次，后人归纳为"前八后五"，商汤以前有八次迁徙，当然那时的商还不是一个王朝，可是后面还有五次。《尚书·盘庚》就提到了殷人"不常厥邑"，也就是说经常搬家，所以如果盘庚不加以严厉的训教，就不能迁到殷，而自迁殷以后，情况就逐渐稳定下来了。可是从现在发现的材料来看，商代末年还是有"不常厥邑"的倾向。周人就不是这样了，所以周武王雄才大略的表现之一，就是他选定了"天下之中"这个地方，继而确定了整个天下的形势。所以后来周代东迁，如果没有洛阳，那真的就是天下大乱了。周幽王宠爱褒姒，欲立褒姒之子伯盘，结果引来了犬戎，导致西周灭亡，幽王和伯盘也都死在戏地，也就是今天临潼的华清池。最近我们还考察了一些两周之际的材料，从这些材料就可以看到当时是非常危险的，因为当时诸侯拥立的情况是不一致的，当时是二王并立，一个是幽王的太子周平王，还有一个是携王，如果不是东迁，那就真的没有办法了。洛阳在名义上真的是一个首都，虽然宗周因为已经不能使用所以给了秦国，但东都仍在，而且在东都周围的晋国和郑国拥立周平王，所以《左传》中说"我有周之东迁，晋、郑焉依"。最后晋文侯杀掉了携王，天下一统，即所谓"晋文侯定天子"，晋姜鼎就记载了这件事。由此，我们可以看出周武王建立东都的重要性。

· 2008年下半年第十三次课 ·

《金縢》

今天是这学期的最后一次课，我本来应该请假，因为今天是著名的天文史学家席泽宗院士的追悼会，可是我这个课没法再移动了，今天是最后一天了，明天就放假了，所以我不能去参加。非常不幸的是自然科学所的另一位老所长陈美东先生昨天也过世了。我想这和最近天气变化太剧烈有关，席泽宗院士是脑血管病，患有脑血管病的老人去世，常常和天寒有关。陈美东先生是国内研究春秋历法最好的学者，他还有很多工作没有做完，也不幸过世了。虽然在座的同学都比较年轻，但还是希望大家注意身体。

今天我们讲《金縢》，还有就是和《金縢》有关的一些材料。每次给大家讲《尚书》或者《逸周书》，我总是要提前用一天的时间准备一下，我是要查几本书的，就是哪些地方解释得好，要给大家介绍哪些说法，当然我们不是像经学家那样逐字训诂，可是基本上会有一个说法。不过《金縢》篇我没有做太多的准备，因为《金縢》篇的文字比较容易懂，是传世二十八篇今文《尚书》中文字最为浅显的，所以历代注疏分歧不大。我看的时候总要找几种有代表性的注本，昨天我准备的时候，就看屈万里的《尚书集释》，我觉得其他地方我们可以给他提出不同意见，唯独《金縢》这篇提出的意见很少，这是因为《金縢》比较容易读，也比较容易折中。在对《金縢》的理解上，我个人的意见和屈先生的没有太大的差别。其他篇就不行了，我的陋见也许很不正确，可确实是和屈先生的说法有所不同。

什么叫"金縢"？

"金縢"的"金"指的是古义的"金"。汉代以后一般说"金"，就是指"黄金"，也就是"gold"。先秦时期的"金"每每指"铜"，先秦时期的"金"有两义，广义的"金"指一般金属，包括"黄金"，先秦时说"黄金"这个概念时，一般要说"黄金"。在金文中有"赤金""白金""黄金"等词语，而"铜"字最早出现在金文中是到了战国末年，也就是李三孤堆出土的楚王鼎铭上的"战获兵铜"，金文中所说的"吉金"都指的是"铜"。可是"金"在先秦时代依旧可以用为金属的统称，比如"白金"或指"锡"，或指"银"，具体指的是什么，还需要考证。"赤金"指的是"纯铜"。

"金縢"的"縢"是一种捆绑用的东西，"金縢"就是金属制成的捆绑用的东西。"金縢"究竟是什么东西呢？给大家一个形象的比喻就是欧洲用的箱子，箱子是木头的，用铜条包起来，然后钉上。这种箱子在中国的考古中很少能看到，可是在西方是很普遍的，所以后来做箱子，即使是铁皮的，也会做成用金属条绷起来的样子。我猜想"金縢"应该是一个用铜链子来固定的箱子，因为中国从未出土过用铜条包裹然后钉上的箱子，这或许与中国的铜器很少用锤铆的工艺有关。在西方，包括波斯、近东一带，锤铆的工艺是很多的。但中国从来都没有出土过类似的东西，所以我猜想是用铜链子来包裹的箱子，但这只是一种猜想，在考古上还找不到根据。为什么这么说呢？因为"縢"的本义是"绳"，

《诗·鲁颂·閟宫》"公车千乘，朱英绿縢"，《毛传》"縢，绳也"，屈万里说"金縢"是"金属之绳"，但用铜做成绳子不太可能，在考古中也从来没有出土过用铜编成的绳子，所以"金縢"还应该是"铜链子"。

> 序曰：武王有疾，周公作《金縢》。

按照《尚书序》的说法，《金縢》是周公作的，但大家不要误解为《金縢》就是周公所写，《尚书》中讲的"作"和我们现在讲的"作"不太相同。这篇文字肯定不是周公自己写的，古人也不会那么笨，连这一点都看不出来。所谓"周公作金縢"，指的是这一篇中所叙述的主要是周公之事，大家在这个地方不要太过苛求、胶柱鼓瑟，古人说什么人作什么，常常是这样。我常常说这些地方不要看死，比如古代常说"谁之子"，这不一定是说他的亲生儿子。

屈先生在书中引了苏轼的《东坡书传》，大家以后如果有机会读一些《尚书》的著作，就会知道宋朝人注《尚书》的书比任何时代都多，至少有五百种，明清加在一起，恐怕还到不了这个数。宋朝人特别喜欢为《尚书》作注，这是因为北宋庆历年间学风丕变，宋学随之兴起，代替了汉学。宋学的特点是比较自由，多用义理来解释经典，这和汉人讲训诂是不一样的，其中的一个带头人物就是王安石。王安石著有《三经新义》，《三经新义》和他的《字说》在当时可谓笼罩一时，而《三经新义》中的头一部就是《尚书新义》，另外还有《诗经新义》和《周官新义》。而《尚书新义》作为政府规定的学官标准有六七十年之久，甚至在王安石的新政被打倒之后，《尚书新义》的影响还是很大，一直到了南宋初年。

《东坡书传》这部书，就是苏轼作为蜀党，为了反对王安石而作的一部书。

《东坡书传》认为，"《金縢》之书，缘周公而作，非周公作也，周公作《金縢》策书尔"，这是对的，可见苏东坡对此有清醒的认识。

后来人怀疑《尚书》，最开始就是伪古文，之后就是今文《尚书》，而今文《尚书》中，首先怀疑的就是《金縢》。屈万里先生特别提到《金縢》这一篇文字特别浅显，不像当时的著作。我认为不完全如此，那些怀疑《金縢》的人，一直到清代还有，特别是一些文学家，比如方苞、袁枚等。他们之所以怀疑，是因为《金縢》中说的话，拿后来的标准来看，不太像圣贤的口吻，而且按后来人的理解，《金縢》中这些事不应该这样做，周公是圣人，圣人不会这样做事。周公和他的祖先讲条件，而且有些地方确实不像话，可现在我们看，正是因为这种不像话，才证明《金縢》是古的，因为和后人的思想完全不同。一直到战国时期，祷祠还是一样，也是要和神去讲条件，行贿赂，所以这是当时的思想。正因如此，这才是真正古的东西，不能拿后来的道德标准来要求当时人的思想观念。

《金縢》正文：

既克商二年，王有疾，弗豫①。二公曰："我其为王穆卜。"周公曰："未可以戚我先王。"②

①"既克商二年，王有疾，弗豫"一句，武王克商回到宗周之后，在位的时间就不长了，究竟有几年等很多的问题，都由《金縢》来推论，大家读完这一篇，很多问题就比较清楚了。武王克商之后究竟有几年，有几

种不同的说法,最短是两年,最长是六年,可无论如何这个时间不长,但这是历史上很关键的一件事。"既克商二年"目前在金文中还没有看到,但这种以大事纪年的体例还是和金文很相似的。以大事纪年在周初金文中是很常见的,如作册翻尊"惟明保殷成周年"。"明保"是动词,"明"训为"大","明保"义为"大保",也就是"大助";"殷"是"殷见",就是集合诸侯来朝见成周之礼。下学期我们讲令方尊和令方彝的时候,会涉及"明保"的问题。"明保"训为"大保"在《尚书》中很多地方都是这样,后来有人弄错了,比如郭沫若就认为"明保"是人名,即"明公"[①],这个说法现在还很流行,可是与《尚书》不合。把"明保"作为动词来用,这一点罗振玉早就指出来了。[②] "惟明保殷成周年"就是"在成周举行诸侯朝见的这一年",当时集合诸侯是大事,这种以大事纪年的传统,不仅在中国古代的历法上通用,在外国也有很多同样的例子。所谓的"以大事纪年",就是在纪年的时候没有明确说是哪一年,而只是说举行大事的那一年。比如我们一说"美国9·11事件"那年,大家也就知道是哪一年,虽然未必能记住具体是哪一年,可是这件大事给人的印象非常深刻,所以用大事纪年,这是很容易理解的。这里的"既克商二年",就是"克商之后的第二年","既"是"已经"。大家知道,《度邑》中提到了周武王有失眠症,这是身体不好的表现,到"既

---

① 郭沫若:《两周金文辞大系考释》,第6页,北京:科学出版社,2002年。
② 罗振玉:《矢彝考释》,载《金文文献集成》第二十八册,第1-5页,香港:香港明石文化国际出版有限公司,2004年。

克商二年"的时候,武王就病了,即"王有疾,弗豫"。这里的"王"没有明确说是"武王",但谁都知道指的是"武王",所谓《尚书序》中就明说是"武王"了。"豫"训为"安","弗豫"就是"不安",此处的"弗豫"指病得很重,并不是简简单单的不安。因为《金縢》中有"弗豫",所以后来古书中在谈到帝王病重的时候,大都用"弗豫"一词。

② "二公曰:'我其为王穆卜。'周公曰:'未可以戚我先王。'"一句,什么是"二公"?周初有所谓"三公之制",以前讲过,实际上在纣王的时候已经有"三公之制"了,这在《殷本纪》中就讲得很清楚了,纣的"三公"是姬昌、鄂侯、鬼侯。武王的时候也有"三公",即周公旦、召公奭、太公师尚父。《金縢》中的"二公"按司马迁的理解,应该是"召公"和"太公","召公"就是"召公奭","太公"就是"师尚父",周公后来封在鲁,召公封在燕,太公封在齐。按周初的制度,虽然已经封在外地,但本人还可以继续在朝为官,只是具体情况有所不同。比如周公曾在朝摄政多年,后来虽然还政于成王,但仍未离开成王,所以周公从未直接就封;换句话说,周公是没有去过鲁国的,一开始就是让他的长子伯禽就封于鲁。这一点古书中说得很清楚,所以封伯禽的那篇《尚书》就应该叫《伯禽》,或叫《鲁诰》。召公看起来也是如此,召公是被封于燕的,但是不是其本人到燕就封,目前还无法证明,虽然小臣𫝆鼎的铭文中有"召公建燕",但并不能证明这就是召公本人。虽然我们不知道召公是否亲自就封,但是召公的长子克确实是到了燕

国,做了燕侯。太公就不是这样,太公本人亲自到了齐国的营丘,营丘不是今天的临淄,但离临淄不远。据说当时的莱国跟太公争这块地,太公来得及时,就把莱人给挡住了。因此太公是亲自到齐国就封的,但太公本人在朝中还是有具体事务的,所以自太公之后,齐人五世皆反葬于周。这也就是说,在山东是找不到齐国早期国君的墓葬的,因为从太公起,五代皆反葬于周。所以不管是周、召,还是齐,都是在王畿内有采邑的,周公、召公的畿内采邑就是今天的周原,这些在考古上已经慢慢被证实了,而太公也一定会有。"我其为王穆卜"一句,"我"义为"我们",指"召公"和"太公"。"其"是语词,表示"将来",义为"将要"。"穆"是恭敬的意思。所以这句话义为"我们给王恭恭敬敬地占卜"。《史记·鲁世家》云"太公、召公乃穆卜",司马迁认为这个占卜已经做了,可是按《金縢》来看,我们不知道是不是真的占卜过了,总之二公主张用占卜的方式看看应该怎么办。但周公的看法不同,周公认为"未可以戚我先王"。"戚"是"忧虑"的意思,不过直接训为"忧虑",还有些不太通,因为要把武王有疾的事情向先王报告,感动先王,所以屈万里先生将"戚"读为"慽",训为"心动貌",义为"感动","未可以戚我先王"即"不能感动我们的先王"。

公乃自以为功:为三坛,同墠①;**为坛于南方,北面,周公立焉,植璧秉珪,乃告太王、王季、文王**②。**史乃册祝曰**③:"**惟尔元孙某遘厉虐疾**④,**若尔三王是有丕子之责于天,以旦代某之身**⑤。**予仁若考,能多才多艺,能事鬼神**⑥。**乃元孙不若旦多才多艺,不**

能事鬼神。乃命于帝庭，敷佑四方⑦，用能定尔子孙于下地，四方之民罔不祗畏⑧。呜呼！无坠天之降宝命，我先王亦永有依归！⑨今我即命于元龟，尔之许我，我其以璧与珪，归俟尔命，尔不许我，我乃屏璧与珪。"⑩

①"公乃自以为功：为三坛，同墠"一句，"功"训为"事"，"自以为功"即"自以为事"，就是"周公亲自来做这些事"，并没有让召公、太公来做。有人认为这里的"功"是《周礼·太祝》中的"攻"，我写过一篇文章①，我认为这个说法是不对的，因为"攻"义为"攻解"，就是一个人被鬼附身，用"攻"的方法加以解除。武王得病，周公所做的这些事不是"攻解"，所以"自以为功"的"功"不能读为"攻"。"为三坛，同墠"这句话很重要，什么是"坛"？"坛"是"高的土台"。什么叫"墠"？"除地"曰"墠"，"墠"就是"扫地"的意思。"为三坛，同墠"是在一个大的夯土地面上，做三个高起的土坛，这和我们在一些田野工作中看到的遗址很相似，虽然用法有所不同，但这种现象是很多的。

②"为坛于南方，北面，周公立焉，植璧秉珪，乃告太王、王季、文王"一句，"为坛于南方，北面，周公立焉"是说"这三个坛位于南方，周公站在北面朝向三王"，坛上放的是三位先王的木主，这三个王就是"太王""王季"和"文王"。周的整个世系分为很多节，从"后

---

① 李学勤：《〈尚书·金縢〉与楚简祷辞》，载《文物中的古文明》，第408-412页，北京：商务印书馆，2008年。

稷"以下是传说中的一大段,然后是从"公刘"以下,再就是从"太王"以下,古代的帝王世系每每都有这样的分化。此处周公所祭的是他直系的三位先王,就是"太王""王季"和"文王"。"植壁秉珪"的"植"读为"置",有人说"植"是"立着",这是不对的,"璧"是不能立着放的,因为璧是圆的,没有一个固定的方向,所以"璧"应该是平放着的。"珪"的上面是尖的,下面是方的,可以用手拿着,所以称"秉"。"珪"究竟是怎么拿的呢?很多人认为是像后来京戏里所拿的笏板那样,用平面对着人面,《三礼图》中也都是这样画的。不过前些年三星堆出土了一个手持牙璋的小铜人,是用牙璋的刃部对着人面,这可能是蜀人特色,或者是牙璋有特别的用法,具体我们就不得而知了。

③"史乃册祝曰"一句,"册祝"是使用简册来祝,就是"读此简书以祝告先王",当然不见得是所有的话都在上面,但主要的都在。

④"惟尔元孙某遘厉虐疾"一句,"惟"是虚字。"尔"是第二人称多数,即"你们的"。"元"是"长","元孙"就是"长孙",此处指"武王"。实际上"武王"并不是长孙,而是仲孙,"文王"的长子是"伯邑考",但"伯邑考"早死,所以此处的"元孙"指的就是"武王"。"某"是代替"武王"的名字"发",应该写为"元孙发",但后来史官誊写时为了避讳,所以写成了"元孙某"。"遘"是"遇","厉""虐"都是"灾祸"的意思,"疾"是"病",古人认为得病是一种灾祸,大家看甲骨文就明白了。有人说古人的身体都很好,免疫力都很强,但实际上并不

是这样，古人的病并不少，而且有一点病就会进行占卜。所以读甲骨文的时候，往往会认为商王武丁好像总是生病，这是因为"武丁"是王，所以会得到特殊的照顾，花东甲骨中贵族"子"的病也不少。到了清代也是如此，比如光绪皇帝，光绪的医案写得是很详细的，其实光绪也挺苦的，每天都有人问他，一直到他死。现在大家知道，光绪肯定是被毒死的，做实验的那个人曾找过我，给我看过光绪的死因报告。即使光绪不被毒死，也活不长了，因为当时他已经起不来了。

⑤ "若尔三王是有丕子之责于天，以旦代某之身"一句，"若"是发语词，"尔三王"就是"你们这三个王"，也就是上文中的"太王""王季""文王"。由此可以看出，周公和这三个王之间是很平等的，因为这时候是在做祝告，做祝告时，人是一个方面，神是一个方面，二者是对立的，这点和后世不同。"丕"训为"大"，"子"读为"字"，义为"养"。甲骨文中涉及"生子"的时候，就会有"余其子，余弗其子"，也就是说"我去养，我不去养"。这是生了孩子之后进行的一种占卜。从道德上本就该养育这个孩子，之所以要占卜，是因为要问养育这个孩子是吉还是凶。"是"复指"三王"，"若尔三王是有丕子之责于天"义为"天上的三王有保养武王的责任"，具体的做法就是"以旦代某之身"。"旦"指周公自己，这句是说用周公自己来代替武王，周公是真相信这样的事的，并不是在表演给别人看，而以自己来代替武王，这在当时看来是巨大的牺牲，虽然今天看起来很可笑，但在当时却并不是这样。

⑥ "予仁若考,能多才多艺,能事鬼神"一句,"仁若考"的"若"训为"而",到战国以后,"若"常常训为"或者"的"或",但在周初的语言中,"若"最好还是训为"而"。"仁"是"仁爱","考"在司马迁的时候,就已经觉得不好读了,所以司马迁在《鲁世家》中将"考"读为"巧",义为"多能"。"巧"这个字很早就有,"妇好"又叫"巧母","巧"和"好"互训。后来于省吾先生将"考"读为"孝"①,因为"孝"在金文中常与"考"通用。这两种说法都有道理,但"仁若孝"更符合后代人的伦理观念。有人认为"仁"这个观念比较晚出,不过在西周金文中有井人佞钟,有人认为"人"就是"仁",这个问题究竟如何,还有待讨论。

⑦ "乃命于帝庭,敷佑四方"一句,"帝庭"即"天庭","命于帝庭"指"武王在天庭受了大命"。"敷"即"溥",义为"广"。"佑"训为"保"。"敷佑四方"在金文中写作"匍有四方",义为"广保四方",由此看来,《金縢》确实是一篇有根据的西周文献,虽然不一定是在周公时写的,但一定是西周文献,因为《金縢》的用词和金文很相似。

⑧ "用能定尔子孙于下地,四方之民罔不祗畏"一句,"定"是"安定",此处的"子孙"指的是"周人"。"下地"即"下土"。"祗"义为"尊敬"。这里说的是武王,因为武王戡定四方,《世俘》中记载武王灭国九十九,所以"四方之民罔不祗畏"。

---

① 于省吾:《双剑誃尚书新证》,第104-106页,北京:中华书局,2009年。

⑨ "无坠天之降宝命,我先王亦永有依归"一句,"坠"训为"失","无坠"就是"无失"。"天之降宝命"即"天降之大命",做天下之主,是上天降下的大命。"先王"除了"太王""王季"和"文王",还包括周人其余的历代的祖先。"永"训为"长","永有依归"即"长有依归"。

⑩ "今我即命于元龟,尔之许我,我其以璧与珪,归俟尔命,尔不许我,我乃屏璧与珪"一句,"即命"之"即"训为"就","命"是"命辞","元龟"是"大龟"。下面就是要进行占卜了,大家要知道,占卜是与鬼神沟通的一种术数,前面周公让史官去策祝,然后是陈词,可是天上的"三王"怎么答复他呢?"三王"是不能直接说话的,就要通过占卜,所以"命于元龟"就是去"占卜",占卜的时候会给一个辞,这就是"命辞"。"尔之许我,我其以璧与珪,归俟尔命"义为"你们若答应我,我就给你们璧与珪,回去等候你们的命令","尔不许我,我乃屏璧与珪"义为"你们不答应我,我就不给你们璧与珪"。这就是和祖先讲条件,所以后人看这些觉得有点奇怪,不符合后世的思想观念,其实对古人来说这是很合理的事。我们看到了整个过程,首先是举行一个仪式,就是"祝神",也就是所谓的"告"。怎么"告"呢?是由史官来策祝。周公站在北面,朝着三王,中间有"璧"和"珪"。然后史官拿出周公写的祝词,读了一遍,所读的内容也就是下面的这段话,而这段话的中心是和他的三个祖先讲条件。先是说道理,你们的大孙子得病了,你们本来就有责任保护他,你们为什么要把他要走呢?

你们要他不如要我，我比他有能力，又能伺候你们，又能事鬼神，而且武王是从天上得大命的，我们的子孙有了他才能得到安定。从这里就可以看出"帝"和"祖先"是不一样的，祖先是在天上的，可"祖先"不是"帝"，而是在"帝"之左右。后面就是周公和"三王"讲条件，整个仪式大致就是如此。

乃卜三龟，一习吉①。启籥见书，乃并是吉②。公曰："体，王其罔害③，予小子新命于三王，惟永终是图，兹攸俟，能念予一人④。"公归，乃纳册于金縢之匮中，王翌日乃瘳⑤。

①"乃卜三龟，一习吉"一句，"乃卜三龟"就是"占卜了三个龟"，为什么要占卜三个龟呢？自古以来有不同的说法，主流的观点认为周人当时有三种不同的占卜方法，就是《周礼》所谓的"三兆"。《易》有三家，即《连山》《归藏》《周易》，而占卜也有三法，即所谓"三兆"，就是夏、商、周三代的卜法。不管怎么说，当时有几种不同的卜法，我个人认为这与当时的占卜情况相合，因为甲骨文中的占卜就是同时采用不同的卜法，甲骨文中有两种卜法，再加上周的卜法就正好是三种卜法。这点虽然不能最后证明，但还是很值得参考的一种说法。当然"乃卜三龟"也可以有不同的解释，因为甲骨文中的一次占卜也可以同时用三个龟，甚至更多，所以这个问题还没有定论。"一习吉"的"一"训为"皆"，"习"同"袭"，训为"重"。甲骨文中常有"习一卜""习龟卜"之语，"一习吉"就是"皆重吉"，也就是"全都吉"。可见三个龟是有前后的，而且三个全是吉。这个地方非常

符合古代的卜法,在此要强调一点,就是古法占卜的时候,命辞问的不是答案,而是问"吉不吉"。所以卜辞中问求雨的时候,所问的并不是下不下雨,而是下雨吉不吉,哪个吉,哪个就是对的。当然结果是要问下不下雨,但回答并不是下不下雨,而是用吉凶来回答。这个地方也是如此,回答的是"一习吉",而且"启籥见书,乃并是吉"。

②"启籥见书,乃并是吉"一句,"籥"字是从"册"的,所以按古书中所说,"籥"是放简的器皿。"籥"字还有一种解释,是带有排管的乐器。我们可以猜想,这应该是一个像排管乐器一样的器皿,用以放简。"启籥见书"就是"打开籥看见里面的书",这个"书"是指占卜用的占书。占卜的时候,看龟上的兆文就知道是吉是凶了,但详细的情况还是要根据占书的。《史记》的《龟策列传》中就有相关的记载,当时卜法的占书今天看不到了,唐以后卜法的占书还有,但筮法的占书还是存在的,就是《周易》。《周易》就是筮法的一种占书,其中每个卦都有一个占辞,占辞也有吉凶的判断。"启籥见书"的结果也是吉,所以这次占卜的结果特别好,这就表明"三王"同意了周公的要求。

③"体,王其罔害"一句,周公看到这些之后,就说"体,王其罔害","体"是"兆象",见于《周礼》,也就是"裂纹的样子"。"罔害"就是甲骨文中的"亡害",义为"没有灾害"。关于"害"字,裘锡圭先生有文章专门讨论。[1]

---

[1] 裘锡圭:《释害》,载《裘锡圭学术文集·甲骨文卷》第206-211页,上海:复旦大学出版社,2012年。

④"予小子新命于三王,惟永终是图,兹攸俟,能念予一人"一句,"予小子"是"周公"自称,有人认为"予一人""予小子"只有"天子"才能用,这个说法不正确。古书中有些诸侯也用"予一人",比如《秦誓》中,秦穆公也用这个词,此处周公也用"予小子"。像"予一人""予小子""孤""寡""不谷"一类的词,都是很谦卑的,是地位很高的人,比如君王所用的词。"新"读为"亲",楚简中"新"与"亲"不分,所以《大学》中的"亲民"是否读为"新民"还一直在讨论。"图"训为"谋"。"永"和"终"是"长久"之义,"永终"是周人特有的一个词,《论语·尧曰》有"四海困穷,天禄永终"。"永终"都是"长久"的意思,"永终"训为"结束",是六朝以后才有的训诂,以前的人不是这样讲。"四海困穷"是"普遍""穷尽",不是坏话,是说"到四海之边,天禄可永久不变"。后来的人觉得"困穷"不好讲,就把"天禄永终"讲成"天禄断绝"了,这不符合古人的原意。特别是近年周原甲骨里面有"斯克于永终",这里的"永终"很明显是一个褒义词,肯定不是"断绝"的意思。"兹攸俟"之"攸",义为"所","俟"是"等待"。"兹攸俟,能念予一人"即"现在我就等着,三王想到我",言外之意就是"三王会让周公去代替武王"。当然最后并没有实现,但周公用这些行动证明了他的忠诚。

⑤"公归,乃纳册于金縢之匮中,王翌日乃瘳"一句,"公归"就是"周公回去了",从这里就可以看出,设坛的地方应该是在郊外,所以设坛应该是一个工程,并不是拿铲子堆起土堆就行了。周公做完之后,就把简

册放到了"金縢之匮"中,所谓"金縢之匮"就是"用铜链子捆绑的箱子",相当于今天的保险箱。"瘳"义为"病愈","王翌日乃瘳"义为"周武王第二天病就好了"。

大家不要以为这是夸张的描写,周武王可能真好了,大家要知道,对于很多病症,心理上的治疗会有想象不到的效果。

武王既丧①,管叔及其群弟乃流言于国,曰:"公将不利于孺子!"②周公乃告二公曰:"我之弗辟,我无以告我先王。"周公居东二年,则罪人斯得③。于后,公乃为诗以贻王,名之曰《鸱鸮》,王亦未敢诮公④。

①"武王既丧"一句,"武王既丧"也就是"武王没多久就去世了",那么武王究竟在位几年呢?这个问题《金縢》篇并没有解答。有一种观点认为武王是在"瘳"之后不久就去世了,也就是说武王在"既克商二年"去世。"武王克商"一般认为是在武王十一年,那么武王就是在十三年去世,而武王十三年正是武王访箕子作《洪范》的那一年。其他的说法,大家可以看泷川资言《史记会注考证》,书中总结了武王在位年数的诸多说法,从"二年"到"六年"不等。

②"管叔及其群弟乃流言于国,曰:'公将不利于孺子!'"一句,《史记》记载"管叔"名"鲜",是武王的弟弟。"群弟"也就是说至少有两个人,其中应包括"蔡叔度"和"霍叔处"。"管"在今天的郑州,郑州又名"管城",今天在郑州一带发现了西周时的墓葬,但并未发现

西周的城址，这还有待继续发掘，因为我们没发现并不代表就不存在。"蔡"就在今天的河南上蔡，"霍"在今天的山西霍县，之所以是管叔、蔡叔和霍叔纠合在一起，是因为"三监"的关系。武王伐纣之后，立纣之子武庚以奉商祀，并派遣管叔、蔡叔去监督武庚，所以称管叔、蔡叔、武庚为"三监"。还有一种说法就是派管叔、蔡叔、霍叔去监督武庚，所以称管叔、蔡叔、霍叔为"三监"。但不论怎么说，管叔、蔡叔总是在"三监"之内。"流言于国"的"国"指"宗周"，也就是丰镐地区。"公将不利于孺子"的"孺子"是指周成王，周公此时正在执政，实际上周公在武王晚年已经执有政权了，武王一死，流言就传出来了，说"公将不利于孺子"。"孺子"和"幼子""冲子"一样，虽然都是"小孩子"的意思，但并不是说成王此时的年纪就真的那么小。战国时人根据《金縢》，认为成王当时就是一个小孩子，甚至有的说成王尚在襁褓之中，这些说法是不对的。屈万里先生引了《贾子新书·修正语》的一条材料，即"周成王年二十岁，即位享国"，可是《贾子新书·修正语》的另一种版本作"周成王年六岁，即位享国"，认为"二十"是"六"之误，究竟如何还有待讨论。但从记载成王五年营成周的何尊来看，成王说话是很老到的，所以即使倒退五年，成王即位时的年纪也不会太小。

③"周公乃告二公曰：'我之弗辟，我无以告我先王。'周公居东二年，则罪人斯得"一句，"我之弗辟"的"之"读为"如"，"辟"同"避"。这里的"避"不是交出政权，而是离开朝廷带兵东征去了，所以说"周公居东"。还有

一种说法是"周公奔楚",但这种说法并没有什么根据。"罪人斯得"指的就是武庚北奔,管叔被诛,蔡叔、霍叔被流放。"北奔"有两种解释,一种解释就是败北而奔,也就是打了败仗逃走了,另一种解释就是向北逃跑,也有说武庚死于此役。我们认为"武庚"的"武"是谥法,从"武庚"这个名字来看,还是很不错的,所以这很可能是宋国人做的,因为宋是商之后裔。管叔被诛,蔡叔、霍叔被流放,所以管国和霍国就不存在了,但是蔡国还是传下来了。现在的伪古文《尚书》中有《蔡仲之命》,是说让蔡叔的儿子蔡仲继承蔡国的君位,使蔡国得以保留。蔡国传的时间特别长,还迁都了好几次,从上蔡到下蔡,再到新蔡,最后灭于楚国之手。所以《蔡仲之命》虽然是伪古文,但还是有一定的历史根据的。我们可以设想一下,管国一定很大,因为管叔是武王的大弟弟,势力很大。虽然管国被灭了,但我们可以预想,西周管国的遗址肯定会被发现,究竟怎么发现我们并不知道,但管国的遗迹是一定有的。

④ "公乃为诗以贻王,名之曰《鸱鸮》,王亦未敢诮公"一句,《鸱鸮》这首诗在今天的《诗经》中还能看到,讲的主要是兄弟之情,但《鸱鸮》是不是周公本人所作,还有争议。"诮"又作"谯",义为"责让"。那么"诮"为什么可以写作"谯"呢?因为"焦"上面有时可以写作从"雀",而"雀"是从"小"的。从这里我们可以看出一件事,就是成王并不完全信任周公,因为周公把作流言的人全都处置了,周公本人的志向究竟是什么,成王还是有所怀疑。

秋，大熟未获，天大雷电以风，禾尽偃，大木斯拔①。邦人大恐，王与大夫尽弁②，以启金縢之书，乃得周公所自以为功代武王之说③。

①"秋，大熟未获，天大雷电以风，禾尽偃，大木斯拔"一句，"以"同"而"，"以"字的这种用法在甲骨文中也有。"禾"的本义指"粟"，也就是"小米"，这是当时主要的粮食作物，山陕之地多以小米、黄米为食。
②"王与大夫尽弁"一句，"弁"是"雀弁"，指当时所穿的一种礼服。
③"乃得周公所自以为功代武王之说"一句，"说"是祭祀时的祝词，《周礼·太祝》的"掌六祈"中有"六曰说"。楚简祝词中也常用"说"，但在简文中写作"敚"。

二公及王乃问诸史与百执事，对曰："信。噫！公命我勿敢言。"王执书以泣曰："其勿穆卜，昔公勤劳王家，惟予冲人弗及知。今天动威以彰周公之德，惟朕小子其新逆①，我国家礼亦宜之。"

①"惟朕小子其新逆"一句，"新逆"即"亲迎"。

王出郊，天乃雨，反风，禾则尽起。二公命邦人，凡大木所偃，尽起而筑之，岁则大熟。

《金縢》所讲的就是这样一个故事，虽然有些神话成分，但还是记录了相关的史实。从此篇可以看出周初的一些政治情况，周初的政治情况是相当复杂的。我常常说，周初一些情况与清初类似，比如周初的周公，就类似于清初的多尔衮，当然二人的结局完全不同,所以"周公恐惧流言日",《金縢》讲的就是周公恐惧流言的故事。周初和清初的不同点在于清初时还有南明政权存在,而且南明是正统。可是周初时武庚也还是在的,而且得到了东方的徐国以及淮夷的支持,再联系到内部的矛盾,所以周初的情况确实是非常危险的,不管《金縢》的真实性有多少,至少其中所反映的周初的政治形势是真实的,这是特别值得大家注意的。

这样,我们就把《金縢》篇读完了。这学期我们讲过的《尚书》和金文,实际上已经到了成王初年,而成王初年的《尚书》和金文是很多的,康王时代反而要比成王少一些,昭王时代也还是比较多的,这是我们下学期要讲的内容。

· 2009年上半年第一次课 ·

何 簋[①]

这门课的总名叫"出土文献选读",这个学期我们想把一些青铜器的铭文和文献对读,互相参照。这种方法就是王国维先生所说的"二重证据法",也就是用传世的文献材料和出土的文献材料互相印证。这个方法是王国维先生1925年在"古史新证"的课程中提出来的,而且王先生是身体力行,王先生1925年在清华除了讲"古史新证",就是讲《尚书》和金文。王国维先生是老前辈了,我们不敢高攀,只能是在后面追随,我们肯定没有王先生做得好。"二重证据法"虽然人人都知道,但是真正做的人并不多。

真正把文献和出土材料密切对照,做起来是很难的,需要下很大功夫,不是那么容易,说说就能做的。有些人就变成了纯粹的征引材料,他们并没有真正仔细地去读文献,也没有真正很好地去读金文,所以有些问题就不能够接触到,而且还会造成一些误会。实际上真正去对照的话,会有一些不错的成果。可是大家也懂得,这个成果是逐渐得到的,所以我们可以去看一些前辈

---

① 可参看李学勤:《何簋与何尊的关系》,载《三代文明研究》,第80-84页,北京:商务印书馆,2011年。

学者,当然王国维先生过世早,在座的很多人可能都会觉得王先生是一位老先生,但是他过世的时候才五十岁,按照今天的标准来说,还算是一个比较年轻的教师。可是在世时间长的一些学者,比方说杨树达先生、唐兰先生、于省吾先生等,大家可以看到他们的早期著作和晚期著作的变化都很大,很多提法前后完全不一致。我觉得这是非常自然的,这说明学问是逐渐改变的,所谓"日新又新"。这个改变一方面是由于新材料的发现,再有就是对传世文献和过去已发现材料的认识逐步加深,所以大家不要奇怪很多老先生的很多说法前后矛盾。我个人非常不赞成考据小说和考据书画的一些人,有些东西,早期和晚期有一点儿不一样,他们就说不是一个人做的,就是假的,实际上甚至于同一个人在同一段时间内写的东西,也有可能完全不一样。这方面的一些问题,今天没有时间细讲。总之,大家应该认识到,研究学问是不断地趋近于真理的过程,所有的科学都是一样,只能是趋近于真理,绝对不是最后的真理,应该说没有什么最后的真理,很多问题都是不断地趋近。同样,我们的这个研究,也是不断地趋近,在中间还有曲折,还会有倒退,原来的认识对了,后来的认识反而错了,然后又变成对的了。我认为现在在座的,尤其是一些年轻的同学,最好是了解一下学术史的发展过程,这对每个人都会有很多的帮助。

今天发给大家一个材料,这个材料是刚刚发表的。本来上个学期末我们最后讲的是何尊,当时我已经知道有这个材料,这件材料叫疴簋,但讲何尊的时候,这件材料还没有发表,所以没有办法给大家介绍。这个寒假我反复地学习这篇东西,我觉得这里面牵涉到了很多的问题。今天这个材料已经发表了,在今年《文物》的第 2 期,是香港大学张光裕教授发表的。[①] 今天我们以这件器物为

---

① 张光裕:《疴簋铭文与西周史事新证》,《文物》2009 年第 2 期。

中心，来讲一些问题。大家不要看只有这么几个字，今天有可能还讲不完，因为这件器物牵涉到的问题确实很多。

何簋和何尊有关，"何"字，有学者认为就是"何"，也有人说是"歌"，实际上在甲骨文中，"何"与"何"是通用的。我们先把何尊的铭文写在这里，何尊可以说是最像《尚书》的一篇铭文了，因为这是一篇王的诰命。

何尊释文：

> 佳（惟）王初䨛宅䢃（于）成周，复禀
> 珷王豊（礼），祼自天。才（在）三月丙戌，
> 王誥宗小子䢃（于）京室，曰："昔才（在）
> 尔考公氏，克逑玟王，肆玟
> 王受兹大命。佳（惟）珷王既克大
> 邑商，则廷告䢃（于）天，曰：'余其
> 宅兹中或，自之乂民。'乌
> 乎，尔有唯小子亡戠（识），眡䢃（于）
> 公氏，有爵䢃（于）天，敵命，苟
> 亯戈（哉）。""叀王龏（恭）德谷天，顺我
> 不每。"王咸叀，何易（锡）贝卅朋，用乍（作）
> 𢧐公宝尊彝，佳（惟）王五祀。

此处我对何尊的读法有一个改变，就是"敵命，苟亯戈（哉）"，但如果在"戈"下断句，就不知道王说到哪里了，而且西周金文中"戈"用作助词时常写作"才"，而不是"戈"，绝大多数情况下都是这样，而且如果"叀王龏（恭）德谷天，顺我不每"是"何"所说的话，那后面为什么会是"王咸叀（诰）"呢？我现在的想法

是在"亯"下断句,读"叡命苟（敬）亯（享）,𢦏叀王龏（恭）德谷天,顺我不每（敏）"。"叡命"是传达天命,"敬享"是恭敬祭祀,祭祀官的工作就是传达天命、恭敬祭祀。"𢦏"读为"载",训为"乃",这样"𢦏叀王龏（恭）德谷天,顺我不每（敏）",也变成了成王所说的话,后面再接"王咸诰"就很合理了。当然这个讲法不一定对,以后还可以慢慢研究。

我们看青铜器,首先要看的不是铭文,而是器形,从器形上看,大家会觉得珂簋这件东西非常奇怪,就是簋盖上还有四个扁足,簋盖如果翻过来就是一个浅盘的扁足鼎,但这里确实是一个器盖。若是将盖除去,只是看器身,珂簋就是一件西周早期常见的圈足簋,它的颈部有些往里收缩,腹部稍鼓,圈足略高,两耳上有兽首,下面有外勾垂珥,器身上有夔纹,上有立羽,中间还有一个小兽头。如果不算盖,与之完全相似的簋,并不少见,比如献簋,献簋中有"毕公",献簋是成王晚期或者康王早期之物,最晚不过康王,所以从器形上判断,珂簋应为西周早期。但是,一种器形或一种纹饰可以流行很长的时间,相应地其时代跨度就比较大,所以并不能说同样器形、同样纹饰的器物就一定属于同一个时代。最近有学者写论文,把这些看得太死,过去我们做青铜器分期的人,也常常犯这个毛病,就是这两件东西完全一样就一定是同时的,比如这件是成王,另一件也一定是成王。其实这是不一定的,一种类型的纹饰会存在一段时间,这个时间有的时候还是比较长的,所以在这些方面大家一定要注意。比如献簋,怎么说也就是成、康之间的东西,不可能再早,但珂簋从铭文来看,它的时间是固定的,所以从类型学上只能推出珂簋的时代为西周早期。

那么这件东西有多大呢？连扁足钮算在内,珂簋通高23厘米,口径19厘米，所以这件器物并不大，大家会觉得很奇怪，就是没见过簋上面还扣着一个扁足鼎（见图1、图2、图3）。实际上这种样子的器物虽然罕见，可是我们还能找出一个例子，就河南鹿邑太清宫长子口墓出土的一个鼎，编号是M1：94，这件鼎盖上也有三个扁夔形钮，能够倒置。"长子口"是宋国始封君微子启的大儿子，M1：94器的时代应为周初，所以柯簋的盖并没有什么可怀疑的地方。

图1　柯簋

图2　柯簋盖铭　　　　　图3　柯簋器铭

柯簋释文：
隹（惟）八月公陕殷年①，公
盈（赐）柯贝十朋②，迺令柯龠
三族，为柯室③。用兹餀（簋）
斁公休，用乍（作）且（祖）乙障（尊）彝④。

①"隹（惟）八月公陕殷年"一句，"陕"字很特别，是从"阝"的，这一点张光裕先生讲得很好①，"夷"用为动词，训为"平"，加上"阝"就更能显示出"平"的意思，所以"公陕殷年"就是"公平殷年"，也就是"公夷平殷之年"。这种用大事来纪年的方式在周初较为普遍，到了西周中期就很少了，但在楚简中是很常见的。这种形式到了战国时期，除了楚国之外，齐国也有一些。"公陕殷"这件事不是占一整年，仅仅是发生了这一件事，这件事发生在什么时候呢？是在那一年的八月。可见铭文后面说的事情与"公陕殷"之事同年，而且一定是在这年的八月之后，因为"公陕殷"这件事在八月已经发生了，所以簋铭中记述的事情一定发生在"公陕殷"之后。这篇铭文最特殊的是用大事纪年，而且还标明了月份，与之类似的有山西曲沃北赵晋侯墓地 114 号墓出土的器物。大家知道，晋侯墓地 113 号墓和 114 号墓是晋侯燮父的墓，因为 114 号墓曾被盗掘，所以墓中的铜器被炸碎了，后来进行了修复，修复过后出了一个甗，名叫鼓甗，是周昭王时代的铜

---

① 张光裕：《柯簋铭文与西周史事新证》，《文物》2009 年第 2 期。

器。不过这件铜器从行款上看"敔"的上面缺了一个字,可能是一个称呼,这一点我过去写文章讲过①,我们就称之为敔簋。敔簋铭文开头也是用大事纪年,并且标明了月份,其铭曰"惟十又二月王命南宫伐虎方之年",北大的先生们释为"十二月",但因为是修复器,所以铭文中究竟是"十一月"还是"十二月"仍有争论。"公陕殷"的"殷"指的是"商",这一点大家都知道,但如果具体说,"殷"还是一个地名,指"商的国都",也就是"盘庚迁殷"之"殷","盘庚迁殷"是盘庚将国都迁到了"殷"这个地方,而不是盘庚迁商国。"殷"这个地方后来在古书中称为"殷墟","殷墟"在古书中有两个,一个即《史记·项羽本纪》之"洹水南,殷墟上"的殷墟,也就是今天的安阳,再有一个就是朝歌,在今天的淇县。不管怎么说,"殷"就是商朝晚期的首都所在。按照《古本竹书纪年》的记载,纣王的时候扩充都城,即"北至沙丘,南至朝歌,皆有离宫别馆",这是张守节《史记正义》中隐括《竹书纪年》的话,所以这里的"殷"当指"商都"而言,也就是商晚期的都城。不管怎么说,"殷"是有两个意思的,广义上来说,因为商建都于"殷",所以也就叫"殷"了。可是王朝有时又叫"商",比如"大邑商",而"大邑商"也就是"殷",董作宾先生说"大邑商"是商丘②,现在看起来,恐怕不

---

① 李学勤:《论敔簋及周昭王南征》,载《通向文明之路》,第107-111页,北京:商务印书馆,2010年。
② 《殷历谱·闰谱》:"大邑商亦即今之商丘,盖其地为殷之古都,先王之宗庙在焉。"董作宾:《殷历谱》,中央研究院历史语言研究所石印本,1945年。

成立。"武王伐商"有时也说"武王克殷",但瑂簋中是"公陈殷",而不是"王",所以此"公"应为"周公",这一点张光裕先生已经指出来了。①瑂簋铭文指的不是"武王克商",而是周公"平三监"。武王克商以后并没有把"殷"全部消灭,虽然武王称王了,但还是封了纣的儿子武庚,并派管、蔡去监管,称为"三监"。武王死后,成王即位,就出现了所谓的"三监之乱",结果就是周公东征。《尚书大传》记载"一年救乱,二年克殷",而"公陈殷"指的也就是这件事情。古书中记载"周公克殷"的具体时间,都是在"二年",比如《逸周书·作雒》"二年,又作师旅,临卫征殷",所以"公陈殷"的"公"指的是"周公",这是不会错的。

②"公盈(赐)瑂贝十朋"一句,"盈"通"赐",郭沫若认为"易"是"益"的简化字②,"益"和"易"古音同属锡部。

③"迺令瑂阕三族,为瑂室"一句,"阕"即"嗣",训为"治","阕三族"即"管理三族"。"阕三族"是给"瑂"一个官职,而"为瑂室"是周公对"瑂"的另外一个恩赐。"室"训为"家",那么"为瑂室"可以理解为给"瑂"建一所房子,张光裕先生就这样讲。③但我个人不这么看,对于一个大的贵族来讲,盖一所房子不是什

---

① 张光裕:《瑂簋铭文与西周史事新证》,《文物》2009年第2期。
② 郭沫若:《由周初四德器的考释谈到殷代已在进行文字的简化》,《文物》1959年第7期。
③ 张光裕:《瑂簋铭文与西周史事新证》,《文物》2009年第2期。

么重要的事,所以此处的"为珂室"应理解为"给珂找了一个妻子"。这种例子在古书中是非常多的,特别是这种用法见于《度邑》,《度邑》"汝播食不遑暇食,矧其有乃室","有室"就是"有家",这不是说周公没有家,周公生的孩子很多,这是说周公不能留在家里,整日在外劳碌。周公赐给"珂"官职,又给"珂"找了一个妻子,我们可以想象一下,这种事情在什么样的情况下才可能发生?就是"珂"已经没有家长了,换句话说,"珂"的父亲去世了。如果"珂"的父亲还在,那么"珂"就不会接续这个官职,也不用周公给他找妻子,而这也说明"珂"的父亲以及"珂"本人与周公有很密切的关系,这不是不可能的。如果我们进一步设想一下,可能"珂"的父亲就是在这次战事中去世的,但这就是过分的推论了。可是无论如何,是周公出来管这件事,周公给了"珂"一个官职,这也说明周公在当时是掌握政权的。

④ "用兹餿(簋)褺公休,用乍(作)且(祖)乙隣(尊)彝"一句,"餿"即"簋"字,这种写法很常见,一直到春秋时期的青铜器还有这种写法。"褺"读为"设",《说文》"设,陈施也"。中方鼎有"埶于宝彝","埶"字读为"设",中方鼎为昭王时器,也是西周早期。"祖乙"是"珂"的祖先而非"珂"的父亲,"珂"的父亲是"闇公"。

珂簋的重要性在于"八月公陕殷","陕殷"见于《逸周书·度邑》,《度邑》有"我图夷兹殷",即"平灭殷",就是灭掉殷人原来居住的地方,在那里建立一个新的都城。并将殷遗民迁往他方,因为"克殷"并不仅仅是政治上的平定,更要平灭其国都。这是因为当时的名门大族是不服从于周的,一直都有叛乱之心,虽然武王设立了"三监",但仍然不放心,所以要建一个新的都城,把原来的殷人聚居之地平掉。大家要知道,古书中的"夷"除了"平"之外,往往还有"灭"的意思,因此"我图夷兹殷"即周武王要把殷平掉,不仅仅是平定,而且要平掉,这就意味着要把殷遗民移走,即所谓的"迁殷遗民"。而后来周公所做的事,实际上就是武王所计划的事,柯簋就是明证。"公陈殷"这件事是一个单独的举动,不是一个长期的事,"八月公陈殷"是说打仗胜利之后,就采取了一个行动——陈殷,柯簋用这件事来纪年,可见"陈殷"在"八月"就已经完成了,这是柯簋所告诉我们的很重要的一件事。而"公陈殷"这件事,根据《作雒》《尚书大传》《史记》等书,一定是在"二年"。《尚书大传》"周公摄政,一年救乱,二年克殷",柯簋"八月公陈殷",若《尚书大传》的记载可靠,那在成王二年的八月,就"陈殷"了。

我们学殷墟考古的人对这一点要特别注意,至少在成王二年的八月,商的首都一定受到了巨大的破坏,而且这是有意夷平,并将人迁走。大家要知道,"殷"变成废墟是见于古书的,比如《荀子·儒效》:"武王崩,成王幼,周公屏成王而及武王,以属天下……,杀管叔,墟殷国,而天下不称戾焉。"杨倞注:"墟殷国谓杀武庚,迁殷顽民于洛邑,朝歌为墟也。"所谓"墟殷国"就是"把殷的首都变成了废墟",所以"墟殷国"就是"陈殷"。"夷殷"这件事还见于《宋世家》,与"箕子"有关。武王十三年的时候,武王曾问于箕子,这就是《尚书》的《洪范》,在这之后箕子就去就封了。后来箕子封国之后,要去朝见周,《史记·宋世家》云:"箕子朝周,过故殷墟,感宫室毁坏,生禾黍,箕子伤之,欲哭则不可,欲泣为其近妇人,乃作《麦秀》之诗以歌咏之。"这个故事也见于《尚书大传》,但是《尚书大传》将此事归于"微子",我个人觉得从朝周的路线来说,"箕子"更合理。因为武王封箕子于朝鲜,箕子自北而来,经过安阳的可能性更大;而"微子"封于宋,宋都商丘,在安阳之南,"微子"朝周,若要经过安阳也不是不可以,只是路线太绕,所以还是"箕子"更合理。大家要知道,此时箕子和微子的年纪都不小了,他们不可能活过成王,而这时的殷已经成为废墟了。这个问题过去已经有人引用过了,来讨论殷墟的分期,现在还有很多学者,包括唐际根等[1],写文章讨论殷墟四期能不能包括西周。从疒簋来看,殷都在成王二年八月已经变成废墟了,所以即使是包括西周,也没有几年,当然那个地方还有殷遗民,因为封卫的时候还有殷民七族,可是从殷墟本身来说,已经不会再继续了,所以殷墟四期的下限是成王二年八月。

大家会问一个问题,就是何尊的"何"与疒簋的"疒"是否为同一人。

在同一个时代,甚至在同一个诸侯国中,同名是很常见的事,并不稀奇。前几天我去参加会议,有一位国务院的参事问我是不是吉林省的那个李学勤?他说多年以前和吉林省的李学勤曾经一起上过学习班,他记不得什么样子了,看到了我的名字就跑过来问我,所以同时有同样名字的人一点儿也不稀奇。现在网上还有一篇小学生的作文,非说是我写的,他们总是想炒作这个事。大家要知道,即使是很特别的名字,也有可能有同名,而叫"何"并不稀奇。如果我们想把何尊与疒簋联系起来,那么就要论证一下

---

[1] 唐际根、汪涛:《殷墟第四期文化年代辨微》,载《考古学集刊》第15集,第36-50页,北京:文物出版社,2004年。

何尊的"何"与砢簋的"砢"是同一个人。当然,有一点是很清楚的,就是这两件器物的时间非常近,何尊为成王五年器,铭文开头就是"隹(惟)王初鼺宅於(于)成周",最近我找到了新的拓本,觉得"鼺"的右下部分还是从"邑",所以还是把这个字读为"迁"。但不管怎么说,何尊与建成周有关,既然何尊中讲营成周,那么何尊中的"王"就一定是成王,我过去认为不是成王[①],这个说法不对,所以何尊的时代是成王五年。砢簋为成王二年,这两件器就很接近了,所以"何"与"砢"如果不是同一个人,就是同一时期的人,并且都是周王朝的大臣。因为"何"是宗小子,是在朝廷内任职的。"砢"的官职是周公所封,周公只能封王朝的官而不能封诸侯国的官,所以"砢"也应该在王朝内任职。但是,我们必须要想办法论证"砢"与"何"一定是同一个人。

其实这一点是有内证的,内证就在于二者的官职。砢簋中记载了周公让砢"阖三族",什么叫"阖三族"呢?《周礼》的《小宗伯》有一个记载,"宗伯"主要的职责是掌管礼仪,相当于后世的礼部,而礼仪中最重要的一项就是祭祀,所以祭祀方面的事情,多属于宗伯系统。大宗伯主要就是做这件事,小宗伯是辅助大宗伯的,可是小宗伯也有其特殊的职务,其中之一就是"掌三族之别"。什么叫"三族"呢?郑玄认为"三族"指"父""子""孙"三代。大家要知道,以商周的制度而言,一个家族,不仅有血缘关系,有时还会起到军事的作用,所以鲁侯尊有"王命明公遣三族伐东夷",此处的"明公"就是"周公",下面说"鲁侯"有功,这个"鲁侯"就是"伯禽"。实际上就是周公率领他的子辈

[①] 李学勤:《何尊新释》,载《新出青铜器研究》,第 34-39 页,北京:人民美术出版社,2016 年。

和孙辈去伐东夷,"伯禽"是"周公"的长子,所以在"三族"之中。总之,"三族"指的是"父""子""孙"三世,换句话说就是整个宗族。《周礼·小宗伯》:"小宗伯,掌三族之别,以辨亲疏,其正室皆谓之门子,掌其政令。"也就是说"小宗伯"是要"辨亲疏"的,也就是要分别血缘的远近,然后命该家族的嫡长子掌管政令。"宗伯"这种官职一直传流到清代,不知道大家有没有看过《爱新觉罗宗谱》,这个家谱现在有影印本,爱新觉罗家族的人都在上面,各个分支都记载得很详细,而掌管这个事情的人就是《周礼》中的"宗伯"之官。由此可知,"掌三族"是"宗伯"的职责,当然我们不是说《周礼》中所记载的就是当时的事实,可是"三族"应该是归一个管理祭祀的官员掌管。这一点大家有兴趣的话,可以去查一下《春秋》经传,里面有相关的材料。䍐簋之"䍐""治理三族",何尊之"何""管理祭祀",而"宗小子"是"何"在铭文中的自称,所以"何"也是"宗伯"系统的官,而且一定是一个大官,如果是小官,成王就不会理他了。何尊中记载,"何"的父亲曾服侍过"文王""武王",并要求"何"继承先人的事业,做好祭祀的工作。由此可知,当时"何"刚接任父亲的工作不久,年纪尚轻,所以王要跟"何"讲一讲他父亲的事。䍐簋中的"䍐"也很年轻,因为周公"为䍐室"。综上,从作器时间、官职、年纪综合判断,二者为同一人。

从历史上看,䍐簋的意义在于确定了"平三监"之事,但大家要知道,"克殷"并不是"平三监"的结束,后面还有"践奄",要继续往东打,因为叛乱的不仅仅是"三监",还有很多人,最主要的是"商奄"和"薄姑"。"商奄"就是后来鲁国之所在,以曲阜为中心,"薄姑"是后来齐国之所在,在今天的博兴。虽然"平三监"的战争尚未结束,但"殷"已被夷平,殷遗民也被迁走了。

这些材料对于我们了解周初的历史都很有帮助，也增加了我们对殷墟考古的认识。

周初的历史主要通过《尚书》的《周书》部分去还原。《尚书》不仅是我们读，司马迁也读，所以司马迁讲的周代的历史，不论是《周本纪》，还是相关的几个《世家》，最详细的也就是周初这一段，而这一段主要的根据就是《尚书》，所以我们可以看一下，目前的金文材料都和《尚书》《逸周书》哪部分有关。这也就涉及几个非常重要的问题，即周初的那几篇《尚书》是什么时候的？该如何排序？这是研究《尚书》的经学家多年以来一直在研究的问题，搞不清楚排序，就很难理解这几篇《尚书》的内容。我们把珂簋与何尊合起来读，就可以知道一件事，而这件事是过去绝大多数研究《尚书》的人都不同意的，就是开始营成周的时间不是在成王七年，而是在成王五年。因为何尊中写得很清楚，就是"惟王五祀"。那么前人有没有这样的说法呢？确实是有的，可是历代的经学家们是不赞成的，他们都认为是七年营成周，只有郑玄和《尚书大传》认为是五年。《尚书大传》"一年救乱，二年克殷，三年践奄，四年建侯卫，五年营成周，六年制礼作乐，七年致政"，这个记载与何尊一致，我们当然是要信何尊，可是要信何尊，就要承认《尚书大传》在这一点上说得对。大家仔细想一下就可以明白，营建一个大都市，并没有那么简单，哪能说三月计划定好，到十二月底就修好了？现在盖个大楼还没那么快呢，所以五年说是比较合理的，《洛诰》的最后就是"惟七年"。有人认为《洛诰》的"惟七年"是指"成王七年"，而五年营成周指的是"周公五年"，这之间差两年，而这两年是周公居东两年，后来又把周公接回来了，然后才开始东征，这就是王国维《周开国年表》的说法。[①] 现在从何尊来看，

---

① 王国维：《周开国年表》，载《观堂集林》，第 1141-1152 页，北京：中华书局，1959 年。

虽然这个解释很巧，但这个说法是不对的。我们考释文字的时候，也会出现类似的问题，某种解释很巧妙，但未必是事实。由此可以看出，《尚书大传》还是有道理的，虽然不是伏生亲自写的，但还是他的弟子所传，有从先秦来的说法。我们把《召诰》放在五年，《洛诰》放在七年，之所以对《洛诰》有疑问，是因为《洛诰》开头讲了周公献图的事，而这件事看着好像应该是连续的，所以把《召诰》也放在七年，大抵是由于对《洛诰》的理解。古人写东西，不像现在那么清楚，应该是把追述的一些事情放在了一起，所以才会造成误解。

周初这几篇《尚书》的时代，我们需要再重新考虑一下。大家要知道，在《尚书》中，武王之后的第一篇是《大诰》，序曰："武王崩，三监及淮夷叛，周公相成王，将黜殷，作《大诰》。"《大诰》这篇现在完整存在，《尚书序》中讲得很清楚，是武王去世之后，周公相成王，马上就做了这件事。这样看来《大诰》应该是周初诸诰中最早的一篇，等于是诏告天下，要去讨伐"三监"和"东夷"。这里需要提及一点，就是王莽以"周公"自诩，模仿《大诰》做了一篇《莽诰》，当然这是很可笑的，但我们可以利用《莽诰》来校对《大诰》，看看汉朝人是怎样理解的。王莽做事情大都要有一些精神根据，经常引经据典，所以后来人研究《大诰》，多要引用《莽诰》。我们可以设想，《大诰》是在成王元年，或者是成王二年之初，至少是在八月夷殷之前，《大诰》是我们能见到的成王时期最早的一篇文献，目前我们还找不到成王元年的铜器，或者是已经见到了，但确定不了。

按照今天《尚书》的本子，在《大诰》之后，就是《康诰》《酒诰》和《梓材》，《康诰》《酒诰》《梓材》三篇同序，这一点在西汉时就是如此，之所以三篇同序，是因为这三篇都是对卫康叔的诰命，当时人认为这三篇放在一起，给一篇序就可以了。其序曰："成王既伐管叔、蔡叔，以殷余民封康叔，作《康诰》《酒诰》《梓材》。"实际上《康诰》的时代没有那么早，"封康叔"之事发生在"二年克殷"之后，因此这三篇不可能紧接《大诰》之后，但也不会太晚，《尚书大传》认为在成王四年，较为合理。康叔封卫之事在《左传》和沬司徒送簋铭文中均有记载，《左传·定公四年》："昔武王克商，成王定之，选建明德，以藩屏周……分康叔……命以《康诰》而封于殷墟。"沬司徒送簋："王来伐商邑，诞命康侯鄙于卫。"有人认为此处应是"周公"来伐商邑，而不是"成王"，这有点太抠字眼了，实际上讲为"周公"代表"成王"来伐商邑也是可以的，不一定说"成王"本人一定到场。这就和康熙平定三藩的时候一样，实际上康熙并没有亲自到云南，但史书上仍说是康熙平定三藩。问题在于《康诰》开篇有一段话，这段话有四十八个字，讲到了兴建成周的事情，即"惟三月哉生魄，周公初基作新大邑于东国洛，四方民大和会，侯、甸、男、邦、采、卫、百工、播民，和见士于周。周公咸勤，乃洪大诰治"。"哉生魄"据王国维先生研究是指每个月初三也就是"朏"之后的几天。①"周公初基作新大邑于东国洛"是说周公打算建洛邑。若据此推断，《康诰》应和《召诰》差不多同时，但何尊铭文载"营成周"是在成王五年，这和《尚书大传》所认为的《康诰》在成王四年相矛盾。但实际上这四十八个字读起来总是不那么通顺，所以从北宋以来，就有些学者认为这段是错简。大家要知道，北宋时期思想比较解放，所以有一些疑经思潮，其中的代表人物就是苏轼，苏轼的《东坡书传》认为《康诰》的这一段有错简，苏轼之说正确

---

① 王国维：《生霸死霸考》，载《观堂集林》，第19-26页，北京：中华书局，1959年。

与否，还有待清华简来说明，因为清华简中可能有《康诰》，但我们还不知道是什么样子，如果清华简《康诰》有开头，我们看看能不能找到这段话。

在《康诰》之后就是《召诰》，序曰："成王在丰，欲宅洛邑，使召公先相宅，作《召诰》。"《召诰》文中讲到在二月的时候，成王就到了丰，让召公去相宅。召公就去勘探地形，并和周公一起把勘探的结果画成了图，最后献给了成王。有些人认为当时画不了这个地图，但是宜侯夨簋中就有"武王、成王伐商图"，可见当时不仅有地图，而且还有军事地图。《尚书序》中很明确地说成王"欲宅洛邑"，"宅"训为"居"，"宅洛邑"即"居洛邑"，也就是说成王当时是想迁都于洛邑的，蔡沈的《书集传》也主张这种说法，但最后并未迁都，而且终西周一代都未迁都洛邑，洛邑只是作为东都而存在。考之何尊，"营成周"应在成王五年，所以《召诰》应放在成王五年，并且《召诰》中的时间排在何尊的"四月丙戌"之前正合适。

《召诰》中的日期如下：

惟二月既望，越六日乙未，……三月惟丙午朏……
　　　　（2月21日）　　　（3月初3）
三月戊申……三月庚戌……甲寅　……　乙卯……
（3月初5）　（3月初7）（3月11日）（3月12日）
丁巳　……　戊午　……　七日甲子……四月丙戌。
（3月14日）（3月15日）（3月21日）（4月14日）

由此看来，何尊中的"四月丙戌"放在最后，确实很合适，在历法上是没有困难的，而且非常合乎情理。按目前的条件来说，如果把《召诰》移到成王五年，还是比较合理的，至于是不是完全对，以后还要继续研究。

《召诰》提到了"周公乃朝用书命庶殷"，这个书就是《尚书》的《多士》。《多士》一开头就说"惟三月，周公初于新邑洛，用告商王士"，"商王士"指的就是"庶殷"。《多士》中还引到成王的一句话，就是"多士，昔朕来自奄"，还说"今朕作大邑于兹洛"。从这些地方就可以看出来，《多士》是在"成王践奄"之后，"践奄"是成王本人亲自去的，"践奄"是在成王三年，所以《多士》是在成王三年以后，因此将《多士》放在成王五年也是比较合适的。

《洛诰》中有"惟周公诞保文武受命惟七年"，讲的是周公致政，所以《洛诰》应在成王七年。到了七年的时候，成王改变主意了，他本人并没有住在洛邑，而是让周公在洛邑。真正迁都到洛邑，是到了周平王的时候。

这里面需要研究的是《多方》的位置，《多方》云"惟五月丁亥，王来自奄，至于宗周"，此句很像《多士》中的"昔朕来自奄"，据此应将《多方》放在成王五年之前，即成王三年或四年。但《多方》中有"今尔奔走臣我监五祀"一句，这句话是说"现今你们（指殷人）臣服于我已有五年"。其中的"监"有两种理解，第一种是将"监"理解为"武王设三监"之"监"。若是按这种理解，"五祀"就应该从"武王克商"算起，《多方》就只能放在成王三年，因为是"三年践奄"，这个结果就是武王在位时间只能有两年。《金縢》就是这样认为，即"既克商二年"武王去世，但是《金縢》在《史记》中有译本，认为"后二年而卒"，也就是说武王在位共有四年。关于武王在位的时间有各种说法，多是在二年到六年之间，可《作雒》认为周武王克商的当年就去世了。而根据《多方》

的"今尔奔走臣我监五祀"以及《金縢》的"既克商二年"武王去世,那么武王就只有两年,所以用武王二年的人很多。可是这种说法有些问题,"今尔奔走臣我监五祀"是一种很肯定的语气,但实际上殷遗民并不怎么服气,后来大造反,而且《多方》中的很多人大都参与到了后来的反叛中。第二种理解是将"监"理解为"周公监成周",而"周公监成周"见于七年的《洛诰》,也就是说要从成王七年算起,那么《多方》就是成王十一年之事,所以今本《尚书》将《多方》放在《多士》之后,但这与《多方》中的"王来自奄"矛盾,因为成王三年已灭奄,如果此句属实,那就会有两个不同的"奄",这样解释也会有困难。过去研究《尚书》的人认为这是经学问题,但实际上也是史学问题,因为经史不分,但目前为止,我们对这个问题还不能有什么结论。

如果不算《多方》,我们可以大致把这些篇目排一下。

一年救乱——《大诰》

二年克殷——柯簋

三年践奄——塱方鼎、禽簋

四年建侯卫(如果理解为五年之初亦可)——㳄司徒送簋

五年营成周——何尊、《召诰》、《康诰》等

七年致政——《洛诰》

除此之外,成王时期很好的金文还有保尊、保卣。

我们这门课,力图把文献的研究和青铜器的研究结合起来,这里面一定还会有很多的问题,所以王国维先生的"二重证据法"不是那么简单的,实际上是非常难做的。王国维先生本人就是把《尚书》和金文结合,并且做了很多工作,王先生对《洛诰》有特别深入的研究,《观堂集林》最开始也是讲经学的,比如《洛诰》,后面还有《顾命》,这些就是王先生对于《尚书》所做的工作。王

国维先生讲授的《尚书》，有刘盼遂、吴其昌的记录本，现在都收在《古史新证》里面，大家可以看看王先生是怎么讲《尚书》的。王国维的诸位学生中，《尚书》做得最好的就是杨筠如，杨氏有《尚书覈诂》一书。杨筠如在清华国学院毕业后就南下了，当时《尚书覈诂》还未完稿，完稿后杨筠如又把稿子寄给王国维先生。王先生很重视这部书，并为这部书写了序言，而这篇序言也是王国维先生关于古史的最后一篇文字，因为这篇序完成之后，没有几天王先生就投水自尽了。王国维先生之所以重视《尚书覈诂》，与"二重证据法"有关，也和当时的学术背景有关。如果有机会我们应该写一本《王国维在清华》，讲述一下王先生在清华的这段时间所做的事情。过去李济之子李光谟先生编了《李济在清华》一书，这本书虽然是李光谟先生编的，但这个点子是我出的。我们应该出一个《王国维在清华》，王国维先生的贡献是多方面的，还有元史，这个我们不懂。但王先生在古史方面贡献最大，这并非偶然，而是一步一步积累起来的。王先生研究《洛诰》《顾命》，编《周开国年表》，这些都是在为"二重证据法"打基础，实际上"二重证据法"是王国维先生对过去研究的总结。王国维先生那时候写文章和现在不同，现在很多先生写文章都长篇大论，我们没有那么多时间读完这些书，王先生的稿子都是用毛笔工工整整写出来的，速度不会很快，所以王先生的文章都比较简练。虽然"二重证据法"只有那么几句话，却是王先生一生研究古史的总结，也正好针对了当时学术界的讨论。那时正是"古史辨"的时期，"古史辨"从1923年开始，到1926年出版了第一册。从这里也可以看出来，王国维先生并不是一个脱离实际的人。

王国维研究《洛诰》也是很有意义的，大家有时间可以看一下和王先生进行讨论的日本学者林泰辅先生的文章，林泰辅所在的家族是日本的学术世家，当时白鸟库吉提出了"尧舜禹抹杀论"，林泰辅就写了《辨尧舜禹抹杀论》与之辩论，这场辩论在当时影响很大，比中国的"古史辨"要早十几年。也正因如此，罗振玉、王国维与林泰辅的关系是很好的，他们经常进行学术讨论，林泰辅的《周公》写得很好。这些都是一些非常重要的学术史问题，在这里就不再讨论了。

· 2009 年上半年第二次课 ·

瑆方鼎

上一次我们讲了疴簋,与疴簋器形相似的,我们举了献簋,其实还有一件非常重要的器物,就是禽簋,禽簋的器形也与疴簋的下半部分基本一样,我们下一次课讲禽簋,禽簋涉及"成王践奄",所以禽簋的时代也是成王初年。

从这个学期开始,我们讲的器物和上学期期末一样,都是成王初年的器物,今天讲的这件东西也是成王初年的,就是瑆方鼎。"瑆"字不识,"天"字常见于商周之际的族氏铭文,但"天"字到现在我们还不知道怎么读,可能是在古文字的演化过程中,"天"字死掉了,至少今天没有什么线索去研究这个字。如果写作"",则可释为"菁",如果写作"",则可释为"禹"。可是一件铜器,总要有器主的名字,所以我们暂且把"瑆"字读为"chēng",这样读可能是完全错的,但是没有办法。大家要知道,""字甲骨文常见,有的还在上面加"",写作"",所以""字很可能与"用"有关,有人认为"用"可能是形声兼会意,也有人认为"用"是声符,究竟是什么字,还有待研究。

瑆方鼎现藏美国旧金山亚洲艺术博物馆,原为艾弗里·布伦戴奇（Avery Brundage）的藏品，布伦戴奇的藏品最后都归了旧金山亚洲艺术博物馆，1977年出版了《布伦戴奇藏品中的中国古代青铜器》（*Bronze Vessels of Ancient China in the Avery Brundage Collection*）一书，该书中有塑方鼎的彩色照片。

国内最早著录塑方鼎拓本的是吴其昌先生的《金文历朔疏证》。吴其昌是王国维的弟子，他还有一个弟弟叫吴世昌，吴世昌是研究《红楼梦》的，最近常在上海《文汇报》上写文章的吴令华女士是吴其昌先生的女儿。吴令华女士回忆了很多关于王国维弟子的事情，吴其昌先生的文集也快要出版了，我给写了篇序言。当时很难找到塑方鼎的拓本，所以绝大多数人，包括郭老用的都是吴其昌先生著录的拓本，现今所用的拓本多为《殷周金文集成》2739，器形图片最早印在陈梦家先生的《西周铜器断代》里面，是一张黑白照片，后来布伦戴奇的那个书中是彩色照片。

塑方鼎的样子非常特别，它是一个方鼎，每一个腹面上都有头向外的鸟纹，这种纹饰是要从四个角来看的，与之类似的还有燕国的伯矩簋。只是伯矩簋是饕餮面，一般的饕餮纹是以腹面正中为中心的，但伯矩簋却是以角为中心的，若从斜角来看就不奇怪了。大概十几年前，伯矩簋在英国拍卖，当时大家都觉得怪得不得了，实际上是因为没有照一个斜角的照片。塑方鼎也是如此，是以斜角为中心的大鸟纹，并且有很好看的扉棱，这种钩状、复杂、伸出很长的扉棱也是周初特点。宝鸡竹园沟出的某些器物以及辽宁出土的燕国早期的铜器也是如此，都有很高的扉棱，这些都表现出了西周初年的特点。迄今为止，没有与塑方鼎器形完全相同的器物出现，但这个鼎的整体风格是周初的，鼎的下方有四个鸟形足,并有钩形喙。塱方鼎的铭文非常重要,虽然看起来很简单,但讨论起来却很复杂(见图1、图2)。

图1 塱方鼎

图2 塱方鼎拓本

塱方鼎释文:

佳(惟)周公拸(于)征伐东

尸(夷)①,豐白(伯)尃古②,咸𢦏③。公

㱃(归),禦拸(于)周庙④。戊

辰,畲秦畲⑤,公赏塱

贝百朋,用乍(作)隣(尊)鼎⑥。

① "佳(惟)周公拸(于)征伐东尸(夷)"一句,"佳"字写得比较象形,与器足的鸟形很像,这说明某些时候器形与铭文的特点有关。有个别的古文字在书写时是可以和当时的事情联系起来的,比如《殷虚书契菁华》骨板上的"车"字①,车辕是断的,之所以写断,是因为

---

① 整理者按:此即《合集》10405。

武丁的车在宗庙行驶时，车翻了，小臣从车上掉了下来，所以在刻写时将车辕写断了，这只是书写者当时心理的一种表现，不必在文字结构上过多地推论。塑方鼎也是如此，很可能写铭文的人知道这件鼎要铸造成什么样子，所以就把"隹"字写得很象形，器物铸造出来也就是这个样子，这一点是很有意思的，希望大家注意。"周公"的"周"作"㘡"，中间有"点"，但下面没有"口"，同时期的禽簋的"周"字作"⊞"，却是有"口"无"点"的，所以大家不能用这些东西作为分期的依据，这只是文字成熟的一种表现，不同的人可以有不同的写法。过去对这一点认识不够，总是觉得同时的字一定有同样的结构，或者同样结构的字一定是同时的，这是不对的。殷墟甲骨和周原甲骨都证明了一个观点，即不能认为某一种写法就是某一时期所特有，比如董作宾先生就认为一期甲骨的"癸"字作"✕"，是不出头的，而五期甲骨的"癸"字作"✕"是出头的。[①] 可现在看来，这种说法是不对的，因为有些一期甲骨的"癸"字也是出头的。实际上当时的文字已经比较发达，所以不同的人会有不同的写法。这里"周公"的"周"有"点"无"口"，但我们不能说这种有"点"无"口"的"周"就是周初的，实际上有"口"无"点"的"周"也是周初的。这在周原甲骨上也是一样，周原甲骨中甚至有无"口"无"点"的"周"，写得就像"田"字一样，可实际上还是"周"

---

① 董作宾：《甲骨文断代研究例》，载《中国现代学术经典·董作宾卷》，第 116-118 页，石家庄：河北教育出版社，1996 年。

字。因此同一个时代会存在不同的字形结构，这是文字发展到一定程度的表现。今天也是如此，我们每个人写的字还是不同，这并不稀奇，一定要实现文字规范化，实际上是做不到的。"周公"的"公"字作"■"，中间是分开的，这在周初也不常见，一般是连在一起的。"于"字的本义与"出气"有关，所以在旁边加了表示"气"的一条线，写作"丂"，这种写法在商末周初也是很流行的。很多人训"于"为"往"，这是不对的，王引之在《经传释词》中认为"于"通"聿"①，是一个虚词。比如《葛覃》有"黄鸟于飞"，《无衣》有"王于兴师"，《六月》有"王于出征"，它们的特点是在动词前加"于"字，特别是"王于兴师""王于出征"和"周公于征伐"很像，这类的"于"都是句中无义助词。现在对于虚词的研究非常发达，很多学者都做过考察，最常用的书有两部，一部是杨树达的《词诠》，另一部是裴学海的《古书虚字集释》，可从此以后虚词就越分越细，最有影响的就是把西方的一些语法概念引入中国的语法研究当中。我个人在这方面是保守派，我认为这样不好，把西方语言学的一些概念，引入中国古文的研究是不成功的，最终的结果就是越分越细，越来越不圆转。过分地强调分析性的语法，也给我们的语文教学带来了极大困难，学生整天就干这个。这种教育我过去就碰到过，我初中学英文的时候，老师就专门教这种分析语法，对每一个英文句子都要做图解，这种教法我总也学不会。中学语文在很长

---

① 王引之：《经传释词》，第14页，南京：江苏古籍出版社，2000年。

的一段时间里面也是这么教的，最后学生连一篇日记也写不通。实际上除了专门搞语法的那些专家，没有人这样用英文写文章，英文文章大部分是按照习惯写的，所以一定会出例外。我们研究金文或者《尚书》也是一样，不能够拘泥于这些，所以我个人在这方面非常保守，可以说是落后倒退。我认为研究这些虚词，到杨树达先生那个时代就差不多了，再细分就会碰到大量例外，这就导致讲不明白，没有什么帮助。"征伐"二字连用，在金文中很少见。甲骨文、金文中的"伐"多作"㈩"，是"杀头"的意思，就是戈援是插入人的颈部，但也有例外作"㈩"，戈援与人的颈部是分开的，征夷方伯头骨刻辞中的"伐"就是分开的。①"东"字的写法也比较特别，中间少了一横，这一点大家也不要奇怪，写字有时候多一笔或者少一笔并没有什么，而且这个地方也不可能读为"束夷"。"东"字的字形是"囊橐"所从，单侧开口的叫"插袋"，两侧开口的叫"搭膊"，所以后来俗语有"搭膊养插袋，一代（袋）不如一代（袋）"。宋代出土的一件器物上的"唯来东"的"东"也是这样写的②，这都是手书的问题。"东夷"的"夷"字写得很好，像人蹲踞之形，《论语·宪问》中"原壤夷俟"的"夷俟"，就是"蹲着等"。东方人很喜欢蹲着，关于这一点，李济先生有文章专门讨论。③我常常说"蹲"这个本事，我们城市

---

① 整理者按：此即《合集》38758。
② 整理者按：此即《集成》09894。
③ 李济：《跪坐、蹲居与箕踞》，载《李济文集·卷四》，第485页，上海：上海人民出版社，2006年。

的人不会。我到农村干活,最怕的就是蹲,而有些地方的人很能蹲,他端一大碗面,蹲在一个条凳上,条凳只有几厘米宽,他宁愿在上面蹲着,也不愿意在平地站着或者坐在条凳上,我们哪有那个本事啊。所以人的习俗可以造成很多特殊情况,而"夷"字这样写是特别重要的。甲骨文中"夷方"的"夷"有时写得确实很像"人"字,所以有些人认为"夷方"应读为"人方",这恐怕不大对,因为一个地方叫"人方"是不太可能的。如果真是这样,那就意味着只有这个国家是"人",别的国家都不是"人",谁能受得了呢?所以只能是读为"夷方"。

② "豐白(伯)専古"一句,王国维认为"豐"字是从"中"的,而"豊"字是从"玉"的[①],所以天亡簋中只能读为"大豐",而且"大豐"还见于麦方尊。如果读为"大豐",理解为"王大封诸侯"就糟了,麦方尊中是王在船上进行"大豐",如果读为"大豐",那就是说王要大封诸侯,而且还要上船举行,这恐怕讲不通。所以只能读为"大豐",也就是"大的典礼"。塱方鼎的"䇏"字,我认为还是"豐",中间的"𠂆""𠃊"分别为"中"的一半。这一点不是我一个人这样讲,所有的考释都读为"豐"。"白"读为"伯"。"専"字是从"甫"的,而"甫"在周代时是从"父"的,因为"父""甫"音近,但"甫"字早期并不从"父",鼎铭中的"専"写作"䖵",也不从"父"。甲骨文中"贞人遄"的"遄"就是"逋"字,清华有小臣逋鼎,是周初之器。"古"字作"固",

---

[①] 王国维:《说珏朋》,载《观堂集林》,第160-163页,北京:中华书局,1959年。

字形比较明确，确实就是"古"，但研究甲骨文的人应该特别注意，过去有人将甲骨文中的"🔲"读为"古"，这恐怕不对，我认为"🔲"字是"胄"之所从，应该读为"由"，但"由"字不见于《说文》。可有人将甲骨文中的"🔲"读为"古"，还是有点道理的。金文中的"古"有时作"🔲"，中间是填实的，"🔲"是从毌的，象盾牌之形，但从塱方鼎来看，西周早期的"古"确作"🔲"形。

③"咸🔲"一句，"咸"字，杨树达训为"竟""终"①，义为"已经"，杨氏此说并没有明确的文献训诂做依据，可是怎么读都对，所以有些字虽然没有明确的文献佐证，但我们还是可以推出它们的含义，小盂鼎中出现过很多次"咸"字，都训为"既"。"🔲"字，很多人读为"戕"，训为"伤"，但我认为"🔲"应读为"捷"，三体石经古文有"𢧵"字，即"捷"字，义为"胜利"。②之所以很多人认为不读为"捷"，是因为"捷"多作为不及物动词，后面不能加宾语，比如"我军大捷"，我们现在一般不说"我军捷敌"，但是古书中确有"捷"字作为及物动词之例，一个很明显的例子就是《古本竹书纪年》中的"捷其三大夫"。《合集》35345："壬申卜在攸贞：右牧𠭯告啟，王其乎戍从，周伐，弗悔，利。弗🔲。吉。"另外《屯南》2320："癸酉卜，戍伐，右牧𠭯啟，夷方伐，有🔲。吉。弜悔。"这两条卜辞中的"🔲"都应读为"捷"，义为

---

① 杨树达：《诗敦商之旅克咸厥功解》，载《积微居小学述林》，第223-224页，北京：中华书局，1983年。
② 李学勤：《帝辛征夷方卜辞的扩大》，《中国史研究》2008年第1期。

"胜利"。凡是打仗的时候讲到"𢦓"都是正卜,而不是反卜。此铭中的"咸𢦓"就是"既捷",也就是"已经胜利"。

④ "公归(归),䥯䢔(于)周庙"一句,"公归"即"周公归来"。"䥯"字,像双手拿着一只头向下的鸟,下面有一个"示"。这个字不认识,今天无从释读,是一个已经遗失的字,可这个字在甲骨文中常见,但在金文中却不常见,大概是到了周代以后,商代所流行的典礼就不再流行了。其实这个典礼的意思还是很明白的,就是两手拿着一只鸟,将鸟的脖子割断,滴血祭祀。一直到今天,还有人做这种事,而且在非洲是很普遍的。在座的都很熟悉福尔摩斯小说,里面就描写过类似的事,有一种非洲传来的原始宗教,他们的仪式是把一只鸡杀掉滴血,然后再烧掉,造成一种很恐怖的气氛;后来福尔摩斯进行调查,给出了一种人类学的解释。这里的"隹"倒过来写,楚简中的"矢"字有倒写的情况,"侯"字甲骨文作"🈁",也有倒写为"🈁"的情况。还有"🈁"字,于省吾先生认为是"百"字的倒写。① 另外还有两个"虎"字倒着写的,这种写法一直到唐碑中仍然存在。"䥯"多是有所得时的一种祭祀,所以像人头骨、牛头骨、鹿头骨刻辞上常常会有这个字,因在打猎或战争中有所收获,献给宗庙,所以才举行"䥯",实际上就是献俘、献猎物的一种礼。"周庙"就是"周的宗庙",鼎铭中的"庙"字作"🈁",是从月的,而金文中从"月"的"庙"字仅见此一例,一般都写作从水的"🈁"字,即"潮"之初

---

① 于省吾:《释百》,《江汉考古》1983年第4期。

文。"周庙"一词,不见于今文《尚书》二十九篇,但见于《逸周书·世俘》"乃以庶国祀馘于周庙","馘"指斩获的首级,古人或以左耳代头,或者就是头。

⑤ "戊辰,酓秦酓"一句,"酓"就是"猷",即今之"饮"字。"秦酓"一词,"秦"字从"午","午"的原义是"棍棒",有的"秦"中间有"臼",这是把"午"理解为"杵"。如果没有"臼",我们可以把"午"理解为现在的连枷,是打稻子用的。现在还有人探讨"秦"字,在甘肃礼县大堡子山的秦墓出土的器物中,"秦"字有两种写法,一种是从"臼"的,作"",一种是不从"臼"的,作"",有人认为带"臼"的早,不带"臼"的晚。实际正相反,从文字的演变上来说,较早的"秦"字是不带"臼"的,西周中期的师酉簋就是如此。晚期才出现带"臼"的,而且存在时间很短。我认为"秦酓"是一个字,即"臻"字。此字又见于周原甲骨,周原甲骨出了好几批,其中最大的一批是岐山凤雏的,有三百多片,最近周公庙又出了一批,可讨论的东西很多。在凤雏的卜甲中,H11:132 有"王酓秦",下面是否还有"酓"字未知,发现了这个材料之后,我就写文章指出了这一点与塑方鼎一致。①什么叫"酓臻"?我的意见"酓臻"就是"饮臻",也就是"饮至"。"饮至"见于《左传》,《左传·桓公二年》"凡公行,告于宗庙,反行,饮至,舍爵、策勋焉","行"指"出兵",出兵前要告于宗庙,

---

① 李学勤、王宇信:《周原卜辞选释》,载《古文字研究》第四辑,第248-257页,北京:中华书局,1980年。

出兵回来要"饮至",也就是举行宴会,目的是"舍爵""策勋",也就是"行功受赏"。前人讲塱方鼎的时候,往往讲不通这一点,是因为没有从礼制的角度去考虑。

⑥"公赏塱贝百朋,用乍(作)䵼(尊)鼎"一句,"百朋之赐"是一种很高的赏赐,非常少见。杨树达先生在《积微居金文说·序》中说,"俾余于焫烛余年有所进益,虽百朋之赐,何以过之"。目前在金文中能见到的"百朋之赐"共有四件,除了塱方鼎之外,还有荣簋、子黄尊、伯姜鼎。金文中普通的赐贝也就是三十朋,所以"百朋之赐"是非常高的赏赐,《诗·菁菁者莪》有"既见君子,赐我百朋",是说"既见君子"就好像得了"百朋之赐"一样。从这里可以看出来,"塱"这个人在周公东征时,是一个非常重要的人物,最可能的身份是一员大将,但也可以有别的解释,因为在战争中赏功,情况是很复杂的。塱方鼎最后并没有说是祭祀谁,很可能的一种猜测就是器主的父亲还在世,当然器主还是有祖先的,但是"塱"的家中还没有独立的宗庙。

塱方鼎对于研究先秦史的意义很大,鼎铭中提到了"周公伐东夷"之事,所谓"东夷"即"豐白䵼古"。"䵼古"就是"薄姑",又作"亳姑""蒲姑",在今天的山东省博兴县。但需要指出的是塱方鼎并不是出在山东,而是出在陕西宝鸡戴家湾,是匪首党玉琨盗宝所得。党玉琨因为跛了一条腿,所以人称"党拐子",是当地的一个土军阀,实际上是一个土匪。1901年在宝鸡斗鸡台出土了一批青铜器,斗鸡台到戴家湾是一个连续墓葬区,后来对斗鸡台进行了发掘,发现了大量的小墓。这就是苏秉琦先生的工作,即

"斗鸡台东区",所谓瓦鬲的研究、器物排队的概念,都是苏先生通过这些来创建的。党匪的盗宝活动比苏秉琦的考古要早得多,要不然也没人到那里去发掘了。

1901年斗鸡台出了一批铜器,即所谓的"柉禁",后来这批铜器为端方所有,端方死后,其中的大部分都归了美国大都会博物馆。这几天报纸上整天讲文物流失的例子,这就是其中最重要的一批。这批东西出来之后,当地就成了宝地,很多人都知道这里出了大铜桌子,而且卖了大钱,所以都觊觎这个地方。党玉琨也是如此,党玉琨盗宝的确切时间不可考,有的说是1923年,可现在看来,党匪主要的活动时间应在1926年或1927年左右。党玉琨究竟挖到了多少东西,具体都是什么,还是考古学史上很重要的一个问题。对于这个问题,当地的学者做过研究,现在我们推荐大家看一下2008年陕西师范大学任雪莉的硕士学位论文,即《宝鸡戴家湾地区出土商周青铜器的整理与研究》,她是张懋镕老师的学生。我建议早日把它修改出版,这对研究西周史很有用,因为已经被盗掘得一塌糊涂,今天再发掘也没有多大意思,可是这些材料还在,这篇论文很值得出版。

这件方鼎是当时"党拐子"盗宝所宣传一时的东西,传说塑方鼎是一个黄金鼎,这个说法一直到陈梦家的《西周铜器断代》中还提到。[1]可是长期以来这件鼎不知下落,后来通过吴其昌的《金文历朔疏证》一书,知道这件方鼎与"周公东征"有关,但我们并不知道吴氏是怎么得来的拓片,虽然拓片很不清楚,但仍可观其大略。有人可能会猜测说,这件鼎出土时是金光闪闪的,这是不可能的,因为我亲自看过这件东西,这件鼎上多是绿色的锈,而

---

[1] 陈梦家:《西周铜器断代》,第19页,北京:中华书局,2004年。

且这些锈都是早期生成的，一点儿金光闪闪的样子都没有。之所以有这种传说，很可能与当时的古董商有关，但是古董商的话可信度并不高。大家要知道，古董商的话有时活灵活现，我们不能太相信这些东西。差不多也在这个时期，陕西凤翔发现了一大批青铜建筑构件，而且类似的构件在二十世纪五十年代还有发现，这些构件都是春秋时代的东西，应该是春秋时期凤翔的一些宫殿所用，后来埋藏在那里。这批构件中有些圆形中空的东西，应该是泡钉，但当时的人不认识，以为是"周铜鼓"，为此加拿大人福开森还写了一篇《周铜鼓考》。后来有人写了《周金阙考》一书，讲这批构件的发现，那可就"热闹"了。该书的作者把这批构件的出土地改为了岐山，并说是从墓葬中出土的，说当时盗墓的人向下挖，进入墓道之后，看到的是一个青铜牌楼倒在了地上，盗墓者将这些构件拿出来，拼在一起就是一个青铜牌楼。当然，这些都是胡说，毫无根据，大家千万不要相信。再如1942年盗掘出土的楚帛书，据说盗墓者的儿子长大后去了香港，后来又到了澳洲，我的老朋友巴纳就找到他，让他讲当时的事情，他说楚帛书不是1942年发现的，是二十世纪三十年代发现的，而且就是他自己偷的，但楚帛书就是1942年出的。所以不能相信这样的传说，我们对于此类传说一定要小心。塱方鼎也是一样，可能当时出土之后铭文比较多，而且样式很特别，大家很重视，所以传来传去就传成黄金鼎了。

为什么塱方鼎会在戴家湾出土呢？可能"塱"与"西虢"有关。当时的"西虢"位于今陕西宝鸡陈仓区一带，我认为这个墓地应是西虢墓地，这个墓中还出土了鲁侯熙鬲，这可能是传过去的，也许是鲁侯嫁女，也许是鲁侯在朝廷任职。总之，塱方鼎的出土地点是很明确的，因为在这批东西出土之后，当地照相馆的人曾为之拍照,相片中就有这件铜器,这是可以证明的。塑方鼎铭中的"周庙"应在宗周镐京,所以这件器物也应是在陕西所作。

这篇铭文中最重要的就是周公所征伐的对象——豐白尃古,实际上"豐白尃古"就是古书中的"薄姑"。大家都知道齐景公登台与晏子讨论的故事,这个事情见于《左传》,《左传·昭公二十年》:"齐侯至自田,晏子侍于遄台……饮酒乐,公曰:'古而无死,其乐若何?'晏子对曰:'古而无死,则古之乐也,君何得焉?昔爽鸠氏始居此地,季萴因之,有逢伯陵因之,蒲姑氏因之,而后大公因之,古若无死,爽鸠氏之乐,非君所愿也。'"爽鸠氏是少皞氏的司寇,为"五鸠"之一,少皞都曲阜,今天曲阜还有少皞陵,形状类似于金字塔。"少皞氏以鸟名官"见于《左传·昭公十七年》和《逸周书·尝麦》,这一点从人类学上来看并不奇怪,现在还有人的姓名用鸟的,比如"robin"一类,"robin"就是"知更雀"。《菲洛凡斯探案集》中就用到了与"robin"有关的民歌,即 *Who Killed Cock Robin*。这是英国的小孩歌,英国有一本小孩必读的书,叫做 *Mother Goose*,中文译为《母鹅集》,这里面全是儿歌,其中的一首就是 *Who Killed Cock Robin*。很多人名都是这样的,所以古代的一些官用鸟为名并不稀奇。季萴,杜预曰"虞夏诸侯,代爽鸠氏者"。杜预的注属于推测,因为季萴其人其事并没有其他材料可以佐证,但自少皞氏向下应为虞夏时代,季萴应为虞夏时人。再往下是有逢伯陵、蒲姑氏,然后就是姜太公。蒲姑氏属于东夷,在今临淄西北的博兴县。博兴以前叫"博昌",这个地名就是从"薄姑"来的,所以"薄姑"这个地名一直流传到了现在。《后汉书·郡国志》"乐安、蒲昌有蒲姑城",《大清一统志》中明确说"蒲姑,今蒲兴县东北十五里"。中国历史的特点就是绵延不绝,所以很多东西还是知道的,最有意思的例子就是王城岗,在那里一挖就挖出来了,这个地方到今天还叫王城岗,并不是没有根据瞎猜的。

这里面就有一些问题,大家要知道,"有逢伯陵"这个人是很了不得的,这是古史上的一个重要人物。

有逢伯陵,杜预注"殷诸侯,姜姓",杜预的这个说法是有根据的,这个见于《国语》的《周语》,是周景王与伶州鸠的一段讨论。伶州鸠这个人大家不太重视,大多认为他的这段话是伪造的,这是不可能的。伶氏是中国的一个古氏,有乐官的传统。传说黄帝时,有一个乐官叫伶伦,所以后来凡是和乐官有关的都叫"伶",今天男演员还叫"伶",女演员叫"坤伶"。伶州鸠回答周景王时讲了一段话,他说,"我姬氏出自天鼋,及析木者,有建星及牵牛焉,则我皇妣太姜之侄,伯陵之后,逢公之所凭神也"。这段话是讲星的分野,周是在天鼋,今天我们不详细讲这些,大家如果有兴趣可以找一个古星图看一下,我记得王力的《古代汉语》里面就有。这里面最重要的就是"伯陵之后,逢公之所凭神也",由此可知"逢"是国名,其祖名曰"伯陵","伯陵"之后都是"逢公"。那么"有逢伯陵"和"周"有什么关系呢?这一点韦昭讲得很清楚。韦昭注:"姬氏,周姓。天鼋,即玄枵,齐之分野也。周之皇妣王季之母太姜者,逢伯陵之后,齐女也,故言出自天鼋。"又曰:"太姜,太王之妃,王季之母。……伯陵,太姜之祖,有逢伯陵也。逢公,伯陵之后,太姜之侄,殷之诸侯,封于齐地。"王季之母"太姜"是伯陵之后,是东夷之女,这一点是很重要的,所以后来姬、姜二姓总是有关,而且分布很广。这样大家就可以明白,周朝建立后将"太公"封于"齐"是有道理的,因为"太公"就是姜姓。一直到今天,山东姓姜的人还特别多,我到胶东去,经常能碰到姓姜的。虽然我们认为"有逢伯陵"是东夷,但他和周还是有关系的,这一点是很重要的。

"有逢伯陵"之后就是"薄姑氏",那么为什么在塑方鼎中是"豐白專古"呢?大家要知道,"豐"和"逢"是通用字,郭店简《唐虞之道》中有"逢"字,写作"逢",是从"豐"省的,所以"豐"就是"逢"。可为什么铭文中又有"豐白",又有"專古"呢?过去认为"豐伯"之"豐"是一个国,与文王之子有关,这个讲法不对,如果是文王之子,又怎么可能成为东夷呢?而且西周初年没有一个"豐"能和"薄姑"并称,"薄姑"和"商奄"是最大的作乱之国,所以《左传》有云"及武王克商,商奄、薄姑,吾东土也"。周时之"鲁",在商代就叫"商奄",周时之"齐",在商代就叫"薄姑"。由此大家就可以看到"薄姑"是何等重要,那么"豐"又到哪里去找呢?"逢国"被"薄姑"所取代,"逢国"就没有了,但"逢氏"还存在,出土的东西在济阳,和周人有关。如果"豐白"就是"逢",那他是不会和周人打仗的,"逢"和"周"的关系是很深的,所以最好的解释是把"豐白專古"作为一个词,"豐白專古"就是"薄姑氏",而不是"逢伯"和"薄姑"。若据此种说法,"薄姑"就应当是人名了,也就是"逢伯"的名字叫"薄姑",而"薄姑"作为人名见于《尚书大传》,作"奄君薄姑"。可是"奄君薄姑"这个词是有问题的,"薄姑"是人名,但并非"奄君"。之所以出现这个问题,是因为灭掉了奄之后,把奄君迁到了薄姑,这见于《尚书序》,《尚书序》云:"成王既践奄,将迁其君于蒲姑,周公告召公,作《将蒲姑》。"《尚书序》的成书问题我们不在此讨论,但《尚书序》还是可信的,比如燮公盨铭中的"随山濬川"仅见于《尚书序》,而且《书序》言《说命》三篇,现在看起来《说命》很可能就是三篇。这里就可以看到"薄姑"可以做人名，而将"薄姑"理解为"薄姑氏"也是可以的，"薄姑"拥有了"逄国"，继承了"逄伯"的位置，所以又可称"逄伯薄姑"。"逄伯薄姑"这种叫法是没什么问题的，后人以其名为地名，故称之为"薄姑"，陈槃的《春秋大事表列国爵姓及存灭表譔异》也有这种倾向。所以塱方鼎铭中所讲的"东夷"就是"薄姑"，而不是"逄伯"和"薄姑"。

实际上东夷是很大的，征夷方卜辞中就记载纣王跑了很多地方，我们特别提到了"小臣丑"。山东青州苏埠屯有亚丑大墓，苏埠屯离临淄不远，亚丑墓又是一个四墓道的大墓，而且周围还有很多陪葬墓，可知此地在商代一定很重要。在亚丑墓周围的陪葬墓中所出土的铜器均属"🅇氏"，"🅇"字中间像两个鬲，"𝑆"是虫，故可隶定为"融"。该字中"鬲"的写法颇具商代之风，故可推知"融氏"就是居住在东夷地区的商人。"融"的器物在发掘的时候就有流散，其中一件在我国台北故宫博物院，是流出之后台北故宫购得的。亚丑器中有铭作"诸后以太子尊彝"，"后"是"王"，"以"训"与"，"诸后以太子"就是"诸王与太子"。可见"亚丑"和商王室的关系特别密切，而且"小臣丑"是明见于伐夷方卜辞的，此地在纣征夷方之后就成了商的属地，与商关系密切，所以"薄姑"是支持武庚的。"奄"支持武庚并不稀奇，因为"南庚都奄"，盘庚就是从"奄"迁到了"殷"，"奄"是商之故都，所以又称为"商奄"。周公践奄之后，以"殷民六族"为基础建立了鲁国，"薄姑"后来成了齐国。由此我们就可以体会到齐国的位置是如此重要，所以《左传》说"五侯九伯，汝实征之，以夹辅周室"。

综上，塱方鼎是很重要的，它可以告诉我们文献中的很多东西，依据铭文内容和相关史料，将塱方鼎定为成王三年是合理的。我们的课就是尽量地把文献和金文结合起来，这样会做得更好。

由此我们可以看出西周的青铜器和金文应该怎么样去研究，传统的分期方法给了我们轮廓性的知识，就是将铜器分为西周早期、西周中期和西周晚期。当然分为三段是合理的，但若再想细分，是很难做到的。最近北大的学者写文章，要把厉王和宣王的铜器分开，这恐怕是很不成功的，用他们的办法是分不开的。今天我们还是要按照老办法，就是进一步确定标准器，要确定标准器就要靠金文，而要找出标准器，就要以文献为基础，并将金文与文献对照，这也就是王国维先生所提出的"二重证据法"。

清代的学者写过"薄姑"不是人名的文章，当然"薄姑"究竟是不是人名还可以讨论，但不论如何，"逄伯""薄姑"不可能是两个，如果我们承认济阳的"丰"与"逄伯"有关的话，可能"丰"后来就迁到济阳去了，这一点我们没法证明。但是有一点我们可以知道，就是"逄"这个氏到了周穆王时代还有，比如《穆天子传》中有"逄固"，《穆天子传》虽是战国晚期的东西，而且带有小说的性质，但其中的人物绝大多数还是可信的。在《穆天子传》中，跟着穆天子的有几个大臣，一个是"逄固"，还有就是"毛班"和"井利"，其中"毛班""井利"在金文中已经找到了，而且都是穆王时代的，所以"逄固"也应该是有的。因此"逄氏"在周王朝还是存在的，将来我们还可以在金文中进一步找到。

这里面还有一些很复杂的问题，虽然不能完全相信《穆天子传》《山海经》之类的记载，但其中有一些内容还是可以参考的。比如"有逄伯陵"，清人董增龄《国语正义》卷三："《山海经》'炎帝生器，器生伯陵'，是知伯陵姜姓，炎帝后，前封于齐，而太公其继者焉。"《山海经·海内经》有云："炎帝之孙伯陵，伯陵同吴权之妻阿女缘妇，缘妇孕三年，是生鼓延殳，始为侯，鼓延始为钟，为乐风。"由此可知，"有逄伯陵"是一个很古的人，属于炎帝系统,是姜姓,后来称为"逢公"。他生了一个儿子,叫"鼓延殳",而"鼓延殳"是最早制作铜钟的人。这些当然是神话传说,但神话传说还是有一定意义的,可是我们不能相信《路史》中记载的伯陵是黄帝之臣,这恐怕是没什么根据的。

这里有一点需要讨论,大家都知道姜姓和姬姓关系很密切,《国语·周语》讲姜姓是四岳之后,"齐、许、申、吕由太姜,陈由太姬"。由此可知,齐、许、申、吕之封与"太姜"有关,"太姜"乃太王之妃,王季之母,所以姬、姜的关系是很密切的,两姓世代联姻,一直到宣王、幽王时都是如此。我们可以看到古史给出的线索和暗示,很多东西并不像过去想象的那么简单,涉及的范围很大,因此研究中国的古史要从更大的环境来考虑。塱方鼎告诉我们齐地确实有"逢伯",并不是像以前想象的那样,认为姜姓原来只在陕西,后来随周公东征而封于齐。现在看来,之所以封太公于齐是因为太公是姜姓,本就与齐地有关。这对我们还有另一个启发,就是蛮、夷、戎、狄与华夏的区别并不见得是原来想象的那样,特别是因为一些改朝换代的大的战事,将原来很中心的国族变为了蛮、夷、戎、狄,这些问题需要特别仔细地加以考虑。当然这并不意味着我们应该迷信古史,但这些方面会带给我们若干线索,要不然我们没法解释"豐白尃古",除非很简单地说东夷里面有一个"豐伯",但这个"豐伯"我们不知道。可是这样讲是不对的,"豐伯"怎么可能比"薄姑"还重要呢?"薄姑"是纣克东夷之后还存在的大国。

・2009 年上半年第三次课・

禽簋、㽙𠭯尊、㽙伯䍙卣

禽簋

西周初年的青铜器是与传世文献结合得最为密切的，特别是《尚书》和《逸周书》。但西周初年的青铜器不会像过去学者所说的那么多，很多青铜器过去认为是周初成、康时代的，现在看来并非如此，特别是一些与"伐东夷"有关的器物。因为西周伐东夷的时间很长，大家看《后汉书・东夷列传》就能知道，"伐东夷"的高潮是在周穆王时期，因此很多"伐东夷"的青铜器应是康、昭甚至是穆王时器。现在我们选讲的周初器物，从类型学和铭文内容上来看都是最为可靠的，这次我们讲禽簋。

禽簋现藏国家博物馆，这件器物是跟随罗伯昭的藏品一同到的国博。罗伯昭是上海很有名的收藏家，号沐园，斋号宝琼阁，后署名"伯昭"。罗伯昭收藏的东西很多，他所收藏的甲骨、古钱和玺印都很好，应该说是二十世纪三四十年代上海最好的收藏家之一，禽簋后来在罗伯昭那里，二十世纪五十年代入藏国博。

禽簋的器身与何簋相同，纹饰也一样，都是带立羽的细夔纹，只是两侧的小珥略有不同。禽簋的重要性在于有"周公"，但"周"

字是有"口"无"点"的,与塑方鼎中的"周"字不同,这也就是说,不论是甲骨文还是金文,不能说同时期的字形就完全一样。大家要注意,禽簋的字体很像天亡簋,这两件器物的时间也很近。

禽簋的流传时间相当长,清代乾嘉时就已见于著录,确切的出土地点我们不知道。大家熟悉这件东西主要是由于阮元的书,阮元的《积古斋钟鼎彝器款识》中有禽簋铭文的刻本,实际上最早著录这件器物的是钱坫的《十六长乐堂彝器款识》,这一点很重要,后面我们会仔细讨论。《十六长乐堂彝器款识》中除著录禽簋铭文以外,还刻有器形,由此看来禽簋的出现最晚是在乾隆之时。

禽簋是与"周公"有关的最重要的器物之一,另外一件是塑方鼎,这两件是与"周公东征"关系最为密切的器物。大家要知道,"周公"的器物在宋代就有著录,有一件东西是周公方鼎,其铭曰"周公乍文王尊彝",但是这件器物宋代以后就遗失了,所以是否可靠还没有定论。至于《西清古鉴》中所载之周公方鼎,则是仿照宋代伪刻的,不足为信。宋代著录的周公方鼎是一个扁足鼎,如果说这件方鼎是假的,就会有一个问题,因为当时的人并不识"周"字,所以将此器释为"鲁公方鼎",就此点来看,我认为宋代著录的周公方鼎还是可信的。[①]虽然很多学者不相信这件周公方鼎,但我个人还是选择相信。但不论如何,禽簋中的"周公"还是很清楚的,这一点是非常重要的。

---

① 李学勤:《论宋代著录的周公方鼎》,载《三代文明研究》,第118-121页,北京:商务印书馆,2011年。

禽簋（见图1、图2）在清代乾隆以后，钱坫、阮元以及刘心源均有著录，可是他们都读不懂这件东西，到今天我们也不能完全懂。他们最为注意的除了"周公"以外，就是"禽"。"禽"即"禽"字，大家要注意，"禽"字下面并没有"手"形，而甲骨文的"禽"字释为"禽"，就是根据禽簋的"禽"字，"禽"是从"今"声的。当然像孙诒让等学者，他们释"禽"为"毕"①，可从禽簋来看，"禽"就是"禽"字。在禽簋中看到了"周公"，又看到了"禽"，很自然地就会想到"禽"指"鲁公伯禽"。从铭文来看，当时周公还在世，而且铭文最后并没有说是祭祀谁的东西，也就是说这个时候"禽"的父亲还在世，而且从礼制上来说，伯禽也不可能去祭祀文王、武王，所以铭文最后是"用乍（作）宝彝"。这一点看起来是很合理的，很多人都认为是伯禽，但我个人对这一点表示怀疑。因为除了禽簋之外，还有一件东西就是太祝禽鼎（《集成》1937）。太祝禽鼎也见于《十六长乐堂彝器款识》，而且二器时代相同，字体也很相似，所以后来讲金文的人认为太祝禽鼎中的"禽"指的也是"伯禽"，并且认为"伯禽"做过太祝。我认为这是不可能的，因为自商周以降，史祝之官要经过特别培养，且世代相传，到了秦汉之时依然如此，所以周公让自己的儿子做太祝，从礼制上是讲不通的。后面我们会讲禽簋的具体内容，从文义来看，禽簋中的"禽"就是"太祝禽"，太祝禽鼎和禽簋同见于《十六长乐堂彝器款识》，因此这两件东西很可能是同出的，当然这只是推测，还没有明确的证据。以后我们会讲到明公尊，明公尊中的"鲁侯"指的是"伯禽"，这是没什么问题的。

---

① 孙诒让：《契文举例 名原》，第268-269页，北京：中华书局，2016年。

图 1　禽簋　　　　　图 2　禽簋拓本

禽簋释文：
王伐䣙（盖）厌（侯）①，周公
某②，禽祝③，禽又
啟祝④，王易（锡）金百寽⑤，
禽用乍（作）宝彝。

①"王伐䣙（盖）厌（侯）"一句，"䣙"字，前人读不出，陈梦家给出了一个说法。① 大家都非常尊重陈梦家先生，他是著名的古文字学家。可是陈先生主要是从文史的角度去研究甲骨文、金文，释字确实不多，陈先生没有写过专门释字的文章，在他的文章中讲字的也很少，真正由他释出来的字也不多，可是有几个字非常重要，"䣙"字是其中之一，再有就是"鬱"字。学古文字

---

① 陈梦家：《西周铜器断代》，第 28 页，北京：中华书局，2004 年。

的人，有的偏向于历史，有的偏向于考古，有的偏向于文字，各家路数不同，陈梦家先生就是偏向于史的。"埜"字是陈先生释出的，但这个字的释读还是有一些文字、音韵上的问题说不清楚，今天我也不能说得很清楚，将来大家可以研究。陈先生将"埜"读为"盖"，并认为"盖"与"奄"古音同，但这样讲在音韵上有些问题，因为"盖"是祭部字，"奄"是谈部字，这两个韵部之间的关系比较复杂，在这一点上，还需要去搜集音韵学的相关材料进一步证明。还有一个问题就是"👁"是不是"盖"？因为"木"和"艹"可以相通，这没什么问题，但是剩余的类似于"去"的部分怎么去看呢？"法律"的"法"是从这个字的，大家可能会想到"齐法化"，现在读为"齐大刀"，我对这个读法始终有些不安。《说文》中"盖"作"葢"，从大，从血，并不从"皿"。徐铉认为"大"带有象形的意思，象覆之形，就是一个"盖"的形状，如果这样讲，"盖"和"👁"就没有关系了，可事实上并不是这样，因为汉代之时"盖"已经有了两种写法，分别为"盖""葢"，究竟哪种写法是从殷周传承而来还不清楚，所以这个问题还有待于进一步研究。但从传世文献来看，"奄"与"盖"不但意思相同，也确实可以互相通假，比如《左传·昭公二十七年》有一个人叫"公子掩余"，"掩"在《史记·吴世家》《吴越春秋》中均作"盖"。有人认为"掩"和"盖"是同义转换，也就是同义通假。《说文》中有"瘱"字，又读若"掩"，大家要知道，《说文》中的"读若"都是有文献依据的，所以在一定意义上说，"掩"和"盖"是可以通假的，"掩盖"今天以为是连绵词,但实际上应该是分化字。我认为释"𡃤"为"奄"是陈梦家先生的真知灼见,可是现在很少有人承认这个说法,就是因为"盖"〖图〗和"奄"之间的关系难以说通。我们研究文字、文献的人,说不通的东西有很多,这一点无需掩盖,还需要探讨的东西有的是,但〖图〗最好还是读为"奄"。"奄"就是今天山东曲阜一带,这个地方特别重要,《竹书纪年》载商人迁都是"前八后五",后面的五次之一就是"南庚迁于奄",后来盘庚又从"奄"迁到了"殷"。如果是这样,那甲骨文中有没有呢?甲骨文中还真的有,不过写法略有不同,作"〖图〗",见于YH127坑,《殷墟文字缀合》中也有,《殷墟文字缀合》302:"戊午卜,宾贞,乎雀往于〖图〗。"《殷墟文字缀合》305:"戊午卜,宾贞,勿乎雀往于〖图〗。"《殷墟文字缀合》244:"贞乎象往于〖图〗,勿乎象往于〖图〗。"因此"奄"这个地名见于甲骨文,我认为目前还是可以将"𡃤"读为"奄","王伐奄侯"就是周初时的"成王践奄"。把"商奄"读为"商盖"还见于《韩非子》和《墨子》,《墨子·耕注篇》有"古者周公旦非管叔,辞三公,东处于商盖"。《韩非子·说林》:"周公旦已胜殷,将攻商盖,……乃攻九夷,而商盖服矣。"孙诒让在《墨子间诂》中认为"商盖"就是"商奄"①,所以"𡃤侯"就是"奄侯",如果这种说法成立,那这就是我们能够在青铜器中找到"奄"的最好证据。从"奄"的字,甲骨文、金文中很少见,西周早期应公鼎铭中有一人名作"〖图〗",从申,从大,倒过来像"奄"

---

① 孙诒让:《墨子间诂》,第432-433页,北京:中华书局,2001年。

字，我认为这个字很可能就是"奄"。"商奄"一词在文献中见过多次，《左传·昭公九年》"及武王克商，蒲姑、商奄，吾东土也"。由《左传》可知，"蒲姑"是一个词，"商奄"是一个词，因为杜预注认为"蒲姑"是齐地，"商奄"是鲁地，所以"商奄"不能理解为"商"和"奄"。同样《左传·定公四年》"因商奄之民，命以伯禽而封于少皞之墟"的"商奄"也应该是一个词，若是理解成"商"和"奄"，则"商"只可能是"商都"，也就是"殷墟"，但是"商都"分封给了卫国，怎么可能再封给鲁国呢？而在鲁的范围内没有单独叫"商"的地方，所以此处的"商奄"是一个词，也就是"商人之奄"。"少皞之墟"就是今天的曲阜故城，就是明清时期的曲阜县，今天的少皞陵就在那里，也就是今天的曲阜和尼山之间。为什么要讲这一点呢？是因为《诗经》。《诗·破斧》有"周公东征，四国是皇"，"皇"读为"惶"，训为"恐"。问题在于"四国"，《毛传》认为"四国"是"管""蔡""商""奄"，《毛传》中所说的"商奄"就是指"商"和"奄"两个地方，其中的"管""蔡""商"指的是"管叔""蔡叔""武庚"，也就是"三监"，而"奄"则指东夷之地的商人，是东夷之长，和徐国一样。《逸周书·作雒》"三叔及殷东徐、奄及熊盈以叛"，为什么"徐"会同"奄"一起叛乱呢？因为少皞是东夷之长，嬴姓，徐国也是嬴姓，因此徐国一定与东夷有关。总之"四国是皇"的"四国"指"管""蔡""商""奄"，与《左传》中的"商奄"并不一样，二者不可混同，出现这种情况只是偶合。"成王践奄"是很大的事情，与之相关的文献材料，陈梦家先生曾努力搜集，收在了《西周铜器断代》中，并尽可能地与铜器结合，这也是《西周铜器断代》的优点所在。当然，那个时期由于青铜器的分期还没有那么严密，所以这部书还有一定的局限性。虽然我们现在更进步了，可我们依然有我们的局限性，但这种方法是我们应该好好学习的，我们讲这个课也是类似陈梦家先生的路子。

"商奄"一词，大多数先秦文献都称"奄"，不称"商奄"，可并没有作"伐盖"的。关于"践奄"，还有一个材料见于《孟子》，《孟子·滕文公下》云"周公相武王诛纣，伐奄，三年讨其君，驱飞廉于海隅而戮之，灭国者五十"。我认为《尚书大传》说"三年践奄"就是从《孟子》来的，"奄君"是一定要征讨的，因为《尚书大传》讲"武庚叛乱"是"奄君"出的主意。"灭国者五十"指"灭掉了五十个诸侯"，可见"东夷"的范围是非常大的。大家要特别注意"驱飞廉于海隅而戮之"，"飞廉"是纣的臣子，是秦人之祖先，少皞就是嬴姓，所以"秦人"应与"东夷"有关。"海隅"就是"海角"，也就是把"飞廉"驱逐到了海边，然后杀掉了。纣克东夷，所以东夷开始是反对商纣的，可是纣王死了之后，东夷却支持武庚，这一点是很不同的。而在东方还有姜姓之后，所以这个地区的历史是相当复杂的，当时的社会已经发达多了，绝不像现在有些人想象的那么简单。《孟子》的这段话很清楚地讲了"践奄"是在三年，也就是成王三年，现在看起来，《尚书》的各篇以及青铜器的排队是比较接近的，如果推断正确，那么禽簋应该是成王三年时器。

②"周公某"一句,"某"通"谋",义为"策划","谋"在周初是反复用的,《逸周书》中有很多"谋",比如《酆谋》。此处写"王伐奄侯",实际上应是"周公伐",由何簋可知,周公只是摄政而未称王。这里的"谋"应理解为"有远见地策划",也就是先伐奄,后伐薄姑。从文义来看,应该是没有出兵,还在策划阶段。这就是青铜器的重要性,它可以告诉我们周公所起的作用。大家要知道,当时的政治情况是很危险的,因为"武王克商"只是一个短时间的战役上的胜利,武王在克商后不久就去世了,《洪范》的"十三祀"指的可能是武王在位十三年,绝不是克商后的十三年,所以武王在位只有几年,夏商周断代工程用的是武王在位四年。如果我们再往前回想,想到文王时期,文王是否称王还可以讨论,但无论如何,文王做过纣的三公,至于"三分天下而有其二",应该是文王晚年的情况,周在文王时期并不是那么强大。周之所以灭商,是因为商的内部出现了问题,主要还是"暴政"和"沉酗于酒",是整个朝廷的腐败,周人从来都是这样讲,我认为这一点还是对的。在这种情况之下,武王克商虽然是以至仁伐至不仁,但还是有一种临时的性质,所以武王在克商之后就制订了一系列的计划来巩固胜利,就像《度邑》所讲的那样。但武王在整个王朝还没有稳固的情况下,忽然就去世了,这在中国历史上是很少有的事情,此时周王朝的内部出现了变局,也就是"管蔡流言"。当然我们现在认为当时的周成王一定不是一个小娃娃,可当时成王的年纪也不会太大,这时候由周公来执政,虽然周公在武王时就已经起了很重要的

作用，但是周公执政时还是遭遇了很多的流言，所谓"周公恐惧流言日，王莽谦恭未篡时"。最近还有人写文章歌颂王莽，但这种事情还是很难揣测。无论如何，"周公恐惧流言"在当时真的是一件非常危险的事情，因此周公在这个时期起了很大的作用，禽簋就说明了这一点。

③ "禽祇"一句，"祇"字，前人读为"祝"，这个讲法一定不对，因为从未见到过"祝"字有这么写的。"㓝"字，甲骨文作"㓝"，这里不是一个人伸出双手拿着神主，应该可以分析为从示孔声的形声字，但这种猜想并不能够被证明。如果是从"孔"声，最好的念法是读为"格"，因为"孔"是铎部的入声字，与"格"古音同。当然，究竟是不是"格"字，我们不知道。东周的兵器铭文中有"戟"字，作"戠""戜""戠"等形，"戠"为"戜"之省文，由此可知，"孔"与"各"确可通假。但是我们没有办法明确证明这是"格"字，特别是在甲骨文中，把"㓝"读为"格"似乎不是很通顺。《殷契卜辞》2："己亥卜，永贞：翼庚子酯……王固曰：'兹维庚雨。'卜之夕雨，庚子酯，三䯂云䰉，其既祇，启。"①这是宾组卜辞，"永"是宾组中很重要的一位贞人，宾组卜辞的时代多是武丁中晚期的，下限可以到祖庚，可是这一版一定是武丁的。"翼"即"翌"，这里的"翼日"是第二天。在商代的时候，"翌日"不一定是"第二天"，但西周的文献中"翌日"一定是"第二天"，在这一点上，商周有些不太一样，这种现象并不稀奇，一个词语常常

---

① 整理者按：此即《合集》13399。

有它的时代性，因为语言是变化的。我是一半上海人，小时候整天听上海土话，我说得也还不错，但现在去上海听二三十岁的人说上海话，我就听不懂了，包括腔调以及一些词语都不懂。不但是上海话，就是北京话有些也听不懂了，有些八零后、九零后说的北京话，我也听不懂，当然这不是"囧"字一类的网络语言。我常常举一个例子，有一本讲英语的书叫《英语在变化中》，书中讲了一个事情，在十九世纪的时候，伦敦有一位贵族出身的女士，她失恋了，就去当了修女，她去的修道院是英国最严格的修道院，没有办法和外面的任何人接触，一待就是四十年。后来她又"思凡"了，于是就离开了修道院，回到伦敦，结果再回来的时候她就听不懂当时的伦敦话了，这位女士用余生写了一本书，讨论了英语语言的变化。英国还有一个系列的探案小说，是用半文半白的英文写的，就像我们今天看到的《拍案惊奇》那样，类似于凌濛初的那种笔法，看起来很有意思。这些例子说明语言的变化是很快的，我们学古文字的也要考虑到这个因素。现在很多人喜欢把楚简中的一些东西放到商代和西周，可这样不一定合适，虽然这样做会带来新的启发，但也会带来很大的误解，就是把有的词倒溯回去。前两天看了一个电视剧，讲的是二十世纪二十年代的事，其中用了"立马"一词，实际上在二十年以前还没有人用"立马"这个词，当时用的是"立刻"，或者是"马上"，但拍电视剧的人可能已经不知道了，所以在拍二十年代的事情时还用"立马"。"翼日"也是如此，不能拿周代的"翼日"去讲商代卜辞中的"翼日"，如果那样卜辞就全错了,也就没法讲了。"翼日"的这种区别,可能是地域的问题,但我认为更多的是时代的问题。所以我们不能简单地把楚简、汉碑中的东西推到甲骨文、金文上,虽然这样做可以给我们一些启发,但也有可能带来误导。"误导"就是一个现在的词,是翻译来的,即"missleading"。语言一定是有时代性和地域性的,过去我们听台湾话,问吃饭没有,回答说"我有吃",大家就知道这是台湾人,而不是大陆人,可是现在我们这里也有人这样说。我们这里说"搞对象",台湾人一听就是大陆人,可是现在台湾人也这样说,我前两次去台湾,从桃园出来,看到不远处的广告上就有"搞"字,我们也"搞"到台湾去了。举这些例子是让大家体会一些道理,大家要知道,古文字的上下距离有千年之久,其中一定会有变化,而且变化很大。我们倒退一千年到了北宋,北宋人的话就有很多是我们不懂的。比如《东京梦华录》中记载的一些食品,现在怎么考证也不太明白,实际上就是因为那时的一些语言我们不懂,所以语言是一定要从历时的角度去看待的。甲骨文、金文中的一些语言太古了,可这些语言在当时来讲都是常识,是用不着讨论的。"酻"应与祭祀有关,但不可能是"酒",因为"酒"字从未有写作从"彡"的,"酻"字在金文中也有,但我们不认识,二十世纪八十年代初,王宇信先生写《建国以来甲骨文研究》,让我作序,我在序中就说还有很多甲骨文不认识,很多最常见的字我们也不认识,我举的就是"酻"字,这是因为我们对当时的某些礼制还不清楚。"酻"字到今天还是认不出来,有些人拿这个字当哥德巴赫猜想了,常常写信说把这个字认出来了,我收到过好几封这样的信,没有一个是对的,有的也没法答复。"酻"字在西周金文中也见过,可还是不认识,反正是和"祭祀"有关。"酻"这种祭祀应该是露天举行,因为举行"酻祭"问的都是天气情况。问天气的时候,商王应该是会出来的,但是商王一定不会淋雨。商代是没有"伞"的,"伞"字很晚才出现,我当年整理《睡虎地秦简》的时候,看见"伞"字,我都不敢写。① 大家要知道,"伞"一直到清末的时候还写作"繖",林琴南翻译的小说里"伞"字都写成"繖",因为当时不承认"伞"这个字,就好像"吸烟"的"烟",以前多写作"菸"。"兹"就是"兹卜",也就是这个占卜的兆象。"卜之夕"指的是"己亥那天的晚上"。于省吾先生读"三䒭云㙱"为"三色云弥"②,就是有三种颜色的云布满天空,在夏天的时候,常常会有这种状况,下过雨之后,风一吹往往会有灰色、黄色和白色的云。我必须强调,于先生的这种读法只是一个解释,要不然没法讲。"既祝"就是"已经祝了"。"启"义为"天晴"。宾、自组时期的卜人大都和"天象"有关,卜人和史官有关,史官就是观天象的。但到了商代晚期这些内容不大有了,这说明商代晚期对天文气象很不重视,这也是商王朝衰败的一个表现。从这片甲骨来看,"祝"应该是"酻祭"的一个主要环节,所以读"祝"为"格"并不太好,因为祭祀中的"格"是"神灵来格"或"祖先来格"。在祭祀的时候,要让祖先、

---

① 李学勤:《伞》,载《缀古集》,第198-200页,上海:上海古籍出版社,1998年。
② 于省吾:《释云》,载《甲骨文字释林》,第6-9页,北京:中华书局,1979年。

神灵降下来，这就是所谓的"格"。所以卜辞中常说的"王宾"，"宾"就是"请"，即"以宾礼待之"。古人认为即使是最亲近的人去世之后，也应以宾礼待之，这点在《礼记》中有讨论。因此在仪式中要有一个"尸"，用以代替亡人，常常是祖以孙为"尸"。"祝"字还见于《甲骨续存补编》，《甲骨续存补编·卷一》1507："辛巳卜，矣贞：多君弗言，余其出于囗，庚，亡祝，九月。""辛巳卜，矣贞：叀王祝，亡害。"①此片为出组卜辞，"矣"为贞人，"余"义为"我"，是"矣"自称。"矣"一定与"王"有很密切的关系，而且地位特别高，所以才会说这样的话。"多君"指当时的一些大臣和贵族，一直到周初，还称一些大臣为"君"，《尚书》中有《君奭》，周公称"召公"为"君"，"君"是一个尊称。"召公"究竟是什么人，古书上也没有一个明确的说法。有的书说"召公"是文王庶子，可是《左传》讲文王那么多儿子被分封，就是没有燕国，可见"文王之昭""武王之穆"中并没有"召公"。可"召公"确实是姬姓贵族，"召公"和"周"的关系不太清楚，没有办法论证，但周、召二公是完全平等的，后来都封到岐周。"召公"有时称为"保奭"，有时称为"君奭"，这一点看《君奭》就明白了。《尚书》中还有《君陈》《君牙》。"王祝"就是"王亲自祝"。由以上两例来看，"祝"字之义应为"告"或"献"，也就是"告神"或"献神"，这样放在铭文中就比较通顺了，就是周公做了一些谋划，然后由"禽"去告神。如果"禽"

---

① 整理者按：此即《合集》24132。

是"太祝",就正好与此事相合,因为"祝"就是告神的,这样理解的可能性会更大一些,可是我们只有这些材料,不便做出太多的推论。

④"禽又啟祝"一句,"啟"字不识,但有"好"的意思。

⑤"王易(锡)金百孚"一句,"孚"是数量单位,具体是多少不详。但"百孚"的数量很大,这可能是与"伐奄"的重要性有关,这是周公出兵的告祭,所以给予特别的重赏。从此处也可以看出,周公和成王配合得还是很好的,因为不论周公如何执政,赏赐的钱还是从国库中拿出来的,所以铭文最后是"王赐金",但实际上是周公所做之事。从这里也可以看出"禽"并不是周公的儿子,因为这时还没有伐奄,而鲁国是伐奄之后封的。

翏刧尊

陈梦家先生指出与禽簋同时期的器物还有翏刧尊,也是"伐奄"的。翏刧尊的拓本见于《集成》5977,在《商周彝器通考》上有翏刧尊的器形。除此之外还有一个提梁卣,见于《集成》5383,现藏旧金山亚洲艺术博物馆,是布伦戴奇的藏品,在《布伦戴奇藏品中的中国古代青铜器》中有著录,陈公柔先生等写文章介绍了这件卣,文章在《考古与文物》上。①实际上在布伦戴奇的书中早

---

① 陈寿:《记布伦戴奇收藏的中国青铜器》,《考古与文物》1982年第2期。整理者按:此文为陈公柔、张长寿二位先生合作撰写,署名"陈寿"。

就介绍了,我去旧金山的时候专门把这件提梁卣拿出来看过,𦉢刦卣非常漂亮,可是字写得很草率。这两件东西是标准的商末周初器,特别是提梁卣,形制和宝鸡斗鸡台的非常类似。𦉢刦尊和𦉢刦卣是同铭的,不同点就是卣的铭文套在"亚"形中,这里用尊的铭文,因为卣上的铭文有缺笔(见图3、图4、图5、图6、图7)。这种情况在青铜器中有很多,天亡簋中也有缺笔,而且缺得没有道理,这些应该是书写或者铸造的问题。

图3 𦉢刦尊　　图4 𦉢刦尊拓片　　图5 𦉢刦卣

图6 𦉢刦卣盖铭　　图7 𦉢刦卣器铭

㽙却尊释文：

> 王征䧹，易（锡）㽙
> 却贝朋，用乍（作）
> 朕亭且（祖）缶（宝）陴彝。

"亭"即"高"字，"丂"为声符，以"丂"作为声符的"高"字，金文中仅此一见。㽙却尊所赐的贝不多，只有"一朋"。过去我们说过，所谓"王伐"，也就是"周人伐"，"王"本人并不一定亲自到，可是"践奄"这件事，"成王"是一定到的，《尚书·多士》中说"昔朕来自奄"。

㽙伯䇂卣

在保利艺术博物馆有一件提梁卣，著录在《保利藏金续编》中，铭文中有"㽙"字。

㽙伯䇂卣（见图8、图9、图10）释文：

> 庚寅，㽙白（伯）䇂乍（作）又
> 邦宝彝，才（在）二月生。亚分。

"䇂"是人名，㽙伯䇂卣的铭文是套在一个"亚"字形中，但若仔细看就会发现"亚"字框的左右两边各有一笔。这种情况出现过好几次，就是把族徽分解，然后整个套在铭文上，我认为这个字是"分"，所以这件器物的族名是"亚分"。我们可以猜想

图 8　犂伯誊卣　　图 9　犂伯誊卣盖铭　　图 10　犂伯誊卣器铭

"犂却"就是"犂白誊",或者是"犂白誊"的弟弟,因为犂却卣就是套在"亚"字中,而且这三件器物的字体很相似。"又邦"即"有邦",《合集》27893 "……伐有邦……","有邦"不是一个地名,而是一个邦国。"作又邦宝彝"是在"有邦"用,就像宗周宝钟"用作宗周宝钟",就是这件钟在"宗周"用。在"作"的后面连接一个地名,也就是"用于某地"的这种情况,多出现在西周初年。"生"就是"既生霸"。

"犂"这个地名又见于甲骨文,我在二十世纪五十年代写的《殷代地理简论》中有论述。[①]甲骨文中记载了由"洛"到"步谷",又到"复",再到"犂"的过程,并在"犂"打了一仗,即"敦酓美"。"酓美"可能跟"楚人"有关,因为楚王常写一个"酓"字。大家要知道,楚人早期应在陕南与湖北的交界,"洛"是"西洛水",从"西洛水"往南走就是陕南的安康地区,安康出去就是湖北,也就是荆山一带。我们设想可能是当时楚的祖先往北与商发生冲突,战争发生的地点应该在陕南,但这只是一个假设,还有待证

---

① 李学勤:《殷代地理简论》,第99-100页,北京:科学出版社,1959年。

明。可是这给了我们一个线索,就"䚄"所处的地点而言,"䚄"应该是周人的属下。当然这只是一种猜测,可是无论如何,"䚄"在当时应该是一个诸侯,䚄却很可能是䚄伯荟家族中的人,曾经跟随周王讨伐过奄。大家要知道,称"伯"的不一定都有封国,近些年讲楚国的一些人,常常能找出很多小国,认为凡是带有"楚子"的都是楚的国君,当然有一些确实是,比如楚子婴齐,可是不能说带有"楚子"的都是国君,因此"某子"不一定都是国君,曾国也是一样,这个不能一概而论。"伯"也是一样,不能看见"伯"就是国君,因为宗族的尊长也可称"伯",也就是"伯仲"之"伯",所以䚄伯荟也不一定是一个国君,理解为一个周人就可以了。这一点在古书中也没有什么需要区别的,因为古时候贵族的一个族和一个国是差不多的,身份也很高。同样,"微子启""箕子"也就是大臣。"子"是一种尊称,"伯"也是一种尊称。所以宝鸡的"强伯"也不是一个国君,实际上就是一个宗族的族长。

禽簋和䚄却尊的"宝"字写得都非常省略,说明二者有一些同时代的特点,所以这几件东西应是同时而作的。

我们这个学期讲的这几件铜器都是成王初年的,成王在位的时间相当长,但在《洛诰》之后成王的铜器就很难定了,因为缺乏文献来对照。我们不知道成王晚年究竟发生了什么事情,成、康之际,刑错四十年不用,这也就是说,周公致政后的成、康之世应在四十年以上。成、康盛世的出现是在《洛诰》之后,成王去世时,不但周公已死,太公也不在了,所以成王在位的时间不能太短,但也不可能太长,若是成王在位时间太长,那么康、昭的时代就不好安排。这些两难的地方,我们需要更多的材料才能做出更好的讨论。我们可以设想一下,成王七年之后的铜器应该更多,可是没有大事了,所以在金文中也不会有太多的表现了,但是这个现象如果反过来看，恰恰说明古人遗留给我们的文献相当够用。现在看起来，历史上的大事在文献中的记载是比较详细的，并没有多少遗漏，如果像某些学者认为的成王的铜器有那么多，又打这里，又打那里，为什么文献中没有记载呢？所以很多器物不是成王时代的。有一点大家可能会比较失望，就是金文材料所补充的历史大事不是很多，确实补充了一些战争，但那些战争都很小。真正的历史大事，在文献中或多或少都有，当然也有一些我们知道得很少，比如厉王时期对鄂侯驭方的战争就比较大，但这件事在传世文献中也有线索。

西周早期和晚期的文献很多，中期的文献较少，西周中期的铜器虽然很多，但大多空洞无物，研究古文字很好，可是没有什么内容，这是因为西周中期没有什么大事发生。甲骨文也是如此，《尚书》中的商代文献并不是很多，涉及盘庚和武丁的只有几篇，就是《盘庚》和《高宗肜日》，剩下的就是商末的《微子》和《西伯戡黎》，中间并没有什么东西。是不是《尚书》不完整呢？实际上不是这样的，因为甲骨文的中间段也没有什么历史大事。

由此可以看出中国的王朝的发展是有规律的，在一个王朝创立的时候有很多大事，之后就会稳定一段时间，也就是一个王朝的盛世，比如"成康""文景"等，再后来就是该王朝的中间时段，没有什么大事，最后就到了该王朝的末期，王朝衰亡了，又会有很多事情。这是政治史的循环，从金文上看也是如此，出土的文献材料也是如此，所以历史有其自身的规律性。

· 2009年上半年第四次课 ·

保尊、保卣

从上学期开始，我们讲的周初的几件器物都是很重要的，我们选的东西都是和《尚书》《逸周书》《史记》有直接关系的，保尊、保卣也是如此。保尊、保卣是非常重要的铜器，可自二十世纪五十年代发表以来，讨论的人并不多。说句实在话，我觉得是没有抓到最根本的东西，所以也就没有认识到保尊、保卣的重要性。

保尊、保卣是一对，因为二者的铭文是相同的，但除了连珠纹以外，其余的花纹并不太一样。这个道理比较简单，提梁卣上的带状花纹是无法展开放在尊上的。如果一定要往上面放，也是可以的，那尊上就会变成两条带状纹，而两条带状纹中间空白的尊，一定要找也还是有的，这就是敄士卿尊。但这种尊应是成王晚期之后的器物，时代要晚于保尊、保卣，和保尊同时，又有两条带状纹且中间空白的尊，目前还没有很好的论证，这个问题我们就不特别讨论了。我提醒大家注意保尊、保卣一定是一对的，可是二者的纹饰不完全一致。这种情况在周初的墓葬发掘中也看到过，比如宝鸡墓中出土的一尊一卣也有这种情况，有的很像，有的也不是特别像，这应该是当时的一种客观现象。保尊的铭文见于

《集成》6003，保卣铭文见于《集成》5415，因为尊铭不是很清楚，所以用卣的铭文（见图1、图2、图3、图4）。

从书法的角度来讲，周初的几件铜器中，保卣的字是最好的，铭文很漂亮，字体也特别接近于甲骨文和商末的一些铜器，正是因为这个特点，以及铭文的一些特点，陈梦家先生在1955年的《西周铜器断代》上最先发表了这件铜器，陈先生根据保卣的铭文接近甲骨文这一点，将保卣定在武王之时，陈先生所定的武王时器

图1 保尊

图2 保卣

图3 保尊拓本

图 4 保卣拓本

只有两件,即天亡簋和保卣。当然现在看来,保尊、保卣不是武王时代的,而是成王时代的。这两件器物于 1948 年在洛阳同出,换言之,保尊和保卣是出在成周的。出土之后这两件东西就分散了,保尊在河南博物院,保卣在上海博物馆。大概是提梁卣好看,所以一下就卖出去了,而尊就留在了河南。如果细看就会发现这两件器物的锈色也不太一样,尊看着是很生坑的样子,卣就比较熟,而且卣的锈更少一些,这是古董商清洗的缘故。大家可千万不要认为青铜器出土时的样子和后来的样子完全一样,实际上很多铜器出土时的样子与后来的样子会相差很大,一致的也有,但是很少。

保卣释文:

乙卯①,王令保及

殷东国五侯②,祉

贶六品③,蔑厤玕(于)

保④,易(赐)宾⑤,用乍(作)文
父癸宗宝䵼彝⑥,遘(遘)
㝬(于)三(四)方迨,王大祀祓
㝬(于)周⑦,才(在)二月既望(望)。

①"乙卯"一句,"乙卯"和最后的"二月既望"是记日、月的,可这件器物没有纪年,这是它的缺点。将"二月既望"放在铭文最后,这与商末的金文和甲骨刻辞一致。但是商周的器物,有一点一定是不同的,那就是商代的器物没有月相。保卣是有月相的,是"二月既望",而且保卣告诉了我们非常重要的一点,就是"二月既望"一定不是"乙卯",如果"既望"是定点,二者是同一天,就应该写为"二月既望乙卯"。可这里是分开写的,那么"二月既望"和"乙卯"就会有两种解释:一种是"既望"中有一个"乙卯",这是按照王国维先生的说法;①另一种是"既望"之后有一个"乙卯",按照《尚书》的格式可以写作"二月既望,越几日乙卯"。我认为这里还是按照后一种理解比较好。

②"王令保及殷东国五侯"一句,过去的人一看见"保"就想起"召公",因为"召公"是"太保",所以认为这件器物是"召公"作的。这种看法今天还会有,可是我个人一直不支持这个看法,当时的人,君臣身份很严,换言之伦理观念很重,比商朝还要严。即使是商朝也是很严的,我常常说甲骨文中找不到"伯""仲""叔"

---

① 王国维:《生霸死霸考》,载《观堂集林》,第19-26页,北京:中华书局,1959年。

"季",可实际上商代的人名当中很多都有"伯""仲""叔""季",这是因为"伯""仲""叔""季"是"字",甲骨文中是祭祀之人对神或祖先讲话,在神明、祖先面前称自己的"字"是大不敬的。保卣也是一样,如果把"保"理解成一个官名,这种例子是有的,比如"王命侯……"等,但这是"侯"的臣下作器,这里是"保"本人作器,就不能自称官名,特别是他给他的父亲作器,称官名是很不敬的,所以保卣的"保"应为人名,可是"保"这个人的地位确实很高。"及"像以手抓人形,引申义为"参加""参与","参与"什么事呢?就是"殷东国五侯"。在山东长清仙人台出土的郜子姜首盘铭文中的"及"有这种用法,前一段时间我专门写了一篇文章。[①]郜子姜首盘铭文:"郜子姜首返寺公典,为其盥盘,用祈眉寿难老,室家是保,它=巸=,男女无期,于冬(终)有卒,子=孙=永保用之,不用勿出。"这是一件春秋时代的器物,铭文是有韵的。为什么要讲这件器物呢?因为这件器物一直到现在还在争论。"寺"亦作"邿",是山东的一个小国,也可以写成"诗","邿"在《公羊传》里就作"诗"。古时女人也可称"子",是一种尊称,就像我们现在可以称女性为"先生",但在古代一般是不能称女人为"先生"的,只有说书的女盲人才能被称为"先生"。"姜首"者,姜姓,名首。郜国不是姜姓的,现在一般认为是姬姓国。"郜子姜首"就是"郜国君夫人姜首"。"返"训为"参与",

---

① 李学勤:《郜子姜首盘和"及"字的一种用法》,载《重写学术史》,第267-271页,石家庄:河北教育出版社,2002年。

《管子·君臣上》注:"及,犹预也。""寺公典"一语,"寺"是鲁国的附庸,是不可以称"公"的,但在周代,小国的始封之君常常可以称"公",所以此处的"寺公"即"寺国的始封之君","典"就是"典礼",所以"寺子姜首迈寺公典"义为"寺国的君夫人姜首参加了寺国始封之君寺公的典礼"。"它=皀="即"它它熙熙",融合貌。"男女无期"义为"生男生女没有边际","不用勿出"义为"即使不用了也不要卖掉"。有学者把"寺子姜首"理解为寺国的国君,这是错误的。有人将"迈"训为"和",认为"寺公典"是人名,也是不妥当的。因为夫人的名字不能放在丈夫前面,如果二人是夫妻,应是丈夫给妻子作器,而不是妻子给丈夫作器,除非是年老时的武则天。金文中没有这样的例子,也没有父亲给儿子作的,如果是给儿子作的,那就是儿子已经死了。"迈"训为"参与",在金文中是很少的,金文中常用"眔","眔"在文献中通作"暨","暨"到今天还是很常用。康侯簋中的"眔"也是"参与"之义。"殷东国五侯"一语,"东国"即"东土",此处"国"字的写法比较少见,应是古人文笔的变化,不必在文字学上太过苛求。"五侯"并非"五个诸侯国",而是"五等诸侯",《左传·僖公四年》:"五侯九伯,汝实征之,以夹辅周室。""五侯"即"公""侯""伯""子""男"五等诸侯,"九伯"即"九州之长"。有人理解为"商朝的东国五侯",并将"及殷东国五侯"理解为"王让保带兵追商的东国五侯",所以把保卣定为武王时器。可是这种说法读不通,因为与下文所讲的事不相干。"殷"应用作动词,即"殷同""朝见",这是蒋大沂在《保卣铭文考释》中指出的。[①]"殷"本有"盛大"之义,《周礼·大宗伯》云"时见曰会,殷见曰同","时见"即"按照一定的时间朝见",叫做"会"。"殷见"即"集合在一起朝见",叫做"同"。《周礼·大行人》:"时会以发四方之禁,殷同以施天下之政。"《周礼·职方氏》:"王殷国。"很多时候"会"和"同"是可以通用的。后文有"四方迨",也就是"四方诸侯都来朝见",因为人多,所以要分批朝见。王让"保"这个人参加了殷见东国五等诸侯的典礼,这个事情是很重要的,并且明见于古书,如果我们不相信古书,这件事就没法讲了。关于保卣,我写过一篇文章,登在二十世纪八十年代《全国商史学术讨论会论文集》中,可是这里面错字无数,这个论文集是我能看到的错字最多的书。裘锡圭先生也有一篇文章在里面,裘先生更严格,他后来把这篇文章重新发表,而且声明是印刷错误太多,我不好意思,就没有重新发表。将来我把这篇文章重新写一下,收在文集中,当然有些看法会有所改变,但基本意思就是这样。总之"王令保及殷东国五侯"就是"王让保参加殷见东国五侯的典礼","保"参加这次活动干什么呢?是要去给东国五侯颁赏,即"征贶六品"。

③"征贶六品"一句,"征"就是"延",读为"诞",常见于《诗》《书》,是一个虚词。"贶"义为"赏"。"品"就是"种类","六品"就是"六种",再晚些则称之为"六色",但此处是六种什么东西,还不得而知,我们猜想应

[①] 蒋大沂:《保卣铭文考释》,载《中华文史论丛》第5辑,北京:中华书局,1964年。

该有玉器、丝帛在内。诸侯见王都是要得到赏赐的,中国自古以来都是这样讲,一直到清代还是如此,朝见是有职贡的,也就是要把当地特产献给天子。乾隆时,英国的特使马嘎尔尼来中国的时候给乾隆带了很多东西,乾隆认为这是职贡,所以要给马嘎尔尼一些东西,天子给的东西要比大臣献的东西多,这是中国当时的一种思想,后来就变成了一种帝国思想。由上赐下的时候,要由一个王臣负责致送,此处由"保"负责致送。

④"蔑曆㠯(于)保"一句,"蔑曆"的主语是"王","蔑"训为"嘉","曆"字不识,因为从"甘",暂读为"hán",义为"功劳",这个字并不是"历"。

⑤"易(赐)宾"一句,"宾"即"傧",指"回报之礼",凡是接受王的赏赐都要有所回赠,这是诸侯对于天子的回赠,致送之人是不能随便拿的,要带回去给天子。就好像今天的大使,收到国礼,他本人是不能随便拿的,回来要交上去。"赐宾"就是王把诸侯回赠给王的东西赏赐给了保,至于是什么东西,铭文中没有讲。"宾赠"的例子,还见于二祀邲其卣,二祀邲其卣有"宾贝五朋"。因此,保卣讲的一定不是追击殷东国五侯的事情。

⑥"用乍(作)文父癸宗宝䐣彝"一句,"文父癸"是"保"父亲的名字,"保"的父亲一定是一个周人,所以"日名"并非商代独有,周代也有很多。

⑦"遘(遘)㠯(于)三(四)方迨,王大祀祓㠯(于)周"一句,"迨"即"会"字,"会"的古文,《说文》作"㝅","彳"和"辵"往往可通用。"祓"即"侑",祭名。大家要知道,"周"在金文中,有时是"宗周",

有时是"成周",保卣出于洛阳,所以很可能是"成周"。洛阳是天下之中,"四方会"会于成周是比较合理的,当然不完全是这样,在宗周也有四方之会。"四方会"即"朝见四方诸侯之会",大凡朝见诸侯,都要举行祭祀,这是当时的宗教观念,如果大家有兴趣,可以看一看清人金鹗《求古录礼说》中的《会同考》,在《皇清经解》中就有。《会同考》一文,专门讲会同之礼,而且特别讲到了会同的时候一定会举行祭祀,并引了很多古书中的具体例子。

大家可以想象,保卣中所讲的是很大的一件事,相当于当时的全国大会,即使是在武王、成王这种王朝初建的时期,这种大会也不会经常举行,以当时的交通条件而言,举行此种大会,需要很长时间的准备,要消耗很多的人力、物力,所以会同、巡狩之礼并非年年都有,可在西周也不是很罕见,厉王时的宗周宝钟讲的就是周厉王巡狩之事。到了战国之时,周天子不行了,就举行不了这样大的典礼了。保卣铭文中有"殷东国五侯",那么南、西、北三方诸侯都是要分批殷见的。当时的诸侯国是很多的,具体数目不详,传说"武王伐纣"有八百诸侯,虽然"八百"这个数字不准确,但上百是没问题的,所以我们不能轻视保尊、保卣。

《康诰》开头的四十八个字可以和"四方会"相对照,其文如下:

惟三月哉生魄,周公初基作新大邑于东国雒,四方民大和会,侯甸男邦采卫、百工、播民和见士于周,周公咸勤,乃洪大诰治。

这四十八个字，到现在还是有一些争论，实际上这个争论从北宋就开始了，为首的是苏轼，后来还有很多人有类似的观点。苏轼的《东坡书传》以及蔡沈的《书集传》都认为这四十八个字和后文不连贯，应是有错简。

　　"哉生魄"一词周初文献上有，但目前所见的西周甲骨文和西周金文中还没有发现。可是"既生魄""旁生魄"见于甲骨文、金文，近出的周公庙大龟背甲上有"甗死霸"，所以推测"哉生魄"也应该有。根据王国维先生的意见①，"哉生魄"应该在"生魄"之后的几日。"哉"是"初"，"魄"指月亮明亮的部分，"哉生魄"也就是"初生魄"，就是刚刚出现一个月牙。"初三"叫做"朏"，"哉生魄"是在"朏"之后，当然历法是有变动的，所以"朏"也可能在"初二"或"初四"，但不会在"初四"之后，若在"初四"之后就要称"哉生魄"了。这里的"哉生魄"是定点的，不是几天，只有一天。

　　"周公"是"周公旦"，也就是"周文公"。"初""基"都是"始"的意思，"大邑"就是"首都"，"大邑商"即"商邑"，就是"商的首都"，"新大邑"指"新都城"，后来常常叫"新邑"，周公庙出土的铜器就有"新邑"，也可以叫"成周"，琉璃河出土的甲骨就有"成周"，洛阳出土的兵器也有"成周"，何尊中也提到了"成周"。此段文字中的"东国"与保尊、保卣铭文中的"东国"同，"雒"这个地名是本来就有的，我们不能设想当时作新大邑的时候，"雒"是一片空地，现在从考古上来看，"雒"在"作新大邑"之前也是有居址的。

　　"四方民大和会"一语，"民"就是"人"，"四方民"就是"四方人"，也就是"四方之人"。"和"犹"合"，见《礼记·郊特牲》

---

① 王国维：《生霸死霸考》，载《观堂集林》，第19-26页，北京：中华书局，1959年。

注。"和"就是"会","会"也是"和"。"合""会"义同。"四方民大和会"就是保卣中说的"四方会",意思是一样的,但二者不是同一件事。《康诰》强调的是"四方民大和会",保卣是"四方会",我们推测这两件事可能有点不太一样,因为从内容上看《康诰》中的"会"和保卣中的"会"是两种事。保卣中的"会"是诸侯都要来的,是"朝觐的大会",不是"四方民的会"。《康诰》中的"四方民的会"就是"四方人的会",这种"四方民的会"就是来建设成周的。《左传》中有类似的情况,当时周朝发生了"王子朝之乱",变乱平定后,大家都要"城成周",所谓"城成周",就是来给成周修城。各国都是要派劳工的,由此还引发了争论,也就是谁多出,谁少出。这种事情既要花钱,又要出人,可是给天子干事,又不能说不干。

"侯""甸""男"是"畿服","畿服"在当时一定存在,"畿服"讲得最好的是顾颉刚的《史林杂识初编》[1],这本书在顾先生的《读书笔记》中就有。"侯甸男邦采卫"应该怎么读呢?"邦"字在此处既管上,又管下,即"侯、甸、男邦,邦采、卫",这一点清代学者已经讲明白了。"侯""甸""男""采""卫"是《周礼》"九服"中的前五服。"畿服"是一种比较理想的东西,就是从中心的王都向外,多少里要干什么,这种观念从《禹贡》里面就有了,是一种制度、一种图解,但实际上并不一定完全如此。"百工"是"执事之人",也就是"小官吏"。"播民"即"逋民",《牧誓》中有"逋播臣","播民"也就是"殷遗民中的被抓者",此处代指"殷民"。

"和"读为"合",就是"集合在一起"。"见士"也可以写成

---

[1] 整理者按:指顾颉刚《畿服》一文,可参顾颉刚:《顾颉刚读书笔记》卷十六,第265-280页,北京:中华书局,2011年。

"见事",《说文》云"士,事也",此处义为"服役",在一定意义上也可以说是"朝见",但不是单纯典礼性的朝见,而是要来做事的。当时的一些国君,在即位的时候,是要到天子那里去报到的。"见事"一词又见于匽侯旨鼎,匽侯旨鼎铭有"匽侯旨初见事于宗周"。为什么金文中的"燕国"的"燕"写成"匽"呢?"匽"本义为"低洼之地",北京的地貌就是这样,太行山的山尾是燕山山脉,向西向北是山,像一个海湾的形状,有些地志上称为"北京湾",所以这个地方就以地势来命名,叫"匽"。又因为山下有一块平原地带"宛然以平",故有"宛平县"。很多人将甲骨文中的"㫃"隶定作"晏",读为"匽",这是不对的。"㫃"字应是"㚜",即"妟",不从"日"。"匽"是召公受封之地,但召公和周公一样,并未真正就国,而是让他的长子"克"去了,这一点和古书上说的是一致的,又见于克盉。"匽"在古书中作"燕",从召公以后的六代都是直传,没有兄弟相及的情况,这在《世本》上讲得很清楚,所以第二代燕侯旨只能是第一代燕侯克的儿子,燕侯克活得很短,所以燕侯旨也是生活在周初的,应在成康之际。"旨"有一件铜器是匽侯旨鼎,铭曰"匽侯旨初见事于宗周","见事"就是"见士",与《康诰》中所讲的一样,就是"朝见"。

"咸"训为"既"。"勤"训为"劳",义为"犒劳"。《牧誓》的"逖矣,西土之人"也是如此,是给大家道一声"辛苦"。"洪"训为"大","治"读为"辞",训为"诰",见于《礼记》的郑注。"乃洪大诰治"是周公给来修建大邑的人一个诰命。

之所以要在讲保卣的时候引用这段话,是因为这里面有一个"四方会","四方会"并不是经常有的,这是一个很特殊的事情。《康诰》中的"四方会"是为了建设新大邑而作的会,但《康诰》中的"四方会",并非《保卣》中的"四方会",因为二者时间不同，保卣是"二月既望",《康诰》是"三月哉生魄"。这个问题与我们前面讲的何尊也有关系,何尊中记载"营成周"是在成王五年,但不等于说"营成周"这件事真正付诸实施是在成王五年。因为建立一个都城是一件很大的事情,就像《康诰》中所讲的要"四方民大和会",即使是在成王五年决定这件事情,也需要时间去筹备,今天我们要想建立一个城市,也要制订一个五年计划,当时也是这样。更何况在成王五年的时候天下并没有完全平定,所以《召诰》《洛诰》记载营成周都是"惟七年",也就是"成王七年",我们认为这种记载是比较合理的。那么,《康诰》的"三月哉生魄"该怎么放呢?这就要参考《召诰》和《洛诰》,《召诰》和《洛诰》是可以放在一起读的,这里我们把相关的时间写出来。

二月既望,越六日乙未,王朝步自周,则至于丰。

"二月既望"是二月十六,"越六日乙未"也就是二月二十一,周成王从镐京出发,过了丰水,到了丰邑,命令太保先周公相宅。

越若来三月,惟丙午朏,越三日戊申,太保朝至于洛,卜宅;厥既得卜,则经营。

"丙午朏"是三月初三,"越三日戊申"也就是三月初五。召公是二月二十一日从宗周出发,到了三月初五到了洛,进行占卜,占卜过后就在洛进行了规划。"经营"就是规划。

越三日庚戌,太保乃以庶殷攻位于洛汭,越五日甲寅,位成。

"越三日庚戌"是三月初七,这天召公带领殷民在洛汭把地基挖出来。"越五日甲寅"也就是到了三月十一日，规划基本上做完了，地基也修好了。

  若翼日乙卯，周公朝至洛，则达观于新邑营。

"翼日乙卯"也就是三月十二日，周公到达洛汭，转了一圈，这是领导作风，召公先来的，所以周公地位高，召公是来这里实干的。

  越三日丁巳，用牲于郊，牛二。越翼日戊午，乃社于新邑，牛一、羊一、豕一。

"郊"是"祭天"，"用牲于郊，牛二"也就是用两头牛祭天，从《召诰》中就可以看出当时的祭祀比较简单，比商朝的祭祀差多了，特别是和武丁时期宾组卜辞中的祭天相比。"越翼日戊午"也就是三月十五日。"社"就是"祭地"，用牛、羊、豕各一头。

  越七日甲子，周公乃朝用书，命庶殷侯、甸、男邦伯，厥既命殷庶，庶殷丕作。

"越七日甲子"就是三月二十一日，周公用书面文件来"命"殷人和侯、甸、男邦伯。"丕作"就是"大兴"，也就是开始干了。一直到十二月的时候才建成，用了差不多十个月的时间，把基本建设做完了。

从这里面看，"三月哉生魄"是在哪里呢？是在"丙午"之后，大约在"戊申"那天前后，那时候周公还没有到达洛，还是在宗周,所以能"见士于周",因此"见士于周"的"周"应该是"宗周"。这样算起来,周公"跑"得还挺快的,也还是合乎实际的。保卣的"四方会"是在成周,所以《康诰》中的"四方民大和会"不会是保卣中的"四方会"。但保卣中的"四方会"比《康诰》中的"四方民大和会"还要盛大,那么周成王有没有举行这样盛大的一个会呢?确实是有的,这就是《逸周书》中的《王会》。

现在用《逸周书》的时候,篇名后面多加"解"字,这是孔晁注里面加的,和《淮南子》一样,都是后来作注的人所加,所以我们在用《王会》的时候,不要写成《王会解》。

《逸周书》的《王会》与保卣有关,《王会》在六朝至宋时很受重视,在宋之后,疑古之风相对兴盛,《王会》就不太受重视了。《王会》的注有很多,这一点去看《新唐书·艺文志》就可以知道,其中以宋人王应麟的注最为有名。《王会》是关于"职贡"最早的记录,《王会》后面还附有《伊尹朝献·商书》,可能当时的简帛竹书中就是这么写的。《伊尹朝献》是商代的职贡,当然这只是传说,但《伊尹朝献》中有一句话特别重要,就是"为四方令"。这句话就证明《伊尹朝献》有一定的根据,因为"四方令"见于令方彝。

《王会》序曰,"周室既宁,八方会同,各以其职来献,欲垂法绝后,作《王会》"。"周室既宁"就是"平三监"之后,周室安定。"会同"就是"朝见"。当然我们不是说《王会》所记载的都是事实,但《王会》应是后人根据传说,铺陈出来的一篇东西,里面记载了许多方国、民族的名称,这是研究先秦方国、民族最好的材料,自古以来都用。不管《王会》是什么时候做的,但所讲的多是先秦的事实,其中的很多东西都是可以考证的,但也还有许多东西值得研究。

周初在成周大会诸侯一事,也见于《诗序》:"周公既成洛邑,朝诸侯。"《王会》开头有"成周之会",孔晁注:"王城既成,大会诸侯及四夷也。"这就是保卣中所讲的"四方会",而且也不可能再有,因为成王在世也就二十多年,不大可能开两次这样的会。

晋人孔晁在作注时说"王城既成,大会诸侯及四夷也",也就是成周建成之后,成王大会诸侯。这个是可以想象的,因为修成周本就是各方诸侯派人来做的,等到竣工之后,要请诸侯来参加典礼。可惜的是《王会》经后人传写,再加上传抄过程中有许多错误,所以现在读不懂的地方有很多。

《王会》中讲当时的布置,我们可以揣想,《王会》本来是有图的。大家要知道,中国很多的古书本来都有图,郭沫若讲《管子》的"幼官",郭沫若读为"玄宫"[①],当然郭老的这个读法不一定对,但"幼官"本来就是一个帛书的图。《王会》本来也是有图的,后来很多人复原《王会》的图,因为这个图就是中国最早的职贡图。这种职贡图到清代还有,最近《探索与发现》还在讲清代的职贡图,包括有什么人,从什么地方来的,送什么东西,这是中国的传统,而职贡图最早的就是《王会》。当时真是有职贡的,《左传》中就说"尔贡包茅不入,无以缩酒","包茅"是很不值钱的一种东西,用于缩酒,这个事情是楚人是无法反驳的,虽然这个事情很小,但必须提供。这就好比杨贵妃要吃荔枝,那荔枝就必须朝贡。但是大家不要相信现在广告上的一些说法,说很多东西都是进贡的,那些大都靠不住。可是有些东西虽然很小,但真是进贡的,甘肃、宁夏一带有一种特产叫"榅桲",就和红果

---

① 郭沫若:《郭沫若全集·历史编》第五卷,第 188-190 页,北京:人民出版社,1984 年。

一样，这个东西就是进贡的，陕西有"紫米"，也是进贡的，这是当时中国社会的一种特殊结构。《禹贡》也是讲"贡"的，很多人从地理的角度去研究，但实际上《禹贡》的本质还是讲"贡"。《王会》也是这样，其中讲了一些四夷的特产，可惜被改来改去，我们看不完全。

《王会》有如下语：

> 天子南面立，絻无繁露。

《春秋繁露》中的"繁露"一词，最早就见于《王会》。

> 唐叔、荀叔、周公在左，太公望在右。

在周成王左边是唐叔、荀叔、周公，后来人不相信，认为应该先说"周公"，可第一个是"唐叔"，"唐叔"是成王的弟弟，"荀叔"是成王的叔叔，右边是太公望，我们也不懂为什么如此。

> 堂下之右，唐公、虞公南面立焉。

大家要注意，唐人之后到了周初还是有"公"的，至于说二十八祀的觉公簋中的"觉公"是不是唐人之后，还可以讨论。觉公簋的"觉"字，我认为应释为"疏"。①

> 为诸侯有疾病者医药所居。

---

① 李学勤：《释"疏"》，载《三代文明研究》，第 75-76 页，北京：商务印书馆，2011 年。

这是为生病者准备了一个治病的地方，相当于一个医务所，这点很重要，开会时一定要有大夫跟着。

　　阼階之南，祝淮氏、荣氏次之。

《大戴礼》有一篇《公符》，是讲冠礼的，实际上写作《公符》是不对的，应作《公冠》，这是过去校《大戴礼》的人都懂得的。《公冠》里面有一个人叫"祝雍"，而"祝雍"就是《王会》中的"祝淮"，这点过去校《王会》的人就指出来了。

　　郭叔掌天子菉币焉。

"郭叔"就是"虢叔"，现在看来"虢"和"郭"确实常通用，在铜器中就有。

　　应侯、曹叔、伯舅、中舅。

"应侯"在古书中并不是很重要，但在《王会》中可以看出来"应侯"在当时是很重要的。

这些就告诉了我们一些很重要的事情，就是有些书虽然很晚，有很多错误，但也会包含很多真实的东西，对于这些东西，我们应该很好地认识。我们可以对照现在地下出土的很多东西，看过之后就会恍然大悟，明白后人是怎么改的，可是一定会有很多的文献我们永远看不到古本，那么我们也就没有办法，可是我们不能看到里面有后人加的东西，就整个加以否定。《王会》的内容大致就是如此，我们不能完全相信《王会》的内容，但在成周修成之后，一定有一个大会，而这个大会很可能就是保尊、保卣中所记载的大会，这一点对于我们了解当时的历史还是很重要的。

最后，还应该做出一些必要的推论。

周初在经历了武王以及周公摄政时期之后，应当是一个相当巩固而统一的局面，即"成康之治"，这是通过战争打出来的，应该说是达到了一个相对稳定的局面。当时的周人在政治上有很大的抱负，他们提出了"天下之中"的概念，想把首都迁到洛邑，也就是天下之中，进而平定四方，所以当时周是一个统一的国家。我从来不赞成把秦说成中国历史上第一个统一的国家，如果把秦说成这样，那夏、商、周往哪儿放呢？当然秦所建立的统一国家，它的内部结构与三代有所不同，但我们不能用春秋战国时的那种衰败局面去看商和西周，这是不行的，实际上西周时期是相当统一的。

周人在文王时期就有很大的设想，我们可以回想一下，周文王是否称王虽然还可以讨论，但由"三分天下而有其二"，可知当时倾向于周的力量已经有很多了，特别是"周召二南"，这体现了周对于"江汉地区"的控制。周人背靠西北，西北本就是周的势力范围，所以武王伐纣时就有各国跟随。而太伯、仲雍又到了江苏，开辟了新的领土，这一点宜侯夨簋就可以证明。宜侯夨簋所载之地肯定在江苏，因为铭文中有很明确的内证，但是宜侯夨簋的时代稍晚，是在康王时期。现在在周公庙甲骨中发现了"太王""王季"的名号，这是很重要的。由此可知，商末之时周人的势力范围已经很大了，这从《西伯戡黎》和《微子》中都可以看得很清楚。在这种情况之下，周人还想控制的范围更大，所以虽然"成康之际，刑错四十年不用"，但仍会伐东夷，成、康的铜器中总是有涉及伐东夷的，也就是说东夷并没有得到最后的平定。

西周在康王时期达到鼎盛，到了昭王的时候，就有了更大的野心。昭王先是伐楚，楚本就是周所封，荆楚本来是武丁时去打的，鬻熊是文王之师，所以就将鬻熊的后代熊绎封在荆楚之地，熊绎就是楚人，这就好像把姜太公送回山东一样。可是昭王之时周与楚发生矛盾了，于是昭王伐楚，结果打胜了，所以昭王就要巡狩，最后却死于汉水中，这给周人建立雄大王国的计划造成了最大的挫折。至穆王时，周穆王接着做这个梦，所以穆王不但西征，而且要南征，把周的力量都消耗了，祭公谋父劝穆王不要像昭王那样客死江中，所以穆王便停止了征伐，最后寿终正寝。自此之后，整个西周中期周人再无雄心大略，进入了一个保守和收缩的阶段。周人想再有作为是到了厉王之时，但厉王将之与暴政结合，所以最后的结果就很糟糕。

周初为了巩固对东方的统治，最重要的事情就是封建诸侯，这项工作从成王四年就开始了，比如封鲁、卫、晋、齐、燕等，这些封国都是当时最重要的诸侯国，后面的课我们会逐一介绍。

・2009年上半年第五次课・

康侯丰鼎、康侯斧、沫司徒送簋

今天我们继续讲周初的金文，还是秉持一贯的方针，就是讲青铜器时，与文献相对照，这次讲沫司徒送簋。

沫司徒送簋过去一般称"康侯簋"，但作器之人并非"康侯"，而是"沫司徒送"，所以应该叫"沫司徒送簋"，但现在大家都叫习惯了，所以一般来说还是叫"康侯簋"。这件簋是1931年在河南浚县辛村出土的，"浚"一般读"jùn"，但读为县名的时候一般读为"xùn"，这是一种习惯，至于是不是河南口音，我就不知道了。河南浚县遗址是一处很大的墓葬群，在1931年以前还有一些青铜器可能是从浚县出土的，我们在清代的一些著录里面还找到了几件。可是那几件东西是不是一定从这里出土，没有记录，所以我们就不讨论了，真正发现这个墓葬群是在1931年。

大家要知道，1931年是殷墟发掘走向高潮的时期，殷墟发掘自1928年始，第一次是董作宾先生带人去的，现在看起来就是试掘性质的，目的是挖甲骨，当时对田野考古也没有足够的训练，所以成果是非常小的。到了1929年、1930年的时候，通过殷墟的实践，中国的考古队伍已经逐渐成长起来了。中国的考古队员一开始连夯土都不认识，在学报上还专门写篇文章，管"夯土"叫

"洪水遗迹",以为是水冲的。这一点我曾多次声明,这是科学和技术发展的必经过程,在这个过程中一定会有很多错误,而且有些错误现在看起来会很可笑,但我们不能够以此责备前贤,特别是不能说前贤的聪明才智不如我们。实际上我们可能是不如前贤的,这一点我们要特别注意,可是我们也不能不指出这些问题,因为问题始终是存在的。从 1928 年到 1930 年是殷墟的田野考古技术逐渐发展、逐渐熟练、逐渐深入的时期,到了 1931 年,应该说在殷墟锻炼出来的考古队伍,已经比较好了。

从二十世纪二十年代开始,中国出现了很多挖宝活动,特别是 1923 年之后,中国开始有了一系列重大的考古发现。最著名的就是河南新郑李家楼大墓和山西浑源李峪村大墓,再往后就是宝鸡戴家湾、洛阳金村等,但都是盗掘,出土的器物绝大多数流散到国外去了,只有新郑的那批东西保存下来了。前两天河南博物院还让中央电视台来采访我,说是要纪念这件事,谈谈当时的一些发现,新郑出的很多古物现在留在海峡两岸。1931 年浚县辛村开始也是偶然发现,之后引发了盗墓的热潮,当时以中研院史语所考古组为中心的考古队伍已经比较好了,所以就立刻赶到辛村,以政府的名义出面禁止。这种事情过去是做不到的,这由两个因素决定:一个是科学技术的因素,如果没有相应的科学技术,想管这件事也管不了;另一个就是有政府的控制,因为没有政府的控制,即使有技术,也不能够发掘。我们中国的考古学史很明显是这样,比如说 1926 年前后党玉琨盗掘戴家湾的那一次,就是没有政府的控制,因为党玉琨就是"政府"了,他的部队当时也有番号,但实际上就是土匪,所以后来宋哲元的西北军把他们包围起来消灭了。那时候是没法制止的,可到了 1931 年,当时的浚县政府是有能力控制的,所以就制止了盗掘,可是有相当大的一批东西已经流散了，其中最重要的一件就是潘司徒送簋。我们能够明确证明的是当时盗掘出土的东西还有一批，有十一件兵器，这些兵器是集体出土，后来装到一个盒子中流散出去了，这批兵器现藏美国弗利尔美术馆。原来装这批兵器的盒子还在，里面有一张纸条，是余杭褚德彝所写，上面明确说是"民国二十年浚县辛村出土"。

现在知道褚德彝的已经很少了，但他在当时起的作用是很大的，我必须声明，这个人相当有学问。这样的人当时还有几个，学术界认为这几个人是半个学术圈的人，有人认为他们是学者，有人就有些看不上他们，因为他们做的一些事是当时学者所不肯做的。褚德彝原名褚德义，后改名德彝，褚氏与古董商关系比较密切。还有一个人叫邹安，我必须说这两个人都有相当的学术水平。邹安与褚德彝同时，曾和王国维一起在哈同那里待过一段时间。邹安的问题在哪里呢？邹安可以为了钱而违反学术道德，最突出的一件事就是邹安编了一部《梦坡室获古丛编》，之所以叫"梦坡"，是因为"梦见苏东坡"了。这个书大家应该看一看，可是大家对这个书都很不齿，因为书中的绝大部分东西都是假货，这些器物是周庆云的收藏。周庆云很有钱，收藏了大量的青铜器，于是就把邹安请来印了这个书，有四大厚本，其中还有第三盂鼎，字也非常多，但一看就知道是假的。有些铭文仿造得太差，邹氏就特别创造出一些理论，称之为"草篆"。后来有人问邹安何至于如此，邹安说只是为几个钱而已，这就有些不合适了，不能为了钱而违背学术良心。二者相较，褚德彝要好一些，至少这十一件兵器出土于浚县辛村是对的。

这十一件兵器是很了不起的，最早研究这些兵器的是日本的梅原末治，他在《东洋学报》上专门写了篇文章，即《浚县辛出土的一批铜利器》。中国学者很少有机会能够看到这批东西，我自己是在二十世纪七十年代末去弗利尔美术馆看的，证明这些东西都没有问题。其中一件戈上镶有贝壳，梅原末治怀疑这件东西，但我用放大镜仔细看过之后，我认为这件东西是真的。因为贝壳上面有锈，而那个锈是真的，所以这件镶贝壳兵器是真的，这在所出土的兵器中仅此一见。在这批兵器中，还有一件戈和一件钺，是镶有铁刃的。二十世纪八十年代在昌平白浮、甘肃白草坡等地出土的青铜器组合与浚县辛村是非常类似的，后来洛阳出土的一批东西，我还专门写了文章，提到了这批东西。[①]可当时的人看到这些兵器就觉得很古怪，认为应是各个地方的东西，不可能同时出土，可现在看起来确实如此，褚德彝并没有说谎。整个浚县辛村出土的东西，最好的东西就是潘司徒送簋，可惜是盗掘品，潘司徒送簋出土之后马上就流出去了，转了一个圈，最后到了大英博物馆，成了大英博物馆的镇馆之宝。

　　浚县辛村墓葬群就是卫国的宗族墓葬，而且这个墓葬群周围还能够延伸，所以二十世纪五十年代发掘了鹤壁庞村的西周墓葬，当时有简报。辛村与庞村其实是邻村，是同一个墓葬群，分布情况与曲沃晋侯墓地基本相合，既有大墓，也有小墓。因为这些墓葬是连成一片的，横跨辛村和庞村，所以我们就很难说这个墓葬群是属于浚县，还是属于鹤壁，不过今天这个问题已经解决了，因为辛村已经属于鹤壁，按今天的行政区划，整个墓葬应该叫做鹤壁墓葬，但我们还是按习惯称之为浚县辛村。

---

① 李学勤：《洛阳林校车马坑的启示》，载《重写学术史》，第 282-287 页，石家庄：河北教育出版社，2002年。

1931年的盗掘被制止之后，郭宝钧先生参加了辛村墓地的发掘，当时的发掘材料和有关遗物，现在都在我国台湾史语所。台湾这批辛村的材料，迄今为止也没有得到最后的整理，辉县琉璃阁、汲县山彪镇也是如此。郭宝钧，字子衡，最开始是河南省政府的一个秘书，代表河南省参加了殷墟发掘，后来成了考古学专家。郭先生人特别好，1949年以后郭子衡先生留在了大陆考古所，一直到逝世。郭先生和苏秉琦先生一同建立了北大考古系，邹衡、俞伟超等都是他的学生。郭宝均先生参加了浚县发掘，可他手里并没有全套数据，只有一部分，所以郭先生就整理了他手中的资料，出版了两本报告，一本是《浚县辛村》，另一本是《琉璃阁与山彪镇》。但这两本都不能称为真正的报告，因为资料不全，可到今天为止，仍然是有关这几个地点的唯一的材料，台湾的那批材料到现在也没有正式发表。

实际上，西周诸侯国的大型墓地已经发现不少了，燕国的就是北京房山琉璃河。现在我们知道的是从第一代燕侯开始，下限一直到西周中期，之后都城就迁了。晋国的就是山西曲沃北赵，到现在还没有发现第一代晋侯，也就是唐叔虞的墓。从发现的铜器看，是第二代晋侯燮父迁到这里的，所以唐叔虞的墓不在北赵。曲沃北赵墓地的下限到殇叔，晋文侯的墓不在这里，晋文侯太重要了，他的墓不可能跟他们在一起，至于说羊舌村的那个倒有可能是晋文侯的墓，这个问题还需要进一步研究。卫国的就是河南浚县辛村，可惜浚县辛村墓地遭到大规模盗掘，可供研究的材料不是太多，可浚县辛村的很多东西还是可以知道的，大家看看郭宝钧先生的书就可以明白。实际上西周比较成系统的贵族墓，墓中的器物都要做分期，而青铜器的分期是依靠浚县辛村的墓。最可惜的就是出濬司徒逸簋的墓葬，这个墓不是康叔封本人的墓葬，可是它在整个墓葬群中一定占据了很主要的位置，因为潘司徒逨簋非常大，而且"潘司徒逨"是周初的人，今天这次课我们特别讲一讲潘司徒逨簋，这件簋涉及康叔之分封。

那么有没有康叔本人的器物呢？确实是有的，就是康侯丰鼎。康侯丰鼎见于《集成》2153，这件鼎的纹饰比较特别，鼎身的饕餮纹上有像"逗点"一样的须子，这种纹饰很少见。康侯丰鼎在清代时就发现了，发现之后就被献给朝廷。后来被分到了国子监，进入民国之后，就把国子监的铜器集中起来，这件鼎就是其中之一。大家要知道，有清一代，地方出土了青铜器，当地的官员大都会上供给朝廷，散氏盘就是如此，散氏盘入宫之后，很多人都想看，但都看不到，后来散氏盘从宫中出来，王国维等一些学者都特别去看，因为他们没见过散氏盘是什么样子。散氏盘的拓本都是到了清末的时候托人从宫中拓一张出来。可是朝廷中主事的人，特别是宫中的太监，将这些铜器作为陈列品来处理，所以就放到很多地方去陈列，比如有一大批东西放在热河行宫，容庚先生的《西清彝器拾遗》著录的就是热河行宫的这批器物。至于说入民国之后宫内还能找到的东西，最后集中在了一起，一部分放在宝蕴楼，一部分放在武英殿，后来容庚将其编成了《宝蕴楼彝器图录》和《武英殿彝器图录》。还有一部分铜器在颐和园，今天颐和园还遗留了几件，在耶律楚材墓的旁边有一个展览，那几件铜器都摆在那里，其中最好的就是虢宣公子白鼎。"文革"期间，颐和园封闭了，当时史树青先生受文物局邀请去颐和园查看文物的情况，史先生看到了一件商代的尊。除此之外，还有十件铜器在曲阜孔庙，作为祭器使用，这里面就包括"梁山七器"中的一些东西，还有一些战国时期错金银的东西，这十件东西我都看过，没有一件是假的。

康侯丰鼎的器铭为"康侯丰乍宝障",这件器物是康侯本人所作,他当时是被封为康侯的(见图1、图2)。从"乍宝障"来看,并没有说是祭祀谁的,这是比较早的形式,字也非常好,这是我们能见到的自称"康侯丰"的唯一一件铜器。其他器物由于不是他本人作的,所以只有"康侯"的名号。还有一系列的青铜器,不论是清代著录的,还是浚县流散的,都有"康侯"的名号,比如现在在故宫,于省吾先生旧藏的两个小斧子,上面就写着"康侯",像这类东西就不一定是康侯本人用的(见图3)。就好比琉璃河发掘的很多东西上有"匽侯"字样,如"匽侯舞昜","昜"通"钖","钖"有两个意思,一个是盾牌上的装饰,一个是马面上的装饰,"匽侯舞昜"的"钖"指盾牌上的装饰。因为当时有一种舞蹈是一手执戈,一手执盾的,"钖"就是盾牌上的装饰。康侯的东西也是如此,可能是康侯的仪仗队或者康侯的属下所用之物,不见得是康侯本人的东西。但是,康侯丰鼎则不同,这是康侯的自作用器,所以是特别珍贵的,康侯丰鼎现藏我国台北故宫,器形最早发表在"中研院"的图录上。

图1 康侯丰鼎　　图2 康侯丰鼎拓本　　图3 康侯斧

今天我们讲的是这件叫"康侯簋"的东西,这件东西不是康侯自己作的,是康侯的一个臣属"沬司徒送"作的。

沫司徒送簋（见图4、图5）释文：

王来伐商邑[①]，征
令康侯啚㽙（于）卫[②]，
沫酮土送眔啚[③]，
乍（作）氒考障彝。🜚[⑤]

图4　沫司徒送簋

图5　沫司徒送簋拓本

①"王来伐商邑"一句，"王"指"周成王"，而非"周武王"，因为封康侯的是周成王，这一点在古书上讲得很清楚，所以此处的"伐商邑"不是武王克商，而是成王和周公平定三监之乱。大家注意"王"字的写法，中间有填实的部分，这种写法是很古的。有人认为伐武庚时成王没有亲临前线，真正去的是周公，而沫司徒送簋中又有"王来伐商邑"，所以将这件铜器作为"周公称王"的证据，这是不对的。何簋铭文中是"公陕殷年"，所以"周公"和"王"分得是很清楚的，要不然就是"王

陕殷年"了。这里就有一个问题,既然成王未到,怎么还能说是"王来伐商邑"呢?我觉得我们讲文献,不要胶柱鼓瑟,不要看得那么死,当时周公至少名义上是奉成王之命的,而且"周人"都称为"王人",《春秋》中的"王人"就是"周人",宜侯矢簋中就有"王人","王人"就是"周人"。普天之下,莫非王土,所以"周"就是"王",令方彝中"明公归自王"就是"明公归自周",而把遣司徒遣簋中的"王"理解为"王的军队"也是可以的,都可以叫"王来伐商邑"。就好像美国军队打过了易北河,与苏联军队会师,继而打败了希特勒,新闻中就说"美国总统打败了希特勒",可美国总统是亲自到场吗?"王来伐商邑"也是同样的道理。"来"字释为"来",很多人怀疑。陈梦家先生读"来"为"束"[①],但文献中没有"刺伐"一词,所以还应释为"来"。那么释为"来"有没有证据呢?确实是有的,《金文编》的第383页载有昭、穆时期沈子它簋中的"啬"字,上半部分所从的"来"与遣司徒遣簋同,所以还是应释为"来"。甲骨文中有"王来征夷方",董作宾《殷历谱》认为"王征夷方"是去途,而"王来征夷方"是返途。实际上"王来征"就是"王征",而"王来伐"就是"王伐"。大家要知道,"来"有广狭二义,狭义的"来"是"回来",但在古书中讲"回来",应该在"来"下有"自"字,比如《多方》"王来自奄"。所以"王来伐商邑"的"来"就是普通的"来",是因为当时王就在商邑,所以作"王来伐商邑"。"商邑"

---

① 陈梦家:《西周铜器断代》,第11页,北京:中华书局,2004年。

的本义指"殷的都城",在渚司徒逨簋中指的是"朝歌",因为与"康侯封卫"有关。甲骨文中未见"商邑"连用之例,只有"商""大邑"和"大邑商",而"大邑"常与"四土"对卜,比如说讲"受年",就有"东土受年""西土受年""南土受年""北土受年",还有"大邑受年",或者说"商受年","大邑"和"商"一样,指的就是"大邑商",实际上就是以商都为中心的王畿。"王来伐商邑"就是"王来伐商",但这里的"商"指的并不是"商的广大国土",而是"商的都城"。就好像我们后来说"周",指的就是以王都为中心的这一块地方,所以"宗周"也叫"周","成周"也叫"周"。大家不要过分地看重"邑"字,如果过分看重就会理解为只有那个城,实际上是以商都为中心的王畿,也就是商王直接管理的区域,这个区域就是"邶""鄘""卫"。武王克商之后,就将商的王畿分为"邶""鄘""卫"三部分,"邶""鄘""卫"这三个词一直保留在《诗经》里面,所以会有《邶风》《鄘风》和《卫风》,郑玄的《诗谱》中专门讲了"邶""鄘""卫"的划分。至于"邶""鄘""卫"究竟都是在什么地方,前人一直有所讨论,王国维认为"邶"的地域很大,因为河北易县出了"北伯"的铜器,王国维认为"北伯"的"北"就是"邶"。①可这种观点是有问题的,北伯铜器的制作时间不会早于"平三监",也就是说有北伯铜器的时候,"三监"已经不存在了。不过无论如何,"邶"

---

① 王国维:《北伯鼎跋》,载《观堂集林》,第884-886页,北京:中华书局,1959年。

"鄘""卫"都是商王畿的一部分,此铭中讲的是"卫",而"卫"就是商王畿的一部分。

②"徂令康侯啚玤(于)卫"一句,"徂"就是"延"字,读为"诞",是一个虚词。看这一句就可以知道,是先有"康侯",后有"卫",要不然就直接说"诞命叔封鄙于卫"了,为什么非要说"诞令康侯啚于卫"呢?可见"康侯"是先有的。"叔封"本来是封在了一个叫"康"的地方,"康"是畿内国,具体位置不详,这个问题还有待进一步研究。但"康"肯定不在商王畿内,因为原来的商王畿是封给"三监"的,如果"康"也在商王畿内,就应该叫"四监",而不是"三监",所以"康"应该是周畿内的一个采邑。"啚"字,有的学者读为"图(圖)",义为"画地图",但是"封卫"的时候是不太可能让"康侯"自己去画地图的,而且宜侯夨簋中有"图(圖)"字,是从"囗"的,所以这个字应读为"鄙"。《广雅》"鄙,居也","鄙于卫"就是"居于卫",也就是"侯于卫"。① 此铭中的"卫(衛)"字中间写成了"方"字,而不是"囗"。这种写法在甲骨文中见过多次,于先生在《商周金文录遗》的序中曾言,"囗"和"○"是"方"和"圆"的初文,后来甲骨文的"○"写作"⊗"。"方"可以写作"†",最强调这一点的是艾兰②,最近艾兰的文集要出版,我给

---

① 整理者按:此处李先生后来又有改正,认为鄙有"划定疆界"之义。参见李学勤:《由清华简〈系年〉释读沬司徒疑簋》,载《夏商周文明研究》,第177-180页,北京:商务印书馆,2015年。

② 艾兰:《"亚"形与殷人的字宙观》,《中国文化》1991年第1期。

写了一个序，外国人能释出古文字的不多，可"✝"确实是"方"字。"方"字可以写作"✝"，但并不等于"✝"形的字都是"方"，有的也可能还是"巫"字。换言之，同一个字形的字，有时候也可能有不一样的解释。"卫"这个地点是明确的，就是"朝歌"，也就是今天的淇县。现今在淇县已经发现了很早的城址，但能够看到的城墙最早不过西周末年，康叔封卫的地点还有待于进一步考察。大家千万不要认为田野考古所找到的就是时代的上限，没找到的并不意味着不存在，只能说仍未发现。比如郑州商城的南边发现了二里岗时期的遗址，但过去调查了很多次都没发现，所以"没发现"不等于"不存在"。"鄙于卫"的前提是"王伐商邑"，正是王伐了商邑才能让康侯鄙于卫，王要是不伐商邑，不驱逐武庚，康侯又怎么能居住在卫呢？因此，"康侯鄙于卫"就是"康侯把国迁到了卫"。

③"潘蘭土逌罙嚣"一句，"✻"字的右边看起来像"木"字，但还是和"木"有区别，因为中间分开得特别大，所以应该读为"未"，甲骨文中就有类似的，这一点前人就已经指出了。"✻"字从水，从未，从甘，隶定作"潘"，即"沬"，也就是古书中所谓的"妹"。《尚书》中讲到"封康叔"的一共是三篇，即《康诰》《酒诰》和《梓材》，这三篇是放在一起的，都是对康叔的训诰。其中就提到了"妹"，比如《酒诰》有"明大命于妹邦"，《酒诰》是对整个卫国来讲的，之所以叫《酒诰》，就是告诫那些殷遗民，不要总是酗酒。大家要知道，商朝的灭亡与喝

酒有关系,商朝灭亡的主要原因是腐败,沉湎于酒。《酒诰》和大盂鼎是可以对读的,大盂鼎中就提到,不但是商朝内服的官,就连殷边侯甸也都酗酒。《酒诰》中讲"卫"的时候,并不叫"卫",而是叫"妹邦",可见"妹"应是卫国的中心区域,也就是"朝歌"这一带。除了"妹邦"以外,《酒诰》中还有用"妹土"的例子,由此就能看出"卫"和"妹"的关系。"嗣土"就是"司徒","逨"是人名,又称"渚伯逨"。"眔"字训为"及",义为"参与",也就是说"逨"参加了"眔鄙"这件事。为什么"逨"要参加"眔鄙"呢?因为西周时期的土地转让必须有当地的"三有司"参加,特别是"司徒",因为"司徒"是管人口的,相当于后来的户部。有关的问题,大家可以看我写的一篇小文,叫《西周金文中的土地转让》。[①]从这里就可以看出"妹"和"卫"并不完全相等,可能"妹"是比较中心的地区,而"卫"是比较大的地区。估计"逨"本来就是封在"妹"地的,也应属于殷遗民之列。

④ "乍(作)毕考蹲彝"一句,"毕考"即"厥考",此处指的不是"康侯"的"考","康侯"的"考"是周文王,这里的"考"指的是"逨"的父亲。

⑤ "𣫭"是族徽,有这种族徽的器物都是浚县辛村流出去的,在欧洲有很多有这种族徽的东西,我在英国的格拉斯哥也见到过。

[①] 李学勤:《西周金文中的土地转让》,载《新出青铜器研究》,第 90-92 页,北京:人民美术出版社,2016 年。

潘司徒送簋是关于"封卫"的记录,是参与"封卫"的官员"送"作的,这个官员是属于卫的,所以后来就埋在"卫"这个区域。当然"送"不会和"康侯"本人埋在一起,但还是埋在卫国的宗族墓地中,成为卫国宗族墓地的一个组成部分。

大家要知道,"康侯"是见于文献的,"康侯"最早引起注意是在《周易》中,《周易·晋卦》有"康侯用锡马蕃庶,昼日三接"。《周易》的经文部分形成得非常早,现在我们可以知道,《周易》经文中出现的人物没有晚于西周早期的。有些学者想努力找出比较晚的,比如郭沫若先生认为《周易》的"中行"就是晋国的"中行氏",并据此推断《周易》的经文是春秋时期的作品。[1]郭老的这个观点是不对的,因为"中行氏"的"中行"是从军队建制来的,这种军队建制很早就有,比如甲骨文中就有"行",而且"中行氏"的人一般也不简单地称"中行"。如果将这一点去掉,那么就没有任何人举出《周易》经文中西周早期之后的痕迹了。所以现在我们就可以说,《周易》就是那个时候的,一定是西周早期的作品,当然我们不能说得太死,但基本上没什么问题。

前些年,我根据陕西长安出土的陶拍上面排出来的易卦,发现它和现在《易经》的卦序是一样的。[2]这不可能是偶然的,因为它不但有卦,而且还有复卦的特点,由此证明在西周时就有《周易》的经文。这点大家可以讨论,但是我觉得那个材料还是挺准确的。不管怎么说,《周易》中是有"康侯"的,"康侯"的"康"字,古人有多种解释,或训"安",或训"美",或训"尊",这些训解都不对,人们大都不知道"康侯"是什么意思,因为古人只知有"康叔封",不知有"康侯丰"。真正知道"康侯"是"康叔

---

[1] 郭沫若:《青铜时代》,第72-74页,北京:科学出版社,1957年。
[2] 李学勤:《周易溯源》,第234-237页,成都:巴蜀书社,2006年。

封",就是因为康侯丰鼎。《尚书覈诂》解释得比较清楚,《尚书覈诂》云:"康,马谓圻内国名,郑谓谥号。按《史记》'康叔卒,子康伯立',则'康'非谥,郑说非也。《白虎通》'文王十子,康、南皆采也',与马说合。《诗谱》'文王分岐邦周、召之地,为周公旦、召公奭之采地',则康与周、召同为采地之名,《史记索隐》引宋忠曰'康叔从康徙封卫',亦以康为地名也。"[1]可见东汉的马融等人知道"康"是地名,但研究《周易》的人不研究历史,所以他们就没有引用这个说法,可是今天我们看,"康侯"显然就是"康叔封"。"锡马"即"王赐给康侯的马","蕃庶"就是"繁育良种的马"。大家要知道,那个时期马特别重要,《文物》2009年第3期的内封上发表了邯郸赵王陵被盗的两匹青铜马,虽然很小,却很生动,可见当时的人特别重视马,对马有很深的了解。周人尤其如此,秦、赵的祖先,从商周以来就是养马、驾车的,最开始是给商王太戊驾车,周朝时造父是给周穆王驾车的,后来赵武灵王胡服骑射,这都是讲马的。马是古时候最重要的交通工具,也是人人关心的事情。今天有一件事情也是大多数人关心的,就是93号汽油又涨钱了。在那个时候,大家关心的是马。今天的汽油不但是和平社会所必需,也是战争所必需,而当时的良种马是关系到国计民生的大事,所以"康侯用赐马蕃庶"也就是这个意思。秦人的祖先为周孝王养马于汧、渭之间,这也就是"蕃庶"。周人是特别重视马的,眉县李家村出土的西周中期的盠驹尊中有"执驹",所谓"执驹"是"训练小马驾车",这个词见于《周礼》,所以《周礼》这部书是很有用的。"执驹"这种事情周王是要亲自参加的,由此也可以看出"康侯赐马蕃庶"的重要性。

中国早期的马都是蒙古种的马,并不是高加索种的马,虽然

---

[1] 杨筠如:《尚书覈诂》,第253页,西安:陕西人民出版社,2005年。

蒙古种的马耐用，但不如高加索种的马高大。汉武帝时得到了中亚的汗血宝马，自此中国的马种开始变化，逐渐成为高头大马，到了东汉的时候就有了高头大马，比如马踏飞燕的那匹马。中国最大的青铜马并不是流散到英国的那一件，而是成都青白江出土的东汉青铜马，由九个部分拼接而成，大小与真马相差无几。大家要知道，"马踏飞燕"的马未必能够到汉代，因为同出的某些货币并不够到汉代。当然，钱币不够到汉代，并不代表墓中的铜器不够到汉代，但总之不会早过汉末。相关内容可参看北京大学吴荣曾先生的文章[①]，我觉得吴先生的意见大家可以考虑。

至于"昼日三接"，我们不太懂，有人认为与马的配种有关，这是一种可能。以上就是文献中看到的"康侯"，这是很重要的，也证明了《易经》的时代。

"封康侯"的就是《康诰》，现在可以明确地说，《康诰》不可能是武王时期的。屈万里《尚书集释》主张"封康侯于卫"是在武王时期，这恐怕很难成立，"封康侯于卫"应是在成王时期。

其实关于封卫，在《左传》中有明确记载，也是研究先秦史的人大都读过的。《左传·定公四年》有一段祝鮀的话，涉及周初的封建。祝鮀，字子鱼，他是太祝。大家要知道，太祝和巫史之官是一个系统，虽然名称不同、分工不同，但"太祝"与"史官"是很接近的，所谓祝、宗、卜、史之间是有联系的，都是当时的知识分子，而且子鱼是卫国人，所以他讲的这些事情还是很可信的。我们来读一下这段话，并做一些说明：

以先王观之，则尚德也。

[①] 吴荣曾：《"五朱"和汉晋墓葬断代》，《中国历史文物》2002年第6期。

这段话的背景是当时举行会盟，对于歃血时是让蔡国先还是让卫国先，产生了争执。有人认为蔡国要在卫国之前，其中苌弘就说蔡叔是康叔之兄，所以蔡国应该在前面。子鱼就有针对性地讲了这段话，他认为，按照先王的观点，不能用始封之君的年纪大小来排，应该以"德"为先，所以蔡国就不行了，因为蔡叔是造反的。

昔武王克商，成王定之，

下面说的这些事情都是成王时代的，而非武王时代的。

选建明德，以藩屏周。

这就是所谓的"封建"。

故周公相王室，以尹天下，于周为睦。分鲁公以大路、大旂、夏后氏之璜、封父之繁弱。殷民六族，条氏、徐氏、萧氏、索氏、长勺氏、尾勺氏。

当时赏赐的东西多是文物或者宝器，虽然这些东西很小，但当事人非常在意，因为这些东西有象征意义。比如要诀别的时候，就给一个玦，玦者，绝也，表示"诀别"。所以一些宝器在当时是特别重要的，鲁国给的是大路、大旂一类的东西，这也就是所谓的"分器"，最主要的是下面的"殷民六族"。"条氏"即征夷方卜辞中的"攸侯"。"索氏"的铜器出土于山东兖州李宫村。《左传》中有"长勺之战"，但"长勺"的地望难以确定，当年我和杨宽先生画《中国史稿》的地图，为"长勺"的位置讨论了很久，最后觉得哪家的说法都靠不住。由此可以看出,这些都是殷民的大族,分布得也是很广的,不是都在曲阜周围。

> 使帅其宗氏,辑其分族,将其类丑,以法则周公,用即命于周,是使之职事于鲁,以昭周公之明德。

这说明鲁国在刚建立的时候是由两种人构成的,一为当地人,一为周人。其实周的很多诸侯国都是这样,宜侯夨簋就是如此。因为被统治的是当地的人,统治者是外来的周人,所以我常常说西周很像清朝,周人来的人数不多,可他们是统治者,但后来二者就逐渐融合在一起了。就好比清代最开始不允许满汉通婚,但后来也就通婚了,原来是非法的,后来就变合法了,慢慢就没办法了。因此曲阜的墓葬是分为商、周两个系统的,二者葬制和所出的陶器都是有区别的,详见《曲阜鲁国故城》。[①]鲁国是周公之后,周公制礼作乐,所以鲁国要遵行周的法度,这是鲁国的特点,所以"周礼尽在鲁矣"。

> 分之土田倍敦,祝、宗、卜、史,备物、典策,官司、彝器,因商奄之民,命以《伯禽》,而封于少皞之虚。

"殷民六族"指的是"贵族","商奄之民"才是指"百姓","奄"就是"曲阜",而当地的百姓和"殷民六族"也不见得原来就一样。曲阜最古的时候是少皞氏之所在,少皞是嬴姓,曲阜现在还有少皞陵。封给"伯禽"的诰命也成了《尚书》的一篇,叫做《伯禽》。

> 分康叔以大路、少帛、綪茷、旃旌、大吕,殷民七

---

① 山东省文物考古所等编:《曲阜鲁国故城》,第188-190页,济南:齐鲁书社,1982年。

族，陶氏、施氏、繁氏、锜氏、樊氏、饥氏、终葵氏；

"殷民七族"可与《逸周书·商誓》的"□□□幾、耿、肃、执，乃殷之旧官人"相对照，"幾"就是殷民七族中的"饥氏"，"肃"就是殷民六族中的"萧氏"，这些都是世官，所以称为"旧官人"。

封畛土略，自武父以南及圃田之北竟，取于有阎之土以共王职；取于相土之东都以会王之东蒐。

卫国的地域是很大的，"阎"不在卫国境内，是王畿内的一个小采邑，类似于今天的办事处。

聃季授土，陶叔授民，命以《康诰》而封于殷虚。

这是我们今天需主要讲的内容。"聃季"是文王最小的儿子，名叫"载"，是司空，主管城建，所以"授土"。"陶叔"即"曹叔振铎"，因为定陶在曹县附近，"陶叔"是司徒，管户口，所以"授民"。这和潘司徒逯簋不矛盾，有人认为"陶叔"就是"潘司徒逯"，这样理解是不对的，"潘司徒逯"是"潘伯"而不是"叔"，而且潘司徒逯是管"潘"地的司徒，而陶叔是王朝的司徒，不是一个地方官。此处的"殷虚"指"朝歌"，而非"安阳"。古书中有两个"殷墟"：其一为《项羽本纪》中"洹水南，殷虚上"之殷墟，也就是今天的安阳；其二为《卫世家》中"居河淇间，故商墟"的殷墟，即"朝歌"，也就是今天的淇县。"卫"就是"妹"，"妹"就是"朝歌"，至于说在淇县一带找不到大型的商代遗址，这个问题还是留待以后再解决。安金槐先生二十世纪五十年代在《文物参考资料》上发了一则简讯，说在淇县发现了一段商代的城墙，这个事情我曾经问过安先生,他说确实有,而且一定是商代的城墙,但是当时没做工作,现在已经找不到了。

> 皆启以商政,疆以周索。分唐叔以大路、密须之鼓,阙巩,沽洗,怀姓九宗,职官五正,命以《唐诰》而封于夏虚,启以夏政,疆以戎索。

"怀姓"即"隗姓","五正"即"五官之长"。

关于"康叔封卫"的材料,可以看一下陈梦家先生的《西周铜器断代》,书中列了一个表,把有"康侯"的以及有"濬司徒送"的器物列了进去,我们看一看卫国早期的青铜器都是什么样子,这是很有好处的。

· 2009 年上半年第六次课 ·

太保簋、太保方鼎、宪鼎、鲁公鼎、伯宪盉、太史友甗、克盉、克罍、太保玉戈

太保簋

这次课讲太保簋以及克盉、克罍,因为太保簋铭文所讲述的历史事实应该比较早,而且和"东征""平三监"有密切的关系,因此我们从太保簋说起。

太保簋是周初最重要的青铜器之一,是非常宝贵的一件东西,铭文拓本见于《集成》4140。太保簋现藏美国华盛顿的弗利尔美术馆,估计太保簋是在二十世纪六十年代初的时候到弗利尔的,所以陈梦家先生在美国的时候也就没有看到这件东西。太保簋当时是在私人藏家手中,而私人藏家也不太重视这件东西,因此陈先生在《西周铜器断代》中对这件簋的记载是"不知何在"。大家看一下簋的照片,这个照片不知道是什么原因,让人觉得太保簋比较瘦,实际上太保簋是正圆形的簋,而不是椭圆形的。太保簋是一件四耳簋,耳上有板状立角,大家要知道,这种板状的立角是商末周初的特征,宝鸡斗鸡台、戴家湾,还有竹园沟等地出的西周早期或先周时期的青铜器,上面多有板状立角。还有一点要注意,就是太保簋上的兽面纹是带勾角的(见图1、图2)。

我们先把太保簋的铭文读一下,然后再谈它的出土情况以及

同出的一些东西,最后讨论一下有关的问题。

图 1 太保簋

图 2 太保簋拓本

太保簋释文:

王伐彔子耶,叡氒(厥)反①,王

降征令抒(于)大(太)保,大(太)保克

芍亡谴②。王伓大(太)保③,易(锡)休

余土,用兹(兹)彝对令④。

① "王伐彔子耶,叡氒(厥)反"一句,"耶"是"听(聽)"的初文,甲骨文的"听(聽)"就是这种写法,在

耳朵旁边有一个嘴说话,会"听(聽)"之意,我们读"聑"为"圣(聖)"也是可以的。"虡"有不同的解释,杨树达先生读为感叹词"嗟"[①],但读为感叹词并不太顺,现在多数学者读为"徂",义为"过去"。"反"读为"叛",是形容词,昭王时期的铜器中有"反虎方"也就是"叛虎方"。白川静认为此处的"彔子聑"就是"武庚禄父"[②],所以"王伐彔子聑"这件事指的就是"二年克商"。

②"王降征令𢦒(于)大(太)保,大(太)保克芍亡㠯"一句,"降"的宾语是"令","令"读为"命","降征令"即"降出征之命",征伐的对象就是"彔子聑"。周初的"太保"最著名的就是"召公奭",召公奭肯定是周的同姓,但召公和周王室究竟是什么关系,文献中并没有明确的记载。有的说法是后人推测的,认为召公奭是文王庶子,可《左传》中叙述了"文王之昭"的情况,里面并没有提到"召公",如果召公真的是文王庶子,《左传》中为什么没有记载呢?所以召公奭应该不是文王庶子。但是召公奭和周王室有相当密切的关系,在朝廷里面和周公、太公都是并称的。这篇铭文最特殊的地方在于"大保"没有用重文号,一般情况下在甲骨文、金文中这种情况多用重文号,可是太保簋中没有用,可见当时的人行文也是比较灵活的,大家不要太拘泥。现在有些人搞得非常死,稍微有些不同就表示怀疑,这是不行的。再有一个特点就是"太保"不称名,一般来讲,给自己作器应该称自己的名字,但这件器物不称自己的名

---

① 杨树达:《积微居金文说》,第69页,北京:中华书局,1997年。
② 白川静:《金文通释》(日文)卷一上,第59-60页,(日)白鹤美术馆,1964年。

字。"芍"字,《说文》作"苟",是"敬"之所从,所以此处读为"敬"。"䞣"即"遣",读为"谴",义为"罪责"。"亡谴"义同"亡尤","亡尤"甲骨文常见,义为"没有罪责"。"太保克敬亡谴"是说太保在这次战争中做得很好,顺利完成任务,没有出错。

③"王衍大(太)保"一句,"衍"字,裘锡圭先生读为"侃",义为"喜乐"。①如果"王侃",那么"侃"理解为"喜乐"就不太合适,应该理解为"嘉""美"。甲骨文中有"侃王",这就要理解为"喜乐","侃王"就是"使王高兴"。

④"易(锡)休余土,用丝(兹)彝对令"一句,"余"字,从木,从亼,"亼"是"集"的古文,所以我们把"余"字读为"jí"。"余"是一个地名,是王赐给召公的一块地,这块地可能在召公的封邑附近,但也可能在别的地方,具体地望不可考。"兹彝"就是"这件礼器","对"训为"答",也就是"答报"。此处所"答"之"命"不是"出征"之命,而是"易(锡)休余土"之命。

这篇铭文有一个难懂的地方,就是除去自作器、自用器之外,几乎所有的青铜器都要称作器者的名,而不能称官职,因为对于王来说,或在甲骨文中对神和祖先来说,称官职是大不敬的。我个人认为这件器物虽然用"太保"的名义,但应是和一批铜器一起作的,这就是所谓的"梁山七器",而且这件事情已经过去了,所以铭文中用的是"虘乎(厥)反",对过去的事情进行叙述,应

---

① 裘锡圭:《释"衍""侃"》,载《裘锡圭学术文集·甲骨文卷》,第378-386页,上海:复旦大学出版社,2012年。

该是用第三者的口气来讲的,这种情形在金文中是非常少见的,但事实如此,也只能这样解释。我们不能将这种现象推到保尊、保卣中去,因为保尊、保卣中的"保"地位比较低,一定不是"太保",所以保尊、保卣的"保"一定是一个人名。由太保簋可知,有些器物不是器主当时作的,利簋也是如此,利簋讲的是"辛未",也就是"克商后第八天"的事情,难道在第八天就能作出铜器吗?一定不会的。前些年有一个争论是关于晋侯苏钟的,从各方面论断,晋侯苏钟只能放在周厉王,不能放在周宣王。因为放在宣王和晋的整个世系不合,而且据碳十四测定,M8,也就是晋侯苏的墓,正好符合《史记》中记载的晋侯苏死的那一年,这是不能动的,而且那个地方的碳十四的曲线非常陡,误差是±8,所以晋侯苏钟所记之事是不可能放在宣王的。但厉王三十三年还是晋侯苏祖父统治的时代,这又是怎么回事呢?这是因为晋侯苏钟的铭文是晚刻的,后来刻写铭文的人记载以前的事,用的是后来的称号,这是不稀奇的,就好像《左传》《国语》中讲齐桓、晋文之事,当时"小白""重耳"在世的时候,怎么会知道他们死后叫"齐桓公""晋文公"呢?谥法一定是在死去之后才有,《左传》常常记载诸侯临死的时候希望得到一个什么样的谥法,但当时的大臣说不对,我要给一个别的谥法,而国君死后就是大臣给的谥法,国君也没法纠正了,所以这些都是后人做的。太保簋也是这样,是别人给他作的铜器,这种情形是非常少见的,但确实是事实。还有一个例子就是北宋时出土的叔夷钟,叔夷钟铭文的前半段称"齐公",后半段就称该侯的谥法了,这是因为钟作到一半的时候,齐侯去世了。不过太保簋所记的事情本身是周初的,这是没问题的,而且铜器本身也是周初的,作器时间和铭文所记的事情差不了多少年。

太保簋是著名的"梁山七器"之一,"梁山七器"的出土时间,是清中叶道、咸年间。究竟是"道光",还是"咸丰"呢？现在有不同的说法,我个人认为还是用"咸丰"的说法,这个说法见于方濬益的《缀遗斋彝器款识考释》。①大家要知道,《缀遗斋彝器款识考释》这部书,方濬益在世的时候并没有出版,很多古人的书都是在身后才出版的,方氏此书当时是一个稿本,由燕京大学收藏,后来燕京大学将其印行。方濬益是定远人,这个人很有学问,当时很多学者不知道的事情,他大都知道。方濬益的东西是很值得参考的,在这部书没有出版的时候,很多学者提出过一些观点,实际上方氏在这部书中早就说了。容庚先生在《颂斋吉金图录续编》中认为"梁山七器"是道光年间出土的。②从年代上来讲,当然是方濬益要早一些,所以我还是倾向于方濬益的说法,可是这个关系不大,因为从道光元年到咸丰最后一年一共也就是四十年的时间,"梁山七器"也就是在这个时间段内出土的。"梁山七器"的出土地点就在梁山脚下,当时这个地方属于寿张县,现在属于济宁市梁山县,这七件东西是一起出土的,肯定是同一个墓葬。这七件东西的出土,在考古学上的意义是非常重大的,因为这些东西涉及很多的事情。

陈梦家在《西周铜器断代》中引《涵清阁金石记》："济宁钟养田（衍培）近在寿张梁山下得古器七种,鼎三,彝一,盉一,尊一,甗一,此（指宪鼎）其一也,鲁公鼎、牺尊二器已归曲阜孔庙。"③钟养田是济宁人,这是没问题的,梁山就在济宁。可见

---

① 方濬益:《缀遗斋彝器款识考释》,载《金文文献集成》第十四册,第74页,香港:香港明石文化国际出版有限公司,2004年。
② 容庚:《颂斋吉金图录续编》,载《容庚学术著作全集》第十二册,第403页,北京:中华书局,2011年。
③ 陈梦家:《西周铜器断代》,第45页,北京:中华书局,2004年。

所谓"尊一",指的也就是"牺尊"。曲阜孔庙藏了很多东西,最著名的就是"乾隆十器",也就是乾隆所颁发的十件青铜器。这十件东西现在还在孔庙,我去看过,没有一件是假的。可是由于烟熏火燎,有的还打蜡,有些看起来面目全非,但东西是真的,时代从商代到战国都有。这是十件祭器,他们是不敢动的,但是宪鼎、鲁公鼎、牺尊这三件东西到了孔庙之后又被卖掉了,现在并不在曲阜孔庙。《涵清阁金石记》是一个咸、同之间的稿本,文中说"近在寿张梁山下得古器七种",所以将"梁山七器"出土的时间定在"咸丰"是比较合适的。

方濬益《缀遗斋彝器款识考释》云,"咸丰间,山左寿张县所出古器,凡鼎三,一簋,一甒,一盉,其铭皆有'太保'及'召伯'等文,许印林(瀚)明经定为燕召公之器,而以出山左为疑"。[①]"山左"就是"山东","山右"是"山西",二省是以太行山为界的。方氏书中的"簋",就是陈梦家所引《涵清阁金石记》中的"彝",因为在清末之时,"簋"字已被认出,在此之前,比如宋代就不识"簋"字,所以称"簋"为"彝""敦",甚至到王国维时还是读为"敦"。问题在于方氏书中只提到了六件器物,没有提到"牺尊",我认为方濬益是知道"牺尊"的,之所以没有提及,是因为牺尊铭文中没有"大保""召伯"的字样。当然这是我的推测,至于是否正确,就有待大家继续讨论了。其实"牺尊"就是记录"征夷方"的小臣俞犀尊,是布伦戴奇的藏品,现存美国旧金山亚洲艺术博物馆。而这件东西在"梁山七器"中出现也证实了"征夷方"应该就是在山东,小臣俞犀尊应该是前人征夷方的遗物,后来归太保家族所有,所以在墓主人死后就与其他六件东西埋在了一起,成为

[①] 方濬益:《缀遗斋彝器款识考释》,载《金文文献集成》第十四册,第74页,香港:香港明石文化国际出版有限公司,2004年。

"梁山七器"之一。陈梦家先生认为"梁山七器"中的"牺尊"就是现存日本白鹤美术馆的"太保鸮卣",上面有"大保铸"字样,但太保鸮卣有明确的流传记录,是浚县出土的,所以陈梦家所说不确。

除了太保簋和小臣俞犀尊之外,剩下的还有五件,即大保方鼎、宪鼎、鲁公鼎、伯宪盉以及太史友甗。

大保方鼎

大保方鼎(见图3、图4),拓本见于《集成》1029,原藏天津艺术博物馆。最近听说天津艺术博物馆和天津历史博物馆合并了,就叫天津博物馆。天津艺术博物馆有很多好的青铜器,是全国收藏青铜器质量最好的博物馆之一。大保方鼎很大,两耳上有伏兽,器身上有垂叶纹,这是成王到康王前期的典型特征,四个脚上有圆盘。估计是由于鼎腿太过细长,所以要加上圆盘,使之在视觉上能够达到平衡。另外还有一种猜想,就是在一定的情况下可以

图3 大保方鼎

图4 大保方鼎拓本

插在地上使用。鼎铭为"大保铸",这和太保簋一样,都是"太保铸",而且都没有称太保的名,所以应是别人代作的,那么是谁代作呢?应该是太保的儿子。

宪鼎

现藏清华大学,拓本见于《集成》3076。

宪鼎(见图5、图6)释文:

隹(惟)九月既生霸辛
酉,才(在)匽。侯易(锡)寋(宪)贝、金,
敭(扬)侯休,用乍(作)齍(召)
白(伯)、父辛宝尊彝,
寋(宪)万年子=孙=
宝,光用大(太)保。

图5 宪鼎

图6 宪鼎拓本

铭文中的"侯"指"匽侯","召伯"即"召公",《诗经·甘棠》记载"召伯"在江汉之地很得民心,人们以"甘棠"来怀念他,这点在上博简的《孔子诗论》中专门提到过。后来有"甘棠之思",知县衙门的匾额上常常有这样的话。"光用"即"用光",献簋有"用光父乙","光"训为"美"。

鲁公鼎

鲁公鼎估计是一个扁足方鼎[①],具体情况不详。真正的鲁公鼎是北宋《宣和博古图》中所载,铭曰"周公作文王尊彝"。当时的人不认识"周"字,把"周"释为"鲁",所以叫"鲁公鼎"。后来在《西清古鉴》中有很多件"鲁公鼎",但都是假的,估计当时人把这种扁足方鼎都叫"鲁公鼎"。"梁山七器"中的鲁公鼎传说也有"太保""召公"的字样,但这件东西我们现在看不到了,但一定不是宋代的那件铭文为"周公作文王尊彝"的鼎。

伯宪盉

伯宪盉(见图7、图8)是容庚先生的藏品,拓本见于《集成》10296。

伯宪盉释文:

  白宪乍罍(召)白、
  父辛宝隣彝。

---

① 参看李学勤:《论宋代著录的周公方鼎》,载《三代文明研究》,第118-121页,北京:商务印书馆,2011年。

图 7　伯宪盉　　　　　图 8　伯宪盉拓本

太史友甗

太史友甗（见图 9、图 10）现存日本京都泉屋博古馆，拓本见《集成》1055。

图 9　太史友甗　　　　图 10　太史友甗拓本

太史友甗释文：

　　大（太）史夋
　　乍（作）䵼（召）公
　　宝隣彝。

以上就是"梁山七器"的一些情况,这里面有一系列的问题,过去认为讲这些器物很容易,但现在讲起来就不是那么容易,困难就出在克盉、克罍。

克盉、克罍

克盉、克罍现存于首都博物馆,是首博的镇馆之宝,出土于北京房山琉璃河 1193 号墓。迄今为止,M1193 是琉璃河墓地诸侯一级的墓葬中时代最早的,也是最为显赫的。M1193 共有四条墓道,但不能形成"十"字形,因为墓道是在四个角上,所以不是"亚"字形大墓,这是很特别的。

M1193 是由殷玮璋先生主持发掘的,当时抱了很大希望,可惜的是该墓古时就已被盗,所以越做希望越小,盗坑也越来越多,可最后还是挖出来几件好东西,其中最好的就是克盉、克罍(见图 11、图 12、图 13、图 14、图 15、图 16)。由此就引起了一些很复杂的讨论,可现在看来,这些讨论慢慢地也就尘埃落定了,至于说这篇铭文究竟应该怎么讲,还可以进一步研究。

图 11　克盉　　　图 12　克罍　　　图 13　克盉盖铭拓本

图 14　克盉盖铭照片

图 15　克罍盖铭拓本

图 16　克罍器铭拓本

克罍释文：

王曰[①]："大（太）保，隹（惟）乃明乃心，亯
孖（于）乃辟[②]。余大对乃亯，
令克侯孖（于）匽[③]，旋羌兔
馭霏骏（驭）屴（微）[④]。"克塞

匽，入土眔氒（厥）䚵⑤。

用乍（作）宝隙彝。

① "王曰"一句，此处的"王"是周成王，这件器物与"封燕"有关，但与"康叔封卫"不同。康叔是先封于"康"，再徙封"卫"，属于第二次封，但"克侯于匽"则是第一次封。我们讲过《左传·定公四年》的那一段话，其中涉及伯禽封鲁、唐叔封晋，但是《伯禽》和《唐诰》今天都看不到了，可《康诰》是存在的，但是《左传·定公四年》是后人对于"封建"的叙述，当时的"封建"究竟是什么样子，我们还是要看青铜器上的材料，克罍、克盉的铭文就与"封燕"有关。当然这篇铭文不是封燕国的全部诰命，因为全部诰命应该是很长的，这篇铭文与"克"有关，但是"王"的话是对"太保"说的。

② "隹（惟）乃明乃心，亯㠯（于）乃辟"一句，"❤"字，很多人释为"㠯"，虽然"㠯"中间可以没有那几个点，但"❤"确实不是"㠯"，而是"心"字。战国时代的"心"字还写作"❤"，不但画出了"心"的形状，就连上面的"动脉""静脉"都画出来了。今天要是杀一头猪或者杀一只羊，把心脏拿出来看一下就会知道，一只成年绵羊，它的心脏和人的心脏同形等大，所以教学的时候就可以用羊的心脏来代替人的心脏。人的心脏和右手的拳头等大，这些都是解剖学的常识。由字形来看，"❤"还是"心"字，而不是"㠯"字，并且"明心"之语古书常见，金文也很常见，但"明㠯"怎么讲也讲不明白。"乃"是第二人称代词"尔"，"尔"就是"你"，

"你"也可以写作"儞",林琴南翻译小说的时候就是这样写。至于说"您"字是怎么回事呢?"您"是口语,最开始不写作"您",而是写作"你能",清中叶的时候就有这种写法,"你能"的合音就是"您"。"惟"是虚词,等同于"尚",表示"希望"。"乃明乃心"即"你能够使你的心圣明"。"㫃"训为"献"。"辟"是"君"。"㫃于乃辟"即"献于你的君主"。召公是一个忠臣,而且有时还很直率,对周公还表示怀疑,周公还要解释一下,召公就是这样一个人,召公非常有用,他对君主是非常忠诚的。

③"余大对乃㫃,令克侯㽙(于)匽"一句,"余"指"周成王"。"对"训为"答","㫃"训为"献","大对乃㫃"即"很好地报答你的贡献",具体的做法就是"令克侯㽙(于)匽"。"克"是人名,不能训为"能够",如果"克"读为"能够",那也就是说"命令你能够侯于匽",那就没有必要用"克"了,应写为"命汝侯于匽",所以"克"一定是一个人名,而不是一个能愿动词。大家要知道,对于古书或者是一些出土材料,我们是读不懂的。我常常引用王国维先生的话,王先生说他对《尚书》只是懂得十之四五①,那就已经很不错了,我们也就只是懂得十之二三,很多地方是我们勉强去推测的。可是不管我们懂多少,如果我们要是真正体会了,就能直接讲通。我常说"道不远人",不管是释字,还是读句,凡是看起来绕了七八个弯的那种肯定是不对的,别看最后读通了,

---

① 王国维:《与友人论〈诗〉〈书〉中成语书》,载《观堂集林》,第75-78页,北京:中华书局,1959年。

也肯定不对。因为古人没有那么笨，古人写东西不能让人看不懂，这个道理是非常明显的，所以凡是绕弯过多的解释，即使讲得再巧，大家也不必相信，因为真正明白的东西是一讲就通的。"匽"就是古书中的"燕"，"令克侯于匽"即"命令克去燕作侯"。召公并没有去燕作侯，而是派大儿子"克"就封。这一点可以参照《史记·鲁周公世家》，周公是朝内执掌政权的大臣中最为重要的，所以周公离不开成王，成王也离不开周公，因此周公本人从未到鲁国就封，而是让长子伯禽去鲁就封。召公也是如此，《燕召公世家》的《索隐》有"亦以元子就封，而次子留周室代为'召公'，至宣王时，召穆公虎其后也"。《索隐》已经指出了这一点，只是不知道召公的儿子叫"克"。"克"就是召公之子，就封于燕，所以"克"是第一代燕侯，在整个燕国墓地中，"克"也是第一代。为什么晋国墓地没有第一代呢？因为晋后来迁都了，二十八祀觉公簋反映的就是这件事情，觉公簋的"觉"，我认为应读为"疏"。①

④ "旋羌兔虘霏骏（馭）岂（微）"一句，这句话很难读，我是这样读②，大家不一定能接受。"旋"读为"使"，义为"派遣"。"霏"是连词，训为"与"，"羌兔虘"和"馭微"都是人名。此处的"羌"，我认为应读为"养"，是一种"仆人"，甲骨文中的一些"羌"也应该读

---

① 李学勤：《释"疏"》，载《三代文明研究》，第 75-76 页，北京：商务印书馆，2011 年。
② 李学勤：《克罍克盉的几个问题》，载《第二届国际中国古文字学研讨会论文集》，香港：问学社，1993 年。

为“养”。“虘”读为“罝”，“兔罝”即“捕兔之网”。最近我在报纸上看到一个大发明，上海的陈奇猷先生说“兔罝”不是“捕兔之网”，而是像罗马帝国时期的一种撒网逮人的工具，这个事我不太懂，也不太相信。不过我知道现在有一种女士的防卫工具，就是可以罩住人的网。日本做的机器人也是这样，可以弹出一张网，把人罩起来。但是在这篇铭文中，我还是认为“兔罝”为“捕兔之网”。“驭”是“驾车”之义，“旋羌兔虘霁驭微”义为“派遣仆人兔虘和驭微跟着去”。大家会说这种人还需要赐吗？实际上确实是需要赐的，在“封建”的时候会赏赐一些特别的人或物，一直到明清都是如此。不知道大家最近有没有看《郑和下西洋》这部电视剧，这个剧是给燕王辩护的，很是肯定靖难之役，所以剧中方孝孺骂燕王也不是那么理直气壮。《左传》在讲封建的时候，有赐予一个爵的情况，一个爵并不算什么，但赏赐就给一个爵。所谓“天恩浩荡”，并不是以赏赐物品的质量来衡量的，而是只要赏赐了，就是好的。成王赐“驭微”，或许是“驭微”像“造父”一样，驾车技术特别好。

⑤“克窒匽，入土眔乎（厥）𤔲”一句，“窒”字，四川大学方述鑫教授的说法比较好，方教授是徐中舒先生的学生，我是他的论文答辩委员。方述鑫读“窒”为“宅”，训为“居”，这是因为“乇”字的古文有类似的写法。[①]“入”字，《说文》曰“纳也”，“入土眔乎（厥）𤔲”就是“将当地的土地及官员贡纳给朝廷”。这就是

① 方述鑫：《太保罍、盉铭文考释》，《考古与文物》1992年第6期。

"封建"。这就和"渚司徒逘"一样,"逘"是司徒,参加了封卫之事。当地的人员和土地是要报账的,这一点参照宜侯夨簋就可以知道,就是如何封一个国。所封之国究竟应该包括哪些内容呢?实际上一方面是土地,一方面是当地的官员。那个时期当地的官员和宗族血缘是有关系的,因此"有司"也就包括人民在内,"贡纳官员"也就是"贡纳百姓"。而将当地的土地及官员贡纳给朝廷,这些也就归朝廷所有了,"匽"开始并不归周所有,"克"去之后就归周了。

克盉、克罍讲的就是"封燕"的事情,这是一个很大的事情。大家要知道,在克盉、克罍未发现以前,很多人认为第一代燕侯是"旨"。"旨"有两个鼎,铭文分别为"匽侯旨初见事于宗周"以及"匽侯旨乍父辛尊"。从形制来看,其中一件为分档的饕餮纹鼎,一看就是商末周初的器物,所以这两件鼎的时代都很早,因此大多数学者都认为"旨"是第一代燕侯。现在"克"一出来,就产生了矛盾,因为第一代燕侯是"克"。这又是怎么回事呢?可能是"克"当燕侯的时间不长,"克"死之后,他的儿子"旨"即位为燕侯,然后到宗周报告,所以有"匽侯旨初见事于宗周"。"梁山七器"中的宪鼎铭有"用乍召伯、父辛尊彝",伯宪盉铭有"白宪乍召伯、父辛障彝"。难点在于《史记·燕召公世家》的《索隐》引了一条《世本》,说"《系本》谓自宣侯已上皆父子相传,无及"。换言之,燕国从宣侯以上的几代燕侯虽然没有存留下来名字,但都是父子相传,没有兄弟相及的,这一点应该是事实。大家看《世本》所引晋国的世系,虽然有些人名今天我们觉得不太好解释,可基本上还是与铜器符合的。《系本》即《世本》，因避李世民之讳，故改"世"为"系"。如果参照晋国的世系，那么《世本》的记载是可靠的，所以燕国从宣侯往上都是父子相传，没有兄终弟及也应该是可靠的。据此推断，则"旨"不是"克"的弟弟。过去认为"召伯父辛"就是"召伯"，也就是"召公"，那么匽侯旨鼎中的"匽侯旨乍父辛尊"就意味着"旨"是召公之子，那么"克"和"旨"就是一个人了，"克"是名，"旨"是字。但这里有一个问题，在克罍中，"王"叫他"克"，所以"克"一定是他的本名，而匽侯旨鼎有"匽侯旨初见事于宗周"一语，这是他去宗周朝见，是不能用字的，所以"克"和"旨"是一个人的说法是讲不通的，所以要解决这个事情是非常困难的。

对于这个问题，我个人有一点新想法，我认为"召伯"是一个人，"父辛"是另一个人。"召伯"就是"召公奭"，"父辛"就是"克"，"克"的长子"伯宪"被封在了梁山，要不然"伯宪"的铜器不会出在梁山。所以"克"去世之后，"克"的次子"旨"继任为燕侯，"旨"去世之后，其子"穌"继任为燕侯（见图17）。①这不是孤证，类似的例子还有宜侯夨簋中的"虞公父丁"，"虞"就是"吴"，"虞公父丁"即"吴公父丁"。大家要知道，周人是有日名的，这一点一定要说清楚。实际上齐国也是一样，第一代是姜太公，第二代是丁公，第三代是乙公，第四代是癸公，都是有日名的。

---

① 李学勤：《克罍克盉的几个问题》，载《第二届国际中国古文字学研讨会论文集》，香港：问学社，1993年。整理者按：对于此点，李先生后来又作了订正，认为燕的世系应是"召公"有子三人，分别是"克""召伯父辛"以及"䇂"。"克"就封于燕，他的儿子为"旨"。"召伯父辛"承续畿内采邑，在王室为"召公"，他的儿子是"穌"。"䇂"的儿子是"伯宪"，是太保氏。参看李学勤：《论高青陈庄器铭"文祖甲齐公"》，载《三代文明研究》，第97-100页，北京：商务印书馆，2011年。

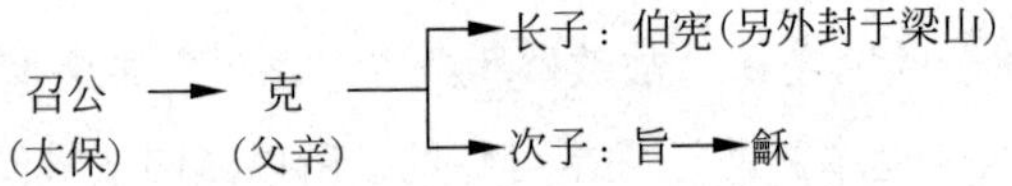

```
                        ┌─ 长子：伯宪（另外封于梁山）
召公  ──→  克  ─────┤
(太保)     (父辛)      └─ 次子：旨 ──→ 穌
```

图 17　燕世系

  这样就可以讲通了，从这里我们可以看出，虽然"伯宪"是哥哥，但地位没有"旨"高，所以被封到了梁山，后来他的弟弟"旨"即位之后，"伯宪"还去探望他的弟弟，并对他弟弟给的赏赐表示感谢，这种事在古代一定会有，并不稀奇。这个问题和燕国早期的历史有关系，也和山东的早期历史有关系。包括董作宾先生在内的一些学者认为商代时就有燕国，这是完全不对的，之所以如此，是因为董先生把甲骨文中的"䧹"字读成了"晏"，也就是"匽"，继而认为匽国在商代就已存在。①此说有误，因为"䧹"应是"妟"，也就是"妘"，所以没有任何证据说商代有燕国。如果我们相信文献，那么这个地方在商代应属于孤竹，卢龙是孤竹的中心，卢龙有一个非常大的商代遗址，在东闸各庄。这个遗址是很有名的，前两年我见到遗址的负责人员，他们告诉我说，这个遗址已经破坏得没有什么了。如果是这样，那是很可惜的。孤竹是很大的，一直可以延伸到辽西一带，从考古学上来看，商末周初时，北京这一带多是戎人的地区，而且这些戎人后来还一直存在，其中一支就是"山戎"，延庆有山戎博物馆。不仅延庆是这样，平谷也是如此，平谷的商代墓葬也带有戎人特色，所以燕国是在各民族的基础之上建立的。周初建国多是如此，晋国的"怀姓九宗"是戎狄之人，晋国是在这个基础之上建立的，而且晋国一直就是和戎狄打仗。鲁国建立在殷民和商奄之民的基础之上，实际上商奄之民和殷民还是有差别的，在商朝的时候，上面是殷人，下面才是商奄之民，到了周朝，上面是周人，下面是殷人和商奄

---

① 董作宾：《帚矛说》，载《董作宾先生全集》，第 619-660 页，台北：艺文印书馆，1977 年。

之民。卫国也是上面是周人，下面是殷余民，所以殷余民除了迁走的那批以外，剩下的分成了两部分，一部分归宋国，一部分归卫国。因此宋、卫之间总是有很多关系，到了春秋的时候，两国的关系还是很密切。基本情况就是如此，燕国也是一样，关于这一点，我们过去在文献里面看到的很少，因为燕国在很长的一段时间内不能和周朝交通。

周初之时，燕国与朝廷之间的关系是非常密切的，琉璃河出土的堇鼎就是讲燕侯给周王送吃的，这说明当时的交通很便利。后来一部分戎狄从陕北、晋北南下，越过太行山，占据了河北中部，建立了中山、肥国和鼓国。这个地区就在今天的石家庄附近，中山的中心就在正定的新城铺，肥国在晋县，鼓国在藁城。这三个国家阻断了燕国通往周的道路，当时燕国想要越过太行山是要费很大力气的，而太行山的另一侧也都是戎狄，就更过不去了。因此，北燕几乎没有什么事情，一直到春秋时依然如此，《春秋》中谈到北燕的地方是很少的，直到赵国灭中山，燕赵领土相连，才又与周恢复了联系。

很多器物上都有"太保"，洛阳出土了很多"太保"的东西，其他地方也有零星的发现。大家要知道，很多古代的族氏是官名，比如"司马""司空"等，"太保"后来成了一个族氏。可是以"太保"为族氏的器物多是西周前期，实际上"伯宪"的铜器已经比较晚了，应是到了康王时期。

太保玉戈

这里附带讲一下太保玉戈，太保玉戈的时代比这些铜器都要早，"太保"又见于周原凤雏甲骨。

据郑玄《诗谱》记载,周原在文王迁丰之后分封给了周、召二公,整体叫做"周原",也叫做"岐周",可是从里面的封地来说,一半是"周",一半是"召"。至于说怎么区分周、召二公的封地,我们还不得而知。从历史地理学的角度考证,按古书的记载,"召"应该是今天的岐山刘家塬一带,这个地区离开了现在考古学界所密切注视的地区。现在考古学界所关注的地区在法门寺及其以北,这一地区发现了很多建筑遗址,刘家塬在岐山的南部偏西,离周公庙还很远,实际上刘家塬一带就是《汉书·地理志》中所说的"召亭"。我亲自去刘家塬看过,但是地表上看不出什么东西,可是也有文化遗迹。刘家塬附近也出青铜器,曹玮编的《周原出土青铜器》中就著录了几件,但质量不是太好。前一段时间,刘家塬出土了两个鬲,有很多字,后来归了国博,还没有发表。我认为刘家塬一带还是很有希望,可以好好地去发掘一下。

清光绪二十六年(1900年),庚子国变,慈禧太后就跑到西安去了,大家不要认为慈禧到西安就是逃难,实际上她还是要做很多事情的。其中的一件事是光绪二十八年(1902年)武敬亭上书慈禧,要在召亭为召公建庙,西太后就批准了,具体地点就在刘家塬,因为当地的人知道"召"就在这里,《汉书·地理志》就是这样记载的,就好像"美阳"在今天的法门寺。结果修庙的时候,就挖出了很多古物,现在看起来,当时应是挖了一座墓葬,据说东西很多,皆不能明,其中有金冠一枚,我们都不知道这个金冠是什么样子,后来也没有记录,据说当时真有这个东西。此外还有两件玉戈,其中一件有字,一件无字,大家要知道,在商代晚期到西周早期的墓葬中,出土玉戈是很常见的,实际上玉戈就是玉圭的前身。关于这些最早的记录,是1902年咸阳县令杨调元在

《国学》上写的。杨氏云:"右周召公玉刀,为岐山武敬亭茂才建召公祠时掘土所得,凡有二,俱长今营造尺尺二有奇,博三寸,一无铭,一铭二十九字,横刻柄之上。"

没字的那件玉戈,传说新中国成立以后到了故宫,这件事我去故宫核对过,但查不出来,因为故宫的玉戈很多,不知道是哪一件。有字的玉戈就被武敬亭送给了端方,端方最喜欢收古物,可是端方收古物有些泥沙俱下,真假都有,可是这件有字玉戈是真的。端方死于"保路运动",端方死后,他所藏之物绝大多数流散至国外,其中就包括斗鸡台出土的那批铜器,这些东西见于《陶斋吉金图》。这件太保玉戈在《陶斋古玉图》中有摹本,而玉戈的拓本现在陕西还有,岐山有一位老先生叫庞怀靖,他后来发表了玉戈的拓本,后来这件有字玉戈到了美国,现藏弗利尔美术馆,陈梦家先生在《西周铜器断代》中印了照片。这件玉戈我在弗利尔美术馆看过多次,跟他们形容的不太一样。有些记载是说这件玉戈发红,可我看一点都不红,而且相当白,上面有黑色的斑点。字是非常清楚的,而且正如陈梦家先生所说,有的字被上面的花纹所打破[①],这说明是先刻好字,然后才刻花纹,所以铭文不会是后世所加,这一点是要特别说明的。太保玉戈是目前所见有关"太保"最重要的材料之一,读完玉戈之后,希望大家回去读一下《诗经》的《江汉》,因为《江汉》与玉戈所讲的事有直接的关系,这个问题我过去写过一篇文章,在我的集子中有。[②]

太保玉戈(见图18、图19)释文:

六月丙寅,王才(在)丰,令大(太)保省南或[①],帅汉,徣寖

[①] 陈梦家:《西周铜器断代》,第48页,北京:中华书局,2004年。
[②] 李学勤:《太保玉戈与江汉的开发》,载《走出疑古时代》,第135-141页,沈阳:辽宁大学出版社,1994年。

南②，令鄾侯辟，用鼄走百人③。

图18 太保玉戈　　　图19 太保玉戈拓本

①"六月丙寅，王才（在）丰，令大（太）保省南或"一句，"六月丙寅"，这种记时方式在自组卜辞中就有。"王才丰"即"王在丰"，这也就是说，此时已经是在"文王伐崇"之后了，所以这里的"王"不是"武王"就是"成王"。"南或"即"南国"，因此这件玉戈所记的内容应与召公开发江汉有关。

②"帅汉，徣寴南"一句，"帅"通"率"，训为"循"，也就是"沿着"，"帅汉"就是"沿着汉江走"。这就有西

周早期的特点，因为当时做事情要从丰镐出发，所以就沿着西汉水走过去，从陕南进入湖北。"徣寱南"一句，"徣"读为"遂"，"寱"即"殷见"，也就是"朝见"，"南"指"南国诸侯"，"寱南"与保卣的"殷东国五侯"句式相同。

③"令䫂侯辟，用黿走百人"一句，"䫂侯"即"厉侯"，在湖北随州以北。"辟"用为动词，是"为君"的意思，这就是封厉国。"黿"亦作"郲""邹"，可通作"骆"，"黿"和"走"均为"仆人"，共有一百个。

太保玉戈记载了召公开发江汉、封厉国的事，从这里就可以看出"太保"的作用。按照传统的说法，成王之时，周、召二公分陕而治，周公管理东方，召公管理西方，实际上召公所管理的西方包括江汉地区。"陕"即"陕县"，后来陕县因修水库而废置，"陕县"就是现在的三门峡，今天三门峡博物馆就在以前陕县的位置。"陕"在甲骨文中有，也是一个地名，出组卜辞中有"王在陕"。

· 2009 年上半年第七次课 ·

宜侯夨簋

按时代来说，宜侯夨簋是稍晚一点的，是康王时代的器物，我们以前从武王一直讲到成王，只是在封康侯的"潘司徒逘簋"中看到了一些"封建"的记录。可是那个记录太简单了，只有"王命康侯鄙于卫"，并没有详细地讲当时"封建"的情况，记载当时具体"封建"情况的铭文是非常少见的。所以我们今天提前一点，把康王时代的宜侯夨簋讲一下，让大家了解一下当时封建诸侯的具体情况。

宜侯夨簋是一件非常珍贵的器物，大家看拓本就会发现簋铭不是很清楚，这是因为宜侯夨簋是修复器，出土的时候碎得很厉害，是好几块拼在一起的。大家要知道，青铜器的修复是一件很麻烦的事情，如果铭文保存完整，只是修复其他部位，还是比较容易的，其中就包括花纹。经过修复的花纹很可能让人看不出来，这没什么稀奇，可铭文就不行了。因为我们对铭文本身常常就有不能理解的地方，修复铭文时就会造成一些错误，而修复铭文最大的忌讳，就是加入了一些创造，这会造成很大的问题，以后很难纠正，所以修铭文的师傅一般也不会这样做。

关于宜侯夨簋这件铜器，有很多故事可讲，宜侯夨簋是江苏出土有铭铜器中最著名的一件，出土于江苏丹徒。江苏出土的比较早的青铜器，在新中国成立以前就有，二十世纪四十年代，江苏仪征破山口也出土过一批青铜器，这批青铜器个别的也有铭文，仪征就在丹徒的对面，学历史的人大都知道，仪征最有名的人就是阮元。破山口的这批铜器出土之后，当时人对这批铜器的性质很不了解，所以也就没有引起人们的注意，新中国成立初期发现了丹徒的这批青铜器，反而引导人们来重新审视仪征出土的青铜器，仪征的这批青铜器才受到重视。

宜侯夨簋1954年出土于丹徒烟墩山，所谓"烟墩山"就是"烽火台"，当时完全是偶然发现，并不是盗掘，没有留下很好的记录。后来江苏的一些学者，还有一些有关的人访问了一些相关情况。我听说最近西安美术学院的周晓陆先生写了一篇文章，发表在《东南文化》上[①]，我没有看过这篇文章。据我所知，从回忆的角度来判断，当时应该是一个土墩墓。土墩墓是流行在江浙一带吴越地区的一种墓葬形式，它的特点是在平地上有一个很浅的穴，不成为竖穴，在地面上做成一个台面，再在台面上起封土堆，这类墓葬在地面上很容易被看到，这与美洲非常流行的所谓"土墩葬"有类似的地方。有关土墩墓，在"文革"之后的三十年中，学者们做了许许多多的研究，有的还写了专书，对土墩墓进行排队。宜侯夨簋出自于土墩墓这一点只是推测，并没有科学依据，因为已经没有发掘现场了，后来再去看的时候已经挖坏了，所以究竟是

---

① 整理者按：此篇文章应是《宜侯夨簋轶事》。参看张敏：《宜侯夨簋轶事》，《东南文化》2000年第4期。

不是土墩墓还不确定,不过从那一时期类似的青铜器的出土情况来看,土墩墓的可能性是不小的。后来在江苏又出土了不少春秋早期和西周时期的青铜器,但多为几件,或是单独出土,没有很好的组合,可是这批青铜器有很好的组合,出的东西是很多的,由于不是正式发掘,所以我们也不能说太多。后来只有宜侯夨簋在历史博物馆建馆的时候,被调到了北京,现藏国博,其余的都在江苏省南京博物院,有关这批材料的情况,可以参看杨正宏、肖梦龙编的《镇江出土吴国青铜器》,书中有这批东西的彩色照片以及尺寸等数据。

  大家要知道,江苏出土的青铜器,和在湖南等边远地区出土的青铜器一样。一般来说,同出的器物,类型也有所不同,有的从纹饰和外形来看和中原地区一样,但这并不能证明这些器物就是在中原地区作的。现在有些人就愿意这样说,看到两件器物一样,就说是同一个地区作的,实际上从金属分析等方面来看,每每不见得如此。再有一种就是完全地方的,中原地区没有这种形制和纹饰的器物。还有就是中原、地方因素共存的混合型铜器。一般就是这三类,即中原型、地方型和中原地方混合型,过去我们研究非中原地区青铜器,基本上就是这样的分法。烟墩山出土的这批铜器也是如此,宜侯夨簋是其中最像中原型的,从铭文来看,也与中原有关,但究竟是否为中原所作,还有待进一步的分析。大家如果看过杨正宏、肖梦龙的《镇江出土吴国青铜器》就会发现,其他的器物都不像宜侯夨簋那样,具有强烈的中原色彩,多是地方型或中原地方混合型的,所以宜侯夨簋在整个铜器群中是比较特殊的。

  关于宜侯夨簋的出土情况,有几位学者做过讨论和记录。一个就是陈梦家的《西周铜器断代》,那时候宜侯夨簋刚出土,在当时是很新的材料，陈梦家先生的《西周铜器断代》也正是那个时期写的。可是陈梦家先生并不是最早看这批铜器的人，当然最早看到的是江苏当地的文物工作者，但最早研究这批铜器的学者是陈邦怀先生。

陈邦怀先生就是丹徒人，陈邦福、陈邦怀、陈邦直兄弟三人，都是著名的古器物学家，陈邦福、陈邦怀是亲兄弟，陈邦直是他们的堂兄弟，陈邦直后改名陈直，字进宧。我没见过陈邦福先生，虽然从时间上讲完全有可能见到，但是陈邦福先生留在南方，更多是在苏州，很少到北方来。陈邦怀、陈直二位先生我都很熟，陈邦怀先生后来一直在天津文史馆工作，他收藏的东西特别精，《殷周金文集成》中所用的很多拓本都是陈邦怀先生的，有的拓本上还可以见到他的图章。陈邦福、陈邦怀二位先生早年都是从研究甲骨文入手的，他们是罗振玉和王国维的私淑弟子，所以他们所做的工作大都紧承罗、王之学，实际上他们三兄弟都写过甲骨文方面的东西，但陈直先生不是以研究甲骨文著称。

陈邦怀先生后来到了天津，1976年唐山大地震，陈邦怀先生的住所震坏了，所以陈先生就搬到了北京，那个时候我常有机会见到他。当时他住在朝阳门外他女婿那里，之后他们一家搬到了劲松一区，当时我住在劲松三区，住他对面，我就去看他。那个时候他已经八十多岁了，但我去看了一次，就不敢再去了，因为陈先生要回拜，就是你去看他，他第二天一定要来看你，这是中国回拜的古礼，陈先生是很尊古礼的，所以我不敢再去看他。

关于陈直先生，我曾经澄清了一个误会。伪满时期另一个叫陈邦直的人写了一本《罗振玉传》，收在所谓的《"满洲国民"文库》中，文字是所谓的"协和体"。所谓"协和体"就是一种很像日文的中文，这个人和陈直先生是两个人[1]，他们的经历完全不同。陈直先生的家境是比较贫困的，一直在银行界工作，所以陈直先生没有什么学历，后来陈先生到了陕西之后，去了西北大学，也正是因为陈直先生没有学历，所以西北大学很难给他评职。实际上陈直先生是一个很著名的人，特别是在日本，陈先生的名气特别大，一生著述很多，但一直到陈先生过世也没有评上教授职位。陈先生过世之后，西北大学追认陈先生为教授。

1954年，陈邦怀先生去看出土的这批东西，陈直先生在《读金日札》中说，陈邦怀在1954年10月到江苏省博物馆（后来的南京博物院）看这批器物的展览，发现一堆乱铜片中有这件簋，当时器底是碎的，但是有很多铭文，是陈邦怀先生把它拼起来的。[2] 有关这件东西的损坏情况，说法很多。宜侯夨簋出土的时候，我已经到了历史所工作，但在考古所听到了这件事，据说是在发掘的过程中，锄头正好锄到了簋底，这种说法无法证实，可能只是一种推测。大家要知道，青铜器出土时损坏的情况经常出现，这件东西损坏的地方绝不仅是底，因为后来这件东西到了国博，我专门拿出来看过，修复的地方是很多的，并不是只有底是碎的，所以从今天的修复来看，这种说法不符合事实。但是簋底中间确实坏了，而且中间缺了一些。这种损坏有两种情况：一种是拼的时候有裂缝，这是因为碎块的曲度和原来不一样了，簋是半圆的，所以拼的时候就会产生裂缝；另一种就是器底的铭文缺了一块铜，最开始用石膏进行填充，后来用什么材料我就不知道了。填充的地方也拓出来了，所以拓本上是模模糊糊的，那是因为没有把填

---

[1] 李学勤：《陈直先生其人其事》，载《缀古集》，第280-283页，上海：上海古籍出版社，1998年。

[2] 陈直：《读金日札》，第202页，西安：西北大学出版社，2000年。

充的地方区别清楚。不论如何，这个地方是少了一块铜的，如果能找到，应该说对我们的历史研究有重大意义，因为这一块记载的就是我们想知道的有关"分封"的一些数字。这也许是永远也无法弥补的遗憾，我们不敢预计将来会再发现有这样内容的东西。大家会说到那个地方再扒一扒，看看能不能找到，这个是没有希望的。陈邦怀先生看到了地上这一大堆东西，就把这件簋一点一点地拼起来，而且陈先生当时做了几个判断，其中一个是这件簋是康王时代的，因为铭文中有"武王""成王"的字样，而且这件簋的时代也不可能再晚，因为再晚在字体上就不一样了。关于宜侯夨簋，我也写过一篇文章，叫《宜侯夨簋的人与地》，收在《走出疑古时代》中。①

判断一件器物的时代，最好的方法就是找一件在形制、纹饰上与之完全相同的器物。就宜侯夨簋而言，有几件铜器满足这些要求，其中最好的就是荣簋。荣簋现藏故宫，纹饰、形制与宜侯夨簋一样，二件均为四耳簋，最重要的是"荣"见于大盂鼎，大盂鼎是康王时代的，所以"荣"也是康王时代的，用荣簋来和宜侯夨簋比较是最合适的。这里有一点需要说明，荣簋是有垂珥的，但我们现在看到的宜侯夨簋是没有垂珥的。我可以告诉大家，这件宜侯夨簋应该也是有垂珥的，实际上宜侯夨簋在修复的时候，已经装上了垂珥，至于说是怎么装上的，是否还有残的碎块，我就不知道了。装上垂珥之后，有一位先生就去看了，说这种东西不能有垂珥，所以就将垂珥去掉了。我猜想当时修复的师傅也是考虑到了类似的器物，所以就做了珥，而不是一出土的时候就有

---

① 李学勤：《宜侯夨簋的人与地》，载《走出疑古时代》，第260-263页，沈阳：辽宁大学出版社，1994年。

珥，如果是一出土的时候就有，那谁也否定不了。从类型学的角度来看，我认为宜侯夨簋应该是有垂珥的，如果有垂珥，这件器物看起来就会好得多。

宜侯夨簋出土之后，一直有两个最大的问题争论不休，一个是宜侯夨簋是什么地方作的，另一个是"宜侯"是怎么样的一个侯。古书中并没有"宜侯"，读铭文可知，他原来不叫"宜侯"，而叫"虞侯"。"虞"字，有人读为"虔"，有人读为"虎"，这些读法都不对。在这个问题上真正有真知灼见的是唐兰先生，1956年唐兰先生在《考古学报》上发表文章，明确指出"虞"就是"虞"。①虽然唐先生的解释从文字学的角度看，还有不理想的地方，但唐兰先生这一点说得很对，因为这件东西是在江苏出土的，而不是在中原。如果是出在中原，那就有的说了，因为中原还真有"宜国"，商代铜器有"宜子"，有人说"宜"就是"宜阳"，但"宜阳"只能推到战国，再往上还推不上去，所以"宜子"的"宜"究竟在什么地方，还有待研究。所以不论怎么说，"虞"就是"虞"，这是唐兰先生最先指出来的，后来的一些学者也做过论证，包括我在内。②

"虞"就是"吴"，司马迁在《吴太伯世家》中说"余读《春秋》古文，乃知中国之虞与荆蛮句吴兄弟也"，所以司马迁是根据《左传》的内容写的《吴太伯世家》。新出土的周公庙甲骨有"自王季""自太伯"，不管怎么说，"太伯"这个人一定是有的。按照《吴世家》的记载，太伯、仲雍为了避位，就出走了，到了荆蛮之地。大家要知道，"荆蛮"在商末并不仅限于湖北荆山，而是很大

---

① 唐兰：《宜庆夨簋考释》，载《唐兰全集·第三册》，第941-946页，上海：上海古籍出版社，2015年。

② 李学勤：《叔夨方鼎试证》，载《中国古代文明研究》，第150-153页，上海：华东师范大学出版社，2005年。

的一个区域,南方的一些"蛮夷"都叫做"荆蛮"。所以太伯和仲雍去的是很南的地方,把中原的制度和当地人民结合在一起,建立了吴国。传说吴太伯之后的第一个都城在无锡的梅里,但这只是传说。无论如何,"吴"一定是在江苏省,现在很多人想把"吴"搬家,因为他们认为太伯跑不了那么远,这种观点是不对的,你怎么知道古人不能跑那么远?实际上古人的活动范围是非常广阔的,我们不要低估古人的能力。宜侯夨簋(见图1、图2)能够证明周康王时候的"吴"就在那个地方,至于为什么是这样,我们后面还要说明。西周金文中有很多"王在吴",当时的周王确实是不太可能到江苏去的,所以"王在吴"就是"王在虞",就是今山西平陆的"虞",而"虞"的青铜器也在山西南部出土,不过不是在平陆,而是在上党地区,这就是西周晚期的虞侯政壶,该壶现藏山西博物院,所以当时确实有一个虞国。"虞"在当时有两种写法,一种是虞侯政壶中的"虞",写作"<!---->",另一种就写作"吴","虞"和"吴"的音在当时是完全相同的。

图1 宜侯夨簋

图2 宜侯夨簋拓本

武王克商之后，找到了吴国，即太伯、仲雍之后，也就是周章。当时周章已君吴，所以武王就将周章封在了吴，并将其庶子封到了山西，这就是虞国。所以北边有虞，南边有吴，吴、虞兄弟也，这些在《史记》中讲得很清楚。

宜侯夨簋释文：

隹（惟）三（四）月，辰才（在）丁未[①]，王省珷王、

成王伐商图，徣省东或（国）图[②]。

王卜于宜，入土南乡[③]。王命

虞侯夨[④]曰："䢉侯于宜，易（锡）鬯

鬯一卣，商䙴一□，彤弓一、彤矢百、

旅弓十、旅矢千[⑤]。易（锡）土：氒（厥）川

三百□，氒（厥）……百又……，氒（厥）宅邑卅

又五，氒（厥）……百又卌[⑥]。易（锡）才（在）宜

王人□□又七里，易（锡）奠七白，

氒（厥）旅……又五十夫，易宜庶人

六百又……六夫[⑦]。"宜侯夨扬

王休，乍（作）虞公父丁障彝[⑧]。

①"隹（惟）三（四）月，辰才（在）丁未"一句，在日子之前加上"辰在"的这种格式，西周早期后段才开始出现。宜侯夨簋是康王时代的器物，所以这是出现"辰在"最早的器物之一，武成时代的东西就没有这样的格式。我们到今天也无法从历法上讲什么是"辰在"，有一种说法是"日月交会谓之辰"，可这个解释放在这里还是不大讲得通，总之"辰在"是记日的一种格式。

②"王省珷王、成王伐商图，徣省东或（国）图"

一句,"王"指"周康王"。"省"义为"观察"。"图"指"地图","伐商图"与"东国图"相对,这个"图"不要深究,有人讲为"鄙",读为"商鄙",这样就讲不通了。实际上这个"图"就是"地图",武王、成王伐商,康王并没有参加,但是康王可以看珷王、成王伐商图,这应该是中国军事地图,特别是历史军事地图的最早记录。其实早就有图,《洛诰》中就有"伻来以图",就是"把图送来给成王观看",所以当时有地图是不稀奇的。簋铭中讲的是"珷王、成王伐商图",也就是武王、成王怎么伐商,走的什么路线,我们要是发现这个图就好了。在四月丁未这一天,康王看了看这个图,大家要知道,康王此举不是一个简单的活动,而是有重要的政治、军事意义,康王要看看当时的形势。武王、成王伐商是向东的,看完这幅图之后,王又看了一个图,就是"东国图"。"遀"最好是读为"遂",但为什么读"遂"我们今天还没有很好的证据。"东或"即"东国",也就是"东土",《左传》中记载"周之四土"时说"薄姑、商奄,吾东土也"。此时的"东国"指的应是成周以东,当时是以成周为中心的,成周是天下之中。"东国图"应是当时的现代地图,而不是当时的历史地图,"珷王、成王伐商图"应是当时的历史地图,所以康王是根据武王、成王伐商所反映的政治情况,考虑当前对东土的政治、军事的布置。

③"王卜于宜,入土南乡"一句,康王看完图之后,就进行了占卜。"王卜于宜"并不是王本人在"宜",康王本人应在宗周或成周,应是王做了决定,被封的人到宜地去了。"入",纳也,"入土"是把这个地方收为王朝

所有,克盉中也有"入土"一词。以前我一直不认为这个字是"入"①,因为"入"字和"土"字之间的距离比较大,就觉得不太像是"入"字,现在看来还应该是"入"字。"㗊"字中间看不清楚,有两种可能,一种是"乡(鄉)"字,一种是"卿",也就是"会(會)"字,但"卿"字金文中罕见,而且放在这里不好讲,所以读为"乡"的可能性更大一些。《诗·商颂·殷武》"维女荆楚,居国南乡",所以"南乡"即"南方","入土南乡"就是把南方的土地纳入周的版图,也就是在南方封一个侯,这也就很明确地指出了所封的地方在东南,因为前面说"东国",此处又有"南乡"。

④"王命虞侯矢"一句,从这里就可以看出来,他以前就叫"虞侯矢",而不是封了以后才叫"虞侯矢"。

⑤"䢉侯于宜,易(锡)鬯卣一卣,商瑒一□,彤弓一、彤矢百、旅弓十、旅矢千"一句,对照大盂鼎的"迁(遷)",我认为"䢉"就是"迁(遷)","迁侯于宜"就是"搬家到宜地为侯"。由此可知,他原来是"虞侯",也就是"吴侯"。"吴"这个地名原本就有,最开始是在无锡的梅里一带,后来"吴"迁到了苏州。将"吴侯"迁到"宜",就和觉公簋中把"唐伯"迁到"晋"的道理一样,就是让他搬首都。大家要知道,古时的诸侯国常常以它的都邑名称作为国名,比如韩国,后迁都于新郑,国号也就叫"郑"了,在铭文中常常就叫"郑",《战国策》中也叫"郑",甚至有的叫"郑王",郑国哪里有称

---

① 李学勤:《宜侯夨簋与吴国》,《文物》1985年第7期。

王呢？其实就是"韩王"。"虞侯矢"也是一样，搬到了"宜"之后就叫"宜侯矢"了，这是不是意味着就不能再叫"虞侯"或者"吴侯"呢？实际上还是可以叫"虞侯"或者"吴侯"的，因为这些并没有改变。"叠"字是否就是这样隶定还不清楚，没有人能够提出一个比较好的说法，大家还可以进一步研究。金文中常见"秬鬯"，"秬"是一种黑黍米，"鬯酒"是添加了郁金的酒。"商鬲"一词，"鬲"相当于文献中的"瓒"，是举行祼礼时所用的一种勺子，前面是铜的，后面有一个用玉做成的柄。这种东西考古中有出土的，以"圭"形为柄的称为"圭瓒"，以"璋"形为柄的称为"璋瓒"，"商鬲"即"璋瓒"，"商"通"璋"，毛公鼎中有"圭鬲"。此处"商鬲一□"的最后一个字缺了，有两种可能，一种是量词，表示"璋瓒"的数量，另一种是"赐"，也就是在"一"下断句，但最好还是理解为量词。"弜"是"彤弓"之合文，"矤"乃"彤矢"之合文，"弜"和"矤"在此处均读作"彤"，"彤弓"就是"朱漆做的弓"，"彤矢"就是"朱漆做的箭"。从数量上来看，是一张弓配一百支箭，这种带有红漆的箭在考古中发现过。"旅"在文献中又写作"旇"，读为"卢"，义为"黑色"，所以"旅弓""旅矢"就是"黑弓""黑矢"。"旅弓""旅矢"没有"彤弓""彤矢"那么高贵，但从数量配比上来说，都是一张弓配一百支箭。大家要知道，当时的弓是很大的，箭是很长的，所以赐的这些弓和箭是需要用几辆车来装的，这一点可以参看《左传·僖公二十八年》周王册命晋文公之语。

⑥"易（锡）土：乒（厥）川三百□，乒（厥）……

百又……，氒（厥）宅邑卅又五，氒（厥）……百又卅"一句，《左传·定公四年》有"聃季授土，陶叔授民"，所以封一个国要赏赐土地和人民，封宜侯夨也是这样，先讲"赐土"，即"氒（厥）川三百囗""氒（厥）……百又……""氒（厥）宅邑卅又五""氒（厥）……百又卅"，这是对所赐土地数量的描述。这一点是特别重要的，首先讲的是"川"，"川"就是"河"，所赐的地域有"川"三百多条，说明所赐之地是一个水网地区。这实际上就是苏南地区的地貌，所以这个地方不可能在河南或者山东，也不可能在苏北，苏北有湖，有比较大的河，但没有这么多水网，因此这反映的就是吴国的地貌，这是我指出来的，我觉得没什么问题。①后面的"氒（厥）……百又……"讲的可能是山丘一类的地方，可惜铭文残损，我们没法证明。"宅邑"是"居邑"，指"住人的城市"，"邑"是很大的，甚至首都也可以叫"邑"，比如"大邑商"。这里所赐的"邑"有三十五个，我曾经对比过出土文献中城的数量，战国时期，差不多是公元前308年或公元前309年的时候，中山国去进攻燕国也不过就是占领了几十个城，当时封的时候，城市不会那么密集，有三十五个城的诸侯国已经很大了，一定不是一个小村子，因为下文还有"氒（厥）……百又卅"，这指的可能是比较小的城，所以"宜"是一个很大的诸侯国。

⑦"易（锡）才（在）宜王人囗囗又七里，易（锡）

---

① 李学勤：《宜侯夨簋的地与人》，载《走出疑古时代》，第260-263页，沈阳：辽宁大学出版社，1994年。

奠七白,髳(厥)旅……又五十夫,易宜庶人六百又……六夫"一句,这是讲"赐民"。一部分是"才(在)宜王人□□又七里","王人"就是"周人",这在《左传》中就有,所以"在宜王人"指的就是"在宜都城的周人",也就是说,"宜"在被封给"虞侯夨"之前是有很多人口的。"□□"是两个字的位置,个位是"七",所以前面两个字应该指的是"十位",从书写方式上判断,数量应该是六十以上,因为金文中小于等于"五十"都用合文,只占一个字的位置,下文"五十"就是证明,所以这里所赐民的数量最少是六十七,最多是九十七。"所赐的周人"都是以"里"为单位的。有人将此处的"里"读为"生",这是不对的。至于说这个"里"怎么写得这么斜,这不奇怪,因为整个铭文都是如此,"土"字最下面那笔也是又短又斜。"奠"读为"甸",指"郊区的人",在甲骨文中常常有"我甸",就是"我们的郊区"。"城里的人"叫"国人","国人"是以"乡"为单位的,周有"六乡",每个"乡"出一军就是"六军",或者叫"六师",每个"乡"的长官是"卿",所以周有"六卿"。"白"即"伯",义为"君长",所以"奠七白"就是"甸七伯"。这些人是和"王人"相对的,"王人"是"外来的周人","甸七伯"指的是当地原有的贵族,而不是一般人,因为下文有"庶人","庶人"才是普通百姓。因为"宜都"早就被周人占领了,所以当地的人都住在都城外,并按照一定的血缘关系组成族群,这样的族群共有七个,即"甸七伯",这就相当于鲁国的"殷民六族"和卫国的"殷民七族"。"旅"训为"众","髳(厥)旅……又五十夫"说的是"甸七伯"所属的人数有几百五十人。有人将"旅"读为"庐",不大合适,因为与前后文义不合。"庶人"即"一般的民众"。"庶人"是以"夫"为单位的,"夫"不是单指一个人,而是以授田当兵的人来计算,一夫授田百亩。以上就是受封的具体情况,可惜的是缺了一块铜,我们不知全貌,这个遗憾也许永远也无法弥补。天下的事没有完满的,常常是有些缺陷,这是没有办法的。

⑧"宜侯矢扬王休,乍(作)虞公父丁隣彝"一句,虞侯在受封之后就成了"宜侯",所以铭文最后称"宜侯矢"。"虞公""父丁"是两个人,因为目前没有出现"爵称"后面是"日名"的例子,所以我认为最好的办法就是把"虞公父丁"看成两个人。① "虞公"可能是"仲雍",或者是周人所见到的最早的吴王。"父丁"是"矢"的父亲。在这件簋刚出土的时候,有人认为宜侯矢簋的"宜侯矢",与洛阳出土的令方彝的"作册矢令"是同一人,因为二人的父亲都叫"父丁",而他们又都叫"矢",这种讲法是不对的。因为"作册矢令"是史官,而"宜侯矢"是诸侯,所以二者不会是同一人。在古代两个人同名,并且父亲都叫"父丁"并不稀奇,不要过度联想。

这里有很多的问题需要进一步讨论,首先就是"矢"和"虞"究竟该如何解释?

---

① 整理者按:对于此点,李先生后来又作了订正,认为"虞公父丁"应该和"祖甲齐公"一样,是一个人,而不是两个人。参看李学勤:《论高青陈庄器铭"文祖甲齐公"》,载《三代文明研究》,第97-100页,北京:商务印书馆,2011年。

这个问题很复杂，但我们还是提出过一种说法，这是因为山西曲沃北赵晋侯墓地出土了一件叔夨方鼎，这件方鼎中也有"夨"字，大多学者认为"夨"读为"虞"，所以"叔夨"即"唐叔虞"，是晋国的第一代君主。这件方鼎的时代很早，完全可以放在成王初年，而且该鼎出土于M114，而M114是唐叔虞之子晋侯燮父的墓葬，如果这件方鼎是晋侯燮父的父亲早年作的一件方鼎，岂不是正合适吗？但"夨"与"虞"在音韵上不通，"夨"属精母职部，"虞"属疑母鱼部，所以这始终是个问题。唐兰先生认为"虞"是从"虍"声的①，可是古文字中从未有"虍"作为声符的例子，否则所有从"虍"的字都可以是鱼部字，所以这里面就会有一些问题，这个问题在讲散氏盘的时候还会遇到。大家要知道，在陕西宝鸡、凤翔一带出土了很多"夨王"的东西，看起来是当地的一个少数民族，可是当地哪有一个地方叫"夨"呢？王国维先生指出了"散"就是"大散关"②，"散"是找到了，可是"夨"还是没找到。很多学者指出"夨"有可能就是《国语·齐语》的"西吴"，所以"夨王"最好读为"吴王"，当然陕西的"吴王"和东边的"吴王"没有关系。整个西周都有"夨王"的青铜器，且大多出于陇县，而陇县正好处于"西吴"的范围之内。因此，不管从哪个角度看，如果把"夨"读为"吴"就什么问题都解决了。

"夨"为什么能够读为吴呢？我曾经提出过一种试探性的想法，仅供大家参考。③我认为"吴国"的"吴"和"夨"是两回事，

---

① 唐兰：《宜侯夨簋考释》，载《唐兰全集·第三册》，第941-946页，上海：上海古籍出版社，2015年。
② 王国维：《散氏盘跋》，载《观堂集林》，第886-888页，北京：中华书局，1959年。
③ 李学勤：《叔夨方鼎试证》，载《中国古代文明研究》，第106-112页，上海：华东师范大学出版社，2005年。

在《说文》中把这两个字混在一起了。《说文》:"吴,大言也,从矢,从口。"《金文编》中的"吴"字所从之"矢"是从大而倾头,字形确与《说文》之"矢"一致。但是上述两例之"矢"并非精母职部的"矢"(为方便叙述,以下精母职部的"矢"用"△"代替),二者只是形体相同,却并非一字。那么"△"字应该如何写呢?可参见古音与之完全相同的"昃"字。《说文》:"昃,从日,仄声。"徐铉等曰:"今俗别作'吴',非是。"钮树玉《校录》、徐灏《注笺》指出,《系传》《玉篇》均以"吴"为正字,所以"吴"从"△"声,应该没有什么疑问。甲骨文"昃"字作" ",“昃"字从"△",并非倾头,而是侧体,这种写法一直延续到战国,只有一件战国时的滕侯吴戟变为倾头。所以商周时"△"像侧体,而非倾头,当时倾头之"矢"与"△"只是同形,实乃两字。"矢"字应是"虞"之本字,"虞"有"望""备"之义,倾头之"矢"像一人正立,侧首伺望警备之形,司山泽之虞官即由此得名。"吴"字从倾头之矢得声,从口,故训"大言",即"喧哗",所以加"口"于头侧。因此,"△"与"矢"虽同形,却实乃两字,"△"乃"昃"之所从,"矢"乃"虞"之本字,金文中倾头之"矢"并不是"△",而是与"吴""虞"有孳乳关系。总之"矢"就是"虞","叔矢"就是"叔虞",所以叔矢方鼎的器主就是"唐叔虞"。当然,以上的论述只是作为一个问题提出来,因为我们没有更多的证据,所以究竟是不是这样,还有待讨论。

周代分封诸侯的过程是很长的,在西周建立以前就已经有分封了,宝鸡的"西虢"就是如此,是文王时所封。据《汉书·地理志》所载,"西虢"在雍州,"东虢"在荥阳。文王之时,周人的势力到达不了荥阳,所以那个时候还没有"东虢",而真正大规模的分封,即"封建亲戚以藩屏周",则是在武王、成王伐商之后,一直持续到了康王。由宜侯夨簋可以看出当时封建诸侯的具体情况，《左传·定公四年》的记载可与之对照：

鲁：鲁公伯禽
分器：大路、大旂、夏后氏之璜、封父之繁弱
赐人：殷民六族、商奄之民、祝宗卜史
赐土：土田陪敦
诰命：命以《伯禽》而封于少皞之虚

"大路"是一种车，伯禽能没有车吗？肯定是有的，不过所赐予的"车"是有一定的象征意义的。"璜"不是一个很大的东西，即使是夏代的"璜"也是如此，但所赐之"璜"是一种分器，是很有象征意义的，鲁的后代要永久保存。其实这种事情在亚洲其他地方也有，比如说日本天皇有三种宝器，分别是八咫镜、八尺琼曲玉、草薙剑，实际上这就是一种象征。这里的"殷民六族"不是奴隶，而是殷遗民中的贵族，"商奄之民"指的才是百姓。这就和"甸七伯"和"庶人"一样，"殷民六族"相当于"甸七伯"，"商奄之民"就相当于"庶人"。"祝宗卜史"是专业人员，是一时培养不了的，所以就赐给伯禽。《诗·鲁颂·閟宫》："王曰：'叔父，建尔元子，俾侯于鲁，大启尔宇，为周室辅。乃命鲁公，俾侯于东，锡之山川，土田附庸。'"王国维先生认为"土田陪敦"就是"土田附庸"[①]，这是没问题的。此段是咏成王封鲁，根据的是当时的诰词，封国包括山川，但"名山大泽不以封"，也就是说像"泰山""黄河"是不能分封给诸侯的。

---

① 王国维：《毛公鼎铭考释》，载《王国维全集·第十一卷》，第 293 页，杭州：浙江教育出版社，2009 年。

卫：康叔封

分器：大路、少帛、綪茷、旃旌、大吕

赐民：殷民七族

赐土：封畛土略

诰命：命以《康诰》而封于殷虚

"大吕"是钟磬一类的乐器，这里没有给康叔全套的乐器，所以赐的东西是很少的，只是一种象征。

晋：唐叔虞

分器：大路、密须之鼓、阙巩、沽洗

赐人：怀姓九宗、职官五正

诰命：命以《唐诰》而封于夏虚

"密须"就是"密国"，在甘肃的灵台县。"阙巩"是地名，以产甲胄著称，所以这里的"阙巩"指的是"甲胄"。"怀姓九宗"，杜预注："唐遗民，在周时沦为戎夷。"

以上为《左传·定公四年》所载之周初封建情况，和宜侯夨簋所述的结构基本一致。但不是所有的诸侯国都具备完整的分封结构，当时的诸侯是有等级的，虽然不一定是按照五等爵来划分，但一定有明确的等级。

燕国之封估计也和以上几个大国差不多，燕国在商代应属于孤竹国的范围，但商代孤竹的中心并不在北京，而是在今天的河北卢龙一带，这一带商人是有的，但还有山戎之类，这一点从考古上来看是相当清楚的。当年对平谷刘家河墓地进行了发掘，出土的器物现分藏两处，比较重要的在首都博物馆，其余的在上宅文化陈列馆。刘家河墓的时代是商代中期，如果按照现在的观点，把商分为两段的话，刘家河墓大抵相当于商前期的最后一段，比殷墟要早一些。那个时候刘家河的发现很重要，因为在那里发现了一件铁刃铜钺，虽然那件钺很小，很不像样，但确实有一个铁刃，这在当时是很了不起的事。"文革"末在河北藁城台西村发现了一件铁刃铜钺，这是很轰动的一件事情，因为一般认为商代是没有铁器的。河北省的唐云明先生请人鉴定，认为台西村的铁刃是一块冶炼的铁，但是拿到北京以后，夏鼐先生不同意，于是就找到了北京钢铁学院的柯俊先生。柯先生是留英的，专门做冶金，就取了一块样本做研究，最后证明铁刃铜钺上的铁不是冶炼的，而是陨铁。这在当时是很有名的一件事，尤其是发生了争论之后，一方面是河北省的人不服气，再有一个就是取样切得太大了，这件铜钺已经不好展出了，因为缺了一块。所以平谷刘家河又出了铁刃铜钺，就引起了很大的关注。平谷刘家河墓葬和昌平白浮燕国早期墓地的发现，给关于北京的历史文化的看法带来很多新的意见。

为什么要讲这些呢？因为发现了刘家河墓葬后，我们都去看，当时北大考古系的邹衡先生就想考考我。他说你看平谷的发现是不是商的，我说是商的，接着邹先生又说，北京在商代晚期到西周早期应该属于哪一个文化？我想了一下，说北京周围应属于夏家店文化。邹先生说你能知道这些，真的很不错。事实上确实如此，北京周围的文化，商代晚期到西周这一段属于夏家店文化，承接夏家店文化的就是山戎文化，山戎文化就是从夏家店文化上层发展而来的，是一脉相承的，实际上北方的青铜文化是一个独立的范围，现在延庆还有山戎博物馆。

商和周的文化还是比较接近的，今天想把商末和周初的青铜器截然分开，这是徒劳无功的事。特别是最近，在殷墟孝民屯铸铜遗址发现的陶范和宝鸡出土青铜器的特征完全一样，可见以前我们常说的商周青铜器的差别估计都未必存在，因为不会在殷墟专门设立一个工厂供应西周青铜器，实际上殷墟还有很多青铜器我们没有看见过，或者我们没有证实过，而这些青铜器更接近于周人的青铜器。甲骨文也是如此，我们现在发现的西周时期的甲骨，不管是凤雏的，还是周公庙的，都和商人的甲骨有共同之处，而且共同性要大得多。所以商末和周初的青铜器，差别不是太明显。但从考古来看，商、周还是有差别的，比如在《曲阜鲁国故城》中[①]，就会看到西周到春秋早期这段时间里面，当地的墓葬是两个系统，即书中所谓的甲、乙两系，葬俗不同，出的陶器也不同，二者的区别很明显，一个是商人系统的，另一个是周人系统的，所以商、周还是有些差异的。

燕国早期的文化，很大程度上会受到当地文化因素的影响，吴国更是这样，吴国建立在荆蛮之地，所以吴国是一种周文化与当地文化相结合的文化。春秋时有黄池之会，吴国人说"周室我为长"，晋国说不对，吴国已经断发文身，已经"野蛮化"了，所以就发生了很大的争执。其实这两点都对，从辈分来讲，吴为"太伯"之后，是长房长孙，但是从文化的角度讲，吴国就不行了，甚至还需要晋国人教他们驾战车。估计吴国在"宜"这个地方待的时间也不长，因为后来吴国的中心并不在丹徒一带，究竟"宜"在什么地方，我们也不知道，有人认为是宜兴，这可没法考证，从来没听说过宜兴是这样讲的。可是无论如何，可以看出当时诸侯国的一些结构。晋国也是如此，晋国所分是"怀姓九宗""职官五正"，"怀"即"媿"，戎狄之姓，可唐是尧舜，唐之遗民怎么会变成戎狄之人呢？当时的文化特点就是这样的，所以我常常说不能拿后来的观点去推前面。实际上唐虞时期以及夏代的民族结构

[①] 山东省文物考古研究所等编：《曲阜鲁国故城》，第188-190页，济南：齐鲁书社，1982年。

和后来不一定完全一样，周人所谓"戎狄"是从文化角度来区分的，文化本身是有变迁的，有的落后成为"戎狄"，有的发达则不再为"戎狄"。因此不能说在周代是"蛮夷戎狄"的那些人就一直是"蛮夷戎狄"，这是不一定的，比如杞国是夏人的嫡系，夏人难道不是华夏吗？可是杞国后来就变成东夷了，所谓"杞子夷俗"。

古书里有很多奇怪的传说，很多都被认为是荒唐无稽的，其实也不一定，可能还是有一定的道理。比如三星堆是蜀人的文化，这是没有问题的，传说蜀人的祖先是黄帝的庶子，后来又有诸多分支。从分支的角度讲，"蜀"与"夏"关系是比较密切的，因为和三星堆文化在某些方面特别接近的确实是二里头文化。二里头的一些东西，只有三星堆有，比如镶绿松石的"饰牌"，我早年到三星堆的时候，看到过一个饰牌的残余部分，当时不认识，以为是一个剑鞘，后来看到比较全的才知道，就是一个饰牌，而这种饰牌除了二里头，别的地方是没有的。当然现在在陕西发现了一个，但具体的出土情况我还不太清楚。从陶器上来看，二者也有很多相似的地方，所以这些古代的传说并非完全没有根据，而且它反映了从龙山时代以来，中国古代各地、各民族之间的接触、分合、流转的关系，这和很多人理解的不太一样，不像我们想象的那么分裂。

从宜侯夨簋这件铜器上，我们可以知道，当时确实是有吴太伯到吴国去的事情，而且簋铭中已经追溯到"虞公"，"虞公"很可能就是"仲雍"。"宜侯夨"应该是整个吴国世系中的第五代或者是第六代，但"宜侯夨"究竟是谁，我们就没有办法很好地去研究了。这件器物的发现，不仅对于研究吴国的历史，而且对于研究整个商末周初的历史，关系都非常重大。

·2009年上半年第八次课·

麦方尊

麦尊,在一定意义上应称之为"麦方尊",但多年以来我一直称之为麦尊。因为麦尊是方底圆口的,我们原则上讲"方尊",应是方底方口的,而这件东西介于方尊和圆尊之间,所以这件器物的称谓还有分歧。最近我在备课的时候想到,实际上叫"麦方尊"也是比较好的,尊是和其他的东西成为一组的,"麦"还有很多件东西,而且其他的几件东西都是方的,所以这件东西还是称"方尊"为好。

前几次已经讲了周初封建诸侯的一些青铜器,周初封建诸侯在金文中的表现应该很多,但目前发现的还不多。当时封建诸侯的数量应该是很大的,今天我们无法知道周初建国的时候,究竟建立了多少同姓或异姓的诸侯。但从同姓的王室分封来说,《左传》中还是有记载的,就是《左传·僖公二十四年》富辰的那段话:"昔周公吊二叔之不咸,故封建亲戚,以蕃屏周,管蔡郕霍,鲁卫毛聃,郜雍曹滕,毕原酆郇,文之昭也;邗晋应韩,武之穆也;凡蒋邢茅胙祭,周公之胤也。""吊"是"凭吊","二叔"指"管叔"和"蔡叔"。"咸"从训诂上一直就没有一个合适的讲法,真正讲明白的是杨树达先生,杨先生把"咸"训为"终"[1],这是很对的,"二叔之不咸"就是"二叔之不终",也就是"管叔和蔡叔没有一个好的结局"。"藩屏"即"保护"之义,"藩屏周"就是"保卫周室"。实际上"封建亲戚,以藩屏周"这件事从王季的时候就开始了,至少"西虢""东虢"这两个国家,最晚在文王的时候就已经封了,所以分封制度在周一直就有,实际上商朝也是有的。"文之昭"中并没有"召公",可见召公并非文王庶子,如果召公是文王庶子,燕国又这么大,这段话中怎么可能没有呢?所以召公只是周之同姓,而非文王庶子,究竟是怎么回事,还不太清楚,到现在还没有材料可以说明。"鲁"放在文王诸子中,是因为鲁是封周公的,所以不能从"伯禽"开始算,应从周公开始。文王诸子中,蔡、鲁、卫、毛、雍、曹、滕、毕、酆,今天均有发现,有些则仍未看见,比如"管",于省吾先生认为"鬻"就是"管"[2],也就是郑州。现在看起来这种说法不对,因为从新出的材料来看,"鬻"离朝歌非常近,不可能是郑州。周原甲骨中有一个字读为"邲",但也不确定。"聃"字有时可与"南"通用,金文中有"南公",大盂鼎的器主盂的祖先就是"南公",但"南公"的"南"是否为"聃"也无法证明。"郜"没有发现过,"原"也没有发现过,"郇"是否为"荀"也有不同的说法,如果是"荀",那就有比较晚的青铜器,是两周之际的。"武之穆"中的"晋""应"均有发现,"晋"是曲沃北赵晋侯墓地,"应"在平顶山,但早期的韩国墓地还没有发现,"邘"也没有发现。"周公之胤"中的"凡""邢""胙"均有发现,金文中的"同公"就是"凡公",近年出了

---

[1] 杨树达:《积微居小学述林》,第223-224页,北京:中华书局,1983年。
[2] 于省吾:《利簋铭文考释》,《文物》1977年第8期。

"柞伯"的铜器,"邢"是这次要讲的,"蒋"还没有落实。由此可知,周初封建的王室诸侯国,我们看到的大概是一半以上,还有相当的数量我们没有接触到,这可能是我们没有发现,或者是发现了我们不认识。

关于"封建"的问题,唐人柳宗元写了一篇文章,名为《封建论》。"封建"问题一直是中国中古时期反复讨论的一个问题,争论很多。自秦汉以降,一直都有人主张恢复"封建",可是每次都会引起种种问题,比如汉代的时候就封过同姓和异姓诸侯王,但异姓诸侯王先被打倒,然后就是同姓,造成了所谓的"七国之乱"。汉文帝时候费了很大的力气,终于敉平了这场叛乱,以"削藩"为结局,这之后剩下的诸侯王,和郡县也没什么差别。所以真正的"封建"在西汉曾经实行过,但最终的结果是失败。这种事情在后来反复多次,最近大家看《郑和下西洋》这部电视剧了吗?这部剧对燕王的肯定是历史上所没有的,剧中把燕王靖难讲成是迫不得已,至于说这件事情是不是可以这样讨论,大家还可以去研究。但是从燕王本人的角度来看,确实还是有些道理的,当时燕王确实是没有办法了,这一点还是比较符合历史事实的,要么被杀,要么造反。这次造反是成功的,但造反成功之后,燕王也不见得比他父亲和建文帝更好,所以明朝后来的诸侯王,也就是变成了一个富贵人家而已。从文物的角度,大家想看明初诸侯王的气魄,遗物已经很少了,我推荐大家去湖北襄阳的襄王府,府中有"三龙壁",保存状况良好。北京有"九龙壁",可是和"三龙壁"一比较,就会发现二者的气魄完全不同。"九龙壁"完全是一个富贵荣华的东西,而且俗不可耐,襄王府的"三龙壁"给人的印象是全然不同的,是一种非常杰出而有气魄的艺术创作。由此可见,当时的襄王是很有势力的,襄王都如此,就更不用说燕王了,因为燕王有军权。正因为"封建"有这样那样的问题,所以实施起来总是不成功,不管最初封建的动机如何,最终还是给国家造成种种问题。清初也还是存在这个问题,像多铎、多尔衮都是如此,实际上"封建"已经成为政权统一和分裂的争夺,因此一直是中国历史上的重大问题。

麦方尊是封邢国的,邢国是周公之后,从麦方尊中就能知道邢国确实是周公之后,同样地,从柞伯鼎中可以知道胙国也是周公之后,所以这一点古书讲得是完全正确的。

麦方尊的出土地究竟在哪里不得而知,但我们有一个很合理的推测,就是出土于河北邢台。因为二十世纪七十年代末,在河北元氏西张村发掘了几个墓葬,是由唐云明先生主持发掘的,这几个墓葬中有邢国的记载,在发掘后我们合写了一篇文章①,证明邢国应该是在邢台,如果邢国不在邢台,又怎么会到元氏呢?元氏就属于今天的邢台市,"元氏"这个地名在战国时就有,为什么叫"元氏"呢?传说是赵国的一个公子叫"元",后来分封于此,这个地名就叫"元氏"。在我们的那篇文章发表之后,在已发现的墓葬边上又发现了墓葬,出土的铜器与之前墓葬所出之物基本一样,这应是同一个家族的墓葬群。后来发现的墓到今天也没有正式发表过,只是在《石家庄文物调查》中有相关材料。关于邢国在邢台这一点,按文献记载,还有更早的材料。南北朝时期,就在今天的邢台,出土了邢侯夫人姜氏的铜器。实际上今天的邢台市已经发现了大型的西周初年到春秋中期的邢国墓葬群,至于春秋后期的则是晋人的墓,有些墓的规模非常之大,但这些墓早已被盗掘一空。发掘者跟我说,有些墓葬从唐代就被盗掘,因为

---

① 李学勤、唐云明:《元氏铜器与西周的邢国》,《考古》1979年第1期。

墓葬中有唐代的遗物，而且盗掘得非常彻底，现在只剩下一些车马坑保存良好。因此，我们猜想"麦"的这几件器物就应该是在邢台出土的，当然这些猜想是不能见诸文字的。

"麦"的这批东西出土之后，其中有铭文的一个方尊、一个方彝、一个方盉都进贡到了朝廷，著录于乾隆时期的《西清古鉴》。大家要知道，《西清古鉴》中的很多东西就是在当时出土的，估计这批器物的出土时间也是在乾隆时期，具体来说是《西清古鉴》成书之前不久，这三件器物分别见于《西清古鉴》卷八、卷十三以及卷三十一。麦方尊、麦方彝今天已经不存在了，麦方盉还在，见于《商周彝器通考》（七十八）。后来还出现了一个方鼎，这个方鼎样子很怪，鼎腹很浅，看起来是很晚的形制，所以邢国铜器有它自身的特点，这件方鼎见《商周彝器通考》（一四三），现存浙江省博物馆。这些器物的关系，我们在讲铭文的时候会提到，总之这些器物都是第一代邢侯的史官"作册麦"所作，由此可知，这些器物都应该是一次出土的，至于说是不是都在他本人的墓中出土，还不敢确定。陈梦家先生在《西周铜器断代》中提到了"沚盘"[①]，这件铜器现藏伦敦，铭有"沚乍周公尊彝"，陈先生认为"沚"是"邢侯"之名，这是不正确的，可能陈先生对铭文理解有误，这件器物与"作册麦"无关。

麦方尊（见图1、图2）的铭文非常长，文字非常漂亮，完全够一篇《尚书》的样子。由于这件东西是一个刊刻本，有些地方不太准确，但相较于《西清古鉴》的其他刻本，这篇算是刻得很好的。因为《西清古鉴》的很多东西今天还在，对照一下就知道错误是很多的，其中就包括班簋。可是麦方尊铭文刊刻得还是很

---

① 陈梦家：《西周铜器断代》，第84页，北京：中华书局，2004年。

好的,错误很少。如果一定说有什么问题,就是有些字本来很靠近,但刻得过于分开,本来应该分开的,却刻得过于靠近,这种问题在刊刻的东西上是很难避免的,我们也不必过于苛求。

图1　麦方尊　　　　图2　麦方尊铭刊刻本

麦方尊的内容写得也很细,可见当时的文化应该非常发达,可是这篇文字非常古奥,真是难读,这才是真的古文,读起来顺顺溜溜的多是假的。麦方尊写得是很正式的,英文叫"formal"(正式),所以很多地方都有一定的礼节用语,就和日语一样。学日语最难的就是敬语,什么人用什么样的敬语,这是很困难的,现在日本稍微还好一些了,过去是特别讲究的。英国人也是这样,所以大凡君主制的国家,每每都是如此。有一次我收到大英博物馆的邀请信,是用英国女王的名义来邀请的,我不能去,因为没有人给我出路费,可是我回信的时候要用敬语来写,确实很不容易。

麦方尊释文:

王令辟井厌(侯)出狱,侯所(于)井①。霁(零)若丁亥,侯见于宗周,亡遗,造王

饔莽京酐祀②。霁(零)若翊日,才(在)壁蕉,王乘于舟,为大豊(礼)③。王射

大鼙,禽④。侯乘所(于)赤旅舟,从奴⑤。咸⑥。皆王吕侯内所(于)禀,侯易(锡)玄周

戈⑦。霁(零)王才(在)庑,已夕⑧,侯易(锡)者妍臣二百家⑨、剂用王乘车马、金鞶(?)、冂、

衣、市、舄⑩。唯歸(归),逪天子休,告亡尤,用牃义宁侯覞考于井⑪。

侯乍(作)册麦易(锡)金于辟侯,麦骬(扬),用乍(作)宝隋彝,用篙侯逆

𢍰逪明令⑫,唯天子休于麦辟侯之年盥⑬,孙=子=忖(其)永亡冬(终),冬(终)用葬偹,妥多友,亯旋徒令⑭。

①"王令辟井厌(侯)出狱,侯所(于)井"一语,这件器的作器者是"作册麦","作册麦"是邢侯下属的一个官员,他参加了这件事情,他究竟做了什么事,读完铭文就会知道,他因为这件事得到了赏赐,就做了这件方尊,留作纪念。估计"作册麦"是跟着邢侯一起出去的,所以他对于整件事情很清楚,就很隆重地记载下来。铭文中多处提到"辟井侯","辟井侯"的"辟"是

"君"的意思,有些时候,妻子也称"丈夫"为"君",所以对"丈夫"也称为"辟"。到今天我还认为花东甲骨中的"〇"应该读为"辟"。① "井侯"即"邢侯","辟井侯"就是"我的主人邢侯"。实际上王命的时候,他的主人还没有成为"邢侯",这是后来追称的。"砽"字旧释"劢",不确,实际上是"砽"字,是一个从"不"声的字,换言之是一个之部字,所以我的意见是读"砽"为"陪"。②《尔雅》"陪,朝也",《诗·大雅·荡》中有"以无陪无卿","陪"就是"陪贰",即"帝王的左右手之臣",所以《毛诗正义》云"三公也",是王朝的重臣。"出陪"犹言"出朝",从朝廷中出去,相当于"外调"。"外调"干什么呢?就是"侯于井"。"侯于井"即"侯于邢",也就是"在邢作侯"。克盉有"侯于匽",宜侯夨簋有"侯于宜"。

②"霝(雫)若丁亥,侯见于宗周,亡述,逌王饔荟京酓祀"一句,"霝(雫)若"即"粤若",是一个虚词,用法等同于"唯在"。"丁亥"在铭文中看不太清楚,常常有人释为"二月",这是不对的,因为在这篇铭文中,"霝若"之后接的多是具体的日子,比如下文"霝若翊日",而"丁"字在铭文中可以写成一个很小的圆点,这种例子在金文中见过,所以还是读"丁亥"为好。"侯见于宗周"的"见"是"朝见",此时已建立邢国,回宗周向王

---

① 李学勤:《关于花园庄东地卜辞的所谓"丁"的一点看法》,载《文物中的古文明》,第117-120页,北京:商务印书馆,2008年。
② 李学勤:《青铜器与古代史》,第207页,台北:联经出版事业股份有限公司,2005年。

报告邢国已经建成这件事,与之类似的还有匽侯旨鼎"匽侯旨初见事于宗周"。"宗周"是丰镐地区,也就是周的首都,这里指的实际上是"朝廷"。大家要注意,这篇铭文中的"见"写作"𧢲",虽然我们在楚简中发现了"见"与"视"的区别,但这种区别如上推到西周或者是商代,有些时候并不适用,在这里就明显不适用,这里的"见"就不能读为"视",若理解为"视于宗周"则大不敬。"迶"义为"罪责","亡迶"就是"没有什么罪责",也就是这件事情进行得非常顺利。"迨"就是"会",义同"遘于",保卣有"遘于四方会"一语。"饔"字从食,旧多认为是从"宛",刘钊特别强调"饔"字应读为"馆"。① 实际上大凡有"饔"字出现一定与"祭祀"有关,所以"饔"字虽然我们不是很确定它的读法,可是从字形上看读为"宛"比较好,而且从字义上看也与"祭祀"有关,这两点我们是可以确定的。"荠"字,一直以来都有讨论,我认为从各方面来看"荠京"就是"镐京"②,"酓"字未释出,但一定不是"酒"字,因为凡是有"酒"的时候都不写作"酓"。这个问题我在二十世纪七十年代给王宇信的书写序的时候专门提到过③,这说明最为常见的字也

---

① 刘钊:《释甲骨文中从夗的几个字》,载《古文字考释丛稿》,第106-115页,长沙:岳麓书社,2005年。
② 李学勤:《王盂与镐京》,载《当代名家学术思想文库·李学勤卷》,第184-186页,沈阳:北方联合出版传媒(集团)股份有限公司万卷出版公司,2010年;李学勤:《再说镐京》,载《当代名家学术思想文库·李学勤卷》,第187-190页,沈阳:北方联合出版传媒(集团)股份有限公司万卷出版公司,2010年。
③ 李学勤:《王宇信〈建国以来甲骨文研究〉序》,载《拥篲集》,第18-21页,西安:三秦出版社,2000年。

有释不出的，今天没有任何人能够提出一种令人信服的观点。由此句可知，当时邢侯已经出去做侯了，到了"丁亥"这一天就回来朝见，正赶上王在镐京做一个祭祀，邢侯就参加了这件事。

③"霁（雩）若翊日，才（在）壁雝，王乘于舟，为大豊（礼）"一句，"翊"字，写法多样，实际上是"🌿"的象形，也就是"翼"字。"翼日"就是"翌日"，在早期的甲骨文，特别是宾组、自组卜辞中，"翌"可指包括第二天之后的很多天，但西周金文和《尚书》中，"翌日"一定是"第二天"，是定点的。所以此处的"翌日"指的是"丁亥"的下一天，也就是"戊子"。有些词经过几百年的历史，它的词义会有所变化，特别是现代社会，变化会越来越多，尤其是一些网络语言，真是不可思议，我们希望这些网络语言不要过多地进入到我们的日常语言中，因为有些语言太不成样子，会使我们的文化呈现出落后的面貌。"壁雝"就是古书中的"辟雍"，《诗·大雅·文王有声》有"镐京辟雍"，周朝只有一个"辟雍"，位于镐京，这也就是我们认为"蒡京"就是"镐京"的原因之一。"辟雍"为祭祀之所在，"辟雍"之所以与"祭祀"有关，是因为"辟雍"和"明堂"是在一起的，"明堂"还有一个作用就是学官，所以"辟雍"也是学府。周代只有首都才可能"辟雍"，"辟雍"是一个环水的湖，像玉璧之形，是圆的，所以叫"辟雍"。其他诸侯国是不能有"辟雍"的，鲁国因为周公的关系，所以有"泮水"，是半圆形的，这一点大家看《鲁颂》就可以知道。"辟雍"这个制度，一直到清代北京的国子监还有。镐京的"辟

雍"是很大的，汉武帝要伐昆明国，为了训练水军，便将"辟雍"扩大，修成了昆明湖，这也就把镐京的遗址破坏了。现在发掘的牛郎织女石刻，按古书的说法，就是在镐京遗址边上，具体来说是现在的曲江。"为大丰"就是举行一种"射礼"，不是像《仪礼》那样，摆上靶子在陆地上射，而是乘舟在水中真射，也就是在"辟雍"里面打猎。"大豐"即"大礼"，见于周初的天亡簋，铭文中的"大礼"与《左传》《国语》中的"大礼"不同，《左传》《国语》中的"大礼"一般是吃喝、宴享之类。

④ "王射大龏，禽"一句，"大龏"，郭沫若读为"大鸿"[①]，也就是"大雁"。"鸿"是从鸟江声，"江"是从水工声，所以"龏"读为"鸿"在音上没有什么问题。"禽"通"擒"，义为"擒获"。

⑤ "侯乘邘（于）赤旂舟，从奴"一句，"赤旂"就是"红色的旗子"，"赤旂舟"就是"插有红色旗子的舟"。中国古代的旌旗有各种样子，有"九旗"。"从奴"一语，"从"就是"跟着"，"奴"读为"赞"，训为"助"，义为"配合"。为什么这样读呢？是因为作册般铜鼋。作册般铜鼋有"王一射，奴射三率，亡法（废）矢"之语，是说纣王过于洹水，看见一只鳖，于是王就射了一箭，而随从的三帅赞射，无废矢。"率"就是"帅"，"赞射三帅，无废矢"即"三个将军跟着射，没有箭射空"，所以这只铜鼋上有四支箭。麦方尊中也是一样，王射中了鸿之后，邢侯也跟着射，这倒不一定是说王和邢侯所射的是

---

① 郭沫若：《两周金文辞大系考释》，第41页，北京：科学出版社，2002年。

同一只大雁，也许是有一群大雁，王射了一只，邢侯也射了一只。

⑥"咸"一句，"咸"训为"终"，《尚书》以及金文中"咸"字，常常单独成句，这是杨树达先生提出来的[①]，在这之前的训诂对此都解释不通。《逸周书·尝麦》中的"咸"字单独成句，所以我认为《尝麦》一定是西周时的作品。[②]

⑦"昔王吕侯内㚔（于）㝱，侯易（锡）玄周戈"一句，"昔"即"时"，义为"那个时间"。有人读为"之日"，我不赞成，我认为"之日"时间跨度太长，不合适。"之日"在出组卜辞中，有两次读为"时"。"王吕侯"的"吕"训为"与"，也就是"带着"。"内于㝱"一语，"内"义为"入"，"㝱"即"寝"，也就是"寝殿"。大家要知道，这里的"王"是周成王，邢侯是周公的儿子，成王是武王的儿子，所以成王和邢侯两个人很可能从小就在一起，而成王能让邢侯入寝，也说明二人关系很好；虽然君臣之礼不可废，但还是比较亲切。我们可以想象，可能是射完大雁之后很累，所以就一同进屋洗个澡。"玄周戈"的"玄周"旧释为"绸"，我认为应释为"玄雕"，"雕"或作"琱""彫"，"雕戈"是戈内上有花纹的戈，"玄周戈"也就是"用玄镠做的有花纹的戈"，金文中常见，"镠"是"美金"，是一种很好的铜合金。"侯易（锡）玄周戈"即"王赐给了邢侯一件很好的戈"。

[①] 杨树达：《诗敦商之旅克咸厥功解》，载《积微居小学述林》，第223-224页，北京：中华书局，1983年。

[②] 李学勤：《〈尝麦〉篇研究》，载《古文献丛论》，第68-74页，北京：中国人民大学出版社，2010年。

⑧"霝(零)王才(在)庎,已夕"一句,"庎"字,于省吾先生读为"斥"①,可是难以讲通。如果把"庎"理解为地名也有问题,因为有很多铭文中都有"庎",并且把"庎"写为"斥"是汉代的隶书。"庎"字应是从广,干声,这个字常常在旅行途中出现,所以我认为"庎"应读为"馆",义为"馆舍",当然这是我个人的想法,并没有很好的证明。"王才(在)庎"也就是说"王到了邢侯住的旅馆里",从这里也可以看出他们非常亲厚。"日落之后"谓之"夕","已夕"就是"已经到了夜里"。邢侯跟随了王一整天,先是参加祭祀,祭祀完了之后又举行射礼,然后王还和邢侯一起到了邢侯居住的地方,这时候已经是晚上了。

⑨"侯易(锡)者𩁹臣二百家"一句,"者𩁹臣"一语,"者"通"诸",义为"各种"。"𩁹"字,《说文》"读若踝",所以"𩁹"可读为"裸",义为"侍"。"臣"就是"臣仆","者𩁹臣"即"诸侍臣"(详后文讨论)。"臣"的数量是"二百家",这个赏赐是很大的,由此也可以得知二人非常亲厚。

⑩"剂用王乘车马、金鞎(?)、冂、衣、市、舄"一句,"剂用王乘车马"一语,"剂"字,有人读为"侪",但我认为应读为"剂",义为"减一等",山西出土的叔矢方鼎中也有"剂用",师旋簋也有"剂用"。"王乘车马"就是"王所乘的车马"。"鞎"字,刊刻的时候有错误,

---

① 于省吾:《读金文札记五则》,《考古》1966 年第 2 期。

我们现在所看到的金文中,很难有与之相当的字,我猜想作"鞻"也不一定就对。"冂"就是"冕","市"即"韍"。以上就是"麦"的主人邢侯朝周的整个过程。

⑪ "唯歸(归),遅天子休,告亡尤,用粪义宁侯覢考于井"一句,"归"就是"回到邢国"。"遅"读为"将",训为"持",义为"带着"。"天子休"就是"天子之美"。"用粪义宁侯覢考于井"是什么意思呢?"粪义"即"鸿仪",指"雁的羽毛",《易·渐卦》"鸿渐于陆,其羽可用为仪","仪"是"羽毛旌纛之饰"。"宁"训为"安",此处义为"一种带有安慰性质的祭祀"。古人常有所谓"宁",比如"归宁",就是出嫁的女子回去让娘家人放心。"覢"与"显"同义,"显考"指"周公",可见此时周公已经去世,周公死于成王后期,因为《顾命》中已经没有周公了,太公也去世了,当时只剩下召公还在,所以召公是个很长寿的人。据此推断,麦方尊的时代应为成王晚期。"于井"即"于邢"。整句所述为"告庙"的活动,邢国应有周公之庙,因此"告"和"宁"的宾语都是邢侯的显考,也就是周公。

⑫ "侯乍(作)册麦易(锡)金于辟侯,麦飘(扬),用乍(作)宝障彝,用蕞侯逆卥遅明令"一句,邢侯为什么要给"作册麦"赏赐呢?这是和"用粪义宁侯覢考于井"有关的,一般来说这一类的事情通常要史官去做,当时的祝、宗、卜、史往往是相通的。"蕞"读为"瓒",此处通"馔",义为"宴享"。"逆卥"即"逆造",也就是"使臣","侯逆卥遅明令"即"拿着侯命令的使臣"(详见后文讨论)。

⑬ "唯天子休于麦辟侯之年鹽"一句,"休"训为"赐","鹽"即"铸",这句是纪年,"唯天子休于麦辟侯之年鹽"即"这件铜器是天子赏赐麦的君主邢侯的那一年所铸"。

⑭ "孙₌子₌甙(其)永亡冬(终),冬(终)用离徣,妥多友,亯旋徔令"一句,"冬"即"终","终"下有重文号,则前一个"终"训为"结束",后一个"终"训为"长",应在两个"终"之间断句。"离徣"的"离"即"造",义为"去"。"徣"即"省察"。"妥"读为"绥",训为"安","绥多友"即"安同僚",也就是"招待众多同僚"。"旋徔"即"奔走",义为"服务","亯奔走命"即"享受侯赐予的奔走之命",言外之意就是但任了这个职务。

下面我们讨论几个问题:

1. 镐京

关于"镐京",我曾经写过两篇文章①,其中一篇登在的苏州的《传统文化研究》上面,我的家庭和苏州有关,所以在那里写些东西。

"鎬"字,讲法很多,最误导大家的是很多人认为"方"是声符,如果"方"是声符,那"鎬"的其余部分又该怎么解释呢?所以就弄不明白。特别是宋代时有过一件铜器,叫高卣,铭曰"王

---

① 李学勤:《王盉与镐京》,载《当代名家学术思想文库·李学勤卷》,第184-186页,沈阳:北方联合出版传媒(集团)股份有限公司万卷出版公司,2010年;李学勤:《再说镐京》,载《当代名家学术思想文库·李学勤卷》,第187-190页,沈阳:北方联合出版传媒(集团)股份有限公司万卷出版公司,2010年。

初 饔 旁，隹还在周"，可以和麦方尊的"王饔荽京"对读，所以很多人认为"荽"是"旁"，而不是"镐"。这就引起了种种猜测，而这些猜测总是弄不清楚，其实"旁"一定不会在宗周，因为铭文讲得很清楚，是"王初饔旁，隹还在周"，是从"旁"回来在"周"，可见"旁"不在"周"。有人就认为"旁"是镐京，"周"是另外一个地方，结果就更加混乱，而难点也就在这里。

但"荽"并不是"旁"，因为"旁"不这样写，再结合麦方尊的内容来看，此处的"荽京"一定是"镐京"，因为周人作为都邑的地点只有"镐京"中有"京"字。麦方尊有"侯见于宗周，亡逑，迨王饔荽京酓祀"，所以"荽京"一定是"宗周"，但有人会问既然二者一样，那在同一句话中，前面说宗周，后面说镐京，这不就重复了吗？其实这并不稀奇，因为"宗周"的范围更大一些，包括丰、镐在内，"镐京"则专指"镐"的那一部分，这样理解应该更好一些。"宗周"就好像我们说"朝廷""首都"，打个比方就是"我们从苏州去首都开会，于是住在北京"，这里的"首都"就是"北京"。

之所以说"荽京"一定是"镐京"，主要是因为麦方尊，根据麦方尊铭文，我们可以知道"荽京"里面有"辟雍"。《大戴礼记·明堂》："明堂者，所以明诸侯尊卑，外水曰辟雍，……在近郊，近郊三十里，或以为明堂者，文王之庙也。"《史记·封禅书》："天子曰明堂辟雍，诸侯曰泮宫。周公既相成王，郊祀后稷以配天，宗祀文王于明堂以配上帝。"《诗·大雅·文王有声》："镐京辟雍。"综上可知，有"辟雍"的地方一定是"镐京"，这一点从文献上看是非常明白的，麦方尊的记载也非常清楚。

那么"荽"字又该怎么讲呢？

我提出了一种试探性的讲法，就是把"𢆶"隶定为"舁"，即

"敿"。①为什么是这样呢？因为"檴"字见于西周晚期的敔簋，敔簋铭曰："长檴载首百，执讯四十，夺俘人四百，献于荣伯之所。"此处的"荣伯"就是周厉王时代的"荣夷公"。"檴"可读为"檄"，是载人头的东西，《尔雅·释木》"小枝上缭为乔，无枝为檄，木丛生为灌"，由此可知"檄"就是"木棍"，"长檴载首百"义为"用长木棍抬着首级"。这种现象不仅中国有，外国也有，比如莎士比亚的《麦克白》中就有类似的情景，拿着一个杆子，上面挑着几个人头就回来了。但敔簋的人头多，所以就有两个人用一个长木杆抬着回来的。当然将"𠂤"读为"𣎵"，也就是"敿"，在文字学上还无法解释，不过这应该是一种可行的猜测，如果"𠂤"与"敿"相通，那么"荄"从音上可推知就是"镐"字。

2. 𩵋臣

张光裕的《雪斋学术论文二集》中有一个鼎，鼎铭作"方𩵋各自乍（作）夒丽鼎，其永用"。"夒"即"妻"，"丽"为其妻之名，女人的名字叫"丽"，是很常见的，现在还有叫"美丽""小丽"的。给妻子作器又称之为"妻"的，还有觉公簋。问题在于"方𩵋各"怎么解释？"方𩵋各"是作器之人，我认为"方"是地名，"𩵋"是官名，"各"是人名。②这类的商末周初器有很多，比如长安花园村的 M15 和 M17 中有"䙴𩵋进"，与甲骨文中的"𢆶侯虎""攸侯喜"相类，时代较晚的还有段簋的"龚𩵋"和《集成》10582

---

① 李学勤：《再说镐京》，载《当代名家学术思想文库·李学勤卷》，第 187-190 页，沈阳：北方联合出版传媒（集团）股份有限公司万卷出版公司，2010 年。
② 李学勤：《殷商至周初的𩵋与𩵋臣》，载《通向文明之路》，第 171-174 页，北京：商务印书馆，2010 年。

的"伊玐"。经过对比大家可以发现,"玐"上的地名都是一些比较小的地名,所以"玐"是一个职称,具体来说应该是一个小地方的封君。"玐"作为"封君"这一点不见于文献,吴闿生谓"武装拱卫之臣"[①],字形像一人跪坐,两手持戈,就好像殷墟 1001 号大墓中埋的那个人,商朝这种人的地位还是很高的。

"玐臣"又该怎样理解呢?《集成》10101 是一件西周早期的盘,盘铭曰"仲玐臣又户,逌以金,用乍仲宝器"。"又户"即"有户","成家"之义,凑钱给他们的主人作器。由此可见"玐"是有食邑的,手下应掌管着一些民,所以麦方尊说"易者玐臣二百家"。

3. 逆造

小子生尊:"用乡出入使人。"

宅簋:"用乡王出入。"

卫鼎:"乃用乡王出入使人眔多朋友。"

伯密父鼎:"用乡逆造使人。"

伯密父鼎中将上述三例的"出入"换成了"逆造",《说文》中"造"字的古文作"艁","舟"的古音是章母幽部,"造"的古音从母幽部,二者古音相近。"造"训为"至","逆"训为"反",所以"逆造"义为"往返",也就是"出入"。有一例不同,这就是仲禹父簋,簋铭曰"用乡王逆䢔","䢔"通"迋",《说文》:"过也。"意思与"造"相同,"逆䢔"也就是"逆造"。

还有一个证据就是麦方彝,麦方彝有"用㽙井侯出入遏明令"

---

① 吴闿生:《吉金文录》,第 171 页,香港:万有图书公司,1968 年。

一语，用它与麦方尊的"用矞侯逆卣遟明令"对比，就可以知道"逆造"就是"出入"。"遟明令"即"将明命"，也就是"拿着命令的人"，换言之就是"使者"。

原本想讲一下邢侯簋，邢侯簋是邢侯本人作的，但今天没有时间了，我们下次再讲。

· 2009 年上半年第九次课 ·

大盂鼎（上）、邢侯簋

大盂鼎（上）

上一次我们讲了麦方尊，邢侯簋可以和麦方尊系联，实际上邢侯簋也可以和大盂鼎系联，因为都有"荣"这个人。我想这次课先从大盂鼎讲起，大盂鼎这次课讲不完，等到下次课把邢侯簋和大盂鼎剩下的部分一起讲。

大盂鼎是迄今为止最重要的青铜器之一，它的重要性是多方面的。以前我们讲过天亡簋，天亡簋当然也很重要，但是它本身的器型很小，并不是特别好的铜器。说实在的，即使是毛公鼎，铭文有 497 个字，但毛公鼎本身的铸造以及形制、纹饰都不是太理想，比较粗糙，并不是很精美，因为毛公鼎是西周晚期的东西。大盂鼎则不然，大盂鼎的形制非常庞大，而且铸造特别精美，铭文又非常多，像这样的青铜器是真正的重器，虽然毛公鼎也是重器，可是一看就知道毛公鼎在铸造、工艺各方面是比不了大盂鼎的，所以像大盂鼎这样的器物是非常难得的。大盂鼎的时代是非常清楚的，这不是由大盂鼎本身定的，而是由小盂鼎定的。因为小盂鼎铭文中有"周王""武王""成王"的称号，"周王"就是"文王"，既然有"成王"，那么大盂鼎就是康王时器，而且不能再晚，因为从大盂鼎的形制、纹饰判断不会晚于康王，所以定为康王时器,大盂鼎应是康王二十三祀,小盂鼎是二十五祀。过去有很多人认为小盂鼎是三十五祀,这是不正确的,这个问题等讲到小盂鼎时再来讨论。

大盂鼎、小盂鼎的出土时间是在清代道光年间,据有关记载,出土的地点是在岐山礼村,另外有一种说法,认为大盂鼎出土于眉县礼村,这个问题争论不休。后来岐山县有一位老先生叫庞怀靖,他专门写了一篇很好的文章,庞先生是岐山当地人,和岐山的父老有很深的关系,所以庞先生的说法还是可信的。庞先生的文章名叫《周原地区出土著名青铜器漫话》,后收入1983年出版的《周原资料汇编》第1辑。庞怀靖先生经过调查,得知眉县并没有礼村,礼村是在岐山京当公社的贺家村附近。大家要知道,贺家村出的东西是很多的,更有意思的是这个调查与清代记录相符,据清代的相关记录,出土大盂鼎的礼村有沟,鼎是出在沟岸上。我们可以设想,这个沟应该是由雨水冲刷而成的,不是人工挖的,去过周原的人都知道,岐山和扶风的分界线就是一条大沟,这条沟的规模和深度是很可观的,非常险峻,也是雨水冲刷而成。在京当乡贺家村附近的礼村旁边也有一个沟,这个沟是围绕着礼村的,与"鼎出土于沟岸上"是比较一致的,所以出在岐山礼村是比较合理的。

按照文献记载,当时出了三个鼎,现在只知道有大盂鼎、小盂鼎,第三个鼎的情况不详。邹安的《梦坡室获古丛编》中有"第三盂鼎",藏家是周庆云,这个鼎是假的,粗劣不堪,我们就不讨论了,所以现在没有人知道第三个鼎是什么,可能是因为第三个鼎没字,可究竟是一个什么样的鼎,没有记载。

根据庞怀靖先生的调查,大盂鼎出土之后,当地的一个姓宋的收藏了一段时间,后被知县周赓盛夺去,估计宋家是当地的人家，没什么权势，宋家人舍不得，于是就高价买回。因为周庚盛做过眉县知县，所以有传说说大盂鼎出土于眉县。如果这个调查属实，还是能说明问题的，要不然为什么说是眉县礼村呢？眉县没有礼村，礼村在京当，而礼村能出那么大的鼎，我们揣想大盂鼎应是出土于窖藏，而非墓葬，因为周原一带出过大型的窖藏，当然这只是猜测，无法核实。大盂鼎回到宋家之后，宋氏后人将鼎卖给了袁保恒，辗转之后，归了潘祖荫。潘祖荫是一个非常有学问的人，也是当时著名的金石学家之一，他是吴县人，吴县就是今天的苏州，所以大盂鼎在归了潘祖荫之后，潘氏就把这件鼎运回了苏州。到了1951年，潘氏的后人将大盂鼎和大克鼎一同捐给了上海博物馆，潘祖荫攀古楼的东西，后来也大都捐给了上海博物馆。1959年，中国历史博物馆建成，就把大盂鼎调到了中国历史博物馆，也就是今天的国家博物馆，保存至今。

有关大盂鼎的材料，记载得最好的是1959年上海博物馆出的《盂鼎、克鼎》一书，这本书把大盂鼎和善夫克鼎印在了一起，书中对这两件鼎的相关信息记载得特别详细，包括重量、尺寸、纹饰等，拓本也特别好。这本书我个人从未有过，当时我很想找一本，但是找不到，这本书当时印得也很少。大家要知道，那个时期上海博物馆印的东西是当时所有出版的青铜器图录中最好的，特别是上海博物馆的《上海博物馆藏青铜器》，就是封面有陈毅同志题字的那个本子，现在那个书本身就是文物了，该书是用珂罗版印的，那样的手工制版技术现在已经很难做到了。《盂鼎、克鼎》这本图录也是很好的，我猜想清华大学会有这本书，大家可能认为清华变成工科大学之后已经不买什么书了，其实不是这样，我曾经到库里面看过，他们买了不少书，当时很珍贵的书也有。

大、小盂鼎的名字存在争议，很多学者认为用"大"和"小"来命名是很不合适的，因为小盂鼎的铭文字数比大盂鼎多出很多，所以小盂鼎的器形应该比大盂鼎要大，因此应该将"小盂鼎"叫做"大盂鼎"。如果不以"大""小"来命名，而把这两件鼎称为"二十三祀盂鼎"和"二十五祀盂鼎"，读起来又特别别扭。孙稚雏在《金文著录简目》中称"大盂鼎"为"盂鼎"，称"小盂鼎"为"小字盂鼎"[1]，虽然小盂鼎的字比大盂鼎小，但也不是小很多，所以孙稚雏先生的这个讲法也不见得合适。杨树达先生认为小盂鼎的铭文有残，所以杨先生把小盂鼎叫做"残盂鼎"，而称大盂鼎为"全盂鼎"。[2]我觉得杨树达先生的说法会引起歧义，因为小盂鼎的字是有残，可小盂鼎的器身不一定有残。大盂鼎、小盂鼎的说法已经流传了上百年，所以我们还是采用现在通行的讲法，这就好像天亡簋，我认为叫"朕簋"，可是谁也不知道"朕"是什么人，这样大家就搞不清楚了。所以有些东西还是随俗为好，孔子云"吾从众也"。

大家看一下大盂鼎的拓本，从这个拓本就可以看出来这篇铭文是用两块范做的，至于大盂鼎本身是用几块范做的，还要进一步研究，但至少铭文是用两块范做的，这是没问题的。所以大盂鼎铭文中间分开了一段，实际上当时铸造字数较多的东西都是如此，比如史墙盘就是这样，它的铭文中间也是分开的。毛公鼎也是分开的，不过毛公鼎的器壁特别弯，所以毛公鼎铭文拓出来就像靴底的形状。2003年在眉县杨家村出土的逨鼎的器壁也是弯的，所以拓出来和毛公鼎一样。但大盂鼎不是这样，大盂鼎本身很大，

---

[1] 孙稚雏：《金文著录简目》，第78页，北京：中华书局，1981年。
[2] 杨树达：《积微居金文说》，第41页，北京：中华书局，1997年。

所以它的器壁就比较大，拓出来就是方的，看起来像盘的铭文。

大盂鼎（见图1、图2）自道光年间出土之后，很多书都有著录，研究金文的学者没有不讨论大盂鼎的，可以说大盂鼎经过了许多学者的千锤百炼。之所以大家对大盂鼎有兴趣，不仅仅是因为大盂鼎的字写得好，铭文特别古奥，最重要的是大盂鼎与文献，特别是经书的联系非常密切，其中很多的文句都可以和《尚书》《诗经》对读，其中最为密切的就是《酒诰》。由于《酒诰》比较长，我们就不带着大家去读了，大家有时间可以看一下《酒诰》。

图1 大盂鼎

图2 大盂鼎拓本

大盂鼎释文：

隹（惟）九月，王才（在）宗周，令（命）盂①。王若曰②："盂③！不（丕）显

玟王受天有大令（命）④，弌（在）珷王嗣玟乍（作）邦，闢
氒（厥）匿，匍有三（四）方，畯正氒（厥）民⑤；弌（在）
雩（于）卸（御）事，䤵

酉无敢酸，有祡蒸祀无敢醢，古天异临⑥。

子法保先王，囗有三（四）方⑦。我聞殷述令（命），隹（惟）殷徬侯、田雩殷正百辟，率肄于酉，古丧

自⑧。巳，女（汝）妹辰又大服，余隹（惟）即朕小学，女（汝）勿艴余乃辟一人⑨。今我隹（惟）即井㐭于玟王

正德，若玟王令二三正⑩。今余隹（惟）令（命）女（汝）盂誩燮，苟（敬）雝德坙敏，朝夕入谏，宫奔走，畏

天畏⑪。"王曰："於！令（命）女（汝）盂井乃嗣且（祖）南公。"⑫王

曰："盂！廼誩夹死鬲戎，敏諫罚讼，夙夕誩

我一人，粦三（四）方雩我其遹省先王受民受

彊（疆）土⑬。易（锡）女（汝）鬯一卣，冂衣、市、舄、车马，易（锡）乃

且（祖）南公旂，用遊⑭。易（锡）女（汝）邦鬲三（四）白，人鬲自

驭至于庶人六百又五十又九夫，易（锡）尸鬲王

臣十又三白，人鬲千又五十夫，迺寋鄒自

氒（厥）土⑮。"王曰："盂，若芍乃正，勿瀳（法）朕令（命）⑯。"盂用

对王休，用乍（作）且（祖）南公宝鼎，隹（惟）王廿又三祀⑰。

① "隹（惟）九月，王才（在）宗周，令（命）盂"一句，"隹（惟）九月"是和铭文最后的"廿又三祀"连着的，商末至周初的青铜器在记年、月、日的时候是分开的，一般是"月"和"日"在前，"年"在后。上次我们讲的麦方尊没有记月，这个鼎有记月，但没有记日，这种事情在古书中也不稀奇。"王才（在）宗周"的"才"

读为"在","才"与"甲"的区别在于"才"字中间有填实的部分。"宗周"即"镐京",丰、镐是一个很大的遗址,今天的考古是把丰、镐作为一个统一的遗址来考虑的,实际上"宗周"也是如此,只不过王之所居是在"镐京",沣西的"丰"也是整个宗周的一个组成部分。"令"通"命",义为"册命"。由此可见,这篇铭文是从"王"对"盂"的册命中来的,当然真正的册命应该很长,这一点大家看毛公鼎就会知道。有人认为周初的册命不会很长,这个恐怕不然,周初作字没有晚期那么发达,所以比较简单,可是内容并不少,这一点看大盂鼎就可以明白,所以我们看《尚书》,每每长篇大论。大盂鼎的册命文字就很长,也就是说,这篇铭文给我们保存了一篇相当完整的册命。《尚书》中有《文侯之命》,而把这一篇叫做《盂命》也未尝不可。下面就是具体的册命内容,这些内容在铸成铭文时或许有所省简,但究竟有没有省简,我们也不知道。

② "王若曰"一句,过去训解《尚书》的人将"若"训为"顺",义为"王顺着说",可什么叫"王顺着说"呢?搞不明白,"王"有时候说话就和你呛着?所以这种讲法讲不通。实际上"若"就是"如此"的意思,"王若曰"即"王如此说",董作宾先生有《王若曰古义》一文。[①]

③ "盂"一句,王对大臣一般都是直呼其名,除非和"王"有更高的辈分关系,又或者是特别重要的大臣,比如《洛诰》中"王"就称"周公旦"为"叔父",因为

[①] 董作宾:《王若曰古义》,载《说文月刊》第四卷合刊,1944年。

周公旦就是成王的叔父，可即使是亲属，也就是称呼一下，并没有什么特别的尊敬，因为"王"的地位最高。

④ "不（丕）显玟王受天有大令（命）"一句，金文中总是说"文王受命"，清华简《保训》有"惟王五十年"，可见周文王死时已有"王"的称号。这里的"五十年"并不是说"文王即位五十年"，应该是说文王在某个特定时间称王。据传世文献记载，"文王称王"应是在从纣王的监狱回国之后。由《保训》的内容可知，文王本人并不认为自己已经做了"王"，而是希望武王真正受大命，但后人尊重文王，认为文王是最早称王的，所以说"文王受天有大命"。至于说"受命"的标志，在纬书中有种种说法，这个问题我们不必深究。此处的"文王"之"文"作"玟"，但后面有"王"字，所以不能把"玟"读为"文王"。金文中有"玟""珷""瑚"，这种字有时作为一个字读，有时作为两个字读，要灵活看待。在商周文字里面，"有"常常是名词前面的一个虚字，比如"天佑我有周"等，"有周"就是"周"，并没有其他的意思，所以"受天有大命"就是"受天大命"。很多学者不赞成"文王称王"，特别是崔东壁的《丰镐考信录》。① 实际上不赞成"文王称王"的这种观点，宋朝的欧阳修就提过，虽然宋人有"疑经"之风，但这种"疑经"与后来的新文化运动不一样，实际上宋人是最为"尊经""尊王""尊孔"的，他们是用道德伦理的观点来衡量文献。之所以

---

① 崔述：《丰镐考信录》，载《崔东壁遗书》，第161-259页，上海：上海古籍出版社，2013年。

宋人不认为"文王称王",是因为文王是圣人,圣人是不能造反的,孔子说"三分天下有其二,以服事殷",所以文王是不能称王的,之后一直到崔东壁也是这种说法。但周人并不这样认为,周人认为"文王受天有大命",也就是文王称王了。史墙盘、逨盘讲周王的系统都是从文王讲起的。据《中庸》记载①,武王克商之后,周公追王太王、王季,并没有追王文王,因为文王已经称王,所以就不用追王。如果《中庸》的记载可信,那么我们还可以知道一点,就是最近周公庙出土的"自王季"的那片甲骨,它的时代应该是在武王克商之后。

⑤"粦(在)珷王嗣玟乍(作)邦,闢䍙(厥)匿,匍有三(四)方,昚正厥(厥)民"一句,金文中的"在……",一般是讲过去的事情,义为"昔日",何尊有"昔在尔考公氏"。"嗣"义为"接替",也就是说武王接替了文王。"玟"字还是读为"文王"较好,这和"珷王"的读法不太一样,"玟"可以读为一个字,也可以读为两个字,当时的习惯就是如此。"乍(作)邦"就是"创建国家"。"闢"即"䦯"之古文,见于《说文》,"䦯"训为"除"。"匿"通"慝",训为"恶","䦯厥慝"犹言"除其恶",也就是"除去商朝晚年的暴政"。"匍有三方"之"三"即"四",中国古代的数字"一""二""三""四"都是积画,因为当时只有算筹,没有算盘。据数学家钱宝琮先生考证,中国从明代中叶才开始推行算盘,最初的算

---

① 整理者按:此即《中庸》"武王末受命,周公成文武之德,追王太王、王季,上祀先公以天子之礼"。

盘是分为两栏的，上栏是一个珠子，和今天日本的算盘一样。今天中国的算盘上栏是两个珠子，其实一个珠子就够用，我认为今天日本的那种算盘比较实用，因为日本的算盘可以做得很长、很窄，是非常好的。今天所写的"四"，古文字作"𦉫"，是"呬"的初文，原义指"喉"，后来假借为数字的"四"。"匍有四方"见于《金縢》，作"敷佑四方"，"敷"训为"广"，义为"广保四方"。《诗·大雅·皇矣》有"奄有四方"，"奄"通"盖"，也是"广"的意思。秦公簋有"灶圉四方"，"灶"读为"造"，也有"广"的意思。我认为"有"理解为"佑"，训为"保"更好，若读为"占有"，由王本人说出来似乎不太客气。"敷佑四方""奄有四方""灶圉四方"都是当时的习语，研究《诗》《书》中的这些习语，是王国维先生最早提倡的，王先生认为如果整理好这些习语，那么读《尚书》就如"乡人之相与语"[①]，就好像是老乡见了面谈话一样方便。"䶂"字是从"允"声的，"䶂"即"畯"字，训为"治"，这个"治"有两层含义，其一为"统治"，其二为"纠正"。

⑥ "𢓊（在）雩（于）卹（御）事，𢼛酉无敢酖，有𦎫靠祀无敢醺，古天异临"一句，"在"指"过去"，也就是"昔在"。"雩"相当于"惟"。"卹（御）事"即"用事"，此处指"文王、武王时的执政之臣"。"𢼛"读为"且"，训为"其"。"酉"即"酒"，所以"酖"一定不是"酒"。"无敢"就是"不敢"，"醺"字到今天还没有读出来，因

[①] 王国维：《与友人论〈诗〉〈书〉中成语书》，载《观堂集林》，第75-84页，北京：中华书局，1959年；又见《尚书覈诂》序言。

为我们还没有找到一个与之完全相同的字,所以这个字有好多种说法。王国维认为"亥"即"天",所以"醓"可读为"醓",也就是古书中的"湛"。①王说不合理,因为这个字上面是从舌的,所以这个字一定是一个从舌、从火的字,可是这个字读不出来。孙诒让认为"醓"字从舌,而"舌"与"甘"有关,读为"酣",义为"醉酒"②,"酉无敢醓"也就是"喝酒的时候不能过度"。"兹"字从"此"声,甲骨文有"𣥂",裘锡圭先生认为是"须"③,像人脸上有胡须,"兹"也就是"髭"。在这里"兹"读为"柴",也就是甲骨文中的"燎祭",现在天坛前还有"燎祭"的设备,谓之"柴炉"。"𢍰"从"登"声,读为"烝",也是祭祀的一种。"醓"字,是从"夒"的,"夒"可读为"柔"或"忧",所以"醓"可读为"忧",训为"乱"。《论语·乡党》"唯酒无量,不及乱",就是喝多少没有限制,但不能喝醉了撒酒疯。李卓吾批到这里的时候,就说"真大圣人",这是真正圣人的话。一般来说是不敢多喝酒的,但一定要饮酒的时候,是不能喝醉的。"古天异临"的"古"读为"故"。"异"读为"翼",义为"保护",《诗·大雅·生民》"诞寘之寒冰,鸟覆翼之"。"临"即"视"。

⑦"子法保先王,□有三(四)方"一句,"子"义为"你",这是读大盂鼎很关键的一个地方,过去读大盂

---

① 王国维:《观堂古金文考释五种》,载《王国维全集·第十一册》,第326页,杭州:浙江教育出版社,2009年。
② 孙诒让:《古籀余论》,第42-45页,北京:中华书局,1989年。
③ 裘锡圭:《读〈安阳新出土的牛胛骨及其刻辞〉》,载《裘锡圭学术文集·甲骨文卷》,第7-12页,上海:复旦大学出版社,2012年。

鼎有一个问题,就是没有明白大盂鼎讲了一个什么事。铭文开头讲先王,也就是文王、武王,再讲大臣,史墙盘、逨盘都是如此,最后落实到个人,即"子",也就是"盂"。"子"作"你"讲,见于《尚书·洛诰》"朕复子明辟"。"法"字读为"废",《尔雅·释诂》"废,大也"。"□"字不清,是范坏了,但不会是"匍"字,因为上面有三个点。康王在命辞中首先回顾了文王、武王的一些事情,之后又讲了"御事",也就是这些大臣,他们都不敢乱喝酒。为什么提到"酒"就会联系到天呢?因为周人祭祀尚"臭",就是以祭物的馨香上达于天,"酒"是祭物的一种。

⑧ "我聞殷述令(命),佳(惟)殷㓞侯、田雩殷正百辟,率肄于酉,古丧白"一句,"聞"是"闻"。"述"即"遂",读为"坠","坠命"就是"失掉天命",与"受命"相对。"坠命"见于《尚书·君奭》"殷既坠厥命"。"殷"指"大邑商",也就是殷直属的王畿。"㓞侯、田"即"边侯、甸","侯""甸"指"侯服""甸服"而言。甲骨文中有"多侯""多甸",都是指"诸侯"而言,与"种田"无关,这些是殷的外服。"雩"义为"与",是一个连词。"正"训为"官",或者是"尹",泛指"朝廷官长"。"辟"训为"君",这里的"君"指的不是"君主",而是"大臣","殷正百辟"就是殷的内服。"殷正百辟"和"殷边侯、甸"阐述了商代的政治地理结构,周也是如此,周的诸侯有些是封建的,有些是异姓归附的。"率"训为"皆",作册般铜鼋有"率亡废矢","率"就是"皆"的意思。"肄"训为"习",现在有些人读完书了,却没

有拿学位就叫"肄业",也就是"习业"。"酉"即"酒","率肄于酉"即"皆习于酒",也就是"整天喝酒"。不仅是纣王做了酒池肉林,殷的臣子和诸侯也都喝酒,大家知道他们喝的是什么酒吗?他们那时候喝的是米酒,也就是"醪糟"一类的东西。江浙人喜欢喝黄酒,黄酒喝起来没什么,但喝醉了却几天醒不过来。大家要知道,《酒诰》之"禁酒",并不是简单地禁酒,"酒"只是一个符号。纣王是第一个用象牙筷子的人,也就是"象箸",用了"象箸"就不会吃一般的东西,所用的东西也会不同,与之相伴随的就是喝酒、享乐,所以"禁酒"实际上禁止的是一种腐化的社会风气。"古"读为"故","丧自"之"自",训为"众","丧自"谓"丧失民众",甲骨文有"丧众",《诗·大雅·文王》有"殷之未丧师"。上面说"殷坠命","失天命"表现在什么地方呢?就是"丧失民众"。

⑨ "已,女(汝)妹辰又大服,余佳(惟)即朕小学,女(汝)勿觅余乃辟一人"一句,"已"是叹词,"王"说话的时候还要表示感情,"已"作为叹词,又见于《洛诰》和《康诰》等。"女"读为"汝",指"盂"本人。"妹"是虚词,相当于文献中的"末",是为了加强语气,这是裴学海先生的意见。[①]裴先生是很著名的学者,对中国文言语法极有贡献,特别是在虚词研究方面,代表作是《古书虚字集释》。他继承"高邮二王"的传统,对于虚词的发挥差不多已经做到极致了。裴氏是王国维先生

---

① 裴学海:《古书虚字集释》,第862页,北京:中华书局,1954年。

的弟子,清华国学研究院的毕业生。"妹"用作虚词,金文中也比较常见,比如说一个很著名的铜器——它簋,该器是刘体智的旧藏,现藏比利时布鲁塞尔。它簋也是康、昭时器,和大盂鼎时代差不多,它簋盖铭有"乃妹克卒告刺成功",再有就是"乃沈子妹克蔑"。这里的"妹"就是助词,加强语气,"乃"就是"你","妹克"就是"克",训为"能"。"卒"义为"完成","刺"即"烈",义为"伟大的","蔑"训为"劳"。前两年周公庙出土的背甲也有"妹克"一词,"妹克"就是"克"。

"妹辰又大服"的"辰"读为"振",训为"起",义为"始","服"即"职事"之义,"汝妹辰又大服"也就是"你早就任有要职"。"余隹(惟)即朕小学"的"即",训为"就",义为"到"。"女(汝)勿㲋余乃辟一人"的"㲋"读为"逸",义为"放纵","余"是"我","乃"是"你的","辟一人"是指"君主","余乃辟一人"是同位语,即"我,你的君主"。这种语法在希伯来文献中常见,英国一直到维多利亚王朝时,英国女王还说"我,你的君主"。"汝勿㲋余乃辟一人"即"你不要放纵我",从这里就可以看到,"盂"在康王很小的时候,曾经教导过康王,是康王的小学老师,所以有人认为"盂"是一个年轻人,这是不对的。大盂鼎作于康王二十三年,此时康王的年纪也不小了,因为《顾命》中说康王在成王去世的时候,已经能够自由行动、讲话了,我们假定成王去世时康王十几岁,二十三年之后,康王也已年近四十了,此时的"盂"也应该是老人了,又由小盂鼎可知"盂"曾经出征打仗,所以"盂"的身份应该是老将兼康王的小学老师。大家要知道，在战国之前，中国的教育是文、武不分的，"六艺"中就是文、武皆有，当时的"师氏"就是老师。从西周金文中看，"师氏"也是打仗的，金文中常见"师氏虎臣"，"师氏"是率领四夷的人，"虎臣"则是特意选的一些御林军。

⑩"今我隹（惟）即井㐭于玟王正德，若玟王令二三正"一句，"井"读为"型"，义为"效法"。"㐭"即"㐭"，读为"禀"，训为"行"，何尊的"复禀武王礼"即"复行武王礼"，此句中"㐭"应与"型"同义，引申为"学习"。"正德"即"大德"。"若"就是"像……一样"，"二三正"的"正"，指的是"官员"，"二三"是"多""诸"之义，马王堆帛书中有"二三子问"，此处的"二三子"，亦指"诸子"而言，而不是"两三个"。"今我隹（惟）即井㐭于玟王正德，若玟王令二三正"即"现在我学习文王的大德，就像文王任命他的官员一样"。

⑪"今余隹（惟）令（命）女（汝）盂䌛燮，苟（敬）雝德巠敏，朝夕入谏，亯奔走，畏天畏"一句，"䌛"读为"绍"，义为"辅助"。"燮"即"荣"，是人名，"荣"是一位重要的官员，故宫有荣簋，是方座四耳簋，时代也是康王。有人认为"荣"是"荣伯"，不确，因为"荣伯"不能简称为"荣"。"雝"就是"雍"，训为"和顺"。"巠"训为"常"。"朝夕"义为"常常"，并非仅指"早晚"。"谏"即"谏"字，"入谏"即"入谏言"。"亯"训为"献"，"奔走"义为"服务"，麦方尊有"亯奔走令"。"畏天畏"即"畏天威"，义为"畏惧天的威严"。命辞中有很多教育的话，虽然"盂"做过康王的小学老师，但

"王"在命辞的时候,是不会客气的。成王也是如此,周公摄政的时候,成王说话也是这样,也没有客气过,周公还是成王的叔叔,所以当时的君主还是很有威严的。

到此处为止,大盂鼎的前半段就讲完了,大盂鼎太长了,这一次讲不完,我们先讲一下邢侯簋。

邢侯簋

邢侯簋(见图3、图4)现藏伦敦大英博物馆,是大英博物馆最重要的铜器之一,上次我们提到的沬司徒送簋,也在大英博物馆。大家看一下邢侯簋的字,字体风格和大盂鼎很像。

图3 邢侯簋

图4 邢侯簋拓本

邢侯簋释文:
隹(惟)三月,王令荣(荣)眔内史①

曰:"荨井侯服,易臣三
品:州人、重人、㒸人②。"搴(拜)
頴(稽)首,魯天子宥㡭(厥)瀕
福,克奔徙③,上帝无冬(終)令(命)
珩(于)有周,追考,对不敢
㒸,卲朕福盟④,朕臣天子,
用塑王令(命),乍(作)周公彝⑤。

①"王令燓眾内史"一句,"燓"是人名,"燓"即"榮",是当时的一个大官。"眾"训为"与"。"内史"是史官。西周金文完整的册命中,会有一个"右者"和一个史官,"右者"是带领被册命者进来的那个人,而史官是给受命者作册命的人。"右者"一般是被册命者的上级,当然这不是绝对的,邢侯簋中的"右者"就是"榮",当然"榮"不会是邢侯的上级,应该是与这次册命有关,"榮"的职务应相当于后来的"宰相"。

②"荨井侯服,易臣三品:州人、重人、㒸人"一句,"荨"即"舍"字,义为"给予"。"井侯"即"邢侯"。"服"义为"职"。我认为邢侯簋的时代要早于麦方尊,邢侯簋是王封"邢侯"在朝为官,而麦方尊是"王命邢侯出陪,侯于邢",可能当时已经封"邢侯"于邢了,但"邢侯"在朝廷里为官,没有就国,这种情形在春秋早期还是很常见的。给了职务之后,还会再给"邢侯"一些臣仆。"品"义为"种类",保尊有"诞贶六品"。"易臣三品"即"赐臣三种",分别是"州人""重人"和"㒸人"。"㒸"作"郭",或作"廊"。"州""重""㒸"都是很小的地名,不会是国家,所以也不必详考。有人认为

"邢"在河南北部,那么"邢"也应在河南北部。现在看起来,"邢"并不在河南北部,而在河北邢台。

③"搽(拜)頴(稽)首,鲁天子寽氒(厥)濒福,克奔徔"一句,"拜稽首"的主语是"邢侯",而不是"荣",因为上文说"荤井侯服",也就是受赐者是"邢侯"。"鲁"训为"美"。"寽"即"造",训为"作"。"濒"训为"多"。"克奔徔"即"克奔走",义为"能够为王服务"。

④"上帝无冬(终)令(命)孖(于)有周,追考,对不敢豕,卲朕福盟"一句,"无冬令"即"无终命",就是"没有终止的命",也就是"永命",相当于"endless"(无尽)。"追考"即"追孝"。"豕"即"述",读为"坠",训为"失"。"卲朕福盟"之"卲",训为"明"。"盟"即"盟",义为"盟誓"。有人认为"盟"训为"明",义为"美",这也可以的。需要注意的是这里"盟"的写法,"盟"是从"囧"的,甲骨文中"明"字有两种写法,即"❴❵""❴❵","❴❵"也是从"囧"的,所以我一直认为甲骨文中的"日月有食",应是"明有食","明"就是指"太阳",古书中称为"大明"。①

⑤"朕臣天子,用丗王令(命),乍(作)周公彝"一句,"朕"读为"骏",训为"长",这是于省吾先生提出来的。② "丗"即"册",义为"记载",甲骨文有"❴❵",就是"册"字。"乍(作)周公彝"是为"周公"作器,所以周公是邢侯的父亲,并且此时周公已经去世了。

---

① 李学勤:《癸酉日食说》,载《夏商周年代学札记》,第 67-75 页,沈阳:辽宁大学出版社,1999 年。
② 于省吾:《关于"天亡簋"铭文的几点论证》,《考古》1960 年第 8 期。

邢侯簋是一件非常重要的器物，这篇铭文的书法非常好，并非当时所有的铭文都有如此好的书法，有的铭文书法很不好，包括天亡簋，天亡簋写得很草。

我在伦敦的时候，曾经把这件东西调出来看过，这是一件非常了不起的器物。比较遗憾的就是上面还有一些锈没法去除，因为要是把那些锈去掉，这件东西就坏了，但是那些并不是有害的锈，法国基美博物馆所藏的令簋就锈蚀得很厉害。

康王时代的这几件器物有共同的特点，比如都有"奔徒"这个词，再比如"造"字的写法都是从"舟"的。这些地方需要大家注意，就是在相同的时期内，所用的文字和词汇是相近的。以前我们强调铜器和文献对照，但是我们还应注意各个铜器之间的对照。过去的人常常注意不到这一点，这是因为前人对青铜器的分期做得还不是很细，或者有些不正确的地方，常常把一些不同时代的器物放在一起，所以不能去做对比了。因此，做好青铜器的分期，它们的共同之处就会显现，这一点也是特别重要的。

下一次课我们把大盂鼎的后半段讲完，如果还有时间，我们就讲小盂鼎。讲小盂鼎有一个困难，就是没办法给大家印发铭文，《商周青铜器铭文选》中的拓本是现在最好的，可是小盂鼎的铭文比较大，如果印在A4纸上，大家可能会看不清，如果是这样，也可以用《西周铜器断代》中陈梦家先生手写的释文，虽然现在有些不同的看法，不过也没有关系。

· 2009 年上半年第十次课 ·

大盂鼎（下）、小盂鼎（上）

大盂鼎（下）

这次课我们把大盂鼎的后半段讲完，之后有两种进行方式，一种是留一段时间大家讨论一下，因为我们一直希望有一个讨论课，可还没有过。现在因为有停课等一些情况，如果中间再插两次讨论，我们就上不了多少课了，可能就讲不到西周中期了，下个学年准备讲西周中后期的器物。这样说起来，还是应该有一些讨论，我们先把大盂鼎讲完，再看具体的情况，如果时间允许，我们就留一个小时的时间讨论一下。如果时间不允许，那我们就采用另一种方式，继续讲小盂鼎，小盂鼎一次可能讲不完，究竟需要多少时间，我也不知道，这一点必须承认，因为我从没在课上讲过小盂鼎，时间不太容易控制，希望大家原谅。

现在我们接着讲大盂鼎，大盂鼎实际上是一个"册命"，大家可以看见它已经相当规范化了。现在讲"册命"的一些文章，总是认为"册命"的规范化要到西周中期，我觉得这样讲不够精确，应该说青铜器中"册命"格式的规范化是在西周中期。"册命"本身在西周初年的时候已经相当规范了，大盂鼎就是其证，但是和西周中期以后的册命比较，还有一些不同的地方，这个不同不是说"册命"的原本不同，而是在制作金文时摘录的内容有所不同。

如果大家有兴趣看一下二者的不同，我们可以拿大盂鼎和西周晚期宣王时代的逨鼎、逨盘来比较一下，你会发现还是有很多相似的地方，应该说近似程度比差异程度要大。这说明整个西周时期，"册命"是有固定的格式的，基本上差不多，当然一定会有所不同。大家要知道，就算是清代诰命的原物，现在存世的也不太多了，前些年有一家博物馆有这样的一件东西，就拿来做研究，结果就发现其他几家博物馆收藏的诰命，它们的词基本上都差不多。实际上这些东西从来就差不多，就好像墓志铭一样，从北魏以后，特别是唐代的墓志铭，基本上都是一个格式。因为这类的东西当时多是一种文件，不可能做到每个人都编一套，所以大同小异，"册命"也是如此。从大盂鼎可以看出，这种"册命"形式可能在周以前就已经存在了，现在我们看不到很多商代的材料，可从甲骨文的一些痕迹来看，估计商代已经有与之类似的东西了。

大盂鼎释文：

隹（惟）九月，王才（在）宗周，令（命）盂①。王若曰②："盂③！不（丕）显

玟王受天有大令（命）④，犺（在）珷王嗣玟乍（作）邦，闢氒（厥）匿，匍有三（四）方，畯正氒（厥）民⑤；犺（在）雩（于）卸（御）事，虩

酉无敢醒，有髭藉祀无敢醻，古天异临⑥。

子法保先王，囗有三（四）方⑦。我䎽殷述令（命），隹（惟）殷边侯、田雩殷正百辟，率肄于酉，古丧

自⑧。已，女（汝）妹辰又大服，余隹（惟）即朕小学，女（汝）勿兇余乃辟一人⑨。今我隹（惟）即井𢍰于玟王

正德，若玟王令二三正⑩。今余隹（惟）令（命）女（汝）盂嚻燮，苟（敬）雝德至敏，朝夕入谰，享奔走，畏

天畏⑪。"王曰:"於!令(命)女(汝)盂井乃嗣且(祖)南公。"⑫王

曰:"盂!廼盟夹死虩戎,敏諫罰讼,夙夕盟

我一人,雩三(四)方雩我其遹省先王受民受

彊(疆)土⑬。易(锡)女(汝)鬯一卣,冂衣、市、舄、车马,易(锡)乃

且(祖)南公旂,用獸⑭。易(锡)女(汝)邦虩三(四)白,人鬲自

驭至于庶人六百又五十又九夫,易(锡)尸虩王

臣十又三白,人鬲千又五十夫,遹寁鄩自

厥(厥)土⑮。"王曰:"盂,若亏乃正,勿灋(法)朕令(命)⑯。"盂用

对王休,用乍(作)且(祖)南公宝鼎,隹(惟)王廿又三祀⑰。

⑫ "王曰:'於!令(命)女(汝)盂井乃嗣且(祖)南公。'"一句,铭文开头用了"王若曰",后面一般用"王曰",多数不再用"若",通常的格式是这样。"於"即"呜",是叹词,"呜"作为叹词,又见于《尚书》的《皋陶谟》和《益稷》。"册命"并不是仅仅给一些舆服,更重要的是给一些命令和职务。"井"读为"型",义为"学习"。"乃"义为"你的"。"嗣"义为"继承","嗣且"即"所嗣之祖",也就是"所继承的祖先"。"南公"是"盂"的先祖,这点很重要,说明了"盂"的家族是"南氏"。古人的注疏中认为"南氏"可能就是"南宫氏",孔子的弟子就有姓"南宫"的,可以简称为"南"。但在西周金文中,"南宫氏"能不能简称为"南",还是不太清楚,西

周晚期的青铜器有把"南宫"简称为"南"的例子,可是西周晚期的例子能不能套在早期上,这还是可以讨论的。从整个西周来说,"南氏"和"南宫氏"是并存的,金文中的"南宫"可能是一个王子,还有的铭文作"南宫姬",这说明"南宫"是姬姓,并且有与"虞""芮""倗"通婚的例子,可见"南宫氏"在当时是很重要的。不过这里有一个问题,南宫姬和"虞"通婚,可虞国也是一个姬姓国,这究竟是怎么回事,还有待研究。不过无论如何,大盂鼎中的"南公"是非常重要的一个人。"南公"比"盂"大两辈,"盂"是康王晚期的人,而且比康王的年纪还要大,所以"南公"应该是文王、武王时人。类似的估计有很多,我们可以以此为尺度,来推算成、康的年数。这句的意思是让"盂"效法他所继承的祖先"南公",这说明"盂"所任之职是"世官"。大家要知道,这是周代的一个特点,并且在春秋时期也可以看得很清楚。所谓"世官",就是一个家族几代都担任类似的官职,当然这不是必然的,并不是说父亲做什么,儿子就做什么,可常常是如此。这种情况在军事性和技术性的官职中最为常见,比如史墙盘,史墙家族的几代人一直都做史官。但是这里为什么没有提到"盂"的父亲呢?可能是"盂"的父亲没有担任过这个官职,或者是"盂"的父亲虽然做过这个官,但"盂"的祖父是第一个担任此官的人,所以就不用再提"盂"的父亲,这些地方我们不要过分推论,因为铭文中并没有说清楚。"盂"的父亲应该叫"某伯",在小盂鼎上有,因为"伯"前一字已残,所以还不知道。

⑬"盂！廼盥夹死嗣戎，敏諫罰讼，夙夕盥我一人，䢰三（四）方雩我其遹省先王受民受彊（疆）土"一句，"廼"是虚字，训为"是"，或者训为"此"，有"指示"的性质，与"乃"字有别。"盥"读为"绍"，义为"辅助"，"夹"也是"辅助"的意思，"死"读为"尸"，训为"主"，"嗣"与"死"同义，成语有"尸位素餐"。狭义的"戎"，在文献中专指"戎车"，也就是"战车"，或者是专指"戎兵"，也就是"兵器"，在这里还是理解为广义的"戎"，也就是"军事"。因为如果分得那么细，那么"盂"的官职就不会那么高了，实际上"盂"的官职特别高。"嗣戎"之官相当于"司马"，那么"盂"辅助的是谁呢？根据上文来看，"盂"所辅助的是"荣"。故宫有一件荣簋，是一件四耳簋，虽然铭文不长，但赐贝是"百朋"，所以"荣"的地位比"盂"要高，这里不妨猜想一下，按照《周礼》来说，"荣"是大司马，而"盂"是少司马。"敏諫罰讼"的"諫"字，争论很多，有人释为"谏"，因为前文的"谏"是一个从"阑"声的字，如果是同一个字，就不能换一种写法，而且"敏谏罰讼"也不通，所以这个字讲为"谏"是不合适的。"諫"字《说文》中有，实际上就是"促"字，《说文》"舖旋促也"，所以"諫"有"快"义，与"敏"差不多。"罰讼"就是"惩罚、诉讼"，是与"法律"有关的事情，"敏諫罰讼"就是"快速、严谨地处理法律上的事情"。封一个人官职，同时给予其审判的权力，在金文中是很常见的，但这并不是一般的法律审判，而是在其职务范围之内的赏罚权，不是让这个人同时兼任法官。任何一个比较复杂的社会，

司法之权一定是集中的,如果随便哪个官都能审点什么,那就会造成天下大乱。有些时候司法权看起来不太集中,但实际上还是集中的。近年来出土了很多秦律和汉律,这里面记载,在一个县里面,是由"县丞"来掌管司法的,而不是"县令",可见在当时的"县"里有明确的职责分工,如果分工不明确,那司法就很难执行。而金文册命中给予的"罚讼"之权,是被册命人职责范围内的权力,这一点过去讲金文的人常常会弄混,以为西周时期任何一个官员都有权力判刑,这是不可能的。西周在文王时期就有明确的刑法,即"九刑",这在《尚书》中有明确的记载。"夙夕"即"日夜",也就是"常常"的意思。"盨"义为"辅助","我一人"一般作"余一人",这个"我"字也可以当主格用。"登"即"烝",训为"君",见于《尔雅》,"登三方"即"君临四方"。"通"即"达","省"义为"考察","先王"指文王、武王、成王。"受"指"自天而受"。"雩我其通省先王受民受疆(疆)土"是"登三方"的状语,商周的句子中,语位常常会颠倒,"登三(四)方雩我其通省先王受民受疆(疆)土"就是"雩我其通省先王受民受疆(疆)土而登三方"。

⑭"易(锡)女(汝)鬯一卣,冂衣、市、舄、车马,易(锡)乃且(祖)南公旂,用邎"一句,"鬯"的本义是一种香草,此处指用香草酿成的一种酒。按《礼记》的说法"周人尚臭",周人的祭祀是以香气上达于天,所以一定要用香酒,当然商朝也用。"鬯"的单位是"卣",我们现在可以看到很多商周时代的提梁卣,但是现在所称的"提梁卣"是北宋人的命名,"卣"按《周礼》的讲

法是"中尊",但究竟是否为古书中的"卣"还有待考证,因为迄今为止还没有一件提梁卣是自名为"卣"的。从字形来看,"卣"像"瓠瓜"之形,可以想象"卣"最初是由植物制成的,用像是葫芦这类的东西做的,可是这种东西很少,而且与这种东西不相称,所以我们还是称之为"提梁卣"。"鬯"在甲骨文中也有,赏赐的时候数量都很少,可见"鬯"在祭祀时是很重要的东西,是很珍贵的,在这么大的赏赐里面还是如此,只有"一卣"。"冂衣"到今天还是没有一个明确的说法,早期的学者释"冂"为"冕",但"冕"在赏赐里面是很少用的。我过去认为读为"冃"比较好①,可是"冃衣"不见于古书。清代以来有人读为"絅衣",是一种锦衣,见于《诗经》。但是西周中期的金文中有"同"字,所以"冂"和"同"是否相同,还有待进一步证明。这个字到现在为止没有一个统一的说法,但读为"絅衣"从文献来看是最好的。"冂衣""市""舄""车""马"合在一起就是"舆服",古人的等级制度要以服饰来明显体现,就好像今天的军队一样。今天的军队比过去平等,可还是有区别,因为级别是必须标示出来的,所以就要配肩章。大家知道美国的元帅原来最高就是四星,五星元帅是在第二次世界大战中特设的,因为当时是盟军协同作战,而当时英国的军衔比美国高一级,美国人没有办法,只有加一个五星上将,否则没法联合作战。总之不管穿的是什么衣服,甚至就是一件迷彩服,上面有几颗星也一定要标出来,

---

① 李学勤:《新出青铜器研究》,第40页,北京:人民美术出版社,2016年。

要不然没有办法更好地发号施令。在一个等级森严的社会里面，必须让人一眼就能看出其身份，就像在社会中要一找就能找到的人，必须要穿明确的衣服，比如警察。在古代的时候，只要穿的衣服不一样就行了，到了清朝，戴什么顶子，用什么样的补子都有明确的规定，而且有时候还有些变化，绝不像电视剧中的那样，现在京剧里面也是混合了一些明代的东西，并不是很准确。清朝最重要的东西就是顶戴花翎，花翎是要赏赐的。大家知道这个故事吧？道光皇帝很简朴，他跟小太监的关系很好，有一次所有的太监到道光帝那里请愿，跪倒了一片，说我们伺候皇上一辈子，连一个顶戴都没混上。可皇上也没法处理这个问题，因为法律里没有规定太监可以用什么样的顶戴。传说道光就创造了一个，说给你们一个白玉顶戴，所以后来大家认为白玉顶戴很难看，因为是太监戴的。当时最重要的就是"舆服"，"舆"是"车马"，"服"是"服饰"。毛公鼎中就有对"车"的一系列描述，比如说什么地方是金的，以及各种铜零件，这些都有明确规定。这在各个时代并不完全相同，把各个时代的东西画成一个表，恐怕我们现在还做不到，因为各个时期有不同的变化，并且材料有限，我们知道的也不多，像《周礼》中的很多东西，我们也不懂。但铭文中的"车马"应是与"盂"身份相当的车马，不会是一般的车马，虽然看起来很简单，因为这是比照"盂"的祖先"南公"而言的，实际上这已经是很大的恩宠了，特别是"易（锡）乃且（祖）南公旂"，"乃"义为"你的"，"旂"就是"旗"，"王"所赐的旗子就是"南公"本人所用的旗子，应该是文、武时期特别赐的。关于"旗子"的问题可参看孙诒让的《九旗古义述》。"遛"旧读为"狩",不确。"遛"应读为"守",即"守其职位"。

⑮ "易(锡)女(汝)邦嗣三(四)白,人鬲自驭至于庶人六百又五十又九夫,易(锡)尸嗣王臣十又三白,人鬲千又五十夫,遜寴鄙自乎(厥)土"一句,这一段铭文引起了大家很多的争论,最大的问题出现在"人鬲"。很多学者把"人鬲"作为一个词来读,我认为西周金文中有两个大问题,一个是"明公",再有一个就是"人鬲",这两个问题总是牵扯不清。这里说的是我个人的意见,说的不一定对,仅供大家参考。这段铭文讲所赐的人有两部分,一部分是"邦嗣三(四)白",另一部分是"尸嗣王臣",这里面并没有赐给"盂"土地,由此可知"盂"应是一个王朝大臣,不是外面的诸侯,所以给"盂"的赏赐以人为主,可是大家不要认为只有人,而没有地,因为下面说的都是"夫",按照周制的"一夫受田百亩",也就包括了采邑,按规定每个"夫"都应该是有地的,但这里重点不在于地,而在于人。人有两种,一种是"邦嗣",另一种是"尸嗣"。"邦"训为"国","邦嗣"就是"邦之有司","邦人"见于《金縢》,就是"周人",所以可以理解为"周人的有司","有司"亦可简称为"司",《尚书·立政》有"百司",《左传》有"诸司"。"白"即"伯",训为"长",可见"邦人"也是有君长的,分成"四伯","邦嗣三(四)白"的结构与宜侯矢簋中的"奠七伯"一样。"人鬲"一词,清人方濬益读为"民献"①,

---

① 方濬益:《缀遗斋彝器考释》卷二,载《金文文献集成》第十四册,第 68-70 页,香港:香港明石文化国际出版有限公司,2004 年。

即《大诰》的"民献有十夫"之"民献"。大家要知道,清代研究金文的学者,对于《诗》《书》都是很熟悉的,所以一看到"人鬲"就想到"民献",从此之后一直到今天,很多人还把"人鬲"读为"民献"。可是这样读是非常困难的,"献"是"贤"的意思,贤人的数量是很少的,《大诰》是"民献有十夫",铭文中又怎么会有这么多贤人呢?虽然"人"和"民"可以通用,但"鬲"和"献"是很难通的,所以读为"民献"不确,这也不是我来反驳的,是省吾先生的老师吴闿生指出来的。① 后来的一些学者,自孙诒让以下,就指出"人鬲"与《逸周书·世俘》的"馘磿"有关。《逸周书·世俘》"武王遂征四方,凡憝国九十又九国,馘磿七万七百七十有九,俘人三亿万有二百三十"②。"憝"读为"敦","征伐"之义。"亿"是"十万",所以俘人有三十多万,馘磿有七万多,小盂鼎中"馘"与"人"对称,所以《世俘》中也应是"馘"与"人"对称,而非"磿"与"人"对称。那"磿"应当怎么讲呢?这是孙诒让指出来的③,孙诒让认为"磿"就是"历(歷)",义为"数","人鬲"即"人数"。令簋有"臣十家,鬲百人",就是"十家的臣,数目是一百人"。清华简《保训》的"王念日之多鬲(历)"也就是"王念日之多数"。"駿(驭)"指"驾车的人",大凡驾车的人,地位都不低。"庶人"指"没有爵位的一般人"。所以"邦司"中的人有不同的种类,从"驭"一直到"庶人"。"庶

---

① 吴闿生:《吉金文录》,第48-49页,香港:万有图书公司,1968年。
② 整理者按:这一段话是经过校正的。
③ 孙诒让:《古籀余论》,第42-45页,北京:中华书局,1989年。

人"是没有爵称的平头百姓,但没有爵称不等于不用服役。大家知道,秦有二十等爵,二十等爵以下的人称为"仕伍"。"仕伍"就是一般的人,也就相当于"庶人",再往上可以一直到"驭","驭"是可以和将军在同一辆车上的,地位很高。因此,"人鬲"的"人"就不能仅仅解释成"奴隶"。"尸䣅王臣"的"尸"即"夷","夷䣅"即"夷人的有司","尸䣅王臣"即"夷人而为周臣者",也就是"在王朝统治下的夷人",是王朝的臣仆,不是与王朝对立的夷人。西周军队中常有"蛮""夷""戎""狄"之人,也就是"四夷"之人,大家读《周礼》就可以知道,这就是"四夷之吏",这点是丁山先生指出的。① 实际上"秦人"也是这样的一种人,将来我们读金文都会读到。丁山先生原来在史语所,后来去了山东大学,但在新中国成立之初就去世了,因为他有肺病,病得很厉害,我自己没有见过他。我刚到中科院历史所的时候,分给我的第一个任务就是编丁先生的稿子,这个稿子原来是给《历史研究》编辑部的,但《历史研究》编辑部没有人搞这个东西,于是就把这个稿子给我了,是我帮着编出来的。这个稿子也就是后来的《甲骨文所见氏族及其制度》,原稿并没有经过整理,所以特别乱,当时是一大包,后来我一点点给贴起来,凑成了现在这个样子。当时我加了一些东西进去,不然实在是连不起来,现在究竟哪些是他的原稿,哪些是我加的,我也区分不出来,而且那个稿子上也没有我的名字。"遹"读为"亟"。"㝬"读为"毕",义为"全部"。"鄩"即"迁"。"遹㝬鄩自㽙(厥)

---

① 丁山:《甲骨文所见氏族及其制度》,第36页,北京:科学出版社,1956年。

土"就是"快将这些人都迁到你的土地上。"

⑯ "盂,若芍乃正,勿灋(法)朕令(命)"一句,"若"即"你"。"芍"读为"敬"。"正"即"政",指"职务"而言。"灋"即"法",训为"废"。

⑰ "盂用对王休,用乍(作)且(祖)南公宝鼎,隹(惟)王廿又三祀"一句,这里的"王廿又三祀"是康王的二十三年,为什么不是成王呢?因为小盂鼎是二十五年,小盂鼎中明确提到了"周王""武王""成王",所以一定是康王的二十五年。

大家要知道,大盂鼎给我们的西周铜器断代带来了一些问题,难点在于大、小盂鼎的年数与《汉书·律历志》中刘歆所引的《毕命》不相合。在这种情况下,我一直主张用金文,因为金文是出土之物,未经后人篡改。

小盂鼎(上)

小盂鼎原器已不存在,但究竟怎么没的,还不太明白。道光以后,中国有几次战乱,多年以前就有一种传说,说小盂鼎埋在某处,被重新入土,现在也找不出来了。大家要知道,小盂鼎的铭文有四百字之多,所以小盂鼎不会比大盂鼎小多少,在这种情况之下,要想把小盂鼎全部毁掉是很难的,因此有谣传说把小盂鼎重新埋藏起来了,也是不无可能的。总之,小盂鼎今天并不在光天化日之下,如果在光天化日之下,像小盂鼎这种东西是藏不起来的,不管在世界上什么地方,一定会公布出来。所以到今天为止,没有人知道小盂鼎的大小以及形制,今天我们所能根据的只有拓本。

小盂鼎的拓本究竟有多少张存世,我们还没有做过调查。陈梦家先生认为小盂鼎的拓本天下只有一本①,这个说法不一定准确。但陈先生的释文,应该说是目前为止最好的,虽然后来我也写了一篇文章,提出了一点不同的意见,但从释文上来说,改进不多,只是将其中的"商"字,改释为"咸"。②之所以改进不多,其中一个重要的原因就是没有好的拓本,大家看拓本就可以知道,小盂鼎铭残泐很多。即使小盂鼎今天还在,恐怕也改进不了多少,并不是没有去锈的问题,而是铭文有残损的地方。之所以这样讲,是因为字最清楚的地方是高的,字不清楚的地方是凹进去的,这就说明是铭文坏了,而不是锈盖在上面,还有待去锈,这就很困难了。陈梦家先生所用的拓本是于省吾先生提供的,于先生所藏的是一张拓本的照片,我曾经问过吴振武先生,据吴先生讲,这张照片现在还在。大家有时间应该把《集成》中的拓本和《商周青铜器铭文选》的好好地对一下。我个人见过的小盂鼎的拓本是台湾"中研院"傅斯年图书馆的拓本,这个拓本与已发表的拓本相比并无改进。至于说上博的拓本是否也是这一本,还不能确定。因为傅斯年图书馆的拓本究竟是什么时候收藏的并不清楚,至少到现在还没有查出来。因此,现在还不能够告诉大家陈梦家先生的这个说法正确与否。我个人认为小盂鼎的拓本不见得只有一本,因为在清中晚期,传拓技术已经很普遍了,而且这件东西没有那

---

① 陈梦家:《西周铜器断代》,第104页,北京:中华书局,2004年。
② 李学勤:《小盂鼎与西周制度》,载《当代学者自选文库·李学勤卷》,第286-301页,合肥:安徽教育出版社,1999年。

么不禁拓，不管这件东西怎么珍贵，原器的收藏者也还是会拓的。就像毛公鼎，陈簠斋当年藏毛公鼎的时候，珍贵得很，根本就不以示人，可是他还是拓出了若干拓本。所以小盂鼎应该还有其他的拓本传世，不会只拓一本，可是即使有另外的本子，改进也不会不大。

　　小盂鼎铭文里面有一个最大的问题，就是铭文的第一行"惟八月既望，辰在甲申"，陈梦家先生的摹本上就有"甲申"两个字，但在拓本上怎么看也看不清楚这两个字，只能是凭想象，包括"中研院"的拓本也是如此，什么也看不清楚。可是在吴式芬《攟古录金文》的摹本中，"甲申"两个字却清清楚楚，因此陈梦家先生也不是把"甲申"作为补字来处理，因为吴氏的摹本上有。可如果吴式芬的摹本上有，那为什么现在的拓本上一点都没有呢？是不是因为做《攟古录金文》摹本的那个人见过原器，看见了"甲申"两个字，我们就不得而知了，因为那两个字不是想象出来的，是有两个真正的字的。这个"甲申"和下文的"翌日乙酉"正合适，但小盂鼎铭文太长了，中间是否有隔日子的情况，我们还不清楚，所以空的这两个字是不是"甲申"还没法回答大家。夏商周断代工程对这个问题采取的就是暂时搁置，因为要用这个材料，就不能用《毕命》，二者不能相合。可是吴式芬《攟古录金文》中的"甲申"，真真就是"甲申"，所以这个问题就处于两可之间了，我们没有办法解决这个问题。二十八祀觉公簋的时代如果是康王，就和小盂鼎的"甲申"正合适，如果这个合适，那《毕命》就不合适，这个问题怎么解决，也许我们还要等待更多的材料。总之，给大家提供的这张拓本就是这个样子，看得见的字谁都知道，看不见的字谁都看不见。

从这个拓本上还能看出一个问题，大、小盂鼎铭文的位置应该是一样的，都在鼎的内壁，那个时期长篇的铭文基本上是在内壁，不会在器底，因为它不是盘，也不是簋，盘和簋的铭文大都在内底，可鼎的铭文大都在内壁上。由拓片可知，小盂鼎的铭文并没有做成两个范，如果铭文在器底，可以做成一个范，但小盂鼎的铭文也不太可能是在器底，因为大盂鼎的足是中空的，小盂鼎也应是如此，即使是在器底，也不可能满底都是铭文。可是在器壁上一般都是做成两个范，因为器壁是有一定曲度的，所以这个问题是很费思索的。一种可能是小盂鼎很大，另外一种可能就是小盂鼎是一个方鼎，但小盂鼎是方鼎这一点并不可靠，据传说大、小盂鼎是圆的，而第三盂鼎是方的。如果小盂鼎是圆的，那就证明制范技术非常高明。可不管怎么猜想，小盂鼎一定特别大，因为铭文要是在器壁上，从拓本上看不出什么曲度，而且小盂鼎的字也不算太小。

大盂鼎讲的是册命，小盂鼎讲的则是器主的武功，也就是一个"献俘"的典礼。在这里特别需要说明一点，《三代吉金文存》中的小盂鼎拓本是一个剪贴本，因为书的版面没有那么大，所以就将拓本剪开，再附到书里面。我认为罗振玉是不会剪照片的，剪的是拓本，就像碑帖一样，是剪裱起来的，所以不能说小盂鼎的拓本天下只有一份。虽然小盂鼎的拓本很珍贵，但罗振玉不在乎这些，他就把拓本给剪掉了，就像很多甲骨拓本他也剪了一样。新中国成立之初，罗家的后人给过我一大包《前编》《后编》所剪掉的甲骨拓本的边儿，有的还有字，但后来我又还给他们了，要是不还给他们，我们可以拿来套那些甲骨拓本，可是这些东西现在已经没有了。问题在于罗振玉在1941年所印的《三代吉金文存》中所用的小盂鼎拓本的最后是"卅又五祀"，而且"卅"字中间那一笔还特别清楚，可现今所见到拓本都是"廿又五祀"，为何会是这样，还不清楚。有人认为是制版问题，我认为不可能，因为《三代吉金文存》是珂罗版，是要照相的。可即便将小盂鼎定在三十五年，依旧与《毕命》不合，而且带来了更大的问题。如果康王超过三十五年，而史载"成康之际，刑错四十余年不用"，那么成王的年数就没有多少了，因为成康一共也就四十多年。这是不合理的，好在我们所见到的多数的本子都是"廿又五祀"，史语所傅斯年图书馆的那件拓本也是"廿又五祀"。这是关于小盂鼎很重要的一点，因为现在没有器物了，只能看拓本，这就和过去所谓的碑帖学一样，很多东西只能是依靠拓本。所以我们用"廿又五祀"，也就是小盂鼎是二十五年，我认为罗振玉《三代吉金文存》中所用的拓本与史语所的应该是同一个（小盂鼎拓本及陈梦家释文见图1、图2）。

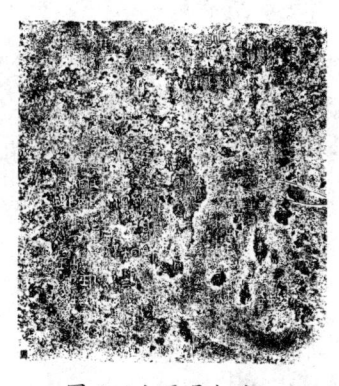

图1　小盂鼎拓本　　　　图2　陈梦家小盂鼎释文

小盂鼎释文：

隹（惟）八月既望，辰才（在）【甲申】，昧爽①，三左、三右、多君入，服酉②。明，王各周庙，【𠆤王、邦】宾，延③。邦宾隮其旅服，东乡④。盂吕多旂佩战（鬼）方……入南门⑤，告曰：王令盂吕……伐战（鬼）方，……【执】嘼二人，隻（获）馘（䤝）四千八百【又】十二馘（䤝），孚人万三千八十一人，孚（俘）马匹，孚车……两，孚牛三百五十五牛，羊卅八羊，盂或告曰：……乎蔑，我征，执嘼一人，隻（获）馘（䤝）二百卅七馘（䤝），孚（俘）人……人，孚（俘）马百三（四）匹，孚（俘）车百……两（辆），王……曰：……⑥。盂捧（拜）頴首，吕嘼进即大廷⑦。王令燮……嘼，鞫坒（厥）故⑧，【曰】："䟒白……战（鬼）闻，战（鬼）闻虘吕（以）婞……从。"咸，折嘼于……⑨。……吕（以）人、馘（䤝）入门，献西旅⑩；吕……入，燎周【庙】⑪。……入三门，【立】中廷，北乡⑫。盂告燹白（伯）即立（位），燹白（伯）……于明白（伯）、䰛（继）白（伯）……白告。咸。盂吕者（诸）侯侯、田（甸）、【男】……盂征告⑬。咸。宾即立（位），𠆤宾⑭，王乎𠆤盂，于厥……进宾，……大采，三周入，服酉。王各庙，祝延……二人，邦宾不祼⑮。……用牲，禘周王、【武】王、成王，……有逸⑯。王祼祼，祫𠆤邦宾，王乎……令盂吕（以）区入，凡区吕（以）品⑰。雩若翼乙酉，三事大【夫入，服】酉。王各（格）庙，𠆤王邦宾，延⑱。王令赏盂……弓一、矢百、画毓一、贝胄一、金干一、戚戈二⑲……用乍（作）……白（伯）宝隮彝，隹（惟）王廿又五祀。

①"隹（惟）八月既望，辰才（在）【甲申】，昧爽"一句，到今天为止，科学史家也说不清"辰在"的含义，

有一种说法是"日月交会谓之辰",可是在这里不能理解为"日月交会"。总之"辰在"是一种纪日的方法,这种纪日方法,一般是在西周早期偏晚和西周中期偏早,流行于西周中期,到西周晚期就很少见了。实际上"辰在"在康王后段以前并没有发现,现在所知道的最早的就是小盂鼎。"昧丧"即"昧爽",指"天要亮但还没亮的时候",大家可以看出古人是不睡懒觉的,清华简《保训》中也是"昧爽"。清朝宫里就是这样的,宫里的太监每天早上要叫早,告诉皇上要上朝了,当然清朝晚年就不是这样了。大臣们起得比皇上还早,要在千步廊,也就是现在人民英雄纪念碑两侧的那个地方等着进午门,然后一直走到乾清门,皇上一般不在太和殿,而是在乾清宫,所以大臣是要走很远的,一些岁数大的大臣进去的时候还是要走的,不能坐轿,因为碑上写着"王以下至此下马",所以当时的人还是很勤快的,不像我们现在出门就要坐公交车。

②"三左、三右、多君入,服酉"一句,"三左""三右"就是"六卿",陈梦家先生在《西周铜器断代》中引了《尚书·顾命》①,大家要知道,陈梦家先生做的小盂鼎的释文,是过去的学者中做得最好的,当年在《考古学报》上发表的时候,小盂鼎这一件器物就专做了一期。《顾命》"太保率西方诸侯入应门左,毕公率东方诸侯入应门右",《顾命》中的"三左""三右",当指"太保奭""芮伯""彤伯""毕公""卫侯""毛公"六人,注疏上就

---

① 陈梦家:《西周铜器断代》,第106页,北京:中华书局,2004年。

是这样讲，这是没问题的。也就是说，成王临终的时候请的大臣就是这六位，西周的铭文，特别是恭王时代的铭文，一出场就是六个，也就是所谓的"六卿"。当然并不是所有的场合"六卿"都要到场，这只是当时没有到，并不意味着当时没有"六卿"，由此也可以看出当时确有"六卿"之制。《顾命》中还有"百尹御事"，小盂鼎中的"多君"，就相当于《顾命》的"百尹"，"君"就是"尹"。"御事"就是"执事之人"，"执事之人"可大可小，"六卿"也是"执事之人"，"六卿"下面的人也是"执事之人"。据下文可知，"入"的地点是"周庙"，也就是"周的宗庙"，就相当于后来的"太庙"。"服酉"即"事酒"，就是"进酒"，也就是"把酒都摆放好"。以上的这些是预备典礼，由六卿及其下属来做，时间是在"昧爽"，真正的典礼要在天明之后开始，现在是为王的到来做一些准备。清华简的《保训》也是这样，要在"昧爽"做一些准备性的工作。

③"明，王各周庙，【爨王、邦】宾，延"一句，这句有缺字，我们可以根据后文试着补一补，【爨王、邦】就是根据后文补出来的。"明"指"天亮"。"各"即"格"，训为"至"。"爨"以前讲麦方尊的时候讲到过，这个字就是"瓒"，在这里读为"赞"，义为"进献"，"爨王、邦宾"就是"给王和邦宾敬酒"。"延"训为"遍"，《方言》："延，遍也。"也就是说每个人都要敬到。"王"是"周康王"。"邦宾"一词，"邦"训为"国"，所以"邦宾"就是《周礼·司几筵》和《礼记·丧大纪》中的"国宾"，《司几筵》引郑众说，以"国宾"为"老臣"，也就是"退

休人员",现在我们也有这样的人,虽然已经离开第一线,但是特别受尊敬。郑玄自己则认为是"诸侯来朝,孤卿大夫来聘",郑玄认为"国宾"是"客人",而非"老臣"。孙诒让《周礼正义》主张"国宾在王国则当为二王后,在侯国则当为他国之君来朝及王人来聘者"[1],孙诒让主张是"客"的说法,认为"国宾"是夏、商之后以及外来诸侯。总之"邦宾"是一种特殊的、受尊敬的人。

---

[1] 孙诒让:《周礼正义》,第1553-1556页,北京:中华书局,1987年。

· 2009 年上半年第十一次课 ·

小盂鼎（下）

  这一次继续讲小盂鼎，小盂鼎和其他的铭文不太一样，它残缺太甚，希望大家能够有耐心，我们也讲得慢一点，让大家尽可能地体会铭文中的内容。

  为什么小盂鼎这么著名？这有两方面原因：其一是小盂鼎的原器已经没有了，越是找不到的东西就越有名，大家就越觉得重要；其二是人们认为小盂鼎与"伐鬼方"有关。"鬼方"一词见于《诗经》和《周易》，但是小盂鼎中"伐鬼方"并不能够被证明，因为小盂鼎铭中的"鬼"与一般的"鬼"不同，是从戈，从甶的"戠"字。"戠"是不是"鬼"，我们还不知道，如果没有其他的证据，我们还可以沿袭"伐鬼方"的推论，可是在甲骨文中发现了"鬼方"。"鬼方"见于宾组卜辞，卜辞中的"鬼"就是普通的"鬼"字，而且甲骨文中也见到了"戠"字，这一点我在《殷代地理简论》中就提到了[①]，而且"戠子"见于宾组、出组卜辞，是同文的，黄天树老师在他的书中曾经引到[②]，今天我们不再特别讨论。

---

① 李学勤：《殷代地理简论》，第 73-75 页，北京：科学出版社，1959 年。
② 整理者按：此即黄天树《殷墟王卜辞的分类与断代》一书。

这里有一点要说明,就是"鬼方"一词,自古以来就有不同的解释,我在《周易溯源》中讨论了"鬼方"的不同说法。[①]"鬼方"最引人注意的是《周易》。《周易·既济》九三爻辞:"高宗伐鬼方,三年克之。"《周易·未济》九四爻辞:"震用伐鬼方,三年有赏于大国。"这里的"高宗"就是"武丁",虽然迄今为止"高宗"不见于甲骨文,甲骨文中有"中宗","高宗"见于《尚书》的《高宗肜日》。"高宗"即"武丁"这一点是没什么问题的,《孟子》中也是这样讲。从《周易》的记载来看,"高宗伐鬼方"一定是武丁时期一场很大的战争,但是如此大的战争,在卜辞中仅有三例提及,卜的还是同一件事,并且卜骨的时代与YH127的时代相当,这个事情很奇怪。大家要知道,很长的一个时期内,有人将甲骨文中的"舌"读为"甶","甶"是"块"的重文,又因为"块(塊)"是从"鬼"的,所以就认为"舌方"是"鬼方"。这种说法很巧妙,但无法得到证明,现在我们常常写作"舌",其实也无法证明。后来甲骨文中又出现了"百工","百工"之"工"并不作此形。可见在古文字领域中,某些传统观念看起来好像是人人都这么说,人人都这么用,但实际上还没有证明,不见得是真的,大家不要完全相信,特别是一些很常见的说法,这个就是其中之一。

《诗经》中有一篇《殷武》,内容是歌颂武丁的,其中一句是"奋伐荆楚",后人就将"荆楚"与"鬼方"联系起来,认为"鬼方"是比"荆楚"更远的地方。"荆楚"一般理解是在湖北、湖南,比湖北、湖南更远的地方就是贵州了,贵州古称"鬼州",后来人们发现了红崖石刻,就说这是"高宗伐鬼方"的纪功之碑,这种说法在唐代之后才比较流行。大家要知道,唐代的时候,很多人读《五经正义》《史记正义》等一些书,对其中的很多问题有很

[①] 李学勤:《周易溯源》,第7-13页,成都:巴蜀书社,2006年。

多看法，并做了一些批注，有些看法影响深远，可有些看法实在是不对，而且明显和先秦一直到汉代的传统观念不合，特别是在历史地理上，这个问题我们不详细讨论。可是他们这样讲，也不是完全没有道理，因为"鬼方"这个词最早并不是指一个具体的方国，而是指"远方"。《诗·大雅·荡》："内奰于中国，覃及鬼方。"此处将"中国"与"鬼方"对称，如果中国是比较中心的一个地区，就像我们今天说的"内地"，那么和"内地"相对的，很难说是一个遥远而独立的国家或者部族，最好的办法就是把"鬼方"理解为"远方"，所以《毛传》曰"鬼方，远方也"，孔颖达《正义》云"中国是九州，……故知鬼方远方，未知是何方也"。孔颖达特别讲到不知道"鬼方"是什么方，但注疏认为"鬼方"就是"远方"，这种看法在汉代很流行，《经典释文》在《既济》下引《仓颉篇》的注云"鬼，远也"。

与之不同的说法，也还是有的，在《前汉书》中，淮南王刘安曰："鬼方，小蛮夷。"这句话不太清楚，因为"小蛮夷"也可以说是远方的一个小的蛮夷，所以刘安的话在两可之间。《周易集解》引晋人干宝注："高宗，殷中兴之君。鬼，北方国也。高宗尝伐鬼方，三年而后克之。"这是说"鬼方"指北方之国，但这个北方之国也可以指北方比较远的国，只是指出了一个方向。比较明确"鬼方"是国名的见于李鼎祚《周易集解》所引的虞翻注："高宗，殷王武丁。鬼方，国名。"

甲骨文中涉及"鬼方"者，如下：

《乙编》6684：己酉卜，宾贞，鬼方易亡囚。五月。

《甲编》3343：己酉卜，内贞，鬼方易【亡】囚。五月。

《合集》8593：【己酉】卜，㱿贞，鬼方易……

《乙编》6382：己酉卜，㱿贞，危方亡其囚。五月。

己酉卜，㱿贞，危方其有囚。

《乙编》6684 为改制背甲，时代与 6382 同，"危"字，于省吾读为"庍"①，赵平安读为"弁"。②对比可知，"鬼方""危方"同例，都是方国，因此从卜辞来看，"鬼方"应该是国名，但卜辞中的"鬼方"后面还有一个"易"字，于省吾先生认为是"逃跑"之义③，但我认为"易"更像是一个人名④，所以"鬼方"是否为一个具体国名，还需要更多的材料来考证。越是古书、古文字中的大问题，每每都解决不了，学者之间一定会有不同的看法，这就是其中的一个例子。不过我要承认，必须要有不同的看法，不能认为"鬼方"就是定论了，因为用甲骨文中的"鬼方易"证明"鬼方"是国名，靠不靠得住，还很难讲。

为更好地说明小盂鼎铭文，特将清人任启运《朝庙宫室考》中的《天子五门三朝庙社图》录于此处（见图1）。

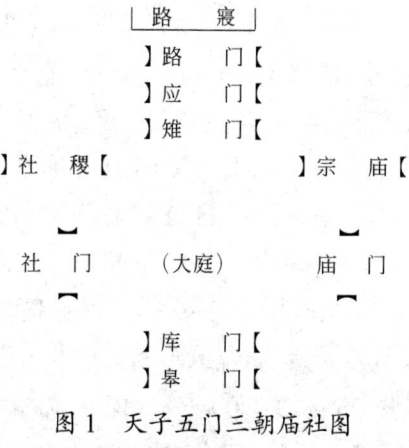

图 1　天子五门三朝庙社图

---

① 于省吾：《释"庍"》，载《甲骨文字释林》，第 17-19 页，北京：中华书局，1979 年。
② 赵平安：《释甲骨文中的""和""》，《文物》2000 年第 8 期。
③ 于省吾：《释"鬼方易"》，载《甲骨文字释林》，第 424-425 页，北京：中华书局，1979 年。
④ 李学勤：《殷代地理简论》，第 75 页，北京：科学出版社，1959 年。

大家看这个图，就会发现很像北京故宫，故宫也就是按照这种图建筑的。中国自古以来大多如此，有一个中轴线的结构，现在至少知道洹北商城就是这样的一个结构。

由于小盂鼎中有缺字，在缺的地方我用"……"表示，大家千万不要去猜究竟缺了多少字，因为猜字数是很危险的，猜得不一定对。

小盂鼎释文：

隹（惟）八月既望，辰才（在）【甲申】，眛喪①，三左、三右、多君入，服酉②。明，王各周庙，【聂王、邦】宾，延③。邦宾隮其旅服，东乡④。盂吕多旂佩畎（鬼）方……入南门⑤，告曰：王令盂吕……伐畎（鬼）方，……【执】嘼二人，隻（获）馘（馘）四千八百【又】十二馘（馘），孚人万三千八十一人，孚（俘）马……匹，孚车……两，孚牛三百五十五牛，羊卅八羊，盂或告曰：……乎蔑，我征，执嘼一人，隻（获）馘（馘）二百卅七馘（馘），孚（俘）人……人，孚（俘）马百三（四）匹，孚（俘）车百……两（辆），王……曰：……⑥。盂撵（拜）頴首，吕嘼进即大廷⑦。王令棥……嘼，鞠乎（厥）故⑧，【曰】："越白……畎（鬼）闻，畎（鬼）闻虐吕（以）婞……从。"咸，折嘼于……⑨。……吕（以）人、馘（馘）入门，献西旅⑩；吕……入，燎周【庙】⑪。……入三门，【立】中廷，北乡⑫。盂告贄白（伯）即立（位），贄白（伯）……于明白（伯）、鬯（继）白（伯）……白告。咸。盂吕者（诸）侯侯、田（甸）、【男】……盂征告⑬。咸。宾即立（位），聂宾⑭，王乎聂盂，于厥……进宾，……大采，三周入，服酉。王各庙，祝延……二人，邦宾不裸⑮。……用牲，禘周王、【武】王、成王，……有逸⑯。王裸裸，徣聂邦宾，王乎……令盂吕（以）区入，凡区吕（以）品⑰。雩若翼乙酉，三事大【夫入，服】酉。王各（格）

庙，鬲王邦宾，延⑱。王令赏盂……弓一、矢百、画𫐓一、贝胄一、金干一、咸戈二⑲……用乍（作）……白（伯）宝𫯎彝，隹（惟）王廿又五祀。

④"邦宾𫯎其旅服，东乡"一句，"𫯎"义为"放置"，有关"𫯎"的讲法有很多，详见周法高编的《金文诂林》和《金文诂林补》，"尊彝"就是"陈列的彝器"。"其"指代"邦宾"。"旅"义为"陈列"，与"𫯎"义相近，所以铭文中有"旅彝""旅鼎"。"服"训为"事"，此处指"礼品"而言，"旅服"就是"陈列礼品"，"礼品"应该是邦宾献给王的。"东乡"即"东向"，主语是"礼品"，而不是"人"，因为"人"东乡是不合礼制的，至于说什么东西摆在什么位置，大家可以参看《尚书·顾命》。

⑤"盂㠯多旂佩戠（鬼）方……入南门"一句，"旂"即"旗"，若将"佩"理解为"佩带"则不妥，因为在戠方人身上佩带若干面旗难以说通。《世俘》："甲寅，谒戎殷于牧野，王佩赤白旗。"以武王之尊，和戠方战俘一样佩旗是不合理的。《释名》"佩，倍也"，"佩""倍""背""负"等字音近可通，所以此句可理解为"盂"用很多面旗悬挂起戠方人的首级，背负而入南门。如果将"首级"理解为"耳朵"可能更好一些，莎士比亚的《麦克白》中也有类似的情景。我们可以设想，当时有红白色的旗队，旗上挂着此战的斩获，由盂所带领，自南门而入。"南门"应指王朝最外面的门，即"皋门"，甲骨文中屡见"南门"，还有就是"宗门"，"宗门"是"宗庙之门"。"南门"相当于整个宫殿区的大门，相当于天安门。这个

时候周王应该已经离开宗庙了，我们猜想康王很可能是在雉门南向而立，等待献俘，献俘之礼应在大庭举行，因为大庭很宽敞。

⑥ "王令盂曰……伐畞（鬼）方，……【执】嘼二人，隻（获）馘（聝）四千八百【又】十二馘（聝），孚人万三千八十一人，孚（俘）马……匹，孚车……两，孚牛三百五十五牛，羊卅八羊，盂或告曰：……乎蔑，我征，执嘼一人，隻（获）馘（聝）二百卅七馘（聝），孚（俘）人……人，孚（俘）马百三（四）匹，孚（俘）车百……两（辆），王……曰：……"一句，"嘼"读为"酋"，即"蛮夷之君"，也就是酋长。这是"盂"向王作的一个汇报，此次"盂"抓住了两个酋长，可见这次"盂"所征伐的不是一个国。这个战争是非常大的，因为执讯、俘人共有17893人，由此也可以想象这个战争并不是短期战争，持续的时间是很长的。所以"盂"在康王二十三年的时候受命，担任少司马，可能不久之后就带兵出去了，也可能当时封他就是让他干这个事的。如果是这样设想，到康王二十五年，正好是"三年克之"，这是目前所见到的西周金文中所记载的最大的一次战争，所以史载"成康之际，刑错四十年而不用"，只是对内而言的，对外的仗还是照样打，而且从现在的金文来看，仗一直在打，四面八方都有。这里是将"马"和"车"分开讲的，但并不能由此理解为当时的少数民族就是骑马的，也有可能是车被毁了，把马拉回来了，还有可能是马死了，把车带回来了，大家看多友鼎就能明白这个道理。此处的"车"指的是"战车"，可见当时少数民族也

还是很进步的，同样有车战，这一点其他的西周金文也同样可以证明，这一点是很重要的。大家要知道，当时的车战是要列阵的，比较适合在平原地区作战，就好像今天我们说的用坦克作战，坦克也是适合在平原作战。当年解放战争，北京围城的时候，国共双方在北京的康庄打了一大仗，就是用坦克作战，康庄就是从南口过去，位于居庸关一带，那个地方就是一个平原，只有在这种地势下，坦克才能施展开。战车也是一样，不可能在山沟里跑，那样也发挥不了什么作用。从这些地方可以了解"畎方"的性质，就是"畎方"一定与"畜牧"有关系，因为下文说"孚牛三百五十五牛，羊卅八羊"，羊很少，牛很多，而且把牛都赶回来了，并没有杀掉吃牛肉，对于一个带有"畜牧"性质的民族而言，其主要的财富就体现在牲畜上。可以想象小盂鼎中也是如此，涉及游牧民族的战争，牛羊都会被消耗。这里牛很多，羊比较少，可见这个地方应该是一个以养牛为主的地方，"畎方"应是畜牧民族，位于有草原的地方，不太可能是贵州。"盂或告曰"的"或"，训为"又"，也就是说"盂"又攻打了另外一个支持"畎方"的"蛮夷"。从这里就可以看到，第二场战役比前面一场死的人要少得多，可能"盂"并没有到那个国家去，打的应该是该国派出的援军，可是俘获的马和车可不少，虽然车不知道有多少辆，但马有四百匹。大家要知道，一辆车最多也就是配四匹马，实际上更多的是配两匹马，即使以四匹马来计算也有百乘之数，当然还有的马是用来运物资的。可无论如何，这个数量是相当大的，这种情况并不多见。到了春秋晚期，千乘之国，摄乎大国之间，情况就有所不同了，到了战国时期，有坑赵国降卒四十万之事。第二次战役就没有俘获牛羊了，因为"盂"并没有率军到那个地方去，相当于打了一个阻击战，"盂"大获全胜。

⑦"盂搽（拜）頴首，吕甼进即大廷"一句，"大廷"又见于四祀邲其卣，《逸周书·大匡》作"大庭"，朱右曾注云："庭当为廷，大廷，外朝之廷，在库门内，雉门外。"①朱说甚确。

⑧"王令燮……甼，鞫乒（厥）故"一句，"燮"即"荣"，人名，见于大盂鼎。有人认为"荣"是"荣伯"，不确。因为"荣"若为国名，则不会省略"伯"字，比如"晋公"就不省称为"晋"。"荣"是"盂"的上级，估计是大司马之官，是最高军事首领，康王的身份是很尊贵的，不会亲自来审问，于是就让"荣"去审问。"鞫"字，通"籀"，训为"究"，"鞫乒（厥）故"义为"问其故"，也就是"问侵犯周的原因"。

⑨"'趞白……畞（鬼）闻，畞（鬼）闻虘吕（以）婷……从。'咸，折甼于……"一句，"畞闻"即"畞方之国君名叫闻"，古代诸侯国君可以国为氏，如重耳称"晋重"，晋定公午称"晋午"。②可能是周之"趞伯"因故侵犯了"畞方"之君，畞方之君便率其亲属与之交战。"虘"读为"且"。"婷"即"亲"，见于《诅楚文》。"从"义为

---

① 参看黄怀信、张懋镕、田旭东：《逸周书汇校集注》，第361-372页，上海：上海古籍出版社，2007年。
② 李学勤：《小盂鼎与西周制度》，载《当代学者自选文库·李学勤卷》，第286-301页，合肥：安徽教育出版社，1999年。

"接触"。"咸"训为"终"。"折"就是"杀"。以上是对"畎方"酋长的处理。

⑩ "……吕（以）人、彧（馘）入门，献西旅"一句，这里的"人"和"馘"应该是其中的代表，不可能是全部。"旅"字，《尔雅·释宫》："旅，途也。"郭注："途即道也。"西侧应该是"社"之所在，这合于古礼，《周礼》的《大司马》《太祝》都说胜利之后要献于社。近些年研究甲骨文的人有一个偏见，就是认为"用人"就一定是将人杀掉，可如果都杀掉，那殷墟地下的骨头就不是那么一点了，应该是遍地白骨才对。社会发展到那个程度是不可能不利用那些人的，所以"用人"并不是都杀掉，《左传》中也是如此，多是象征性的。比如江苏铜山丘湾发现的商代的石社，就是东夷人祭的地方，所采用的方法是"衈其鼻"，也就是用"鼻血"祭祀，并不是都要杀掉。

⑪ "吕……入，燎周【庙】"一句，"燎"即"燎祭"，是一种以玉与牲置于柴上而焚烧的祭祀方法。举行"燎祭"的时候，"王"去没去，铭文中没有说清楚，我猜想"王"可能没去，还是在雉门。

⑫ "……入三门，【立】中廷，北乡"一句，"三门"是"第三道门"，即"雉门"，《周礼·阍人》注："雉门，三门也。" "入三门"的主语是"盂及其属下"，所入的位置还是在"应门"和"雉门"之间，不太可能是"路门"，因为"路门"是"路寝之门"，也就是"寝宫之门"。"中廷"指"廷"的中部，"中"是与左、右对称的，并不是

"廷"的名称,这和"大廷"特指固定的场所不同。"北乡"也就是"面向王而立"。

⑬"孟告繛白(伯)即立(位),繛白(伯)……于明白(伯)、鹽(继)白(伯)……白告。咸。孟呂者(诸)侯侯、田(甸)、【男】……孟征告"一句,"繛白"即"费伯",应当是"孟"的副手,以下如"继伯"等,均为"孟"的将佐,诸"伯"依次报告。"(诸)侯侯、田(甸)、【男】"指诸侯中的"侯""甸""男"三服,是远近有别的。但是讲"诸侯侯、田(甸)、【男】"应包括所有诸侯,可能不是全部都来,有的也可能是派代表前来参加,这些代表就好像今天的驻京办事处主任之类。

⑭"宾即立(位),虡宾"一句,"虡"即"瓚",读为"赞",训为"献"。此处指"献酒",也就是"大家喝酒"。据清华简记载,西伯戡黎之后就有饮酒之礼,并且明确"戡黎"的不是周文王,而是周武王,时间是在武王八年,这与武王十一年"伐殷"正合。

⑮"王乎虡孟,于厥……进宾,……大采,三周入,服西。王各庙,祝延……二人,邦宾不祼"一句,"大采""小采"是时段的名称,学甲骨文的都知道,"大采"在上午,"小采"在下午。"大采"大约在早上八九点钟。"三周"的确切含义不清,有的学者认为是"三寿","三寿"就是"三老",或许是出于年龄的原因,所以晚来。"祝"就是"太祝",是事鬼神者,"延"训为"引"。

⑯"禘周王、【武】王、成王,……有逸"一句,"禘"是祭名。此处的"周王"即"文王",这是目前所见到的唯一一件将"文王"称为"周王"的。从清华简的《保

训》来看,文王晚年可能真的称王了。儒家认为周文王是圣人,不应该称王,现在看也不见得,估计是最后文王看纣王太差了,干脆就宣布独立,所以《中庸》所记"追王太王、王季"较为合理,因为文王晚年应该是称王了。由此句可知当时的"王"一定是康王,因为从铜器的形制来看也不能再晚。

⑰"王祼祼,徣㠯邦宾,王乎……令盂𠦪(以)区入,凡区𠦪(以)品"一句,"王祼祼"的第一个"祼"字,我认为读为"果",义为"完成"。①"徣"读为"遂"。"令盂𠦪(以)区入,凡区𠦪(以)品"这句话很难解释,很多人认为这里还是献俘。我个人有一个想法,在文献、金文中以"品"计算的往往是"金""玉"一类的东西,《尔雅·释器》:"玉十谓之区。"如果按照"玉"来理解,那么这句话就比较容易懂了。这里献的是"玉","玉"是与祭祀有关的物品,是用来祭祀的,并不是大家来分这些玉。

⑱"雩若翼乙酉,三事大【夫入,服】酉,王各(格)庙,㠯王邦宾,延"一句,"翼"即"翌",西周时的"翌日"都指"第二天",没有其他的情况。商代就不是这样了,我们可以提出一个问题,商代末年"翼日"是否也指更多的天,这个问题没有人很好地讨论过,我建议学甲骨文的,特别是历史所的各位,有时间可以写一篇文章,讨论一下这个问题。这个问题很重要,涉及殷周文化、制度的差别,为什么一到西周,"翌日"马上就被限

---

① 李学勤:《小盂鼎与西周制度》,载《当代学者自选文库·李学勤卷》,第286-301页,合肥:安徽教育出版社,1999年。

制为"第二天",商末的时候是否已经如此?这个问题或许可以从黄组卜辞、无名组晚期卜辞中去探究。总之,这里的"翌日"指的就是"第二天",这是没有问题的。像这种大的典礼,多不会只进行一天,有时候还会更长,最典型的一个例子就是城濮之战,子犯编钟就是城濮战后献礼的记录。

⑲"王令赏盂……弓一、矢百、画䎼一、贝胄一、金干一、戚戈二"一句,"䎼"字,争论了很多年,早期的时候,一般都采用孙诒让的说法,孙诒让释为"橐",即"以虎皮包甲"。①近些年,特别是在楚简中,"䎼"已经很清楚了,一定是"甲"字,"画甲"就是在皮甲上画有彩绘。大家要知道,中国古代在衣服或者丝织品上用彩绘,这种情况是很多的,虽然出土的材料有限,可是文献的材料非常多,《皋陶谟》中就有所记载。后来随着纺织技术的发展,衣服上的彩绘就逐渐消失了。考古中出土的织物,仰韶时期就有麻布,像这一类的东西,有的上面一定会有彩绘,当时应该已经有了帛画,所以帛画应该是很早的东西。"文革"结束的时候,河北省的考古学家就跟我讲,在河北的武安一带,有很多商代的墓,当时工农兵占领一切,工农兵就去挖墓了。传说清理到棺盖的时候,在棺盖上盖着一张帛画,当时没有照相机,也不会画图,结果很快就风化了,连一张草图也没留下来,所以我们没有看见商代的帛画。可彩绘在当时是很多的,因为我们中国自古以来有彩陶的传统,并不是世

---

① 孙诒让:《古籀余论》,第46-48页,北京:中华书局,1989年。

界上所有的地方都有彩陶，当然很多国家也有彩陶，罗马尼亚出土的彩陶就和仰韶出土的彩陶很像。中亚、西亚也有，最著名的就是安诺遗址（在今天的土库曼斯坦），所以安特生发现了仰韶文化之后，很快就联想到了安诺遗址，因为当时安诺遗址刚发掘不久，是美国人做的，这在当时的考古学界是很新鲜的事情，所以由"仰韶"联想到"安诺"，这在思路上并不稀奇。实际上这种彩绘的传统到了商代还有，夏家店文化的敖汉旗大甸子遗址中的彩绘就非常复杂，当时陶器上有彩绘，丝织品上有彩绘，那么皮甲上面有彩绘一点也不稀奇，琉璃河遗址所恢复的彩绘漆器、陶器就是很漂亮的。"贝胄"指镶着贝壳的帽子。现在出土的最早的打仗的帽子是铜的，在胡厚宣先生发掘的殷墟大墓中就有①，甚至还有镀锡的铜胄，内蒙古也有铜胄出土。可以想象，当时的胄不太可能都是铜的，多数应该还是皮革做的。当时中国内陆和海洋的交通不便，所以"贝"和"玉"一样，都是很珍贵的东西。《穆天子传》中有"贝带"，镶贝的东西一直到战国时期还有，河南淮阳马鞍冢楚墓中出了一个条状的旗，上面镶了一串贝。"金干"就是"镶有铜饰的盾牌"，这种铜饰出土很多，特别是琉璃河出土的"舞錫"，"錫"是"盾饰"，也就是"盾牌的装饰"，是跳舞用的。

小盂鼎中所载的献俘之礼，可与《左传·僖公廿八年》所记载的城濮之战后晋国的活动相比较。《左传·僖公廿八年》："秋七

---

① 整理者按：此即 1935 年第十一次殷墟发掘中所发掘的侯家庄西北冈 1004 号大墓。

月丙申，振旅，恺以入于晋，献俘授馘，饮至大赏。"《左传》中是晋文公亲自出征，故称"饮至"，小盂鼎则表现得不那么明显，我猜想虽然鼎铭中所记载的是一次很大的战争，但康王本人并没有去。清华简中所记载的武王八年的"饮至"，武王本人应该也没有去，去的是周公和毕公，但周公的地位非常高，和武王是同辈，所以"饮至"的时候比较亲热，小盂鼎中的"饮至"之礼是非常严肃的，君臣之分是很明显的。

"饮至"见于《左传·隐公五年》和《左传·桓公二年》，《左传·隐公五年》"三年而治兵，入而振旅，归而饮至"，《左传·桓公二年》"凡公行，告于宗庙；反行，饮至、舍爵、策勋焉，礼也"。整个周代的"饮至"之礼大抵如此，我想商代的"饮至"也差不多，只是我们对于甲骨文的研究还不够。金文中也有"饮至"，见于塑方鼎，作"酓臻"，周原甲骨也发现了"王饮臻……"。《三代吉金文存》8.50.4鼎铭讲"至，燎于宗周"，其中的"至"就是"饮至"。

到此，我们就结束了成、康时代的青铜器了，下一次我们来介绍昭王时代的青铜器。

· 2009 年上半年第十二次课 ·

总结及昭王时代铜器（一）*

总结

今天我们先利用一些时间，把以前讲的部分总结一下。这个学年的课，我们从商末讲起，实际上如果从周的世系来看，我们差不多是从文王时代讲起，然后是武王、成王，一直到上次课讲的小盂鼎，就到了康王。文、武、成、康可以说是西周早期的前段，当然我们是从青铜器本身的发展来看，而不是从朝代上来看。按道理来说，西周早期的前段应该到康王的中间为止，康王中期以后，青铜器上有了一个比较显著的变化，我们这个课不是专门讲青铜器，过去我记得我讲青铜器的时候提到过这一点，就是西周的早期基本上可以分成两大段。西周的早期，从武王开始，实际上我们也可以把文王放在里面，就是文、武、成、康、昭、穆。一般来说，从朝代的角度讲，穆王一般算作中期，可实际上如果从青铜器本身的形制、纹饰、铭文等因素来讲，穆王的初年也应该算作早期。从武王到康王中期是西周早期的前段，从康王的中间一直到穆王的初期，是西周早期的后段。换句话说，明显地表现出西周中期青铜器的特征，要到穆王的中期，当然我们现在不敢说具体是穆王多少年。

---

* 包括中方鼎一、中方鼎二。

从武王克商开始，武王本身在位只有几年的时间，我们今天还不确定具体是几年，因为还不断有新材料出现，可只是几年，这一点是没有问题的。传统的说法是武王十一年伐纣，十三年访于箕子，按最短的计算，武王在位只有两年的时间，最多的估计也不过是六七年的时间，所以不管怎么说，武王在位的时间是很短的。成王初年，我们一般说是七年致政，也就是成王七年的时候，由成王正式接管政权，成王再往后的时间不会太长，可是也不会太短，因为"成康之际，刑错四十余年不用"，而"成康之际，刑错四十余年不用"这个说法是很普遍的，从战国时代就开始有了。我们估计成王的时间不能太短，成王死的时候，《顾命》里面已经没有周公了，也没有齐太公了，召公是有的，因为召公是有名的年寿长，所以他还在世，齐国就是第二代丁公吕伋。因此周公在致政之后一定还有一段时间，一般都估计是到成王的二十年左右。可是成王也不能太长，如果成王太长，那康王就没有多长了，应该说成、康的时间基本上比较平均，都在二十年左右，二者加在一起有四十多年。这就是一般传统上对于成、康年代的估计，现在由于成、康的出土材料多了一些，我们还有进一步的推测，但是无论如何，今天我们没有足够的材料把成、康的年代定下来，所以大家不能够苛求于我们做的《西周金文年表》，在成、康这一段，《西周金文年表》不能够细到这个程度，昭、穆以下还比较好讲，但昭、穆以上就不太好讲了。

从青铜器本身的角度来说，到了康王的时候，已经逐渐有所变化，实际上我们讲过的大、小盂鼎已经是康王比较晚期的东西了，具体来说是康王的二十三年和二十五年，应该说这已经是康王的末年了。康王的时间不能再长了，最多也就是现在我们猜测的二十八年，二十八年以后就很难说再有了，如果再有的话，那成王就太短了。所以大、小盂鼎从一定意义上来说，应该可以算是西周早期的后段，小盂鼎的器形我们看不见，可是大盂鼎我们是可以看见的，它和周初的一些器物确实有了一定的差别，这些方面更为细微的一些问题，今后我们还要进一步研究。

西周早期前段和后段的划分，不但从青铜器本身的演变上能够看出来，而且还可以从传世文献中看出来。我们从文王讲起，还配合讲了《尚书》等一些材料，后来我是有意地少讲了《尚书》的材料，按道理来说，我们还应该继续讲《大诰》《召诰》和《洛诰》，不过要这么讲起来，我们这个学期可能连穆王都讲不到。从这里大家应该能够看到前段的一个特点，就是有文献可依，西周早期后段可就不行了，后段的文献就很有限。这个差别对于青铜器的研究、了解以及认识都有很大的影响，这个差别是很大的，所以就会引起种种争论。我之所以在这个时候讲这些问题，就是因为我们下面所要讲的铜器，大都涉及这方面的争论，原因就是前段、后段在文献上的差别。

大家会问文献为什么会有这个差别呢？道理是很明显的，今天我们能够看到的与这段历史有关的文献，以《诗》《书》为主。所谓"书"还包括《逸周书》，如果大家有时间，可以把《周本纪》中的这一段去复原一下，看看司马迁究竟用了什么材料去写这段历史，实际上司马迁所用的基本材料就是这些。为什么是这样呢？原因有主观、客观两方面。客观原因是西周早期前段是周朝重要史事的发生时代，包括周朝的建立和建立之后的巩固。实际上中国王朝的历史也和世界上其他很多地方的一样，有一定循环的规律性，一个朝代开始建立的时候，不管是通过战争还是其他手段，开端的时间总是最重要的。在开端的时间之后，一定有一个巩固的过程，这个时候就会出现一些明君贤臣，而且会发生一些争执，时间比较长的朝代都是如此，可以说每个朝代都可以看到这种政治史的循环，这是王朝结构本身所决定的，也就是说，从王朝的建立到巩固会有一个过程。西周的这个过程就在早期的这一段，到成王《顾命》之后，才基本巩固了政权，所以一些重要的文献，包括一些基本的思想观念，多是在这个时期形成的，那么这个时代留下的文献，就成了这个朝代后来的人必须学习、了解的东西。《诗》《书》就是这样的，大都属于这个时期，当然还有一部分是王朝衰亡时期的，那是以后的事，并不属于这个阶段。我这里所说的《诗》并不是十五国《风》，而是《雅》《颂》中有关历史的部分。从整个中国古代历史和文化的演变来说，这个时代又是一个重要的奠基时代。大家要知道，中国的文化真正的一个高峰是春秋晚期到战国这一段，可是在这个时间点，以老子、孔子，特别是以孔子为代表的人是要继承周初的，孔子云："如有用我者，吾其为东周乎？"实际上最根本的基础是在周初，今天我们看到的《诗》《书》文献以及金文材料，多和周初的所谓"制礼作乐"有关，因为"礼乐"就是周的基本制度，这个基本制度包括制度本身和其所依靠的思想观念，这些都是在周初产生的，所以后人必须要读这个时期的材料，要不然怎么去找这些起源呢？以周人的角度来说，这些是最根本的，所谓"文武之政，布在方策"，这个"方策"，实际上就是《诗》《书》，特别是《尚书》，而《尚书》的重要性也就在这里，所以《尚书》是研究中国历史文化最为核心的部分。金文也是如此，因为金文是当时用来作纪念的，而"纪念"的东西也反映了当时"制礼作乐"的整个过程，铜器本身就是礼器和乐器，也就反映出了"礼乐"制度。这个时期的文献也是很清楚的，并不是经过偶然的因素筛选剩下的，而是有其历史本身的必然性。如果孔子真正选编过《诗》《书》作为教本，那么孔子是有意这样去选的，因为这些代表了文武之道，所以我们现在看到的文献材料也就是这么多，这也说明西周早期前段是最为重要的。

这个学期我们已经用了很长的时间来看这些材料，我们讲的很多器物都可以在一定程度上和文献对读。我们用了《尚书大传》，所谓"一年救乱，二年克殷，三年践奄，四年建侯卫，五年营成周，六年制礼作乐，七年致政"，这段话大致上反映了当时的基本过程。这个过程之后，大致上就是成王本身的时期了，那个时期还会给我们留下一些东西，比如《逸周书》的《王会》，《王会》虽然经过了后人的改动，可是《王会》的材料还是有一定意义的，这些材料一直到成王《顾命》。这一时期轮廓是比较清楚的，虽然我们对于某些细节还有争论，可是大致的框架我们知道，我们可以很容易地把一些金文和这些材料对照起来，所以对于这些材料，前辈学者的争议不大。比如说到康侯簋，我们很容易就和《康诰》联系起来；琉璃河发现的克盉、克罍，我们很容易地就可以和"封燕"联系起来；新发现的何簋就可以和"二年克殷"联系起来。诸如此类，我们讲起来都比较容易，不太容易有争论，原因就在于有文献可依。

我总是要介绍唐兰先生的那句话，就是"古文字的功夫不在古文字"，我认为这是唐兰先生的至理名言。我们研究古文字，也就是研究所谓的出土文献的材料，功夫不应该放在古文字上，而应该放在传世文献上。因为传世文献经过了历代学者的千锤百炼，我们多是移用这些研究成果来解释出土文献中的问题，然后加以补正，这也就是"二重证据法"。没有传世文献的基础，就不能够很好地去研究出土文献，实际上后来引出的种种异说，每每都是由于对传世文献理解不深，因为对传世文献理解不深，就会出现很多猜测。然而，对于西周早期的历史研究，到康王以后，传世文献的依据就越来越少。因此，从康王中期之后，进入西周早期的后段，争论就会逐渐加大。前两次讲大、小盂鼎，我们觉得还可以，那是因为铭文上有明确的纪年，而且小盂鼎中有"周王""武王"和"成王"，所以小盂鼎的时代应该是康王，而且又有"廿又三祀"和"廿又五祀"，因此大、小盂鼎一定是康王的二十三年和二十五年，可这样的材料又能有几件呢？实际上没有几件是可以这样去找的，所以有时候我们可能看到这些材料了，可是我们没有充分的理由论定这些材料一定属于哪个王世，因此在断代上就会发生争执。特别是有些事情，包括小盂鼎里征的"鬼方"，古书里是没有的，"盂"也不见于古籍，"荣"也不见于古籍。随着我们逐渐进入到西周中期，研究的困难也会逐渐增加，康王时期的器物我们已经讲得差不多了，按道理我们应该去讲一讲觉公簋，这个等到以后有时间再讲。

昭王时代铜器（一）

历史上，昭王时代的铜器有两次重大发现，即北宋晚年湖北安陆出土的"安州六器"和二十世纪二十年代河南洛阳马坡出土的"令器"。

"安州六器"是在宋徽宗重和元年，也就是公元 1118 年，出土于安州所辖的孝感县，所谓"安州"是北宋时的行政区划，也叫"安陆"。"安陆"和"孝感"这两个地名今天还在，我们坐火车从武汉出发，就会经过孝感、安陆、云梦等地方，之后就是随州，再往北就是襄阳，也就是今天的襄樊，再之后就到武当山了。

重和元年在安州出土了这些器物,这是一件很特殊的事情,因为这是在湖北,湖北出土器物,就不会像在河南、陕西那么普通了,这件事在当时也是比较大的一件事。大家要知道,青铜器的发现和著录历代都有,大家如果找一找六朝、隋唐时期的一些文献,就会发现相关的记载还有不少,大家如果对这些材料感兴趣,可以去看一下柯昌济的《金文分域编》,容庚先生的《商周彝器通考》中也有记述。有些历史上的记载还是很重要的,比如南北朝时期在邢台就出土了邢侯夫人的器物,实际上那个时候所出的材料就足以判定西周初年所封之邢是在邢台,这些材料后来研究的人大多很少引用,这些方面应该很好地注意。

"安州六器"出现的时间正好是北宋青铜器研究鼎盛的时期,如果不是在盛期,这批铜器出土之后也就自生自灭了。"安州六器"在出土之后就被进贡到了朝廷,所以在《博古图录》、吕大临的《考古图》、薛尚功的《历代钟鼎彝器款识法帖》以及王俅的《啸堂集古录》中均有所记载。这些东西的原器今天已经不存在了,后来有很多假的,我自己还看见过,比如"安州六器"中有一件器物是中觯,器身上有一个手印形的图案,我们判断应当是锈迹,后人就据此手印造假,这种器物在外国博物馆中有收藏,当然这些藏品一定是伪器。

"安州六器"的出现引起了种种争论,争论的主要焦点就是这批器物的时代,特别是到了现代,在对青铜器分期的研究方面,这个争论一直持续了很长时间。一开始绝大多数人认为是成王时器,因为中方鼎铭提到了"武王",而最终能把时代定在昭王,这是许多学者研究的功绩,关于这一点,我们会在后面的课中慢慢地介绍给大家。

"安州六器"究竟是哪些东西,这个问题到今天还是一件悬案,不能完全解决。我们今天研究"安州六器"所依据的还是宋朝人的记载，比如《博古图录》、吕大临的《考古图》、薛尚功的《历代钟鼎彝器款识法帖》，但这三本书中的说法互有矛盾，并且后代学者在整理这些材料的时候，对这些材料的理解也互有矛盾，由此也就带来了种种疑难。我个人认为，"安州六器"讲得最好的是唐兰先生的《西周青铜器铭文分代史征》，唐兰先生超越前人的地方在于指出了重和元年在孝感除了出土了"安州六器"之外，至少还出了两个圆鼎、一个甗。①这一点是包括陈梦家的《西周铜器断代》在内，都没有详细讨论的地方。如果在座的诸位有兴趣，还可以从宋人的这三本书中，把有关的材料再细致地整理一下，或许还可以说得更清楚一些。

虽然薛尚功是南宋时人，但在现今能够见到的著录书中，仍以薛尚功《历代钟鼎彝器款识法帖》的记载最为详备，《历代钟鼎彝器款识法帖》"重和戊戌岁，出于安陆之孝感县，耕地及之，自言于州，以献诸朝，凡方鼎三，圆鼎二，甗一，共六器，皆南宫中所作也"。此处的"孝感"，就是今天的"孝感"，孝感最出名的是孝感麻糖，孝感还有一样东西也很有名，那就是醪糟，孝感的醪糟是非常好的。当时的孝感麻糖就好像今天的周村烧饼一样，它们的样子也很像，都是一片一片的，过去坐火车去汉口的时候，火车站的月台上就有卖的，现在大家可能觉得孝感麻糖不那么有名了，因为大家现在吃巧克力了，不过孝感麻糖还真是很好的。除了孝感麻糖之外，还有云梦鱼面，所谓"鱼面"就是用鱼粉做成的面，当年我整理云梦秦简的时候，曾去过做鱼面的工厂，才

---

① 唐兰：《西周青铜器铭文分代史征》，载《唐兰全集》第七册，第306页，上海：上海古籍出版社，2015年。

知道那时候的鱼面真是好,今天的鱼面可真是不行。我们大都认为云梦鱼面看不见鱼,所以里面可能会混进去一些臭鱼烂虾,实际上完全不是,做鱼面的鱼都是很新鲜的大鱼,这是我亲眼看见的,那时候的人是很老实的,今天我可不敢保证。这段话中有两处值得注意,其一为"耕地及之",也就是说,器物的出土地是农田,而且接近地表,因为要是埋藏得很深,就会被记为"掘地及之"。因为出土的器物有组合,所以我们推断应是墓葬出土。其二为"以献诸朝",出土之器是否全献并不确定,因为献于朝廷的东西应该见于《博古图录》,薛氏《钟鼎》记载出土了"方鼎三",但只有两件见于著录,第三个方鼎就找不到了。圆鼎完全没有。还有一件很重要的东西,就是中觯,中觯铭文很长,这又是怎么回事呢?郭沫若认为中觯可能就是"两个圆鼎"中的一个[①],可觯是比较小的,而且形制也不像圆鼎,所以这种说法还有待考证。可能宋人不像我们现在那么严格,没有那么强的科学精神,说得也不是太准确,仅仅是把当时的一些说法记录下来而已,并没有把这些东西很好地对照起来。

现在我们能够知道的是中方鼎有两件,即今之所谓的"中方鼎一"和"中方鼎二",也就是杨树达先生所说的"记月中方鼎"和"不记月中方鼎"。此外还有一个甗和一个觯,我们现在能看到的"安州六器"也只有这四件。郭沫若在《两周金文辞大系》中找到了一个"中作宝鼎",并认为这个鼎就是第三个方鼎[②],但郭老没有证据可以证明是同出的,因为人名叫"中"的多了。

那么唐兰先生的贡献在什么地方呢?唐先生指出重和元年所

---

① 郭沫若:《两周金文辞大系》,第55页,北京:科学出版社,2002年。
② 郭沫若:《两周金文辞大系》,第56页,北京:科学出版社,2002年。

出的不只是"中"的这几件，还有其他的东西。①同是在重和元年，也是在孝感，还出土了两个圆鼎和一个甗，鼎铭为"隹🔣用吉金自乍宝鼎，其子子孙孙永用言"，"🔣"是人名，最奇怪的是这三件器物的"吉"字都是倒的。我们一直找不到那两个圆鼎，所以我们猜想所谓"中"的那两件圆鼎，指的可能就是这个，当时弄混了，于是就说不清楚了。看格式就知道这两个圆鼎和一个甗不可能和"中"的那几件器物同时，因为"其子子孙孙永用言"这种格式西周偏晚期才会出现，所以这批器物的时代较晚，应为西周中期。我们推测当时可能是打破了两个出铜器的墓葬，里面有些东西可能混了，或者是弄不太清楚了，现在我们知道的就是如此。这就是唐兰先生的一个重要贡献，其他研究"安州六器"的学者都没有注意到，所以唐先生非常细致，唐先生有很多他自己的新的见解。我常常说，我有幸见到的上一代研究古文字的学者，唐兰先生是脑子最灵的，他特别能提出别人想象不到的一些事情。

第二批就是所谓的"令器"，"令器"的器主是"令"，也就是"作册夨令"，"作册夨令"的东西，我们知道的有两件令簋及令方彝、令尊。两件令簋铭文相同，令尊和令方彝铭文相同。此外还有作册大方鼎，作册大方鼎虽然不是"令"所作，但是和"令器"同出的。据陈梦家先生研究，作册大方鼎共有四件②，之所以这样说，是因为有四张不同的拓本。

"令器"的出土地是马坡，马坡属于洛阳的北邙。大家要知道，邙山是非常重要的，一直到汉代还讲"生属长安，死归北邙"，人死了之后就都到邙山去了，邙山就好像我们现在说的八宝山一样。

---

① 唐兰：《西周青铜器铭文分代史征》，载《唐兰全集》第七册，第306页，上海：上海古籍出版社，2015年。
② 陈梦家：《西周铜器断代》，第93页，北京：中华书局，2004年。

实际上在成周建成之后，邙山就成了主要的墓葬区，所以邙山也就成了出青铜器很多的地方。"令"的一批铜器的出土，由于铭文特别长，所以在当时就被认为是最重要的发现。大家要知道，二十世纪二十年代的时候，是中国文物流散到国外最为严重的时期之一，很多的东西是在那个时候大规模地流散到海外。当时是北洋政府执政，对此控制不了，大家看看昭陵六骏的故事就可以知道，一些东西被有计划地流散出去。"令"的器物也是在这个时期出现的，出现之后，甚至于拓本国内都很少，很快就流散出去了。两件令簋现藏法国巴黎的基美博物馆，令方彝现藏美国华盛顿的弗利尔美术馆。令方尊留在国内，后来由刘体智收藏，刘体智的东西归了"中央博物院"筹备处，现存台北故宫。其中铭文最好的就是令方彝，令方尊的铭文和令方彝相同，但令方尊的保存状况很不好，锈蚀非常厚，所以令方尊的铭文就远没有令方彝的保存得那么好，这是地下情况造成的，不是出土之后造成的。现在我们常讲令方尊、令方彝，但实际上我们用的材料多是令方彝，而非令方尊。两件令簋的内底完好，所以铭文保存得非常好，但是器的上部完全锈蚀，而且锈得非常透，这两件东西一直在基美博物馆陈列，是基美的镇馆之宝。几件作册大方鼎是分散的，现在只知道三件的下落。

最早考释令方彝的是罗振玉，罗振玉是最早看见令方彝拓本的，至于说罗振玉是否看过令方彝的原器，这个我不知道，好像是没有。罗振玉看到之后非常兴奋，马上就写了一篇《矢彝考释》[1]，随后鲍鼎（字扶九）也写了《矢彝考释质疑》[2]，吴其昌写了《矢

---

[1] 罗振玉：《矢彝考释》，载《金文文献集成》第二十八册，第1-5页，香港：香港明石文化国际出版有限公司，2004年。

[2] 鲍鼎：《矢彝考释质疑》，载《默厂所著书》之五，石印本，1926年。

彝考醳》①，之后就引起了很大的讨论。罗振玉在令方彝中发现了"康宫"，所以罗振玉认为令方彝应该是昭王时器。我认为这个反应是很普通的，如果不是罗振玉，清末民初的其他学者也会有同样的反应，这是肯定的。因为老一辈的学者，从小就是读《左传》《史记》的，相关的史料都烂熟于胸，他们看到"康宫"之后，马上就能反应出来指的就是"康王之宫"，而且也不会有什么别的解释，这是很直接的一个反应。可问题在于令方彝中不但有"康宫"，还有"周公"，所以罗振玉很直接地认为这个"周公"应是昭王时期的"周公"，这是没什么问题的，自周公旦以降，历代都有"周公"，一直到春秋时期还有，罗振玉的这篇文章写得非常之好。反对这个论点的就是郭沫若先生，郭沫若在《大系》中提出了一个完全不同的论点②，郭沫若认为令方彝中的"明保"是一个人名，是周公之子，和"明公"是同一个人，即鲁侯尊"王命明公遣三族伐东夷"的"明公"，也就是周公之子"伯禽"，所以郭沫若据此认为令方彝是成王时器。令器的年代问题一直辩论到了"文革"以后，最近已经没有什么辩论了，我相信还有人会认同"成王"的说法，但现在多数人认为是"昭王"。

这个辩论可以说是现代金文研究中最大的一个争论了，在座哪位如果有兴趣，可以查一下相关的文献，写成一篇专门的文章，归纳出一定的经验教训，我觉得这项工作将是很有意义的，而这也就是学术史研究的贡献。大家要知道，任何一门学科都可以有其学问的历史，而且这个历史本身也可以成为一门学科。比如有数学，就会有数学史，而数学史的研究，会给数学的研究提供很

---

① 吴其昌：《矢彝考醳》，载《燕京学报》1931年第九期，后收入《金文文献集成》第二十八册，第274-275页，香港：香港明石文化国际出版有限公司，2004年。
② 郭沫若：《两周金文辞大系考释》，第6页，北京：科学出版社，2002年。

多的经验教训和线索，所以对于数学的研究而言，数学史的研究在一定程度上是必不可少的。一个学科的历史，会给该学科的研究带来很大的好处，这是没什么问题的。历史学科也是如此，有些学术史的文章，会给历史学科带来很多好处。前些年裘锡圭先生就写了一篇文章[1]，论述了晚清学者发现金文中"前文人"的例子，说《大诰》中的"宁王"就是"文王"，这个发现的影响是非常大的，不仅仅是认识了一个字，而且提供了一种研究方法。关于"康宫"的讨论，也给青铜器的研究带来很大好处，不知道在座的有没有兴趣写这样一篇文章，这篇文章起码要写一万二千字，甚至于写一本书也不稀奇。

今天我们来看，罗振玉的观点是非常正确的，可是大家要看到罗振玉的认识是一种简单、直觉的认识，没有太多论证的过程，所以在郭沫若先生提出相反的观点之后，争议马上就出现了，直到现在还有人认为"明保"是一个人名，也就是"伯禽"。唐兰先生支持了罗振玉的观点[2]，我认为唐兰先生一生中在金文上最大的贡献就是讨论了"康宫"问题。[3]这也就引起了金文方面很大的一个辩论。最后怎么来论证这个问题呢？直到二十世纪七十年代，陕西扶风庄白窖藏出土之后，才最终明确"令器"的时代是昭王。因为庄白窖藏中有史墙盘，盘铭叙述了"史墙"的历代祖先与周王，"史墙"的祖先"析"这一代就有方彝，就是析方彝，而析方

---

[1] 裘锡圭：《谈谈清末学者利用金文校勘〈尚书〉的一个重要发现》，载《裘锡圭学术文集·语言文字与古文献卷》，第412-422页，上海：复旦大学出版社，2012年。
[2] 唐兰：《作册令尊及作册令彝铭考释》，载《唐兰先生金文论集》，第6-14页，北京：紫禁城出版社，1995年。
[3] 唐兰：《西周铜器断代中的"康宫"问题》，载《唐兰先生金文论集》，第115-167页，北京：紫禁城出版社，1995年。

彝的形制、纹饰与令方彝没有多大差别。说实在的，当时庄白的这批器物发现之后，当地的发掘者就把这些器物的照片拿来了，我马上就看见那个方彝了，一看就知道和令方彝基本一样，只有一点花纹上的差别，而且纹饰有差别的地方又和作册大方鼎的纹饰一样。通过世系的排列发现，"析"所处的时代是昭王，而且"析"的器物是可以和"安州六器"相联系的，由此可以确定"令器"的时代是昭王。这不是我个人有这样的看法，凡是整理这批材料的学者都会有这样的认识。①因此"令器"的时代，最终是通过类型学来判断的。今天我们在讲相关铭文以前，给大家提供了一些讨论的材料，我们在讲具体铭文的时候，还会反复提到有关的问题，以及这些疑难是怎么产生的，希望大家不仅仅是了解几件金文，而是通过这些，在研究方法上对前人的工作有一些体会。

类似的例子我还可以举一个，就是河南新郑李家楼大墓，对比一下大家就可以明白了。在河南新郑的郑韩故城里面，有一个地方叫李家楼。当时未必有"李家楼"这样一个词，是有一个人家姓李，家里有一个楼，而墓恰好在楼的那个位置，所以就称之为"李家楼"。这就好像"五四"的时候火烧赵家楼，实际上赵家楼应该是一个胡同的名字，道理是一样的。1923年，在李家楼发现了郑国国君级别的大墓，当时北洋十四师师长靳云鹗得到消息，便派工兵进行挖掘，并追回了先前流失的所有文物，运到了开封，由当时的河南古物保存所保管，我特别提到了这是1926年科学发掘以前，保存得最好的一批材料。②后来由于历史原因，其

---

① 整理者按：此点可参看李学勤：《西周中期青铜器的重要标尺》，载《新出青铜器研究》，第71-79页，北京：人民美术出版社，2016年。
② 李学勤：《新郑李家楼大墓与中国考古学史》，载《中国古代文明研究》，第92-97页，上海：华东师范大学出版社，2005年。

中的一部分材料被运到了台湾,而剩下的则留在了现在的河南博物院,2008年,海峡两岸合作出版了《新郑郑公大墓青铜器》一书。

在李家楼的这批文物中有一件王子婴次炉,这是所有铜器中唯一有铭文的,铭曰"王子婴次之燎炉","王子婴次"是什么人就和判断新郑李家楼大墓的年代有关系了。当时王国维先生还在,王先生就写了一篇文章,认为"婴次"就是"婴齐",也就是楚国的令尹"子重",鄢陵之役,楚师宵遁,所以王先生就把新郑大墓的时代定为春秋晚期。[①]反对这个意见的也是郭沫若先生[②],郭沫若先生认为铭文中的"婴齐"不是楚人,而是"郑子婴",因此李家楼墓的时代应为春秋早期后段。这就发生了很大的争论,最后郭宝钧先生利用侯马上马村13号墓证明王国维的说法是对的[③],侯马上马村13号墓与李家楼大墓的情况类似,墓中的铜器也有早有晚,而上马村13号墓可以确定是春秋晚期墓,所以新郑李家楼大墓的时代也应该是春秋晚期。通过以上两例可以总结出其共性,就是一定要以考古类型学、层位学作为标尺,如果完全从文字的角度去理解,每每会出错。大家不要小看这两个讨论,关于"康宫"的讨论,涉及我们青铜器研究的一个大问题,到今天还有一定的影响。以上就是我们关于昭王时代青铜器研究的一些方法论。

我们先把相关的铭文读一下,让大家对铭文内容有一个大致的理解,之后再联系其他的相关器物,并以此作为一个范例,告诉大家如何用零碎的材料来恢复历史。

---

① 王国维:《王子婴次卢跋》,载《观堂集林》,第820-899页,北京:中华书局,1959年。
② 郭沫若:《新郑古器之一二考核》,载《金文丛考》,北京:科学出版社,1954年。
③ 郭宝钧:《商周铜器群综合研究》,第80-86页,北京:文物出版社,1981年。

中方鼎一

中方鼎一（见图1、图2）释文：

隹（惟）十又三月庚寅，

王才（在）寒𠂤①。王令大

史兄（贶）禙土②。王曰："中，

兹禙人入史，易于

斌王乍（作）臣③，今兄（贶）畀

女（汝）禙土乍（作）乃采④。"中

对王休令，鼏父乙隣。

隹（惟）臣尚中臣⑤。七八六六六六，八七六六六六⑥。

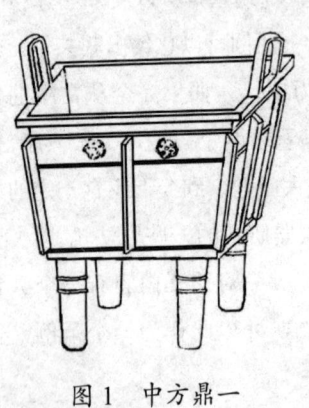

图1　中方鼎一　　　　图2　中方鼎一摹本

①"隹（惟）十又三月庚寅，王才（在）寒𠂤"一句，我们现在看"十三月"可能觉得不太稀奇，可是宋朝人看见"十三月"可是大吃一惊，因为他们不懂什么

是"十三月","十三月"就是"闰月"。大家要知道,中国古代的历法是阴阳合历。所谓"阴阳合历"就是历法在建立的时候既考虑到了太阳的运动,也考虑到了月亮的变化,并且极力地将太阳历和太阴历结合起来,这样做就一定会有闰月,所谓"十九年七闰",最后还要用月食、日食来检测是否准确。自古以来这一点都是特别重要的。《尚书·胤征》讲的就是这样一个事情,《胤征》是一篇伪古文,可是《胤征》的故事,《左传》中是有的,就是因为历法没有测定好,所以"胤"就率军把这个诸侯国给灭掉了。这在当时是一件很大的事情,因为历法关乎当时所有民众的生活。称"十三月"的都是岁末置闰,所谓"岁末置闰"就是把闰月放在一年的最后,也就是十二月之后加一个闰月。"岁末置闰"的方法后来就没有了,因为后来有了"中气"的概念,于是就采用"无中置闰",就是在没有"中气"的那个月置闰,也就是说哪个月"无中",就在那个月置闰,因为闰月是在一年之内,所以叫"岁中置闰"。由甲骨文可知,祖甲之时已有"无中置闰",商末的历法相当进步,已经不再用"十三月",这一点是没有问题的,特别是董作宾先生以后[①],进行了多次研究。可是西周又恢复了"岁末置闰",到了春秋就没有了,所以西周历法没有商代历法先进,这有可能是商民族、周民族的差别,也有可能是商末的历法遗失了,不好推算。现在我们知道整个西周也都是岁末置闰,甚至由于失闰的关系,还出现了"十四月",现在

---

① 董作宾:《殷历中几个重要问题》,载《董作宾先生全集·甲编》,第177-200页,台北:艺文印书馆,1977年。

能够确认的有两件铜器有"十四月",一件为周初时器,另一件为宣王时器。"寒"是地名,具体在什么地方还不确定,推测应在湖北境内的汉水一带。"帀"读为"次",义为"临时驻扎",《左传·庄公三年》"凡师,一宿曰舍,再宿曰信,过信曰次",这说明王是在南巡途中。

②"王令大史兄(贶)福土"一句,"兄"读为"贶",义为"赐予"。"福"是地名,我们也不知道怎么读,就暂时读"lì"。"土"就是"地",同时也包括其地之民。大家要知道,赏赐的时候总是要有史官,因为赏赐就是一种册命,册命是需要记录下来的,所以王会派史官前往。这种情况与后世不同,后世记录很容易,当时要记录下来并不是那么容易,所以王就会派"太史""内史"一类的史官,去做这样的事情。

③"兹福人入史,易于珷王乍(作)臣"一句,"史"读为"事",义为"侍奉",在周初的时候"史"和"事"还没有完全区分开来。"易"读为"赐","赐"在古汉语中有主动用法,义为"赐予",但又有受动用法,义为"献给",比如《尚书·禹贡》"禹锡玄圭,告厥成功",裘锡圭先生的名字就是这样来的,"禹锡玄圭"不是"禹得到玄圭",而是"禹献玄圭",此铭中的"献"就是受动用法。"易于珷王乍(作)臣"就是"福人把自己献于武王作为臣属",可见"福"本是商王的臣属,武王克商之后,成为武王之臣,归属于武王。问题在于"兹"字如何解释,"兹"在金文中很少训为"这",大家要看到"兹"与下一句的"今"是对称的。金文中有"茲"字,从丝,从才,可读为"哉""在","兹"和"茲"音同,所以"兹"

可读为"在",相当于"昔",也就是"过去"。《尚书》中"在"有"往昔"之义,或作"昔在",参见《尚书通检》。

④"今兄(贶)畀女(汝)福土乍(作)乃采"一句,"畀"义为"予",与"贶"同义,此处"贶畀"同义连用。"乃采"一词,"乃"是"你的","采"是"采地","采地"是王赐给朝臣的土地。我常常说西周很像清代,清代也是这样,比如说《红楼梦》中的宁、荣二府都有一些地在关外,宁、荣二府的很大一部分经济收入来源于此,西周的"采地"也是如此。朝臣不像外面的诸侯,可以在外面主政一方,该地方的收入都是诸侯的,朝臣没有这个待遇,所以王就赐给朝臣一块采邑,在政治、经济上给朝臣提供服务。赐给"中"的这块"采地"是很远的,应该在"寒"附近,实际上就应该在孝感一带,因为"中"去世之后可能就埋在了他的采邑。我猜想很可能"中"在昭王命丧汉水后不久也死了,没能回来,而"中"的器物也就与"中"埋在了一起,要不然"中"的器物怎么能出土在孝感呢?①

⑤"隹(惟)臣尚中臣"一句,是当时的占卜记录。关于这个问题,我虽然在二十世纪五十年代提出了一点看法②,但贡献最大的是张政烺先生。③"尚"义为"庶几",是正面的判断,楚简中的占卜多用"尚"。"中臣"

---

① 李学勤:《周易溯源》,第210-219页,成都:巴蜀书社,2006年。
② 李学勤:《谈安阳小屯以外出土的有字甲骨》,载《李学勤早期文集》,第33-37页,石家庄:河北教育出版社,2008年。
③ 张政烺:《试释周初青铜器铭文中的易卦》,《考古学报》1980年第4期。

之"臣"是动词,即"臣于中",这种倒装句是很多的,大家可以去看俞樾《古书疑义举例》。"襑"本是武王的臣属,现在把"襑"连同土地一并赐给"中"作"采",也就是说在这之后,"襑"就成了"中"的臣,所以"中"就对这件事做了一个占卜。

⑥ "七八六六六六"和"八七六六六六"一句,"七八六六六六"和"八七六六六六",应是卦画,而这个卦变正合此事,所以我就猜想当时占卜用的确实是《周易》,而且用的本子和今天的一样。

中方鼎二

中方鼎二(见图3、图4)释文:
隹(惟)王令南宫伐反

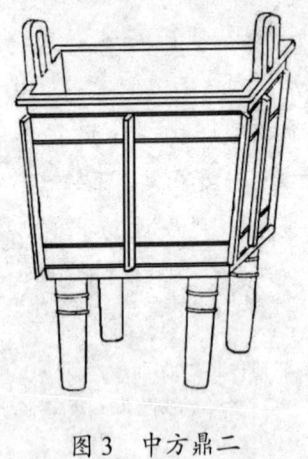

图3 中方鼎二　　　图4 中方鼎二摹本

虎方之年①，王令中
先，眚（省）南或（国），鼄行，㺇
王应，在夒𨸏，负
山②。中乎䢜生凤
玨（于）王，㺇玨（于）宝彝③。

①"隹（惟）王令南宫伐反虎方之年"一句，"隹（惟）王令南宫伐反虎方之年"是纪年，当然这一年不一定是中方鼎一里面有"十三月"的那一年，这是另外一件事情。大家比较习惯"南宫"是个"氏"，比如"南宫括"，所以宋代记载这几件器物皆"南宫中"所作。这里的"南宫"没有名字，我们认为这个"南宫"是一个具体的人。王国维先生认为"南宫"可能是一个王子，就好像太子称"东宫"。①王先生是浙江人，浙江没有四合院，到北京看到四合院了，王先生就有了很多体会，所以王先生就认为古代的宗庙、明堂等就跟四合院一样，后来出土的东西也能够证明这一点。当时的一家人，父亲住在正房，大儿子住在东房，也就是东宫，再有一个孩子住在南房，也就是南宫，大致就是这种意思。这是有一定道理的，铭文中所谓"南宫"应该是一个王子。金文中还有"东宫"，如鼓𩵦簋"王令（命）东宫追㠯（以）六𠂤（师）之年"，"东宫"就是太子了。"反"读为"叛"。"虎

---

① 王国维：《明堂庙寝通考》，载《观堂集林》，第123-144页，北京：中华书局，1959年。

方"的"虎",虎脚处的写法比较特别,唐兰先生曾经有一个非常聪明的想法,就是读为"荆"①,但很难证实。"虎方"也见于宾组甲骨文,𣪘也有"虎方","虎方"是一个方国的名字,有些学者推测"虎方"可能与"巴人"有关,因为"巴人"尚白虎,而且从地理上来讲也比较合适。"叛虎方"说明"虎方"曾经臣服过,《左传·昭公九年》中讲在"武王伐纣"之后,"巴濮楚邓,吾南土也"。

②"王令中先,眚(省)南或(国),𢎨行,𢒈王应,在夔𨸏,负山"一句,"先"就是"先锋""前导"之义,类似的例子在甲骨文中有。"眚"即"省",义为"省察"。大家要注意一点,"王命南宫伐叛虎方"是一件事,"王令中先,省南国"是另外一件事,并不是说"中"是给"南宫"作先锋,实际上是"中"是在给"昭王"作前导。"𢎨"即"串",读为"贯",训为"通","贯行"就是"通行",也就是"打通道路"。"𢒈"即"埶",读为"设",义为"设置"。"应"读为"居"。"夔"是地名,就是今天的湖北秭归,秭归的山很多,在三峡外。"𨸏"即"隓",义为"山缝"。"负山"就是"背靠着山",也就是"在山的后面给王建了一座行宫"。

③"中乎归生凤𢀛(于)王,𢒈𢀛(于)宝彝"一句,"归"即"归",读为"馈"。"生凤"就是"活鸟",

---

① 唐兰:《西周青铜器铭文分代史征》,载《唐兰全集》第七册,第305页,上海:上海古籍出版社,2015年。

类似于孔雀,《周礼》中的"凤"作"䲃"。今天在湖北是看不到孔雀的,可在古代热带动物的活动范围往往靠北,比如熊猫,古时候在陕西东部就有,并非仅限于秦岭以南。《吕氏春秋·古乐》"殷人服象,为虐于东夷",也就是说在东夷之地也有大象。"䂨"训为"设",义为"施陈",用法与何簋之"䂨"同。

·2009 年上半年第十三次课·

昭王时代铜器（二）*

我们继续讲"安州六器"，从铭文内容来说，"安州六器"并不是孤立的，还有其他的一些器物，可是为了照顾"安州六器"的全貌，我们会先讲"安州六器"，然后再讲其他的器物，最后再把这些器物顺起来。因为涉及的器物比较多，如果一开始就顺起来，大家可能就搞不太清楚。

中方鼎一

上一次我们讲到了中方鼎，两件中方鼎我们都谈到了，特别是中方鼎一，最后还有卦象符号。卦象符号的那方面没有很仔细地给大家讲，这次我们用比较简短的时间，把这个内容补讲一下。

中方鼎一最后有"隹（惟）臣尚中臣，七八六六六六，八七六六六六"一句，"七八六六六六"和"八七六六六六"究竟是什么意思，在很长一段时间内都没有得到解决。宋代人认为这些是

---
* 包括中方鼎一、中觯、中甗、静方鼎。

字,从直觉来看,这确实是字,因为整篇铭文都是字,所以认为这些是字是没问题的。至于说是什么字,还有不同的说法,宋代人释为"赫",但这个说法不能正确地来解释"七八六六六六"和"八七六六六六"。

最早对此有不同看法的,还是唐兰先生,唐先生在二十世纪五十年代的时候写了一篇文章,认为这是金文中见到的一种已经遗失了的文字。①唐先生认为这些是字,但不是汉字,而是另外一种文字。唐先生在这篇文章中还有一些推想,因为这些器物出在湖北,是不是湖北还流行过一种已经遗失的文字?这些想法是非常合乎逻辑的,并且流行了相当长的一段时间。古文字研究上的一些学术史的过程,大家最好能够写成一些文章,讨论一下,看看是怎么发展的,某些人说的不对,那他为什么在某一点上说的不对,在方法论上碰到了什么问题,这是很有意义的。在座的同学如果有兴趣,可以选一两个例子来讨论一下,这个例子其实也是可以的。

二十世纪五十年代初的时候,殷墟四盘磨出土的甲骨为人们重新认识这些东西带来了转机。新中国在成立之初就恢复了殷墟发掘,但当时并不能在殷墟发掘的原址上继续发掘,因为原始的发掘图纸被带到了台湾,所以中科院就发掘了殷墟周边的遗址,比如武官村大墓,武官村大墓当时已经探明了,只是还没有发掘,当时郭宝均先生在,就带人发掘了武官村大墓。实际上,从二十世纪五十年代到六十年代,可以说一直到"文革"期间,基本上殷墟的工作都是这样做的,并没有做真正核心的工作。1972年恢复考古工作以后,当时的工作者重新探明殷墟遗址,重绘了图纸,

---

① 唐兰:《在甲骨金文中所见的一种已经遗失的中国古代文字》,《考古学报》1957年第2期。

真正核心的工作才得以继续，当然现在做起来，就一点问题也没有了。这是当时历史造成的，四盘磨就是殷墟遗址的外围地区。在四盘磨发现了一个灰坑，在灰坑中就发现了一块甲骨，也就是殷墟四盘磨甲骨。现在看来，殷墟四盘磨的甲骨是周人的卜骨，但是不是商灭亡之后的，还不能证明，我们能肯定的是这些甲骨属于殷墟文化的第四期，也就是殷墟文化的最后一期。根据其他的出土材料判断，多数学者倾向于这是商末时期周人做的甲骨。四盘磨中的甲骨有类似的符号，之后在沣西遗址早期的地层里面也出土了带有类似符号的甲骨。我在1956年写了《谈安阳小屯以外出土的有字甲骨》一文，我认为这些符号像《周易》的"九六"，当时我只能讲到这里，之后就再也没有讨论过了。这也是我自己的一个问题，现在很多人说是我第一个解决这个问题的，这是不对的，因为我没做到真正地去探索这个问题。其实以当时的材料，如果进行深入的研究，至少可以再推一步，应该指出不仅像"九六"，而且就已经看到的材料而言，绝大多数不是六个数字，就是三个数字，当然还有四个数字的，这是极少数。这一点是张政烺先生发现的①，张先生之所以能够发现，是由于江陵天星观楚简的发现。

二十世纪七十年代的时候，湖北发现了天星观竹简。虽然天星观一号墓的报告已经发表了，但墓中所出的竹简到今天也没有发表，所以大家没有办法全面引用，这是很可惜的一件事。张政烺先生由天星观竹简中的内容发现这类数字不是由三个组成就是由六个组成，所以张先生就尽可能地收集有关材料，1978年在吉林大学召开的首届中国古文字研究会的会议上，张先生做了一个演讲，题为《古代筮法与文王演周易》。这个演讲从楚简出发，论证了由"五""六""七""八"这四个特定数字所构成的复合符号，

---

① 张政烺：《试释周初青铜器铭文中的易卦》，《考古学报》1980年第4期。

就是由"老阴""少阴""老阳""少阳"四个爻所组成的卦画,这个观点后来有学者做了进一步的完善,比如徐锡台等。①但这个观点有一个和传统说法对立的地方,就是张先生反对"卦画"是开始,认为"数字"应是开始。这与传统说法完全不同,因为从《易传》的《十翼》中就讲伏羲画卦,后来易学的传统就认为伏羲一画开天。现在有很多人没有意识到张先生这种理论的革命性,觉得很平常,这是不对的。虽然我们不一定赞同张先生的说法,但这种说法所具有的创新性和革命性是我们必须要指出的。实际上我们今天再深入研究这个问题,会带来一系列需要讨论的问题,而这些问题在今天很少有人讨论。天星观是公元前四世纪的东西,这是战国末期,就是说在战国末期的时候"卦"还是在用数字来表示,马王堆汉墓中的"卦"也是用数字来表示。这也就是说,直到汉初也没有真正的卦画出现,所以数字应在卦画之前,后来慢慢地演变成了卦画,总体看来,卦画到了战国末期才开始逐渐出现,这在《易》学史上是一个石破天惊的大问题。

对于这个问题,从文献学的角度给予推进和补充的,是吉林大学的金景芳先生。金景芳先生不认同卦画是从数字演变来的观点②,金先生认为这些数字是筮数,就是由一定的筮法得出的数字,只不过没有变为卦画,并不能说当时没有卦画,在这一点上金先生和张先生是不一致的。大家要知道,金景芳先生是现代对《周易》最有研究的学者之一,金先生的论点非常平实,有人问我金先生的《易》学是什么样的,我认为金先生的《易》学是从《周易》折中来的。

总之,这个观点是张政烺先生的一大突破,后来张先生把这

---

① 徐锡台:《〈周易〉探源》,《人文杂志》1992年第3期。
② 金景芳:《学易四种》,第195-196页,长春:吉林文史出版社,1987年。

些写成论文，在《考古学报》上发表了。[①]金景芳先生有一点不同意见，就是金先生认为这些"数"是"筮数"，并不等于当时没有卦画。这个差别是很大的，大家不要以为很小。这里还有一个问题，就是这些筮数是怎么产生的，用什么样的筮法能够产生。后来我写文章就特别指出这一点，就是商代到西周的筮数有两个系统，一种有"七"，一种没"七"。[②]至于说当时用什么样的筮法，如果没有特别的材料，是很难得到证明的。至少这里面是没有"二""三""四"的，因为"二""三""四"是重画，容易引起误解。一般是由"一""五""六""七""八"几个数字组成，"九"很少见，"十"目前仅见两例，其中有一个还不太可靠。

中方鼎一"隹（惟）臣尚中臣"的"尚"，应训为"庶几"，与"其"的一种用法类似，表示"希望"。湖北江陵望山、天星观及荆门包山出土的战国楚简的卜筮辞中，命辞用"尚"的更多，所以中方鼎一"隹（惟）臣尚中臣"应是命辞。《左传·昭公七年》："孔成子以《周易》筮之，曰：'元尚享卫国，主其社稷。'遇《屯》；又曰：'余尚立縶，尚克嘉之。'遇《屯》之《比》。"《左传》《国语》中的占卜，有时用的是《连山》和《归藏》，并不是全都用《周易》，但这个例子用的是《周易》。"遇《屯》之《比》"讲的是卦变，当时占卜，不论是用《连山》《归藏》还是《周易》，都是有书的，书就摆在那里，占卜出来之后，按照一定的阴阳爻排列，然后用卦书来查询。比如这里就是《屯》卦，之后再做一次，看爻的变化，变成哪个爻就用哪个爻的爻辞，这里变成了《比》，就用《比》卦的爻辞。这是当时占卜的方法，有关这些方面，很多的学者做过研究，比较好的就是尚秉和先生的《周易尚氏学》。

[①] 张政烺：《试释周初青铜器铭文中的易卦》，《考古学报》1980年第4期。
[②] 李学勤：《周易溯源》，第235页，成都：巴蜀书社，2006年。

中方鼎一的"七八六六六六"和"八七六六六六",分别是《剥》卦和《比》卦,这也是一个卦变。依照《左传·昭公七年》的例子,中方鼎一铭文里的卦应读为"遇《剥》之《比》",《剥》为本卦,《比》为变卦,由《剥》到《比》是最上面的两个爻变了,但是《左传》和《国语》中并无两爻变的筮例。宋代朱熹《周易本义》云,"两爻变,则以本卦二变爻占,仍以上爻为主,《经》《传》无明文,以例推之当如此"。我们看中方鼎一的本卦是《剥》,两变爻是"六五,贯鱼,以宫人宠,无不利"以及"上九,硕果不食,君子得舆,小人剥庐",这两个爻辞的意思是"君子得利,小人从之"。总之,这两例对占卜之人有利,如果这个解释不错,那就正好合于中方鼎一,因为"中"之所以占卜就是为了确定襦人是否臣服于他,而占卜的结果有利于"中",所以就将此占筮记在铭文末尾。当然这只是一个假定,因为我们不知道周昭王的时候是否有这个卦爻辞,可是当时如果有这个卦的爻辞,放在这里就特别合适,因为这里讲的就是小人如何做"中"的臣,然后君子如何从这些臣中得利。大家有兴趣的话,可以看一下我写的《周易溯源》一书。①

类似于中方鼎一的例子,在西周金文中很难再找了,可是商代的铜器、西周的铜器以及甲骨上记载有这种筮法的还是不少的,我们可以推想,这些类似的符号都是当时为某种事情占卜的结果。有人会产生一个疑问,既然是筮法的符号,为什么有时候会记在甲骨上呢?这一点在古书中是有明说的,古人认为"筮短龟长",所以筮法是比较次要的,而用龟的卜法是比较重要的,古人在占卜的时候往往先用筮法,之后再用卜法,那么把筮法的材料记载在用卜法的龟上,就是很正常的事情了。

---

① 李学勤:《周易溯源》,第210-219页,成都:巴蜀书社,2006年。

中觯

中觯是盖器对铭,二者的行款是一样的,所以看一个就可以了(见图1、图2、图3)。

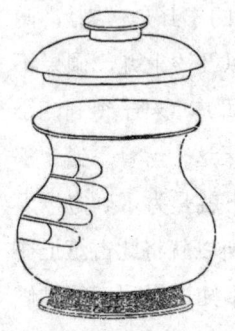 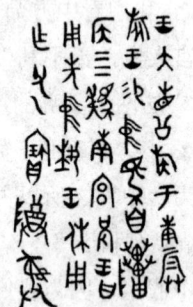 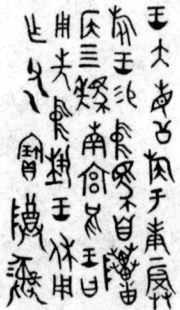

图1　中觯　　图2　中觯盖铭摹本　　图3　中觯器铭摹本

中觯释文:
王大眚(省)公族于庚,屏
旅①。王易(锡)中马自隌
厌(侯)三鞴,南宫兄(贶)②。王曰:
"用先③。"中扐王休,用
乍(作)父乙宝隮彝。

①"王大眚(省)公族于庚,屏旅"一句,"王"指的是"周昭王",以后会详细论证为什么是"昭王"。"省"即"省察"。此处的"公族"指"王"本人的亲属所组成的军队,类似于甲骨文中的"王族","王族"一词,见

于《左传·成公十六年》的"楚之良,在其中军王族而已"。甲骨文中与"王族"相对的是"多子族","多子"即"多君",是王的大臣,"多子族"指的是"大臣所属的部队"。①在金文中"公族"还指"大夫"一级的官名,类似于"宗人"。《诗经》中有"公车",即"官有的车",在当时也就是指"国君所有的车",因为"国君"是代表当时的国家的,所以后来"公有的东西"还称为"公",比如"公共汽车",在台湾地区就被称为"公车"。金文中的"公族"实际上也就是国君所有的族,有些人认为"公族"是另外某个"公"所有的族,这当然也可能,但理解起来过于迂曲,而且在西周晚期的金文中有"公族"作为王朝职官的名称的情况,"公族"在当时就应该是"王族"了,可还是叫"公族"。"王大省公族"就是"王来检阅其亲属的部队"。"庚"是地名,我猜测可能是"唐",在今湖北省随州市西北的唐县镇。②"孱"即"振","振旅"是一种阅兵式。

②"王易(锡)中马自䕻厌(侯)三䴏,南宫兄(贶)"一句,"䕻"即"厉(厲)",在随州以北,和"唐"很接近,是汉阳诸姬之一,太保玉戈就与"封厉侯"有关。"自䕻侯"是修饰"马"的,这种句式在商末周初的金文中常见,西周中期之后就少见了。"䴏"通"䭾",读为

---

① 李学勤:《释多君、多子》,载《甲骨文与殷商史》,上海:上海古籍出版社,1983年。
② 李学勤:《盘龙城与商朝的南土》,载《新出青铜器研究》,第13-17页,北京:人民美术出版社,2016年。

"匹"。在古文字中有各种与"马"有关的字,这是因为"马"在当时特别重要,所以"马"的分类就非常细,与"马"有关的事也非常多。欧洲的语言也有类似的现象,比如英文中关于"船"的词就特别多,船上的各种桅杆、帆,以及帆上的绳子、挂绳子的环等都有专门的名词,非常复杂。之所以如此,是因为当时的大英帝国,特别是维多利亚时代,航海是特别重要的,因此船就特别发达,也就随之造出了许许多多与"船"相关的词。中国的夏商周时期,马车是特别重要的,所以与"马"或"车"有关的字也就特别多,而随着"马"地位的逐渐衰落,很多与"马"有关的字也就逐渐死掉了,很多字也就查不到了。"騽"字,我猜想就是"匹",之所以赐四匹马,是因为"四匹"为"一乘",可以驾车。"南宫兄"的"兄"读为"贶",义为"赐予"。"王"并没有亲自来,而是派"南宫"来给的,所以称"南宫贶"。大家不要忘了,"南宫"是一员武将,在中方鼎一里面是去"伐虎方"的,"南宫"的身份是一个王子,可能是昭王的弟弟。

③"用先"一句,"用先"即"用马开道",也可以称为"启",可见此时的昭王正在前进的过程中,这也证明中方鼎一在"先"处断句是对的。"釱"以前讲何簋时说过,相当于"设",义为"施","中"把"王"的休美施加于器物上,作了这件铜器。我们之所以把"安州六器"放在一起来讲,是因为"安州六器"之间是有关系的。大家要记住中觯的体例,很多铭文的体例和中觯类似,可以触类旁通。

中甗

现今可见的"安州六器"摹刻本共有四件,分别为中方鼎一、中方鼎二、中觯、中甗。前三件我们用的是《啸堂集古录》的摹刻本,这个本子非常清晰,中甗则是薛尚功《历代钟鼎彝器款识法帖》的本子最好。

中甗的铭文漫漶残缺,刻本失真,所以中甗里面有很多字认不出来,可能是当时在摹刻的时候就有些问题。经过历代学者的努力,中甗的某些字逐渐被认出来了,但还是有很多字我们不认识,这是没有办法的事情,只能等待新材料的出现。虽然我们读不全,但大致的意思我们能够读懂(见图4)。

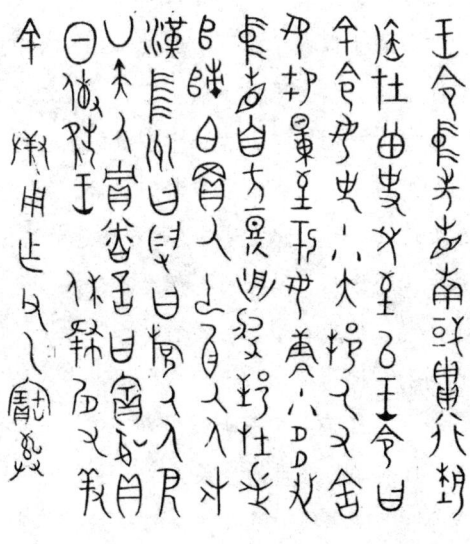

图4 中甗摹刻本

中甗释文：

王令中先，眚（省）南或（国），贯行，𫐐
应在𫑘①。史儿至，吕王令曰②：
"余令女（汝）史小大邦，氒（厥）又舍
女（汝）即章，至𢦏（于）女（汝）庸，小多𠨷。"③
中眚（省）自方、䍙、𢎗𢎗邦，在噩
自𫑘④。白（伯）买父曰⑤氒（厥）人戍
汉中州，曰𠬝、曰旎，氒（厥）人人
廿夫⑤。氒（厥）贾𠭯言曰賨𠂇贝
曰传⑥，𩰇王囗休，肆肩又羞
金（？）囗囗𦥑，用乍（作）父乙宝彝。

① "王令中先，眚（省）南或（国），贯行，𫐐应在𫑘"一句，"眚（省）"义为"省察"，相当于古书中的"巡狩"。"巡狩"自古以来就是国君的大事，因为中国的疆域一直都是非常大的，国君不能一辈子什么地方都没去过。当然也有这样的国君，可是大多数的国君都希望去他所统治的地方看一下，这对当时的政治、经济有很大的作用，所以越是到盛世的时候，国君越想做这种事情。秦始皇统一天下之后，马上就开始巡狩，从他个人的思想感情上来说，他也希望出去看看，可是他出巡的时候是很不自由的，因为惊动太大，会出现很多问题。隋炀帝也是如此，隋炀帝一定要去扬州看琼花，于是就开了一条运河，造成了很严重的后果，后来的《开河记》《迷楼记》等小说，就是从这个角度来铺陈的，其实隋炀帝想出去看看也是人之常情。由甲骨文可知，商王到处跑，

经常出去打猎,后来天子地位逐渐尊贵,他所享有的自由就越来越少。清朝皇帝的活动范围也是有限的,一般就是到南苑大红门、小红门一带去打打猎,我在二十世纪六十年代的时候曾经去过那里,当时的宫殿建筑还保存得很好。再远就是到热河行宫去了,那里有一个避暑山庄,当地也有围场,供皇帝打猎,现在当地还有围场县。到了乾隆时期,经济充足了,所以乾隆也就多次下江南了。昭王之时正是西周最盛之时,所以昭王也是要去巡狩的,此处"省"的主语是"王",也就是说,中甗所讲的是昭王南巡的事情。有一点要注意,就是这篇铭文中的"在"是从土的,这在西周铭文中很少见。"㚔"就是"曾","曾"就在今天的随州,一直到后来,曾侯乙墓还是在随州,我认为"曾国"就是"随国"。①之所以设居在"曾",是因为"曾"在当时很繁华。为什么这么说呢?因为"曾"在宾组卜辞中就有,并且一直延续到了战国中期。实际上当时曾国已经被楚国给灭了,因为在吴人入郢的时候,当时的随国国君保护过楚昭王,所以楚复兴之后又让随国复国。曾侯乙就是这种情况,实际上曾侯乙只是一个附庸而已,但楚国对他非常好,就与这件事有关,所以"曾"一直到了战国中期还存在。

②"史儿至,吕王令曰"一句,"史"是官名,"儿"是私名。"史儿"应是昭王的太史。"吕王令"即"带来一个王命",也就是一个新的任务。

---

① 李学勤:《曾国之谜》,载《新出青铜器研究》,第124-127页,北京:人民美术出版社,2016年。

③ "余令女（汝）史小大邦，丮（厥）又舍女（汝）卽㬎，至㐜（于）女（汝）庸，小多㚔"一句，"史"通"使"，义为"出使"。"小大邦"即"大小列国"，"余令女（汝）史小大邦"义为"我命你出使小大列国"。这里的情况是不同的，王开始命令"中"开路，之后又命令"中"出使小大邦，"开路"是对于完全臣服于周王朝的势力而言的。"出使"也有"开路"的意思，也是为王的南巡做准备，可是这时候会面对一些诸侯，所谓"小大邦"就是"大小诸侯"，可见方国是很多的。"丮（厥）又舍女（汝）卽㬎"一语，"丮"的用法相当于"其"，"又"训为"再"，"舍"就是"给予"。我认为"卽"与"折"有关，读为"制"。"㬎"即"量"，读为粮①，"制粮"就是规定的口粮、俸禄。"出使小大邦"的时间是很长的，要走几个月，所以要给"中"一些东西，就是"制粮"，也就是"俸禄"。这个"俸禄"是"至㐜（于）女（汝）庸"，"庸"即"傭"，义为"仆佣"，也就是"随从"。"至㐜（于）女（汝）庸"就是这个"制粮"一直给到"中"所带领的随从。"小多"即"少多"，也就是"多少"。"㚔"字不识，应是计量单位。此句是说王给了"中"一个新命令，让他出使各方国，并赐给"中"以及"中"的仆从俸禄，数量是"多少㚔"。

④ "中眚自方、昇，舟㠯邦，在噩自帀"一句，"方"即"方城"，也就是河南省方城县。"昇"有人读为"复"，

---

① 裘锡圭：《西周粮田考》，载《裘锡圭学术文集》第五卷，第193-201页，上海：复旦大学出版社，2011年。

我倾向于读为"邓",在今湖北襄阳以北。[1]"舟"即"造",训为"往"。"中"从"方""邓"开始出使,到了鄂国,之后"在噩自帅"。"噩"字是郭沫若先生读出来的[2],这是非常聪明的读法,静方鼎就有"噩师",这确实是郭老的洞察。"噩"即"鄂","帅"读为"次",义为"驻扎","在噩自帅"是"在鄂军队屯戍的地方驻扎",而不是"在鄂师这个地方驻扎"。至于说鄂军队驻扎的地方是否在鄂国境内,我们还不清楚。鄂国就在三国时期的武昌,也就是今天湖北省的鄂州市。

⑤"白(伯)买父曰𠫑厥(厥)人戍汉中州,曰段、曰旍,厥(厥)人即廿夫"一句,"伯买父"是人名,"戍汉中州"即"戍守汉水中间的小岛","段""旍"皆州名。今天的汉水和过去的汉水差别可太大了,1955年年初的时候,我到汉阳,真的感受到了历史上汉水的威力,因为那一年武汉大水刚过,长江和汉水真是很有威严的样子,波浪滔滔。今天的汉水就不同了,这是修水库的原因,特别是丹江口水库,将来南水北调之后,汉水如何就不知道了。自古以来汉水都是非常重要的,西周时期汉水的中间还有"州","州"就是中间的岛,比如"橘子洲"。"伯买父"可能与"鄂师"有关,否则不会在"鄂师次"之后还记了这样一件事。这个地方一定很重要,所以在汉中州要设防,为昭王的到来做准备。大家要知道,汉阳一带古时是有很多"州"的,汉阳纱帽山出土

---

[1] 李学勤:《静方鼎与周昭王历日》,载《夏商周年代学札记》,第22-30页,沈阳:辽宁大学出版社,1999年。

[2] 郭沫若:《两周金文辞大系考释》,第56页,北京:科学出版社,2002年。

铜器中的国名,在甲骨文里面就有。"髳(厥)人尺廿夫"应该和戍守的人数有关,是二十人。

⑥ "髳(厥)贾眷言曰寘ツ贝曰传"一句,这句中有很多字我们不认识,多是猜测之词,可是这里面有几点是很重要的。"贾"是"商贾","眷"是商贾的名字。"寘"字,有人释为"宾",可字形看起来不太像,所以最好还是隶定为"寘"。大家要知道,"寘人"是在巴地的一种少数民族,不过"寘"在很晚的文献中才见于记载,如果这个猜测正确,应该涉及"巴人","虎方"可能与"巴人"有关。此处出现了"贾",我们推测"中"出使大小方国与经济有一定的关系,甚至于和当时的贸易有关,这对于我们认识当时的社会会有很大的启发。过去的人对于古文字中的经济史料了解得很不够,因为他们总是把那个时代的社会想得非常原始,其实关于"贾"的材料,在古文字中有很多,花东甲骨中也有相关材料,这些问题都有待于我们进一步研究。虽然后面的铭文我们不太明白,但这些事情应是"中"的成果,不然不会作这件铜器。

如果把"安州六器"这几件器物放在一起,就可以看到"中"在当时活动的一些基本情况。由中方鼎一可知,"王"曾经发动过一场伐虎方的战争,也就在这一年,"王"命令"中"省南国,贯行。"中"去的地方是很远的,比如"夔"就在湖北的秭归。因为铭文有"汉水"的"汉"字,那么一定与湖北有关,所以甲骨文里面的"虎方"也应该是在湖北。我在二十世纪五十年代写的书中认为商王到过湖北①,当时很多人反对,中甗的"戍汉中州"的

---

① 李学勤:《殷代地理简论》,第50页,北京:科学出版社,1959年。

"汉"是点了这个题的,最近还有新的有关铜器发现,证明"虎方"就是在湖北。"中"是开道的,"中"所走的路线,是从湖北北部的"方""邓"一带出发,然后向西到了湖北的秭归,也就是到了宜昌地区。所以"中"的活动范围是相当大的,因此中甗里面的"小大邦"应该是很南的一些地方,应该说都在江汉以南,"鄂"正好就在武汉的南面,是当时的一个大国,关于这个问题我们以后还会详细讨论。

"安州六器"出土之后,自北宋以来大家多没有充分地加以注意,直至近年才有讲清楚的可能性,因为从"安州六器"本身并不能看到事情的全貌,看清全貌还是要靠最近出的几件铜器,就是下面我们要讲的静方鼎和敔甗。

静方鼎

静方鼎现藏日本出光美术馆,出光美术馆我去过多次,当时的馆长三上次男先生是非常著名的学者,我跟他很熟悉,他现在已经过世了。按照我个人的理解,出光美术馆仓库中主要的青铜器我都看过,但并没有看到这件静方鼎。我最后一次去出光美术馆是在二十世纪八十年代,所以我猜想静方鼎入藏出光美术馆,应该是在二十世纪八十年代末期之后,当然不排除这件东西早就出土了,藏在日本藏家手里。大家要知道,日本藏家手中的青铜器还有很多,很多日本学者跟我讲,日本的一些寺庙里有很多中国的青铜器,但秘不示人,所以有些器物很多日本学者也不知道。还有一些日本的藏家,买来青铜器之后,马上就放到银行仓库中去了,也许传了几代都不会再开这个仓库,很多铜器也就看不见了。类似的可能性都有,所以日本可能常常会发现我们所不知道的青铜器。

静方鼎在发表以前没有任何人知道,上海的马承源先生多次去过出光美术馆,如果马先生看到了也一定会说,可见马先生也没有看到过这件鼎。1996年夏商周断代工程启动之后,日本出光美术馆出了《馆藏名品选》第三辑,编号六十七就是静方鼎,这件鼎的具体流传情况不明,但有一个装鼎用的很旧的盒子,我没有见过这个盒子,最近几年我没有去过日本。后来北大的徐天进到日本,把出光所有重要的东西都画了图,拍了照片,他的成果登在中国美术馆的简报上,差不多每期都印一个,可到现在也没有到静方鼎。

静方鼎(见图5、图6)高32.6cm,口径是28.8cm×20.3cm,是一件带有饕餮纹的方鼎,共有78字。因为《馆藏名品选》的拓片看不清楚,所以我费了很大的劲,才把铭文读全,实在是很不容易。我写了两篇静方鼎的文章[①],后文是对前文的校正。

图5 静方鼎

图6 静方鼎拓本

---

① 整理者按:这两篇文章即《静方鼎与周昭王历日》与《静方鼎补释》,后收入李学勤:《夏商周年代学札记》,沈阳:辽宁大学出版社,1999年。

静方鼎释文：

隹（惟）十月甲子，王才（在）宗周，令
师中眔静省南或（国）相，
𣪘应①。八月初吉庚申至，告
于成周②。月既望丁丑，王才（在）成
周大室③，令（命）静曰："䚈女（汝）采，䚈
才（在）𨘷、𠭯自④。"王曰："静，易（锡）女（汝）鬯、
旂、市、采霅。"⑤曰："用事。"静
扬天子休，用乍（作）父丁
宝䵼彝。

① "隹（惟）十月甲子，王才（在）宗周，令师中眔静省南或（国）相，𣪘应"一句，"宗周"即"镐京"。"师中"就是"安州六器"的"中"，"师"义为"长官"，并不是"太师""少师"。"静"也应该是"师"。因为器物是"静"所作，所以就把"师中"放在前面，这样很有礼貌。"相"是一个具体的地名，因为这一组铜器里面有"相侯"，"相"应为巡狩之地，这里明确点明了是"南国相"。此处的"相"并非"安阳"，我们猜想"相"应是此次南巡最后的目标。"相侯"又见于作册析尊的"贶望土于相侯"，我认为"相"就是"湘"。①

② "八月初吉庚申至，告于成周"一句，此处的"八月"指"第二年八月"。"初吉"是在一个月的开端，有人说"初吉"指一个月的前十天，至于说是不是这样，我们也不知道。"告于成周"就是"在成周向王报告"。

---

① 李学勤：《静方鼎补释》，载《夏商周年代学札记》，第76-79页，沈阳：辽宁大学出版社，1999年。

"师中"和"静"是从宗周出发的,回来的时候"王"已经在成周了,之所以这样,是因为"中"和"静"的开路工作已经结束,这个时候"王"已经准备要南巡了。我们猜想"师中"和"静"都去开路了,但二人采取了不同的路线,所以"中"的器物就没有提到过"静",而"静"的器物是在追溯一开始时的事情,所以把两个人的名字都记录下来了。"八月初吉庚申至,告于成周"之时,可能只有"静"回来了,因为"中"受命到各国,还要跑很远,所以下面的铭文也就没有再提到"中"。

③"月既望丁丑,王才(在)成周大室"一句,"月既望"见于《周易》,此处指的就是"八月既望"。"大室"即"太室",是宗庙的主室。

④"嗣女(汝)采,嗣才(在)曾、噩𠂤"一句,"嗣女(汝)采"即"管理你的采邑",这个采邑就是后文的"䍙",可见"王"把"静"封在了当地。大家要知道,中国古代把一些臣子封在很远的地方是很常见的,后人常常难以想象,不用说别的,把召公封在燕地就已经够远了,所以我们不能够用今天的眼光来想象当时的事情,这也可以看出当时西周的国力还是很强盛的。"曾"即"曾","曾"即今之随州,"噩"即今之鄂州,"才(在)曾、噩𠂤"可理解为"噩国军队之在曾者",或者是"在曾、噩两地的军队",但中甗是"在鄂师次","鄂师"还是"王的军队在鄂者",所以"才(在)曾、噩𠂤"还可以理解为"王师在曾、鄂两地驻扎者"①,这样理解可能

---

① 整理者按:李先生在《由新见青铜器看西周早期的鄂、曾、楚》一文中认为"在曾鄂师"指的是在曾地的鄂国之师。参看李学勤:《由新见青铜器看西周早期的鄂、曾、楚》,载《三代文明研究》,第90-96页,北京:商务印书馆,2011年。

更好一些。由此可知,当时的巡狩也不是那么和平,还是要动用军队的,而这些军队就是由"静"来管理,所以"静"是很重要的人物,他的方鼎也很大,而且下面给的赏赐也很多。同样,"中"也是很重要的。

⑤ "易(锡)女(汝)鬯、旂、市、采䚈"一句,"䚈"是采地的名称。

静方鼎可以让我们更好地理解"月相",铭文中有"八月初吉庚申至,告于成周"以及"月既望丁丑,王才(在)成周大室",由此可知,"初吉"一定是在"既望"前面的,这也就是说并不是所有的"吉日"都叫"初吉"。徐凤先博士最近写了一篇很好的文章[①],使用青铜器的材料来解释"月相"的含义,她的结论是不能够推翻的,因为她的推论都是从出土材料中来的,是最低限度的推论。

由静方鼎可知,昭王最开始的时候还在宗周,等到第二年的时候才出发,到成周就是准备南巡了,因为成周是南巡的出发点,昭王南巡的路线是很清楚的,和我们今天走的路线差不多。这里还有一点要注意,就是"南国相"一定很远,因为走了差不多十个月,当时应该不是步行,而是乘车,这次南巡时间很长,而且规模很大。

---

① 徐凤先:《以相对历日关系探讨金文月相词语的范围》,《中国科技史杂志》2009年第1期。

·2009 年上半年第十四次课·

昭王时代铜器（三）*

　　康王中期之后，我们能参考的文献就越来越有限了。主要的传世文献，包括古史上很重要的《诗》《书》材料，大部分都是环绕着历史上的大事，商周之际王朝交替就是一个大事频出的阶段，包括后来的三监之乱，一直到营建成周等一系列的事件，成王去世还有《顾命》，康王即位之后，传世文献就很少了。从历史上来讲，成康时期是一个比较稳定的时期，这里所谓的"稳定时期"并不包括成王早年，实际上成王早年一点都不稳定，从平定三监之后，西周的政局就趋向于稳定了。我们从小盂鼎中可以知道，康王时期打过很大的仗，但是在当时这些都不是最大的事情，实际上在周公致政之后，最主要的时间就已经过去了。

　　昭王时期的铜器争论较多，这是因为没有比较系统的传世文献。今天见到的与"昭王"有关的文献，是从很多书中拼凑出来的，其中主要依据的是《古本竹书纪年》。《古本竹书纪年》关于"昭王"的事情，主要谈了两点，一个是"昭王十六年伐楚"，另一个是"昭王十九年南征而不复"。过去很多人每每将"伐楚"和"南征"当作一回事，但实际上"伐楚"和"南征"应该是连续的

---

* 包括敔簋、作册大方鼎、令簋、召尊、召卣。

两件事，因为"伐楚"是一场战争，而"南征"则是一次巡狩。"伐楚"和"南征"是两件事，这一点在《古本竹书纪年》中反映得很清楚。我们不能设想昭王从十六年一直到十九年，都在外面打这场"伐楚"的战争，那样战争持续的时间就太长了。从青铜器排队的角度来看，"伐楚"应是在昭王十六年或多一点，而"南征"，也就是"南巡"，应是在昭王十八年至十九年之间。我们推想昭王当时确实是发动了一场对楚国的战争，但这个战争不完全是以暴力行动结束的，可能是在楚人服从之后就和平结束了，因为在金文中，我们看不到这场战争有一个很激烈的过程。所以齐桓公伐楚的时候，只是问"昭王南征而不复"，没有提具体打仗的事情。

大家要知道，楚之先祖鬻熊是周文王的老师，但是楚一直到熊绎这一代方始建国，封以子男之田。楚是周人所封，所以楚是服从周王朝的，《国语·晋语》"昔成王盟诸侯于岐阳，楚为荆蛮，置茅蕝，设望表，与鲜卑守燎，故不与盟"，可见当时的楚国非常小，并不是一个值得称道的国家。楚国本为周人所封，那昭王为什么还要伐楚呢？可能是由于楚国在昭王时期已经相对壮大，影响到了周王朝对南方的统治。至于当时究竟为什么要伐楚，一定还有一些不为人知的曲折。

昭王南征是为了巩固对江汉地区的统治，大家要知道，周人对江汉地区的经营早在武王伐商之前，也就是商朝还存在时就已经开始了，文王时期"三分天下有其二"，其中也包括了对江汉地区的控制。而后召公继续经营江汉之地，即郑玄《诗谱》所谓"召公之德，集于江汉"。我们可以揣想，楚国强大之后，必然会影响到周人对于江汉的顺利统治，继而遭到周人的反对，当时战争之所以发生，可能也就是因为这个。发生战争之后，楚人服了，在这种情况下，昭王到南方去巡视诸侯就是很自然的事了，其目的是进一步巩固周在江汉地区的统治,团结当地的大小诸侯,这就是"中"和"静"所做的事。当时还有像"虎方"这样的人,反对周的统治。我一直猜想"虎方"就是"巴人",这个"巴"并不是周人封的那个"巴",而是当地的土著,从地理位置上来看,"巴"是很合适的。如此我们也可以看到,昭王有将周的统治继续向南扩展、巩固南土地区的希望和要求,但这种要求以彻底失败告终。至此,周初王朝的锐气已消耗殆尽,到了周穆王时期,虽然周穆王还在东跑西跑,但实际上周王朝已经到了西周中期,基本上走向了守成阶段。

昭王南征所经之地,以"曾"和"鄂"最为重要,可是关于这两个地点,一直也还有些争论。

近些年来,特别是二十世纪七十年代之后,从考古的角度看,"曾"这个地点是没什么可怀疑的,就在今天的湖北随州,因为在随州出土了很多曾国的青铜器,其中最重要的就是1979年在随州季氏梁出土了两件戈,其一铭曰"周王孙季怡孔臧元武元用戈",其二铭曰"穆侯之子西宫之孙曾大攻(工)尹季怡"。"季怡"是曾国公族,可能与随臣"季梁"是一家,是曾穆侯子西宫的后人;"季怡"又自称"周王孙",这说明曾侯本是周王室的宗支,这一点与姬姓随国相符合,我认为曾国就是随国。[①]大家要知道,古代的一个国家,常常以其首都的名称给国家命名,如果更换了首都,就会更换国名。比如韩国灭郑之后,韩国将都城迁到新郑,所以"韩"亦可称"郑"。"曾"称为"随",可能因为曾国都于随。曾国青铜器的分布范围相当大,北至河南新野,南到湖北京山,所以《左传·桓公六年》说"汉东之国随为大"。

[①] 李学勤:《论汉淮间的春秋青铜器》,载《新出青铜器研究》,第128-135页,北京:人民美术出版社,2016年。

"鄂"这个地点就需要讨论了,关于这个问题,我写了一篇文章,登在《中华文史论丛》的第四期。①"鄂"西周金文作"噩",是一个姞姓的诸侯国。大家要知道,"鄂"作为一个诸侯国,在商代就已存在,见于《史记》,《史记·殷本纪》:"(纣)以西伯昌、九侯、鄂侯为三公。九侯有好女,入之纣。九侯女不憙淫,纣怒杀之而醢九侯,鄂侯争之强,辨之疾,并脯鄂侯,西伯昌闻之,窃叹,崇侯虎知之以告纣,纣囚西伯羑里。"此处之"鄂"是否为西周之"鄂",还有待论证,但当时已经有了"鄂",而且"鄂"是很重要的一个国家,还应该比较远。我们可以猜想,商代的"三公"应有一定的分布,"周"在陕西岐山,"崇"在陕西眉县,所以崇侯虎能知以告纣。"九侯"亦作"鬼侯","鬼"若指"鬼方",则一定在北方较远的地方,而鄂国也一定不会太近。纣的朝臣都是当时很重要的几个诸侯国的首领,所以才会位至"三公"。"三公"不见于甲骨文,西周有"三公",见于《逸周书》的《祭公》。为什么我要写这篇文章呢?2008年春天,澳门拍卖会上出现了一件鄂侯鼎,形制与子龙鼎、戍嗣鼎、大盂鼎类似,是商末一直到西周早期很有代表性的器物,这个鼎的出现说明周初时的"鄂侯"是很重要的。该鼎铭文为"鄂侯作宝蹲彝",笔法雄劲,带有周初的气魄。大家要知道,书法艺术、铸造技术可以反映出时代的风格特点,西周晚期的东西,虽然事情讲得雄伟,但实际上还是很疲弱,这一点是很明显的。这件鄂侯鼎的发现,也是首次发现"鄂侯"本人的器物。这件鼎出现之后,就有人认为这么早的"鄂侯"的器物,此前还没有发现过,实际上并不是这样,在这以前曾经发现过鄂侯弟弟的器物。1975年,湖北随州羊子山有一尊一簋

---

① 李学勤:《论周初的鄂国》,载《通向文明之路》,第183-187页,北京:商务印书馆,2010年。

同出，尊的特殊之处是有鋬，铭曰"鄂侯弟昬季作旅彝"，这件尊可以和上海博物馆的一件卣相配，卣无梁有鋬，卣铭与尊相同，时代也是周初。洛阳还收集到一件簋，铭文为"鄂侯弟昬季自作簋"，这个"鄂侯"很可能就是大鼎中的"鄂侯"，因为二者时代一致。"昬季"应是鄂侯幼弟，封于"昬"地。上海博物馆又有鄂叔簋，铭曰"鄂叔作宝尊彝"。

那么"鄂"在什么地方呢？这个问题和我们了解"安州六器"以及"昭王南巡"很有关系。关于鄂国的地望，有几家说法，下面分别介绍。其一是王国维先生，王先生在为西周晚期的鄂侯驭方鼎作跋的时候，认为鼎铭中的"砰"就是"大伾山"①，在河南荥阳的西北，但这个地方太靠北了，离"曾"太远了。其二为徐中舒先生，徐先生认为西周之时，鄂尚在楚西，也就是"西鄂"②，在河南的邓县，位于南阳以南，今天看来这个地方也太靠北了。其三为陈梦家先生，陈先生认为"鄂"指的是"武昌之鄂"③，这个"武昌"指的是三国时的武昌，也就是今天的"鄂州"，并非"武汉三镇"的"武昌"。我认为陈梦家先生的说法可能性比较大，"鄂"是北接曾国的，所以鄂国贵族的东西会出于随州。

与"安州六器"相关的除了静方鼎之外，还有一件簋甗。

簋甗

簋甗出土于山西曲沃北赵晋侯墓地 114 号墓，M113 和 M114

---

① 王国维：《鄂侯驭方鼎跋》，载《观堂集林》，第 1194 页，北京：中华书局，1959 年。
② 徐中舒：《禹鼎的年代及其相关问题》，《考古学报》1959 年第 3 期。
③ 陈梦家：《西周铜器断代》，第 217 页，北京：中华书局，2004 年。

是晋国第二代国君晋侯燮父及其夫人的墓地,这两个墓在其他墓发掘完之后,偶然被盗了。由于盗墓贼采用的方法是地下爆破,所以该墓的墓室被盗墓贼用炸药炸过,结果墓中的青铜器多被炸成碎块,很难修复,有的甚至就不能修复,这实在是太可惜了。后来陆续修复了一些青铜器,毃甗就是修复器之一,也是其中铭文最好的之一,因为被炸碎了,所以铭文有残(见图1、图2、图3)。

图1 毃甗

图2 毃甗铭文照片

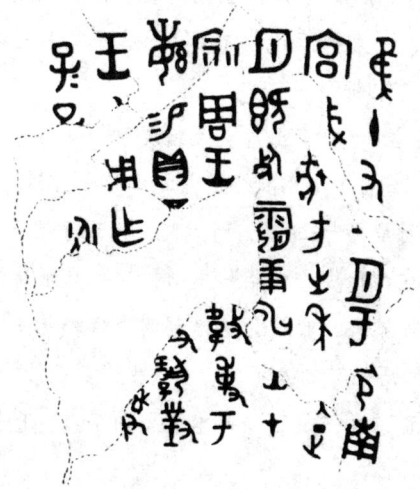

图3 毃甗铭文摹本

敔簋释文：

佳（惟）十又【二】月王令南宫
【伐】虎方之年①，【佳（惟）】正
月既死霸庚申②，王才（在）
宗周，王【令】□敔吏于
繁③，易（锡）贝五【朋】，□敔扬对
王【休】，用乍（作）……彝，
子=孙……永……。

①"佳（惟）十又【二】月王令南宫【伐】虎方之年"一句，"十又二月"也可能是"十又一月"，从行款位置上来看，肯定不是"十又三月"，所以暂时按照孙庆伟的意见，读为"十又二月"。①"伐虎方"应是在南巡的过程中，可见这件器物与中方鼎是同时的，"伐虎方"应该是南巡阶段的事情，在伐楚之后，也就是昭王十八年的事情，一直持续到十九年，这也是周昭王在位期间最重要的一件事了。

②"【佳（惟）】正月既死霸庚申"一句，一般的青铜器，若有纪年，则下文中的月份一定是在这一年之中，但此铭前面是"十二月"，而后文又出现了"正月"，"正月"并不在"伐虎方之年"里面，这一点很奇怪，与金文常例全然不合，我认为这是因为这件器物是晋国人所作。晋人的历法与周人不同，晋人用"夏正"，从《左传》来看"周正"和"夏正"基本上差两个月，也就是说晋

---

① 孙庆伟：《从新出敔簋看昭王南征与晋侯燮父》，《文物》2007年第1期。

人用"夏正",以"寅月"为岁首,周人用"周正",以"子月"为岁首,所以"周正"的十二月是"夏正"的十月,"周正"第二年的正月是"夏正"的十一月。记王命用的是"周正",而器主记自己的事用的是"夏正",所以在器主心目中,"十二月"和"正月"仍在一年之内。[①]这种情况在《春秋》经传中见过好几次,可见当时确实有这样的现象。

③"王【令】□毁吏于繁"一句,"毁"是作器者的名字,"毁"前面的一个字究竟是什么我们不能确定,因为文中两次提到了"□毁",但都损坏了。"毁"前面的那个字有可能是"毁"的氏,但我猜想更可能是"师"也就是"师毁",所以这件器物我们暂时称之为"毁甗"。"吏"读为"使",义为"出使"。问题就在于"繁"在何处?"繁"见于班簋,班簋有"秉繁、蜀、巢命"一语,"秉"训为"执","秉命"犹言"执命",也就是"管理事务",可见"繁""蜀""巢"都是附属于周朝的边远方国。"蜀"即今之成都平原,"巢"就是今天安徽的巢湖市,"蜀""巢"是没有什么问题的,那么"繁"呢?以前大多数学者把"繁"说成是河南新蔡以北的"繁阳",但是"繁阳"在《左传》中作"繁扬",在金文中作"繁汤""繁瀺""繁昜",从未有简称为"繁"的;而且"繁阳"的地理位置太靠北,和"蜀""巢"放在一起并不合适。所以我认为"繁"应是汉代的"繁县",也就是今天

---

① 李学勤:《论毁甗铭及周昭王南征》,载《通向文明之路》,第108页,北京:商务印书馆,2010年。

四川北部的"新繁"。① "新繁"以前是一个县,现在已经不是了,就在广汉三星堆的旁边。在这一带有很多的商周遗址,比如新繁的水观音、彭县的竹瓦街等。周原甲骨有"伐巢"的,也有"伐蜀"的,《左传》"巴濮楚邓,吾南土也","繁""蜀""巢"位于周朝南土的两侧,属于周初时不容易管到的蛮夷地区。"王命戜使于繁"类似于"王命中使小大邦",而"戜"只是出使了"繁"而已,并且被赏的只有五朋贝,这和"中""静"所受的赏赐相比就差得太远了,"中"和"静"各被赏了一块采邑,由此也可看出来"戜"的地位并不高。

"安州六器"以及静方鼎、戜甗所讲的都是昭王南巡之事,里面很少提到战争,提到的战争也只是"伐虎方",但"伐虎方"并不是"伐楚",除非像唐兰先生那样把"虎"讲为"荆"。②但戜甗的"虎",地地道道就是一个"虎"字,所以唐先生的说法讲不通,那么昭王伐楚的器物在哪里呢?就在洛阳马坡。

我们以前也提到过,洛阳的邙山历代都是墓葬区,邙山墓葬区的使用早在新石器时期就开始了,洛阳从新石器时代以来,就是一个人口非常密集的地区,这一点考古上已经充分地证明了。最近中国科学院的一些学者,做了一个自然科学和人文科学相结合的大计划,叫做"嵩山文化"。这个词有一定的道理,换句话说就是中原地区的核心文化,也可以叫"河洛文化",就是我们过

---

① 李学勤:《论戜甗铭及周昭王南征》,载《通向文明之路》,第 108 页,北京:商务印书馆,2010 年。
② 唐兰:《西周青铜器铭文分代史征》,载《唐兰全集》第七册,第 305 页,上海:上海古籍出版社,2015 年。

去讲的"天下之中"的一些地区，这个地区的文化对中原影响很大，要多学科、多角度地去研究，这个工作现在还在进行。这就告诉大家，洛阳到郑州这片区域，自古以来就非常重要，所以洛阳这一带也就产生了历代的墓葬群，具体来说就是所谓的"北邙山"，现在还叫"邙山"。大家去洛阳的时候，可以去看一看，但是现在邙山的墓基本上已经被挖光了，再发现什么墓的可能性很小。

大家要知道，二十世纪二十年代，准确地说，到1931年中央研究院历史所考古组的工作逐渐铺开以前，盗墓之风盛行，也是所谓"洋庄生意"做得最热闹的时期。1929年，北邙马坡出了有若干个随葬青铜器的墓。"马坡"这个地方还存在，我去的时候他们指给我，说那个地方就是"马坡"，虽然看不太出来了，但还是知道那个地方。1929年马坡究竟出土了多少铜器，现在说不清楚，可是主要出的是两批，一批是"令"的器物，还有一批是"臣辰"的器物。这两批铜器有很多，特别是"臣辰"的这一批是非常多的。我们可以猜想，这就和殷墟一样，同一个族氏的器物分布在很多个墓中，不太可能是一个墓，因为出的铜器有上百件，应该是一个族葬群。"令"的东西估计也未必是一个墓，可是现在我们能够知道的几件带铭文的器物，互相都有关系，内容也特别重要。

这些东西包括两件令簋，这两件令簋现藏法国巴黎的基美博物馆；一件令方尊，现藏我国台北故宫；还有一件令方彝，现藏华盛顿的弗利尔美术馆；此外还有四件作册大方鼎，这四件已经分散了。和"作册大"一样，"令"的身份是"作册"，在这些器物的铭文里面都有一个族徽，即"🐦"，一般写作"鸟丙"，但实际上应该是一个字，像鸟站在台上。其中令簋、令方尊、令方彝是和昭王最有关系的，也是争论最多的，可以说是周初器物中最为重要的一部分。四件作册大方鼎估计不是从一个墓里出来的，但也有可能是同一个墓所出，因为父子的器物或者是兄弟的器物放在一起是完全有可能的，这个问题我们还可以再讨论。

作册大方鼎

四个作册大方鼎及其铭文见图4、图5、图6、图7、图8、图9、图10、图11。

图4　作册大方鼎1

图5　作册大方鼎2

图6　作册大方鼎3

图7　作册大方鼎4

图8 作册大方鼎1拓本

图9 作册大方鼎2拓本

图10 作册大方鼎3拓本

图11 作册大方鼎4拓本

作册大方鼎3释文：
公来盥（铸）武王、
成王异鼎[①]，隹（惟）三（四）
月既生霸己
丑，公赏乍（作）册
大白马，大扬
皇天尹大（太）保
宝[②]，用乍（作）且（祖）丁
宝隬彝[③]。㫃册。

①"公朿盥(铸)武王、成王异鼎"一句,"公"就是后文的"太保",也就是"召公奭"。"异"是"鼎"的名称,训为"大","异鼎"也就是"大鼎",《史记·楚世家》讲到"鼎"的时候,说有"三翩六翼"。这篇铭文讲这件鼎是用来祭祀武王、成王的,这个道理是很明显的,因为文王是单独配天的。这里讲了武王和成王,那么当时的"王"应该是康王。此时太保还活着,召公是有名的高寿之人,假设召公能活到九十多岁,也只能到康王,不能再长了,并且这个时候召公还能作鼎,所以此时召公也不会太老,这个鼎的时代只能是康王。

②"大扬皇天尹大(太)保宲"一句,"尹"训为"尊"。"宲"字一直就没有很好的读法,最近复旦大学的陈剑写文章,认为"宲"应读为"琮"①,这个问题我们以后再讨论。总之,我认为此处"宲"义同"休""美"。

③"用乍(作)且(祖)丁宝隣彝"一句,这里面带来一个问题,"令"的器物是给"父丁"作的,"作册大"的器物是给"祖丁"作的,郭沫若据此认为"作册大"是"作册令"之子,"作册大"是康王时人,所以"作册令"就应该是成王时人,那么"作册令"的器物的时代应该是成王。②可是从其他的方面来看,这个推论是不成立的,因为"祖丁"不一定就是"父丁",比如宾组卜辞中有"祖乙",也有"父乙",不能说"祖乙"和"父乙"一定是同一个人。一般来说父亲和儿子的日名不会

---

① 陈剑:《释"琮"及相关诸字》,载《甲骨金文考释论集》,第315页,北京:线装书局,2007年。

② 郭沫若:《两周金文辞大系考释》,第6页,北京:科学出版社,2002年。

相同，但有一个"祖丁"，再有一个"父丁"却并不稀奇。郭老的这个说法，在有其他证据的情况下，可以作为旁证，但不能仅凭这一点就认为"作册大"是"作册令"之子。

令簋

令簋的文字特别好看，很多地方非常像大盂鼎，大盂鼎的时代是康王晚年，令簋的时代是昭王，二者在时代上也是很相近的。

如果看令簋本身，大家也许会提一个问题，就是令簋是否有盖。之所以有此疑问，是因为令簋有很高的子母口。我认为令簋是没有盖的，因为就令簋的锈蚀程度而言，如果原来有盖，后来被拿掉的话，就一定要去锈，如果令簋去过锈，那就不是今天的这个样子了，所以令簋在地下的时候是没有盖的。我认为令簋从来就没有过盖子，只是就做成了这个样子。如果令簋有盖，我们希望盖上也有这样的铭文，可从锈蚀的情况而言，是不太可能有盖的。这两件令簋，我在基美博物馆看过多次，我认为确实是没有盖的（见图12、图13、图14、图15）。

图12　令簋1

图13　令簋2

 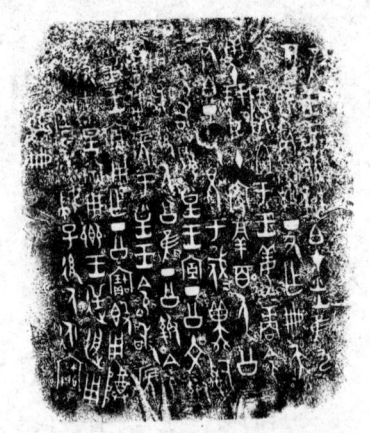

图 14 令簋 1 拓本　　　图 15 令簋 2 拓本

如果说令簋本身有盖，但在埋藏之前就把盖去掉了，这么讲我们也不反对，但是这种情况出现的可能性不大。

令簋的文字很长，但是铭文的后半多是套话，周初的人讲话确实是这样，常常很啰嗦，《尚书》也是一样，为了讲得很隆重，就讲得很啰嗦。如果大家学过拉丁文，就会知道比较隆重的拉丁文文献也很啰嗦，有些句子翻来覆去地说，特别文雅。

令簋 1 释文：

隹（惟）王于伐楚，白（伯）才（在）炎①。隹（惟）九月既死霸丁丑，乍（作）册夨令

尊宜于王姜②。姜商令贝十朋、

臣十家、鬲百人③。公尹白（伯）丁

父兄（贶）于戍，戍冀嗣乞④。令

敢扬皇王室，丁公文报⑤，用

頴后人亯，隹（惟）丁公报⑥。令用

奉展于皇王，令敢展皇王

宝，用乍（作）丁公宝毁，用障事于
皇宗⑦，用乡王逆逪，用
餲寮人，妇子后人永宝⑧。
雟册⑨。

①"隹（惟）王于伐楚，白（伯）才（在）炎"一句，"于"，动词词头，用法同《诗·黄鸟》的"黄鸟于飞"，以及塱方鼎的"惟周公于征伐丰伯尃古"。过去多将"楚白"连读，将此句读为"隹（惟）王于伐楚白（伯），才（在）炎"。如果大家对照召尊、召卣，就知道这个读法有些问题，改变这个看法的人是唐兰先生，唐先生认为应该在"楚"下断句。①如果读为"隹（惟）王于伐楚白（伯），才（在）炎"，那么就是"王在炎"，可参照召尊、召卣就可以知道，"在炎"的是"伯懋父"，所以令簋中也同样是"白（伯）才（在）炎"。在文献和金文中"楚"从不称"伯"，所以"白"即"伯"，指"伯懋父"，之所以不直称其名，是为了表示对"伯懋父"的尊敬。唐兰先生认为"白"指"祭公谋父"②，这恐怕不对，因为"祭公谋父"的"谋"是之部字，与"懋"字韵部不同，甚至也不是旁转。"炎"是地名，陈梦家认为是山东的"郯"③，陈先生的讲法是不对的，因为"伐楚"怎

---

① 唐兰：《西周青铜器铭文分代史征》，载《唐兰全集》第七册，第 296 页，上海：上海古籍出版社，2015 年。

② 唐兰：《西周青铜器铭文分代史征》，载《唐兰全集》第七册，第 296 页，上海：上海古籍出版社，2015 年。

③ 陈梦家：《西周铜器断代》，第 30-31 页，北京：中华书局，2004 年。

会到山东呢？我认为可读为"庸"[1]，也就是今天的湖北竹山，《尚书》中"炎""庸"可通。

② "隹（惟）九月既死霸丁丑，乍（作）册夨令尊宜于王姜"一句，"既死霸"是在一个月的下旬，大约是在"二十号"以后，最近社科院的徐凤先写文章讨论这个问题[2]，她的结论是不能驳倒的，因为她的文章是根据金文来讲的，所以"既死霸"一定是在下半月，至少是在"十八号"之后。如果"既死霸"中有"丁丑"，那么召尊、召卣的"甲午"就不在"九月"，而应在"十月"，因为"丁丑"到"甲午"有十八天。因此召尊中"隹（惟）九月，才（在）炎𠂤"是说"伯懋父"九月到了"炎𠂤"，在"甲午"那天发生了赏赐的事情，不见得"甲午"一定是在"九月"，类似于这些地方，大家读金文的时候要注意，类似的例子还有静簋。"夨令"是一个人，"夨"是字，"令"是名。"尊"义为"进献"。"宜"是一种肉食，指肴肉，不是"俎"。或者将"宜"读为"献"，亦通，但甲骨文、金文中"献"作为动词是非常罕见的。"尊宜"的对象可以是生者，也可以是死者，这里进献的对象"王姜"一定是生者，因为后面"王姜"有赏于作册令。"王姜"是周王的夫人，但不是昭王的妻子，可能

---

[1] 李学勤：《基美博物馆所藏令簋的年代》，载《文物中的古文明》，第534-537页，北京：商务印书馆，2008年。整理者按：李先生后来对"炎"有所修正，认为"炎"当读为"阎"，即《左传·定公四年》中的"有阎之土"。参看李学勤：《再释𪓫方尊》，载《清华简及古代文明》，第156-160页，南昌：江西教育出版社，2017年。

[2] 徐凤先：《以相对历日关系探讨金文月相词语的范围》，《中国科技史杂志》2009年第1期。

是昭王的母亲，康王之妻，因为《国语·周语》有"昭王娶于房"，"房"在湖北，所以昭王南巡也可能跟他妻子有一定的关系。"王姜"在金文中很重要，可能昭王比较年轻，所以"王姜"在当时起的作用还是比较大的。

③"姜商令贝十朋、臣十家、鬲百人"一句，"商"读为"赏"。"鬲"义为"人数"，而非一种身份，这是孙诒让提出来的①，大盂鼎也是如此，令簋的时代和大盂鼎非常接近，只是差了二十年左右。这个赏赐真是不少，"敔"出使南方，跑了那么远，才得到了五朋贝的赏赐，而"令"仅仅送了一些肉食，就得到了这么多赏赐。

④"公尹白（伯）丁父兄（贶）于戍，戍冀嗣乞"一句，"公尹伯丁父"的"公"是爵称，"尹"训为"君"，是敬称，"伯丁父"是名。"贶于戍"就是"到令所戍守的地方进行赏赐"，"令"给"王姜"进献了肉食之后，"王姜"给了"令"一些赏赐，当然"王姜"不能够亲自去，所以就派"伯丁父"送去。可见"令"当时是在戍守的地方，而且"令"的地位很高，相当于"太史"之官。"戍冀嗣乞"的"戍"是"戍守"，"冀"读为"翼"，训为"敬"。"嗣"义为"管理"，"乞"即"气"，读为"饩"，义为"粮米"。也就是说，"令"在军队中是发粮食、管后勤的，这是史官在军队中所起的作用之一，"中"在出使的时候，也给了"制粮"，实际上"制粮"也是类似于"饩"的这种东西。

⑤"令敢扬皇王宝，丁公文报"一句，"皇王"指的

---

① 孙诒让：《古籀余论》，第42-45页，北京：中华书局，1989年。

是"王室",赏赐是"王姜"给的,"王姜"是王室成员之一。"宫"字,陈剑释为"琼"①,我认为此处义同"休"。"丁公"就是后文的"父丁",是"令"的父亲。"文"就是"美","报"即"答报"。之所以"王姜"给了那么多的好处,"作册令"认为这是其祖"丁公"的遗德,是祖先对他的答报。

⑥"用顧后人亯,佳(惟)丁公报"一句,"顧"读为"稽"。"佳(惟)丁公报"即"报答丁公"。这是讲已死的祖先与今天的子孙之间的关系,要互相报答。

⑦"令用𢦏展于皇王,令敢展皇王宫,用乍(作)丁公宝毁,用障事于皇宗"一句,"𢦏"字不识,唐兰先生释"𢦏"为"靑",读为"靖"。②总之"𢦏"的意思类似于"敬"或"敏"。"展"字,郭沫若读为"扬"③,可是后文有"扬"字。我认为"展"可读为"彰",训为"大"。"皇宗"一词,"皇"义为"大","宗"训为"庙","皇宗"即"大庙",也就是"丁公"的庙。

⑧"用乡王逆逍,用劒寮人,妇子后人永宝"一句,"逆逍"即"王的使者",也见于麦方尊。"劒"读为"饱"。"寮"通"僚",即友人、同僚。"妇"指"妻子","子"指"儿子"。"后人"即"后世子孙"。

⑨"鼄册"是族徽。

---

① 陈剑:《释"琼"及相关诸字》,载《甲骨金文考释论集》,第 315 页,北京:线装书局,2007 年。
② 唐兰:《西周青铜器铭文分代史征》,载《唐兰全集》第七册,第 299 页,上海:上海古籍出版社,2015 年。
③ 郭沫若:《两周金文辞大系图录考释》,第 5 页,北京:中国书店出版社,1999 年。

令簋的"隹（惟）王于伐楚，白（伯）才（在）炎"，从各方面来推，应和"昭王伐楚"有关系，实际上我们现在从文献上来看，西周时期直接伐楚国就是这件事情，楚国人也没有做很大的抵抗。

召尊、召卣

与"伯懋父"有关的铜器还有召尊、召卣，这一点是陈梦家先生在《西周铜器断代》中首先指出来的。[①]召尊、召卣的铭文相同，只是行款不同，这里采用的是召尊的铭文（见图16、图17、图18、图19、图20）。

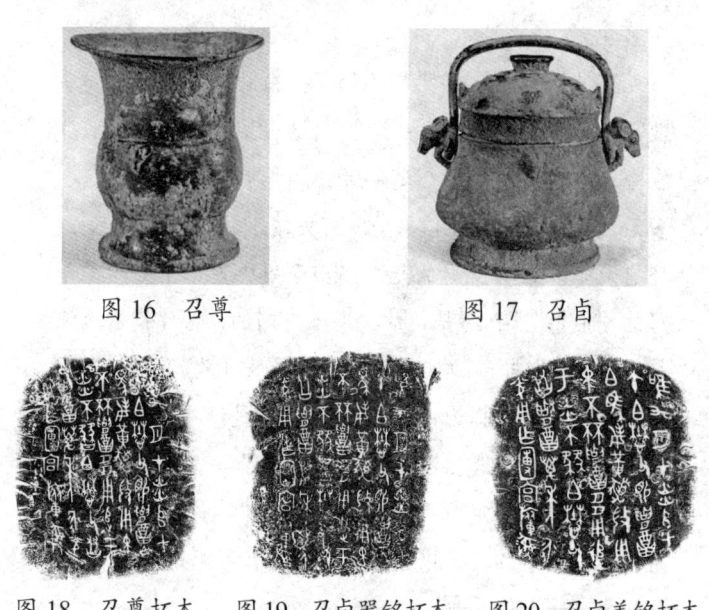

图 16 召尊　　　　　图 17 召卣

图 18 召尊拓本　　图 19 召卣器铭拓本　　图 20 召卣盖铭拓本

[①] 陈梦家：《西周铜器断代》，第31-33页，北京：中华书局，2004年。

召尊释文：

隹（惟）九月，才（在）炎自①。甲
午②，白（伯）懋父易（锡）𠃌（召）白
马，姘黄𣲻（发）散，用🜚
不（丕）柾③。𠃌（召）多用追于
炎不（丕）𣥏白（伯）懋父㝬④，
𠃌（召）万年永光，
用乍（作）团宫旅彝⑤。

① "自"读为"次"，义为"驻扎"。

② "甲午"应在"十月"，而不是在"九月"。参见令簋注。

③ "白（伯）懋父易（锡）𠃌白马，姘黄𣲻（发）散，用🜚不（丕）柾"一句，"白懋父"即"伯懋父"，在金文中也称"师懋父"，是康、昭时期很重要的一个人，多活动于成周，和"伯懋父"有关的铜器，不但有南征，还有北征。最有意思的是洛阳出了一件簋，上面用毛笔写的"伯懋父"，不是铸的，也不是刻的，这件铜器应该是"伯懋父"自己的东西。"姘黄𣲻（发）散"一句，"𦥯"字不识，陈梦家释为"每"①，这恐怕是没有道理。唐兰先生释为"姘"。②但不管怎么说，"𦥯"一定是"马"的一部分，而且一定与毛发有关，因为"姘黄𣲻（发）散"是形容"马"的，所以我猜想"𦥯"有可能是"尾"，当

---

① 陈梦家：《西周铜器断代》，第32页，北京：中华书局，2004年。
② 唐兰：《西周青铜器铭文分代史征》，载《唐兰全集》第七册，第302页，上海：上海古籍出版社，2015年。

然这只是猜想，无法证实。"媨"是"发"的或体，见于《说文》。"散"即"微"，训为"美"。"🌾"字不识，唐兰先生读"🌾"为"熯"[①]，《尔雅·释诂》"熯，敬也"。

④"盟多用追于炎不（丕）簪白（伯）懋父害"一句，"追"义为"纪念"。"簪"训为"勤"，"害"是"友"的古文，读如"贿"，义为"赏赐"。

⑤"用乍（作）团宫肇彝"一句，"团宫"是宗庙名称，"肇"即"旅"，训为"陈"。

由召尊、召卣铭文可知，昭王伐楚之时，"伯懋父"也起了很大的作用。与"伯懋父征伐"有关的器物多得很，大家看一下唐兰先生和陈梦家先生的书，就会对"伯懋父"有更进一步的了解。

[①] 唐兰：《西周青铜器铭文分代史征》，载《唐兰全集》第七册，第302页，上海：上海古籍出版社，2015年。

·2009年上半年第十五次课·

昭王时代铜器（四）*

这一次我们继续讲昭王时代的青铜器，1929年洛阳马坡的墓葬中出了很多铜器，至于说究竟出土了多少铜器，现在说不清楚，可是主要出的是两批，一批是"令"的器物，还有一批是"臣辰"的器物。从数量上来说，"令"的数量不大，但"臣辰"的数量是很大的，现在看起来应该有近百件之多。这样说起来，这些器物绝不是在一个墓中出土的，应该是和殷墟一样，有一个族葬的区域，这些器物是在这个区域的若干个墓中出土的，所以"令"的器物和"作册大"的器物是不是一个墓中所出，我们还没有完全的把握。严格意义上来讲，我们应该说不知道，而且以后也不会知道，这些非考古发掘出土的东西，每每都有这个问题，有些传说不大可信，我们还是不要拘泥于这些说法。现在有一些传闻，认为"令"的这一批东西，一定是一个墓中所出，包括那四件方鼎，如果真的是这样，那个墓一定非常之大，但究竟是否如此，我们也没有把握。

"令"的这批器物，我们已经讲过令簋，而且特别提到令簋与"伐楚"有关。大家要知道，周初的"伐楚"，从文献上来讲就是

---

* 包括令方尊、令方彝。

周昭王，关于周昭王的记录，《古本竹书纪年》上有几个不同的年数，现列于下：

> 昭王十六年，伐楚荆，涉汉，遇大兕。
> 昭王十九年，天大曀，雉兔皆震，丧六师于汉。
> 昭王末年，夜有五色光贯紫微，其年，王南巡不返。

如果仔细品味一下《竹书纪年》所记载的东西，会发现《竹书纪年》这部书不完全是为了记载历史，最特别的一点是要记灾异。当时的一些历史书籍每每如此，《春秋》经传也是这样，也会记录一些灾异，可是在儒家所作的《春秋》中，所记的灾异比《竹书纪年》少很多。过去我们讨论很多的"天再旦于郑"，实际上就是一种灾异，可见当时的很多书就是要记灾异的，这也是《竹书纪年》的一个特点。除了《古本竹书纪年》之外，《吕氏春秋·音初篇》和《楚辞·天问》都有关于周昭王的记载，但都没有这样详细的年数，而且说法也不太一样。比如说"昭王十六年，伐楚荆，涉汉，遇大兕"这一条，记载得就比较合理。"兕"是一种野牛，在出发涉汉后，遇到大野牛是一件很特别的事，所以就记录下来了。可是《天问》记载是"逢彼白雉"，也就是遇见了白色的雉鸡，"雉"和"兕"在读音是比较接近的，所以有人认为"逢彼白雉"和"遇大兕"是一回事，这就很难讲了，也许是传说异辞。先秦以来的传世古书，每每是口传和笔录间断地进行，所以就不能要求所有的本子都一样，但不论怎么讲，当时发生了一些事情是没有问题的。

昭王十六年伐楚荆，但昭王十九年是否也是在伐楚荆呢？这就很难讲了，因为相隔的时间太长了，"周公东征"不过也就是三年时间，如果昭王伐楚一直持续了四年，这就不太好理解了。现在我们按照金文的历谱来看，"伐楚"和"南巡"应该是前后连续的两件事,虽然是连续的两件事,但角度却有所不同。静方鼎记载昭王是从宗周动身的,静方鼎的时间应该是在十八年,析尊、析觥、趞卣、趞尊都是十九年时器,十九年的青铜器可以排到"十三月","十三月"就是十九年的最后一个月了,而且是闰月,也就是说这个时候已经到年底了,此时昭王还在世。可昭王是否就死在十九年年底呢?这种情况也不是不可能,所以这种问题我们就很难说。如果从《古本竹书纪年》的记载来看,十九年之后还有一个"末年",为什么要用"末年"而不都写入十九年呢?《今本竹书纪年》就把二者合在一起了。《古本竹书纪年》有"昭王十九年,天大曀,雉兔皆震,丧六师于汉"以及"昭王末年,夜有五色光贯紫微,其年,王南巡不返"。"紫微"就是"紫微垣",指北极星附近的区域,在这个区域有五色光,这也是很科学的,实际上这个五色光就是北极光,北极光是否能在湖北所处的纬度上看见呢?这个问题我曾经多次请教过天文学家,他们说有可能,但极罕见。当然这里所记载的"五色光",并不一定是从湖北看到的,也许是从宗周或洛阳的天文台上看到的。从中方鼎看,王已经到了孝感一带了,据《水经注·沔水》记载,周昭王死的地点在今天的湖北天门县,天门县就在孝感南面,所以《水经注》的记载还是有些道理的。

如果我们把昭王时代的铜器都排起来,就会知道令簋的"伐楚"应该是在十六年,而令方尊和令方彝应该放在昭王的末年,也就是穆王元年。"末年"并不是昭王十九年,而是其次年,因为穆王即位,当年改元,本来是昭王末年,就成了穆王元年了。从令方彝的内容上看也有这种倾向。①

---

① 整理者按:此点可参看李学勤:《论敔簋铭及周昭王南征》,载《通向文明之路》,第108页,北京:商务印书馆,2010年。

令方彝

因为令方彝的盖铭比较清楚，所以从罗振玉、鲍扶九，一直到吴其昌，在研究的时候用的都是令方彝的盖铭（见图1、图2）。

图1 令方彝

图2 令方彝盖铭拓本

令方彝释文：

隹（惟）八月，辰才（在）甲申①，王令周公："子明保
尹三事三（四）方，受卿事寮。"②丁亥，令矢告
于（于）周公宫，公令𢓊同卿事寮③。隹（惟）十
月，月吉癸未④，明公朝至于（于）成周，𢓊令舍
三事令，眔卿事寮，眔者（诸）尹，眔里
君，眔百工，眔者（诸）侯侯、田（甸）、男，舍三（四）方
令⑤，既
咸令⑥。甲申，明公用牲于（于）京宫。乙酉，用

牲羍（于）康宫⑦，咸既，用牲羍（于）王，明公归（归）自
王⑧。明公易（锡）亢师鬯、金、小牛，曰："用馂"；易（锡）
令鬯、

金、小牛，曰："用馂"⑨。迺令曰："今我唯令女（汝）二人亢
眔矢，爽畣右羍（于）乃寮，吕乃友事。"⑩乍（作）册令
敢扬明公尹人宅⑪，用乍（作）父丁宝障

彝，敢追明公賫羍（于）父丁，用光父丁⑫。
鼍册。

① "隹（惟）八月，辰才（在）甲申"一句，纪日
的形式与大盂鼎、小盂鼎相同，"辰在"的纪日形式，多
出现在西周早期后段到西周中期的青铜器中，这一点是
澳大利亚的巴纳先生提出的。①"辰"字的具体含义，到
今天还没有一个很好的解释，但和战国时期所谓的"日
月交会谓之辰"不太一样。

② "王令周公：'子明保尹三事三（四）方，受卿施
寮。'"一句，这一句特别难读，很多问题就出在这一句，
发生争论也是在这个地方。最开始是罗振玉，后来包括
鲍鼎、吴其昌等②，他们的意见都是一致的，认为令方彝
是昭王时代的东西，这和郭沫若先生所主张的成王时代

---

① 巴纳：《矢令彝集释》（英文），载《香港中文大学中国文化研究所学报》第九卷
下册。
② 罗振玉：《矢彝考释》，载《金文献集成》第二十八册，第1-5页，香港：香港
明石文化国际出版有限公司，2004年；鲍鼎：《矢彝考释质疑》，载《默厂所著书》
之五，石印本，1926年；吴其昌：《矢彝考醳》，载《吴其昌文集·史学论丛（上）》，
第242-292页，太原：三晋出版社，2009年。

不同。①为什么今天我们认为令方彝一定是昭王,上次我已经解释过了,这是因为庄白出的析方彝和令方彝几乎完全一样,只是在花纹方面有微小的不同,所以令方彝和析方彝一定是同一个时期作的,析方彝的时代是昭王,所以令方彝的时代也是昭王。如果采用"成王"说,那就要把一系列的东西都放在前面,结果就使青铜器的分期产生了很大的混乱。如果只是读铭文,那么各家的意见难以折中,因此就需要有一些铭文以外的证据,后来庄白出的析方彝,就是在铭文释读之外。我们还有其他的一些证据,这些证据太过迂回,今天我们不讲它,实际上这些证据和陶器排队也有关系。因此,现在再主张"成王"说,就比较困难了。如果确定令方彝是昭王时器,那就要重新考虑铭文释读,其实最关键的就在于对"明保"的解释。这个解释罗振玉已经说清楚了,可是为什么后来的人忽视罗振玉的证据,这个我们后面再讲。我们学习青铜器一定要知道青铜器研究的历史,这个历史可以在方法论上给我们提供很多好处。罗振玉认为"明保"一词是见于《尚书》的②,即《洛诰》的"公明保予冲子"以及《多方》的"惟夏之恭多士,大不克明保享于民"。罗振玉这批学者,对《诗》《书》都是很熟的,所以罗振玉一看,就能想起《尚书》中有"明保"。后来于省吾先生引《诗·周颂·访落》的"以保明其身"③,

---

① 郭沫若:《两周金文辞大系图录考释》,第6页,北京:中国书店出版社,1999年。
② 罗振玉:《矢彝考释》,载《金文文献集成》第二十八册,第1-5页,香港:香港明石文化国际出版有限公司,2004年。
③ 于省吾:《双剑誃吉金文选》,第164页,北京:中华书局,2009年。

这里的"保明"也就是"明保",所以"明保"是见于文献的。关于"明保"的含义,北师大的赵光贤先生写了一篇文章①,引王引之说,认为"孟"和"明"通用,"勉"谓之"孟",亦谓之"明",所以"明"可训为"勉","保"可训为"辅","明保"即"勉辅",义为"尽力辅助"。可如果把"周公子明保"连起来读,就变成了"周公的儿子明保",所以郭沫若先生就认为"明保"就是周公之子"伯禽"。②可是"明保"是"伯禽"这一点并不见于古书,而且如果按照郭老的理解,就等于说是让周公的儿子"伯禽"尹三事四方,可是"伯禽"怎么能尹三事四方呢?这样读也与下文的"公令徣同卿𦃊寮"串不起来,难点也就在这里了。"尹"训为"主",义为"主管"。"三事"即"三事大夫",也就是"司徒""司马""司空",与"四方诸侯"对称,所以"三事大夫"可指"内朝的大臣"。"四方"即"四方诸侯",在王畿之外。真正能主王畿内外的是"王",所以铭文中的"明保尹三事四方"是说"周公勉力辅佐王管理三事四方"。"受卿𦃊寮"的"受"读为"授",义为"给予",也就说"王授予周公卿士寮"。"寮"即"僚",训为"官",后来的人常常把"僚"理解为"友",这是有问题的,确实有"僚友"一词,但"僚友"乃"同官之友",实际上"僚"的意思还是"官"。大家要注意,"寮"字下面有两个圈,何尊的"迁"字下面也有两个圈,这可能是当时文字中常见的偏旁。"卿𦃊

---

① 赵光贤:《"明保"与"保"考辨》,《中华文史论丛》1982年第一期。
② 郭沫若:《两周金文辞大系考释》,第6页,北京:科学出版社,2002年。

寮"即"卿事僚",也就是"六卿"。"受卿事寮"即"授予周公卿事之官"。"子"是代词,指"周公"。"子"作代词见于《洛诰》的"朕复子明辟",又见于大盂鼎的"子法保先王"(于省吾先生读"法"为"废",训为"大")。昭王时期是有"周公"的,就是封"辛余靡"为"长公"的那一位,但该"周公"一定不是"周公旦",而是"周公旦"的后裔,这在《水经注》《吕氏春秋》里是有明说的。

③"丁亥,令矢告于(于)周公官,公令徣同卿事寮"一句,"矢"是史官,王下了这道册命之后派遣"矢"传达给周公,当时周公并不在场。"徣"字不识,义同"遂"。"同"即"会同",也就是"召集"。

④"隹(惟)十月,月吉癸未"一句,"月吉"见于《周礼·地官·族师》,郑玄注:"每月朔日也。"因此"月吉"就是"朔",那么"初吉"也就是"过了朔日"。这是金文中唯一一次见到"月吉"。这里有一点要和大家说明,过去我们一直认为还有一个月相叫"既吉"。"既吉"最早见于两周之际的曾伯从宠鼎,也见于周公庙甲骨,但从内容看,曾伯从宠鼎中的"既吉"肯定是一个"月相",但周公庙甲骨的"既吉"不像是一个"月相"。如果"月吉癸未"是朔日,那么上面的"辰在甲申"也可能是朔日,所以当时的人做事情是挑日子的,"朔"是很重要的。按照夏商周断代工程的历表来推,"月吉癸未"应该是"初二",但是在当时可能就是"初一",因为当时的历法没有那么严密。

⑤"明公朝至于(于)成周,徣令舍三事令,眔卿事寮,眔者(诸)尹、眔里君、眔百工,眔者(诸)侯侯、

田(甸)、男,舍三(四)方令"一句,"朝至"在《尚书》中习见,指早晨到达。这句话可以和《尚书·酒诰》"越在外服:侯、甸、男、卫邦伯;越在内服:百僚、庶尹、惟亚、惟服、宗工,越百姓、里居,罔敢湎于酒"对读。《酒诰》是周公写的,周公在《酒诰》中叙述了商的制度,如果把令方彝中的西周官名和周公所述的商代官名对照起来,就可以看到二者并没有太大的差别,这一点对于我们理解商周之间的关系是很重要的。此处的"明公"就是上文的"周公","明"训为"大",是一个美称,"明"的这种用法是很多的,鲍扶九在《矢彝考释质疑》中举出了三条,分别是《洛诰》的"明辟"、《礼记·祭统》的"明君"以及《孝经》的"明王"。[①]其实类似的例子还见于《康诰》,《康诰》中有"孟侯","孟"就是"明"。之所以很多学者把"明保"讲成"伯禽",就是因为这里有"明公";有一件铜器叫鲁侯尊,鲁侯尊铭有"王命明公遣三族伐东国",鲁侯尊中的"明公"指的就是"周公旦"。"舍三事令"即"舍命于三事","舍"义为"发布"。"舍命"即"颁布王的命令","舍命"一词,又见于小克鼎、毛公鼎。"眔"训为"及",也就是"及于"。"卿旟寮"就是"六卿"。"诸尹"即"多尹""多君"。"里君"即"乡里之长",类似于现在的"村官"。清人谓《尚书》中"里居"即"里君"之误,这是对的。大家要知道,周代的"军制"和行政上的"政制"是统一的,周人在宗周有"六乡",有"六乡"就有"六军",或者

[①] 鲍鼎:《矢彝考释质疑》,载《默厂所著书》之五,石印本,1926年。

叫"六师",每个"乡"有一个"卿","六卿"所配合的就是这个,打仗的时候,"六卿"就变成"六军"的统帅了,非战时则是地方长官,也是朝廷里的长官。诸侯有三军,所以"晋有三军",后来晋国扩大了,就变成晋也有"六卿"了,这是一种僭越。齐国就是三军,公领一军,国、高各领一军,《费誓》记载古人有"三郊三遂"。"百工"指"朝廷内外的小官"。"三事"所涉及的人员到此为止,可以看出是非常广泛的。下面的"诸侯"是不在"三事"范围之内的。"侯""甸""男"是服制,"侯""甸""男"即"远近不同级别的诸侯",但诸侯并不属于"三事","四方令"是对于诸侯而言的命令。这就是文法上的妙处。今天我们不大会这样写,今天我们也许会写成"徣令舍三事令,眔卿旆寮,眔者(诸)尹、眔里君、眔百工;舍三(四)方令,眔者(诸)侯侯、田(甸)、男",这是一种解释。实际上还可能有一种解释,因为"四方令"一词见于《逸周书·王会》所附的《伊尹朝献》,《伊尹朝献》云"伊尹受命,于是为四方献令","四方献令"就是四方都要贡献,《伊尹朝献》中所讲的地区都比较远,所以"舍四方令"的对象应该是比"侯""甸""男"更远的一些地区。但是这样理解也有一个问题,就是"三事"能不能包含"侯""甸""男"这些诸侯?这个问题我们还可以继续讨论。不过不管怎么说,"四方令"里面一定包含了职贡,也就是要进贡一些东西。总之,"三事令"和"四方令",我们可以理解为穆王即位之后的一个重大举措——发布新政。因为周昭王南巡不返,丧六师于汉,这对周王朝是一个重大的打击。本来是一个好好的事,征伐楚国是很成功的,然后就变成南巡,扩大对南方的统治,如果我们对铜器的理解不错的话,昭王想把统治扩展到湖南,比"巴""濮""楚""邓"还要远,要过洞庭湖,到达湘水。可这件事情的结果却非常糟糕,南巡不返,并且丧六师于汉,"六师"就是宗周的民众组成的,是周的基本力量,这样的打击对周来讲,是可想而知的。因此,从文、武、成、康到昭王,一直上升的局面,到此就戛然而止了。虽然在穆王的时候,气魄还很大,可从此以后就不行了,周就转入了守成阶段,虽然穆王时期也有一些战争,班簋的"三年靖东国"应该就是打徐偃王的战事,这些是在守成的基础之上做的一些活动。

⑥ "既咸令"一句,"既"与"咸"同义,是"已经"的意思,但这个解释在训诂中没有,是杨树达先生指出来的。[①] 大家要知道,不是所有古文的意思我们都能查到,有些已经有的训诂,由于前人的不理解,也常常会出错,有时还是要从上下文来推,不过能有根据的,我们一定要有根据,切忌杜撰,这里的"咸"就是例子,后文的"咸既,用牲祏(于)王"就是"既咸,用牲祏(于)王"。"明公"到了成周以后,进行了很复杂、很隆重的仪式,先是"舍令",分别是"三事令"和"四方令",把这些做完之后,就是"用牲"。

⑦ "甲申,明公用牲祏(于)京宫。乙酉,用牲祏

---

① 杨树达:《诗敦商之旅克咸厥功解》,载《积微居小学述林》,第223-224页,北京:中华书局,1983年。

（于）康宫"一句，"京"训为"大"，"京宫"又称"京室"，或者是"京大室"，"京宫"是文王、武王的祖庙，"康宫"是"康王之庙"。如果此时的"王"是"穆王"，那为什么没有提到"昭王之庙"呢？可能是此时"昭王之庙"还未修好。还有一种推测，就是"康王"之后的"王"都是供在以"康宫"为首的庙中，这一点是唐兰先生的最大贡献。①现在我们知道的周制大概是这样，有一个祖庙，"文""武""成"都包括在内，所以小盂鼎中是"周王""武王""成王"，再有一个就是"康宫"，也就是以"康王"为首的庙。

⑧"咸既，用牲祊（于）王，明公归（归）自王"一句，"明公"是代表"穆王"去祭祀的，并不是"明公"本身有这个权力去祭祀，不论是"京宫"，还是"康宫"，祭祀的对象都是已逝的先王，所以是"咸既，用牲祊（于）王"。"明公归（归）自王"即"明公从祭祀先王的宗庙回来"，陈梦家先生认为"明公归（归）自王"的"王"应该解释为"王城"②，这个说法很聪明，但不太能证实，因为西周金文中，把"洛阳"讲为"王城"的仅此一例。真正把洛阳分为"成周"和"王城"，是在春秋中期"王子朝之乱"以后，由于"王子朝之乱"，王原来所居的地方都毁掉了，所以又建了城，这样洛阳就有两个城，一个沿袭旧名叫"成周"，一个就是"王城"。到了战国时期，"王城"和"成周"被分封给了东、西周君。

---

① 唐兰：《西周铜器断代中的"康宫"问题》，载《唐兰先生金文论集》，第115-167页，北京：紫禁城出版社，1995年。
② 陈梦家：《西周铜器断代》，第40页，北京：中华书局，2004年。

⑨ "明公易(锡)亢师毳、金、小牛,曰:'用褅';易(锡)令毳、金、小牛,曰:'用褅'"一句,"亢"是人名,"师"训为"长","亢师"类似于静方鼎的"师中"。古人出于礼貌起见,在两个人同等职位的情况下,将他人列于自己之前,静方鼎也是一样,将"师中"列于"静"之前。"󰀀"字是否释为"亢",还有争议,秦简中的"亢"字,作"󰀀",曾侯乙墓中出的带有二十八宿的箱子上面也有从"亢"的字,与"󰀀"写法不同。谭戒甫先生释"󰀀"为"太"①,我曾经用过这个说法②,可是这个说法不对。大家要知道,"太"是从"大"分化而来的,究竟古文字中哪个字是"太",还没有明确证据,所以我们暂时读为"亢"。"用褅"即"用祷"。

⑩ "今我唯令女(汝)二人亢眔矢,爽暨右于乃寮,曰乃友事"一句,"爽"是虚词,《康诰》有"爽惟民迪吉康",王引之认为是发语词③,杨树达认为"爽"相当于"尚",训为"其",表示"希望"。④"暨右"即"左右"。这里的"左右"不是说在某人的左右,而是"亢"和"矢"互为左右,互相配合,可见"亢"和"矢"应该是同一个史官部门的两个负责人,一正一副,"亢"的地位稍高,所以称为"亢师"。"曰"训为"与""和"。

⑪ "乍(作)册令敢扬明公尹人宦"一句,"尹人"

---

① 谭戒甫:《周初矢器铭文综合研究》,《武汉大学学报(人文科学版)》1956年第1期。
② 李学勤:《令方尊、方彝新释》,载《古文字研究》第十六辑,北京:中华书局,1985年。
③ 王引之:《经传释词》,第94页,南京:江苏古籍出版社,2000年。
④ 杨树达:《矢令彝跋》,载《积微居金文说》,第36-37页,上海:上海古籍出版社,2007年。

一词，见于《酒诰》的"惟助成王德显，越尹人祗辟"，"尹"训为"正"，"尹人"及"正人"，《洪范》有"凡厥正人，既富方谷"，"正人"就是"正"，"尹人"就是"尹"。"宦"义同"休""美"。

⑫"敢追明公賞弔(于)父丁，用光父丁"一句，"賞"即"赏"，"追"义为"纪念"。

这篇铭文的重要性，在于反映了当时朝廷的一些制度，而这一点还有继续发挥的空间。

现将昭王时代的青铜器归纳排列如下（见表1）：

表1　昭王时代青铜器

十五年	九月	雉叔从王征楚荆，在成周。（《䜌簋》）
	九月既死霸丁丑	王伐楚，伯在炎，令尊宜于王姜。（《召尊》《召卣》）
	十月甲午	伯懋父在炎，赐召。（《召尊》《召卣》）
十六年	八月	雉叔从王南征，雉归，在丽。（《䜌簋》）
十八年	十月甲子	王在宗周，令师中眔省南国相。（《静方鼎》）
	十二月	王命南宫伐虎方……（《䜌甗》）
	一	惟王令南宫伐反虎方之年，王令中先，省南国，貫行，叙王应，在夔䦎，负山。（《中方鼎二》）
十九年	正月既死霸庚申	王才（在）宗周，王【令】□䜌吏于繁。（《䜌甗》）
	一	王令中先，省南国，貫行，叙应在䣈。史儿至，吕王令曰："余令女（汝）史小大邦……"（《中甗》）
	五月	王在庠。（《析尊》）
	六月戊子	命析覜望土于相侯。（《析尊》）
	八月初吉庚申	静至，告于成周。（《静方鼎》）
	八月既望丁丑	王在成周大室，赐静采。（《静方鼎》）
	一	王大省公族于唐，振旅。（《中觯》）
	十三月庚寅	王在寒次，赐采于中。（《中方鼎一》）
	十三月辛卯	王在庠，赐趞采。（《趞尊》《趞卣》）
	十三月	王在庠，王姜命畀安夷伯。（《畀尊》《畀卣》）

由此表可知，昭王在十八年的十月开始南巡计划，到了十八年的十二月派遣"南宫"伐虎方，到十九年八月，昭王还在成周，之后就往南走了，到了"唐"，也就是随县。十九年十三月，昭王到了孝感一带，再往后就是令方彝，已经到了穆王元年。我们能够排出这些，是依据《古本竹书纪年》的材料和金文材料，这样我们对周昭王时候的历史就比过去知道得要多了。这在研究方法上给了我们一些启示，也就是如何把文献和金文结合，这样我们就能知道令方彝中记述的事情，并不是每个王即位都要做这样的事，参考相关的材料可知，令方彝所载之事确与"昭王南征不复"有关。大家要知道，昭王在十九年最后的闰月仍然健在，而昭王死在汉水、丧六师应在次年，这样就明白了《古本竹书纪年》为何说昭王末年"王南巡不返"。因为"末年"并不是昭王十九年，而是其次年，因为穆王即位，当年改元，本来是昭王末年，就成了穆王元年了，所以令方尊、令方彝可以排在昭王末年，也就是穆王元年，从令方彝的内容上看也有这种倾向。①

从这个表中还可以知道一些事情，叔鼎出自晋侯燮父之墓，也就是说，晋侯燮父要活到昭王十九年之后，实际上晋侯燮父活到了穆王初年。这些是我们了解晋国早期历史以及西周初年历史的一个很好的标尺，由此我们可以判断康王在位的时间不会很长，所以小盂鼎所记的康王二十五年也就是康王的晚年了。对于西周那一段我们不太了解的历史，研究的时候要"前顾后盼"，每个地方都要照顾到，有些地方照顾不到，就可能会出现一系列问题。

---

① 参看李学勤：《论叔鼎铭及周昭王南征》，载《通向文明之路》，第 108 页，北京：商务印书馆，2010 年。

李学勤先生清华讲义丛书

金文与西周文献合证（下册）

李学勤 ◎ 著
董喆 ◎ 整理
刘国忠 ◎ 审校

清华大学出版社
北京

内容简介

本书是李学勤先生最后的公开课讲稿，记录了2008年至2011年间先生所讲授的金文课程。本书介绍了商末至西周季年绝大多数重要器物，所述内容构建了西周金文的知识框架，提供了西周金文的研究范式，指明了西周金文的研究方向，是考古类型学、二重证据法以及系联法综合运用的体现。

本书既可视为《西周铜器断代》和《西周青铜器铭文分代史征》的延续，又可视为夏商周断代工程《西周金文历谱》的补正，还可视为《史记·周本纪》的出土文献注本。

本书内容深入浅出，可作初入门径之用，又可为深入研究之资。

版权所有，侵权必究。举报：010-62782989，beiqinquan@tup.tsinghua.edu.cn。

图书在版编目(CIP)数据

金文与西周文献合证/李学勤著；董喆整理；刘国忠审校.—北京：清华大学出版社，2023.9（2024.7重印）
（李学勤先生清华讲义丛书）
ISBN 978-7-302-63923-7

Ⅰ.①金… Ⅱ.①李… ②董… ③刘… Ⅲ.①金文-研究-中国-西周时代 ②古文献学-研究-中国-西周时代 Ⅳ.①K877.34 ②G256.1

中国国家版本馆 CIP 数据核字(2023)第 115962 号

责任编辑：张维嘉
封面设计：何凤霞
责任校对：欧　洋
责任印制：宋　林

出版发行：清华大学出版社
　　　　网　　址：https://www.tup.com.cn，https://www.wqxuetang.com
　　　　地　　址：北京清华大学学研大厦A座　　邮　编：100084
　　　　社 总 机：010-83470000　　　　　　　　邮　购：010-62786544
　　　　投稿与读者服务：010-62776969，c-service@tup.tsinghua.edu.cn
　　　　质量反馈：010-62772015，zhiliang@tup.tsinghua.edu.cn
印 装 者：三河市人民印务有限公司
经　　销：全国新华书店
开　　本：148mm×210mm　　　印　张：50.5　　　字　数：1623千字
版　　次：2023年11月第1版　　　　　　　　　印　次：2024年7月第3次印刷
定　　价：298.00元（全三册）

产品编号：101539-01

目　录

绪论（一） 1
绪论（二） 34
⿱其三卣（上） 64
⿱其三卣（下） 94
《西伯戡黎》、䧹簋、献簋 121
《微子》 148
天亡簋 172
西周世系、《泰誓》、利簋（上） 195
利簋（下）、《牧誓》（上） 218
《牧誓》（下）、《克殷》 243
《度邑》、何尊（上） 265
何尊（下） 286
《金縢》 307
䘙簋 327
塱方鼎 348
禽簋、犅刧尊、犅伯䞈卣 367
保尊、保卣 387
康侯丰鼎、康侯斧、渚司徒疑簋 407

I

太保簋、大保方鼎、宪鼎、鲁公鼎、伯宪盉、太史友甗、克盉、
　　克罍、太保玉戈 427
宜侯夨簋 452
麦方尊 474
大盂鼎（上）、邢侯簋 493
大盂鼎（下）、小盂鼎（上） 512
小盂鼎（下） 532
总结及昭王时代铜器（一） 547
昭王时代铜器（二） 570
昭王时代铜器（三） 590
昭王时代铜器（四） 612
西周中期铜器略论、班簋（上） 627
班簋（中） 643
班簋（下）、霱鼎、䍒鼎、员卣、旟鼎 655
厚趠方鼎、矞㸚进方鼎、諆簋 673
"师雍父组"青铜器（一） 688
"师雍父组"青铜器（二） 707
"师雍父组"青铜器（三） 721
"穆公组"青铜器（一） 736
"穆公组"青铜器（二） 752
"穆公组"青铜器（三） 765
"穆公组"青铜器（四） 780
"虎组"青铜器 791
覣簋、师瘨簋盖、师永盂（上） 811
师永盂（下） 828
京师畯尊、恭王时代铜器略论、卫簋、卫盉（上） 839

卫盉（下）、格伯簋 857
五祀卫鼎、乖伯簋、九年卫鼎（上） 873
九年卫鼎（下） 890
申氏两簠、士山盘 903
史墙盘（一） 922
史墙盘（二）、逨盘（上） 941
逨盘（下）、史墙盘（三） 957
史墙盘（四） 973
师訊鼎、师丞钟、即簋 987
师望壶、师望鼎、师寍钟、姬寏母豆、内史亳同 1005
曶鼎（上） 1025
曶鼎（下） 1042
师酉簋、师酉鼎、询簋 1056
师询簋 1075
蔡簋 1091
元年师兑簋、三年师兑簋 1111
师嫠簋、辅师嫠簋、师獣簋 1124
元年师旋簋、五年师旋簋、史密簋 1142
引簋 1160
㝬簋、五祀㝬钟 1178
宗周宝钟、伯烕父簋（上） 1193
伯烕父簋（下）、翏生盨、鄂侯驭方鼎、禹鼎（上） 1209
禹鼎（下）、爯簋、爯盨、应侯视工簋 1229
应侯视工钟、应侯视工鼎、应侯视工簋、公作敔簋、敔簋（上） 1248
敔簋（下）、晋侯铜人、晋侯苏钟（上） 1271

晋侯苏钟（中） 1294

晋侯苏钟（下）、多友鼎（上） 1309

多友鼎（下）、僟匜（上） 1328

僟匜（下）、文盨 1344

散氏盘（上） 1356

散氏盘（中） 1371

散氏盘（下）、青川木牍 1385

鬲从鼎、鬲从盨（上） 1398

鬲从盨（下）、克钟、克镈（上） 1414

鸟形盉 1431

克钟、克镈（下）、克盨 1444

大克鼎（上） 1460

大克鼎（中） 1477

大克鼎（下）、小克鼎、师克盨（上） 1493

师克盨（下）、兮甲盘（上） 1511

兮甲盘（中） 1528

兮甲盘（下）、驹父盨盖 1543

虢季子白盘、霸伯尚盂 1560

后记 1574

· 2010年下半年第一次课 ·

蔡簋

上学期我们讲了西周中期的器物，西周中期并没有多少传世文献可以对读。西周晚期就不同了，西周晚期的传世文献比较多，而且西周晚期的铜器铭文也比较长，所以我们就能够比较多地去进行对读。这一点是需要大家特别注意的，也希望大家能够去阅读一些相关的传世文献。

有些同学曾经问过我一个问题，就是为什么上课的时候要在黑板上写释文，而不是直接写好发给大家，写好发给大家固然方便，但我觉得最好不要这样做，我之所以坚持在黑板上写释文，是因为我在写的时候，大家都注意往黑板上看。如果只是写一篇释文发给大家就行了，那大学也就不要开了，每人发一本书回家去看也就可以了。我想将来也许有一天会有这种情形，有一本美国科幻小说里面就有类似的情景，这本小说叫《知识罐头》，它里面就讲在未来知识就变成罐头了，你需要什么知识，就去买相应的罐头，然后再与你自身相连，那你就具备相关的知识了。不过那种学习生活是最没有意思的，这就好像现在有人预言，到了二十二世纪连食物都没有了，只吃药片就行了，因为所有的养分都可以通过药片来补充。大家要知道，这种科学预言就是英国小说《美好新世界》的内容，也就是所有的人到那时也就都没有什么病了，有病吃药片就行了，饭也不用吃了，汤也不用喝了，每天早起吃个药片就可以了。不过我认为这种生活是完全不值得羡慕的，不知道大家喜不喜欢，但我觉得这样的生活一定不好。

从这次课开始，我们用举例的方式介绍西周晚期的重要金文，研究这些铭文首先就会涉及西周的中期和晚期如何划分。我们一般认为西周早期是到昭王为止，但严格地从青铜器类型学的角度来看，穆王初年应该还是在西周早期的范围之内，但是为了方便起见，我们把穆王以后看作西周中期。至于说晚期从什么时候开始，目前学界有两种看法，一种看法是从夷王开始，也就是"夷""厉""宣""幽"，当然，厉王包括共和。但是从我个人的理解来看，我认为西周晚期从厉王开始更好，不过这没有关系，因为我们现在能够明确地证明，夷王的时间非常短。但我还是需要再强调一下，如果我们从青铜器的形制、纹饰等五个因素来考虑，西周晚期还是从厉王开始比较合适。

上学期我们讲西周中期铜器的时候，还没有讲到夷王时期的器物，所以这个学期我们就从夷王开始讲起。

这次发给大家两个材料，一个是黑色的，另一个是白色的，实际上这两个材料都来自于南宋薛尚功的《历代钟鼎彝器款识法帖》。这部书之所以叫"法帖"，是因为当时薛尚功是以石刻拓本的形式编的，也就是说编这个书是要刻石的，而刻石之后也就成了碑帖，所以叫"法帖"。帖本是薛氏此书诸多本子中较早也较好的，至少比流传至今的刻本要好。现在我们能看到的薛氏《钟鼎》最好的刻本，是于省吾先生影印的明代的朱谋㙔本，白色的材料用的就是于氏影印的朱本。黑色的是宋拓石刻本，如果我没记错，宋拓石刻本是从内阁大库档案中找出来的，只剩下十几页，后来印在史语所的《集刊》上。①

大家要知道，宋代著录的青铜器，今天我们还能看到的也不过就是两三件，有的虽然知道还在世上，但就是看不见，兮甲盘就是如此。现在香港中文大学和日本的书道博物馆各有一件兮甲盘，但都不是真品，至于说兮甲盘真品究竟在什么地方我们还不知道，应该还在世上，不会毁掉。类似的例子还有厚趠方鼎，厚趠方鼎现藏上海博物馆，但是上博的这件厚趠方鼎没有花纹，可是宋代著录的那一件是有花纹的，所以上博所藏是否为原件还有可讨论的地方。

内阁大库档案是清末民初的一大发现，1925年王国维先生《最近二三十年中中国新发见之学问》，提到了当时的四大新发现，其中之一就是内阁大库档案。②内阁大库档案原本就在故宫里面，到了清末的时候，有些人没出息，就把这些档案卖废纸了，一共卖了几千麻袋。后来这个事情被罗振玉知道了，罗氏倾家荡产买了三千麻袋，这些档案最终归了后来的政府，成了明清档案学建立的基础。这批东西后来又有分散，一部分留在了大陆，还有一部分留在了我国台湾地区，这个问题我们就不再讨论了。

大家要知道，内阁大库档案中的一些东西是从元、明、清一直流传下来的，这一点大家一定要有充分的认识，就好像北京有一些古迹也是自元、明、清一直流传下来的一样。相传北海琼岛上面的假山石就是从开封来的，这些假山石就是《水浒传》中所

---

① 整理者按：徐中舒先生曾就此写过两篇跋，收入《历史语言研究所集刊》，参看徐中舒：《宋拓石本历代钟鼎彝器款识法帖残叶跋》，载《历史语言研究所集刊》第二本第二分册，第161-170页，南京：江苏古籍出版社，1999年；徐中舒：《宋拓石本历代钟鼎彝器款识法帖残本再跋》，载《历史语言研究所集刊》第二本第四分册，第468-470页，南京：江苏古籍出版社，1999年。

② 王国维：《最近二三十年中中国新发见之学问》，载《王国维考古学文辑》，第87-91页，南京：凤凰出版社，2008年。

讲的"花石纲","花石纲"实际上就是彩石,北宋末年,这些彩石被从各地运到开封,用以修建艮岳。金兵破了开封以后,又把这些石头运到现在的北京,堆放在琼岛上,所以琼岛上的很多石头就是这么来的。石鼓文的流传也是如此,先放在国子监,后来移到故宫。薛氏《钟鼎》的宋拓石刻本一定也是从元、明、清的内阁大库档案中流传下来的,内阁大库档案中这一类的材料还有不少。

薛氏《钟鼎》的宋拓石刻本发现之后也就随之成了奇宝,宋代的这种本子直接流传到现在的几乎没有,实际上宋人的拓本到了清朝中期阮元的时候还有,也就是阮元刻的王复斋《钟鼎款识》中的所谓"毕良史青笺"十五种。这十五种是宋朝的拓本,可是在阮元刻完王复斋《钟鼎款识》之后,他的藏书之处失火,这些宋拓本也就被烧掉了,所以王复斋《钟鼎款识》的原本也就不存在了。宋代发现了很多金文,有一些还是后来无法代替的,现在我们能看到的宋拓本也就是内阁大库档案中的这十几页了。

下面我们来看蔡簋(见图1、图2)。

图1 蔡簋(宋拓石刻本)

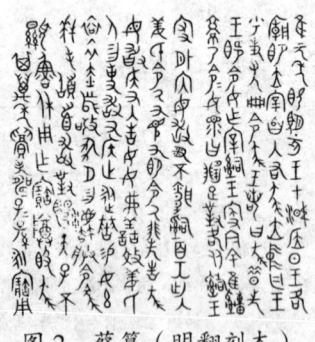
图2 蔡簋(明翻刻本)

蔡簋释文：

佳（惟）元年既望丁亥，王才（在）减应。旦，王各（格）
庙，即立（位）①。宰㝬入，右蔡，立中廷，王
乎史失册令（命）帀（蔡）②。王若曰③："蔡，昔先
王既令女（汝）乍（作）宰，嗣王家④；今余佳（惟）䚄
䵼乃令⑤，令女（汝）眔㝬覵定对，各死嗣王
家外内，毋敢又不䎽⑥；嗣百工，出入
姜氏令⑦，氒（厥）又见、又即令，氒（厥）非先告蔡，
毋敢侯又入告⑧；女（汝）毋弗譱（善）效姜氏
人，勿吏敢又侯止从狱⑨。易（赐）女（汝）玄
衮衣、赤舄，敬夙（夙）夕，勿灋（法）朕令⑩。"蔡
拜手頴首，敢对扬天子不（丕）
显鲁休，用乍宝隣殷，蔡
其万年釁寿⑪，子=孙永宝用。

①"佳（惟）元年既望丁亥，王才（在）减应。旦，
王各（格）庙，即立（位）"一句，此处的"元年"，过
去不知道是哪一个王，所以有很多说法，现在通过铭文
中的人物、事项与其他器物联系对比，可以基本上确定
郭沫若先生在《两周金文辞大系考释》中的说法是比较
正确的①，是周夷王元年。至于说为什么是这样，以后我
们再讲几件器物，大家就会明白了。问题在于这篇铭文
中没有记载月份，这种情形在西周金文中屡见不鲜，实
际上就是漏写了，没有什么其他的意思。所以这里并没

---

① 郭沫若：《两周金文辞大系图录考释》，第103页，上海：上海书店出版社，1999年。

有说是元年哪个月的既望，这是很糟糕的事情，虽然这两个本子都不是原拓，但两个本子在没有月份这一点上都是一样的。为了解决这个问题，郭沫若先生在《大系》中曾经提了一个想法[①]，郭老认为铭文中的"既望"可能是"九月"，因为把"既"和"望"的左半边挡住，剩下的部分很像"九月"。这个想法很聪明，不过不可能，因为如果是很简单的"九月"，不管怎么有锈，怎么错，也不会变成"既望"，所以聪明的想法有时候很难符合事实。我想还是承认这篇铭文漏掉了月份比较好，而且这样的例子，在出土的器物中也有发现，并不稀奇。正因为漏掉了月份，所以我们不能够用历法直接推定蔡簋属于哪一个王，因为每个月里面都会有"既望"，一年中的每一个奇数月或者每一个偶数月中也都会有"丁亥"，这就很难说具体是哪一个月了。大家应该注意到"丁"和"亥"靠得特别近，这个不稀奇，并不是拓本上面有什么错误，在西周金文中"丁"和"亥"有时候会挤在一起，占一个字的位置，麦尊里面就是这种情况。"减"是地名，"长囟"的铜器中有"下减"，"长囟"的铜器记载的是穆王时候的事，但却是在恭王的时候作的，所以离蔡簋的时间也不是太远。"应"字我们已经见过很多次了，过去有些人每每读为"居"，这个字究竟应该怎么读，到现在也没有很好的解释，陈梦家先生认为"应"相当于"虞"，是一种帐篷。[②]但不管怎么说，"应"应该是"居处"的

[①] 郭沫若：《两周金文辞大系图录考释》，第103页，上海：上海书店出版社，1999年。
[②] 陈梦家：《西周铜器断代》，第142页，北京：中华书局，2004年。

意思。"应"下面的字在铭文上是"日",实际上是"旦"字,铭文下面缺了一横,应该是当时去锈的时候没有剔出来,宋代主要的去锈方法是剔,当时不大会用化学方法去处理。商周时期,"王"起得还是很早的,清朝也是这样,皇帝是不能睡懒觉的,早上会有太监叫起,据说如果皇帝赖在床上不起,太监就会读祖训,如果皇帝还是不起,那就要请太医了。我们去看历代的《起居注》,就会发现历代皇帝起得还都是挺早的,这篇铭文中的"王"也是如此。西周时期的很多事情都是在"旦",甚至在"昧爽"的时候举行,"昧"是"暗","爽"是"明","昧爽"就是天由暗转明的时候,也就是黎明时分。《保训》中也是如此,"王"在昧爽的时候就去召太子"发"了,由此可见,当时的"王"都有晨起的习惯。"各"读为"格",训为"至","王格庙"也是比较少见的,因为没有说格的是什么庙,一般西周金文中多会说是哪一个庙,但不管怎么说,太阳升起的时候,"王"已经到了。这里面有一个问题,因为"王"住在"减",所以这里的"庙"就不一定是周王的宗庙了,应该是当地封君的一个庙。有些人认为"减"即"棫",也就是"棫林",可是"棫林"离宗周的太庙就太远了,"王"要在早上两点钟起来,而且还要坐快车跑,才能在旦的时候"格庙"。因此这里的"王格庙",应该不是周王的宗庙。除非有极特殊的情况,西周金文中举行册命典礼,一定要在宗庙,可是这个庙不一定是周王的庙。这种情形在西周金文中也是很多的,如果大家有兴趣,可以统计一下有多少册命没有在周王的庙中举行。

② "宰智入，右蔡，立中廷，王乎史失册令（命）旂（蔡）"一句，"㡭"字，宋人不识，所以写作"虎"，实际上"㡭"就是三体古文石经中的"蔡"字，楚简中的"蔡"以及铜器铭文中"蔡国"的"蔡"，都和"㡭"字有关。有些人认为"㡭"是"希"，对于这种说法，现在有不同的意见。可是不管怎么说，"㡭"就是"蔡"，这篇铭文中的"蔡"是人名。"宰"是官名，"智"是人名，"入"指的是"入庙"，一般的庙是坐北朝南，"王"是面南背北的。"右蔡"也就是"带领蔡"，"蔡"是这次被册命的对象。"蔡"是"立中廷"的，也就是站在院子中间，"王"在台阶上面的中间。"彡"字，我们隶定为"失"，但这个字看起来并不太像"失"，更像"尤"字，所以有人释为"尤"，还有人释为"年"，但和其他的器物对比来看，这个字并不是"尤"。很多器物上都有这个人，但这个人名字写得很不一样，差别很大，尽管如此，但一定是同一个人，这也就是我们把蔡簋排在夷王元年的原因之一。现在大多数人认为是"失"，所以我暂且隶定为"失"，但是这样隶定我也没有绝对的把握。"失"是史官，又称"内史失"，所以"失"是内史之官，内史是管册命的。册命的场景是很容易想象的，刚册命的时候，"王"在台阶上站着，被册命的人在下面站着，而不是像后世那样跪着，但在册命完之后，被册命者要"拜手稽首"，也就是说此时被册命者才要跪下。见了皇帝就下跪，并不是一个普遍的现象，历史上很多时候并不是这个样子，见了皇帝趴下就跪是电视剧中的情况。

③ "王若曰"一句，"王若曰"也就是"王这样说"，

大家要知道,"王若曰"的"若"字,在《尚书》学的历史上是一个很大的问题,长期以来,注疏家见到"若"字多要训为"顺",实际上训为"顺"是读不通的。这里用"王若曰"是因为后面是册命的内容,这就好像过去读圣旨的时候有"奉天承运,皇帝诏曰"。在《尚书》的很多篇中,也有用"若曰"开头的,但总体上来说,用"若曰"是很少的,《尚书》中除了"王若曰"还有"微子若曰"以及"周公若曰","微子"和"周公"的身份是很不一般的,所以当时并不是随便哪个人都能用"若曰"。《殷墟文字甲编》1343 上面刻了"王若曰'羌,女(汝)……",董作宾先生据此作了《王若曰古义》[①],这段话应该是对被俘羌人的一种兆辞,但不管怎么说,这片甲骨一定不是卜辞,小盂鼎中也有类似的句子,其实这片甲骨还需要进一步探讨。

④"蔡,昔先王既令女(汝)乍(作)宰,䢒王家"一句,"昔"义为"过去","先王"指已经去世的王,但此处并不一定指夷王的父亲,因为这一时代的王更换得很快。"既"义为"已经"。这一句很重要,从此句中应该能看出两个问题,第一个是对"王家"的理解。"王家"有广义和狭义两种理解,当时有"普天之下,莫非王土,率土之滨,莫非王臣"的观念,如果按照这种理解,那么"王家"也就是所谓的"国家"之"家",此处要是这样理解,那范围就太大了。还有一种就是"王自己的家",这篇铭文中的"王家"也就是这个意思。所以"蔡"所

---

① 董作宾:《王若曰古义》,载《说文月刊》第四卷合刊,1944年。

担任的宰是管理"王"家事的宰,也就是《周礼》中的"内宰"。如果往下降一级,从诸侯、大夫的角度来讲,就相当于诸侯、大夫的家宰,按照《周礼》来讲,"宰"和"膳夫"都是属于天官冢宰的。文献中有时会提到"王官","王官"和"王家"是可以对立起来的,这和秦汉以后的一些说法是不一样的,《周礼》中讲到"官"是有外有内的,也就是后来的"外朝"和"内宫"。比如说,我们现在到故宫,最外面是大清门,以前叫大明门,后来叫中华门,当然现在已经不存在了,就在现在毛主席纪念堂的那个位置。再往里面走就是紫禁城的门,也就是天安门。再往里面有几道门,先是端门,然后是午门,午门也就是朝门,过了午门再往里走就是三大殿,即太和殿、中和殿、保和殿,三大殿属于"前朝"的部分。再往里面就是乾清门,乾清门之后就属于后宫了,所以乾清门是一个界限。清朝把军机处放在乾清门的外面,这样皇帝随时可以和军机处联系,这是清朝设立的一个特殊的制度,让大臣不必跑那么远去商议事情,而且清朝也很少在太和殿商议事情。进了乾清门之后,就是乾清宫等一些宫殿,这也就是皇帝自己的家了。蔡簋中的"嗣王家",指的是"管理王的内宫"。第二个问题是大家要注意"蔡"的右者也是一个宰,这个人叫"智","智"的职位应该比"蔡"高,西周金文中右者的职位大多数是比被右者高的,常常是被右者的直系领导,所以"智"应该是"蔡"的上级。从这里也可以看到右者和被册命人之间的关系,这种关系有时候并不是那么直接,某些时候右者也可能是六卿之一,可总的来说,二者常常有职官系统上的关系。但仍然会有一些例外，比如说被右者的上级不在，临时有一个册命，那就由朝廷里面的六卿作右者。可是一般来说，右者是被右者比较直系的上级。

⑤"今余隹（惟）䚘豪乃令"一句，经过这些年很多学者的研究，"䚘豪"当读为"申就"，"豪"一定是与"就"有关的一个字，但是否一定是"就"，还可以讨论，我们暂时读为"就"。"申"是"重申"，"就"在这里理解为"继续"的意思。"䚘豪乃命"的"命"，就是"任命"的"命"。"余"是第一人称代词"我"，指"夷王"自己。过去的"王"已经任命"蔡"作宰"嗣王家"了，所以"我"继续此任命。这也就是说，给"蔡"的任命基本上没有改变，但因为"夷王"新即位，所以要把"蔡"的地位再提高一些。

⑥"令女（汝）眔智靰疋对，各死嗣王家外内，毋敢又不䚘"一句，"眔"在文献中相当于"及"的意思，是连词，"汝眔智"也就是"你和智"，"智"是"蔡"的上级。"靰"字，过去有很多人解释过，但是这些说法都不太理想，可不管怎么读，"靰"的意思和"嗣"是一样的。有人想把"靰"读为"攝"，义为"非正式的管理"，从这里看这种讲法就读不通了。还有人读为"兼"，义为"兼任"，在这里也读不通。实际上从金文中的辞例来看，我认为"靰"的意思就等同于"嗣"①，因为在金文中"靰"

---

① 整理者按：李学勤先生后认为"靰"即"总"字，义为"统领"。参看李学勤：《由沂水新出盂铭释金文"总"字》，载《夏商周文明研究》，第157-160页，北京：商务印书馆，2015年。

和"嗣"常常连用作"觐嗣",而且"觐"和"嗣"也可以单独使用,所以"觐嗣"和"嗣"的意思基本上是一样的,也就是"管理",并不是一种特别的"嗣"。"疋"读为"胥",训为"相",义为"互相"。过去讲蔡簋的人都是在"各"字处断句,我的意见是在"对"字处断句,即"命汝眔智觐疋对,各死嗣王家外内"。按照《周礼》的记载,"宰"这个系统的官员确实是管理王事的,其中的"太宰"就相当于后来的"宰相",而"宰相"之所以叫"宰",也就是从这里来的。这个问题是很有意思的,过去也有很多人做过推论,因为"宰"本身是一个做饭的,所以又叫"膳夫","宰"和"膳夫"在古书中常常是通用的,如果在贵族或大臣家里有一个"宰",那么这个"宰"也就相当于后来的大管家,而王朝中的"宰",也就是"宰相",代表了一人之下万人之上的地位。按照《周礼》来说,在"太宰"之下还有"小宰","小宰"是管理王朝外部事务的,但宫里的事"小宰"是不能管的,宫里的事由"内宰"来管理,所以这句话一定要在"外内"处断句。讲《周礼》的学者都指出"小宰"和"内宰"是相对的,一个管外,一个管内,是"太宰"之下两个相对的官。在这篇铭文中,"智"就相当于"小宰",是主外的,而"蔡"是"内宰",是主内的。"死"读为"尸",训为"主","各死嗣王家外内"就是"分别主管王家的外内",这一点和《周礼》是完全一致的。我一再主张要用《周礼》来讲金文,当然《周礼》与金文并不完全是同时代的,但究竟还有些内容和西周有密切的关系。"聞"即"闻","毋敢又不聞"也就是"什么事情都要和你们报告"。

⑦"嗣百工,出入姜氏令"一句,从这句开始就是专门给"蔡"讲的了,不包括"叴"。"百工"在古书中有很多种解释,所有的臣子都可以叫"工",但这篇铭文中的"工"指的是所有服役的人,就相当于今天所说的工作人员,和"司工"无关。这也就是说,王宫里面的各种工作人员都归"蔡"管理。"姜氏"指的是王后,在周王朝中,姬、姜是经常通婚的,当然我们并不能确定这里的姜氏来自于哪一个国,特别是在西周晚期的时候,姜氏是常常做王后的。这里有一点大家要注意,有的学者认为周王是一夫一妻制,也就是周王只有一个夫人,实际上周王是没有那么克己的,所以不太可能有这种事,即使是王后有时候也会换,也就是废掉一个再娶一个。这种事是常有的,褒姒就是这样,所以周王只有一个王后这种说法并不可信。这里的"姜氏"指的是夷王的王后。过去我们讲"麦"的器物的时候,出入的都是王命,大克鼎中的"克"也是出入王命,出入王命是"宰"的职责,"克"就是"膳夫","膳夫"也就是"宰"。"蔡"是"内宰",所以出入的是王后之命。实际上,王后所管的事情是很多的,这一点和清朝不一样,当然西太后并不能算在内。

⑧"氒(厥)又见、又即令,氒(厥)非先告蔡,毋敢侯又入告"一句,"氒"训为"其",表示假设的语气,义为"如果","见"是"朝见","令"是"命令","氒(厥)又见、又即令"也就是"如果有朝见王后或者来领取命令"。"氒(厥)非先告蔡"义为"如果不先向

蔡报告"。"侯"在《诗经》中就有，用法同"维"，这里也是训为"维"，义为"独"。"毋敢侯又入告"也就是"不能擅自向姜氏报告"。"蔡"是管理这些事情的，什么事都要通过他这个大管家。这篇铭文中也是如此，如果有事情要见王后，不能直接去王后那里拍门，或者像台湾地区那样直接按法院的铃，而是要先找"蔡"，然后"蔡"再去向王后报告，这是"内宰"的职责，如果有人没有先找"蔡"，那就不允许这个人进去报告。

⑨ "女（汝）毋弗龗（善）效姜氏人，勿吏敢又侯止从狱"一句，"汝"指"蔡"，"毋"义为"不"，"弗"也是"不"的意思，"善"是副词，义为"好好地"，"效"义为"进献"，相当于英文中的"offer"，今天我们说的"效力"的"效"也是"进献"的意思。此处的"人"指"百工"而言，因为"百工"实际上是归"蔡"来管理的，"蔡"给姜氏去挑选人的时候，都要挑选合适的人进献给姜氏，所以"汝毋弗善效姜氏人"，就是"你不可以不好好地把这些人进献给姜氏"。此句中的"侯"亦同"维"，义为"独"。"吏"读为"使"，"从"读为"纵"，"止从狱"即"止狱"和"纵狱"，"狱"有"刑讼"之义。西周之时，很多的官员都有审判、逮捕、刑讼的权力，这个权力并不是只有"司寇"系统的官才有。"止狱"不常见，可是"纵狱"一词直到汉、唐的时候还有，"纵狱"即"纵放"，也就是知道了还不去处理。比如明明知道手下的人贪污，却假装不知道，这就是"纵狱"，《史记·酷吏列传》有"吏见知不举劾为故纵"。"止狱"就是已有

诉讼却将其停止，故意宽大，意思和"纵狱"差不多。这种类似的话在其他的金文中也有，宋人的书中有一件塑盨，因为作器者也叫"叔邦父"，所以也可以叫叔邦父盨，盨铭有"王曰：'塑，敬明乃心，用辟我一人，善效乃友，内嬖，勿吏虣虐、从（纵）狱，受夺虡行道，氒（厥）非正命，廼敢㑄讯人，则佳辅天降丧，不雀唯死。'"一句，"辟"义为"臣事"，"效"义为"进"，"友"即"僚友"，也就是"下属"。"嬖"即"辟"，义为"臣"，"内嬖"即"入臣"，"善效乃友，内嬖"和"善效姜氏人"是一样的。"吏"读为"使"，"虣"即《周礼》中的"暴"字的古文。"㑄"字不识，与"侯"相对，有人读为"擅"，但这种读法在训诂上讲不通。"正"是"大政"，也就是"官员"。"雀"读为"爵"，"不雀唯死"就是"不爵唯死"，也就是"剥夺爵位而死"，"不雀死"一词在逨鼎上也有。

⑩ "易（赐）女（汝）玄衮衣、赤舄，敬夙（夙）夕，勿灋（法）朕令"一句，"玄衮衣"是一种红黑色的袍服，"赤舄"是红色的鞋子，这是给"蔡"增加一些舆服上的赏赐。当时穿什么样的衣服，穿什么样的鞋，乘什么样的车都表示该人的品级，舆服制实际上是一种品级的制度。"灋"即"法"，训为"废"。

⑪ "蔡其万年矍寿"一句，前一段时间，有人写文章讨论清华简《耆夜》中的"万寿无疆"，认为凡是有"万寿无疆"一词的文献，时代应该偏晚，这个观点是靠不住的，因为《豳风》的《七月》中就有"万寿无疆"，过去传统的注疏认为《豳风》是"周公"作的，《耆夜》也

1105

是"周公"作的。但不管怎么说,从用语上来看,《七月》是不会晚的,所以有"万寿无疆"的也不见得就晚。

蔡簋从宋朝以来有许许多多的人讲过,唯一可以比前人进步的一点,就是我们指出"蔡"是"内宰",而不是一般的"宰"。按照《周礼》的系统,"宰"是有内、外之分的,当然不仅在《周礼》中,在其他的文献中也有类似的记载,孙诒让的《周礼正义》中就有具体的例子。内宰在《周礼》的《天官》部分。为什么要着重讲"内宰"的问题呢?因为古代有些事情和我们理解的有些不同,蔡簋末尾有"子子孙永宝用"一语,所以"蔡"一定不是宦官,后来管理内宫的最高的官,每每是宦官,可是先秦的时候并不是这样。《周礼》中的"内宰"是下大夫二人,而且特别说明"内宰"不是宦官,是专门管宦官的,蔡簋就证明了这一点。"内宰"是一个很大的机构,并不属于宦官这一类,"内宰"的下面有宦官,最直接的就是"内小臣""阍人""寺人""内竖"等,也就是所谓的"效姜氏人",这些才是阉人,这一点和大家所想象的内宫情况有所不同。

外朝是由"王"来统领的,而内朝由"王后"来管理,从法律上来说,周代"王后"所起的作用,比秦、汉以后的"皇后"所起的作用要大,管的事情要多,因为当时的"王后"所管辖的事情不仅限于内宫。妇女在中国古代的地位以及所起的作用,一直是研究古文字和古文献的人比较关心的问题,从甲骨文、金文中就可以看到,那个时代的"后"所起的作用,与后代的"后"相当不一样。最典型的就是"妇好"了,特别是近年出了花园庄东地的甲骨之后,大家就会看到"妇好"所起的作用比一般的诸侯还要大,她什么事都要做,所以就给"妇好"塑了一个像,看着像花木兰,手里还拿着斧钺。大家可千万不要相信这个样子,我想真正的"妇好"一定比这个塑像要彪悍得多。不仅是"妇好",武丁时期其他的后妃也会起很大的作用,比如"妇妌"就是管理农业的,"妇妌"也就是后来的"后母戊",后母戊方鼎说的就是她,她的墓不大,但出土的鼎是真大,后来这个墓经过清理,除了鼎之外也没有什么东西。总之,商代的后妃在当时的社会中所起的作用是很大的。周代也是一样,清华简中有一篇《程寤》,其中就讲到"太姒"做了一个梦,可能所谓的"文王受命"就是这件事,这件事情在其他的书中也有一些痕迹,由此可见"太姒"的重要。周昭王时的"天君",也就是"王姜",参加了打仗、赏赐等事情,地位和周王差不多。

内宫实际上也有一套管理机构,在这个机构中,"内宰"是一个很重要的职务,"蔡"所担任的就是"内宰","蔡"是出入周夷王的王后姜氏之命的,姜氏之命是很重要的,所以会有一个很高级的官员来管理这个事。

据《周礼》记载,内宰"掌书版图之法,以治王内之政令,均其稍食,分其人民以居之,以阴礼教六宫,以阴礼教九嫔,以妇职之法教九御,使各有属,以作三事,正其服,禁其奇邪,展其功绪",这个记载如果不是有一定的史实根据,根本就想不出来。"版"是"簿籍",也就是王宫中规定的典籍。周代的时候,书写的工具是竹简、木简,再有就是"板",一般是木板,木板是可以很大的,能够挂起来,比如在宫门上就可以挂起一块木板,相当于一个大告示,让大家来读,曶鼎中的"木榜",也就是这种东西。"图"是"形象",也就是"内宰"所管理的人或物有一个图表,应该是什么样,就把它给画出来了,可以对照,所以有"版"有"图"。按照古书里讲,皋门以内就是王宫了,路门以内就是"王内","王内"的政命都是由"内宰"来管理。铭文中的记载确实也是如此，凡是找"王后"，或与"内宫"有关的事情，都是由"内宰"来管理。"稍食"是下属官吏的禄米，古代官员的俸禄多用粮食来计算，也就是多少多少石。"石"现在多读为"dàn"，但古音应读为"shí"。之所以用粮食来计算，是因为粮食是当时最基本的经济基础之一，在物价不断变换的情况之下，以粮食这样一个基本不变的代表物作为经济基础，就是很自然的事情了。之所以要"分其人民以居之"，是因为这些人员有很多是世族世官，这是"内宰"很重要的一个职责，也是管理"王内"的一个基本要求，商周时期多是如此，这和秦朝以后不一样，秦朝以后谁当什么官，就不大会涉及这个问题。由《周礼》的这段记载可知，实际上"内宰"主管的人包括"内小臣""九嫔""典妇功""内司服"等，"内小臣"是阉人，见于金文。"以作三事"也就是"内宰"要管三方面的事，即祭祀、宾客、丧纪。从这里就可以看出"内宰"所涉及的范围是非常大的，由此也能看出蔡簋的重要性。当然蔡簋所代表的周夷王时期是否有这么大的一个机构，我们就不敢说了。除此之外，当时的"王后"也管理市场，按照《周礼》来讲，古代都城的结构是前朝后市，后市是由"内宰"这个系统来管理的，这一点也是和后来不一样的。

  《周礼》这部书究竟是什么时代的作品，有许许多多的争论。《周礼》在西汉的时候属于古文经的范围，立于学官的今文十四博士和后来出现的古文经书之间，总是有一些不同的看法，我个人一直不赞成在汉代的时候有今古文学派，实际上学今文的人，也可以学古文，学古文的人，也可以学今文，并不是说今文是一大派，古文是一大派，但是今古文的区别确实是存在的。《周礼》是最典型的古文经，是河间献王从民间搜集来的，当时《冬官》就已经没有了,是用《考工记》来补的。但不管怎么说,汉代的时候,《周礼》长时期不立于学官,这就造成了后来的种种问题,所以后世总有人不相信《周礼》这部书。一直到现在为止,《周礼》究竟应该如何使用,还是一个很大的问题。有一点大家应该认识到,就是所有不赞成用《周礼》的人,他们在研究历史的时候,都要用到《周礼》,因为完全不用《周礼》,很多问题就没有办法讲。这也就反过来证明一件事,就是虽然《周礼》的成书时代是可以讨论的,但《周礼》肯定包括一些很古雅的内容。我想我们认识到这一点也就可以了,并不是每个人都要对《周礼》做文献学的研究。对于《周礼》的争论也许会永远地持续下去,除非有一天我们能够发现竹简的《周礼》,但目前我们还不能够抱这样的希望。

前些年有一部书叫《西周金文官制研究》,作者是社科院考古所的刘雨和张亚初。刘雨和张亚初是编写《殷周金文集成》的主要成员,他们所写的这部书在很大的程度上是依靠《周礼》的,可是到最后还是不敢承认《周礼》,用马克思的话来说,就是有点羞羞答答的。但不管怎么说,《西周金文官制研究》是近年研究《周礼》非常重要的一本书,这本书证明西周金文中的官制在相当大的程度上是和《周礼》类似的。这也就从方法论上给了我们一个标准,就是我们在研究西周金文的时候,应该或者必须参考《周礼》,这一点是非常重要的,如果不参考《周礼》,很多问题就弄不清。但是参考的时候不能死扣,因为《周礼》是讲当时政治结构的书,《周礼》在刚出来的时候叫《周官》,因为它是讲"官制"的,后来因为古文《尚书》中有一篇《周官》,所以就改叫《周礼》,一般就不再叫《周官》了。

《周礼》最初是一个理想的制度,但后来又经过不同的修改,所以不能认为《周礼》中的职官系统在当时全部都实现过，不仅《周礼》如此，与之类似的书都有这个特点，而且在不同的时间里面会有不同的修改和实现程度。中国历史上有很多与《周礼》类似的著作，其中最典型的一部书就是《大唐六典》。对于《周礼》最好的判断，我认为就是《四库全书总目提要》，这部书中讲了《周礼》的一些情况，我个人是非常拥护的，大家有兴趣可以去看一看。

大家看《周礼》的时候，最好去看一看孙诒让的《周礼正义》，因为《周礼正义》把相关的材料都引出来了。孙诒让到年纪大的时候，他的行动已经不太方便了，于是就让他家里的几个女人来帮他编写《周礼正义》。孙诒让躺在那里说哪本书的哪一册，女眷们就帮他拿，拿过来之后，他就说把哪一段记下来，于是女眷就把他说的这一段记下来，传说《周礼正义》就是这样做出来的，所以孙诒让也相当于有了一个"内朝"的制度了。

· 2010年下半年第二次课 ·

元年师兑簋、三年师兑簋

师兑簋对于西周的年代学研究特别重要，这个问题涉及一个很大的争论，就是关于所谓"月相"的解释。多年以来，师兑簋被研究年代学的学者作为一个很重要的论据，因为师兑簋的历法很难解释。

师兑簋目前共有四件存世，元年的有两件，三年的有两件，元年的两件师兑簋原为刘体智所藏，也就是《集成》的4274和4275，三年的是4318和4319，其中4275和4318现存上海博物馆，另外两件只是见于著录，原器下落不明，比如丁树桢所藏的那一件三年师兑簋现在在什么地方，我们就不知道了。可是只要把一件元年的和一件三年的放在一起，大家就可以看到这两件东西就好像是从一个模子里作出来的，形制完全一样，是当时典型的带盖且下面有三小足的形制，簋上面饰有重环纹，这一点大家看器形照片就可以知道。如果看照片的话，最好的本子就是陈佩芬先生编的《夏商周青铜器研究》，书中有彩色版的照片。

为什么这两件器物几乎一样呢？我们一般认为，如果铭文是元年的，那我们就认为这件器是元年作的，其实不见得都是如此，有些青铜器都是事后作的，比如记载战争的铜器，当时在很远的地方打仗，而且打得很激烈，杀了很多人，俘获了很多人，在这种情况下怎么能作铜器呢？所以我们可以揣想这些铜器有可能是事后追作的，或者是在事后很近的时间作的。元年和三年的师兑簋，二者相距时间不长，有可能是同一个作坊作的，所以就几乎一样，这一点过去并没有人认为这里面有什么问题。但如果把元年和三年作为一个王的王世来处理，最后的结果就是在历法上无法解释，元年的那一件开头是"元年正月初吉甲寅"，三年的那一件开头是"三年二月初吉丁亥"，二者都是四要素俱全，所谓"四要素"是指年、月、月相、日的干支，这两件铜器一定是真的。如果把这两件东西放在一起，"初吉"就没法解释了。因为从目前发现的器物来看，"初吉"一定是在每个月开头的那几天，所以像清代的王引之就认为"初吉"即"初干吉日"[①]，是每个月最初十天里面的日子，现在出土的器物能够证明"初吉"一定是在每个月的前若干天之内，但具体多少天还可以讨论。王国维先生认为是每个月最初的七八天[②]，也就相当于每个月的头一个星期，王引之和王国维的说法差不多，可是这在两件师兑簋中是做不到的，因为排完之后"甲寅"和"丁亥"都到了二十几号，这与"初吉"在月初的前几天的结论不符，而且怎么加闰月也弄不清楚，所以有很多学者认为"初吉"就不是指月初的几天，就是一个吉日。可是如果把"初吉"讲成"吉日"，那很多的青铜器的历法就都用不着讲了，因为"吉日"可以是在每个月的任意一天，这样就等于"初吉"在年代学上的意义被否定了，师兑簋就是一个重大的证据。后来我们想了一个办法来解决这个问题，这也就是我们今天要讲的，可是在没有讲以前，我们还是先读一下元年和三年师兑簋的铭文。

---

① 王引之：《经义述闻》，第 745 页，南京：江苏古籍出版社，2000 年。
② 王国维：《生霸死霸考》，载《观堂集林》，第 19-26 页，北京：中华书局，1959 年。

元年师兑簋

元年师兑簋(见图1、图2、图3、图4、图5、图6)器铭释文:

隹(惟)元年五月初吉甲寅,王
才(在)周,各(格)康庙,即立(位)①。同仲右
师兑,入门,立中廷②。王乎内

图1　元年师兑簋一(上博藏)　　图2　元年师兑簋二

图3　元年师兑簋一(上博藏)　　图4　元年师兑簋一(上博藏)
　　　　盖铭拓本　　　　　　　　　　　器铭拓本

图 5　元年师兑簋二盖铭　　图 6　元年师兑簋二器铭

史尹册令（命）师兑③："疋师龢父,
䚃ナ（左）右走马、五邑走马④,易（锡）
女（汝）乃且（祖）巾五黄、赤舄⑤。"兑拜
頴（稽）首,敢对扬天子不（丕）显鲁
休,用乍（作）皇且（祖）諴公饕簋⑥,师
兑其万年子=孙=永宝用。

①"隹（惟）元年五月初吉甲寅,王才（在）周,各（格）康庙,即立（位）"一句,西周金文中如果单称"周",一般指"宗周",也就是"镐京",在今西安的长安县。陈梦家先生想把"周""宗周""成周"分开,把"周"讲成"周原",也就是"岐周"①,但这不大可能,因为"岐周"没有宗庙,而此处的"周"是有宗庙的。"格"训为"至","康庙"是"康王之庙"。

---

① 陈梦家：《西周铜器断代》,第366-374页,北京：中华书局,2004年。

② "同仲右师兑,入门,立中廷"一句,在西周金文里面,"🧧"是"中",而"中"是"仲",绝大多数情况如此,个别有错的。西周没有"同"这样一个宗族,所以从清朝以来就有人认为"同"应是"凡","凡"是周公之后,一直到春秋时代在周王朝还有"凡伯","凡"所封的地点就在今天河南的滑县、白马一带。此篇铭文中的"🔲"是一个从凡从口的字。但是"凡"为什么和"同"能够通用,是仅仅由于字形相混,还是其他的原因,需要进一步研究。但不管怎么说一定是有"同"的,比如"兴"字,甲骨文作"🔲",常常是没有"口"的,可是"兴(興)"字中间一定是从"同"的。甲骨文中常见"肩凡有疾","肩"训"克",义为"能",这是徐宝贵从石鼓文中认出来的。[①]"肩凡有疾"在甲骨文中有个别的例子作"肩兴有疾",这是史语所的蔡哲茂先生指出来的[②],这一点是不能反驳的,因为刻辞上很清楚,"兴"可以训为"起",所以"肩兴有疾"就是"这个病能够痊愈"。可是这里面带来了一个文字学的问题,"兴"是从"同"的,可是为什么又会写作"凡"呢?这个问题如何从文字学、音韵学上给出一个彻底的解释,目前仍需要讨论。大家要知道,在古文字学中常常会有这一类的问题,但并不好解决,近些年来大家争论的比较多的,就是"罷"为什么能够读为"一",讲起来很复杂,在音韵上也有种种麻烦。实际上这一类的问题还存在很多,这说明我们

---

① 徐宝贵:《石鼓文整理研究》,第833-834页,北京:中华书局,2008年。
② 蔡哲茂:《殷卜辞"肩凡有疾"解》,载《屈万里先生百岁诞辰国际学术研讨会论文集》,2006年。

现在古文字学的水平还不够，还有很多问题需要进一步解决，或者是有很多问题我们理解有误。但不管怎么说，这篇铭文中的"同仲"就是"凡仲"。一般来讲，右者是被右者的上级，如果右者是六卿之一，那他就是所有人的上级。"同仲"见于周原出土的几父壶，几父壶是一件西周中期偏晚的器物，时代和师兑簋接近。

③"王乎内史尹册令（命）师兑"一句，"尹"训为"长"，"内史尹"也就是"史官之长"，也常常称为"尹氏"，这就和"公氏""伯氏""侯氏"一样，是用职名加上"氏"字，这也说明"尹"不是史官的名字，而是内史之长。进行册命的时候，一般情况下由"内史"负责，西周的"史"有很多种，《周礼》中有"太史""少史""内史""外史"等，但在金文中是否有这么多还是可以讨论的。这里是"内史"，"内史"和"王内"没有什么关系，是王朝的史官，负责管理册命。"师兑"的"师"就是"官长"的意思，《尚书》中的很多"师"，都是作为"官长"来理解。

④"疋师龢父，嗣ナ（左）右走马、五邑走马"一句，"疋"字，过去有过很多种讲法，其中有一个很流行的读法是把这个字读为"世"，但这个说法完全不对，因为西周金文中的"世"常作"𠂉"，后来下面还有一个"木"字，而这篇铭文中的这个字完全不是这个样子，所以还是应该按照陈梦家先生的意见，把这个字读为"胥"，训为"相"，义为"助"。① 善鼎有"昔先王既命汝佐胥侯侯"

---

① 陈梦家：《西周铜器断代》，第154-155页，北京：中华书局，2004年。

一句,"佐胥"二字是同义连用,都是"助"的意思。"胥某人"就是"做某人的助理",也就是做某人的下属或者副手来专门管一件事情。"左右走马"和"五邑走马"本来是"师龢父"来管理的,现在由"师兑"作为副手来帮助"师龢父"管理。至于说被"胥"的人和"胥者"在职位上的差距有多大,目前还不好讲,二者不一定就是一正一副的关系。比如学校中有校长,同时也可以设置一个校长助理,但校长助理的职位高低就不好确定了,再往下有一个教务主任,教务主任是专管教务的,但是大家也可以理解为教务主任是协助校长来管理教务的,所以二者在职位上的距离究竟有多大是很难确定的,但在西周金文中常常是比较接近的,有时是一正一副的关系,有时是上下级的关系。"师龢父"一词引起了很多人的想象,因为从时代上来讲,很多人看到"师龢父",马上就想起了"共伯和"。不过说实在的,这个"师龢父"一定不是"共伯和",因为从这篇铭文来看"师龢父"是管马的,"共伯和"的身份是一个诸侯,也就是所谓的"诸侯监政",所以"共伯和"不是一般的人。"走马"就是"趣马","趣马"见于《周礼·校人》,"校人"是专门养马的,大家要知道,养马是特别重要的事,车、马是当时最为重要的需求之一。"校人"的下面就是"趣马","趣"的意思和"促"有关,与"趋"通用,所以"趣"后来就变成了"驺"。"校人"掌王马之政,"校人"下面就是"趣马",也就是"走马",职责是掌正良马,也就是具体管马的,负责挑选好马。另外还有"巫马",掌医疗马病事务,古语有"人而无恒,不可以做巫医",古时

"巫""医"不分,"巫马"也就是"医马",是一种兽医,给马治病的,"巫马"后来成了一个很流行的姓。与之类似的还有"牧师",是掌牧地的,还有"庾人"和"圉师"。"师兑"管理的就是这些人,他的职位相当于"校人",至于说在铜器中的那个时代究竟叫什么官名,我们还不知道。按照《周礼》的系统,"校人"是中大夫之职,所以"师兑"的职位并不低,他作这些铜器也并不稀奇。"左右走马"说明"走马"这个官有左、右两个机构,从西周一直到战国时期,很多的机构都要分左、右。"五邑走马"的"五邑"于文献无征,但"五邑"一词在很多铜器中都有,而且都是西周比较晚的青铜器,比如柞钟"䚄五邑甸人事","甸人"是属于甸人系统的。再有敔簋"䚄五邑守堰","守堰"是管理水利的,是"司空"一类的官。还有鄂簋"䌁五邑祝","䌁"字①,我们不知道应该读为什么,但"䌁"的意思与"䚄"相同,都是"管理","祝"指"巫祝","䌁五邑祝"就是"管理五邑的巫祝",是属于"宗伯"系统的。西周时期都讲"五邑",可是到了东周就不讲了,因为"五邑"没有了,我们可以推想,"五邑"应该是西周时期关中地区五个较大的都邑,究竟这五个都邑都是什么,将来大家可以继续研究讨论。但无论如何,"五邑"是直属于王朝的地方,也就是直属于中央机构的地方,否则就不需要"师兑"来管理了。所以"左右走马"和"五邑走马"是有区别的,

---

① 整理者按:李学勤先生后认为"䌁"即"总"字,义为"统领"。参看李学勤:《由沂水新出盂铭释金文"总"字》,载《夏商周文明研究》,第157-160页,北京:商务印书馆,2015年。

"左右走马"是王朝自己的走马,"五邑走马"是直属的地方上的走马,二者可以合在一起,也可以不合在一起,"左右走马"和"五邑走马"并不相同。

⑤ "易(锡)女(汝)乃且(祖)巾五黄、赤舄"一句,"巾"应该是"市"的简化,这种情况在金文中见过若干次,之所以不会是"巾",是因为"巾"后面不会有"五黄","五黄"也就是"五珩",是"市"上的五个玉饰。

⑥ "用乍(作)皇且(祖)諴公鼒殷"一句,"諴"即"城",也就是"成",是一个谥号,班簋中有"虢城公"。大家不要认为"师兑"家里面真的有一个诸侯,这只是他祖父的一个谥号,当时只要是地位比较高的人都是可以称"公"的,这和"公""侯""伯""子""男"的"公"无关。

三年师兑簋

下面我们来看三年师兑簋(见图7、图8、图9、图10)。

图7 三年师兑簋一
(上博藏)

图8 三年师兑簋一(上博藏)
盖铭拓本

图9 三年师兑簋一(上博藏)　　图10 三年师兑簋二拓本
　　　　器铭拓本

三年师兑簋一(上博藏)器铭释文:
隹(惟)三年二月初吉丁亥,王才(在)周,
各(格)大庙,即立(位)①。醒白(伯)右师兑,
入门,立中廷,王乎(呼)内史尹
册令(命)师兑:"余既令(命)女(汝)疋师
龢父,䚦㠯(左)右走马,今余隹(惟)
䚦嘉乃令(命),令(命)女(汝)觐䚦走马,易(锡)
女(汝)䚦䚦一卣、金车:桼较、朱虢、
函靳、虎冟熏里、右厄、画轉、
画輯、金甬、马三(四)匹、攸勒。"②师
兑捧(拜)頶首,敢对扬天子不(丕)显鲁
休,用乍(作)朕皇考釐公鬴殷,
师兑其万年子=(子子)孙=(孙孙)永宝用。

①"隹(惟)三年二月初吉丁亥,王才(在)周,
　各(格)大(太)庙,即立(位)"一句,元年师兑簋中

是在"康庙",而这里是在"太庙","康庙"和"太庙"有所不同,唐兰先生认为这和当时的庙制有关①,但西周时期的庙制和东周时期的庙制还有所不同,西周时期除了有一个"太庙"之外,还有一个以"康宫"为首的宗庙群,也就是"康王"以后的庙,金文中常见"康×宫"。"太庙"是自"太王"以下的庙,也就是奉祀"太王""王季""文王""武王""成王"的宗庙,和"康庙"是两回事,这一点与我们所理解的周代的礼制有所不同,但与金文是比较符合的。

②"余既令(命)女(汝)疋师龢父,酾ナ(左)右走马,今余隹(惟)䶣𢆶乃令(命),令(命)女(汝)𦀚𨥬走马,易(锡)女(汝)秬鬯一卣、金车:桼較、朱虢、虢𨍩、虎冟熏里、右戹、画䡆、画𩨣、金甬,马三(四)匹、攸勒"一句,"既"义为"已经"。"疋"读为"胥",训为"助"。"䶣𢆶"即"申就","申"训为"重","就"训为"成","申就"即"重成",也就是"再一次"。"余"是"我",也就是"王"的自称,既然是同一个"王",那为什么要重新命一次呢?这是因为要多给"师兑"一些东西。"秬鬯"是用黑黍米酿造加了郁金的酒。"卣"是一种酒器。"金车"是用青铜装饰起来的车,《文物》上有一个简报②,发表了张家川出土的战国晚期的车,这个车的漂亮程度以及青铜零件的复杂程度,完全超出大

---

① 唐兰:《西周铜器断代中的"康宫"问题》,载《唐兰先生金文论集》,第115-167页,北京:紫禁城出版社,1995年。
② 早期秦文化考古队、张家川回族自治县博物馆:《张家川马家塬战国墓地2008—2009年发掘简报》,《文物》2010年第10期。

家的想象，当然西周晚期的车比不了张家川的车。这里除了赏赐金车之外，还赏了四匹马以及马的笼带。"王"赏赐的东西很多，由此也可以看出来"师兑"的官职还是很重要的。

一般认为元年师兑簋在前，三年师兑簋在后，且二者属于同一个王世，但这样的话在历法上没法讲，那应该如何解决这个问题呢？其实很简单，就是把这两件师兑簋倒过来，三年在前，元年在后。①这样处理的话，三年师兑簋和元年师兑簋也就变成了两个王世的器物，而且前面这个王在位的时间一定很短，只有几年，所以三年师兑簋和元年师兑簋在时间上还是很接近的。三年师兑簋应该是夷王三年，按照我们现在的推算，夷王在位应该是七年或者八年。元年师兑簋应该是厉王元年。

为什么要倒过来呢？这个道理很简单，大家应该记得我们讲过的穆王三十年的虎簋盖，虎簋盖中的官职和师兑簋中的官职是一样的。虎簋盖中有"觐乃祖考事先王，嗣虎臣，今命汝曰：'更厥祖考，胥师戏阘走马、驭人罙五邑走马、驭人'"一句，"觐"训为"初"，"虎"的祖先是管理"虎臣"的，现在王命令"虎"接续他先祖的职位帮助"师戏"去管理走马、驭人以及五邑走马、驭人，"虎臣"和"走马""驭人"都是属于"大司马"的，"师戏"见于豆闸簋。从这里看来"走马、驭人罙五邑走马、驭人"是一个固定的职务，不是一个临时性的职务，也就是元年师兑簋中讲的"左右走马、五邑走马"，三年师兑簋中"师兑"的职务只是"左

---

① 李学勤：《论师兑簋的先后配置》，载《夏商周年代学札记》，第162-170页，沈阳：辽宁大学出版社，1999年。

右走马",所以是元年师兑簋中的职务高,三年师兑簋中的职务低。因此应该是三年师兑簋在前,元年师兑簋在后,也就是三年师兑簋是夷王三年,元年师兑簋是厉王元年,这个推算再加上其他的铜器,在历法上完全合适,这就是我们解决这个问题的方法。现在有些学者不同意这个结论,也有各种讨论,但我个人还是这个意见,以后还可能发现类似的器物,我们到时再来讨论。

师兑簋是很重要的,按照我们的结论,应该是在夷王三年和厉王元年,我们推算的这个厉王元年是从下面往上推的。根据《史记》的记载,我们只能推到共和元年,也就是公元前841年,但是在《史记》中厉王是有年数的,一共是三十七年,但这里有一个即位改元还是次年改元的问题。如果厉王三十七年是共和元年的前一年,那就很少有厉王的铜器能够符合推算,所以夏商周断代工程根据张培瑜先生的推算,认为共和元年就是厉王三十七年,也就是在厉王被赶走的当年就改元了,换言之"共伯和"即位就改元了。当然这个办法会引起种种争论,但目前看起来还是一个最好的办法。那么能不能不采取厉王三十七年的说法呢?按照《史记·卫世家》中的记载来推算,厉王只有二十几年,如果按照这种推算来排,那厉王二十九年以后的那十几年的器物就要全部归到宣王,但如果都放到宣王也是没法排的,而且现在宣王的铜器还有几件在历法上不理想,所以还是有很多问题要继续讨论。

· 2010年下半年第三次课 ·

师毁簋、辅师毁簋、师𡙏簋

师毁簋

最近一个时期，我们讲的簋特别多，这是西周中期以后的一个突出现象。在西周早期，鼎、簋、尊、卣、方彝比较流行，这些器种上大多会有比较长的铭文，而且其中的大部分是酒器，比如尊、卣、方彝等。但这些酒器到了西周中期之后就衰落了，随后也就慢慢消失了，所以到了西周中期鼎和簋就特别突出。与此同时，盘也逐渐地增多，盘比较扁，很适合制作长篇铭文，有的盘上面可能会有几百个字。簋也是如此，簋虽然一般不会很大，但有一个很大的底，特别是有盖的簋，簋盖更接近于一个平面，比较适合制作较长的铭文。所以从西周中期以后，由于尊、卣、盉、方彝这些酒器的衰落，簋的比重开始逐渐增大，数量也逐渐增多，这是当时的风气使然。

上一次我们讲了师兑簋，师兑簋中有一个人物是很突出的，这就是"师龢父"，"师龢父"除了见于师兑簋之外，还见于今天我们要讲的师毁簋。"师龢父"自宋代以来就很引人注意，特别是到了近代以后，大家就更注意了，因为师兑簋和师毁簋都是西周中晚期的器物，所以大家很容易就把"师龢父"想象成"共伯和"，因此很多人也就把"师龢父"讲成"共伯和"了。

大家要知道，西周晚期的重大事件之一就是"共和行政"，今天我们把英文中的"republic"翻译成"共和"，用的就是这个典故。按照《史记》的记载，因为周厉王的虐政，国人起来造反，结果国人把厉王赶到了彘，也就是今天的山西霍县。厉王一直到去世也没有回到镐京，这个时候朝廷里面就是"共和行政"，《史记》认为所谓"共和"是指周公、召公与大臣们一起共同执政，形成了一种没有"王"的局面，所以后来管没有君主的政治就叫共和制。但《史记》的这个讲法究竟是出自何种文献，我们还不得而知。《史记》采取这种说法一定有道理，因为司马迁是非常慎重的，而且共和元年是《十二诸侯年表》开始的那一年，所以司马迁的说法不可忽视。可是与此同时，特别是在战国文献里面有一个非常流行的说法，这种说法认为有一个叫"共伯和"的人"干王位"，也就是由"共伯和"来执政，所以叫"共和行政"。至于说这两种说法究竟哪一个对，到今天为止我们还不能够确定，因为我们现在没有办法找到直接的、绝对的证据。

这两种说法在学者中有不同的倾向，传统的说法一般是拥护《史记》的，范文澜先生的《中国通史简编》就同意这种说法，后来范先生编《中国通史》的时候，采用的也是周、召二公共同执政的说法。而拥护《古本竹书纪年》的，比如郭沫若先生的《中国史稿》则采用的是"共伯和"的说法。今天所发现的关于"共伯和"的材料，没有早于战国的，所以大家都努力地想找到直接的材料来证明"共伯和"的存在，而"师龢父"就是其中之一，郭沫若先生的《大系》就认为"师龢父"就是"共伯和"[①]，因为《大系》是学金文的必读书之一，所以"共伯和"的观点后来也就非常流行。当然在郭老的说法之下还有更多的引申，顾颉刚先生就

---

① 郭沫若：《两周金文辞大系图录考释》，第114页，上海：上海书店出版社，1999年。

是如此。不知道大家有没有看过顾先生的《史林杂识初编》,《史林杂识初编》是在抗日战争时写的,原来叫《浪口村随笔》,新中国成立以后出版的时候才改叫《史林杂识初编》。这本书专门有一段是讲"共伯和"的,书中所引的材料非常全。可是顾先生有些过于谨慎,顾先生认为这个"共伯和"就是"卫武公"。[①]卫武公也是一个两周之际的人,而且他是有名的长寿,一直活到了春秋初期,传说卫武公活了九十五岁,这当然是可能的。卫武公名叫"和",而且"共"这个地名也是可以在卫国的,可是卫武公怎么也不可能是"共伯和"。关于"共伯和"的事情迄今为止并没有一个定论,而且"共伯和"这个人也确实不太可考,有关的讨论可以一直追溯到《庄子》的郭象注。这些争论到现在为止也没有一个最后的说法,根据我们目前对历史的认识,还是两说并存为好。

"师龢父"是"师兑"的上级,"师兑"的官职相当于《周礼》中的校人,是管马的,"师兑"的上级"师龢父"也应该是属于这一系统的,所以"师龢父"的地位并不会太高,而且师兑簋也一定不是共和时期的器物,从历法上也排不上。

今天我们要讲的师㝨簋中也有"师龢父",师㝨簋一共有两件(见图1、图2、图3、图4、图5、图6),但师㝨簋的器铭和盖铭不太一样,器铭比盖铭多了一行"师龢父殳㝨叔市巩告于王"。这在金文中还是很少有的,因为金文一开头多是"唯某年某月",而师㝨簋器铭的开头却是"师龢父殳㝨叔市巩告于王",所以郭沫若先生在讨论的时候,就特别讨论到了这一行。至于说这一行应该怎么讲,学界有不同的说法。但有一点要说明,就是这一行中的"叔市"在后面的铭文中还有,所以在讨论的时候就一定要联系上

[①] 顾颉刚:《共和》,载《顾颉刚读书笔记》第十六卷,第424-429页,北京:中华书局,2011年。

这一点,可是过去很多学者没有注意到这个联系,那就不好讲了。关于这一行铭文有两个代表性的说法,一个是郭沫若先生的说法,一个是容庚先生的说法。郭沫若先生将"𠭯"读为"殂","巩"读为"恐"①,"师酉父𠭯嫠叔市巩告于王"也就是"师酉父"去世了,"嫠"身穿叔市悲恐地向"王"报告。可是这样理解有一个问题,就是为什么要用"叔市"。"叔"有"素白色"的意思,"叔市"也就是"素白色的市",但把"叔市"理解为孝服还是有困难的,因为金文中有孝服,而且孝服不体现在"市"也就是蔽膝上。现在我们认为比较好的一个说法是容庚先生的,容先生将"𠭯"读为"胙",训为"赐",将"巩"读为"挈","挈"在《广雅》中训为"举"。②这个读法是比较通的,就是说"师酉父"赐给"嫠"一件叔市,但这件事情不合礼制,因为一个大臣是不能随便赐予下属舆服的,所以就把这件事情报告给"王"。但这个说法从考据学的角度来看稍有不足,"挈"训为"举"的这个训诂太晚,因为《广雅》是很晚的,所以对于西周时期是否有这个训诂还是有一些疑问。我们在这里介绍一些前辈的说法,是为了让大家了解一下如何去做考释,给大家做一个参考,这个句子究竟是怎么样,是否就是这个意思,还可以进一步讨论。

图 1　师嫠簋一

图 2　师嫠簋二

---

① 郭沫若:《两周金文辞大系考释》,第 315 页,北京:科学出版社,2002 年。
② 容庚:《商周彝器通考》,载《容庚学术著作全集》第七册,第 58 页,北京:中华书局,2011 年。

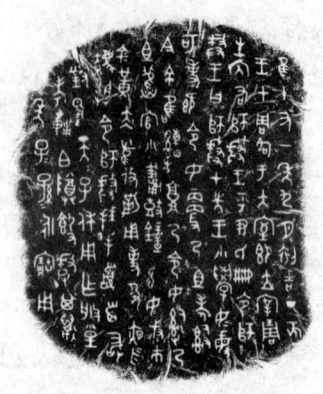 

图 3　师簋一盖铭拓本　　图 4　师簋一器铭拓本

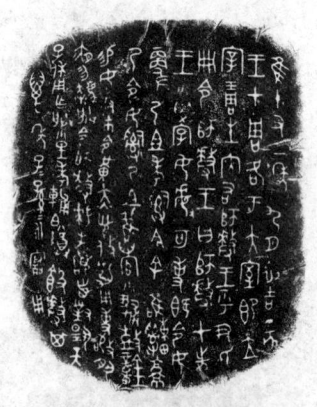 

图 5　师簋二盖铭拓本　　图 6　师簋二器铭拓本

师簋一盖铭释文：

隹（惟）十又一年九月初吉丁亥，

王才（在）周，各（格）于大（太）室，即立①。宰琱生内右师簋，王乎尹氏册令（命）师簋②。王曰："师簋，才（在）先王小学女（汝），女（汝）敏

可吏③，既令（命）女（汝）更乃且（祖）考嗣，

今余唯繡熹乃令（命），令（命）女（汝）嗣乃
且（祖）旧官——小辅鼓钟④，易（锡）女（汝）叔市
金黄、赤舄、攸勒，用事，夙（夙）夜勿
瀘（法）朕令（命）⑤。"师毁拜手頶首，敢
对旳（扬）天子休，用乍（作）朕皇
考辅白（伯）隣毁⑥，毁其迈（万）
年子=（子子）孙=（孙孙）永宝用。

①"隹（惟）十又一年九月初吉丁亥，王才（在）周，各（格）于大（太）室，即立"一句，"十又一年九月初吉丁亥"是四因素俱全，从历法上推算，此处的"十又一年"是周厉王的十一年，时间晚于师兑簋。师兑簋一件是夷王三年，一件是厉王元年，师毁簋与元年师兑簋相隔十年，这个时候"师龢父"还在，这是合理的，所以师毁簋中的"师龢父"就是师兑簋中的"师龢父"。大家要知道，"丁亥"是吉日，而"丁亥"作为吉日是见于文献的，其中最突出的就是《大戴礼记》中的《夏小正》。金文中的"丁亥"也特别多，到了东周以后，几乎都是"丁亥"，但实际上是不可能有那么多"丁亥"的，就好像汉朝人讲"丙午"一样。汉朝的一些器物包括铜镜上多为"五月丙午"，之所以选择"丙午"，是因为"丙午"是火日，铸造铜器多要选一个火日，所以写"五月丙午"的，大多不是真的日子。但师毁簋不然，我们不能够推断西周铜器中所记载的日子是虚拟的，应该是真的选了一个"丁亥"。"周"在不加形容词的情况下，一般指"宗周"。"太室"是宗庙的"正室"。"即立"就是"即位"。

②"宰琱生内右师毁,王乎尹氏册令(命)师毁"一句,"琱"字有不同的读法,可以读"zhōu",也可以读"diāo",因为"琱"字有时亦作"周"。此"琱生"就是琱生簋中的"琱生",琱生簋有五年的,也有六年的,经过多次推断,五年和六年的琱生簋可能是共和的,也可能是厉王的,根据师毁簋来看,这两件琱生簋还应该是厉王时器。①我过去认为是共和的②,这个观点今天看来不对,因为这两件琱生簋中曾经提到了"王"的活动,而共和时期是没有"王"的。如果把琱生簋中的"王"理解为"共伯和"也是不对的,因为琱生簋中的"王"是周王朝直系的"王"。琱生簋是五年、六年,这与十一年的师毁簋离得是很近的,但在琱生簋中"琱生"还没有做"宰",可能"琱生"做"宰"的时间比较晚。"琱生"所做之"宰"就是《周礼·天官》中的"宰",估计可能是"宰夫"一类的官,级别比"冢宰"要低一些。"尹氏"是史官之长,"王"是出席册命仪式的,但"王"并不亲自讲,而是由史官来宣读册命。

③"师毁,才(在)先王小学女(汝),女(汝)敏可吏"一句,这句话很重要,但这句话在不同的簋上有所不同。"女"的下面有的有重文,有的没有重文,这一点也影响了这句的读法,所以这句话有两种读法,今天我们也没有办法说哪种读法一定对,现在多数学者是按照有重文来读,大家认为这样读更好一些。"子""孙"在

---

① 李学勤:《琱生诸器铭文联读研究》,载《通向文明之路》,第99-105页,北京:商务印书馆,2010年。
② 李学勤:《西周青铜器研究的坚实基础》,载《中国古代文明研究》,第51-61页,上海:华东师范大学出版社,2009年。

金文中常常是有重文的，所以多一个重文号或者是少一个重文号并不稀奇，这是当时的习惯使然，而且在西周的文书中反复使用，所以很可能有错。"汝"也是如此，因此我们现在没法说哪一种是对的。这个"师"大家不要做更多的理解，凡是官长或有职务的人，都可以称为"师"，此处"王"管他叫"师艅"也有尊称的意思。"才"读为"在"，在金文中经常作"载"讲，训为"昔"或"初"，义为"过去"，在《尚书》中也有这样的例子。"学"读为"敩"，也就是"教"，"在先王小学汝"义为"以前先王稍稍教育过你"。"吏"读为"使"，"汝敏可使"就是"你很聪明，可供役使"。我个人同意这种说法，因为把"才"读为"在"，训为"昔"，在金文中特别多见，我过去还专门写过文章来讨论这个问题，发表在《古文字研究》上。[①]还有一种读法是"在先王小学，汝敏可使"，把"在"理解为一个介词，"小学"就是"学校"，当时的朝廷里面是有国子之学的，王子、公子以及大臣的子弟都可以就读。至于说这两种读法究竟哪一个更好，还很难判断。关于重文的问题，杨树达先生在《积微居金文说》中有过讨论[②]，我们认为这个重文是应该有的，因为在其他的铭文中，还没有发现把"小学"作为"学校"来理解的例子。

④ "既令（命）女（汝）更乃且（祖）考嗣，今余唯醽櫜乃令（命），令（命）女（汝）嗣乃且（祖）旧

---

① 李学勤：《说"兹"与"才"》，载《古文字研究》第二十四辑，北京：中华书局，2002年。
② 杨树达：《师艅簋跋》，载《积微居金文说》，第141-142页，上海：上海古籍出版社，2007年。

1131

官——小辅鼓钟"一句,"既"义为"已经",表示过去,和"今"相对。"更"读为"赓",义为"继续","乃"义为"你的","䚈"是"职司",也就是"所管的事"。"余"义为"我",和"先王"是相对的。"䚈𤔲"即"申就","䚈𤔲乃令"也就是"重申此命"。"辅"读为"镈",是一种下面齐口的敲击乐器,曾侯乙墓中有编钟出土,除了挂的钟之外,还有大的镈钟,河南叶县出土的编钟也是如此。"小辅"即"少镈",也就是"小的镈钟"。"鼓"义为"敲打"。"少镈鼓钟"在《周礼》中叫做"镈师",是一个乐官,所以"王"特地称他为"师㝬"是有道理的,因为"师"有时可以特指乐官。当然金文中的"师"不都是乐官,甚至很少是乐官,但这件铜器中的"师㝬"确实是真正的乐官,是演奏编钟的。估计"师㝬"自己是不会去敲打编钟的,他应该是个乐队指挥。

⑤"易(锡)女(汝)叔市金黄、赤舄、攸勒,用事,夙(凤)夜勿灋(法)朕令(命)"一句,"黄"读为"珩","叔市金黄"也就是"有金珩装饰的素白色的市"。"攸勒"是马具。"灋"训为"废"。我们可以设想"师㝬"此时的年纪不会很大,但也不会太小,因为在厉王十一年的时候,先王已经让他做过事了,那个时候他应该是一个很年轻的乐师。"师龢父"已经给了他叔市,他来禀告"王",这有可能是不让他用,因为这是"师龢父"给的,不是"王"给的,不符合规定。可是"王"实际上是承认的,因为"师㝬"在先王的时候就担任乐师,所以这次就在"师龢父"给叔市的基础上,在舆服上给"师㝬"一点提升。

⑥ "用乍(作)朕皇考辅白(伯)隋殷"一句,"师毲"的父亲叫"辅伯","辅"就是"镈",所以"师毲"的父亲是以官职作为氏名的,这个家族世世代代就是演奏编钟的。以官为氏的情况还是很多的,我们做夏商周断代工程的时候,特别提到了"伶州鸠","伶州鸠"是伶氏,"伶"就是乐官,现在我们有时候管唱戏的还叫"伶",这是因为相传黄帝的乐官叫"伶伦",所以后来就管乐官叫"伶"了。"作册尹"的"尹"也是以氏名作为官名的,起初"尹"只是一个"氏",后来这个家族总是做史官,所以就把"尹"作为史官的专称了。这种情况不只是在中国,在世界上也是如此,很多的姓氏都和职业有关,英文中最常见的姓是"史密斯","史密斯"是"工匠"的意思,后来转变成一个姓氏了。

从这里我们可以看出来"师龢父"是一个很重要的人,但他不是一个诸侯,只是一个王官,而且地位不会特别高。但在厉王十一年的时候,"师龢父"还是有些权威的,所以给了"师毲"叔市,而这一点厉王也表示承认。由于师毲簋是一个很著名的器物,所以后来又发现了一件器物,引起了争论,这就是辅师毲簋。

辅师毲簋

辅师毲簋(见图7、图8),1957年在陕西长安县兆元坡出土,铭文见于《集成》4286。

图 7 辅师嫠簋　　　　图 8 辅师嫠簋拓本

辅师嫠簋释文：

隹（唯）王九月既生霸甲寅，王
才（在）周康宫，各大室，即立（位）①。荣（荣）
白（伯）入右辅师嫠②，王乎（呼）乍（作）册
尹册令（命）嫠，曰："更乃且（祖）考𦅫
辅𢆶③，易（锡）女（汝）叔市：素黄、䜌旂，
今余曾乃令（命）④，易（锡）女（汝）玄衣：黹
屯（纯）、赤市：朱黄、戈：彤沙琱威、
旂：五日，用事。⑤"嫠拜頶首，敢
对扬王休令（命），用乍（作）宝䵼殷（簋），
嫠其万年子=（子子）孙=（孙孙）永宝用事。

①"隹（唯）王九月既生霸甲寅，王才（在）周康
宫，各大室，即立（位）"一句，"康宫"是指"康王"
的宗庙，西周的宗庙分为两部分，其中一部分以"康王"

为首,也就是"康宫",如果在"康"下面有别的字,那就说明是在"康宫"下面的某个宫。

②"燚(荣)白(伯)入右辅师嫠"一句,"荣"是姬姓贵族,西周历代都有"荣伯",只是担任的职务不同,周厉王时期的"荣伯"就是"荣夷公"。一直以来都认为"辅师嫠"和"师嫠"是同一个人,一直到今天还有些著作认为二者为同一个人,吴镇烽先生的《金文人名汇编》就这样认为①,但实际上二者不可能是同一个人,这一点是张长寿、陈公柔、王世民在《西周青铜器分期断代研究》中特别指出来的。②因为兆元坡出土的辅师嫠簋是一个无盖、双耳、下有圈足的早期形制的簋,这种形制的簋与西周晚期的师嫠簋相差甚远,现在看来还是把辅师嫠簋放在恭王时代比较合适。这一点给了我们一个很大的教训,即研究的时候不能只看铭文。大家可能还记得我们在讲穆王器的时候谈到过利鼎,因为没有人看到过利鼎的器形,所以我们一直认为利鼎是穆王时代的东西,因为穆王时有"井利",后来利鼎被发现了,就在首都师范大学的博物馆,一看器形才知道利鼎是一个西周晚期的鼎,不可能放在周穆王时期。因此只看铭文,有些事情就很难讲,这个例子是最典型的。

③"更乃且(祖)考嗣辅戠"一句,"戠"字,现在的解释都不太好,这个字在其他的古文字材料中也见过,比

---

① 吴镇烽:《金文人名汇编》,第263页,北京:中华书局,2006年。
② 王世民、陈公柔、张长寿:《西周青铜器分期断代研究》,第65页,北京:文物出版社,1999年。

如鄂君启节中就有"裁尹",但"裁"是从纟的,所以应该与"丝织"有关,所以"辅裁"之"辅"不会是"镈"。我们猜想这个"辅"应该读为"黼",是一种黑白相间的的花纹,传说这种花纹类似于斧子的样子,但现在并没有出土材料可以证明,因为这种材料在地下很难保存,所以很多事情我们就不知道了。大家要知道,我们现在对于商代和西周美术的认识,基本上是依靠青铜器,其他的材料是很少的。近期山西出土了一批西周的漆器,用现在的科技可以复原,结果复原出很多种器物,包括动物形的器物,上面有很多花纹是大家想象不到的,这些以后应该会引起学美术史的人的关注。"裁"字,我们有一个猜想就是读为"采",《周礼》中有"夏采",所以"辅裁"是一种管理做衣服的官。这只是一种猜想,可是无论如何"辅裁"不会和"音乐"有什么关系。

④"今余曾乃令(命)"一句,"曾"读为"增","曾乃令"就是"增加这个命令"。

⑤"易(锡)女(汝)玄衣:黹屯(纯)、赤市:朱黄、戈:彤沙琱威、旂:五日,用事"一句,如果"辅师嫠"和"师嫠"是同一个人,那么辅师嫠簋中的"师嫠"应该是刚刚任职,辅师嫠簋中的舆服应该比师嫠簋中的舆服要低,但实际上辅师嫠簋中的"玄衣:黹屯(纯)、赤市:朱黄"要比师嫠簋中的高得多,所以从这个角度来看"辅师嫠"和"师嫠"并不是同一个人。

从这个例子就可以看出器物的类型学是不可以违反的,如果违反了,那很可能就是错了。

师㝬簋

师㝬簋（见图9、图10）见于宋代著录，"㝬"字不识，暂读为"huī"，这件器物在《博古图》上有器形，是一个有伸出的两耳方座簋，与之器形相同的还有周厉王的㝬簋。像这样的簋极为少见，所以二者一定是同一个时期的，而且师㝬簋上有眼睛的窃曲纹以及尾巴向前伸的大鸟纹也在厉王时期的器物上发现了，所以把师㝬簋放在周厉王前后是没有什么问题的。讨论师㝬簋的人特别多，因为这件器物中有"伯龢父"，从形制上看，"伯龢父"也应该是厉王时代的人。首先要声明一点，即"伯龢父"不一定就是"师龢父"，虽然从时代上差不多，但我个人倾向于二者不是同一人。郭沫若先生认为这个"伯龢父"就是"共伯和"[①]，这比"师龢父"是"共伯和"的可能性要大多了。

图9 师㝬簋　　　　图10 师㝬簋摹本

---

① 郭沫若：《两周金文辞大系图录考释》，第114页，上海：上海书店出版社，1999年。

师獸簋释文：

隹（惟）王元年正月初吉丁亥①，

白（伯）龢父若曰②："师獸，乃且（祖）考

又劳于我家③，女（汝）有隹小子④，

余令（命）女（汝）死我家，啻嗣我西

扁、东扁，仆驭、百工、牧、臣妾，

东裁内外，毋敢否善⑤，易（锡）女（汝）

戈：琱祓、□必、彤㯱、十五锡，

钟：一敩五金，敬乃夙夜，用事⑥。"

獸拜頴首，敢对扬皇君

休⑦，用乍（作）朕文考乙中（仲）将殷（簋），

獸其万年，子=（子子）孙=（孙孙）永宝用言。

① "隹（惟）王元年正月初吉丁亥"一句，"正"字写得比较特别，上面写成了一个圈，像"疋"字一样，此种写法亦见于驹父盨，驹父盨是宣王时代的器物，和师獸簋的时代差不多。"正"字绝大多数是一个填实的圆点，或者就是一横。"隹（惟）王元年正月初吉丁亥"应该说是所有好的方面都占全了，就好像我们今天的大年初一，所以这里就出现了一个问题。如果像郭沫若、杨树达先生等很多学者所认为的"伯龢父"就是"共伯和"①，这个干支是可以排在共和元年的，但是它和多数能排在它前面的厉王时代的青铜器是矛盾的。之所以这样说，

---

① 郭沫若：《两周金文辞大系图录考释》，第114页，上海：上海书店出版社，1999年；杨树达：《师獸簋跋》，载《积微居金文说》，第215-217页，上海：上海古籍出版社，2007年。

是因为一件很著名的器物——膳夫山鼎。膳夫山鼎是三十七年,如果按照共和元年就是厉王三十七年,即当年改元,那么膳夫山鼎的历日比我们所推算的共和元年的历日早两天,因为古历不严密,所以会有错误,早两天也是可能的。如果把膳夫山鼎放在宣王三十七年,是排不进去的,所以现在唯一的办法就是把膳夫山鼎放在厉王三十七年的正月,那么很多二十年以上的器物都可以排进厉王。但如果是这样,师𧩾簋就被排斥了,因为师𧩾簋和膳夫山鼎的建正不合,就是一个是建子的,一个是建丑的,在月份上不合,根本就没法放在同一年。当然我们有一种遁词,就是师𧩾簋的历日是后人按照吉日来虚拟的,但这一点我们没有别的证据,所以师𧩾簋能不能算作共和元年,今天就是悬案了,夏商周断代工程所排的《西周金文历谱》就是这件东西进不去。最理想的就是把膳夫山鼎去掉,按照师𧩾簋的历日来排,可是这样又有很多东西排不进去,很多天文历法方面的专家对这个问题反复研究了多次,一直解决不了。所以就暂时把师𧩾簋放在夷王元年,这是因为夷王元年并没有别的器物可排,可实际上就是因为师𧩾簋排不进去。还有一个问题就是"王",这件器物的开头是"惟王元年正月初吉丁亥",除非是"共伯和"本人称王了,但这样与膳夫山鼎又有不合,因为膳夫山鼎铭文记载,三十七年正月的时候,"王"还在正常活动,我们可以想象厉王应该不是在那年的大年初一逃走的。所以这个问题目前还没法解决,但是从其他方面来看,"伯龢父"还是非常重要的。

②"白（伯）龢父若曰"一句，这一句是很多人认为"伯龢父"是"共伯和"的很重要的证据之一，因为金文中除了"王"用"若曰"之外，其他没有任何人用"若曰"，只有"王"才有这个口气。但在《尚书》中有"微子若曰"和"周公若曰"，"周公"地位高，可以用"若曰"，可是"微子"为什么也能用"若曰"，还没法解释。虽然这里用了"若曰"，但这件东西讲的是"伯龢父"家里的事。

③"师兽，乃且（祖）考又寢于我家"一句，"寢"字，常常从"宀"，作"寢"，读为"勩"，训为"劳"，义为"功勋"。

④"女（汝）有佳小子"一句，"女（汝）有佳小子"是长上对下属的口吻，如果是"余佳小子"，那就是自谦之词。

⑤"余令（命）女（汝）死我家，靷嗣我西扁、东扁，仆驭、百工、牧、臣妾，东载内外，毋敢否善"一句，"死"读为"尸"，训为"主"。由此句来看，"师兽"是"伯龢父"的家宰，也就是大管家。"靷"字有很多说法①，但都不可靠，"靷"义同"嗣"。"扁"读为"偏"，是一种部队编制。西周时期是文武合途的，而且是兵农合一的，周王的"六军"也就是"六师"，是相对于"六乡"而言的，只要进行打仗动员，那"六乡"的壮丁马上就组成"六师"，"六乡"的长官是"六卿"。"伯龢父"

---

① 整理者按：李先生后来认为"靷"即"总"字，义为"统领"。参看李学勤：《由沂水新出盂铭释金文"总"字》，载《夏商周文明研究》，第157-160页，北京：商务印书馆，2015年。

的家里面也是有"西偏""东偏"的。"仆驭"是驾车的,"百工"是各种手工业作坊里的人,"牧"是放牧的,"臣妾"就是奴婢。"东截"读为"董裁","董"者,理也。"裁"者,治也。这句实际上是在讲"伯龢父"封邑中的情况。

⑥ "易(锡)女(汝)戈:琱戚、囗必、彤㡭、十五锡,钟:一㪔五金,敬乃夙夜,用事"一句,"琱戚"指的是戈的后面有雕画。"必"读为"柲",指戈柄。"㡭"读为"沙",战国时期长沙的"沙"就写作"遝","彤沙"是红色的飘带。"锡"是盾牌上的一种装饰,此处代指"盾牌"。"㪔"正确的写法应该是"𢍰","𢍰"是《三体石经》中的古文"逸"字,此处读为"肆",义为"列","钟:一㪔五金"就是"钟:一列五件"。

⑦ "敢对扬皇君休"一句,此处称"伯龢父"为"皇君",也就是"主人",可见"伯龢父"只是朝中的一个大臣,他的地位不会特别高,但也不会低。

在西周的金文中,采邑的家臣所作的器物还是很多的,但没有这么长铭的,这件是所有家臣所作的器物中铭文最长的,从这里也可以看出"伯龢父"这个人相当重要,地位也相当高。这件器物本身用的是"王"的纪年,但是这个"王"并不是"伯龢父"本人,因为铭文后面用的是"对扬皇君休"而不是"对扬王休",所以在这一点上与"共伯和"的情况还是有所不同。就这篇铭文而言,也只是"伯龢父"的家事,而非王朝之事,"伯龢父"本人也不过是公侯一级的人物。

· 2010年下半年第四次课 ·

元年师旋簋、五年师旋簋、史密簋

元年师旋簋

师旋簋是一组铜器中的一部分,这组铜器是非常有名的,是1961年在陕西长安张家坡出土的。长安县一直就有,现在是西安市的一个区,所以"长安"和"西安"在概念上是不一样的,并不像很多人认为的"长安"就是"西安"。长安的张家坡是丰镐遗址的中心部分,丰镐遗址是西周的首都所在,张家坡及其周围地区出过很多重要的遗物,特别是一些青铜器,盂簋也是在张家坡出土的。

师旋簋有两件,一件是元年师旋簋,一件是五年师旋簋,我们先看元年的,但主要讲五年的。

元年师旋簋(见图1、图2、图3、图4、图5、图6、图7、图8、图9、图10、图11)为器盖对铭,但器铭比盖铭多"克"和"还"两字,现用器铭。

图1　元年师旋簋一　　图2　元年师旋簋二　　图3　元年师旋簋三

 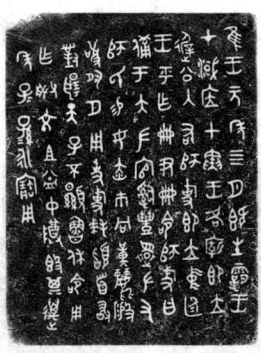

图4 元年师旋簋四　　图5 元年师旋簋一盖铭拓本

图6 元年师旋簋一器铭拓本　　图7 元年师旋簋二盖铭拓本

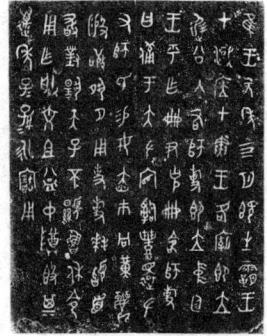 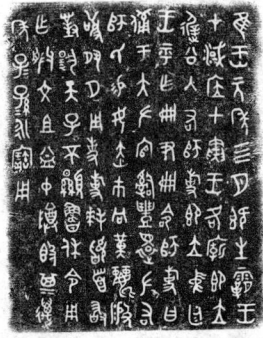

图8 元年师旋簋二器铭拓本　　图9 元年师旋簋三盖铭拓本

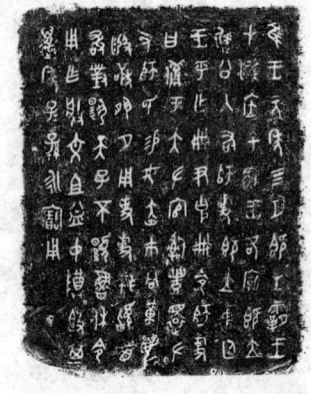 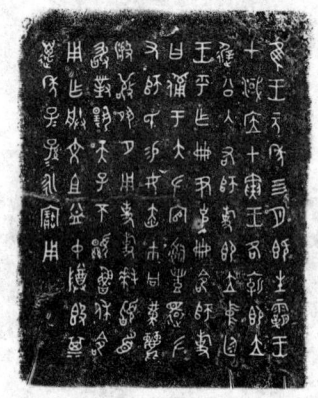

图10 元年师旋簋三器铭拓本　图11 元年师旋簋四器铭拓本

元年师旋簋一器铭释文：
隹（惟）王元年三（四）月既生霸，王
才（在）淢应，甲寅，王各（格）庙，即立（位）①。
遟公入右师旋，即立中廷，
王乎（呼）乍（作）册尹克册命师旋②
曰："备于大左，官嗣丰还左
又（右）师氏③，易（锡）女（汝）赤市、冋黄、丽
毁，敬夙（夙）夕，用事④。"旋拜頶首，
敢对扬天子不（丕）显鲁休令（命），
用乍（作）朕文且（祖）益仲隣毁，其
迈（万）年子=（子子）孙=（孙孙）永宝用。

① "隹（惟）王元年三（四）月既生霸，王才（在）
淢应，甲寅，王各（格）庙，即立（位）"一句，按照夏
商周断代工程所制定的《西周历谱》来推算，此处的"王"
指"孝王"，这件器物也就是孝王元年器。这个历日的特

1144

点在于在"既生霸"和"甲寅"之间加了"王在减应","减"字,我们见过多次,长囟盉中有"下减"。过去有些人认为这个"减"就是古书中的"棫林",但是后来在青铜器中见过"棫林",并不是这样写,而且"棫林"不见得一定能够简称为"减",所以此处的"减"并不是古书中的"棫林",但"减"是一个地名是没有问题的。"应"字,到今天也一直没有很好的释读,我们还是按照宋朝人的读法,读"应"为"居"。大家要知道,"初吉""既生霸""既望""既死霸"等是可以独立作为定点来使用的,也就是说表示月相的词语后面是可以没有干支的,但如果月相词后面有干支,那么这个月相词就代表一个时段。这个问题争论已久,夏商周断代工程根据一些无法反驳的证据来论证月相词的时段性。簋铭中的这句话可以有两种理解:其一为在"既生霸"这段时间或者是在"既生霸"这一天,"王"在减应,到了"甲寅"这一天,"王"格庙,即位,在静簋中也是这样理解;其二是"既生霸"包括"甲寅",也就是在"既生霸甲寅"这一天,"王"在减应,"王"格庙,即位。这两种理解在意思上差不多,而且铭文中主要讲的也是"甲寅"这天的事,我认为第一种理解更符合铭文的原义。此处"王"所格之庙,一定是"王"的宗庙,而不是其他人的宗庙,在有些青铜器中,"王"所格之庙不是"王"的宗庙,比如"虞大夫庙",就是虞国的庙,或者是某一个大夫的庙,而非"王"的宗庙。"减"只是一个地方,并不一定有宗庙,如果这种理解没有错,此处的"既生霸"应该是定点的,当然这只是一个推论,仅供大家参考。

②"遅公入右师旋,即立中廷,王乎(呼)乍(作)册尹克册命师旋"一句,"遅"与"徲"常常通用,"周夷王"的"夷"在金文中就写作"徲","遅公"是当时王朝的一个卿士。西周中期的青铜器多是"作册尹",而没有"作册尹"的名字,"尹"训为"长","作册尹"也就是"史官之长",此处的"克"是"作册尹"的名字。西周金文中名叫"克"的人非常多,比如大克鼎中的"膳夫克",师克盨中的"师克",还有克钟、克镈,我曾经主张过克钟、克镈的"克"与大克鼎中的"克"不一定是同一个人①,因为出土记录不一样。《国语》中叫"克"的也很多,"克"在古代是很常用的,"克"的意思是"胜",现在叫"胜"的人也是很多的。因为没有"作册尹"的名字,读起来也通,所以有的元年师旋簋的铭文就没有"克"。师旋簋最早出土的时候,出的铜器并不多,材料也比较少,所以大家一看到"克",就想起"膳夫克"了,包括郭沫若先生也认为此处的"克"就是"膳夫克"。②但是"作册尹"是一个史官,史官是一种专业的职官,是不可能去做膳夫的,所以二者不会是同一个人。"卿事"之"事"有时也写作"叀","师旋"是器主之名。

③"备于大左,官嗣丰还左又(右)师氏"一句,"备"读为"服","备"字甲骨文作"𢈢",象"箭箙"

---

① 李学勤:《论克器的区分》,载《夏商周年代学札记》,第 151-156 页,沈阳:辽宁大学出版社,1999 年。
② 郭沫若:《长安县张家坡铜器群铭文汇释》,载《郭沫若全集·考古编》第六册,第 275-316 页,北京:科学出版社,2002 年。

之形,写成象形字就是"备(備)",写成形声字就是"箙"。"备于大左"即"服于大左",也就是"担任大左之职"。"大左"见于甲骨文,前年我写了一篇文章①,讨论过这个问题,《合集》36492+36969+《怀特》1901:"辛亥卜,在攸贞:大左族又擒,不擒?"这条是征夷方的卜辞,在商纣王十一年,"攸"就是"条",是山东的一个地名,也就是《左传》中封的殷民六族中的"条氏"之"条"。"族"是军队的一个编制,西周时期是兵农不分的,当时的每一个家庭都有一个族属的编制,也就是在"乡"和"遂"里面,宗周有六乡,每乡出一军,就是"六军","六军"在金文中称为"六师",每一个乡的负责人就是一个卿。在商代或者是西周的时候,常常是以"三军"出征,把"三军"分成右、中、左,中军最高,右军为上,左军为下,甲骨文中有"王作三师:右、中、左"。因为是以族人形式出征的,所以在"三军"之下,每每有若干个族。不仅中国是这样,外国也是如此,比如希腊就是以家庭或者家族为作战单位,所以卜辞中的"大左族"是一路军队,"备于大左"也是一路军队,"大左"也就是"太左",是左军之副,也就是左军的后备军。当然这只是一种推测,并没有文献依据。"官嗣丰还左又(右)师氏"解释了"大左"在这个时期所管的主要内容,"官"读为"管",与"嗣"相同,都是"管理"的意思。"丰"字在金文中有不同的写法,之所以认为"丰"也是

---

① 李学勤:《帝辛征夷方卜辞的扩大》,载《通向文明之路》,第 70-78 页,北京:商务印书馆,2010 年。

"丰",是因为金文中有通用的情况,如果把中间的部分写作点,那就是王国维先生所说的"豊"字了①,"豊"和"丰"在字形上是不相混的,此铭中"丰"就是"丰镐"之"丰"。"还"字,北大的李家浩先生写过一篇很好的文章②,李家浩先生读"还"为"县"。作为行政的"县",在西周时期就有了,西周金文中的"郑还"和"丰还"就是"郑县"和"丰县",不论是"郑"还是"丰"都是很大的地方,所以当时所谓的"县"是很大的地方。到了战国时期,"县"有很多种写法,有写作"还"的,也有写作"睘"的。"师氏"也是一种编制,是一种子弟兵,从金文和文献来看,西周王朝的武装力量有好几种,一种是按照一定的征调制度,从"六乡""六遂"中动员出来的人,这些人就组成了"六师"的基本队伍,是义务兵。除此之外,自"王"以下的一些贵族、官员的子弟,也包括外面诸侯的子弟来宗周上学的所组成的学生兵,学生兵会起到很大的作用。"师氏"也就是这一类的兵,"师氏"本来是"师",是管教学的,但在教学的过程中会培养一些特殊的学生,这些学生不仅学文,同时还要学射、御,所以这类人是具有武装成分的,这些人一旦被调动起来,就会变成精锐的部队。"师氏"是分"左"和"右"的,所以"丰还左右师氏"就是"丰县的左右师氏",也就是丰县的子弟兵。还有一种

---

① 王国维:《说珏朋》,载《观堂集林》,第160-163页,北京:中华书局,1959年。
② 李家浩:《先秦文字中的"县"》,载《著名中年语言学家自选集·李家浩卷》,第15-34页,合肥:安徽教育出版社,2002年。

兵,是类似禁卫军之类的,这些禁卫军中往往包括一些少数民族的人,也归"师氏"管辖,大家有兴趣可以去看一下《周礼》的"师氏"部分。"师旗"的职位是"大左",所管辖的是丰县的左右师氏,所以"师旗"是一个将军。

④ "易(锡)女(汝)赤市、冋黄、丽毁,敬夙(夙)夕,用事"一句,对于西周时期赏赐的一些东西,现在为止还有很多弄不清楚,这里的东西就是如此,有些东西我们只能做一些推测。"市"是"蔽膝","赤市"就是"红色的蔽膝"。"冋黄"就不太明白了,"黄"就是"横",是"市"上的玉饰。"冋"字,现在还不知道是什么意思,有些人把"冋"写成"䌹","䌹"在《诗经》中作"褧",是一种单衣,在此句中"冋"应该指一种颜色,所以不能读为"䌹"。目前为止最合理是郭沫若先生的说法①,郭先生认为"冋"字可以写成"絧""黄"或"䌹",是一种枲麻,这种麻晾干后是褐色的,所以"冋黄"是一种褐色的玉。这篇铭文中的"丽(麗)"字是非常清楚的,大家可以看一下这个字的结构,上面的"鹿"是象形的,有两个角,但这两个角并不像梅花鹿的角,而是像鹿茸那样的角,这种角特别像商代花纹中的平行角。今天我们简写的"丽"字,实际上就是这两个角,但这不合乎文字规律。"毁"是从"易"的,但和此铭中的"易"并不太一样,这个字郭沫若先生就谈到过,郭先生在

---

① 郭沫若:《两周金文辞大系图录考释》,第68页,上海:上海书店出版社,1999年。

二十世纪五十年代的时候写了一篇关于德方鼎的文章①,讨论中国文字的简化。郭先生认为"易"和"益"是一个字,这是不对的,这点从音理以及各方面说都不合适,而且"易"和"益"在甲骨文和金文中都不同。这是我们后辈从后来的材料上看出来的,除了这一点以外,郭先生该文中的其他观点都是对的。我认为"毁"应该读为"裼","裼"见于礼书,是一种罩在裘衣外面的单衣。"丽"有两种理解:一种是训为"美",但这个训诂比较晚;还有一种理解就是训为"双","丽裼"是一种双层的单衣。这只是一种想法,供大家参考。以前我们讲金文的时候,类似这些器物的东西,我们讲得都比较少,因为确实有些东西我们没法说通。

这里我要说一点,最近有些论文从文字的象形上做出一些推论,看着这个字像什么,就推论这个字是什么,这种做法是不太行的。饶宗颐先生认为什么都敢说,但就是不敢说文字的第一义,就是文字在造字的时候究竟是怎么回事,因为造字的时候离我们能看到的材料太远了,我们今天能够见到的文字也不过是商代后期以下,至于说造字的时候究竟如何,实在是不好说。我觉得饶先生的这个话值得我在这里再三地介绍给大家,我们在研究的时候,不要总想文字的第一义,不能说看到这个字像什么,就说这个字是什么,这种讲法是不行的。所以我们还是固守本分,我们所讲的文字是已经发展了很长时间之后的文字,文字的本义我们有时很难揣测。

---

① 郭沫若:《由周初四德器的考释谈到殷代已在进行文字简化》,载《郭沫若全集·考古编》第六册,第216-228页,北京:科学出版社,2002年。

五年师旋簋

五年师旋簋（见图 12、图 13、图 14、图 15、图 16、图 17、图 18、图 19）和元年师旋簋书写风格不一样，这是因为二者并非同一书手所写，元年师旋簋的风格更能代表西周中期的普遍书风。从这里我们也可以体会到，不能够单从书写风格去判断一些事情，而且一定是一个元年和一个五年连着的，这在历法上都对。

图 12　五年师旋簋一

图 13　五年师旋簋二

图 14　五年师旋簋三

图 15　五年师旋簋一盖铭拓本

图16　五年师旋簋一器铭拓本　　图17　五年师旋簋二盖铭拓本

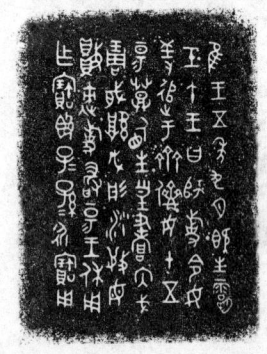 

图18　五年师旋簋二器铭拓本　　图19　五年师旋簋三器铭拓本

五年师旋簋释文：

隹（惟）王五年九月既生霸

壬午①，王曰："师旋，令（命）女（汝）

羞追于齐②，侪女（汝）十五

易登盾：生皇、画内；戈：

琱戚、厹必、彤緌，敬毋

败速③。"旋敢易王休，用

乍（作）宝殷，子＝（子子）孙＝（孙孙）永宝用。

①"隹(惟)王五年九月既生霸壬午"一句,此处的"五年九月既生霸壬午"与元年师旋簋的历日相配合,按照孝王时代来推算正合适,所以此处的"王"是"孝王"。

②"师旋,令(命)女(汝)羞追于齐"一句,这是"王"给"师旋"的一道命令,这种命令在金文中见过若干例,类似于这种情况就没有右者、立中廷等一些仪式,实际上"王"不一定就是对"师旋"说的,这只是一道命令,可能是写在竹简上,派人给"师旋"送去的。"羞"训为"进",在古书中"羞"训为"进",一般指"进献",特别是"食物的进献",后来"被进献的东西"也常常叫做"羞",如果献的东西特别好,就变成了"珍馐"。"羞追于齐"就是"进追于齐",这是说原来不在齐,而到齐地去追,类似的句子在西周的战争铭文中常常会找到,例如厉王时代的多友鼎:"惟十月,用玁狁方兴,广伐京师,告追于王,命武公遣乃元士羞追于京师。""用"训为"因",也就是"因为"。"方"训为"大","兴"训为"起","方兴"即"大起"。玁狁是当时西北的少数民族,王国维先生对此有过讨论。①"广"训为"大","京师"是西周故都,也就是公刘所居之彬县,彬县在宗周西北,所以玁狁是从西北来的。后面的句子都没有重文号,但都应该重读一下,也就是"京师告追于王",之所以要用"追",是因为当时的军队来往飘忽,特别是玁

---

① 王国维:《鬼方昆夷玁狁考》,载《观堂集林》,第583-606页,北京:中华书局,1959年。

狁，玁狁是带有游牧性质的民族。下一句应理解为“王命武公遣乃元士羞追于京师”，“武公”的“武”是周人的一个族氏，而非谥法，春秋时还有“武氏子来求赙”，“羞追于京师”的格式与“羞追于齐”相似。除此之外还有不𡢁簋，不𡢁簋铭云：“惟九月初吉戊申，伯氏曰：‘不𡢁，驭方玁狁广伐西俞，王命我羞追于西。’”“伯氏”是尊称，何尊中有“公氏”，有人认为此处的“伯”就是虢季子白盘中的“白”，我们还不敢肯定，但应该是朝中的六卿之一。“俞”读为“隅”，“西俞”即“西隅”。“驭方”就是“朔方”，也就是“北方”。“羞追于西”的“西”并不是“西方”，而是汉时的“西县”，就是今天甘肃的礼县、清水一带，在天水西南发现的秦公簋中还刻着“西”。这里都用了“羞追”，而“羞追”的下面都是一个具体的地名，所以“羞追于齐”的“齐”也是如此，指的就是齐国的都城。在周孝王时，齐国的都城还在营丘，到了周夷王之时，齐都才迁到薄姑。

③“侪女（汝）十五昜登盾：生皇、画内；戈：琱胾、㱃必、彤𠩺，敬毋败速”一句，“侪”读为“赍”[①]，《说文》“赍，持遣也”，就是给某人东西，目的是让某人走。麦尊“侪用王车马：金勒，冂衣、市、舄”，麦尊是讲“邢侯”去朝见，“邢侯”是“周公”之后，“王”举行了射礼，并给了“邢侯”很丰厚的赏赐，然后用“王”乘的车马送“邢侯”走，“王”所乘车马的特点是有“金

① 李学勤：《谈叔夨方鼎及其他》，载《中国古代文明研究》，第106-112页，上海：华东师范大学出版社，2009年。

勒"。山西晋侯墓地最后发掘的113号墓中出了一个叔夨方鼎,关于这件鼎我过去写过文章[1],认为这个"叔夨"很可能就是唐叔虞。叔夨方鼎有"侪叔夨曰仌衣车马,贝卅朋",此处的"侪"也是"持遣",因为是送"叔夨"去打仗的。"十五昜登盾"的"昜"是盾牌中间的铜饰,也就是铜泡。"登盾"是一种盾牌的名称,这个盾牌很大,有十五个铜泡镶在上面。"生皇、画内"也是形容"登盾"的,"生"读为"青",也就是"青色","青"字从丹,生声,平顶山墓地中有一个"青公",还有一个"生姜",实际上"生姜"就是"青姜"。"皇"的本义是有羽毛的帽子,这种帽子印第安人也有,此处的"青皇"是盾牌上插有青色羽毛的装饰。中国古人是一手执戈,一手执盾的,希腊人用剑和盾,可见盾是非常重要的,所以后来外国人做标志的时候,大都做成盾牌的样子。"画内"是在盾牌的另一面有彩绘,器物上有彩绘是很正常的,但是出土之后常常就看不到了,到了秦汉的时候用的漆比较厚,所以有的还能看到。彩绘在商周时期比大家想象的要普遍,这一点《尚书·皋陶谟》里面就讲得很清楚,在衣服上就画有花纹。"戜"指"戈内","瑂戜"就是"戈内上有雕花"。"必"读为"柲",指"戈柄","歑"与"厚"有一定的关系,所以可读为"厚",是"粗厚"的意思。郭沫若先生读"歑"为"芦"[2],戈柄是用竹子

---

[1] 李学勤:《叔虞方鼎试证》,载《中国古代文明研究》,第150-153页,上海:华东师范大学出版社,2009年。
[2] 郭沫若:《戈瑂戜歑必彤沙说》,载《殷周青铜器铭文研究》,第171-185页,北京:科学出版社,1961年。

捆起来做的,郭先生的这个读法后来有出土的实物可以证明,所以大家觉得很有道理,但是从文字的角度上把"歔"读为"芦"还是有些困难的。"屡"读为"緌",指戈上面的缨子,"彤屡"也就是"红缨子"。"速"是从"束"声的,可读为"觫","敬毋败速"义为"要小心,不要打败仗"。

五年师旋簋的铭文是和元年相结合的,元年的时候任命"师旋""备于大左",这是刚开始率领军队,到了五年的时候,就开始打仗。大家要注意一个问题,就是"师旋"率军打的是一场什么仗?很奇怪的就是铭文中并没有说打的是谁,由"羞追于齐"可知,这场仗是在齐国打的,没有什么夷人或戎狄很容易就能打到这里来,这究竟是怎么回事呢?齐国一直就是很强的,《左传》里讲"五侯九伯,女实征之,以夹辅周室",也就是说齐国是周王朝的一个拳头,需要的时候就会动员齐国的军队,这一点在战争铭文中也可以看到,如史密簋和引簋。

史密簋

史密簋(见图20、图21),1986年出土于陕西安康,为周孝王时器。

史密簋释文:

隹(惟)十又二月,王令(命)师俗、史密
曰:"东征"①。遒南尸(夷)卢、虎会杞
尸(夷)、舟尸(夷),雚,不悊,广伐东或(国)②。
齐自(师)族徒、遂人乃执啚宽

图 20　史密簋　　　　图 21　史密簋拓本

亚③。师俗率齐自（师）遂人左□
伐长必④；史密右率族人、釐
白（伯）、僰眉周，伐长必，隻百人⑤，敢
对乳（扬）天子休，用乍（作）朕文考
乙白（伯）隣毁，子=（子子）孙=（孙孙）其永宝用。

①"隹（惟）十又二月，王令（命）师俗、史密曰：
'东征'"一句，这里有两个人，一个是"师俗"，一个"史密"，"师俗"是一个武将，"史密"是一个史官。这个问题是很值得注意的，过去有些学者，包括胡厚宣先生在内都注意到甲骨文中有些"史"常常会带兵出征。①这里也是如此，"史密"是一个史官，但是他确实也带兵打仗。《周礼》中记载，凡是有大的战事的时候，史官都要抱着式盘随军队出征，这种史官相当于军师，中国自古

---

① 胡厚宣：《殷代的史为武官说》，载《全国商史学术讨论会论文集》，第183-195页，1985年。

以来在打仗的时候多会有军师一类的人,比如姜太公、诸葛亮、刘伯温等,他们看似文人,但是同样会带兵打仗,此处的"史密"也是如此,这是中国自古以来的一个传统。

②"佮南尸(夷)卢、虎会杞尸(夷)、舟尸(夷),雚,不悊,广伐东或(国)"一句,"佮"是"会"的古文,这里用了两个"会"但写法不同,"佮"相当于"值",义为"正值",也就是"正碰上"。"南夷"主要指淮水一带的夷人,"卢"和"虎"是两种南夷,这两个地名都见于《左传》和《国语》,"卢"就是江西的卢陵,"虎"就是《左传》中的"夷虎",在今安徽、江西一带。"虎"下之"会"义为"合",因为意思不一样,所以"会"字用了两种写法。"杞"就是杞国,是夏禹之后,"杞"为什么是"夷"呢?这一点《左传》中讲得很清楚,"杞"是用夷俗的。"舟"就是"州","舟尸"也就是"州夷"。"杞"在山东新泰附近,"州"离得也不远,所以这次战争是内外勾结的,是南方的"卢"和"虎"勾结了山东的"杞"和"州"。"雚"读为"谨",义为"乱"。"悊"即"慎","不慎"也就是"不敬"。

③"齐𠂤(师)族徒、遂人乃执啚宽亚"一句,"齐𠂤"就是"齐",与"京𠂤""洛𠂤"一样,都是地名,而不是"齐国军队"的意思。"徒"训为"众","族徒"指乡里的人,和"遂人"相对而言,"遂人"也就是乡外的人,《书·费誓》中有"三郊三遂"。"执"训为"守","啚"即"鄙","执鄙"义为"守卫边界"。"宽"训为"远","亚"读为"恶","宽恶"即"驱走恶人"。

④"师俗率齐自（师）遂人左□伐长必"一句，"齐自遂人"就是"齐自这个地方的遂人"，"左"是"作为左军"的意思。"左"下缺一字，我过去补为"周"①，现在看来是不对的。

⑤"史密右率族人、釐白（伯）、僰眉周，伐长必，隻百人"一句，"族人"就是上文的"族徒"，实际上也是"齐自"的族人，因为上文有"齐自"，所以这里就省略了。"釐"就是"莱"，在山东黄县，也就是今天的山东龙口，"釐白"就是"莱伯"。"僰"即"偪"，也就是妘姓之偪阳，在今山东枣庄。"眉"字，近些年有人读为"殿"，是军队之后，也就是"后军"，前军曰启，后军曰殿。从这里可以看出"齐师"在周王室的直接统治之下，这与师旋簋中的"羞追于齐"是有关系的。

---

① 李学勤：《史密簋铭所记西周重要史实考》，《中国社会科学院研究生院学报》1991年第2期。

· 2010年下半年第五次课 ·

引簋

上次我们讲了元年师旋簋和五年师旋簋,这两件铜器在西周中期的铜器中是比较特别的,之所以特别是因为这两件青铜器所反映出的历史事实比较特殊。

西周中期的历史我们知道得很少,穆王以后,西周中期的历史就没有什么太多的记载了,我们所能知道的事情就非常之少了。从现在的西周青铜器的研究来看,西周中期的时间并不是很长。如果我们承认《史记》中所记载的穆王在位五十五年,那么西周中期的时间就会被压得很短。研究西周年代学的学者总是想把穆王在位的年数压得短一些,这样做最主要的目的就是希望把西周中期的年数变得更长一些。但是根据近年西周青铜器排谱的研究,我们发现恭王在位是有二十几年的。这一点不管是在文献上还是在青铜器上都是没有问题的,所以恭王在位的年数一定是超过二十年的,这也就是说下面的懿、孝、夷三代王在位的年数一定是非常短的,按照夏商周断代工程的研究,这三代王加在一起也不过二十九年。大家可能觉得这个时间太短了,所以很多人都希望把夷王在位的时间加长,因为西周晚期有很多长年的青铜器。这些长年的青铜器只能放在厉王或者宣王，因为幽王在位十一年是固定的，幽王如果动了，那整个年表就不能成立了，宣王也是不能动的，共和也是固定的，所以西周晚期能动的也就只有厉王了。所以要么缩短厉王，要么加长夷王，这样做的目的是把那些在历法上难以排进同一个王世的青铜器，放在夷、厉、宣三个王之内，但这样的做法后来证明都是失败的。我们现在能够证明的厉王时代的某些青铜器是可以和西周中期的青铜器挂起来的，特别是可以和恭王时代的青铜器相联系。比如"史墙"一家的铜器，"史墙"家族中的最后一代，也就是"癲"这一代的铜器一定可以排到厉王十三年，这一点是不能动的，如果是这样，那么就可以证明懿、孝、夷这三代王在位的时间是非常短的，因为"墙"这个人在恭王的时候已经在世了。"癲"是"墙"的儿子，一直到厉王，也就是说"癲"一生经历了懿、孝、夷三代王，所以懿、孝、夷在位的时间肯定是很短的，因此很多人采取了压缩懿、孝、夷在位时间的办法，夏商周断代工程就把这三代王的时间压缩在二十几年。这样做还是有一些道理的，因为孝王和恭王是同辈的，所以懿、孝、夷这三代王实际上是两世，而不是三世。而且夷王是有病的，身体并不好，据《史记》记载，夷王患病，全国的诸侯都来为他祈祷，这样看来夷王在位的时间可能就不会太长了。如果前面三代王的时间被压缩了，那么厉王的时间就一定会长。在历史上，如果前面王的时间短，那么后面的王的时间就会长；反之，如果前面王的时间长，那么后面的王的时间就一定会短。就好像今天的英国女王，她在位那么长时间，他的儿子已经是老头了，等他儿子继位之后，在位时间也不会很长。

可是不管怎么说，西周中期涉及了好几代周王，但我们现在所知道的这几代王的事情极其有限。大家知道，《国语》中曾经提到了"周恭王灭密"的故事，文献上关于恭王的记载也就是这些了，懿、孝就更没有什么记载了，所以我们希望由金文来补充西周中期的材料。因此孝王时代的师旋簋中所讲的"羞追于齐"，就变成了一个很大的事情，但"羞追于齐"这个事情比较奇怪，因为在当时的情况下，很少有戎狄能够侵入齐国境内，这究竟是怎么回事，还需要特别讨论。

这一次要给大家讲一下山东高青陈庄的最新发现——引簋。高青陈庄是去年的重大考古发现之一。我对山东应该算是很熟的，但是我也没有去过高青这个地方，高青在临淄的西北，我们在高青发现了西周早期到中期的一个城址。

山东的考古是非常发达的，应该说在科学考古以前，山东地区的文物考古发现就已经有很多了。山东这一带应该算是最广义的中原地区了，这个地区是很重要的，所以为大家所重视，而且学者、文人辈出。山东的考古有很多的文献记载，比如王献唐先生对山东考古的贡献就非常之大，后来齐鲁大学还有很多的外国学者，在这方面也做了很多工作。

山东地区春秋、战国以前的东西的发现还是很有限的，特别是西周，几乎没有什么值得注意的大型遗址，尤其是齐国这一带。当然，我说的主要是齐国的地域，而不是曲阜地区。西周时期的齐国从考古学上来看是空白的，我们所能知道的也非常少。很多国家的西周城址都是有的，比如河南浚县卫国的墓葬群，北京琉璃河发现的燕国墓葬群及城址。琉璃河遗址的时代一直到了西周初，墓葬也是到了西周初，所以燕国早期就在北京的琉璃河，这是不成问题的。我建议大家还是去看一看琉璃河的西周燕都遗址博物馆，那个博物馆还是不错的，实际上琉璃河黄土坡村从火车上往下看就能看得到。晋国就是晋侯墓地，也就是山西曲沃北赵，另外还有河南平顶山的应国墓地。鲁国虽然没有发现大的墓地，但是鲁国的曲阜故城是存在的，曲阜故城中也包括一些西周的文化遗迹，这样看起来各国都有一些材料。但齐国却没有什么很中心的材料，现在所知道的齐国的材料，更多的是在齐国的边远地区，比如济阳的刘台子出土的西周青铜器，而且有铭文。但这些离齐国的都城太远了，所以真正属于齐国中心地区的遗址和墓葬是很有限的。大家要知道，齐国是大国，周王朝最主要的就是姬、姜二姓，姬姓之首是王朝，而姜姓之首就是齐国，结果这么重要的一个国家，从考古上我们找不到什么材料，这是很可惜的。因此，高青城址的发现，自然就引起了大家非常大的注意。

有一点需要说明，就是高青的这个城址太小，单边只有180米，有人认为高青的城址就是营丘，但营丘如果是这样就太小了。可是这还是比登封王城岗也就是夏禹的阳城要大一些，阳城的单边只有100米，我常常说单边100米就相当于一个400米跑道所围绕出来的面积。当然刚发现的时候是阳城的小城，后来还发现了一个阳城的大城，这就不足为奇了。但是高青的城址单边只有180米，这也太小了，绝对不够营丘的规模，可高青陈庄确实发现了一个西周早期的祭祀遗址。这个祭祀的遗址是非常特别的，在遗址的中心有一个圆形的东西，外面是四方形的，最外面再套一个圆形，这是很罕见的。这个台子具体的建造时间，还需要进一步研究，但不论如何，这是一个西周早中期的东西，而且是很特殊的，所以高青的这个城址并不普通。结合这个城址，还发现了一个墓葬群，该墓葬群不是很有规则，但还是非常重要的，墓葬群的时代是从西周早期一直到西周中期，和城址的时代是相结合的。当时山东考古所的所长郑同修让我去高青，可是由于我工作很忙，就没有去成，后来非常幸运的是他们把铜器拿到了济南，我在济南看到了这批铜器。

高青陈庄遗址有两个墓葬群出土了比较重要的青铜器。我们主要讲的是出引簋的这个墓，但是另外一个墓，也就是 M18，也需要给大家介绍一下。实际上最引起大家重视的是 M18，这个墓也不大，但是这个墓中所出的铜器，多数都有"齐公"的字样。大家能够看到的材料主要有两件，这两件铭文并不一样，但是这两件又确实相关，所以大家在引用的时候很容易混淆不清。关于这个问题，我写了一篇小稿子①，印在《中国文字博物馆》2010 年第 1 期。

相关的报道中说 M18 里出了鼎、簋、卣、觥、甗、盉、爵等，其中簋、觥、甗、卣等器物上皆有铭文，且清晰可辨。这些青铜器我都看过了，时代是非常清楚的，就是相当于周原"史墙"家族窖藏中"折"的那一代，这批器物和"折"的器物基本上是一样的，各方面的特点都是相一致的，所以这个墓葬所出铜器的时代，从类型上来看应该是非常清楚的，一定是昭王前后的青铜器。这些器物上大都有铭文，作器者是"丰"，大致上都是说"丰启作厥祖甲齐公宝尊彝"，有些则有不同，比如说把"厥祖甲"写作"文祖甲"。现在学者之间有一个争论就是作器者的名字究竟叫什么，有的学者认为作者叫"丰启"。我个人不同意这个说法②，因为在这个时期的金文里面，有"启"的例子是很多的，比如说《集成》的 2201、5988、9889。对照之后就会发现，作器者都是"启"前

---

① 李学勤：《论高青陈庄器铭"文祖甲齐公"》，载《三代文明研究》，第 97-100 页，北京：商务印书馆，2011 年。
② 李学勤：《论高青陈庄器铭"文祖甲齐公"》，载《三代文明研究》，第 97-100 页，北京：商务印书馆，2011 年。

面的那个字,所以"启"字都应该读为"肇",训为"始",在金文中,"某人肇作某某"的情况是非常多的,这里也是一样,所以作者只能是"丰"。为什么大家总想读为"丰启"呢?因为塱方鼎中有"丰伯尃古",所以大家认为这个地点就是塱方鼎中的"丰",但如果只是一个人的名字,就不可能是一个地名或者国名。我特别希望大家注意这一点,因为搞甲骨文的人很希望把人名和地名联系起来,这是不对的,中国古人从来都没有这个制度,春秋里面叫"鲁""邓""宋"的人有很多,但这些人和鲁、邓、宋这三个国家有什么关系吗?实际上一点关系都没有。对照这些例子,大家就会发现这个说法是不对的。M18 中的主要的格式就是"丰启作厥祖甲齐公宝尊彝",这一点非常重要,在陈庄的青铜器发现之后,有的学者就已经指出,凡是周代讲到"某公",如果"公"上面是一个诸侯国的名称,那么"某公"一般指的是该诸侯国的始封君,这是非常正确的。比如"鲁公"指的就是"伯禽","应公"指的就是"武王"的儿子,也就是第一代应侯,当然我们不知道第一代应侯究竟叫什么,这种情况在金文中是屡见不鲜的,所以这里面的"齐公"一定指的就是"姜太公"。大家认为这是在古文字中第一次见到"姜太公",非常高兴,并且把它当作了一个重要发现。实际上并不是这样的,至少清华简比这个发现要早,清华简中的"吕上父"就是"姜太公",师觥鼎中的"公上父",指的也是"姜太公"。

陈庄的器主"丰"管"姜太公"叫"祖甲齐公",这个特别重要,过去青铜器中见过好多次人名或谥法与日名同见的例子,这样的例子每每都出现在诸侯一级。应国和吴国的铜器里面都有这样的例子,燕国铜器中有"召伯父辛",吴国的宜侯夨簋中是"虞公父丁",这个是很不好讲的,特别是"召伯父辛"。我过去曾有一个想法，就是把"召伯父辛"分成"召伯"和"父辛"来讲①，这个说法在陈庄的这件东西出土之后被证明是错的。《史记》的"世家"中，第一个是《吴太伯世家》，然后是《齐太公世家》和《鲁周公世家》，还有《燕召公世家》。这几个主要的"世家"里面，除了《鲁周公世家》之外，其他几个世家的第一代都是有日名的，这说明了一个很重要的问题，就是周朝也是有日名的。前些日子在平顶山发现的西周晚期的应公鼎上有"珷帝日丁"，应国是武王的后代，应国的第一代国君是武王的儿子，所以周武王也是有日名的。"珷"有时候可以读为"武"，也有时候可以读为"武王"，但是在这里应该读为"武"，因为后面有"帝"字，可是不管怎么读，指的就是"武王"。"珷帝日丁"的结构就和商代的"文武帝乙"是一样的，这就说明从商代晚期到西周日名都是存在的，而且日名和谥法是同时的，这里说的是周王和重要的诸侯这个范围，在社会上日名流行的时间要更长。谥法的起源是很早的，"成汤"的"成"在一定意义上就等于一个谥法，当然像"盘庚"的"盘"以及"阳甲"的"阳"就不太知道是什么意思了，可是从"武丁"开始往后，比如"康丁""武乙""文丁""文武帝乙"等，"成""康""文""武"都是谥法，这一点是没有什么问题的。如果大家对这个问题感兴趣，我推荐我国台湾地区屈万里先生的一篇文章即《谥法滥觞于殷代论》②，就在屈万里先生文集里面，很容易找到，这篇文章写得非常好，当然屈先生那个年代的材料没有今天多，我们可

---

① 李学勤：《克罍克盉的几个问题》，载《第二届国际中国古文字学研讨会论文集》，香港：问学社，1993年。
② 屈万里：《谥法滥觞于殷代论》，载《历史语言研究所集刊》第十三本，第219-226页，1984年；又载《"中研院"历史语言研究所集刊论文类编·语言文字编·文字卷》，第703-710页，北京：中华书局，2009年。

以用今天所出的这些材料去证明屈先生的论点。"召伯父辛"指的就是"召公","召公"又叫"召伯",这一点《诗经》就已经告诉我们了。但是"召公"本人是有谥法的,叫"召康公",这个记载见于《左传》,是不会错的。周公也有谥法,叫"周文公",但是周公的日名叫什么我还不知道,将来也有可能发现周公的日名。齐国也是如此,姜太公又叫"祖甲齐公","祖甲"和"齐公"是不能分成两个的,因为"齐公"一定指第一代,上面不能再有他的父亲,如果再有一个父亲,就不合于祭祀的礼制了,所以"祖甲齐公"一定是一个人,那么据此推断"虞公父丁"和"召伯父辛"也应该是一个人了,所以我的说法就错了,要自我批判。我常常说我写文章是要检讨的,而且要经常检讨,这是学我们过去的老所长尹达先生,尹达先生在世的时候常自称"老检讨"。

为什么在讲引簋之前我们要讲这些呢?因为迄今为止高青所发现的最重要的就是两个墓,一个是出引簋的,一个就是M18,M18墓中所出的铜器告诉我们很重要的一件事情,就是器主"丰"是姜太公的孙子。按照古书来讲,齐太公是文王请来的,所以齐太公主要是文、武时人,到成王的时候已经去世了。因为在讲述成王去世时的文献,也就是《顾命》中,出现的是他的儿子"吕伋",所以姜太公应该是文、武、成时代的人。这并不稀奇,因为武王在位的时间很短,吕伋应该是在成王去世的时候就在,一直活到了康王初年。到了昭王的时候,应该是"乙公得",或者是"癸公慈母",但最可能的还是"乙公得",所以器主"丰"所处的时代应该与"乙公得"同时,这个是很容易推定的。我们可以猜想如下:

太公—丁公伋—乙公得—癸公慈母—哀公

至于"乙公得"是"丁公伋"的儿子,还是"太公"别子之子，那我们就不知道了。可是大家要注意一件事，就是如果我们相信古书，"丰"的墓在当地来讲就是最高级别的墓，因为齐国公室的墓并不在齐国。《礼记·檀弓上》说太公"封于营丘，比及五世，皆反葬于周"，也就是从"齐太公"往下五代全都回到周埋葬，这就说明了为什么在齐国找不到西周早期的齐国大墓。但是对于"比及五世，皆反葬于周"这个问题是有讨论的，比如顾炎武的《日知录》就怀疑过这个问题①，顾炎武是讲礼学的，所以他认为这个问题不太合礼制。按照当时的葬礼，去世几个月之后就应该下葬，可是这几个月之内能把这些尸体运送到千里之外的周下葬吗？但是顾炎武并不知道，古代的葬礼是多种多样的。但是为什么会有"五世皆反葬于周"这个事情呢？因为"齐太公"是周的太师，他常常在朝廷里做官，并不经常就国。按照古书记载来看，"丁公伋"也应该是在王朝做官的；至于"哀公"这个人，他被"夷王"烹杀了，所以最后也应该是埋在周的，他也没有回到齐国。由此至少能证明齐国有三代国君是埋在周的。不论怎么说，就我个人而言，我认为《礼记·檀弓上》的说法不能够轻易地否定。大家要知道，《礼记·檀弓上》的制作是在战国中期偏早，在战国中期偏早的时候，齐国还非常强盛，去造"比及五世，皆反葬于周"这个谣的可能性是很小的，这在当时也是很难做到的。

如果我们相信《礼记》的记载，那么"丰"的墓葬在当地就是非常重要的墓葬了。这一点是和理解陈庄墓地的性质有密切关系的。现在所发现的西周墓葬群，基本上有这么几种，一种就是所谓的公室墓葬。公室墓葬也有不同的类型，比如曲沃北赵的晋

---

① 顾炎武著，陈垣校注：《日知录校注》，第 328-329 页，合肥：安徽大学出版社，2007 年。

侯墓地，是诸侯和诸侯的夫人一个一个排起来的，虽然看起来不像我们想象的昭穆制那样清楚，但基本上是按照昭穆制度排下来的，他们的子孙都是在北面的那一块大墓地里面。根据族葬的制度，大墓中所埋葬的人应该跟晋侯有一定的血缘关系，或者是有功勋之人，也就是有一些特别的人可以从葬，就好像汉武帝的茂陵旁边就有霍去病的墓。前些时候挖出的那个陪葬坑出的是"阳信家"的东西，有人认为这是"阳信侯"，实际上这是不对的，因为一个小小的阳信侯怎么可能在武帝陵旁边呢，所以这个"阳信家"说的是武帝的大女儿阳信长公主。由此大家可以看到，武帝的旁边有重要的大臣、重要的功臣，但主要的还是与之有血缘关系的公室之人。我猜想陈庄墓地就属于这一类，因为当时的诸侯墓地并不在此，或许以后我们会发现《檀弓》的记载不对，那齐侯的墓也不会是在陈庄，因为陈庄这个地方并没有那么大的墓。

陈庄现在已经探出来的比较大的墓，主要有两个，其中的一个就是我们下面要讲的M35，M35的时代是西周中期偏晚，因为青铜器上有铭文，所以在青铜器的断代上会起到很好的作用。虽然青铜器不像陶器变化得那么快，但是在断代上，铜器还是更为准确，因为铜器上有铭文。M35是一个甲字形的大墓，在陈庄墓地中，已经探出来的只有两个甲字形大墓，M35是其中之一。引簋（见图1、图2）和上次我们讲的师旂簋的时代是一致的，M35中出土的引簋是一个方座直纹簋，释文见于《管子学刊》，上面有方辉和魏成敏的文章。[①]

[①] 方辉：《高青陈庄铜器铭文与城址性质考》，《管子学刊》2010年第3期；魏成敏：《陈庄西周城与齐国早期都城》，《管子学刊》2010年第3期。

图1 引簋　　　　　图2 引簋拓本

引簋释文：

隹（惟）正月壬申，王各（格）于

龏大（太）室①。王若曰②："引，余

既命女（汝）更乃旲祖嗣齐

自，余唯龠命女（汝），易（锡）女（汝）彤

一、彤百、马三（四）匹，敬乃御，毋

败散③。"引拜頴手，对扬

王休，同隣追，郢兵④，用乍（作）

幽公宝殷⑤，子＝（子子）孙＝（孙孙）宝用。

① "隹（惟）正月壬申，王各（格）于龏大（太）室"一句，"龏太室"就是"恭王"的太室，由此可知，这件器物早不到"恭王"，所以一定是"懿""孝""夷"时代的器物，而且"夷王"的可能性也不大。"恭"字作"龏"，这种写法也见于逨盘。

②"王若曰"一句,西周中期的器物用"王若曰"的已经不太多了,早期的多一些。"王若曰"也就是"王这样说",这是传命人的口吻,现在电视剧中读圣旨的时候,开头就是"奉天承运,皇帝诏曰",皇帝自己是不会这样说话的,这也是传命人的口吻,当然真正的圣旨也不一定会这样写,有些东西大家不要误认。

③"引,余既命女(汝)更乃旻觏嗣齐𠂤,余唯龘命女(汝),易(锡)女(汝)彤一、𢍆百、马三(四)匹,敬乃御,毋败散"一句,"引"是器主,"引"字作"𢎞",这个字最早引起人们注意是因为毛公鼎,过去大家都把这个字读为"弘",读为"引"是在马王堆帛书《周易》发表之后,因为《周易》中常常有"引吉",所以这个字应该是"引",这也就把甲骨文中所有的"引吉"都认出来了。现在很多古文字大多是通过新出的材料与传世文献对照释读出来的,如果没有新的材料,很多字是很难认出来的。新材料的重要性就在这里,这当然不是王国维先生说的新学问的发现,但是新观点的发现也往往需要新材料。"既"是"已经","更"训为"续",义为"继续"。"旻"即"祖",只是加了一个"又"字,这种写法在金文中很常见。"觏嗣"就是"嗣",义为"管理"①,"觏嗣齐𠂤"即"管理齐𠂤",师旋簋中也有"齐𠂤"。"龘"即"申",义为"重","申命"也就是"再命"。之所以要"再命",是因为没有履任,也就是上一次命了

---

① 整理者按:李学勤先生后认为"觏"即"总"字,义为"统领"。参看李学勤:《由沂水新出盂铭释金文"总"字》,载《夏商周文明研究》,第157-160页,北京:商务印书馆,2015年。

之后,被命人并没有真正履行这个职责,而且这个责任并不在被命人。如果责任在被命人,"王"就不会再让他干下去,比如我让你去买奎宁,结果你买了一大堆阿司匹林回来,那就不会再让你干下去,应该是我让你去买奎宁,结果没买来,我再让你去买。这不是"引"的责任,而是客观形势或原因造成的,所以才会有这样的现象。"弜"和"𢏃"见于宜侯矢簋,"弜"是"彤弓"的合文,"𢏃"是"彤矢"的合文,除了"弜"和"𢏃"之外,宜侯矢簋中还有"旅弓"和"旅矢","旅"读为"卢",义为"黑色"。"彤弓"和"彤矢"是涂了红色漆的"弓"和"箭","旅弓"和"旅矢"是涂了黑色漆的"弓"和"箭"。"彤弓"和"彤矢"的级别更高,数量要少于"旅弓"和"旅矢",所以宜侯矢簋中记载"弜一,𢏃百"以及"旅弓十,旅矢千",但对应关系是不变的,也就是一张弓配一百支箭。大家要知道,"弜一,𢏃百"是带有象征意义的,在周朝是很大的赏赐,级别是特别高的。这在《文侯之命》中就有,"文侯"指的是"晋文侯",所谓"晋文侯定天子",也就是杀掉了僭越的"携王",拥立"平王"为天子,于是"平王"就赏赐"晋文侯",所赏之物中就包括"彤弓一,彤矢百"。城濮之战之后,晋来献楚俘,即所谓的"践土之盟","王"所赏赐的东西中也有"彤弓一,彤矢百"。当然引簋中除了"弜"和"𢏃"之外,就只有"马四匹"了,但宜侯矢簋以及《文侯之命》中还赏赐了很多东西,包括土地、人民等。从这里的"弜"和"𢏃",就可以看出"引"的身份是很高的。"弜"和"𢏃"都不是真正去射箭用的,是一种代表身份的东西，带有品级性质，这种带有品级性质的制度与欧洲中世纪的封建制度是有相似之处的。由下文可知，赐给引"弨"和"彤"与"打仗"有关的。"御"训为"使"，义为"使命"，也就是"mission"。"骸"字不太好分析，但从"脊"是没有问题的，所以读为"绩"，"毋败骸"即"毋败绩"，也就是"不要打败仗"。我认为"骸"字的上半部分应该是"支"①，但"支"字的写法在古文字中不是很确定，并没有太好的例子，所以暂时隶定作"骸"，师旃簋中有"敬毋败速"。这就是"王"给"引"的命令，之所以没有"右者"和"立中廷"等话语，是因为"引"并没有和"王"见面，"王"格于恭太室，只是"王"在恭太室发布了命令，而后派人送达给"引"的。"王"所派的人应该是一个史官，不像汉朝之后传旨的多是太监，此时的"引"很可能就在"齐自"。

④"同隧追，郭兵"一句，"隧"是从"垂"的，《说文》中有"䙴"字，是一个歌部字，所以将"隧"读为"随"，这只是一种想法，还可以讨论。②"同"训为"合"，有"召集"之义，甲骨文中常有"廾众"和"廾人"，也是"召集众人"的意思，因为当时是兵农合一的，所以军队是要召集聚合的，当时有乡有遂，到了打仗的时候要到乡、遂去召集士兵。这种事我们当时不太明白，有一年我去澳大利亚，那里有一个人类学研究所，我在那

---

① 李学勤：《高青陈庄引簋及其历史背景》，载《三代文明研究》，第113-117页，北京：商务印书馆，2011年。
② 李学勤：《高青陈庄引簋及其历史背景》，载《三代文明研究》，第113-117页，北京：商务印书馆，2011年。

里看到了一个仿真的纪录片,就是让当地的土著按照他们的生活习惯来演,其中有一个内容就是讲述如何打仗。当地的土著分为几个族,其中的一个族长决定打仗,于是就派出使者拿着他的信物到其他族去,但是去了之后使节是不说话的,只是把信物往地上一插,之后周围人就议论起来了,也就知道该族长要做什么事了,然后这些人就按照一定的组织聚合起来,随着他去打仗了。比如一个家庭,到了该打仗的时候,就要派人出去打仗,《木兰辞》中就有"军书十二卷,卷卷有爷名,阿爷无大儿,木兰无长兄",所以花木兰就替父亲去打仗了。大家要知道,《木兰辞》所讲述的是北朝的事情,北朝还是带有一定的氏族的特征的,北朝很多的制度是和周代比较接近的。北周制定的《北周六典》就是根据《周礼》来的,后来的《大唐六典》就是仿照《北周六典》制定的,所以可以和周代进行比拟的一个是北朝,再有一个就是清朝。"罔"是"召集这些人",为什么"引"有权召集这些人呢?因为"引"是"龥齐自"的,这是"王"给的权力。"自"有两重含义,一个是"军队",还有一个是"人众",实际上在周朝的时候,"人众"和"军队"是一回事,因为当时是兵农合一的。聚集完人众之后,就是"随追",也就是"跟着就去打仗"了。"郛"读为"俘",义为"俘获","兵"指"兵器",西周金文中常有"俘戈"和"俘戎","戈"也是兵器,而且是当时最主要的兵器,"戎"指"战车"。从铭文的记述来看,这次战役赢得也不太厉害,只是俘获了一些兵器,所谓敌人弃甲曳兵而逃也就结束了,要是打了大胜仗,会说折首多少人,执讯多少人。"同随追"与不𣪘簋中的"戎大同从追汝"类似,"同"可以训为"随","同从追"就是"同随追",不𣪘簋是宣王时器,"不𣪘"就是秦庄公。

⑤ "用乍(作)幽公宝䵼"一句,"䵼"即"簋"。特别值得注意的是"幽公","幽"是一个谥法,但当时的"幽"不见得是个很坏的谥法,"幽"应该是从"幽王"之后开始变坏的,就像"桀"和"纣"一样,"桀"和"纣"本来都是好字,但从"夏桀""商纣"之后就变坏了,所以到春秋以后,谥为"幽""厉"就很不好,但在此之前却并不如此。有一点大家要注意,就是作器的时代不会晚于"齐哀公",所以"幽公"并不在上文所述的前几代齐国国君之列。我曾经考虑过"幽公"是否就是"癸公慈母",因为"癸公"在《世本》中作"庮公","庮"是从"酉"声的,"酉"和"幽"都是幽部字,但这里有一个问题,就是一个是影母字,一个是喻母字,二者在音韵上不通,这就会引起音韵学上的问题,所以我是不敢用这个说法的。现在还有一个说法大家在广泛使用,至少我知道刘师培曾提出过①,就是"嬴"和"偃"是同一个姓,这两个字就是一个影母,一个喻母,后来王力先生专门批评这个问题②,王了一先生认为影母和喻母是不能通的。但我在这里要说一下,这种情况是有例外的,比如楚国的"熊"是写作"酓"的,《诅楚文》中秦文字就写成"熊",而楚文字就写作"酓","熊"和"酓"就

---

① 刘师培:《偃姓即嬴姓说》,载《刘申叔遗书》,第 1252-1253 页,南京:江苏古籍出版社,1997 年。
② 王力:《同源字论》,《中国语文》1978 年第 1 期。

是一个影母,一个喻母。所以对于这个问题我还是有所保留,至于说这个问题究竟如何解决,还有待进一步研究。总之,"幽公"还是在齐的世系之外,而且就算是"幽"和"癸"可通,认为"幽公"是"癸公"也是不合适的,因为如果"引"是"癸公"的孙子,那"引"就是诸侯之后,"王"如果要让"引""嗣齐自",就会换一种说法。

讨论:"引"究竟担任何职,为什么死后会埋在高青陈庄?

《左传·僖公十二年》记载齐桓公去朝王,王对齐国进行赏赐,然后就以上卿之礼待管仲,管仲表示不敢受这样的大礼,因为"天子之二守国、高在"。这段话是非常有名的,杜预注云:"国子、高子,天子所命,为齐守臣,皆上卿也。""国、高"也就是"国子"和"高子",是天子所命的齐国上卿,也就是说诸侯国中有一部分最高级别的人物是由天子来任命的。这就好比现在的大学,大学的副校长是由学校来任命的,但校长是由教育部来任命的,甚至有的还需要国务院来批准,"国子""高子"就是如此。杨伯峻先生在《春秋左传注》中认为《礼记·王制》有"次国三卿,二卿命于天子,一卿命于君",齐侯爵为次国,二卿为天子所命,则国氏、高氏也。[①]按照《国语·齐语》中"公帅五乡焉,国子帅五乡焉,高子帅五乡焉"的记载,也就是一共十五个乡,"齐侯""国子""高子"各率五乡,这也就是齐国的三军,其中"齐君"所率为中军,"国子""高子"所率为左右两军,所以"国子""高

---

① 杨伯峻:《春秋左传注》,第341页,北京:中华书局,1990年。

子"不仅管理乡遂的土地，同时还管理军队。我们猜想"引"也应该是这一类的人，是天子所命之卿，历代都管理齐师，当然"引"的时代比"国""高"要早，"国""高"都是姜姓的公族，传说"国子"是齐文公之后，"高子"就不清楚了。

大家要知道，这时周天子和齐国之间发生了一件很大的事情，就是周王烹杀齐哀公，我认为引簋所述应与此事相关。齐国国君五世皆反葬于周，所以齐是和周王室最为亲厚的一个诸侯，可是到了齐国第五代国君齐哀公的时候，齐国的同姓邻国纪国的国君和齐侯发生了矛盾，于是纪侯就去周王那里"譖"齐哀公，结果周王就烹杀了齐哀公，并且立了哀公的弟弟"静"为齐君，是为齐胡公。哀公被杀之后，齐胡公在营丘就住不下去了，于是就迁都到了薄姑，结果营丘人去薄姑攻打齐胡公，并杀死了他，立了齐献公，这引起了齐国很长时间的内乱，所以齐国对纪国是有深仇大恨的。到了春秋初年的时候，在齐国的压力之下，纪侯"大去其国"，齐国就把纪国吞并了，这一点《春秋》是表示肯定的，特别是《公羊传》认为，齐国能复九世之仇，纪国是自取其辱。纪国在今天的山东寿光，寿光今天还有纪公台，清代的时候在纪公台下面出过一个纪公钟。

《史记集解》引徐广说烹齐哀公、迁都薄姑是在周夷王之时，但徐说是有问题的，应该说迁都薄姑在周夷王之时，因为在《公羊传》的徐彦疏中所引的是"懿王"，而非"夷王"。《公羊传·庄公四年》："哀公烹乎周，纪侯譖之。"何休注"懿始受譖而烹齐哀公"，所以烹杀齐哀公应该发生在懿王之时。懿王杀哀公，干预齐国内政，而后孝王继续其事，所以把引簋放在孝王还是很合理的。

· 2010年下半年第六次课 ·

㝬簋、五祀㝬钟

㝬簋

上次我们讲了引簋，引簋大抵是懿、孝之间的器物，西周中期的铜器因为没有具体的文献相对照，所以不能把器物的时代卡得很准。现在有一些能够分清王世的青铜器，主要是根据历法来判定的，但历法本身还存在一些问题，所以我们对这些问题不要太认真。关于历法的问题，将来一定还会有一些新的讨论，也一定会有一些新的调整，所以我建议同学们学习青铜器、学习金文的时候，基本上能分清大的时期就可以了，不一定非要把王世扣得太死。但这次我们要讲的㝬簋的王世是非常准的，因为㝬簋是周厉王的自作器，这一点是没有问题的，虽然有些学者有不同的意见，但这些怀疑是不能成立的。

"㝬"在金文中读为"胡"，这一点是唐兰先生指出的[①]，唐兰先生一生都在研究金文，有许多重要的贡献。对于"㝬"的青铜器的认识，是唐先生最重要的贡献之一，还有一个就是西周铜器中的"康宫"问题。厉王的名字在文献中作"胡"，在铭文中作"㝬"，

[①] 唐兰：《周王㝬钟考》，载《唐兰全集》第二册，第470-479页，上海：上海古籍出版社，2015年。

目前发现的厉王自作器,除了㝬簋之外,还有五祀㝬钟和宗周宝钟。宗周宝钟是特别著名的一件青铜器,过去藏在故宫,现存我国台湾地区,㝬簋、五祀㝬钟都是后来发现的,我们先从㝬簋讲起,然后再讲五祀㝬钟和宗周宝钟。

最近几个学期我们一直在讲金文,但讲周王自己的青铜器是很少的,现存的周王自作器并不多,当然有"王作"字样的青铜器已经发现了若干件。比如在扶风发现的王盂,但王盂只剩下一个底座,可这个底座也是非常大的,所以这个盂也一定很大,应该像铜缸一样,可是一般的有"王作"字样的青铜器,铭文大都是很短的。东周诸王的青铜器现在也有发现的,但这些铜器更不成样子,大概是因为到了东周,王室已经衰微了。现在我们能够见到的有长篇铭文且属于周王的青铜器,也就是周厉王的㝬簋、五祀㝬钟和宗周宝钟,这几件东西非常重要,所以我们要把这几件器物着重地介绍一下,希望大家能够特别注意。五祀㝬钟是厉王五年的器物,㝬簋是厉王十二年的器物,但是五祀㝬钟的铭文是残的,而且㝬簋的铭文比较好讲,所以我们从㝬簋讲起。

㝬簋是1978年在陕西扶风北面的齐村修路时发现的,当时拖拉机在铲路,推了一段时间,突然就碰到了一个硬的东西,于是就停住了,之后大家就挖出了这个簋。

1978年的时候,"文化大革命"刚刚结束,因为当时要举办出国文物展览,所以㝬簋在发现之后,很快就运到了北京,放在了故宫的武英殿。刚运到不久,我就去看了这件铜器,当时的库房非常黑,我就拿着手电筒趴在簋上看,看过之后就发现这件簋的铸造很不精良,范都是来回错动的,但宗周宝钟的做工却非常精细,与㝬簋的做工有很大反差。㝬簋铭文有124字,拓本见于《集成》4317,由于算法不同,《集成》认为有122字。

这里我要特别说明一下，1978年㝬簋（见图1、图2）出土之后，当时国家文物局就请张政烺先生写了一篇文章①，就是《周厉王胡簋释文》，后来张先生就把这篇文章提供给了古文字研究会，发表在中华书局出的《古文字研究》的第三辑。张政烺先生过世之后，我们出版了张先生的《文史论集》，《文史论集》中也收了这篇文章，大家很容易找到。这篇文章是张先生金文著作中最好的一篇，其中有很多创见，隔了几十年后，今天再来读张先生的《周厉王胡簋释文》，我们觉得能够补充的地方并不多，甚至可以说非常少，所以我们今天给大家做的这篇铭文的解释，基本上就是采用张先生的《周厉王胡簋释文》，虽然个别地方有改动，但改动并不大，与此同时，我们也借这个机会来纪念一下张先生。

图1 㝬簋

图2 㝬簋拓本

㝬簋释文：
王曰①："有余隹小子②，余亡康昼
夜，坙雝先王，用配皇天，簧

---

① 张政烺：《周厉王胡簋释文》，载《张政烺文史论集》，第531-544页，北京：中华书局，2004年。

胹朕心,墜于三(四)方③,肆余曰
餕士献民,再嚣先王宗室④。"
獣乍(作)鷺彝宝毁(簋),用康惠朕
皇文剌祖考⑤,其各(格)前文人,
其濒才(在)帝廷陟降⑥,嚻圝皇
帝大鲁令(命),用黎保我家、朕
立、獣身,阤阤降余多福,害尊
宇慕远猷,獣其万年鷺,实
朕多卿,用綝寿,匄永令(命),眈
才(在)立,乍(作)毚才(在)下⑦。隹(惟)王十又二祀⑧。

① "王曰"一句,以"×曰"开头的金文是很多的,从西周中期开始越往后越多,到了西周晚期的时候就更多,比如大克鼎开头就是"克曰"。我们一般认为厉、宣、幽是西周晚期,但也有学者认为夷、厉、宣、幽是晚期,周厉王一定是西周晚期的,这是没有问题的。

② "有余隹小子"一句,师獣簋有"汝有惟小子",何尊有"尔有惟小子",把这两句和此铭中的"有余隹小子"对照,就会发现"有"字的位置不同,我们不能据此认为是古人错了,因为我们要考虑到"有"的词性。这种句子一直到春秋时期还有,有两种解释,一种解释是把"隹"读为"惟",另一种解释是把"隹"读为"虽"。晋公盞有"余惟今小子",唐兰先生认为"惟"字是从午的,而晋定公名午①,所以唐先生认为此处的"晋公"应

---

① 唐兰:《晋公惟盞考释》,载《唐兰全集》第一册,第384-387页,上海:上海古籍出版社,2015年。

该是"晋定公"。唐先生的说法沿用了很多年,可是和这几个例子对照就会知道"惟"应该是从"虫"的,可读为"虽"。晋公盨讲的是晋国国君与楚国结婚,与楚国结婚的晋君只有"晋平公",所以此处的"晋公"不是"晋定公",而是"晋平公"。在中国的古代文献中,"虽(雖)"和"惟"经常是通用的,这一点过去研究古文虚词的人早就指出来过,尽管读为"虽"与读为"惟",在训释上稍有不同,但在解释上还是差不多的。对于这一点,我个人是主张读为"惟"的,因为"惟"字的意义比较虚。"余惟今小子"应读为"余惟今小子","小子"是贬称,所以这种话是谦词,与"余一人""孤""寡"的意思一样。如果是"汝有惟小子"或"尔有惟小子",就是长上对下属的一种称谓,而且这种称谓的对象不一定就是年纪小的人。比如《逸周书》中"武王"就对"周公"说"汝惟冲子","冲子"也是"小子"的意思,"周公"是"武王"的弟弟,此时的"周公"已经不是一个小孩子了。为什么"有"和"惟"能够倒过来呢?因为"有"和"惟"是同义虚词。大家要知道,古文虚词的研究自明清以来就是不断发展的,比较早的学者每每认为"有"是语助词,比如"有殷""有周"等,但后来的人却越分越细,把过去认为无义的助词加以对比,就变得越来越复杂,实际上"有"就可以训为"惟"。我们最常用的解释这一类词的书有两本,一本是杨树达的《词诠》,还有一本是裴学海的《古书虚字集释》,二者对比就会发现,杨书中认为没有意义的助词,裴书中一定要讲出意义,这就是由于学说不同。今天大家对此分得更细，但我劝大家读古书不能够太吹毛求疵，所以把此处的"有余佳小子"读为"惟余惟小子"也是可以读通的，虽然铭文中确实有倒文的现象，但我们不能轻易地说铭文中有倒文，除非有足够的证据。

③ "余亡康昼夜，巠䧹先王，用配皇天，簧嵩朕心，墬于三（四）方"一句，"亡"即"无"。最近在《古文字研究》第二十八辑中，有一篇论文认为三晋铭文中的"鄦"应读为"许"，也就是"许国"之"许"①，这个说法至少是可取的。"康"训为"荒"，大家要知道，从"康"的字一般有两个意思，一个是"安"，一个是"空"，此处与"空"有关。"昼夜"在金文中并不多见，比较多见的是"夙夜"，《诗·烝民》有"夙夜匪懈"。"巠"即"经"，训为"常"，"䧹"读为"雍"，训为"和"，"经雍先王"即"常和先王"，也就是"与先王保持一致"。"经雍"一词，也见于晋姜鼎"余不暇妄宁，巠䧹明德"，"不暇"就等于"昼夜"，"妄"通"荒"，"宁"训为"安"，义为"安逸"，"妄宁"就等于"亡康"，"巠䧹明德"即"常和明德"，也就是"与明德相一致"。实际上"与先王一致"就是"与先王的明德一致"，"巠䧹明德"和"巠䧹先王"是一样的，只不过一个用的是抽象的词，一个用的是具体的词。由此大家就可以看到，当时的文字都有一些共同点，每每可以互训。"晋姜"是"晋文侯"的夫人，"晋

---

① 周波：《战国文字中的"许"县和"许"氏》，载《古文字研究》第二十八辑，北京：中华书局，2010年。

文侯"就是《文侯之命》中的"文侯","晋文侯"杀掉了"携王",使"平王"得以安定,此即古书中所谓的"晋文侯定天子"。为什么叫做"用配皇天"呢？当时人认为"王"是天子,天子是"天"或"帝"之配,天子是与"天"或"帝"相配合的,比如《诗·周颂·思文》的"思文后稷,克配于天",以及《诗·大雅·皇矣》的"天命厥配,受命既固"。之所以天子是天之配,是因为天子是受命的,也就是说"配天"和"受命"是相结合的,这是当时的一种信仰,也是当时的一种观念。"簧"是一个从"黄"声的字,张政烺先生读"簧"为"横",训为"充"。①实际上把"簧"读为"广",意思也一样。"嵜"字,张政烺先生读为"致"②,"横致"也就是"开阔"的意思,"簧嵜朕心"也就是"开阔充实我心"。"坠"是古文"地"字,此处读为"施","坠于四方"即"施于四方"。昼夜不敢荒宁是为了经雍先王,也就是和先王保持一致,这样就可以配天,而且能够开阔我心,然后从先王那里来的德,就可以施于四方。这里面虽然没有讲到"明德",但"明德"已经在其中了。

④ "辥余曰餕士献民,再鼇先王宗室"一句,"辥"就是文献中的"肆",是一个虚词。"曰"义为"率领"。"餕"字不识,有人认为这个字可以读为"贤",但这个

---

① 张政烺:《周厉王胡簋释文》,载《张政烺文史论集》,第 531-544 页,北京：中华书局,2004 年。
② 张政烺:《周厉王胡簋释文》,载《张政烺文史论集》,第 531-544 页,北京：中华书局,2004 年。

说法放在这里是不行的,因为"餕"是"贤"的六朝时期的俗字,可能是从行草变来的,这个说法太晚。实际上"餕"所从究竟是什么还不清楚,恐怕不能够写成"餕"。大家如果仔细看拓本,就会发现范上有坏了的地方,比如第五行的第一个字"猷"就少了"夫"字的下半,第八行的第一个字"帝"就剩了上面的两笔,倒数第二行的"奉"字和"肮"字也坏了。青铜器上的文字是阴文,范上是阳文,铸造之前范上如果有损坏就会掉下来,所以我怀疑"餕"字之所以读不出来,可能是因为这个字的笔画有缺损或者有移动。我们现在还不认识这个字,张政烺先生把这个字读为"义"[①],但"义"字并没有这么写的,而且"义士"这个词也没有这么古,所以读为"义"也不太合适。可是不管怎么说,"餕"的意思应该和"贤"相同。《大诰》中有"民献有十夫","民献"也就是"献民","献民"一词见于《逸周书》,《商誓》有"尔百姓献民",《度邑》有"乃厥献民征主九牧之师",《作雒》有"俘殷献民于九毕",孔晁注"献民,士大夫也",所以"献民"并不是指"百姓",与"人鬲"也没有什么关系。古书中的"士"是可以包括"卿大夫"的,《多士》中的"士",并不仅指"士"这一级,也包括"卿大夫"在内,"余吕餕士献民"也就是"我率领朝廷内的官员大众"。"禹"训为"举","盩"可读为"调和"之"调","先王宗室"也就是"先王宗庙"。厉王所说的这段话是很重要的,它显示了当时的一种信仰,或者说显

[①] 张政烺:《周厉王胡簋释文》,载《张政烺文史论集》,第 531-544 页,北京:中华书局,2004 年。

示了当时的一种哲学观点：当时的"王"要用"经雍先王，用配皇天"来施政天下。这里面所隐含的内容就是"明德"，有了这些，"王"就可以率领百官对先王举行祀典，所以这些祀典是环绕着他的信仰和政治理念的，而这些思想就是后来儒家思想的基础，其中最重要的就是"明德"。在"明德"这一点上，二者并没有什么差别，只是铭文中的信仰味道更浓一些，儒家的信仰味道更淡一些。

⑤ "猷乍（作）䵼彝宝殷（簋），用康惠朕皇文剌祖考"一句，"猷"是器主的名字，文章开头是"王曰"，所以"猷"是"王"的名字，以上的这些话都是"王"自己说的。"䵼"训为"享"，也就是"祭祀"之义。"彝"训为"常"，就是"常用的彝器"，所有用来祭祀的器物都是"彝器"，所以《商周彝器通考》这个名字最合适。此处"常用的彝器"具体来说指的就是"宝簋"，也就是这件东西。"康"训为"安"，"惠"训为"和"，《文侯之命》有"惠康小民"一语，"惠康"后来是很常用的，现在有一个著名的连锁店就叫"惠康"，这个名字就是从《文侯之命》来的。"皇""文""剌"都是形容"祖考"的，这里的话是"厉王"说的，所以"祖"指的是"厉王"的先祖，"考"指的就是"厉王"的父亲"夷王"。这件簋是用来祭祀的，祭祀本身也就是前文说的"禹蠡先王宗室"，从这段话也可以看出祭祀祖先的作用。

⑥ "其各（格）前文人，其濒才（在）帝廷陟降"一句，"格"训为"至"。宗庙祭祀的范围是很大的，所以祭祀的对象除了"祖考"之外，还有"前文人"，"前文人"指的就是"先人"，范围比"祖考"要更广一些。

古人认为祭祀的时候先人会到场，所以要有"尸"，也就是要有活人来做代表，所谓"孙为亡父之尸"。"其濒才（在）帝廷陟降"这句是非常重要的，"濒"读为"频"，训为"并"，义为"一起"，这个训诂见于《国语》的韦昭注。"帝廷"是"上帝之廷"，谁在上帝之廷呢？就是"厉王"的祖考以及前文人。当时的人认为前文人去世之后，就上天到了帝庭，《逸周书·祭公》中就讲祭公病得很厉害，穆王去探视，祭公就说，"看似我的身体还在这里，其实我的魂已经到了昭王那里去了"。"陟"是"升"，"降"是"下"，厉王认为祖先是可以从帝庭上下的，所以要格"前文人"，让他们降下来。

⑦ "䰧𤔲皇帝大鲁令（命），用䚄保我家、朕立、䓊身，䧐䧐降余多福，𥡴尊宇慕远猷，䓊其万年䰧，实朕多䤵，用䜌寿，匄永令（命），眈才（在）立，乍（作）䳚才（在）下"一句，这句讲的是让"前文人"降下来的目的，"䰧"即"申"，义为"重"。"𤔲"读为"固"，训为"定"，之所以此处不读为"恪"，是因为《皇矣》中有"天命厥配，受命既固"，"命"是要固的，也就是古书中所谓的"定命"。"皇帝"指"皇上帝"，也就是"天帝"。"鲁"训为"嘉"，义为"美"，"大鲁命"也就是"大命"，从这里就可以明白所谓的"大命"和"天命"就是指"王位"而言。"䚄"字金文中或写作"䚄"，读为"令"，训为"善"。所保的对象有三个，即"我家""朕立""䓊身"，"我家"指的是"王家"，"朕立"就是"朕位"，也就是"我的王位"，周厉王最后还真没保住王位，大概是祭祀祭得不好。"䓊身"指的是"厉王自己"。"朕位"是

对于王位而言的,"猷身"是对于他自己的生命而言的。"訑訑"是叠词,《孟子》有"施施然",义为"不断地"。"宩"即"宪",《说文》训"宪"为"敏"。"尊"字,唐兰先生隶定为"糳",此处读为"导"。殷墟有稻米,就是用"尊"字证明的,见于《殷虚文字记》。① "猷"和"犹"本是一字,汉代之后才有所区分,将"谋猷"之"猷"写作"猷",作虚词讲时则写作"犹"。史墙盘中有"井师宇诲","宇诲"就是"宇谋",此处的"慕"读为"谋","宇慕远猷"也就是"宇谋远猷",这样就可以对照《诗·大雅·抑》"訏谟定命,远猷辰告",《抑》和猷簋都是西周的语言,所以二者是一样的。"齍"训为"享",也就是"祭祀"。"实"是往里面装东西。"衘"即"御",训为"献","多御"就是祭祀时簋中所盛放的多种物品。"萃"字有争论,过去多读为"拜",但义为"求","匄"也是"求"的意思。"永命"就是"长命","寿"仅仅指"人寿",而"命"的含义则更广泛一些。"畯"即"竣",在古书中写作"骏",义为"长","畯在立"即"竣在位",也就是"长久地在位"。"霝"字一直都没有一个很好的讲法,张政烺先生读"霝"为"氐"②,秦公钟有"畯霝才立",晋姜鼎有"乍霝为极","极"义为"中枢","南极""北极"用的就是这个意思。"乍霝"应与"为极"意思差不多,至于说是否训为"氐"还可以讨论。

⑧ "隹(惟)王十又二祀"一句,指的是周厉王十二年。

---

① 唐兰:《殷虚文字记》,第 31-39 页,北京:中华书局,1981 年。
② 张政烺:《周厉王胡簋释文》,载《张政烺文史论集》,第 531-544 页,北京:中华书局,2004 年。

这篇铭文是以天子的口吻来叙述的,所以才能这样说话,虽然有些句子,后来的"秦公""晋姜"都可以使用,但整个的口气,比如"受天大命"等,就是"秦公""晋姜"所不敢用的了。

五祀㝬钟

五祀㝬钟(见图3、图4、图5)是周厉王五年的器物,1982年在齐村南面的白家村出土。钟的内容不全,编钟往往是几件连成一篇铭文,这个时期的编钟常常是两件连成一篇铭文,铭文比较长的时候,不像后来的编钟多写在鼓的两侧,而是周围都有字,应侯视工钟的铭文就是这样的。因为我们只发现了一件五祀㝬钟,所以只有后面一半的铭文,开头的那一半或许比后一半字要少,但不管怎么说,还是差一半铭文。因为铭文是转着写的,所以有的一行只有两个字,有的一行却有十几个字,长短不一,所以我也就不按行款书写了。这件钟锈蚀得特别厉害,有几个字不清楚,这件钟的拓本见于《集成》358。上博李朝远先生的《青铜器学步集》中有五祀㝬钟的彩色照片,但铭文中有几个地方还是看不清,所以只能存疑。

图3　五祀㝬钟

图4　五祀㝬钟拓本一　　　图5　五祀㝬钟拓本二

五祀㝬钟释文：

明龏文①，乃雁（膺）受大令（命），匍有三（四）方，余小子肇嗣先王，配上下②。乍（作）畍王大宝，用喜侃前文人，前文人䕙厚多福，用䚄圀先王受皇天大鲁令（命）③，文人陟降，降余黄耈，受余屯鲁，韠不廷方④。㝬其万年永眹尹三（四）方，保大令（命），乍（作）寷才（在）下，氒大福其各（格）⑤，隹（惟）王五祀。

①"明龏文"一句，"龏"字的右半边不是"畐"字，究竟是什么字还看不清楚，所以我们就不讲了。

②"乃雁（膺）受大令（命），匍有三（四）方，余小子肇嗣先王，配上下"一句，有没有可能"文"字与此句连读呢？如果连读就是"文乃膺受大命，匍有四方"，那么"文"就应该解释成"文王"，但是我认为这种可能性不大，因为讲到"文王"的时候多用"文王"或者"玟"，单用"文"的情况很少，而且到了西周晚期多讲"文、武受大命"，不太可能单讲"文王受大命"，所以最好还是在"文"字处断句。"余小子"和"有余佳小子"是一样的，

1190

实际上"有余佳小子"就是"余小子"比较繁的一种说法。"肇"是一个虚字,"嗣"义为"继承"。"配上下"即"上下相配",也就是"配天",所以这里还是"王"的口气。

③ "乍(作)氒王大宝,用喜侃前文人,前文人䰜厚多福,用䚟䪧先王受皇天大鲁令(命)"一句,此处是"作氒王大宝",㝬簋中是"作䵼彝宝殷","王大宝"即"王之大宝",指的就是这件编钟,只不过省略了"钟"字,宗周宝钟就是"作宗周宝钟"。"侃"与"喜"同义,训为"乐","前文人"即"先人",包括"厉王"的祖考在内。祭祀的时候是要奏编钟的,用声音来使"前文人"喜乐,簋是盛放食物给"前文人"吃的。"䰜"即"融",训为"合"。"䚟(申)䪧(固)先王受皇天大鲁命"即"继续巩固先王所受的天之大命",之所以能够"申固先王受皇天大鲁命",是因为"㝬"本人也是"王"。

④ "文人陟降,降余黄耇,受余屯鲁,韢不廷方"一句,"文人"就是"前文人","耇"即"烝",《诗·文王有声》有"文王烝哉",这个"烝"有两种训诂,《毛传》训为"君",《韩诗》训为"美","降余黄耇"之"耇"还是训为"美"比较合适。"黄"读为"广",与㝬簋的"簧"意思一样,"广美"即"大美"。"屯"读为"纯","纯"和"鲁"都有"美"的意思。"韢"字,看不清楚,《集成》中作"墉",但一定不是"墉"字,我个人猜想应该隶定成"韢",因为是"韢不廷方","韢"是一个从"韦"的字,可读为"远",《诗·韩奕》有"干不廷方","不廷"就是"不朝","不廷方"就是"不服从统治的方国","干"训为"捍",义为"驱逐"。

⑤ "猷其万年永皞尹三（四）方，保大令（命），乍（作）寁才（在）下，卸大福其各（格）"一句，"永"与"皞"义同，都训为"长"，"尹"可以训为"主"，也可以训为"君"，所以这是"王"说的话，只有"王"才能说"尹四方"。"大令"也就是"天命"。"卸"即"御"，训为"迎"。"其"相当于"之"，"格"训为"来"，"御大福其格"即"迎大福之格"，也就是"迎大福之来"。

· 2010 年下半年第七次课 ·

宗周宝钟、伯戏父簋（上）

宗周宝钟

宗周宝钟是最有名的青铜器之一，拓本见于《集成》260，现存我国台北故宫博物院，是故宫博物院旧藏的一件器物。现在大家去台北故宫就会知道里面有两件青铜重器，一个是毛公鼎，一个是散氏盘。实际上在文物迁台之前，常常说故宫中有三件青铜重器，除了毛公鼎、散氏盘之外，还有一件就是宗周宝钟。宗周宝钟是非常重要的，故宫博物院在抗战以前曾经把宗周宝钟的拓本按照原大影印，当时印本卖得都很贵，而且并不易得，就更不要说原拓了。

当时对宗周宝钟有很大的争论，就和毛公鼎一样，大家要知道，一直到二十世纪五十年代，还有学者认为毛公鼎是周成王时器，如董作宾先生就一直持这种观点。①有相当一部分学者认为宗周宝钟是周昭王时器，这种观点是不对的，今天从考古类型学上来看，毛公鼎绝不可能是周成王时器，宗周宝钟也绝不可能是周昭王时器，至于说当时为什么有周昭王的说法，我们读铭文的时候，就会知道了。

---

① 董作宾：《毛公鼎》，载《董作宾先生全集·乙编》第六册，台北：艺文印书馆，1977年。

我们今天讲宗周宝钟（见图 1、图 2、图 3、图 4）并不是因为它很有名，而是这件钟是周王自作器的第三件，而且出土时间要早于㝬簋和五祀㝬钟，所以宗周宝钟非常重要。我们要特别地讲一下，也希望大家能够注意铭文中"王"的口吻，因为用天子的口吻来讲话的铭文是很少见的。

这里要说明一点，有的同学课后与我谈到说有的学者认为㝬簋、五祀㝬钟和宗周宝钟这三件器物不是周厉王的器物，时代应该偏早，且不是"王"所作之器，这个观点是不正确的，因为这三件器物确实是厉王之器，这一点大家读完之后就会明白，而且"㝬"读为"胡"是没有什么问题的，唐兰先生在这方面的真知灼见还是很重要的。[①]

图 1　宗周宝钟

图 2　宗周宝钟拓本一

[①] 唐兰：《周王㝬钟考》，载《唐兰全集》第二册，第 470-479 页，上海：上海古籍出版社，2015 年。

图 3　宗周宝钟拓本二　　图 4　宗周宝钟拓本三

宗周宝钟释文：

王肇遹眚（省）文武堇彊（疆）

土南或（国）①，艮孹敢臽处

我土，王𩣡伐其至，戡

伐厥（厥）都②。艮孹廼遣间

来逆卲王，南

尸（夷）、东尸（夷）具（具）见廿

又六邦③。佳（惟）皇上帝、

百神保余小子，朕

猷又（有）成亡竞，我佳（惟）

司配皇天④。王对乍（作）

宗周宝钟，仓＝恩＝，𥁕＝

𩰫＝，用卲各（格）丕（丕）显且

考先王⑤。先王其严才（在）上，

𩫖＝𩫖＝，降余多福，福

1195

余顺孙,参寿隹(惟)琍⑥,
欯其万年眺
保三(四)或(国)⑦。

①"王肇遹眚文武堇彊(疆)土南或(国)"一句,"肇"即"肇",金文中是从"戈"的,把从"戈"的字写成从"攴"的字并不少见,这个是最常见的例子之一。高青陈庄出土"丰"器中的"启"字,也读为"肇",此处的"肇"是一个虚字,并不一定要训为"初"。"遹"在《诗》《书》中常见,过去多认为是一个虚字,常常和"聿"字通用。可是在这句里面,对"遹"就可以有不同的看法,因为"遹"有两个训诂,除了是一个虚字之外,还有一个训诂是"循",见于《康诰》的孔传。我个人认为此处将"遹"训为"循",在意义上要比作为一个虚字好得多,因为"眚"就是"省",义为"察"。现在文字学家认为"眚"和"省"是一字之分化,二者是一个来源。如果把"遹眚"读为"循省"就非常通了,因为"循省"与"王的巡狩"有关,《周易》中有"省方","省方"也就是"巡狩"。对于这么典雅的文字,我们在训诂的时候,有的就要在两可之间了,这里只是提供不同的说法,以供大家参考,将来或许会有更多的材料来说明这个问题。大家如果去读《周礼》就可以知道,周王是要定期去各方巡狩。虽然这是一种理想型的规定,但周王还真是有巡狩的,而且次数并不少,实际上所谓的"巡狩"每每与"战争"有关。比如周昭王南巡不返,昭王的这次巡狩是在战争胜利之后的活动,是紧接着这一次战争的。宗周宝钟里面讲的事情也是如此,周天子会对当时

不服的方国进行征讨，在征讨之后就会去巡狩，以便巩固他的统治。因为史书中有周昭王南巡的记载，所以有些人就认为宗周宝钟是昭王时器。"堇"读为"勤"，"文武勤疆土南国"即"文王和武王所勤之疆土南国"，也就是"文武受命所统治的疆土中的南国"。文武所勤之疆土是分为"四国"的，《诗·破斧》中有"四国是皇"，而且这篇铭文最后也提到了"四国"，所谓"四国"，就是"东国""西国""南国""北国"，这篇铭文中讲的是"南国"。这里要说明一下，这篇铭文从来都没有人在"南国"处断句，一般是把"南国"属下读，之所以一定要在"南国"处断句，是因为近年发现的晋侯苏钟。晋侯苏钟讲的也是周厉王时候的事，晋侯苏钟有"王亲遹眚东国、南国"，从"遹"前面加了一个副词"亲"来看，"遹"不好解释为一个虚字，而应是一个动词，所以还是按照孔传训为"循"更好。巡省的对象是"东国"和"南国"，所以对照起来，宗周宝钟的第一句也应该在"南国"处断句。"王"之所以要去巡狩，并不是例行公事，而是和下文的战争有关。

②"𠬝𤔲敢臽处我土，王𠭯伐其至，戡伐氒（厥）都"一句，"𠬝"为"服"字之所从，此处读为"服"。"𤔲"是"兹"的籀文，"𤔲"是"子"的籀文，甲骨文和周初金文中用为干支的"子"多写作"𤔲"，所以从字形上来看，将"𤔲"读为"子"是有依据的，但问题在于把"𠬝𤔲"读为"服子"很别扭。"服"是"降服"的意思，中国古代的时候，中原王朝对于周边异族的称呼往往是一些不好听的词。比如宋代以后一直到清朝，多把北方的辽、金称为"虏"，"虏"义为"俘虏"，但实际

上并没有抓到,反而有不少中原汉人被他们抓走了,但中原汉人依旧管他们叫"虏",后来因为有辫子,又称之为"索虏",这是中原王朝之人对于周围人一种歧视的语言。"艮䜌"也是这种意思,其实是不服的,如果真是服了,就不会打这场仗了。有人把"艮"读为"俘虏"之"俘",这是不行的,因为古音不同。但是近些时候,很多人也包括我在内总是对这个字有所怀疑,因为干支的"子"到这个时期已经不再这么写了。不但这个时期如此,就是西周中期估计也找不到这样写的,这种"子"字的写法在周代只流行在周初很短的一段时间内,为什么在这篇铭文中"子"字非要这样写呢?而且在甲骨文和周初金文中只有作为干支的"子"可以写作"巤","子孙"之"子"或者作为爵称的"子"是从来不这样写的,所以"巤"用为"子"实际上应该是假借字,而且这种习惯到了西周早期后段就基本上消失了。如果这里的"䜌"就是"子",那也只能理解为"公""侯""伯""子""男"的"子"了,即春秋笔法中的"蛮夷戎狄,虽大曰子",但是究竟这个时候的"子"为什么这样写,现在还回答不了。所以我个人前些年有一个想法,就是虽然在这个时候"䜌"的字形与"子"相同,但实际上已经不是"子"了,我认为应读为"蛮"[①],如果读为"服蛮"

[①] 李学勤:《论士山盘——西周王朝干预诸侯政事一例》,载《文物中的古文明》,第195-198页,北京:商务印书馆,2008年;又见李学勤:《谈叔李方鼎的所谓"惟王廿祀"》,载《文物中的古文明》,第500-503页,北京:商务印书馆,2008年。整理者按:后李先生改变了前说,认为还是应读为"子",详见《谈西周厉王时器伯㺇父簋》,载《文物中的古文明》,第299-302页,北京:商务印书馆,2008年。

就特别通顺，但是伯戚父簋就写作"艮夔"，所以读为"蛮"可能还不能成立，这个问题我们还是先存疑。虽然在字形上读为"子"没有问题，但在字义上还是有困难。"服子"指的并不是具体的某个方国，有的人想把"服"和"濮"联系起来，但"服"和"濮"古音不通，所以"艮夔"指的就是"归顺的蛮夷"。"臽"读为"陷"，义为"攻克"。"处"义为"居住"。"我土"指的是"周王朝的国土"，也就是前文讲的"疆土南国"，"艮夔敢臽处我土"也就解释了"王"巡狩南国的原因。"南国"所指何处呢？《左传》"巴濮楚邓，吾南土也"，"巴"在四川东部，也就是今天的重庆一带。"濮"的分布范围是很广的，基本是在湖北到四川之间。"楚"是在湖北，后来也包括湖南。"邓"的地望说法有所不同，有的说是在河南南部，有的说是在湖北北部，总之是在河南和湖北之间。"辜"即"敦"，训为"伐"，义为"打击"，"辜"在甲骨文中常见。"其"训为"而"，"至"训为"到"，也就是"服子所侵略之处"。"戴"读为"翦"或"践"，训为"灭"。"都"是"都城"。这是说周朝的军队打了胜仗，不但把"服子"打出去了，而且还翦灭了"服子"的国都。巡狩往往是与战争有关的，周昭王也是如此。按照《古本竹书纪年》的记载，昭王在十六年伐楚，从金文的排队来看，昭王十五年开始打仗，十八年去南方巡狩。

③"艮夔廼遣间来逆邵王，南尸（夷）、东尸（夷）具（具）见廿又六邦"一句，"廼"义为"于是"，"遣"是"派遣"。"间"在用法上和"介"是类似的，"介"在古书上有一种特殊的用法，就是训为"辅"或"助"，也

就是"副手",此处的"间"也是这种用法。"间"用为"辅助"之义,现今在日本还有。过去日本人讲武士道精神,某人在切腹自杀时,要请一个最好的朋友在旁边,某人切腹过后,担心挣扎不死,旁边的朋友用刀将他的头颅砍下,这个以刀断首的人就叫做"介",也就是"助手"。因此,一些作为臣属的人也可以叫做"介",也可以叫做"间","遣间"就是派了一些辅助的大臣来"逆卲王","服子"的国君并没有亲自来。西汉的时候也是一样,当时匈奴来朝汉的时候,匈奴的首领并不亲自来,多是派其帐下的左右贤王前来,这就是所谓的"间"。最糟糕的就是有人把"间"想象成"间谍",进而认为因为有"间谍",所以就把周昭王害死了,想象力过于丰富了。这里有一点要说明,此铭中的"间(閒)"字是从"月"的,今天的"间"字是从"日"的。《说文》中没有从"日"的"间"字,"间"的写法是很晚的,是"间(閒)"的异体字,后来人把"间(閒)"读为"闲",于是就造成了混淆。孙诒让的《墨子间诂》一书,很多人读为"闲诂",这是不对的,孙诒让之所以把书名叫做《墨子间诂》,是因为许慎有《淮南子间诂》。"逆"训为"迎"。很多人认为"卲王"就是"周昭王",所以有人认为宗周宝钟虽然是厉王时器,但它的铭文却是回忆昭王时之事,如果是这样,就会出现一个问题,那就是铭文的开头为什么用的是"王",而不直接用"昭王"?这在文气上是讲不通的,所以这个理解是不对的,应该还是厉王时期的事。实际上这里的"卲"应读为"绍",有"陪伴"的意思。"南尸(夷)、东尸(夷)具(具)见廿又六邦"就是巡狩的具体内容了,"舁"即"具",从廾,从贝,训为"备",也就是"准备朝见的礼品","具见"又见于驹父盨盖。"南夷""东夷"与"服子"的大小范围有别,"服子"指的是这次来侵略的夷人,是他们来派人迎接的,可是厉王见的人不仅仅限于"服子",还有"南夷"和"东夷"。"南夷"和"东夷"的界限在淮水一带,所以古书中常称"南夷"为"南淮夷",有时也叫"淮南夷","南淮夷"多在今天的安徽一带,从安徽洪泽湖再往东,到了江苏北部,包括山东半岛在内,就是"东夷"了。这次的朝见不但有"南夷",而且还有"东夷",一共有二十六个邦国。这个朝见的规模是很大的,虽然不是四方朝见,但至少也有东、南两方,从这里也可以看到当时的周朝还是很强盛的,有很强的号召力。大家不要把当时的"邦"想得太大,当然有些邦国是逐渐变化的,或许在西周时期比较小,后来就逐渐变大了。晋国就是如此,晋国初封的时候,也不过就是百里之邦,后来不断发展就变成了一个大国。楚国也是一样,楚国在文王、武王的时期,也是"地不过同",地方百里曰"同",所以楚国在初封时地也不过百里,而且大都在山林之中,楚的祖先"筚路蓝缕,以启山林",后来就发展得很快。在这些大国的夹缝之间会有一些小邦,比如山东南部所谓泗水之上的小国,一直到战国时期,还有泗上十二诸侯,最近我们在枣庄出土的铜器中看到了"费国"。欧洲也是如此,一开始也是有很多大大小小的公爵、伯爵,在罗马帝国时期,有很多小邦国存在,后来一些大国兴起,比如日耳曼人的统一,高卢人建立了法国,但在这些大国的夹缝中间,仍旧有很多小国,这些小国现在还有,比如安道尔,虽然安道尔名声很大,但主要的产业就是发邮票。在大国之间,还存在很多小国,这种形式和周朝是比较类似的,到了秦以后,全国一统实行了郡县制,情况就有所不同了。宗周宝钟的宝贵之处就在于记述了一个我们所不知道的史实,以上的事情全是记事,所以称"王",再往下是"王"自己说的话,用的就是周厉王的口吻。

④"隹(惟)皇上帝、百神保余小子,朕猷又(有)成亡竞,我隹(惟)司配皇天"一句,"上帝"是合文,此处的"皇上帝"和猷簋中的"皇帝"含义是一样的,甲骨文中作"王帝","王"和"皇"在古代常常通用,所以"王帝"就是"皇帝"。"百神"是各种神,包括祖先在内。先秦时的"神"和"鬼"不像秦代之后分别得那么清楚,秦以后"神"变得越来越高上,而"鬼"变得越来越低下,冯友兰先生曾经写文章专门论述过"神"和"鬼"是如何对立起来的。①实际上,古代的"鬼"在含义上并不像后来所理解得那么坏,"神"也包括一些"鬼"在内。"余小子"是"王"的谦称。"猷"训为"谋",打仗的时候一定要有谋略,"朕谋"指的就是"敦伐其至,践伐厥都"这些事。"有成"就是"得到成功",班簋有"亡不成尤",也就是"没有不成功的祸害",换言之"亡不成尤"就是"有成"。"亡"读为"无","竞"训为"强","无强"就是没有更强的了。"司"读为"嗣",天子是天

---

① 刘梦溪主编:《中国现代学术经典·冯友兰卷》,第179-192页,石家庄:河北教育出版社,1996年。

之嗣,是和上天相配的。"朕猷有成亡竞"和"我惟司配皇天"是皇上帝、百神保佑的结果。"隹(惟)皇上帝、百神保余小子,朕猷又(有)成亡竞,我隹(惟)司配皇天"是厉王自己说的话,厉王用这句话对这次战争做了总结。

⑤ "王对乍(作)宗周宝钟,仓=悤=,䊷=雝=,用卲各(格)不(丕)显且考先王"一句,五祀猷钟有"余小子肇祀先王,配上下,作厥王大宝","肇祀先王,配上下"就等同于宗周宝钟的"司配皇天","王大宝"是在王朝的大的宝器。"宗周宝钟"就是在宗周的宝钟,"宗周"即"镐京",见于《毛传》,所以我们管这件器物叫"宗周宝钟"或者"宗周钟",这是没有什么问题的。"仓"即"鎗",《说文》"鎗,钟声也"。"悤"即"鏓",《说文》"鏓,鎗鏓也"。"鎗"和"鏓"都是形容钟声的清澈。"悤"字,铭文作"🜚",下面是从"心"的,上面所从的是"丨",《说文》"丨,上下通也,引而上行读若囟,引而下行读若退",如果从下往上画一竖就读为"囟",从上往下画一竖就读为"退"。秦汉时,把"🜚"上面的"丨"写空,变成了"○",后来又再填实,就变成了"悤",到了中古的时候,语音有了变化,就把"丨"读为"gǔn"了。后来人对"囟"字有很多想象,认为"囟"像窗户的形状,但窗户不会在西周时期变为"丨"形,实际上"悤"是由"🜚"字来的。"䊷"字不识,有很多说法,但没有一个比较好的解释,大家如果有兴趣,可以去看一下河北大学陈双新的《周代乐器铭文研究》。"雝"读为"雍",训为"和",形容声音协和,《尔雅·释诂》:"关关、雍雍,音声和也。"我一直觉得"雍雍"和

"关关"应该有些关系,"关关"就是"关关雎鸠"的"关关",也是"声音相和"的意思,因为"相和"才能用来比拟"君子好逑"。大家要知道,《尔雅》是很古的,应该是秦代前后的作品,但里面也包括一些时代更早的内容。"邵"读为"绍",有"助"的意思。

⑥ "先王其严才(在)上,纍=數=,降余多福,福余顺孙,参寿佳(唯)唎"一句,"先王其严在上"就是"先王之严在上","严"训为"敬",《诗·六月》"有严有翼","翼"与"严"义同,都有"敬"的意思。"數數"是"丰富"的意思,"纍"字不识,但"纍纍"也应当是"丰富"的意思。"纍"字在甲骨文中就有,近年保利艺术博物馆收购了一件铜器,上面有"纍侯"。"顺"就是"孝","顺孙"即"孝孙"。"唎"读为"利",义为"利好"。"参寿"在金文中多作"三寿",《诗·鲁颂·閟宫》有"三寿作朋"。关于"三寿",《左传》的杜预注认为"三寿"指的是"上寿""中寿""下寿",都是在八十岁以上。

⑦ "猷其万年畍保三(四)或(国)"一句,"畍"即"畯",文献中多作"骏",训为"长","畍保四国"即"长保四国"。从这里也可以看出这是"王"的口吻,因为"畍保四国"不是一般人能用的。

以上就是宗周宝钟的铭文,内容还是很丰富的。读出"猷"即"胡",是周厉王之名,这是唐兰先生的贡献[①],虽然唐先生的文章只是讲宗周宝钟,但引申所得出的一些成果还是很重要的,

---

① 唐兰:《周王猷钟考》,载《唐兰全集》第二册,第 470-479 页,上海:上海古籍出版社,2015 年。

影响很大。上一次我们讲㝬簋参考的是张政烺先生的文章，张政烺先生是唐兰先生的学生，先前我和张先生一起在北大红楼工作，张先生见到唐兰先生的时候，都是垂臂称"先生"的。

如何证明宗周宝钟讲的是厉王自己而非昭王之事呢？这就要看伯戏父簋。

伯戏父簋（上）

2006年的春天，有一批青铜器流入香港，当时我因公务也去了香港，在香港就看到了一件青铜器，由于其中一部分铜器已经流散了，因此我只看到了一件。据说当时有两件簋，但我看到的那件簋的盖是错置的，至于说是埋藏的时候就放错了，还是在古董商那里放错的，就不得而知了，器盖俱全的那一件簋已经被买走了，下落不明。

2008年，美国著名收藏家范季融先生和他的太太胡盈莹女士把他们最重要的一批收藏捐给了中国。范季融先生是一个医生，范先生为青铜器做了很多抢救性的工作，在范先生的收藏中就有这件簋，但也是只有器身，器盖究竟在哪里，还有待继续查询。我在香港看到的簋和范先生收藏的簋并不是一件，古人作器常常是五鼎四簋，所以这个簋应该有四件，现在只见到两件，是否还有其他的就不得而知了，这就是伯戏父簋（见图5、图6）。范季融先生所收藏的器物，2008年拿到上海博物馆进行展览，2009年又拿到了香港中文大学文物馆进行展览，后来上海博物馆和香港中文大学文物馆共同出版了一本图录，这本图录叫《首阳吉金》，范先生收藏的那件伯戏父簋就著录在《首阳吉金》里面。

图5　伯戓父簋（范季融藏）　　图6　伯戓父簋（范季融藏）拓本

伯戓父簋释文：

隹（惟）王九月初吉庚午，王
出自成周，南征，伐艮髭：
㺇、嵩、潏①。白（伯）戓父从王伐，
窥执嘼十夫、或廿，得孚（俘）
金五十匀②，用乍（作）宝殷（簋），乳（扬），
用䡲于文且（祖）考，用易（锡）濡
寿③，其万年子=孙=永宝用䡲（享）。

①"王出自成周，南征，伐艮髭：㺇、嵩、潏"一句，"王出自成周"也就是"王从成周出去"，这一点是很重要的，西周的金文中，"王"东征或南征多是从"成周"出发，周昭王时期的静方鼎记载"昭王"派遣"静"的时候，"静"也是从"成周"出发的，由此就可以看到"成周"的重要性。从当时的地理交通条件来说，"宗周"

相对于东南还是偏远的，如果从"宗周"出发，就要先进函谷关，之后到"成周"，从"成周"再向东南。依据现在我们所知的西周材料，西周时期周王朝对于西北方面的征伐是很少的，西北方面的战事多是周王朝遭受侵略，而且只有几例。西周时期周王朝真正的发展方向是东南，这篇铭文中所述的事情也是如此。此处的"𢆶甹"也就是宗周宝钟的"𢆶䜌"，这也就特别证明了宗周宝钟和伯戏父簋之间的关系，而且从伯戏父簋的记述可知，"王"当时是亲征的。"王"所伐的"服子"包括"㝩""䚘""𤴓"，"䚘"和"𤴓"也见于其他的铭文，只有"㝩"比较特别，"㝩"字是我隶定的①，至于说这样隶定正确与否，完全可以讨论。最近开第十八次古文字学年会的时候，有人专门写文章，把"㝩"读为"莆"，相当于其他铭文中的"角"，可是我怎么看这个字也不像是"莆"。"㝩"字是从"央"声的，所以我把"㝩"读为"英"，"英"是国名，当然此处的"英"指的并不是大不列颠，而是今安徽六安附近的"英"，"英"和"六"这两个小国都在今天的安徽六安。到了战国时期，"英"已经不存在了，但"六"作为楚国的一个城市，还继续存在，楚简中写作"郘"。一直到汉代还封有"六安王"，定县八角廊所出的西汉中晚期的竹简中还有"六安王"朝见的记载，篇名为《六安王朝五凤二年正月起居记》，其中讲述了"六安王"从六安到长安所走的路线，到了长安之

---

① 李学勤：《谈西周厉王时器伯戏父簋》，载《文物中的古文明》，第 299-302 页，北京：商务印书馆，2008 年。

后所举行的仪式、赏赐的物品,以及怎么回来。几十年以前,我们曾经去整理这批材料,但很可惜的是这个材料到今天还没有发表。"六"和"英"都是偃姓之国,传说是"皋陶"之后。这里要特别说一下,清朝有些人,以刘师培为代表,一直认为"偃"和"嬴"是一个姓,这是因为他们把"伯益"和"伯翳"弄混了,所以刘师培认为"偃"和"嬴"的音是一样的。①王力先生专门写文章反驳这个说法②,"偃"和"嬴"一个是喻母字,一个是影母字,二者的声纽根本不通,王力先生是音韵大家,我们应该尊重王先生的说法。"峈"就是"桐",也就是安徽的桐城。"潏"在古书中没有,不知道是什么国,但也应该是在安徽一带。"王"所伐的"服子"包括"廙""峈""潏","廙""峈""潏"都在安徽,同为"南淮夷",所以"服子"指的也是"淮夷"一类。

伯戚父簋的重要性在于其能与宗周宝钟以及其他的有关器物进行系联,进而证明这批非常重要的铜器一定是厉王时器。

---

① 刘师培:《偃姓即嬴姓说》,载《刘申叔遗书》,第 1252-1253 页,南京:江苏古籍出版社,1997 年。
② 王力:《同源字论》,《中国语文》1978 年第 1 期。

· 2010年下半年第八次课 ·

伯戏父簋（下）、翏生盨、鄂侯驭方鼎、禹鼎（上）

伯戏父簋（下）

这次课我们继续讲伯戏父簋，大家要知道，厉王时期"淮夷入寇"是一件大事，在文献上却基本上没有什么材料。大家如果有兴趣，可以去看一下《后汉书·东夷列传》，《东夷列传》中所记述的一些事情和《西羌列传》一样，很多材料都是来自《竹书纪年》的原文，《东夷列传》中就特别提到了厉王时期"淮夷入寇"的事情。虽然文献上只有几个字，但从青铜器上来看，这件事情就大多了，把相关的器物联系起来，进而对当时的历史有所了解，并不是一件很容易的事情，因为其中有些地方我们不太容易理解，需要慢慢消化。最近我在备课的过程中看了一些相关的材料，我觉得还有很多线索可以去进一步挖掘，解开这些谜题的钥匙就是伯戏父簋。

伯戏父簋释文：

隹（惟）王九月初吉庚午，王

出自成周，南征，伐㠱凫：

廙、尚、潏①。白（伯）戏父从王伐，

窥执嘼十夫、聝廿，得孚（俘）

金五十匀②，用乍（作）宝殷（簋），飙（扬），用盲于文且（祖）考，用易（锡）湄寿③，其万年子=孙=永宝用盲（享）。

② "白（伯）戜父从王伐，窥执嚼十夫、聝廿，得孚（俘）金五十匀"一句，"戜"字，《说文》"绝也，一曰田器，从从持戈，古文读若咸，《诗》云：'攕攕女手'"，今本《诗经》作"纤纤女手"，因此我们把"戜"读为"xiān"。"伯戜父从王伐"即"伯戜父随王出征"。"窥"读为"亲"，义为"亲自"。金文中所称的"夫"，与《周礼》中"一夫受田百亩"的"夫"一样，都是指"壮丁"，"执嚼十夫"就是抓了"十个俘虏"。"聝"即"馘"，"聝廿"也就是"砍了二十个头"。当时的战争规模并不像后来那么大，后人喜欢看《孙子兵法》一类的书，其中常有"出车千乘"的记载，但是在商、西周时期，并没有那么大的战争。这里要特别说明一下，我们已经讲的和即将要讲的铭文，所记之事都是这场战争的局部，所以大家不要认为"伯戜父"在这场战争中只是做了此篇铭文中的事情，这是不一定的。同时大家也不要认为这场战争就是伯戜父簋所记载的那样，实际上这场战争的规模是很大的，我们要把相关的材料联系起来整体去看。"匀"读为"钧"，按照战国以后的规定，"一钧"是"三十斤"，当然我们不知道西周的"一钧"是多少斤，而且当时是否有"斤"这个量制，我们也还不清楚。"得"即"获得"，"俘"即"俘获"，"得""俘"皆有"获"义。在西周的时候，常常以重金属作为货币，重金属既是一种作器的金属原料，也是一种货币，因此在有些西周的墓葬或遗址中，挖到了铜饼，有些墓葬或遗址虽然没有铜饼，但

有时会有一些碎的或者不成形的铜器。这点是很值得注意的，虽然是碎的，但也还是铜，这些东西也就是所谓的"金"。在商周时期，一般来说，所谓的"金"就是指"铜"，把"铜"作为金属名称来用，要到战国时期。此处所俘之金有五十钧，这个量是比较大的，大家要知道，安徽自古就是产铜区，安徽铜陵在今天依然是铜矿的集中地，也是青铜器文化的一个重要中心，铜陵有古铜矿，还有一个青铜文化研究会。

③ "用乍（作）宝毁（簋），钊（扬），用言于文且（祖）考，用易（锡）湄寿"一句，此处的"用作宝簋"可以有两种理解：一种是打仗得胜，折首、执讯和俘金全都包括在内，为了纪念这些事情而作了这件簋；还有一种理解，就是这件簋就是用所俘获的金作的。"言"即"享"，训为"献"。"湄"读为"眉"，"湄寿"即"眉寿"。

从铭文来看，"伯戚父"应该是一名战绩突出的武将，随"王"征伐"虔""嵩""瀹"，这是宗周宝钟里面"王"所总结的整个战争中的一个环节，而且还有其他的铜器可以与之对比，这些铜器是很有名的，但过去从来都不知道它们可以和宗周宝钟挂起来，其中最著名的就是翏生盨。

翏生盨

翏生盨共有三件，拓本见于《集成》4459、4460和4461，其中4459在上海博物馆，4460在旅顺博物馆，4461在镇江博物馆

（见图1、图2、图3、图4、图5、图6、图7），4459和4461器盖俱全且对铭，旅顺的那一件只有一个铭文，我虽然见过，但我不记清是盖还是器了，这一点很对不起大家，我查查过去的笔记或许还能查得到。总之，翏生盨的铭文共有五个，《集成》中只著录了三个，虽然当时拓的时候一定是到当地去的，但是后来并没有记录所拓的是盖还是器。大家看了翏生盨的铭文之后，就会发现翏生盨和伯戚父簋是有直接联系的。

图1　翏生盨一
（上博藏）

图2　翏生盨二
（旅顺博物馆藏）

图3　翏生盨一
（上博藏）盖铭拓本

图4　翏生盨一
（上博藏）器铭拓本

图5　翏生盨二
（旅顺博物馆藏）拓本

图6 翏生盨三　　　　图7 翏生盨三
（镇江博物馆藏）盖铭拓本　　（镇江博物馆藏）器铭拓本

翏生盨（上博藏）器铭释文：
王征南淮尸（夷），伐角、潏，
伐桐、遹①。翏生从，执嘼，
折首，孚（俘）戎器，孚（俘）金，用
乍（作）旅盨，用对剌②。翏生
眔大嬏，其百男、百女、千
孙，其迈（万）年釁（眉）寿永宝用③。

①"王征南淮尸（夷），伐角、潏，伐桐、遹"一句，伯䩵父簋中是"南征"，而翏生盨中明确说明是"南淮夷"，宗周宝钟里只是说"南夷"和"东夷"，所以"南淮夷"实际上是"南夷"的一部分。金文中还有"淮夷"，过去还有一种认识，就是"淮南夷"指的是淮水以南的夷人，那么是否还有"淮北夷"，也就是淮水以北的夷人呢？现在看来"南淮夷"和"淮南夷"是一回事，是"南夷"

的一种，只不过是在淮水流域。"溝"字见于《说文》，是"津"字的古文，至于说为什么是这样，前人有种种说法，不过说实在的，这些说法并不是那么可信。此处所伐的是"角、溝"和"桐、遹"，伯㦰父簋中所伐的是"廙""𡵂""𤁀"，二者对照就可以知道"角""溝""桐""遹"应该是四个地名，而不是"角溝"和"桐遹"。有人想把"廙"读为"冓"，因为"冓"和"角"都是侯部字，二者可通用，但实际上这个字并不是"冓"，所以这个问题还是存疑为好。之所以写为"伐角、溝"和"伐桐、遹"，而不写成"伐角、溝、桐、遹"，是因为"伐角、溝"和"伐桐、遹"可能不是同一个战役，我们不知道"角""溝""遹"是什么地方，我们只知道"桐"是今之桐城。

② "翏生从，执噝，折首，孚（俘）戎器，孚（俘）金，用乍（作）旅盨，用对刺"一句，作器者是"翏生"，社科院考古所的张亚初先生对此有过解释，张亚初先生是于省吾先生的弟子，《殷周金文集成》中的很多工作都是张先生做的，他和故宫的刘雨先生是老搭档。张亚初先生在金文研究上很大的一个贡献就是认为金文中凡是称"某生"者，"生"字每每读为"甥"。[①]《左传》和《国语》中有很多叫"生"的，这是当时的一种称呼习惯，在"生"字前面的一定是国名或族名，以此来表示该"生"的母亲来自于某国或某族。后来我对张先生的观点做了一点补充[②]，就是并非所有的"生"都是如此，但很多情

[①] 张亚初：《两周铭文所见某生考》，《考古与文物》1983年第5期。
[②] 李学勤：《鲁方彝与西周商贾》，载《当代学者自选文库·李学勤卷》，第 302-308 页，合肥：安徽教育出版社，1999年。

况下确如张先生所言,这也是张先生在金文研究方面的一大贡献。此铭中的"翏生"也是如此,"翏"应该也是一个国族的名称,所以就可以把"翏"读为"蓼","翏生"即"蓼甥"。"蓼"在安徽霍邱西北,离六安很近,《左传·文公六年》有"六、蓼灭于楚"。大家要知道,"英""六"二国是夏代就有的,"臧文仲"听闻"六、蓼灭于楚"之后,就有了"皋陶、庭坚不祀忽诸"之语。六国是"皋陶"之后,是偃姓,这是没有问题的,后人根据"臧文仲"的话,认为蓼国也是偃姓,一般的书,包括《春秋大事表》在内,都是这样认为的,但是因为"庭坚"使得这种说法有些难以成立。《左传》记载"高阳氏"有"八子"曰"八恺","庭坚"就是"八恺"之一,"高阳氏"就是"颛顼","颛顼"是姬姓的,所以"庭坚"也应该是姬姓的。到了汉晋之际,对此就有了两种意见,一种意见认为"臧文仲"所说的"庭坚"并不是"八恺"之一的"庭坚",而是"皋陶"的号,应劭的《风俗通义》和杜预都是这种看法,但这种理解明显和《左传》的记载相违背。到了清代,就认为应劭和杜预说的不对,"皋陶"和"庭坚"应该是两个人,所以蓼国应该是姬姓的。这两种说法现在无从论证,但我说实在的,如果"庭坚"就是"八恺"之一的那个"庭坚",应劭和杜预还能不知道吗?而且应劭和杜预都是作氏族研究的,《风俗通义》中专门有一篇是讲"氏族"的,所以这个问题还是等以后再来解决。但不管怎么说,蓼国是靠近六国的,是霍邱附近的一个古国,虽然"蓼生"是随"王"南征的,但"蓼"是"蓼生"的母家,所以"蓼生"与"蓼"有一定的血缘关系,甚至我们可以多一些想象,认为"蓼生"是在为周王朝的军队带路,又因为有"执嘼,折首,俘戎器,俘金",所以"蓼生"也是一员武将。"戎器"就是"兵器",金文中有"俘戎",也有"俘兵","兵"就是"兵器",但是"戎"有两种理解,一种理解是"兵",还有一种理解是"战车",所以此处的"俘戎"也有可能是"俘战车",这一点我们就没法选择了,只是提供一种可能的说法。"兵"就是所有的兵器都包含在内,并不一定是"戈",但有的铭文却明确地讲"俘戈",这一点大家要注意。伯戜父簋提到了"俘金",此处也提到了"俘金",所以在这个地方打仗就是有这样的好处,不仅能"折首""执讯",还可以"俘金",而"俘金"也是这个战争的目的之一。

③"蓼生䍙大嬭,其百男、百女、千孙,其迈(万)年釁(眉)寿永宝用"一句,"大嬭"是"蓼生"的夫人,《左传》和《国语》中讲到女子的时候,也有讲"大"或"小"的,这与古时的媵婚制度有关。也就是说,有的时候姐姐要嫁人了,她的妹妹就要陪嫁,或者是有同姓的女子来陪嫁,甚至还有非同姓的邻国女子来陪嫁。如果是姐姐出嫁而妹妹陪嫁的情形,有的称为"大",有的称为"少"。今天湖北的"郧阳"之"郧",在楚文字中作"邧",所以此处"嬭"即"妘","大嬭"也就是"大妘"。"妘"是祝融八姓之一,妘姓的人是很多的,但多在南方,当然北方也是有妘姓的,邻国就是妘姓。"百男、百女、千孙"在铭文中并不多见,在"梁其"的器物中有类似的话。

蓼生盨中所记录的事情也是这场战争中的一个组成部分,与之相关的还有一件就是鄂侯驭方鼎。

鄂侯驭方鼎

鄂侯驭方鼎（见图 8，图 9），现藏上博，为陈介祺旧藏，拓本见于《集成》2810。鄂侯驭方鼎是说鄂侯的名字叫"驭方"，而不是说这件鼎是一个方鼎，实际上鄂侯驭方鼎是一个圆鼎，而且鼎腹很深。

图 8　鄂侯驭方鼎

图 9　鄂侯驭方鼎拓本

鄂侯驭方鼎释文：
王南征，伐角、僪①。唯还
自征，才（在）坏，噩庆（侯）驭方
内豊于王②。乃祼之，驭
方䇂王③。王休匽，乃射，驭
方卿王射④。驭方休，阑，
王宴咸酓⑤。王亲易（锡）驭
【方】【玉】五珏，马三（四）匹，矢五
【束】⑥。驭方拜手頴首，敢
对扬天子不（丕）显休釐。

用乍（作）隣鼎，其迈（万）年
子孙永宝用。

①"王南征，伐角、僑"一句，"王"指"厉王"，"僑"就是翏生盨中的"遹"以及伯威簋中的"潏"，但是"角"和"僑"的具体地望并不可考，应该在安徽境内。"王"所伐的对象应该有很多，此处只是以"角"和"僑"作为代表。

②"唯还自征，才（在）坅，噩医（侯）驭方内豊于王"一句，"唯还自征"就是"唯来自征"，也就是"王征伐归来"，甲骨文中就有这样的例子，比如"王来征夷方"就是如此，"来"就是"回来"。"来"这个字与今天方言里的意思不太一样。我是江苏人，我们那边说的"来"和北方所说的"来"不太一样，北方说"来"指的是"回来"，而南方说"来"一般指"来到"。甲骨文中"王来征夷方"的"来"就是"回来"。因为打仗以前说的是"王征夷方"，打完仗往回走的时候就说"王来征夷方"，这一点是董作宾先生提出来的。董先生是南阳人，我不知道南阳人是否这样说，到今天我还觉得这一点和我想的有些格格不入。"坅"在这里是地名，"坅"在金文中见过很多次，有人认为此铭中的"坅"就是河南"大怀山"之"怀"，回"成周"的途中可能会经过大怀山。"噩"即"鄂"，"噩"和"丧"是不一样的，过去把甲骨文中的"丧"读为"噩"是不对的。"鄂"是西周时期南面的一个重要的国家，近些年有很多关于"鄂"的探讨。大家要知道，在古书中"鄂"有两个地点。一个是在今天的湖北鄂城，今天叫鄂州，鄂州一直到三国时期都叫"武

昌",也就是熊绎封其子"红"为"鄂王"之"鄂",这是没有问题的,因为在鄂州还出过楚国的铜器。在西周初年,鄂国的地望可能比较靠北。近年在湖北的随州,也就是过去的随县,离曾侯乙墓不远的地方出了大量西周初年鄂侯的器物,所以早期的鄂国应该很大,中心应该就在随县一带。当然这是在封曾国以前,虽然当地出的曾国器物很多,但曾国之封究竟在什么时候,还不得而知。我一直认为"曾国"就是"随国"[①],因为当地所出的曾国青铜器没有早过西周晚期的,我们猜想曾国之封在西周晚期,西周晚期时鄂国已经不在这个地方了,这只是我们的推测。"曾"也就是"随",是汉阳诸姬中最重要的一个国家之一,此处的"鄂侯驭方"应该是最后一代鄂侯。"内"读为"纳",训为"献"。如果大家看拓本,就会发现"豊"字的上半部分看不清,但是还是有轮廓,而且是一个圆的,所以应该是"豊"字。"豊"读为"醴",是一种甜酒,"鄂侯驭方内豊于王"也就是"鄂侯驭方向王进献了醴酒"。鄂国的国土应该包括随县在内,所以鄂侯驭方进献甜酒是比较合适的,因为直到今天孝感的醪糟还是很有名的。曾侯乙墓中出的冰鉴就是储藏醪糟用的,冰鉴当中是一个方壶,是装酒的,外面有一个方鉴是放冰块的。醪糟是一种甜的米酒,很容易变质,在湖北想喝醪糟最好的办法之一,就是把醪糟放在冰鉴中,"曾侯乙"为了喝酒就制作了冰鉴,用以储存米酒。这是当时最好的冰箱,方壶下面有卡槽,方鉴底下有钩,把方壶推到方鉴上,方鉴上的钩正好能扣在

[①] 李学勤:《曾国之谜》,载《新出青铜器研究》,第 124-127 页,北京:人民美术出版社,2016 年。

方壶的卡槽之中,把方壶固定住,即使抬着冰鉴走,方壶也是不会动的。由此也可以看出来"曾侯乙"的生活还是很快乐的,不仅有冰鉴,还有一个由二十四名女子组成的乐队给他奏乐。

③"乃卿之,驭方酓王"一句,"卿"即古书中的"祼",是一种祭神的仪式。"酓"是"友"的古文,此处读为"侑",义为"回敬","驭方酓王"即"驭方向王回敬酒"。

④"王休匽,乃射,驭方卿王射"一句,"匽"读为"宴","休匽"就是"王暂停了宴会"。"射"就是"射箭",在宴饮时举行射礼,就是古书中所谓的"宴射"。麦尊就记述了周成王和邢侯饮酒、射箭的情形,这是当时很亲热的一种举动。这种射箭是要比赛的,在此铭中是"驭方卿王射","卿"即"会",是"驭方陪着王射箭",也就是"驭方"与"王"为偶,二者对射。

⑤"驭方休,阑,王宴咸酓"一句,"休"训为"美",此处义为"尽兴"。"阑"训为"止",义为"完毕"。"咸"训为"皆","酓"即"歙",也就是"饮","咸酓"即"皆饮",就是"大家都喝了酒"。

⑥"王窺易(锡)驭【方】【玉】五珏,马三(四)匹,矢五【束】"一句,这篇铭文中有缺字,王国维先生就是这样补的。"窺"即"亲",义为"亲自"。此处的"珏"作"瑴",所从之"玉"作"○","○"是"璧"的象形字。"辟"就是"璧","辟"甲骨文作"䇇",所从之"○",即"璧"之象形,所以我一直认为花园村甲骨中的"□"就是"辟"。①

---

① 李学勤:《关于花园庄东地卜辞的所谓"丁"的一点看法》,载《文物中的古文明》,北京:商务印书馆,2008年。

"王"南征,从洛阳去打安徽的淮夷,一定会经过湖北,所以"王"所走的路线就是今天的京汉线,"鄂侯驭方"所处的位置就是今天的武汉。有人认为"鄂"是河南南阳北面的"西鄂",这是不对的,因为从洛阳出发到武汉,走南阳是过不去的,因此"王"伐"南淮夷"的时候,"鄂"就是必经之路,而"南淮夷"在入侵周的时候,也一定会经过"鄂"。

从鄂侯驭方鼎的记述来看,"王"南征的时候,并没有和"鄂"打仗,很可能是"王"南征的时候,"鄂侯驭方"很顺从地让王师过去了,否则"王"南征归来,不会这样快乐。但是,鄂国最后的结果是被灭掉了,因为这次淮夷入侵实际上和鄂国大有关系,这究竟是怎么回事呢?那就要看禹鼎。

禹鼎(上)

禹鼎铭文见于《集成》2833和2834,其中2834是宋代的刊本,著录于《宣和博古图》,也就是说,在宋代的时候禹鼎已经出现过了。这种情况并不稀奇,因为同样的器物不是只有一件,最近宝鸡出的那批铜器中有好几个鼎,铭文全都一样。禹鼎也是如此,2833和2834铭文一样,但并不是同一个器,因为赵宋古器能流传到今天的是极其有限的,比如兮甲盘,但兮甲盘现在还不知道在哪里,《宣和博古图》中所著录的那一件禹鼎也没有流传下来。禹鼎铭文很长,多年以来有很多人做过研究,由于铭文开头的第一个字像"成",所以很多人都根据宋朝的著录称之为"成鼎",再次发现禹鼎之后,大家就知道是宋刻本摹错了,这个字应该是"禹"。《宣和博古图》中记载,这件禹鼎得于华阴,但这并不意味着禹鼎是在华阴出土的。现存的这一件禹鼎,1942年9月出土于扶风任家村。1942年任家村的这批窖藏出了很多东西，禹鼎就是其中之一，但是这坑东西并不像庄白和杨家村所出的器物那样，是同一个家族的器物，而是非同人同族的器物，其中只有禹鼎是属于"禹"的，这是因为当时有些器物有所转移，这一点并不稀奇。

禹鼎（见图10、图11、图12、图13）在1942年出土，由于当时是战争时期，所以知道的人很少，只有当地人比较了解。那个时期周原出土的东西还是比较多的，比较有名的就是"梁其"的那批东西。那批东西的拓本后来流传到了大后方，郭沫若先生就对"梁其"的这批东西进行了研究，并且写了一篇论文[1]，发表在由卫聚贤主办的《说文月刊》上。这个文章很少有人知道，而且文中所著录的青铜器有一两件现今我们还是找不到，所以后来我建议把这篇文章收到郭老的《考古编》里面，但是我不知道究竟收没收。这里还有一点需要说明，有些本子上说禹鼎是1940年出土的，这个记载是不对的，从各方面的材料来看，禹鼎就是1942年出土的。禹鼎真正为人所知，要到新中国成立之初，当时西北大学的校长侯外庐先生委托陈直先生写了一篇介绍禹鼎的文章，印在了《光明日报》上[2]，陈先生在文中指出了，这件禹鼎和宋代所著录的成鼎是同一个人的器物。大家要知道，《宣和博古图》中记载了这件器物的尺寸和重量，经过核算，我们发现《宣和博古图》中所录禹鼎的尺寸要小于1942年任家村所出的禹鼎，所以禹鼎应该是列鼎。任家村所出的禹鼎高度是55厘米，现藏陕西历史博物馆，至于说任家村所出的这一件是不是最大的那一件，我们就不知道了。

---

[1] 郭沫若：《陕西新出土铜器铭考释》，载《郭沫若全集·考古编》第6册，第30-55页，北京：科学出版社，2002年。

[2] 陈直：《禹鼎考释》，《光明日报》1951年7月7日。

图 10　禹鼎

图 11　《博古图》所刊禹鼎

图 12　禹鼎刊本

图 13　禹鼎拓本

禹鼎释文：

禹曰①："丕（丕）显趠= 皇且（祖）穆公，克
夹盨先王，奠三（四）方②。緟武公亦
弗叚望朕圣且（祖）考幽大
弔（叔）、懿弔（叔），命禹厽朕圣且（祖）考，政
于井邦③，緟禹亦弗敢惷賜
共朕辟之命④。"乌虖哀哉！用
天降大丧于下或（国），亦唯噩（鄂）
侯驭方，率南淮尸（夷）、东尸（夷）广
伐南或（国）、东或（国），至于历内⑤。王
廼命西六𠂤、殷八𠂤曰："𠞰
伐噩（鄂）侯驭方，勿遗寿幼。"⑥緟
𠂤（师）弥怵匌匡，弗克伐噩（鄂）⑦。緟
武公廼遣禹率公戎车百
乘、斯驭二百、徒千⑧，曰："于匡朕
肃慕，叀西六𠂤、殷八𠂤伐
噩（鄂）侯驭方，勿遗寿幼。"⑨雩禹
㠯武公徒驭至于噩（鄂），敦伐
噩（鄂），休，隻氒（厥）君驭方⑩。緟禹又成，敢对
覍（扬）武公丕（丕）显耿光，用乍（作）大
宝鼎⑪，禹其万年子=（子子）孙宝用。

①"禹曰"一句，这个时期的铭文，多是以"某曰"开头的，比如猷簋开头是"猷曰"，大克鼎开头是"克曰"。"禹"是井氏，"井"也可以读为"邢"，在西周时有畿内、畿外之分，畿外的就是"邢"，在河北邢台，麦尊、麦方

鼎就出于此，现今在邢台发掘了西周到春秋时期的邢国墓地。还有一个是畿内的"井"，至于说"井"和"邢"究竟有什么关系，还不好论证，过去有人认为"井"和"丼"是不一样的，《说文》就把"井"和"丼"区别开，但这与我们今天所见的金文不合，金文中的"井"和"丼"没有那么明显的区别。"丼"在日文中也有，日文中的"丼"表示一种食品，但金文的"丼"和日文的"丼"没有关系。

② "不（丕）显趄=皇且（祖）穆公，克夹瞿先王，奠三（四）方"一句，"趄"在古书中多作"桓"，《尔雅》："桓桓，勇武貌。""夹"训为"辅"，"瞿"读为"绍"，训为"助"，"夹绍"即"辅助"。"奠"训为"定"，"奠四方"即"定四方"。金文中常见"奠伯"和"奠姬"，有人以为即"郑伯"和"郑姬"，但郑国是姬姓，所以不会娶姬姓女子为妻，所以"奠伯"和"奠姬"应该是"定伯"和"定姬"，"定"是常见的一个谥法。因为"禹"是"井氏"，所以"禹"的"皇祖穆公"就是"井穆公"，我认为这个"井穆公"很有可能就是穆王时期的"井利"。有人认为此处的"皇祖穆公"就是穆公簋盖中的"穆公"，这是不对的，因为穆公簋盖中的"穆公"是一个活人，他的名字就叫"穆公"。"皇祖穆公"之"穆"，与下文的"幽大叔"之"幽"以及"懿叔"之"懿"一样，都是谥法。有人认为这是讲的"文王""武王"时期的事，这是不一定的，估计讲的还是"穆王"时候的事。

③ "訊武公亦弗叚望朕圣且（祖）考幽大弔（叔），懿弔（叔），命禹胥朕圣且（祖）考，政于井邦"一句，

"肆"读为"肆",是一个虚字。"武公"和"周公""召公"一样,并不是一个谥法,而是西周晚期一个很重要的大臣。"武氏"也是一个非常重要的世族,到了春秋时期还存在,《左传》中有"武氏子来求赙"的记载。"亦"在此处有加强语气的作用,并不一定要翻译成"也"。"叚"读为"遐",义为"长""大"。"望"读为"忘",义为"忘记"。"圣"是形容"祖考"的一个美称,"祖"是指"幽大叔","考"是指"懿叔"。这里的"幽大叔"和"懿叔",就是张长寿先生主持发掘的张家坡井叔墓地的那几代"井叔",因为张家坡井叔墓地所出的铜器中,"井叔"的祖先也是"穆公"。"井叔"不止一代,而且每代都称"叔",所以应该叫做"井叔氏"。"禹"还有别的器物,就是叔向父禹簋,所以"禹"又叫"叔向父",也称"叔"。"叔"是排行,除了"井叔"之外,金文中还有"井伯"。"屌"字,见于甲骨文,张政烺先生释为"肖"[①],义为"学习",也就是"和……一样","命禹屌朕圣且(祖)考"就是"命令禹像他的圣祖考一样"。"政"义为"统治","井邦"也就是"井国","井国"是一个畿内国。这就是说"禹"的祖考,也就是"幽大叔""懿叔"都是"井叔",而且都曾"政于井邦"。此处"幽大叔"我认为很有可能就是曶鼎中的"井叔"。为什么畿内国的国君会埋在张家坡,也就是丰镐遗址呢?这是因为他们在朝廷做官,畿内的"井邦"是他们的封邑。周、召也是一样,"周公"是有

---

① 张政烺:《甲骨文"肖"与"肖田"》,载《甲骨金文与商周史研究》,第118-125页,北京:中华书局,2012年。

国的,鲁国是"周公"的长子"伯禽"就国,"周公"本人还封在"周",这个"周"就是今天周原的一部分,也就是岐周。"周公"死后是埋在"毕"的,之所以如此,是因为"文王"葬在"毕","周公"葬于"毕"以示不离"文王"。这里是"武公"命"禹""政于井邦",由此也可以看到"武公"的地位是很高的,虽然"禹"是有封邑的,但却是从属于"武公"的,因此"武公"是周厉王时期很重要的一个执政大臣,有"武公"的这几件器物,应该属于同一个时期。

④ "䇂禹亦弗敢惷䞻共朕辟之命"一句,"䇂"读为"肆",是一个虚字。"亦"是加强语气的助词,不要翻译成"也"。"惷"字,有人认为是从"春"的,这是不对的,因为"春"在甲骨文、金文中从来都不这样写。我认为徐中舒先生和陈梦家先生的讲法比较好①,他们二位都把"惷"读为"惷",是一个从"舂"的字,因为"舂"象两手拿杵之形,与铭文中的字形一致。"秦"字就有两种写法,一种是从"臼"的,还有一种是不从"臼"的,有人认为从臼的"秦"字更古,但在西周金文中,不从"臼"的"秦"字很早就有了,所以这个标准是不适用的。"惷"字见于《说文》,义为"愚"。"䞻"义为"改变",金文中凡当"改变"讲的"易",多作"䞻",此外"者旨于䞻"的"䞻",以及楚简中的"䞻",都是从"目"的。"共"读为"恭"。"辟"是"君主",在此处指"武

---

① 徐中舒:《禹鼎的年代及其相关问题》,载《徐中舒历史论文选辑》,第994-1020页,北京:中华书局,1998年;陈梦家:《西周铜器断代》,第270页,北京:中华书局,2004年。

公","辥禹亦弗敢忒賜共朕辟之命"义为"我不敢愚蠢地改变尊敬的武公的命令"。"禹"到封邑去进行统治,是在"武公"的安排之下的,而不是由"王"来封的,这是一个很特殊的情况,应该与当时的社会政治状态有一定的关系,所以"武公"在当时的朝廷里面是掌握大权的人物。中国历朝历代凡是出现这种人物的时候,国家往往会出现问题。

· 2010 年下半年第九次课 ·

禹鼎（下）、再簋、再盨、应侯视工簋

禹鼎（下）

这次课我们继续讲禹鼎，上次我们已经提到禹鼎是列鼎，禹鼎至少有三件，现在已经出现了两件，一件是北宋出现的，还有一件是1942年在任家村发现的。任家村窖藏里面没有其他和"禹"相关的器物，所以该窖藏本身不是禹鼎所属"井叔"家族的，这一点是肯定的。从现在的发掘来看，"井叔"家族的墓地是在长安张家坡一带，属于丰镐遗址，并不在周原，至于这件禹鼎是怎么流到周原的，那就要看具体情况了，我们不便揣测。

"南夷""东夷"的核心是"淮夷"，在当时来说"夷"的范围是很广的，金文中有"南夷"和"东夷"，虽然"蛮""夷""戎""狄"可以互称，但目前没有看到"西夷"和"北夷"。"南夷"和"东夷"的范围也是很广的，当时山东半岛的少数民族都被称为"夷"，可是实际上侵扰西周的一些"夷"，大概不会北到山东半岛这一带，主要的还是在泗水流域，甚至在更南的地区，这样就和所谓淮水流域的那批人连在一起了，所以"东夷"和"南夷"主要还是在淮水流域。近二十年以来，淮河流域的考古工作逐渐得以开展，在夏商周的考古范围里面，淮水流域也有很多新的发现，在史前范围内的考古发现也很重要，比如蚌埠的禹会遗址。涂山有一个村子叫"禹会",之所以叫"禹会",是因为大禹曾在这里开会。这当然是传说了,但当地出土的陶器确实受到了四面八方的影响,有的像山东的,有的像北方的,有的像东南的,所以这个传说并不是完全没有道理。自古以来,中国讲"四渎",就是"江""河""淮""济",现在大家多讲"江""河",却很少讲"淮""济"了,当然现在济水入黄河了,这是自然地理的问题,但是淮河地区的历史、考古研究一直是比较差的,很多问题都说不太清楚,这些年开始有了一定的起色,比如钟离国的发现等。

有一点是必须要指出的,就是在西周时期,"淮夷"一直都是时叛时服的,而且主要的还是"叛"。"三监之乱"的时候,商朝复辟主要的依靠力量之一就是"淮夷",当然也包括在山东的一些人,比如"商奄""蒲姑"一类,但"淮夷"还是占了相当大的数量。后来山东地区有齐国、鲁国、纪国等一些国家,对"东夷"进行镇压,所以山东地区还比较稳定。"淮夷"就不是这样了,西周时期经常有"淮夷"作乱,从康王、穆王时期就有,比如"徐偃王之乱",实际上也是"淮夷"作乱,再往后就到了厉王时期。

禹鼎释文:

禹曰[①]:"丕(丕)显趄﹦皇且(祖)穆公,克

夹蹟先王,奠三(四)方[②]。緟武公亦

弗叚望朕圣且(祖)考幽大

弔(叔)、懿弔(叔),命禹凥朕圣且(祖)考,政

于井邦[③],緟禹亦弗敢惷曁

共朕辟之命[④]。"乌虖哀哉!用

天降大丧于下或(国),亦唯噩(鄂)

侯驭方,達南淮尸(夷)、东尸(夷)广

伐南或(国)、东或(国),至于历内[⑤]。王

廼命西六𠂤、殷八𠂤曰："𣪩
伐噩（鄂）侯驭方，勿遗寿幼。"⑥𫐓
𠂤（师）弥宋匐匡，弗克伐噩（鄂）⑦。𫐓
武公廼遣禹達公戎车百
乘、斯驭二百、徒千⑧，曰："于匡朕
肃慕，叀西六𠂤、殷八𠂤伐
噩（鄂）侯驭方，勿遗寿幼。"⑨雩禹
㠯武公徒驭至于噩（鄂），辜伐
噩（鄂），休，隻乎（厥）君驭方⑩。𫐓禹又成，敢对
剔（扬）武公不（丕）显耿光，用乍（作）大
宝鼎⑪，禹其万年子₌（子子）孙宝用。

⑤"乌虖哀哉！用天降大丧于下或（国），亦唯噩（鄂）
侯驭方，達南淮尸（夷）、东尸（夷）广伐南或（国）、
东或（国），至于历内"一句，"丧"义为"祸"，大家要
注意，"丧"字的写法和"噩"字是不一样的，"天降大
丧于下国"指的就是"淮夷作乱"这件事。"广"训为"大"，
在文献中多写作"光"或"横"，此处的"广"不是指地
理面积上的广大，而是规模很大。《左传》中曾讲到"周
之四土"，其中的"南土"就是"巴""濮""楚""邓"，
这是很远的，"巴"已经到了今天的重庆。"濮"的范围
更大，有人说"濮"包括今天的云南，但这是后世的说
法。"楚"在湖北，"邓"在河南南部。"东土"包括周的
几个封国，比如齐国、鲁国等，但并不包括胶东地区，
胶东地区当时还有莱国，莱国当时还是从属于周的，再
往东就不是这样了，还有很多"东夷"并不从属于周。

"至于历内"有很多的猜测,实际上"历内"这个地方是相当靠北的,但"历内"不会是一个行政地理的范围,并且也没有一个历国存在。"内"有可能读为"汭",但太靠北了,"汭"在今天的山西平陆一带。还有一种说法是"汭"在今天的陕西大荔,但还是太靠北。但不管怎么说,"历内"一定是深入内陆,但具体是什么地方,还需要进一步讨论,我认为还是不强说为好。这次入侵的责任主要在"鄂侯驭方",这件事在禹鼎再次发现以前,谁也想象不到,因为宋代的材料缺的太多,究竟是怎么回事还看不明白。大家以前受到了鄂侯驭方鼎的束缚,在鄂侯驭方鼎中,"鄂侯"和"王"的关系是非常好的,后来二者反目了,并且"王"把罪责放在了"鄂侯驭方"头上,这给了我们一个很大的历史上的惊喜,同时也揭露了一个事实,就是"鄂侯驭方"带领"南夷"入侵。大家仔细想一想,就会觉得这是比较合理的,周初鄂侯的器物出在湖北的随州,因为当时诸侯埋葬的地点不会离首都太远,所以当时鄂国的中心是在汉东一带,而且当时鄂国的面积应该很大。可是到后来这种情况就有所改变,鄂国的中心南移,所以古书中就有两个"鄂",一个是"西鄂",在今南阳以西,还有一个就是在湖北的"鄂城"。不管"鄂"如何移动,它都是在周朝南土的核心区域,因为"巴""濮""楚"都在"鄂"以南,"邓"的位置与"鄂"差不多,所以"鄂"的地理位置更靠近周,也就起到了拱卫"成周"的作用,是中原以南的一个大国。"鄂"在商朝就已经有了,"鄂侯"是"纣"的三公之一,现在我们从金文中知道鄂国是姞姓,并非周之宗室,但鄂国的地理位置非常重要,是中原地区的门户,所以如果是"鄂侯驭方"率"南淮夷"和"东夷"至于历内,就比较合理了。

⑥ "王迺命西六𠂤、殷八𠂤曰:'䧹伐噩(鄂)侯驭方,勿遗寿幼。'"一句,"西六师"就是在宗周的"六师",按照《周礼》来说,就是周的"六军",我们在西周金文中没有看到相当于《周礼》中"军"的级别,金文中最高的级别就是"师",所以金文中的"六师",也就相当于《周礼》中的"六军"。当时是"兵农合一"的,"宗周"有"六乡",每一乡的丁壮组成一个"师",也就是《周礼》中的一个"军"。"六乡"的管理者在和平时期就是"六卿",在打仗时就是"六师"之长,所以有的铜器中讲到"六师"的时候,所涉及的并不是战争,而是衣服、种植、放牧一类的事情,这是因为"师"就等于"乡","六师"和"六乡"实际上是一回事。"殷八师"也叫"成周八师",不见于文献,但见于金文,平定"三监"之后,周公根据武王的遗命修建了成周,成周里面除了有一部分周人之外,主要是周公所迁的殷遗民,也就是把原先不服从周的商朝遗民全部迁往成周,以便管理。大家也许觉得奇怪,这些殷遗民不会造反吗?实际上殷遗民在控制之下,慢慢地就融合了。这种事到西汉还是如此,西汉之时迁六国贵族于关中。张家山汉简的《奏谳书》中有一个案例,根据汉朝的法令,要把六国的族人全部迁到关中来,在押解的过程中,押解部队的一名年轻官员与被押解的一个贵族女子相恋,但这时已经到了关中,这些贵族已经被管制起来了,所以这个官员就想办法让

那名女子逃走,于是就让那名女子女扮男装,戴上帽子,装成病人出关,结果被抓到了,估计最后二人都被判了死刑。前些年在三峡工程施工的过程中出了一个景云碑,里面说楚国的景氏也被迁到了关中,经过了若干代,才得到自由,之后才能迁走,最后到了郧阳。西周迁殷顽民成立"殷八师",就类似于清朝把一些汉人编入八旗,而编入八旗的这些汉人打仗也很厉害。这一点在考古上得到了证实,二十世纪五十年代,在洛阳中州路一带出了很多墓葬,其中有不少是按照殷人的习俗来葬的,这些就应该是被迁的殷民。可是这些人后来都成了周人最主要的力量之一,而且还有八个"师",因为是由在"成周"的殷人组成,所以叫"殷八师",也叫"成周八师"。"王"所命的"西六师"和"殷八师"都是周王朝的正式军队,但是这里面没有"虎贲""师氏"一类的人,所以这场战争并没有动员"虎贲""师氏"。"西六师"一直到子犯编钟还有,当然这是象征性的,并不是说真的有周王的军队去参加城濮之战,但名义上还有"西六师"。"鬫"读为"翦",或者读为"践","鬫伐"即"践伐"。"寿"训为"老","勿遗寿幼"即"勿遗老幼",就是"老幼都不要留下",也就是"全部杀光",由此也可以看出厉王的暴虐。"勿遗"一词,见于《清华简》的《尹诰》,又见于《尚书》的《盘庚》。

⑦ "肆自(师)弥宋匋匚,弗克伐噩(鄂)"一句,"肆"读为"肆",是一个虚字。"弥"训为"久"。"宋"是从"术"的,读为"怵",训为"惧"。"匋"训为"并"。"匚"即"匡",读为"恇",训为"怯"。"弥宋匋匚"义

为"长久地恐惧"。"克"训为"能","弗克伐鄂"就是"不能伐鄂"。由此看来,鄂国是一个很强大的国家,虽然"东夷""南夷"被打败了,但是"鄂侯驭方"还想掩盖这种开门揖盗的事实,如果不是"鄂侯驭方"与"东夷""南夷"商量好了,那"东夷""南夷"又怎么能够打进来呢?所以铭文中所谓"遝南淮夷、东夷广伐南国、东国"可能就是这样一件事,这个事情后来被发现了,"厉王"就派"西六师"和"殷八师"去征伐"鄂侯驭方"。虽然王命已下达,但"西六师"和"殷八师"却没有能够去打"鄂侯驭方"。

⑧"辞武公廼遣禹遝公戎车百乘、斯驭二百、徒千"一句,"辞"读为"肆",是一个虚字。"武公"是厉王时期最重要的卿士之一。"斯"读为"厮",训为"徒","厮"指的是"服役的人",也就是"后勤人员"。"驭"是"驾车的人",但这些人所驾的不是战车,而是运后勤物资的车辆。当时打仗的主要有几种人,最中间的是战车,战车上有驾车的人,还有车右,在战车后面还有徒兵,也就是步兵,徒兵之后还有跟着服役的后勤人员。大家要知道,这些人都是要从各个采邑中抽调的,所以在《国语·齐语》和《管子·乘马》中都记载了征调的比例,记载更为详细的是《司马法》,但是《司马法》已经不全了,只有引文存在。这些记载在时代、国别上虽然有些不同,但总的精神是一样的,就是有多少田地就要出多少丁壮,而且还要出车、出兵器,这些战争物资都是要由地方按照一定的比例来负担的。"戎车"的数量是一百,"徒兵"的数量是一千,"厮驭"的数量是二百;也就是

说，每一辆"戎车"配十个"徒兵"和两个"厮驭"，虽然不是所有的军队都是这样的配置，但基本上应该差不多。"武公"的地位很高，并且"武公"自己的采邑中就能够出一个百乘的军队，相反，"西六师"和"殷八师"倒是很害怕。而且"叔向父禹"实际上是"武公"的一个家臣，但是"禹"这个家族本身的地位也是很高的，所以"武公"和"禹"之间的关系很值得研究，这一点对于我们认识西周的制度也很有启发。这些军队是"武公"的，而不是"王"的，由此也可以看出，当时是"武公"一类的大臣在把持朝政。

⑨ "于匩朕肃慕，䇂西六𠂤、殷八𠂤伐噩（鄂）侯驭方，勿遗寿幼"一句，这句话是"武公"说的，也就是"武公"来命令"禹"。虽然井邦是由"禹"统治的，但实际上井邦是在"武公"的控制之下。"匩"在楚文字中常见，读为"将"，训为"持"。"朕"是"我的"，"肃"训为"敬"，"慕"读为"谋"，"匩朕肃慕"即"带着我的重要计谋"。"䇂"可读为"助"，而且在楚简中也读为"助"，至于说为什么读为"助"，还需要进行研究。有些问题我们知道是什么，但并不知道为什么，这是我们的智商有限。我们可以设想一下当时的情况，应该是"王"派周的正规军，也就是"西六师"和"殷八师"，去打"鄂侯驭方"，但是"西六师"和"殷八师"到了鄂国却不敢进攻，所以屯兵不动。于是"武公"就派"叔向父禹"带着一支劲旅，帮助"西六师"和"殷八师"攻打"鄂侯驭方"。因此，并不是说只依靠一支百乘的军队就可以把鄂国打下来，还是要有"西六师"和"殷八师"才可

以,"禹"所率领的军队起了重要的作用,所以才作了这个鼎作为纪念。

⑩ "雩禹吕武公徒驭至于噩(鄂),辜伐噩(鄂),休,隻氒(厥)君驭方"一句,"雩"就相当于"粤",是一个虚字。"吕"义为"率领"。"至于鄂"之"鄂"指的是"鄂国的都城"。"辜"读为"敦",训为"伐"。"辜伐鄂"之"鄂"指的还是"鄂国的都城",当时的战争多是城邑之间的战争,不像后来要守一个边界。"休"义为"美"。"隻"读为"获",义为"俘获"。"氒"指代"鄂国","厥君驭方"即"鄂国的国君驭方"。

⑪ "肆禹又成,敢对飘(扬)武公不(丕)显耿光,用乍(作)大宝鼎"一句,"肆"读为"肆",是一个虚词。"又成"即"有功","打胜仗"谓之"有成"。因为"絅"可写作"絅",所以此处的"耿"即"冋",义为"光明"。"禹"感谢的不是"王",而是"武公"。此处的"大宝鼎"不要理解为单数,实际上是一组鼎。

通过禹鼎记述的事件,可以想象当时是一个很不和平的时代,有"东夷"和"淮夷"入侵。至于为什么入侵,还是有它的道理的,并不完全像厉王所说的犯上作乱,实际上周朝对于"淮夷"的压榨和剥削是很厉害的,以后我们会举出有关的材料加以说明。从历史传统上说,"淮夷"一直和周朝作对,并且是支持殷商的,或许"淮夷"从来也没有真正臣服过周王朝,在周王朝并不强盛的时候,"南夷""东夷"作乱,就比较容易理解了,而且一直到周朝的灭亡,这种情况也依然如此。真正把"南夷""东夷"统一起来的,是后来的楚国,楚国在一定意义上也是"蛮夷",在政治上并不完全服从周王朝,独立称王、问鼎中原就是很明显的例子,可是楚人很愿意接受周人的一些文化,并且逐渐扩大势力范围,把淮水一带纳入囊中。在秦国比较兴盛之后,楚国的重心逐渐东移,因此楚国后来大都处于原来"南夷""东夷"的范围之内,楚国后来的地位也就和原来的鄂国差不多了。如果这次鄂国不被消灭,鄂国也就相当于后来的楚国的地位。这是周厉王时代的情况,此时的楚国还没有强大,而且楚国一直到"楚文王"和"楚武王"的时候,还是"地不过同","百里"谓之"同",也就是说楚国的国土当时还不到一百里,仍是避处于荆山,在湖北境内。有关楚国的历史,清华简的《楚居》中记载得比较清楚。

鄂国在这次战争之后就被灭国了,此后就再也没有见过鄂国的青铜器了,在《左传》《国语》中,鄂国也不存在了,这也就是鄂国的结局。鄂国被灭之后,厉王很高兴,于是就去巡狩,当时的"南夷""东夷""具见廿有六邦"。最近由于一些新材料的发现,我猜测随国也就是曾国之封,是在灭鄂之后[①],要不然曾国往哪里封呢?曾国所处的随州本是鄂国的地方,鄂侯早期的铜器就出在随州,而且现今所见的曾国青铜器是没有早过西周晚期的。

虽然我们可以搜集到一大批厉王时期与"征淮夷"有关的铭文,可是它们的先后顺序我们是排不定的,虽然宗周钟的记载可能是结局了,但也不一定,或许是这次巡狩过后才是鄂侯驭方叛乱,之后厉王又一次派兵征伐。所以这些材料之间究竟是怎样的逻辑关系,根据目前的材料还不足以得出确切的结论。

我们接下来还要讲一些与这次战争相关的器物,但在讲之前,先要熟悉一下当时的地理。周朝对东南的统治,起点是成周,这一点从禹鼎中可以看得更清楚,因为伐鄂的时候不仅要用到"西

[①] 李学勤:《由新见青铜器看西周早期的鄂、曾、楚》,载《三代文明研究》,第90-96页,北京:商务印书馆,2011年。

六师",而且还要用到"殷八师",所以伐鄂的时候一定是从成周出发的。我们可以设想一下,"西六师"应该是和"殷八师"会合之后再攻打鄂国。"西六师"从宗周出发可以有两条路线,其一为出函谷关到达洛阳,还有一种是成周的部队往南走,宗周的军队从商洛地区出去,这两种情况都是可能的。

西周时期东南的地理形势大致如此:

成周(今之洛阳)
应(平顶山)
邓(南阳)
鄂

大家可以看到成周的南面还有一个非常重要的国家,这就是应国。应国是在今天的河南平顶山一带,再往南到了南阳一带就有邓国,邓国是曼姓,但是邓国当时并不是很强大,再往南就是鄂国,鄂国以南就是"南夷"和"东夷"了。

在洛阳以南的这些国家中,与周的关系最为密切的就是应国,而且应国在当时也是非常重要的。最近《文史知识》办了一个关于平顶山文物的专辑,我写了一篇东西,把应国的历史简单地串了一下[1],举了几件青铜器,其中有几件器物就和我们讲的这次战争有关。应国是武王之子所封,至于说第一代应公是否为武王之子,还有人怀疑,但是前些年在平顶山出了一个西周末年的鼎[2],是当时的"应公"祭祀周武王的,因为铭文中有"武王",所以应

---

[1] 李学勤:《探寻久被遗忘的周代应国》,载《三代文明研究》,第 39-45 页,北京:商务印书馆,2011 年。

[2] 河南省文物考古研究所平顶山市文物管理局:《河南平顶山应国墓地八号墓发掘简报》,《华夏考古》2007 年第 1 期。

国为武王之后是没有错的，因此《左传》中"邘晋应韩，武之穆也"的记载还是非常可信的。应被封在平顶山这个地方，目的就是拱卫成周，西周时期应国所处的位置，就相当于后来郑国的位置，当然郑国的地理位置还是比应国要再靠东边一些，郑国是在今天的新郑。

现在我们可以知道，应国自初封起一直到最后都没有迁徙过，而且应国公室的墓葬群就在平顶山一带。河南省考古所在这个地方进行了多年的发掘，实际上这个墓地很早就有铜器出土，我们在这里举几个例子，之后再看一下应国在厉王伐淮夷的过程中所起的作用。

应国的铜器很早就发现了，在宋代就有著录，是一件簋，簋铭作"应侯作姬邍母隣簋，其万年永宝用"。这件东西应该就是平顶山出的，因为近年平顶山所出的铜器中也有与之铭文相同的，平顶山地区是一个大的墓葬群，而且是位于一个土岗上，下过雨后随着水土流失，这些墓葬就会暴露出来，所以在耕田时很容易就能发现应国的铜器。吕大临在《考古图》中没有认出"应"字，吕大临读为"雁"，但是《博古图》正确地释出了"应"字，并指出第一代应侯是武王的第四子。"第四子"是唐朝的说法，但应国是武王之子所封这是没错的，所以应国是姬姓。"姬邍母"是一个女性的名字，与应侯同姓，但是应该不是应侯的女儿，应该是应侯的姐妹。

清代中叶以后，出了很多应国早期的铜器，大家如果有兴趣，可以去看一下陈梦家先生的《西周铜器断代》。陈先生把当时所能见到的应国的铜器都综合到了一起[1]，而且有些材料还是陈先生特别发表的，其中有一些异形器，比如有的尊上有鋬，这种形制的

---

[1] 陈梦家：《西周铜器断代》，第 78-79 页，北京：中华书局，2004 年。

尊在"鄂侯"的器物中也有。陈先生记录的有关"应公"的铜器有十二件，其中铭文较长者为"应公作宝尊彝，曰：'奄曰乃弟用夙夜鼒鼎'"。称"×公"的，常常是该国的始封君，但也并不都是如此，但是这件铜器是西周前期的器物，所以此处的"应公"就是应国的始封君。"奄"是人名，这个"奄"字是很特别的，是从"申"，从"大"的，把这个字倒过来就是"奄"字，"曰"义为"带领"，"奄"可能是"应公"的长子，也就是第二代应侯。这些"应公"的器物肯定是在平顶山出的，因为后来在清理的时候，发掘出了一个西周时期的大墓，该墓中的铜器却不见了，可是其他的东西还有一些。由此可以确定这个墓是周初的，所以"应公"的东西可能就是这个墓或者是与之有关的其他的小墓中出的，因此在清朝中叶的时候，平顶山一带应该已经有了一些很重要的发现，只是当时不太注意罢了。

在平顶山滍阳岭的发掘过程中，看守并不严密，所以还是有盗掘的情况，从青铜器的角度来说，盗掘出土的铜器比发掘出土的要好很多。大家要知道，这种事实际上是常常有的，盗墓贼往往要比考古人员幸运得多，好的器物往往是被盗墓贼挖走的。在这里面有几件器物是非常有意思的，我们先来看一件西周中期的再簋。

再簋

再簋（见图1、图2）为西周恭、懿时代的器物，现藏保利艺术博物馆，从这件器物中可以看出西周中期时，应国和周王的关系是非常密切的。

再簋释文：

隹（惟）王十又一月初吉丁亥，

图 1　再簋　　　　图 2　再簋拓本

王才（在）姑。王弗望雁公室,
烕宦再身①,易（锡）贝卅朋,马三（四）匹②。
再对虩（扬）王不（丕）显休宦,用
作文考釐公隣彝,其万
年用夙夜明亯,其永宝。

　　①"王弗望雁公室,烕宦再身"一句,"望"读为"忘",义为"忘记"。"雁公"即"应公",指的是应国的始封君。"室"就是"家"。"烕"即"蔑",见于楚简,是一个副词,李家浩先生对此写过文章,但也没有得出最后的结论。①"宦"读为"予",义为"赐给"。"再对虩（扬）王不（丕）显休宦"之"宦",也是"赏赐"之义。

　　②"易（锡）贝卅朋,马三（四）匹"一句,"贝三十朋"和"马四匹"在对诸侯一级的赏赐中是常有的。

---

① 李家浩:《应国再簋铭文考释》,《文物》1999 年第 9 期。

如果只是看禹簋这一件器物，大家会觉得"禹"虽然是"应公"家族的人，但也只是"王"下面的一个臣子，这告诉我们西周时期有些诸侯国的子弟就是要到王朝中为臣的，这种情况到了春秋以后就比较少了。齐国也是如此，齐太公在王朝中做太师，他的儿子"丁公吕伋"也是在朝中为臣的，而且齐国五世皆反葬于周，西周时期诸侯国与王朝的关系和春秋战国时期就大不一样了。晋侯苏钟的"晋侯苏"也是如此，按我的看法，晋侯苏钟里面所讲的是"苏"没有当晋侯时的事情，当时"苏"只是"晋侯"的一个子弟。如果大家读《周礼》就可以知道，当时诸侯的子弟是要到王朝和王子一起去上学的，最近新出的荣仲方鼎就证明了这个问题，所以"禹"在王朝中做官并不稀奇。"禹"后来也成了应国的国君，我们之所以知道这一点，是因为滍阳岭 M84 出土的禹盨。

禹盨

下面我们来看禹盨（见图3、图4）。

图3　禹盨

图4　禹盨拓本

禹盨释文：

雁侯禹肇乍（作）氒（厥）不（丕）

显文考釐（釐）公障彝，

用妥倗友，用宁多

福，禹其萬（万）年永宝。

"雁侯禹"即"应侯禹"，此处的"禹"就是禹盨中的"禹"，因为此处"禹"的"文考"和禹盨中"禹"的"文考"都是"釐公"，此时"禹"已经是"应侯"了，也就是"禹"成了应国的国君。"妥"读为"绥"，训为"安"。"倗友"即"朋友"。"宁"读为"予"，训为"赐"，此处是被动用法，义为"受赐"。

由此可证明两点：其一，禹盨也应该是平顶山所出，后来被卖到了保利；其二，禹盨之"禹"与禹盨之"禹"是同一个人。

到了厉王时期，应国与王朝的关系更为亲密，此时的应国国君为"应侯视工"。

应侯视工簋

应侯视工簋（见图5、图6、图7、图8、图9、图10）共有两件，铭文相同，且器盖对铭，现均藏于保利艺术博物馆。

图5　应侯视工簋一　　　　图6　应侯视工簋二

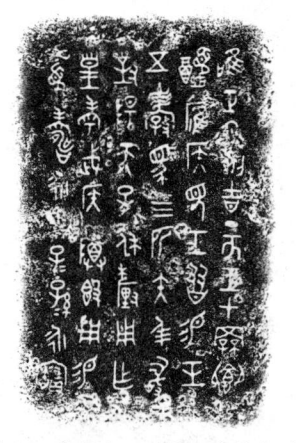

图7 应侯视工簋一盖铭拓本

图8 应侯视工簋一器铭拓本

图9 应侯视工簋二盖铭拓本

图10 应侯视工簋二器铭拓本

应侯视工簋释文：

唯正月初吉丁亥，王才（在）镙，乡
醴①。雁（应）侯视工㪔②。易（锡）玉
五珏，马三（四）匹，矢三千。敢
对扬天子休釐，用乍（作）

皇考武侯隣毀，用易（锡）

眉寿永令（命），子=孙=永宝。

① "唯正月初吉丁亥，王才（在）𢎘，乡醴"一句，"𢎘"是地名，估计是在应国的范围之内。"醴"是从"婴"声的，我猜想"醴"可读为"醪"①，是一种甜酒。

② "雁（应）侯视工酢"一句，"酢"读为"侑"，义为"向王回敬酒"。

这篇铭文与鄂侯驭方鼎很接近，而且这件簋和鄂侯驭方鼎也是同一个时期的器物，二者在时间上也相近，从赏赐的物品、飨礼来看，"应侯视工"的地位和"鄂侯驭方"差不多。

"应侯视工"是很吸引大家注意的一个人物，因为"应侯视工"的器物出现过几次。民国初年就出现过，后来"文化大革命"之前，陕西蓝田也发现过一个编钟，但蓝田所出的应侯视工钟的铭文只有一半，"文革"结束之后，这个材料就发表出来了。

1977年，我国开了一个关于中国古代度量衡的会，后来编了一本书就是《中国古代度量衡图集》。当时的那个会很有意思，因为"文革"刚刚结束，是不敢公开地召开全国性考古工作会议的，但当时国家标准计量局局长刘达同志很有魄力，于是就组织召开了这样一个会议。当时考古界大部分的学者都来参加了，其中就包括夏鼐先生、唐兰先生。与会人员住在友谊宾馆，我记得开会的头一天晚上，包括俞伟超、黄盛璋在内的几位先生聊了一个通

---

① 李学勤：《论应侯视工诸器的时代》，载《文物中的古文明》，第252-257页，北京：商务印书馆，2008年。

宵，大家都非常兴奋。第二天唐兰先生在会上拿出了一本书，这本书是日本书道博物馆中村不折的《三代秦汉遗物所见文字》，这本书是非卖品，所以当时很多人并没有见过这个材料。后来唐先生就把这本书给我了，我一看这本书里有一个钟，这个钟的铭文恰好能和当时刚发表的蓝田出土的钟的铭文连起来，于是在休息的时候，我就赶快到唐先生那里，跟唐先生说这件事。唐先生听后就笑了，因为唐先生已经发现了这个事情。第二天唐先生就把这件事告诉了陕西方面的人，后来陕西的同志就写了一篇文章，发表在《文物》上。[①]这两个铭文连在一起就是应侯视工钟的全铭，当时我们觉得很奇怪，陕西蓝田的钟是一个出土品，估计这件编钟早年就流落到了陕西，至于另外一件，我们并不知道是哪里出的。

最近，在潢阳岭被盗过的墓中，就出土了大量的编钟，拿到北京之后，我们就去鉴定。当时我们看到的就有五件，都是应侯视工钟，而且比以前发现的那两件更大、更好，这五件应侯视工钟现在都在保利博物馆。

[①] 韧松：《〈记陕西蓝田县新出土的应侯钟〉一文补正》，《文物》1977年第8期。

· 2010 年下半年第十次课 ·

应侯视工钟、应侯视工鼎、应侯视工簋、公作敔簋、敔簋（上）

应侯视工钟

西周晚期与东方和南方的战事是很频繁的，这方面的材料在传世文献中也有不少，但主要的记载集中在宣王时期，也就是所谓的"宣王中兴"。"宣王中兴"的主要内容就是在北方抵御了狁狁，在南方抵御了蛮夷，也就是说，南北两方面的战争，构成了"宣王中兴"的局面。这是在厉王之后，厉王时期与北方和南方的战事，最近又有了一些新的材料，这些材料都在金文里面。现在我们主要是谈一下东方和南方的战争，关于厉王时期与东方、南方战争的因果始末，还需要进行重新排比，希望大家在听完这个课之后，在思想上有一定的酝酿，也就是这些史实究竟应该如何排列起来。因为这些铜器大部分都没有纪年，所以不知道究竟哪些放在前，哪些放在后，这些事情的始末因果究竟如何，还有待进一步的研究。到目前为止，还没有人写过关于这些材料的综合性论文。

西周对于东南方的经营主要是依靠成周，宗周在今天西安的长安县，从大的范围来看，不仅是西周，秦和西汉依旧没有离开大的长安地区，所以丰镐也就成了秦咸阳和汉长安的基础之一。虽然关中地区很重要，但并不是当时中国版图的中心，包括商、周在内的很长一个时期，首都大多会建立在国土中间的位置，也就是所谓的"天下之中"。夏朝的首都按照传说就是在洛阳附近,基本上也是在"天下之中",在《度邑》与何尊里面也都强调了"天下之中"。最近"天地之中"申请了非遗,其实中国古代并没有"天地之中",只有"天下之中",过去我在给河南省写的文章中就特别提到过。[①]所谓"天下之中"指的就是当时王朝所能控制的版图中心,当然中国后来的版图越来越大,所以王朝所能控制的国境也趋于扩张,在这样的情况之下,洛阳也就不再成为中心。大家或许知道,抗日战争胜利之后,很多人都主张把首都搬家。当时国民政府的首都是南京,把首都放在南京大多数人都认为是偏安之局,并不太好,可把首都放在北京又太靠北,所以很多人主张把首都放在兰州。虽然兰州的政治、地理情况未必恰当,但这个说法在当时是很盛行的,实际上这还是一种"天下之中"的想法。西周之时为什么成周很重要呢?这是因为"四方入贡道里均",贡赋所体现的不仅是政治,更重要的是经济,成周在经济交往中是一个中心,这也就是洛阳的重要性,因此中国一直到北宋以前,也就是北方民族强大以前,多采用两都制,即长安和洛阳,这一点是学历史的人应该特别注意的。

总之,西周时期经营南方,不管西周是处于被动地位,还是主动地位,都是要从成周出发的。成周以南第一个最为重要的屏障,就是位于河南平顶山的应国,应国是周的同姓国,一直都服属于周。最近平顶山滍阳岭有一个墓被盗了,现在我们猜想这个墓就应该是"应侯视工"的墓,因为所出的很多东西都是"应侯视工"的,包括那两件应侯视工簋也是如此,除此之外还有若干件"应侯视工"的编钟。日本书道博物馆的那一件来源现已不可考,但也应该是出自平顶山应国墓地。比较特殊的是陕西蓝田的那一件,虽然

---

① 李学勤:《〈根在河洛〉序》,载《通向文明之路》,第318-321页,北京:商务印书馆,2010年。

出自陕西蓝田,但具体出土情况也不是太清楚,也应该是出自平顶山,可能是在很早的时候甚至在秦以前就被带到了蓝田。

现在有五件应侯视工钟在保利博物馆,在保利刚刚赎买的时候,我曾亲自去看过,这几件编钟非常精美,锈色也特别漂亮,照片和拓本著录在《保利藏金续编》里面(见图1、图2、图3、图4)。保利最为著名的编钟是戎生编钟,但戎生编钟基本上没有什么锈,这一点与应侯视工钟有所不同。

图1 应侯视工钟一　　　图2 应侯视工钟二
（蓝田出土）　　　（日本书道博物馆藏）

图3 应侯视工钟一　　　图4 应侯视工钟二
（蓝田出土）拓本　　　（日本书道博物馆藏）拓本

应侯视工钟释文：

隹（惟）正二月初吉，王归自成周，雁（应）侯视工遗王于周①。辛未，王各（格）于康宫②，焚（荣）白（伯）内右雁（应）侯视工③，易（锡）彤一、矢百、马三（四）匹④。视工敢对扬（扬）天子休，用乍（作）朕皇且（祖）雁（应）侯大薵钟⑤，用易（锡）眉寿永令（命），子=孙=永宝用。

①"隹（惟）正二月初吉，王归自成周，雁（应）侯视工遗王于周"一句，"初吉"下面没有干支，所以此处的"初吉"是定点，按照训诂上来说，"初吉"就是"朔"，也就是"初一"，有人认为西周早期还没有"朔"的观念，而是用"朏"来算的。所谓"朏"即"新月初见"，就是初二或初三，也就是西周早期所谓的"初吉"。这个说法并不合于训诂，所以这件事在学术界还没有定论。可不论怎么讲，单用"初吉"指的就是一个月的第一天，如果"初吉"下面有干支，指的就是包括"初吉"在内的之后若干天，一般是在十天之内。这些年我一直写文章认为"正二月"并不等同于"王二月"①，所谓"正"指的是"夏正"，也就是以建寅之月为正月，今天我们用的农历就是夏正，所以也叫"夏历"。周正是以子月为正月，所谓"子月"就是包含冬至的那个月，殷正是以丑月为正月，夏正是建寅的，也就是包含立春的那个月。为什么称夏历为"正"呢？这是因为夏时得天地之正，也就

---

① 李学勤：《由蔡侯墓青铜器看"初吉"和"吉日"》，载《夏商周年代学札记》，第97-104页，沈阳：辽宁大学出版社，1999年。

是说，夏正和二十四节气是一致的，用起来最方便，所以后来农村多用夏正。实际上周朝的时候也是如此，很多时候还是在用夏正，特别是晋国，所以读《左传》的人在排历法的时候就有些对不上，这是因为《左传》中的某些部分是根据晋史来写的，虽然《左传》整体用的是周正，但某些涉及晋国的史料用的却是夏正。有的时候周正是建丑的，夏正是建子的，但总的来说，周正是建子的，夏正是建寅的。之所以某些周或鲁的事情与晋的事情差两个月，就是因为建正的问题。我认为金文中讲到"正"的时候用的是夏历，至于说这个说法用在西周金文上是不是正确，还需要讨论，目前材料不够，所以还没有很好的核对，此处只是作为一种说法提出来，供大家参考。"王归自成周"即"王自成周归"，所归之处一定是"王"经常在的地方，也就是宗周，即今之陕西长安县。"遗"训为"加"，义为"馈赠"，我们常说"馈贻"，此句是说"应侯视工"有东西馈赠于"王"。这里有一点需要注意，在与"成周"对举时，用的是"周"，而不是"宗周"，所以从西周的铭文来看，如果只写"周"，指的应该是"宗周"，因为"宗周"是周朝的首都所在，是当时正式的首都。虽然何尊讲"王"要迁宅于成周，但这是西周初年的事情。当时也确实是有这种想法，从周武王的计划开始，一直到周公建成周之后，都有将成周作为首都的想法，但实际上西周的历代周王都没有去。整个西周将近三百年的时间，周王也不是像大家想得那么死，一定就是住在一个地方。大家可以设想一下，当时的情况和后来明清时期应该差不多，当时的"王"也会出去走走，当然纣王出去巡游的次数比明朝皇帝只多不少。最近有一部电视剧叫《明宫迷案》，这部电视剧还没有正式上演，这部剧拍得还是挺不错的，它把明朝的那些迷案全都串起来了，把讲不出来的一些东西也都讲出来了，因为要是不讲出来，担心大家看不明白。这部剧里面讲述了晚明的梃击、红丸、移宫三大案，实际上这些都是没有答案的，但在电视剧中都给出了答案，这是它的缺点，可整部剧基本上还是符合历史的。从这部剧中就能够看到从张居正死了之后，万历皇帝几十年都不上朝，连皇宫都不出，实际上万历自己也苦得很。但周王却不是这样的，周王当时是到处跑的，所以才有"王归自成周，应侯视工遗王于周"。不管应侯视工钟的时间是在应侯视工簋之前还是之后，我们都可以看出"应侯"和"王"之间的亲密关系。此处"王"是从成周回去的，最简单的想法就是"王"带着"应侯视工"伐淮夷胜利之后，"王"从成周回到宗周，"应侯视工"也回去了。过了不久，"应侯视工"可能觉得某些东西很好，所以就来给"王"送东西。虽然这里有我们想象的地方，但有一点可以确定，就是应国和王朝之间的关系，特别是在战乱的时期，也就是厉王对东南用兵、巡狩的时期，还会有这种事情，就能看出应国的特别地位。不管是地理位置，还是所起的作用，西周的应国在很大程度上相当于春秋时期的郑国。当然到了春秋时期作乱的主要是楚，但在西周之时王朝的控制范围还比较大，作乱的主要是南夷和东夷,所以"王归自成周,应侯视工遗王于周"并不是一件小事,因为在当时的历史背景下,这件事还是很重要的。

②"辛未,王各(格)于康宫"一句,"遗王于周"这件事并不是"应侯视工"派人去的,而是"应侯视工"亲自去的,所以到了"辛未"这一天,"王"就赏赐了"应侯视工",由此也可以看出前文的"初吉"一定是定点。"格"训为"至","康宫"是康王的庙,周的宗庙在宗周和成周都有,基本上分为两个大的组成部分,其中一个是太庙,也就是"京宫"。"京"是"高"的意思,是从文、武开始的,周的祖先也都包括在内。但是在康宫以后,康宫就成了一个单独的宗庙群,康宫就是这个宗庙群的核心,这一点古书中没有,是从金文中归纳出来的,这也是唐兰先生的重要贡献。①

③"焚(荣)白(伯)内右雁(应)侯视工"一句,此处的"荣伯"就是古书中赫赫有名的"荣夷公",他是周厉王时的卿士,相当于后来的宰相。这个人很坏,厉王的虐政多出自于他。"荣伯"在西周早期也有,历代都是西周的大臣,一直到春秋还存在。荣氏是与周同姓的,是周的宗室,但荣氏和周王室究竟是什么关系,是从哪个先王那里分出来的,到今天还不可考,可至少在周成王时期已经有了,所以"荣"应该是从很早的分支中分出来的。

---

① 唐兰:《西周铜器断代中的"康宫"问题》,载《唐兰先生金文论集》,第115-167页,北京:紫禁城出版社,1995年。

④"易(锡)弨一、彤百、马三(四)匹"一句,"弨"是"彤弓"的合文,"彤"是"彤矢"的合文,"彤弓""彤矢"是用红色的漆涂过的弓和箭。金文中还有"旅弓""旅矢","旅"通"卢","旅弓""旅矢"是用黑漆涂过的弓和箭,红漆的弓、箭比黑漆的要好。"彤弓一、彤矢百"这种赏赐对应的是诸侯或卿一级的人,这是很高的一种赏赐,类似的情况在《左传》《国语》中也有,城濮之战后周王给晋文公的赏赐也就是这样。此处的"马四匹",因为四匹马是一组,可以驾一辆车,之所以要四匹马一起赐,是因为这四匹马都是事先训练过的,可以相互配合。当时的马就好像今天的汽车,对于讲汽车的人而言,经常会用到汽车词典,这个词典是非常厚的,因为凡是受到重视的东西就会变得很细。大家要知道,在英文中最为复杂、难记的单词就是关于"船"的词,这些词的分类很细,甚至哪个桅杆、哪个帆、哪种板都会有专门的词汇,虽然如此复杂,但当时的人就是会做出来,然后记在专门的词典里面。之所以如此,是因为英国是一个航海大国,对船特别重视。同理,周朝的马也是如此,一定要四匹相互配合。

⑤"用乍(作)朕皇且(祖)雁(应)侯大替钟"一句,此处的"皇祖应侯"指的就是第一代应侯,也就是被称为"应公"的那个人。大家不要看轻了"侯",我们往往太拘泥于"公""侯""伯""子""男"五等爵的制度,实际上"侯"在当时是很大的。大家要知道,晋国当时也是一个侯,现在我们看晋侯墓地发掘出来的东西,就可以知道整个西周时期都称"晋侯",实际上到了

春秋初年还是称"晋侯",鲁国也是称"侯"的,所以一般的诸侯都称为"侯"。之所以叫"大龢钟",我们猜想应该是像树林一样可以排起来,所以才叫"林钟",但这个"林钟"并不是十二律中的"林钟"。所谓"大林钟"指的是一组大的编钟,实际上这个"大林钟"真的很大。现在我们一共能看到七个,但这七个钟肯定不是一组,这一点王世民先生已经指出来了①,实际上应该有两组到三组,每组有八个,至于说是否都随葬了,我们还不知道。

由"王"给"应侯"的赏赐,就可以看出"应侯"的地位,而"应侯视工"也是厉王时期非常重要的大臣,由此还可以看出"王"对当时诸侯国的控制是很严密的,诸侯国对王命也很是奉行,因此周王甚至可以干涉诸侯国的内政,这一点在金文和文献中都有体现。比如引簋就关系到周夷王对齐哀公的审判,周宣王对鲁国君位的继承也进行了直接的干涉。过去我还写过文章,讲西周王朝如何干涉诸侯国内政的事情。②大家不要认为西周的诸侯国会像春秋以后的诸侯国那样有那么大的独立性,特别是与周比较接近的诸侯国,比如应国。从我们所讲的器物中,大家会发现应国与王朝的关系特别密切,周王可以直接指挥、调动,这种情况和现在很多历史学上所认为的可能不太一样。

---

① 王世民:《应侯见工钟的组合与年代》,载《考古学史与商周铜器研究》,第486—490页,北京:社会科学文献出版社,2017年。
② 李学勤:《论士山盘——西周王朝干预诸侯政事一例》,载《文物中的古文明》,第195—198页,北京:商务印书馆,2008年。

应侯视工鼎

"应侯视工"为周厉王做了很大贡献,现在我们发现了两组金文,都谈到了"应侯视工"如何打仗,第一个就是上海博物馆收藏的应侯视工鼎(见图5、图6),该鼎著录在陈佩芬先生编的《夏商周青铜器研究》里面。①

图 5　应侯视工鼎　　　　图 6　应侯视工鼎拓本

应侯视工鼎(上博藏)释文:
用南尸(夷)𢆶敢乍(作)非良,广

---

① 陈佩芬:《夏商周青铜器研究·西周篇下》,三六三,上海:上海古籍出版社,2005年。

伐南国①。王令（命）雁（应）侯视工曰：
"政伐屮。"②我受令（命），臩伐南尸（夷）
屮，我多孚（俘）戎③。余用乍（作）朕剌（烈）
考武侯隣鼎④，用旇（祈）覺（眉）
寿永令，子=（子子）孙=（孙孙）其永宝用亯（享）。

①"用南尸（夷）屮敢乍（作）非良，广伐南国"一句，"用"义为"因"。"屮"字，很多人想释为"毛"，但释为"毛"是不对的，因为"毛"字中间的那一笔是斜的，但"屮"字中间那一笔是直的，所以应该释为"屮"。"屮"是"大"字的倒文，但此处的"屮"把中间的那一笔写通了，这种情况在"逆造"之"逆"中常有，所以"屮"一定是"屮"。对于"屮"字，我有几种想法。①一种想法是此处的"屮"是否就是"楚公逆"？大家要知道，在西周晚期，楚国有一个"楚公逆"，也就是"熊咢"，但是这个想法不对，因为按照史书上讲，"熊咢"是周宣王时人。第二种可能，"屮"就是"逆反"之"逆"，"南夷屮"就是"南夷反"，这种想法也不是完全不可能的。第三种可能是"屮"为南淮夷领袖的名字。"良"训为"善"，"敢作非良"即"敢为不善"，当然这只是从王朝的角度来看。"敢作非良"具体指的就是"广伐南国"，"广"训为"大"，"广伐南国"即"大伐南国"，这不是从地理上来讲，而是从程度上来讲。

---

① 李学勤：《论应侯视工诸器的时代》，载《文物中的古文明》，第252-257页，北京：商务印书馆，2008年。

②"王令(命)雁(应)侯视工曰:'政伐芇。'"一句,"王"的命令不会就这样简单,只是在铭文中把"王"的命令简化了,这一点在引簋里面也是如此。

③"我受令(命),戫伐南尸(夷)芇,我多孚(俘)戎"一句,"我"指"应国",当然也包括"应侯视工",因为此处是"我受命"而非"余受命",在甲骨文、金文中,"我"一般指多数而言,所以此处的"我"指的也就是"应国"。"戫"读为"翦"。"戎"可以解释为"戎器","戎器"可以是"兵器",比如引簋就有"俘兵"。还有一种可能,就是"戎"指"战车"而言,即古书中的"大戎""小戎"。

④"余用乍(作)朕剌(烈)考武侯䵼鼎","武"是谥法,"武侯"指"应武侯",是"应侯视工"的父亲。

我们猜想这件鼎所记载的事情,应该在应侯视工钟之前,估计"应侯视工"的这批东西都是从被盗的"应侯视工"大墓里出的。

应侯视工簋

除了上面讲的应侯视工鼎之外,还有一件与"应侯视工"打仗有关的器物,这就是应侯视工簋(见图7、图8)。这件簋是美国首阳斋范季融的藏品,是范先生近年收藏的,所以刚才讲的这些东西,包括在保利的簋、编钟,还有上博的鼎以及范季融的簋估计都是一次出土的,应该是同一个墓中的一大批东西。至于说是否还有别的,那我们就不知道了,但从器物的组合来看,估计还会有，最可能的就是盨，当然盨也许没有铭文，现在我们所知的有铭文的器物就是这些。这件簋的铭文比应侯视工鼎要更复杂一些，可所讲的事情与鼎铭相同，但簋铭中有日子，鼎铭中没有。

图7 应侯视工簋
（范季融藏）

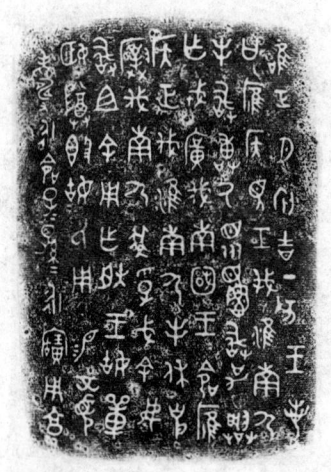

图8 应侯视工簋（范季融藏）
盖铭拓本

应侯视工簋（范季融藏）释文：

唯正月初吉丁亥，王若

曰："雁（应）侯视工伐淮南尸（夷）

毛，敢博氒（厥）众，瞻敢加兴

乍（作）戎，广伐南国。"①王命雁（应）

侯征伐淮南尸（夷）毛，休，克

氒伐南尸（夷），我孚（俘）戎②。余弗

敢旻，余用乍（作）朕王姑单

姬隋殷（簋）③，姑氏用易（锡）眉（眉）

寿永命，子=（子子）孙=（孙孙）永宝用喜（享）④。

1260

① "王若曰：'雁（应）侯视工伐淮南尸（夷）卢，敢尃乒（厥）众，瞻敢加兴乍（作）戎，广伐南国。'"一句，"王若曰"义为"王如此说"，真正把这一点明确提出来的是董作宾先生的《王若曰古义》。①这件簋出土之后就卖到美国去了，我们都不知道有这件簋。2008年，上海博物馆举办了一个相关的展览，我们在上海看到了这件簋，很多人觉得"淮南夷"这个词比较奇怪，因为金文中多是"南淮夷"，但这件东西的真伪又不容置疑，所以大家觉得比较奇怪。其实"淮南夷"就是"南淮夷"，"淮南夷"就是淮水的南夷，淮水是很长的，其中一部分应该算是东国了，所以不能全都称为"南淮夷"。这就纠正了我们以前认为的驹父盨中"南淮夷"的讲法，过去讲《江汉》以及召穆公南征的时候，大都认为南夷以淮水为界，有淮水南边之夷和淮水北边之夷两种，召公征伐的是淮水以南的夷，所以称之为"南淮夷"，但是现在从应侯视工簋来看，还有"淮南夷"，可见这个事情可能没有这么简单。"敢尃乒（厥）众，瞻敢加兴乍（作）戎，广伐南国"的主语是"淮南夷卢"，这句话把主语省掉了，这种省略主语的现象在西周晚期的铭文中见过几次，比如多友鼎等。我们设想应该在"淮南夷卢"处有一个重文号，这样就比较顺了，但在铭文中并没有重文号，这样就比较简省。"尃"读为"薄"，训为"迫"，"敢薄厥众"即"敢迫厥众"，这样说是把罪责归于淮南夷的首领，淮南夷是由于首领的逼迫才反叛。"瞻"字就不好讲

---

① 董作宾：《王若曰古义》，载《说文月刊》第四卷合刊，1944年。

了，当然我们如果勉强讲也是可以的，就是把"瞻"读为"胥"，训为"皆"①，这种讲法在音韵上是可以的，但我总感觉不是特别好，还可以进一步研究。"加"义为"增"。"兴"义为"征调"，古时候征调军力称为"兴"，李悝的《法经》和秦汉的《九章律》中就有"兴律"，所谓"兴律"就是征调军力或劳役的法令。"作戎"即"起兵"。

②"王命雁（应）侯征伐淮南尸（夷）虘，休，克蕨伐南尸（夷），我孚（俘）戎"一句，"休"训为"美"，"蕨"读为"翦"，"蕨伐"即"翦伐"。"我"指的是"应国的军队"。"王命雁（应）侯征伐淮南尸（夷）虘"是把"王"的命令又重复了一下，而且是放在最前面，这是为了特别突出"王"的命令。这道命令是在"正月初吉丁亥"下的，但这个仗并不是"正月初吉丁亥"打的，后面的内容是在追述这场战争。这是一场很大的战争，时间一定很长，所以把"王"的命令放在前面突出来，后面再记述战争的内容，这种写法还是很巧妙的，并不是一个简单的重复。

③"余弗敢叟，余用乍（作）朕王姑罬姬隋殷（簋）"一句，"叟"读为"泪"，训为"丧"，义为"失"，"余弗敢叟"即"我不敢抹杀掉这件事"，于是"余用乍（作）朕王姑罬姬隋殷（簋）"。"王"读为"皇"，训为"大"，甲骨文中的"王帝"就是"皇帝"。此处不要和《尔雅·释亲》中的"王父""王母"相联系，因为这是一种很晚的

---

① 李学勤：《〈首阳吉金〉应侯簋考释》，载《通向文明之路》，第188-191页，北京：商务印书馆，2010年。

说法，要到战国以后。此处的"王姑"即"皇姑"，是上一代，而不是祖父母级别，也就是"应侯视工"的姑姑。应国是姬姓国，所以"应侯视工"的姑姑也是姬姓的，那么他姑姑所嫁的"嚣"就不是姬姓的，因为古者同姓不婚。三门峡发现了"嚣叔"的铜器，"嚣"往往可与"孝"通用，所以"嚣"并不是一个坏字。为什么"应侯视工"要特别为他姑姑作器呢？可能是他的姑姑已经大归了，所谓"大归"就是嫁出去的女子因为丈夫死了，于是就回到了娘家，我猜想是这样①，所以这件器物出在应侯视工的墓中。

④"姑氏用易（锡）賮（眉）寿永命，子=（子子）孙=（孙孙）永宝用盲（享）"一句，"姑氏"指的就是"应侯视工的姑姑"，金文中常常出现"×氏"，后面的"氏"每每是很虚的字，比如"公氏"就是"公"，"侯氏"就是"侯"，"伯氏"就是"伯"。此处的"姑氏"就是"姑"，"姑氏"是一种尊称，指的是"姑姑的族氏"。比如写信的时候会称"某某尊兄足下"，也就是说这封信不是写给本人，而是写给他足下的人。古时的称谓往往如此，最高的是称陛下，也就是我不敢直接和你说话，而是与台阶下面站着的侍卫说话。"阁下""足下"也是如此，称呼的时候不是直接称呼本人。此处的"姑氏"并不是直接称呼姑姑本人，而是称呼她这一家，这是一种尊称，但实际上指的就是他的姑姑。

---

① 李学勤：《〈首阳吉金〉应侯簋考释》，载《通向文明之路》，第188-191页，北京：商务印书馆，2010年。

如果把这几件器物结合起来看,大家就会看到应国的作用,也可以看到应国和王室的关系。应国打了很大的仗,但大家不要忘了,这些战争并不是每一个都是独立的,实际上每一个器物所反映的只是整个战争中作器者所参加的那一部分,最大的事情是宗周宝钟所讲的东夷、南夷皆反,周王把他们都打败了,最后还有一个大的巡狩,所谓"东夷、南夷具见廿又六邦"。大家不要认为当时每年要打几个仗,实际上并不是这样的,单个铭文所反映的应该是整个战争的某些战役。

关于应国和王室的关系,我们还可以进一步探讨,近些年在平顶山发掘了很多墓,其中有不少墓出有青铜器,时代跨度是很大的,从西周初年一直到两周之际。当然还有更晚的墓,但这些更晚的大都是楚墓,这里就不详谈了。前几年发表了一个材料,就是应国墓地的 M95,这个墓中出土了很多铜器,而且很多都有铭文,其中最主要的铭文都是"应伯"的,但大多比较简单,多是"应伯作宝尊鼎"或"子子孙孙永用"一类的。从这个墓的规模来看,该墓的墓主都能到国君一级,时代也是西周晚期,跟"应侯视工"的时代差不多。我们可以猜想此处的"应伯"应该是比"应侯视工"晚一代的应国国君,不过由于种种原因,他不称"应侯"而称"应伯"。大家要知道,能用国名后面带有"伯"的,只能是国君,不太可能他称"伯",而"仲"当侯,这是不合宗法的,所以这个"应伯"应该就是国君。在这个墓中还有几件青铜器是属于"敔"的,其中有簋有鼎,这几件器物在《简报》上发表了照片①,但是并没有发表拓本。后来出的一些著录书,包括《器影汇编》在内,都只有器形而没有拓本,所以这里只能给大家提供释文。因为鼎铭和簋铭基本一样,所以只用簋铭。

---

① 王龙正:《平顶山应国墓地九十五号墓年代、墓主及相关问题》,《华夏考古》1995 年第 4 期。

公作敃簋

我们来看公作敃簋(见图9、图10)

图9 公作敃簋　　图10 公作敃簋拓本

公作敃簋释文:

唯八月初吉
丁丑,公乍(作)敃
隩毁(簋),敃用易(锡)
覼(眉)寿永命,子=(子子)
孙=(孙孙)永宝用言(享)。

这些器物是和"应伯"的器物一起出的,并且有组合,所以一定是同一个人的器物,"应伯"的名字叫"敃"。从簋铭中可以看出很多问题。第一,这件器物是应国的国君给"敃"作的,所以是"公作敔䍲簋",这个"公"就是"应公",也就是应国的国君。作器时"敔"还活着,"敔"应该是"应公"的亲属,一般猜想是"应公"的儿子,如果像《简报》上猜想的"敔"就是"应伯",那么这就是"应公"给他的长子作的器物,为儿子作器是很多的,上次我们提到的"奄"就是这样的,"奄"就是"应公"的大儿子。后面只说"敔用锡眉寿永命,子子孙孙永宝用享",而没有提到祭祀之事,这是因为当时"应公"还在世。

"敔"这个人在周厉王南征时起了很大的作用,M95 的《简报》中已经提到了这两个"敔"可能是同一个人[①],我们认为这是非常有可能的,下面我们就来看一下"敔"的这件器物——敔簋。

敔簋(上)

敔簋(见图 11、图 12)是北宋时发现的,现在只有一个摹本,最早见于《博古图录》,《集成》用的是《啸堂集古录》的本子,《集成》的编号是 4323。

图 11 敔簋　　　　图 12 敔簋摹本

[①] 王龙正:《平顶山应国墓地九十五号墓年代、墓主及相关问题》,《华夏考古》1995 年第 4 期。

敔簋释文：

隹（惟）王十月，王才（在）成周，南淮尸（夷）

迁及内，伐溻、鼎参泉，裕敏

隫（阴）阳洛①。王令敔追遡于上洛

烸谷，至于伊②。班，长榜蕺首百，

执嘼（讯）卌，襃（夺）孚（俘）人三（四）百，畾于燮（荣）

白（伯）之所③，于烸衣肆，复付氒（厥）

君④。隹（惟）王十又一月，王各（格）于成周

大（太）庙，武公入右敔，告禽（擒）：馘（馘）

百，嘼（讯）卌⑤。王蔑敔厤，吏尹氏

受釐敔圭瓒（瓒）、𩵋、贝五十朋，易（锡）

田于敛五十田，于早五十田⑥。敔

敔对扬（扬）天子休，用乍（作）隣殷（簋），

敔其偁（万）年子=（子子）孙=（孙孙）永宝用。

①"隹（惟）王十月，王才（在）成周，南淮尸（夷）迁及内，伐溻、鼎参泉，裕敏隫（阴）阳洛"一句，此处是"惟王十月"，所以用的是周正。"南淮夷迁及内"的"及"，近些年来引起了一些讨论，因为摹本中的"及"字作"𠬝"，其他的器物中也有这个字，所以有人释"𠬝"为"殳"，我曾经想把"殳"读为"输"，"输"是一种贡赋，把"迁"读为"变"。①这样就应该在"殳"下断句，"内伐"也就是"入伐"。这种讲法也是讲得通的，但总体来看还是有困难，所以我们暂时还是用传统的读法，

---

① 李学勤：《从柞伯鼎铭谈〈世俘〉文例》，载《通向文明之路》，第126-129页，北京：商务印书馆，2010年。

1267

把"𥄕"字读为"及"。这是杨树达先生的讲法①，杨先生主张在"内"字处断句，并将"迁"读为"窜"，义为"流窜"，"内"指"内地"，"迁及内"就是"流窜到了内地"。这种讲法非常之好，和古书中很多地方都很相似，而且讲成"内地"也与下文的"氵貟""参泉""阴阳洛"相合，因为这些地方都是非常靠内的，虽然有些地名还有讨论，但"阴阳洛"的位置是很清楚的。"阴阳洛"又见于恭王时期的师永盂，"洛"指的就是"洛水"，"阴阳洛"就是洛水两岸。水北为阳，水南为阴，事实上确实如此，这一点是中国古人观察细致入微的地方。我小时候学这些东西也有些不太相信，后来我到周围看了一下，实际的情况就是这样，水在上冻的时候，越靠北冻得越晚，甚至有些靠北的地方一个冬天都不会结冰。此处说的是洛水两岸，实际上"洛水"有两条，一个是"上洛水"，还有一个就是"伊洛"之"洛"，此处是"伊洛"之"洛"。"氵貟"所从的"貟"，就是"冪"字，"貟"常常和"必"通用，所以"氵貟"应该读为"泌"，在地理上也就是《左传》中的"邲"。"邲"在郑州附近的荥阳东北，"邲"地是古济水所经，《水经·济水注》："济水于此又兼邲目，《春秋·宣公十二年》晋、楚之战，楚军于邲，即是水也。"所以"邲"又可以写作"泌"，这个地方离成周很近。"鼎"读为"留"，"参泉"是一个地名，在巩县，也就是今天河南巩义的西南，《水经·洛水注》："洛水又东，明乐泉水注之，水出南原下，三泉并导，故

---

① 杨树达：《敔簋再跋》，载《积微居金文说》，第117页，上海：上海古籍出版社，2007年。

世谓之三道泉,即古明溪泉也。"这个地方叫"明溪泉",《左传》中叫"溪泉","鼎参泉"也就是"逗留在参泉"。"裕"读为"欲",义为"想要"。"敏"字读为"谋"。"裕敏阴阳洛"即"欲谋阴阳洛"。这并不是南淮夷大规模进攻,而是小股流窜,是一种流动性的攻击,所以南淮夷跑得很快。南淮夷活动的主要地区在今天的安徽,这一次南淮夷从河南南部一直走到了河南北部,这说明西周时期列国之间的国界和疆域划分得并不是那么严格,这一点与春秋晚期之后大不相同,春秋晚期之后就会设立一些关隘,把疆界固定下来。当时"蛮""夷""戎""狄"的流动性比较大,北方民族,包括早期的一些东方民族,流动性都是很大的,因为北方主要是游牧生活。后来研究欧亚学的一些学者认为草原文明是很难说清国界的,所以在草原文化分布的地区也没有明显的国界。当然西周时期的战争规模并不是很大,春秋时代也是到了春秋晚期,战争的规模才变得较大一些。《孙子兵法》中讲"千乘""万乘",所以《孙子兵法》的时代并不会太早,如果很早就不会有这种规模的战事。

② "王令敔追迴于上洛炘谷,至于伊"一句,"迴"字见于晋侯对盨,晋侯对盨出土于山西曲沃晋侯墓地,晋侯对盨有"其用田獸,甚乐于邍迴"一句,"獸"读为"狩","甚"读为"湛","迴"字现在能找到最早的证据是晚商时期的一件簋,簋上的人名就写作"𢉙"。① 近些年我们发现从"兹"多可读为"孿",所以很长一段时期内我们想把"迴"字读为"拦",但晋侯对盨出来之后,

---
① 整理者按:参看《集成》03990。

就发现这个说法不对，因为晋侯对盨是"邍遜"连读，所以"遜"应读为"隰"，"邍"是平原，"隰"是低地，"兹"应该是"鼎"之省，因此敔簋中的"遜"应读为"袭"，"追袭"即"追的同时袭击"。从这里就可以看到在古文字的考释当中，我们做了一些推论，这些推论看似非常合理，但不是事实。这一点大家要注意，因为合理的不一定是事实，这一类的东西还有很多，古文字考释一定意义上也是一种科学，是逐渐接近于真理的，想要一下就达到真理是很难的，很多东西要慢慢地去理解，新材料往往会给出一些新证据，进而产生一些新的理解。"上洛"是"洛水"的上游，"炕"字不识，"炕谷"是"上洛"的一个地名。"伊"指"伊水"，"伊水"是"洛水"的一个支流。

· 2010年下半年第十一次课 ·

敔簋（下）、晋侯铜人、晋侯苏钟（上）

敔簋（下）

这段时间我们着重讲了厉王时期的战争铭文，关于战争的铭文，这个时期最为丰富，但是我们讲这些战争铭文并不仅仅是讲历史，同时还希望大家对战争铭文的体例有所认识。以后我们会讲到宣王，宣王时期的战争铭文，体例和厉王时差不多，这样大家对战争铭文的认识也就会更加清楚，比如战争铭文的格式是什么样的，其中用到了哪些特殊的词语。敔簋的用词是最为典型的，如果大家去看一下《左传》，就会发现《左传》中描写战争的用语与敔簋相当接近，多友鼎也是如此，所以敔簋是很重要的，希望大家能够认真地去读一下。

敔簋释文：

隹（惟）王十月，王才（在）成周，南淮尸（夷）

迁及内，伐溷、鼎参泉，裕敏

隌（阴）阳洛①。王令敔追御于上洛

炘谷，至于伊②。班，长榜馘首百，

执嘼（讯）卌，襄（夺）孚（俘）人三（四）百，蠱于焂（荥）

白（伯）之所③，于炘衣肄，复付氒（厥）

君④。隹（惟）王十又一月，王各（格）于成周

大(太)庙,武公入右敔,告禽(擒):䞦(馘)
百,嚊(讯)卌⑤。王蔑敔曆,吏尹氏
受釐敔圭瓚(瓒)、☐、贝五十朋,易(锡)
田于敔五十田,于早五十田⑥。敔
敢对飘(扬)天子休,用乍(作)障殷(簋),
敔其㝬(万)年子=(子子)孙=(孙孙)永宝用。

③"班,长榜䙴首百,执嚊(讯)卌,裒(夺)孚
(俘)人三(四)百,𠭯于焚(荣)白(伯)之所"一句,
"班"就是"班师",即"胜利而归"。"榜"字所从之"𣎳",
就是"镐京"之"镐",之所以这样认为,是因为铭文中
所讲的"𣎳"的一些情况,比如"辟雍"等,一定是镐京
才有的。"𣎳"应该和"㚖"有关,但"㚖"字在古文字
中还定不下来,所以还不清楚源流到底是怎么样。"敫"
和"镐"音近,当然这只是一种猜想,我们有时候搞古
文字只能限于一种猜想。如果以上的猜想成立,那么"榜"
就可以读为"橄",是一种去掉树枝的长木头,就好像电
线杆子一样。过去把"榜"读为"榜"是不行的,从字
形上难以讲通,而且"榜"是一种扁的板,一个长扁的
板可干不了这个事情,因为下面是"䙴首百"。"䙴"读
为"载","䙴首百"也就是"载有一百个人头",没有那
么长的板可以放一百个人头,但一个长木杆子是可以做
得到的。大家如果看过莎士比亚的《麦克白》就可以知
道,在书的一开头,罗马军队回来告捷,告捷的时候是
用棍子拴着人头。中国的献捷也有这样的,就是用长杆
子挂人头,当然不一定只用一根杆子。"执嚊(讯)卌"

就是俘虏了四十个人,这就是征伐窜及内地的淮夷的结果。"夺"义为"抢回","俘人"指的是被南淮夷所俘的人,共有四百人。从这里就可以看到淮夷发动战争的目的除了物资之外,还有一个就是抓人,抓人也是当时战争很主要的一个特点。这种现象一直到汉代还是如此,汉代的时候和匈奴作战,有时也是要抢人的。"䰜"字写得很怪,应该是"甗"的象形,读为"献"。"䰜"可能是"甗"最后的象形例子,甲骨文中的"甗"有些是非常象形的,比如"",当然我们现在没有原始的拓本,也没有原始的照片,所以只是一种推测,但此处读为"献"是没有问题的。"荣伯"就是"荣夷公",之所以要献于"荣伯之所",是因为这次战役的最高负责人是"荣伯","荣伯"就好像以前我们看到过的"武公"一样,"荣伯"是指挥战争的,"敔"是具体去打的。"敔"所献的包括首级、执讯的人,还有夺回的被俘人员,按照当时的战争来说,这次的战役是相当大的,"上洛"是在西边,"伊"是在东边,因为淮夷是从东南跑去的,所以"敔"是由东到西兜着打,这一点大家看看地图就可以明白了。

④"于炽衣肆,复付氒(厥)君"一句,"炽"即上文的"炽谷",是一个地名,"于炽衣肆"的"衣"应读为"卒",近些年来我们知道在商周的文字中"衣"和"卒"是混而不分的,所以甲骨文中过去读为"衣"的,多数都应该读为"卒"。郭沫若先生写《卜辞通纂》的时候把"衣"字都读为"殷",但现在看来,这个字应该读为"卒",比如"衣逐亡灾"即"卒逐无灾","逐"是"打猎","卒逐无灾"就是打猎一直到完都没有灾。过去我不赞成把

"衣"读成"殷",理解为地名,我把"衣"读为"合"①,但今天看来也是不对的,把这个字读为"卒"是在二十世纪八十年代以后。②古文字中有些是我们想象不到的,这里看上去就是"衣"字,但应读为"卒",可是当时的人就这样写了,我们也没有办法。"肂"字不太好读,我个人猜测读为"肆",义为"散","于炁衣肂"就是让那些俘人在炁谷散掉了。"复付氒(厥)君"义为"还给他们的主人",此处的"君"指的是各个地方的首长,不要理解为"国君"。从这个地方我们可以体会到所俘之人多为壮丁,在西周金文中,涉及多少人的,多是指"壮丁"而言,南淮夷抓人也是裹挟一些壮丁,而非老幼妇孺,如果裹挟的是妇孺,南淮夷不太可能带着这些人这么跑。

⑤"隹(惟)王十又一月,王各(格)于成周大(太)庙,武公入右敔,告禽(擒):聝(馘)百,噽(讯)卌"一句,此处是"成周太庙",西周之时两都均有宗庙,两都也都有官员。这种情形颇似明代,明代时两都均有六部,南京的是虚的,北京的是实的。太庙是"京宫"主要的太室,"康宫"以下的则又是另外一个。"格"训为"至",此处是"王"到了成周太庙,当时的册命、赏赐都是要在宗庙中举行的,这是当时的规定。"武公"也见于禹鼎、多友鼎,是当时的执政大臣之一,主要管理军

---

① 李学勤:《殷代地理简论》,第7页,北京:科学出版社,1959年。
② 李学勤:《多友鼎的"卒"字及其他》,载《新出青铜器研究》,北京:文物出版社,1990年;裘锡圭:《释殷墟卜辞中的"卒"和"肂"》,载《裘锡圭学术文集·甲骨文卷》,上海:复旦大学出版社,2012年。

事,相当于《周礼》中的"大司马"。在西周中期担任司马职务的是"井"这一家,开始是"井伯",后来"井叔"可能也参与了这类活动,但是到了厉王时期就变成"武公"了。所告之擒包括"馘"和"讯",可见当时"擒"的含义和后来不太一样,既包括活的,也包括死的。此处的"馘(聝)百,噹(讯)卌"就是献于"荣伯之所"的"馘(聝)百,噹(讯)卌",只不过上次是向"荣伯"献俘,而这次是向"王"献俘。

⑥ "王蔑敌曆,吏尹氏受贄敌圭甫(瓒)、⿱、贝五十朋,易(锡)田于敆五十田,于早五十田"一句,"蔑"义为"嘉","曆"字不识,但应该是"功绩"之义。"吏"读为"使","尹氏"是史官之长,"尹氏"世代都为史官,最早是"史佚","史佚"也作"史逸",也可以称为"作册逸","史佚"是"尹氏",所以史官就称为"尹氏"。"尹氏"见于《诗经》,到了春秋时期还存在,这个家族是史官世家。"受"同"授",义为"授予"。"贄"义为"赐"。"甫"就是古书中的"瓒",这是没有问题的,但为什么是这样,我们还不清楚。"瓒"是一种盛香酒的勺子,盛完香酒也就是郁鬯之后,用以灌神或者尸。"瓒"的柄常常是"圭"或"璋",用圭做成的叫"圭瓒",用璋做成的叫"璋瓒","璋瓒"在铭文中多作"商甫"。在祭祀中所用的圭或璋是非常神圣的东西,所以这些东西要放在赏赐品的首要位置。"⿱"字不识,也无法隶定,也许是当时有锈蚀,或摹写有错误,但一定不是圭瓒的单位。平心而论,这个刊本已经相当不错了,绝大多数的字都相当准确。"贝五十朋"的赏赐已经不少了,金文

中最高的赐贝也就是"百朋",据我所知金文中赐"百朋"的,迄今为止也只有三例。除此之外,赏赐的还有土地,"敔"和"早"都是地名,但不可考。"于敔五十田"再加上"于早五十田",一共是一百田,西周金文中的"一田"就是"一夫之田",也就是"百亩","一百田"就是"一万亩",这个数量还是很大的。

应国墓地的 M95 中有公作敔鼎和簋,发掘者,包括河南考古所的王龙正先生,就提出来一个问题①,即 M95 中公作敔鼎之"敔"与北宋著录的敔簋之"敔"是否为同一个人?

我认为这是很有可能的,因为"敔"打仗所经之地就在平顶山一带,"泌"在荥阳,"阴阳洛"是在"洛水"两岸,"上洛"则更靠西南,"伊水"位于伊、洛交界,从这个地方再往南一点就是应国,所以在地理上是非常合适的。当然这种说法我们还无法证实,因为不论在文献中还是在金文中,同一个时期甚至在同一个国里面,同名之人也有很多,这并不稀奇,到今天也是如此。我自己就碰到过和我同名的人,最早的是我很小的时候,在一个杂志上发现有一个杂技演员和我同名。几个月之前,我在中央文史馆开会,其中有一个国务院参事,是一位老先生,他就来问我是否打过什么仗,他说他有一个老战友也叫李学勤,我说我没有参过军。可见同名的人并不少见,因为中国人太多了。

这里面还涉及一个制度,就是诸侯国的一些人有时候会到王朝来任职,这种情形到春秋时期就不大常见了。大家不要认为两

---

① 王龙正:《平顶山应国墓地九十五号墓年代、墓主及相关问题》,《华夏考古》1995 年第 4 期。

周时期在朝廷中做官的都是本地人,实际上相当大程度上不是这样的。最有名的就是管仲,管仲是颍上人,这一点《史记》讲得很清楚,颍上在安徽,所以管仲并不是齐地之人。不仅人如此,出土的东西也是如此,比如在洛阳出土的"哀成叔"的器物就写着"余郑邦之产,少去母父",所以"哀成叔"是郑国人。从这里就可以看出中国在当时虽然是处在逐渐分裂的情况之下,但仍然是一个很大的国家,当时的人在意识上并不认为是在不同国家,当然这与四夷还是不同。前些时候我们讲到了引簋,提到齐国五世皆反葬于周,实际上齐国当时也有很多人在朝为官,"吕伋"就是如此。《尚书·顾命》中就提到了"吕伋",在《顾命》的时候,"吕伋"就是在朝为官的,当时"太公"还没有死。根据《古本竹书纪年》的记载,齐太公之死在周康王六年,所以成王去世时,"太公"还在世,只是不在成王身边,而是"吕伋"在成王身边,如果这点推论不错,"吕伋"当时在朝内做了很大的官。卫国的第一任国君是"康叔封","康叔封"是封在卫的,所以"康叔封"是诸侯,但他也在朝担任司寇。西周时期诸侯国的形式与后代有别,大家不能用战国时期诸侯国的形式来推论西周。近年发现的荣仲方鼎就记载当时的诸侯要把他的儿子送到王朝来与王子一同受教育,这完全符合《周礼》,由此就可以看到当时西周的各个国家实际上是一个统一体,虽然王朝封了很多藩屏的诸侯,但他们与王朝的关系是非常密切的,特别是那些宗室所封的同姓国。虽然齐国是姜姓,但姬、姜二姓的关系很密切,所以齐国与王朝的关系也是很密切的。在这种情况下,假定"敔"后来成了应国的国君,就是"应伯",那么在敔簋中,"敔"就是应国的太子,他在王朝中带兵打仗,甚至可以理解为带着自己的兵去打仗,在"王"的统一命令之下,"应侯"并没有出面,而是其子带兵出征,这是完全有可能的，也是很自然的，类似的情况在《左传》中也能找到不少。但目前为止，这些还都是推论，应国墓地中的材料并没有明确地告诉我们，也许以后有新的材料可以证明这一点。

与这次战争相关的材料还有，但并不是在应国墓地，而是在晋侯墓地，这就是晋侯铜人和晋侯苏钟。

晋侯铜人

西周各个封国的公室墓地迄今为止已经发现了不少，最早的是卫国墓地，在河南的浚县辛村，这个墓地中出过不少东西，特别是与"封卫"有关的康侯簋。燕国墓地在北京的琉璃河，可是这些墓地大部分都经过盗扰。最糟糕的就是邢国墓地，邢国墓地就在今天的邢台市，近年河北省考古所对邢国墓地进行了大规模的发掘，除了春秋晚期的邢国墓中还保留有一些东西，其他的墓都是空的。我曾亲自去看过，有些墓非常大，而且还相互叠压，虽然墓中没有什么东西，但车马坑还在，保存得还很好。在看的时候，有一点我们觉得很奇怪，就是早期的人就有探墓的工具，而且比现在的洛阳铲还要进步，从做出的剖面我们能够看到一个笔直的孔，这个孔就好像是用一个金属器物直接打下来的，而且打下来的力量还很强，可以将车马坑中的马头都钻一个洞。这肯定不是虫洞，因为虫洞没有笔直的，但究竟是怎么打的，到现在为止还不太明白，发掘者认为这是唐朝的。我参观之后就提意见，说一定要把这些都录下来，以便做更好的探讨，因为这些东西以后就不能保存了，最后也不知道他们是否接受了我的意见。迄今为止，有关的材料和简报也还没有发表。这个邢国的墓地肯定是邢国公室的墓地,过去我们讲的"作册麦"的器物应该都是出自这里。

晋侯墓地虽然很不幸地被屡次盗掘,甚至在发掘过程中还遭到盗掘,以至于邹衡先生为此事多次流泪,但晋侯墓地迄今为止还是我们所发现的保存得最好的西周墓地,该墓地的时代从第二代晋侯开始,一直到西周末年。可是这些墓被盗掘过,有些现象我们看不到了,相关的东西也流散了出去,这是非常遗憾的,也是无可挽回的,但晋侯墓地还是给我们提供了西周诸侯国最好的一批材料,这是得到公认的。我们希望北大在这方面的发掘报告能够早日出版,可以让我们对西周的历史有更好的认识,因为有很多东西并没有发表过,所以不是我们这些局外人能够完全了解的。

晋侯铜人(见图1、图2、图3、图4)是盗掘出土,这件东西我早就听说过,那段时间我在香港,有传闻说晋侯墓地流出去了一个带铭文的铜人,但当时还看不到。大家要知道,在文物买卖中经常有这种现象,这种传闻以讹传居多,可是也有些真的消息,晋侯铜人就是其中之一。当时虽然知道有这件东西,可并不知道究竟是怎么回事,后来把这件东西公布出来,是在2008年的8月。当时上海博物馆召开了晋侯墓地出土青铜器国际研讨会,香港中文大学的苏芳淑教授和北大的李零教授共同提交了一篇论文[①],这篇论文就介绍了这件铜人。

这个铜人是跪着的,带着一个平顶的帽子,面瘦无须,表情严肃,上身赤裸,双臂反背,腰带前方垂有蔽膝,从颈部、胸前,以至蔽膝有两行铭文。

[①] 苏芳淑、李零:《介绍一件有铭的"晋侯铜人"》,载《晋侯墓地出土青铜器国际学术研讨会论文集》,第411-420页,上海:上海书画出版社,2002年。

图 1 晋侯铜人（正面）

图 2 晋侯铜人（背面）

图 3 晋侯铜人铭文拓本　　图 4 晋侯铜人铭文摹本

晋侯铜人释文：

隹（惟）五月，濰尸（夷）伐格①，晋侯厝戎，
隻（获）氒（厥）君冢师②，侯号（扬）王于丝（兹）③。

① "隹（惟）五月，濰尸（夷）伐格"一句，"濰"就是"淮"字，在金文中"淮夷"的"淮"常常作"濰"，甲骨文中也有"淮"，作"🐦"，实际上甲骨文的"🐦"应该是"濰"，"淮"和"濰"相混，一直到《汉书》中还有，但金文中写作"濰"的一定是"淮"，对此我写文章进行过讨论。①在这一点上，山东的学者非常敏感，他们很坚持这种说法，后来证明这种说法是对的，所以此铭中的"濰尸"就是"淮夷"。"格"是地名，"格"这个地名是可考的，就是战国时期韩国的"格氏"。这个地点在考古上可以证明，荥阳北面张楼村的战国陶窑遗址中出土了大量陶器，铭文多有"格氏"字样，可知"格氏"就在荥阳。"格"的地理位置和敔簋讲的"伐泌，留三泉"是一致的，因为"泌"就在荥阳附近。淮夷伐格，晋侯出兵，这是因为荥阳靠近晋国，只是荥阳在黄河以南，晋国在黄河以北。一定是"王"命令晋侯抵御淮夷，因为后文提到了"王"。

② "晋侯厝戎，隻（获）氒（厥）君冢师"一句，"厝"读为"搏"，亦可读为"薄"，训为"迫"。此处的"君"指的是淮夷的头目，大家不要把"君"想得太高，因为当时的淮夷还属于部落性质。"冢"字见于叔多父盘，

---

① 李学勤：《从新出青铜器看长江下游文化发展》，载《新出青铜器研究》，第221-229页，北京：人民美术出版社，2016年。

"豯师"是淮夷头目的名字。"豯师"也就是这个铜人,这个铜人是跪着的,戴着一个平顶帽,上身赤裸,双臂反背,腰带前方垂有蔽膝,这就是当时淮夷之君的形象,这种上身赤裸、双臂反背的形式就是古代投降时的形式。武王伐纣之后,纣王死了,微子代表商人向周投降,微子投降时就是肉袒、背缚,还牵着一只羊。这种形式的人近些年出了不少,比较突出的就是成都的金沙遗址,金沙遗址的年代从商代晚期一直到西周初年。这个遗址中出了一个石头刻的人,虽然装束和晋侯铜人不一样,但姿势是一样的,同为跪姿且背缚,这些人应该是当时蜀国抓的俘虏。这些年我一直想去一次四川盐亭,传说盐亭是黄帝之妻嫘祖的故乡,当地人信奉嫘祖。盐亭在二十世纪八十年代中期出过一个铜人,当地人就印了一个材料,后来拿给我看,盐亭出的铜人头部的样子和三星堆的很像,但姿势和晋侯铜人相似,当时我没有亲自到盐亭,于是就委托四川的考古学者去看,四川学者都说是假的,结果谁都没去看,这个材料后来发表在河南的《寻根》上。[①]不管怎么说,当时晋侯抓到的淮夷君长就是这个样子,如果大家想看一下当时的淮夷究竟是什么样子,看这个铜人就可以了,实际上当时淮夷的样子也不是很野蛮。

③"侯号(扬)王于丝(兹)"一句,"号"即"对扬"之"扬",因为上面的位置很小,所以写得很简单。"丝"就是"兹",义为"此",也就是"这个"。

这件事情一定是"王"派"晋侯"去的,不然又会和"王"

[①] 整理者按:此则材料载于《寻根》2001年第2期。

有什么关系呢？当时厉王就是这样去指挥手下的诸侯。大家要知道，周厉王确实是和晋国有些关系的，厉王最后是流于"彘"，"彘"是现在的山西霍县。虽然"彘"在当时是否归晋国管理我们还不确定，但"彘"离晋国是很近的，应该与晋国有关，厉王最后也是老死于"彘"，可见厉王时期晋国与王室的关系应该很好。

这段时间我们一直在讲厉王时期的战争，主要的对象是南夷，实际上厉王时期发生过很大的战乱，战乱的最初阶段就应该是南淮夷的流窜，这不会是厉王征伐南夷结束之后的事情。厉王已经征服了淮夷，举行了巡狩，如果南夷在此之后又在流窜，这种情况不合逻辑，所以不大可能，应该是南夷流窜在先。"南夷流窜"这件事应该与"鄂侯驭方"有关，实际上当时还有关于北方的战事。到宣王的时候，也是把南、北两方的经营结合在一起的，这是大家要特别注意的。

晋侯铜人是哪个墓里出的呢？从与敔簋的联系来看，晋侯铜人应该是周厉王时代的东西。与晋国世系对照一下，可知厉王的前半对应的是晋釐侯，后半对应的是晋靖侯，所以晋侯铜人所记之事不是在晋釐侯时期就是在晋靖侯时期。晋釐侯及其夫人的墓是 M33 和 M32，晋靖侯及其夫人的墓是 M91 和 M92，其中被盗掘的是晋釐侯及其夫人的墓，晋靖侯及其夫人的墓没有被盗掘过，因此晋侯铜人应出自 M33 或 M32。当然这只是我们的猜测。但不论如何，南淮夷的流窜应该发生在厉王比较早的时期。

晋侯苏钟（上）

晋侯苏编钟是整个晋侯墓地所出的金文中最为重要的，从年代学上来看，也是西周最为重要的金文之一。我们曾经谈到过西周金文的"月相","月相"总是讲不清楚,到今天也还没有最后的意见,但基本上有两大极端。一个是将"月相"完全按照古历的说法讲成定点,现在还有持这种说法的学者,比如张闻玉先生编的《西周王年研究》就主张这种观点。张先生把所有的"月相"都限制在某一天,这样就会给西周金文的整理提出一个非常严格的限制,所得出的结果也是经常改,不是改铭文就是改说法,如果不改就排不了几件,这就是这种说法的缺点。还有一种极端是把"月相"说成是只有上半个月和下半个月,但是这种说法失之过宽,古人的历法不会这样宽疏,所以铭文中的"月相"很难得出公认的解释。

"月相"问题是整理西周铜器年代的工作中最为关键的,如果这个问题解决不好,就不能用历法的方法去整理西周金文,我们在做夏商周断代工程的时候,也对"月相"提出了一个说法,这个说法应该说是相当宽了,但这是目前我们能够推到的最好的一个说法。这种说法是通过若干件器物得出来的,其中就包括晋侯苏钟,当然对于晋侯苏钟的理解还可以继续讨论,但不论如何,晋侯苏钟对于西周年代学的研究而言,是必不可少且绕不过去的材料。

晋侯苏钟一共有十六件,是盗掘出土的,但盗的时候,盗墓贼只盗走了十四个,"贼者千虑,必有一失",幸亏没有盗光,还剩了两件最小的在墓里。正因如此,我们才知道这套编钟出在M8,也就是晋侯苏的墓。如果全都盗光了,我们就不知道晋侯苏钟是从哪个墓里出来的了,这样就会把晋侯苏钟和晋侯墓地的关系切断,很多东西就没法论定了,很多问题也就更没法解决了。

被盗掘的十四个编钟流落到了香港,后来由上海博物馆抢救回来。抢救回来不久,我就去看了,当时上博的新馆正在建设,所以编钟不在上博,而在外面的库房中。

之所以要特别强调留下来的两件小钟，除了证明所出之墓以外，还有一点是因为晋侯苏钟的铭文是刻的，像这么多刻字的西周铭文绝无仅有，我们第一次去看就发现了这一现象，我们对此惊叹不已。大家要知道，编钟的铜质是很硬的，不然不会发出清脆的声音，这个钟在音律上是非常好的，这些铭文究竟是用什么样的工具刻的，迄今为止也没有一个很好的答案。

晋侯苏钟（见图5至图36）的铭文之所以是刻的，是因为这些编钟本身并不是一套，当时我最早去看的时候就发现了这个问题[①]，这十六个钟，八个为一列，一共是两列，前面的几个钟一看就是南方的风格，而非中原地区的风格。关于这个问题我还特地去问过湖南省博物馆的老馆长高至喜先生，高先生也同意这个意见[②]，我今天也还是这个看法。正是由于这套编钟里面有一部分不是自己作的，而是打仗得胜的战利品，所以就不能用铸的方法去制作铭文，于是就另外再作一些钟，统一刻上铭文，这一点是特别重要的，因为它涉及整个铭文的内容以及晋侯世系的研究。

图5　晋侯苏钟一　　图6　晋侯苏钟二　　图7　晋侯苏钟三

---

① 李学勤：《晋侯苏编钟的时、地、人》，载《夏商周年代学札记》，第7-11页，沈阳：辽宁大学出版社，1999年。

② 高至喜：《关于晋侯苏编钟的来源问题》，载《商周青铜器与楚文化研究》，第92-93页，长沙：岳麓书社，1999年。

图 8　晋侯苏钟四　　图 9　晋侯苏钟五　　图 10　晋侯苏钟六

图 11　晋侯苏钟七　　图 12　晋侯苏钟八　　图 13　晋侯苏钟九

图 14　晋侯苏钟十　　图 15　晋侯苏钟十一　　图 16　晋侯苏钟十二

图 17　晋侯苏钟十三　　图 18　晋侯苏钟十四　　图 19　晋侯苏钟十五

图 20　晋侯苏钟十六

图 21　晋侯苏钟一拓本

图 22　晋侯苏钟二拓本

图 23　晋侯苏钟三拓本

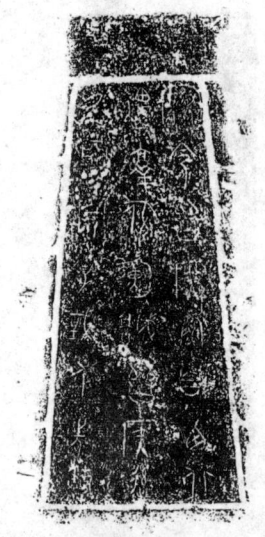

图 24　晋侯苏钟四拓本

图 25　晋侯苏钟五拓本

图 26　晋侯苏钟六拓本

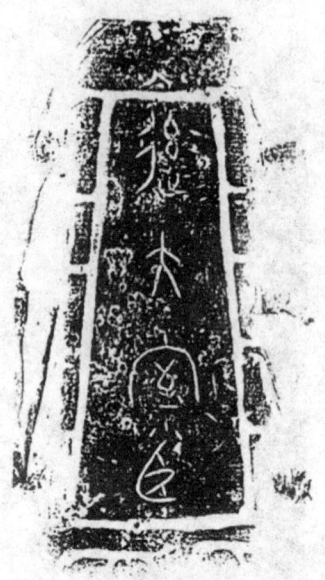

图 27　晋侯苏钟七拓本

图 28　晋侯苏钟八拓本

图 29　晋侯苏钟九拓本

图 30　晋侯苏钟十拓本

图 31　晋侯苏钟十一拓本

图 32　晋侯苏钟十二拓本

图 33　晋侯苏钟十三拓本

图 34　晋侯苏钟十四拓本

图 35　晋侯苏钟十五拓本

图 36　晋侯苏钟十六拓本

这个钟的主人是"晋侯苏","晋侯苏"是宣王时期的人,但我们认为铭文中所记述的是厉王时候的事,所以我们认为是追记,因为晋侯苏钟的历法是没有办法排在宣王时期的。

晋侯苏钟释文(【】中的序号表示钟的编号):

【一】隹(惟)王卅又三年,王窺遹眚(省)东或(国)、南或(国)①。正月既生霸戊午,王步自宗周②。二月既望癸卯,王入各(格)成周,二月

【二】既死霸壬寅,王䙌生东③。三月方死霸,王至于荸,分行,王窺令晋侯穌(苏):"达乃𠂤(师)左,洀䕫北洀口,伐夙尸(夷)。"晋

【三】侯穌(苏)折首百又廿,执嘼(讯)廿又三夫④。王至于氲载,王窺远眚(省)𠂤,王至晋侯穌(苏)𠂤,王降自车,立南乡,

【四】窺令(命)晋侯穌(苏):"自西北遇𩫖伐氲载。"晋侯达𠂤(厥)亚旅、小子、戦人先,敂

【五】入,折首百,执嘼(讯)十又一夫⑥。王至

【六】淖₌列₌,尸(夷)出奔,王令(命)晋侯穌(苏)

【七】逨大室小臣、

【八】车仆从，

【九】述逐之⑦。晋侯穌（苏）折首百又一十，执噝（讯）廿夫，大室小臣、车仆折首百又五十，执噝（讯）六十夫⑧。王隹（惟）反归，才（在）成周公族整自

【十】宫⑨。六月初吉戊寅，旦，王各（格）大（太）室，即立（位）。王乎善夫召召晋侯穌（苏）入门，立中廷，王親易（锡）驹三（四）匹，穌（苏）拜頴首，受驹曰

【十一】出，反入，拜頴首⑩。丁亥，旦，王鄩于邑伐宫⑪，庚寅，旦，王各（格）大（太）室，嗣工甈父入右晋侯穌（苏），王親侪晋侯穌（苏）瑿鬯一卣，

【十二】矢百，马三（四）匹⑫。穌（苏）敢扬天子不（丕）显鲁休，用乍（作）口穌甈钟，用邵各（格）歬＝

【十三】文＝人＝，其严才（在）上，廙才（在）下，穆＝

【十四】㲃＝，降余多福⑬。穌（苏）其迈（万）

【十五】年无彊（疆），子＝孙＝

【十六】永宝丝（兹）钟。

①"隹（惟）王卅又三年，王親遹眚（省）东或（国）、南或（国）"一句，这句很像宗周宝钟的句子，所以我们很容易就能确认二者为同一时期。"親"读为"亲"，义为"亲自"。"省东国、南国"从文字上看是巡狩，但实际上是打仗，而且下文讲的都是打仗的事情，这就跟周昭王的巡狩类似，看上去是巡狩，实际上是打仗。按照我们的意见，此处的"卅又三年"是周厉王的三十三年，不是周宣王的三十三年。

② "正月既生霸戊午,王步自宗周"一句,"既生霸"是在一个月的上半月,"霸"即"魄",指的是月亮有光的部分,也就是新月初见之后。"步"训为"行",这里并不是说"王"用腿走路,"王步自宗周"即"王自宗周行",就是"王从宗周出发",出发的目的是"亲遹省东国、南国"。

· 2010年下半年第十二次课 ·

晋侯苏钟（中）

晋侯苏钟出在山西曲沃北赵的晋侯墓地，晋侯墓地从第二代晋侯开始一直到西周末年，除了"唐叔虞"之外，西周历代的晋侯都在，而且这个墓除了现代的盗掘以外，是没有被扰动过的，所以太可惜了，如果是一点盗掘都没有，就真的是太了不起了。尽管如此，我们还是看到了历代晋侯的材料。除了晋侯苏钟以外，晋侯墓地没有发现其他的长篇铭文，晋侯铜人算是不错的，其他的都是一般的铭文，由此也可以看出长篇铭文所占的比例并不是很大。反过来看，现在已经发现并著录的长篇铭文数量很大，但实际上那些短篇铭文以及没铭文的铜器数量，要比我们想象得多得多。晋侯墓地就是个例子，整个二百多年的晋国，长铭的铜器是非常少的，真正够资格的还就是晋侯苏钟。由此可见真正的长铭铜器，在所有铜器中所占的比例，其实是很小的。

我曾经拿放大镜仔细地看过晋侯苏钟，铭文的字口是非常流畅的，所以并不是錾的。大家要知道，我们通常所说的刻的铭文实际上可以分为两种，一种是直接刻的，还有一种是用凿子錾的，二者的工艺是完全不一样的。对于比较硬的东西,常常是用錾的方法,比如说战国时代一些戈内上的铭文,虽然很细,但如果用放大镜来看,就会发现是一点一点錾出来的,每錾一下都可以看出一个三角形的形状。晋侯苏钟完全是刻的,而且笔画非常流畅,这就使我们产生了一个技术上的疑问,就是钟铭是用什么样的锋刃来刻的。关于这个问题,我们还不好回答,因为我们今天还不能对晋侯苏钟的硬度做出一个很好的测定,因为测定硬度会对器物造成一些损害,但这个问题将来是会解决的。

二十世纪八十年代,我和艾兰教授一起去欧洲参观中国的青铜器,我们在比利时布鲁塞尔的皇家艺术博物馆看到了一件西周初年的三角援戈。这件戈很大,花纹也很漂亮,这件戈很大的一个特点是援部花纹是刻的,当然这是露出来的部分,这也证明了这件戈是真的,因为那些锈是不可能伪造的,我们发现之后就认为这是很了不起的。大家要知道,这种三角援戈的时代可以有两种:如果是在中原地区,它的时代是商晚期一直到西周初;可如果是在边远地区,比如在巴蜀,它可以晚到战国,如果这件戈是巴蜀的,那它的时代就是战国,如果是在战国中晚期,用一个铁器来刻就一点也不稀奇了。但这件戈与中原西周墓中所出的戈形制基本相同,只是比利时的这件戈上有刻画的花纹,可见在比较早的时期,还是可以用一些比较特殊的工具在较硬的青铜上刻画花纹的。我们今天不能从量的角度说明这些工具究竟可以硬到什么程度,但一定是非常硬的工具,这就会涉及中国铁器的历史。

从考古学来看,中国使用铁器是很晚的,而且晚得有些出乎想象,中国的铁器虽然出现较晚,但一出现就非常进步,这是中国冶铁史上很特殊的一个现象。关于这个问题,有很多学者做过研究和讨论,甚至包括与考古毫无关系的学者,比如杨宽先生。[①]

---

① 杨宽:《战国史》,第 45-61 页,上海:上海人民出版社,2016 年。

不论如何，中国普遍使用铁一定是要到了春秋晚期以后。迄今为止中国的早期铁器发现得很少，商代中期的是北京平谷刘家河墓葬中出的一个铁刃铜钺，商代晚期的是河北藁城台西出的铁刃铜钺，周初的是浚县辛村卫国墓地出的铁刃戈和铁刃钺，铁刃戈和铁刃钺现藏于美国的弗利尔博物馆。这些铁后来都证明是天上掉下来的陨铁，与人工冶炼无关，但弗利尔所藏的戈和钺，在与铁的结合上有一种特殊的情况，透视后的示意图如下（见图1，阴影部分代表所镶的铁）：

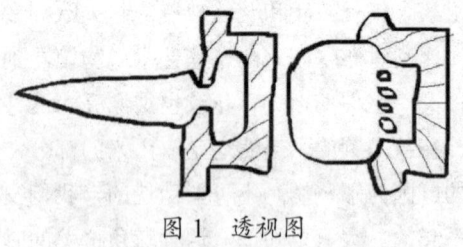

图1　透视图

之所以要做成这样，是因为古人认识到铁和铜在加热后的膨胀率不同，如果不这样做，镶嵌的铁很可能会掉下来，这一点当时的人一定会意识到，因为镶铁和镶玉实际上是一回事。天上的陨铁含有钨和镍，所以陨铁很像现在的不锈钢，虽然不太成刃，但又白又亮。当时的人对于铁的性质已经相当了解了，特别是做的这些坑，这种做法是非常巧妙的，与爱斯基摩人的方法完全不同，爱斯基摩人是把陨铁捶打成小块的挂件。

中国比较早的冶炼铁器现在已经发现一些了，比如甘肃灵台发现的短剑，再比如三门峡虢国墓地中出的铁器，所以中国的人工冶炼铁在两周之际肯定已经出现了，这一点是可以论定的，但在全世界范围内来看还是太晚。可是中国的铁器发展得非常快，到了战国中期就已经有钢了，而且质量很好。战国时期我们讲强秦弱燕，秦国很强，燕国很弱，但现在从发现的兵器来看，秦国的兵器基本上是青铜的，秦俑坑中的兵器一定是当时最先进的兵器，却都是青铜的，可是燕国的铁器水平和汉朝的铁器水平差不多。汉朝时期常用的农具，比如"五齿耙"一类的东西，燕国都有，燕国制作的"卜"字形铁戟也是很长的，所以铁器也不见得就先进。

前一段时间在西北大学召开了一个欧亚考古学的会，我也去参加了，在会上我听到了一个消息，就是在甘肃齐家文化的遗址中发现了一个铁器，证明是人工冶炼的，而且已经得到确切证明，但这并不能改变当时铁器使用不普遍的事实。其实铁在很多地方都会有，比如在前几次殷墟的发掘中就发现有铁，当时郭沫若先生专门写了一篇文章讥笑这个事①，因为从当时考古学的常识来讲，铁是不可能从殷墟发现的。后来到了二十世纪五六十年代，在殷墟的发掘中真的出了铁质的东西，但这件东西后来不能证实。在保定附近有一个满城要庄西周遗址，在该遗址西周中期的地层中出了很大的铁器，这个铁器我曾经建议他们做测定，迄今也没有结果。但是不管这些偶然的发现有多少，也不能改变西周时期没有大量使用铁器的事实。现在的问题在于西周时期是否有一种陨铁一类的工具用以刻晋侯苏钟，这本身就是一个很重要的问题，研究这个问题有一个前提，就是要测一下晋侯苏钟的硬度，但目前为止还没有明确的数据。

晋侯苏钟释文（【】中的序号表示钟的编号）：

【一】隹（惟）王卅又三年，王親遹眚（省）东或（国）、南或（国）①。正月既生霸戊午，王步自宗周②。二月既望癸卯，王入各（格）成周，二月

---

① 郭沫若：《殷墟之发掘》，载《郭沫若全集·历史编》第一卷，第271-272页，北京：人民出版社，1982年。

【二】既死霸壬寅，王賸生东③。三月方死霸，王至于蓳，分行，王窺令晋侯穌（苏）："遽乃自（师）左，洀箠北洀口，伐夙尸（夷）。"晋

【三】侯穌（苏）折首百又廿，执嘼（讯）廿又三夫④。王至于薰馘，王窺远眚（省）自，王至晋侯穌（苏）自，王降自车，立南乡，

【四】窺令（命）晋侯穌（苏）："自西北遇辜伐薰馘。"⑤晋侯遂氒（厥）亚旅、小子、戜人先，敐

【五】入，折首百，执嘼（讯）十又一夫⑥。王至

【六】淖＝列＝，尸（夷）出奔，王令（命）晋侯穌（苏）

【七】遂大室小臣、

【八】车仆从，

【九】述逐之⑦。晋侯穌（苏）折首百又一十，执嘼（讯）廿夫，大室小臣、车仆折首百又五十，执嘼（讯）六十夫⑧。王隹（惟）反归，才（在）成周公族整自

【十】宫⑨。六月初吉戊寅，旦，王各（格）大（太）室，即立（位）。王乎善夫刭召晋侯穌（苏）入门，立中廷，王窺易（锡）驹三（四）匹，穌（苏）拜頴首，受驹㠯

【十一】出，反入，拜頴首⑩。丁亥，旦，王鄐于邑伐宫⑪，庚寅，旦，王各（格）大（太）室，嗣工歔父入右晋侯穌（苏），王窺侪晋侯穌（苏）瑿弜一卣，

【十二】矢百，马三（四）匹⑫。穌（苏）敢扬天子不（丕）显鲁休，用乍（作）□穌乸钟，用卲各（格）前＝

【十三】文＝人＝，其严才（在）上，廙才（在）下，數＝

【十四】鼻＝，降余多福⑬。穌（苏）其迈（万）

【十五】年无彊（疆），子＝孙＝

【十六】永宝丝（兹）钟。

③ "二月既望癸卯，王入各（格）成周，二月既死霸壬寅，王貫生东"一句，这件事情告诉我们周厉王当时是住在宗周的，尽管何尊有"王初迁宅于成周"，但终西周一代，成周只是东都，并没有成为"王"长期居留之所在。大家如果去看史书，就会发现"王"还有一些居住的地方，比如周夷王居于犬丘，当然夷王所居并非西犬丘，西犬丘是古书中的太原，在今甘肃天水。再比如周穆王居于郑，这个郑指的是南郑，也就是后来的陕西华县。像犬丘、郑一类的地方，都是离宫别馆，就好像商代晚期的朝歌一样，并不是一个真正的首都，只是经常去住而已。就好比清朝的皇帝住在圆明园，如果清朝的某些学者受到赏识，皇帝要见他，到哪里见呢，多是要到圆明园。西周的首都一直是宗周，"王"正月既生霸戊午从宗周出发，二月既望癸卯，"王"到达成周，"既望"是在月中以后，所以"王"走得很慢。今天的高速铁路从西安到洛阳只需要一个半小时，郑州到洛阳是半个小时。实际上王走得很慢并不是一件简单的事，大家可以看一下《逸周书》的《世俘》，武王伐纣的时候，只用了二十多天，厉王却走了一个多月，这说明厉王这次比较从容，好整以暇。这一段路完全由周朝控制，并不是战争之路，却走得很慢，这说明厉王虽然是去打仗的，但还是比较从容的。"既望"后面就是"既死霸"，这是没有问题的，现在我们不会像刘歆那样把"既死霸"放在"既望"的前面，这一点已经有很多铜器可以证明。

但铭文中的"癸卯"和"壬寅"是矛盾的,因为"壬寅"是"癸卯"的前一个干支,在都是"二月"的情况下,"壬寅"怎么会在"癸卯"之后呢?这就给我们带来了一个很大的问题。这个问题有几种解决方法,有一种方法是"二月既望癸卯"和"二月既死霸壬寅"不在同一年,如果分成两年是完全合适的,整个晋侯苏钟一共有六个历日,如果把这些历日分为两年,正好能排入周宣王的三十三年和三十四年,但这样做所得出的结果和历史相悖反。因为"晋侯苏"是晋献侯,而按照《史记》的记载,晋献侯在宣王十八年已经去世了,又怎么可能在宣王三十三年还在打仗呢?有人可能会说这是因为《史记》的年历不对,是周宣王的纪年有问题,有一个讲法说宣王在位的时间应从共和元年算起,而不是从宣王即位算起,但这样算更不行,如果是这样,那么明确为宣王时期的很多东西都排不进去。关于这些困难,我写过一篇文章①,其中就提到了晋侯墓地的 M8,也就是晋献侯的墓有一个碳十四的测定,这个数据特别可靠。大家要知道,碳十四的测定是要用树轮曲线来校正的,这个校正曲线如果特别平就说明误差很大,这是一个概率的问题,如果曲线很平就会落到很多地方,这样就会有很多可能性。如果曲线特别陡,那误差就会很小,结果也就特别好,晋献侯墓地碳十四测年的树轮校正曲线恰好比较陡,所得出的数据也与宣王十八年比较接近。关于

---

① 李学勤:《晋侯苏钟的年代学问题》,载《文物中的古文明》,第 511-519 页,北京:商务印书馆,2008 年。

这个问题,大家可以看张长寿先生和仇士华先生在《考古》上写的一个报告。[①]这就可以明确证明晋献侯就死在宣王十八年,这个误差是很小的,所以铭文中的三十三年只能是周厉王的三十三年。但确定为周厉王三十三年也有不同的说法,关键在于当时君主即位是当年改元还是次年改元,这种事情和秦汉以后形成固定习惯不同,所以就会引起争论。大家多去过十三陵的定陵,定陵是万历皇帝的陵寝,万历在位四十八年,但三十多年不上朝。我觉得这一点大家可以去研究一下,就是人总是在房子里不活动也可以享很长的寿命,这究竟是怎么回事,是不是在房间里有什么特别的体育锻炼呢?对万历的遗骨进行测定之后,发现万历本身还有许多病,但就能拖着不死。等到他死了之后,他的儿子明光宗泰昌在位只有几个月,此后万历的孙子即位,也就是天启,结果就造成泰昌前面也够不着,后面也够不着,于是就引起了朝野内外很大的讨论,因为皇帝的年号不能一点都不存在,如果连泰昌元年都没有,万历后面紧接着就是天启,这也不合理,这个事情该怎么办呢?这是君主制所特有的一个问题,明朝人又很讲民主,所以什么话都敢讲,结果闹得一塌糊涂。周厉王三十七年就被赶走了,之后就是共和执政,不管"共和"指的是"共伯和"还是"周召二公",总之此后就是共和元年。按照《史记》来讲,"共和"不再用厉王的年号,这就产生了一个问题,即共

---

① 仇士华、张长寿:《晋侯墓地 M8 的碳 14 年代测定和晋侯苏钟》,《考古》1999 年第 5 期。

和元年和厉王三十七年是不是同一年，换言之，"共和"是当年改元还是次年改元，这就涉及了历法的问题，这个问题也和晋侯苏钟的历日推算有关。简言之，就是厉王三十三年是公元前845年还是公元前846年。这里要跟大家讲一下，公元前845年、公元前846年各有利弊，再加上是当年改元还是次年改元，就产生了四种可能，即（A）分成两年用845，（B）分成两年用846，（C）合成一年用845，（D）合成一年用846。因为还有很多高年的青铜器都要排进去，所以就不能只看晋侯苏钟。最后的解决办法是用（C）方案，也就是厉王三十七年就是共和元年，即当年改元，并且判定晋侯苏钟里面的"二月既望癸卯"和"二月既死霸壬寅"是在同一年，也就是厉王三十三年，也就是公元前845年。如果是这样，那么晋侯苏钟的"二月既死霸壬寅"就必须要改。改字是研究古文字的大忌，因为说古人错了是不好的，但这个错是很明显的，因为这个时期一定是岁末置闰，没法用插闰月的方法解决，所以就一定要改字，而且改过之后什么都通。但问题就是问题，改字终究不好，所以夏商周断代工程最后也只能采取改字的办法，只有这个方案能照顾得最多，改字的办法是马承源先生最早发表的。[①]这就可以看到我们在做科学研究的时候，并不能完全确定是非，有时只能选择优劣，实际上很多科学问题都是选择优劣的结果，因为很多时候并不能确定是非。实际

---

① 马承源：《晋侯稣编钟》，载《中国青铜器研究》，第313-331页，上海：上海古籍出版社，2002年。

上把"二月既望癸卯"和"二月既死霸壬寅"放在同一年还是合理的,如果"王"到了成周之后,过了一年才打仗,那"王"在这一年中又都干了什么呢?并且前文已经说了"王"是要到东国、南国打仗的,所以从文气上来看,这样理解也可以给我们一点安慰,因此我们就按照改字的方法来讲。"貄"字,现在有不同的意见,有人读为"续","坒"即"往","王貄坒东"就是"王续往东",即"王接着往东走"。但读为"续"还有一个问题,就是"貄"还见于厚趠方鼎,在厚趠方鼎中,"貄"义为"馈",所以我们认为"貄"还是一个从"自"的字,所以此处的"貄"应读为"追"。这点不是我这样讲,大家都这样讲,"王貄坒东"就是"王追往东",当然这个问题还可以进一步讨论。这次讨伐的对象是东夷,而不是淮夷。

④ "三月方死霸,王至于蕇,分行,王寴令晋侯鮇(苏):'遣乃自(师)左,洀䕫北洀□,伐夙尸(夷)。'晋侯鮇(苏)折首百又廿,执噝(讯)廿又三夫"一句,《尚书》中有"旁死魄",此处的"方死魄"是定点的,所以后面没有干支。文献学家认为"旁死魄"与"既死霸"差一天,文献中有"既旁死霸",实际上西周的历法还有很多东西是我们不懂的。"蕇"是地名,至于说究竟是什么地方,我们就不详细讨论了,因为现在已有的一些推断不一定对,裘锡圭先生读为"范"①,"范"就是

---

① 裘锡圭:《晋侯苏钟笔谈》,载《裘锡圭学术文集·金文及其他古文字卷》,第99-100页,上海:复旦大学出版社,2012年。

山东范县。"行"训为"道",甲骨文中的战争经常讲"×行","×行"就是"×道",也就是"×条路",此处的"分行"就是"王"和"晋侯苏"分道而行。"穌"就是"苏",因为"苏国"的"苏"就写作"穌",苏国在河南济源附近,是一个改姓国,所以又称"苏改",苏国的女子嫁到虢国、晋国的都有。此处是"王"亲自命"晋侯苏",《世本》中认为"晋侯苏"是晋献侯,如果这是周厉王三十三年,此时的"苏"还不是晋侯,此时的晋侯是"苏"的祖父晋釐侯,这又该如何解释呢?我提出了一个意见①,张长寿先生和仇士华先生都支持这个意见,就是晋侯苏钟的铭文是追记的,铭文也是补刻的,在补刻铭文的时候,"苏"已经成为晋侯了,所以铭文中称之为"晋侯苏"。这就好像读《左传》,《左传》中有齐桓公如何如何,但是齐桓公活着的时候并不叫"齐桓公",这些事都是后人追记的,所以称之为"齐桓公"。"自左"就是"左师",也就是"左军",这种例子也见于史密簋。"泲燮北泲□"一句不太明白,因为其中有缺字,应该是"渡过某条河"或"渡过某个湖",因为当地的地貌就是如此。"夙"即"凤",就是古书中的"宿国",在山东省东平以东。宿国有铜器出土,就是凤妠鬲,宿国是风姓国,"风(風)"是从"凡"声的,所以"凤妠"就是"宿风",风姓是太昊之后。"凤"如果严格隶定应写为"寫",这类字甲骨文中有,比如"弗"有时作"帮"。从"二月

---

① 李学勤:《晋侯苏编钟的时、地、人》,载《夏商周年代学札记》,第7-11页,沈阳:辽宁大学出版社,1999年。

既死霸"到"三月旁死霸"也有二十几天，行动也不是很快，可见"宿夷"并没有出击，而是在原地等着挨打，实际上"宿夷"也抵抗不了周、晋的部队，这和淮夷的入侵有所不同，打淮夷是一场运动战，是追着淮夷打的，所以伐宿夷的战争很快就结束了。伐宿夷的结果是"晋侯苏"杀了一百二十个敌人，抓了二十三个俘虏，对照同时期的战争来看，这场战争已经不小了。至于说坑赵卒四十万，那是战国时期的事，战国时期人口已经比较多了。

⑤ "王至于䡴𢦏，王𥍋远耆（省）自。王至晋侯穌（苏）自，王降自车，立南乡，𥍋令（命）晋侯穌（苏）：'自西北遇（隅）𡔽伐䡴𢦏。'"一句，"䡴"是从"匀"省声的，所以有的学者认为"䡴𢦏"就是后来的"郓城"。"耆自"即"省师"，是检阅军队，"王"到了郓城之后，就远远地去检阅军队，后文有"王至晋侯苏师"，所以这次参战的应该还有其他国家的军队，"晋侯苏"所率领的仅仅是整个部队的左师。几个国家联合起来去打仗，在先秦是很普遍的事情，但是各个国家所出的兵有多有少，有的时候某个国家只是象征性地出很少的兵，有时候却是倾国而出。这次晋国也出兵了，但晋国参战的兵力也不会太多，这一点看战争的结果就可以知道。"王"在检阅军队的时候，到了"晋侯苏"的部队，"王"到了之后是"降自车"，可见"王"是坐车去的。大家要知道，当时是不骑马的，但这是主要的情况，当时不一定绝对不骑马，西安老牛坡的商代遗址中就有一个独立的坑，坑里有一个人、一个马和一个狗。我们可以设想是这个人

骑着这个马,带着这个狗,所以当时人骑马不算什么稀奇的事,但当时主要的交通方式并不是骑马。"王"从车上下来之后是"立南乡",这一点是一定要注意的,中国是在北半球,所以是以北为上,以南为下,因此"王"是面南背北的。"王"到达郓城之后,各部队已经在郓城周围列好了,"王"逐一检阅了一番,检阅完后就发动进攻了。"王"亲自命令"晋侯苏""自西北遇𩰚伐䢵𫟼"。"遇"读为"隅"。"𩰚"即"敦",与"伐"同义连用。也就是说,"王"命令"晋侯苏"从西北角攻打郓城。由此可知,在整个战争中,夷人是处于被打的状态。

⑥"晋侯遂埶(厥)亚旅、小子、𢦏人先,敌入,折首百,执噬(讯)十又一夫"一句,"亚"训为"次"。"旅"训为"众","亚旅"见于古书,是卿以下的众大夫。"亚旅"很重要,除了见于晋侯苏钟以外,还见于河北元氏西张村出的师𧻚父簋。"小子"是从属于大夫的人。"𢦏"和"铁"之所从有关,此处读为"秩","秩人"是后勤部队,是供应粮草的。"先"即"作为先锋","敌"读为"陷","敌入"即"攻陷而入"。这次战役的结果是斩获了一百个首级,抓了十一个俘虏。当时的城里不可能只有军队,可这里并没有说抓获了多少百姓,所以铭文中所谓"折首""执讯"的应该都是敌方的作战部队,这一点和战国时期的情形不一样,战国时期会把城夷灭,但西周时期并不如此。武王伐纣就是例子,武王灭纣之后,就把殷遗民封给了武庚,武庚作乱被灭,就把殷遗民移到了成周,其余的封给了卫国,尽管战争不断,可百姓还是没有遭到屠杀。实际上西周时期还是有大肆杀戮的

事情的,这就是禹鼎讲的"无遗寿幼","无遗寿幼"的对象指的很可能是鄂国的贵族,至于说是不是这样,我们还可以进一步来讨论。

⑦ "王至淖=列=,尸(夷)出奔,王令(命)晋侯穌(苏)遂大室小臣、车仆从,述逐之"一句,"淖列"是一个地名,不可考。"王"的军队到了之后,淖列之夷就出奔了,也就是跑了。"晋侯苏"有他自己的部队,此处"王"命"晋侯苏"所率领的大室小臣、车仆应该不是"晋侯苏"的部队,而是周的部队。"太室"可以有两种理解,一种是把"太室"理解成"宗庙",但是宗庙中的小臣又怎么会出来打仗呢?还有一种是把"太室"理解为一个地名,也就是"太室山",在嵩山的范围之内,当时也在周的范围之内,至于说是否如此,还有待进一步研究。"仆"是驾车之人,"从"义为"追赶"。"王令(命)晋侯穌(苏)遂大室小臣、车仆从"就是"王命令晋侯苏率领太室小臣、车仆去追赶出奔的淖列之夷"。"述"读为"遂","逐"义为"追赶",在甲骨文中"追"和"逐"分得是很清楚的,"追"是从"𠂤"的,"𠂤"训为"众",指的是"人众",所以"追"的对象是"人众"。"逐"是从豕的,"豕"是"猪",所以"逐"的对象是动物。但到了西周时期"追"和"逐"分得就不是很清楚了,此铭中追人的时候用的就是"逐"。

⑧ "晋侯穌(苏)折首百又一十,执嘼(讯)廿夫,大室小臣、车仆折首百又五十,执嘼(讯)六十夫"一句,这次的战果更大一些,"晋侯苏"杀了一百一十个人,抓了二十个俘虏。大室小臣、车仆杀了一百五十个人,

抓了六十个俘虏。从这里就可以看到"晋侯苏"和敔簋的"敔"的身份差不多,是可以由"王"来随便指挥的,当然晋侯苏带着一部分自己的军队,也就是说在西周时期,"王"与诸侯国之间的关系和后来的有所不同,西周时期"王"可以直接调动、指挥这些诸侯国的军队,可到了春秋以后就不行了。春秋时"王"去打郑国,结果是"射王中肩",也就是一箭射到了"王"的肩膀上,"王"颜面大失,周王室也从此一蹶不振。

· 2010 年下半年第十三次课 ·

晋侯苏钟（下）、多友鼎（上）

晋侯苏钟（下）

晋侯苏钟释文（【】中的序号表示钟的编号）：

【一】隹（惟）王卅又三年，王寴遹眚（省）东或（国）、南或（国）①。正月既生霸戊午，王步自宗周②。二月既望癸卯，王入各（格）成周，二月

【二】既死霸壬寅，王䙴徂东③。三月方死霸，王至于蓳，分行，王寴令晋侯鮇（苏）："䢔乃自（师）左，洀夔北洀□，伐夙尸（夷）。"晋

【三】侯鮇（苏）折首百又廿，执嘼（讯）廿又三夫④。王至于𩵦䖾，王寴远眚（省）自，王至晋侯鮇（苏）自，王降自车，立南乡，

【四】寴令（命）晋侯鮇（苏）："自西北遇臺伐𩵦䖾。"⑤晋侯䢔氒（厥）亚旅、小子、戙人先，啟

【五】入，折首百，执嘼（讯）十又一夫。⑥王至

【六】淖=列=，尸（夷）出奔，王令（命）晋侯鮇（苏）

【七】䢔大室小臣、

【八】车仆从，

【九】述逐之⑦。晋侯鮇（苏）折首百又一十，执嘼（讯）廿

夫,大室小臣、车仆折首百又五十,执噽(讯)六十夫⑧。王隹(惟)反归,才(在)成周公族整自

【十】宫⑩。六月初吉戊寅,旦,王各(格)大(太)室,即立(位)。王乎善夫劼召晋侯穌(苏)入门,立中廷,王窥易(锡)驹三(四)匹,穌(苏)拜頴首,受驹㠯

【十一】出,反入,拜頴首⑩。丁亥,旦,王鄘于邑伐宫⑪,庚寅,旦,王各(格)大(太)室,嗣工毼父入右晋侯穌(苏),王窥侪晋侯穌(苏)瑿鬯一卣,

【十二】矢百,马三(四)匹⑫。穌(苏)敢扬天子不(丕)显鲁休,用乍(作)囗龢毼钟,用卲各(格)耆=

【十三】文=人=,其严才(在)上,廙才(在)下,数

【十四】豪=,降余多福⑬。穌(苏)其迈(万)

【十五】年无疆(疆),子=孙=

【十六】永宝丝(兹)钟。

⑨ "王隹(惟)反归,才(在)成周公族整自宫"一句,"反"同"返","返归"即"回到",打完仗之后,"王"回到了成周。把这句和上面的"王步自宗周""王入各(格)成周"以及"王贿生东"连起来看,就会觉得很顺,所以把"二月既望癸卯"和"二月既死霸壬寅"分为两年也不太合适,如果分为两年,其中有一年"王"什么事都不干,这就不叫打仗了,如果这一年里面"王"还打了别的,为什么铭文没有记述"王"返归成周呢?可见,分为两年总是有些困难。"王"在成周什么地方呢?"王"是在公族整师宫。"公族"是一个官名,当时很多国家都有这样一个官职,"公族"是宗伯系统中管理族人

事务的,就好像清朝"宗人府"一类的官职,何簋的"何"就是司三族的。此处的"整白"是人名。

⑩ "六月初吉戊寅,旦,王各(格)大(太)室,即立(位)。王乎善夫智召晋侯穌(苏)入门,立中廷,王窺易(锡)驹三(四)匹,穌(苏)拜頴首,受驹曰出,反入,拜頴首"一句,"王"举行册命的时候一定是在宗庙里面,这一点《国语》的韦昭注讲得很清楚,但这次册命"晋侯苏"并不是在"王"自己的宗庙中,而是在"公族整师"的宗庙里面。这种情况比较特殊,但仍然合乎当时的典礼,类似的情况在金文中还有一些。"王"之所以要在宗庙中举行典礼,是因为在宗庙中"王"不仅代表他个人,也代表他的祖先。如果"王"不是在自己的宗庙,而是在其他人的宗庙,这就变成了一种仪式,没有那么深刻的宗教意义。从这些就可以看出当时的典礼在逐渐地仪式化,但不管怎么说,仪式里面的过程是一样的,这一点是很严格的。册命是在"旦",大家要知道,在甲骨文中就已经把一天分为好几个时段了。最早的一段是"昧爽","昧爽"是"天似亮非亮"。"昧爽"后面就是"旦","旦"是"太阳刚刚出来",当时的典礼一般都是在"旦"举行,当时的天子也是不能睡懒觉的,《列女传》中就有周宣王的夫人姜氏劝周宣王不要睡懒觉的记载。此处要注意"智"字,有些人把"智"隶定为"曰",这不符合当时的文例,在"王乎A召B"的句式中,A和B一定是人名。有人认为这个人的名字叫"曰",但这里并不是个"曰"字,应该是"智"。当时叫"智"的人特别多,春秋时期也是如此,只不过古书写作"忽"。

此处的"膳夫智"就是蔡簋的"宰智","膳夫"和"宰"是一个系统的官,《周礼》中"太宰"之下就是"膳夫",但西周金文与《周礼》相反,最高的是"膳夫",宣王时期的"膳夫克"是当时最大的一个官。也许是到了晋侯苏钟之时,"智"又升官了,从"宰"升到了"膳夫"。指出这一点,我们就可以明确知道晋侯苏钟是厉王时器,因为蔡簋是夷王元年,晋侯苏钟是厉王三十三年,"智"在职的时间已将近四十年。"王"亲自赏给"晋侯苏"四个驹,"驹"是小马。西周时期的马确实不大,眉县的李家村出过一个驹尊,从这个驹尊能看出当时"驹"的样子,一看就是小马,而且是很小的马。之所以赐四匹,是因为四匹为一乘,可以驾车。"王"赐完之后,"晋侯苏"就"受驹昌出",从这里就可以看到"王"赏赐完了之后是直接把马给"晋侯苏"的,那四匹马就在册命现场,并不是说册命完了之后,再去马厩领取。这一点需要特别注意,因为赏赐其他的东西拿着就可以出去了,但马还是需要别人帮忙拉出去。受驹出去之后要"反入",也就是再进来,而且要"拜顗首",把马拿出去是表示接受了"王"的赏赐,回来拜稽首是谢恩。这里必须要告诉大家,谢恩的时候必须要有所贡献,只是此处没有讲,以后我们讲宣王时的颂鼎,就可以看到臣下所回馈的,多是玉器一类的东西。

⑪ "丁亥,旦,王鄦于邑伐宫"一句,此处是"邑"而不是"吕",不能认为是吕国的国君"伐"在朝中做事,"邑伐"是人名。"鄦"字,大家猜想就是"渔"。可能"王"当时就是在邑伐宫附近钓鱼,可见"王"当时好整以暇,

这种事情是完全有可能的。大家要知道，洛阳古时候水是很多的，因为古代选首都的时候，总是要考虑水源的问题，全世界范围内的都城多数都是有水的，包括北京在内，永定河古称"无定河"，以前潮白河和永定河的水势是非常大的。长安也是如此，古时是八水绕长安，到了近代这八条水全都没有了，现在西安的水都是从其他地方调过来的。成周也是一样，这里有几条河是相当大的，这一点大家看《洛诰》就可以知道。此处并没有提到"晋侯苏"，我们猜想"王"到邑伐宫的时候，"晋侯苏"应该是随着"王"一起到的，否则铭文中不会记载这件事。

⑫"庚寅，旦，王各（格）大（太）室，嗣工趩父入右晋侯鯀（苏），王窥侪晋侯鯀（苏）瓒鬯一卣，矢百，马三（四）匹"一句，此处并没有说是哪里的太室，我们猜想应该是"王"的太室。"嗣工趩父"又见于儠匜，"儠"是《说文》中"训"字的古文，儠匜一定是厉王时器，而且儠匜是一个形制比较早的匜。"侪"读为"赉"，义为"送"，"赉"除了送东西还带有"送行"的意思。"王"之所以再举行一次典礼是为了给"晋侯苏"送行，因为"晋侯苏"是晋国人，他带领军队来参加了这次战役。"瓒"在文献中作"秬"，是一种黑色的黍米，"鬯"是郁金，"秬鬯"是用黑黍米酿成的加了郁金的酒。此处赐的是已成年的马，而不是"驹"。

⑬"鯀（苏）敢扬天子不（丕）显鲁休，用乍（作）□鯀趩钟，用邵各（格）耆=（前）文=人=，其严才（在）上，虩才（在）下，穆=叀=，降余多福"一句，"趩"读为"锡"，《说文》"锡，美金也"，"锡"是一种好铜。

"前文人"指"祖先"而言，祖先去世之后被认为是可以陟降于上下的，"陟"可以到上帝那里去，"降"可以到人世间来，所谓"祭祀"就是要请祖先从上面降到下面。"严"训为"恭"，"虞"在古书中作"翼"，训为"敬"，《诗·六月》"有严有翼"。"氡"读为"丰"。"髲"字甲骨文中就有，但我们不认识，在这里应该和"丰"同义，也是"丰盛"的意思。"髲"还可能是一个诸侯国的名字。"余"代指"晋侯苏"本人。整篇文章写得非常生动，可见当时一定是有史籍的，这些事应该是从史籍上誊抄来的。

晋侯苏钟出土之后带来了一系列问题，其中最大的问题就是晋侯苏钟的时代。"三十三年"在整个西周并不多，最早是周文王，传说在位五十年，周穆王按照《史记》的记载是在位五十五年。除此之外，西周早中期的"王"都没有超过三十三年。西周晚期有两个"王"超过了这个年数，一个是周厉王，一个是周宣王。周厉王在位的年数一直是有争议的，大家如果有时间，可以把《周本纪》中厉王的年数和各个《世家》中所记的厉王年数做一下梳理，梳理之后就会发现当中有矛盾，这一点清人梁玉绳在《史记志疑》中就指出了，就是《卫世家》与《周本纪》的矛盾非常明显。但是，厉王在位三十七年是《史记》明文记载的，在"共和"之前，《史记》只给出了三个周王的年数，就是文王五十年，穆王五十五年，厉王三十七年。《史记》是非常严谨的，《牒记》中的一些说法，司马迁是存而不论的，但司马迁却明确给出了穆王和厉王的年数，所以司马迁肯定是有所依据的，历代学者多数还是用这个说法。如果是这样，晋侯苏钟就只有两个地方可以排，一个是厉王，一个是宣王。按照《晋世家》中记载的晋献侯卒于宣王十八年，那么晋侯苏钟就只能排在厉王三十三年。《晋世家》中明确说"自靖侯以下年代可考"，靖侯是献侯的祖父，因此就更不能轻易否定献侯卒于宣王十八年这个说法。

除了以上所说的办法之外，还有一种办法就是把共和十四年放在宣王里面，可这样与史不合，不能说"共伯和"或周、召二公执政的时候，用一个没有即位的小孩的年号，而且这与我们能够绝对确定的属于宣王前十几年的铜器全然不合，因此这个说法也不行。到现在为止，改字是最好的一种说法。也就是说，晋侯苏钟所记是厉王三十三年之事，那么"晋侯苏"在厉王三十三年就不能是晋侯，因为厉王三十三年的时候，是晋侯苏的祖父晋靖侯在位，所以晋侯苏钟的铭文是追记的。如果这一点属实，那就给了我们一个很好的启发，某些铭文中有谥法，比如卫鼎有"恭王"，利簋有"武王征商"，武王是死了之后才叫"武王"，征商的时候武王还在世，又怎么能叫"武王征商"呢？所以利簋应该是武王去世后作的器，利簋铭文所记的是武王在世时的事，这就好像《史记》也称"武王征商"，这是后来人追述的时候所用的称呼，武王在世时不称"武王"，只称"王"。

总之，青铜器的铸造年代和铭文中所述事件发生的年代会有一些距离，这一点大家一定要注意。宋代著录有春秋时期的叔夷编钟，里面对"齐灵公"的称呼就有变化，前半段铭文称"齐侯"，但后半段就改称"灵公"了，应该是编钟作到一半的时候，齐侯去世了，才会出现这种情况。

青铜器的形制与铭文之间有时候是会有一些距离的，不会是铭文中写着哪一年，这件铜器就是哪一年铸造的，这个问题的影响是相当大的。但不管怎么说，晋侯苏钟是个特例，因为作器的时间和事件发生的时间隔得相当长，如果是"晋侯苏"已经即位称"晋侯"了才去作钟，这也可以解释铭文中的某个干支可能写错了这一现象。当然这些都是推测，希望将来我们能够发现更多的东西，进而把这件事说得更清楚一些。

我在上海的《学术集林》里有一篇文章是讲晋侯名号的①，我写这篇文章是想说明一个问题，就是文献中的记载究竟能够可靠到什么程度，这个问题是很值得讨论的。关于世系名号最好的一个例子就是甲骨文。甲骨文发现之后，特别是经过王国维先生研究之后，震惊了世界。王先生在研究中就指出《殷本纪》中所记载的商王世系是基本可靠的。②现在离王先生的年代已经有八十多年了，我们根据王先生所未见到的甲骨文材料再来看这个问题，就会发现《殷本纪》的记载比王先生估计得更接近事实，这就告诉我们不要轻易地去怀疑史书中有关世系的记载。清华简的《楚居》提供了一个楚国的世系，对照《楚世家》就可以发现二者对于楚世系的记载相当一致。晋侯墓地给我们提供了另外一个例子，晋侯墓地是从第二代"晋侯燮父"开始，一直到"殇叔"为止，也就是说除了第一代"唐叔虞"之外，西周所有的晋侯墓都在，历代晋侯的名号都在。拿这些名号和《晋世家》中的记载相对比，就会看出很多问题，有的是通假字，有的是一名一字，有的还解释不了。可是无论如何，我们可以看到《史记》的记载并不是杜撰的，特别是有的时候会看到某个晋侯有"名"又有"字"。"名"和"字"

---

① 李学勤：《〈史记·晋世家〉与新出金文》，载《学术集林》，上海：上海远东出版社，1995年。
② 王国维：《殷卜辞所见先公先王考》，载《观堂集林》，第409-437页，北京：中华书局，1959年；王国维：《殷卜辞所见先公先王续考》，载《观堂集林》，第437-450页，北京：中华书局，1959年。

是要相关的，这一点高邮王氏父子有一个重要的贡献就是《春秋名字解诂》，这也就是说古人的"名"和"字"之间是有解释的方法的。"晋侯苏"有两个名字，一个是"斯"，一个是"穌"，"斯"和"穌"应该是一个人，只不过是一名一字。"𠂤"可以读为"咎"，是幽部字，所以"斯"可读为"樵"，"樵"就和"苏"相关了，二者都有"砍木头"的意思。当然，这个意见仅供大家参考。

晋侯墓地还有很多材料没有发表，近年北大又发表了M113和M114的一些情况，其中有一些很重要的内容。当然整个晋侯墓地发掘报告还要很长时间才能发表，因为晋侯墓地是一个系统的发掘工程，就和殷墟侯家庄的那几个大墓一样，侯家庄大墓的发掘报告陆续出了好几十年。关于晋侯墓地的更多情况，我们也只有等待了，希望发掘报告能够早一些出版，为我们的研究提供一些便利。

多友鼎（上）

多友鼎（见图1、图2）是近年发现的厉王时期的铜器中最为重要的一件，讲的是对北方的战争。

西周晚年就像《公羊传》里面说的，"南夷与北狄交，中国不绝如线"。实际上这种情况在厉王时期已经开始了，所以到了宣王时期，宣王中兴的主要内容就是北退猃狁，南征淮夷，这一点不仅铜器能够证明，文献中也有很多材料。厉王时期关于北方的材料并不多，最主要的就是多友鼎，以后应该还有更多与北方猃狁有关的材料出现，从多友鼎可以看出厉王时期对于猃狁的战争规模一点都不比对东、南淮夷的小。

大家如果看多友鼎的拓本就可以看到中间有分开的部分，实际上这是因为拓的关系。多友鼎是圆的，纸是平面的，如果不把纸剪开就不好拓。所以鼎铭本身并不是分开的，是由于贴纸的关系，造成了一部分的分开。这个拓本原高只有二十厘米，所以多友鼎并不是很大，但字特别清楚。

图1　多友鼎　　　　图2　多友鼎拓本

多友鼎释文：
唯十月，用严（狁）㪣（猃）放臩，广伐京自，
告追于王，命武公："遣乃元士，羞追于
京自。"①武公命多友衒公车，羞追
于京自②。癸未，戎伐筍，卒孚（俘），多友西
追③。甲申之脣，搏于郲，多友有折
首、执嚻（讯），凡㠯公车折首二百又□又
五人，执嚻（讯）廿又三人，孚（俘）戎车百乘
一十又七乘，卒䬃筍人孚（俘）④。或搏于
龚，折首卅又六人，执嚻（讯）二人，孚（俘）车
十乘⑤。从至，追搏于世，多友或有折
首、执嚻（讯）。乃轚追⑥，至于杨冢，公车折
首百又十又五人，执嚻（讯）三人，唯孚（俘）

车不克吕,卒焚,唯马欧盡,復

夺京𠂤(师)之孚(俘)⑦。多友廼献孚(俘)戝(馘)、噝(讯)于公,武公廼獻(献)于王⑧。廼曰武公曰:"女(汝)既静京𠂤,赘女(汝),易(锡)女(汝)土田。"⑨丁酉,武公才(在)献宫,廼命向父卲多友,廼延

于献宫⑩。公亲曰多友曰:"余肇吏女(汝),休,不遑,又成事,多禽,女(汝)静京𠂤(师),易(锡)女(汝)圭瓒(瓒)一,汤钟一肆,鐈鋚百匀。"⑪多友敢对𢍰(扬)公休,用乍(作)噂鼎,用飤用客,其子=孙永宝用⑫。

① "唯十月,用严(玁)㺂(狁)放興,广伐京𠂤,告追于王,命武公:'遣乃元士,羞追于京𠂤。'"一句,"用"是一个虚字,"严㺂"即文献中的"玁狁",也作"猃狁"。"㺂"字右下多有一个"女"形的部件,有的学者认为这是"止",也就是"脚"的变形,这个讲法是可能的,我们在写的时候常常省去"女",楚简中也是如此。猃狁是当时西北的戎人,王国维先生把北方的民族都讲成一回事①,并不是王先生模糊不清,这只是北方民族的统称,早些时候叫"獯鬻",后来叫"猃狁",再后来叫"匈奴",这些都是当时对西北民族的泛称。这里需要说清楚,不管是"四夷"的哪部分,在文献或金文中常常是给一个泛称,因为人们实际上并没有弄清楚这些少数民族的分布。类似的情形在中国历史上是一直存在的,

---

① 王国维:《鬼方昆夷猃狁考》,载《观堂集林》,第583-606页,北京:中华书局,1959年。

如果与该民族自己的记述比较起来,就会大不相同。元朝就是如此,之所以后来人们对《黄金史》如此有兴趣,是因为这是蒙古族人自己写的。我们要把《黄金史》的内容与西亚、中亚以及狭义的中原地区的记载结合起来研究,因为对于相同的事物,蒙古族人自己的记载是一套,中、西亚的记载是一套,狭义的中原地区的人的认识又是另一套。阿桂编的《满洲源流考》所说的一些事情,从《明史》中就查不出来,因为中原人对于周围人的认识比较模糊,越早越是如此,比如说"胡",我们常说的"五胡"到底是哪五胡呢?像"猃狁"这种词我个人认为也是如此,"猃狁"只是一种泛称。如果大家看商代或者西周的一些记载,比如"王季伐西落鬼戎,获其二十翟王",至于说究竟是哪二十个翟王是数不出来的,所以只是泛称,即抓了二十个狄人的酋长。"放"读为"方"。"䙴"字,"史墙"的儿子也叫"瘋",实际上"䙴"和"瘋"是一个字,病好曰瘋,所以"瘋"是从"广"的。《微子》中有"小民方兴",《费誓》有"徂兹淮夷、徐戎并兴","并兴"就是"方兴","方"可读为"旁",训为"大","兴"可训为"起","方兴"即"大起"。"广"不一定是指地理上的广泛,也可以理解为"规模大"。"京自(师)"一词,也见于《诗·大雅·公刘》,《公刘》有"京师之野"。"京"字的本义是比较高的山丘,再层曰京,因为这个地方有这样的山,所以就叫做"京"。此处的"京"是"公刘"所居之地,也就是现在的豳县东北。"豳"字不好写,所以陕西人改作"彬"。"京"本没有"都城"的意思,因为"京"成了周的都城,所以后来的都城多称为"京师"。为什么有一个"师"字呢？这是因为"师"可训为"众"，有人众的地方称为"师"。甲骨文中的"师"比较多，当时的"人众"并不像后来想象得那么大。周代能够叫做"师"的地方就比较少，比如《洛诰》中有"洛师"，"洛师"指的就是"成周"。但在商代，"𠂤"就比较流行，有人认为"𠂤"是"次"，实际上并不是这样，甲骨文的"次"作"㳄"。西周在很长的一个时期内是坐于西北而面向东南，周人主要的精力也放在东南的问题上，西周并不注意自己的后面，因为周人是起于西北的，也就是从陕甘起家，所以周人认为和西北的关系很好。这种情况在很长一段时期内也是事实，所以才有了周穆王西征的事情，虽然这是以小说的形式杜撰过的，但大体事实还是可参考的。周的主要发展方向是东南，这从周初就开始了，三监之乱时，首先就是淮夷、徐夷起来叛乱，淮夷、徐夷所居之处也就是江苏、山东一带。但到了后来，形式就有所不同了，西周中期以后，西北方面也出了问题，作乱者多是"猃狁""西戎""犬戎"，西北地区在商代的时候还是受商管辖的，甲骨文中有"犬侯翦周"之事，当时的"周"指的可能不是姬姓的周，但这个地方就是周原一带，旁边有一个犬国，这个犬国很可能就与"犬戎"有关。犬侯受商王之命去伐周，可见商朝的控制范围是很大的。从考古上来看也是如此，现在陕北、甘肃一带，多有商代青铜器发现，这些铜器是很有特色的，二十世纪八十年代在北京故宫博物院办过一个陕北出土青铜器的展览，我真是大开眼界，看到了很多过去想象不到的东西。实际上甘肃甚至是宁夏出的青铜器也不少，最近陕西省的曹玮先生编了一本《陕北出土青铜器》，这本书已经出版了，陕北的材料收得非常全，大家可以看一下。大家要知道，当时的这些少数民族并不是像大家想象得那样落后，首博藏了一件陕北出土的铜勺，勺上有一个小人，这就是陕北的人。这个人穿着一身铠甲，而且有发结，可见当时的少数民族一定不落后，也不是想象中只是包着兽皮的那个样子，从多友鼎也可以看到当时的玁狁并不是那么落后。玁狁侵犯了"京师"一带，"京师"已经相当深入周境了，大家要知道，从彬县到今天的西安不是很远，并且在二者之间没有诸侯国作为屏障，这就是西周的缺点。西周的封国主要是在东南，向南可以到湖北，比如汉阳诸姬，《左传》中有"巴濮楚邓，吾南土也"，如果把这些也算上，则可到达四川。向东可以到达商奄，也就是山东中部。但周的西面并没有什么封国，现在我们能够知道的也就是西虢，西虢在今天的宝鸡，再往西就没有了。向北也没有了，以前我们认为楷侯应该在陕北，因为记有"楷伯"的献簋出在陕北的保安，保安也就是今天的志丹，可是现在看起来楷也不在陕北，而是在山西。因此周的西北方面缺少屏障，没有诸侯去阻挡外族的入侵，玁狁一打就打到了京师，也就是周人的故都，这是很严重的事情，所以就"告追于王"。"告追于王"的主语是"京师"，这篇铭文中有的时候会省略主语，完整的句式应该是"京师告追于王，王命武公：'遣乃元士，羞追于京自。'"也就是应该在"京师"和"王"下面加重文号，但铭文中并没有加。因为玁狁和其他的草原民族一样，打完俘获了东西就跑，并不是占领了京师，于是京师就向"王"报告，所谓"告追于王"就是向"王"报告，要追击猃狁，"王"就命令武公"遣乃元士，羞追于京师"。"武公"应该是当时的大司马，而"遣乃元士，羞追于京师"是"王"给"武公"的命令。"乃"义为"你的"，"元士"见于《礼记·王制》，"元士"就是"善士"，在这里指"好的军人"，是一个泛称。"羞"训为"进"，"羞追"即"进追"。此处用的是"追"而不是"逐"，因为追击的对象是"猃狁"，所以用得还是比较严格的，在甲骨文中，"追"的对象是人，"逐"的对象是兽。

②"武公命多友衔公车，羞追于京𠂤"一句，王命是急迫的，所以"武公"的动作也比较快，于是就"命多友衔公车，羞追于京𠂤"，也就是说"武公"派遣"多友"率领公车去追击猃狁，此处的"多友"就相当于上文的"元士"。多友鼎刚发现的时候，很多人包括我在内，都想把"多友"讲成"郑桓公"。大家要知道，郑桓公是宣王的弟弟，他的名字叫"友"，《古本竹书纪年》称之为"多父"，所以郑桓公名友，字多父。有人认为"多"和"友"是一名一字，因为"友"可读为"贿"，"贿"在古代指的是"财富"，并非"贿赂"。实际上，此处的"多友"并不是"郑桓公"，周宣王封他的弟弟友是宣王三十三年之事。宣王是厉王的儿子，宣王即位的时候年纪并不大，按《史记》所讲，宣王本是一个小孩，在国人暴动的时候差点被杀，是召穆公把他藏在家里，可见宣王即位的时候不会很大。宣王在位四十六年，这一点有铜器可以证明，我们已经发现了宣王四十三年的铜器。

因此在宣王三十三年的时候,他的弟弟也就是后来的郑桓公岁数也不会太大,不可能在厉王的时候就带兵去打仗,所以"多友"一定不是郑桓公。①虽然我们很希望能够讲成郑桓公,一个王子领兵出征好像是一个很浪漫的事情,但是这个讲法不行。"公车"又见于禹鼎,禹鼎作"公戎车",也是"武公"所派。实际上"公车"就是一个战车部队,大家不要理解为"武公的车"。"公车"见于《周礼·巾车》,"公"犹"官"也,"公族"就是"官族",称"官"是秦汉以后的事情,有时管皇帝叫"官家",所以"公车"就是"官车",也就是"官有之车"。这件事情的动作一定很快,不然是追不上的,除此之外还有一个原因,就是猃狁在入侵京师之后仍然在附近作乱。

③"癸未,戎伐筍,卒孚(俘),多友西追"一句,"戎伐筍"之"戎"指的就是"猃狁","筍"是从"目"的,甲骨文中有"𦙹"字,很多人想把这个字读为"蜀",但实际上"𦙹"并不是"蜀"。"蜀"见于甲骨文,西周时期的"蜀"字是从人的,作"𧎅"。所以多友鼎的"筍"字,从各方面来看都是"筍","旬"就是"瞬"。所以"筍"就是"旬",此处指"旬邑",在彬县附近。"旬邑"这个地名到秦汉时期还存在,现在收藏在天津历史博物馆的一个秦权上就有"旬邑"两个字,有人怀疑这件秦权,但实际上是没什么问题的,因为这件权的重量是合理的。旬邑就在京师附近,当时的"旬"就在京师的管辖之下。

---

① 李学勤:《论多友鼎的时代及意义》,载《新出青铜器研究》,第106-112页,北京:人民美术出版社,2016年。

"孚"义为"俘虏",就是戎人把旬地的人抓走了,"多友"就率领军队向西追。此处的"西"字特别重要,"西"和"廼"不同。大家要知道,猃狁的位置有很多不同的说法,如果我们像王国维先生那样广义地去理解①,实际上是很容易的,就是被称为"戎"的人,包括猃狁在内,是在整个的大西北,也就是从现在内蒙古的西部到陕北,到甘肃的北部,再到青海一带,换言之就是当时草原民族的南线。正因为如此,很多人想把周的起源放在山西,这种想法在清代时就有,最具代表性的作品是钱穆先生的《周初地理考》,钱先生把周族的起源、周初的地名包括京师一类的地方都放到了山西,也就是黄河以东。这种说法在当时就有人反驳,比如齐思和先生就专门写文论述。②但是钱先生的名气太大了,所以他的说法影响很大,特别是在近年影响到了考古学界。考古学界的一些人专门持这种主张,他们总想在山西找到周文化的起源,这实际上是不可能的,这种想法的根源就是以钱穆先生为代表的一些著作。其实钱穆先生著作中的一些问题,齐思和先生已经讲清楚了,大家可以去看齐先生的《中国史探研》。从"多友西追"就可以知道"多友"一定是往猃狁老家的方向追,猃狁的老家是从京师往西,所以京师不可能在山西。即使是在山西,从京师到宗周是往东走,再向北,是不可能向西的。

④"甲申之脣,搏于郗,多友有折首、执噬(讯),

---

① 王国维:《鬼方昆夷猃狁考》,载《观堂集林》,第583-606页,北京:中华书局,1959年。
② 齐思和:《西周地理考》,载《中国史探研》,第27-49页,北京:中华书局,1981年。

凡吕公车折首二百又□又五人，执嘼（讯）廿又三人，孚（俘）戎车百乘一十又七乘，卒䤪筍人孚（俘）"一句，"癸未"的第二天就是"甲申"，"脣"字下面是从"月"的，并不从"肉"，所以不是"嘴唇"之"唇"。"甲申之脣"就是"甲申这天的早晨"。"多友"的动作很快，癸未这天戎在旬邑，"多友"就开始追赶，到了"甲申"，也就是第二天早晨就"搏于郗"，可见这个仗是连夜打的。"搏"可读为"搏"，也可以读为"薄"，训为"迫"。"郗"是地名，"郗"这个地方特别重要，大家要知道，这就是"漆沮"之"漆"，也就是"漆水"。至于说"漆水"是指哪条河，今天还有争论，历史地理学家有很多不同的说法，但还是应该在彬县、旬邑一带。今天陕西还有旬邑县，不过我必须要说明一点，古代的"旬邑"不在今天的旬邑县，今天的旬邑是汉代旬邑县的故址，今天的旬邑县很可能是古代的"䣛"。"搏于郗"就是在郗进行了战斗，结果是"多友"战胜了。此处的"有"作"㝵"，下面是一个圈，这篇铭文中的"有"都是这种写法。"折首"是"砍头"，"执讯"是"俘获"，"多友有折首、执讯"也就是"多友有所斩获"。"凡"是"总数"，"吕公车"义为"带领公车"。"折首二百又□又五人"中有缺字，原鼎中没有铸出这个字，这是古人很谨慎的地方，可能是稿本当时有些问题，不太清楚。这种情况也见于现藏国博的虢季子白盘，虢季子白盘有一个"五十"，这个"五十"是后刻的，有人认为这个"五十"是后人刻的，这不见得，可能是当事人后来查出来是"五十"继而补刻的。这次战役折首二百多人，俘获二十三人，最为惊人的是俘戎车一百一十七乘,这在西周时期是一个很大的战役。"卒"义为"终于","馭"读为"复",义为"恢复"。"筍人孚"即"被俘的旬邑之人"。从这里大家可以看到周人的行动是很迅速的,过去没有高速路,从西安开车到周原也要好几个小时,如果要到彬县这一带,则要走一整天。"癸未"这天戎还在伐旬邑,当天晚上"多友"就到了,第二天早晨在漆水一带就发生了战争,所以戎人还没有走多远就打了这一仗,"多友"率军把被俘的旬人夺了回来。

· 2010 年下半年第十四次课 ·

多友鼎（下）、𩛥匜（上）

多友鼎（下）

今天我们继续讲多友鼎，上一次我们已经说过了，厉王时期北方的战争不多，最主要的就是多友鼎，我们猜想有关的材料未来还会发现，因为北方的猃狁、南方的淮夷，到了宣王时期，不但可以由青铜器来证明，也可以用文献来对照。

厉王时代对于猃狁的战争，目前只发现了多友鼎，但从多友鼎的记载来看，厉王时代对猃狁的战争规模并不比对淮夷的小，这一次我们把多友鼎读完。

多友鼎释文：

唯十月，用严（玁）狁（狁）放𤯍，广伐京自，
告追于王，命武公："遣乃元士，羞追于
京自。"①武公命多友衔公车，羞追
于京自②。癸未，戎伐筍，卒孚（俘），多友西
追③。甲申之脣，搏于郚，多友有折
首、执嘼（讯），凡㠯公车折首二百又囗又
五人，执嘼（讯）廿又三人，孚（俘）戎车百乘
一十又七乘，卒复筍人孚（俘）④。或搏于
龏，折首卅又六人，执嘼（讯）二人，孚（俘）车

十乘⑤。从至，追博于世，多友或有折
首、执噝（讯）。乃轇追⑥，至于杨冢，公车折
首百又十又五人，执噝（讯）三人，唯孚（俘）
车不克吕，卒焚，唯马欧盡，裯
夺京自（师）之孚（俘）⑦。多友廼献孚（俘）馘（聝）、噝（讯）
于公，武公廼献（献）于王⑧。廼曰武公曰："女（汝）既
静京自，釐女（汝），易（锡）女（汝）土田。"⑨丁酉，武公
才（在）献宫，廼命向父邵多友，廼延
于献宫⑩。公亲曰多友曰："余肇吏
女（汝），休，不逆，又成事，多禽，女（汝）静京
自（师），易（锡）女（汝）圭鬲（瓒）一，汤钟一䏁，鐈
鋚百匀。"⑪多友敢对扬（扬）公休，用乍（作）隣
鼎，用䤯用客，其子＝孙永宝用⑫。

　　⑤"或博于龚，折首卅又六人，执噝（讯）二人，
孚（俘）车十乘"一句，战争还在继续进行，"或"义为
"又"，"或博于龚"就是"又战于龚"。"龚"是地名，就
是古书中的"共"，古书中的"共"常见的有两个，一个
是内地的"共"，在今天的河南辉县，前些年我们从香港
收购了一个子龚大鼎，它的出土地就是河南辉县，我们
揣想"共"是由于"子龚"这个人而得名，因为他叫"子
龚"，所以后来这个地方就叫做"共"。还有一个是西北
的"共"，就是《诗·皇矣》"侵阮徂共"之"共"，《皇
矣》就是讲西北少数民族的，多友鼎的"共"指的就是
西北的"共"，一般的注释学家认为西北的"共"在甘肃
的泾县附近。为什么说是在甘肃呢？因为《皇矣》前面

说"密人不恭"。"密"在今天甘肃的灵台县,实际上"密"在商周之间是一个很重要的地点,也是一个很重要的诸侯国,密人侵犯了"阮"和"共",后来被周人征服了,周就重新分封,重新分封的"密"就变成了周的同姓国,后来被周恭王灭掉了,这段史实见于《国语》。在西周的铜器中,经常能看到"密"这个贵族。1967 年在甘肃灵台白草坡西周墓出土了"泾伯"的铜器,"泾"或隶定为"㴹",这些都是属于"密"的,实际上就是"密"的贵族。虽然"密"是周王朝西北方很重要的一个诸侯国,但在恭王时期已经被灭掉了,结果就使周王朝西北方门户大开。周朝是背靠西北的,所以周总觉得西北问题不太大,但是最后西周的覆灭是由西北导致的,这是因为周在西北没有诸侯国作为很好的屏障。我过去专门写文章讨论过这个问题。[①]周所封的宗室诸侯国主要是在宗周以东,有人认为西周的分封有三条线,这恐怕不一定对,可无论如何,周所封的宗室是面向东南的,西北方面周认为没有什么问题,结果问题很大,导致了西周的灭亡。多友鼎的"龚"就是甘肃的"共",这是没有错的,在方向上也对,从京师开始追击,到了旬邑,再之后就追得很远了,一直到了甘肃境内。这次战役的结果是折首三十六人,执讯二人,俘车十乘。

⑥"从至,追博于世,多友或有折首、执嘼(讯)。乃䎽追"一句,"从至"可以有多种解释,我过去把"从"

[①] 李学勤:《元氏青铜器与西周的邢国》,载《新出青铜器研究》,第 52-58 页,北京:人民美术出版社,2016 年;李学勤:《𧊒簋铭文考释》,载《中国古代文明研究》,第 86-91 页,上海:华东师范大学出版社,2009 年。

解释为"追"①,"从至"就是"追到"。还有一种讲法就是把"从至"连上读,上文说"俘车十乘",如果读为"俘车十乘,从至",就要理解为"俘获的这十辆车跟着回来",因为下文还有讲车回不来的情形,所以我自己还是倾向于前一种理解。这个仗还没有打完,又"追博于世",也就是在"世"这个地方打了一仗,因为"共"已经深入甘肃的陇西地区,比"共"更远的"世"就不可考了,从此往后的地名比如"杨冢"就更不可考了。狁犹的位置自清代以来,比如《诗地理考》和《毛诗传笺通释》等,一般都认为是在甘肃到青海之间。这里并没有说"折首"和"执讯"的数字,这不是古人的疏忽,相反这反映了古人的准确,因为当时并没有搞清楚具体的数字,所以古人就不写。"瀫"是形容"追"的一个副词,金文中有"或人","或"读为"秩",训为"积","或人"是军队中搞后勤的,因为春秋时期齐国的叔夷钟有"或徒","或徒"是一种在军队后面走的徒兵,所以此处的"瀫"可读为"轶"②,训为"突","瀫追"就是"突击而追"。这样看来"多友"追的地方就会更远,甚至可以到达青海境内。大家要知道,青海东部是中国古代文化天然的一条线,中国古代文化、交通和后来往往是相同的,因为这些东西常常会受到自然地理条件的影响。以东北为例,我曾经从吉林的四平出发,就特别能体会清代的柳

---

① 李学勤:《论多友鼎的时代及意义》,载《新出青铜器研究》,第106-112页,北京:人民美术出版社,2016年。

② 李学勤:《论多友鼎的时代及意义》,载《新出青铜器研究》,第106-112页,北京:人民美术出版社,2016年。

条边是非常有道理的,因为文化差别大致就在柳条边那里。柳条边附近有一个燕国的遗址,里面的陶器用的是当地的土,但形制却和燕下都差不多,可见燕国在全盛的时候一直向东发展,到柳条边为止,燕国的文化也是到了那里为止。这种现象到了清代也还是如此,文化也是在柳条边有所差异,看上去是一望无际的平原,但实际上却有着一条文化地理界线。西北也是如此,到了青海东部就是有一条界线,所以"多友"拼命追,但怎么追也都是在这条界线,也就是在甘、青之间。

⑦ "至于杨冢,公车折首百又十又五人,执嘼(讯)三人,唯孚(俘)车不克㠯,卒焚,唯马欧盡,復夺京自(师)之孚(俘)"一句,"杨冢"是地名,"公车"是战车部队,这次战役折首是一百一十五人,执讯只有三人,从这里就可以看出战斗的激烈,因为折首的很多,生俘的很少,这种情况在已有的战争铭文中是比较少见的。"克"义为"能","㠯"在此处是动词。"㠯"用为动词在甲骨文中还是很多的,比如"㠯人"和"㠯龟","㠯"的意思等同于"来",也就是"致送",但"㠯"的这种用法到了春秋以后就很少见了,甲骨文中有"望乘㠯羌"。此处的"车不克㠯"也就是"车不克来","多友"一直追着打,这次战役还是很成功的,把来侵犯的狝狁基本消灭了,在打的过程中还俘获了很多车,可能是由于天气或地形的原因,这些车不能带回来。"卒焚"就是把这些车都烧了,但是马都带回来了,"欧"是"驱赶","盡"义为"伤痛",就是把受伤的人放在马上运了回来,这很可能是由于地形的原因。从这里就可以看到马还是可以

骑的,并不是说中国古人不会坐在马身上,实际上并不完全是这样,很多人认为中国人是在赵武灵王胡服骑射之后才会骑马,我想这把中国人看得也太差劲了。"徇夺京白之孚"即"复夺京师之俘",就是把京师被俘虏的人和物品全抢回来了,这一战追得很远,从陕西北部一直追到甘、青之间,因此大家千万不要低估古人。虽然狳狁是带有游牧性质的少数民族,但基本上还是用战车的,中国的战车到了商代晚期之后发展得非常快,美国的夏含夷先生专门写过文章论述与车有关的问题。① 夏含夷先生认为在甲骨文中车战用的车的数量并不大,田猎的时候用的车数比较多,这是有道理的。但是到了西周就不然了,从多友鼎就可以看到战车的数量是相当大的,到了春秋战国就更不用说了。这涉及中国车的起源问题,外国的一些学者很重视外高加索地区发现的车坑,该地区所出的车与中国早期的车的形制非常类似。高加索地区发现的车,按照考古学估计是在公元前2000年以上,所以有些学者就认为中国的车是从外高加索地区来的,也就有了所谓的"车乘外来说"。这一类问题如果我们仔细去查,就会发现还有些可以质疑的地方,因为这个发掘做得不是那么完整,而且车的年代扣得也不是那么紧。虽然我们现在没有发现殷墟以前的车,但是我们在殷墟和二里头都发现了车辙,所以关于车的起源以及互相影响的情况究竟如何,还可以进一步讨论。现在发现的最早

---

① 夏含夷:《中国马车的起源及其历史意义》,载《古史异观》,第99-130页,上海:上海古籍出版社,2005年。

的车在两河流域，苏美尔、阿卡德时期就有车了，但这些车无论从驾驭动物的方式还是从车的形制看，都与我们的车有所不同，关于这个问题孙机先生有过专门的讨论。① 我们国家的车，按照文献记载是"奚仲"造的，"奚仲"是薛国的祖先，是夏朝初年的人，担任夏朝的车正。薛国就是今天的山东枣庄，所以枣庄市就被认为是世界上最早的造车的地方。现在看起来，虽然考古学的证据并不完备，但夏朝有车还是没有问题的，至于说当时的车发展到什么程度，与中亚地区或外高加索地区是什么样的关系，还是一个要继续探讨的问题。但不论如何，从多友鼎可以看到猃狁也是有车的，可见我们以前对北方的草原民族估计得太低了，师同鼎也可以证明这一点，从师同鼎可以看到当时的战争是用车来进行的。

⑧ "多友廼献孚（俘）聝（馘）、讯（讯）于公，武公廼獻（献）于王"一句，此处献俘的情况和敔簋差不多，敔簋是先献到"荣伯"那里，因为此处的"武公"和敔簋的"荣伯"一样，是直接指挥这场战争的。所以"多友"献俘于"武公"，然后"武公"再献于"王"，从这里可以看到上下等级的关系是很清楚的。

⑨ "廼曰武公曰：'女（汝）既静京自，赐女（汝），易（锡）女（汝）土田。'"一句，"廼曰武公曰"的主语是"王"，此处大家要注意"廼曰武公曰"的前一个"曰"训为"告"，也就是"告诉武公说"，五祀卫鼎也有类似

---

① 孙机：《中国古代马车的系驾法》，《自然科学史研究》1984年第2期。

的句式。"静"读为"靖",义为"平定",班簋有"三年静东国"。"赘"义为"赏赐",赏赐的是土田,但是这里并没有说具体是哪里的土田,这是写铭文的时候把这些简缩了,因为"王"不可能只对"武公"讲这几句话,也许我们以后能够发现"武公"的器物,上面记载着"王"对"武公"所讲的话。

⑩"丁酉,武公才(在)献宫,迺命向父邵多友,迺延于献宫"一句,把"在"写为"才"一直到隶定古文《尚书》还是如此。"献"是一个谥法,因为周朝没有"周献王",所以"献宫"应该是"武公"的祖庙,由此也可以看出"武公"的地位很高。"向父"是一个人的字,此处的"向父"就是禹鼎的"禹",因为"禹"有一件铜器叫叔向父禹簋,"叔"是排行,"向父"是字,"禹"是名。"邵"读为"召"。《尔雅》"延,进也","延于献宫"就是"进于献宫"。从这里也可以看出"献"并不是一个谥法,而是一个畿内的采邑。

⑪"公寴曰多友曰:'余肇吏女(汝),休,不逆,又成事,多禽,女(汝)静京自(师),易(锡)女(汝)圭卣(瓒)一,汤钟一肆,镬鋚百匀。'"一句,"公寴曰多友曰"的"公",指的是"武公"。前面的一个"曰"也训为"告","公寴曰多友曰"也就是"武公亲自对多友说",既然是亲自说,就不会是一个册命。"王"在册命的时候是让史官来说的,"王"不亲自说话,之后史官就拿着稿子读,也就是"王若曰……",这个稿子也就算是"王"的话了,当然"王"事先是看过这个稿子的。晋侯苏钟也是"王亲命晋侯苏","亲命"是不通过史官或

者是代言人的。在《周礼》中，太宰系统的官多有一个职责就是出入王命，这些人就是"王"的代言人。"肇"是一个虚字，"吏"读为"使"。"休"训为"美"，也就是"干得好"。"不逊"即"不逆"，就是"没有违反我的指令"。"又成事"相当于班簋的"亡不成尤"，也就是"有成果"，打仗成功了叫做"有成"。"多禽"即"多获"，就是抓住了很多人。前些年有人写过一篇讲《孙膑兵法》的文章，有的是"擒庞涓"，有的是"杀庞涓"，所以该文就认为古书中的"擒"有可能指"生擒"，也有可能是指"已死的"。"胾"就是"瓒"，虽然没有什么道理，但一定是这样的。"汤"读为"钖"，义为"美金"。"䢈"是"逸"的古文，见于三体石经，楚文字中也是这样写，所以"䢈"可以读为"肆"，"一肆"也就是"一列"，在这个时期一列编钟一般是八个，现在出土的两周之际的编钟都是八个一列。"镴"和"鉴"是金属的名称，也见于曾伯壶，虽然我们没法判断是什么样的金属，但一定是和"铜"有关系的，并不是"铅"和"锡"。"匀"读为"钧"，一钧是三十斤，当时的一斤合现在的半斤，"百钧"也就是今天的1500斤，这个铜的量还是很大的。

⑫ "多友敢对扬（扬）公休，用乍（作）尊鼎，用飤用夋，其子=孙永宝用"一句，"倗"即"朋"字的古文，"夋"即"友"，"用朋用友"这一类的句子在《诗经》中常见，"用"是虚字，"用朋用友"就是"朋友"。古代所谓的"朋友"，比今天"朋友"的范围要窄一些，铭文中的"朋友"指的是"同僚"，也就是"僚友"。

㝬匜（上）

㝬匜是厉王时代的器物，有些学者想把它讲得更早，比如讲成懿王或孝王，这都是不对的。

㝬匜（见图1、图2、图3）见于《集成》11264，是目前为止所有的匜中铭文最长的，长到要盖器连读，先器后盖，铭文连读最早从编钟开始，在匜上还是很少见的，所以㝬匜的发现也就特别引起大家注意，这件器物也成了最重要的铜器之一。

图1 㝬匜

图2 㝬匜盖铭

图3 㝬匜器铭

牧匜是1975年在岐山董家村出现的,和"裘卫"的那一批器物同出,但牧匜的时代与"裘卫"的器物不同。董家村窖藏本身的时代是西周末年,窖藏里面的器物有早有晚,牧匜就是其中时代较晚的器物。牧匜里面有一个人叫"伯扬父",有学者认为这就是《国语·周语》中的"伯阳父"。"伯阳父"是西周末年人,是当时的一个史官,与牧匜的"伯扬父"并非一人,牧匜的"伯扬父"应该就是晋侯苏钟的"司工矞父"。

牧匜释文:

隹(惟)三月既死霸甲申,王才(在)荓上宫①,白(伯)扬父廼成䞂②曰:"牧牛!䚄乃可湛,女(汝)敢弖乃
师讼,女(汝)上㚔先誓③。今女(汝)亦既又㔾誓,尃、
趞、啻、䣛、牧䐗,亦兹五夫亦既㔾乃誓④,女(汝)
亦既从讟从誓,廿可,我义便女(汝)千,毆厰
女(汝)⑤,今我赦女(汝),义便女(汝)千,黜厰女(汝)
今大赦
女(汝)便女(汝)五百,罚女(汝)三百寽(锊)⑥。"白(伯)扬
父廼或吏牧牛誓曰:"自今
余敢擾乃小大事。""乃师或曰
女(汝)告,则侄乃便千,毆厰。"⑦牧
牛则誓。乎吕告吏䍙、吏曶,
于会⑧。牧牛鱏誓成,罚金,牧
用乍(作)旅盉⑨。

①"隹(惟)三月既死霸甲申,王才(在)荓上宫"一句,"既死霸"在"既望"之后,在一个月的下半月,也就是在二十号之后。"荓"字,迄今为止在文字学上都

没有一个很好的解释,可是从各方面看"菶"一定是"镐",也就是"镐京"。这一点很早以前就有学者指出,我自己猜想"菶"应该和"旁"字有关①,"旁"与"镐"在音上非常接近,但这只是一种猜测,可无论如何,我们把"菶"读为"镐"是一定不会错的。之所以很多人不敢用这个说法,是因为金文中常有"王在蒿",实际上"蒿"应读为"郊"②,在《周礼》中"郊"字还常常写作"蒿"。"上宫"是一个宫殿的名称,《侯马盟书》中有"下宫"。

②"白(伯)扬父廼成贒"一句,从各方面来看,此处的"伯扬父"并不是《国语》中的"伯阳父",《国语》中的"伯阳父"是一个史官,自古以来很多人认为这个作为史官的"伯阳父"就是老子,但实际上并不是这样,儠匜的"伯扬父"应该就是晋侯苏钟的"司工扬父"。"贒"字也见于史旗鼎,"贒"所从之"奴"在读音上可与从"赞"或"献"的字相通,这一点在桂馥和朱骏声的书中都有提及,所以我认为"贒"可读为"谳"。③《说文》"谳,议罪也",也就是"案件的判决",睡虎地秦简中有《奏谳书》。大家要知道,古时候一个重要的案件如果定罪,是要向国君或天子报告的,所以"奏谳"就是上报案件的判决。"伯扬父廼成贒"也就是"伯扬父"做了一个判决,之所以前文写"王在镐上宫",是因为"伯扬父"要向"王"报告。琱生簋也是如此,"召伯虎"做

---

① 李学勤:《再说镐京》,载《当代名家学术思想文库·李学勤卷》,第 187-190 页,沈阳:北方联合出版传媒(集团)股份公司万卷出版公司,2010 年。
② 李学勤:《释郊》,载《缀古集》,第 189-194 页,上海:上海古籍出版社,1998 年。
③ 李学勤:《岐山董家村训匜考释》,载《古文字研究》第一辑,北京:中华书局,1979 年。

了一件事，最后写"王"在某处，这就是因为要向"王"报告，获得"王"的批准，要不然这件事情是不能实行的。

③"牧牛！叡乃可湛，女（汝）敢㠯乃师讼，女（汝）上卪先誓"一句，这是伯扬父给"牧牛"的判决中所说的话，此处的"牧牛"可以理解为人名，叫"牧"的人很多，这并不稀奇，比如赵国的大将李牧，元朝有邓牧。我个人猜想此铭中的"牧牛"应该是一个官名，也就是《周礼》中的"牧人"或"牛人"，是管理放牛的人，铭文中并没有具体写他的名字。"叡"读为"徂"，训为"往"，义为"过去"。"叡乃可湛"讲的是过去如何，下文有"今"与之对照，讲的是今又如何，"叡"和"今"实相呼应。"乃"义为"你"，在甲骨文中"乃"是领格，也就是"你的"，但是到了西周"乃"字的意思有所变化。"可"是"可以"。"湛"字有几种读法，我们就读为"堪"，训为"任"。实际上"湛"是可以直接读为"任"的，二者是一样的。"叡乃可湛"即"徂乃可任"，也就是"过去你是可以信任的人"。"㠯"即"以"，训为"与"，"汝敢㠯乃师讼"也就是"你敢和你的官长打官司"，从这里就可以看出牧牛所犯的事了，就是和他的领导打官司，但牧牛究竟做了什么事在铭文中并没有说得很清楚。"卪"读为"忒"，训为"爽"，义为"违背"。"先"是"以前"，"先誓"即"以前的誓言"，"汝上卪先誓"就是"你向上违背了以前的誓言"。商周时期起誓是很重要的，因为起誓的对象是祖先或神明，这是一个最大的约定，是一个非常大的事，在很大程度上会起到契约的作用。到了后来就不是这样了，北京有句俗话说"起誓当白玩"，这就是

说没有信仰，起誓就不能成为一个重要的契约。在有信仰的情况下，对着神明起誓是一件了不起的事，所以古代有很多因为违反契约而造成种种很严重的后果的事情。

④"今女（汝）亦既又〻誓，尃、趞、𩑺、䚔、儵𠂤，亦兹五夫亦既〻乃誓"一句，"〻"字过去不认识，就读为"卩"，而读为"卩"是可以读通的，后来上博简的《周易》中有这个字，相当于"孚"，至于说为什么是"孚"，我们还不明白。此处我们把"〻"读为"孚"，训为"信"。这篇铭文中有几个"亦"字，这几个"亦"字都不能讲成"也"，"亦"是一个加重语气的助词，在句首的时候常常等同于"惟"，这一点王念孙、王引之已经讲过了，在这篇铭文中把"亦"作为虚词都是可以的。大家要知道，先秦的一些文献常常有些虚词，这些虚词特别讲究，如果对虚词不了解，整个语气就搞不清楚，所以虚词的研究是特别重要的。从明代开始才有一些学者专门去研究虚词，近代研究虚词成就最大的是杨树达先生，杨先生的《词诠》是在高邮王氏父子的研究之上做比较谨慎的发展，所以能用《词诠》最好用《词诠》。除了杨树达先生之外，再有就是裴学海先生，裴先生是王国维先生的弟子，也是清华国学研究院的学生，后来长期在河南大学，但是裴学海先生的书不能全用，因为其中有些推论太过。"又"读为"有"，"今汝亦既又〻誓"义为"现今你已有了一个可以令人相信的誓言"。尃、趞、𩑺、䚔、儵是五个人，"儵"是器主。"𠂤"即"造"，训为"到"，也就是"出席"。大家要知道，在法律上出席的两方都叫做"造"，过去我们讲过"逆造"，"造"也是"到"的意

思。"尃、趞、啬、觑、儵宵"也就是尃、趞、啬、觑、儵这五个人到此,而"亦兹五夫亦既卟乃誓"也就是"这五个人也相信你的誓言"。此处理解的关键就是尃、趞、啬、觑、儵是"五夫"的名字,而这五个人是牧牛的同僚,如果大家相信《周礼》的话,《周礼》里面牛人的数量就是六个。因为"儵"是器主,所以"儵"把自己写在最后,后来法律上还把原告和被告称为"两造","造"指的就是"出席者",《尚书·吕刑》中有"两造具备",《孔传》认为"两造"指的是"囚"和"证"。后来到了明清打官司的时候也都用"两造",那时的"两造"是指原告和被告。我小的时候,也就是二十世纪三四十年代,常常看报纸,其中有一个很有意思的内容就是法院的审判记录,就是法官如何问,原被告如何说,最后都是"两造斥退",也就是不管怎么样法官都把双方轰走了,所以从明清以来"两造"指的都是原告和被告。但是《吕刑》和儵匜中的"两造"指的并不是原告和被告,而是"囚"和"证"。因为当时的案件多涉及一些贵族,而这些贵族并不亲自出席审判,而是派代表出席。儵匜告牧牛的人也是如此,而告牧牛的人就是牧牛的师,但那个师并不亲自在场,在场的一个是牧牛,还有就是尃、趞、啬、觑、儵这五个人。牧牛是"囚",也就是"被告",而尃、趞、啬、觑、儵这五个人是牧牛的"证",也就是这五个人证明牧牛是冒犯官长了,而官长本人并不出席这个审判,而这也是当时贵族政治的一个特点。大家如果看《左传》就会发现颇有此类的例子。"趞"也就是"格"的本字,因为"格"有一个意思是"至",所以从"走",也有人认为"趰"是"路"的本字。"覩"实际上是"睦"字,因为从"见"和从"目"可通用,"㸚"是"先"的繁写。"儧"字,铭文中似乎是从"目"的,但实际上如果仔细看,应该是"贝"的省笔,而"儧"也就是《说文》中的"侳"字,也就是"训"之古文,这个写法是从隶定古文《尚书》来的。

亻朕匜（下）、文盨

亻朕匜（下）

亻朕匜释文：

隹（惟）三月既死霸甲申，王才（在）荠上宫①，白（伯）扬
父廼成虢②曰："牧牛！誎乃可湛，女（汝）敢弖乃
师讼，女（汝）上卬先誓③。今女（汝）亦既又㔿誓，尃、
䞴、啬、䚋、亻朕寽，亦兹五夫亦既㔿乃誓④，女（汝）
亦既从䜭从誓，𠁁可，我义便女（汝）千，鞭𤉙
女（汝）⑤，今我赦女（汝），义便女（汝）千，黥𤉙女（汝）
今大赦
女（汝）便女（汝）五百，罚女（汝）三百寽（锊）⑥。"白（伯）扬
父廼或吏牧牛誓曰："自今
余敢嬰乃小大事。""乃师或弖
女（汝）告，则侄乃便千，鞭𤉙。"⑦牧
牛则誓。寽弖告吏䚋、吏曶，
于会⑧。牧牛𩁹誓成，罚金，亻朕
用乍（作）旅盂⑨。

⑤ "女（汝）亦既从䜭从誓，𠁁可，我义便女（汝）

千,觳觳女(汝)"一句,"从"义为"顺从"。"誓"即"誓言","譑"是"审判的时候牧牛的供词"。"才"并不是"弋",我们认为"才"是"叔"字之省,此处把"才"读为《尔雅》中的"俶",训为"始","才可"也就是"这才可以"。"义"读为"宜",义为"应该"。"便"铭文中作"󰀀","󰀁"就是《说文》中"鞭"的古文。大家要知道,古时候有各种各样的鞭子,段玉裁的《说文解字注》里面讲得很清楚,之所以现在的"鞭"从"革",是因为打人的鞭子是用皮带做的,而赶车的鞭子是用麻绳做的。大家如果看美国的牛仔片,要打人的时候,就把腰带解下来直接打,这也是一个革鞭。此铭中的"便"就读为"鞭","我义便女千"即"我宜鞭汝千",也就是"我应该用鞭打你一千下"。大家可以想象,这种鞭打不会太狠,要是非常狠,用不了多少就会把人打死。这种鞭刑是很普遍的,在古书中对于鞭刑有一些特殊的记载,《尚书·尧典》有"鞭作官刑",也就是对于官吏的惩罚是用鞭的,从这里也可以看出《尧典》是很古的。在一些公共场合来打一些官吏,在明朝叫廷杖。鞭刑在世界史上非常普遍,今天在一些国家中还有。除了《尧典》,《周礼·秋官·条狼氏》也有"誓大夫曰:'敢不关,鞭五百'"。条狼氏是执掌刑法之官,但《周礼》中并没有讲清楚为什么叫"条狼氏",但这是一种很古老的叫法,一定是有根据的,䝨匜也提到了"鞭五百",这与《周礼》是非常合的。《条狼氏》中还有"誓邦之大事曰杀,誓小事曰墨","墨"即"墨刑",也就是在脸上刺字,是古代的五刑之一。墨刑在先秦的时候是相当普遍的,属于肉刑的一种，汉文帝除肉刑之后，很多肉刑都被废掉了，但后来也不是绝对没有。大家看《水浒传》中宋江自称“文面小吏”，所谓“文面”就是脸上刺了一行字。刑法上用刺青，在国外也还很流行，大家如果看过大仲马的《三剑客》就会知道，《三剑客》中最坏的女的叫“米拉迪”，最后三个火枪手把她抓住了，发现她的肩膀上刺了一个花瓣，这才知道她原来是一个女犯人。可见在一定的部位刺青来代表一定的刑罚，这是很普遍的。“刺青”也就是所谓的“墨”，中国古代的“墨”可以在脸颊上，也可以在额上。“𪑱𪑺”就是墨刑，“𪑱”和“𪑺”都是从“黑”的字，“黑”在楚简中往往可以写成“墨”，这只是增加了一个“土”字，所以楚简中的“墨”有时候还是应该读为“黑”，而不是读为“墨”。此处从“黑”的“𪑱”和“𪑺”，实际上都应该与“墨刑”有关。“𪑺”是从古文“屋”的，所以“𪑺”实际上就是“黳”，而“黳”字的意思就是“墨刑”。“𪑱”中的“芇”应该是“蔑”字之所从，从古音上来说“𪑱”应该是一个月部字，我个人的意见是可以把“𪑱”读为“劂”[①]，义为“刺”，因为墨刑就是要刺青的。今天刺青已经不完全是刑法了，而是变成了一种时尚，“刺青”的英文是“tatoo”，大家去广州就会发现小胡同里面“tatoo”是很多的。可刺青在古代的时候完全是一种刑法，而且古代刺得比较深，很难刮掉。此处的“𪑱𪑺”就读为“劂黳”。“我义便女

① 李学勤：《岐山董家村训匜考释》，载《新出青铜器研究》，第 93-96 页，北京：人民美术出版社，2016 年。

（汝）千，㱃㱃女"即"我宜鞭汝千，剄𪓳汝"，也就是"我应该打你一千鞭子，而且对你施以墨刑"。"牧牛"后来后悔了，也起了誓，承认了罪状，并且他的那五个同事也都相信他了，所以才有后面减免刑罚之事。

⑥"今我赦女（汝），义便女（汝）千，黥𪓳女（汝），今大赦女（汝）便女（汝）五百，罚女（汝）三百孚（锊）"一句，"赦"是《说文》中"赦"字的别体。"黥"即"䵞"，"䵞"在《说文》中也训为"刺"，所以"㱃㱃"和"黥𪓳"的意思一样，都是指墨刑，只是用词不太一样。"今大赦女（汝）便女（汝）五百"是说"我现在赦去你五百鞭"，而不是"我现在赦免你，打你五百鞭"。"孚"读为"锊"，是一个重量单位，具体是多少在古书中有各种说法，但古书中的这些说法很难与金文的说法相合，也很难与现在能找到的东周的一些度量衡的器物相合，所以"一锊"究竟是多少，我们就不谈了。前面已经赦去了五百鞭，还剩下五百鞭要打，但实际上并没有打剩下的五百鞭，也没有刺墨，而是改为"罚金三百锊"，所以这"三百锊"的罚款包括剩下的五百鞭和墨刑。《吕刑》有"金作赎刑"，就是可以用金钱来折换刑罚，这在周代非常普遍。大家要知道，"金作赎刑"这一点是很重要的，所上交的金属每每和武器装备有关，《管子》有"美金为兵，恶金为农具"之说①，后来郭沫若先生在《中国古代社会研究》中专门讨论了这句话②，郭先生认为"美金"指的是"铜"，

---

① 《国语·齐语》的原文是："美金以铸剑戟，试诸狗马；恶金以铸鉏夷斤斸，试诸壤土。"
② 郭沫若：《中国古代社会研究》，第16-20页，石家庄：河北教育出版社，2004年。

"恶金"指的是"铁",这个说法现在看起来并不一定准确。实际上"美金"指的是"好的铜","恶金"指的是"不好的铜"。最初以金作单位,后来就以货币来代换了,云梦秦简中的《秦律》常有"罚一盾"和"罚二甲","盾"和"甲"都与武器有关,"罚一盾"并不是说交一个盾牌,而是交相当于一个盾牌的钱,这就是从最初的"金作赎刑"演变而来的。这种"罚盾""罚甲"的规定一直到了汉代才有所变化,吕后时期的张家山汉简中基本上就没有"罚盾""罚甲"之事了,大概是因为进入了和平时期,所以也就不这样来算了,后来就直接罚钱了,但在儶匜中还是明确地说所罚的是一定的金属。"三百锊"是当时的货币,当时的货币和金属分得并不是那么清楚,后来就逐渐分开了。大家要知道,到了云梦秦律的时代,也就是战国末年到秦始皇初年,一般的货币是按布来计算的。

⑦"白(伯)扬父廼或吏牧牛誓曰:'自今余敢夒乃小大事。'乃师或曰女(汝)告,则侄乃便千,毆戭。"一句,"廼"是"于是"。"或"训为"又"。"吏"读为"使"。"夒"读为"扰",训为"乱"。"乃小大事"指的是"伯扬父的小大事",可见"伯扬父"也是"牧牛"的首长,"自今余敢夒乃小大事"是"伯扬父"让"牧牛"起的誓言。而"乃师或曰女(汝)告,则侄乃便千,毆戭"则变成了"伯扬父"的口吻,所以这个地方在文法上有一些不合逻辑。"乃师"指的是"牧牛的上司","或"训为"又"。"侄"读为"致",义为"给"。"便"即"鞭"。从这里就可以看到,当时虽然有法律根据,但是弹性很大。

⑧"牧牛则誓。垦曰告吏觋、吏𦥂,于会"一句,"则"训为"乃","牧牛则誓"也就是"牧牛乃誓"。可见"誓"在当时应该是一个很大的仪式,因为是要对神起誓,所以这个仪式带有一定的宗教性质。"垦"也就是"其","垦曰告吏觋、吏𦥂"即"以其告吏觋、吏𦥂",就是"把这件事告诉了吏觋、吏𦥂"。"于"训为"往"。"会"在此处义为"计簿",是一种统计报告的记录。这一点完全符合《周礼》,《周礼·小司寇》:"岁终,则命群士计狱弊讼,登中于天府,正岁……乃命其属入会乃致事。""中"指"简册","天府"是朝廷的保管单位。"正岁"指的是夏历的年初,《周礼》中有两种历法,一种是周正,一种是夏正,夏正合天,夏正也就是农历,是最符合中原地区的季节的。所以周代的时候虽然用周正,也就是以有冬至的那个月为岁首,但不能不考虑在普遍使用周正的基础上,还要保留一定的夏历。我认为金文中用"正×月"的是夏历,用"王×月"的是周历。[①]此处的"会"是"会计"之"会",是一种统计报告,包山楚简中很多都是"会"这一类的东西。

⑨"牧牛䚄誓成,罚金,儵用乍(作)旅盉"一句,作器者是打官司胜利的人,所以"儵"是站在"牧牛"首长那一边的。为什么铭文中最后是"盉"呢?因为"匜"与"盘"是成套的,早期的时候是"盉"与"盘"配套,但用处一样,都是洗头的,洗的时候盘放在下面,用盉来浇水,所以"匜"也可以称为"盉"。

---

① 李学勤:《由蔡侯墓青铜器看"初吉"和"吉日"》,载《夏商周年代学札记》,第97-104页,沈阳:辽宁大学出版社,1999年。

齹匜的铭文是很特殊的，与之相似的只有散氏盘、鬲攸从鼎等几件。

齹匜的"伯扬父"即晋侯苏钟的"司工扬父"，两件器物中"扬父"的写法一样，时间也差不多，晋侯苏钟是厉王三十三年，所以齹匜也应该是同一个时代的器物，也就是厉王晚年。"伯扬父"在齹匜里面是一个管法律的官员，或许他本人并不是司寇，但他作为卿是可以执行法律事务，管理审判的。

齹匜中还有一个人叫"吏曶"，"吏蚖"和"吏曶"一定是管理法律的官员，否则就不会报告给二人，让他们登记成案。宣王时期也有一个叫"曶"的人，是一个专门管法律的官员，而且他在宣王时期的地位要比在齹匜里面高多了。"曶"见于克钟、克镈，克钟记载"隹十又六年九月初吉庚寅，王才周康刺宫，王乎士曶召克"，此处的"十又六年"是周宣王十六年，因为下面有"周康刺宫"。"刺"读为"厉"，"周康刺宫"是康宫里面厉王的庙，所以此处的"十六年"一定是宣王十六年，不可能是幽王十六年，因为幽王在位只有十一年。此处有一个人叫"士曶"，大家要知道"士"是司寇一系的官员，实际上"士"就等于"理"，楚简中的"卿士"就写为"卿理"，后来有大理寺，日本的司法机构叫"大理院"，此处的"理"就是"士"，"士"就是"法官"的意思。所以克钟里的"士曶"就是管法律的官员，这个"士曶"很可能就是齹匜中的"吏曶"。在齹匜中，"曶"只是一个吏，地位比较低，而到了宣王十六年"曶"就升官了，而且官位很高，但二者之间也隔了有三十多年，因为厉、宣之间还有共和十四年。如果齹匜中的"曶"有二十岁，那么到了克钟的时代，"曶"就五十岁了，他在五十岁的时候能担任司寇一级的官也已经很不错了。

如果只有这一个例子，那就是孤证不立，没什么意思，但是到了2003年又出现了一件器物，铭文中也有"士罾"，这就是文盨。

文盨

2005年，在台湾"中研院"史语所开了一个古文字与古代史的讨论会，后来在2007年出了一本书，即《古文字与古代史》第一辑，书中有香港中文大学张光裕先生的一篇文章[①]，张先生在文中介绍了一件器物，这件器物就是文盨（见图1、图2）。[②]

图1 文盨

图2 文盨拓本

---

① 张光裕：《西周士百父盨铭所见史事试释》，载《古文字与古代史》第一辑，"中研院"史语所，2007年。
② 整理者按：关于"文盨"，可参看李学勤：《文盨与周宣王中兴》，载《通向文明之路》，第150-152页，北京：商务印书馆，2010年。

文盨释文：
唯王廿又三年八月，
王命士曶父殷南邦
君、者（诸）侯①，乃易（锡）马，王命
文曰："率道于小南。"②唯
五月初吉，还，至于成
周，乍（作）旅须（盨），用對（对）王休③。

①"唯王廿又三年八月，王命士曶父殷南邦君、者（诸）侯"一句，"王廿又三年"指的是宣王二十三年，"士曶父"就是克钟的"士曶"，此时的"曶"已经年近六十了。"王命士曶父殷南邦君、诸侯"的"殷见"并不是"士曶父"殷见，而是"王"殷见，也就是宣王命令士曶组织南方诸侯来殷见。此时正是"宣王中兴"比较盛的时期，宣王三十九年的时候，中兴失败，丧失了对南方作战的兵力。文盨的"士曶父"就是儠匜的"吏曶"，为什么这样说呢？因为组织殷见的工作在《周礼》中是属于大行人的，而大行人是属于司寇系统的官，司寇是管法律的，可是大行人为什么会属于司寇呢？这一点是很特别的，前人也有一些解释，但这些解释没有什么道理，事实上大行人就是属于司寇的，这也一直影响到秦汉以后的制度。司寇要节天下四方，所以外交一类的事物也归司寇管辖。《周礼·大行人》"掌大宾之礼及大客之仪"，"殷同"这种事情就是归大行人管辖的，大行人属于司寇，所以"士曶父"是管理殷见之事的，可见此时的"士曶父"已经做了司寇的长官了。

②"乃易(锡)马,王命文曰:'率道于小南。'"一句,这件簋讲的是"士智父"的事,但不是"士智父"作的,作器者是"文",因为"王"赐马的对象并不是"士智父",而是"文"。"率道于小南"的"率",义为"率领"。"道"读为"导",义为"引导"。"小南"不见于文献,金文中也只此一见,《诗经》中有"小东""大东"可以与之对比。朱熹认为"小东""大东"就是"东方小大之国",所以"小南"就是"南方的小国","率道于小南"就是到南方的那些小国去,把邦君、诸侯给领回来,为他们开路。这是很有道理的,因为这些都是小国,大国经常和王朝有联系,并不用人去引导,但是小国也许从来都没有机会做这些事。这次要去朝见,可是道路不通,南方那些小国的国君不知道怎么走,所以宣王就派遣"文"带领一个队伍去迎接那些南方的邦君、诸侯。这个任务并不轻松,因为南方的小国很多,宗周宝钟有南夷和东夷具见二十六邦,这并不是说当时就只有二十六个邦国,也许还会更多。此次殷南邦君、诸侯的规模也一定是很大的,所以王才给"文"马匹,派"文""率导于小南"。

③"唯五月初吉,还,至于成周,乍(作)旅须(簋),用對(对)王休"一句,因为国家很多,所以"文"工作的时间就很长,二十三年八月"王"下命令,一直到二十四年的五月"文"才完成使命回到成周。大家要注意一点,就是甲骨文、金文中没有类似于"明年""次年""往年"一类的词,所以才有可能把晋侯苏钟的两个"二月"分别放在两年,虽然我们最后没有采用这个方案,但

正是因为金文中没有"明年""次年""往年"一类的词才会有这种可能性,"明年""次年""往年"一类的词,要到了战国简里面才出现。文盨在"五月初吉"之前并没有什么话,所以应该是宣王二十四年的五月初吉,也就是说这个工作一共持续了九个月,这是在没有闰月的情况下,如果有闰月则持续的时间会更长。"还,至于成周"也就是回到了成周,此处也再一次证明对于东、南的一些活动是以成周为中心的,这也是成周的作用。

虽然我们不能完全确定𤼈匜的"吏䪞"就是克钟的"士䪞",但克钟的"士䪞"一定是文盨的"士䪞父",但如果追寻起来,把二者视为同一人也完全合适,而这也证明了《周礼》中把大行人这种带有邦交性质的官放在大司寇之下是完全对的。

关于𤼈匜,我有文章发表在《古文字研究》的第一辑[①],现在已经过去三十多年了,在那篇文章的最后,我强调《周礼》是有相当的可信度的,这一点我们通过文盨就可以看得更清楚。至于说《周礼》的成书问题还可以继续讨论,有人问我对《周礼》的看法,我赞同《四库全书总目》的说法,就是《周礼》最开始确实是由周公所创,但后来历代都有所变化,而且书中的内容不可能完全实行。最为模仿《周礼》的书莫过于《唐六典》,实际上《唐六典》是从北周的制度来的,而《北周六典》是从《周礼》来的。我们不能完全用《唐六典》来研究唐朝历史,因为《唐六典》中的很多东西与唐朝具体实施的并不一致,不能相信《唐六典》中的东西在唐朝完全能够实现。《周礼》就更是如此了,《周礼》在

---

① 李学勤:《岐山董家村训匜考释》,载《古文字研究》第一辑,北京:中华书局,1979年。

几百年里面一定在不断变化，并且有所增益，在这种情况下，《周礼》的内容是不可能全面实现的，所以不能认为《周礼》的内容完全符合于某一个时代的具体事实。但是对于周王朝的结构和具体运作，《周礼》还是能够给我们一些启发，特别是西周中晚期的材料更接近于《周礼》，这或许是因为《周礼》的基本结构依据的还是西周中晚期的情况，至于说是否如此，我们还可以继续讨论。即使是最怀疑《周礼》的人，在他的研究中，也不能不用《周礼》，因为客观事实就是如此。

· 2011 年上半年第一次课 ·

散氏盘(上)

散氏盘是一件非常有名的器物,在讲之前,首先要声明一件事,就是我们管它叫"散氏盘",而不像是有些学者认为的叫"矢人盘"。因为这件盘中所涉及的是"散"和"矢"两家的关系,所以这个盘一直都有两个名称,一个叫"散氏盘",一个叫"矢人盘",叫"散氏盘"的是多数,叫"矢人盘"的则以刘心源为代表。刘心源是比较早地发表这件器物的人,后来包括郭老在内,也都认为这个器物应该叫"矢人盘"。现在多数人认为这件盘应该是属于"散氏"的,凡是涉及打官司或者是契约一类的事情,总是赢的那一方作器,儴匜就是如此,因为输的那一方本身已经输了,他们觉得很丢人,所以没有必要作器来记载这件事情。如果我们读散氏盘铭文就会发现是"散氏"这一方得利,所以这件东西应该叫"散氏盘",不叫"矢人盘",这并不是一个有争议的问题,而是现在绝大多数学者都同意的。

散氏盘是一件非常了不起的器物,但是它的出土情况过去很少有人知道。王国维先生写过一篇很有名的关于散氏盘的文章《散氏盘跋》[①],《观堂集林》中也收了这一篇文章,该文中就提到,

---

① 王国维:《散氏盘跋》,载《观堂集林》,第 886—888 页,北京:中华书局,1959 年。

散氏盘已经出土百年以上了，但是来源却说不清。后来有一个关于散氏盘来源的说法见于《陕西金石志》。大家要知道，我们研究青铜器或研究金文的人，一定不能忽视地方志中的材料，这方面的材料，现在多数的研究者不是很注意，实际上地方志中与青铜器有关的材料还是相当多的。当然，地方志中的青铜器的材料就和地方志中的其他史料一样，需要批判看待，因为其中记载的很多内容不一定可靠。这是因为地方志最主要的特点之一就是一定要讲自己的好话，这一点到今天还是如此，所以地方志在某些地方可能会有一些偏见，但究竟还是会有一些有益的材料。过去的人，比如说山东齐鲁大学的曾毅公先生，他在1940年编了《山东金文集存》，就是把一个地区的金文汇集起来，这样编还是有很多好处的，这个书中就用了很多地方志的材料。如果以后大家有时间，可以把地方志中的材料做一个总的收集，应该会有很多收获。《陕西金石志》中记载散氏盘是乾隆年间凤翔出土，这是与散氏盘出土有关的唯一材料，但无法核对。不过地方上有些传说，有时候还是很可信的，特别是在民间出土了这么大一个宝贝，地方上代代相传，所以有些说法还是有一定根据的，在我们讲过了盘铭之后，大家就会发现在凤翔出土是非常合理的。所谓"凤翔出土"可大可小，"凤翔"可以是县制，也可以是府制，所以"凤翔"的面积是很大的，不管是广义还是狭义，"凤翔出土"这一点是合理的。

散氏盘出土之后，拓本在当时极为罕见，因为出土之后，很快就被进贡到了内府，可是到了内府之后，这件东西就被淹没了。大家要知道，地方上把这个东西呈献给朝廷，那是地方官员向朝廷讨好的一种方式，这一点我们从汉武帝改年号为"元鼎"，就可以看出端倪。乾隆时期是特别注意青铜器的，大家去看一下《西清古鉴》就可以明白了。但是从朝廷收藏本身来说，甚至包括乾隆皇帝本人，不太有兴趣去研究铭文的内容，散氏盘从形制上来讲，又不是一个很好看的器物，所以也就被搁置了。散氏盘今天在台北故宫博物院，是两件镇馆之宝之一，另一件是毛公鼎。但是毛公鼎和散氏盘从形制上来讲，并没有什么非常出彩的地方。毛公鼎就是一个素腹重环纹的鼎，而且铸造得比较粗糙。散氏盘的时代要早于毛公鼎，所以是有纹饰的，但是这种纹饰并不怎么精细，所以进到内府之后，就不大引人注意。但是发现散氏盘的消息，在清中叶以后却不胫而走，当时大家都知道这件事，可散氏盘进了内府就没法看了，也没有办法拿到拓本，这种情形一直到了清末。清末之时宫廷的管理松弛了，有些东西就流了出来，这个时候才有一些人看到这个盘，然后把这个盘的材料公布出来，因此一直到了清末才能够真正著录并且研究这件盘。还有些东西后来没有人研究，比如著录在《西清古鉴》中的一些东西，这些东西后来也就不再存在了，比如小子生尊、麦尊等。散氏盘太有名了，所以很多学者都在关注这件东西，可是清末民初的一些学者想得到这件东西却又得不到，一直到民国十三年，鹿钟麟逼宫把溥仪赶走，才有了可能。但在此之前，很少有学者能够见到，只有王国维等一些学者进过内府，还是能够见到的，这一点我们就不详细讨论了。总之，对散氏盘的真正研究，一直要到民国以后。

《散氏盘跋》是王国维先生非常重要的一篇文章[①]，从这篇文章中也可以看到王先生高明的地方，我们会随文加以解释。《散氏盘跋》云："此盘铭中多国名、地名，前人有为之说者，余以为非

[①] 王国维：《散氏盘跋》，载《观堂集林》，第886-888页，北京：中华书局，1959年。

知此器出土之地，则其中土地名无从臆说也。"这是很对的，这件盘中有一些国名、地名，如果不知道这件盘的出土地，其中的国名和地名就没法讲。"顾此器出世已踰百年，世绝无知其渊源者，即近出之散伯敦、矢王尊亦然。嗣读克鼎铭，其中地名颇与此盘相涉"，此处的"克鼎"即大克鼎，为宣王时器。"如此盘云：'至于堆，莫，履井邑田'……知此盘出土之地距克鼎出土之地必不远。"王国维在此处提出了一个新的方法，就是铭文中所记载的地名应该和该器的出土地有关。因为不知道散氏盘的出土地，所以就要找与之相关的知道出土地的器物与之对比，王先生找到的是大克鼎，大克鼎是一件非常重要的器物，现藏上博。"而克鼎出较后，器较巨，世当有知之者，访之十余年莫能答"，这是因为当时的一些收藏家不可能直接到地方上去，我读过王国维的传记，我的印象中王国维从未去过西安，他不了解陕西出土器物的情况。"庚申冬，华阳王君文焘言，顷闻之陕人言克鼎出处在宝鸡县南之渭水南岸。"此处的"宝鸡"并不是今天的宝鸡市，今天的宝鸡市并不是过去的宝鸡县，过去的宝鸡县是今天的虢镇，二者离得比较远，虢镇在原的上面，宝鸡市在原的下面，现在走高速路就可以明显地感觉到，从虢镇到宝鸡市就好像是从山上下来一样。"此地既为克之故虚，则散氏故虚必距此不远。"此处王国维还提到了散季敦，这件器物出土于"乾之永寿"，"乾"是"乾县"，"永寿"今天也是一个县。"因知散氏者即《水经·渭水注》'大散关''大散岭'之'散'，而铭中'瀗水'即《渭水注》中之'汧水'"，这一点王国维讲得非常之好，大散关之所以称"散"，应当与"散氏"有关。

散氏盘中的地理问题，王国维说得虽然不是那么细，但大致上的方位是对的。因为今天我们知道大克鼎并非出自宝鸡县南的渭水南岸，而是出在周原扶风的任家村，那就不是在宝鸡以南，而是在渭水以北,可是无论如何基本上的范围没有错,也就是今天所说的大宝鸡地区,大宝鸡地区包括十二个县。

散氏盘中最基本的地名一个是"散",还有一个是"夨",盘铭讲述的也就是"散""夨"两家的关系。"散"未必是一个国,即使是一个国,也是一个畿内国。周时之国有畿内和畿外的区别,虽然个别研究西周史的学者否认这个区别,但多数的学者还是承认的。事实上畿内之国和畿外之国是大不相同的,畿内国实际上是一个大的封邑。西周时期畿外的诸侯也会在朝廷中做官,而且西周时期周王朝经常会干涉诸侯国的内政,当然到了春秋时期就不会有这个事了,因为周王的势力不够了,但在西周时期确实是有这种情况的。比如《左传》中提到的"康叔封"以及周、召二公,原则上他们也是封在外面的,"周公"封鲁,但让他的元子就国,并不是说直接封"伯禽",而是封"周公",但"周公"不去,而让"伯禽"就封。燕国也是如此,最近我写了一篇文章,我认为"齐太公"也有两个儿子留在朝内。① 周、召二公除了封鲁、封燕之外,在畿内还有采邑,即"周"和"召",也就是在岐山和扶风这个地区。另一种情况是作为一个国本身就封在畿内,西虢就是如此。在虢未东迁以前就有东虢和西虢,是"文王"之弟"虢仲""虢叔"所封,东虢在今天的荥阳,西虢在宝鸡。这个"宝鸡"说的是今天的虢镇,虢季子白盘中的"虢季子"就属于西虢,因为虢季子白盘出在宝鸡的虢川司,在清代就有明确的出土记载,可是"虢川司"究竟是什么地方还不清楚。二十世纪七八十年代,宝鸡博物馆和考古队的学者曾经到处去访"虢川司",结果找出了四个地点,但没法证明哪一个地点是真正的虢川司。由于虢季子

---

① 李学勤:《论西周王朝中的齐太公后裔》,载《三代文明研究》,第 108-112 页,北京:商务印书馆,2011 年。

白盘出在宝鸡县，所以西虢应该就在虢镇，这是没问题的。西虢因为出于"王季"，所以称为"虢季氏"，所以西虢初封就在畿内。周初在分封的时候，虽然有一个王畿的范围，但王畿内外的诸侯，差别不会太大，而那些异姓的诸侯封在哪里就在哪里，与周关系密切的诸侯，也可以在朝为官。当然畿外的诸侯独立性较强，畿内的诸侯独立性较弱，到了春秋时期，由于周已经不能影响周围的诸侯了，畿内的诸侯就成了朝中的大臣，只是有一个采邑，吃点饭而已。

"散"和"夨"究竟在什么地方呢？王国维先生的说法是非常有启发的，但是我们现在可以更加细化一些。

从研究青铜器的角度来说，斗鸡台是一个了不起的地方，清末时期出土的现存于纽约大都会博物馆的柉禁就是斗鸡台所出，斗鸡台和戴家湾是连着的，戴家湾就是党拐子盗宝的地方。图1中的1—4这四个地点是出西周青铜器最著名的地方，所出青铜器

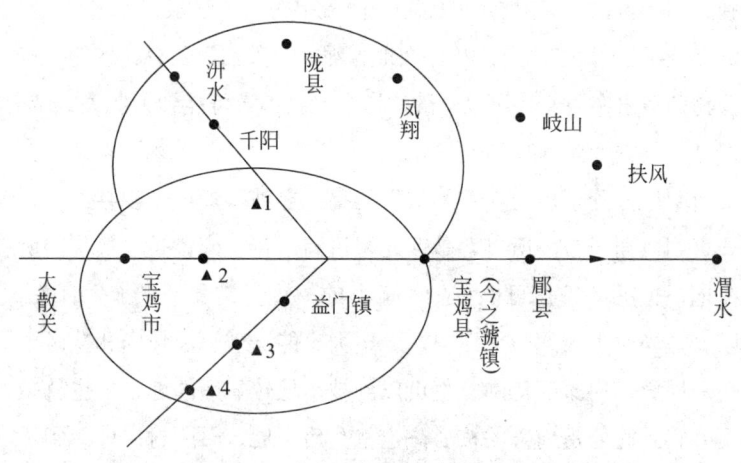

图1 "散""夨"所在地示意图

注：1.斗鸡台 2.纸坊头 3.茹家庄 4.竹园沟

的时代从早到晚依次是斗鸡台、纸坊头、竹园沟、茹家庄。斗鸡台、纸坊头、竹园沟所出的铜器都是西周初年的,多为武、成、康时器,茹家庄所出多为昭、穆时器。这个范围内所出的器物多有"弳白"的字样,所以此处应该是"弳伯"的家族墓地,与"弳伯"联姻的有"夨",也有"井"。茹家庄所出之物中有"井姬",所以"井"是姬姓。至于说"夨"是什么姓,还有争论,有人说是姬姓,有人说不是,关于这一点我们还可以讨论。大家要注意一点,斗鸡台是没有"弳伯"的东西的,只有剩下的三处地点才有"弳伯"的东西。虽然没有证据,但我个人一直认为这些都应该是属于西虢的,因为西虢就封在这里,这些地方应该就是一些西虢家族的宗室墓地。大家要知道,一个封国有自己的公室墓地,也会有一些贵族的墓地,晋国就是如此。最近在晋国墓地也就是现在的翼城北赵村的周围,出了好几个小伯的东西,比如说"倗""霸"一类,我认为这些都是在晋国范围之内的,并不是一些真正独立的国家,"弳"也是如此,是西虢中的一个强宗、大宗。

至于说"散",应该在什么地方呢?"散伯"还有其他的一些器物,多出在周原,所以"散"这个家族不太可能到大散关一带,但"大散关"与"散"应该有一定的关系。"夨"的东西多是出在汧河两岸,除了出土在"弳伯"的墓葬之外,多出于陇县、千阳一直到凤翔一带,所以西虢西北至汧河一带,应该是"夨"的所在地,根据散氏盘可以推知"散"的位置一定和"汧水"有关。以上是当时大致的一个形势,希望大家能够理解。岐山和扶风之间是周原,周原的范围一直可以到岐山比较靠西的地方,也就是周公庙。此处是周人的核心,也就是后来周、召所封之地。到了虢镇这一带就是西虢了,所谓的"西虢"应该就在汧渭之间。在西虢的北面有所谓的"夨","夨"是少数民族,所以能称王。再往西就是秦人的发源地了，秦的祖先"非子"为周孝王养马于汧渭之间。由此大家可以看到，周确实是在一些西方民族的基础之上建立的，所以整个西周的历史，总是面向东南，因为西北是周的后方，是非常可信的，当时周人并不是很注意，只是有时候会与当时的戎狄之人发生一些冲突。虽然西北有一些侵扰，但是周人并不重视，所以西周最后也就亡于西北之戎。以上这些地方都是很重要的，因为这些地方已经靠近了宗周的腹地，其中所出的铜器也是宗周最有代表性的铜器。虽然"夨"是个少数民族，但是"夨"这个地方出土的铜器并没有很多少数民族的味道，相反"彊伯"的一些青铜器倒是受到了当时少数民族的影响，但大部分的器物还是宗周的传统。

关于"夨"字，过去我曾讨论过①，我现在还是这个想法，我认为这个字不应该读为"zè"，从文献对比以及其他各个角度来看，"夨"字应该和"吴"字有关。但是"吴"字在《说文》中训为"大言"，是从"矢"，从"口"的。可实际上"吴"并不是一个从"矢"声的字。镇江出土的宜侯夨簋中有"虞"字，其实"虞"就应该是"虞"字，而"虞"和"吴"是可通的，宜侯夨簋中的"虞"下面只有"夨"，宜侯的名字也叫"夨"，所以唐兰先生认为宜侯夨簋就是一件吴国的青铜器②，现在绝大多数学者都同意唐兰先生的这个说法。后来我对这个观点有所补充③，我认为宜侯夨簋中有

---

① 李学勤：《叔虞方鼎试证》，载《中国古代文明研究》，第 150-153 页，上海：华东师范大学出版社，2009 年。
② 唐兰：《宜侯夨簋考释》，载《唐兰全集》第三册，第 941-946 页，上海：上海古籍出版社，2015 年。
③ 李学勤：《宜侯夨簋的地与人》，载《走出疑古时代》，第 260-263 页，沈阳：辽宁大学出版社，1994 年。

"厥川三百",中原地区是没有这种地貌的,这应该是苏南地区特有的地貌,所以把"虞"字读为"虞"是非常好的,可问题在于"虞"字为什么不从"口"呢?唐先生为了解决这个问题,就想了一个办法,唐先生认为"虞"字是从"虍"声的,所以能和"虞"相通。①但问题在于,从"虍"的字,"虍"都作为形符,从没有"虍"作为声符的例子,所以"虞"字的下面应该是"吴"字,而不是"矢"字,因为"矢"和"虞"是无法相通的。散氏盘中有"矢王",在汧水附近有一个地名,古时正好叫"吴山",今天也还叫"吴山","吴山"附近的地区在古书中叫做"西虞",也叫"西吴",见于《国语》和《管子》。所以"矢"最好读为"吴",散氏盘中的"矢王"也就是"西虞"或"西吴"之王,"西虞"也正好是一个少数民族的名称,而且地方也完全对,就在汧河附近。更重要的是,前几年晋侯墓地被盗掘的 M113,也就是晋侯燮父的墓中,出了一件周初的方鼎,这件方鼎中有一个名字就是"叔矢","叔矢"到了周之后,周王对他的礼节完全是诸侯一级的,所以很多人认为这个"叔矢"就应该是"唐叔虞",因此"矢"就是"吴"。我过去写过一篇文章②,认为西周时期的"矢",并非后来表示歪头的"矢",当时的"矢"不是这种写法,因为从甲骨文一直到春秋时代一直都有"吴"字,也就是《说文》中表示"黄昏"的"昃"。而表示"黄昏"的"昃"实际上是一个会意字,甲骨文中作"𣥂",是一个斜身的人,而不是一个偏头的人,因为黄昏的时候,太阳斜了,太阳斜了之后,照的人的影子也是斜的,所以"𣥂"是一

---

① 唐兰:《宜侯矢簋考释》,载《唐兰全集》第三册,第 941-946 页,上海:上海古籍出版社,2015 年。
② 李学勤:《叔虞方鼎试证》,载《中国古代文明研究》,第 150-153 页,上海:华东师范大学出版社,2009 年。

个斜着的人形。这个字一直到了春秋的"王子矢"的时候,都是写成斜身的,而不是写为偏头的,真正写成偏头的,要到战国时代的滕侯矢戟中的"矢",这是后来字体演变的结果。所以真正精母的"矢"字应该是斜身的,而所谓的歪头的"矢",应该是"吴"字的原始写法,这实际上也就否认了《说文》中对于"矢"字的分析。这个说法我不坚持,但是还是说出来,供大家参考,现在很少人支持我这个说法,我也不是说这个说法一定对。可是不管怎么样,这个字读为"虞"或"吴"是最合适的,在西周时期的器物中,把"矢"读为"吴"在什么地方都合适。所有的今天读为"zè"的字,都是写成斜身的,宋代著录的"王子矢"的器物,其中的"矢"都是写成斜身的,后来清代作的假的王子矢鼎就写成偏头的了。

下面还有一个很重要的问题就是"矢王",那么"矢"为什么可以称王呢?王国维的《散氏盘考释》有云:"矢僭号称王亦见他器,尝见鼎铭曰:'矢王作宝尊鼎',又见尊铭曰:'矢王作宝尊',并此器而三。当宗周中叶,边裔大国往往称王,《史记·秦本纪》有'丰王',彝器有卲王鼎,有吕王鬲、吕王壶,而彔伯 敦云:'作朕皇考釐王宝尊敦',乖伯敦云:'用作朕皇考武乖几王尊敦',二器皆纪王命,并称其祖考有劳于周邦,则非不臣之国又非周之子弟分封于外者,而并称其考为王,可见当时诸侯并有称王之俗,盖自夏商已然,文王受命称王,亦用商之旧俗也。"[①]王先生的这段话影响极其深远,直到今天大家还在讨论。此外王国维先生还专门写了一篇文章叫《古诸侯称王说》,再加上《散氏盘跋》,都认为当时上下的区别不是那么明显,"诸侯"也可以称王。

---

① 王国维:《散氏盘考释》,载《王国维全集》第十一册,第304-314页,杭州:浙江教育出版社,2009年。

我们需要筛选一下王国维先生所举的这几个例子，首先就是邵王鼎，这个例子是不行的。王国维先生所谓的"邵王鼎"，就是今天《集成》2288，这是一件春秋晚期的鼎，除此之外还有两件邵王簋，分别是《集成》的3977和3978。关于这些器物中的"邵王"，张政烺先生在1939年发表的《邵王之諻鼎及簋铭考证》一文中，认为"邵王"就是"楚昭王"[①]，楚人称母亲为"諻"，张政烺先生的这个说法颠扑不破，是完全正确的。因此邵王鼎与王国维先生所讨论的"古诸侯称王"无关，应予删除。到了1984年，张政烺先生写了一篇《矢王簋盖跋——评王国维〈古诸侯称王说〉》[②]，张先生之所以写这篇文章，是因为当时在陕西凤翔出土了一件矢王簋盖，张先生在文中用了大量的材料，文中云："周时称王者皆异姓之国，处边远之地，其与周之关系若即若离，时亲时叛，而非周室封建之诸侯。"张先生的这个说法就对了，实际上称王的是当时的一些少数民族，少数民族称王，中国历来有之，少数民族处在独立或半独立的状态下，称王是很正常的事情，"鳌王""武乖几王"都是少数民族君长的称号，"矢王"也是如此。类似的问题在甲骨文中也有，自组的尾甲刻辞中有"×王入"，也就是"×王进贡龟甲"，因此王国维认为异姓诸侯称王"盖自夏商已然"是对的。

"吕"又该怎么解释呢？"吕"并不是少数民族，一般理解的"吕"是"申吕"之"吕"，齐、许、申、吕是姜姓之国，四岳之后。姬、姜是周时的两个大姓，那么"吕"怎么会变成一个少数

---

① 张政烺：《邵王之諻鼎及簋铭考证》，载《甲骨金文与商周史研究》，第359-369页，北京：中华书局，2012年。

② 张政烺：《矢王簋盖跋——评王国维〈古诸侯称王说〉》，载《甲骨金文与商周史研究》，第224-233页，北京：中华书局，2012年。

民族的名称呢？关于这个问题我写过两篇文章来讨论。① 关于"申"，我曾经讲过就不再讲了，那两件器物是楚器，"申"指的是楚国的"申氏"。王国维曾经指出青铜器中确实有"吕王"，王先生所举的例子是两件，一个鬲，一个壶。吕王鬲现存上海博物馆，拓本见于《集成》653，吕王壶见于《集成》9630。吕王鬲铭曰"吕王乍隣鬲，子=孙=永宝用亯"，吕王壶铭曰"吕王寣乍内姬隣壶，其永宝用亯"。"寣"即"造"，与"作"义同，并不是"吕王"的名字。"内姬"就是"芮姬"，芮国在今陕西大荔，最近在大荔北面的梁带村出了"芮伯"的器物，由吕王壶可知是"吕王"娶了"芮伯"的女儿。以上就是这两件器物的情况，但是仅仅依据这两件器物是没法讨论的，因为我们对这两件器物的出土地点以及其他情况所知甚少，只是知道"吕王"和"芮伯"通婚。到了1979年，河南淅川下寺楚墓的M10中出了一套春秋中期的编钟，作者是"蔑"，钟铭中有"余吕王之孙，楚成王之累，仆男子之慗，余不贰，甲天之下，余臣儿难遏"一句。这是第三次看见"吕王"，"贰"读为"忒"，义为"变"，"不贰"即"不变"。在春秋中晚期的南方器物中常常用"儿"来代替"子"，"臣儿"就是"臣子"，并不是说有血缘关系。"难遏"即"难得"。"吕王之孙"也就是"吕王的后人"，具体也不知道有多少辈了，但也许就是"吕王"的孙子。"累"即"盟"。"慗"字有几种解释的方法，我们主张把"慗"读为"埶"，《诗经》中训为"侍御"，因为"蔑"是侍御之人，所以后面说他自己是"臣儿难遏"。有人主张把"慗"读为"褻"，

---

① 整理者按：此即《楚国申氏两簠读释》和《试说青铜器铭文的吕王》。《楚国申氏两簠读释》，载《三代文明研究》，第101-103页，北京：商务印书馆，2011年；《试说青铜器铭文的吕王》，载《三代文明研究》，第104-107页，北京：商务印书馆，2011年。

训为"迩",义为"近臣",这样读也是可以的,实际上意思是一样的。问题在于断句,一般的读法是在"仆"处断句,读为"余吕王之孙,楚成王之盟仆,男子之慭,余不贰,甲天之下,余臣儿难遝",但这样是读不通的,因为没有一个官名叫做"盟(盟)仆"。我个人认为这并没有什么难讲的,我认为应该在"盟"处断句①,读为"余吕王之孙,楚成王之盟仆男子之慭,余不贰,甲天之下,余臣儿难遝",也就是把"仆男子"看成一个词,"仆"读为"濮",也就是"百濮","濮男子"指的是"百濮"的一个君长,"百濮"有很多种,"濮男子"是与楚成王结盟的人,所以"斀"是楚成王之盟濮男子的一个近臣。有人认为"濮男"是一个词,"濮男子"即"濮男之子","斀"是楚成王之盟濮男的儿子的一个近臣,这样读也通,而且这样读会更好一些,因为楚成王已经死了。总之,"濮"应该是一个民族的名称,从这里就可以联想"吕王"之"吕"指的应该不是南阳的吕国,而是"卢","吕"和"卢"是完全可以通用的,比如齐国陶文中有"鬳"字,其实就是"闾"。"卢"就是"卢戎","吕王"也就是"卢王"。实际上这个事情推论一下就能明白,春秋时期的"卢戎"在今湖北南漳县东北,《左传·桓公十三年》记载,卢、罗两国的联军曾大败楚国屈瑕所率之兵,"罗"在湖北宜城的西边,这和湖北南漳的"卢戎"是完全符合的。但实际上早期并不如此,因为"卢戎"和"百濮"是跟着武王伐纣的,早期的时候"卢"和"濮"并不在湖北,根据《括地志》的记载,"卢"早期是在陕西安康,安康在陕南,已经很靠近湖北了,从安康往北一百多公里就是大荔,所以"卢"和"芮"通婚的可能性就很大了。

---

① 李学勤:《试说青铜器铭文的吕王》,载《三代文明研究》,第 104-107 页,北京:商务印书馆,2011 年。

我们之所以讲这些，是为了说明当时的诸侯并不都能称王，能够称王的多是当时的一些边远地区的少数民族，张政烺先生的说法是正确的。后来也多是如此，比如后世的土司也是称王称霸的，这一点当时的中央政府是不管的，因为这是他们自封的，散氏盘中的"夨王"就是如此。

散氏盘一开始就讲是"夨"攻打了"散"的地方，具体的原因我们不知道，但总之是"夨王"战败了，所以就要把自己的土地赔给"散"。如果是这样，那么"夨"和"散"的地域一定是相连的，所以"散邑"应该不会在"大散关"一带，而是应该靠近汧水，在岐山至凤翔这一带。

散氏盘代表了当时青铜器的一个趋向，大家要知道，青铜器的长铭文是从周初才开始的。过去我们常常说中国的青铜器工艺有两个高峰：第一个高峰是商代晚期，特别是"武丁"到商末这一段；第二个高峰则要到春秋晚期，或者说是春秋中期之末，以淅川下寺、新郑李家楼为代表。西周并不是青铜器工艺的高峰，西周时期的铜器，不论在铸造技术还是在造型艺术等方面都不见得比商代晚期高明多少，但西周是金文的高峰。目前所知的最长的商代铭文是日本白鹤美术馆的小子𠭰卣，共有四十九个字，北京故宫的卻其卣也有四十七个字，总之没有超过五十个字的。可是一进入到西周，铭文的字数立刻就加长了。西周早期的长铭器物以鼎、尊、卣、簋居多，因为周初有禁酒令，所以酒器的数量就逐渐减少。到了西周中期，长铭的器物大致有两个方向，一个是面积最大的又最好作的，那就是盘，像史墙盘、散氏盘、逨盘等，因为盘是一个平面，比较方便作铭文。在一个比较平的地方作铭文，实际上在商代已经出现过了，卻其卣的铭文就是在器的外底，所以卻其卣最早出现的时候，像张政烺先生等一些学者都认为是假的[①]，因为在此之前没见过外底有铭文的东西。现在外底有铭文的东西已经出现了好几件了，最近在陕西也出现了一个提梁卣，铭文也在外底，之所以作在外底是因为外底面积大，比较好作。因为盘的面积很大，所以盘就成了长铭铜器的首选，很多长的铭文都作在盘上，因为西周中期以后盘比较盛行，所以长铭的盘就比较多，《周礼》中有"铭之盘盂"一语。

[①] 张政烺：《卻其卣的真伪问题》，载《甲骨金文与商周史研究》，第202-210页，北京：中华书局，2012年。

· 2011年上半年第二次课 ·

散氏盘（中）

散氏盘是西周金文中最为难讲的。有些铭文难讲，是因为铭辞过于古奥，或者是铭文非常少，因为铭文如果过少，就会有几种解释的方法。散氏盘的难点在于没有什么其他的铭文可以对照，迄今为止没有出现与散氏盘类似的铭文。当然这并不是说以后不可能出现，以后或许是可以出现的，比如毛公鼎最初发现的时候，大家认为铭辞高古得不得了，后来出了番生簋，以及"逨"的一批器物，这些器物的铭文很多都与毛公鼎类似。可见虽然毛公鼎是如此重要的一件器物，但其中还是有很多当时流行的套话。散氏盘不然，因为散氏盘记载的是一个契约，类似的契约即使有，也不会和散氏盘完全一致，因为契约是在特定地点、特定情况下成立的，这样说起来，散氏盘也就是最为难讲的。

大家看散氏盘的拓本就会发现铭文很多，但由于盘的面积很大，所以铭文是一次作成的，这个拓本看起来像碑刻一样，但散氏盘是圆的，它的拓本经过剪裁。

很多学者都讨论过散氏盘，散氏盘进入内府之后，就很少有人能够看到了。有一种说法认为散氏盘在咸丰年间从内府流出，这个说法我个人从来都不太相信,实际上晚清时期大家研究散氏盘,多是根据流传出来的拓本,因为散氏盘在进入内府之前有个别的拓本流传。

散氏盘(见图1、图2)的字是很值得注意的,因为其中的很多字很像战国简中的字,有些字是有讹变的,并不能通过六书的方法解析出来,如果不参考其他的字,就不能够正确隶定,所以有些字我们讲不了,很可能就是有讹变,后来的石刻、碑帖都有类似的情况。

图1　散氏盘

图2　散氏盘拓本

散氏盘释文:

用矢襮散邑,迺即散用田①。履:自瀗涉,㠯南,至于大

沽,一弄(封)。㠯陟,二弄(封)。至于边,柳②。复涉瀗,陟,雩㦣㝬陕,

㠯西,弄(封)于敝𪓰(城),楮木③。弄(封)于刍逨,弄(封)于刍衟(道)内。陟刍,

登于厂池,弄(封)剢桵、陕陵刚桵④。弄(封)于罤衟(道),弄(封)于原衟(道),

弄（封）于周衞（道）⑤。吕东，弄（封）于𢆶东彊（疆）。右还，弄（封）于履衞（道）。吕南，

弄（封）于𤲃逨衞（道）。吕西，至于堆⑥。莫，履井邑田⑦，自根木衞（道）

𠂇（左）至于井邑弄（封）衞（道），吕东一弄（封）；还，吕西一弄（封）；陟刚，三

弄（封）⑧。降，吕南弄（封）于同衞（道），陟州刚，登柝降棫，二弄（封）⑨。矢人

有嗣履田：鲞且、散、武父、西宫襄、豆人虞丂、录、贞、师氏右眚、小门人㒸、原人虞艿、淮、嗣工虎、𤰈、𠕋、丰父、堆人有嗣刑丂，凡十又五夫⑩。正履矢舍散田：嗣土逆寋、嗣马單㪅、㲋人嗣工駹君、宰德父⑪。散人小子履田：戎散父、教、𤗆父、襄之有嗣橐、州𢆶、攸从𩁹，凡散有嗣十夫⑫。唯王九月，辰才（在）乙卯，矢卑鲞且、舉旅誓曰："我疕付散氏田器，有爽，实余有散氏心贼，则爰千罚千，传弃之。"鲞且、舉旅则誓⑬。廼卑西宫襄、武父誓曰："我疕付散氏湿田、牆田，余有爽變，爰千罚千。"西宫襄、武父则誓⑭。氒（厥）为图，矢王于豆新宫东廷，氒（厥）𠂇（左）执要史正中（仲）农⑮。

①"用矢䆼散邑，廼即散用田"一句，这句是讲总的原因，散氏盘讲的是一个契约，契约的双方是"矢"和"散"。"矢"是有王的，是一个少数民族的政权。"散"是周朝畿内的一个封邑，也就是"散氏"。有人认为这个"散氏"就是"散宜生"一家，"散宜生"是文王时期的重臣，但是这样理解有点困难，因为有些书中提到了"散

1373

宜氏",所以"散宜生"究竟是"散氏"还是"散宜氏",我们还不太清楚。如果是"散宜氏"就不能简称为"散",或者是可以简称为"散",可我们不知道,但无论如何,"散氏"是西周王朝中一个很重要的家族。西周铜器中有"散伯""散季","散"的地望应在岐山以西到凤翔一带。"牒"字,刘钊根据楚简中的材料认为这个字可以读为"窃",或读为"察",所以"牒"可读为"翦",或读为"践",义为"攻伐"。①"用矢牒散邑"的"用"训为"以",义为"因为"。"散邑"就是"散的宗邑",在这里也可以说就是"散国"。当时有畿内国和畿外国之分,畿外国比较独立,畿内国实际上就是一个封邑。商周时期,一个国集中起来说就是一个邑,所以商王朝我们也可以称之为"商邑",《牧誓》《酒诰》以及康侯簋中都有"商邑","王来伐商邑"并不是说是来伐"商"这个城,而是伐商,当时是以一个城来代表整个国家,甲骨文中有"大邑商"。在商以及西周早期的时候,国界可能并不是很清晰,但到了西周晚期则不然,"散"和"矢"之间有明确的界限,要不然不会有这个契约。"散邑"就是"散"所封的那个地方,广义地说就是一个城,至于说是否有大城墙、城门,我们不管它,总之"散"所属的土地也就是整个的散国,是一个畿内封邑性质的国。"廼"义为"于是"。"即"字过去一直讲不通,正是由于讲不通,才有人认为应该叫矢人盘。现在我们清楚一定叫散氏盘,因为最后是以"散"的得胜告终,土地是由"矢"给"散",所以作

---

① 刘钊:《利用郭店楚简字形考释金文一例》,载《古文字考释丛稿》,第140-148页,长沙:岳麓书社,2005年。

器者是"散",而不是"矢",绝不会有打了败仗割地受辱还作盘。杨树达先生在《积微居金文说》中对"即"有详细论证,杨先生认为此处的"即"可理解为"付给"。[①]"用"训为"以","廼即散用田"义为"于是就把田给了散"。这句话是非常重要的,只有把这句话从训诂上读通,整篇铭文才能读通,这是杨树达先生在散氏盘研究中的一大贡献。像这样古奥的文献,历代学者都会有贡献,如果大家能做一个《尚书》的集释,就会看得很清楚,现在有计算机,大家如果想做还是可以做,但是做出来估计也没人看。我觉得写文章没有必要堆砌材料,写文章堆砌材料,总有一天是想堆砌也堆砌不成的,现在大家都有计算机,什么材料都可以堆在里面,总有一天你会发现堆不了了。所谓"堆不了",也就是没法看了,你写一篇文章,可能需要的材料有一千篇,但是你写文章能把一千篇材料都摆进来吗?而且更重要地是一篇还要套一篇,如果按照学术史把所有的材料都弄满,那就没有人能够读,也就没有人能够懂了,现在的网络如此发达,这种情况很快就会出现,所以文章不能那样做。写文章应该是以说明问题为主。这不是我个人的意见,在理科中早就有这种观点,因为理科中早就出现了这种情况,材料早就不能那么引了,要是全都堆在一起,那教科书也就没法读了,所以学术论文一定不能等同于学术史。有些人总是喜欢讲学术史,比如某个字,这个人怎么讲,那个人怎么讲,一共有多少种讲法,然后今天我说一个

[①] 杨树达:《散氏盘跋》,载《积微居金文说》,第53-55页,上海:上海古籍出版社,2007年。

什么讲法，这样做究竟能够干什么呢？虽然这对学术史的研究很有用处，但这并不是你所研究的问题，很多学术史的东西与你所研究的问题无关，所以一定要有所选择。以此句为例，从散氏盘出现一直到现在，不知道经过了多少学者锻炼，如果把每家的观点都介绍一遍，那我们今天的课也就差不多了。但是对于散氏盘，大家一定要记住"用矢𢒫散邑，迺即散用田"是整篇文章最为提纲挈领的东西，一共就十个字，非常简明。这句话交代了"两造"，也就是"矢"和"散"，但是整个契约中并没有一个主持契约的人，这是很重要的一件事情，这跟我们过去讲西周中期关于土地问题的铭文不太一样，那些材料中最后都要告到王廷，比如"琱生"的那批东西，虽然看上去是他们自己的事情，但最后还是要报到王廷，可是散氏盘却没有，这也反映了当时社会的一个变迁，就是王朝的权力在逐渐下降。当然这里我们可以给出一个解释，就是对于"矢"而言，王朝根本管不着，这是一种可能性，因为"矢"是蛮夷之人，有独立之权。同时期的比如"鬲从"的那几件器物，也涉及土地问题，王朝是管的。

②"履：自瀗涉，㠯南，至于大沽，一弄（封）。㠯陟，二弄（封）。至于边，柳"一句，"履"字，很难从字形上看出为什么是"履"，关于这个字，裘锡圭先生和我差不多同时从师永盂中认了出来，大家如果有兴趣，可以看一看裘先生的讲法[①]，他讲得很详细。裘先生是一

---

① 裘锡圭：《西周铜器铭文中的"履"》，载《裘锡圭学术文集·金文及其他古文字卷》，第27-32页，上海：复旦大学出版社，2012年。

位真正的语言文字学家,我是在讲西周金文中的土地转让的时候讲的这个字。①过去的人把"履"读为"眉毛"之"眉",如果读为"眉",所有的地方都读不通,实际上应该是"履"。我认为"履"训为"步","步"有"度量"之义②,因为古人就是用"步"来度量的。不论中国还是外国,长度的计量大部分是从人身开始的,中国古人认为布手为尺,一尺大概是今天的十六到十七厘米,现在出土的商代的尺也就是这么长,所以我认为小臣墙骨是当时的尺牍。"八尺"为"寻","寻"字,甲骨文作"𢆶"。"英尺"是以英王的脚为标准,所以叫"英尺",英文的"尺"就是"feet"。埃及文和希腊文则用"肘"来测量。总之"履"的意思是"度量",当时的人就是以一个健康男性的步伐来量的,但到了西周晚期是否还是如此,我们还不确定。出土的器物中,有一个叉子一样的东西,过去是用这个东西来测量的,可以转着走,这种方法一直到现代的农村还有人用。"濥"即"滤",也就是"汧水"。"滤"是晓母元部字,"汧"也是一个晓母字,二者在古音上可通。"涉"是"过河"的意思,但究竟怎么过河还有各种说法,最狭义的是光着脚走过去,而在此处"涉"就是"过河"。"自汧涉"也就是"渡过汧水",由此可知,先前度量的时候是在汧水的岸上。汧水是当时相当大的一条水,是渭河最大的支流之一,现在

---

① 李学勤:《西周金文中的土地转让》,载《新出青铜器研究》,第 90-92 页,北京:人民美术出版社,2016 年。
② 李学勤:《西周金文中的土地转让》,载《新出青铜器研究》,第 90-92 页,北京:人民美术出版社,2016 年。

看汧水也是支流中最长的，比下游的八水绕长安的水要长得多。丈量土地要先过河，这就说明"矢"和"散"的土地有一部分在汧水两岸，一边是凤翔，一边是陇县、千阳，所以我们认为"矢"是"西吴"，处在汧水流域的吴山一带是合理的，从地理上看没有矛盾。"昌"训为"于"，"昌南"就是"往南"，汧水在这个地方一定是东西向的。"沽"字，我们猜想可能读为"湖"，"大沽"即"大湖"，汧水当时可能有一个比较大的湖泊，当然"大沽"也可能就是一个地名。"弄"即"封"，所谓"封"即"封疆"之"封"，中国古代建立一个国家，我们说是"封建"，"封建"就是划定范围。大家要是读明清史就会知道，清军入关之后，一个很大的事情就是跑马圈地，在柳条边以南都是这么做的。《红楼梦》里面乌进孝家那么大的地，都是用武力圈来的，圈完了之后就会有地契，上面说明地的"四至"，并在地上立石碑以明地界，因此法律上很重要的一个事就是析界。以前中、俄划界的时候，晚上沙俄派人骑马背着界碑跑，一夜可以跑几百里，后来吴大澂到东北立了一个铜柱，说此柱可立不可移。这些都是标明地界的，古代所谓的"封"就是这个意思。但是古代的"封"，没有现代的条件，当时凿石头并不是一件容易的事，那么当时的人是怎么"封"的呢？一种方法是用土来做标记，还有一种方法是种树，所以古语有"不封不树"。散氏盘中明确地告诉我们怎么"封"，种什么样的树，这是当时标地界的方式。"一封"就是建一个封，这个要结合比较晚的材料来讲，虽然《周礼》中讲过，但西周时期究竟是怎么封，我们还不太知道。

"陟"训为"登",就是"往上走",也就是说"散"和"矢"在洝水边上的是一个丘陵地带,所以后文中有"陟"有"降"。"二封"是设立两个封。"边"就是"边缘",我个人猜想应该是大湖的边。"柳"字,"木"是在上面的,过去很多人不认识,其实是很普通的一个字,这种写法一直到战国时代还很常见。"卯"和"酉"常常通用,所以二十八宿中的"柳宿"之"柳"也常常写成"栖",还有时写作"㮕"。此处的"柳"就是"柳树",散氏盘中有五种树木,"柳"我们是懂的,但其他的树木,我们还不太知道,所以也不可强求。我们可以想象这是在大湖的边上,因为柳树是喜水的树。

③"复涉瀗,陟,雩甗鐢陕,曰西,弄(封)于敝㦵(城),桂木"一句,"复"义为"再","复涉瀗"就是"再一次渡过洝水"。由此可以看出,洝水是在丘陵中间弯弯曲曲走的。"雩"即"粤",读为"越"。"甗"读为"徂",训为"行"。"雩甗鐢陕"义为"越行到了鐢陕",如果把"雩"和"甗"读为虚字,那句就没有动词了。"陕"是地名,"鐢"是"邍"的古字,也就是"平原"之"原",至于说"鐢"为什么是"邍",我们还不清楚。饶宗颐先生常说讲古文字不要讲第一义,我认为这个话是对的,我们今天看到的汉字,最早的是甲骨文,但是甲骨文离真正造字的时代还差得很远。至于说造字的时候,究竟是怎么样的一个造法,古人的很多想法我们现在根本就想象不到,如果只是看字形像什么,这个字就是什么,那造字也就太简单了,实际上并不是这样的,所以我个人建议不一定要求文字的第一义,这里也是如

此。"翼陕"就是一个名叫"陕"的比较高的平地,这是陕西当地标准的地形。不知道大家有没有去过五丈原,五丈原的地形就是如此,所以诸葛亮可以在此屯兵,与司马懿对峙多年。五丈原现在还有诸葛亮庙,这个庙当地人视为神圣,我第一次去是"文革"刚结束的时候,当地的"造反派"已经把庙外面给封了,里面的像也给砸了。那个时候没有什么人敢烧香,但是当地就有人给诸葛亮烧香,庙墙外侧都被烧纸熏黑了。当地人认为诸葛亮会巡游四方,于是就给诸葛亮献鞋,有的鞋有一丈多长。大家如果去看就会知道,五丈原上面何止五丈,根本看不到边,上面完全可以屯兵、屯田。"敝城"是地名,"敝"字本是从"巾"的,后来又加了一个"巾",作"幣",有时会省作"攸"。甲骨文中有一个田猎的地名叫"攸麓","麓"训为"林",把"麓"讲为"山边"是不对的,《尧典》中的"内于大麓"是"放在森林中",而非"放在山边"。"桂"就很难讲是什么树了,"圭"在甲骨文中是"往"字,所以从"圭"声的字一定是一个阳部字,如果勉强把"桂"说成是"杨树"的"杨",也没什么不可以,但这种说法不好,究竟是什么我们不便猜测,总之就是一种树。

④"弄(封)于乌逊,弄(封)于乌衙(道)内。陟乌,登于厂池,弄(封)剖桥、陕陵刚桥"一句,"乌"是地名,应该是一个小的聚落。"逊"在西周金文中常见,一般义为"辅佐",最常见的是把这个字写作"迷",这是最不好的解释,从形、音、义都说不通,但因为"迷"字好写,所以也是最常写的。过去吉林大学的汤余惠教

授讲对了①,汤教授认为这个字是"垂"之所从,所以此处应读为"陲",义为"边陲","㠯逫"即"㠯之边陲"。"衜"即"道",义为"道路"。西周时期有很好的道路系统,《诗经》中有"周道如砥,其直如矢",就好像罗马的道路一样,罗马人修路就能做到"罗马道如砥,其直如矢"。我去英国的时候,英国的老人就给我讲英国如何修高速公路,实际上英国修高速公路多是修在罗马的古道上,因为罗马人在英格兰修路的时候,宁可开山也不让路拐弯,现在在这个基础上修高速公路正合适。"周道"也是如此,所谓"周道"就相当于当时的国道,除此之外还有更小的道。"㠯道"就是"㠯"这个地方的道路,"㠯道内"也就是"㠯道的里面"。这些地方讲得是很清楚的,从后文可知当时一定是有图的,只是我们没看到,所以大家千万不要把商、周想得那么原始,现在看起来,当时有很多高度文明的迹象。"陟㠯"即"登上㠯",可见"㠯"这个地方比较高。"厂池"是一个地名,"登于厂池"也就是说在高地上还有池,这也是陕甘地区常见的现象。"剢"也是地名,"梣"是一种树,用这种树来"封",至于说"梣"能否读为"桉",我认为不可能,因为桉树是澳大利亚的植物,现在引进之后也只能在四川以南种植。"陕陵刚"之"刚",可读为"岗","陕陵刚梣"即"在陕的陵岗上种梣树",这一带总的说起来是叫"陕","剢"和"陕陵刚"都是"封"的宾语。

---

① 汤余惠:《读金文琐记(八篇)》,载《中国古文字研究》第一辑,第58-66页,长春:吉林大学出版社,1999年。

⑤ "弄（封）于楫衟（道），弄（封）于原衟（道），弄（封）于周衟（道）"一句，"楫"字上面有两个圈，如果有一个圈就是"量"字，"楫"这个地名在"甗攸从"的器物中也有，在大克鼎中也有，即"井人奔于量"之"量"。"原"是一个畿内的地名，为"文王"之子所封，这里的"原"并不是春秋时代的"原"，春秋时期的"原"已经东迁了。所谓"×道"指的是"通向×地之道"，并不是说"已经到达×地"，前文先封于刍道内，然后是陟刍，陟刍才是到达刍境内，而"刍道"指的是通往"刍"的道路，楫道、原道亦然。"周道"就是当时真正的国道了，这条道最终是通于"周"的，所以大家不要认为这个地方离"周"很近，这是不一定的，此处只是封于周道。

⑥ "曰东，弄（封）于䅶东彊（疆）。右还，弄（封）于履衟（道）。曰南，弄（封）于㵻逨衟（道）。曰西，至于唯"一句，"䅶"字不识，是一个地名，甲骨文中有"𣪠"，也是一个地名。"东彊"即"东界"，由此可知，当时的土地确实有很严格的划分。"右还"即"向右转"，"履道"不一定是地名，我认为是向右转，然后到达前面已经度量过的道路上。"㵻"是一个地名。"唯"即"鸿"，是一个地名。这些都是小地名，在凤翔、千阳到陇县之间，多数是不能够考证的。散氏盘中所讲的一共是两块地，以上是其中的一块，这块地基本上处于丘陵地带，有些道路还在中间交叉，所以这块地并不是很偏僻。

⑦ "莫，履井邑田"一句，"莫"读为"暮"，就是"晚上"。金文中讲到时间段的材料不是很多，因为金文所讲的多是比较大的一些行动，麦尊也有记录时间的词

语。到了晚上,就要度量第二块地,也就是"井邑田"。"井邑田"就是"井邑之田","井邑田"与刚才的那块地可能不是连在一起的,但这两块田一定在"矢"和"散"之间,所以"井邑"离得也不太远。在益门镇以南属于西虢的"弭伯"可以和"井姬"通婚,"井"是姬姓的,所以称"井姬"。

⑧"自根木衜(道)𠂇(左)至于井邑𡥈(封)衜(道),曰东一𡥈(封);还,曰西一𡥈(封);陟刚,三𡥈(封)"一句,"根木道"是指"用根木封树的道","根木"也可能是一个地名,过去人们讲散氏盘的时候,往往会提到楚武王伐随的事情。楚武王伐随,在出征之前,楚武王就和夫人邓曼讲"余心荡","余心荡"就是心里发慌,大家要知道,这就是心血管病的征兆。虽然如此,但楚武王坚持出征,最后卒于樠木之下,这里的"樠木"是一个地名,就是用樠木所封的一个地名,而不是说楚武王得了心脏病,结果在树下躺着,这是不太可能的。"井邑封道"指的是井邑的界道,上面也种有树木,可见"井邑"有些地方是以道为界的。北京今天讲"环",比如二环、三环等,"环"的英文是"ringroad",也就是"环城道",以前二环就是北京市内和市外的界限,今天这些就不起什么作用了。现在清华也算市区,但以前人们认为去一趟清华和去一趟香山差不多,我上学的时候就是这样,人们一说去清华上学就好像去外地上学一样。此铭中给"散"的这块地是偏"井邑"的,但确实是"矢"赔给"散"的,所以当时的地应该是花插的,而不是连成一大片的。"刚"读为"岗",义为"山岗"。

⑨ "降,吕南弄(封)于同衕(道),陟州刚,登桥,降械,二弄(封)"一句,"降"是指从山岗下来。"同"可能就是周公之子所封之"凡",这是唐兰先生提出来的①,这个意见从文字学上看是很奇怪的,但怎么讲都通。"凡"是周代很重要的一个贵族,"井"也是如此,可见"井邑田"要比上一块地更接近周朝中心。"州"是地名,"刚"读为"岗",义为"山岗"。所谓"登桥,降械"就是上州岗的时候种桥树,下来的时候种械树。"桥"我们不知道是什么树,但是"械"是周人常用的树,或以为"械"就是"柞",《诗·大雅·绵》有"柞械拔矣"。

---

① 唐兰:《西周青铜器铭文分代史征》,载《唐兰全集》第七册,第 17 页,上海:上海古籍出版社,2015 年。

· 2011年上半年第三次课 ·

散氏盘（下）、青川木牍

散氏盘（下）

散氏盘所告诉我们最重要的一点，就是当时土地的疆界问题，今天我们能够看到的详细记载西周土地疆界问题的就是散氏盘，其他的材料都不可能如此详细。因为其他与土地有关的材料多是"王"的赏赐，或者是个别人之间的关系，其中所涉及的并不是疆界问题，而散氏盘讲的是"矢"与"散"的疆界问题，这是其他材料所不会有的。类似的历史事实，《左传》和《国语》中也会有，但也与散氏盘有所不同，所以散氏盘确实是非常重要的一件东西，虽然在字数上不如毛公鼎，但在重要性上我个人认为犹有过之，我们应该很仔细地去读这件器物。

早期的学者，像陆和九先生，讲毛公鼎要讲一个学期，所以散氏盘我们需要用几次课来讲，大家不要认为进度慢，而是因为要把散氏盘讲详细，确实是一件很不容易的事。

散氏盘释文：

用矢䞤散邑，迺即散用田[①]。履：自瀗涉，以南，至于大沽，一奉（封）。以陟，二奉（封）。至于边，柳[②]。复涉瀗，陟，雩戲聚陾，

以西，奉（封）于敞鹹（城），桂木[③]。奉（封）于刍逨，奉（封）

于刍衛（道）内。陟刍，

登于厂池，弄（封）剖桥、陕陵刚桥④。弄（封）于罤衛（道），弄（封）于原衛（道），

弄（封）于周衛（道）⑤。㠯东，弄（封）于羚东彊（疆）。右还，弄（封）于履衛（道）。㠯南，

弄（封）于㵒遝衛（道）。㠯西，至于堆⑥。莫，履井邑田⑦，自椇木衛（道）

ナ（左）至于井邑弄（封）衛（道），㠯东一弄（封）；还，㠯西一弄（封）；陟刚，三

弄（封）⑧。降，㠯南弄（封）于同衛（道），陟州刚，登桥降棫，二弄（封）⑨。矢人

有嗣履田：鬲且、散、武父、西宫襄、豆人虞丂、录、贞、师氏右眚、小门人诙、原人虞荇、淮、嗣工虎、孝罱、丰父、堆人有嗣刑𠃬，凡十又五夫⑩。正履矢舍散田：嗣土

乡塞、嗣马𩛉塁、覞人嗣工骒君、宰德父⑪。散人小子履田：戎散父、教、𦝢父、襄之有嗣囊、州𥜽、攸从𥜀，凡散有嗣十夫⑫。唯王九月，辰才（在）乙卯，矢卑鬲且、𢆶旅誓曰："我疕付散氏田器，有爽，实余有散氏心贼，则爰千罚千，传弃之。"鬲且、𢆶旅则誓⑬。廼卑西宫襄、武父誓曰："我疕付散氏溼田、牆田，余有爽䜌，爰千罚千。"西宫襄、武父则誓⑭。氒（厥）为图，矢王于豆新宫东廷，氒（厥）ナ（左）执要史正中（仲）农⑮。

⑩"矢人有嗣履田：鬲且、散、武父、西宫襄、豆人虞丂、录、贞、师氏右眚、小门人诙、原人虞荇、淮、嗣工虎、孝罱、丰父、堆人有嗣刑𠃬，凡十又五夫"—

句，这句以下讲的是参加这次封道的具体人员，这是必须要提到的，今天也依然如此。现在我们也有很多勘察地界的事情，包括国与国之间也有勘界，特别在近代这种事情非常之多。自古至今，勘定地界都是很大的事情，虽然散氏盘所述并不是一个国际问题，但在古代也可以称为"边界"问题，实际上散氏盘中所反映出的划界制度和后来，特别是近代，并没有多大的差别。"履"字下面有两个点，这并不是重文号，而是"履"字的一部分。"有嗣"指的是"职官"，"有嗣"可高可低，在文献和铭文中与"有嗣"类似的还有"啬夫"，二者指的都不是具体的官名。"有嗣"义为"有职务的人"，泛指"官吏"，但"有嗣"并不是比较大的官，而是君长的下面一级，比如"三有嗣"即"司徒""司马""司工"，但并不是指"六卿"中的"司徒""司马""司工"。"啬夫"是战国晚期一直到秦汉时期常用的词，"啬夫"的本义一定是和农业有关的职务，后来把"啬夫"的意义放大了，泛指"官吏"，但"啬夫"也不是很高的官，"啬夫"指的应该是比"有嗣"更低一些的官吏。此处是"矢人有嗣"，所以这句中的人是"矢"这方面的，"矢"是交出土地的一方，大家可以想象，这些人应该是提供了以上两块土地的有关数据，这些数据实际上是图，这在铭文最后有所体现。这就好像后来的地契一样，不知道大家有没有见过新中国成立前的地契。新中国成立前在北京买一套老房子，就会有一个契约的转让过程，北京老房子的房契会有很厚的一摞，因为有的老房子从明朝开始就有，转换一次就要设立一个新契，但新契一定要附带老契才有效。所以不管是买房还是买地，契的完备是交易合法的一个重要条件，凡是能够找到的旧契，在法律层面上都应该保存，否则这个买卖就不成立。电视剧中有类似的情节，就是去搜地契，结果就是两张纸，这种情况是现实中不会出现的，一直到今天也是如此，如果要买一栋大楼，会有一大堆资料。这说明只有历次的交易都是合法交易，今天的交易才合法，出让土地也是如此。散氏盘中有两块地，"矢人"难道就不会藏起一部分吗？这两块地的大小是有记载的，所以才需要度量。可见当时土地的转让有很严密的手续，因此凡是参与度量的双方代表都要署名，其中"矢人"这一方有十五个人，分别是"鬻且""散""武父""西宫襄""豆人虞丂""彔""贞""师氏右眚""小门人诉""原人虞芋""淮""嗣工虎""䰧𦘔""丰父""唯人有嗣刑弖"。"鬻且"的"鬻"即今之"鲜"，"鲜"一定是一个地名，因为在宝鸡出土的器物中有"鲜氏"。"西宫襄"的"襄"是从"𦘔"的，所以暂读为"yào"。"丂""彔""贞"这三个人都是属于"豆"的，"豆"是一个地名，是属于"矢"的一个地方，此处有森林，所以有的器物上有"豆彔"，"豆彔"即"豆麓"。我们在铜器中可以看到周王在"豆麓"养马，秦人的祖先"非子"为周孝王养马于汧渭之间，所以"豆"应该是汧渭之间的一个地方，"豆"在散氏盘这个时期是属于"矢"的。因为"豆"有森林，所以才会有"虞"，"虞"是虞衡之官，管理山林中打猎之事，"丂""彔""贞"这三个人都是"豆"的"虞"。"右眚"的身份是"师氏"，商周时期文武不分，所以"师氏"既是一种武职，也兼管教育。前文有"封于原道",所以此处有"原人虞荓","荓"可能就是"芳"。大家要注意一点,说某地之人,这个人不一定就在当地,因为当时的人口有一定的流动性,比如"管仲"是安徽颖上人,后来就到了齐国。"𦮼"字不识,过去解释散氏盘的人把这个字隶定为"孝",但从字形上看隶定为"孝"是不行的。前文有"至于𠂤",所以此处有"𠂤人有嗣刑㠯","刑㠯"即"荆㠯",是"𠂤"的有嗣。一共是"十又五夫",当时的男子皆可称"夫",并不是像有些历史学家所认为的,西周时期称"夫"的都是兵丁或奴隶。

⑪"正履矢舍散田:嗣土屰寨、嗣马𤊾𢆶、𠊳人嗣工駓君、宰德父"一句,"正"训为"长",义为"官员",西周的文献中多讲"诸正"和"多正",即"诸长"和"多长"。此处的"嗣土屰寨""嗣马𤊾𢆶""𠊳人嗣工駓君""宰德父"都是站在"散"这一方的人,是来见证并监管这件事的。此处"司徒""司马""司工""宰"都有了,西周的基本结构是"六卿",其中"司徒""司马""司工"是一组,合称"三有司","司徒"是管人口土地的,"司马"是管军事的,"司工"是管建设的,管行政的那个人就是"宰"。西周地方行政机构的主要官员就是"宰",相当于后世的"令"或者是"尹","宰"的下面就是"司徒""司马""司工"。"舍"义为"给予"。

⑫"散人小子履田:戎散父、教、棐父、襄之有嗣橐、州𥆞、攸从鬲,凡散有嗣十夫"一句,这一句中的人是属于"散"的,而且身份是"小子"。"小子"是僚属之官,有时候就自称为"小子",关于"小子"的研究,贡献最大的是杨树达先生,杨先生的《积微居金文说》

中有一篇是专门讲"小子"的①，大家可以去看一下。"散人小子"即"散人的属官"，"戎"指"西戎之人"，所以"戎散父"也就是"西戎之人散父"。此句中的"襄"并不是"西宫襄"，应该是一个地名。"州𡕢"是人名，"𡕢"即"就"，在甲骨文中可读为"戚"，是卫国的一个地名，在河南北部。"攸从𤔲"也是一个人名，过去很多人包括郭老在内都读"𤔲"为"𣔰"②，现在从字形看应该是"𤔲"，"𤔲"即"瓚"。"攸从𤔲"这个人还有两件器物，在散氏盘中"攸从𤔲"还只是"散"的小子，后来他升迁得比较快，从这一点来看，散氏盘还应该是厉王早期的器物，甚至还可以更早。

⑬"唯王九月，辰才（在）乙卯，矢卑慕且、𢍰旅誓曰：'我既付散氏田器，有爽，实余有散氏心贼，则爰千罚千，传弃之。'慕且、𢍰旅则誓"一句，"唯王九月"指的是"周正九月"。中国古代有"三正"，即夏正、殷正、周正。"三正"最简单的区别就是正月的位置不同，周正建子，所谓"建子"就是以包含冬至的那个月为岁首。我们今天用的农历是夏正，夏正是建寅的，殷正是建丑的。如果我们去研究中国的历法，最为详细的记录就是《春秋》经传，我们可以很清楚地看出春秋时期有时是建子的，有时是建丑的，建子和建丑是经常变化的。之所以如此，是因为当时人对于冬至的测量有的时候不准确，冬至测量不准确，就会影响建正，这种现象

---

① 杨树达：《师望鼎再跋》，载《积微居金文说》，第132-133页，上海：上海古籍出版社，2007年。
② 郭沫若：《两周金文辞大系图录考释》，第124-125页，上海：上海书店出版社，1999年。

在春秋前期尤其如此，到了春秋中期，历法逐渐变得精密，也就没有这个问题了，基本上是建子的。但是，晋国并不如此，因为晋国是在夏之故墟，所以用的是夏历，大家如果看《春秋》中记载的晋国的事情，就会发现晋国和用周正的鲁国差两个月，这就是"建正"的问题。此处"唯王九月"的"王"指的就是"周"，铜器中常常把"周"称作"王"，周朝的女子嫁到别的国家称为"王姬"，因为周是姬姓，但不说"周姬"，而说"王姬"。一般单说"周"，通常指的是"周公"之"周"。过去说《春秋》最主要的微言大义就是"春王正月"，这是说周朝的大一统，使用周所颁定的历法，但实际上并不是所有人都遵守。此处的"唯王九月"即"周正九月"，以后我们如果讲春秋时代的铜器，就会看到还有"唯正×月"，"唯正×月"指的是夏正，这一点在《周礼》中也有体现，《周礼》中的"正岁"指的是夏历的年初。"矢卑鲜且、豑旅誓曰"的"矢"指"矢王"，"卑"读为"俾"，训为"使"。"豑"字不识，"鲜且"和"豑旅"是两个人，这两个人必然和以上两块田地的所有者有关，或者就是以上两块田地的所有者，所以"矢"这方面就让这两个人起誓。由此就可以看出前文提到"矢人有嗣"的时候，第一个提到的就是"鲜且"，但是"豑旅"在前文中并未出现，可能是"豑旅"当时请假了，并未参加履田，但实际上"豑旅"是起很大作用的一个人，他是原来这块田的所有者。"既"就是"既"，应该是铭文写错了。"付"义为"转让"。"器"是附属于田地的一些东西。"我既付散氏田器"义为"我已经把田地及其附属的东西给了散氏"。"爽"义为"差"或"变","有爽"就是"有错"。"余"义为"我",此处代指"鬻且"和"羇旅"。"贼"义为"害"。"实余有散氏心贼"义为"我确实是有害散氏之心"。"爰千罚千"的"爰"是一个虚字,相当于"以","爰千罚千"即"以千罚千"。有人把"爰"读为"锾",认为是一种货币单位,但这种读法不对,因为在文法上不合适。"千"是"钱"的数量,但这里并没有说"钱"的单位,实际上单位应该是"锊","爰千罚千"义为"如果差了一千锊就再罚我一千锊"。由此可以看到当时的土地及其附属物是以货币来计价的,"裘卫"的那批器物中讲到了土地的价格是用"贝"来计算的,单位是"朋",此处的土地价格用金属货币来计算,单位是"锊"。"传弃之"的"传"指的是"驿传",现在我们已经知道,至少在商代晚期,我国就已经有了驿传制度,即一定的交通线上有一定的车马,用以传递消息并兼管运输,所谓"传弃之"就是发一个文书用驿传的形式通告天下。这些地方可以看出当时的法律、交通以及信息制度相当完备,绝不像有些人想象得那么原始。"则"训为"乃","鬻且、羇旅则誓"即"鬻且、羇旅乃誓",也就是"鬻且、羇旅就按照所给的誓词起誓"。

⑭ "廼卑西宫襄、武父誓曰:'我既付散氏濕田、牆田,余有爽䜌,爰千罚千。'西宫襄、武父则誓"一句,"西宫襄"和"武父"是第二块地的所有者,所以也让他们来起誓。"濕田"和"牆田"是后面这块地的名称。"䜌"读为"变",与"爽"义同。此处虽没有说"传弃之",但这个意思已经包括在内了。古人对于盟誓是很认真的,

这是因为他们有坚固的信仰，起誓算数是有信仰的人才能做到的，《左传》中有一些人很讲信义，所以春秋时期才真正像西欧中世纪的封建制度，有日耳曼骑士的味道。起誓算数并不仅仅是一个道德问题，实际上是一种信仰，如果没有信仰，那就什么事都可以去做。前些时候有一个新闻，说的是一个家族不想让祖坟被盗，于是就看守，后来他们想了一下，与其让祖坟被他人所盗，为什么不自己挖呢？于是他们就自己把祖坟挖了，这就是没有信仰。铭文中让这些人起誓，这种起誓在当时确实是很起作用的，因为起誓之后就相当于一个契约，这个契约是必须遵守的。为了传之久远，"散氏"就把这些事情刻在盘盂上了，一直到今天还没有坏，虽然这些人早就不存在了，但这个约定还是存在的。

⑮"乑（厥）为图，矢王于豆新宫东廷，乑（厥）　（左）执要史正中（仲）农"一句，"乑"训为"其"，"为图"就是"画图"。此处的"图"指的是"疆界之图"，因为是"矢王"给"散"田，所以这个图是由"矢王"来做的，做图的地点是在豆新宫的东廷。"豆"是汧渭之间很重要的一个地方，商代就有"豆"这个地方，是养马之所。由"矢王于豆新宫东廷"可知，"矢王"就住在"豆"这个地方，"廷"是"庭院"。当时的图是板图，是画在木板上的。这一点大家读《周礼》就可以知道，当然这种图是很难保存的，所以不会被发掘出来。"要"就是"约"，《周礼》中称之为"约剂"，北京土话还把"约"读为"yāo"，大家看一些明清时期的俗文学就知道了，所谓"yāo — yāo"就是"约—约"，也就是"称—称"。

当时"约剂"要用简册或者木板抄写下来,这也就是"约券","约券"是要折断分成两块的,中间有齿可以对起来用以证明,所以"约券"有"左券"和"右券"之分。有的时候还有三个券,也就是所谓的"三半券",现在发现的楚国玺印有的分为三块,一直到了秦、汉时期还有"三半券书之"的说法。"厥ナ(左)执要史正中(仲)农"就是"执左券的是史正仲农",大家可以想象,当时的整个契约是由"史正仲农"来书写的,"正"训为"长","史正"也就是"史官之长","仲农"一定是"散"的史官之长。当时大的契约都是要交到政府部门来保管的,此处约券的左半原件由"史正仲农"来保管。大家如果看过《商君书》就会知道秦的法律是非常严的。我们现在发现的《秦律》和《汉律》没有完整的,并没有发现《九章律》。因为原本的律令在一定的政府机构中保存,用什么就抄什么,所以有些律令会有传抄,在传抄中就难免会出错,但是原始的律令是不能改动的,也是不会有错的,《商君书》中就记载如果改动了原本的律法,就是最高的死罪。"史正仲农"之"农",前人多释为"鬲",读为"鬲",因为早期只见过拓本,并没有见到器形,所以有人根据"鬲"认为这件器物是一件鬲,而不是一件盘,后来这个说法被否定了,但这种理解的结果,是使作假铜器的人把这件器物做成了鬲。

散氏盘开头介绍了事件的起因;从"履"一直到"吕西,至于堆"讲的是对第一块地的度量;从"莫"到"登桥降棫,二弄(封)"讲的是对第二块地的度量;从"矢人有嗣履田"到"凡十又五夫"讲的是矢人一方的代表；从"正履矢舍散田"到"凡散有嗣十夫"讲的是散氏一方的代表；"唯王九月，辰才（在）乙卯"讲的是时间；最后讲的是起誓的内容，以及相关事件。大家可以考虑一下，如果我们来写，顺序一定有所不同，我们一定是先写时间，之后再讲这个事情，这就是古人和我们的习惯、心理不一样的地方。实际上很多东西古今确有不同，比如我们说"大小"，但古人说"小大"，我们说"长短"，古人说"短长"，我们说"二三人"，古人说"三二人"，正是因为有这些不同，所以有些东西读起来感觉很古奥，这一点希望大家能够注意。

散氏盘涉及"封埒"制度，但究竟是怎么封的，我们今天无法讲得很形象，因为西周时期的"封埒"，我们并不是很清楚。我们只知道有"封"，并且有一些树木的名字，由此可知当时一定有一个土堆，而且要在上面种树，以此作为分界的标准。虽然西周时期"封埒"制度的材料有限，但我们有比较晚的材料，这就是战国中后期的青川木牍。

青川木牍

青川木牍是非常重要的东西，曾多次在文物展览中展出，而且对这个木牍的认知，最近又有新的发展。

青川木牍一共是两块，是1979年到1980年在四川北部青川县郝家坪战国晚期的秦墓中发现的，墓地编号是M50。这两块木牍是在墓椁的编箱中发现的，有一块正反面都有字，正面比较清楚，反面比较模糊，另外一块似乎是有字，但究竟如何，一直都看不清楚。明确有字的那一块，正反面都比较光滑，似乎有字的那一块，一面比较光滑，另一面比较粗糙。最近我听说武汉大学用红外线扫描仪对似乎无字的那一块进行扫描，结果发现确实有字，但由于我还没有看到最新的照片，所以相关情况还不甚了解，据说内容和第一块反面的记录基本相同。青川在嘉陵江的北面，比较靠近陕西，所以秦国到得比较早。

这两块木牍长四十六厘米，编号为16的木牍比较薄，两面比较平滑，均有墨书文字，我曾经认为"编号为17的是否有字在疑似之间"①，现在证明确实有字。之所以要讲青川木牍，是因为其中提到了战国时期秦的"封埒"制度，虽然不是西周时期的制度，但还是可以对比的。

对"封埒"有最详细记载的是《周礼》，《周礼·封人》有"掌设王之社壝，为畿封而树之。凡封国，设其社稷之壝，封其四疆，造都邑之封域者亦如之"。"王"所在之地是有社稷的，社稷是整个国家的象征，今天北京还有社稷坛，在中山公园里面。古时是"左祖右社"，换言之，左边是太庙，也就是今天的劳动人民文化宫的位置，右面是社稷坛，也就是今天的中山公园的位置。今天的中山公园的社稷坛中还有五色土，但这已经不是原来的五色土了，原来的五色土在"文革"的时候被挖掉了，并且在上面种上了麦子，长得挺高的。我当时还去看过，我不太清楚为什么一定要种麦子，那点麦子一共也做不了俩馒头，当然现在弄得很好看了，已经恢复了原状。"畿"就是"疆界"，对于疆界要"封而树之"，"封"是"土堆"，"树"是"种树"。"封其四疆"也就是说在封一个国的时候，要封其边界。

---

① 李学勤：《青川郝家坪木牍研究》，载《李学勤集：追溯·考据·古文明》，第274-283页，哈尔滨：黑龙江教育出版社，1989年。

青川木牍有"封高四尺,大称其高;埒高尺,下厚二尺"之语,"封"高为四尺,此处的"尺"指的是战国时期的尺,约合今天二十三厘米,"大称其高"义为"大小与高度相称"。"埒"即"埒",是将"封"连起来的东西,"埒"的高度是一尺,下面的宽度为二尺,也就是说"埒"是一个尖形的土堆,形状和田埂相似。

· 2011年上半年第四次课 ·

翏从鼎、翏从盨（上）

上次课我们讲完了散氏盘，散氏盘是非常难读的，之所以难读，在于散氏盘的独特性，像散氏盘这样的铭文，可以说从来没有过，所以还是有一些地方需要我们进一步去讨论。今天我们要讲与散氏盘有关的两件器物，就是翏从鼎和翏从盨。

翏从盨在故宫博物院，翏从鼎在日本黑川古文化研究所。这两件器物我都特别看过，我们去故宫看翏从盨的时候，曾抱有一个很大的希望，因为从拓本上来看，翏从盨的第一行有些字看不清楚，我们希望通过观察原器把第一行中的这些字读出来，因为这些字和历法有密切关系。翏从盨是二十五年，翏从鼎是三十一年，如果这两件器物的时间是四因素俱全，配合起来就特别好。可惜我们仔细观察了翏从盨之后，那几个字还是看不见，可以说是完全磨灭了，没有办法恢复。翏从鼎是非常完整的，翏从鼎是一个很大的鼎，饰有重环纹，器形很像毛公鼎，虽然没有毛公鼎那么大，可是也相当大。

为什么我们说这两件东西和散氏盘有关系呢？因为这两件器物的作器者在散氏盘中出现过，叫做"攸从翏"，"攸从翏"是"散氏"的一个"有司"。散氏盘中这个人并不重要,但是从"攸从鬲"所作的器物来看,铭文还是很多的,从铭文的内容来看,"攸从鬲"也有一定身份,由此也可以看出当时某些下层的贵族上升得还是很快的。"攸从鬲"在散氏盘倒数第七行的最下面,如果严格隶定,"攸"字下面还有一个火,作"燪"。在这两件器物上,"攸从鬲"的名字也是很清楚的,有些人想把"从"读为"比",这个说法现在看起来是不对的。实际上王国维先生在为散氏盘作跋的时候,已经指出了这一点①,因为散氏盘中的"![]"是从"止"的,所以一定是"从"。甲骨文中也有"![]"字,很多人想读为"比",但实际上就是"从",读为"比"是读不通的。"![]"字是从"鬲"的,但是在"鬲"的旁边还伸出一块东西,所以我们隶定成"鬲",这个字在《说文》中读若"过",所以这个人的名字可以叫"鬲攸从",也可以叫"攸从鬲"。"攸"是他的封地,封地就是他的氏,因此"攸"就是他的氏。商周时代的贵族,他们的封地每每就可以作为他们的氏,一个国家也是如此,比如晋国,晋文公的名字叫"重耳",《左传》中就称之为"晋重"。此处的"鬲"和"从"分别是"名"和"字",他可以把"名"和"字"前后分开。"鬲"可读为"过","过"和"从"经常是可以通用的,"过"是"经过","从"是"跟随",器主既可以叫"鬲攸从",也可以叫"攸从鬲"。

我个人认为"鬲攸从"的这两件器物与散氏盘同为厉王时器,散氏盘的时代还是要稍早一些,"鬲攸从"的这两件东西比较晚,一个是厉王的二十五年,一个是厉王的三十一年。"鬲攸从"的器物虽然不像散氏盘那样记载的是两个诸侯之间发生的事情,但其中所涉之事仍然和当时的土地制度有关。大家不要认为这是完全

---

① 王国维:《散氏盘跋》,载《观堂集林》,第886-888页。北京:中华书局,1959年。

偶然的事情，这个时期发生了如此多的土地纷争，一定与当时的社会背景有关。换言之，在当时的社会背景下容易出现这种现象，争讼也比较多，这反映出西周晚期偏早之时，也就是厉王时期社会的不安定。

我们还可以从这两件器物中看出当时的土地所有权问题，过去的人总是讲"普天之下，莫非王土，率土之滨，莫非王臣"，好像当时什么东西都是国有的，实际上这两句讲的是主权，国家的主权和土地的所有权、使用权是两回事。今天的美国应该说是私有制最发达的国家之一，它的土地是私有的，但在这之上还有一个主权，这个主权是属于政府的，谁要是侵犯了美国一英寸的土地，那美国的飞机马上就会来了，这也就是说土地的主权、所有权和使用权在性质上还是有所不同。

鬲攸从盨和鬲攸从鼎不是同时出土的，鬲攸从鼎是端方的旧藏，端方是晚清的大臣，曾去过欧洲考察。他在考察期间还做了一些好事，就是从欧洲买了一批埃及的古物回来，其中就包括木乃伊的棺材。回国之后，端方还印了一本书来介绍这些东西，这个书是石印本，端方在书中认为这些是相当于中国黄帝时代的东西。虽然端方买的这些东西有个别是仿造的，但还是有真的东西，这些东西现在都在中国国家博物馆。这些东西很大，所以不会放在国博的展厅，以前这些东西都放在午门旁边的库房里，现在放在哪里，我就不知道了。端方的东西后来大多被卖掉了，很多东西散落到了欧美和日本，这个鼎就是其中之一，在民国初年流到了日本。

我们先读三十一年的鬲从鼎，然后再读二十五年的鬲从盨，因为二十五年的盨很不好读，先读三十一年的鼎对理解二十五年的盨会有所帮助。

鼾从鼎

我们先看鼾从鼎（见图1、图2）。

图1 鼾从鼎

图2 鼾从鼎拓本

鼾从鼎释文：

隹（惟）卅又一年三月初吉壬辰，

王才（在）周康宫𢆶大（太）室①，鼾从

曰攸卫牧告于王，曰："女（汝）为

我田牧，弗能许鼾从。"②王令

眚史南曰即虢旅，乃吏攸

卫牧誓曰："我弗具付鼾从

其且，射分田邑，则殊。"③攸卫

牧则誓，从乍（作）朕皇且（祖）丁公、

皇考惠公隣鼎④，鼾攸从其

禹（万）年子=（子子）孙=（孙孙）永宝用。

① "隹（惟）卅又一年三月初吉壬辰，王才（在）周康宫徲大（太）室"一句，"卅"在古文字中还是读"三十"为好，因为楚简中的"二十"下面就有重文号，而且楚器曾姬无卹壶中的"廿"也有重文号，所以当时的人是将"廿"和"卅"作为合文来处理的，后来"廿"和"卅"变成了单字，所以就有了字音。此处的"卅又一年"按照我们的理解，是周厉王的三十一年，但这样理解需要一定的条件，就是承认厉王有三十七年，并且厉王三十七年和共和元年是同一年，这样在历法上才能排得进去。根据唐兰先生的研究，"康宫"是以康王之庙为首的一个宗庙群。① 这一点虽然不合我们理想中的礼制，但在金文中却屡试不爽。此处的"周"指的是"宗周"，唐兰先生认为宗周的宗庙主要有两个大的宗庙群，一组是文、武、成以及周的先祖，另一组则是以"康王"为首，这个以"康王"为首的宗庙群被称为"康宫"，在"康宫"中每一代"王"都有自己的庙，所以在"康宫"的下面会有特别注明。② 此处就是"徲大（太）室"，"徲"即"迟"，作为谥法的时候读为"夷"，"夷太室"也就是"夷王的太室"。此处既然出现了"徲太室"，那就说明这件器物只能是在厉王之后，所以这件器物的时代不是厉王就是宣王，肯定不可能是共和，因为共和只有十四年，也不可能是幽王，因为幽王一共只有十一年。从我个人

---

① 唐兰：《西周铜器断代中的"康宫"问题》，载《唐兰全集》第三册，第1226-1270页，上海：上海古籍出版社，2015年。
② 唐兰：《西周铜器断代中的"康宫"问题》，载《唐兰全集》第三册，第1226-1270页，上海：上海古籍出版社，2015年。

目前所掌握的知识来说,还是定在"厉王"为好。"太室"是一个宗庙中最主要的建筑,在西周金文中周王接见臣子的典礼都要在宗庙中举行,这一点在《史记》的三家注中就讲过了。"康宫徲大室"也是这件器物非常宝贵的地方,我们之所以想把鄦从盨里面的那几个字补出来,是因为可以得到更多的知识。

②"鄦从曰攸卫牧告于王,曰:'女(汝)为我田牧,弗能许鄦从。'"一句,"鄦"字,散氏盘中作"䚽",王国维先生认为"䚽"是从叩的,"叩"读若"讙",是一个元部字,"鄦"是一个歌部字,二者是歌元对转的关系。①这一点王先生讲的是合理的,虽然不绝对是这样,但基本上没什么问题。"曰"训为"率",义为"带领",甲骨文中"××曰羌"的"曰",都有"率"的意思。"攸卫牧"是一个人,"攸"是"鄦从"封地的名称,这个封地是"卫",也就是《尚书》中"侯甸男邦采卫"的"卫"。"侯甸男邦采卫"的"邦",既可以属上读,也可以属下读,如果是属上读就是"侯甸男邦",也就是"侯甸男之邦"。"侯""甸""男"本为三服,也就是以王畿为中心,向外依次是"侯服""甸服""男服",如果细分则可分为"五服"或者"九服"。关于"五服"的问题,我特别推荐大家去看顾颉刚先生《史林杂识初编》中的一篇专门讲"畿服"的文章。②如果属下读就是"邦采卫"也就是"服国的采、卫","采"和"卫"都是封邑。西周金文中既有"采"

---

① 王国维:《鄦从簠跋》,载《观堂集林》,第1198-1199页,北京:中华书局,1959年。
② 顾颉刚:《畿服》,载《史林杂识初编》,第1-19页,北京:中华书局,1963年。

也有"卫"，但我们猜想"采"和"卫"还是有所不同，"采"指的是一般的封地，而"卫"则带有"保卫"的性质。"卫"到后来一直在用，明代就有"卫所"制度，"卫所"是屯兵用的，离北京最近的"卫所"就是"天津卫"，此外还有"威海卫"等，凡是"卫"都带有一定的军事性质。此处的"牧"不同于儠匜中的"牧牛"之"牧"，"牧牛"是牧人之官，专门管理放牛。"攸卫牧"的"牧"应当是《诗·静女》篇《毛传》所训的"田官"，是管田地的官员。此处只是说"攸卫牧"，并没有记载这个人的名字，这一点和训匜中的"牧牛"相似，因为"攸卫牧"和"牧牛"都是被告，所以只是记载了他们的职官。实际上告状的内容是很长的，但铭文中只摘录了最重要的一句，即"女（汝）为我田牧，弗能许鬲从"。"女（汝）为我田牧"就是"你做我的田官"，由此可知"攸卫牧"的"牧"指的就是"田官"。"许"义为"听从"，"弗能许鬲从"就是"不听我鬲从的话。此处是"鬲从"到"王"那里去告状，此时"鬲从"的身份与散氏盘中的有所不同，我们猜想这个时候"鬲从"已经到王朝来任职了，在散氏盘中，"鬲从"只是"散"的一个"有司"。如果"鬲从"此时还是"散"的"有司"，那么他一定会去"散伯"或者"散仲"那里去告状，但是"鬲从"现在是到"王"那里去告状，所以"鬲从"此时的身份一定大有不同，应该是被晋升了，从这里我们也可以推知散氏盘的时代一定早于鬲从鼎。

③"王令眚史南曰即虢旅，乃吏攸卫牧誓曰：'我弗具付鬲从其且，射分田邑，则殊。'"一句，王认为这件

事不用亲自过问。"眚史南"是一个人，"南"是人名，"眚史"是官名，不见于文献记载，但是我们可以猜测一下，"眚"有"罪"的意思，所以"眚史"可能是与"法律"有关的一种史官，应该是"司寇"之官。古时"史"的含义是比较广泛的，比如秦汉时期的"令史"，不仅是管理记录的，实际上是管理执行的一种吏，云梦睡虎地秦简中有"史喜"。西周金文中还有管丧礼的"史"，但并不属于"太史"，应该是一种专门的官员。"即"训为"付"，散氏盘中的"即"也是这种用法，"王令眚史南曰即虢旅"就是"王"让眚史南把这件事交给"虢旅"。"虢旅"即"虢叔旅"，是"六卿"之一，应该是"司寇"或者是"司徒"。"虢叔旅"自己也有器物，就是虢叔旅钟，虢叔旅钟的时代也由此判定。"虢旅"在结构上与"晋重"类似，"虢"是国名，也就是"西虢"，在今之虢镇。"吏"读为"使"，"乃吏攸卫牧誓"省略了主语"虢旅"，铭文中"虢旅"下面的小白点并不是重文号，此处只是省略了主语，类似的例子还有多友鼎。"我弗具付䣄从其且"的"且"就是"租税"之"租"，此处的"租"相当于"税"。"具"训为"尽"，"具付"即"尽付"，也就是该交多少就交多少，从这里就可以看出所谓的"弗具付䣄从其且"具体是一些什么事情，实际上应该就是"攸卫牧"贪污了，并没有把租税完全上交给"䣄从"。此处的"租"可能是以实物交的，也可能是折算成货币。古代的税赋有时就是要交实物的，《书·禹贡》很大的部分就是讲"税赋"的，但是自宋以后，很多人就把《禹贡》当成了一个历史地理的材料来研究。实际上《禹贡》中的"赋税"是很有意思的,其中就讲各种东西怎么交,离得越近交得就越全,比如交麦子,离得近就要连着麦秆一起交,再远一些的就只交麦穗,再远的就打粒去交。"弗具付嗣从其且"的"其"用法相当于"之"。"射分田邑"的"射"读为"坼",训为"裂","射分田邑"也就是"裂分田邑"。大家要注意,此处有"田"也有"邑",不论是"田"还是"邑"都是归田牧去管的,这是因为"邑"是当时农村的聚落。孔子认为"十室之邑,必有忠信","室"训为"家",所以"一邑"有"十家",当时的聚落不大,因为当时的人口没有那么多。古时人住在聚落里面,外面有给他们的田,所谓"一夫受田百亩",大家如果看《汉书·食货志》就可以知道,早上有人叫早,于是大家就起来去种地了,到了晚上就回来了,这种制度和后来的生产大队差不多。此处所谓"邑"就是一个聚落,大家不要把"邑"看得太大。"殊"就是"诛",训为"杀",这个字看不太清楚,但就应是"殊",这一点前人已经指出来了。

④"从乍(作)朕皇且(祖)丁公、皇考更公隦鼎"一句,"从"即"嗣从"。大家不要看到"公"就认为是"公""侯""伯""子""男"的"公",实际上"皇祖丁公"的"公"指的并不是爵位,对先人一般是称"公"的。此处需要注意的是,"丁"在这个时候应该是一个谥号而非日名。大家要知道,从夏代开始就有日名了,"太康""仲康""少康"实际上就是"大庚""中庚""小庚",此外还有"胤甲""履癸","履癸"就是"桀"。商代的日名是极普遍的,到了西周初年还是存在的,后来逐渐被道德性的谥号所代替,道德性谥号还是很早的,比如

"汤",实际上就是"康",在楚简中"汤"就写作"康"。到了西周晚期日名就越来越少,但并非没有,实际上到了春秋初年日名仍然存在。"丁"流传得比较久,谥号中有"丁",但没有"甲""乙""丙"。"叀"读为"惠",是一个谥法。此处不能认为"皇祖丁公"是日名,而"皇考惠公"是谥号,因为谥号中有"丁"。

鬲从盨(上)

鬲从盨(见图3、图4)应该是有盖的,但现在这件盨并没有盖,我们可以想象也许有一天我们可以找到鬲从盨的盖,那么盨上所缺的铭文也许就可以知道了。散氏盘是在凤翔一带出土的,鬲从鼎和鬲从盨估计也都是在凤翔一带出土的。

图3 鬲从盨

图4 鬲从盨拓本

鬲从盨释文:
隹(惟)王二十又五年七月既望□□,【王】才(在)
辰师田宫[①],令小臣成友逆□,□

内史无㠯、大(太)史𣄰②曰:"章𠦑(厥)寽
夫㝅𩰫从田,其邑肇、𢆶、馥,复
友𩰫从其田,其邑复𣏾、言二邑
畀𩰫从③;复小宫㝅𩰫从田,其
邑彶罙句商儿罙雔弋④;复
限余𩰫从田,其邑竞、楸、甲
三邑,州、滽二邑⑤;凡复友复友𩰫
从田十又三邑⑥。"寽(厥)右𩰫从善夫⑦。𩰫
从乍(作)朕皇且(祖)丁公,文考甴公
盨,其子=(子子)孙=(孙孙)永宝用,⑧。

①"隹(惟)王二十又五年七月既望□□,【王】才
(在)𢀖师田宫"一句,此处的"七月"是没有问题的,
一定不会是"一月",因为"一月"在金文中用"正月"
来表示。从字的数量和位置来判断,应该是两个字的位
置,所以应该是"既望",而非"既生霸"和"既死霸",
前人也是这个意见,这也是我们为什么想把缺失的部分
找全,因为"既望"跨度小,很适合推算。上半月多是
可以叫"既生霸",下半月也多是可以叫"既死霸",但
"既望"指的就是"望"后面的那一天。"𢀖师田宫"的
"𢀖",很多人隶定为"永","𢀖"和"永"的字形是一
正一反,古文字正反无别,所以隶定为"永"也对,但
是从上下文来看,并没有反写的字,所以还是隶定为"𢀖"
较好。最近有一件事炒得很热,就是国博把司母戊方鼎
改成了后母戊方鼎,《北京晚报》还专门打电话问我的意
见,我说后母戊方鼎要比司母戊方鼎好一些,这至少是

一个进步，大家之所以关心这个问题，是因为这个方鼎在小学课本里就有。实际上在古文字中"司"和"后"是不能分离的，在甲骨文中"人"和"匕"多数也不能分离，但古人是按照上下文的文义来理解的，所以也不会误解。"辰师田"的"田"是人名，但关键在于"辰师"是否有可能是一个官名，这一点还没有确证，所以我们还是把"辰"理解为一个地名，"辰师田官"即"辰地师田的宗庙"。下面的这件事情应该是发生在"散"的地界内，因为"鬲从"是"散"的"有司"。

②"令小臣成友逆□，□内史无斁、大（太）史旗"一句，"小臣"是"王"的下属，凡是侍奉"王"的官员都可以叫"小臣"。学甲骨文的人有时候很较真，古书中称"伊尹"为"小臣"，所以就认为"小臣"是一个很大的官。日本的白川静先生专门写过《小臣考》，现在看来"小臣"并不是地位很高的人，而"伊尹"本身就不是一个地位很高的人，"伊尹"本来是陪嫁的人，他会做饭，以厨艺"说汤"，这个说法还是有一定的根据的。至于说铜器上的"小臣"，有时候是一种谦称，就好像"朕""孤""寡""予一人"一样。"成友"应该是"小臣"的名字，虽然这篇文章中有很多"友"，但此处还是应该理解为人名，因为"成友"下面是"逆"字，"逆"训为"迎"，"逆"下有缺字，所以"迎"的是什么我们不知道。我们读"裘卫"的器物，其中有一个词是"逆书其乡"，义为记录"土地的方向"，这是当时很常用的一个词，所以这句话有可能是"令小臣成友逆书"，当然这只是猜测。"内"字上面很可能是"令"字，"令"的主语还是"王"。"斁"

是一个从"其"声的字,所以应该读为"jì",古代人经常有叫"无忌"的,但是此处的"无䞷"和不其簋的"不其"并不是同一个人,因为二者的时代不合,只是当时叫这个名字的人很多,有重名也不稀奇。此处的"无䞷"是"内史",还有一个"太史"叫"旟",在陕西眉县杨家村出的大鼎中也有和"旟"类似的字。由此可以看出"内史"和"太史"是不太一样的,这一点大家看《周礼》就可以知道,《周礼》中有"太史"之官,其下有"内史",还有"外史""小史"等。此铭中的"太史"应该是管外的,"内史"是管内的。

③"章氒(厥)䨻夫孚酃从田,其邑䔲、㠱、䣊,复友酃从其田,其邑复瞀、言二邑畀酃从"一句,有人把"章"读为"商",这是不对的。"章"相当于"彰",训为"明",义为"弄清楚"。大家要知道,从"彡"的字,多是后起字,而加"彡"是从战国至秦汉常见的一个变化。"氒"字的用法等同于"其"。"𤕤"实际上就是"孚",只是过去很长时间都没有人能读得出来。关于这一点贡献最大的是裘锡圭先生①,裘先生把这个字读为"叜","叜"在《说文》中有,义为"上下相付",也就是"给予",读如《诗》"摽有梅"的"摽"。现在看起来,读为"捋"更好一些,"捋"训为"取",有"夺取"之义,在战争铭文中常见,此处的"孚酃从田"即"夺取酃从之田",而"章氒(厥)䨻夫孚酃从田"就是"弄清楚䨻夫所夺取的酃从之田"。"䔲""㠱""䣊"是"邑"的

---

① 裘锡圭:《释"叜"》,载《裘锡圭学术文集·金文及其他古文字卷》,第77-83页,上海:复旦大学出版社,2012年。

名称,此处有"田"也有"邑",这一点和矢从鼎的"射分田邑"类似,"田"和"邑"是相结合的,被"覃夫"所夺的田是用"邑"来计算的,也就是属于"𤱴""㠯""𩫏"的田。这一点有利于散氏盘的研究,因为散氏盘中有的是"邑",有的是"田",大家可以按照这个思路来研究一下。第四行的最下面作"复",第五行的中间也是这个字,作"复",下面多了一个"又",实际上就是"复"字,这篇铭文中有好几个"复"字,只不过写法不同,有的"复"字有省笔。"复"义为"还",多年以来我一直有一个想法,就是把这篇铭文中的"复"读为"復",而"復"在秦汉以下有一个用法就是"免除赋役",这种用法见于《墨子·号令》,《墨子·号令》是战国晚期秦人的作品,这一点因为云梦秦简的出土成为定论。①此外还见于《逸周书·文酌》,但这是注疏家的说法,并不可靠。但如果把"复"讲成"復"还是很通的,可我们没有这个训诂,所以还不敢使用,因此我们还是按照原来的解释,把"复"理解为"还给"。此句中的"友"郭沫若先生讲得很好,郭先生认为"友"读为"贿",义为"赠送"。②"复友"即"复贿",也就是"归还"。之所以一定要用"友",也就是"贿",是因为赠送是没有代价的。不仅要给"矢从"田,还要给"𥃩"和"言"两个邑。"畀"训为"给","畀矢从"即"给矢从"。"畀矢从"可以连上读,也可以连下读,不过连上读会稍微好一些。

---

① 李学勤:《秦简与〈墨子〉城守各篇》,载《简帛佚籍与学术史》,第119-133页,南昌:江西教育出版社,2001年。
② 郭沫若:《两周金文辞大系考释》,第125页,北京:科学出版社,2002年。

④"复小宫孚眉从田,其邑彶眔句商儿眔雠戈"一句,"小宫"是一个人名,所以抢"眉从"田的人一共有两个,一个是覈夫,还有一个是"小宫"。此处的"田"也是用"邑"来计算的,一共有三个邑,分别是"彶""句商儿""雠戈",这些地名很长,读起来不像汉语,可能是戎人的地名,散氏盘讲的是"散"和"矢"的土地转让,"矢"就是少数民族,所以在"散"和"矢"这一带涉及少数民族的地名并不奇怪。此处需要特别注意的是"戈"的写法,"戈"在铭文中作"戈",这和秦、汉时期"戈"字的写法没什么不同,这说明有些古文字的别体很早就出现了。这就可以让我们有一些新的认识,特别是搞甲骨文的人。早期奠定甲骨文分期断代的是董作宾先生,董先生在1933年写了《甲骨文断代研究例》,该书中有一个基本思想,就是文字结构的演变过程是直线的,董先生在十项断代标准中专门讲了这个问题。比如"王"字,最开始作"王",之后作"王",再之后作"王",最后作"王",这样看起来是很合理的。再比如"癸"字,早期作"癸",晚期作"癸",这些例子在当时看起来没有问题,但今天看就不完全对,因为"王"在比较早的时候也有,特别是"癸"字,花东甲骨中的"癸"字都是"癸",这是因为某些新变化会出现一段时间。所以想问题不要太死,不要认为出现了某些晚期的字形,这件东西就一定晚,实际上并不一定如此。

⑤"复限余眉从田,其邑竟、楸、甲三邑,州、瀌二邑"一句,"限"是人名,但和曶鼎中的"限"不是同一个人。现在交出地的一共是三个人,即"覈夫""小宫"

"限"。"余"读为"舍",义为"给"。此处既有"复",又有"舍",我猜想可能是过去给"嗣从"的田,现在又给回来。此处大家一定要看一下"竞"字的写法,如果不是这件器物,而是在其他器物上只有这样的一个"竞"字,我会认为是假的,因为这个字写作"㬌",结构太过粗糙。有些字写得潦草或者是不合六书,这在古文字中是常见的事,特别是上博简中的某些字,之所以总是猜不到就是因为不合六书,我们不能够因为某些字比较潦草,或者是不合六书,就断言这件东西有问题。但这个问题倒过来看,有些人就会以这种理由兜售并推出一些假的东西,或者为一些假东西辩护。在座的可能没有看过二十世纪三十年代在上海出的《梦坡室获古丛编》,这个书著录的是周庆云的藏品,里面的东西很多,但很少有真的,可编书的邹安可是一个大大的名人,邹安虽然不是一流的学者,但也还不错。在这本书里面甚至有第三盂鼎,上面的铭文也有很多,但这个第三盂鼎一看就是假的,邹安在书中为之辩护,并且称之为古代所谓"草篆"。后来有人问邹安为什么编这样一部书,邹先生回答说是因为没办法,人家给我钱,我要吃饭。因此字形不合结构是辨伪的一个规律,但不能把这条规律绝对化。

· 2011年上半年第五次课 ·

散从盨（下）、克钟、克镈（上）

散从盨（下）

这个学期我们从散氏盘讲起，这些器物都和一个问题有关，就是土地制度。西周的土地制度是一个很大的问题。新中国成立初期的时候，历史学界有"五朵金花"，所谓"五朵金花"也就是五个重大问题，古代史的分期问题和土地制度问题都涉及西周时期的土地制度，所以西周的土地问题在当时大陆的历史学界是最重要的问题。

古史分期问题归根结底还是一个所有制变化的问题，在前资本主义时代，所有制的变化最根本的还是土地所有制的变化，不管我们是否赞成当时所采用的理论，这一点还是事实。关于这方面的讨论并不是从新中国成立时开始的，实际上早在二十世纪二十年代末到三十年代初的时候就开始了。关于中国古代社会、经济特别是土地所有制的问题，应该是在二十世纪二十年代就已经开始讨论了。在中国关于这些问题最早的讨论并不是在马克思主义史学家的范围内开始的，而是胡适和包括朱执信在内的国民党的几位先生最先开始讨论的，他们讨论了中国井田制的问题，并且出过一个论文集，大家去看《胡适全集》就可以知道。

真正开始这方面的讨论，要到了北伐战争以后，当时展开了中国社会性质的论战，之后又引申为中国社会史性质论战。关于这方面的材料，何干之先生写过两本书，即《中国社会性质问题论战》和《中国社会史问题论战》，这两本书把相关的内容介绍得很清楚，唯一的不足是没有介绍当时论战的国际背景。从此时开始，古史分期问题包括以土地所有制为核心的中国古代经济史，一直到"文化大革命"都是最引人注意的问题。不管古史怎样划分，西周的土地制度总是一个最重要的问题，因为春秋以下的土地制度文献记载还是比较清楚的，虽然有许许多多的争论，但材料还是比较多的。但如果想了解东周土地制度的根源，就要追溯到西周时期的土地制度，而西周时期的相关材料也就《诗》《书》中的那么几条，所以那个时候不管写了多少书，中国、日本、苏联的学者写了多少文章，文献的材料就是这些。为了改变这种情况，从郭沫若先生的《中国古代社会研究》开始大量地使用金文材料，所以我们学习金文的时候，这方面的材料就特别值得注意。一直到今天，学金文的人还在用郭老的《大系》，《大系》在这个问题上讲得特别多，《金文丛考》讲得也特别多。只是看这个书本身看不出来，但如果联系到郭沫若先生当时所处的背景以及其他人的一些著作，就会知道郭老重视散氏盘和"矞从"的器物不是偶然的，这些材料在当时起了很大的作用，所以大家要明白，学术上的一些事情每每都有广泛的背景。《大系》中关于西周土地制度的那几篇很精彩，当然我们现在不完全同意郭老的说法，但还是希望大家去看一下。从郭沫若先生开始到二十世纪五十年代，参与讨论的各家所采用的材料，从金文方面来讲也就是这些，其中包括散氏盘和"矞从"的器物。经过了几十年之后，我们还是取得了不少进展，如果大家用我介绍的近年来的各家说法对比《大系》，就会发现有很大的不一样。通过对西周的土地制度以及经济结构的基本了解来重新看这些铭文,也就成为我们现今所要做的事情,因此我建议大家看一下《大系》中的相关篇目,同时再看一下杨宽先生的《西周史》。这个《西周史》是一部新书,杨宽先生已经过世了,这也是他最后一部著作,过去国际上流行许倬云先生的《西周史》,但是在"土地制度"这个问题上,还是杨宽先生讲得更好。

鬲从盨释文:

隹(惟)王二十又五年七月既望□□,【王】才(在)

辰师田宫①,令小臣成友逆□,□

内史无㛸、大(太)史㪤②曰:"章氒(厥)覃

夫寽鬲从田,其邑肇、丝、馥,复

友鬲从其田,其邑复䜈、言二邑

畀鬲从③;复小宫寽鬲从田,其

邑彶罙句商儿罙雠戈④;复

限余鬲从田,其邑竞、㮤、甲

三邑,州、瀨二邑⑤;凡复友复友鬲

从田十又三邑⑥。"氒(厥)右鬲从善夫⑦。鬲

从乍(作)朕皇且(祖)丁公,文考惠公

盨,其子₌(子子)孙₌(孙孙)永宝用,⑧。

⑥ "凡复友复友鬲从田十又三邑"一句,这篇铭文一共分了三个段落,其一为"覃夫"所夺的"鬲从"的田,包括"肇""丝""馥",此外还包括赠送给"鬲从"的田,即"䜈""言"。其二为"小宫"所夺的"鬲从"的田,包括"彶""句商儿""雠戈"。其三为"限"给"鬲从"的田,包括"竞""㮤""甲""州""瀨"。所以这十

三块田为"釐""丝""馥""瞀""言""彶""句商儿""雠戋""竞""楸""甲""州""溏"。一定的"邑"会附属一定的"田",这是因为当时的"受田"有一定的制度,"一夫受田百亩"是一个最基本的原则,但这个原则在当时有一套具体实施的方案,因为不可能所有的地都那么方正,都可以画成井田。如果大家有兴趣可以看一下《左传》中楚国的"围田"制度,特别是《管子》中有一篇《乘马》,该篇讲了不同自然条件下的地应该如何折算,因为给的地不会是一个水平的二维平面,所以肯定会有折算,中国的应用数学就是从这里产生的。大家如果看《九章算术》就会知道,其中有些是讲"田"的,具体是讲如何把不同形状的"田"折合成方形的"田"。这仅仅是从面积上来计算,具体操作的时候,还要结合田地的性质,也就是不同自然条件的"田"应当如何折算,这种折算的方法古代有明确的记录。这个制度不仅是当时的土地制度,也是当时的军事制度,因为当时是"兵农合一"的。当时的"邑"是一个聚落,住的地方是"邑",外面就是"田",每个邑有多少人就会分多少田,每个邑有多少田在这篇铭文中是既定的,所以铭文中看似是讲"田",但却是用"邑"来计算的。"邑"是可大可小的,最小的"邑"也就是"十室之邑",铭文中的这些"邑"也是比较小的,所以不要想去找出这些地名,这些地方都太小了。倒数第三行的"田"字写成了"⊙",这是铭文中写错了,实际上就是"田"。金文中是有错字的,甲骨文中的错字也不少,可是对于考释的人来讲,说古人错了是最后的办法,千万不要轻易地用这个办法,因为一般说起来是我们的错，而非古人的错，但古人确实有错的时候。元、明时期的学者很喜欢说古人有错，现在看起来这些大多是强加之词，真正能够证实的是很少的。比如《大学》古本的问题，朱子对于《大学》加以研究，认为《大学》确实有错的地方。现在从出土的与《大学》类似的材料来看，《大学》确实是可以分为经、传的，而且《大学》确实有缺漏的情况，至于说是否像朱子所说的有错简就很难说了。后来反对朱子的人认为《大学》古本一个字都不会错，一个字都不能改，这也是不对的。

⑦"毕（厥）右䚄从善夫🗝"一句，这句讲的是"䚄从"的"右者"，金文中的册命都要有一个"右者"，所以我们来看盨的开头，即"隹（惟）王二十又五年七月既望□□，【王】才（在）䢈师田宫"，一般的册命应该是有一个"右者"右"䚄从"，立中廷，北向，之后才是"令小臣成友逆□，□内史无䟐、大（太）史旟"。但此处并没有按照这种固有的格式来写，而是把"右者"放在后面，"右者"与"被册命者"常常有上下级的隶属关系，但也有例外，这并不是一个绝对的规律。此处"䚄从"的"右者"是"善夫🗝"，这件器物发现以来，大家多把"🗝"读为"克"，这是因为䚄从盨发现的时间正是"克"器自周原出土并流行于全国的时期，所以大家认为䚄从盨中的"善夫🗝"就是"克"器的"善夫克"，但是善夫克鼎的"克"作"🗝"，与"🗝"字很不相同，可是这一点迷惑了许许多多的人，包括我个人在内。"克"字的结构，从《说文》以来没有人能够讲清楚，但不论如何，"克"字上面一定有一个竖笔，人们往往会在这个竖笔上

加一个点或加一个横，所以"克"字的演变规律应该是
"㞢"—"㞢"—"克"，到了春秋时期，"克"的上面已
经变成了"十"字形。此铭中的"㝬"字，现在还隶定
不了，但一定不是"克"字。正是因为大家把"㝬"字
读为"克"，进而把䚄从盨和"克"的器物结合在了一起，
因此很多人认为"䚄从"的器物和"善夫克"的器物是
同时的，这在年代学上带来了极大的困难。过去做夏商
周断代工程的时候，这是一个很大的问题，当时我甚至
想根据《贞松堂集古遗文》的记录把"克"的器物分成
两个人①，但这个说法是不对的，今天我们仔细看这个铭
文，就会发现"㝬"不见得就是"克"，那么这个问题就
解决了。"䚄从"的器物一件是二十五年，一件是三十一
年，年数很高，又是西周晚期的，所以不是厉王的，就
是宣王的。如果"㝬"就是"克"，"善夫克"的器物有
十几年的，那么最好是把"䚄从"的器物放在周宣王的
二十五年和三十一年，因为"善夫克"的器物一定有周宣
王的，这是不会错的，这也是唐兰先生的重大发现。②但
是唐先生也没有弄清楚"克"器与"䚄从"之器的关系，
因为唐兰先生也把"㝬"读为"克"，这就不好办了，因为
按照唐先生的观点，"䚄从"之器应该放在厉王。③如果厉
王三十一年有"善夫克"，厉王有三十七年，再加上共和

---

① 李学勤：《论克器的区分》，载《夏商周年代学札记》，第 151-156 页，沈阳：辽宁大学出版社，1999 年。
② 唐兰：《西周铜器断代中的"康宫"问题》，载《唐兰全集》第三册，第 1226-1270 页，上海：上海古籍出版社，2015 年。
③ 唐兰：《西周铜器断代中的"康宫"问题》，载《唐兰全集》第三册，第 1226-1270 页，上海：上海古籍出版社，2015 年。

十四年,之后再加上宣王的十八年,宣王十八年时,"善夫克"还在活动,那"善夫克"活动的时间就太长了。所以唐兰先生就认为厉王时代可以压缩①,但不管怎么压缩也不会少于三十一年,结果就是进退失据,没有办法解决。可如果把"䤭从"之器放在宣王,又与宣王的器物在历法上排不到一起。这种进退两难的情形之所以出现,就是因为把"&"读为"克",但"&"确实不是"克",所以我们把"䤭从"之器放在厉王或放在宣王就比较自由了。

⑧"䤭从乍(作)朕皇且(祖)丁公,文考叀公盨,其子=(子子)孙=(孙孙)永宝用,丫"一句,此处的"叀"字作"&",中间少了一笔,所以倒数第三行的"田"字写作"⊙"也就不稀奇了,这是因为写得潦草。"丫"是族徽,"丫"字在甲骨文中就有,但对于这个字还没有一个确定的看法,目前最好的是于省吾先生的看法,于先生认为"丫"与"襄"字有关。②

"膳夫"是一个很大的官,这一点大家看《周礼》就可以知道,《周礼》最开始是天官冢宰,"冢宰"也叫"太宰",往下还有"少宰""宰夫",再往下就是"膳夫"。大家要知道,中外王室的职官结构在很多方面是家庭组织的放大,这是因为自古以来首先出现的国家形态是君主制形态,君主制是以一个家庭或者是一个家族的形式来进行统治,它的职官结构往往是家庭组织的放大,所以

---

① 唐兰:《西周铜器断代中的"康宫"问题》,载《唐兰全集》第三册,第1226-1270页,上海:上海古籍出版社,2015年。
② 于省吾:《释丫》,载《甲骨文字释林》,第132-134页,北京:中华书局,1979年。

有些职官的名称可以从很小变得很大。不仅中国如此，外国也是如此，大家如果看《圣经》的《出埃及记》就会发现埃及法老的职官系统也是如此，而且在那个时候会有做奴隶的人一下子被提拔做很大的官，中国有很多这样的例子，比如"伊尹"。"伊尹"本来是一个陪嫁的媵臣，但后来却成为一个很重要的人物。"傅说"本来是盖夯土墙的，后来也成了重臣。实际上有些官职的名称原先在家族中是很小的，后来作为正式职官的时候，却变得很大。"宰"就是如此，"宰"本指"厨师"，"膳夫"本来也是做饭的，所以又称为"宰夫"，但后来就变成了最大的官，也就是"宰相"。先秦时期有"宰"，但是没有连称"宰相"的，后来人用"相"来解释"宰"，就有了"宰相"一词，"太宰"就是后来所谓的"宰相"。

现在我们研究《周礼》和金文发现，《周礼》中的某些职官在不同的时期可以相互通用，所以大家在金文中看到的"膳夫"也就是"宰"，因为"膳夫"本来就是"宰"的另外一种称呼。孙诒让作《周礼正义》，最大的贡献就是发现了《周礼》中的"官联"，所谓"官联"就是各个职官之间相互配合组织的一种关系，《周礼正义》成为不朽名作的原因也就在于此。如果大家活用"官联"，就可以发现西周金文和《周礼》之间的关系，虽然《周礼》并不一定是西周时期的作品，但一定有西周时期的因素，因为只靠想象是编不出来的。有人认为《周礼》是六国变乱之书是不对的，没有人有那么强的想象力，事实上《周礼》和西周金文有很多地方可以共通。

金文中的"膳夫"是很高的官，这和《周礼》是不同的，在《周礼》中"膳夫"就是管做饭的，相当于男版的"大长今"，地位不会太高，但"膳夫"是管出纳王命的，实际上就是"太宰""少宰"之类。如果大家搜集一下，就会发现金文中有不少"膳夫"，有的"膳夫"真的就是做饭的，比如膳夫山鼎的"膳夫"真的是和"饮食"有关的一种官。

虽然我们不承认鬲从盨中的"善夫☒"是"善夫克",可是我们还是讲一下善夫克的器物。

克钟、克镈(上)

"善夫克"的器物特别出名,因为这是周原重要青铜器窖藏中发现得最早的一批。研究商代青铜器要以殷墟为标准,如此我们对于商代晚期青铜器演变的基本过程就比较了解了,但是西周的青铜器没有一个这样的地点来作为标准。按理来说,宗周,也就是丰镐地区,墓葬群中的器物可以起到西周青铜器的标尺作用,但是这一点我们做不到,很重要的一个原因是汉武帝挖昆明池的时候,把宗周遗址的很大一部分都给破坏掉了。长安县的牛郎织女刻石的位置就是丰镐遗址的边缘,但是在今天昆明池边上的丰镐遗址已经看不见什么了,基本上都被破坏掉了。所以西周的铜器不像商代青铜器那样,有殷墟能够通过层位和类型学的研究把青铜器发展的标尺给建立起来。

多年以来,我一直主张用周原的青铜器作代表,这个想法本来是可行的,但近些年的实践证明还是有些困难,因为周原的青铜器主要是出在窖藏,既不是墓葬群,也不是遗址地层,并且周原地区的窖藏一般都是在生土中挖的,我们只能用窖藏中铜器的下限去判定年代的上限,而不能通过窖藏本身的层位去确定器物的时代。有些窖藏的铜器,年代跨度可以很大,比如庄白的 103 件物,时间跨度就非常大。虽然曹玮编了《周原出土青铜器》一书,把材料都摆出来了,但完全依靠这些去做一个西周青铜器发展的序列是很困难的,所以还是要用传统的方法,即依据铭文确定标准器,然后再把别的东西配合上去。

周原出土青铜器最早是在汉宣帝时期，也就是张敞研究的美阳出的尸臣鼎，美阳县的治所就在今天法门寺的中水乡。张敞是中国有记录的最早的青铜器学家，而尸臣鼎也是最早记录的带铭文的鼎，所以周原是我们有记录的出土青铜器最早的地点之一，周原大型窖藏的出土是在清代，"善夫克"的这批器物就是其中最重要的之一。

善夫克器是光绪十六年也就是1890年在扶风任家村发现的，这批器物中多数有铭文，但究竟出土了多少件，今天我们无法统计。1942年任家村又出土了一坑铜器，器主是"膳夫梁其"。光绪十六年发现的这一批铜器中有两个名字，一个是"克"，还有一个是"中义父"，写着"中义父"的器物铭文都比较短，但最后都有一个"华"字，"华"应该是氏名，就像鬲从盨最后有一个"乂"字一样。后来柯昌济先生就特别指出"克"就是"中义父"[①]，因为《左传》中有很多名叫"克"的，这些人的名或字多和"义"字有关。至于为什么是这样，前人有不同的说法，我们就不在此介绍了。因为是老二，所以称"中"，也就是"仲"。"克"的祖先叫"师华父"，是恭王时代的一个大臣，所以"克"是"华氏"。

大家如果去查"克"器出土记录的一些数据，就会发现王国维先生对"克"器的出土地有另一种说法，王先生认为这批东西和大盂鼎、小盂鼎、散氏盘一样，也是出在渭水南岸。[②]我们现在可以大胆地猜测这些是当时古董商散布的烟幕，大家要知道，古董商不愿意向外透露器物的出土地，今天也是一样。有的时候我们接受任务去鉴定一件器物，我们总会问这件东西是哪里出的，对方都说不知道，说不知道是好听的，更有甚者就直接骗你，因

---

① 柯昌济：《金文分域编》，第十二卷，第十页，余园丛刻铅字本，1935年。
② 王国维：《克钟克鼎跋》，载《观堂集林》，第889页，北京：中华书局，1959年。

为如果古董商告诉了你器物的出土地，那么就会对他造成危险，其中的一个危险是把盗墓贼给揪出来，还有一个就是你自己去出土地买，他就赚不到钱了。甲骨文就是如此，如果大家看《铁云藏龟》，其中记载的甲骨文出土地绝不是"安阳"，都是出在安阳附近的一些地方，比如"汤阴"，所以日本林泰辅写的文章就叫做《清国汤阴出土龟甲兽骨》，这都是上了那些人的恶当。但是，那个时代的古董商比较老实，所以他们说的地点离出土地还都比较近，"汤阴"和"安阳"就是临县。那时的古董商把大盂鼎、散氏盘的出土地说成渭水南岸的"眉县"一带，实际上这些地方离真正的出土地周原是很近的，要是换成今天的古董商，就会告诉你是湖北出土的。新中国成立以后对于器物的出土地做过很详细的调查，但是有些铜器的出土地还是调查不出来，可是"善夫克"的这批东西确实是在任家村出土的。之所以能够确定，一个是因为光绪十六年离现在还比较近，再一个是因为当地人都因此发了财，这件事在当地是一件大事。

"克"的器物有一大批，其中最著名的就是大克鼎，上海博物馆原来有两个大鼎，即大盂鼎和大克鼎，这两个鼎原是潘祖荫的藏品，后来潘家的后人捐给了上博。1959年中国历史博物馆建立的时候，大盂鼎调到了历博，也就是今天的国博。对于研究西周晚期的历史以及西周时期的土地制度而言，大克鼎还是最重要的，但是从次序上是不能先讲大克鼎的，要从克钟、克镈讲起。

西周晚期作为打击乐器的编钟已经非常发达了，大家要知道，编钟这种器物是在西周时期兴起的，商代也有成编的打击乐器，但不是编钟而是编铙。"铙"和"钟"的差别在于铙口朝上，铙最常见的是三个一组，也有五个一组的，现在我们知道的最多的是九个一组，这些大部分在南方，因为南方的打击乐器更为发达。

商代也有口朝下的器物，这就是"镈"，"镈"是可以吊起来的，但只是单独一件，并不成编。

商代没有严格意义上的钟，真正把"铙"倒过来成编，类似于"编钟"的形式，则是要到了西周中期前段。有人认为西周早期的后段也有，这是分期上的问题，总之是在早、中期之间才开始出现，现在看起来不论如何也早不过昭王。到了西周晚期，编钟就很发达了，有的时候会把"编钟"和"镈"放在一起来演奏，大家如果看出土的器物就会发现一个钟架上上面是"编钟"，下面是"镈"，这种形式到了春秋战国时期就更为发达，曾侯乙墓出土的"编钟"下面也是有"镈"的，宝鸡太公庙出土的秦武公的编钟也是一样。这种把"钟"和"镈"按照一定的规则组合起来的情况，在西周晚期并不少见，克钟、克镈也是这种情况。

现在我们知道克钟有若干件；克镈只有一件，现存天津艺术博物馆。克钟和克镈的铭文相同，克镈上面的铭文是一整篇，但因为锈蚀较重，所以不太清楚，但克钟的铭文是非常清楚的，所以我们采用克钟的拓本，克钟和克镈是确定"克"器时代的器物（见图1至图11）。

 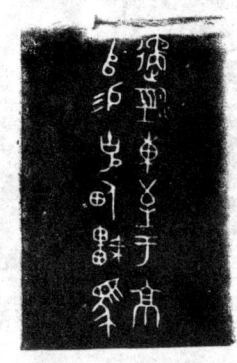 

图1　克钟拓本（《集成》204，现藏北京故宫博物院）　　图2　克钟（《集成》205）

图3 克钟拓本（《集成》205，现藏日本京都藤井有邻馆）　　图4 克钟（《集成》206）

图5 克钟拓本（《集成》206，现藏上海博物馆）　　图6 克钟（《集成》207）

图7 克钟拓本(《集成》207,现藏天津艺术博物馆)

 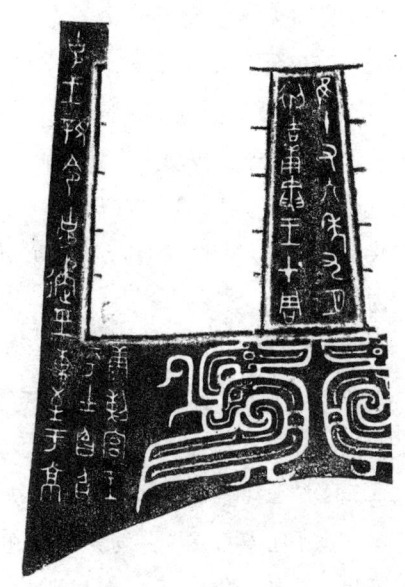

图8 克钟(《集成》208)　图9 克钟拓本(《集成》208,现藏上海博物馆)

图10 克镈　　　　图11 克镈拓本

克钟释文：
隹（惟）十又六年九月初吉
庚寅，王才周康剌宫，王
乎士曶召克①。王亲令（命）克
遹坙，东至于京
𠂤②。易（锡）克甸车、马
乘，克不敢彖，専奠王令（命）③。
克敢对扬天子休，用乍（作）
朕皇且（祖）考白（伯）宝龢钟，用
匄屯叚、永
令（命），克其万
年子=（子子）孙=（孙孙）永宝④。

①"隹（惟）十又六年九月初吉庚寅，王才周康剌宫，王乎士曶召克"一句，此处的"十又六年"是周宣王的十六年。"剌"是一个月部字，读为"厉"，"剌王"也就是"厉王"，现在由于杨家村逨盘的出现，我们可以确知"剌王"就是"厉王"。"康剌宫"也就是宣王的父

亲厉王的庙，这是唐兰先生在金文研究上的最大贡献[1]，唐先生认为宗周的宗庙是分为两个大群的：一个是文、武、成以及更早的先祖；另一个是以康王为首的，包括康王以下的历代周王，总的说起来都称为"康×宫"。因为此处出现了"康剌宫"，那么这里的"王"就一定是宣王，因为幽王一共只有十一年，这篇铭文是十六年，所以只能是周宣王。这一点是非常重要的，在没有懂得"康宫"问题之前，几乎没有人认为这是周宣王时代的东西，大都把这件器物作为厉王时代的器物来讨论，所以唐先生的文章一发表，真的是舆论哗然，进而引起了种种辩论，特别是郭沫若先生表示反对。今天我们已经不再怀疑这个问题，所以我们把"克"器的时代就定下来了。"初吉"指一个月的前几天，王引之认为"初吉"是"初干吉日"[2]，是在《经义述闻》中讲的，这种说法目前还不能印证，但在每个月最前面的那几天是没有问题的。此处的"士智"即文盨中的"士智父"，"士"是司寇之官，《周礼》中司寇系统的官多称"士"。从音韵上讲，"理"字常常可读为"士"，"理"也可以写作"李"，所以简文中的"卿李"也就是"卿士"。"王命士智召克"就等于说"士智"是"克"的"右者"。

②"王亲令（命）克遹堲，东至于京自"一句，"亲"就是"亲自"，晋侯苏钟有"王亲远省师"，此处是"王"亲自命"克"，"亲命"并不是一般的册命，一般的"命"

---

[1] 唐兰：《西周铜器断代中的"康宫"问题》，载《唐兰全集》第三册，第1226-1270页，上海：上海古籍出版社，2015年。

[2] 王引之：《经义述闻》，第745页，南京：江苏古籍出版社，2000年。

是王站在那里不说话,由史官传话,但"亲命"就是"王"直接说。"遹"训为"循",义为"巡视","㳕"是"泾水",在宗周的西北。不知道大家有没有看过泾渭交汇之处,那个地方很容易找,因为陕西省考古所有一个仓库就在那里。"遹㳕"也就是说要沿着泾水走。"东至于京𠂤"也就是沿着泾水向东走,一直到达"京𠂤"这个地方。《诗·大雅·公刘》有"京师之野","京𠂤"即"京师",也就是后来的"豳",是"公刘"所居,也就是周人的故居,在今天彬县的东北,"豳"今天写作"彬"。大家要知道,"士"是司寇之官,按照《周礼》来讲,司寇之官很重要的一个工作就是"行人"之职,"行人"是一种使节。泾水起自甘肃,后注入渭水,在泾水周边一定还有居住的人,特别是泾水上游应该有一些少数民族。所以,"克"所担任的是类似于"行人"的职务,"王"让"克"去担任使节,此时"克"的年纪不会太大,职务也不会很高,不会是"膳夫"。此句还可以在"东"下断句,读为"王亲令(命)克遹㳕东,至于京𠂤",意思是一样的。

· 2011年上半年第六次课 ·

鸟形盉

今天我想插进去一个内容，讲一下最近新发表的器物。《中华遗产》今年第3期刊载了山西翼城大河口西周墓葬群的报道[1]，《中国文物报》也有相关介绍[2]，在这个介绍里面印了很多小图片，基本上都看不清楚，这个鸟形盉是目前为止我们能找到的唯一一篇看得比较清楚的铭文。

首先要介绍一下这个墓葬，大河口西周墓地是非常有意思的一个发现。这个墓葬从2007年开始发掘，山西省考古所和北大的一些学者共同组成队伍，由谢尧亭主持，最主要的就是发掘了一个很大的墓，在大墓的二层台上有一个壁龛，里面还有两个很大的木俑，另外还有很多漆器。大家要知道，在山西漆器并不易得，因为"漆"是南方的产物，大河口墓地漆器的数量要比北京琉璃河燕国墓地多很多，而且器形也很大。最引人注意的一点是"大河口"这个地点，大家要知道，山西曲沃、翼城一带是西周

---

[1] 卫康叔：《大河口西周墓地：小国的霸气》，《中华遗产》2011年第3期。
[2] 《山西翼城大河口西周霸国墓地》，《中国文物报》2011年1月7日。

时期晋国的中心,"大河口"距离曲沃北赵晋侯墓地非常之近,所以二者之间究竟是什么关系,也就成了我们特别需要讨论的问题。

简报中介绍大河口出的器物多是属于"霸伯"的,"霸"是一个族氏,至于说是不是一个独立的诸侯还需要进一步研究。该墓地中的墓绝大多数是西周早中期的,从墓中的器物可以看出"霸"与"晋国"以及"燕国"都有很密切的关系,《中国文物报》上有一篇铭文与"燕侯旨"有关,铭曰"匽侯旨乍姑妹宝隣彝"。"姑姊妹"一词,见于《左传》,"姑姊"指"父亲的姐姐","姑妹"指"父亲的妹妹"。前段时间《中国史研究》上登了一篇关于《上博简·吴命》的文章①,其中也有"姑姊"。"燕侯旨"是燕国的第二代侯,第一代燕侯是"燕侯克",因为燕国前面很多代都是父子相传的,在这种条件下,此铭中的"姑妹"也就是"燕侯克"的妹妹,"燕侯克"的妹妹就是"召公奭"的女儿,这件器物是"燕侯旨"为他的姑姑作的器物。这件器物出在翼城霸国的墓地中,可见"霸"与"燕国"应该有一定的关系,至于说和"晋国"的关系,我们在铭文上还没有看到。

翼城大河口的墓地离北赵晋侯墓地非常近,晋国的第一代侯是"唐叔虞",第二代侯是"燮父","晋侯燮父"把晋都从唐迁到了翼城、曲沃一带。从"晋侯燮父"到西周末代晋侯的九组墓葬,我们都已经发现了,这也就是说曲沃、翼城这一带就是晋国的核心,所以从我个人来说,我很难接受这个地方还有另外一个诸侯国的可能性。因此我认为此处的"霸"以及山西绛县的"倗"都

---

① 侯乃峰:《上博藏竹书〈吴命〉"先王姑姝大妃"考辨》,《中国史研究》2010年第3期。

和"晋国"有密切的关系，都是晋国下面的国。大家不要认为当时有那么多的国，宝鸡的"㢵伯"以及灵台白草坡的"泾伯"也是如此，这些都不能认为是独立的诸侯，应该是一个大诸侯国中的贵族。如果我们大胆猜测，大河口霸国墓地应该类似于"九宗五正"，晋国是建立在"九宗五正"之上的，而到了两周之际，晋国内部的纷争也是由"九宗五正"出面来支持。当然这是推测，很多材料还没有发表，很多事情我们还不知道，但无论如何，我个人很难接受翼城再有一个独立的诸侯国。

这种问题对我们以后的青铜器研究还会有很重要的影响，实际上商周时期的国家结构就是这个样子，商代我们知道得比较少，但周代我们知道得比较多一些。比如燕国，燕国的首都就在北京琉璃河，当地还有一个古城，该古城的时代一定可以追溯到周初。有人认为可以追溯到商代是不对的，因为我曾勘察过一遍，没有发现商代的东西，而且周初的第一代燕侯的墓葬就在那里摆着，即M1713。这样看起来燕国的中心就在北京，可是如果去考察一下北京同时期的文化，就会发现并不容易找到典型的西周初年的文化，反而很多是带有北方民族特色的文化，这一点不仅是在西周初年如此，在商代也是一样。二十世纪七十年代的时候，平谷刘家河发现了一个商代中期的墓葬，其中除了青铜器之外，还出土了一个铁刃铜钺，这些青铜器中有些是很典型的商代的器物，但是有些铜器包括铁刃铜钺在内，都带有典型的北方民族的特色。当时北大的邹衡先生曾经问我，刘家河以及周围的相关文化应该属于什么文化，我回答说是类似于夏家店文化，换言之，就是带有北方民族色彩的文化。周初的诸侯国往往都是这样的一个结构，封鲁国有殷民六族，封卫国有殷民七族，这些人不论文化关系上如何，与当时的周人还是有区别的。燕国也是如此，燕国下面也是山戎或商朝孤竹一类的,这些都在燕国的统治之下。最为典型的就是宜侯夨簋,其中是有"周人"的,"周人"在宜侯夨簋中被称为"王人",当地人的单位都叫做"伯",即所谓"甸七伯"。当时一些诸侯国的结构每每就是如此,是在当地的家族或者部落之上建立一个周人的政府,下面的这些家族在一定条件下可以反对或支持周人所建立的政府,最典型的例子就是晋国。春秋早期晋国争位的时候,"九宗五正"所起的作用是很大的。什么叫"九宗五正"呢?所谓"九宗"指"九个家族",每一个"宗"就是一个家族,"五正"就是"五种职官","司徒""司马""司工"都包括在内,所以"九宗五正"指的是当地原有的部族。今天很多的现代国家也还保留着这样的结构,利比亚就是如此,利比亚当地有很多部族,在这些部族之上还有一个政府。在商或西周时期,这些结构区分得是很清楚的,但是它们会慢慢融合,到了春秋时期就不是那么清楚了。

晋国靠近成周,晋国的一些文化特点可以用来研究与周朝邻近的诸侯国的性质以及结构。晋国封在"大夏之墟",即所谓的"夏墟",实际上"唐虞"也在其内。晋国行夏正,因此晋国既有戎人,也有古老的唐、虞、夏的遗迹,这些都是很重要的。夏墟一定还有很多很重要的问题,有关这方面的内容,今后的几十年内一定会通过考古有一些新的发现,这些与上古文明的追溯有很密切的关系。

大河口墓地的文化特点是非常清楚的,有些是很典型的周王朝的东西,比如其中的玉鹿在晋侯墓地、三门峡虢国墓地中都有类似的出土,其他的一些玉饰也是带有明显周风格的礼玉。但有些东西则完全不然,比如某些铜器一定是在商朝或西周初年从一些国家抢来的。还有一些东西很奇怪,比如有一个顶着盘子的铜人，上身赤裸，下身有市，与之相似的东西现在在西安市，是一个商代的提梁卣，上面是一个全身赤裸的女人。其他的铜器，比如扁足鼎是典型西周的风格，带有族徽的瓿却是商代的，所以总体的情况是很复杂的。西周初年的墓葬每每如此，里面的很多青铜器是从商弄来的，甚至我们可以大胆地说，宝鸡出土现藏美国大都会博物馆的铜禁也应该是商朝的东西。至于说是当地的，还是其他的，我们还可以讨论，但从考古上来看，一定是商朝的东西，因为这批东西和殷墟三期出的东西完全一样，特别是其中的提梁卣十分接近。大河口墓地中的器物还有一种类型，就是一个类似于陶罐的东西，但是铜的，这就是当地戎人的东西，因为周人没有这样的东西。此墓中还有一个铭文是"霸姞乍宝隣彝"，此处有两种可能，一种可能是"霸"是姞姓的，还有一种可能是"霸"娶了姞姓的女儿。这一点我们没法判断，但可以肯定的是"霸"和姞姓有关，带有"姞"的铭文有很多，晋侯墓地中也有。

我们这次所讲的器物以前没有见过，看起来是一个鸟形尊，但是在鸟的胸部有流，铭文中称之为"盉"，所以这是一件鸟形盉（见图1、图2）。铭文在鸟背的盖内，像这种鸟形器不是铸铭于盖就是铸铭于胸前，不太可能铸在器身里面，因为如果把铭文铸于器之内，里面的范就拿不出来。"盉"与"盘"是配套的，墓中有盘，但没有铭文铸于盘上。之所以选这件器物是因为它和我们以前所讲的内容有关，我们以前讲过儳匜、散氏盘以及尉从盨，这些器物都涉及了"起誓"。这次我们要讲的也是一篇关于"起誓"的铭文，但是这篇铭文特别难读，我们只是提出一种可能的读法，至于说这种读法正确与否，还可以进一步研究。

图1　鸟形盉　　　　图2　鸟形盉拓本

鸟形盉释文：
乞誓曰："余某
弗叟公命，余自
无，则金。"①身筹传
出，报毕（厥）誓②，曰："余既曰
余叟公命，弜余亦
改朕齵，出弃，辈公
命。"③用乍（作）宝般（盘）盉，
孙子=（子子）其万年用。

① "乞誓曰：'余某弗叟公命，余自无，则金。'"一句，"🐦"字，我认为是"乞"字，"乞"字小篆作"气"，"乞"和"气"是一个字，今天我们写的"乞"是一个晚起的结构。"乞"字的变化现在已经比较清楚了，这要归功于于省吾先生，于先生认为甲骨文中的"三"就是"乞"①，多数是中间一横稍短，后来为了和"三"相区

---

① 于省吾：《释气》，载《甲骨文字释林》，第79-83页，北京：中华书局，1979年。

别，就写成了"㇏"，在甲骨文中，"㇏"训为"求取"。此处的"㇏"虽然弯的位置不同，但最可能的还是"乞"。按我个人的设想，"乞"是一个人名①，人名叫"乞"的是非常多的，这一点大家看《春秋》就可以知道。"誓"字，虽然在字形上有些像战国文字中的"慎"，此处一定是"誓"，儠匜中的"誓"作"誓"，只是此盉中的"誓"字有省笔。古文字往往如此，有的时候会有省笔或讹变，所以我们在释读的时候不能太死心眼，虽然要明辨字形，但是要注意字形有可能的变化。我们不太知道"慎"字为什么是这种写法，可是大家多认为可能是一个从"斤"声的字，至于说这个说法正确与否也值得考虑，可是我们现在只能这么说。"某"字应该就是"某"，之所以有些疑问，是因为"某"是从"木"的，但此处"某"字中所从之"木"的上面两笔的方向反了。这个字在禽簋中见过，禽簋中的"某"字作"某"，二者非常相似，只是"木"字上面的方向不太一样，所以"某"字就是"某"，此处读为"谋"，训为"议"，《周礼》中的刑法有"八议"。"谋"也是有的，《逸周书》中有《酆谋》，"谋"就是"策划"，与"阴谋"无关。"余某"义为"我有所论议"，可以想见这个人是一个贵族，也是一个大臣。"爯"即"称"，我们今天写的"称"在楚文字中一般就写作"爯"。这个字真正认出来还是近年的事，过去长时间以来，人们把楚国的黄金货币"郢爯"读为"郢爰"，"爰"可读为"锾"，

---

① 李学勤：《试释翼城大河口鸟形盉铭文》，载《夏商周文明研究》，第110-113页，北京：商务印书馆，2015年。

但"鍰"的计量数量太大了,后来读出是"寽"。之所以能读出来,是因为汉朝人仿的用陶或用铅做的楚国的货币上面用汉朝的字写作"称",汉朝人就知道这个字是"称"。首先把这个字说清楚的是日本的林巳奈夫先生[①],安志敏先生也有相关的文章[②],后来大家就都读为"郢称"了。马王堆帛书以及郭店简中都读为"称",郭店简中的"称"是"衣服"的单位。从"又"和从"攴"的字常常可通用,所以此处的"敏"即"寽",也就是"称"。此处的"称"字有两种可能:一种是《礼记·射仪》的注"称,犹言也","言"也就是"说";还有一种是《汉书·景帝纪》的注"称,副也",也就是"符合"。我觉得还是理解为"副",也就是"符合"更好一些。"公命"一词见于《左传·隐公元年》,即"非公命也","公命"就是"君命"。大家要知道,到了汉朝很多东西都叫"官×","官车"就是"官家的车",但在周代常用"公×"。大家不要认为"公"一定是"公""侯""伯""子""男"五等爵位之"公",有的时候也可以称为"公",比如在谥法上某人的父亲也可以称为"某公",但其父生前不一定就是五等爵之"公"。多友鼎中的"公车"就是"官车",也就是"朝廷派出的车"。周代的"公族"就是"君族",所以此处的"公命"也就是"君命"。"弗敏公命"即"不符合君命"。儵匜也是讲"起誓"的,其中的"则"义为"乃"。此处也是讲"起誓",所以不能读为"余自无则",

---

① 林巳奈夫:《战国时代的重量单位》,《史林》51卷2号,1968年。
② 安志敏:《金版与金饼——楚、汉金币及其有关问题》,《考古学报》1973年第2期。

而应该在"无"下断句,"无"是从"甹"声的,即"模"字,所以"余自无"的"无"可读为"谟",《尔雅·释诂》训"谟"为"伪",《说文通训定声》"伪者,作也、造也"。古代的"伪"指的是"人为造假",因此"余自无"即"余自谟",也就是"假传君命"。"金"是"鞭"的古文,古代的"鞭"是一种皮条,所以是从"革"的,《书·舜典》有"鞭作官刑",古代的鞭刑是"鞭脊",也就是抽打背部,《周礼》中的"条狼氏"就是执行鞭刑的官。由此可知,器主"乞"应该经常出去传达君命。以上是起誓的内容,但实际上"起誓"的内容不会只有这几句,铭文中只是摘要。"起誓"是一种宗教仪式,是要对神说话的,当时的人相当重视这些。

②"身箁传出,报乓(厥)誓"一句,"身"训为"亲",见于《尔雅·释言》,义为"亲自","身箁传出"的主语是"乞"。散氏盘中有"传弃之","传"是当时的"乘传"制度,也是当时的一种媒体系统,是在一定的地点设立"驿传",其中有车马,并用车马来传递消息。这种制度在商代晚期就已经有了,甲骨文中就有明确的例子,在帝辛征夷方的卜辞中,夷方作乱,商纣王就派小臣丑乘"驿传"去传报,这一点于省吾先生有很详细的讨论。[①]至于说"驿传"之间的距离是多少,其中有多少车马,在秦汉出的一些简中讲得很清楚。当时的旅行也是要依靠"驿传"的,这种制度一直到清末民初还存在,在座的各

[①] 于省吾:《殷代的交通工具和驲传制度》,《东北人民大学人文科学学报》1955年第5期。

位如果生活在清末,那么有一件很大的事情就是要来北京参加科举,那么来北京要怎么走呢?这个事情很简单,就是去琉璃厂买一本关于"驿传"的书,其中会记载到什么地方多少里要住店,就好像火车站的行程表一样。这种"驿传"制度有时候又称为"舟车所至",现在我们可以讲,"驿传"制度至少已经有三千年以上的历史。"第"通"萆",义为"车萆",是车上的围挡之物,当时并不是所有的车都有"车萆",此处的"身第传出"就是"亲自乘着带萆的传车出去"。"乘传"是要出去走的,走动的范围应该是该国国君所涉及的范围,出去的目的是"报厥誓","报"不能理解为"告",因为"报告"之义产生得很晚,此处的"报"应该用"报"的本义,也就是"反",或者训为"复","报厥誓"也就是"重复他的誓言",可见器主在过去曾经干过"弗叟公命"且"自无"的事情。

③ "余既曰余叟公命,叚余亦改朕齲,出弃,菫公命"一句,"既"义为"已经","曰"义为"说","余既曰余叟公命"义为"我已经说了我要服从公命"。"叚"即"襄"字之所从,我最开始读的时候,总想把"襄"字读为"曩",理解为"过去",但这样理解不对,因为此处讲的不可能是过去的事,所以现在我把"叚"字读为"尚",训为"曾"。但"尚"还有一个引申义就是"假如",这个义项后来写为"倘",但"倘"字晚出,应该是汉代以后才出现。"亦"是一个语助词,起加强语气的作用,不要训为"也"。"齲"即"辞"。"出"可读为"黜"。此处的"弃"比较特别的地方是多了四个点,与散氏盘

中的"弃"相比,还省去了两只手,但还是"弃"字,因为"弃"的本义就是往外面扔东西,"出弃"即"黜弃",也就是"黜而弃之"。"䇂"是从"䒑"的,现在我们知道这类的字是元部字,可以读为"翦""践""察""窃"等,这是近年我们从楚文字中认出来的,此处我认为应读为"践",训为"履","䇂公命"即"履行公命"。

这是一篇非常奇怪的铭文,我们只是试读,不一定准确,如果这个墓中发现了新的东西,那这个解释也可以推翻,但我们的猜想有几点还是有一定依据的。首先,这篇铭文中起誓的时候涉及"鞭刑",这和簋匦是一样的,也完全符合文献的记载。其次,这篇铭文起誓的格式与其他的相关铭文也是比较一致的。

这篇铭文说明器主和公室之间应该有一定的关系,并且器主"乞"并不是君主,而是一个臣子,以上只是对于器主的一部分认知。该墓中的很多器物还不是墓主本人作的,总的来看,器主应该是一个诸侯国中的贵族。

大家可以把这篇铭文的拓本和簋匦对照一下,对照过后就会发现有些字的写法确实不太一样,比如"鞭"字,鸟形盉中"鞭"字的上面多出了一块。

这个墓葬的整体情况还不太清楚,从现在所掌握的材料来看,该墓葬的时代应该是西周中期偏早。

现在就有一个问题,就是铭文中的"公"可能是"晋公"吗?这种可能不是没有,但还是有一些需要解释的地方。现在我们知道晋国的国君一直到春秋都称"晋侯",称"晋公"是很晚的事情,西周的晋国国君都称"晋侯",晋侯墓地中的铭文也都是称"晋侯"。过去我曾经介绍过现藏我国台湾地区的一件戈,这件戈的时代只可能是晋僖侯四年,但是这件戈上面有一个"公"字,后来在放大照片仔细看过之后,我认为并不是"公"字,应该是一个人名,所以后来我在《陕西历史博物馆馆刊》上发了一篇文章解释这个问题。① 这件戈的时代是不会错的,只可能是晋僖侯四年,因为再往上或者往下,不论是"晋"还是"周",所有的历法都排不上。此处的"公命"就是"君命",即使称"侯",讲成"君命"也是可以的,所以此处的"公"有可能是"晋公"。

以前我们读过几篇关于"起誓"的铭文,其中都是双方有矛盾,并且打了官司,"起誓"以后铭之盘盂,但是这篇铭文有所不同,它记录的是器主自己的誓言,这种情况是很少的。最初我也有一个想法就是不把这个"乞"作为器主,而是作为另外一个人来理解,但这种想法行不通,因为"公命"是不能读为人名的。如果把"乞"读为"迄",训为"既",理解为"已经",那这篇铭文就没有人名了,所以这样理解也不行。最好的办法就是把"乞"理解为人名,而且叫"乞"的人也非常多。

大河口墓葬群中最大的墓是 M1,其中出土器物及数量如下:

鼎:24　　　斝:1　　　单耳罐:1
簋:9　　　爵:6　　　斗:1
鬲:7　　　觯:8　　　乐器:8
甗:1　　　尊:2　　　兵器:30 多
盘:1　　　卣:4　　　车马器:若干
盂:1　　　罍:1

---

① 李学勤:《再论"晋公戈"及其历日》,载《中国古代文明研究》,第 458-463 页,上海:华东师范大学出版社,2009 年。

由列表上可以看出这些器物没有组合，这反映出墓主对于礼制是很不清楚的，我看过一些照片，从这些照片来判断，这些器物大部分都是抢掠而来，也就是战利品，所以在墓主逝世之后，就把这些器物全部都随葬了。从没有组合这一点上来说，还是继承了商代的传统，因为很多商代的器物也没有组合，包括妇好墓在内，商代的墓在随葬器物这一点上不像周代那样规整。其中"盘"与"盉"已经是最规整的组合了，可是一个觚和六个爵又怎么配呢？一个觚和八个觯也是没法配的，大家如果看照片就会知道，这些器物之间都没有什么关系，所以我们可以揣想这个墓主人不那么懂得礼乐制度，只是把一些财富带到了墓中。

实际上在晋侯墓地这一带还有很多东西，比如羊舌村的墓葬、绛县横水的墓葬，把这些东西综合起来，我们对西周时期晋国青铜器的认知就丰富多了。

·2011年上半年第七次课·

克钟、克镈（下）、克盨

克钟、克镈（下）

这次课我们继续讲"善夫克"的器物，"善夫克"的器物是非常重要的，它可以体现出周原器物的重要性。研究商代晚期的青铜器是以殷墟为标尺，研究西周王朝的青铜器只能以周原为标尺，但是以周原为标尺的问题在于不能像殷墟那样，根据层位关系和出土位置进行分期断代，因为周原相当数量的铜器出土于窖藏，而窖藏中的铜器时代跨度是很大的。但窖藏的青铜器也有它的好处，即一个窖藏就可以成为一个单位，换言之，是一个家族所收集并使用的青铜器，尽管时代跨度比较大，但这些铜器之间应该有或近或远的关系，这也是周原窖藏出土青铜器比较特殊的地方。

近年最重要的发现就是晋侯墓地，从晋侯墓地就可以看到一个墓中随葬的青铜器究竟是怎么样的。与窖藏相比，这些铜器在分期上相对容易，但是在复杂性上，二者差不多，所以我们对于周原的青铜器应该特别看待，因此我们就选了扶风任家村出土的"克"器来讲，当然我们不是讲青铜器的形制、纹饰，而是讲其中的金文。如果大家有时间或有机会，可以去找一找这坑铜器的相关资料，这坑铜器挺有意思的，而且相关的材料也不难找。虽然不是发掘品，其中究竟出了哪些东西，我们也不完全了解，但这批东西的主体就是"克",也就是"中义父",相比于其他的周原窖藏,这个窖藏比较单纯。我们之所以选这批东西的另一个原因是其中的铭文很多,铭文上的时间还不一样,有若干年连续的铭文,这样就使我们对于"善夫克"以及器物之间的相互关系,比过去知道的要多很多,这一点是很重要的。

"膳夫"这个职务属于宰官一类,《周礼》中有"太宰",其下有"少宰""小宰""膳夫""宰夫"等,这一系列的官职从文献来看,在不同时期名称可以相互代换,所以此处的"膳夫"实际上就是"宰"。"宰"本为管理膳食的职官,但"善夫克"不然,至于说"善夫克"究竟是做什么的,我们把这几篇铭文读完之后,大家就比较清楚了。在中国古代以及其他的古文明中,常常有一种情况,就是君主亲信的职名变成非常重要的官名。昨天我在《中国社会科学报》上看到一篇文章,介绍英国新出的一本书,其中把这个问题给夸大了。书中以"伊尹"为例,"伊尹"是一个小臣,以庖厨之术说汤,这本书中就认为"伊尹"本是厨师,所以他就把厨师中的很多东西带到政治上来了,这点有些夸大。"伊尹"本身是一个媵臣,他之所以取得相应的地位,是因为他与商汤在政治上的合作,并不是说"伊尹"把厨师的那一套带到了政治上,而是说明当时君主的近臣常常会固定化,并在政府中掌握大权,这种情况大家只要回忆一下中国的历史就会很清楚了。最早的近臣就是像"宰"这一类的,但更重要的一些近臣是围绕着王宫转的,如果把内宫也算在内,内宫中的人也是如此,这类的情况在中国历史上可以说是举不胜举。其中一种就是能够直接服侍君王的人,后来很多的官员都与此有关,比如"尚书","尚"就是"掌",所谓"尚书"就是"掌书",也就是"掌管文书的人",具体来说,就是给国君掌管文书的人。服侍国君的人中有相当一批要出入王宫内外，这些人中相当一批就是"宦官"，"宦官"是中国古代的一大发明，其实外国也有。"宦官"在中国历史上一直起着很重要的作用，之所以如此，是因为"宦官"和君主最为接近，而且是可以和君主直接交通的人。如果"宦官"势大，那君主与百姓之间就多了一道阻隔，甚至与大臣之间也多了一道阻隔，这个影响就很大，这种情况在历史上也数不胜数。还有一种人可以和君主直接接触，这就是"外戚"，也就是宫廷中后妃的亲属，这类人如果好，就会变成很好的大臣，汉朝就有好几个，可是要是糟糕，问题也特别大，王莽就是如此。因此，在君主专制的政体中总是有这样一些人，后来的官职名称每每由此变化而来。日本的著名学者白川静写过一篇《小臣考》，其中一定要把"小臣"讲成一个官职很高的名称。实际上"小臣"一点也不高，按照《周礼》来说，"小臣"有两种理解：一种是在朝外面的小臣，也就是"外小臣"；还有一种是在宫内的，也就是"内小臣"。但不管怎么样，"小臣"都是服侍君主的人，这样的人后来就变成了一种很高的职务，一些官位很高的人也都自称为"小臣"，我们对金文中一些问题的理解也需要从这方面来看。

"膳夫"本是饮食之官，是属于"宰"的，所以在西周晚期的金文中，一些"膳夫"就是"宰"。"中义父"的器物没有什么可说的，就是个名字，最主要的铭文就是"克"的这一批，"克"器中最早的就是克镈、克钟。

克钟释文：

隹（惟）十又六年九月初吉

庚寅，王才周康剌宫，王

乎士曶召克[①]。王亲令（命）克

遹巠，东至于京

白②。易（锡）克甸车、马
乘，克不敢豙，尃奠王令（命）③。
克敢对扬天子休，用乍（作）
朕皇且（祖）考白（伯）宝齍钟，用
匄屯叚、永
令（命），克其万
年子＝（子子）孙＝（孙孙）永宝④。

③"易（锡）克甸车、马乘，克不敢豙，尃奠王令（命）"一句，"甸车"即"田车"，《吉日》和《车攻》中有"田车既好"，石鼓文中有"田车孔安"。"田车"是一种轻车，"田"义为"田猎"，这种车可以用来田猎，当然不是说只能用来田猎。之所以"赐田车"是要让"克"跑路，泾水是从甘肃的灵台发源，沿着泾水巡省是很不容易的。"一乘"是"四匹"，所以"马乘"就是"四匹马"。"豙"读为"坠"，训为"失"。"尃"读为"溥"，训为"布"。"尃"也可以写为"敷"，《诗·商颂·长发》中有"敷政"一语，即后来的"布政"。"奠"读为"定"，"尃奠王令"义为"传达、落实王的命令"。金文中常有"奠伯"和"奠姬"，实际上"奠"训为"定"，是谥号，所谓"奠伯"和"奠姬"应该是"定伯"和"定姬"，而不是"郑伯"和"郑姬"。此处派"克"出去是"出入王命"的，"出入王命"就是宰官系统的职责之一，这一点大家看《周礼》就可以知道。《周礼》中的"冢宰"就是后来的"宰相"，"冢宰"还有总管六官的职责，"相"就是"助"，"宰相"帮助的对象就是天子，而"宰"很重

要的职责之一,就是传达天子的命令。此处"克"所做的就是沿着泾水巡省并传达、落实王命。"克"所担任的"膳夫"是一个很大的官,这一点大家看大克鼎就可以知道,那么"王"为什么要让"克"做这件事呢?这应该与宣王初年的狁狁之乱有关,这一点过去大家并没有很重视。我们不能把宣王时代的青铜器按照时间来讲,如果这样讲,讲一年也讲不完。如果大家看一下《周本纪》以及《诗经》中的相关内容,大家就会明白宣王初年最主要的两个问题,就是南面的淮夷和北面的狁狁。当时狁狁的入侵是很厉害的,到了宣王十六年,可以说所谓的"中兴大业"基本已定。此时的战争基本上已经差不多了,对淮夷的战争可能还有一些,但对于狁狁方面,宣王初年就实施了反击,结果就把狁狁赶走了。到了宣王十六年,西北地区大局已定,所以此时宣王会派遣"善夫克"亲自出马,沿着泾水到周的边境地区去传达王命,这是巩固朝廷政权的一个重要措施。我过去多次说明一个看法,就是西周是背靠西北的,周人的兴起就在西北,当然周的兴起与西南也有一些特殊的关系,武王克商所带领的人中就有西南夷,即所谓的"牧誓八国",西北的跟随者也一定不少,所以在西周早中期的时候,周王朝对于西北基本上不大考虑,青铜器中也没有多少相关的事件。有人会问小盂鼎中的"伐鬼方"究竟是怎么回事,实际上"鬼方"的位置我们并不清楚,可即使有也是个别事件,因为当时周的重心是东南,这是西周时期的大势,周孝王的时候,孝王还让非子在汧渭之间养马,此时还是非常和平的。但是到了西周中期以后就不行了,特别是到了夷王以后,西北的少数民族与周王朝的关系发生了很大的变化,所以宣王初年平定猃狁是"宣王中兴"的一个重要事件,我个人估计宣王二十年左右是"宣王中兴"最好的时间段,到了三十年以后就不行了。因此,"宣王中兴"只是在宣王的前中期,到了宣王后期,特别是在败于姜氏之戎以后,形势大变。宣王本人管的事情还特别多,比如和鲁国之间的关系,这些都可以看出宣王晚年的情况是很不好的。中国历史上在位时间久的君主,常常可以把其在位的时间分成几个阶段,唐朝的"开元""天宝"就是如此,实际上"开元"和"天宝"差得非常多。宋朝也是如此,北宋前期的时候还是很不错的,这一点看《清明上河图》就可以知道,但到了后来一下就衰败了。盛极而衰也是历史上的规律,到了一定的时候,前期所潜伏的矛盾一下子就暴露出来了。宣王时期也是如此,"善夫克"执政的这段时期是宣王在位最好的时期。

④"克敢对扬天子休,用乍(作)朕皇且(祖)考白(伯)宝<gaiji>撖</gaiji>钟,用匄屯叚、永令(命),克其万年子=(子子)孙=(孙孙)永宝"一句,"对"训为"答",义为"答谢"。"扬"义为"赞扬"。"休"义为"美",过去常常有人把"休"讲成"赐",这样理解就太窄了,个别时候可以这样来理解,但多数时候,"休"还是理解为"美"。此处要注意不是"皇祖考",而是"皇祖考伯","考"是谥号,近年出的逨盘里面"孝王"的"孝"就写作"考",所以"孝"和"考"有时可通用。但是后来到了春秋时期,因为周的祖先中已经有"孝王"了,所以还是称"周考王",此铭中的"考"仍然是一个谥号。"<gaiji>撖</gaiji>钟"即古

书中的"林钟",当然此"林钟"并不是十二律的"林钟",而是指具体的器物而言。实际上"林钟"也就是"编钟",之所以叫"林钟",是因为编钟很多,可以成排挂起来,像森林一样。此处的"黴钟"包括克镈在内,它们是一整套。"匄"义为"祈求"。"屯"读为"纯",训为"美"。"叚"读为"嘏",义为"大"或"福"。"永令"即"长命"。

克盨

下面我们来看克盨(见图1、图2、图3、图4、图5)。

图1 克盨

图2 克盨盖铭拓本

图3 克盨盖铭照片

图4 克盨器铭照片

图5 克盨器铭拓本

克盨释文：
隹（惟）十又八年十又二月初
吉庚寅，王才（在）周康穆宫①，王
令（命）尹氏友史趛典善夫克
田、人②。克拜頜首，敢对天子
不（丕）显鲁休扬，用乍（作）旅盨③。隹（惟）
用献于师尹、倗友、䲨遘④，克
其用朝夕亯于皇且（祖），皇且（祖）考其
丰=䭫=，降克多福⑤。覼（眉）寿永令（命），
毗臣天子⑥。克其曰："易（锡）休无
彊（疆）。"⑦克其万年子=孙=永宝用。

① "隹（惟）十又八年十又二月初吉庚寅，王才（在）周康穆宫"一句，此处"十又八年十又二月初吉庚寅"的这个历日排起来有问题。宣王十几年的铜器有好几件，

其中就有一件十八年十一月的器物，问题在于十一月的这件器物与其他的器物历日都是调和的，唯独与克盨不合。我想可能有两种可能，其中之一是我们最不愿意说的，就是铭文错了，铭文确实是有错的。还有一种可能，大家要知道，铜器中最常见的干支是"丁亥"，其次就是"庚寅"，所以我们不排除有些器物上的"丁亥"或者"庚寅"不是时日，而是追记的，在作器的时候，由于记不清日子，于是就写了一个吉日。"康穆宫"指的是"穆王的庙"，现在来看，穆王之后的青铜器中，"王"在穆庙的很多，这应该有一定的道理，我们猜测可能是由于穆王的庙比较大。

②"王令（命）尹氏友史趛典善夫克田、人"一句，西周金文中叫"趛"的人有好几个，最大的是"师趛"，"师趛"的器物有好几件，其中有一个像鬲一样的款足鼎，这个鼎很大，现在陈列在故宫。有人认为"师趛"和"史趛"是同一个人，这也不一定，因为当时同名的人很多，师克盨就是如此，虽然也叫"克"，但"师克"和"善夫克"并不是同一个人。《左传·襄公二十七年》讲到晋国的"赵文子"，也就是"赵武"，到郑国去，到了之后郑国的国君就招待他，带了六七个人，其中就有"二子石"。所谓"二子石"就是两个人都叫"子石"，这种情形也不稀奇，所以我们研究金文很大的一个忌讳，就是随便联系，不能认为同名的就是同一个人。相反，一个人有好多名字，比如说"中义父"，如果不是同出而且有辞例可以对比，我们就不敢说"中义父"就是"善夫克"。《左传》和《国语》中这种例子也有很多，一个人往往会有

六七个名字，有些我们完全想象不到，这就需要特别研究，但很多时候我们还是研究不明白，碰到这类问题一定要小心。"尹氏"就是"太史"，"太史"为什么叫"尹氏"呢？[①]这个问题目前为止还没有一个很好的说法，但是我们有一些猜测，"尹"本身就是一种尊称，"尹"就是"君"，所以甲骨文中的"多尹"就是"多君"，"尹"和"君"是可以通用的，"尹"本来就可以训为"长"。金文中的"公""侯""伯""子"后面常常可以加一个"氏"字，这个"氏"字并没有什么特别的意思，而且"尹氏"见于《诗经》，指的就是"太史"，因此"尹氏"是对"太史"的尊称。之所以只有"太史"可以称为"尹氏"，还有一种可能是西周初年最重要的史官"史佚"，"史佚"也作"史逸"，还可以叫"作册逸"。我们猜测"尹"并不只是一个官名，而是"史佚"的氏，也就是说"作册逸"是"尹氏"。这个说法见于古书，史官是代代相传的，"作册逸"太有名了，所以后代的史官都叫"尹氏"。这也是一种可能的猜测，因为《逸周书》中有"尹氏八士"，也就是说，在文王、武王的时候，"尹氏"有八个人，这八个人不太可能都是"史官"，所以"尹氏"应该是一个家族的名称。这些都是猜测，并没有很坚强的理由，但是后来金文和文献中所见的"尹氏"指的都是"史官"，"史墙"的儿子叫"𤼈"，在𤼈钟里面"𤼈"是"胥尹"，"胥"训为"相"，义为"助"，"尹"指"太史"。

[①] 整理者按：关于此点，李先生有专文论述，参看《〈大诰〉尹氏及有关问题》，载《清华简及古代文明》，第350-354页，南昌：江西教育出版社，2017年。

所以"尹"在当时可能是一个家族的名称,后来变成了一个固定的官名。有一点大家要特别注意,就是"史官"自古以来就是有特殊地位的,这是中国历史上很重要的一个问题,如果对这个问题了解得不全面,就会对中国历史、文化上的一些问题产生误解。有些人不相信中国的历史记载,之所以这些人有怀疑,是因为这些人没有注意到中国的"史官"有很严密的传统,而这种传统在相当程度上甚至不是君主能完全操纵的。当然这不是绝对的,有时也会受到君主的操纵,这样的历史被称为"秽史",我们说到《魏书》,就是"魏秽史"。但是总的来说,"史官"的这种传统是不可忽视的,所以我们对于"史官"的重要性应该有充分的认识。"友"指的是"僚属",铭文中的"尹氏友"即"太史僚","僚"在中古以后才被用为称呼下属,在汉代以前并不如此。"僚"也可以指"地位平等的人",所以叫"同僚",古书中的"太史友"也可以称为"太史僚","尹氏友"指的是"太史下面的一个人"。"史趠"本来就是"史",如果一个人做了史官,那就要在名字前加上一个"史"字,就好像英文中加一个"duke"一样,"史"是一种特殊的身份。二十世纪七十年代发现的云梦睡虎地《秦律》,其中就有"非史子不得为史",换言之,不是"史官"的儿子,就不能接受这种特殊的教育,也就是说"史官"必须代代相传。《说文》中引的《尉律》就提到,当时有专门的学校来培养史官,汉朝时要求讽书九千字,所以史官从小就要经过特殊的训练,周代的时候也是如此。除了"史"之外,西周时期还有一种特殊的身份"师","师"就是"长",

一定级别以上的人都可以称为"师",这和当时学校的制度有关,而"史"是很特殊的,所以有时候"史"所做的事情并不像一个史官,比如带兵打仗一类的。史密簋的"史密"就是如此,当然"史密"不会亲自挥戈上阵,而是像后来的诸葛亮那样,摇羽毛扇出谋划策。"典"的本义是"大册",所以"典"有"记录"或"登记"的意思,"典善夫克田、人"也就是"登记善夫克的田、人"。"田人"是两个词,即"田"和"人",也就是属于"善夫克"的土地和人员,"王"让"史趛"将其记录在案,这是因为对于"善夫克"的封赏是很大的。此处也可以知道所谓"史官"也不是单纯讲历史的,这就和古埃及的"scripe"一样,凡是涉及书写方面的事,大都由"史官"来完成。战国以后,衙门里面都有"史",云梦《秦律》以及张家山《汉律》记载,在一个县廷中,有"令"就一定会有"令史",有"长"就有"长史",还有各种各样其他的"史",这些"史"在当时的行政制度中是不可或缺的,一直到很晚的时候还是如此。明清之时,每个衙门都有"师爷","师爷"也是经过特别训练的,有些地方的人专门会当"师爷",比如浙江绍兴的"师爷"是非常有名的。"师爷"基本上有两种,一种是"刑名师爷",另一种是"钱谷师爷",明清时期这种人特别有用。大家要知道,明清时期的地方官吏一般都是科举出身,他们是不大懂"刑名""钱谷"这一类事情的,即使是懂得这些也不太管用,因为当时是不准官吏回本家乡任职的,具体到何处任职有时还要抽签,而且有任期。所以当时的官员都要去陌生的地方任职,这就导致官员对任职之地的情况知之甚少,在这种情况下就要依靠"师爷"。"师爷"是一直在衙门里面的,官员到任之后要聘请这些"师爷"。这些人就是"史",在一定意义上相当于"吏","史"和"吏"本是同一个字,到了后来才逐渐分开。南北朝到隋唐时期还有一种"小史","小史"是在官府中服务的小孩子,帮着抄抄写写,这些才是在政府机构中最终起实际作用的一些人。在《红楼梦》中,贾雨村一到任,就有一些人给他讲官服上面的事情,这些人就相当于"师爷",只不过当时没有专门的机构来培训"师爷",多是一种民间的训练,这些人在训练之后,会起到很重要的作用,古代的"史"也就是这样的人。此铭中"王"命令"史趛"去"典善夫克田、人",这是很大的事,也就是古代时所谓的"封赠"。"善夫克"并不是一个诸侯,而是朝中的一个大臣,不能只是给他发工资,还要给他"田"和"人",这种"田"和"人"也就是广义上的"采邑"。在朝中为官的人一定有自己的"采邑","采邑"的位置和大小在当时都有一定的制度。

③"克拜頴首,敢对天子不(丕)显鲁休扬,用乍(作)旅盨"一句,一般是"敢对扬天子不(丕)显鲁休",但此处是"敢对天子不(丕)显鲁休扬",虽然句式有些不同,但意思是一样的,古代的人作这样的铭文也常常讲究文笔,所以有时候文句会有些变化,这并不稀奇。"旅"义为"陈","旅盨"是指"用来陈列的盨",凡是讲"旅×",大都是祭器,并不是带着跑的,这一点大家要特别注意。比较晚的金文,特别是到了春秋以后会有"行×",这些是带着走的。

④"隹(惟)用献于师尹、倗友、䌛遘"一句,"献"义为"贡献",也就是"招待",英文叫"offer",因为"盨"是一种食器,是用来装"黍米"这类东西的器物,实际上"盨"就是长方形的"簋",所以有时候"盨"也自称为"簋"。"师"和"尹"都可以训为"长","师尹"也就是"长官""领导"的意思。"倗友"就是"同僚",是同等的人。"䌛遘"即"婚媾",是有婚姻关系的异姓亲属,在西周金文以及其他的一些文献中,"婚媾"是很重要的,这与秦汉以后的某些时候颇有不同,"婚媾"关系在不同的姓之间有着比较持久的延续。我们常说姬、姜二姓关系是最深的,虽然到了春秋时期,这种情况有些淡化,但如果仔细研究,就会发现某两种姓之间的联系特别多,特别是比较邻近的诸侯国之间尤为如此。比如三门峡出土的"虢国"的青铜器,其中多是与"苏国"联姻,"苏国"在今天的河南温县,"虢国"是姬姓,"苏国"是己姓。平顶山的"应国"常与"邓国"联姻,"邓国"是曼姓,"应国"是姬姓,因为离得比较近,所以他们的家族之间会有很多"婚媾"关系,这种关系也会慢慢地固化。其实在中国北方的农村中,这种关系今天依然存在,1964年我去山东海阳搞"四清",我管的那个村子中间有一条河,"河南""河北"一共有八个生产队,除了极个别的外来户,其余的都姓任。后来我看了他们的家谱才明白,明朝中叶有兄弟两人到这里落户,这两个人的墓碑还在,一直到二十世纪六十年代,这个村子基本上都是一个姓,但这个村子是由这兄弟两个人分出来的,一个是河南边,一个是河北边,而他们所娶的妇

女就是周围那几个村的,而且绝对不允许同一个村子的同姓结婚。那个村子同姓的人同时存在的有九代,至于说他们之间具体怎么称呼,我不知道,但村中的男性都有严格的排行,因为同时存在很多代人,所以论辈分只能看排行。古人也是如此,"婚媾"一直是非常重要的事情,这不是个人行为,而是反映了整个族姓之间的关系。《易经》中有"匪寇,婚媾",有些人据此认为古代"抢婚",这种理解是有问题的,这句话应该理解为"看到很多人在一起,他们不是匪寇,而是婚媾",所谓"婚媾"就是他们的亲戚。总之,"婚媾"反映的是族姓之间的关系,这是很重要的,所以在"师尹""佣友"之后就是"婚媾"。

⑤ "克其用朝夕䵼于皇且(祖),皇且(祖)考其丰=彙=,降克多福"一句,上面所讲的可以用这个䵼"献于师尹、佣友、䵼遘",这是对活人而言,所以大家不要认为这些铜器作出来之后,全都当作明器来使用。实际上铜器是完全可以在生活中使用的,特别是饮食一类的器物,"青铜"我们现在用得是比较少的,但"红铜"还在用,比如东来顺涮羊肉用的就是红铜火锅。有一种理论认为"青铜"中铅的含量会比较高,所以会铅中毒,这种事情没有多少科学根据,据说拿破仑就是铅中毒而死,但这种说法未必可信。但是,铜器在当时确实可以在生活中使用,这是没问题的,除此之外就是在祭祀中使用。"朝夕"在这里是"经常"的意思,大家不要理解为一定是早、晚各一次,这样理解就太死板了。"䵼"和"献"义同,就是"祭祀"之义。此处是"皇祖考",所以克钟的"皇祖考伯"应该理解为"皇祖"的谥号是"考

伯",而不能把"皇祖考伯"理解为"皇祖、考、伯",也就是"皇祖、考"以及"兄长"。"丰=霝="是形容在天的祖考,因为祖考已经去世了,所以是"神"的性质。"丰"是"盛大"的意思,"霝"的意思也与"丰"差不多,但"霝"目前为止没有一个正确的释读,"霝"很重要,在甲骨文中是一个地名,金文中有"霝侯"。

⑥"釁(眉)寿永令(命),畯臣天子"一句,古人认为"眉长"则"寿长","眉长"是一种寿相,所以用"眉寿"。"永"义为"长","永令"就是"长命"。"畯"读为"峻",在古书中写作"骏",训为"久","畯臣天子"就是"长久地臣事天子"。"眉寿永命,畯臣天子"的主语是"克"。

⑦"克其曰:'易(锡)休无彊(疆)。'"一句,"易"读为"赐",此处应理解为"受赐"。

以上就是克盨的内容,是宣王十八年,也就是"克"传命之后两年所发生的事情,此时"克"受了一个很大的封赐,这个封赐和大克鼎所记的是一件事,所以大克鼎的时间也可以由此论定为宣王十八年。

· 2011 年上半年第八次课 ·

大克鼎（上）

我们已经用了很长的时间来讲"善夫克"的器物，如果我们承认"中义父"就是"克"，那么目前我们所见到的这批东西就全是属于"克"的。这种情况只有2003年杨家村出的"逨"的那批器物可以比照，其他的窖藏往往不是如此，所以这一类的窖藏是比较特殊的，因此也就特别值得注意。

在二十世纪五十年代以前，大克鼎是上海博物馆的镇馆之宝之一，潘祖荫的后人把大盂鼎和大克鼎捐给了上博，后来大盂鼎到了国博，大克鼎就留在了上博。大克鼎从各方面看都是很重要的东西，"善夫克"是属于"太宰"一系的官，但是"善夫克"所担任的并不是"宰"这一系最高的官。因为按照西周时期的礼制来讲，"太宰"是这一系中最高的官，就相当于后来的"宰相"，"太宰"除了要管理"宰"这一系的官之外，还要总管"六官"。西周晚期真正能够担当这个职位的人应该是毛公鼎的"毛公"，所以"善夫克"所担任的是"太宰"之下的官职，用现在的话讲，应该是相当于"次长"一类的官。因此"善夫克"并不是这个系统的一把手，更不是整个朝廷大臣的一把手，可即使是这样，我们在读完大克鼎之后，也可以了解到他的权势和富有，也正因为他的权势和富有，他才能够作如此大的鼎以及那么多的青铜器。这一点我们不能够仅仅看成他的个人行为，而应该看作当时整个社会构造的一种表现。

从克镈、克钟、克盨中，我们知道"善夫克"的主要职责是"出入王命"。大克鼎所述的事情，以我个人的观点，就是克盨所述的那件事，因为克盨讲的是"王命史赵典善夫克田、人"，大克鼎讲的也就是"田"和"人"，而且册命的地点都是在"周康穆宫"，所以大克鼎也应该是宣王十八年的器物，由此我们也可以看出"宣王中兴"时期的盛况。

大克鼎的铭文上有网状的范线，这是青铜器铭文制作技术的一种表现，现在我们见到的最早的西周青铜器铭文上有范线的，是周昭王时期的京师畯尊，至于说是否还有更早的带范线的铭文，我们还需要进一步研究。可无论怎么说，这给我们研究大型铜器铭文的铸造提供了一些启示。迄今为止，青铜器铭文的铸造技术，我们仍旧不是很清楚。今天我们想仿造一个青铜器并不难，但如果按照当时的生产、制作步骤去作铭文，并且与古人一致，我们还是做不到，因为我们到现在为止也不太知道铭文究竟是怎么作出来的。铭文范过去曾经出土过，但在现代的考古发掘中非常罕见。其实有一个最好的例子，在罗振玉编的《古器物范图录》里面。罗振玉和王国维正好处在中国传统金石学向中国考古学过渡的阶段，罗振玉在这方面确实也起了非常重要的作用。罗振玉的学术文集现在已经出版了，这个版本要比我国台湾地区印的《罗雪堂全集》要好，因为《罗雪堂全集》里面那些字或大或小，看起来不是很方便。罗振玉有很多方面在当时是非常前沿的，比如注意器物的"范"，当时的人研究铜器，主要是研究字，罗振玉也是一样，所以他就编了《三代吉金文存》以及《殷文存》之类的书，但是罗振玉的学术眼光比当时一般的金石学家要广泛得多，所以他能够提倡一些别人所不注意的东西，古器物范就是其中之一。《古器物范图录》中有一个提梁卣盖的内范，这个内范上有两行字是突出的，可惜的是，我们不知道这件东西现在究竟还在不在了。我多次去过旅顺博物馆，可我没有看到过这件东西，这是我们能够知道的西周早期的字范，但是从内范的照片上，我们看不到更多的信息，至于说这两行字究竟是怎么作上去的，我们并不清楚。有一种说法认为这些个凸起的字是用毛笔蘸着泥浆描出来的，这一点实际上恐怕做不到，因为毛笔如果能蘸上泥浆，那么这个泥浆一定是比较稀的，又怎么能变成这样凸起的铭文呢？并且还要把它做成这样精美的东西，这实际上做不到。后来有些学者在这方面做过一些探讨，比如澳大利亚的巴纳先生[1]、日本的松丸道雄先生[2]，松丸道雄先生有一套很特别的想法，就是用皮子怎么去刻怎么去做，可是最后恐怕也不能够通过实验来证明。从大克鼎铭就可以看出来，原来这个范上是打格的，所以应该是先打格再作字，有人会想象先找一个平面的东西打上格，然后把字挖下去变成阴文，再用翻范的办法变成阳文。这种做法铭文坏的可能性非常大，而且翻了两次之后，恐怕很难做到这么精美。这一点大家看铭文拓本的时候就可以注意到，大克鼎铭的前半部分，方格比较清楚，到了后半段，方格就不大看得见了，可能是做完之后又做过相应的加工。在早期有些带网格线的铭文中，我们可以看到一种现象，就是铭文的字会打破网格线，也就是铭文的字压在网格线上面，

---

[1] 巴纳：《中国青铜器铭文的铸造》，载《东吴大学中国艺术史集刊》第六卷。

[2] 松丸道雄：《试说殷周金文的制作方法》（蔡哲茂译），载《故宫文物月刊》第101期。

由此可知一定是先打网格线再作字,至于说相关的程序究竟怎么样来完成,我们还需要新的材料来做更好的探讨。毛公鼎也有这种情况,可是毛公鼎的网格线看不太清楚,但实际上确实是有网格线的,这应该是西周晚期长篇铭文制作的一个礼制。

大克鼎(见图1、图2)的铭文分为几个部分,我们就按照这几个部分来讲,前面的一部分是"克"叙述的一段话,追溯他的祖先"师华父"的功绩,后面一段讲的是宣王对"克"的册命。

图1 大克鼎　　　　图2 大克鼎拓本

大克鼎释文:

克曰[①]:"穆=(穆穆)朕文且(祖)师华父,恖
覴氒(厥)心,宧静于猷,盭惄氒(厥)
德,肆克龏保氒(厥)辟龏王[②],谏
辥王家,叀于万民,䐓远能
𢼸,肆克智于皇天,𩑋于上下,
㒼屯亡敃,易(锡)釐无彊(疆)[③],永念
于氒(厥)孙辟天子,天子明惄,顈孝
于申,巠念氒(厥)圣保且(祖)师华
父鬻克王服,出内王令(命),多

易（锡）宝休不（丕）显天子④。天子其万年
无彊（疆），保辪周邦，眪尹三（四）方⑤。"
王才（在）宗周，旦，王各（格）穆庙，即
立（位），䚂季右善夫克，入门，立
中廷，北乡⑥。王乎尹氏册令（命）
善夫克，王若曰："克，昔余既
令（命）女（汝）出内朕令（命），今余隹（惟）䚂
橐乃令（命）⑦，易（锡）女（汝）叔市、参冋、苹
恖⑧，易（锡）女（汝）田于埜，易（锡）女（汝）田于
渒，易（锡）女（汝）井寓䢦田于䁈吕
氒（厥）臣妾，易（锡）女（汝）田于康，易（锡）女（汝）
田于匽，易（锡）女（汝）田于隊原，易（锡）
女（汝）田于寒山⑨，易（锡）女（汝）史、小臣、霝、
鼓钟，易（锡）女（汝）井逶䢦人瓢，易（锡）
女（汝）井人奔于景⑩，敬夙（夙）夜用
事，勿灋（法）朕令（命）⑪。"克拜頴首，敢
对扬天子不（丕）显鲁休，用乍（作）
朕文且（祖）师华父宝䵼彝，克
其万年无彊（疆），子＝（子子）孙＝（孙孙）永宝用⑫。

①"克曰"一句，有好几篇铭文开头都是"×曰"，这种格式始于西周中期，到了西周晚期特别盛行，以这种格式开头的好处在于一看就知道器主是谁。有一些铭文器主的名字被刮掉了，所刮之处就有开头，因为开头有器主的名字。刮字的青铜器现在已经发现不少了，之所以要刮字，可能是由于器物的转让，其中包括战利品。

再有一种可能是政治原因,比如对某人比较忌讳。这两种情形不但西周有,东周也不少。用"克曰"开头,那么后面很长的一段话都是"克"本人说的,但并不是整个铭文都是"克"所说的话,铭文的后半段就不是这样。

②"穆=(穆穆)朕文且(祖)师华父,恖䚢氒(厥)心,宧静于猷,盄惄氒(厥)德,肄克龏保氒(厥)辟龏王"一句,"穆"字下面是有重文号的,过去由于书写习惯,在某些不需要重文号的地方也写上了重文号。这种例子发现过很多,特别是"子"和"孙",因为"子子孙孙永宝用"从西周中期开始就是常用的语句,当时的人一写到"子""孙"就想起了重文号,于是顺手就加上了,目前这种例子有十几件,这是书写习惯使然,不足为奇。"穆"下面通常是有重文号的,因为"穆穆"经常连用,但有的时候重文号写得并不清楚,特别是"穆"字本身就有几个点,所以有时候就看不见重文号,但是这件器中"穆"下面是有重文号的。"穆穆"是恭敬之貌,我们常说"敬穆""肃穆","穆"指的就是"恭敬、严肃的样子",此处的"穆穆"是形容"文且(祖)师华父"的,是对"师华父"的尊称。"文祖"在西周金文中常见,最近新出的讲"齐太公"的青铜器中也用了"文祖"[①],"文"可训为"美",也可训为"大"。"师华父"是称"师"的,"师"在当时带有一种"称号"的意思,有一定身份的人才能称"师",现在我们认为"师"多与"教学"有

---

① 整理者按:此即 2010 年山东高青陈庄出土的丰卣。

关,但是在当时"师"的意思是"长",是一种敬称。《尚书》中有"师师",前一个"师"训为"众",所以"师师"就是"众师",而"师尹"也就是"多尹"。"华父"是字,中国古代的男子一定有"姓""氏""名""字",这一点是很清楚的,《左传》《世本》等一些古书都已经讲明白了,但到今天为止,还是有很多人搞不清楚。这个问题并不困难,过去我还专门写过文章[①],依据一些考古上的材料专门讲了这个问题,现在看起来有些地方还需要做一些修改,但基本上就是如此。古时的人一定有"姓","姓"是不变的,按照古书上说,"姓"是由远古的帝王所赐,比如尧、舜、禹等。在尧、舜时期,"伯益"就是嬴姓,"舜"是姚姓,这些是赐姓,其中有一些神话的背景,至于说是否为事实,大家还可以讨论。可是不论如何,"姓"是很古的,而且"姓"的数量不会很多,我们现在发现了上万件商周金文,主要的"姓"也就是那几个,不见于文献的"姓"屈指可数。当然有的是不是"姓"还有一些争论,比如"嫘"是不是姓,就可以讨论,总之不见于文献的"姓"是很少的,所以不要相信有些人说的古代有很多"姓",如果真的有那么多,为什么我们看不见呢?虽然"姓"很少,可"氏"是特别多的,"氏"是家族的徽号,关于"氏"的来源,我推荐大家看一下黄以周《礼书通故》中的《宗法通故》。该书中讲的有两种"氏",一种可以称作"国氏",也就是以

---

① 李学勤:《考古发现与古代姓氏制度》,载《古文献丛论》,第 90-99 页,北京:中国人民大学出版社,2010 年。

封国为氏,《左传》和《国语》中记载晋文公重耳叫"晋重",其中"晋重"的"晋"就是他的氏,国君的公室之氏就是其国名,这个国名是封的,这就是所谓的"国氏"。一个诸侯国是有公室的,于是就分出了很多支子、别子,比如鲁有三桓、郑有七穆,那么分出来的这些人应该怎样来命"氏"呢?实际上是由家族来决定的,决定过后再去政府登记并获得批准,这样得到的"氏"就有很多种类,或以"封地"为氏,比如晋国的"栾""范"等,或以"职官"为氏,比如"西门""东门""中行"等。以"职官"为氏在日本就特别多,比如"左卫门""右卫门"以及"犬养"等,"犬养"并不是"犬养的",而是"养犬的","犬养毅"是很有名的人物。这种以采邑、封地、职官为氏的情况,在东亚各国基本如此,但并不是所有的人都具备这种条件,那又该怎么办呢?最常见的办法是以祖父的字为氏,此处说的是以祖父的字为氏,而不是以父亲的字为氏,至于说以父亲的字为氏的情况究竟有没有,一直是经学上有很大争论的问题。现在我们说应该还是有的,商代晚期就是如此,殷墟出土了帝辛七年的一坑铜器,作器者叫"鱼",他的氏就是"亚鱼",这可能就是以当事人的名字为氏的,可能是由于这种制度在当时还没有很完善。西周的材料我们知道得很少,但是到了东周,"氏"用的多数是祖父的字,至于说是否有用父亲的字为氏的情况还有争论,不过即使有,也是极少数。孔子以"孔"为氏,是因为他的祖先是宋国的"孔父嘉","嘉"是名,"孔父"是字,"孔"和"嘉"都可训为"大""美"。"孔父嘉"是宋国很著名的一个人物,

《左传》中记载了他的故事,由于"孔父嘉"的妻子很漂亮,后来就因此惹祸,这是孔子的家史,正是由于"孔父嘉",所以孔子才以"孔"为氏,到今天还是孔氏。孔家的族谱应该是迄今为止时间最长且最为可信的,一般的族谱,能追到宋代就已经很了不起了,宋代以上的就未必可靠了。此铭中的"善夫克"也是如此,"善夫克"也可以叫"中义父",凡是"中义父"的器物最后都有一个"华"字,这说明"善夫克"是"华氏"。之所以如此,是因为"善夫克"有一个祖先是"师华父",因为有"师华父",所以就把氏定了下来,一直到西周晚期,这个家族都是"华氏",如果称"善夫克"的名字,应该是"华克"。这给了我们一个非常重要的知识,就是铭文最后如果有一个单字或者图形一类的东西,应该与"族氏"有关,当然西周金文中的"族氏"与《左传》《国语》中所表现的家族制度可能会有些出入,这是由于制度变化而产生的问题,就性质而言,铭文最后的单字或图案应该就是"族氏"。"师华父"是立氏之祖,立氏是一个家族的创建,"师华父"肯定还有他的前辈。"师华父"是恭王时代最重要的一个大臣,"师华父"的出身也是比较高的,再往前应该属于另外一个家族,"师华父"的后代作为别子被分了出来,这已经是"师华父"以下的事情了。既然"师华父"如此重要,恭王时代的铜器我们也发现了很多,而且恭王时代的铜器是我们所排的金文历谱中最可靠且最丰富的,可为什么在恭王的铜器中没有看到"师华父"呢?因为"师华父"是字,而恭王时代的铜器上可能是他的名,所以即使我们看见了也未必知道，当然也许我们根本没发现，他的子孙"善夫克"是不敢称他的名的，只能称他的字。"恩"训为"明"，"⚆"外面是一个心，里面有一竖，上面有一个黑点，后来就把黑点变成了填充的状态，这是黑点的一种表现方式，后来直接写成了"恩"。"山"字也是如此，较古的字形写作"⛰""⛰"，后来到汉印中就写作"⛰"。有人认为"恩"上半部分象窗户之形，现在从文字学上看恐怕不一定对，应该是一种填充。"夒"字，铭文中作"夒"，下半部分的"兔"，我们隶定为"兔"，这是有可能的，各种小动物的形状在古文字中多是象形的，"兔"在古文字中尾巴是翘起来的，而且不长，如果是长尾巴的可能就是"鼠"或"犬"一类的。"夒"字上半部分作"夒"，实际上这个字是存在的，甲骨文中就有，是一个地名，在金文中还有从"各"的"夒"字，至于说"夒"字如何分析，与"严"字有没有关系，还可以进一步探讨。总之"夒"是从"夒"，从兔的，"夒"字过去有很多猜测，我个人的意见是把"夒"读为"逸"，训为"安"，"恩夒氒（厥）心"即"明安厥心"。大家要注意，此处的"逸"不要理解为"放纵"，训为"安"和训为"放纵"的"逸"在古代的写法可能有别，后来在传世文献中就混同了。把"夒"读为"逸"只是一种想法，因为"夒"从文字上还很难研究，所以我们的读法也未必对，但是读为"逸"是可以通的。大家要注意一个问题，就是西周的文献在讲到一个大臣的时候，常常会讲到他的"心"。这在当时不但是一种哲学性的理论观点，也是教育的一种原则，就是对人的教育要从"心"开始，所以《大学》

认为要从"正心诚意"开始，然后是"格物致知"，之后才是"修齐治平"，可见"心"是很重要的。琉璃河出土的器物中就谈到了"心"，克罍中有"乃明乃心，享于乃辟"，这说明"心"是可以献于君主的，所以此铭中讲"师华父"的德行一定要从"心"开始，"恩嬰毕（厥）心"在意思上也就等同于"明心"，这与后来儒家讲的"正心诚意"有一定的联系，所以儒家的学问确实是直承西周的。"宓静于猷"可以和文献中很重要的词作对比，猷簋有"宇慕远猷"，《诗·大雅·抑》有"吁谟定命"，"猷"训为"谋"，这些都是当时的习语。"弔"在古文字中多用为"叔"，所以"盄"可读为"淑"，训为"善"。"![字]"字所从之"![字]"，过去多读为"折"，但实际上并不是"折"，而是从斤，从手，"折断"的"折"古文字作"![字]"，是把一个木头横着折断，可与之对比的是"分析"的"析"。"析"古文字作"![字]"，是把"木"纵劈，所以庄白那批器物中所谓的"折觥""折方彝"，实际上应该读为"析觥""析方彝"。"悊"字是从"手"的，我们可以理解为从"斤"声，应读为"慎"，这是《郭店简·缁衣》出来之后大家才明白的，如果没有对照，我们永远也猜不到。"盄悊毕德"即"淑慎厥德"，"慎德"在古书中常见。前面这些讲的是"师华父"的"心"和"德"，"明心""慎德"这些词在当时一定有很深的理论依据，并不是那么简单，大家如果搜集一下金文中的这些词，可以写一篇很好的文章。实际上这些与"天道""性命"等有密切的关系，过去傅斯年先生写过《性命古训辩证》，不过傅斯年先生当年没有看到这些材料，如果看到还会写很多东西。"辥克龏保氒（厥）辟龏王"的"辥",读为"肆",是一个虚字,此句中的"克"训为"能","龏"读为"恭","恭保"之"恭"训为"敬","恭保"即"敬保","保"可训为"助"。结合后文的一些内容,我们认为此处的"保"应该与"太保"这个官职有关,用"保"的不一定有"太保"的官职,但"师华父"可能会有。可以想象"师华父"应该比恭王的年纪要大,可能是穆王晚年的一个老臣,后来保护、扶持了恭王,所以铭文中才说"辥克龏保氒（厥）辟龏王","龏王"即"周恭王",逨盘中"恭王"之"恭"就写作"龏"。由此也可以定出"善夫克"这批器物的时代,恭王之后是懿、孝、夷、厉四代王,虽然是四代王,但却是三代人,所以"师华父"比"克"要早得多,应该是"克"的曾祖以上。

③"谏辥王家,叀于万民,雩远能狄,辥克智于皇天,项于上下,㲋屯亡敃,易（锡）釐无彊（疆）"一句,"谏辥王家"之"谏",《周礼》中有"司谏",郑注"谏,犹正也",所以"谏"可训为"正"。"辥"在金文中常见,相当于"乂",训为"治"。"王家"指的是"朝廷",因为"王"以朝廷为家,诸侯以封国为家,因此"谏辥王家"就是"正治王家",也就是"正治朝廷"。由此可以看出来"师华父"的官位很高,是恭王时期很重要的一个大臣。"叀"读为"惠",训为"和","叀于万民"即"和于万民"。此处讲了两个层次,一个是"王家",一个是"万民",是朝、野对称。"雩远能狄"一词在大克鼎出土之后,大家第一次看见,实际上"雩远能狄"也就是《诗·大雅·民劳》中的"柔远能迩",这是孙诒让指

出来的。①我说实在话,如果没有《诗经》和《毛传》的训诂,我们就不懂这个词。"柔"训为"安",郑玄训"能"为"伽",孔疏训"伽"为"顺","柔远能迩"即"安远顺迩",这是指"诸侯"而言,"蛮""夷""戎""狄"也包括在内,对于远的是"安",对于近的是"顺"。问题在于"㦰"为什么可以读为"柔"呢?有些学者认为"㦰"字是从"㐹"的,"㐹"和"柔"都是幽部字,所以二者可通,至于说是否如此,还可以进一步讨论。"狱"字甲骨文中就有,甲骨文中有"远",也有"迩",这一点裘锡圭先生特别做过讨论②,大家可以去看一下。这篇铭文从"心"讲起,最后连边远四夷都讲到了,从"内"讲到"外",和"大学之道"在章法上没什么差别。从"王家"到"万民",再到"四夷",这就是当时从道德标准上对王朝政治的一种要求,恭王时期还真不见得能做到这一点,可是从金文上来看,恭王时期还是一个比较和平、安定的时期。恭王的父亲穆王好游,他希望天下四海都有他的车辙马迹,所以穆王就到处跑,清华简中就有相关的材料,所以才有穆天子西征以及《穆天子传》,后来到了穆王晚年,在祭公谋父的劝阻之下,穆王后悔了,最后"获没于祇宫",安静辞世。可是西周的整个形势,自穆王以后就进入了低谷状态,后来再爆发则是到了夷、厉时期,恭王时期还算稳定,所以可以表现出大克鼎中所述的状况,而且"师华父"起了很大的作用。

---

① 孙诒让:《克鼎释文》,载《籀頠述林》,第221-227页,北京:中华书局,2010年。
② 裘锡圭:《释殷墟甲骨文里的"远""狱"(迩)及有关诸字》,载《裘锡圭学术文集·甲骨文卷》,第167-176页,上海:复旦大学出版社,2012年。

"辪克智于皇天"之"辪",读为"肆",但此处"肆"的意思并没有那么虚,而是有"转折"的意味,还是理解为"所以"比较好。"克"义为"能","㬜"隶定为"智",这是几位学者共同的看法,特别是陈梦家先生。[①]"㬜"字的结构不很清楚,隶定为"智"还是有些勉强,这不是拓得不清楚,而是范本身就不太好,并且其他的铭文也没有"智于皇天"之语。虽然把"智"读为"知"还是讲得通的,但是我觉得我们弄不清楚的地方,就说我们不清楚,可是如果我们有什么猜想,那就说是我们猜的,这是比较客观的,也是比较好的。"皇天"就是"上帝","天"和"帝"在夏商周时期的相关材料中都是通用的,有人说甲骨文中没有"天",这种说法最早是郭沫若先生在《先秦天道观之发展》中提出来的。甲骨文中是很少有"天"的,可是按我个人的看法,甲骨文中是有祭天的"郊祭"的。[②]但不管怎么说,甲骨文中是有"帝"的,实际上"帝"就是"天",所以在甲骨文中"帝"经常与"求雨"有关,这就是"天"的作用。此处的"智于皇天"也就是"知于上帝",中国古代的"上帝"是上天之宰,无形无相。大家要知道,基督教传入中国的时候,当然我这里说的"基督教"并不是早期的"景教",当时的传教士对于中国人对"上帝"的观念是非常惊喜、满意的,因为按照传统的基督教义而言,"上帝"是没有形象的。大家到外国的教堂可以看到圣母玛利亚抱着孩子,这就

---

① 陈梦家:《西周铜器断代》,第261页,北京:中华书局,2004年。
② 李学勤:《释郊》,载《缀古集》,第189-194页,上海:上海古籍出版社,1998年。

是"圣母"和"圣婴",但"圣父"是看不见的,因为没有"上帝"的形象。如果大家看《圣经·旧约》,就会发现"上帝"的形象还是很接近于民众的,犹太人的祖先曾经和"上帝"摔跤,结果把"上帝"摔败了,"摔败上帝"这个词按照古代的希伯来语就叫做"以色列",可见"上帝"是四肢俱全的。可是,后来成熟的基督教中的"上帝"绝对不是这个样子,是不能用物质形象来表现的。所以当基督教刚刚传入中国,基督教士们发现中国的上天之宰是无形无相的时候,就认为中国人与"上帝"有一定的缘分,而且愿意用"上帝"这个词来翻译原来的那个神。这是很重要的一件事,这件事对我们理解中西文化之间的关系以及当时文化的传播都有帮助。可是有一件事基督教是非常不能够接受的,就是中国人的祖先崇拜,中国的祖先崇拜是有形的,当时会用"影",也就是用祖先的图像来表示祖先,但是这个图像并不是像现在那样整天挂在那里。在中国古代会使用"木主"来代表祖先,武王伐纣就是载文王木主而行,就好像文王也在战争里面,所以武王才自称"太子发"。"木主"就代表祖先,"木主"是无形的,祖先只能降到"尸",也就是他孙子的身上,古人用其孙来代表其祖,所以其子要给他的孩子敬酒,因为这个时候他的孩子代表的是祖先,这些都表现出当时的祖先是无形的。挂起祖先之像是很晚的事,要在中古以后,而且祖先像也不能整天挂着,平时是要收起来的,只有在祭祀的时候才拿出来瞻仰一下,所以现在大家还能够看到一些"影",也就是"画像"。我还记得我到曲阜去参加劳动锻炼,我就体会到曲阜人确实有古风,讲的词有些都很古,比如形容女同志身体弱,干活不行,就说这个女同志像"影"一样,这是带有同情的话,是说好像画中的美人一样。"玥于上下"的"玥",过去很少人能讲得出来,后来查出来了一个训诂,《风俗通义》中训"玥"为"信","玥于上下"即"信于上下",和上文的"智于皇天"能够呼应。此铭中的"上下"二字是合文,"上下"指的是"百神",根据《周礼》的记载,古时正式的祭祀是分为天、地、人三个部分的,也就是天神、地祇、人鬼,《说文》有"鬼者,归也",此处的"鬼"并不是"魔鬼"的意思。天上的诸神是属于天的,所以是"天神";属于地的,比如草木、山川诸神,即"地祇";人死了之后成为祖先,这就是"鬼"。天、地、人是有上有下的,"天"在上,"地"在下,而"鬼"也就是"祖先",是可上可下的。祭祀祖先的仪式中最主要的内容就是要请祖先下来降福,祖先有时候会自动下来降祸,甲骨文中就有"降……",按照当时人的观点,商的那些先公、先王是在上帝左右的。总之,"上下"是包括天、地、人三方面在内,甲骨文中有"上下弗若"。"鼍"字不识,将"鼍屯"读为"浑沌"是没有道理的,这是郭沫若先生的一个想法。[①] 有些字的释读要有一些机遇,"慎"字就是如此,如果不是楚简的出现,我们还是会读为"哲",而且读为"哲"也是通的,但是大家要明白一个道理,就是通的不一定对,但不对肯定不通。"敃"义为"昏乱",这个词常常用于描述"德行"。

[①] 郭沫若:《释黄屯》,载《金文丛考》,第232页,北京:人民出版社,1954年。

"乱"在中国古代有的时候是"好"的意思,"乱"作为"坏"的意思,也可以在"德"上面用。"易(锡)赘无疆(疆)"的"赘"即"釐",义为"赏赐","赐赘无疆"的主语是"恭王"。"无疆"一词,古书中最常见的是"万寿无疆",最近有人写文章认为"万寿无疆"这个词产生的时间不会太早,因为在早期金文中"无疆"并不多见。虽然早期金文中并不多见,但"万寿无疆"见于《诗·豳风·七月》,《七月》的成篇时间一定不会晚,因为《七月》中所描绘的时令以及民俗是相当早的,所以"万寿无疆"的成词时间不会很晚。但在金文中,"万寿无疆"并不像《诗经》中那么多见,清华简《耆夜》中也有"万寿无疆"一词。此处是"易(锡)赘无疆(疆)",这里并不能够仅仅理解为物质上的赏赐,实际上主要讲的还是"福祚"。

·2011年上半年第九次课·

大克鼎（中）

我们已经用了比较长的时间来讲"克"的器物，我觉得用的时间多一点也还是值得的，这批铜器是周原窖藏中最主要的一批，内容特别丰富，铭文之间也互相关联。除了"克"这一批，就是庄白出的103件那一批，周原所出的窖藏以这两批最为重要，这两批器物也是最能够启发大家研究金文的材料。

大克鼎释文：

克曰[①]："穆=（穆穆）朕文且（祖）师华父，恖
覤氒（厥）心，宔静于猷，盅愬氒（厥）
德，肆克龏保氒（厥）辟龏王[②]，谏
辪王家，叀于万民，颀远能

狀，肆克智于皇天，顼于上下，
毲屯亡敃，易（锡）赞无彊（疆）[③]，永念
于氒（厥）孙辟天子，天子明悊，顕孝
于申，巠念氒（厥）圣保且（祖）师华
父𦖞克王服，出内王令（命），多
易（锡）宝休不（丕）显天子[④]。天子其万年

无彊（疆），保辥周邦，叡尹三（四）方⑤。"

王才（在）宗周，旦，王各（格）穆庙，即

立（位），䰜季右善夫克，入门，立

中廷，北乡⑥。王乎尹氏册令（命）

善夫克，王若曰："克，昔余既

令（命）女（汝）出内朕令（命），今余隹（惟）䰜

熹乃令（命）⑦，易（锡）女（汝）叔市、参冋、苿

恩⑧，易（锡）女（汝）田于埜，易（锡）女（汝）田于

渒，易（锡）女（汝）井寓䢇田于䀎吕

氒（厥）臣妾，易（锡）女（汝）田于康，易（锡）女（汝）

田于匽，易（锡）女（汝）田于陴原，易（锡）

女（汝）田于寒山⑨，易（锡）女（汝）史、小臣、霝、

鼓钟，易（锡）女（汝）井遌䢇人𠭯，易（锡）

女（汝）井人奔于量⑩，敬夙（夙）夜用

事，勿灋（法）朕令（命）⑪。"克拜頴首，敢

对扬天子不（丕）显鲁休，用乍（作）

朕文且（祖）师华父宝䵼彝，克

其万年无彊（疆），子=（子子）孙=（孙孙）永宝用⑫。

④"永念于氒（厥）孙辟天子，天子明悊，顈孝于申，巠念氒（厥）圣保且（祖）师华父勴克王服，出内王令（命），多易（锡）宝休不（丕）显天子"一句，"永"训为"长"，义为"长久"。"念"在金文中常见的有两个意思，其一为"怀念"，其二为"想"。今天我们说的"纪念"还是有"怀念"的意味，实际上在古文中"念"还有一个意思就是"想"，所谓"一念之差"就是"一个想

法之差"。此处的"念"义为"怀念"。"永念于氒(厥)孙辟天子"的"厥"指的是"恭王",此处还有一种可能的推想,因为此句距离"厥辟恭王"那一句已经很远了,而且这一段中的"厥"字都是指"师華父"而言,如果把"永念于氒(厥)孙辟天子"的"厥"理解为"师華父",那么"师華父"本人就应该是王室成员。如果"师華父"是穆王或恭王一辈的人,他离现在的这代"王",也就是"宣王"还是很远的,如果"师華父"在王室之中有一定的地位,换言之是王室的别子,那么称"宣王"为"孙"也是可以的。一般的讲法认为此处的"辟天子",就是指"宣王"而言。《尔雅》训"辟"为"君",在金文中也多是如此,金文中什么样的情况可以叫做"辟"呢?一种情况是"天子"可以叫"辟",还有一种是"丈夫",实际上"丈夫"也是"君",因为"君"的意思是"主",后来的京戏中常有"夫君"。但是这一点大家要活用,因为金文中还有"某人辟天子",那么这种语境下的"辟"就要理解为"臣服",义为"某人臣服于天子"。"永念于氒(厥)孙辟天子"中的"辟"和"天子"是同位关系,指的都是"宣王",此句义为"师華父被厥孙辟天子所怀念"。金文中的"哲"字多作"悊",此处多了一个"目","目"与"明"有关,所以"悳"训为"明"。"顯"字,从各方面来看都应该读为"显",但是读为"显"是不对的,"顯"有时写作"㬎",所以看上去更像"显"字,至于说"顯"字究竟应该怎么读,迄今为止还没有一个公认的读法,但"顯"的意思与"显"相同,义为"大"。我们必须承认,对于甲骨文、金文,不知道的东西是很多的，特别是一些很常见的东西我们不知道，有些问题用现在已知的一些方法是推不出来的，"顜"字就是如此。古文字学是一门科学，所以解决问题需要一定的条件，有些问题没有一定的条件就永远不能够解决，因此千万不要认为我们什么都懂，甲骨文、金文离我们这么久远，我们怎么可能完全知道呢？这一点我希望同学们在做相关工作的时候一定要记住。我们自认为懂的东西，实际上往往是错的，科学本身就是如此，爱因斯坦曾经说过"科学的特点之一就是和成见相对立"。"成见"一定是普遍都承认的东西，"地球是圆的"就是一个最大的和"成见"相对立的理论，因为眼睛所看到的和所想的可能完全不一样。如果站在平原或者海边，看到的地球就是平的，因此说地球是平的，所有人都承认，但说地球是圆的，很多人都不承认，所以科学有时和最常见的东西相反。我们释读古文字的时候，有些会和流行的观点相反，但要驳倒流行观点，则需历尽千辛万苦，甚至没有一定的条件是不可能达到的，所以要丰富我们的认识，逐渐地解决一些问题，我们不要想象某个人或者某一代人可以把所有的问题都解决。"孝"有广义和狭义，狭义的是对"父母"而言，广义的是对"祖先"而言，此处的"孝"在广义和狭义之间。"申"读为"神"，金文中的"神"几乎没有从"礻"的，一般都写作"申"，此处的"神"包括"天神""地祇""人鬼"在内。"巠"读为"经"，义为"常"，之所以把古书中的经典叫做"经"，就是因为"经"可训为"常"，此处的"经念"就是"常念"。"巠"还有一种可能的读法，就是把

"坙"读为"径",训为"迹",义为"追寻","径念"也就是"追寻纪念","经"在金文中也可以训为"迹",所以这两种读法都是可以的,"坙念"的主语是"天子"。"圣保祖"一词,"圣"在孔子成圣之前是一个比较宽泛的词。"保"这个词很重要,大家要知道,金文中称"保"的是很少的,基本上指两种人,一种是非常高的官,就是"太保",也就是"召公奭",《尚书》称为"保奭"。很多人据此认为周初之时有"三公"之制,也就是"周公旦"为"太宰","召公奭"为"太保","师尚父"为"太师",当然也有人认为是"太傅",实际上"太傅"就是"太师",楚国的"傅"在《国语》中就写作"师"。还有一种是"保姆",是"女师",见于《周礼》,金文中有"保侃母",这些人都是在王官或诸侯国中给王后当"师"的。可是在金文中男子称"保"是很少见的,应该说"保"在西周金文中主要指的就是"召公"以及"召公"家族。此铭中"师华父"称"保",可见其地位之高。此处的"天子",也就是"宣王",称"师华父"为"祖",和前文的"厥孙"相一致,这也就证明了"师华父"一定是一个王族,而且辈分应高于恭王。西周的王室和西周时期多数的诸侯国在原则上确实是符合宗法制度的,至于说当时的宗法制度是否一定像《丧服》中讲得那么细,还可以讨论。因为历代的宗法制度一定有所增益变迁,可不论如何,宗法制度一定是有的。天子称"师华父"为"祖",也就说明"师华父"不会离王室太远。清华简中有"祭公",周穆王就称之为"祖祭公",之所以称"祖"是因为"祭公"比穆王高两辈,"祭公"确实叫

"谋父",清华简中写作"旻","旻"即古文"谋"。大家要知道,第一代"祭公"是周公之子,可能一直活到了昭王时期,随昭王南征,最后落水而死,他的儿子就是"谋父",所以穆王称之为"祖"。"祭公谋父"活的时间非常长,经历了几个王世,这种情况在宗法中是常见的,如果把《史记》中的王世和几个主要的世家对比,就会发现整个西周最短的是六代,最多的有十几代,确实是差了很多代,这是因为人的年寿以及各种情况不同。可不管怎么说,"师华父"都是宣王的祖辈,所以宣王会称之为"祖师华父",这就和穆王称"谋父"为"祖祭公"是一样的。"勴克王服"的"勴"在金文中常见,常与"康"连用,孙诒让认为"勴"可读为"龠"[1],郭沫若先生把"勴"读为"跃"[2],但是读为"跃"始终有些不太明白。还有一种读法是于省吾先生的老师吴闿生提出来的,吴闿生是吴汝伦的后人,吴汝伦是晚清桐城派最大的古文学家,吴闿生继续了桐城派的古文传统,所以于省吾先生也是学桐城派古文的。实际上桐城派的古文非常好,学一学桐城派的古文对写白话文也有好处。吴闿生有《吉金文录》一书,这个书的贡献很大,吴先生在《吉金文录》中提出了一种说法,是把"勴"读为"和"。[3]读为"和"不仅在此处比较好,在其他的地方也很好,"康勴"即"康和",也就是"安和"。"和克王服"理解起来也比较好,"克"可训为"肩",义为"承担"。《尔雅》"服,

---

[1] 孙诒让:《克鼎释文》,载《籀庼述林》,第221-227页,北京:中华书局,2010年。
[2] 郭沫若:《两周金文辞大系考释》,第122页,北京:科学出版社,2002年。
[3] 吴闿生:《吉金文录》,第72-74页,香港:万有图书公司,1968年。

事也","王服"即"王事",也就是"朝廷之事"。读为"龠"在文字学上比较好,读为"和"在训诂学上比较好,究竟应读为哪一种,今天我们还没法证明。我常常说很多常见的东西总是不大清楚,虽然有种种学说,但究竟是什么,我们并不清楚。大家如果有兴趣,可以看一下周法高先生编的《金文诂林》以及《金文诂林补》,对比一下各家说法,就会发现很多东西都说不清楚。"出内王令"即"出纳王命"。"易"读为"赐",此处是被动用法,义为"被赐","宝"和"休"都是"美"的意思,"多易(锡)宝休不(丕)显天子"即"多锡宝休于丕显天子","天子"指的是"师华父"时代的"天子",即周恭王。

⑤"天子其万年无疆(疆),保辥周邦,畯尹三(四)方"一句,此句中的"天子"指的是周宣王,"万年无疆"就等同于说"万寿无疆"。"保"训为"有","辥"在金文中或作"䢘",即"乂",训为"治","保辥周邦"即"保有而统治周国"。"畯"在古书中写作"畯",后人认为"畯"的本义是"田畯",也就是一种管理土地农业的官,《七月》中有"田畯至喜"。但在金文中,"畯"常作为虚字来用,相当于古书中的"骏",训为"长""大"。"尹"义为"主","畯尹三(四)方"即"长主四方",厉王本人所作的那几件器物中也有类似的句子,大凡讲"畯尹三(四)方",也就是"为四方之主"的,多是"君主",也就是"天子"。到此为止,大克鼎的前一半就结束了,这一点在拓本上也能够看得出来,拓本在"四方"之后有一块比较空的地方,由此就可以看出来这篇文章

原来就是分为两段的。问题在于再往后数三行还有一块比较空的地方,这是做范的关系,因为大克鼎中间是有弧度的,并不是一个完全的平面,所以不太可能做一个整范,是有两块范的。

⑥ "王才(在)宗周,旦,王各(格)穆庙,即立(位),䰛季右善夫克,入门,立中廷,北乡"一句,"穆"字,范上有些毛病,但因为有"乡",所以一定是"穆"。克盨开头是"隹(惟)十又八年十又二月初吉庚寅,王才(在)周康穆官,王令(命)尹氏友史趞典善夫克田、人",所谓"周康穆官"就是宗周的"穆庙",大克鼎下面的一段就是详细讲"田"和"人"的,所以克盨和大克鼎讲的实际上是一回事,只是侧重有所不同。"宗周"就是"镐京"。"旦"是"早晨"。金文中还有"昧爽","昧爽"是天似亮非亮,比"旦"还要早一些。古代的天子起得都是很早的,所以那时当天子也是很苦的,不像明朝的皇帝,一睡不知道睡到几点钟,而且根本不上朝。清朝励精图治,就要改变这一点,清宫内有太监专门叫早,如果皇帝不起床,就要读祖训,虽然这一点不知道是否能够执行,但清朝的皇帝起得确实是很早的。皇帝辛苦,大臣更苦,因为大臣比皇帝起得还要早。当时地安门是皇城的北门,天安门是皇城的南门,这个方块状的皇城在中间,要通过中轴线是比较难的事情,需要绕着走。当时的大臣,特别是汉族的大臣,多是住在南城,在宣武区的居多,大臣从外面进来先要在朝房候见。朝房的位置有二,一个是在千步廊,就在天安门前面,也就是在今天的天安门广场的两侧,还有一个是在端门和

午门之间。大臣要在朝房等候,只要皇帝上朝,大臣就要到,而且一上朝还不一定什么时候能回来,所以很多清朝官员的日记中都记载上朝的时候要带早饭。后来有人记了一个笔记,讲一个满族大臣和一个汉族大臣,满族大臣很能吃,汉族大臣吃得很少,汉族大臣早晨就带两个橘子,满族大臣则要带一个烧鹅,这个烧鹅等走到朝房的时候也就吃完了。这也就是为什么清朝的皇帝,特别是雍正以后,多在圆明园住,因为在圆明园没有这套规矩,但是如此一来,大臣们就更苦了,需要跑到圆明园来。"格"训为"至"。大克鼎中的"王才(在)宗周,旦,王各(格)穆庙,即立(位)"也就是克盨中的"隹(惟)十又八年十又二月初吉庚寅,王才(在)周康穆宫",只是就这一点而言,大克鼎记得更详细一些。可以想象当时有一种史册,也就是档案,把这些全部都记录下来,克盨中的"史趛"就是做这件事的。当时相关的材料很多,可惜我们现在已经看不到了。"矗"字,二十世纪七十年代才认出来,这是裘锡圭先生的一大贡献。[①]现在经反复证明"矗"就是"申",所以"矗季"即"申季",是来自于申国的一个大臣,这一点是很重要的,此时王室和申国的关系很密切。现在我们知道有两个"申",一个是"西申",一个是"南申","西申"早就有,也叫"申戎",和秦国祖先通婚的"申侯"就是属于"西申"的,是西部的一些人。根据现在的研究,"西

---

① 裘锡圭:《谈曾侯乙墓钟磬铭文中的几个字》,载《裘锡圭学术文集·金文及其他古文字卷》,第50-60页,上海:复旦大学出版社,2012年。

申"应该在今天的陕、甘北部,具体地点还说不清。后来"申"和王室的关系很深,"申"是姜姓的,是四岳之后,"伯益"是四岳之长。到了周代,姜姓主要是四个国,就是齐、许、申、吕,"申"本来在西方,后来周宣王把"申伯"迁到了"谢","谢"在有的书中写作"序"或"徐",这是同音假借字。"谢"就是今天的河南南阳,这件事见于《诗·大雅·崧高》,《崧高》是"尹吉甫"作的,"尹吉甫"见于兮甲盘。周宣王把"申伯"迁到南阳这件事一定是对的,因为前些年在南阳东北郊的砖瓦厂出土了一个西周晚期青铜器①,上面很清楚地讲了"南申",所以我们知道历史上有"西申"和"南申"。过去在这方面做得最好的是童书业先生,童先生在《春秋史》中特别讲过"申"分为"西申"和"东申"②,这是因为当时童先生不知道有"南申",实际上"东申"就是"南申",因为迁"申伯"之后,"西申"还在,所以称"南申"以示区别。宣王对"申"是非常重视的,所以"申季"也是非常重要的,不仅在大克鼎中有"申季",在二十六年的伊簋中也有"申季",伊簋现藏日本。"申季"是"申伯"最小的弟弟,"申季"在朝廷内做官,"申伯"则在南方戍守,他们在当时的周朝中起着重要的支撑作用。这几代周王娶的也都是申国的女子,一直到幽王还是如此,幽王娶的是西申的女子。现在看来"西申"和"南申"是联通的,是同一个国家,只是分别处在两个地方,

---

① 整理者按:此即仲再父簋。
② 童书业:《春秋史》,载《童书业著作集》第一卷,第78页,北京:中华书局,2008年。

但二地相距确有千里之遥，宣王为了稳定南方，就把自己的亲信"申伯"派到南阳去驻守。申国一直到了楚文王时期才灭亡，申灭于楚之后，就成了楚国北方的门户。大克鼎中的"申季"是姜姓的"申"，"申季"是"善夫克"的右者，"善夫克"掌管"出纳王命"，是当时很重要的一个大臣，可见"申季"的地位是很高的，此时的"申季"比较年轻，因为"申伯"是宣王时期封的，即使是宣王十几年的时候所封，"申伯"也就是正值壮年，所以"申伯"的小弟弟"申季"在宣王十八年时年纪并不会太大，但地位却很高。

⑦"王乎尹氏册令（命）善夫克，王若曰：'克，昔余既令（命）女（汝）出内朕令（命），今余隹（惟）䡆憙乃令（命）'"一句，"尹氏"是史官之长，此处泛指"史官"，因为克盨中很明确地说是"王令（命）尹氏友史趛"，所以此处的"尹氏"指的就是"史趛"。"王若曰"即"王这样说"，"王若曰"下面的话就是册命的具体内容，之所以要用"王若曰"，是因为这是册命的规矩，册命的时候不是"王"自己在那里说，是由史官代为宣读，宣读的时候，第一句话就是"王若曰"。大家要知道，在中国《尚书》研究的历史上，"王若曰"最开始一直是不懂的，古人多训"若"为"顺"，将"王若曰"讲成"王这样说"是现代学者研究《尚书》的一个成果。"王若曰"在甲骨文里面有，可见这个词在商代就已经有了。"克"指的是"善夫克"。由"昔余既令（命）女（汝）出内朕令（命）"可知，"善夫克"的职务是"出纳王命"，和他的祖先"师华父"的职务是一样的，这也在一定程度上反映了西周

的世官制度。西周时期流行"世官",但是我们不能把"世官"绝对化,并不是说所有的官职一定是世袭罔替,可西周时每每如此,所以西周是不是世官世禄,在中国经学上也有很大的争论,至少在当时确实有"世官"的传统,但这一点并不绝对,当时一定是有活用的,这样理解"世官"应该会更好一点。实际上"世官"到了春秋时期还有一定的存在,可是越往后这种制度就越淡薄,到了战国时期就是游仕天下了,谁到哪里当什么官就很难说了。在游仕天下的这种情况之下,当时君主的权力就会更大,君主想任命谁就任命谁。"昔"义为"以前","既"是"已经","昔余既令(命)女(汝)出内朕令(命)"义为"以前我已经任命你出纳朕命",这说明此前"克"已经是"善夫"了,所以下面才说"今余隹(惟)䜌褱乃令(命)"。"惟"是一个虚字,"䜌褱"即"申就","申"义为"再","就"训为"成","申就乃命"就是"再次重申这个命令"。此次册命并没有给"克"升官,但是在赏赐和舆服方面确实是提高了。

⑧ "易(锡)女(汝)叔市、参冋、䇷恖"一句,在册命中一定会讲到"舆服"一类的东西,后来的史书中有《舆服志》。"舆服"是一种礼仪,也是一种等级的象征,当时的等级每每由"舆服"来体现,清朝覆亡以前,在大街上或戏院里面,看到一些人穿的衣服就能知道他们的身份。今天就看不出来了,今天是谁有钱谁摆,可过去不行,什么样的人穿什么样的衣服是有规定的。清朝最讲究的就是补子,什么样的补子对应什么样的等级,在《大清会典》中都有明确的规定,大家千万别相

信现在的电视剧,电视剧对相关历史的研究是最大的误导。古时的舆服制是很严格的,比如什么等级坐什么样的车,可最为敏感的还是衣服上的一些东西,这些东西让人一看就能看出来等级,所以这一点每每是特别重要的,清朝的时候,最明显的就是顶戴。所谓"顶"就是帽子上面类似于珠子一样的东西,"戴"是后面的花翎。关于"顶戴"的规定是非常细的,现在的人估计也背不下来,这些在《大清会典》中有详细的记载,即使是皇帝,也不能随便更改顶戴。道光是一个很勤俭的皇帝,他不怎么出宫,并不像乾隆那样有南巡的事情,据说道光朝的臣子都要把衣服做旧,打上补丁,因为道光皇帝本人的衣服就很旧。道光在宫中和一些太监的关系特别好,有一天太监们就去道光那里请愿,说我们当太监的服侍了您一辈子,比一些大臣服侍您的时间还长,我们连一个顶戴都没混上。但道光没法办这个事情,因为太监是奴才,不能要求礼部给太监做顶戴。后来实在没办法,由于当时没有白玉顶戴,道光就让太监戴了一个白玉的顶戴。到了晚清,白玉顶戴就成了不好的词,白玉顶戴只有太监才戴,是一个非正式的东西。西周时期的舆服最主要的就是"市"。"市"是围在腰下的一个东西,这一点在某些丧葬制度中也可以看到,虽然已经看不到"市"了,但还是可以看到一些串饰,实际上这些串饰就挂在"市"的前面。当然,这是礼服,是死后随葬的,活着的时候是没法挂那么多的串饰的,要不然没法走路,但是礼节上要有这样一套东西,晋侯墓地中就有很多类似的东西。最常见的是"赤市",也就是"红色的市",

所以"叔市"的"叔"一定是一种颜色,但究竟是一种什么样的颜色,到现在也说不清楚。郭沫若先生读"叔"为"素"①,认为是一种灰白的颜色。杨树达先生把"叔"读为"朱",是红色。②大家要知道,金文中"朱"是很多的,而且常和"叔"放在同一位置上,所以把"叔"读为"朱"还有待研究,总之现在还是没有一个明确的说法。其实,"叔"作为一种颜色,在古书中是有的,见于《韩奕》,《韩奕》有"淑旂绥章","旂"即"旗","章"是上面的花纹,所以"淑"应该也是一种颜色,与"叔市"之"叔"义同。"参同"的"参"也有不同的说法,郭沫若先生读为"穇"。③"同"字,郭老读为"絅",是一种内衣④,至于说是否一定如此,还有待进一步研究。西周的服制确实是有等级的,究竟如何排列,黄然伟和陈汉平过去都做过一些整理,现在关于册命制度的材料逐渐增多,以后应该会有新的著作对此进行整理和补充。不管怎么说,关于册命的某些东西,我们还是不懂,只能是做出一些猜测。"䧹"字,西周金文中有"䧹侯","䧹"在湖北北部,到了春秋以后就写作"中",所以"䧹"的读音一定是"zhōng"。"恩"应该是一种玉器,即"璁珩","䧹恩"指的应该是一种玉器。这样看起来,"参同""䧹恩"应该是和"叔市"相联系的,是对"叔市"的一

---

① 郭沫若:《两周金文辞大系考释》,第262页,北京:科学出版社,2002年。
② 杨树达:《善夫克鼎三跋》,载《积微居金文说》,第99-101页,上海:上海古籍出版社,2007年。
③ 郭沫若:《两周金文辞大系考释》,第262页,北京:科学出版社,2002年。
④ 郭沫若:《两周金文辞大系考释》,第262页,北京:科学出版社,2002年。

种形容。此次赏赐中最为重要的是"舆服"上的调整,"舆服"的升高代表等级的升高,"叔市"就是很重要的一种,"叔市"还见于师毁簋。

⑨ "易(锡)女(汝)田于埜,易(锡)女(汝)田于渒,易(锡)女(汝)井寓䵼田于眺昌氒(厥)臣妾,易(锡)女(汝)田于康,易(锡)女(汝)田于匽,易(锡)女(汝)田于陴原,易(锡)女(汝)田于寒山"一句,散氏盘中分成不同的"田",这句讲的是赐给"善夫克"的"田",也是一块一块的。"埜"和"渒"都是小地名,不可考。这里并没有说赐的"田"有多大,实际上原来的册命中应该有,此处只是原册命的一部分。"井"是西周时期非常大的一个氏族,西周金文中有一大批与"井伯""井叔"相关,清华简的《祭公》中有"井利","井利"是穆王时的三公之一。之后的"井伯"和"井叔"各传了好几代,所以"井"在西周时期是非常重要的。不过我一直有一种感觉,就是到了宣王时期"井氏"已经衰落了,散氏盘中有"井邑田",可见当时的"井"已经是在"矢"和"散"之间了,并不是很有权势的样子,在大克鼎中也是如此。"寓"训为"寄",义为"托管"。"䵼"是地名。"吕"即"以",是一个介词,此处义为"带着"。"臣"是"男仆","妾"是"女仆"。"井寓䵼田于眺昌氒(厥)臣妾"就是"眺代为托管的属于井氏的䵼田以及隶属的男仆、女仆"。我们可以想象,这些男仆和女仆就是在田中劳作的,他们不是地主,也不是自由人,而是原属于"井"的臣妾,此时宣王把属于"井"的田和臣妾赐给了"克",由此也可以看出"井"的衰落。关

于这一点,我在二十世纪五十年代写过文章。[①]有人认为"匔"有可能是一个"田"的名称,关于这一点,后面还有证据。王畿内的"田"并不是想象得那么简单,不是说某一块是"井",某一块是"散",某一块是"矢",实际上当时的地有很多是交叉的,相互错综,还有很多飞地。我们在研究土地问题的时候,一定不能简单化,不能把当时的土地想象得过于规整、过于图像化。"康""匽""隒原""寒山"均为地名,从这些地名就可以看出这些"田"都大不了,而且这些"田"一定不是互相连续的,因此赐给"善夫克"的并不是一个采邑附带一整块地,这一点是我们要特别注意的。此时已经不是西周早期的时候了,西周早期人口稀少,土地宽阔,那个时候封地就好像清军刚入关跑马圈地那样,但是到了宣王时期,已经不是西周早期的状态了。宣王时期不仅有封地,还有封国,最大的就是封他的弟弟"姬友"于郑。此外宣王还在山西封了一个杨国,封杨之事在逨鼎中有明确记载。再有就是将申国的一部分迁到了南阳,是为"南申"。宣王时期的这种封法已经很难了,当时没有那么多空地可以封,所以封杨国的时候,宣王还要派"逨"来当保镖,和戎狄打了一仗,才把杨国给安定下来,杨国后来没占多长时间就被晋国灭掉了,可见当时整个西周已经在走下坡路了。

[①] 李学勤:《殷代地理简论》,载《李学勤早期文集》,第 214 页,石家庄:河北教育出版社,2008 年。

· 2011年上半年第十次课 ·

大克鼎（下）、小克鼎、师克盨（上）

大克鼎（下）

大克鼎我以前曾经讲过，但讲得很粗，这一次我想把大克鼎讲得细一些，可是这样就要花比较多的时间。过去清华有一个很有名的事情，是关于陆和九先生的。陆和九，字懋德，是早期的金石学家，现在很少有人知道他了，但是陆先生的《金石学讲义》近年还有新版。陆先生是一位老先生，与现代考古学的关系远了一些，他是讲金文的，据说陆先生讲毛公鼎讲了一个学期，有人认为这样讲太慢了。实际上毛公鼎要是细讲，一个学期还不一定够用，因为毛公鼎牵涉到的问题非常多，所以如果细讲一些金文，就像讲《尚书》和《诗经》一样，即使是一两篇，也可以讲一个学期或者一年。

大克鼎释文：

克曰[①]："穆=（穆穆）朕文且（祖）师华父，恩

龏乎（厥）心，宥静于猷，悳惎乎（厥）

德，肆克龏保乎（厥）辟龏王[②]，谏

辝王家，叀于万民，頔远能

埶，肆克智于皇天，琐于上下，

得屯亡敃，易（锡）贅无彊（疆）[③]，永念

于毕（厥）孙辟天子，天子明悊，顗孝
于申，至念毕（厥）圣保且（祖）师华
父勋克王服，出内王令（命），多
易（锡）宝休不（丕）显天子④。天子其万年
无彊（疆），保辥周邦，畍尹三（四）方⑤。"
王才（在）宗周，旦，王各（格）穆庙，即
立（位），䢅季右善夫克，入门，立
中廷，北乡⑥。王乎尹氏册令（命）
善夫克，王若曰："克，昔余既
令（命）女（汝）出内朕令（命），今余佳（惟）䊽
䭫乃令（命）⑦，易（锡）女（汝）叔市、参回、苋
悤⑧，易（锡）女（汝）田于埜，易（锡）女（汝）田于
渒，易（锡）女（汝）井寓䙷田于䣅曰
毕（厥）臣妾，易（锡）女（汝）田于康，易（锡）女（汝）
田于匽，易（锡）女（汝）田于陴原，易（锡）
女（汝）田于寒山⑨，易（锡）女（汝）史、小臣、霝、
鼓钟，易（锡）女（汝）井遇䙷人䚋，易（锡）
女（汝）井人奔于㯱⑩，敬夙（夙）夜用
事，勿灋（法）朕令（命）⑪。"克拜顗首，敢
对扬天子不（丕）显鲁休，用乍（作）
朕文且（祖）师华父宝䵼彝，克
其万年无彊（疆），子=（子子）孙=（孙孙）永宝用⑫。

⑩"易（锡）女（汝）史、小臣、霝、鼓钟，易（锡）
女（汝）井遇䙷人䚋，易（锡）女（汝）井人奔于㯱"
一句，所赐的人有几种，有的与"地"是直接结合的，
有的并不如此。"史"是一种书记，大家要知道，古代所

谓"史",不一定都是写历史的。"小臣"是伺候人的。"龠"字,我个人主张读为"籥","籥"是一种吹奏的乐器。"龠"在这里和"鼓钟"一样,是一种乐官。赏赐一些专业职官之人,在西周时期是很普遍的,学先秦史的人一定要读《左传·定公四年》的一段话,即"昔武王克商,成王定之,选建明德,以藩屏周。故周公相王室,以尹天下,于周为睦。分鲁公以大路、大旗、夏后氏之璜、封父之繁弱。殷民六族,条氏、徐氏、萧氏、索氏、长勺氏、尾勺氏。使帅其宗氏,辑其分族,将其类丑,以法则周公,用即命于周,是使之职事于鲁,以昭周公之明德。分之土田陪敦,祝、宗、卜、史,备物、典策,官司、彝器,因商奄之民,命以《伯禽》,而封于少皞之虚。分康叔以大路、少帛、綪茷、旃旌、大吕,殷民七族,陶氏、施氏、繁氏、锜氏、樊氏、饥氏、终葵氏,封畛土略,自武父以南及圃田之北竟,取于有阎之土以共王职,取于相土之东都以会王之东蒐,聃季授土,陶叔授民,命以《康诰》而封于殷虚,皆启以商政,疆以周索。分唐叔以大路、密须之鼓,阙巩,沽洗,怀姓九宗,职官五正,命以《唐诰》而封于夏虚,启以夏政,疆以戎索。"其中"命以《伯禽》"封的是鲁国,"命以《康诰》"封的是卫国,"命以《唐诰》"封的是晋国。在封的时候,总要赐给一些专业职官,封晋有"怀姓九宗,职官五正",封鲁有"祝宗卜史","怀"即金文中的"媿"姓,是戎人,所以要"疆以戎索","五正"就很多了,一般指"司徒""司马""司空""司寇"一类的官。"祝"是"巫祝"一类的官,"宗"是管祭祀的,"卜"是管占卜的,"史"是管记事的,这些都是专业人员,这些人在西周时期都需要特别培养,所以在赏赐封邑的时候,会附带赏赐这些人,此处的"史""小臣""鬻""鼓钟"也是如此。当然,"职官五正"有所不同,这是晋国的特殊情况使然,因为"职官五正"是从唐国的系统中来的。

"井"是西周非常重要的一个氏族,"井"在金文中又作"丼",有人想把金文中的"井"和"丼"分开,但事实上是分不开的。有一点需要注意,就是封在畿外的"邢"在金文中也是写作"井"的,邢国在今天的河北邢台,这是不会错的,并且已经得到了证明,在河北邢台发现了邢国的墓地,麦尊就是讲封邢国的。用为"邢"的"井"都不加点,而畿内的"井",有的加点,有的不加点,二者是通用的。"丼"在日文中有,是一种饼类的食物。"井伯"在西周中期是非常重要的,我们讲过"井伯親","井伯親"担任的是司马之官,传了好多代。另外还有"井叔","井叔"是一个氏,而且代代都是"井叔氏",有一个人叫"井叔叔采","井叔叔采"本人是"叔",所以他的氏确实是"井叔",否则不会写作"井叔叔采"。现在来看"井氏"到了西周晚期就已经衰败了,因为到了西周晚期再也找不到好的"井伯"或者"井叔"的铜器了,"井遈匓人觏"和"井人奔于彚"就与"井氏"的衰败有关。"遈"字见过好几次,比如柞伯鼎就有"告遈","遈"可读为"报",所以"告遈"也就是"报告"。柞伯鼎现藏国博,是国博近年收买的一件铜器。此处的"遈"可读为"报",但"报"应训为"返"。"匓"应该是一个地名。"觏"字,现在也还没有解决,但义同于"司",也就是"管理"。①此处的"覒"我们可以认为是管理户籍,"井遱匓人覒"就是"返回到匓地的井人的管理权",当然这是一种猜想,因为"匓"字我们还不太认识。关于"髟"字,吉林大学的林沄先生写过很好的论文。②"彙"即"量",是商周之际的一个小国,因为金文中有"量侯"。"量"也见于散氏盘,"井人奔于彙"即"奔于彙之井人",也就是"跑到量的井人"。此处赐给"善夫克"的是"田"和"人",这些人很可能后来会到所封的"田"内劳作,这应该不是封国,而是畿内采邑的一次封建。

⑪"敬夙(夙)夜用事,勿灋(法)朕令(命)"一句,"夙夜"义为"早晚"。"用事"即"服于职事"。"灋"读为"废",训为"失"。

⑫"克拜頴首,敢对扬天子不(丕)显鲁休,用乍(作)朕文且(祖)师华父宝䵼彝,克其万年无疆(疆),子=(子子)孙=(孙孙)永宝用"一句,"鲁"与"休"义同,训为"美"。"䵼"训为"献",是祭祀用的,所以称为"䵼彝"。

大克鼎所讲的"田"和"人",就是克盨中的"典善夫克田、人"的"田"和"人",大克鼎的"田"和"人"是分开讲,而且讲"田"的时候有一个特点,就是没有讲"田"的数量。我们以

---

① 整理者按:李学勤先生后认为"覒"即"总"字,义为"统领"。参看李学勤:《由沂水新出孟铭释金文"总"字》,载《夏商周文明研究》,第157-160页,北京:商务印书馆,2015年。

② 林沄:《释史墙盘铭中的遱虘髟》,载《林沄学术文集》,第174-183页,北京:中国大百科全书出版社,1998年。

前讲过一些涉及土地的铜器，可是每每都讲到了"田"的数量，也就是"田×田"，这个"田"是"一夫之田"，当时"一夫受田百亩"，所以"一田"就是当时的"一百亩"。为什么大克鼎中没有讲"田"的数量呢？可能是由于当时的疏漏，也可能是当时所赏赐的"田"还没有和"人"密切地结合起来，所以也就没有严格按照受田制的要求来明确具体有多少"田"。当然，这只是我们的一种推想，可是按照现在我们从金文中所得到的知识，当时所赐予的"田"一定是经过度量的，也就是说，一定会有明确的"四至"，西周中期的师永盂就是如此。这种记载"四至"的制度一直到现代的地契中还存在，明、清以民国的地契中，一定是有"四至"的，有的还有补充，就是要画一张图，把所有的图拼在一起的制度，在明代已经非常齐备了。因为这些图是一块一块的，且不规则，看起来就像鱼鳞一样，所以称之为"鱼鳞册"，"鱼鳞册""黄册"是当时土地制度最基本的文件，这些在现代还有遗存，很多学者都做过专门研究。像这种"四至"的记载以及所画的图，我们估计在西周时期已经有类似的雏形了，这一点是没问题的，否则怎么能说得清楚"四至"呢？为了更清楚地说明土地问题，当时的人在交地的时候是一定要经过度量的，散氏盘就是如此，而且要派出官员和双方的相关人员进行实地测量，这就是所谓的"履田"，也就是"步田"，度量的结果一定会记录下来，所以当时一定有一种类似于"鱼鳞册"制度。这种所谓"图"的记载，大家看《周礼》就能明白。

如果把有关的金文都查一下，就会发现很多金文中"田"和"人"都没有区分开来，因为有"田"就有"人"，即"有人则有土，有土则有财"。当时的"人"和"田"每每是结合在一起的，赏赐的时候也是结合在一起的，也就是说赏赐的土地中连带着土地上的人。但是在大克鼎中"田"和"人"是分开的,这说明至少在赏赐的时候,"田"和"人"没有很好地结合在一起,否则就不用单独再讲"人",只说"田"就可以了。大家要知道,劳动者与生产资料的结合方式是决定当时社会的重要因素,这是马克思主义经济学的一个基本原理,如果大家读过马克思的经典著作《资本论》的第二卷《政治经济学手稿》的相关材料,就可以明白这一点,如果大家对此有兴趣,还可以去读一下马克思的手稿《前资本主义诸形态》。

大克鼎以及克盨所讲述的是宣王十八年很重要的一件事情,就是赐给"善夫克"采邑,可见"善夫克"在宣王十几二十年的时候是非常重要的。

小克鼎

小克鼎(见图1、图2)的铭文比较短,是目前所知的"克"器中年代最晚的一件,克盨和大克鼎都是宣王十八年,小克鼎是宣王二十三年。

图1 小克鼎

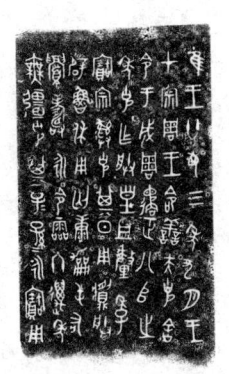
图2 小克鼎拓本

小克鼎释文：

隹（惟）王廿又三年九月，王

才（在）宗周①，王命善夫克舍

令（命）于成周遹正八𠂤之

年②，克乍（作）朕皇且（祖）釐季

宝宗彝③。克其日用䊼朕

辟鲁休，用匄康劢、屯右、

䚘（眉）寿、永令（命）、霝冬（终）④，迈（万）年

无彊（疆），克其子=（子子）孙=（孙孙）永宝用。

　　①"隹（惟）王廿又三年九月，王才（在）宗周"一句，此处的"廿又三年"是周宣王的二十三年，过去我们讲过的文盨也是周宣王二十三年的器物。"宗周"就是"镐京"。

　　②"王命善夫克舍令（命）于成周遹正八𠂤之年"一句，"舍"义为"给予"，"舍命"相当于"传命"，"传命"是"出纳王命"的一部分。"出纳王命"是宰官的一个重要职责，这一点大家可以看一下《周礼·宰夫》。"克"的祖先"师华父"的职责之一，就是"出纳王命"。"成周"就是"洛阳"，"洛阳"是东都。"遹"读为"聿"，是一个虚字。"正"训为"定"，"𠂤"读为"师"，"遹正八𠂤"即"聿正八师"，也就是"安定八师"。"王命善夫克舍令（命）于成周遹正八𠂤"与当时的政治形势有关，成周是西周的东都，是统治东方和南方的中心，金文中凡是涉及东、南的事情，多是从成周出发，晋侯苏钟就是如此。到了宣王二十三年的时候，宣王对北方猃狁和

南方淮夷的战事基本上都结束了,此时宣王中兴也已达到高峰。厉王晚年到宣王二十三年这段时间,成周一定会受到战事的影响,成周是对东、南作战的出发点,所以一定会有调动军队等一系列的事情。到了宣王二十三年,中兴大业达到了高峰,这就需要派一个重要的大臣对成周八师进行安抚、整训。此处的"遹正八𠂤之年"就是"宣王二十三年",这是目前为止所见到的金文中,唯一一件把王位纪年和大事纪年结合在一起的例子。类似的还有《洛诰》的"周公诞保文武受命惟七年",至于说这个"七年"是指"周公受命七年"还是"成王七年"就有争论了。大家要知道,用大事纪年不仅中国有,外国也有,用王位来纪年也是很普遍的现象,楚简以及楚系金文中很多都是用大事纪年,齐国也有类似的情形,所以大事纪年和君位纪年是并行的,这种情况一直到了秦、汉以后才有所改变。

③"克乍(作)朕皇且(祖)釐季宝宗彝"一句,"釐季"是"克"的祖先,但要晚于"师华父"。

④"克其日用�朕辟鲁休,用匃康勳、屯右、黺(眉)寿、永令(命)、霝冬(终)"一句,"䣐"训为"献"。"朕辟"即"我的君主"。"匃"训为"求"。"康勳"即"康和","屯右"即"纯佑"。

这篇铭文中最难讲的就是"八𠂤",这个问题很多年以前我写了一篇小文章进行过专门讨论。[①]大家要知道,读为"师"的"𠂤"

---

① 李学勤:《论西周金文中的六师和八师》,载《李学勤文集》,第215-223页,上海:上海辞书出版社,2005年。

和训为"小山"的"𠂤"在字形上每每易混,现在看起来"师"字在金文中可以写作"𠂤",也可以写作"帀",还可以写作"师"。但是大家要注意,凡是作为尊称叫"师某父"的时候,一定是写作"师"。讲"军队"的时候,一定写作"𠂤",比如"六𠂤""八𠂤",这应该是当时的一种习惯。实际上我认为读为"师"的"𠂤"和训为"小山"的"𠂤"是两个字,训为"小山"的"𠂤"和"𨸏"字有关。在甲骨文中,"𨸏"字作"̌",""𠂤"字作"̌",""̌"是把"山"字立了起来,"̌"是把"丘"字立了起来,所以"̌"就是比较大的山,"̌"就是比较小的山,这一点孙诒让已经讲清楚了①,后来杨树达先生将这个问题讲得更清楚了一些。② "逐"字是从"豕"的,"豕"代表动物,所以在甲骨文中"逐"专指追动物。甲骨文中追人的时候用的是"追",因为"追"字是从"𠂤"的,"𠂤"即"师",训为"众",所以甲骨文中"追"专指追人,而"逐"专指追动物,但是"追"和"逐"到了金文中分得就不是那么清楚了。训为"众"的"𠂤"本来是另外的一个字,与训为"小山"的"𠂤"在甲骨文中的写法并不一样,只是字形到后来有所混同,因此同样的字形有时候有不同的释读,这一点是很重要的,楚简中也有这种情形。总之训为"众"的"𠂤"与训为"小山"的"𠂤"是两个字,只是字形相似,同形异字的情况在古文字中并不少见。外国文字有时候也是如此,虽然是拼音文字,但相同的拼写却能表示不同的意思,所以就会在读音上加以区分。我们讲"六𠂤""八𠂤"的"𠂤"都是指训为"人众"的"𠂤"而

---

① 孙诒让:《契文举例 名原》,第 259-261 页,北京:中华书局,2016 年。
② 杨树达:《释追逐》,载《积微居甲文说》,第 27-29 页,上海:上海古籍出版社,2007 年。

言,与"丘"字立起来的"𠁣"无关,虽然后来二者在字形上相混,但从字源上来讲并没有关系。

什么叫"六师""八师"呢?

宋代著录的鼓霉簋有"隹(唯)巢来伐,王令(命)东宫追目六自之年"一语。"巢"是"巢国",在今天的安徽巢县,属于当时的淮夷,是一个偃姓国。"伐"如何释读,还有争论,但应是"侵扰"之义。"东宫"是一个王子,现在都说"东宫太子",太子不一定都住在"东宫",但"东宫"肯定是一个王子,这是没问题的。巢国来侵犯,"王"就命令"东宫"带领"六自"追击,这是一件大事,鼓霉簋以之纪年,此处的"六自"一定指"军队"而言。《诗·大雅·常武》有"整我六师",《书·康王之诰》有"张皇六师",此处的"六师"都指的是军队。根据《周礼》,周人的军队是"六军",一军有五师,每一个"师"有两千五百人,所以一个"军"有一万两千五百人。《周礼》的记录可能是经过了后人的修改,而且《周礼》是一种不实行的东西,时代稍晚,按照现在我们了解的西周制度,当时只有"六师",所以《诗》《书》和金文中的"六师",就是《周礼》中的"六军"。大家要知道,"六军"的说法不是仅见于《周礼》,《左传·襄公十四年》中就有"周为六军"。《谷梁传·襄公十一年》有"古者天子六师",所以陈奂在《诗毛氏传疏》中认为"六师"就是"六军"[1],这是没有问题的。

吕服余盘中也有"六师",吕服余盘是近年发现的,现藏于西安市考古所,吕服余盘有"王曰:'服余,令(命)女(汝)更乃且(祖)考事,疋备中(仲)䣛六自(师)服'"一句,"服余"就是器主"吕服余","吕"是氏,是姜姓。"服"是职官名,即古

---

[1] 陈奂:《诗毛氏传疏》,第982页,南京:凤凰出版社,2018年。

书中的"司服"。"余"是名。"更"义为"续","疋"读为"胥",训为"助","疋备中(仲)嗣六自(师)服"就是"帮助备仲管理六师之服,此处的"服"指的是"戎服",也就是"军服","吕服余"是管理军服的,而且辈辈都是"司服",相当于现在后勤部管军服的。由此可知,吕服余盘中的"六师"指的一定是"军队"。

如果仔细考虑,金文中的"六师"不一定是军队,而且有些一定不是军队。1955年,陕西眉县李家村出土的盠方尊、盠方彝中有"用嗣六自、王行,三有嗣:嗣土、嗣马、嗣工,王令(命)盠曰:'甹嗣六师眾八师执'"。"行"是军制的一部分,后来晋国有"三军"和"三行","行"有两个音,即"xíng"和"háng",这两个音今天我们区别得很清楚,但古音是一样的,古音是阳部字,所以应该读"háng"。这里会产生一个问题就是如果"六师"是军队,那"六师"中又怎么会有"三有司"呢?有人认为"王行"也是一个官名,因为古书中有"公行"。但不管怎么说,"三有司"是一套地方职官,除了"司马"是军职,剩下的"司徒"和"司工"又应该怎样理解呢?"甹"义同"嗣",而"执"义为"种植",与"农林"有关,那么"甹嗣六师眾八师执"又该怎样理解呢?要理解这些,我们就要了解西周的制度。了解西周的制度主要根据《周礼》,《周礼》记载在宗周有"六乡","六军"出自"六乡","六军"就是"六师","六师"是出自"六乡"的,"六乡"的首长就是战时"六师"的将军,所以当时的制度是"兵农合一"。这一点在《周礼》中讲得非常清楚,每一个乡出一个军,军帅命卿,也就是说在乡里面是乡大夫,在王朝中就是六卿,这一点《周礼·大司马》中的《序官》和《周礼·大司徒》中的《序官》讲的是一致的,实际上"六师"就是"六乡",这对于我们理解当时的军事、土地制度很有帮助。晋国只有"三卿",因为晋国只有"三军"。齐国也是"三军",只不过齐国是国君亲自带领一个军,国氏、高氏各领一军。大国有"三军",王朝有"六军","六军"就是"六师","六师"出自"六乡",从行政制度上讲是"六乡",从军事制度上讲是"六师",所以"六乡"就是"六师"。因此"用翻六自、王行,三有翻:翻土、翻马、翻工,王令(命)盠曰:'覵翻六师眔八师埶'"讲的是"六乡"的制度,"六乡"中每一乡都会有司徒、司马、司工,此处是让器主"盠"来掌管"六乡"的"埶","埶"即"蓺",义为"种植",《诗经》中有"我蓺黍稷"。类似的还见于陕西宝鸡虢镇出土的南宫柳鼎,南宫柳鼎中有"武公",所以南宫柳鼎是厉王时器,南宫柳鼎有"王乎乍(作)册尹册令(命)柳:'翻(司)六自牧、阳、大囗,翻羲夷阳、佃事'"一语,"牧"是"牧人",主管放牧,"阳"就是"场",即"场人",是管种植果蔬的,"佃"即"甸",所以南宫柳鼎中的"六师"也相当于"六乡",是一个行政单位。

大克鼎有"八自","八自"在金文中见过很多次,最早的是现藏我国台湾史语所的西周早期的小臣謎簋,小臣謎簋有"伯懋父吕殷八自征东尸"一语,有人认为"伯懋父"是"康叔封"之子"康伯髦",刘启益先生认为"伯懋父"是"祭公谋父"。[1]把"伯懋父"讲成"康伯髦"还可以考虑,但讲成"祭公谋父"是不行的,因为"懋"和"谋"在音韵上不太讲得通,而且现在清华简有《祭公》,简文证明"祭公"确实叫"昬父","昬"即《说文》中的"谋"之古文。禹鼎有"王廼命西六自、殷八自曰:'勴伐噩侯驭方,勿遗壽(寿)幼'"一句,"西六师"就是"宗周六师",春秋时期的子犯编钟也有"西六师",但是当时"西六师"并没有来,而是晋

---

[1] 刘启益:《西周纪年》,第222页,广州:广东教育出版社,2002年。

文公假借王命,所以说是西六师打败了楚国,但实际上是晋国人打的,这只是政治上的一种说法。"西六师"是周人的"六师",周人在西,常自称"西土之人"。"殷八师"也叫"成周八师",曶壶有"更乃祖考乍冢司徒于成周八师"一语,"冢司徒"即"大司徒"。小克鼎记载"王"让"善夫克"到成周去"遹正八师",所以"成周八师"就是"殷八师",因为"成周之民"是"殷民",周公平定三监之乱后就迁殷遗民于成周,因而成周的主要军力就是殷民。汉高祖平定天下之后也把六国的贵族迁到长安,《秦讞书》中的那个恋爱悲剧就是在这个背景之下。中国古代会有这样的情况,把被征服一方的主要贵族和人民进行迁移,之所以要这样,是因为当时的人以血缘关系来维系,以家族为单位。封鲁国的是"殷民六族",封卫国的是"殷民七族",封晋国的则有"怀姓九宗、职官五正"。不管是成周,还是宗周的六乡,都是以家族的形式结合起来的,因此会有一个血缘方面的领袖,这与当时的族氏制度有密切关系,这方面在考古上研究得很少,我们希望将来有更多的考古资料能够继续研究这一类的问题。殷民被迁到成周之后,完全是支持周朝的,而且出去打仗的时候,"殷八师"还是主力部队。实际上当时的国家就是如此,很大程度上是由血缘来维系的,用欧洲的情况来比拟一下,就是有一定血缘性质的共同体。现在我们经常讲"小区","小区"英文就是"community",也就是"commun"(社区)的制度,这是资本主义以前的一种特殊形式,我们中国的氏族制度在一定意义上也是这种形式。对于欧洲前资本主义时期的情况,欧洲学者做过很多的调查研究,这些调查研究中的很多问题我们没有很好地去学习。对于这些问题,马克思是专门研究过的,马克思晚年写《政治经济学批判》的时候,用了很多时间去读这一类书,其中包括梅因做的印度这方面的调查研究以及科瓦列夫斯基做的俄罗斯这方面的研究,甚至摩尔根的《古代社会》也属于这一类研究。

"善夫克"之所以在宣王二十三年去正"成周八师",是因为"殷八师"在平定南方叛乱的时候起了很大的作用,特别是征伐淮夷的时候,一定是动员"成周八师"的,在这种情况下,不论是在经济上,还是人员上,"成周八师"都有相当大的损失。禹鼎就是这样,虽然禹鼎记载的是厉王时期的事,但是我们也可以看到当时"西六师"和"殷八师"打"鄂侯驭方"是很不容易的。开始"西六师"和"殷八师"很害怕,后来"武公"派遣"禹"去前线督战,在共同努力之下才打败"鄂侯驭方",可见当时打仗很不容易,因此"善夫克"做这些事情还是很有必要的。

师克盨(上)

师克盨见于著录的有两件,即《集成》的4467和4468。4467现藏故宫,器盖俱全,4468现藏陕西历史博物馆,只有盖。师克盨盖一直到二十世纪五十年代才发表出来,唐兰先生还就此写了文章。[①]从那时起就有人怀疑"师克"是"善夫克",这个说法很流行,可师克盨的"师克"并不是"善夫克",虽然师克盨和"善夫克"器的时代差不多,但"师克"和"善夫克"确实不是同一个人,这一点读过师克盨之后,大家就可以明白(见图3、图4、图5、图6、图7)。

---

① 唐兰:《〈陕西省博物馆陕西省文物管理委员会藏青铜器图释〉序言》,载《唐兰全集》第三册,第1147-1162页,上海:上海古籍出版社,2015年。

图3 师克盨（故宫藏）

图4 师克盨（陕博藏）

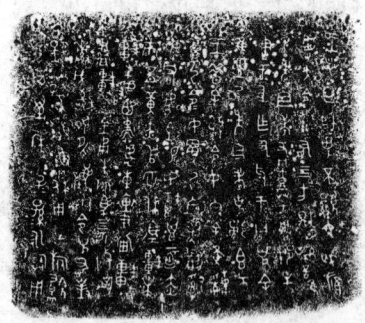
图5 师克盨（故宫藏）盖铭

图6 师克盨（故宫藏）器铭

图7 师克盨（陕博藏）盖铭

师克盨释文：

王若曰："师克，不（丕）显文武，雁
受大令（命），匍有三（四）方，则隹（惟）乃先
且（祖）考又爵于周邦，干害王身，
乍（作）爪牙。"①王曰："克，余隹（惟）至乃先且（祖）
考克㽙臣先王②，昔余既令（命）女（汝），今
余隹（惟）釐豪乃令（命），令（命）女（汝）更乃且（祖）考
䫅嗣ナ右虎臣③，易（锡）女（汝）鬯一卣，
赤市：五黄，赤舄：牙僰，驹车：桼
较、朱虢、䩛靳、虎冟、熏里、画
轉、画鞴、金甬、朱旂、马三（四）匹：
攸勒，素戉，敬夙（夙）夕勿灋（法）朕令（命）。"④
克敢对䍙天子不（丕）显鲁休，用乍（作）
旅盨⑤。克其迈（万）年子=（子子）孙=（孙孙）永宝用。

①"王若曰：'师克，不（丕）显文武，雁受大令（命），匍有三（四）方，则隹（惟）乃先且（祖）考又爵于周邦，干害王身，乍（作）爪牙。'"一句，"文武"指"文王"和"武王"。"雁"读为"膺"，训为"受"。"大命"即"天命"，"匍有三方"在《尚书》中常写为"敷佑四方"，实际上就是"广有四方"之义。"爵"是从"冖"声的，可读为"惢"，义为"功勋"。"干害王身"之"干"，读为"捍"，义为"捍卫"。"害"是一个月部字，但从金文中来看，"害"总是和鱼部字有关，虽然在音韵上很难讲通，但在金文中确实如此。金文中的"猷"即"胡"，从"害"的字有的作"囍"，从"吾"的一定是鱼部字，

所以此处的"害"可读为"敔",训为"御","干害王身"即"捍御王身",也就是"保卫王身"。"爪牙"在金文中比较少见,师询簋作"厷殳","厷"是象形字,甲骨文作"㕁",指的是"大臂"。"肱股"指的是"王必须依靠的大臣","爪牙"指的是"王的武将",所以"师克"是武官出身,而且代代都是武官。

·2011年上半年第十一次课·

师克盨（下）、兮甲盘（上）

师克盨（下）

师克盨释文：

王若曰："师克，不（丕）显文武，雁
受大令（命），匍有三（四）方，则隹（惟）乃先
且（祖）考又爵于周邦，干害王身，
乍（作）爪牙。"①王曰："克，余隹（惟）坙乃先且（祖）
考克䜊臣先王②，昔余既令（命）女（汝），今
余隹（惟）䚩䕻乃令（命），令（命）女（汝）更乃且（祖）考
觏嗣ナ右虎臣③，易（锡）女（汝）䚳鬯一卣，
赤市：五黄，赤舄：牙樊，驹车：桼
較、朱虢、靣靳、虎冟、熏里、画
轉、画轙、金甬、朱旂、马三（四）匹：
攸勒，素戈，敬夙（夙）夕勿灋（法）朕令（命）。"④
克敢对觏天子不（丕）显鲁休，用乍（作）
旅盨⑤。克其迈（万）年子=（子子）孙=（孙孙）永宝用。

②"克，余隹（惟）坙乃先且（祖）考克䜊臣先王"
一句，"克"即"师克"。"坙"读为"经"，训为"迹"，

义为"追溯"。"克黪臣先王"的"克"训为"能"。"黪"金文中或作"給",此处读为"令",《尔雅》"令,善也"。"臣"义为"服侍"。

③ "昔余既令(命)女(汝),今余佳(惟)龘寰乃令(命),令(命)女(汝)更乃且(祖)考颗嗣十右虎臣"一句,"龘寰"现多读为"申就",义为"再成"。"昔"和"今"是相对的,"昔"是"过去","今"是"现在"。"昔余既令女"的"既"义为"已经",此处加一个"既"字表示过去,可见过去所给的册命基本上也是这个样子,可能是在舆服以及赏赐上面有所增加。关于这类问题,大家多读一些西周中晚期的铭文,就能体会到里面的用词还是很严格。如果过去从未册命过,那就会是另外一种说法,如果过去册命过,但现在册命的是完全不同的官职,那又是一种说法。"更"训为"续","颗"字到现在还没有一个确切的读法①,但意思和"司"是一样的,有人说是"摄",或者是"兼",实际上都不太可能。"十"即"左",曾经有同学问我"十"字是什么时候改的,这一点我写过文章②,金文中的"十"作"ᛞ"或"ᛞ",楚文字的"十"作"ᛞ",从"工"的"ᛞ"字是从秦文字来的,《马王堆帛书》中的《式法》就是例证。《式法》原来叫《篆书阴阳五行》,《式法》是后改的名字。《式法》

---

① 整理者按:李学勤先生后认为"颗"即"总"字,义为"统领"。参看李学勤:《由沂水新出盂铭释金文"总"字》,载《夏商周文明研究》,第157-160页,北京:商务印书馆,2015年。

② 李学勤:《新出简帛与楚文化》,载《楚文化新探》,第28-39页,武汉:湖北人民出版社,1981年。

中最开始写"左"的时候写为"?",后来又有"左"的时候写作"?",第三次又写作"?",据此我们可以猜想书手是一个楚人,后来被秦人统治,要学秦人的字,所以他写的字就是半楚半秦,我们判断这是在秦人统治之下曾受过楚国教育的一个人。这种情况是很普遍的,就好像简体字和繁体字一样,简体字推出之后,像我们这种写惯了繁体字的人在书写的时候,时不时就会写成繁体字。"虎臣"就是《周礼》中的"虎贲","西六师"和"殷八师"的性质可以表明当时朝廷的军队是"兵农合一"的,也就是说什么时候打仗就从六乡中抽调军队,这一点一直到春秋甚至到战国初期很多国家还都是如此,这是临时抽调的部队而不是常备军。可是"王"的周围必须有一些常备部队,按照《周礼》记载,周王的常备部队中很重要的一部分就是"虎贲"。此处是说"觐嗣亍右虎臣",可见当时的"虎臣"也就是"虎贲","虎贲"是分为左右两部分的。有的学者认为此处的"左"和"右"是职官的名称,这个观点我们是不太赞同的,因为职官中所谓的"左"和"右"是比较虚的名称,多指"王"的侍臣,而不是武将,所以还是把"虎臣"分为"左"和"右"为好。由这句可知,"师克"的祖先一直就是担任此职,而且前文的"不(丕)显文武,雁受大令(命),匍有三(四)方,则隹(惟)乃先且(祖)考又(有)爵于周邦,干害王身,乍(作)爪牙"也是从文王、武王讲起。这和"善夫克"不同,"善夫克"的祖先"师华父"是恭王时代的人,是自恭王之时讲起,可见"王"讲这些话的时候实事求是,并非虚言,因此自文、武时代开始,

"师克"的家族就是武将,捍卫王身。如果可以这样理解,那我们就更加可以看到西周的世官制度是根深蒂固的,而且世官制也是西周非常重要的一个组成部分,因为师克盨的时代是西周晚期,自文、武开始已经过了二百年左右。

④ "易(锡)女(汝)叆帀一卣,赤市:五黄,赤舄:牙襮,驹车:㮚较、朱虢、䡇靳、虎冟、熏里、画轉、画㦿、金甬、朱旂,马三(四)匹:攸勒,素戉,敬夙(夙)夕勿灋(法)朕令(命)"一句,这些赏赐和"师克"的身份是有关系的,我并不提倡研究金文的时候过细地去研究这些东西,因为这些舆服上的东西太麻烦了,而且其中有很多词语无法完全落实。现在从考古学上来看,西周的车各种各样,甚至同时出土的车也是各种各样,晋侯墓地就是如此,所以我认为对中国古代的车制应该有更多的了解。英语中最多的就是关于"船"的词,很多词现在的英国人也不认识,因为那个时候英国对"船"太讲究了,关于"船"的词就越来越多,分得也就越来越细。商周时期"车"是非常重要的,而且在政治制度上,舆服是代表身份的,"车"又是舆服的代表之一,所以车上的东西就越来越细,并且随着时代的发展还会产生变化,在这种情况之下,我们很难完全掌握。这就好像清代的补子和帽子,如果想知道具体的情况,去查《大清会典》就可以了,可是如果用《大清会典》中的图去对照实物,往往会有所不同,类似的情况很多,对于这类事物不能死看。孙诒让作《周礼正义》八十卷,其最大的特点就是不死看,能说多少就

说多少，这恰恰是孙诒让深入研究的成果。后代有些学者非要死扣不可，这就会产生一些问题，因为文字上的东西未必完全实现，而且文字上的东西也会随着时间、地点而有所变化，所以一定不能用规定的东西来套，实际上也是套不了的。我不太主张初学金文就费太多的力气去考定舆服，因此下面涉及舆服的东西，我们简要地讲一讲，介绍一下各家说法，其实很多东西我们并不了解。"鬯"所从之"𠂉"即今之"矩"，所以"鬯"就是古书中的"秬"，"秬"是"黑黍米"，"鬯"是一种香草，即"郁金"，"鬯鬯一卣"也就是"用黑色的黍米酿成的香酒一卣"。"卣"字在甲骨文中就有，作"𠧪"，像葫芦的形状，可是我们不能直接推论商、西周时期那种歪脖并且带链子的青铜器一定就是"卣"。从字形来看，"卣"应该是像果实一类的东西，比如"栗"在甲骨文中就写为"𣎴"，并不是歪脖的酒葫芦，歪脖像葫芦的酒器反而应该叫作"壶"，今天我们所认为的"壶"，本身就是"葫芦"一类的东西。我们一直称的"提梁卣"究竟是不是"卣"，还真是一个问题，因为从宋代以来一直就称这类带提梁的器物为"卣"，但这种器物凡是有自名的，一般都称为"彝"，很少有一个确切的名字。对于古代青铜礼器的命名问题，还有很多是我们所达不到的，需要更多的材料，我个人主张目前还是以传统读法为好，不要标新立异。关于青铜器的纹饰，我还是主张用容庚先生《商周彝器通考》中的名称，因为现在同一种纹饰会有很多不同的名称，但这些不同的名称实际上是无法证实的，所以还是用大家公认的说法为好。有"秬鬯"的赏赐，等级是很高的,"柜鬯"在当时未必很值钱,但这是象征性的,不论什么东西只要是天子赏赐的都是很了不起的。"赤市"是"红色的蔽膝","五黄"是形容"赤市"的,"黄"可读为"珩",也可读为"璜",是"赤市"前面的玉饰。大家要知道,凡是赏赐舆服的时候,多是先说出某个东西的全称,后面再讲述这件东西的特点,过去的人不知道这一点,所以就把这些东西全都平列起来,那赏赐的东西就无数了。"舄"是一种靴子,"赤舄"即"红色的靴子"。"牙僰"之"牙",读为"邪",通作"斜","僰"即"偪",读为"服","斜服"是一种绑腿,这是陈剑释出来的。①绑腿在现今的部队中似乎没有了,过去当兵的第一件事就是打绑腿,我小时候也有军训,当时军训非常重要的一课就是打绑腿,绑腿要打得非常紧,非常漂亮才行,我总是打得松松垮垮的。"斜服"就类似于"绑腿",至于说具体的长短、类型也说不太清楚,"牙僰"和"赤舄"是配合在一起的。"赤市:五黄"和"赤舄:牙僰"是属于"服"的赏赐。眉县李家村出土过一个驹尊,看上去就是一个小马的形状,"驹车"的"驹"是一种已经可以服车的马。《周礼》中有"执驹",所谓"执驹"就是让马练习驾车,因为商、西周时期马的作用主要是驾车,并不是骑,但我们不能就此很鲁莽地认为商代或西周的人不会骑马。可在当时确实没有"鞍鞯"一类的东西,特别是没有马镫,马镫要到魏晋以后才出

---

① 陈剑:《西周金文"牙僰"小考》,载《语言》第四卷,北京:首都师范大学出版社,2003年。

现,所以商、周时期骑马并不是很方便,但应该也能骑,比如西安老牛坡的墓中就出土过一人、一马、一狗,可以想象主人是骑着马牵着狗去打猎的,所以甲骨文中所谓的"犬人"在打猎的时候,不仅仅是牵着狗,可能还有一匹马。什么叫"驹"呢?按照我下放的北方农村的说法,马刚一生下来就叫"马驹子",马一生下来就能站起来跑了,可刚生下来的马驹是不能驾车的,古代所谓的"驹"一定比这个大。"驹"在《诗经》中有两种说法,一个是《汉广》的毛传认为"五尺以上曰驹",另一个是《株林》的郑笺认为"六尺以下为驹"。当然那时候的尺比较小,一尺也就是今天的十七或十八厘米,所以实际上毛传和郑笺的说法并不矛盾,"驹"就是五尺以上六尺以下的马,当然这样的马还未成年,但比较健壮,可以驾车。《说文》认为"马二岁曰驹",这是以马的年岁来算的。总之,"驹"是刚刚可以服车的马,此铭后面还有"马四匹",那么是不是驾车的马都是"驹"呢?我认为不一定,此处的"驹车"可能就是一种"车"的名称。下面的这些话都是形容"车"的,"桒鞁"的"桒"相当于"贲",义为"杂色",也就是深浅色相交错,也有人认为是"麻色",这可能是从英文"linen colour"翻译来的。"鞁"相当于"较",《说文》"车骑上曲铜也",是车侧面的一个钩,一直以来都是这种解释,这是从毛公鼎来的,但我自己从来不太相信这个说法,因为《说文》是汉代的,所以有很多东西我们也说不清楚。"朱虢"的"虢"读为"鞹",是车的组成部分。"圅"即《说文》中的"靬",义为"车轼","靳"是"当膺",是马胸前的装饰。"冟"读为"幂","虎冟"是用虎皮做的幂,我想这不一定是真的虎皮,当时不大会有那么多的老虎,现在东北虎那么宝贵还养不活。"熏"是"浅绛色",也就是"浅朱红色"。这个车外面是虎皮,里面是浅朱红色。"画轉"和"画䡇"的"画"应理解为"彩绘","轉"或作"轉",是车底下的皮带,"䡇"字,《说文》"车伏兔下革也",是车下面的皮饰。当时的车是很复杂的,有人想用秦始皇陵中的车为蓝本,画出西周时车的样子,可还是画不出来。大家要知道,"昏"字之所以后来写作"昏",是为了避唐太宗李世民的讳,《世本》改为《系本》也是这个原因。"金甬"的"甬"有各种不同的说法,其中最为流行的是将"甬"读为"釭","车釭"指的是"车轴",这是徐同柏在《从古堂款识学》中提出来的。[①]我个人觉得这一点最不可信,因为现在所见的商周时期的车轴都是木头的,不仅是我这样说,很多人都批评这种说法,他们引用《后汉书·舆服志》的"轵左右端之筒",但这个太小了,我认为"金甬"就是"金筒",应该是车上主要部件的青铜套,这类青铜套出土是很多的。"朱旂"即"朱旗",是红色的旗,可以插在车上。由此也可以看出"金甬"不会是一个很小的部件,要不然没法与"画轉""画䡇""朱旂"相配合。"羍軨""朱虢""䤴靳""虎冟""熏里""画轉""画䡇""金甬""朱旂"都是形容"驹车"的,虽然各家对车制有不同的说法,但我们知道的还很有限,等将来发掘多了,也许可以更好地解决相关

---

① 徐同柏:《从古堂款识学》,载《金文文献集成》第十册,第472页,北京:线装书局,2005年。

问题。如果大家有兴趣也可以去查一查，实际上找一本毛公鼎的集释就可以了。"攸勒"是形容"马四匹"的，"攸勒"有各种解释，我个人认为"攸"应该读为"鋚"，是一种白色的金属，"勒"是"马笼头"。"素戉"是没有花纹的斧钺，这是武将斩杀之权的象征。因为"钺"代表斩杀之权，所以周武王在征伐的时候也是拿着钺的。此处要说明一下，近些年很多人把"钺"讲成君王的象征，从此铭看则不然，虢季子白盘里面也有"钺"，"虢季子白"也不是一个身份很高的人。"灋（法）"，读为"废"，义为"失"。

⑤ "克敢对飏天子不（丕）显鲁休，用乍（作）旅盨"一句，此处的"盨"是从"升"的。这有两种解释：其一是"升"可训为"登"，有"进献"之义，这件盨是进献之器，所以从"升"；其二为当时已经有升斗之制，所以加了一个形符"升"。"盨"字，也见于近年晋侯墓地所出之物。

我们介绍师克盨，是为了让大家把师克盨和"善夫克"的器物对比一下，一般认为"师克"和"善夫克"不可能是同一个人，具体的就留给大家去分析了。

兮甲盘（上）

兮甲盘是一件非常著名的器物，可惜的是现在不知下落，可以说兮甲盘是宋元时期传留下来的最重要的器物之一。

宋代金石之学大盛，著录了非常多的青铜器，这一点去看王国维先生的《宋代金文著录表》就可以知道，有金文的铜器所占的比例是相当大的，大家去看薛尚功《历代钟鼎彝器款识法帖》就能明白。但是到了今天，赵宋古器绝大多数都没有了。有一些铜器，比如禹鼎等，都不是从宋朝直接传下来的，而是同文的器物，现在所看到的那件禹鼎，我们明确知道是和"梁其"的器物一起从陕西扶风任家村出土的，所以不可能是宋代的那一件，只是二者同铭而已。此外还有厚趠方鼎，厚趠方鼎现藏上海博物馆，厚趠方鼎的铭文和宋代著录的一样，但花纹却完全不同，宋代著录的是素面，没有纹饰，但上博藏的则有很多纹饰，不知道是不是宋代的人错了，这个问题现在还不明白，所以很难把上博所藏的厚趠方鼎落实为宋代著录的那一件。

兮甲盘是流传有序的，从元代以后有明确的流传记载，兮甲盘还是比较大的一件器物，铭文有一百三十字左右，是比较重要的青铜器。关于兮甲盘，元代的记载见于大书法家鲜于枢的《困学斋杂录》。《困学斋杂录》有"周伯吉父盘铭一百三十字，行台李顺甫鬻于市，家人折其足，用为饼炉。予见之，乃以归予"。由这段记载可以判断，此时不是兮甲盘出土的时间，所以很多人判断兮甲盘是南宋时期出土的。"用为饼炉"这个事并不稀奇，虢季子白盘还当过马槽。与鲜于枢同时的记载还有陆友仁的《研北杂志》，记载的内容也差不多。自鲜于枢以后，兮甲盘就在历代藏家手中流传，到了晚清的时候，可能是由于打官司，兮甲盘被没收了，入了保定官库，这个记载见于方濬益《缀遗斋彝器款识考释》。吴式芬《攈古录金文》记载说这件器物在直隶清河道官库，当时分府、道，清河道就在保定，所以方、吴二人所记是一回事。后来兮甲盘又从官库中流散出去了，这一次遇到了有眼力的人，就把这件盘卖到了古董店,最后归于潍县大收藏家陈介祺。到了陈介祺手里之后,兮甲盘就有了若干拓本,今天能看到的拓本都是陈介祺那个时代所拓。陈介祺去世后,他所收藏的器物为其后人所分,兮甲盘哪儿去了呢?今天有两件兮甲盘存在,这两件兮甲盘我都看见过。一件在香港中文大学的文物馆,这件东西很容易判别真伪,一看就是仿品,不必详细讨论;另外一件在日本东京的书道博物馆。书道博物馆所藏的兮甲盘我也看过,我去看的时候主人在场,但是书道博物馆非常狭窄,里面摆了很多的玻璃柜子,兮甲盘就在其中,虽然能够看到,但不能直接看到,中间隔了一个柜子,无法打开,虽然看见了,但却看不清楚。这件兮甲盘在日本二玄社二十世纪六十年代印的一本画册中有照片,这个照片白川静的《金文通释》中也有,但没有二玄社印得那么好。从照片上看,书道博物馆所藏的兮甲盘的文字与陈介祺的拓本一模一样,香港那件文字也不错,但是器形太差。

兮甲盘有没有可靠的照片呢?实际上是有的,这就是陈簠斋那个时期的照片,这张照片印在《商周彝器通考》上,但是这张照片有一个问题,就是它是斜着照的,斜着照的目的是便于看到铭文,这样一来就看不清楚盘的底,也就很难判断有没有圈足。据这张可靠的照片判断,兮甲盘一定是一个有附耳的浅腹圆盘,类似的盘我们今天见过很多。大家可以想象一下,这样一个盘把圈足打掉是非常难的,因为盘圈足和盘身是整体铸造的,而且圈足很低,因此元人所载"折其足"这个说法如果真的有,那就很奇怪,因为这件盘不是很厚,如果打掉圈足肯定会把里面震坏,可从拓本上来看,里面一点也没坏,这又该怎么解释呢?我有一个想法就是这个盘下面是带三个小足的,所谓"折其足"是把三个小足打掉了。这是比较可能的,但如果是打掉而非锯掉三个小足,也不会使圈足保存无缺,今天书道博物馆所藏的兮甲盘,不管是从照片还是从我所见到的实物来看,都是没有损坏的,但陈簠斋的照片看上去确实是没有圈足的样子,这只是疑问之一。还有一个很重要的疑问,是铭文上的问题,从拓本上面可以看到垫片的痕迹,是灰色的,一共有六块,分别是从上面数第三行的第二个字下面,倒过来书第四行的"诸侯"的"诸"字下面,再往下第四行和第五行之间"马"字的下面,以及下面的"驹"字下面,再往下第四行"毋"字下面,以及倒数第五行和第六行之间"既"字下面。这六块垫片的痕迹是掩盖不了的,这种垫片冶金学家称之为"范撑",为了使内、外范不贴在一起,就一定要在内、外范之间放一些垫片,这些垫片一般都是碎铜的,虽然最后会与铜液合成一体,但形状还是规则的,所以还是可以看得出来的。兮甲盘一共有六块垫片,但这六块垫片的痕迹在二玄社印的书道博物馆所藏兮甲盘的照片上是完全看不到的,可是在陈介祺的拓本上看得很清楚,唯一的解释是书道博物馆所藏的兮甲盘是仿品。后面关于"垫片"的问题是我指出的[①],前面关于"足"的问题白川静也指出了[②],白川静也怀疑书道的这件兮甲盘。如果以上的怀疑不错,那么我们今天就不知道真正的兮甲盘在何处了。从理论上来说,陈簠斋的东西流落到书道博物馆是非常合理的,因为在清末民初的时候,陈簠斋的很多东西都流到了日本,陈氏自称"十钟山房"是因为有十件钟,这十件钟现在就在日本的泉屋博古馆。书道博物馆所藏的兮甲盘饰有连续的一大一小的重环纹,重环纹

[①] 关于兮甲盘的垫片事宜,李先生后来在《读〈陈簠斋彝器全角拓精选〉小记》(收录于《清华简及古代文明》一书,南昌:江西教育出版社,2017年)一文中也有所讨论。

[②] 白川静:《金文通释》3(下),载《白川静著作集别卷》,第786页,东京:平凡社,2004年。

实际上就是横的鳞纹，这种重环纹在足上也有，而且这个足还比较高，怎么看也没法和《商周彝器通考》中的照片相配合。因此书道博物馆的这一件兮甲盘就只能存疑了，等以后有机会再拿出来看一下，但这件盘为真的可能性不大。

兮甲盘的重要性在于可以和《诗经》对读，它的时代也是不容怀疑的，就是周宣王五年。兮甲盘开头是"隹五年三月既死霸庚寅"，这个时间是非常准确的，我们现在对"既死霸"的理解，也完全符合周宣王时代的历法，这也可以反过来证明我们对于周宣王时历法的推算以及对月相的解释是不错的。周宣王时代的历史事实，现在最主要的记载就是《史记·周本纪》，《周本纪》的内容大体不离《诗》《书》古文以及《左传》《国语》。《尚书》中对于宣王时代的记述是很少的，没有什么可以讲的，主要是根据《诗经》。《诗经》中谈到了"宣王中兴"，特别是提到了当时的人物，这些人物是可以和金文相对照的，实际上研究西周金文真正能够这样做的是很少的。能够这样做的一个是西周初年，西周初年"周公""召公""毕公"等都比较好查找。再有重要的人物群就是西周晚期，特别是宣王时期。《诗·小雅·六月》："薄伐狁，至于太原，文武吉甫，万邦为宪。"此处讲的是"尹吉甫"北伐狁，兮甲盘最后是"兮伯吉父作盘"，这个"尹吉甫"就是兮甲盘的"兮伯吉父"。《诗·小雅·采芑》："蠢尔蛮荆，大邦为雠，方叔元老，克壮其犹。"《诗序》认为这首诗讲的是南征，可见宣王时期还有南征的事情，"蛮荆"即"荆蛮"，指"楚"而言，"大邦"指的是"周"。这里和周初不同，周初之时周公在《尚书》中是很谦虚的，自称"小邦周"。"方叔"在金文中还没有出现过，我相信我们总有一天会找到，"犹"训为"谋"。《诗·大雅·江汉》有"王命召虎"，讲"召伯虎"南征淮夷。"召虎"即"召伯虎"，亦称"召穆公",他经过"共和",一直到了宣王时代,是拥立宣王的重要人物。《诗·大雅·常武》:"王命卿士,南仲大祖,大师皇父,王谓尹氏,命程伯休父。""卿士"就是"南仲","南仲"见于金文,"皇父"也见于金文。"程伯休父"还不见于金文,以后还可能发现。"尹氏"是史官之长。这是伐"徐戎"的,"徐戎"是淮夷之长,在今天的江苏连云港一带。

由此可见,宣王中兴时南征北战,往北就是猃狁,往南就是淮夷和荆蛮。"宣王中兴"是西周历史上一个很大的转折点,因为在短时间内把西周从厉王时期"国人之乱"的情况下扭转过来是很不容易的,因此宣王中兴是不能轻视的。当然,宣王中兴并不是很巩固,到了宣王三十几年之后就不太好了,"逨"的那批器物就是宣王四十几年的东西,虽然封了杨国,但是费了很大的劲,还要打仗。

下面我们来看兮甲盘(见图1)。

图1 兮甲盘拓本

兮甲盘释文:

隹(惟)五年三月既死霸庚寅,

王初各伐厰狁于彘盧①。兮
甲从王，折首执嘁，休，亡敃②。
王易（锡）兮甲马三（四）匹、驹车，王
令甲政䣌成周三（四）方责，至
于南淮尸③。淮尸旧我帛晦人，母（毋）
敢不出其帛、其责、其进人④，
其贾母（毋）敢不即餗即市，敢
不用令（命），则即井屢伐⑤。其隹（惟）
我者侯、百生，氒（厥）贾母（毋）不即
市，母（毋）敢或入縊变贾，则亦
井⑥。兮白（伯）吉父乍（作）般⑦，其矒（眉）寿
万年无疆（彊），子＝（子子）孙＝（孙孙）永宝用。

①"隹（惟）五年三月既死霸庚寅，王初各伐厰狁于彘盧"一句，此处说的是征伐猃狁，这与《诗经》所述一致，《诗经》的时代没有可怀疑的地方，所以此处的"五年"就是周宣王五年，兮甲盘也就成了真正的标准器。宣王五年的铜器还有一件，就是不其簋，"不其"即"秦庄公"。不其簋被推定为五年，这种推定在历法上也非常调和，但也有人认为不其簋是宣王四年。"既死霸"是在一个月的下半月，在"既望"之后，争论就在于"既望"和"既死霸"怎样划分，有人认为"既死霸"一定要到下弦，现在我们从已有的材料来看，"既望"和"既死霸"似乎有些互相搭界。究竟是怎么样，还需要研究，但我可以向大家保证，"既死霸"一定在一个月的下半月，而且一定不会像刘歆认为的"既死霸"是"晦日"，也就是把

"霸"讲成"没有月光"的那一部分。刘歆的这个讲法最近还有学者写文章支持,这是不成立的,因为徐凤先的文章已经说明了"霸"指的就是"月亮有光"的那一部分①,徐凤先所用的材料是不可驳倒的。按照我们现在推算的历法,三月丁卯朔,所以"庚寅"是"二十四日",这和传统的宣王年代的说法一致。"初"训为"始","厥鞣"即"猃狁","鞣"字的这种写法也见于逑鼎。大家要注意一下"鞣"的写法,这涉及文字学上一个很重要的问题。"鞣"字是从"夲"的,但从《玉篇》来看,学者对于"夲"的读音还有些争论。《说文》认为"夲"是从"本"声的,"本"字,《说文》认为从大,从十,读若"滔"。今天我们看"本"一定不是从大,从十,所以这个字在古文字中究竟应该怎样理解就有些困难了,这个困难不是我们造成的,而是《说文》造成的。"夲"字古文字中常见,现在一般的学者认为"夲"字应读为"贲"。"夲"是从"本"的,所以就有学者写论文把"夲"读为"祷",读为"祷"在意思上是很合适的,因为"夲"在甲骨文、金文中就当"祈祷"讲。这篇文章中还举了另一个例证,就是"曹",邿国就是曹姓,作为姓的"曹"在金文中写作"䢒",现在看起来,"䢒"还应该是一个从"棗"的字,而不是从"夲","棗"和"夲"在字形上还是有区别。可是不论如何,兮甲盘和逑鼎都告诉我们确实是有"夲"字的,因此《说文》是有一定道理的,尽管我们今天没法把《说文》的"夲"说清楚,但这个字确实存在,

---

① 徐凤先:《以相对历日关系探讨金文月相词语的范围》,《中国科技史杂志》2009年第1期。

兮甲盘和逨鼎的"軚"字就是证明，而且"厥軚"的"軚"就是从"秦"的，在结构上并没有错。问题在于"秦"是金文"拜"字所从，"拜"在金文中作"搽"，这又该怎样解释呢？这确实是一个问题。"秦"字的解释是很多的，大家如果去看周法高先生在香港出版的《金文诂林》以及在台湾出版的《金文诂林补》就可以知道，实际上仅就"秦"这一个字的说法就有几十页之多，完全可以构成一本书，这个字到今天也还是没有完全解决。我常常说学甲骨文、金文的人不要总以为自己多么有能力，实际上很多字我们并不认识，有些字我们能猜到，有些字我们就猜不到，甚至我们对有些字的理解根本就不对，科学需要慢慢发展，我们这一代人所能做的是非常有限的，对于这一点我们必须要有充分的认识。"嚚虡"一词，王国维先生认为"嚚虡"就是"彭衙"。[①]"彭衙"这个地名见于《左传·文公二年》，还有一个与"彭衙"相近地方叫"汪"，二者均在陕西澄城西北，王国维先生的这个说法至今也还没有学者反对，这也是能查到的书中最接近的说法。总之，"嚚虡"是在陕北，这也证明猃狁应该是陕甘北部甚至更远地区的少数民族。"王初各伐厥軚于嚚虡"可以说明这是"王"最早开始征伐猃狁，换言之，宣王伐猃狁就是从五年开始的，在此之前不会有大规模的伐猃狁。"各"训为"至"，宗周钟"敦伐其至"的"至"也是这个意思，从"各"可以知道宣王是亲自去征伐猃狁的，而"嚚虡"基本上属于猃狁的地界。

---

① 王国维：《兮甲盘跋》，载《观堂集林》，第1206-1209页，北京：中华书局，1959年。

·2011年上半年第十二次课·

兮甲盘（中）

　　兮甲盘是最能与文献结合的器物，它的历法也与宣王密合。现在能够确定的宣王时期的器物有不少，有的从器物本身就能确定，但有些还是有一定的问题，比如2003年杨家村出的"逨"的那批器物。"逨"的器物有四十二年的，也有四十三年的，四十二年的干支排不上，如果要求这两件器物的历法都能够与宣王时代的历法相合，就要改宣王时代的历法，这个难题到今天为止没有任何一个学者能够解决。除此之外，还有现存日本的伊簋，伊簋的历法正好可以与四十二年和四十三年的"逨"器相配合。现在看起来唯一的解释就是宣王的历法在宣王晚年有一个变化，但这个变化是不合于天的，所以这个变化到了幽王时代又改回来了，可这个说法也无法确定。我们希望还能发现一件宣王二十五年之后的青铜器，最好有三十几年的，那么我们就能够了解得比较清楚，这个机会我想也许会有，因为最近青铜器的发现也是挺多的。

　　兮甲盘的作者是很明确的，就是宣王时代的"尹吉父"，他本身就是诗人，而且是有作品的。大家要知道，西周时期的人有作品,而且能确定是他本人所作,又能传留到现在的是很少的。虽然有些记述,比如什么地方是"周公"作的,什么地方是"召公"作的,但那些是否可靠,还需要进一步研究。唯独"尹吉父"不然,"尹吉父"在《大雅》中有两篇诗,分别是《崧高》和《烝民》,这两篇诗和金文有很多类似的地方。

《崧高》为宣王封南申所作,申国是很重要的,现在从清华简中可以明确地知道,"申国"本来就是"西申",位于陕甘北部,而且是当时很大的一个国,和秦国也有通婚。到了宣王时期,为了巩固南方,宣王就将"申伯"迁到了今天的河南南阳,在南阳还出土了西周晚年的青铜器,这证明后来申国确实到了南阳。有一点需要说明,唐代以来对于历史地理有一些误解,其中之一就是关于"申国"的。因为"信"和"申"可以通假,所以唐人常常认为"申国"在信阳,这是不对的,现在从考古上也证明这个观点是错的。唐朝人的错误还有很多,比如唐人认为"鬼方"和"荆楚"在一个方向,这是因为唐人对《商颂》的理解有误,所以"鬼方"就变成了南方,因而认为"贵州"就是"鬼方",现在还有学者主张"贵州"是"鬼方",这些都是唐代遗留下来的一些问题。

《崧高》的第八章提到了"尹吉甫",即"申伯之德,柔惠且直,揉此万邦,闻于四国,吉甫作诵,其诗孔硕,其风肆好,以赠申伯"。"柔"与"惠"都可以训为"和","揉此万邦"的"揉"可训为"安","四国"就是"四方"。"诵"就是"诗",有人认为此"诵"应是"风雅颂"之"颂",这个讲法不对,这篇诗本身不能叫做"颂",诗是和乐相结合的,不同的诗会有不同的音乐。因为诗是要背诵的,所以称之为"诵"。"吉甫"就是兮甲盘的"兮伯吉父"。"孔"训为"甚",这里需要说明一下,从《说文》来讲,历代研究《说文》的学者多认为"孔"有"嘉美"之义,我们不要完全否定这个说法,因为"美"也有"甚"或"大"之义,这个说法也不是完全错,但一般说起来,"孔"在《诗》《书》和金文中多用为副词,训为"甚"。"肆"的用法同"孔"。我们可以猜想,这首诗是"尹吉父"作为当时的执政大臣,在欢送"申伯"就国时所作并送给"申伯"的。由此我们猜想兮甲盘铭的内容也是"尹吉父"作的,甚至盘铭也是他自己写的。

《烝民》也是尹吉父作的,"烝"训为"众","烝民"即"众民",《烝民》第八章有"四牡骙骙,八鸾喈喈,仲山甫徂,式遄其归,吉甫作诵,穆如清风,仲山甫永怀,以慰其心"。"鸾"即金文中的"銮",经常是"銮旗"连用,实际上"銮"就是车前挂的镂空的铃形器,即所谓的"銮铃"。后来的人不用车了,于是就把"銮铃"挂在了马脖子上。"徂"训为"行","式遄其归"有很多不同的解释,其中比较好的一种解释是"很快就会回来"。"穆"最好讲为"和"。"永怀"就是"常常纪念"。"仲山甫"是樊国人,所以也叫"樊仲山甫",他是宣王中兴时期非常重要的一个大臣,"仲山甫"本人有一件戈现藏国博,铭曰"中山父乍戈"。这件戈是宣王时代的标准器,我觉得这个东西应该陈列,可是国博不是很重视。

兮甲盘释文:

隹(惟)五年三月既死霸庚寅,

王初各伐玁狁于𩰫𤳳[①]。兮

甲从王,折首执嘼,休,亡啟[②]。

王易(锡)兮甲马三(四)匹、驹车,王

令甲政𤔲成周三(四)方责,至

于南淮尸[③]。淮尸旧我𧱌畮人,母(毋)

敢不出其贝、其责、其进人④,
其贾母(毋)敢不即𩛆即市,敢
不用令(命),则即井䥻伐⑤。其隹(惟)
我者侯、百生,氒(厥)贾母(毋)不即
市,母(毋)敢或入𢆶弪贾,则亦
井⑥。兮白(伯)吉父乍(作)般⑦,其釁(眉)寿
万年无彊(疆),子=(子子)孙=(孙孙)永宝用。

②"兮甲从王,折首执嘂,休,亡敃"一句,"从"义为"跟随","兮甲从王"即"兮甲跟着王"。看起来是宣王御驾亲征,大家不要过分想象这件事情,不一定就是"王"身先士卒,然后"兮甲"在后面跟着,实际上应该是"兮甲"自己指挥,"王"在后面。当时的"王"离开宗周到前线就已经很了不起了,但从行文上来说,必须是"兮甲从王",这就是当时君臣之间的差别。不其簋也是这样,不其簋中有一个"伯氏","伯氏"是去指挥作战的,秦庄公是在前面跑的,但实际上是秦庄公在作战。多友鼎中的"多友"也是如此,打完仗之后,回去向"武公"报告,其间的层次是非常清楚的。周初的康侯簋讲"王来伐商邑",实际上成王就没有直接去平"三监之乱",后来打商奄的时候,倒是可能参加,因为"王"是"君主",代表周人,所以康侯簋还是要说"王来伐商邑"。大家研究金文,甚至研究甲骨文,哪些地方用"从",一定要仔细考虑,甲骨文中有"王从望乘",实际上此处的"从"应该理解为"率领","王从望乘"即"王率领望乘",这类问题杨树达先生在《积微居金文说》中有很

详细的讨论。再有就是要把"从"和"比"区别开,班簋有"吴伯左比毛父,吕伯右比毛父",后面又有"以乃族从父征",所以"从"和"比"是完全不一样的。如果按照春秋时代"三军"的说法,"毛父"相当于"中军","比"训为"辅",左右两军是辅助中军的,《左传》的邲之战也是如此,荀林父所率的是中军,旁边的左右两军为辅。"兮甲"就是"兮伯吉父",也就是古书中的"尹吉甫",为什么"兮甲"叫"吉父"呢?"兮"是氏,"兮"应该是一个中原地区的地名,可是今天我们无法考定具体是哪里,甲骨文中就有"兮"这个地名,这个地方离商都不远,有时商王还会在此游猎。青铜器中也有"兮"这个地名,我编的《欧洲所藏青铜器》中就有一个带"兮"字的卷尖钺,非常漂亮。"兮伯吉父"的"伯"是排行,大家要注意,西周金文中称"伯"的,不一定就是五等爵中的伯爵,常常就是"伯仲"之"伯",西周金文中的"伯"很少有明确的理由确定为"伯爵"之"伯",关于这个问题,社科院的王世民先生专门写过文章来讨论。①"甲"是名,"吉父"是字,"尹吉父"的"尹"是"官长"之义,与"尹氏"无关,是一种尊称。"兮甲"自称就不带"尹"字,只称"吉父",所以是"吉甫作诵"。名"甲"为什么字"吉父"呢?这与历法有关,因为"甲"是十干之首,"吉"是"吉日",所以名"甲",字"吉父"。古人的"名"和"字"是相应的,王念孙、王引之父子有一篇名作叫《春秋名字解诂》,在高邮王氏之后,有不

---

① 王世民:《西周春秋金文中的诸侯爵称》,《历史研究》1983 年第 3 期。

少学者续写《春秋名字解诂》，可是说实话都没有王引之做得好，王引之做得确实很精当，对于金文中的人名，我们应该更好地学习高邮王氏之学。大家要注意"甲"字的写法，此铭中的"甲"作"㊉"，今天我们写"甲"字一定有外面的框，甲骨文中的"甲"字作"⊞"，也有外面的框，很多人认为和"报乙""报丙"的框有关，有人认为这个框象石主之形，所以读"⊞"为"示甲"。"示甲"的这个说法不一定对。但是甲骨文中的"甲"多作"十"，是没有框的，可是甲骨文中的"上甲"有一个是没有框的，这是在《甲编》第三册的一个骨头上，是历组的卜辞，这种例子只见过一次。今天我们写的"甲"是从带框的"⊞"来的，那么作为干支的"甲"字是否有带框的呢？确实是有的，在西周金文中。我今天记不起来是哪一件了，但确实是有的，可是后来人写的时候不会再考虑商代的祭祀了，为什么要写成带框的"甲"呢？可能是由于"甲"和"七"容易混，"七"字后来出了一个弯，这种写法到了汉代才有。人们想了种种办法去区别"甲"和"七"，其中一个最好的办法就是把"甲"字带上一个框。中国文字不是拼音文字，但拼音文字中同样有这种情况，有时候同样拼法的字却有不同的读法，比如表示"衣服"的"suit"和表示"房间"的"suit"就是这样，所以就要想办法将其区别开来。我们的文字中也会有这种情况，兮甲盘的"甲"字之所以外面加一个框，就是为了区别，大家不要认为这和商朝有什么关系，比如"上甲微"之类，实际上并没有这么回事。之所以讲这些，是因为有人这么想过，但这种想法确实不符合实际。大家要注意,"甲"和"田"是不同的,"甲"字中间的"十"和外面的框是不连接的,这一点在甲骨文中就是如此,兮甲盘在这一点上确实是继承了甲骨文的传统。"休"训为"美",此处指"兮甲打仗打得好"。"敃"多与"昏乱"有关,读为"愍",训为"乱"。甲骨文、金文中讲到"亡×",常常与"使命"有关,最常见的就是"亡尤","尤"义为"罪责","亡尤"也就是"没有做错",班簋有"亡不成尤",就是"没有不成的过错","完成使命"谓之"有成"。"尤"多从外加的责任而言,"敃"是从自身而言,但"尤"和"敃"并不通训,所以"亡尤"和"亡敃"在义上有所不同,可二者在用法上是一样的,"亡敃"指"自身没有出错"。

③ "王易(锡)兮甲马三(四)四、驹车,王令甲政䚄成周三(四)方责,至于南淮尸"一句,兮甲盘中很特别的一件事就是前一部分讲到了"猃狁",后一部分讲到了"淮夷",这反映了周宣王当时所面临的处境。《公羊传》中有一句很有名的话,就是"南夷与北狄交,中国不绝若线",换言之,南北两方的入侵都非常严重,这也是两周之际的一个重要形势。后面对"兮甲"讲的是南方的事情,并不是让"兮甲"去征伐,可见对北方就是打,而对南方则是以整顿为主,有既定的方针和目标,当然到最后对南方也是打了。在征伐猃狁得胜的情况下,"王"赐予"兮甲"马四匹还有驹车,并且说了一段话,这段话与猃狁无关。由此可见,"兮伯吉父"真的是当时的执政大臣,因为南北两个方面都在他的管理之下,而且对南方并不是从打仗的方面来说的,可见当时的淮夷

确实是有问题,但还没到开战的地步。"政繘成周三(四)方责,至于南淮尸"是宣王给"兮甲"的使命,"政"训为"治","繘"在此处的意思就相当于"嗣",也训为"治"。杨树达先生认为把"繘"读为"嬖"[①],"嬖"就等于"乂",训为"治"。"成周"就是"洛阳",去年洛阳地区评为世界文化遗产,我们非常高兴,但他们用了一个词是"天地之中",虽然这个事情很好,但"天地之中"这个词不见于古书,古书里是"天下之中"。"天地之中"指"天"和"地"的中间,等于说把洛阳悬起来了,所以我说这个说法有点"悬",实际上应该是"天下之中"。何尊有"宅兹中或","中或"即"中国",也就是"国中",《尚书》称"土中","土"就是"地",当时的人认为成周是大地的中心。我过去讲过如何土圭测影,现在还有周公测影台,就在登封,现在的测影台是元代的建筑,古人认为那里就是天下之中。之所以有这个现象,就是因为那里是夏代以来的首都,测为一尺五寸,后来一尺五寸就成了规定,不是说圭表就是一尺五寸,而是那个地方建都多年。周武王克商之后就勘察了这个地区,但是武王自己没有实现,而是遗命"周公","周公"在平定了三监之后就在此建立了新邑,也就是东都成周,成周这个地方是"四方入贡道里均",在当时的情况之下,贡赋、商业、交易所走的路是一样的,当时认为成周是大地的中间,也就是"天下之中"。"责"读为"积","积"就

---

① 杨树达:《兮甲盘跋》,载《积微居金文说》,第57-60页,上海:上海古籍出版社,2007年。

是各种产品，也就是"product"，"积"的本义是"谷物"。商朝末年的小臣缶鼎中有"五年积"，可见"积"是以"年"来计算的，主要是"谷物"。此处的"积"也是如此，但是意义要广一些，指的应该就是当时的"贡赋"。"贡赋"和"成周"的联系见于《史记·周本纪》，《周本纪》有"此天下之中，四方入贡道里均"，这是周公说的，"此"指代"成周"。《逸周书·度邑》描述成周的地形是"居易无固"，"易"训为"平"，"无固"就是"没有障碍"，也就是说成周的地势很平坦。这与我们后来人所想的首都是不一样的，后来人认为首都是要能防守的，之所以燕王靖难之后要把都城迁到北京，是因为北京靠近前线，易守难攻。但西周时期人们并不是这种想法，而是"居易无固"，这是因为便于四方入贡，也是选"天下之中"的原因。因此此处所讲的"成周四方积"就是"成周四方入贡的财物"。大家要知道，当时的王朝是有"贡"有"赋"的，毛公鼎就提到了"赋"，"贡"和"赋"是两回事，所谓"贡"，有一个最好的经典性著作就是《禹贡》。这里讲一些题外话，多年以来我一直鼓吹说《禹贡》要进行专门的研究，特别是学先秦的人要好好读《禹贡》，研究一下里面所反映的制度。自从胡渭作了《禹贡锥指》之后，地理上的很多事情就明白了，但是大家也就忘了《禹贡》本来讲的是"贡赋"的制度，并不是讲"地理"的，"地理"是为讲"贡赋"提供背景。《禹贡》所反映的贡赋制度现在很少有人研究，特别是结合王朝的历史进行研究，如果大家去看宋元时代的经注，就会发现当时人对于《禹贡》主要是从"贡赋"角度进行研究的，而且有很多的讨论。我认为研究古书不能只读《皇清经解》，还要去读宋元时期的书，关于"贡赋"，南宋的学者王炎解释得特别好，但是王炎注的《尚书》已经丢失了，他的说法见于《书传辑录纂注》。王炎认为，"凡赋，诸侯以供其国用者也。凡贡，诸侯以献其天子者也"，这就明确地把"贡"和"赋"分开了，"诸侯以供其国用"是说国内对一个地区要征用什么，所征用的不仅是当时的物，还包括人，所以讲"赋"的时候会说多少辆车。《左传》中有"鄙赋"，也就是"鄙邦之赋"，实际上就是打仗的时候所征用的军赋，包括人力、物资、兵器等，不打仗的时候就是所交的粮食、物资。这些都是有规定的，比如说军赋中的一辆车，这辆车要配备多少人，有什么样的武器，这些都是"赋"，都是属于诸侯供给国用之类，周王也是一样。"贡"是"诸侯以献其天子"，是诸侯献给天子该地的特产。齐桓公伐楚的时候，问了楚使两个问题，一个是"昭王南征而不复"，再有一个就是"尔贡包茅不入，王祭不共，无以缩酒"。"包茅"是一种白色的茅草，是南方的特产，这就是"贡"，《禹贡》中就讲了各个地区的"贡"。此处所讲的"成周四方积"指的主要是"贡"，而不是"赋"。"至于南淮夷"即"成周四方积"中包括了南淮夷的"贡"。

④"淮尸旧我員晦人，母（毋）敢不出其員、其责、其进人"一句，"淮尸"处有重文，"淮夷"是很广泛的，如果我们仔细读宣王时期的有关文献，就可以知道周宣王时期所讲的"淮夷"，范围是很大的，包括江汉地区、江南、江北以及更远的一些夷人小国，特别是现在的安

徽一带，"淮夷"在淮水流域，多在淮南，也有在淮北的。我们在讲厉王时代铜器的时候，曾经提到过一些"淮夷"的国家，特别是一些偃姓国，比如英、六、桐等，但"淮夷"背后最为有力的支柱是江苏的徐国。古书中有时候把"徐国"和"淮夷"混在一起称为"徐淮"，有时候又会分别开来，这是因为二者的姓不同，徐国是嬴姓，是"伯益"之后。淮水两岸的英、六、桐、群舒等国都很古，特别是"英"和"六"，相传为皋陶之后，是偃姓。因为嬴姓是"伯益"之后，而偃姓中有一个"伯夷"，后来有人认为"伯益"就是"伯夷"，因此就把"嬴"和"偃"弄混了。到了晚清有一些人，特别是刘师培，认为"偃"和"嬴"是同音的，二者是一个姓，所以"伯夷"就是"伯益"。[①]刘师培的这个说法在音韵上说不通，实际上"偃"和"嬴"是不能通转的，王力先生专门写了一篇文章驳斥刘师培的说法。[②]王了一先生的看法是非常对的，现在我们从各方面来看，"偃"和"嬴"就是不能通转。大家要知道，当时徐国的实力最强，所以徐国是淮夷的支柱，而且徐国离得最远，在今天的江苏连云港一带，在这种情况之下，徐国也就成了淮夷的大后方。这种情况到后来还是如此，南北朝时期的战争多是在徐淮一带，一直到解放战争也还是如此，淮海战役主要就是在徐淮一带，国民党称之为"徐蚌会战"，虽然名称不同，但地区是一样的，就是在淮南和淮北。此铭中是"南淮

---

① 刘师培：《偃姓即嬴姓说》，载《刘申叔遗书》，第 1252-1253 页，南京：江苏古籍出版社，1997 年。

② 王力：《同源字论》，《中国语文》1978 年第 1 期。

夷",有人认为"南淮夷"应该分为"南夷"和"淮夷",这个说法恐怕没有必要,因为金文中有时候会倒过来作"淮南夷"。"淮尸旧我員晦人"的"我"指"周王朝"而言,因为这是周王所说的话。"旧"义为"原本","員"即"帛","晦"即"亩"的古字,郭沫若读为"贿"。①《周礼·太宰》注曰"布帛曰贿","贿"特指"布帛"一类的财物。"淮尸旧我員晦人"表明"淮夷"主要是进贡布帛织物的,所以此处讲的是"贡"。大家要知道,中国古代的布帛一般就是两种,一种是丝,一种是麻。古代人用丝比我们想象得要多,从江苏一直到安徽一带,自古以来都是养蚕的,所以兮甲盘以为"淮夷"是"帛贿人",这是很有道理的,而且江南织造也是有传统的,一直到清朝,绸缎还是从江南而来。明清时期的"江南"主要指江苏和安徽两省,二省担负了天下赋税之半,这种情况自周代就是如此,商代也一样,安徽铜陵的铜矿以及江西瑞昌的铜矿都可以追溯到晚商时期。当然,此铭所说的"帛贿"是南淮夷进贡的主要物品,实际上要进贡的物品还有很多,这一点看《禹贡》就可以知道。大家千万不要认为当时的"布"是"棉布","棉布"真正普遍使用要到明代,是很晚的事情,古时多为"丝麻"之类。"母"读为"毋","责"读为"积","进人"是作为贡纳的一种人,这一点对于研究历史的人来讲是很重要的,因为后来并不这样,但西周时期确实是要贡纳一些人的。我们可以猜想这种人一定有其特殊性,其中有些人应该是工匠一类的。在《周礼》中,四夷之人往往

---

① 郭沫若:《两周金文辞大系》,第144页,北京:科学出版社,2002年。

是作为"吏"的，大家不要把"吏"看得太低，这些"吏"能够进入王官，应该是由"蛮""夷""戎""狄"之人精选而来。

⑤ "其贾母（毋）敢不即𥝤即市，敢不用令（命），则即井𡻕伐"一句，"賓"是"贾"，而不是"贮"，从各方面都能证明这一点，我曾经引过周恭王时代的一件铜器①，其中的一句中有"贾"字，而且这句话与《左传》中的一样，《左传》中就作"贾"。在闻喜出土的晋国铜器中有一个地名也是这个字，叫"贾子"。"其贾"指的是"淮夷的商人"。"即"是"就"，义为"到"，我们说的"就位"就是"到位"。"市"字的释读是裘锡圭先生的贡献。② "𥝤"写为"𥝤"是于省吾先生的写法③，这是非常对的，在甲骨文中就是如此。"𥝤"读为"次"，"次"就是市场的管理机构，《周礼·司市》"掌市之治教政刑、量度禁令，以次叙分地而经市"，郑玄注"次，谓吏所治舍，思次、介次也，若今市亭然"。这些是非常重要的，从这些地方才能够知道西周时期的发达。"司市"是一种官职，掌管市场管理、教导、政令、法律，还掌管"量度"和"禁令"。当时在市场里面要分成一块一块的地，每一块地就相当于今天的一个摊位，摊位的面积是固定的，要按照市场管理所分的摊位进行经营。中国古代的市场是非常大的，而且是前朝后市，北京就是这

---

① 李学勤：《鲁方彝与西周商贾》，载《当代学者自选文库·李学勤卷》，第302-307页，合肥：安徽教育出版社，1999年。
② 裘锡圭：《战国文字中的"市"》，载《裘锡圭学术文集·金文及其他古文字卷》，第330-344页，上海：复旦大学出版社，2012年。
③ 于省吾：《双剑誃吉金文选》，第219页，北京：中华书局，2009年。

样,一直到民国初年还是如此。"前朝"就是今天天安门广场的位置,以前是朝房,"后市"就是地安门、鼓楼一带,是当时最繁华的地方,以前到北京,要去东四、西单、鼓楼一带,鼓楼前面就是非常大的一个市场。前朝是皇帝所管,按照《周礼》所讲,后市由皇后来管理,因为市场不仅要供给百姓,还要供给官廷。总之,"市"是非常大的,西汉时长安有八个"市"。郑玄用汉朝的制度来解释"次",即市场管理者所住的房子,当时亦称之为"思次"或"介次",就好像当时的"市亭"。"市亭"是一个两层或三层的楼,上面有一个旗子,所以也叫"旗亭",整个市场都能看得见,这在汉画像石上有图画描述,之所以要盖得高是为了监视有没有火灾。由此可见,中国古代的商业是非常发达的,并不像有些人想象的中国古代没有商业,如果没有商业那又怎么活呢?"市"在秦代称为"亭",俞伟超先生专门考证过马王堆汉墓出土漆器上面的文字,俞先生认为"成亭"就是"成都的市","咸亭"就是"咸阳的市"。[①]"其贾母(毋)敢不即餗即市"义为"淮夷的商人不敢不到管理场所报到就在市场中经营",换言之,不能私自在市场外交易,因为私自交易,国家不能够控制。淮夷商人的交易实际上是一种边境交易,大家如果去过满洲里就会知道,当地的中俄交易也是有边境交易管理所的。"不用令"即"不用命",义为"不遵守规定","即井屡伐"的"即"训为"付",义为"给予"。"井"读为"刑","即井"是"给予法律

[①] 俞伟超、李家浩:《马王堆一号汉墓出土漆器制地诸问题——从成都市府作坊到蜀郡工官作坊的历史变化》,《考古》1975年第6期。

处分"。"屡"读为"翦","屡伐"也就是"攻打",是用军事手段。大家要知道,周代甚至一直到西汉时期,军事手段常常是和刑法放在一起的,就是"兵刑合一",所以"屡伐"也是"刑"的一种,即所谓"兵为上刑",关于这一点可参看《汉书·刑法志》。至于说是"即井"还是"屡伐",就要看是个人还是国家的责任了。如果是个人的责任,那就用"即井",也就是"给予法律处分"。如果是一个国家或者一个族,就要用"屡伐",也就是"兵戎相见"。由此可以看出,宣王给南淮夷的要求是两个方面,一方面是"即𫐐即市"的要求,另一方面是贡品上的要求,即"帛""积"和"进人",其中"帛"是最主要的,应该是当地的特产。大家如果看《禹贡》就可以知道,天下九州每一州都有其贡品,但这些贡品基本上可以分为两类,一类是一般的贡品,另一类是特产,从九州所贡的东西以及我们现在的地理调查来看,九州的划分还是有根据的。《禹贡》中扬州有一种贡物叫"璆铁","璆"即"镠",是一种"美金",也就是"好的铜料",因为贡品中有"铁",所以有人认为《禹贡》的时代应该比较晚。实际上恰恰相反,正因为贡品中有"铁",所以《禹贡》的时代应该是很早的,如果当时的"铁"像战国时期那样成为一种常见的东西,"铁"就不会作为贡品了。现代考古表明商代时期没有发现冶炼铁,西周早期开始有冶炼铁,据说齐家文化中有冶炼铁,但这个材料的正式报告还没有出来,我问了做实验的人,他们认为是可靠的,可即使有冶炼铁也应该是外来的,因为齐家文化太靠近西北了。

· 2011年上半年第十三次课 ·

兮甲盘(下)、驹父盨盖

兮甲盘(下)

我们继续讲兮甲盘,兮甲盘开头叙述了伐狁,之后提及淮夷要执行"王"给他们的原则,可见宣王中兴初期的一个重要措施是先北伐狁,再去处理淮夷。

兮甲盘释文:

隹(惟)五年三月既死霸庚寅,

王初各伐厥狁于䤾盧①。兮

甲从王,折首执讯,休,亡敃②。

王易(锡)兮甲马三(四)匹、驹车,王

令甲政𤔲成周三(四)方责,至

于南淮尸③。淮尸旧我帛畮人,母(毋)

敢不出其帛、其责、其进人④,

其贾母(毋)敢不即餗即市,敢

不用令(命),则即井扑伐⑤。其隹(惟)

我者侯、百生,氒(厥)贾母(毋)不即

市,母(毋)敢或入蛮宄贾,则亦

井⑥。兮白(伯)吉父乍(作)般⑦,其𥸤(眉)寿

万年无彊(疆),子=(子子)孙=(孙孙)永宝用。

⑥ "其隹(惟)我者侯、百生,氒(厥)贾母(毋)不即市,母(毋)敢或入蛮宄贾,则亦井"一句,这一段讲的是"淮夷",但贸易是双方面的,所以这一句讲的是周朝这方面的人。"者侯"即"诸侯","百生"即"百姓"。大家要知道,在较早的一些文献,比如《尚书》中,"百姓"指的是"百官",也就是一些有职务的贵族,此处的"百姓"就是指"一般人",这个变化非常明显,大家要特别注意。"我"指代"周朝",所以此句中的"诸侯"指的是"周朝的诸侯","百姓"也是"周朝的百姓"。"氒"用法相当于"其",指代"我者侯、百生","贾"就是"商人","氒贾"也就是"周王朝的诸侯、百姓所属的商人"。当时的商人是很多的,如果大家去看《左传》《国语》就会发现"贾人"是常常出现的,甚至于《仪礼》中的某些礼节是要带着贾人参加的。这种现象过去认为只是到了东周时期甚至更晚才会有,可是现在看起来非常早就有了,甲骨文中就有"多贾",特别是花东甲骨,而且"多贾"也是会参加一些典礼的,以前之所以不知道,是因为不认识"贾"字。"氒贾母(毋)不即市"义为"周王朝的诸侯、百姓所属的商人要去市场交易",这说明淮夷如此,周王朝一方也是如此。可以设想淮夷即市是为了提供布帛一类的东西,周王朝一方也要提供一些中原地区的东西,双方进行交易。这种交易行为一定要在市场中进行,而且要在"市次",也就是"市场管理机构"的管理之下,这在当时是很合理的事,今天在一定程度上也是如此。"母(毋)敢或入蛮宄贾"的"或"义为"有"。大家要知道,"或"一直到西汉早期在一般

的文献中都不当"或者"讲,因为"或"是一个之部字,一般当作"又"或"以",秦汉简中的"或"多当"又"讲,而讲到"或者"这个义项,则多用"若","若"在秦汉简中不当"假如"讲。这一点一定要分清楚,最早读秦汉简的人多把它弄错,现在已经变成了最普遍的常识。"變"即"宄",训为"奸",义为"非法的","變贾"即"非法的贸易"。"入縊"一词,"縊"读为"阑",我认为就是"阑入"[①],"阑入"即"非法进入",此处的"入"理解为"入境"或"入市"都是可以的,"阑入"在张家山汉简的《秦律》和《汉律》中就有。有人把"贾"读为"价",理解为"奸价",也没什么不可以。大家要注意,金文中有"寏"字,"寏"读为"宫",是一个谥法,虽然"宫"作为谥法不见于《逸周书·谥法》,但在《史记》的世家中常见,在金文中更多。如果出现了"入縊"或"變贾",那么"则亦井"。此处的"亦"字不一定要理解为"也",在早期的文献和金文中"亦"常有加强语气的作用,这种情形在《左传》和《国语》中也有,不过在此处理解为"也",也没有什么错。"井"读为"刑",也就是"按照法律处理"。此处并没有用"翦伐",因为这里讲的是周王朝方面的人,不会动用军事手段来处理。从涉及"淮夷"的这部分内容来看,宣王不是命令"兮甲"去攻打淮夷,而是要维持王朝与淮夷的正常关系,也就是文中所说的"淮尸旧我贝晦人","淮尸旧我贝晦

[①] 李学勤:《兮甲盘与驹父盨》,载《新出青铜器研究》,第117-123页,北京:人民美术出版社,2016年。

人"即师寰簋所谓的"淮尸旧我𠂤晦臣"。对于淮夷来讲，进贡时要交出帛、积、人，这本身就是极大的剥削，交易时要在市场中进行，而且要受到市次的监管，这些都反映出了西周晚期中央王朝和周围民族的关系。

⑦"兮白（伯）吉父乍（作）般"一句，宣王把这些事情都交给"兮甲"来做，可见"兮甲"在当时一定是卿士之职，所以能够北伐猃狁、南治淮夷。"般"读为"盘"。此处可以看出西周时期的行文是非常规矩的：就"兮甲"而言，对"王"的时候，一定称"名"，就是"兮甲"，称呼自己的时候，则要用"字"，即"兮伯吉父"。这一点可以解决一些问题，前些年我们一直在挖晋侯墓地，历代晋侯的名字我们都知道了，可是与《史记》和《世本》对照后，发现很多都不一样，真正能够对起来的就是"晋侯苏"，这是怎么回事呢？这是因为自作器一般用"字"，而不用"名"。有些晋侯的名字是不会错的，比如晋釐侯叫"司徒"，这一点见于《左传》。正因为晋釐侯叫"司徒"，所以晋国就没有了"司徒"之官，就好像因为宋武公叫"司空"，所以宋国就没有"司空"之官一样。因此晋侯墓地中晋侯的名字之所以对不上，就是因为有"名"和"字"的关系。

驹父盨盖

驹父盨只有一个盖，这是很可惜的。驹父盨盖1974年出土于陕西武功的回龙村，武功在周的王畿范围之内，拓本见于《集成》4464，铭文与"淮夷"有关，可与兮甲盘对照。

驹父盨盖（见图1、图2）的拓本有几个地方不够清楚，但是从原件中还是可以认出来的，所以请大家相信我的释文。

图1 驹父盨盖

图2 驹父盨盖拓本

驹父盨盖释文：
唯王十有八年正月[①]，南
中（仲）邦父命驹父毁南者
侯，衔高父见南淮尸（夷）氒（厥）
取氒（厥）服[②]，堇乃俗㒸不敢
不苟畏王命，逆见我氒（厥）
献氒（厥）服[③]。我乃至于淮，小大
邦亡敢不𢦏鼎逆王命[④]。
三（四）月，还至于㡿[⑤]，乍（作）旅盨，
驹父其万年永用多休。

① "唯王十有八年正月"一句，驹父盨盖的书法很好，但是和兮甲盘相比还是要差一些，兮甲盘写得要更规矩一些。驹父盨盖中的一些字有些变形，比如"唯王十有八年正月"的"年"和"正"看起来都有些别扭，如果单看很可能认不出来。这就提示我们在读甲骨文、金文的时候，一定要考虑上下文。有些人在考释文字的时候专门看字，看完之后就提出一个很漂亮的说法，这个说法看起来很可信，但是按照这种讲法放回原句却读不通，这就证明此说法不对。反过来，有些学者对某个字的说法在上下文中讲起来是很通顺的，但是如果把这个字单独拿出来却讲不通。此句中的"正"如果单看，就不一定释为"正"，但根据上下文来判断，确实是"正"字。大家要知道，甲骨文、金文、简帛中的很多字就是这样，古人在写这些字的时候并不是很注意，就好像我自己写字有的时候就很潦草，过些年再翻到这个笔记就会发现其中有些字我自己都不认识了。这就是因为当时信笔由之，古人有些东西也是这样，但是比较典重的东西就会写得比较好一些，不够典重或者是地方性的一些东西，字的变化就会更大一些，所以有些字怎么猜也猜不出来，有些句子怎么想也想不明白。这就是因为我们没有身处其境，可是我们又没有办法完全还原到当时的写作环境，有些问题我们还是解释不了，因此我们就要等机缘，等更多的材料。驹父盨盖中的"年"和"正"写得还算是好的，至少还比较规矩，如果大家看虢季子白盘，就会知道里面的文字比这个还要规矩，这估计就是从《史籀篇》的规定来的。虢季子白盘被认为是石鼓

文之祖,秦文字就是由此而来,秦的文字非常规矩,所以后来秦统一文字也不是偶然。驹父盨还算是好的,基本上每一个字还都能读,但整体上也不太行,可能不是在王朝作的。现在发掘的有些东西,如果是地方出土的,铭文的字就不太行,特别是到了春秋初年,周王室刚刚东迁控制不住局面,各个小国自己作了一些东西,那些东西上的字体可以说是怪异莫测,很多字我们猜也猜不出来。此处的"唯王十有八年正月"指的是"宣王十八年的正月"。大家要注意,驹父盨盖上的"唯"字作"▨",是从"口"的,如果只是写成"隹",为了通行起见,我会写作"惟",如果是从"口"的,那我就隶定成"唯"。"王"字,兮甲盘作"▨",最下面一笔是平的,驹父盨盖作"▨",最下面的一横是两头翘起的。这种两头翘起的写法是周初以来一直流行的写法,所以大家不要把文字的演变理解得太过死板。甲骨文的"王"字作"▨",后来变成"▨",再后来变成"▨",这是董作宾先生的看法①,可是从今天的甲骨分期上来看,"王"字常常有一些交叉的变化,所以不能说死,可以说二者很像,应该是同一个时代。驹父盨盖是宣王十八年,比五年的兮甲盘要晚十三年,但是驹父盨盖中的"王"确实是西周早期"王"通行的写法,所以这些问题不能看死。我过去经常举的例子就是甲骨文的"癸"字,早期都是不出头的作"▨",后来出头了作"▨",可是今天看起来确

---

① 董作宾:《甲骨文断代研究例》,载《中国现代学术经典·董作宾卷》,第121页,石家庄:河北教育出版社,1996年。

实是不对的，因为花东甲骨中就有出头的"癸"字，时代反而是早期的。不同的人在不同的场合之下所写的字会完全不同，甚至同一个人在不同的时候所写的字也会不同。这在今天是常识，古代也是如此，但不管怎么不同，大的趋势是不会变的，所以在很细微的地方不要太过较真，如果太过较真往往就会走到反面去。

②"南中（仲）邦父命驹父毁南者侯，衒高父见南淮尸（夷）毕（厥）取毕（厥）服"一句，"南仲邦父"应该是一个人，"南"是氏，周朝的"南氏"很可能就是"南宫氏"，所以大盂鼎中的"南氏"可能就是"南宫氏"，周初有"南宫适"，是武王伐纣时期的大臣之一。大家要知道，"适"音"kuò"，在繁体字中"适"与"適"不同，第一批简体字刚出来的时候，"適"的简体字写为"适"，所以就把繁体字中的"适"写为"逳"，可是这种写法一直都没有实行。"南宫"可简称为"南"，这种情形一直到了孔子的时代都是如此，孔子弟子中的"南宫氏"都可以简称为"南"，这一点大家去看一下《仲尼弟子列传》就明白了。有人认为"南氏"的始祖应该是文王最小的儿子"聃季"，"聃季"封在湖北，在《潜夫论》中"聃季"的"聃"作"南"，但是这个说法没有"南宫氏"合理。"南宫氏"是非常重要的，而且肯定是姬姓的。近年在山西南部做的考古工作很多，不管是发掘出土的，还是追回来的"南氏"器物还是不少的。"仲邦父"是字，之所以此处用字，是因为作器者是"驹父"，铭中所载之事是"南中邦父"命令"驹父"去做的，"南仲邦父"是"驹父"的上级，所以称字。按照《诗·常武》记载，"南

仲"是当时的卿士,是当时最主要的大臣,为六卿之一。大家要注意,此处的"仲邦父"并不是宋人著录中的"叔邦父",而且宋人著录中的"叔邦父"是朝中的大臣,并不是晋侯。"毁"读为"鸠",训为"安集"。"毁南者侯"义为"安抚南方的诸侯",这些诸侯应该是附属于周的,而不是南淮夷的诸侯。按照古书中的记载,宣王时期对南淮夷的战争比较早,现在看起来恐怕不会那么简单。当时所谓的"淮夷"是非常之多的,因此对淮夷的战争也是零零碎碎的,不太可能一下就平定。可见宣王时期伐淮夷应该有一个比较长的过程,如此"毁南者侯"就很容易理解了。到宣王十八年,对淮夷的战争已经结束几年了,附属于周的这些诸侯可能在战争中受到了淮夷的侵扰,所以需要安抚。近些年由于发现了一些其他的器物,常常提到"殷诸侯",所以张光裕先生认为"毁"可能是"殷"字之误[1],但是仔细看这个字就是"毁",而不是"殷"。我认为能不改字就不改字,当然古人也有错的,我们做清华简发现其中不但有错字,还有错句,这就是当时记错了,并不稀奇,但是这种事情必须有充分理由才能说,不能轻易说古人错了。"衛"读为"率",义为"率领"。这件器物刚出来的时候,我有另外一种读法[2],就是在"父"下断句,读为"南诸侯率高父",把"率"理解为"长","南诸侯率高父"即"南诸侯之长高

---

[1] 张光裕:《西周士百父盨铭所见史事试释》,载《古文字与古代史》第一辑,台北:"中央研究院"历史语言研究所,2007年。
[2] 李学勤:《兮甲盘与驹父盨》,载《新出青铜器研究》,第117-123页,北京:人民美术出版社,2016年。

父",但是这种读法不见于金文,而且读起来也不好,所以还是读为"南中(仲)邦父命驹父殷南者侯,衒高父见南淮尸(夷)氒(厥)取氒(厥)服"比较好。"高父"是"驹父"的副手,"驹父"带领"高父"去见南淮夷,"驹父"和"高父"皆不见于其他金文。实际上"殷南者侯"和"见南淮夷"并不是一回事,"南诸侯"是属于周王朝的,而"南淮夷"则是刚被征服的那些人,是两个层次。"氒(厥)取氒(厥)服",我个人的意见是前面的"厥"和后面的"厥"字义不同,前面的"厥"训为"而",否则就没有动词了,并且"厥"训为"而"在古书中是比较常见的。后面的"厥"训为"其","厥服"即"其服","衒高父见南淮尸(夷)氒(厥)取氒(厥)服"即"驹父率领高父去视察南淮夷并且取他们的服"。此处的"服"就是《周礼·大行人》所谓的"服物","服物"指的就是"布帛",也就是"做衣服的材料",这一点和兮甲盘讲的完全一致。中国古代所穿的衣服主要是丝麻制品,中国古代所谓的"麻"类似于后来的"亚麻",并不是后来做麻袋的"黄麻","亚麻"可以纺得很细。这里所讲的与《周礼》中的《大行人》是一致的,因为"大行人"是主管出使的,此铭中的"驹父"就是一个使臣。《周礼》中有"九贡",其中一种是"服贡",《周礼正义》用了很长的篇幅来讨论这个问题,孙诒让认为此处的"服"并不是"交衣服",而是"交制作衣服的材料"。[①]这一点到后来就不然了,如果大家看曹寅的《江南织造档

---

① 孙诒让:《周礼正义》卷一。

案》就会发现有的时候就是要交成衣,这些成衣现在故宫里面就有。此铭中的"取"也不是真正地拿走,而是去检查一番。这些就是打仗胜利的结果,被征服的南淮夷一定要交这些东西。

③"堇乃俗豕不敢不苟畏王命,逆见我氒(厥)献氒(厥)服"一句,"堇"读为"谨",《荀子》杨倞注认为是"严禁"之义,所以"谨"的意思是"禁",也就是"约束"。"乃"训为"尔","俗"读为"欲","豕"读为"遂","苟"读为"敬"。"王命"指的是对南淮夷贡物的要求,换言之,就是兮甲盘所讲的"帛""积""进人",当时周王朝对于南淮夷所交的贡物一定是有规定的。"堇乃俗豕不敢不苟畏王命"就是"约束你们不敢不敬畏王命",此处是双重否定表示肯定,也就是"必须要敬畏王命",这样的语气显得很庄重、很完整,这种双重否定的情况在日文中是很多见的。大家要知道,当时作铭文并不是很简单,当然有的只写"作尊彝",这些都是商品,但驹父盨之类的铜器并不是如此,它的铭文是非常讲究的,也是很重要的。《左传》《国语》有时会引一些铭文,但当时人对这些铭文的理解和我们现在会有所不同。"逆"义为"迎接","我"在此处指"驹父"和"高父"一行人,"献"义为"献出"。"氒(厥)献氒(厥)服"和"氒(厥)取氒(厥)服"相对,"逆见我氒(厥)献氒(厥)服"即"迎接我们而献其服物",前一个"厥"训为"而",后一个"厥"训为"其"。

④"我乃至于淮,小大邦亡敢不䭱具逆王命"一句,在甲骨文里面,第一人称代词作主语并且是单数,一般

用"余",很少用"我","我"一般用为宾语,或者是指多数,此铭中的"我"指的就是多数,指代"驹父"和"高父"一行人。"乃"义为"于是"。由"我乃至于淮"可知当时真的到了淮河地区,也就是今天的皖南、苏北一带。大家要知道,淮河在古代是非常重要的,《尔雅》中讲的"四渎"就是"江""河""淮""济",后来因为黄河总是"捣乱","淮"和"济"就都不行了。有句话叫"黄河百害,唯利一套",把黄河描述得很坏,但实际上大家都靠黄河吃饭。淮河总是闹灾,所以新中国刚成立的时候毛主席批示"一定要把淮河修好",一直到今天,淮河还是经常出问题。大家要知道,淮河地区和中国古代文明的关系是很密切的,可是长期以来淮河一带的考古工作做得是很不够的,今天还是如此,很多地方的文化说不明白。比如前些年挖蚌埠双墩遗址,里面出了很多陶器,有的陶器上面还有刻画符号。当时我还不知道是怎么回事,我以为应该是一个很大的挖掘面,但到了当地一看,就是很窄的沟,面积很小。那些陶器都是从沟里挖出来的,而且这些陶器并不是很有代表性,还有很多是破碎的,有的只有一个器底,很难复原。当地的一些文化面貌还不是很清楚,很多问题还有待做进一步的工作,后来开会的时候,我就提出淮河的考古工作一定要很好地做一下,否则长江流域和黄河流域之间的关系很难说清楚。现在挖出来的很多东西我们觉得很奇怪,奇怪是因为我们不熟悉,而不是这些东西本身很奇怪。从驹父盨盖和兮甲盘的记述中,大家应该可以看出"淮夷"在西周晚期特殊的重要性,这些重要性不仅表现在社会、经济上,也表现在文化上。"我乃至于淮"就是"我们到了淮河流域",古代的淮河是很长的,分布范围很广。"小大邦"即"大小邦国","小大"是合文,凡是讲相对立的形容词,古人常常和我们现在的习惯相反,我们现在说"大小",古人说"小大",我们说"多少",古人讲"少多"。淮夷地区有很多大小邦国,它的面积和势力是相当大的,"淮夷"是"东夷"和"南夷"的一个组成部分,而且是"南夷"的主要部分。现在我们知道,商周时期所谓的"夷"面积是非常大的,山东"东夷"的范围基本上可以到达现在的潍县一带,比我们现在讲的"胶东"范围要大。我们今天讲的"胶东"只是到龙口一带,可是古时候的"东夷"可以到潍水一带,从考古上来看基本上也是如此,这和甲骨文的研究也基本上一致。"东夷"的范围是非常大的,所以封齐国的时候就已经到了与"东夷"作战的前线,"东夷"之一就是莱国,莱国本身就是夷人。前些时候有人问我一个问题,因为有的文献中称"莱"为"莱子",所以莱国有没有可能是子姓,因为有人认为莱国是子姓,所以是殷商的后裔。我认为这个说法是很靠不住的,"莱子"可能是说"莱"是子爵。从潍县再往南是古人所谓的"九夷之地",范围也相当大,从鲁西南往南,一直可以到苏北。由此再往南就是"淮夷","淮夷"在西周晚期的时候有"小大邦",也就是有很多的大小邦国,其中就包括偃姓、嬴姓以及我们所不知道的一些邦国。"殺"字,铭文中看不清楚,但左半边是"者"之所从,在"亚丑"的器物里面,诸侯的"诸"字上面所从的部分就是这样写的,所以"殺"

可以写为"敊",我认为"敊"在此处可读为"储"。[①]"鼎"和"贝"常可通用,所以"鼎"即"具",实际上在《文选》注所引的《说文》逸文中,"储"就训为"具","敊鼎"即"储具",义为"在物资上进行准备"。"逆"训为"迎","逆王命"就是"迎接王命","王命"实际上指的是"王对贡物的要求"。"小大邦亡敢不敊鼎逆王命"义为"大小邦国没有敢不在物资上做储备来迎接王命的",这句话和"堇乃俗豖不敢不苟畏王命,逆见我乎(厥)献乎(厥)服"所表述的意思是一致的。

⑤"三(四)月,还至于希"一句,"希"即古文"蔡","蔡"有"上蔡""新蔡""下蔡",此处的"蔡"指的是"上蔡",在今天的河南省。大家要知道,河南上蔡是一个很重要的地方,从金文来看,"蔡"是整个西周时期经营南方的一个重要据点,因其处于河南中部。蔡国的范围也是比较大的,虽然看起来比较靠北,但在当时的环境下,"蔡"还是处在南方和中原交界的地带。"驹父"从南淮夷归来,就到了"蔡",所以"蔡"和"成周"是当时应对南方的重要出发点,到了"蔡",也就是回到了王朝。这里要说明一点,我们不要用战国的观念去看西周,因为西周与诸侯国的关系和东周是大不一样的,特别是和战国时期大不相同。战国时期,周王的地位还不如宋国和卫国,实际上是没什么地位的,虽然在形式上大家还要尊敬,比如封韩、赵、魏为诸侯,大家还要去

---

① 李学勤:《兮甲盘与驹父盨》,载《新出青铜器研究》,第117-123页,北京:人民美术出版社,2016年。

朝见，但实际上周王想不封都不行。西周时期完全不是这样，前些时候高青出了一些铜器，我们可以看到周王能够直接命令齐国的一个卿。鲁国立了一个国君，宣王不满意，就可以把这个国君撤换掉。还有就是周夷王可以烹杀齐哀公，这些并不稀奇。实际上周王的命令可以直接到下面去，大河口出的器物就是如此，其中记载周王朝直接派人找了"霸伯"，还给了一些好处。"霸"是附属于晋国的一个戎狄之类的小国，"霸伯"类似于"部落长老"，王朝可以直接去和他联系，这和对自己的下属是差不多的。可见西周和商代一样，是一个比较有效的综合体，并不是像有些人想象的只能指挥王畿那一小块地方。西周直到宣王时期还在山西北方封了杨国，为了对付南方的荆楚，还封了申国，东周时期周王室怎么可能这样呢？不用说封国，自身还会挨打，王室能控制的范围也越来越小，最后只剩下七个县，就是这七个地方都管不住，还要分为"东周"和"西周"。到了周赧王时期，债台高筑，能吃口饭就不错了，后来慢慢地就消失了。但宣王时代可不是这样，应该说"宣王中兴"时还是很强的。"驹父"这一圈转得很大，"南仲"发号施令应该是在宗周。即使是在成周，"驹父"这一圈转得也不小，应该是经过了湖南、安徽、江苏等地，最后就到了河南上蔡。"驹父"回来了就算完成任务了，因此就作了这件盨。

以上就是驹父盨的内容，我们要把兮甲盘和驹父盨联系起来看，兮甲盘是战争的开头，此时战争还没有开始，驹父盨是战争结束检查战果。两件器物结合起来之后，宣王中兴时期对于"淮夷"的这一段就比较清楚了。

大家就会问一个问题，就是在此期间是怎么打淮夷的呢？与淮夷战争有关的材料见于《诗经》，主要是《江汉》和《常武》两篇。

《江汉》讲的是淮夷侵扰江汉一带，"召公"征淮夷的情况，即"江汉之浒，王命召虎，式辟四方，彻我疆土"。大家可以看到淮夷的侵扰是面向西北一直到了江汉地区，这并不等于说江汉地区是淮夷，实际上淮夷是在安徽。"召虎"就是"召穆公"，也就是"召伯虎"，"召伯虎"见于琱生簋。"召穆公"是当时平定淮夷最主要的人物，按古书上说是当时的三公之一。按照毛传的解释，宣王是在"江汉之浒"命"召公"的，"浒"义为"水边"。换言之，宣王当时是在水上命"召公"，并不是在宗周，可见宣王本人已经到了半前线。此时"召伯虎"的年纪已经很大了，因为国人暴动的时候，是召伯虎把太子静，也就是后来的宣王，藏在家里保护起来，厉王死了之后，立太子静为宣王，"共和"也就结束了，可见召穆公此时已经是一个老臣了。由此也可以推论宣王对淮夷的战争一定是在宣王初期，如果是到了宣王后期，"召穆公"的年纪就太大了，这是做不到的。郑笺云，"宣王于是水上命将帅，遣士众，使循流而下"，可见伐淮夷是在江汉起兵，沿着江汉顺流而下到达淮河。

《常武》是在宗周命的，与《江汉》不同，《常武》有"王谓尹氏，命程伯休父，左右陈行，戒我师旅，率彼淮浦，省此徐土"。"尹氏"就是"史官之长"，"王"在册命的时候多有"尹氏"，《毛传》认为"程伯休父"是宣王时期的大司马，是军事领袖，但是"程伯休父"这个人我们还没有在金文中看到。"率"义为"循"，

"浦"是"水滨","率彼淮浦"也就是"沿着淮河走","徐土"指的是"徐国",是江苏之内的一个大国。

由《江汉》和《常武》可知,当时是有两支军队去征伐淮夷的,一个以"召穆公"为首,另一个以"程伯休父"为首,"召穆公"在淮南,"程伯休父"在淮北,一直打到了徐国,这就是目前我们所知的宣王时期征淮夷的基本情况。从金文的角度我们对征伐淮夷的战争会看得更清楚,由驹父盨可知,到了宣王十八年,淮夷已经全部平定。

《今本竹书纪年》中对宣王时期征淮夷有很详细的描述:"(宣王)五年夏六月,尹吉甫帅师伐狝狁,至于太原。秋八月,方叔帅师伐荆蛮。六年,召穆公帅师伐淮夷,王帅师伐徐戎,皇父、休父从王伐徐戎,次于淮。"这样看起来,伐淮夷的事情持续的时间很短,一打就结束了,似乎淮夷不堪一击。可是从金文中看,一直到宣王十八年才最后平定淮夷,所以征伐淮夷不像《今本竹书纪年》中叙述的那么简单。实际上《今本竹书纪年》一定是一个相当晚出的东西,清华简中有《西伯戡黎》,这个"西伯"指的是"周武王"。大家要知道,《今本竹书纪年》中的记载就是"武王戡黎",这一点宋朝人已经指出了,宋人根据相关历史的排比得出了这个结论。再有就是"毛伯迁","毛伯迁"和金文是非常合适的,之所以是这样,是因为宋朝人的书中发表了这件金文,可见《今本竹书纪年》中一定有宋代以后的东西,因此《今本竹书纪年》是不能信的,只能作为参考,这个问题王国维先生早就说过了。

· 2011年上半年第十四次课 ·

虢季子白盘、霸伯尚盂

虢季子白盘

虢季子白盘非常大，是目前为止我们见到的最大的盘，很多人都在国家博物馆看到过这件盘。

虢季子白盘是有出土记录的，这件盘在清道光年间出土，可惜的是它的出土地是有问题的。清代著录中曾提及这件盘出土于陕西宝鸡的虢川司，但是"虢川司"这个地名找不到。自二十世纪六十年代以来，宝鸡的考古工作者一直努力地去寻找这个地点，但现在的宝鸡并没有这个地名，而且他们告诉我，在他们所看到的宝鸡地方志中也没有这个地名。"虢川司"看起来像是一个职官的名称，可这个职官也不存在，所以是很奇怪的。我个人认为这是由于当时的记录者听当地人口述造成的，根据口述时的发音记录，结果写出来就不同了。这种情况在考古学上有很多，要知道当地的地名，最好的办法就是找一个老乡问一下。比如陕西的"客省庄"，又叫"开瑞庄"，这是因为当地"客省"和"开瑞"的音很相似。"虢川司"找不到，但这个地方能出如此大的盘，那一定是极其重要的遗址或墓葬群，这个问题到今天还没有解决，可无论如何都应该是在旧的宝鸡县范围之内，旧的宝鸡县并不是今天的宝鸡市，而是今天的虢镇，虢镇今后还有探寻的必要。

虢季子白盘（见图1、图2）出土后不久就发生了太平天国运动，后来这件器物就落到了太平军的手中，太平军失败之后，虢季子白盘落到了湘军将领刘铭传手中。据说因为这件盘很大，于是就拿来当马槽用了，这个问题我们就不详细讨论了，大家去查一下相关的记载就清楚了。

图1　虢季子白盘　　　图2　虢季子白盘拓本

虢季子白盘释文：

隹（惟）十又二年正月初吉丁亥，虢季子

白乍（作）宝盘①。不（丕）显子白，壮武于戎工，

经缵亖（四）方，博伐玁狁，于洛之阳，折

首五百，执讯五十，是吕先行②。趩=子白，献

聝于王，王孔加子白义③。王各周庙，宣

廝爰乡④，王曰白父，孔顯又光，王赐（锡）

乘马,是用左王,睗(锡)用弓,肜矢其央,
睗(锡)用戉,用政蛮方⑤,子=孙=,万年无彊(疆)。

① "隹(惟)十又二年正月初吉丁亥,虢季子白乍(作)宝盘"一句,类似于"正月初吉丁亥"的这种历日经常是假设的,因为"丁亥"是铸器的吉日,但是"宣王十二年初吉"确实有"丁亥",所以在历法上把这个历日作为真实的历日来理解是没有错的。"虢季子白"非常值得注意,之所以叫"虢季子白",一种很简单的理解是"季"是排行,但这个说法不对,因为后来出了很多铜器,都属于"虢季子"组,而且这些器物的时代与虢季子白盘差不多,所以"虢季子白"应该是"虢季氏"。虢国的器物,自西周开始就有一个显著的特点,就是器主常常叫"伯""仲""叔""季",特别是三门峡出土的器物中多有"虢仲"和"虢叔",这些都是虢国的国君。虢国的国君是习惯于用排行的,这个排行不是"名",而是属于"字"。所以"虢季子白"应该理解为"虢季"是他的"氏","白"是他的"名"。为什么这样说呢?大家要知道,虢国最初封的时候是两个人,一个是虢仲,一个是虢叔,他们是文王的弟弟,是王季的儿子,之所以称为"虢季氏",是因为他们封在虢的王季之后,虽然这种说法是一种揣测,但能够说明他为什么叫"虢季"。同为"虢季子白"的器物还有一件小鼎,即虢宣公子白鼎,这件鼎最初在清宫里面,后来拨到了颐和园,到今天为止还是陈列在颐和园,就在耶律楚材墓后面的殿中陈列。大家要知道,"虢季子白"是伐猃狁的,他是很重要的,一定见于文献,

很多学者都认为这个"虢季子白"就是《国语·周语》中的"虢文公"。很多人看到"虢宣公子白"就认为他是"虢宣公",实际上并不是这样,因为"宣公"是谥法,是已经去世的人才可能有的,所以"虢宣公子白"指的是虢宣公的儿子,名叫"白",而"白"本人很可能就是古书中的"虢文公","虢文公"也有铜器,此处就不详细谈了。"虢季子白"属于西虢,在西周时"虢"有两个,一个是西虢,还有一个是东虢,西虢在宝鸡,东虢在今天的河南荥阳。

②"不(丕)显子白,壯武于戎工,经缵三(四)方,博伐玁狁,于洛之阳,折首五百,执嘼五十,是吕先行"一句,"壯"字也见于毛公鼎,是从"爿"声的,很多学者把"壯"读为"壮"。"工"读为"功",义为"功劳"。"缵"读为"蒦",这是杨树达先生根据《说文》讲出来的。① "蒦"义为"规蒦",也就是今天我们讲的"规划","蒦"和"划"是同音字,"经缵三方"就相当于《江汉》中的"经营四方"。"于洛之阳"的"洛"并非"伊洛"之"洛",而是"北洛水","北洛水"是入"泾水"的,"泾水"从甘肃流经陕北,最后入"渭水"。"执嘼五十"的"五十"比较奇怪,因为"五十"这两个字是刻的。为了证明这一点,我专门去看过虢季子白盘,用放大镜仔细观察之后,确定是后刻的。我个人认为刻"五十"这两个字是很晚的事,甚至于有可能是出土之后刻

---

① 杨树达:《虢季子白盘再跋》,载《积微居金文说》,第 231 页,上海:上海古籍出版社,2007 年。

的，因为"十"的写法不太对。西周时期"五十"的"十"就是一竖加一个点，即使是"点"变成"横"，这一"横"也不会太长，但是盘中的"十"字的那一"横"太长了，很像后来写的"五十"，所以我对此有些怀疑。当然不排除是入土以前刻的，这也有可能。如果当时没有刻，而是后刻的，那么可能是因为当时生擒的人数没有正式统计，所以就空下来了，有空字的这种情形在西周金文中也见过好几次。"先行"是说作为伐狁狁的先锋。

③ "趩₌子白，献聝于王，王孔加子白义"一句，"趩₌"是"威武之貌"，"🝢"字过去多隶定从为"爪"的"聝"字，所以有人说当时的斩获并不是用"头"来计算，而是用"手"来计算，这就不好办了，因为"手"是两个，如果用"手"来计算，数量就会加倍。现在我们知道"🝢"字所从的"🝣"是"首"的省形，是把"首"倒过来写的，因此"聝"即"聝"，"献聝"就是"献聝"。"孔"训为"甚"，"加"读为"嘉"，义为"嘉美"。

④ "王各周庙，宣廍爰乡"一句，"宣廍"即"宣榭"，是商周宫廷中的一种建筑，《说文》"宣，天子宣室也"，甲骨文中的"南宣"指的就是这一类的建筑。春秋时期还有"宣廍"，《公羊传》何休注认为"宣廍"是"宣王之庙"，这是不对的，虢季子白盘就是证据，因为虢季子白盘是宣王十二年的器物，当时宣王还在世，而且正在打仗，此时怎么会有宣王之庙呢？所以"宣榭"应该是宫廷中的一种建筑，而非"宣王之庙"。"宣"本身就是一种"榭"，"榭"是一种四周有支架的建筑，有的建在

水边,现今在中山公园还有"水榭"。"爰"读为"其"。"乡"读为"飨",是一种庆功宴,也就是古书中的"饮至之礼",清华简中就有"饮至"。

⑤"王曰白父,孔覭又光,王睗(锡)乘马,是用左王,睗(锡)用弓,彤矢其央,睗(锡)用戉,用政䜌方"一句,"覭"在金文中又作"顥",义同"显",但不是"显",因为"顥"和"显"曾在同一件器物上出现。① "一乘"是"四匹马","左"即"佐",义为"辅佐"。大家要注意,此处的"左"作"𠂇",是从"工"的,跟秦文字一样,可见秦文字是从宗周来的。此处为了读起来好听,与"睗(锡)乘马"相对,于是就减了一个"彤"字,实际上应该是"睗(锡)用彤弓,彤矢其央",所谓"彤弓"和"彤矢"是用红漆涂过的"弓"和"箭"。"央"是"鲜明"之义,"睗(锡)用弓,彤矢其央",是说"彤弓"和"彤矢"色彩鲜明。"戉"即"斧钺"之"钺","䜌"读为"蛮"。"蛮方"一词,史墙盘称为"方蛮"。大家要知道,甲骨文中讲"方",常常指的是"敌人"或"不从属于王朝的人"。我个人从来不同意甲骨文中有一个叫"方"的方国,因为甲骨文中从来没有"方方",所谓"方国"指的是敌对的或者是不受统治的人群。《礼记·王制》有"诸侯赐弓矢,然后征,赐斧钺,然后杀","赐弓矢"表示有征伐之权,"赐斧钺"表示有刑杀之权,这就与虢季子白盘所述一致,据说《王制》是汉文帝派人从古书中摘抄出来的。

---

① 整理者按:此即大克鼎。

虢季子白盘的铭文是韵文，除了前面几句，剩下的读起来就像读《诗经》一样，押的是阳部韵，读起来是非常好的。虢季子白盘音调铿锵，读起来很像《江汉》和《常武》，更重要的是虢季子白盘的字体非常像石鼓文，同时期的铭文很少有这种字体，换言之虢季子白盘是秦文字之祖。以前认为秦文字起于宗周，但是对比春秋时期关东国家的文字，就会发现这些文字比秦文字更像西周文字，那怎么能说秦文字出于宗周呢？但是如果看虢季子白盘就会发现其铭文与秦文字很像了，特别是有些字，比如"㝬""", "㐱"等字，看起来和小篆差不了多少，"𠂇"字更是如此，其他的西周文字里基本上没有从"工"的"左"，所以虢季子白盘的文字特别像石鼓文。

西周宣王时期有一个《史籀篇》，"史籀"这个人在金文中写作"史留"，"史留"见于上博所藏的趞鼎。《史籀篇》的原字我们没有看见过，估计应该类似于虢季子白盘铭的样子，这种字在西周晚期逐渐形成了一种书体，以虢季子白盘为代表，后来的秦文字就是这种书体，这是很值得重视的事情，后来的书法家很多都临写过虢季子白盘。

霸伯尚盂

《2010年中国重要考古发现》里面有《山西翼城大河口西周霸国墓地》一文，从中我们可以很详细地知道山西省考古所对翼城大河口的发掘，该发掘是从2009年5月开始的，一直到现在还在进行，收获很多。这篇文章中有不少图片，都是青铜器的器形和铭文照片,并没有铭文拓本,这些铭文对于研究该墓地的性质是非常重要的,可是我们现在还不能掌握它的全貌。虽然只是选择了很重要的铜器公开给大家,但这也是很值得感谢的一件事。我早就想到大河口去一下,但是没有时间,如果要去最起码也要三天时间,可是我现在没有三天时间,但是看了这篇文章还是很满意的,这个报道还是很好的。

我们想选一件长铭的铜器来讲一下,这就是霸伯尚盂,全铭有116字。"尚"是一代霸伯,大家要注意,大河口出土的霸国铜器,"霸"字的写法有些不一样,《说文》中的"霸"字从"月",从"䨣",但是大河口所出器物中的"霸"作"䨣",是从"东"的。至于说是否有什么特殊的意义,我们还不知道,如果有什么特殊的意义,我们再讨论,"霸"暂时还是读为"霸"。

霸伯尚盂是侈口的,上方有附耳,有很深的直腹,下有三个象鼻形的足,这种象鼻形足是从象嘴中吐出鼻子,和真的大象是不一样的,这是艺术上的一个特点,这一特点在很多的西周铜器上都有。器身装饰有窃曲纹,这种窃曲纹非常原始,虽然已经分解了,但仍然有"臣"字形的眼睛,如果窃曲纹中有非常完整的"臣"字形眼睛,就说明这个窃曲纹非常原始,时代非常早。根据霸伯尚盂中有"臣"字形眼睛这一点,我们推断霸伯尚盂的时代为西周中期前段,也就是穆王前后。

霸伯尚盂(见图3、图4)出自M1017,在墓主人头部的最右侧,里面还装了很多东西。M1017出的其他东西放在穆王时期都比较合适,当然其中不是一代霸伯,现在我们看到的就已经有两代了,另一代霸伯的时代我认为比"尚"要晚,因为现在材料没看全,所以也不敢随便说。

图3　霸伯尚盂　　　　图4　霸伯尚盂拓本

霸伯尚盂释文：
佳（惟）三月，王史白（伯）考蔑尚麻，归
柔梦、旁邕、臧，尚撜（拜）頴首①。既頴
首，延宾，嚅，宾用虎皮再毁，用
章奉②。翌日，命宾曰："撜（拜）頴首天子
蔑，其亡麻，敢敏。"用章③。遣宾，嚅，用
鱼皮两侧毁，用章先马，邍毁，
用玉④。宾出，吕胆或延，白（伯）或邍毁，用玉
先车⑤。宾出，白（伯）遣宾于䓊，或舍
宾马⑥。霸白（伯）撜（拜）頴首，对剴（扬）王休，
用乍（作）宝盂，孙子子其迈（万）年永宝。

①"佳（惟）三月，王史白（伯）考蔑尚麻，归柔梦、旁邕、臧，尚撜（拜）頴首"一句，"史"读为"使"，义为"派遣"。"伯考"是王朝的大臣。"麻"常作"厤"，但"厤"一定不从"麻"，之所以大家多认为"厤"从"麻"，

是因为《说文》中有"曆"字,读为"hán",实际上"曆"是不从"麻"的,否则我们早就把"曆"字读出来了,特别是在这件器物中作"麻",是从"木"的,所以"曆"一定不从"麻"。大家要知道,近几年在"蔑曆"问题上有一个很大的进展,就是张光裕先生发表了一件智簋[①],智簋中有"加曆","加"可读为"嘉",所以"蔑曆"之"蔑"的意思一定是"嘉"。明白了这一点,那么过去对"蔑曆"解释得最好的就是唐兰先生,唐先生把"蔑"读为"伐",训为"美"[②],"嘉"也是"美"的意思。当然后来"伐"是一个不好的意思,比如"自伐"也就是"自夸",但"伐"训为"美"是没有问题的。《左传·僖公十二年》有"余嘉乃勋",所以"麻"应该是"功勋"之义,"王史白(伯)考蔑尚麻"就是"王派遣伯考去嘉奖霸伯尚"。《尔雅》训"归"为"遗",义为"馈赠"。此处赠送的东西有三种,即"柔梦""旁邕"以及"臧"。"柔梦"之"柔",义为"细嫩","梦"在甲骨文中就有,就是"郁","郁"是"郁金",用以酿香酒,"柔梦"即"细嫩的郁金"。"旁邕"之"旁",读为"芳","邕"是用黍米酿成的酒,"旁邕"即"芳邕"。"臧"读为"浆","浆"是一种带有酸味的酒,是《周礼·酒正》中的"四饮"之一。这些都不是烈性酒,实际上中国古代的酒没有太烈的,所以才能一喝就是多少斗,还不会昏倒。这种比较柔和的酒就像加拿大的"ice wine",也就是"冰红

---

① 张光裕:《新见智簋铭文对金文研究的意义》,《文物》2000年第6期。
② 唐兰:《"蔑曆"新诂》,载《唐兰全集》第三册,第956-964页,上海:上海古籍出版社,2015年。

酒"。"王"所赏的是"柔楚""旁毌"和"臧",这些都是礼仪上用的东西,从这一点上来看,发掘报告中认为"霸"应该是戎狄之人,我认为是很对的,因为他们是戎狄之人,所以不会制作"柔楚""旁毌"以及"臧"这一类的东西,但他们也要学礼仪,"王"就赏赐了这些东西。

②"既頴首,延宾,䚄,宾用虎皮再毁,用章奉"一句,大家要知道,"王"派使臣到戎狄那里去,这种事情属于"聘",所以下面的内容应该用《仪礼》中的《聘礼》,以及《左传》《国语》中有关"聘"的部分来理解。当然,此铭中所讲的"聘礼"和文献中讲的有所不同,我个人认为可能有两个原因。其一为时代不同,这篇铭文的时代是比较早的,《仪礼·聘礼》的时代怎么也早不过春秋。其二为"霸伯"是当地戎狄的部族长老,所以铭文中的"聘礼"会与古书中的"聘礼"有所不同,可是如果不了解古书中的"聘礼",这篇铭文就很难理解。"延"义为"迎请",《顾命》有"逆子钊于南门外,延入翼室",小盂鼎就有这种用法。"䚄"在金文中或作"䚄",如果"䚄"作为名词读为"瓒",那么作为动词就应读为"赞",义为"佐助",《国语》有"右史赞王"。在盂铭中"䚄"读为"赞",理解为"陪同","延宾,䚄"即"引导宾客并陪同","宾"指的是"伯考"。"宾用虎皮再毁"的难点在于"毁"字应该怎么读,此处的"毁"一定是一个假借字,"毁"是一个微部字,我认为"毁"应读为"馈"。①大家要知道,"归""馈"在古书中是经常通用的,

---

① 李学勤:《翼城大河口尚盂铭文试释》,载《夏商周文明研究》,第114-117页,北京:商务印书馆,2015年。

但是在《说文》中并不是同一个字。"馈"字,《周礼·膳夫》注曰"进物于尊者曰馈"。"再"义为"举","宾用虎皮再毁"就是"宾用虎皮举着献给主人"。此处和古书中的聘礼有所不同,按照古书中的聘礼,"虎皮"是后献的。"用章奉"的"章"读为"璋","奉"义为"献",《周礼·小行人》有"圭以马,璋以皮",这与铭文中的记载是相符的。大家有时间可以去看一下《仪礼》,台湾大学曾经把《仪礼》制作成了电视片,老虎皮拿上来的时候,是要折起来的,进门的时候要"见其文",也就是让人看一下确实是老虎皮,进去之后要把皮张开,即"有司二人举皮",但在盂铭中,"举皮"的是"宾"。之所以要用虎豹之皮,是因为《礼记·郊特牲》有"虎豹之皮,示服猛也"。"宾用虎皮再毁,用章奉"是宾对于主人的礼节。以上是第一天的事,第一天的事应该是在霸国的宗庙中进行的。

③"翌日,命宾曰:'搻(拜)頴首天子蔑,其亡麻,敢敏。'用章"一句,"翌日"即"第二天",大家要知道,商代的甲骨文中说的"翌日"不一定是第二天,但是在西周金文中,"翌日"一定是第二天。"命"义为"告诉"。"搻(拜)頴首天子蔑"也就是"感谢天子的嘉美"。"其亡麻"的"其"表假设,"其亡麻"也就是"没有什么功勋"。"敏"犹"勉"也。"其亡麻,敢敏"即"我没有什么功劳可言,只能自我勉励",这是谦词,可见当时的人说话是很讲礼节的,类似的话语经常在《左传》中看到。"章"即"璋","用璋"是将"伯考"昨天所献的"璋"还给"伯考",因为"璋"是"伯考"身份的证明,这在《仪礼》中叫做"还玉"。

④"遣宾,䨲,用鱼皮两侧毁,用章先马,邍毁,用玉"一句,"遣"义为"送","遣宾"即"送宾",第二天就"遣宾",说明"伯考"没有在霸国逗留很久,我揣想当时周王应该没在宗周,在成周的可能性也不大,应该是在霸国附近的地方。"用鱼皮两侧毁"的"鱼皮"很稀奇,在古书中没有,到哪里去找那么大的鱼呢?我曾经有一个想法,因为古代的时候用皮不是"虎豹"就是"麋鹿",所以我猜测"鱼"应读为"麤","麤"是"公鹿",但这只是一个想法,这篇文章我已经写好了准备发表,但发表的文章中是没有这个猜想的。或许当时真的会用"鱼皮",但是我想山西也没有什么鱼,山西的鱼是从外面送进去的,汾河里面是没有什么鱼的。"两"是"一对","侧"在礼书中的意思不是"旁边",而是"独特","用鱼皮两侧毁"是把这两件鱼皮作为一个整体来献。"用章先马"这句话特别好,"章"就是"璋","先马"义为"在马之先",是先献璋,后献马,马要放在院子中,所以叫"庭实"。《老子》中有"虽有拱璧,以先驷马",这句话的意思是不管玉器有多么贵重,都要在献马之前先献出去,这和"用章先马"的意思是一样的,由此也可以看出中国的周礼传统,一直到老子时代还是如此。"邍"通"原",《尔雅·释言》"原,再也","不可原谅"的"原"就是"再"的意思。"邍毁"即"原馈",也就是"再献"。此处用的是"玉",但没有说具体是什么"玉",我个人想法是此处的"玉"应该是"璧","璧"是"六玉"之首。这些礼应该都是在室内完成的,按古书讲是在"宾所居馆舍",今天的"宾馆"一词就来源于此。

⑤ "宾出，吕胆或延，白（伯）或邊毁，用玉先车"一句，"胆"即"俎"，"俎"在《说文》中是"半肉"，在金文中作"👁"，《仪礼·乡射礼》:"俎者，肴之贵也。"宾出去之后，主人舍不得宾走，于是就"吕胆或延"，"或"训为"又"。"白（伯）或邊毁"之"伯"，指的是"霸伯尚"，"或邊毁"即"又再馈"。"用玉先车"就是"先献玉，后面还送了车"。

⑥ "宾出，白（伯）遣宾于蕞，或舍宾马"一句，我认为"蕞"就是"郊"，写成"蕞"的在金文中都是"郊"①，"蕞"在周原甲骨中也有，"白（伯）遣宾于蕞"就是"霸伯到郊外去送宾"。"或舍宾马"即"又给了宾马匹"，此处用的是"舍"，而不是"毁"，这是因为此时已在郊外，没有那么繁缛的礼节。

这篇铭文共有十行，116字，从这篇铭文中应该能看到东周的礼和西周的礼是有共性的，否则我们读不懂这篇铭文。

---

① 李学勤:《释郊》，载《缀古集》，第189-194页，上海：上海古籍出版社，1998年。

后记

2009年，我还是一名大三学生，通过赵鹏老师的介绍，得以去首都师范大学旁听黄天树老师的"出土文献导读"。黄老师在课上建议我们听李先生的金文课，我便与学友一起去清华大学旁听李先生的"出土文献选读"，彼时先生的"金文与西周文献合证"课已经讲了一年多，我从中途听起，一直到2011年课程结束。

2012年，我考上了贵州师范大学吴国升师的研究生，课余时想将先生的金文课系统地听一遍，于是就联系了何会和刘攀峰，得到了先生自2008年至2011年所有的讲课录音，并复印了随堂记录，装订成两册。听录音的过程中，我觉得应将先生所讲的内容尽可能多地记录下来，于是就想重新整理笔记，以便此后的金文学习。我自2012年读研伊始着手整理笔记，2013年12月底全部整理完成，这次一共整理出六大本手稿。整理完成之后，我把手稿拿给赵鹏老师，赵老师建议我拿给先生，我便复印了一份，用平邮的方式寄给先生。当时并未想到先生会回复，所以只是在所附的纸条中写明这是依据先生的讲课录音整理而成，下署名"学生董喆"。

半年后，我接到了先生的电话，先生说我整理笔记下了很大的功夫，却没有留下联系方式，后来先生没办法，只能根据邮政包裹单上并不清楚的电话号码来回试，半年后终于联系到了我，先生嘱咐我一定要保持联系。

2016年，我考取了安徽大学黄德宽师的博士，由于更换了联系方式，我便给先生打电话，告诉先生我的新号码，通话时谈及笔记，先生有整理出版的想法，并最终确定由我来整理。

2016年7月13日，我根据手稿重新整理笔记。9月开学后，我将整理笔记的事情汇报给黄师，黄师认为这是一件非常好的事情，并说既然是好事，就要把它做好。在整理笔记的过程中，黄师对于整理的具体事项给出了很多中肯的意见，比如整理的体例、注释的原则等。2017年1月24日，我到先生的寓所拜见先生，商讨整理笔记的具体事宜，并将黄师拟定的整理意见转达给先生，先生对这些意见表示肯定。2018年7月14日，笔记的电子稿整理完成，共计90余万字，字数是手稿的4倍还多，此次整理更加全面地记录了先生所讲的内容。

2019年2月24日，先生辞世。心下悲痛，不能自已，先生生前未能看到笔记出版，殊为憾事！

2021年，我来到湖南大学跟随陈松长师做博士后，陈师对我的整理工作很是支持，这使我得以专心校稿，2022年1月，笔记校对完成。

我一直坚信即使我不去整理，也会有其他人去整理，这部笔记不会埋没！我所做的事情极为有限，作为整理者，我努力想还原先生的本意，但囿于学力，必定会有未逮之处，祈请读者见谅。

笔记能够呈现在读者面前要感谢何会、刘攀峰的录音，感谢清华大学出土文献研究与保护中心以及黄德宽师的支持和信任，感谢陈松长师的理解与鼓励,感谢刘国忠教授的最后审定,感谢责任编辑张维嘉女士的辛勤付出,感谢整理过程中提供帮助的诸位师友,更要感谢先生无私之讲授。

谨此纪念先生!

董 喆

2023 年 7 月 15 日于内江师范学院

李学勤先生清华讲义丛书

金文与西周文献合证（中册）

李学勤 ◎ 著
董喆 ◎ 整理
刘国忠 ◎ 审校

清华大学出版社
北京

内 容 简 介

本书是李学勤先生最后的公开课讲稿，记录了 2008 年至 2011 年间先生所讲授的金文课程。本书介绍了商末至西周季年绝大多数重要器物，所述内容构建了西周金文的知识框架，提供了西周金文的研究范式，指明了西周金文的研究方向，是考古类型学、二重证据法以及系联法综合运用的体现。

本书既可视为《西周铜器断代》和《西周青铜器铭文分代史征》的延续，又可视为夏商周断代工程《西周金文历谱》的补正，还可视为《史记·周本纪》的出土文献注本。

本书内容深入浅出，可作初入门径之用，又可为深入研究之资。

版权所有，侵权必究。举报：010-62782989，beiqinquan@tup.tsinghua.edu.cn。

图书在版编目(CIP)数据

金文与西周文献合证/李学勤著; 董喆整理; 刘国忠审校.—北京：清华大学出版社，2023.9（2024.7重印）

（李学勤先生清华讲义丛书）

ISBN 978-7-302-63923-7

Ⅰ.①金… Ⅱ.①李… ②董… ③刘… Ⅲ.①金文-研究-中国-西周时代 ②古文献学-研究-中国-西周时代 Ⅳ.①K877.34 ②G256.1

中国国家版本馆 CIP 数据核字(2023)第 115962 号

责任编辑：张维嘉
封面设计：何凤霞
责任校对：欧 洋
责任印制：宋 林

出版发行：清华大学出版社
网　　址：https://www.tup.com.cn, https://www.wqxuetang.com
地　　址：北京清华大学学研大厦A座　　邮　编：100084
社 总 机：010-83470000　　邮　购：010-62786544
投稿与读者服务：010-62776969, c-service@tup.tsinghua.edu.cn
质量反馈：010-62772015, zhiliang@tup.tsinghua.edu.cn

印 装 者：三河市人民印务有限公司
经　　销：全国新华书店
开　　本：148mm×210mm　　印　张：50.5　　字　数：1623千字
版　　次：2023 年 11 月第 1 版　　印　次：2024 年 7 月第 3 次印刷
定　　价：298.00 元（全三册）

产品编号：101539-01

目 录

绪论（一） 1

绪论（二） 34

卻其三卣（上） 64

卻其三卣（下） 94

《西伯戡黎》、簋、献簋 121

《微子》 148

天亡簋 172

西周世系、《泰誓》、利簋（上） 195

利簋（下）、《牧誓》（上） 218

《牧誓》（下）、《克殷》 243

《度邑》、何尊（上） 265

何尊（下） 286

《金縢》 307

㺇簋 327

塑方鼎 348

禽簋、㺇却尊、㺇伯耆卣 367

保尊、保卣 387

康侯丰鼎、康侯斧、沫司徒送簋 407

I

太保簋、大保方鼎、宪鼎、鲁公鼎、伯宪盉、太史友甗、克盉、
　　克罍、太保玉戈 427

宜侯夨簋 452

麦方尊 474

大盂鼎（上）、邢侯簋 493

大盂鼎（下）、小盂鼎（上） 512

小盂鼎（下） 532

总结及昭王时代铜器（一） 547

昭王时代铜器（二） 570

昭王时代铜器（三） 590

昭王时代铜器（四） 612

西周中期铜器略论、班簋（上） 627

班簋（中） 643

班簋（下）、霰鼎、窖鼎、员卣、旗鼎 655

厚趠方鼎、䍃㚘进方鼎、諌簋 673

"师雍父组"青铜器（一） 688

"师雍父组"青铜器（二） 707

"师雍父组"青铜器（三） 721

"穆公组"青铜器（一） 736

"穆公组"青铜器（二） 752

"穆公组"青铜器（三） 765

"穆公组"青铜器（四） 780

"虎组"青铜器 791

親簋、师瘨簋盖、师永盂（上） 811

师永盂（下） 828

京师畯尊、恭王时代铜器略论、卫簋、卫盉（上） 839

卫盉（下）、格伯簋 857

五祀卫鼎、乖伯簋、九年卫鼎（上） 873

九年卫鼎（下） 890

申氏两簋、士山盘 903

史墙盘（一） 922

史墙盘（二）、逑盘（上） 941

逑盘（下）、史墙盘（三） 957

史墙盘（四） 973

师𩭞鼎、师丞钟、即簋 987

师望壶、师望鼎、师𧧭钟、姬寏母豆、内史亳同 1005

曶鼎（上） 1025

曶鼎（下） 1042

师酉簋、师酉鼎、询簋 1056

师询簋 1075

蔡簋 1091

元年师兑簋、三年师兑簋 1111

师㝨簋、辅师㝨簋、师𪊽簋 1124

元年师旋簋、五年师旋簋、史密簋 1142

引簋 1160

𪊽簋、五祀𪊽钟 1178

宗周宝钟、伯戏父簋（上） 1193

伯戏父簋（下）、翏生盨、鄂侯驭方鼎、禹鼎（上） 1209

禹鼎（下）、冉簋、冉盨、应侯视工簋 1229

应侯视工钟、应侯视工鼎、应侯视工簋、公作敔簋、敔簋（上）

....1248

敔簋（下）、晋侯铜人、晋侯苏钟（上） 1271

III

晋侯苏钟（中） 1294

晋侯苏钟（下）、多友鼎（上） 1309

多友鼎（下）、儴匜（上） 1328

儴匜（下）、文盨 1344

散氏盘（上） 1356

散氏盘（中） 1371

散氏盘（下）、青川木牍 1385

鬲从鼎、鬲从盨（上） 1398

鬲从盨（下）、克钟、克镈（上） 1414

鸟形盉 1431

克钟、克镈（下）、克盨 1444

大克鼎（上） 1460

大克鼎（中） 1477

大克鼎（下）、小克鼎、师克盨（上） 1493

师克盨（下）、兮甲盘（上） 1511

兮甲盘（中） 1528

兮甲盘（下）、驹父盨盖 1543

虢季子白盘、霸伯尚盂 1560

后记 1574

· 2009 年下半年第一次课 ·

西周中期铜器略论、班簋（上）

上个学年，我们读了从商末一直到西周早期的金文，还读了《尚书》等有关的材料，并尽可能把二者结合起来读，我也建议大家读一些有关的书。上个学期最后，我们讲到了周昭王，从这学期开始，进入西周中期，我们从穆王时代讲起，并尽可能地和一些传世文献对读。由于时间的限制，我们不可能在课上逐字阅读传世文献，而是在讨论中提到这些文献，希望大家回去能够看一看这些文献。

上个学年还有一件事，就是我们总是希望有讨论课，可是这一点总是推行不了，我想这是中国学生的一个特点，中国学生有一点和外国学生不一样，就是不好意思提问。外国学生不是这样，比如欧洲的一些学生，在课下的时候，比在座的列位对老师还要恭敬，而且在有些国家，教师和学生的界限还是很严的。英国就是这样，比如去食堂吃饭，学生是不会和老师坐在一起的，教授们单独有一个地方，叫做"high table"，桌子并不高，而是桌子下面有一个台子，这个位置只有教授或者教授的客人才能坐。还有一些地方，比如草地，上面就立着一个牌子，教授可以走草地，学生不能走。这些规定并不太平等，大家也不要抗议，这是人家几百年的传统。但是上课的时候,老师和学生是完全平等的,学生经常会举手,站起来反对教授,认为教授讲得不太对,或者简直就不对。这个传统过去在清华也存在,我读书的时候就是这样,大家可能听说过沈有鼎先生,沈有鼎是金岳霖先生的第一个学生,沈先生就是这样,他在那个时期一直没结过婚,到1949年以后才结婚。由于沈先生没结婚,所以也没什么事,于是就到处听课,他就坐在最后一排,随时提问题。传说西南联大有一个数学教授讲课,沈先生在后面旁听,讲课的时候,沈先生突然打呼噜了,结果声震整个教室。这个教授就有些挂不住了,于是就问沈先生,是不是这门课讲得不值得听,沈先生说他是很仔细地在听,教授就说那怎么会打呼噜,沈先生就说没关系,我可以上去演算一遍,结果就直接走到前面,把题演算完了。大家听这些事,觉得沈先生特立独行,其实沈先生这些做法是过去传统的一个延续,没有什么稀奇。在那个时候,师生之间的关系每每就是这样。当然那个时候学生少,比如说我上学的时候,我那个班有八个学生,已经非常令人意外,怎么会有那么多学生呢?所以我们那个时候和老师的关系与现在有所不同。我说这些不是和大家讲故事,而是希望我们的课也能贯彻这样一个风气,大家有什么问题,可以提出来,这是开课之前对大家的一个希望。

  西周中期并没有多少传世文献可读,这与西周早期和西周晚期有所不同,之所以这样,是因为当时文献的存在情况就是如此。清华简中也没有多少西周中期的材料,这并不是当时的人不重视西周中期的历史,而是西周中期发生的大事原本就不多。迄今为止,我们发现了许多西周中期的青铜器,可这些铜器并没有补充多少类似于史书中记载的那种大的历史事件。实际上整个西周的青铜器也是如此,这和商代不同,因为商代流传下来的历史文献太少，所以甲骨文的发现补充了很多商代的史料，尽管现在看来甲骨文的某些作用被夸大了，但甲骨文中记述的很多事情，在传世文献中是完全没有的。周代不然，从西周到东周，很多的历史、文化还是延续下来了，很多东西也流传下来了，可是为什么西周早期和晚期的材料多，中期的很少呢？其中一个很重要的原因，就是西周中期实际上就没有发生太多的事。中国古代的王朝大多如此，开国的时候事情多，接着会有一个动乱的时期，安定下来之后，就有了一段很好的太平时期，再之后就是中期，中期就没有什么事，一直到了晚期，王朝开始衰败了，事情就又多起来了。这个规律不是宿命论，而是古代历史社会的结构造成的，所以一个王朝的兴衰每每如此。

大家可能会觉得历史上的某些事情是有循环的，某些王朝的出现和某些事情的发生都很相似，所以中外都有学者认为夏代的历史是仿照商史捏造的，其实这并非捏造，只是二者情形相似而已。比如夏朝刚建立的时候有"禹"，就像商有"汤"一样，而且"禹""汤"都被称为"圣王"，在文治武功上起了很大的作用。他们的继承人却都不肖，夏启有"武观之乱"，商朝的太甲也是在伊尹的教育之下，才逐渐好起来，在此期间就造成了一定的不安，只是夏朝的不安可能更大一些，比如"后羿""寒浞"等人险些使夏代覆亡，之后才有"少康中兴"。不仅夏、商如此，后来的王朝也有类似的事情，比如明朝，初期是朱元璋赶走元残余势力，之后由于杀功臣和传位建文帝，引发了动乱，而后就是"永乐盛世"，再之后就进入了无事时期，也就是"土木之变"前的这一段。北宋在仁宗之后，同样也没有太多大事。除非有外患，否则一个王朝的中期一般不会有太多的事，这是古代王朝本身的一些规律，并不是后人捏造，大家总不能说宋史、明史是捏造的。

西周也是如此，武王克商之后，没有几年就去世了。成王继位的时候年纪也不大，在此种情况下，管蔡流言，说周公不利于孺子，所以就有了后来的管蔡之乱。之后周公东征平定叛乱，平叛之后还开了一个大会，也就是《逸周书》的《王会》所记载的那次大会，这个大会也见于保尊、保卣，此后成王时期也就没什么大事发生了，所谓"成康之际，天下安宁，刑错四十余年不用"。对于百姓而言，这是很好的事情，但从历史的角度，这段时期就比较平淡了，直到昭王南巡才又出现了一些事情，那些事如果不是昭王故意去做，也还是没有什么大事发生的。穆王也是这样，要不是非要东征、西征，也同样没有大事可言，至此西周进入了一个比较平淡的时期。所以想从西周中期的青铜器中发现惊人的内容，可能性不大，不论以后发现多少青铜器，也不会从根本上改变这种状况，因为历史本身就是如此。西周中期的青铜器也记录了一些战争，比如班簋中记述的"三年靖东国"，这在历史上还是有一些依据的，但是跟"周公东征"相比，规模和影响都不可同日而语。史密簋所述的也算是一次很大的战争了，但也没有什么历史记载。《国语》也是如此，《国语》里面西周中期那段时间也没有什么事，比较大的事件就是"周共王灭密"，《国语》记载密康公去野外郊游，有三女奔之，他的母亲劝其舍弃，密康公不听，后来密康公由于淫奢为周共王所灭。一直到后来周夷王烹杀齐哀侯，干涉齐国内政，这些就算是当时了不起的大事了，真正有大事出现则是在夷、厉之后，也就是西周晚期，由于王朝衰败，事情就又出现了。

从另一方面来看，西周中期的金文在文化上的变化还是很突出的，西周初年的金文和商代相比就有很大进步，比如成王五年的何尊就有一百二十多个字，这在商代是不可想象的，商代没有这么长的铭文。可是到了西周中期，铭文的内容就开始规整化了，不仅是铭文，青铜器本身也开始规范化了，所以西周中期的青铜器才真正代表了西周青铜器的风格，西周早期的青铜器还是延续了商末青铜器的传统。过去的人总是希望武王克商之后，青铜器就会有一个大的变化，实际上并不是这样，最根本的一些改变要到西周中期才有所显现，而礼乐制度的真正定型也是在西周中期，因此从研究西周文化的角度看，西周中期的青铜器就显得尤为重要了。其实这种现象在其他的古代文明中也是如此，在初期之时较为自由，有突进的倾向，到了中期之后则趋于稳定，比较规范。比如古埃及的文字，古埃及文字的代表文体是中王国时期，而非新王国时期，所以学习古埃及文字是从中王国时期（相当于中国的夏代）的文字学起，这是因为古埃及文字到了中王国时期已经发展了一段时间了，之前不定型的东西都已经变得规范了。

我们已经讲了武、成、康、昭时代的青铜器，可是怎么判断这些铜器的时代是武、成、康、昭呢？我们主要是依靠文献，今后也还是要依靠文献，因为单纯用考古学的手段所能给出的只是一个相对的年代范围，而不是绝对年代，要得出绝对年代，不管是用公元来计数，还是用王世来分割，都必须要有一定的文献基础。有文献基础和无文献基础是完全不一样的。比如安阳殷墟的发掘，有甲骨文之前的和有甲骨文之后的完全不一样。现在我们做夏商周断代工程，武丁以前的，只能是估计，最后给出一个基本框架，再多的我们也做不了。可是武丁之后的，由于有了甲骨文，我们就可以做得相当细，如果能将甲骨文与出土遗物结合起来，应该可以做得更好，可惜大多数的甲骨文都不是科学发掘品，但是甲骨文还是给了我们非常大的帮助，这是没有问题的。

比较遗憾的是穆王时代的文献相当少，有几篇传说是穆王时代的作品，其中之一就是《尚书》的《吕刑》。"吕"就是"吕国"，是姜姓之吕，为四岳之后。姜太公就是吕氏，所以又叫"吕尚"，清华简里他被称为"吕尚父"。但《吕刑》是没有办法联系到金文的，目前为止还没有发现可以和《吕刑》直接对照的金文，但《逸周书》的《尝麦》是可以和《吕刑》相对照的，二者内容相近。虽然《逸周书》的序说《尝麦》是成王时代的作品，但是我认为《尝麦》放在穆王时代更合适。① 除此之外还有两篇，一篇是《逸周书》的《祭公》，一篇是《逸周书》的《史记》。《祭公》一定是穆王时代的作品，这是没什么问题的，我们可以将《祭公》中的某些词与金文对读。《逸周书》的《史记》中有"右使戎夫"的名字，但并不能证明这篇一定是穆王时期的，因为这篇文章主要讲的是历史的教训，而且里面的一些历史事实不大可考，雷学淇、陈逢衡等一些学者对此做过很多考证，有些还是比较牵强，因为根本就不知道的事，是怎么也找不出来的。当然，《古本竹书纪年》中也有一些穆王时代的东西。总之，穆王时代的文献并不多，可是有一个比较意外的东西，就是《穆天子传》。我们经常提到王国维先生，王先生认为即使是百家不雅训之言，也有一面之史实②，这是很有道理的，这次我们要读的是班簋，班簋被定为穆王时代的根据是《穆天子传》，当然我们也从考古学和古文字学的角度论证了班簋的年代就是穆王。但《穆天子传》并非历史，而是小说，所以能与金文结合是一件很特别的事情。大家可以去查一下"穆天子"这个词的来源，因为《古本竹书纪年》和《穆天子传》提到"穆王"的时候，或称"穆王"，或称"天子"。将"穆"这个

---

① 李学勤：《〈尝麦〉篇研究》，载《古文献丛论》，第68-74页，北京：中国人民大学出版社，2010年。

② 王国维：《古史新证》，第2页，北京：清华大学出版社，1994年。

谥法置于"天子"之前,依据是什么?之所以提到这一点,是因为"穆天子"一词见于戎生编钟,戎生编钟现存保利博物馆,是一套东周前期晋人的编钟。金文中从未有在周王谥法后面加"天子"的,而"穆天子"一词见于戎生编钟,可见东周时已经有这个词了,也许西周时也这样称呼,这个现象同时也说明了《穆天子传》一定是有所本的,并且班簋之"班"在文献中仅见于《穆天子传》,这也是研究西周金文很特别的一件事。

班簋(上)

班簋,现藏首都博物馆,是首博青铜器陈列的核心,也是镇馆之宝。班簋是拣选来的,拣选的过程,程长新等写了一篇文章,发表在《文物》上。① 班簋是在清代出土的,具体出土时间肯定在乾隆以前,因为班簋在乾隆时已经收入了《西清古鉴》。《西清古鉴》中有刊刻铭文和手绘图像,这些就与宋代的《考古图》《博古图》等一样,有一些走形,可是今天我们用原器与之对照,应当承认《西清古鉴》中所记还是不错的,尽管也有失真之处。

从汉代以来,凡有青铜器出土,大多被地方官员收购,然后进贡给朝廷,清朝也不例外。散氏盘就是如此,散氏盘在出土之后,很快就进入宫廷了,宫外的人想求一张散氏盘的拓本是很难的,清朝覆灭之后,找到了散氏盘,王国维等学者就专门去看,因为他们之前并没有见过散氏盘。总之,一般的铜器入宫之后是很难有拓本流传在外的,但班簋却有拓本流传,因为班簋铭文被

---

① 程长新、张先得:《历尽沧桑,重放光华》,《文物》1982 年第 9 期。

收入了严可均辑的《全上古三代秦汉三国六朝文》，简称《全文》。《全文》的本子和今天所见到的本子基本一样，但《全文》在第二行多了一个"成王"的"成"字，应是《全文》的编者认为班簋一定是成王时器，所以就在录文的时候加了一个"成"字。这给后来的研究带来了许多问题，一直到《两周金文辞大系》还争论不休，有些人认为就应该有"成"字，就是成王时器。特别是班簋中有"三年静东国"一语，"周公东征"就是三年，所以班簋是成王时器的观点一直占优势。这件东西进宫之后，著录在《西清古鉴》中，没有人看到它，一直到"文革"时期，班簋再次被发现，人们才对其年代有了新的见解。

  班簋再次被发现的时候已经碎得很厉害了，幸好器底比较结实，没有碎，但剩下的材料已不足以完成修复，所以便求助于《西清古鉴》中的那幅器形图，最后由著名的青铜器修复专家赵振茂修复完成。赵振茂先生是老手艺人了，他修得非常之好，实际上班簋上面的部分所剩很少，但如果去看修复之后的班簋，是很难发现这一点的。班簋修复之后，郭沫若写文章指出《西清古鉴》上的花纹描错了[①]，原器上并没有"寿"字型纹饰，《西清古鉴》上添加"寿"字，应该是编者为了讨好乾隆而有意为之。班簋的器形是很特别的，是一个四耳簋，垂珥向下延长，把簋整个架起来，这样的形制，不论是垂珥延长，还是在圈足底下加几个小足，用小足支得很高的做法，一般是在康王到穆王前期，其中最著名的就是盉簋。盉簋（见图1、图2）是记载昭王伐楚荆的，类似的铜器后来还在琉璃河等地出土了一些，凡是这一类的器物，时代多为康、昭、穆时期。

---

① 郭沫若：《班簋的再发现》，《文物》1972年第9期。

图 1　盠簋　　　　　　图 2　盠簋拓本

班簋究竟是如何流出宫的不得而知，但流出清宫的时间应该是在清廷覆亡之后。清廷覆亡之后，清宫里面流出了很多东西，溥仪借赏赐之名，把很多东西交给他的弟弟，借此偷运出宫，当然溥仪盗的主要是书画，不会是铜器，因为溥仪看不上这些东西，我估计班簋可能是被一些太监偷出来的。大家要知道，1924 年溥仪被鹿钟麟赶出宫之后，容庚先生在马衡先生的指导下开始清点清宫铜器，后来容庚先生据此编了《宝蕴楼彝器图录》《武英殿彝器图录》以及《西清彝器拾遗》，《西清彝器拾遗》是热河清宫的，这三部书中所收之器大部分是"西清四鉴"上的，但也有《西清古鉴》没来得及收录的器物。像这类《西清古鉴》未收，容庚先生也没有清点的青铜器今天还有，比如史树青先生在颐和园就发现了一个商代的尊，这件尊现在仍然陈列在颐和园。班簋流出宫之后，应该藏在某人家中，到了"文革""破四旧"时，班簋成了"四旧"，就不敢拿出来了，于是就把班簋砸碎了卖铜。与之相似的还有党玉琨盗掘出土的青铜禁,也是被砸碎了,后来又修复的,这件铜禁有三分之一都是后来修的,所以铜禁上的三个口是否一样大,今天就无法证明了。

班簋重新发现之后,仍然有一个重大问题,就是班簋的时代。关于班簋的时代有两种说法:其一为周成王时,以严可均的《全文》为代表;其二为周穆王时,以杨树达、于省吾为代表。杨树达认为"毛伯班"是穆王时代的。[1]最近刚刚出版了于省吾先生的文集,一共七本,但应该还有一本,就是于先生的论文集,如果这个论文集出了,就会包括这篇文章,叫《〈穆天子传〉新证》[2],《〈穆天子传〉新证》发表在《辛巳文录》中。杨、于两位先生的论点基本上是差不多的,就是指出"毛班"此人见于《穆天子传》。但很多人都不相信杨树达和于省吾的说法,因为《穆天子传》是小说,不足为据,所以陈梦家《西周铜器断代》[3]、白川静《金文通释》等都不采用穆王时代的说法。[4]后来还有一些先生对班簋进行了讨论,也包括我在内,我在《班簋续考》里面从两个方面证明了班簋为穆王时器[5],一方面是根据陕西长安花园村出土的孟簋,孟簋有"朕文考眔毛公、遣仲征"一语,"毛公、遣仲征"说的就是班簋的这件事,孟簋是一个方座簋,上面有顾首大鸟纹,大鸟纹在昭、穆时期最流行,所以孟簋应为昭、穆时器。另一方面是

---

[1] 杨树达:《毛伯班簋跋》,载《积微居金文说》,第 190-192 页,上海:上海古籍出版社,2007 年。

[2] 整理者按:《辛巳文录》中所载为于省吾的《毛伯班毁考释》,见于《辛巳文录初集》第 214-264 页。《〈穆天子传〉新证》见于《考古学社社刊》第 6 期。

[3] 陈梦家:《西周铜器断代》,第 25 页,北京:中华书局,2004 年。

[4] 整理者按:白川静认为是"昭穆期前后之器"。可参(日)白川静通释,曹兆兰选译:《金文通释选译》,第 115 页,武汉:武汉大学出版社,2000 年。

[5] 李学勤:《班簋续考》,载《古文字研究》第十三辑,北京:中华书局,1986 年。

根据宝鸡茹家庄的青铜器，这批器物中有一件盉，是昭、穆时器，这个盉有一个很大的特点，就是盉的纹饰与班簋非常相似，班簋的纹饰是非常罕见的，并没有云雷纹作地，是一个平地的，上面是用凸线勾勒出的饕餮纹。从形制和纹饰上来看，班簋应该是昭、穆时器，不会早到成王。

为什么杨树达先生和于省吾先生都认为《穆天子传》有可信度呢？因为杨树达先生和于省吾先生在文献上的功夫更深一些，他们都是读古书出身，特别相信文献，这与做金石出身的人不同，这个倾向就使得杨、于两位先生相信《穆天子传》中的记载，并且从《穆天子传》中找到了"毛班"，并认为这个"毛班"就是班簋的作器者。这就给了我们一些方法论上的启示，就是王国维先生所认为的即使是百家不雅驯之言，也是有历史依据的。《穆天子传》中也有古史的成分，但不能认为《穆天子传》中所讲的都是真的。

《穆天子传》最近这几十年可能不是很受大家重视了，但是在清末民初时，《穆天子传》在国际上是非常受重视的，当时有很多人写这方面的文章，特别是一些研究中西交通史的人。这个风气是从外国人开始的，很多外国的汉学家都写过相关文章，后来也有很多中国学者呼应。外国的学者，比如法国的伯希和、沙畹、猷尔（或译为裕尔）、高第（或译为考狄），以及德国的弗尔克、夏德，还有日本的小川琢治，中国学者则有丁谦等人。之所以如此，是因为当时的国际汉学界最注重的问题是东西交通，而《穆天子传》讲的是周穆王西征，穆王向西走了很远，有人认为周穆王到了欧洲，但穆王西征的历史背景是什么，是否到过欧洲，书中的"西王母"反映的到底是什么，到今天仍是很大的问题。大家如果想看有关这方面的材料，我推荐顾实的《穆天子传西征讲疏》和王贻樑《穆天子传汇校集释》。顾实是留日学生，他的外文很好，他说"余读英日文书犹本国书也"。①《穆天子传》原有五卷，后来又加上了《周穆王美人盛姬死事》一卷，共有六卷，但顾实的《讲疏》只有四卷，因为顾实是讲西征，第五卷不涉及西征，所以顾实只做了四卷。《穆天子传西征讲疏》是顾实在日本时写成的，原本打算让孙中山作序，但孙中山1925年去世了，所以未能如愿，顾实后来做了东南大学的教授。顾氏主张周穆王曾到过波兰，但不管怎么说，《穆天子传西征讲疏》是很有用的一本书，书中讲了很多《穆天子传》的研究情况。顾实另著有《〈汉书·艺文志〉讲疏》，我认为这是目前讲《汉书·艺文志》最好的书。王贻樑的《穆天子传汇校集释》六卷俱全，是迄今为止《穆天子传》最好的注本，但是此书为写印本，缩印之后字太小，有些看不大清楚。

我们不相信《穆天子传》中所记的一些事，特别是周穆王见了西王母之后的那一段，那一段不可能是历史事实，但周穆王见西王母之前的部分，是可以用战国以前的历史地理知识来核对的。因此后来的东西不可能完全没有历史的影子，即使是小说也是如此，因为有些东西不可能完全靠编造，还是要有些真实的背景。比如《红楼梦》中讲到荣、宁二府在东北有很多粮庄，这是很符合当时的历史事实的。俞樾在湖北做过官，所以他在《七侠五义》中讲的地理，比如"君山"等，都很符合地理事实。《施公案》讲的是青帮的一些事情，里面涉及很多苏北的地理情况，甚至于盗墓的里数都是准确的，可故事却完全不对。很多小说都是这样的，只有在一些真实的背景之下，才能让人们感到真实，《穆天子传》也是如此，而且应该说这是中国最古老的小说之一。

---

① 顾实：《穆天子传西征讲疏·例言》，第9页，上海：商务印书馆，1934年。

今天我们研究青铜器，《穆天子传》确实有些参考价值。大家要知道，《穆天子传》是汲冢竹书中的一部分，汲冢竹书是西晋时期发现的一批竹简，发现时间有三种说法，即西晋武帝咸宁五年、太康元年和太康二年。中国人讲考据是要较真的，一定要说死是哪一年，其实一共就三年，今天一定要落实在哪一年，我们还做不到。我赞成"咸宁五年"说，因为"咸宁五年"见于《晋书》的《本纪》，而《本纪》的根据是《起居注》，《起居注》是那时最为官方的，而且在这个问题上也不用说谎，因为这并不涉及为皇帝掩盖秽恶的事，因此《起居注》应该是最准确的。"太康二年"根据的是太公望表，太公望表是一个石刻，是太康十年建的，上面说是"太康二年"，但这种说法也不一定准确，因为太公望表中引用了竹书中的话，可见此时竹简已经过了一定的释读，所以最好的说法还是"咸宁五年"。咸宁五年的时候，吴乱未平，杜预之所以称为"征南将军"，就是因为他去平吴乱，吴乱是在太康元年平定的，太康二年杜预被派去校理汲冢竹书。汲冢竹书于咸宁五年发现，太康元年上报朝廷，太康二年开始整理，这样说也还是比较合理的，这一点雷学淇、朱希祖都曾指出过。[①]

汲冢竹书迄今为止还缺少总体上的考察研究，什么叫总体的考察研究呢？我想说一下我个人的看法。

自二十世纪七十年代开始，我国出土了很多简帛，比如临沂银雀山、长沙马王堆、郭店简、清华简等，我们研究发现墓葬中的简帛书籍一类的随葬品，往往与墓主有关。这一点说起来很简单，但认识起来不见得很容易。为什么墓葬中要有随葬品呢？这

---

① 雷学淇：《竹书纪年考证》，载《四库未收书辑刊·叁辑》第十二册，第108页，北京：北京出版社，2000年；朱希祖：《汲冢书考》，第1页，北京：中华书局，1960年。

与古人的信仰有关,古人认为死者到了另一个世界之后,仍要继续现世的生活,所以要有随葬品。今天我们不相信这些,所以就火葬了,古人认为这叫"死无葬身之地",现在还提倡往海里一撒就完了,可是古人不是这样看。墓葬中为什么会有书呢?是因为墓主人需要用,或者是喜欢看,唐太宗去世的时候以《兰亭序》陪葬就是这个道理,到今天我们也看不到原本《兰亭序》,可见唐太宗太喜欢《兰亭序》了。不管是墓主要用的,还是喜爱的,这些简帛一定与墓主有关,也就是说,我们可以根据简帛的内容推测墓主的喜好,甚至身份。临沂银雀山出土《孙子》,也就是《孙子兵法》和《孙膑兵法》,《汉书·艺文志》称之为"吴孙子"和"齐孙子";此外还出土了《司马法》《尉缭子》《六韬》,可知银雀山的墓主好兵书,应是兵家。马王堆帛书就比较驳杂,从墓里面有军事地图,就可以知道墓主一定是驻守在长沙南部一带,这位墓主很喜好学问,但墓中绝大部分的书籍是数术、方技一类,包括《周易》,《周易》虽然是一部经书,可是在一定意义上还是数术一类的书籍,可知马王堆的墓主好数术。郭店简的墓主应该是学者,为东宫之师,是楚顷襄王的老师,因当时受儒学的影响,所以郭店简《老子》第一简上的文字有改动。至于清华简,我们不敢说墓主就是楚国的史官,但墓主一定与"历史"有关,因为里面《诗》《书》以及礼乐一类的内容都有,但主体还是和历史有关。

汲冢被发现之后,很多人认为是魏王墓,这种说法不对,魏王不可能埋到汲县,因为当时魏都大梁,大梁也就是今天的开封,而且在汲县附近也没有其他的王陵。虽然汲县的墓很大,出了很多简,但其他的随葬品并没有出土多少,我们只是知道有"律管""宝剑"一类的物品,如果是出土了很多东西,历史上一定会有记载,所以汲冢不会是一个王陵,应该也是魏国的一个普通的墓葬。汲冢离山彪镇很近,山彪镇就有战国时魏国的墓葬。

汲冢所出的书有《竹书纪年》《易经》《易繇阴阳卦》《卦下易经》《公孙段》《国语》《名》《师春》《琐语》《梁丘藏》《缴书》《生封》《大历》《穆天子传》《图诗》,另有杂书。《竹书纪年》是一部魏人所著的历史书,共有十三篇,但《竹书纪年》并不是完全的史书,是有一定思想性的,清华简中也有与《竹书纪年》类似的书。清华简中的这部书纯粹是讲历史,可《竹书纪年》不然,其中记录了很多灾异,里面还有一些内容和《穆天子传》有关。《公孙段》是一部解释《易经》的书,与《易繇阴阳卦》《卦下易经》应属同类。《名》未知其内容;《师春》《琐语》应为卜筮之书;《梁丘藏》是一部讲述魏都大梁墓中所藏之物的书;《缴书》是讲射箭的,"缴"是一种带有绳子的箭;《穆天子传》五篇,第六篇是《周穆王美人盛姬死事》,收在杂书中。杂书是一些散乱的书的总称,包括《周食田法》《周书》《论楚事》《周穆王美人盛姬死事》等。总的来说,汲冢所出之书多与"数术""易卦"有关,关于历史的比较少,所以《穆天子传》带有一些神话小说的性质是可以理解的。

《穆天子传》还是有一定的历史背景的,可《穆天子传》中也有一些无法解释的地方,比如把"洛阳"叫做"宗周",这显然是不对的,因为"宗周"是"镐京"。但其中的某些人物确有其真实性,比如逢固、毛班、井利、邠父、造父、梁固、正公郊父、三(或作"参")百、毕矩、孔牙、邢侯、曹侯、许男、霍侯旧、伊扈、高奔戎、盛姬等,若是按照郭璞注的理解,直接将"某人"比附为"某公",比如将"邠公"比为"祭公","逢固"比为"逢公","毛班"比为"毛公",这恐怕是不对的,因为"毛班""逢固""井利"这些人在《穆天子传》中的地位不是很高。"祭公"是"祭公谋父",比"穆王"高两辈,《逸周书》中"穆王"称之为"祖祭公",我认为"毛班""逢固""井利"等应该是这些贵族的子孙,在朝廷中做事。"毛""井""逢""毕"等都是西周金文中常见的氏,最有意思的就是"穆王"的铜器中也经常看见一个人,名叫"利"。因此穆王时代应该确实有这些人,这些问题希望大家回去看一看《穆天子传》。读完班簋就会发现,"毛班"确实不是"毛公",也不是"毛伯",是毛氏的一个子弟,和《穆天子传》中讲的完全一致。

·2009年下半年第二次课·

班簋（中）

上一次课我们讲了穆王时期的班簋，还特别提到了班簋和《穆天子传》的关系。以前我们讲过班簋，不过我要和大家说，甲骨文、金文这些东西，每研究一次都会有一些进步，或者是有一些变化。这里说的"每研究一次"不仅是指"每个人研究一次"，而是不同学者的研究也包括在内，可惜研究班簋的学者到现在也并不多。真正从现代意义上做研究的学者实际上很有限，一般能够看到的只有那么几家，这几家的看法又有所不同，可是每次研究都会有一定的进步。包括我们在这里讲金文也是一样，比如这一次我们讲了一件铜器，等过一段时间，下一次再讲，有些看法就会有所改变，这是由于我们对于古代遗留的一些文献了解还很有限，实际上我们的了解是一个暂时的了解。不但中国如此，其他国家的古文字材料也是一样，比如古代埃及以及古代美索不达米亚的铭刻，其中最有名的就是《汉谟拉比法典》，也是不断有新的看法，各家看法有很多不一致的地方。中国学者对这些方面研究得比较少，常常觉得很多已经是定论，就好像翻译英文一样，其实不是这样的。就连现在注解莎士比亚的，每一家也都不太一样，对甲骨文、金文的理解也是如此,我们每一次讲都会有所不同。这一次讲班簋和过去不同的地方在于方法论,这次我们更多地要去与文献相结合。

班簋铭拓的左上角有一些模糊不清,这是班簋在流传的过程中被砸碎了造成的,原来并不是这样,班簋铭文在清代是非常清楚的。这一点大家看《西清古鉴》就可以知道,拿《西清古鉴》的图和铭文拓本对照,应该说基本上没什么太大的毛病,所以缺失的这部分是可以用《西清古鉴》来补的(见图1、图2、图3)。

图1 班簋

图2 班簋拓本

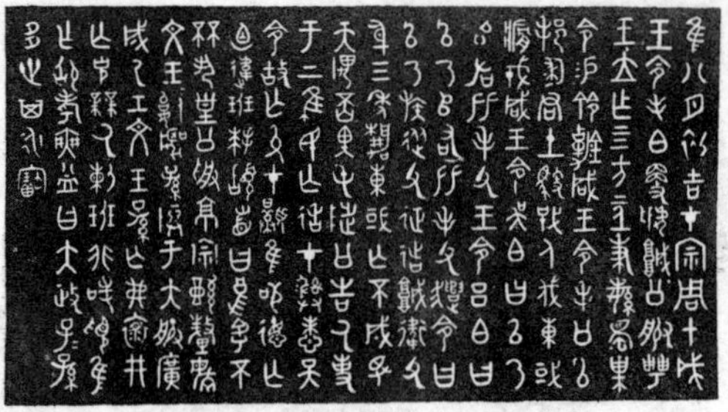

图3 班簋《西清古鉴》刻本

班簋释文:

隹(惟)八月初吉,才(在)宗周,甲戌①。

王令毛白(伯)更虢瑊公服,粤

王立，乍（作）三（四）方甌，秉繁、蜀、巢令②，易（锡）鈴鑾。咸③。王令毛公以（以）邦冢君、土駿、戜人伐东或（国）瘠戎。咸④。王令吴白（伯）曰："以（以）乃自（师）左比毛父。"⑤王令吕白（伯）曰："以（以）乃自（师）右比毛父。"⑥遣令曰："以（以）乃族从父征。"⑦徣馘（城）卫父身，三年静（靖）东或（国），亡不成咒，天畏否奥（畀）屯陟⑧，公告氒（厥）事于上⑨。"隹（惟）民亡徣才彝，志天令（命），故亡，允才，显！隹（惟）苟（敬）德亡迪违。"⑩班撵（拜）頜（稽）首曰："乌乎！不（丕）坏丮皇公，受京宗懿釐，毓文王、王婡圣孙，隔于大服，广成氒（厥）工，文王孙亡弗裹井，亡克競氒（厥）剌⑪，班非敢貟，隹（惟）乍（作）卲考爽益曰大政⑫。"子=孙多世其永宝⑬。

①"隹（惟）八月初吉，才（在）宗周，甲戌"一句，甲骨文、金文中一般作"唯八月初吉甲戌，才宗周"，这里涉及对"初吉"的理解。"初吉""既生霸""既望""既死霸"是金文中常见的四个月相，当然金文中还会有个别写法不同的月相，文献中也还会有更多，可这四个是最主要的。每种历法都有"年""月""日"，历法中的"年""月""日"反映了地球的公转和自转。因为公转、

645

自转不能改，所以历法的基本结构不会变，但人们可以用不同的标准和原则去制定历法，所以就会有"太阴历""太阳历"以及"阴阳合历"，中国的历法是"阴阳合历"。中国只有在西周这一段时间流行"初吉""既生霸""既望""既死霸"这四个月相。"月相"这个词，从俞樾、王国维的时候就这样叫，今天的天文学中依然有"月相"这个概念，"月相"的本义是指在视运动的情况下月亮的变化，也就是从没有月亮到上弦月，再到满月，之后到下弦月，最后到"晦"的过程。"霸"是指月亮光亮的部分，而不是《汉书·律历志》中刘歆所主张的月亮暗的部分，现在还有人主张用刘歆的说法，比如江晓原，但刘歆的这种说法与金文不合。金文的月相中有"既吉"，但仅见于曾伯从宠鼎，这是个两周之际的器物，其他绝大多数都叫"初吉"。"初吉"见于《诗经》《国语》，按古书来讲，"初吉"即"朔"，也就是"初一"。从文献学的角度来看，这些"月相"是定点的，也就是说确指某一天，比如《尚书》中的"既生魄甲子，越九日乙丑"，也就是说只有一天能叫"既生魄"。但从金文看就不是这样了，因为可以在一件铜器上证明"定点"说不通，所以金文中的"月相"的含义，是在文献的基础上加以修正和改变的。班簋的"初吉"有两种解释：一种是"定点"，即确指某一天，也就是"初一"；第二种是指一个时段。但如果表示一个时段，也是有问题的，因为有些器物上只有时段，而不讲哪一天，那么金文中所讲的事情就没有一个准确的日子，这从记载的要求上似乎说不通。但通过对金文的整体研究，我们现在可以确定，金文中的"月相"至少可以表示一个时段。至于说什么样的情况下要解释为定点，什么样的情况下要解释为时段，还可以进一步讨论。

②"王令毛白（伯）更虢誠公服，瞢王立，乍（作）三（四）方亟，秉繁、蜀、巢令"一句，"毛"是周代很重要的贵族，按照古书来说，"毛"是文王之后，第一代是"毛叔郑"。嫡长子曰"伯"，庶长子曰"孟"，下面都叫"叔"，最小的叫"季"，"毛叔郑"是文王之子，至于是第几个儿子，还不清楚，但"叔郑"确有其人，见于周公庙甲骨。现在仍不清楚"毛"的始封地所在，但在东周，也就是平王东迁之后，"毛"在河南宜阳。当然这只是一种说法，之所以这种说法很流行，是因为顾栋高的《春秋大事表》采用了这种说法，但是这种说法缺少证明，我认为"宜阳"之说不会早于唐宋。但从东周来看，"毛"在宜阳，依然还是很合适的，因为《左传》中有很多代"毛伯"，一直到后来的"毛伯奔楚"。总而言之，整个春秋时代，"毛伯"在王室中起了很大的作用。西周的"毛"在什么地方，我们还不知道，现在有很多人认为毛公鼎是在周原出土的，所以认为"毛"的始封地也在周原，这不太可能，因为古书明确记载周原遗址封给周、召两家，这一点也得到周原出土金文的证实。因为周原是故都，所以会出现各个家族的东西，但这不等于说那些家族的封地都在周原，因为周原没有多大，不可能分封给这么多的家族。可能是这些家族的人在朝为官，所以就赏赐给他们一些土地，作为盖房之用，详见《周礼》。我常常说西周非常像清代，清代就是这样，

很多人都封在外面，可是受封的那些人不见得都去，而是在朝廷中做官，或者就住在北京，然后就在北京有一个府。我们非常抱歉，不能告诉大家"毛"在什么地方，希望将来考古学能够解决这个问题。"更"读为"赓"，训为"续"，义为"接替"。"虢"分为"东虢"和"西虢"，是文王之弟"虢仲""虢叔"的封国。"东虢"在今天郑州的荥阳，是畿外诸侯，力量很弱，为人所讥，见《国语·郑语》。"西虢"在今天的宝鸡，是畿内诸侯，力量很强，这一点在青铜器上也有所表现。后来"西虢"的一部分随平王东迁至今天的三门峡，后来又分为"南虢"和"北虢"，"西虢"中没有东迁的那一部分称为"小虢"，所以古书中就有五个"虢"，这一点大家一定要分清。"西虢东迁"是有证据的，有些类似的青铜器是从"西虢"迁至三门峡的，今天的李家崖遗址应是"南虢"的故都所在。"郕"即"城"，读为"成"，是谥法，这说明"虢成公"已经去世了。有学者认为有"生称谥法"的现象，这是不对的，如果谥法可以生称，就应该在活着的时候大量使用，但实际上并没有出现这种情况。有些时候铜器中出现了谥法，是因为追述的缘故，长安普渡村出土的"长囟"的器物就是明证。"长囟"的器物是穆王时代的铜器，但在铭文中却出现了"穆王"，这是因为该器是在"穆王"去世后作的，该器的铭文是在追述穆王时的事情。"服"训为"事"，应理解为"卿事之职"，我们猜测这里的"虢城公"应属于"西虢"。"甹"乃"聘"字所从，读为"屏"，义为"遮蔽""保护""辅佐"，"屏王位"即"辅佐君主"。古书中说到"大臣"时，会用"左辅右弼"一词，讲"文臣"曰"左右"，讲"武将"曰"爪牙"，这些词在古代都是美称。"󰀀"就是"亟"字，读为"极"，训为"则"，义为"法则""典范"。《尚书·君奭》有"作女民极"，《诗·大雅·烝民》有"莫匪尔极"，这两句中的"极"都训为"则"。"󰀀"字最上面有一个短横，这是饰笔，这种情况在战国文字中多见，实际上西周中期的文字中就已经出现了。"四方"即"四方之民"。"繁""蜀""巢"是当时的四夷之邦，不在周朝的"南土"之内，《左传》"巴濮楚邓，吾南土也"，也就是说，当时周的南线已经到达了江汉地区，而"繁""蜀""巢"是在"南土"之外的，"蜀"在今天的成都，"巢"在今天安徽的巢湖市，"繁"是汉代的繁县，也就是今天四川的新繁，在三星堆附近，不会是河南的繁阳，因为繁阳从不简称为"繁"。"秉命"相当于《论语》中的"执命"，"秉繁、蜀、巢令"义为"管理南方蛮夷之国"，"毛伯"所担任的是卿士之职，按道理来讲是不能管理蛮夷的，可是"穆王"在此特意提到让毛伯"秉繁、蜀、巢令"，这应与下文的"征东国蛮夷"有关。

③"易（锡）鈴鏊。咸"一句，"鏊"是马笼头。"鈴"或释为"矜"，不确。我猜想"鈴"是"铃铛"之"铃"。之所以只给一个马笼头，是因为其他的已经给了。西周的"舆服"是有规定的，关于这一点，陈汉平、黄然伟都做过研究，西周的"舆服"虽然有变化，但还是有一定的规律，大概是多大品级的官，就赐予相应的东西，可是如果以前都赐过了，就不能再给了，所以官越大有时候给的反而越少。"咸"训为"终"，这是杨树达先生

的高见[①],《左传》所谓"吊二叔之不咸"即"吊二叔之不终"。

④ "王令毛公㠯（以）邦冢君、土骏、戋人伐东或（国）瘖戎。咸"一句，"㠯"义为"率领"。"邦冢君"见于《牧誓》，《大诰》作"庶邦君"，《酒诰》称"邦君"，"邦君"就是"诸侯"，"庶"义为"众多"，"冢"训为"大"，所以"邦冢君"即"有国的大君"。这里的诸侯包括畿内的和畿外的，这是很大的一场战争，之所以要这么多诸侯参与，是因为那个时期的诸侯国都不大，人力有限，《左传》的"齐桓公以诸侯之师侵蔡"即是此例。晋国在西周时也是如此，从晋侯的墓葬来看，当时的人力也有限，但晋国养马多，殉马坑有马几十匹，所以到了西周末年，晋国的军力已经很强大了。这句话是说以"毛伯"为首，率领众诸侯出征，此处称"毛伯"为"毛公"，是因为"毛伯"继承了"虢城公"的职位，有了"三公"之职，所以称为"毛公"。从这里看出西周的礼乐制度是很严的，不是随便地称来称去。"土"即"徒"，是"步兵"。"骏"即"驭"，是"车兵"。"戋人"是"秩人"，是管粮草的，属于后勤部队。"瘖"读为"滑"，训为"乱"，"瘖戎"即"作乱的蛮夷"。古书中称少数民族时常用"北狄""南蛮""东夷""西戎"，这是分而论之，总地来说"蛮""夷""戎""狄"可以互称，就是指"少数民族"。这次战争这么大，古书中有没有记载呢？古书中还是有的，可是记载得不那么详细，这就是周穆王伐徐国。穆

[①] 杨树达：《诗敦商之旅克咸厥功解》，载《积微居小学述林》，第223-224页，北京：中华书局，1983年。

王确实好游，传说穆王在西征的时候，徐偃王作乱，穆王就命令造父驾车，很快回来带领军队讨伐徐国。我们认为班簋中的伐东国就是攻打徐国，可实际上并没有那么容易。我们估计穆王并没有亲征，应是毛公率军平定的。

⑤"王令吴白（伯）曰：'㠯（以）乃自（师）左比毛父。'"一句，"吴"有两种可能：一个是在今天山西平陆的虞国，虞国很小，起的作用不大；还有一个是江苏的吴国。我认为此处的"吴"就应该是江苏的吴国。"以"训为"率"，"自"即"师"，训为"众"，"军队"也是一种"众"，所以"军队"也称为"师"。在古文字中"左""右"都是可以有"口"的，二者的区别只是上面的手形相反。"比"训为"辅"，"毛父"就是"毛公"，可能是"毛公"的辈分比"穆王"大，所以尊称为"毛父"。有些人把甲骨文中的"从"都释为"比"，但甲骨文中这个字是否读为"比"，还可讨论，因为如果都读为"比"，有些地方还读不通，例如甲骨文中有"王比……"，可王怎么比呢？所以还是读为"王从……"，即"王率……"。但在此句中一定是"比"，因为后文有"从"字，而且写法和"比"不太相同。

⑥"王令吕白（伯）曰：'㠯（以）乃自（师）右比毛父。'"一句，吕国是姜姓国，为四岳之后，"姜太公"在楚简中称为"吕尚父"，因为"太公望"是吕氏，"吕"在今河南南阳，毛伯领中军，吴伯、吕伯左右配合，就形成了"三军"，"三军"在甲骨文中就有。西周时东征、南征，军队的集中点在洛阳，也就是成周，金文中能看

到很多例子，甚至于《穆天子传》中讲的旅行，也是从洛阳出发，因为洛阳是天下之中。从地理来讲，由洛阳往徐州方向走，"吴"正好在进军线路左边，"吕"在进军线路的右边。

⑦ "遣令曰：'㠯（以）乃族从父征。'"一句，白川静作《金文通释》，认为班簋的难点就在于对"遣"的理解，最大的争论也就是在这里。郭沫若认为是"虢城公"①，不确，因为"虢城公"已经死了。唐兰先生把"遣"读为动词，义为"使"，并引鲁侯尊"王命明公遣三族伐东国"。②这样理解也不太对，因为用作动词"使"的时候，都是从"辵"的，没有从"走"的，这一点在金文中区分得很清楚。陕西长安张家坡出土的孟簋里面有"朕文考眔毛公、遣仲征，无㐁，毛公易朕文考臣自厥工"一语，孟簋是一个大鸟纹的簋，时代和班簋一样，而且孟簋中也有"毛公"和"遣"，所以孟簋和班簋讲的是同一件事。"无㐁"是"没有做得不对的地方"，"自"训为"以"，意思是"因为"，"工"读为"功"，就是"战功"。孟簋的"遣仲"就是班簋的"遣"，据下文"㠯（以）乃族从父征"，可知"遣"应为"毛公"的次子，这里的"父"就是"父亲"之义，我猜想"遣仲"也就是作器者"毛班"，因为是"毛公"的次子，所以要别封出去，所封之地就是"遣"，故又称"遣仲"。如果"毛班"和"遣仲"不是同一个人，那班簋就没有讲到"班"本人的事情，

---

① 郭沫若：《两周金文辞大系》，第21页，北京：科学出版社，2002年。
② 唐兰：《西周青铜器铭文分代史征》，载《唐兰全集》第七册，第371页，上海：上海古籍出版社，2015年。

而作器者应该与铭文所述之事有关才会作器，所以"毛班"就是"趞仲"，"趞"是西周时期很重要的一个家族，而且"趞氏"往往与"战争"有关。这样看来，班簋是"趞氏"诸器中最早的一件。这里有一点要注意，昭王时代的趞尊、趞卣的"趞"是一个人名，与"趞氏"无关。"趞令曰"即"趞被令曰"。"曰（以）乃族从父征"的"族"就是"宗族"，先秦的时候，"族"和"氏"往往相同，一个宗族分出去一个小宗，就可以成为一个族。"以乃族从父征"就是"率领你的家人跟随你的父亲去打仗"。

⑧ "㽙瑊（城）卫父身，三年静（靖）东或（国），亡不成咎，天畏否畀（畀）屯陟"一句，"㽙"读为"遂"，"城"就是"保"的意思，"城""卫"二词同义连用。"静"通"靖"，义为"平定"。我们推想"三年静（靖）东或（国）"应该就是周穆王征徐国之役，这个战争见于《古本竹书纪年》。徐国在苏北，中心在连云港附近，徐国并没有在此役中灭亡，到了西周晚期又来作乱，实际上"武庚之乱"的时候就有徐国，徐国的传统就是反周。"咎"即"尤"，义为"罪责"，"战胜"曰"成"，"亡不成咎"就是"没有战败的过失"。"天畏否畀（畀）屯陟"的"天畏"即"天威"，周人对"天"非常敬仰，"天"就是"上帝"，如果做得不好，"天"就会发威，"天威"是一定要怕的，所以叫"畏天威"。过去很多学者，包括郭沫若先生都认为周人很讲天命[①]，这是对的，因为周人经历了商周的变革，所以周人对于"天"的看法就有所不同。大

---

① 郭沫若：《先秦天道观之进展·二》，载《郭沫若全集·历史编》第一卷，第331-345页，北京：人民出版社，1982年。

家要知道，商代不是一个简单的朝代，中国历史上统一的朝代，最长的是商代，而不是周代。周代虽然有八百年历史，可是周代后面的大部分是分裂的，西周是统一的时代，但现在看起来，恐怕也到不了三百年，就算是三百年，比起商代也还是差得远。商代这样一个"载祀六百"的朝代，最后居然就灭亡了，这对于当时的人来讲是一个极大的事情，所以说是"天威"，周人经常讲这个事情。"天威"表现在什么地方呢？就是"天"不给"命"了，中国古代所谓"天命"，本身就是一种赐予，指的是一个国家的地位，商朝失去了天命，并不是说商人全都被消灭了，而是王朝本身失掉了这个命，原因是"丧民""丧众"，所以天发威了，那么谁执行天威呢？就是周文王和周武王，因此"天"有一个给不给"命"的问题，"给不给"也就是"畀不畀"，"畀"义为"给予"。《尚书》中很多地方都提到了这一点。比如《多方》有"惟天不畀纯"，《多士》有"惟天不畀，允罔固乱"以及"惟天不畀不明厥德"。"否畀"即"不畀"。"屯"通"纯"，训为"美"。"陟"训为"升"。"天畏否畀屯陟"义为"天发威而不予纯陟"，这也是东国灭亡的原因。

⑨ "公告氒（厥）事于上"一句，"上"在拓本中的位置有些高，这是由于簋腹破损，修补的时候没有做好，使"于上"和次行的"令"字向上移动了，这一点我在过去写文章的时候特别提到过。① "上"指的是"上天"，"告"是指"告天"，也就是举行祭祀，《尚书·吕刑》有"虐威庶戮，方告无辜于上"。"厥事"指"这场胜利"。

---

① 李学勤：《班簋续考》，载《古文字研究》第十三辑，北京：中华书局，1986年。

· 2009 年下半年第三次课 ·

班簋（下）、寰鼎、䆨鼎、员卣、旟鼎

班簋（下）

班簋最突出的特点不在于铭文，而在于器形和纹饰。班簋的耳下有垂珥作为支柱，取代了方座。有些簋虽然底下是平的，但是在使用的时候也要加上漆木的方座，如果把方座做成青铜的，连在簋上，就成了所谓的"方座簋"，这种习俗始于商末，过去基本上所有人都认为方座簋是周的，陈梦家先生特别强调这一点①，这在今天是一件没有充分证明的事情，但就目前而言，还是一个有效的看法。看见方座簋，我们一般就说是周的，这里的"周"可以指周初，也可以指商末时期的周人，但这种说法没有一个完整的、确切的证明。近些年殷墟发现了一些制作铜器的陶范，这些范被证明与后来的大家认为是西周初年的器物非常相似，特别是与宝鸡出土的铜器。这些器物不大可能是在殷墟制作后来又卖到岐周的，从这一点上看，商末的青铜器还是比较统一的。实际上当时其他的一些器物也是要放在座上的，有些方鼎就是这样，这类方鼎的四条腿又细又长，并且在四条鼎腿中间还有平行的"节"，一种可能的想象是这类的鼎也应该是有底座的，是将鼎插在座上

---

① 陈梦家：《西周铜器断代》，第 6 页，北京：中华书局，2004 年。

使用的,"节"起到上下固定的作用,插鼎用的底座就应该是"禁"。班簋在耳的下部有垂珥作为支柱,或者是在器底有较长的加足,并以加足代替了方座,这种形制一般来说都是昭、穆时期的。

班簋释文:

隹(惟)八月初吉,才(在)宗周,甲戌①。

王令毛白(伯)更虢諴公服,屛

王立,乍(作)三(四)方亟,秉繁、蜀、巢

令②,易(锡)鈴鐊。咸③。王令毛公吕(以)

邦冢君、土駿、戋人伐东或(国)

猾戎。咸④。王令吴白(伯)曰:"吕(以)乃

自(师)左比毛父。"⑤王令吕白(伯)曰:

"吕(以)乃自(师)右比毛父。"⑥遣令曰:

"吕(以)乃族从父征。"⑦徣諴(城)卫父

身,三年静(靖)东或(国),亡不成怃,

天畏否畀(畀)屯陟⑧,公告氒(厥)事

于上⑨。"隹(惟)民亡徣才彝,烝天

令(命),故亡,允才,㬎!隹(惟)苟(敬)德亡

逌违。"⑩班搽(拜)頴(稽)首曰:"乌乎!不(丕)

杯孔皇公,受京宗懿釐,毓

文王、王娶圣孙,隔于大服,广

成氒(厥)工,文王孙亡弗褱井,

亡克竞氒(厥)剌⑪,班非敢覓,隹(惟)

乍(作)卲考爽益曰大政⑫。"子=孙

多世其永宝⑬。

⑩"隹(惟)民亡徣才彝,烝天令(命),故亡,允

才，显！隹（惟）苟（敬）德亡逌违”一句，这段话实际上是作器者“班”对这件事的一个议论。“民”指“东夷之民”，也就是前文中的“东国痡戎”。“才”即“在”。“亡”即“无”，“䢔”字在西周早期铭文中常见，很多人将这个字隶定为从“出”，但实际上并不从“出”，还有的人将这个字读为“诞”，也不对。迄今为止，这个字从文字学上一直没有十分满意的说法，但“䢔”的意思相当于“遂”，带有转折的意味，这一点是杨树达先生指出来的。[①]可是“䢔”为什么读为“遂”呢？我认为这个字和“述”有关，三体石经以及楚简中的“遂”都写作“述”，所以“述”和“遂”应该有关。此处读为“遂”也是可以的，应该训为“成”，“亡䢔才彝”即“不成于常”，“彝”可以训为“常”，所谓“彝器”也就是典常之器。“不成于常”就是“不能坚持该做的，有了异心”。在座的哪位有兴趣，把“䢔”整理一下，可以写一篇很好的文章。“忞”读为“昧”，义为“不知”，“忞天令”即“不知天命”。周人克商，所以天命在周，东夷叛周就意味着不知天命。“允”训为“信”，“才”读为“哉”，“允才”即“允哉”，义为“确实如此”。“苟”读为“敬”，训为“诚”，也就是内外如一，表里一致。“敬德”在《尚书》中很多，大家如果有兴趣，可以用《尚书通检》查一下。“逌”字读为“攸”，训为“所”，“亡逌违”即“无所违”，也就是“不要失德”。大家可以看一下郭沫若《先秦天道观之

① 杨树达：《章伯㲃簋再跋》，载《积微居金文说》，第 174-175 页，上海：上海古籍出版社，2007 年。

进展》,收入郭氏所著的《青铜时代》一书。《先秦天道观之进展》最初是以单行本的形式,由商务印书馆出的,开本很大,黑色封皮,这个本子现在也成为珍本了。当时郭沫若先生刚刚出亡到日本,国民党还在通缉他,所以这本书上的署名不是"郭沫若",而是"郭鼎堂"。《先秦天道观之进展》就谈到了"天道"和"德"的关系,从此以后,一直到今天为止,谈论"天道"和"德"的文章基本上没有脱离出这个范围,这是郭沫若先生在金文上的重要贡献,金文不仅仅是考释文字,还可以从哲学、思想等方面来讨论。

⑪"班捺(拜)頴(稽)首曰:'乌乎!不(丕)杯孔皇公,受京宗懿釐,毓文王、王奭圣孙,隔于大服,广成氒(厥)工,文王孙亡弗褱井,亡克競氒(厥)剌'"一句,"班"应该就是"趞仲",不过这只是一个推测,还可以讨论。"乌乎"是感叹词,后来的人常说"呜呼哀哉",好像"呜呼"不是一个好的词,但实际上"呜呼"并不一定是"不好"的意思,只是后来词义范围变窄了,所以就专指"呜呼哀哉"了,"呜呼"在先秦的时候更多是一个叹词。有些词比"呜呼"用途要窄,可实际上传流的时间也很长。我过去上"干校",到过河南,当地人感叹的时候常说"噫嘻",就是《诗经》中"噫嘻成王"的"噫嘻",实际上"嘻"也是一个鱼部字,和"呼"也差不多,这样的词在民间有可能还会存在。有人认为"孔"字见于现藏故宫的邾王子㭬钟,这件铜器很引人注意,因为这是于省吾《商周金文录遗》中的第一件铜器,但这种观点不正确,因为这两个字的字形不一致,而且时

代也差得太远了,邾王子旃钟是春秋晚期的器物。"孔"字讲得比较好的还是杨树达先生,杨树达先生读"孔"为"极",训为"至"①,"不(丕)杯孔"即"大极致"。"皇公"有两种解释,其一为文中的"毛公",其二指"毛"的第一代,就是"毛叔郑"。"京"训为"大",令方彝有"京宫","京宗"指"先祖",也就是自"太王"以下的周之先祖。"懿"训为"美","釐"义为"赐"。"毓"同"育",义为"生育"。"娿"即"太姒",是"文王"之妻。"圣孙"也就是"后人"。"隔"训为"升","服"训为"事","隔于大服"也就是"登于大位",做了重要的事。"广"训为"大","工"即"功"。"褱"即"怀念","井"通"型",义为"学习"。从孟簋铭文来看,这次征东国的损失应该比较大,可能毛公在得胜归来后不久就去世了,甚至是没有归来时毛公就去世了,从说话的口气看,很有可能就是这样。"克"训为"能","竞"训为"彊","刺"义为"功绩","亡克竞厥刺"就是"没有人能超过他的功绩"。由此可知,"毛"确为"文王"之后,这一点很重要,大家要知道,西周最主要的制度就是"世族",甚至一直延续到了春秋,战国时才解体。西周时是实行"世族制"最为突出的,这也就是古书中所说的"封建",是以血缘世族为基础的。最为崇尚这种制度的就是清朝,清朝初年是很想建立这种制度的,可是当时完全按照周代的做法已经做不到了。柳宗元的《封建论》还是一篇

---

① 杨树达:《毛伯班簋再跋》,载《积微居金文说》,第396页,上海:上海古籍出版社,2007年。

很重要的东西，封建实际上是不可复的，没有人愿意把中国再变成周代那种分裂的局面，封建的结果必然是分裂，元代的时候还不是真正的封建制，可是分出的几大汗国还是分裂。几大汗国和当地的民众一结合，很快就独立化了。这种情况后世的帝王、大臣都明白，前车之鉴就是西周。后来春秋、战国几百年的分裂，其原因也和封建有关。这几句话是毛班赞美他祖先的，从这里也可以看出"毛"的来源，大家看毛公鼎就能知道"毛"在宣王时很重要，实际上"毛"在这个时候就已经很重要了。其实后来"毛"并没有什么很高的地位，也并不是一个大的诸侯国，只是一个畿内的诸侯，但"毛"确实在昭、穆和宣王时期起过很大作用。

⑫"班非敢覓，佳（惟）乍（作）邵考爽益曰大政"一句，"覓"字旧释"覓"，不确。因为"覓"不见于《说文》，是一个后起字，"覓"字也见于小盂鼎，我猜想应该是"抑"字，训为"没"，也就是"抹杀"。① "邵"是"大""明"之义，大家不要认为"邵考"之"邵"与"辈分"有关，这是不对的，因为从周的宗庙来看，"昭王"实际上是"穆"，"穆王"实际上是"昭"。"爽"训为"明"，义为"美"。"益"即"谥"。此处的"大政"是一个谥法，古人的称号皆可用为谥法，谥法的范围不是仅限于"文""武""成""康"等一些词，"帝""王""皇"等皆可用为谥法，这一点可参看《逸周书·谥法》。一个诸侯的谥法往往不是其本国或其本人能够决定的，要由天子批准，

---

① 李学勤：《班簋续考》，载《古文字研究》第十三辑，北京：中华书局，1986年。

《左传》中有这种制度的痕迹，而且一直到明清也有这种痕迹，谥法是需要符合一些规定的。清朝时称"文正""文忠"就是比较好的了，曾国藩就称为"曾文正"，李鸿章就称为"李文忠"，左宗棠就称为"左文襄"，其中"文正"是最好的，相关的内容，大家可以看一下《大清会典》。"大政"是"卿士之官"，见于《左传》，金文中或作"大正"。

⑬"子=孙多世其永宝"一句，是昭、穆时期青铜器铭文最常见的格式。

班簋铭文很像一篇《尚书》，从形式和语气上都是如此，当时的"学在官府"也就体现在这种地方。班簋的内容基本上就是如此，虽然还有一些字词没有完满的解释，可是有些东西我们是可以明确的。首先，不管"毛班"是不是"趞仲"，但作器者就是"毛班"，而"毛班"是见于《穆天子传》的，所以班簋讲的一定是穆王时期的事。其次，我们猜想"毛公"在征东国之后很快就去世了，所以铭文的内容带有追述的口吻。当然还有一种可能，就是班簋作得时间很晚，是在"靖东国"之后很久才作的，铭文带有追述的口吻，这种情况也是金文中常见的。

关于青铜器年代，从宋代以来，人们就一直将铭文中记载的年代视为该件器物制作的年代，比如一件铜器铭文上是宣王四十一年，那么就认为这件铜器就制作于宣王四十一年，但实际上作器的时间一定晚于铭文中事件发生的时间，铭文只是记载了宣王四十一年的事情，不见得作器时间就是宣王四十一年。但二者一般不会差得太远，所以这段时间可忽略不计，比如说铭文中所记为某王五年之事，那么我们就认为这件器物的时代是某王五年。但是，有些时候就要考虑这段时间差，比如某些穆王时代的铜器，在该器铭文中出现了"穆王"的字样，这是因为这件器物是在穆王去世之后制作的，铭文是追述穆王活着时候的事。这样的例子虽然不多，但还是有的，因此我们对铭文的理解不能太死板。

《史记》所记述的共和之前的历代周王中，司马迁明确指出在位年数的只有三位，即文王在位五十年，穆王在位五十五年，厉王在位三十七年。如果不算文王，《史记》只给出了两位周王的年数，即穆王五十五年和厉王三十七年。后来很多人排金文历谱，他们不顾《史记》的记载，总是在穆王和厉王的年数上改变。可有什么理由去改变《史记》呢？在没有确凿证据之前，应当采用《史记》的说法，我们在做《西周金文历谱》的时候就是这样，虽然这样做有些困难，但我们还是勉强做出来了，即使是以后研究有了发展，司马迁所给的这两个年数还是值得考虑，因为这是论述西周王年的材料中最早的。成、康之际，刑错四十余年而不用，成、康加在一起恐怕也到不了五十年，武、成、康、昭加在一起也不过比穆王在位时间略长一些。如果按照《史记》的讲法，穆王在位五十五年，那么穆王时期的铜器应该是很多的，可问题在于我们找不出来。下面我们从班簋出发，努力地去找出一些穆王时代的青铜器，其中有一件就是寏鼎。

寏鼎

寏鼎（见图1、图2）见于《集成》2731，是清人钱坫的藏品，原器已丢失，没有拓本传世，只有刻本收录在《十六长乐堂古器款识考》中，因为是刻本，所以其中的一些字形有误。《十六长乐堂古器款识考》中有图，但不可靠，因为器身的纹饰走形。

过去都认为叀鼎是成王时器,但现在看来不是这样,应该是穆王时器。

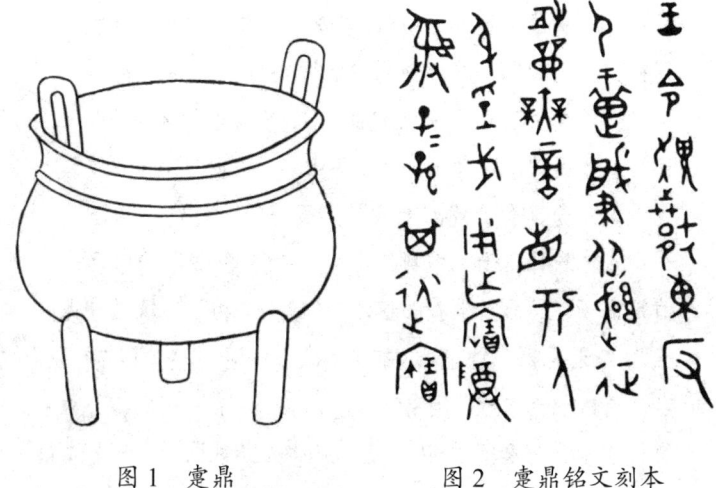

图 1　叀鼎　　　　　图 2　叀鼎铭文刻本

叀鼎释文:
王令趞㦰东反
尸(夷)①,叀肇从趞征②,
攻𠦚无啻③,省㝬(于)氒
身,孚戈④,用乍(作)宝隣
彝,子=孙其永宝⑤。

① "王令趞㦰东反尸(夷)"一句,"趞"见于班簋。陈梦家先生认为"㦰"读为"截"①,《诗·江汉》有"截彼淮浦","截"训为"制"。"反"读为"叛","尸"即

---

① 陈梦家:《西周铜器断代》,第22页,北京:中华书局,2004年。

"夷","东反尸"即"东叛夷"。我们不能想象当时整天都去打仗，所以寰鼎中的"截东叛夷"应该和班簋的"伐东国痛戎"是同一个事情。

②"寰肇从遺征"一句，"肇"是虚词，不一定非要解释为"开始"。"寰"跟着"遺"去打仗。

③"攻開无啻"一句，"開"字，郭沫若读为"躍"[①]，钱坫认为是"单"之误，读为"战"。[②] "啻"读为"敌"。我个人认为读为"攻战无敌"是最好的。

④"眚玕（于）氒身，孚戈"一句，"眚"的字形恐怕是靠不住，吴闿生《吉金文录》读为"相"[③]，义为"保卫"。最近看到一些铜器，有"孚戕"一词，"戕"即"馘"字。有人认为"戈"字有误，因为只是俘了一把戈不太值得作一件铜器，所以"戈"应读为"馘"，即"馘"，生曰俘，死曰馘。但这只能作为参考，用改字来解释，还是不太好。

⑤"子=孙其迹宝"一句，"子=孙其迹宝"和班簋最后的"子=孙多世其永宝"非常相似，是典型的昭、穆时期的格式。

寰鼎最有可能与班簋同时，下面还会举一些和班簋有关的器物，如果大家把这些青铜器器形收集在一起，就会看到这些铜器总的特点还是西周早期的样子。按照一般的划分方法，西周早期

[①] 郭沫若：《两周金文辞大系图录考释》，第121页，北京：中国书店出版社，1999年。

[②] 钱坫：《周寰鼎》，载《十六长乐堂古器款识考》，第45-48页，杭州：浙江人民美术出版社，2015年。

[③] 吴闿生：《吉金文录》，第60页，香港：万有图书公司，1968年。

应该包括武、成、康、昭，穆王应属于西周中期，但从青铜器的形制、纹饰来看，真正出现改变应该是在穆王中期。到了穆王晚年就变了，穆王早年基本上还是西周早期的特点，所以穆王时期的青铜器有的看着早，有的看着晚，这是过渡时期的状态。为了方便起见，穆王还是放在西周中期，大家要记住，从早期到中期的变革应是在穆王时期完成的，特别是穆王中期。霆鼎也是接近于早期的样式，所以很多人以为霆鼎是成王时器。如果霆鼎确为穆王时器，那么从"伐东夷"这一点，我们还能找到一件铜器。这里有一点要声明，就是不能像过去做青铜器的人，见到"伐东夷"的，就一定往一个王那里放，因为什么时候都可以伐东夷，如果看《后汉书·东夷列传》就可以知道，从周初以来，经常跟东夷作战。实际上西北民族和东南民族一直跟周有战事，这是周之常事，一直到西周的覆亡都是如此。春秋也一直是南北交相侵袭的局面，即所谓"南夷与北狄交侵，中国不绝如线"，这个局面一直到了晋楚对立之后，才基本上稳定下来。因此，不是所有"伐东夷"的铜器都属于同一个王，可是有一件铜器和霆鼎特别像，这就是雩鼎。

雩鼎

雩鼎（见图3、图4）一共有两件，下落不明，最初著录于罗振玉的《贞松堂集古遗文》。书中记载是"此二器近出土，见之都肆"，也就是罗振玉在北京的商店中看见的，据此推测雩鼎的出土时间应在1920年前后，或者是二十世纪三十年代初，不会太晚，因为太晚了，罗振玉就离开北京了。

图3 䙴鼎　　　　　　图4 䙴鼎拓本

䙴鼎释文：
隹（惟）王伐东尸（夷），溓公令䙴
眔史旟曰①：㠯（以）师氏眔有
嗣后或戜伐朕②，䙴孚（俘）贝，
䙴用乍（作）饕公宝䵼鼎。

①"溓公令䙴眔史旟曰"一句，"溓"读为"祭"，"溓公"即"祭公"，也就是穆王之重臣"祭公谋父"。"䙴"字不识，是人名。"史旟"是史官。大家要知道，从商代一直到西周中期，史官总是要去打仗的，所以胡厚宣先生认为"史"是武官。①这一点我们不太同

---

① 胡厚宣：《殷代的史为武官说》，载《全国商史学术讨论会论文集》，《殷都学刊》增刊，第183-195页，1985年。

意,可是史官确实是要去打仗的,这可能是与军队中的"兵阴阳"活动有关,史密簋中的"史密"也是随军出征的。

②"吕(以)师氏眔有嗣后或𢧢伐𦢊"一句,"师氏"在《周礼》中是一个官名,但"师氏"也可以指"军队",因为"师氏"要教国子,所以"师氏"是一种由贵族子弟组成的军队。"有嗣"是职官。"后"即"殿……之后",也就是"殿军"。"或𢧢"一词,我们不懂,但应是一种军队组织。"𦢊"是所伐东夷部族的名称,有人释"𦢊"为"豫",这个说法没有根据。

讨论:"湝公"即"祭公谋父"

"湝"字,我专门写过一篇文章讨论①,里面涉及一些楚简的问题,可是这个问题越做越复杂,今天我们不谈楚简,就谈"湝"这个字。

从宋朝人开始,就认为这个字是"𥛱",后来大部分的学者都将"湝"隶定为"溓",但这样隶定不对,因为"兼"字是从两个"禾"的。郭店简《缁衣》中有这个字,作"", 相当于"祭公"的"祭",很多人把这个字读为"晋",但读为"晋公之顾命"是不通的,因为古书中是"祭公之顾命",而且《缁衣》简中有"晋"字,完全不是这样写,所以这个字一定不是"晋"。我认为这个字上面所从应该为"","隶定为""。《说文》无""字,在

---

① 李学勤:《释郭店简〈祭公之顾命〉》,载《重写学术史》,第41-45页,石家庄:河北教育出版社,2002年。

"彗"字下云"扫竹也,从又持丰",并云"彗字或从竹,作篲,古文则从竹、习,作篲"。殷墟甲骨文中有"羉",有的下又从二又,此字或省下半部作"羽",亦释作"彗",甲骨文"习"字从羽,所以《说文》言"彗"字从"习"是有来由的。"彗"古音在月部,"习"在叶部,两部有密切关系。《说文》的"丰"是"羉""羽"的变形,是省"又"的"彗",所以"篲"是从"彗"声的,"祭"字为精母月部,从彗声的字,或为精母,或为心母,与"祭"通假是很自然的。金文中还有一个字,作"𣶒""𣶒""𣶒""𣶒"等形,旧释为"潇",这个字上部从"彗",去掉"又"形,与郭店简的"𣶒"字上部相同。此字下部从"涉","涉"古音为禅母叶部,在此为声符,"𣶒"为文献中"祭公"之"祭"的本字。当然这个问题还可以从文字学上进一步讨论,但无论如何要讲清楚为什么从"涉"声。

如果"潗公"就是"祭公",就可以证明𢍰鼎就是穆王时器,因为"祭公"是穆王时人。𢍰鼎中出现了"史旗",所以我们还可以根据"史旗"做进一步的系联,与"史旗"相关的铜器还有不少。

员卣

员卣(见图5、图6、图7)现藏日本京都藤井有邻馆。
员卣释文:
鼎(员)从史旗(旗)伐会[1],
鼎(员)先内邑[2],鼎(员)孚(俘)
金,用乍(作)旅彝。

① "鼎(员)从史旗(旗)伐会"一句,"鼎"即"员"

字,大家要知道,"员"在古文字中是从"鼎"的。"会",有人认为就是"鄶",这个观点正确与否,我们就不去讨论了。

②"鼎(员)先内邑"一句,"内"训为"入","内邑"就是"入邑"。"员先内邑"就是"员带头入城"。

图5　员卣

   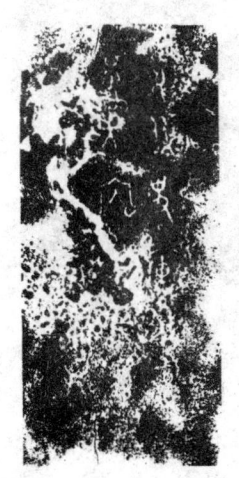

图6　员卣盖铭拓本　　　图7　员卣器铭拓本

员卣是与"史旟"相关的器物之一,更重要的是 1972 年在宝鸡眉县杨家村出了一个大鼎,这就是旟鼎,是"史旟"本人的器物。

旟鼎

旟鼎(见图 8、图 9)1972 年出土于陕西眉县杨家村,这个鼎很大,高 77 厘米,现藏陕博,为昭王时器。

图 8　旟鼎　　　　　图 9　旟鼎拓本

旟鼎释文:

隹(惟)八月初吉[①],王姜

易(锡)旟田三于待劇[②],

师槖酷兄③，用对王
休，子=（子子）孙㪔（其）永宝。

①"隹（惟）八月初吉"一句，"初吉"在这里一定是定点的，因为"赏田之事"一定是在一个具体的时间。

②"王姜易（锡）旗田三于待劇"，"王姜"是昭王时人，见于"令器"。金文中的"一田"，指的是"一夫之田"，也就是"百亩"。"待劇"是地名。

③"师槖酷兄"一句，"槖"即"楷"，是贵族的一个氏，见于献簋。献簋出于保安，保安就是今天的陕西志丹，志丹在陕北，当时"楷"还和戎人打仗。不过今年在山西黎城出了"楷宰"的器物，至于说楷是在陕北还是在山西，这个问题可以进一步讨论。因为献簋出自保安是一个传说，但献簋中说的是"楷伯"，而黎城是"楷宰"，也就是楷国的一个官员，所以"楷"是否一定在山西，还说不清楚。"酷"读为"遂"，是一个人名。"兄"读为"贶"，义为"赐予"，"赏赐"往往有一个人去传命，这种情况在商末周初的铭文中比较常见，旗鼎是按照这种形式书写的最晚的一件。

实际上，"趞"本身也有器物，这就是昭王十九年十三月的趞尊、趞卣，由此可知"趞"为昭、穆时人，且与"战争"有关。如果这几件铜器中的"趞"是同一个人，那么这几件铜器就联系在一起了。

周穆王时代的"伐东夷"是见于史书记载的，最主要的就是《秦本纪》《赵世家》《竹书纪年》。《秦本纪》云，"造父以善御幸于周缪王,得骥、温骊、骅骝、騄耳之驷,西巡狩,乐而忘归。徐偃王作乱,造父为缪王御,长驱归周,一日千里以救乱"。有人说"徐偃王"是"宋王偃",我们不相信这个说法,这个说法是没有道理的,"徐偃王"就是徐国的君主。这件事《竹书纪年》记载得更详细一些,《竹书纪年》"三十七年,伐楚,大起九师,东至于九江,叱鼋鼍以为梁"。《竹书纪年》的这一段,不同的辑本有不同的说法,有的说是"十七年",有的说是"三十七年"。其中"楚",也有"荆""大越""纡"等说法,但无论如何,"九江"总是在东南方,不会在湖南、湖北。"纡"即"舒",也就是"徐"。"鼋"是"大鳖","鼍"是"扬子鳄",把"鼋"和"鼍"排起来作为桥梁,就好像是唐僧取经过流沙河一样,当时哪里会有这种事呢?虽然这个记载有神话传说的成分,但还是反映了"穆王伐东夷"之事。

· 2009 年下半年第四次课·

厚趠方鼎、䢈驭进方鼎、諆簋

厚趠方鼎

现在我们继续讲穆王时期的青铜器，穆王时期的铜器向上比不上成、康、昭，向下比不上恭王。这里说的"比不上"是比较难找，也就是难于推定，因为穆王时期的传世文献少，我们所知道的事情不多。《史记》记载周穆王在位五十五年，按道理来讲，周穆王时代的青铜器应该很多，但究竟哪些是穆王时期的铜器，这个事情本身就值得研究。前些年曾经看过一篇毕业论文，就是讨论穆王时期青铜器的，写得很厚，不过里面有一些推断方法还不是那么准确，还需要进一步研究。在座的同学，谁愿意对穆王时期的青铜器做进一步讨论，还可以继续研究，我们这几次课给大家讲的东西，只是给大家提供一个基础。把能找到的穆王时期的铜器都讲给大家，这是不可能的，我们没有那么多的时间，可是无论如何，穆王时期的青铜器应该是相当多的。昭王时期的青铜器联系起来也可以找到几十件，那么穆王时期一定要比昭王时期多得多，这次课我们继续找一些穆王时期的青铜器。

"夈公"也就是文献中的"祭公"，是昭、穆时期很重要的一个大臣，与之相关的传世文献有《逸周书·祭公》，还有《礼记·缁衣》中的《祭公之顾命》。《国语》中讲周穆王游历天下，不理朝政，影响到了当时的政治，祭公作诗劝谏，穆王幡然醒悟，所以后来"获没于祗宫"。祭公在穆王在位的时候就已经去世了，《祭公之顾命》里面讲的就是当时的一些情况，与祭公有关的器物，除了上述几件外，还有厚趠方鼎。

厚趠方鼎是一件非常著名也非常独特的器物，厚趠方鼎最早在宋代出现。大家要知道，宋代是中国金石学开始兴盛的时期，宋代有不少讲青铜器的书，比如《博古图》《考古图》等，其中最早著录厚趠方鼎的是南宋钱塘薛尚功的《历代钟鼎彝器款识法帖》，薛氏《法帖》著录了这件器物的铭文，但器形见于后出的《续考古图》，但是《续考古图》上的厚趠方鼎没有什么花纹，是全素的。厚趠方鼎现藏于上海博物馆，实际上厚趠方鼎有很大的饕餮纹，而且饕餮纹的角是披角。所谓"披角"，就是饕餮的角向外。从我们已有的知识来看，有这种纹饰的器物，大多是昭王前后的，最早也不过康王后期，最晚也不过穆王前期，厚趠方鼎也是如此。

那么上博所藏的厚趠方鼎与赵宋时的是否为同一件呢？

对这个问题有不同的意见，很多学者认为就是同一件，但唐兰先生在《西周青铜器铭文分代史征》中就认为此件方鼎与宋代的不是同一件。唐先生说，"此器宋代曾有出土，近代著录的当是同铭异器，但行款全同"。①这种情况近代也还有，比如禹鼎，宋代也有著录，但二十世纪四十年代陕西扶风也出了禹鼎，因为是与其他诸器一同出土的，所以不可能是宋代出土的那一件再次入土。可见同铭同形的器物，有时候不是只有一件。可是即使是铭文相同的器物，也不能解释这两件厚趠方鼎的差别为什么那么大。一般来说，如果两件器物铭文相同，那么这两件器物的纹饰也应

---

① 唐兰：《西周青铜器铭文分代史征》，载《唐兰全集》第七册，第241页，上海：上海古籍出版社，2015年。

该一样。这个问题我们今天也没有办法作出结论，一个最好的说法就是《续考古图》不对，大家要知道，《续考古图》不对的例子还有不少，所以《续考古图》并不是一个很可靠的书。因此，我们今天没有明确的证据证明上博所藏的厚趠方鼎就是赵宋传下来的。

大家要知道，宋代发现的青铜器，大都没有存留下来，赵宋古器流传下来的只有一件是确切无疑的，就是兮甲盘，元代的书法家鲜于枢曾在他的书中详细记载了兮甲盘的流传过程。元代的时候，兮甲盘流落民间，被人敲掉了圈足，当了饼铛，用来烙饼，因为铜的导热性很好，烙饼是很好吃的，后来被人发现，又把它收了回来。这类的例子是不稀奇的，虢季子白盘做过马槽，秦公簋在陕西装过油。兮甲盘在明代的传流也有记载，一直到了近代还在，因为容庚先生的《商周彝器通考》中有照片，照片中的兮甲盘确实是没有圈足了，容庚先生也没能说出这件东西在哪里收藏，自此之后兮甲盘就再无记录了。今天还有两件兮甲盘存在，一件现藏香港中文大学文物馆，还有一件在日本东京书道博物馆。这两件都靠不住，香港中文大学的是黄铜的颜色，一看就是假的；书道博物馆的红斑绿锈，而且文字做得比较好，很多人相信书道博物馆的这一件是真的，可书道的这一件有圈足，和照片不一致，所以书道的这一件还是"近真"的，可无论怎么说，也不是真器。真正的兮甲盘在哪里，还是不知道。我们一直认为厚趠方鼎是赵宋古器能够传到今天最好的例子，可是唐兰先生反对，所以我们还是不能最终论定，只能说我们所能目睹且传留到今天的宋代青铜器，几乎没有了。

不知道大家有没有看过陈簠斋的一些东西，陈簠斋在写给吴大澂的信中，曾经多次感慨青铜器虽是古人认为最容易保存的东西，可最后还是会消失的。大家要是读文物出版社最近出版的《簠斋金文题识》和《簠斋金文考》，就会发现陈簠斋很注重墨拓，最初的时候没有照相机，可是陈簠斋晚年也采用了照相的技术，有些毛公鼎的照片是陈簠斋那个时候所照，可见陈簠斋还是很有一些哲学思想的。我们来看厚趠方鼎（见图1、图2）。

图1　厚趠方鼎　　　　图2　厚趠方鼎拓本

厚趠方鼎释文：

佳（惟）王来各（格）于成周

年①，厚趠又賸于

 公②，趠用乍（作）氒（厥）

文考父辛宝隣（尊）

彝③，其子=（子子）孙永宝。朿④。

①"佳（惟）王来各（格）于成周年"一句，"各"即"格"，训为"至"，"来各"就是"来至"。这是用大事来纪年，在商周文字中常见。之所以"来各"，是因为作器者当时在成周，还有很多青铜器能够说明这一点。大家要知道，一直到今天，"来"在各地方言中的意思都

676

不太一样,在某些地方说"来",一定是"回来",也就是"return"。北京话就没有这种理解。"来"在商周时期并没有"回来"之义,甲骨文有"王来征夷方",是说"王去攻打夷方",而不是说"王攻打夷方回来",所以"隹(惟)王来各(格)于成周"是说"王本来不在成周"。这说明虽然成周是东都,但当时王并不常居于成周,也证明《穆天子传》把"成周"称为"宗周"是不对的,这不过是战国时人的想象。当然这里的"王",我们不能肯定是昭王还是穆王,可是把铜器排起来看,穆王的可能性还是很大的。

②"厚趠又觅于灎公"一句,"觅"字所从之"⻏",很像"追"字的一部分,现在在楚文字中,有时读为"追",有时也不一定就是"追",至于是不是同形异读,还可以讨论。唐兰先生把这个字读为"追",通为"归",训为"馈"。①可是这样读,在其他很多铜器中都读不通,所以对这个字就有不同的看法,裘锡圭先生认为这个字从"卖",读为"觌"。②后来的学者对于这个字写过很多文章,包括赵平安,赵平安隶定为"覿",读为"觏",训为"见"。③如果考虑到其他相关的铜器,赵平安的说法还是有道理的,我们就读为"觏",可读为"觏"还有一个问题,就是为什么要在"觏"的前面加一个"又"字,这个问题我们以后再讨论。如果是按照唐兰先生的读法,

---

① 唐兰:《西周青铜器铭文分代史征》,载《唐兰全集》第七册,第241页,上海:上海古籍出版社,2015年。
② 参看《郭店楚墓竹简》,第146页,北京:文物出版社,1998年。
③ 赵平安:《释古文字资料中的"齑"及相关诸字》,载《新出简帛与古文字古文献研究》,第106-113页,北京:商务印书馆,2009年。

认为是"厚趠有馈祭公",也就是"厚趠有赠于祭公",那么"厚趠"的地位一定很高,因为"祭公"是一个了不起的人物,任卿士之职,而"厚趠"并不是一个很了不起的人物,所以读为"觐",还是比较合理。

③"趠用乍(作)氒(厥)文考父辛宝隣(尊)齍"一句,"考"和"父"重复,过去我写文章就说这是叠床架屋,由此也可以看到日名在周人中的衰落,按道理应该是"文考日辛"更好一些。"齍"是一种鼎名,有人认为"齍"字专指"方鼎",这是不对的,因为有些圆形的器物上也有"齍"字的。

④"束"一句,"束"为族徽。

大家会说讲厚趠方鼎有什么意义呢?不过就是多了一件昭、穆时期的器物。大家要知道,由厚趠方鼎可以联系到长安花园村出土的一批铜器,从而从考古学的角度证明了厚趠方鼎的时代。

长安花园村墓葬1980年开始挖掘,发掘简报见于《文物》1986年第1期。花园村所处的位置很重要,是镐京遗址的一部分,汉武帝修昆明池,所以镐京遗址的大部分遭到了破坏,这一点考古作探方很容易就可以看到,昆明池现在还有遗迹,就是所谓"牛郎织女石刻"。我们研究青铜器,如果是商代后期的青铜器,应该以殷墟作为标准,如果是西周的青铜器,应该以丰镐为标准,可是丰镐做不了这个标准,因为丰镐遗址大部分都被挖毁了,所以今天我们是以周原为标准。周原虽然也很重要,但总也重要不过镐京。长安花园村作为丰镐遗址的一部分,其重要性显而易见。这在二十世纪八十年代是最好的铜器墓,当然后来又出了一些,比如张家坡的井叔墓地。花园村以M15和M17所出的青铜器为最,这两个墓离得很近，并且出土了同时代所铸的青铜器，所以从青铜器研究的角度这两个墓可以不分，有人认为 M15 和 M17 是夫妻墓，但墓主性别至今难以判断，看起来很像男性。类似的情况还有河北元氏西张村的墓葬，开始出了一个墓，我们写了很多文章来讨论这些东西，后来在这个墓旁边又出了一个墓，出的铜器和前面的墓铭文差不多，这两个墓究竟是什么关系也很难说，看起来更可能是兄弟之墓，不一定是夫妻之墓。这些问题我们今天不去讨论，要告诉大家的是花园村 M15 和 M17 中出土了很多陶器，这些陶器带有典型的西周中期前段的特征，这个墓应该是西周中期偏早的墓，这也与我们推断的厚趠方鼎是昭、穆之际一致。

歸覎进方鼎

M17 出土的 35 号方鼎（见图 3、图 4），整个铭文套在"亚"字框中，字体很像厚趠方鼎，与之相同的方鼎还有两个，一共是三个。

图 3　歸覎进方鼎

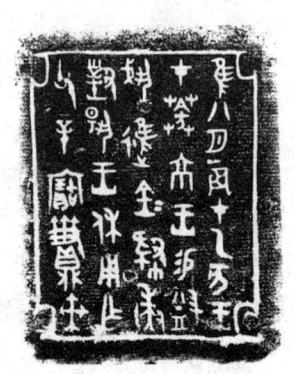

图 4　歸覎进方鼎拓本

䁄圯进方鼎释文：
隹（惟）八月辰才（在）乙亥①，王
才（在）菶京②，王易䁄
圯进金、肂㲋③，
对扬（扬）王休，用乍（作）
父辛宝齍。亚束④。

①"隹（惟）八月辰才（在）乙亥"一句，有"辰才（在）"的铜器，时代最早不过西周早期后段，小盂鼎也有"辰在"，时代是康王晚期。

②"王才（在）菶京"一句，我认为"菶京"就是"镐京"①，但这一点并没有一个理想的论证。

③"王易䁄圯进金、肂㲋"一句，"䁄圯进"应是"地名+爵称+名字"的格式，即封在"䁄"地的"圯"，名叫"进"的人，详见后文讨论。"肂"即"肆"，义为"陈列"。"肂㲋"就是祭祀用的猪。

④"用乍（作）父辛宝齍。亚束"一句，"亚束"是族徽，铭文置于"亚"字中，这种形式商末的铜器就有，到了西周早期后段之后就很少见了。

大家要注意，䁄圯进方鼎中的"辛"字下面有肥笔，写法和厚趠方鼎相同，而且䁄圯进方鼎中祭祀的对象是"父辛"，族徽是"亚束"，也与厚趠方鼎相同，所以"䁄圯进"和"厚趠"应该是兄弟，这也就证明了厚趠方鼎的时代。

---

① 李学勤：《再说镐京》，《传统文化研究》1997年第6辑。

M17还出了一件䚘觑进壶，壶铭中有"𦏲"字，从羊、邕、欠，这个字没有得到准确释读，我个人认为"𦏲"还是一个从"羊"声的字。这件铜器虽然我们称之为"壶"，但这种形制的器物究竟应该叫什么名字，古书上并没有明确的依据，我过去依据《说文》认为"𦏲"可读为"觥"[①]，可是这个说法并没有什么依据，大家不要相信，特别是"𦏲"是不是一个从"羊"的字，还可以讨论，因为在"羊"的下面还有一个组成部分。

誃簋

花园村的墓地中还同出土了誃簋（见图5、图6），誃簋是一个方座簋，上面有三重鸟纹，腹部是垂冠顾首大鸟纹，这种大鸟纹在西周早期后段到西周中期前段之间特别流行，特别是在穆、恭时期，最晚不过懿王。上面是短的鸟纹，方座上是拉长的鸟纹。1961年长安张家坡出土的孟簋的轮廓与誃簋相同，张家坡离花园村很近，也在镐京的范围内。誃簋最大的特点是腹部的最大径不在正中，而是偏下，陈梦家先生在《西周铜器断代》中对此有过系统讨论[②]，陈先生称此种现象为"倾垂"，"倾垂"的现象在西周早期后段开始出现，后面就越来越甚，越是倾垂，时代越晚。M17出的14号尊就有倾垂的现象，这个尊不是成、康时期那种分三节的尊了，这是这个时期青铜器发展的一个很明显的特点，大家应该记住。

---

① 李学勤：《论长安花园村两墓青铜器》，《文物》1986年第1期。
② 陈梦家：《西周铜器断代》，第97页，北京：中华书局，2004年。

图 5　誺簋　　　　　图 6　誺簋拓本

誺簋释文：

唯九月，唯弔（叔）从
王，鼎征楚荆，才（在）
成周，誺乍（作）宝毁。

"鼎"字，有人认为应与前一句的"王"连读，读为"王鼎"，"王鼎"即"王妃"，是昭王后妃之名。这种说法不对，因为"誺"还有一件器物，著录于薛氏《钟鼎》，铭曰"唯叔从王南征，唯归，唯八月，才硕空，誺作宝鬲鼎"。这里说是"从王南征"，而非"从王鼎征"，而且大臣也不能跟着后妃去打仗，所以"鼎"应读"员"，也就是"云"，是一个虚词，"云"字的这种用法在《诗经》中常见。这两件器物都是誺所作，但不在一年，"九月"的那一件是刚出征时所作，而"八月"的那一件是第二年征战回来时所作。誺簋证明了"伐楚"是昭王时候的事，因为花园村 M17 就是西周中期前段的墓葬，所以誺簋应是昭王十五年或十六年时器。

大家要知道，在青铜器的研究中，年代的争论是很复杂的，一直到今天还是在争论。很多研究青铜器的名家看法都不一致，他们的争论每每变成了百家争鸣，百家争鸣的结果就是纷纭不休，因为没有折中的办法，所以比较理想的办法就是找到文献的依据，或者是找到一些超出文字解释之外的考古证据。花园村的东西很零碎，也没有什么意思，可是花园村的东西提供了非常重要的一个依据，就是从陶器排队上证明了只能把这些器物放在昭、穆时期，如果大家有兴趣，可以看我这篇小文章。[1]花园村出土的陶器排队，是《沣西发掘报告》排定的，后来胡谦盈先生对此有所完善。[2]总之，在这一点上是不会改动的，不会把西周中期的东西搬到周初去，这也就提供了一个文字之外的标准。这种标准非常重要，青铜器是一种考古遗物，因此青铜器的研究应该以考古学的方法为基础，如果脱离这种方法，仅从字上去推，是不行的，因为铭文的解释可以多种多样，而且大家常常相信一些所谓的优势说法，影响还是很大。

从考古类型学上，我们还可以有更进一步的推论，前几次课我们不止一次提到孟簋，孟簋一共有三件（见图7、图8、图9），是1961年在长安张家坡发掘的，张家坡离花园村很近，也在镐京遗址的范围之内。现在已经没有长安县了，长安已经成了西安市的一个区，我们过去的考古报告还是用长安县。大家如果看孟簋就会知道，虽然孟簋的纹饰与䜣簋不太一致，但孟簋的轮廓与䜣簋几乎完全相同，所以孟簋和䜣簋是同时代的东西。由此可知，考古类型学的方法还是很有作用的。希望大家能够记住孟簋、䜣簋器身

---

[1] 李学勤：《论长安花园村两墓青铜器》，《文物》1986年第1期。
[2] 胡谦盈：《〈沣西发掘报告〉（1955—1957）读后》，载《胡谦盈周文化考古研究选集》，第33-41页，成都：四川大学出版社，2000年。

那种"倾垂"的曲线,以后我们还会讲一些东西,比如觐簋,还是这个样子,尽管下面有变化,但簋的样子还是相同的。彧簋也还是这个样子,簋身的部分是非常相似的。

图7 盂簋(甲)

图8 盂簋(乙)

图9 盂簋(丙)

讨论:䱷𢆶进

现在来讨论一下"䱷𢆶进",花园村的这批东西,我的文章写得是非常早的,当时是受文物局的委托,根据那些材料写了一篇文章①,并不是我个人要写。当时写的时候,我说实话,我真的不懂所谓"䱷𢆶进"的意思。"䱷𢆶进"可以省称为"䱷𢆶",也可以省称为"䱷",那么"䱷𢆶进"究竟应该怎么理解呢?当时的想法是"䱷"是封邑,也就是"氏",这一点是对的,但是当时认为"𢆶"和"进"是一名一字,今天看这种理解不对。怎么认识到不对的呢?这是受了香港张光裕先生的启发。为了检讨这一点,我写了一篇文章,印在《殷都学刊》2008年第3期,叫做《殷商至周初的"𢆶"与"𢆶臣"》。

张光裕在《雪斋学术论文二集》中提到了一个小圆鼎②,高度

---

① 李学勤:《论长安花园村两墓青铜器》,《文物》1986年第1期。
② 张光裕:《香江新见彝铭两则》,载《雪斋学术论文二集》,第203-210页,台北:艺文印书馆,2004年。

为 19 厘米，这个鼎的形制、纹饰和 1973 年长安兴旺村出的鼎几乎相同，可是兴旺村出的鼎很大，高度有 85 厘米，由此可以推论出这个小圆鼎的时代，其出土地区也是在陕西一带。小圆鼎铭为"方夙各自乍夒丽鼎，其永用"。"夒"即"孁"，也就是"妻"字，"丽"是人名，"丽"这种名字，今天也是常有的，比如"小丽"。这是"方夙各"为名叫"丽"的妻子作的一件器物，同样是为"妻"作器的，还有廿八祀的疏公簋，疏公簋铭中有"妻姚"。有人认为青铜器没有给"妻"作的，这是不对的，青铜器中给"妻"作的还真不少，只是有的铜器中没有用"妻"这个字。不过这两件器物还是有一些不太一样，因为"姚"应该是一个姓。有人认为"姚"也是名，而不是姓，因为"姚"也有"美丽"的意思，这一点我也不和他辩论，因为说不清楚。不过这没有关系，但不论怎么说，"龢夙进"和"方夙各"的形式应该是一样的，那么"方夙各"又应如何解释呢？

甲骨文、金文中有如下名字：

氙**侯**虎　　　　　　鹹**卫**戛

攸**侯**喜　　　　　　攸**卫**牧

而**伯**黽　　　　　　龢**夙**进

通过对比可知，第一个字应该是国名或地名，中间的字是一个爵称，最后一个字是名。"侯""伯"还理解，"卫"作为爵称，见于《尚书》，"夙"也是一种爵称，但文献中没有找到，至少我是找不到，看看有没有人能找出来。这就证明"夙"表示一种等级或一种身份，"侯甸男邦采卫"都可以作为爵称，大家可能觉得周代的五等爵中好像没有"甸"，其实在甲骨文、金文中是可以找到"甸"的。"侯甸男邦采卫"，古人作注，认为可以理解成"侯甸男邦邦采卫"，是"侯""甸""男"中的"采"和"卫"，可见

“卫”是很小的，可也是一种封地的爵称，我们可以推想，“妍”也是类似的爵称。如果研究商代金文，就可以知道在商代“妍”很厉害，身份要高得多，很多件青铜器中都有“妍”，而且是单称“妍”，比如《集成》4138 网簋、《集成》5967 夫尊、《集成》5377 孝卣、《集成》2702 央方鼎、《集成》9099 征角、《集成》7312 麋妇觚等，这些器的器主都是受“妍”赏的，可见“妍”在商末地位非常高，可是到周代就不行了，我们猜想“妍”应该是有封邑的一种爵称。“妍”究竟是怎样的一种身份呢？

美国哈佛大学福格艺术博物馆藏有一件玉戈，这件玉戈现在不在福格了，现在福格艺术博物馆所有的中国的东西，都到了赛克勒博物馆，福格博物馆是单独的一个楼，对面就是赛克勒博物馆，所以这件玉戈一定在赛克勒。我们当年专门去看这件玉戈，因为这件玉戈在罗越的《中国古代玉器》中著录过，很多人都认为是假的，后来拿这件戈和太保玉戈对比，才觉得这件戈也是真的。我到美国去的时候，专门去看这件玉戈，结果确实是真的，而且非常漂亮。玉戈铭文为“曰䨭王汱，才（在）林田俞妍”，“䨭”字不识，从“往”声，是一个祭名。“汱”字，《说文》中有，音“xǐ”。裘锡圭先生认为“田”读为“甸”。[①]“俞”是人名。我认为此处的“妍”是动词，读为“媟”，训为“侍”。裘锡圭先生曾举出《集成》613：“林妍乍父辛宝尊彝。亚俞。”后来我又找到了《集成》5013：“林，亚俞。”这几件铭文是有关系的，我认为“林妍”之“妍”应为身份名词，而非动词。“亚俞”或“俞”应该是氏，商周的人常常用祖父或父亲的字作为本人的氏，个别也有用

① 裘锡圭：《甲骨卜辞中所见“田”“牧”“卫”等职官的研究——兼论“侯”“甸”“男”“卫”等几个诸侯的起源》，载《文史》第十九辑，北京：中华书局，1983 年。

祖父或父亲的名为氏的。"𢓐"是一种武装的士,殷墟西北冈M1001是一个四墓道的亚字形大墓,大墓四角和中心的腰坑里面都有一个人,中间的那个人还带着一条狗,这些人都是跪坐而且手中执戈,和"𢓐"的字形一样,因此"𢓐"应是当时的一种武装侍卫。在西周的一些铜器上还称之为"𢓐臣",这里就不能详细介绍了。

因此,"䢜𢓐进"就是封在"䢜"地的"𢓐",名叫"进"的人。"䢜𢓐进"和"厚趠"是兄弟,那么"厚趠"也应是"𢓐"一类的人。以上的铜器都是昭、穆时期的器物,昭王伐楚已经是昭王的晚年,大概十五年或十六年的时候,到十九年昭王就死了,然后穆王就即位了。这些铜器既有昭王的,又有穆王的,估计也都是穆王比较早的时候,和班簋一样,都是穆王前期的器物。

下一次课我们还会讲到大家都认为是穆王时的器物,特别是所谓"师雍父"的那一批,这些铜器为什么是穆王时器,这个问题能不能证明,我们下次再讲。

・2009 年下半年第五次课・

"师雍父组"青铜器(一)[*]

这次课我们继续讲穆王时代的青铜器。大家要知道,不论是从青铜器的发展看,还是从政治、文化的发展看,西周都是一个重要的转折期。西周初年是一个精锐奋发的时期,也是一个开拓的时期,这种状态一直保持到昭王南征而不复,昭王丧于汉水,周人受到了重大的挫折,可在这个挫折之后,应该说到了穆王时代,西周王朝仍然保有相当大的锐气。周穆王好游,但实际上仍然在开拓国土,或者至少是希望开拓国土。在这种情况下,我们还能看到穆王初年的一些活动。可是周王朝所潜伏的危机到穆王之时就开始显现了,所谓的"危机",就是南夷、北狄之患,这从西周的灭亡就可以看得出来,很多人说西周灭亡是因为其内部的因素,但起决定性作用的还是外部因素,也就是"南夷与北狄交侵,中国不绝若线"。夷狄之患一直就是西周的重大问题,这个问题从西周初年就开始了,周公所平的"三监之乱",就是"三监"和"东夷"的联合叛乱,而"东夷"到后来成了一个大问题,当然北边

---

[*] 包括录卣、录簋、爰尊、遹簋、繁鼎、稽卣、伯雍父盘。

的一些民族也是一样。西周虽然有差不多三百年的历史,但动荡实际上是很多的,"夷患"始终是一个比较大的问题,关于这个问题,历史上的很多学者做过很多讨论,后来从金文研究上也可以看得出来,其中最著名的材料就是《后汉书》的《东夷列传》。

《东夷列传》的重要性在于其中引用了一些材料,有些材料我们看不到了,这里面主要就是《竹书纪年》。《竹书纪年》出土之后整理的状况很不理想,之后就散佚了,但看过《竹书纪年》的人,还是给我们留下了一些间接的材料,比如杜预的《春秋经传集解后序》就提到了。杜预征南之后,就解甲归田研究《左传》去了,写了《春秋经传集解》和《春秋释例》,在这种情况下,杜预就去看了《竹书纪年》的相关材料,并记录了一些东西,当然这不能代表《竹书纪年》本身,但可以反映一些当时的整理情况以及当时学者的一些看法,所以这些材料都是很重要的。《东夷列传》一定也吸收了这方面的新材料,所以《东夷列传》中有一段话,与单纯从古书中来的有所不同。

现录此段内容并加以说明:

> 武乙衰敝,东夷寖盛,遂分迁淮岱,渐居中土。

这个知识是过去从其他文献中找不到的,我们研究甲骨文,看到帝辛时期征夷方,在这之前还有一些材料,可是东夷从武乙时就逐渐入侵的内容,从甲骨文和其他材料中是看不到的。"淮岱"即淮河、泰山一带,也就是说东夷原来是比较远的,这个时候进入鲁西南,甚至更往南到达了淮河流域。这是中国古代民族流迁史上的一件很重要的大事,大家如果有兴趣,可以看一看蒙文通先生的《周秦少数民族研究》,后来收在《古地甄微》里面。

> 以武王灭纣，肃慎来献石砮、楛矢。

"肃慎"是东北的少数民族，"肃慎"一词用的时间很长，一直到汉、晋时还在使用，"肃慎"所居的区域漫无边际，在古书中无法考定，大家如果看历史地图，东北地区上古时期就叫"肃慎"，没有别的名称。"肃慎"也作"稷慎"，见于《逸周书·王会》，《王会》中说"肃慎献麈"，"麈"是东北地区的动物，大概是"四不像"一类的。"肃慎来献石砮、楛矢"，可参考《周本纪》和《尚书序》。

> 管蔡畔周，乃招诱夷狄，周公征之，遂定东夷。

周初第一次对于"东夷"的征伐是在周公平定三监之乱时，之前我们已经讨论过，这里不再详述。因此，郭沫若先生的《两周金文辞大系》将"伐东夷"的铜器都放在这个时候，当然现在从形制、纹饰等各方面看来，这样排是不对的，有些器物不可能那么早，不过还是有一些的。周公平定三监之乱，同时也平定了参与叛乱的东夷。

> 康王之时，肃慎复至。

肃慎被认为是最远的东夷，在康王时又来朝见，这被视为东夷顺服的一个标志。

> 后徐夷僭号，乃率九夷以伐宗周，西至河上。

"僭号"就是"称王"，这以下便是穆王时事。前面几节课我们谈到穆王东征，读了班簋，涉及毛公、趞仲征伐的事情。他们征伐的就是东夷,最后是"三年靖东国",就是对东夷的一次战争。东夷的首领是谁呢?就是徐国。徐国的区域在今江苏连云港及其周围地区,换句话说就在今天苏北的北部,靠近山东,而且靠海,这是早期徐国的中心。当然后来徐国的情况有了很大的变化,春秋战国时期徐国的变化就非常复杂了。周穆王西游时,徐国的徐偃王僭号称王,带领"九夷"(主要分布在当时的东海岸至山东南部地区)去攻打周王朝,一直到黄河流域。我们很多人对于古代战争的流动性估计不足,以为古代的战争一定是寸土必争。其实古代战争的流动性很大,一直到春秋时还是如此,比如当时秦人袭郑,从陕西一路走过去,要去攻打郑国,兵力的运动路线非常之长,在此期间也不是一个城一个城地去夺取,其他国家如果不涉及利益关系则坐视不理,甚至可以打开城门去观兵,这种事情在《左传》中是有记载的。所以当时打仗运动性很大,特别是当时的一些少数民族,不是以车战为主,因此可以跑得很快,迅速就从滨海地区一直到黄河流域,当然那时的黄河地区是禹贡故道,是从淮河斜着过来的,并不是今天的黄河。到西周晚期也是如此,当时淮夷一直打到了河南,这个事情以后我们还有机会去讨论。"宗周"代指"周王朝",并不一定指"镐京"。

> 穆王畏其方炽,乃分东方诸侯,命徐偃王主之。

穆王曾一度想采取妥协的办法,于是命徐偃王为东方之主。

> 偃王处潢池东,地方五百里,行仁义,陆地而有朝者三十有六国。穆王后得骥騄之乘,乃使造父御以告楚,令伐徐,一日而至,于是楚文王大举兵而灭之。

此处作"楚文王"不确,因为楚文王与周穆王不是同时代的人,此处应该是指周穆王伐东夷借助了楚国的力量。

周穆王时期伐东夷是一件很大的事情,下面我们将继续讨论与"东夷"有关的器物,进一步来补充穆王时"征东夷"的一些细节。穆王时代的青铜器,过去的学者定的都比较少,在《两周金文辞大系》中还多一些,到了陈梦家先生的《西周铜器断代》中就很少了,因为他们把大部分的穆王器都归到了成、康,现在看起来,有很多都需要调整。即使如此,有一组青铜器从《大系》到《断代》,一直被定为穆王时器,直到今天来看依然很准确,这就是陈梦家先生所说的"师雍父组"青铜器。

"师雍父组"的青铜器主要有六件,分别是彔卣、彔簋、爰尊、遹簋、䵼鼎、稺卣,这六件器物从金文系联的角度,不能证明是穆王时器,至少从今天来说还做不到,我们之所以断定这些器物是穆王时器,是从考古类型学的角度,也就是从形制和纹饰来推定的。

彔卣

彔卣(见图1、图2)拓本见于《集成》5420。

图1　彔卣

图2　彔卣拓本

彔卣释文：

王令彧曰①："虞淮尸（夷）敢伐内国，女（汝）其㠯成周师氏戍于古自。"②白（伯）雒父蔑彔厤③，易（锡）贝十朋，彔搻（拜）頶（稽）首，对扬白（伯）休④，用乍（作）文考乙公宝隣（尊）彝。

①"王令彧曰"一句，"彧"是人名。

②"虞淮尸（夷）敢伐内国，女（汝）其㠯成周师氏戍于古自"一句，"虞"字是从"且"的，"且"读为"qiě"是很晚的事情，古音读"cū"，或者"zū"，"虞"字此处作为提句虚词，相当于"夫"，这是王引之《经传释词》的讲法。①"夷"字作"?"，象蹲踞之形，据说东夷之人喜好蹲着。现在山东也有很多地方喜欢蹲着，不过其他地方也有喜好蹲着的，陕西也是如此，陕西人喜欢蹲在一个很窄的条凳上，手里还端着很大一碗面，我可没有这个本事。大家要知道，我们城市的人如果下地劳动，最怕的就是腰不行，因为腰力要从小锻炼，比如说栽苗，在当地都是很轻的活，可是我们去了之后，蹲一会儿就不行了。"内国"是"内地"，与"四夷之地"相区别，此处的"国"并不指"国家"，而是"土"的意思，比如班簋"三年静东国"，"东国"就是"东土"。"㠯"即"以"，义为"率领"。"成周"就是"洛阳"，"宗周"就是"镐京"，也就是后来的"长安"。宗周有"六师"，

---

① 王引之：《经传释词》，第80页，南京：江苏古籍出版社，2000年。

是由宗周所属的六个乡中每乡出一支军队，亦称"六军"，所以"六乡"之长，也就是"六军"之长。那么成周有多少"师"呢？根据金文可以知道成周有"八师"，"成周八师"的基础是迁到成周的殷遗民，所以"成周八师"又称为"殷八师"。从金文上看，西周时大凡征伐东夷、南夷都从成周出发。"师氏"原为官名，主管教学，西周时代教育是文武结合的，二者的区别并不是很明显，"师氏"既教文，又教武，直到秦汉以后，才文、武分途。此处用的是广义的"师氏"，指"军队"而言。"戍"是"戍守""屯戍"的意思，因此彔卣的时代应该早于班簋，因为班簋所述已是平定东国之后的事了，自然不用再防守。"𢀜"在这里是一个地名，过去一直读为"古"，可是这样读没有什么道理。有一个加"口"的"𢦏"字见于齐陶文，我读为"固"①，是一个人名。我这个说法不一定对，今天也没有一个明确的证据，我们暂时还是读为"古"。从字形来讲，"𢀜"可以简化为"𠙷"，即"由"字，是"胄"之所从。大家要知道，我们研究古文字，有时候字形相同并不一定就是一样的，因为字形会出现不同的变化，可以同形异构。"𠂤"的本义是"众"，人多的地方往往可称为"𠂤"，比如"京𠂤""洛𠂤"，"京𠂤"是周之故都豳县，为公刘所居，后来"京师"的意义泛化，变成了"首都"的代称。在甲骨文、金文中，称为"𠂤"的都是一些人口较多的都市。"𢀜𠂤"应是当时防守淮夷的要道。

---

① 李学勤：《燕齐陶文丛论》，载《上海博物馆集刊》第6期，上海：上海古籍出版社，1992年。

③"白(伯)雍父蔑彔曆"一句,"蔑"训为"嘉","曆"字从"甘"声,读为"hán",义为"功绩","蔑彔曆"也就是"嘉奖彔的功绩"。

④"对扬白(伯)休"一句,因为是"白(伯)雍父蔑彔曆",所以"伯"指"伯雍父"。

为什么先讲彔卣呢?因为彔卣中讲了"戍于龢自"这件事,下面的铜器很多都提到了"戍于龢自"。彔卣的关键,在于几个人名之间的关系,即"彧""伯雍父""彔"的关系。郭沫若认为"彔"就是"彧"①,因为有一件器物是彔伯彧簋,但是郭沫若的说法有问题,因为"彔伯彧"的文考是"釐王",所以彔伯彧簋中的"彔伯彧"应该是个少数民族。大家要知道,同一个时代,周只能有一个"王",可是少数民族在周代可以称王,而周王朝对此也未置可否,所以到了春秋时期,吴、越、楚都称王,西周时期则有"夨王",这些都是少数民族。而且如果"彔"就是"彧",那为什么前面叫"彧",后面叫"彔"呢?一种可能的讲法是一名一字,那么王命用的是名,后面用的是字,"彔"为什么会变成"彔伯"呢?现在看来"彧"是"伯雍父",而不是"彔","彔"是"彧"的下属,为什么是这样?我们下面有证明。

彔簋

彔簋(见图3、图4)见于《集成》4122,和彔卣一样,同为"彔"所作。

---

① 郭沫若:《两周金文辞大系》,第145页,北京:科学出版社,2002年。

图3 彔簋　　　　　　图4 彔簋拓本

彔簋释文：

伯雒父来自𢼒①,

蔑彔曆，易（锡）赤金②。

对扬白（伯）休，用作

文且（祖）辛公宝䵼

殷，其子=孙=永宝。

① "伯雒父来自𢼒"一句，"𢼒"即"胡"，这是唐兰先生考释出来的①，宗周宝钟的"𢼒"，就是周厉王的名字"胡"。此处的"𢼒"是一个地名，"来自𢼒"就是"自𢼒回来"，来到的地点应该就是"䣛自"，由此可知"𢼒"与"䣛自"之间相距不远。"胡"是一个国名，而且胡国周初时与周的关系很密切，荣仲方鼎中就有"芮伯"和"胡侯"的儿子。"芮"是周之同姓，"胡"是归姓，"归"也就是"隗"，这从陕西出土的"胡叔"的青铜器上可以得到证明。"胡"的地望，据古书所载应在今天的安徽阜

---

① 唐兰：《周王𢼒钟考》，载《唐兰先生金文论集》，第42页，北京：紫禁城出版社，1995年。

阳。既然是这样，那为什么胡公的铜器会出在陕西呢？其可能是胡国派到朝廷里做官的，后来就留在朝廷。阜阳一直是淮河流域的要地，这是形势使然，今天也是如此。前两天我在武汉，武汉市政府就问我，盘龙城与武汉有没有关系，我说二者是有关系的，汉水入长江是在汉口，"汉口"古称"夏口"，因为汉水没有改道，所以"夏口"的位置也是没有改变过的，由此形成了一个水陆交通的要道，同时也是水陆交通的枢纽。盘龙城位于黄陂的李家咀，而李家咀正好就厄守在交叉口的旁边，在这个地方设立一个带有军事意义的城镇，就是为了控制这个地方，武汉三镇也就是这么来的，就是为了控制水路要道。从这个意义上看，武汉和盘龙城是有关系的，不过盘龙城的年代太早了，和武汉接不上。阜阳也是一样的道理，今天的阜阳依然是一个很重要的地方。不知道大家有没有注意过，一到春节阜阳马上就热闹起来了，今天的阜阳成了南北交通的枢纽之一，阜阳火车站的热闹程度一点也不比广州和成都差。阜阳秦汉时叫汝阴，阜阳双古堆汉简就是汝阴侯墓出土的。胡国就在阜阳一带，胡国是"隗"姓，可"隗"并不是一个淮夷的姓，淮夷的徐国是嬴姓，群舒是偃姓，桐、六、英也是偃姓，偃姓是皋陶之后，刘师培认为"嬴"和"偃"可通[①]，但从金文看，二者从不通用，从音上看也不合适。"隗"姓主要是山西一带的戎人，由于种种原因，胡国被封到了安徽阜阳，起到了阻挡淮夷的作用，可见胡国在西周时期很重

---

① 刘师培：《偃姓即嬴姓说》，载《刘申叔遗书》，第 1252-1253 页，南京：江苏古籍出版社，1997 年。

要。春秋时期，胡国在政治、军事上已经不起什么作用了，后来为楚国所灭。

②"易（锡）赤金"一句，"赤金"指"铜"而言，并不是"黄金"。安徽一带一直就产铜，比如铜陵，是全国最重要的铜产地之一，被称为中国青铜器之都，铜陵当地还有一个青铜器研究会，出版了《青铜器文化研究》。

爰尊

爰尊（见图5、图6）见于《集成》6008，前人将"爰"释为"叔"，这个说法不对，应该释为"爰"，这是唐兰先生提出来的[①]，但《西周青铜器铭文分代史征》出版的时候，唐兰先生已经过世，所以唐先生在世的时候并不知晓。这里有一点要注意，就是爰尊的行款是反的。

图5 爰尊　　　　图6 爰尊拓本

---

① 唐兰：《西周青铜器铭文分代史征》，载《唐兰全集》第七册，第461页，上海：上海古籍出版社，2015年。

爰尊释文：

隹（惟）十又三月既生霸丁卯，爰
从师雝父戍于胡𠂤
之年①，爰蔑曆，中竞父易（锡）
赤金②，爰拜頴首，对扬竞父
休，用乍（作）父乙宝鐅彝③，其子=孙=永用。

①"隹（惟）十又三月既生霸丁卯，爰从师雝父戍于胡𠂤之年"一句，现在我们从青铜器的知识可以知道，整个西周都是"岁末置闰"，就是闰月都放在最后。商代的时候，至少是甲骨文晚期就已经是"岁中置闰"了，当时应该已经有了"无中置闰"的知识，也就是在没有"中气"的时候置闰，从这一点上来看，西周的历法不如商代先进，到了春秋才又恢复到"岁中置闰"。其实要是研究起来，西周很多地方不如商代。"师雝父"就是"伯雝父"，"师"训为"长"，"师"是指"官名"而言，"伯"是指"排行"而言。一般用来纪年的都是一些大事，而"爰"用自己的事情来纪年，这就已经与商、西周的传统有一些背离了，当然"师雝父戍于胡𠂤"也算大事，但"爰"是讲自己，这并不太好。

②"中竞父易（锡）赤金"一句，"中竞父"即"仲竞父"，"中竞父"自己也有铜器，是一件簋，也是穆王时代的器物。

③"用乍（作）父乙宝鐅彝"一句，"鐅"义为"陈列"，"鐅彝"并不是指可以带着走的行器。

从这里我们可以得到新的知识，就是"师雍父"又可以叫"伯雍父"，这是没有问题的，而且可以看出来"伯雍父"在"𦰩𠂤"戍守的时间很长。

遇甗

遇甗（见图 7、图 8）拓本见于《集成》948，遇甗是和一批铜器一起出土的，出土时间是清光绪二十二年（1869 年），出土地是山东黄县的莱阴，这个地方就是今天的山东龙口市。出土的地点是一个著名的遗址，叫归城遗址，"归"和"灰"读音很接近，所以"归城"又写作"灰城"，我去归城看过，是一个西周时期的墓葬群，有城址，出土的东西很多。遇甗就是在归城遗址出土的，但并不是出土在归城遗址的中心地带。

图 7　遇甗

图 8　遇甗拓本

遇甗释文：
隹（惟）六月既死霸
丙寅，师雍父戍

才（在）■𠂤，遹从①。师
雒父肩史遹事
于猷厌（侯）②，厌（侯）蔑遹曆，
易（锡）遹金，用乍（作）旅獻③。

① "隹（惟）六月既死霸丙寅，师雒（雍）父戍才（在）■𠂤，遹从"一句，"■"是"■"的省文，从字形上看，还是读"由"为好。此处"从"的宾语是"师雍父"，从这里可以看出古人的文法是很好的。

② "师雒父肩史遹事于猷厌（侯）"一句，"肩"音"yì"，是一个虚词。"史"和"事"在黄组卜辞以及商末周初的铜器上是分不清楚的，但在遹簋中已经清楚了。"史"义为"派"，"事"义为"侍奉"，二者写法不同。"史遹事于猷侯"就是"派遹侍奉胡侯"，这进一步证明"■𠂤"在"胡国"附近，也有可能就属于"胡国"的地界。

③ "用乍（作）旅獻"一句，"旅"训为"陈"，"獻"即"献"，也就是"甗"，铭文中的"甗"常作"獻"。

山东有几个"莱"，"莱阴"是其中之一，也是最古的"莱"，遹簋出土于此，可能是"遹"留在"莱"任职。

䗽鼎

䗽鼎（见图9、图10）见于《集成》2791，与遹簋同出，"䗽"和"遹"是同一个人，可能是一字之异体。

图9 簋鼎

图10 簋鼎拓本

簋鼎释文：
隹（惟）十又一月，师
雝父徣衜至
于㵢①，簋从，其
父蔑簋曆②，易（锡）
金，对扬其父
休，用乍（作）宝鼎。

① "师雝父徣衜至于㵢"一句，"徣"即"省察"，"衜"就是"道路"，"省道"也就是"开路"，中方鼎有"王令中先省南国，贯行"一语。"师雝父徣衜至于㵢"应该是"师雝父"刚到"㵢"不久，遇甗的"师雝父肩史遇事于㵢侯"也是到了"㵢"之后的事情，彔簋的"伯雝父来自㵢"，是"师雝父"已经从"㵢"回来了。

② "其父蔑簋曆"一句，问题在于"其父"是什么意思，从文例上来看，我们不排除"其父"是一个人名，但我认为"其父"很有可能就是"他的父亲"，也就是"师

雍父"。如果只用"父",指的就比较虚,可是用"其父",指的应该就是"憨"的父亲。之所以这样说,是因为憨鼎和遇甗的铭文中都没有谥号,也就是没有祭祀的对象,这说明"憨"的父母都在世,我们可以推测"憨"是"师雍父"比较年轻的一个儿子。

"憨"的器物出土在莱阴,这可能是和齐国有关,因为齐国初封之时就有"征伐"的特权,即《左传·僖公四年》"五侯九伯,女实征之,以夹辅周室"。大家可能会有一个问题,为什么"师雍父"不在莱阴呢?因为我们在周原找到了"师雍父"的墓。

秠卣

秠卣(见图11、图12)见于《集成》5411,是一个刊本,录于《考古图》,"秠"字不识。

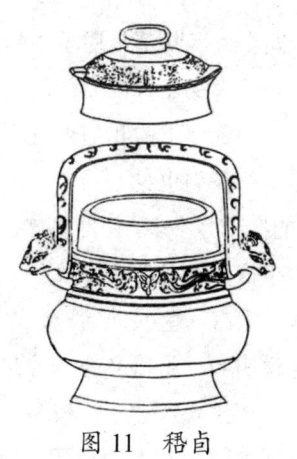

图 11　秠卣　　　　图 12　秠卣刻本

秭卣释文：
秭从师雍父戍于
古𠂤，蔑曆，易（锡）贝卅
孚①，秭拜頴首，对匽（扬）
师雍父休，用乍（作）文
考日乙宝隣彝，
其子=孙永宝。戈。②

① "秭从师雍父戍于古𠂤，蔑曆，易（锡）贝卅孚"一句，铭文中的"雍"看上去是"淮"，可是对比其他几件器物，就可以知道一定是"雍"。"孚"是重量单位，至于说具体数量是多少，还有争论，但"孚"常与"金"搭配，这里的"贝"用"孚"，是很罕见的，这可能是有什么错误，因为其他几篇铭文都是赐金，但秭卣是器盖对铭的，二者都是"贝"，这也就是我们不懂的地方了。

② "戈"一句，"戈"是族氏名。

这组铜器一共有六件，分别属于四个人，却都记述了"师雍父戍于䛐𠂤"之事。大家要知道，古人的青铜器有很多都没有埋到地下，之后就丢失或者销毁了；很多埋到地下的我们也看不到了，在古代就已经被挖走了，后来毁了，我们也见不到了。所以若干件铜器都记载了同一件事，这样的例子并不多，由此可知"师雍父戍于䛐𠂤"在当时是一件很大的事情，动员的人也很多。还有一些东西需要大家注意，就是这些人中有一些共同的地方，比如说这些人的祖先都是用日名的，这说明当时用日名的习俗在周人当中还是很普遍的。大家知道，日名中用"乙""丁"较多，其次是"辛"，这些铜器也是如此，可能是当时人觉得"乙""丁""辛"

这些日名比较吉利。稽卣中还有族氏"戈",而且"戈"字写得比较象形,有商代的风格。这些都是自商代以来遗留的一些风气。

从器形上来看,这六件器物都有"倾垂"的特征。虽然稽卣的器形宋代人画得不是那么准确,可是将稽卣和彔卣的器形对比一下,就会发现宋人把基本特征都画出来了,尊的倾垂特征也很明显。这种尊和这种提梁卣经常是配对的,时代大多为西周早中期,到了穆王时期,就变得特别明显,当然穆王的铜器并不只是这样,但"倾垂"这一点是非常清楚的。因此,我们可以从考古类型学的角度推断出这六件器物的时代是穆王。在青铜器的分期断代中,能用这种方法推定时代的并不多,大家可以把我们讲的昭王晚期的青铜器和这些青铜器对照一下,就可以看出这一时期青铜器发展的特点。

伯雍父盘

"伯雍父"的器物还有一件盘(见图13、图14),见于《集成》10074,铭曰"白雝父自乍用器"。

图13 伯雍父盘

图14 伯雍父盘拓本

这件盘是 1975 年在陕西扶风白家村墓葬中出土的。这个"白家村"和"庄白"实际上是一回事,所以有些人写作"庄白","庄白"是一个比较大的区域,"白家村"是其中的一部分。这是"文革"之后出土的最重要的青铜器之一。

"文革"时期,文物考古工作陷入停顿,可是文物考古和其他一些工作有配合关系,所以不能完全不做,当时有些考古工作只是做了一部分,后来就放在那里了。到了 1972 年周总理亲自批示,恢复考古的三大杂志,就是《文物》《考古》和《考古学报》,同时在一定程度上恢复考古工作。配合这个还办了一个展览,当时从全国各地调来的文物都放在武英殿,还成立了一个工作小组,为文物出国展览做准备,这和当时中美建交有关。由于考古工作的停滞,很多材料和线索都积累下来了,所以在二十世纪七十年代后期,一直到八十年代初,发现的东西特别多,就与此有关。二十世纪七八十年代出土的青铜器的相关信息,可参看唐兰先生晚年的几篇文章,唐先生的文章中综述了这个时期的青铜器,其中就包括白家村出的这批器物,还有就是岐山董家村所出"裘卫"诸器。

· 2009年下半年第六次课 ·

"师雍父组"青铜器（二）*

上一次我们讲到了与"伯雍父""师雍父"以及"戫"有关的器物，这批器物的时间定为穆王，完全是从类型学的角度来判断的，从铭文内容无法判定这些器物是穆王时期的，这批器物属于穆王时期是学术界公认的，除非以后有新的发现。"文革"期间，考古工作受到了诸多阻碍，可是却积累下了许多线索。有关这些器物进一步的发展，就是1975年扶风白家村的那批青铜器，白家村的器物一出土就发表了，如果想看更详细的材料，可以去看曹玮编的《周原出土青铜器》。

"文革"期间，考古工作受到很多阻碍，直到1972年，周总理批示恢复三大杂志，这也就标志着考古工作复活了，而王冶秋同志也重新主持工作。在这种情况下，一些新的发现，以及当时还未发表的材料就大量出现了。大家要知道，1966年6月，《文物》《考古》《考古学报》三大杂志停刊，这个时候已经有一些非常重要的发现，考古工作刚刚开始，其中最引人注意的就是湖北江陵望山一、二号墓，越王勾践剑就是那个时候发现的。但之后很长一段时间，像望山墓这样重要的发现并没有得到很好的报道。我还记得当时望山墓发现之后，印了几条竹简，很多人都在讨

---

* 包括戫方鼎二以及戫方鼎。

论，想看这批竹简，但"文革"一开始，很多事情都做不了，所有杂志都停了，这是当时的情况使然。1972年以后，发表了一些新材料，考古工作才逐渐恢复起来，七十年代后期扶风出土的一批青铜器还是非常新颖，虽然是"文革"之后了，但当时这么长铭文的东西还是很少见的，这就引起了很大注意，当时研究最详细的是唐兰先生。

扶风白家村墓葬出土了一系列的青铜器，墓主的名字叫"威"。同时出土的同一组青铜器中有一件盘，铭曰"伯雍父自作用器"，由此判断"伯雍父"可能就是"威"，这一点在这批东西发现以前，我们就已经知道了，但那时并没有明确的证明。1975年白家村出土的这批器物里面，"伯雍父"和"威"的器物是在一起的，并且有"伯雍父"的自作器，这就进一步证明了"伯雍父"可能就是"威"的推论，当然这一点没有最后证明，可是这个推想有可能是对的。"雍"和"威"可以说是一名一字，"雍"有"遏止"之义，如果读"威"为"终"，那么"威"也有"终止"之义。若"伯雍父"就是"威"，那么就可以证明这个墓就是"威"的墓葬，所以墓中有他的自作用器，还有一些祭器。这也就证明了"伯雍父"这个人就在周原，他死后就葬在周原，是一个周人，这会牵涉到有关制度的一系列问题。

上次我们提到了"遇"是"伯雍父"之子，但是"遇"的铜器却出土于山东黄县，也就是今天的山东龙口，这说明西周时期的人物，由于仕宦等一些原因，他们是流动的，这和后来的情况基本一样。现在有些人把当时的人物看得太死了，认为某人的器物在某地出土，那么某人就是某地的人，这种看法既不符合当时真实的历史情况，也不符合文献记载。比如"管仲"，"管仲"是颍上人，颍上在今天的安徽，从来不属于齐国。范蠡是河南南阳人，南阳也不属于越国，因此不要认为商、西周时代所有的人都居住在原来的地方，实际上当时的人还是有相当的流动性的。这一点可以说明一个问题，就是具有同一族氏符号的青铜器可以在很多地方出土，并不见得是后来带去的，因为当时具有同一个族氏符号的人可以旅居各地。也就是同一个族的人，在当时可以有很远的旅行，在不同的时期，他的器物会通过种种原因，流传到其他地方，不能由于什么地方出什么，或者老家在什么地方，就推论这个家族所有的成员就在什么地方，这种方法是不行的。可是不论如何，白家村发现的这批器物，如果"彧"和"伯雍父"是一个人，那么"伯雍父"老家应该在周原，他是岐周之人。下面我们来看一看"彧"主要的几件器物。

彧方鼎二

彧方鼎有两件，我们先讲彧方鼎二（见图1、图2），拓本见于《集成》2824。

图1　彧方鼎二

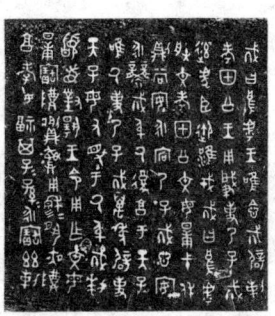

图2　彧方鼎二拓本

彧方鼎二释文：

彧曰[①]："乌虖！王唯念彧辟剌

考甲公②，王用肇事乃子㦰
衔虎臣御㵣戎③。"㦰曰："乌虖！
朕文考甲公、文母日庚弋休
则尚安④，永宕乃子㦰心，安
永襲㦰身⑤，氒（厥）复亯于天子，
唯氒（厥）事乃子㦰万年辟事
天子，母又咒于氒（厥）身⑥。"㦰拜
頴首，对扬王令（命），用乍（作）文母
日庚宝隩齍彝⑦，用穆=䂙夜隩
言孝妥福，其子=孙=永宝兹刺⑧。

①"㦰曰"一句，开头用"作器者说"的这种格式，在西周中期之后的铭文中越来越普遍，这种格式在一定意义上与《尚书》中的"王若曰"类似，只不过"王若曰"要有史官代言，"王若曰"就是"王这样说"，这种文例中、西方都有，一直到今天。如果大家看英文报纸，比如奥巴马有什么言论，那么在这段话的最后就会有"Obama said"。

②"乌虖！王唯念㦰辟刺考甲公"一句，"乌虖"即"呜呼"，是一个叹词。"唯"是起强调作用的虚词。"念"训为"思"，"念"在西周文献中常见，特别是《逸周书》中与西周有关的那几篇，常用"念"字，这是西周人经常用的一个词。"刺"字，在金文中就等于"烈"，有时写作"厉"。"考"是"先父"，这里指"㦰"的先父。"公"是对死者父亲的尊称，而非爵位。这一点过去讲《春秋》的人都知道，比如许国是男爵，但许国国君称"许穆公"

便是其证。"甲"是日名,在日名后加一个"公"字,在商代文献中未见,到了周代才这么用。在金文中"辟"有两义,一为"君主",一为"夫君"。在这里就不能说儿子称父亲为"辟",此处的"辟"用为动词,也就是"以……为君",训为"臣事",用如"朕臣天子"之"臣",由于这里是父子关系,所以还是训为"事",此句义为"王思念彧曾侍奉其父甲公"。我们可以猜想一下,"彧"的父亲"甲公"应该也是周王朝的一员武将。周人有世官制度,也就是一个家族有几代都做同样的事,但这并不是当时的法律条例的规定,而是习惯使然,这与后来"世袭"的情况有些不同。爵位是可以世袭的,一直到清代也是如此,但清代的世袭会递减,一直降低到一定爵位为止。类似的制度在周代也可能存在,所以从习惯上来讲,父亲做什么官,他的儿子相应地也会做什么官,可这一点只是一个传统,不是必然的,不能说西周时一定是这样。"彧"曾侍奉他的父亲,跟随他的父亲去打过仗。

③"王用肇事乃子彧衔虎臣御滩戎"一句,"用"义为"因此"。"肇"是虚词,起强调语气的作用,"肇"可以训为"初",但并非所有的"肇"字都训为"初",实际上金文中的"肇",多是一个强调语气的虚字,这是我的想法,但在这篇铭文中,训为"初"也是可以的。"事"即"使",也就是"派遣"。"乃子"就是"你的儿子",这是对"烈考甲公"而言。这一点很重要,因为商周之际的青铜器,开头有用"乃孙"或"乃子"的,凡是用"乃孙"的,其祭祀的对象是祖妣,用"乃子"的,其祭祀对象是父母。从这句来看,"彧"一定是"名","名"是父母给的,有些可能不太好听,比如"黑肩""黑

臀"等,虽然不雅,也不能改,男人行冠礼之后才有"字",有"字"才能称"伯""仲""叔""季",所以"伯""仲""叔""季"是属于"字"的,与"伯""仲""叔""季"结合在一起的一般是"字",而不是"名"。比如"䘗"又叫"伯雍父"或"师雍父","师"是"长"的意思,是一种尊称。此处称"䘗",是因为这是对"王"和"父"而言,所以不能称字,只能称名,这在当时是很严格的。所以大家会发现甲骨文中没有"伯""仲""叔""季",但文献中商代的人却有,这是因为甲骨文是占卜,占卜是对"王"或"神"而言的,所以不能称字。"衞"就是"率",义为"率领"。"虎臣"是周人的一个特殊兵种,就是古书中所谓的"虎贲",古书中的军队常用"贲"字,"贲"即"奔",是"奔走"的意思。后来我们发现《秦律》中有"奔命律","奔命律"的"奔命",并不是"疲于奔命"的意思,而是一种征调军队的律令,最近发现的湖南大学的简里面也有类似的字。"虎贲"就是"像老虎一样奔走的人",也就是"勇士","虎臣"就是这一类的人,"虎臣"一定是属于王的军队。战争铭文里面有"师氏虎臣","师氏"本是教导"虎臣"的官员,后代指"军队",所以叫"师氏虎臣"。"御"是"防御"。"灘戎"的"灘"(淮)多了个"口",这在周代金文中常见,春秋时期的曾伯霥簠的"灘"也是从"口"的。曾伯霥簠的"曾"不是曾、鄂之"曾",而是《左传》中和"淮""徐"有过战争的"曾",在今之山东,或作"鄫"。这里的"灘"就可以读为"淮"。可是"淮"的后面为什么是"戎"呢?"戎"有两种解释:其一为"夷","淮戎"就是"淮夷",因为"蛮""夷""戎""狄"在一定意义上可以通称;其二为"兵","濉戎"即"淮夷之兵"。"戎"字的意思很多,"军旅"可以叫"戎","兵车"也可以叫"戎"。

④ "𢆶曰:'乌虖!朕文考甲公、文母日庚弋休则尚安'"一句,此处的"𢆶曰"是重复,起强调语气作用。《尚书》中也有一篇文章中出现几次"王曰"或"王若曰"的情况,也是起强调的作用。"文考甲公"和"文母日庚",他父母的日名不同,过去认为夫妻二人的日名一定不同,后来我们找到一些例外,比如我方鼎中的"祖乙"和"妣乙",最近有一件戈,是"父丁"和"母丁",关于这一点,我写过文章。① 这种例子虽然有,但也极其少见,一般来说,父母的日名还是不同的。日名在商代很流行,实际上在夏代就开始了,比如"上甲微"就是夏代人,而"太康""仲康""少康",我们也可以理解为"太庚""仲庚""少庚"。日名是怎么来的呢?《白虎通》认为出生在哪一天,哪一天就是日名,如果是这样,那么一个人的日名就没有选择了。二十世纪六十年代时,张光直先生写了一篇文章,对日名进行了统计②,发现以"甲""乙""丁"为日名的情况特别多,这说明还有其他的原因,我们现在认为是用死后所择之祭日为日名,但这一点还有待进一步论证。日名和谥法不一样,丈夫与妻子的谥法可以相同,也可以不同,从金文中我们知道,妻子去世之后常常用她夫君的谥,当然也可以不用,如果不用就要特别给一个谥。"弋"读为"式",是一个虚词。

---

① 李学勤:《父丁母丁鸟纹戈研究》,载《三代文明研究》,第 77-79 页,北京:商务印书馆,2011 年。
② 张光直:《商王庙号新考》,载《中国青铜时代》,第 135-160 页,北京:生活·读书·新知三联书店,1983 年。

“休”义为“美”，“则”训为“法”，“尚”义为“推崇”，“安”就是“平安”。

⑤“永宕乃子彧心，安永龔彧身”一句，“永”训为“长”，“宕”字，《小尔雅》训为“开”，所以“宕”可读为“拓”。但是“宕”读为“拓”，训为“开”，是晚起之义，旧读“拓”为“摭”，训为“取”。“宕乃子彧心”就是“启乃子彧心”，可能打仗的时候，需要一些智慧，而“彧”的父母可以启其心智。有人训“安”为“焉”，这种用法在战国时期很普遍，但西周时是否有此种用法，还有待讨论。“龔”即“袭”，读为“辑”，训为“安”，见《诗·大雅·板》。

⑥“氒（厥）复亯于天子，唯氒（厥）事乃子彧万年辟事天子，母又咒于氒（厥）身”一句，“氒（厥）复亯于天子”的“氒”指代“彧”的父母，“复”义为“答报”，“亯”训为“献”。“事”同“使”，“万年”义为“长久”，“辟”义为“臣事”。“母”通“毋”，“咒”义为“罪责”，“母又咒于氒（厥）身”义为“没有罪责于彧”。这几句是很难读的，当时的人思维习惯和现在不一样，但前后分析一下，基本上还是可以读通。

⑦“彧拜䭫首，对扬王令（命），用乍（作）文母日庚宝隮鬺彝”一句，从中可以看出，这个器物是专门给其母亲作的，“鬺”即“享”“献”之义，“彝”为“典常之器”。

⑧“用穆₌夙夜隮亯孝妥福，其子₌孙₌永宝兹剌”一句，“穆穆”是“恭敬貌”，作“恭敬”讲时，经常“穆穆”连用。“夙夜”即“夙夜”，义为“早晚”。“亯”训

为"献","孝"训为"敬"。"妥"通"绥",训为"安"。"福"义为"福分"。"宝"在此处用为动词,义为"保有"。"剌"即"烈",训为"美"。

这篇铭文很长,很多句子循环往复,而且是"彧"自己说的,我们猜想很有可能是"彧"自己编的一篇铭文,当然也可以有一个拟说者。

与"彧"有关的这些器物,提示我们要注意人名之间的关系,因为同一个人或许有好几个称呼,我们不要为此所惑,很多错误的论断往往与人名问题有关。不仅读金文是这样,读《左传》也是如此,宋代人就认为读《左传》有两难,一为人,一为地,我们读《左传》,要找《春秋名号归一图》,读的时候要把这些名号都画下来。

彧方鼎

下面看彧方鼎(见图3、图4)。

图3 彧方鼎

图4 彧方鼎拓本

彧方鼎释文：

隹（惟）九月既望乙丑，才（在）

䣦自①，王姎姜事内史

友员易（锡）彧玄衣：朱䘺

袭②。彧拜頴首，对扬王

姎姜休。用乍（作）宝䵼

隣鼎，其用夙夜亯孝

于乎（厥）文且（祖）乙公于文

妣日戊③，其子=孙=永宝。

①"隹（惟）九月既望乙丑，才（在）䣦自"一句，"既望"是在"望日"之后的一段时间，"望日"是满月之日，一般是"十五"或者"十六"。"䣦自"是一个地名，"䣦"字不识，从尚，从止。凡是称"自"的，多是城市。"䣦自"这个地方在当时一定很重要，但具体位置我们不知道。大家要知道，地名具有稳定性，所以地名中往往沿袭着不常用的字，甲骨文中最难考释的就是地名。地名是不能够随便改的，如果地名随便改，就会给人们的生活带来很大不便。最近大家在讨论"石家庄"的问题，大家认为"石家庄"这个名字不好，看着像一个小村子，实际上"石家庄"原本就是一个小村子。大家知道石家庄是怎么"发迹"的吗？在清末的时候，中国开始修铁路，当时直隶是最重要的省份之一，北京在直隶中间，直隶比较倚靠山西，所以就需要从山西修一条铁路通到直隶，之后进京。山西的那一端当然是太原，这没有什么可说的，可直隶境内的是哪里呢？当时策划

的是在正定，因为从山西娘子关出来，就到河北的正定，正定自古以来就非常重要，在汉朝是常山郡。这个计划很早就制订了，可是到了1904年之后才逐渐实现，所以这条铁路一直叫"正太铁路"，就是正定到太原，可这条铁路真正修成的时候，却没有到正定。因为当时的交通总长是王士珍①，他就是正定人，他不愿意把铁路修到他家里来，所以就阻挡了这件事情，于是这条铁路就往南移了一段，南移之后的地点，就是石家庄。当时有两个庄，一个叫石家庄，一个叫门家庄，所以抗日战争时期日伪政府管这个地方叫石门市。这就和曲阜是一样的，当时铁路从济南出来，直行就经过曲阜，可是孔府的人不同意，衍圣公认为这样会破坏孔府风水，于是就改到了兖州。正定也是一样，如果当时铁路修到正定，河北省的省会就是正定了。正定是一个非常重要的地方，二十世纪八十年代的时候，我曾去过正定，那时正定明清时候的城墙还是很完整的，这个城非常大，但我去的时候，有房子的地方占不到六分之一，其余地方都是麦田。正定的麦子是河北省最好的，可是现在的正定怎么也比不了石家庄。如果给石家庄改名，需要花近百亿，因为所有的一切都要改，所以地名不能随意改。现在国家禁止乱改地名，陕西眉县原来叫郿县，改过之后当地人就认为没有耳朵了，可是"郿"字又有什么难写的呢？"周至"改一改是对的，因为比较难写。大家要知道，地名

---

① 整理者按：王士珍（1861—1930）是袁世凯的亲信，北洋军阀的代表人物之一，曾任北洋政府的陆军部长、总参谋长和政府总理等职。此处李先生关于正太线起点变迁原因的说法，与目前所看到的史料不太吻合，可能是逸闻。

常常会保留一些更古的字,因为长时间不改,早期怎么写,后来还是怎么写;或者是以讹传讹,有了一些莫名其妙的变化。

②"王俎姜事内史友员易(锡)戜玄衣:朱襮袭"一句,"王俎姜"肯定是王的一个后妃。"王姜"是姜姓女子嫁给了王,有一点要提醒大家注意,就是不要相信金文中一个王只能有一个后妃,王没有那么老实,一定是三宫六院有很多后妃。当时王结婚的时候,很多诸侯国都有义务陪嫁一个女儿,还有的就是所娶后妃的妹妹,所以王应该不是只有一个姜姓后妃,所以加"俎"字以示区别,是为"王俎姜","俎"可能是氏。大家要知道,这件铜器的出现解决了一大争端。此器未见以前,很多人将"宜"读为"俎",实际上"宜"应为"宜"字。金文中常有"宜于……",还有"隣宜","宜"本训为"肴"。此铭中的"俎",才是"俎"字,这是于豪亮先生释出的。① "事"读为"使",义为"派遣"。"友"训为"僚",也就是"臣属","僚"也可能是同级的,未必是下属。"内史友员"就是内史中的一个人,名叫"员"。"玄衣"指"赤黑色的衣服",我们今天对西周时期的"舆服"制度不是完全了解,最近何树环写了一本书,谈到了"舆服"制度,黄然伟先生是最早研究"舆服制"的。实际上"舆服制"就是一种等级制度,至少今天在军队中还是非常明显的,这种制度在作战时是很重要的。"二

---

① 于豪亮:《说"俎"字》,载《于豪亮学术文存》,第 77-81 页,北京:中华书局,1985 年。

战"时,美国就遇到一个问题,因为美国的将军比英国少一级,放在一起似乎总是低一等,所以美国才决定增加一个五星上将,后来美国还是维持原来的制度,今天美国没有五星上将,虽然名义上还有,但是虚的。有些时候因为某种原因,甚至是私人的原因,去改变这种制度,所以西周时期的"舆服制"有很多变化,有些应该是"特赏",可是不能拿"特赏"当作制度来考定。"襮"字,从衣,戲声。"戲"即"虣"字,《周礼·地官·司徒》有"司虣",郑玄注作"司暴",所以"戲"可与"暴"通,故"襮"即"襮"字,"襮"字,《说文》"黼领也"。"䘳"字,从衣,金声,"䘳"即"衿"字。"朱襮䘳"就是"朱红色的领子和下摆的边","朱襮䘳"是修饰"玄衣"的,所以"玄衣朱襮䘳"就是"镶有朱红色领子和下摆的黑红色的衣服",这是裘锡圭先生释出来的。①大家要知道,从金文上来看,西周的王权是很崇高的,给一件"玄衣",就会作一件铜器,甚至给几条鱼,也会作铜器,因为作器者认为这是很光荣的一件事。

③"其用夙夜喜孝于氒(厥)文且(祖)乙公于文妣日戊,其子=孙=永宝"一句,"文且(祖)乙公于文妣日戊"之"于",可读为"与",是连词。"妣"即"妣"。

由此可知,"彧"的祖父是"乙公",祖母是"日戊"。"彧"的父亲是"甲公",母亲是"日庚"。当时的人是以实用的祭器

---

① 裘锡圭:《说"玄衣朱襮䘳"——兼释甲骨文"戲"字》,载《裘锡圭学术文集·金文及其他古文字卷》,第3-5页,上海:复旦大学出版社,2012年。

来随葬的,这在《礼记》中有说明,这件器物也是如此。这件器物记载,这是"王俎姜"赏赐的,为什么不是王呢?可能是当时穆王不在场,这就跟昭王时代的"王姜"情况类似,当然"王俎姜"不是"王姜",所以昭、穆时期,后妃的活动还是相当重要的。

· 2009 年下半年第七次课 ·

"师雍父组"青铜器（三）*

上一次我们讲的是周穆王时期的青铜器，提到了"师雍父"和"戜"等有关器物，关于这一批扶风白家村的器物还有一件，讲完之后我们进入到与穆王有关的其他的青铜器，这次我们讲的是戜簋。

戜簋

大家先看一下戜簋的器形，戜簋的器形有"倾垂"的特征，也就是腹部的最大径靠下，这和我们以前看见过的几件簋的轮廓可以说基本一样。

簋身上有垂冠大鸟纹，大鸟纹一般流行在康、昭、穆时期，可最繁丽的大鸟纹多是在昭、穆时期，到了恭王初年可能还有，但目前仍不能强有力地论证，所以这类大鸟纹流行的时间跨度还是很长的。过去人们把有大鸟纹的器物都归在成、康时期，这是不对的，现在看来多数有大鸟纹的器物应该为昭、穆时器。当然

---

* 包括戜簋、尹姞鼎。

康王时期已经有了，至于说大鸟纹在成王时代有没有，还有待进一步论证。这种垂冠的大鸟纹有两种：一种是向前垂的，我们称之为“垂冠大鸟纹”；另一种是向后垂的，因为大鸟的头是向后转的，所以我们称之为“顾首垂冠大鸟纹”。虽然方向不同，但这两种大鸟纹的时代是一致的。

㦰簋（见图 1、图 2）有盖，且器盖对铭，左右的两个鋬也是鸟形的，非常好看。从艺术角度来讲，这件器物是穆王时期最重要的一件作品，曾多次展出，很受大家欢迎。

现在我们来读铭文，有一点要说明，㦰簋与“九月”的那一件㦰方鼎应该是同一年的器物，因为这两件器物中所涉及的地点是一致的，都是在“壼自”。

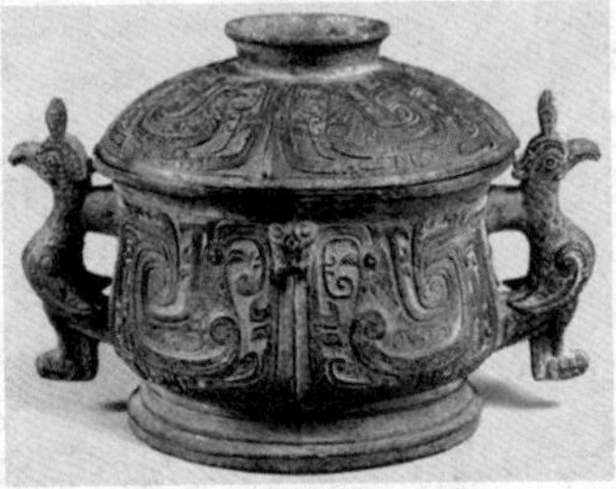

图 1　㦰簋

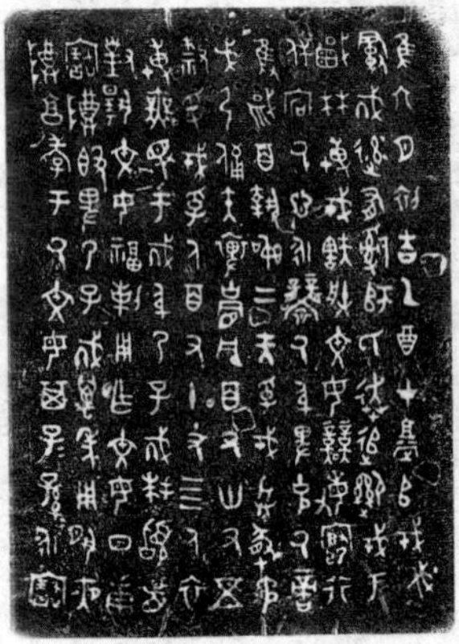

图 2　㦰簋拓本

㦰簋释文：

隹（惟）六月初吉乙酉，才（在）壼自，戎伐

𩁹[1]。㦰衒有𤔲、师氏奞追𢅅戎于

䣕林，博戎䵼[2]。朕文母競敏𠂤行，

休宕氒（厥）心，永龏氒（厥）身，卑克氒（厥）啇③，隻（获）馘百，执噭（讯）二夫，孚戎兵：盾、矛、戈、弓、備、矢、椑、胄，凡百又卅又五叙④，孚戎孚人百又十又三人⑤。衣博，无咒于戏身⑥，乃子戏拜頴首，对敭（扬）文母福剌，用乍（作）文母日庚宝䵼殷，卑乃子戏万年用夙夜䵼宫孝于氒（厥）文母⑦，其子=孙=永宝。

①"隹（惟）六月初吉乙酉，才（在）䢔𠂤，戎伐䣕"一句，"䢔"字不识，"䢔𠂤"是"戏"所驻守之地，戏方鼎上也有这个地名，不过戏方鼎上的时间是"九月"，一般来说是"六月"在前，"九月"在后，其实这也不一定，如果没有别的证据，也就是按照这样来排，但有的时候也可能倒过来，"九月"在前，"六月"在后。最近我们还讨论到师兑簋，师兑簋有两件，一个是元年，另一个是三年，大家都说元年在前，三年在后，可如果这样，在历法上根本没法排，最好的办法就是倒过来，而且从内容上来看，三年在前也比较合适，所以我坚持倒过来。①很多人就是不相信，可是如果三年之后年数不多，那完全可能倒过来。无论如何，在"䢔𠂤"是不会有错

---

① 李学勤：《论师兑簋的先后配置》，载《夏商周年代学札记》，第162-170页，沈阳：辽宁大学出版社，1999年；又见李学勤：《细说师兑簋》，载《夏商周年代学札记》，第171-180页，沈阳：辽宁大学出版社，1999年。

的，所以"壔"这个地方是防御戎人进攻的地方，是一个需要驻守的据点。至于说出去打仗，是从"壔𠂤"出去，再向前打。"覆"字不识，"覆"字是从尹，从🝆，是一个地名。古文字中从"🝆"的字很多，甲骨文中就有，我认为这个字和"本"有关，有时可读为"芬芳"之"芬"。①

② "叔衒有嗣、师氏奔追䢅戎于𠙻林，博戎䜌"一句，"衒"即"率"，义为"率领"。"有嗣"是职官，"师氏"是军队的首领。"奔"即"奔"，训为"快"。"䢅"和"湿"所从声符相同，此处读为"袭"。"䢅"最早的时候，都读为从"䜌"的字，所以很多人认为这个字读为"拦"，后来在晋侯墓地出了一件铜器，这个字是读为"隰"的，才知道"䢅"在这里应读为"袭"。戎人来侵袭，打完抓到人就跑了，这是古代战争的一个特色，和现代战争不一样，现代战争多是以占领地域和掠夺财物为主，古代时常以俘人为主，这一点不但中国如此，外国也是如此。戎人伐"覆"之后就跑了，周人就要追，多友鼎的情况也是如此。"𠙻林"一词，"囧"即"周"字，"周"可从"口"，也可不从"口"，可以有四个点，也可以没有四个点。"棫林"古书常见的有两处，一个在西周时就有，位于陕西南郑，很多人就认为这一次战役是在陕西打的，但这个地方在地域上与下文不符。裘锡圭先生

---

① 李学勤：《伯狱青铜器与西周典祀》，载《文物中的古文明》，第289-294页，北京：商务印书馆，2008年。

专门写了一篇文章①,指出《左传》中也有"棫林",在"许",也就是今天的许昌附近,但是否就是在"许"的"棫林",我们就不知道了。大家要知道,像这一类叫"林"的地名,会有很多个,比如说"柳林",要在古书中找"柳林"可以找到很多,而且"瞰"是否就是"棫"也不确定,所以"瞰林"还可以进一步考证,如果一定认为是"棫林",那裘锡圭先生的讲法可能性更大一些。上一次我们说过了,"獸"就是"胡",在今天的安徽阜阳。"博"读为"薄",训为"迫",也就是"近攻"。"博戎獸"是"博戎于獸"的省文,这一点裘锡圭先生举出了很多例子。②"师雍父"的那批器物中都提到"胡国",如果"胡国"在安徽阜阳,那么我们就可以知道这场战争基本上就发生在淮河流域,而且从这个铜器可以看出"䟒"就是"伯雍父"。这就像《春秋》经传中一个人会有很多种称呼一样,如果我们不知道人名之间的关系,就会把同一个人变成几个人,或者把几个人变成同一个人,这种问题我们读书的时候一定要特别注意。

③"朕文母競敏闢行,休宕毕(厥)心,永䎽毕(厥)身,卑克毕(厥)商"一句,"文"是美称。"文母"就是他的母亲,也就是"日庚"。"競"训为"彊"。"㝬"字,拓本不清,这是因为范本身就不够清楚,这种情况屡见不鲜,金文还算好一些,如果是石刻,这类问题就

---

① 裘锡圭:《说中规的两个地名——"棫林"和"胡"》,载《裘锡圭学术文集·甲骨文卷》,第33-38页,上海:复旦大学出版社,2012年。
② 裘锡圭:《说中规的两个地名——"棫林"和"胡"》,载《裘锡圭学术文集·甲骨文卷》,第33-38页,上海:复旦大学出版社,2012年。

会更多，往往不同的拓本会有不同的形体。我认为"㼱"应该隶定作"䢼"①，即"辟"，训为"开"，"䢼行"即"开路"。这是古代的一种信仰，古人认为能够得到祖先的保佑，大家看一下希腊的一些神话，里面多是这种事，神都是会给人开路的。"休"训为"美"，"宕"训为"开"，"休宕氒（厥）心"即"启其心智"。"龏"即"袭"，训为"安"。"卑"通"俾"，训为"使"。"克"义为"战胜"。"商"通"敌"。这里讲是"或"的母亲保佑他克敌制胜，而不是他父亲保佑，可能"或"的母亲是一员女将，这是很特殊的一件事情，但在西周初年并不稀奇，可见当时贵族妇女的地位和后人想象的不太一样。

④ "隻聝百，执噣（讯）二夫，孚戎兵：盾、矛、戈、弓、備、矢、裨、冑，凡百又卅又五𢧳"一句，这是战胜之后俘获的单子，金文中涉及战胜的时候，大都有这样一个单子，这是要向政府报告的，在纪念时也是要讲这些事的。"隻"即"获"，"聝（馘）"指"首级"，在古书中也指"耳朵"，因为"首级"携带起来不方便，一个人只有两只耳朵，不能用同一个人的两只耳朵充当两个人，所以就规定用"左耳"代替"首级"。"执讯"即"执而可问讯之人"，也就是"活捉的人"。"夫"是男子之称。活捉的少，杀死的多，这是常例，从商至西周一直如此，商朝的看小臣墙骨版就能知道，可见当时的战争还是比较残酷的，投降的不多，这就是过去我们所引《逸周书·世

---

① 李学勤：《眉县杨家村新出青铜器研究》，载《中国古代文明研究》，第184-200页，上海：华东师范大学出版社，2009年。

俘》的"告以馘俘"。"戎兵"义为"戎人的兵器"。"瞂"字,从甲,豚声,读为"盾",也就是"盾牌",因为"瞂"亦作"遁","戎"字的秦篆也是从"甲"的,"甲"与"盾"有相似之处,都是带有防御性的扁形片状的东西。"備"读为"箙",义为"箭囊",甲骨文作"⿱"。"箭囊"这种东西全世界都有,我在澳洲参观土著博物馆,其中就有做得很好的箭囊。"神"读为"錍","錍"在《说文》中是"斧子",但把"錍"解释为"斧子"与文义不合,所以"錍"应该是一种箭镞,边薄而头宽,《方言》"广长而薄镰谓之錍"。"胄"是"头盔"。从所俘获的东西来看,当时的淮夷装备不错,以后我们读更多的战争铭文,大家会发现西周时周王朝要抵御的南夷、北狄,装备都不错,并不是像后人所想象的那些人都是空手射木头箭的"蛮人",而是具有相当装备的人,这篇铭文中没有提到"车",可见打的是一些步兵,以后我们读的铭文中会遇到有车的情况。"叙"字,甲骨文中常见,与"祭祀"有关,但就是不认识。前人多认为"叙"与《说文》中的"敠"有关,读为"祟",但在甲骨文中也读不通。近年发表了一件季姬方尊,季姬方尊1946年在洛阳北窑出土,出土之后一直在当地人手中收藏,后来洛阳第二工作队的蔡运章先生找到了这件东西,做了拓本,发表了这件方尊。① 季姬方尊有"易厥田,吕生马十又五匹,牛六十又九叙,羊三百又八十又五叙,禾二牆"一语,"生"就是"活的",中方鼎有"生凤"。"牆"即"廩","廩"

---

① 蔡运章、张应桥:《季姬方尊铭文及其重要价值》,《文物》2003年第9期。

作为"禾"的单位,在甲骨文中也是如此。在"牛""羊"之后用"叙",所以"叙"应该是量词,我读为"韧",义为"可牵之物"[①],陈世辉先生读为"絜"[②],也有同样的意见,但是放在𢦏簋里面就读不通了,因为盾牌和头盔都不太适合捆起来。唐兰先生读为"款"[③],虽然"款"也有"种类"的意思,但不是古义。大家要知道,中文的量词在西方语言中很少见,所以在西方语言中也就很不好翻译。这种量词在日语中有,但日语和中文不同,比如在日本"鸭子"的单位是"羽"。金文中说"牛"的时候,一般就说"牛多少牛",不是像后来说的"牛多少头"。因此,关于"叙"字,我们没法在训诂上找到一个合适的量词。我们不能了解所有的古人能够了解的东西,甚至于我们真正能了解的古人东西的比例是相当少的,我们应当有这样的认识。我们总认为我们可以懂,但实际上并不能懂,《诗经》《尚书》都传了两千多年了,有很多的地方还是不懂。用白话翻译《诗经》的,一本一个样子,特别是《楚辞》,翻译的差别太大,实际上就是不懂。可是为了出版,我们总要想出一些说法,但我们不能太过自信,认为我们一定懂。"叙"字已经有五六种说法了,可是没有一个说法能够令人满意,我们也只能介绍到这里。

---

① 李学勤:《师同鼎试探》,载《新出青铜器研究》,第97-102页,北京:人民美术出版社,2016年;又见李学勤:《季姬方尊研究》,载《文物中的古文明》,第210-215页,北京:商务印书馆,2008年。
② 陈世辉:《师同鼎铭文考释》,《史学集刊》1984年第1期。
③ 唐兰:《用青铜器铭文来研究西周史》,载《唐兰全集》第四册,第1809-1821页,上海:上海古籍出版社,2015年。

⑤"孚戎孚人百又十又三人"一句，"孚"训为"取"，也就是"夺回"，"戎孚人"即"戎所孚之人"。可见戎人入侵的目的就是"俘人"，一共是一百一十四人，从这里也可以看出来，"鬳"应该是一个小村子。古代所谓"邑"也是如此，有时候会很大，有时候也会很小，所谓"十室之邑，必有忠信"，一个"邑"就是十家，放在现在也就是一个小村子。

⑥"衣博，无咎于戜身"一句，"衣"字，应读为"卒"，训为"终"，过去我写文章专门讲到过"卒"。①甲骨卜辞有"王其田，衣逐亡灾""王其田，衣入亡灾"以及"王其田，衣入逐亡灾"等，"田"指"田猎"，"逐"指"追逐野兽"。杨树达先生认为"追""逐"二字本义有别②，"追"是从"𠂤"的，"𠂤"训为"众"，所以"追"的对象是"人"，"逐"从"豕"，所以"逐"的对象是动物，这一点至少在甲骨文中是对的。古人要进到山林中打猎，故曰"入"。因为打猎要进山林，所以甲骨文中常有"禁"字，也就是"麓"字，《尧典》"纳于大麓，烈风骤雨弗迷"，"纳"即"入"，由此可见《尧典》确实是很古的。过去以郭沫若为代表，将"衣"读为"殷"，认为"殷"是地名③，郭老的这个读法是不对的，"衣"应该读为"卒"。祭祀卜辞有"……王宾自上甲，衣至于多毓亡尤""……酻自上甲，衣至于多毓亡害"，"毓"读为"胄"，义为"后

---

① 李学勤：《多友鼎的"卒"字及其他》，载《新出青铜器研究》，第113-116页，北京：人民美术出版社，2016年。
② 杨树达：《释追逐》，载《积微居甲文说》，第27-29页，上海：上海古籍出版社，2007年。
③ 郭沫若：《卜辞通纂》，第496页，北京：科学出版社，2002年。

裔","衣"同样应该读为"卒",我曾经认为"衣"是"合祭"①,不确。"咒"即"尤",义为"灾害",也就是"罪责"。为什么当时认为"灾害"是"罪责"呢?因为当时的人认为所有的"灾害",都是神对你的"罪责",这和后来人的想法不同,今天碰到灾害,比如在雪地中撞车了,就找保险公司,是不会去找神的,那个时候就要找神了。

⑦"卑乃子㦰万年用夙夜䵼亯孝于氒(厥)文母"一句,"卑"通"俾",义为"使"。

我们做一下总结,我们已经讲了好几件与"伯雍父"有关的器物,虽然我们没有绝对的证据把这些器物定为穆王,但从类型学上来讲,把这些铜器定为穆王是没有什么问题的。这些铜器记载了穆王时期与淮夷的一些战争,这是当时的大事。"㦰"就是"伯雍父",也就是"师雍父",三者为同一人,是穆王时期的大臣,我们猜想白家村出"伯雍父"铜器的地方,就是"伯雍父"之墓所在。

"伯雍父组"的青铜器,我们就讲到这里,下面我们来讲"穆公组"的器物。

尹姞鼎

我这里用的是"尹姞鼎",但这件器物的器形介于"鼎"和"鬲"之间,所以有人称为"尹姞鬲",这在我们古器物学中是一个问题。

---

① 李学勤:《殷代地理简论》,第 7 页,北京:科学出版社,1959 年。

大家要知道,"鼎"和"鬲"都是烹炊之器,但用途大有不同。"鼎"一般是用来煮肉的,但就烹煮食物的种类而言,"鬲"的用途更为广泛,特别在一些礼仪中,"鬲"的用途就更为复杂,比如"鬲"可以煮粥,而从考古学的角度来看,"鬲"是当时人用的最广泛的炊具之一。"鬲"是款足,可商周之际有很多"款足鼎",那么"款足鼎"和真正的"鬲"如何区别呢?实际上,二者的区别不是很大,根本区别在于足跟。标准的"鬲",款足很深,所以到了底部已经没有完整的实心足,而是只有一个实心的足跟。"款足鼎"虽然足的上面有中空,但足的下面仍有一个比较完整的实心足。尹姞鼎的足还是比较高的,特别是这件器物铭文最后自称为"鼎",所以这件器物我个人一直认为应该叫"鼎"。这是目前所知最晚的分裆鼎之一,现在我们知道的与之相似的器物没有几件,而且都自名为"鼎",比如"公姞鼎"等,所以我们应当尊重古人,还是称为"尹姞鼎"。

尹姞鼎有两件,即《集成》的754和755(见图3、图4、图5、图6)。编号754的这一件,藏于美国奥尔勃莱特美术陈列馆,这件铜器介绍到国内,主要是通过陈梦家先生的《美帝国主义劫掠的我国殷周铜器集录》,《美帝国主义劫掠的我国殷周铜器集录》简称《劫掠》,这本书一直说要再版,可一直也没有重印,中华书局一直在那儿压着。我的《劫掠》在"文革"时丢失了,我个人手里是没有这本书的,但是日本有翻印本,是松丸道雄整理并翻印的。755这一件见于1947年出版的《冠斝楼吉金图》,这本书是日本人梅原末治编的,其中所录为伪满时期大臣荣厚所藏之器,编号755的这一件著录在《冠斝楼吉金图》中,是《冠斝楼吉金图》卷上的第十二号。《冠斝楼吉金图》著录的器物,是荣厚的藏品,荣厚是满人贵族,后来在伪满作大臣。《集成》是没有器形图的,《冠斝楼吉金图》是有器形照片的,看到照片就能知道,754 和 755 很不相同,二者的纹饰有很大差别。我的这门课从来不给大家留作业,可是这一次大家可能会有兴趣,请大家把 754 和 755 的铭文对比一下,看看有什么特点,谜底我们下次课揭晓。

图 3　尹姞鼎《集成》754　　　图 4　尹姞鼎《集成》755

图 5　尹姞鼎《集成》754 拓本　　图 6　尹姞鼎《集成》755 拓本

尹姞鼎释文:

穆公乍(作)尹姞宗室于

㨛林①。隹(惟)六月既生霸

乙卯,休天君弗望(忘)穆

公圣粦明龏事先王,

各于尹姞宗室繇林②。

君蔑尹姞曆，易（锡）玉五
品，马三（四）匹③。拜頴首，对朆（扬）
天君休，用乍（作）宝齐鼎④。

①"穆公乍（作）尹姞宗室于繇林"一句，"穆公"是一个人，"尹姞"是一个人，我们推测"穆公"和"尹姞"可能是夫妻。"宗室"就是"宗庙"，是祭祀之地。"繇林"是地名。古书中凡是叫"林"的，在"林"前面的大都是一个树木的名字，但这里把"繇"理解成树木的名字比较勉强，所以把"繇林"理解成一个地名就可以了，就是"繇"地有一片林子，所以叫"繇林"。我们猜想"尹姞"可能是一个女官，周代的时候，常有女官，其实女官制度很晚的时候也还有，只是在不同时代所起的作用有大有小。大家现在用的都是比较晚的礼制，所以很多人认为没有丈夫给妻子建宗庙的，但在商和西周时期，贵族妇女的地位比较高，所以才有夫为妻作宗庙之事，这一点从"妇好"也可以看出来。可是"穆公"为什么要给"尹姞"作宗室，还是讲不清楚，关于这一点大家可以搜集一些材料去进一步研究。《诗经·小雅·都人士》有"彼君子女，谓之尹姞"，虽然《诗》无达诂，但是很多人都指出"尹"是一个氏，是姞姓的，秦嘉谟的《世本辑补》就是这样认为的。中华书局出版的《世本八种》里面就有《世本辑补》，但是我认为如果大家要引用《世本》原文，还是用孙冯翼、张澍或茆泮林的本子为好，因为秦嘉谟的本子主要在于"补"，而不在于

"辑"。《世本辑补》的范围是很宽的,有的看起来是《世本》,但实际上并不是《世本》。但秦嘉谟的本子有一大好处,就是把有关"姓氏"的一些材料都辑录出来了。大家要知道,在《世本八种》出版以前,线装的《世本辑补》是非常贵重的一部书,虽然不是善本,却很难买到,所以价格很高,檀萃的《穆天子传注疏》也是如此。这里所说的"贵"当然不是指今天,今天很多拍卖的书都是当年的读本,当年在地摊上五毛钱一本都没人要,可到今天就都成了善本了。

②"隹(惟)六月既生霸乙卯,休天君弗望(忘)穆公圣粦明虩事先王,各于尹姞宗室蘩林"一句,"休"义为"美"。"天君"指"王后",这一点在文献上没有记载,但能从金文中推出来。大家要知道,在《春秋》经传里面,诸侯的妻子称"小君",同理可知,"天子"之"后"就应该称"天君"。"望"通"忘",义为"忘记",金文中的"王弗忘某人",大多意味着"某人"已经去世。可见此时"穆公"已死,所以"穆公作尹姞宗室于蘩林"应该是以前的事,因为中文的动词没有过去式,所以看不出来。正如前辈学者多次强调的,早期的"圣"字不像汉朝以后用得那么窄,汉代以后大概只有孔、孟一类的人才能称为"圣"。"粦"字,绝大多数学者都写为"粦",读为"灵"或"令",但"灵""令"与"粦"往往同见于一个铜器,所以这个字不是"粦"。我认为这个字是从"炎"声的[①],是一个谈部字,在有关"法律"

[①] 李学勤:《眉县杨家村新出青铜器研究》,载《中国古代文明研究》,第184-200页,上海:华东师范大学出版社,2009年。

的铭文中读为"嫌"。这里读"猌"为"廉","廉明"一词古书常见。"妣"读为"比",训为"亲","妣事先王"即"亲事先王"。有人认为"妣"通作"弼",义为"辅佐",这样讲也是可以的。"各"训为"至","各于尹姞宗室蘇林"就是"到了位于蘇林的尹姞宗室"。这件事情是很特别的,我们设想"尹姞"是女官,可能和"天君"有一些特殊的关系。也可以设想"穆公"没有什么后代,宗室就剩"尹姞"了。

③"君蔑尹姞厤,易(锡)玉五品,马三(四)匹"一句,"品"是"种",后来称为"色","玉五品"就是"玉五种"。之所以赐四匹马,是因为四匹马可以驾一辆车。

④"用乍(作)宝齐鼎"一句,"齐鼎"是一种鼎的名字,但不能读为一个字,还是分开读比较好,因为公姞鼎的最后是"齍鼎",而且"齍"和"鼎"两个字分得很开。

尹姞鼎是穆王时代很重要的一件铜器,它不仅可以系联到穆王晚期的铜器,还可以系联到恭王时代的铜器,有关问题我们下一次再讲。

· 2009 年下半年第八次课 ·

"穆公组"青铜器（一）*

上次课的时候，我曾经留了一个问题，就是尹姞鼎有两件，其中一件著录于《冠斝楼吉金图》，因为《冠斝楼吉金图》是伪满时期印刷的，是一个很不容易找的书，我真的不知道北京哪里有，我过去在私人手里看到过这个书，社科院历史所没有这个书，考古所也不知道有没有，但我可以告诉大家，这两件尹姞鼎的器形比较接近，可是并不相同。我只能说我个人的意见，因为这一点现在还不能证实，我认为《冠斝楼吉金图》中的尹姞鼎是仿制的。

《冠斝楼吉金图》里面有很多不错的器物，可是假的东西也不少，这个书是二十世纪四十年代出版的，也就是"二战"时期。当时出了几部书，一部是《痴盦藏金》及其《续编》，作者是李泰棻，李泰棻曾经在北大教过书，李氏还有一部很著名的书叫《西周史征》，就是把西周的一些史料都集合起来，当然现在看起来编得很不好，但在当时看起来却是很难得的一部书。李泰棻写的东西还有很多，他后来在山西做过官。还有一个人叫梁上椿，梁上椿的书叫《岩窟吉金图录》，大家要知道，梁上椿还有一部著名的书叫《岩窟藏镜》。梁上椿在1949年之后去了我国台湾，在台湾期间

---

* 包括公姞鼎、戜簋、卲䚄簋、穆公簋盖。

写了一些文章，但没有再编整部的书。《岩窟藏镜》一直到二十世纪五六十年代都是当时最好的铜镜著录书，所以这本书里面的观点，包括其中一些不正确的观点流传甚广，大家会受到它的影响。《冠斝楼吉金图》《岩窟吉金图录》《痴盦藏金》及其《续编》所著录的大都是抗日战争时期，通过古玩行之手卖出去的一些东西，其中有一部分是抗日战争时期殷墟出土的，如果再加上《邺中片羽》，大家就会对当时流散的东西有一些基本的了解。

《邺中片羽》为黄濬所著，一共有三集，"邺"就是"安阳"，此书鉴别最好，书中所录基本为安阳所出之物。黄濬，字伯川，是尊古斋古玩店的老板，他自己想通过这部书留名，所以他知道是伪器的，肯定不会收在书中，当然这并不是说《邺中片羽》中的东西全都可靠，但是基本上说起来是不错的。黄濬认为《邺中片羽》中的东西都是殷墟所出，这可不尽然，《邺中片羽》著录的第一件器物是一个钟，这个钟就不是殷墟出的。《冠斝楼吉金图》是这批书中鉴别最差的，荣厚本身并没有什么鉴别能力，他身边也没有什么有鉴别能力的人，所以这部书中假的东西就多一些，当时很多比较著名的伪器都出自《冠斝楼吉金图》，比如浚县辛村出的康侯刀，康侯刀本身是一个西周时期的刀，这是没有什么问题的，真的康侯刀的刀头是向后卷曲的，但《冠斝楼吉金图》所收的一件康侯刀的刀头是直的，所以是伪器。这就是说，当时的古玩行收到真东西之后，觉得能卖钱，就仿照真的做了几个假的，并全部卖掉。《冠斝楼吉金图》中著录的尹姞鼎，情况大抵也是如此，《集成》的附录也认为755是仿照754而作，是一件仿品。一般来说，中国的青铜器一个范只能作一个器，所以两件器物的铭文不可能完全相同，有些差别很大的，反而是真的，完全没有差别的，很可能是假的。另外，还有一件与尹姞鼎相似的器物，叫公姞鼎。

公姞鼎

公姞鼎（见图1、图2）现藏美国旧金山亚洲艺术博物馆，原为布伦戴奇的藏品，形制、纹饰与尹姞鼎基本相同，拓本见于《集成》753，陈梦家先生的《断代》和《劫掠》中也有。陈先生认为"尹姞"和"公姞"是同一个人[①]，但这一点不能证明。由《诗·小雅·都人士》可知，"尹"是一个氏，是姞姓的，"公"不可能是"公""侯""伯""子""男"之"公"，所以"尹姞"很难说就是"公姞"。但是从铭文上看，"尹姞"和"天君"的关系，与"公姞"和"天君"的关系相同，都是"天君"下属的女官。女官的器物在西周铜器中并不少见，女官中常见"保"，比如"保侃母"，这个"保"应该理解成"女保"，是教养王子的女官，类似于我们后来说的"保姆"的"保"，而不是"保氏"之"保"。类似的女官器物还有一些，不仅在王室中有，在一些诸侯国中也有，这些反映的是当时天子内宫中的一些生活。

图1　公姞鼎

图2　公姞鼎拓本

[①] 陈梦家：《西周铜器断代》，第136页，北京：中华书局，2004年。

公姞鼎释文：

隹（惟）十又二月既生霸①，子中（仲）渔【大】池②。天君蔑公姞曆，事易（锡）公姞鱼三百③，拜頶首，对諆（扬）天君休，用乍（作）齍鼎④。

①"隹（惟）十又二月既生霸"一句，"既生霸"之后没有干支，所以此处的"既生霸"是定点的，指的是"既生霸"那一天。

②"子中（仲）渔【大】池"一句，"子仲"是人名，应该是一个男的。"大"字，拓本缺，是陈梦家先生所补，基本正确。"大池"在镐京，面积很大，是后来汉武帝修昆明湖的基础。大家要知道，在现在西安长安县一带，过去有很多水，一直到唐代仍是如此，《虢国夫人游春图》中游春所去的地方都是有水的。汉代有"八水绕长安"之说，长安地区过去是一个很好的水网区，有八条河。"渔"义为"打鱼"。

③"事易（锡）公姞鱼三百"一句，"事"读为"使"，不是天君亲自给的，而是派人给的，派遣的很可能是子仲手下的人，这次给的鱼很多，数量有三百条。

④"用乍（作）齍鼎"一句，"齍"就是古书中所谓的"齍"。

这个铭文很有意思，我们应该感谢陈梦家先生搜集这些材料，我们配合尹姞鼎讲了一下公姞鼎，尹姞鼎中有"穆公乍（作）尹姞宗室于繇林"，实际上有"穆公"的青铜器有不少件，尹姞鼎中"穆公"已经去世了，所以尹姞鼎是与"穆公"有关的铜器中最晚的一件，下面我们就介绍一下其他与"穆公"相关的器物。

戠簋

戠簋（见图 3、图 4）拓本见于《集成》4255，和尹姞鼎中所述的"穆公"有关，"戠"字不识，暂读为"jiē"。

此器初见于宋人吕大临的《考古图》，《考古图》云，"右得于扶风，惟盖存，高二寸有半，深一寸四分，径七寸有半，铭七十又三字，按此敦形制与伯百父者略相似而无耳"。由"得于扶风"这一点，我们可以猜测这件东西很可能出于周原。但吕大临之言本身就有些问题，"惟盖存"这一点并没有什么问题，但"盖"并不存在有无耳的问题，而且伯百父簋与这件器物也并不相似，最大的可能就是吕大临写错了，也有可能是吕大临当时并没有看见

图 3　戠簋　　　　图 4　戠簋拓本

原器，只是看到这样一个图。陈梦家先生认为是一个没有耳的小圈足簋①，如果像陈梦家先生所说，那就是陈先生把这件东西当成器身了，但它实际上就是一个带捉手的全瓦纹的簋盖。

截簋释文：

隹（惟）正月乙巳，王各（格）于大（太）

室，穆公入，右截，立中廷，

北乡①。王曰："截，令（命）女（汝）乍（作）𤔲

土，官𤔲耤田②，易（锡）女（汝）哉

衣、赤⚶市、䜌、旂、楚、徒、

马，取𧺇五寽，用事。"③截拜

頴首，对𩀨（扬）王休，用乍（作）朕

文考宝毁，其子=孙=永用。

①"隹（惟）正月乙巳，王各于大（太）室，穆公入，右截，立中廷，北乡"一句，"各"训为"至"，"太室"是宗庙里面最主要的房子。金文中凡是册命的时候，被册命者都是由右者带领去觐见王的。一般来说，右者是被右者的上级，因为古人以右为上，但不能说所有的右者都是被右者的上级，关于这个问题，杨宽先生有讨论。②实际上最早讨论这个问题的可能是白川静。"右者"就好像"介绍人"一样，被册命者要到王那里去，但他自己不能去，需要有一个人带领他去，而带领被册命者去见王的人，每每是他的上级。"中廷"即"廷之中"，见于小盂鼎。"中廷"并不

---

① 陈梦家：《西周铜器断代》，第176页，北京：中华书局，2004年。
② 杨宽：《西周史》，第824-825页，上海：上海人民出版社，1999年。

是一个"廷"的名字,这一点与"大廷"不同,"大廷"是一个固定的"廷"。"北乡"即"北向",也就是面向着王。

②"王曰:'毂,令(命)女(汝)乍(作)䣎土,官䣎糈田'"一句,此处的"王曰"看似是"王说",但实际上册命典礼的时候"王"不见得说话,应该是由"史官",也就是"作册"代为宣读,因为宣读的是"王"所说的话,所以还是用"王曰"。"䣎土"即"司徒",古书中的"司徒"和"司空",在古文字中作"䣎土"和"䣎工"。"司马"和"司徒"在古文字材料中最早见于西周,历组卜辞中有"司我工",指的可能就是"司工",所以这样的词在商代可能已经开始出现了。"司徒"是户籍名正之官,是一个大机构,这个机构级别挺高的,相当于现在的部委,当然不会像现在的部委机构那么庞大,但里面是有分工的,有"大司徒""少司徒"等一系列的官员,此处命"毂"做的并不是"六卿"中的"大司徒",而是"司徒"机构中的一个官员,是管理"籍田"的。"官"是动词,与"䣎"同义,读为"管"。"糈田"就是"籍田",是当时一种重要的典礼,"王"每年在立春的时候,都要到一块固定的田地去,这块田地所种之物是用来祭神的,"王"会亲自扶耒耜,表示自己身先众民,参加农业劳动。从宗教意义上来说,也是祈求丰收的一种仪式。《国语·周语上》中说"宣王不籍田于千亩","千亩"是周人祭祀上帝的土地,是天下农作物的中心。

③"易(锡)女(汝)毂衣、赤⊖市、銮、旂、楚、徒、马、取徣五寽、用事"一句,所赐的东西多是"舆"和"服","舆"指的是车上用的一些东西,"服"就是指

"衣服","舆服制"是等级制度的一种体现,一直到清代还是如此。清代是以"顶戴"和"补子"来区分品级的,因为在当时的社会中,等级是非常重要的,就好像现在的军队,要一看就能知道等级,美国三星上将的帽子、衣服、所乘坐的吉普车上都有三颗星,用以表示等级,一望便知。再比如"生员","生员"就相当于现在的高校学生,明清的时候当了"生员",见到县官就不用下跪了,捐了监生,见到县官也不用下跪,随之改变的就是服饰,穿上这些服饰,就代表了身份,所以这些服饰不是随便穿的。今天有很多学者对舆服制做了归纳,最早的是台湾地区的黄然伟先生,直到最近还有著作面世,但这些归纳都不太理想,因为在西周将近三百年的历史里面,舆服制会有很多变化,还有一些与实际规定脱节的地方,所以归纳起来并不是很理想。尽管如此,还是能看出来当时是有制度的。"哉"字,最早的时候就解释为"织",这个解释不对,因为很多衣物都是织的,不能说只有这个是织的,所以这个字就释为"哉",义为"赤黑色","哉衣"就是"赤黑色的衣服",有时也称"玄衣","玄"也是"赤黑色"。"市"是遮盖在人体下方前面的一块布,一直到膝盖。"❡"字一直到今天也还没有定论,最早的时候读为"环",这当然是不对的,但"❡"应该是形容"市"的,"市"每每有不同的装饰,也分不同的材料。大家要知道,当时的人不像今天要穿有裆的裤子,有裆的裤子到汉以后才有,就是所谓的"穷裤",当时的人穿的是"套裤",中间是分开的,所以前面必须要挡起来,挡起来的东西就叫做"市",形状类似于短裙的前一半。

"㐬"总是要涉及"市"的颜色和材料,迄今为止,比较有根据的说法是把"㐬"读为"予",因为"杼"可以写为"柠",所以"予"通为"芧",义为"麻","赤㐬市"即"红色的麻制成的市"。可是"㐬"是不是"予"还需要讨论,现在能证明"㐬"即"予",是由于"序"字。甲骨文中的"序"不是"宫",而是"序",上博收了一件青铜器,有"豫"字,作"豫"①,左边就是从"序"的。把"㐬"释为"予",虽然不是定论,但还是一个比较好的说法,陈梦家先生就采用这种说法②,据我所知,最先提出这个说法的是李旦丘。③李旦丘也是专门做甲骨文、金文的,他的名字有些特别,又是"周公",又是"孔子",大家都不太喜欢这个名字,所以后来改名为李亚农。李旦丘后来在新四军工作,解放时作为军管会的成员去接收文物部门,著有《殷契摭佚》一书。李旦丘考释"㐬"字的文章刊于1941年的《金文研究》,这部书是北京来熏阁书店出版的。大家要知道,于省吾先生的很多书都是来熏阁印的,来熏阁的牌匾是周作人题的,周先生的字很好,但是不宜放大,因为周先生的字学的是六朝造像,放大就很不好看,所以来熏阁的牌匾是很小的。不管怎么说,"赤㐬市"就是一种"市"。像"册命"这类的赏赐,以前赐过的东西就不再赐了,所以大家会发现

---

① 整理者按:此件铜器即豫角,图像及拓片见于《上海博物馆馆刊》第十一期,《馆刊》中将器主名释为"鯈"。
② 陈梦家:《西周铜器断代》,第149页,北京:中华书局,2004年。
③ 李亚农:《释纾》,载《李亚农古文字研究四种》,第493-496页,上海:上海社会科学院出版社,2020年。

有时候明明是很大的一件事，却赐了一些很小的东西，这是因为没有什么东西可以补了，所以每升一级，缺什么东西，就补什么东西，因此赏赐之物就变得很小。"鉴"即"銮"，是车铃，因铃声与鸾鸟叫声相似，故谓之"銮铃"。除了车上有"銮铃"，有些刀上也会有"銮铃"，我们称之为"銮刀"。"旂"就是"旗"，是长条形的。"楚"读为"胥"，训为"助"，指"服役的小吏"，"胥"这种人虽然在官府工作，但不算正式的官职，不上品级。这种吏一直到近代还有，宋江总说自己是"文面小吏"，因为宋江是一个押司。"㝬"字隶定为"徒"，但实际上"㝬"是从"走"的，指"奔走服役者"，我认为相当于"驺"。"徵"字，音"zhēng"，"取徵"这个词今天我们不能完全懂，但意思应该相当于"工资"。"孚"为金属单位，毛公鼎中的"毛公"是"取徵百孚"，是现在见到的"取徵"最高的，而"𢽾"只有"五孚"，这也可证明"𢽾"所任之"司土"，并非"六卿"中的"大司徒"。

这篇铭文的重要性，在于可以结合当时的官制进行一些讨论，再有就是这篇铭文中出现了"穆公"，从这件器物的形制、纹饰等方面来看，这里的"穆公"应该就是尹姞鼎中的"穆公"。

与𢽾簋类似的器物还有一件，这就是卻智簋。

卻智簋

卻智簋（见图5、图6）现藏广州市博物馆，拓本见于《集成》

4191，铭文内容与载簋相似，从器形上看属于西周中期的器物，拓本最早著录于于省吾先生的《商周金文录遗》，照片见于新版的《西周铜器断代》，这张照片是陈梦家先生自己的，据我所知别人还没有发表过这件器物的器形照片。

图5 卲匌簋

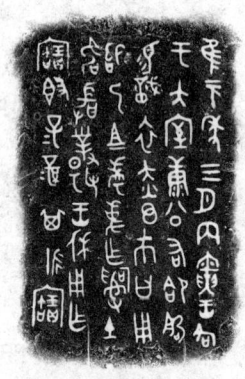

图6 卲匌簋拓本

卲匌簋释文：
佳（惟）元年三月丙寅①，王各（格）
于大（太）室，康公右卲匌②，
易（锡）戠衣、赤㊉市，曰：用
卲乃且（祖）考事，乍（作）嗣土③，
匌敢对勌（扬）王休，用乍（作）
宝毁，子=孙= 其永宝。

① "佳（惟）元年三月丙寅"一句，对比载簋可知，二者赏赐的东西、铭文的内容都很相似，如果载簋的时代是穆王，那么此处的"元年"应该是"恭王元年"。

② "康公右卲匌"一句，"卲"是氏，"匌"是名。

③ "用卲乃且(祖)考事,乍(作)嗣土"一句,"卲智"与"𢦏"均为"司徒",而且册命的地方,赏赐的物品也很相近,可见二者时代相近。

现在就会有一个问题,𢦏簋中的右者是"穆公","穆公"看起来很像谥法,但从𢦏簋来看,"穆公"应当是活着的,与卲智簋的"康公"类似,"康公"也应该是一个活人。"康"是封邑的名字,虽然"康叔封"迁于卫,但"康"还是有封邑的,但"穆"却是没有封邑的。可是如果把"穆公"理解为谥法也有问题,尹姞鼎中"穆公"已经去世,说"穆公"是谥法是可以的,但𢦏簋中"穆公"还在世,又怎么会有谥法呢?

那么"穆公"应该怎么理解呢?这就要看"穆公"自作的一件铜器——穆公簋盖。

穆公簋盖

穆公簋盖拓本见于《集成》4191,出土于陕西,现藏庆阳县文化馆,上有大鸟纹,有很漂亮的尾巴,羽毛非常特别,是"穆公"自作之器(见图7、图8)。

图7 穆公簋盖

图8 穆公簋盖拓本

穆公簋盖释文：

隹（惟）王初女🔲①，廼

自商𠂤复还，至

于周②。王夕乡醴

于大室③，穆公名

乎④，王乎宰利易（锡）

穆公贝廿朋⑤，穆公对

王休，用乍宝皇殷⑥。

①"隹（惟）王初女🔲"一句，"女"读为"如"，训为"往"。"🔲"字不识，是一个地名，我认为应是一个从"血"声的字。①可见"🔲"这个地方难以走到，不是王常去的地方，可是"🔲"是属于周的，是在周的王畿之内。

②"廼自商𠂤复还，至于周"一句，"商𠂤"一词，称"𠂤"的都是较大的居邑，此处的"商"，是陕西东南部的"商"，也就是今天的商县和丹凤县，二者同属商洛地区。丹凤这个地方很重要，当年历史研究所的扶贫对象就是丹凤。商洛是商鞅的封地，所以称之为"商"；之所以称"洛"，是因为当地有一条西洛水，"西洛水"与"洛邑"（即"成周"）无关。"复还"同义连用，义为"回来"，"周"在这里就是"镐京"。

③"王夕乡醴于大室"一句，"夕"是"晚上"。"乡

---

① 李学勤：《穆公簋盖在青铜器分期上的意义》，载《新出青铜器研究》，第59-62页，北京：人民美术出版社，2016年。

醴"即"飨醴"。"醴"本是一种香酒,"飨醴"是一种仪式（详见后面的讨论）。"大室"就是"太室",古时候册命、飨醴一类的仪式通常在宗庙中举行,所以"飨醴"不是随随便便地喝酒,而是一种带有集会性质的仪式。

④"穆公咎孚"一句,"咎孚"即"侑孚","㝬"字,见于上博简的《周易》,相当于"孚"。"孚"字在此铭中义为"罚酒",这个解释见于《礼记·投壶》的郑玄注,我们今天还说"浮一大白"。《小戴礼记》有"如是浮",也就是说"凡是这样的都要罚酒",这是当时喝酒的一种仪式,而非真正的惩罚。问题在于,在古文字学上,我们不知道"㝬"为什么读为"孚"。我们的古文字知识还是很有限的,实际上很多东西我们都不懂,很多地方我们只能试着去讲。《尚书》讲了两千多年了,很多地方我们就是不懂,清华简出的《尚书》我们都懂——哪能有这样的事啊,我们只是提出一种说法,供大家研究,这种研究中的某些问题,可能过了很长时间也还是解决不了。所以我总是引董作宾先生的话,董先生说他拿出一片甲骨文,常常是目瞪口呆,根本就看不懂。我想让我们目瞪口呆的地方更多了,我们比不了董先生,我们懂的是很有限的,只不过是稍微多知道一点罢了。

⑤"王乎宰利易（锡）穆公贝廿朋"一句,"宰利"就是古书中的"井利","利"的官名是"宰","宰利"是穆、恭时期非常重要的一个人。《穆天子传》中有"毛班""井利"和"逢固"。

⑥"穆公对王休,用乍宝皇殷"一句,"穆公"在此

应是私名，而非谥法，也就是说这个人就叫"穆公"，因为从文例来看，作器者应该称自己的名。类似的例子还有西周末年的"武公"，但"武"是封邑的名字，在洛阳出土的空首布上还有地名"武"，《春秋》中有"武氏子"，是王族的武氏。画羽饰的冠冕称为"皇"，"蒙羽而舞"谓之"皇舞"，穆公簋盖以长羽鸟纹为饰，我认为可能因此而称之为"皇簋"。①

讨论：飨醴

"飨醴"一词，在很多书上都有，比如《左传·庄公十八年》有"虢公、晋侯朝王，王飨醴，命之宥，皆赐玉五瑴，马三匹"，《左传·僖公廿五年》有"晋侯朝王，王飨醴，命之宥"，《左传·僖公廿八年》有"晋侯献楚俘，王飨醴，命晋侯宥"，《国语·晋语》有"王飨醴，命公胙侑"。

"飨"字，《周礼·大行人》郑注"设盛礼以饮宾也"。"醴"字，《周礼正义》："用麦芽酿之，一宿而成，味极薄，浊而甜。""飨醴"即"飨时用醴不用酒也"。

"宥"字，杜预曰："饮宴以命以币物，宥，助也，所以助欢敬之意。"杜说不确。指出这一点的是王引之②，王引之根据的是《尔雅》，《尔雅·释诂》云"酬、酢、侑，报也"，此处的"报"，不是一般意义上的"报"，而是"劝酒"之"报"。大家要知道，

---

① 李学勤：《穆公簋盖在青铜器分期上的意义》，载《新出青铜器研究》，第59-62页，北京：人民美术出版社，2016年。
② 王引之：《经义述闻》，第403页，南京：江苏古籍出版社，2000年。

古代的时候，君臣之分是非常严格的。公姞鼎铭记载王后赏了公姞三百条鱼，公姞也要作一件铜器，作铜器的花费当然不止三百条鱼，可见虽然给了很小的东西，但这是一种荣誉，是很大的事情，所以要特别纪念。穆公簋盖也是如此，"王"飨醴的时候，喝酒没有那么痛快，不是直接倒完就喝，与"王"一起喝酒是要特别注意的。我在剑桥大学的时候，就谈到过中国人的劝酒，英国人听后就说，按照英国的规矩，很多时候酒都可以不喝，但如果女王在场，女王把酒喝了，那你就必须要把酒喝完，不然就是大不敬，但据说现在也不需要了。所以"王"喝酒的时候，大臣不能自己拿起杯来请"王"也喝一杯，而是要"命"，也就是允许大臣敬酒，这对于大臣来讲就是很光荣的事了。穆公簋盖中就是"穆公䚿孚"，"䚿"在《说文》中是"友"之古文，此处通"侑"，是"劝酒"之义，这也就是说，允许"穆公"敬酒，这是很光荣的事，所以作器铭记。有关"侑"的问题，孙诒让在《周礼正义·大行人》中有专门解释，后来王国维先生根据鄂侯驭方鼎，又继续讲了一些，见于《释宥》。[①]

---

① 王国维：《释宥》，载《观堂集林》，第1129-1131页，北京：中华书局，1959年。

・2009 年下半年第九次课・

"穆公组"青铜器(二)[*]

我们继续讲与"穆公"有关的器物，就是 1955 年陕西眉县李家村窖藏出土的"盠"的器物。李家村的这批器物出土之后，在青铜器界引起了相当大的轰动。从抗日战争到解放战争，因为战争的关系，并不能做什么发掘工作，所以那个阶段正式发掘出土的青铜器是很少的，多为盗掘出土。新中国成立之初，由于当时条件所限，也不能够进行大规模的发掘，所以大家都很希望能有正式发掘出土的比较重要的金文。李家村的这批东西是 1955 年正式发掘出土的，一方面是东西比较多，另一方面是出了铜马尊，动物形的尊过去出土过很多，但马形的尊没有见过，并且马尊上还有铭文，所以当时很轰动。1954 年春天，我从考古所到了历史所，这批东西 1955 年出土，很多人都谈到这批东西。1959 年中国历史博物馆成立，李家村所出之物大部分被调入中国历史博物馆，中国历史博物馆就是今天的国博，只有一件方尊留在了陕西，现藏陕博。

对这批东西我是很有感触的，我在准备这次课的时候，去查

---

[*] 包括盠方尊、盠方彝。

了与这批东西相关的一些材料,结果我发现讨论的人很少。里面有几个需要讨论的关键问题,并没有多少人讨论,有些讨论也不是很深入,也就没有太多可取的,所以今天讲的时候,很多地方还是我个人的一些看法。这些看法实际上还是二十世纪五十年代的看法,因为当时这批器物出土的时候我就写了文章①,收在我的早期文集中。可在这之后,讨论的人也不多,里面有几个关键性的问题,也没有得到很好的解决。这也就是说,很多重要的东西发现之后,也就是一阵风。这是近些年文物考古和古代史领域中的一个现象,也是一种风气,就是刚发现的时候,人人都在研究,结果过了一段时间,就没有人进行深入研究了,这种风气在近些年尤甚。我希望大家能够扭转一下这种风气,不要"跟风",有一些需要深入研究的关键性问题,哪怕这些器物是宋代出土的,甚至是汉代出土的,都没有关系,只要肯深入地研究,最后都能够得到创新性的成果。

眉县李家村和1972年出土史墙鼎的杨家村很近,特别是2003年杨家村出了一批"逨"的器物,"盠"就是"逨"的祖先。如果大家去看一下就会发现,杨家村和李家村相距不过两百米,而且房子很少,特别是现在,很多居民已经搬迁了,因为李家村在渭河北岸,通往宝鸡的高速公路通过这里,因此周围的地形改变很大,而杨家村的发现,就是由于地形的改变。李家村和杨家村既不属于岐山,也不属于扶风,所以并不属于狭义上的周原遗址,但如果按照史念海先生所提出的"广义周原"的概念,这两个地方也还是属于周原的范围的,李家村和杨家村位于周原南边,是周原遗址的延伸,所出器物的性质也与周原遗址一致。

---

① 李学勤:《眉县李家村铜器考》,载《李学勤早期文集》,第38-41页,石家庄:河北教育出版社,2008年。

1955年李家村所出的器物,发表在《文物参考资料》1957年第4期,《文物参考资料》就是后来的《文物》。这批器物中,有一件方尊和两件方彝,这三件器物的铭文相同,另外还有一件马驹尊,这个驹尊有两个盖子。我们先看一下盠方尊和两件盠方彝的铭文(见图1、图2、图3、图4、图5、图6、图7、图8)。

图1　盠方彝一

图2　盠方彝二

盠方尊释文:
佳(惟)八月初吉,王各于周庙①,穆
公又盠,立于中廷,北乡②。王册
令(命)尹易(锡)盠:赤市、幽亢、攸勒③,
曰:"用嗣六𠂤王行叁有嗣:嗣土、嗣马、
嗣工。"④王令(命)盠曰:"䵼嗣六𠂤
眔八𠂤艺。"⑤盠拜頣首,敢对扬
王休,用乍(作)朕文且(祖)益公宝
阝彝⑥。盠曰:"天子不叚,不其万
年保我万邦。"⑦盠敢拜頣首,
曰刺朕身,遏朕先宝事⑧。

图 3　盠方尊

图 4　盠方尊拓本

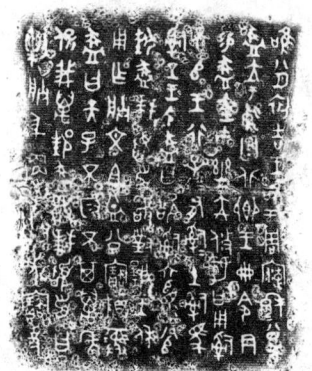

图 5　盠方彝一盖铭

图 6　盠方彝一器铭

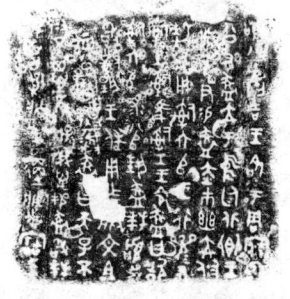

图 7　盠方彝二盖铭

图 8　盠方彝二器铭

①"隹(惟)八月初吉,王各于周庙"一句,我一直主张金文中单说"初吉",那么这个"初吉"就是定点,如果下面有干支,则会向下延长一段。"各"训为"至","王各于周庙"就是"王到了周庙"。大家要注意"庙(廟)"字的写法,金文一般作"🈶",是从"潮"省声,金文中从"朝"声的"庙"字是很少的。

②"穆公又盉,立于中廷,北乡"一句,这里的"穆公"就是前几次我们提到的"穆公",是昭、穆时人。"又"就是"右",也就是"右者","右者"与"被右者"每每是僚属关系。"盉"字不识,今天隶定的正确与否也不好说,"盉"多数学者读为"lì",但没有什么很好的根据,可能是因为这个字从"蠡"字得声。"中廷"指"周庙的廷之中",实际上不管在哪个地方,只要有宫室制度,就一定会有"中廷",就像今天的四合院一样。中国的四合院是什么时候开始有的呢?最早的四合院在殷墟,前些年在刘家庄以南发掘过一批房屋遗址,这个房屋遗址比小屯以北的所谓"C区"要好得多,形制和北京的四合院差不多,属于殷墟三期。可惜现在刘家庄的那块地被卖掉了,所以那些遗址也就没有了。这些所谓"宫室庙寝制度"的研究,清朝人做了很多工作,可最有贡献的还是王国维先生,王先生是南方人,到了北京才见到四合院,由此想到了这些制度,所以王先生讲的明堂庙寝制度更合理一些。①"北乡"就是面向着王,"王"在阼阶之上。

---

① 王国维:《明堂庙寝通考》,载《观堂集林》,第123-144页,北京:中华书局,1959年。

③ "王册令（命）尹易（锡）盨：赤市、幽亢、攸勒"一句，"尹"是"史官之长"，金文中还有"内史尹""册命尹""尹氏"。"市"即"绂"，"幽"是"暗黑色"，为"北方之色"，甲骨文中有"幽牛"，也就是"暗黑色的牛"。"亢"读为"衡"，也就是"市上面横着的带子"。"攸勒"又作"鋚勒"，指的是"马带子"。所赐的东西有"舆"有"服"，这是当时用来表示等级的。

④ "曰：'用嗣六自王行叁有嗣：嗣土、嗣马、嗣工。'"一句，这是第一个册命，关于"六自王行"详见后文的讨论。"有嗣"指"官长"，"叁有嗣"即"三种官长"，指的就是"司徒""司马""司空"。

⑤ "王令（命）盨曰：'覒嗣六自罙八自䢅。'"一句，这是第二个册命，"覒"字到今天还没有一个很好的读法，虽然很多学者提出了很多意见，可总觉得还有些不安。因为"覒"字不认识，在字形的分析上也是不够的，现有的讲法有些太迂曲。郭沫若读为"摄"，义为"临时管理"①，还有一些人读为"兼"，义为"兼管"，可是很多铭文中只有"覒"字，下面连"司"字都可以省掉，所以这个说法也有疑问。由于证据不足，我认为"覒"字还是阙疑为好，其实我认为"覒"字的意思，就等同于"司"，义为"管理"，但是否如此，还要看更多的材料。② "罙"的用法，等同于"暨"。"䢅"即"蓺"，义为"种植"。

---

① 郭沫若：《盨器铭文考释》，载《郭沫若全集·考古编》第六卷，第110-138页，北京：科学出版社，2002年。

② 整理者按：后李学勤先生对"覒"进行了考释，认为"覒"即"总"字，义为"管理"。参看李学勤：《由沂水新出盂铭释金文"总"字》，载《夏商周文明研究》，第157-160页，北京：商务印书馆，2015年。

《秦始皇本纪》的《挟书律》中有"种树之书",这个"种树"就是"蓻","盠"的职责之一也就是"管理种树"。

⑥"用乍(作)朕文且(祖)益公宝隣彝"一句,"益公"是金文中常见一个周朝贵族,"益公"在"逨"器铭文中称为"公仲",最近有几位年轻学者写文章专门讨论"益公",我认为"公仲"可能就是"益公"的第一代,是从"单"分出来的,因为不是"单"的直系,所以称为"单叔氏"。①

⑦"天子不叚,不其万年保我万邦"一句,"不"通"丕",训为"大"。"叚"通"遐",训为"长","叚"字左边作"㡿",是"石"字,所以"叚"应该是从"石"的。周作人的笔名又叫"周遐寿",来自于《诗经·大雅·棫朴》"周王寿考,遐不作人"。"万邦"即"天下",盠驹尊作"万宗",这一点是很重要的,我写文章的时候也专门提到。②大家要知道,古时的"邦"有大有小,但在中国古代社会的结构中,"血缘"关系是非常清楚的,所以每一个封的单位,在一定意义上也是一个"宗",周天子虽是天子,但在"周邦"还是有一个"宗",这个"宗"具体而言,指的就是周天子的宗庙。现在很多人用"天子是天下之大宗"这个说法,实际上这个说法可能不大对,这一点金景芳先生有过专门讨论。③

---

① 李学勤:《眉县杨家村新出青铜器研究》,载《中国古代文明研究》,第184-200页,上海:华东师范大学出版社,2009年。
② 李学勤:《眉县李家村铜器考》,载《李学勤早期文集》,第38-41页,石家庄:河北教育出版社,2008年。
③ 金景芳:《论宗法制度》,载《金景芳全集》第七册,第3491-3517页,上海:上海古籍出版社,2015年。

⑧ "曰剌朕身,遹朕先宝事"一句,"曰"是句首发语词,"剌"读为"励",义为"勉励"。"遹"读为"更",因为"更"是从攴,丙声的字,"更"通"赓",训为"续"。武丁时期的卜辞有"更父壬"。"先"指"祖先",古代指"祖先"的时候,"先"可以单用。汉代时"先生"也可以单用,有时候可以叫做"先",有时候可以叫做"生"。"先"字单用的情况到了唐宋时还有,比如有些唐宋小说中有"老先儿","老先儿"的意思和"老先生"差不多。"宝"通"保",义为"保有","事"即"侍奉祖先"。

这篇铭文的格式不像后来中晚期的铭文那样定型,还是有一些变化,读起来更复杂一些。

讨论:"六师"和"八师"

关于"六师"和"八师",我专门写过文章,现在给大家介绍一下。①

(一) 六师

"六师"可以有两种理解,其一为"军事制度的六师",其二为"行政制度的六师"。

"军事制度的六师"在西周金文和传世文献中都有所反映,金文有《西清古鉴》中西周初年的鼓嚳簋,鼓嚳簋云"唯巢来伐,王令东宫追以六师之年","巢"就是安徽之"巢"国,也见于班

---

① 李学勤:《论西周金文中的六师和八师》,载《李学勤文集》,第215-223页,上海:上海辞书出版社,2005年。

簋，就在今天的巢湖。"巢"在西周初年叛乱，后来到了穆王的时候就被征服了，所以班簋中有"秉繁、蜀、巢令"。"伇"训为"追"，义同"伐"。"东宫"就是"太子"，王国维先生认为古人分居，父母住北屋，儿子住东、西、南屋。①三宫六院也是这样，有"东宫"和"西宫"，慈禧之所以叫"西太后"，是因为她是"西宫"的太后，慈安在"东宫"，也就是"东太后"。一般来说，"东宫"专指"太子"，可是金文中作"王子"讲的时候，不只有"东宫"，还有"西宫"和"南宫"，所以后来的"南宫氏"应该是从"王子"中分出来的。不论这里的"东宫"是不是真正的太子，至少是一个王子，这是没有问题的。"以"义为"率领"，"六师"指"王的军队"，周王命令其太子率六师追击来犯之巢人。

文献中也有很多涉及军事制度的六师，比如《尚书》的《康王之诰》，古文《尚书》是将《顾命》与《康王之诰》合为一篇的，到了东晋梅赜之后就将其分为两篇了。《康王之诰》"今王敬之哉！张皇六师，无坏我高祖寡命"，这是当时的大臣对刚即位的康王讲的话，我们应该将同时代的东西放在一起来读。"今王"就是"嗣王"，也就是"刚即位的王"。"张"和"皇"都是"大"的意思。商代和周代讲的"高祖"都是确有所指的，甲骨文中的"高祖"指"王亥"，"王亥"是殷人称王的第一代，"高祖上甲"也就是"王亥"和"上甲"。周人的"高祖"，指的是"文王"。"寡命"就是"顾命"，也就是"遗嘱"，"寡"和"顾"古音相同。从这一句来看，实际上《顾命》这一篇讲的是"文王的顾命"，我猜想"文王的顾命"应该就是清华简的《保训》。这里最重要的一点就是"张

---

① 王国维：《明堂庙寝通考》，载《观堂集林》，第123-144页，北京：中华书局，1959年。

皇六师","六师"一词，孙星衍《尚书今古文注疏》云："六师，六军也，《诗·常武》云：'整我六师。'《周礼·夏官》云：'万有二千五百人为军，王六军。'"①杨筠如亦云："《诗·常武》：'整我六师'，《孟子》'则六师移之'，皆以六师为言，《周礼》'王六军'，盖六师即谓六军也。"②另外，《诗·瞻彼洛矣》有"韎韐有奭，以作六师"。《国语·周语下》有"王以黄钟之下宫布戎于牧之野，故谓之厉，所以厉六师"，韦昭注"名此乐为厉者，所以厉六师之众也。""王以黄钟之下宫布戎于牧之野"的"王"，指的是"周武王"，这段话是讲述中国古代音乐起源的。大家要知道，"乐"在中国古代所起的作用是很大的，可以与"国之大事"结合在一起，大的战事所发的号令要用一定的音律来传达，这些问题后代人就不太知道了，因为《乐经》已经亡佚了，可从《左传》《国语》中还能够看到一些。比如"吹律定姓"，也就是一个人的"姓"可以用吹律来决定，这类问题古人看得很重，所以作战的时候，也要涉及音乐的问题，何时布阵、何时作战等，每每和发令时所使用的乐器有关，这一点是有古人的信仰在里面的，到了后来就变得很简单了，只剩下"击鼓则进"和"鸣金收兵"。"下宫"是音律的名称，这个只有音乐专家才懂，我也讲不明白，大家可以去看一下李纯一先生的书。"布戎"就是"排兵布阵"。这种乐律的名字叫"厉"，就是"激励六师"，这就好像现在吹冲锋号一样。美国以前有一门音乐课，凡是与美国大的战争有关的军乐，比如独立战争、南北战争等的乐曲，小孩子都是要学的，这就好像我们唱《义勇军进行曲》一样。《国语·周语下》的这段话是伶州鸠讲

---

① 孙星衍：《尚书今古文注疏》，第507页，北京：中华书局，2004年。
② 杨筠如：《尚书覈诂》，第434页，西安：陕西人民出版社，2005年。

的，中国古代有乐、史传统，上古有"伶伦"，是黄帝的乐官，所以后世与音乐有关的叫做"伶"，一直到现在唱戏的还叫"伶"。

另外，藏于西安市博物馆的吕服余盘中也有"六师"，吕服余盘："王曰：'服余，令女更乃祖考事，胥备仲嗣六师服。'""吕"是氏，"服"是职官名，相当于《周礼》中的"司服"，是管衣服的。"更"训为"续"，"事"，职也。"胥"训为"相"，义为"辅助"，"备仲"是人名，"服"指"军服"。《诗·六月》"载是常服"，郑笺云："戎军之常服，韦弁服。""嗣六师服"就是"管理六师戎服"，即"管理军服"。这就好像是我们现在的总装备部的一部分，是专管衣服的，相当于被服厂，但吕服余盘中的"六师"指的就不完全是军队了。

在金文中还有些"六师"是作为行政制度的六师。陕西虢镇出土了南宫柳鼎，鼎铭曰："唯王五月初吉甲寅，王在康庙，武公右南宫柳，即位中廷，北乡。嗣六自牧，阳大囗，嗣羲夷阳、佃事，……""康庙"是"康王的庙"，"武公"见于禹鼎、多友鼎，是掌管军事的大臣，"南宫柳"是管理"六师"的牧、阳以及"羲夷"的阳、佃之事的人，"牧"就相当于《周礼》中的"牧师"，主要管理放牧牛马。"羲夷"是"夷人"的一种，"阳"读为"场"，相当于《周礼》中的"场人"，是管理种果蔬的园圃，"佃"相当于《周礼》中的"甸师"，是管郊野的，但其中有一项重要的职责就是供给果蔬。由此看来，这里的"六师"不像是军队，应该是一个行政单位，类似于今天的"军垦"，比如石河子农场一类的。

为什么"六师"会有军事、行政两种制度呢？因为"六师"源于"六乡"，《周礼》"五师为一军"，但"军"和"师"散见时可以通称，所以"六军"也可以称作"六师"。按《周礼》的记载，当时周王朝以宗周为中心，又把宗周划分为"六乡"，"六师"本取之于"六乡"，"六乡"每家出一人为兵，所以"乡"的行政制度和军事组织是相对应的,"六乡"的负责人在和平时期就是"六卿","六卿"在战时就成了"六军"的主将。不仅在西周时如此,到了春秋时期,很多诸侯国也采用这种制度。周天子有"六军",到了诸侯国,一般就变成"三军"了,齐国就是"三军",公室一军,国子一军,高子一军。晋国原来也是"三军",后来扩充了,变成了"六军",这就属于僭越了,礼崩乐坏就是这个意思。

从当时理想的制度来看,"六师"就相当于"六乡","六乡"出了"六卿",在古文字中"乡(鄉)"就是"卿",这也就是说"寓兵于农"的政策在当时得到了彻底的执行,"兵""农"的逐渐分开是在秦汉以后,这也给后来的国家带来了种种新的问题。大家要知道,西周是有常备军的,比如虎贲、师氏等,但主要的军队还是通过征调、发动而来的。

(二)八师

"八师"文献中未见,只见于金文,比如小臣谜簋,小臣谜簋共有两件,是二十世纪三十年代发现的,后来卖给了历史语言研究所,现藏台湾地区。小臣谜簋"伯懋父以殷八师征东夷",还有禹鼎"王乃命西六师、殷八师曰伐鄂侯驭方",以及曶壶"更乃祖考作家司徒于成周八师",另外还有小克鼎"王命膳夫克舍命于成周,遹正八师之年"。"六师"以宗周为中心,在西土,所以称为"西六师"。"八师"以成周为中心,在殷故地,所以称"殷八师",又称"成周八师"。西周时期在"六师"之外,另有"八师",是金文对现存文献的一大补充,西周前期,东夷叛乱,伯懋父率领殷八师去征伐,晚期鄂侯驭方率南淮夷和东夷侵犯周之南土、东土,周王又命令"六师"和"八师"一同出征,这说明"八师"主要用以对付东方之敌。

成周建立之后，周朝将殷遗民迁于成周东郊。大家往往把迁遗民的范围想得太窄了，认为迁的就是武庚之乱的叛民，但实际上所迁的殷遗民的范围并不仅限于此，而是将当时的强宗大族都迁到成周进行管理。驻屯在成周的管理者到了后来就成了"王"的军队了，因为是从成周选出来的，所以叫"成周八师"，也叫"殷八师"，当然"八师"自然不是殷人后裔，而是由周人组成的。迁前朝移民之事在西汉时也有，张家山发现的《奏谳书》就有这种故事。汉朝建立后就颁布了命令，六国豪强之后都要迁到长安，这样便于管理，这个命令是很严的。《奏谳书》中讲了一个例子，说是在押解田齐的后代去往长安的过程中，一名押解人员和田齐的一个女子谈起了恋爱，所以就产生了救走这个女子的想法，于是就让这个女子穿上男装，假装成病人，藏在车中带了回来，结果被发现了，于是就被判了重刑，这个事情以悲剧告终。

总之，西周金文的"六师"和"八师"应以当时军事制度和政治制度合一来解释。

"盠"所担任的"六师"亦应是行政之官，在"司徒"的管辖之下。那"王行"又是什么意思呢？我猜测"王行"应该类似于文献中的"公行"，《诗·汾沮洳》有"公族""公路"和"公行"，《左传》中则称之为"公族""余子""公行"，《左传·宣公二年》："及成公即位，乃宦卿之适而为之田，以为公族；又宦其余子；其庶子为公行，晋于是有公族、余子、公行。"由此可知，"公行"是拥有土地的诸侯庶子。同理可知，"六师王行"指的是有军队身份的人，这种人都是有土地的，而管理这些土地就一定会有司徒、司马、司空，所以盠方尊中的"三有司"是地方上的"三有司"，在司徒的管理之下。"盠"又受命"瓠嗣六𠂤眔八𠂤埶"，《周礼·大司徒》的"树蓺"指种植果木而言，是司徒系统的职务。

· 2009 年下半年第十次课 ·

"穆公组"青铜器（三）*

　　这个学期我们从穆王时期的器物讲起，但是一开始的时候讲的都是一些没有系联的器物，比如班簋，班簋之所以定在穆王，不是根据班簋和其他东西系联论定，而是根据它的铭文内容和文献对照论定的。可是后来我们讲的一些东西，特别是与"穆公"有关的器物，都涉及"系联"问题。所谓"系联"是利用人物和事件，将金文内部的某些东西联系起来，这是陈梦家先生首先提出来的[①]，系联主要有两种，一种是用人物进行系联，另一种是用事件进行系联。

　　用事件进行系联，比如用战争，就相对简单，但应注意的是某些性质的战争会重复发生，比如"伐东夷"，按照《后汉书·东夷列传》的说法，西周各个时代大都与"东夷"有过战争，因为《后汉书》中采用了一些我们现在已经看不到的《古本竹书纪年》的说法，所以《后汉书》的《东夷列传》和《西羌列传》还是可

---

* 包括盠驹尊、师遽方彝（上）。
① 参看陈梦家：《西周铜器断代》，第 354-357 页，北京：中华书局，2004 年。

信的。这就提示我们，不能一看到"伐东夷"，就确定某件器物是某个时代。当然如果事件很具体，那系联起来就比较清楚。

用人物进行系联则较为复杂，应该注意两点。其一，不同时期的人会有同样的称谓，比如令器中的"周公"，不能像郭沫若先生那样，一看到"周公"就认为是"周公旦"。①因为"周公"这个名称一直传流了下来，一直到战国前期才断，到了周显王的时候又封了"东周公"和"西周公"，实际上东、西周君的灭亡，还要在东周的最后一代王也就是周赧王死了之后，所以"周公"传流的时间比周朝还长。令器中的"周公"则依据庄白出土的析方彝的时代，确定了其为昭王时之"周公"，同时也确定了令器的时代为昭王。其二，即使是根据同一个人进行系联，如果处理不当，也会造成青铜器时代的凝缩。②某一个人的政治生命或许较长，历史上的例子常常是臣子的寿命长于君主，可能是由于君主穷奢极欲的关系，所以中国历史上的君主在位时间长的不是很多。周朝有几个，因为周朝持续的时间比较长，有八百年之久，周文王在位五十年，周穆王在位五十五年，周宣王在位四十六年。清朝也就是康熙在位六十一年，乾隆加上太上皇的时间一共是六十四年，这些都是历史上罕见的现象。大多数君主在位的时间都不会很长，所以同一个人的生活时间可以跨越数个王世，这种情况在西周中期表现得更为明显。由于穆王之后的几代周王在位时间都不是很长，恭王还稍微长一些，懿、孝、夷在位的时间都不长，特别是夷王还有病在身，天下诸侯都为之祈祷，所以不能说有同一个人

---

① 郭沫若：《两周金文辞大系考释》，第6页，北京：科学出版社，2002年。
② 李学勤：《西周中期青铜器的重要标尺》，载《新出青铜器研究》，第71-79页，北京：人民美术出版社，2016年。

名的器物就属于同一个王世。如果简单地以同一个人物为线索,将相关的人物进行系联,就可能会造成误解。因为两个人在同一件器物上出现,这两个人可能是一老一少,年轻的那个人在那个老人去世之后很多年还在世,这样就造成了中间有一段重叠的现象。就拿我来说,现在我跟大家在一起,所以我跟大家是同时人,这是没问题的。当年我在清华读书,我的老师是金岳霖先生,金先生在"文革"之后才过世,在世的时间也比较长,所以我跟金先生也是同时的人,这也没有什么问题。可是大家可能没有一个人见过金岳霖先生,更重要的是金先生是见过梁启超先生的,他们还在一起教过书,当时金先生比较年轻,梁启超先生也不过就是六十岁左右,如果这样算,我就和梁启超先生是同时的人了,甚至在座诸位也可以与梁启超先生算作同时的人,这样得出的结论就非常荒谬。所以把 A 和 B 系联,B 和 C 系联,再把 C 和 D 系联,这样就会把很多代的人系联到一起,认为是同一辈人,这就造成了时代的凝缩,这种做法的结果,可以在陈梦家先生和唐兰先生的著作中看到。陈梦家先生所排的器物之中,成、康的器物非常之多,而昭、穆的就没有多少件,郭沫若先生也是如此;唐兰先生所排的器物之中昭、穆之器很多,成、康之器则较少。

总之,单纯根据人名和事件进行系联,容易造成青铜器时代的凝缩,所以这样做是很有问题的,纠正这个问题的一个基本方法,就是树立考古学的标准,以考古类型学的标准作为基础,这一点是很重要的,只要类型分得好,是不会产生凝缩的,所以这个问题需要大家特别注意。

今天之所以要讲这些,是因为我的课现在是以系联的方式讲下去的,从"穆公"的铜器开始,就是一件套一件,实际上"穆公"的铜器也不完全是穆王时期的,有的可以晚到恭王。

盠驹尊

有人管这件器物叫"马尊",但这件器物的铭文自名为"驹",所以我们还是称之为"驹尊"(见图1、图2)。

图1 盠驹尊

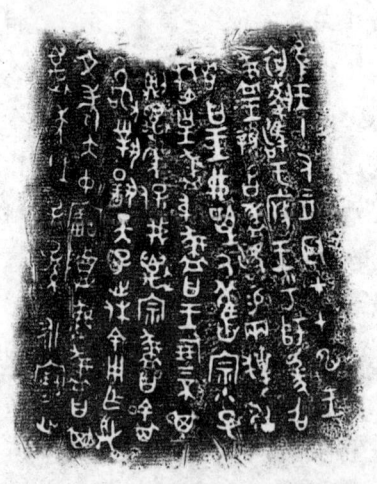

图2 盠驹尊器铭拓本

盠驹尊器铭释文:
隹(惟)王十又二月,辰才(在)甲申,王
初执驹于岸①,王乎师豦召
盠,王亲告盠驹,易(锡)两駒②。顉
首曰:"王弗望(厥)旧宗小子,
螶皇盠身。"③盠曰:"王䋣₌不(丕)其
则,万年保我迈宗。"④盠曰:"余其
敢对扬天子之休,余用乍(作)朕

文考大中（仲）宝隣彝。"⑤盠曰："其万年用，子₌孙₌永宝之。"⑥

①"隹（惟）王十又二月，辰才（在）甲申，王初执驹于庌"一句，"隹（惟）王十又二月"的"王"，代表当时通用的帝正，春秋之学，尤其是公羊，特别重视"春王正月"，之所以加一个"王"字，是因为大一统，用"王"的正朔。中国自古以来，历法大致有三正，即"夏正""殷正""周正"，每个朝代都有自己的"正"，所谓"正"就是以哪个月为正月。"正月"的"正"，本音"zhèng"，后来因为避秦始皇之讳，改"正月"为"端月"，古书中的"正月"之"正"则改读为"zhēng"。此处的"王十又二月"用的是"周正"，也就是说金文中言及"唯王……月"，用的就是"周正"。可是"夏正"怎么说呢？中国的古代历法是阴阳合历，以"三正"而言，最符合自然规律的是"夏正"，今天我们的农历还是"夏正"，春节是建寅之月，《逸周书·周月》载"夏正得天"，所谓"得天"就是符合自然规律。当时从政治上来讲用的是"周正"，"周正"是建子的，可由于当时的天文推算不准确，所以"周正"有时也会建丑或者建亥。在这种情况之下，"夏正"在民间还在使用，就称之为"正"，也就是孔子所谓的"夏小正"。我曾多次写文章论证青铜器中，特别是东周的青铜器中的"惟正几月"表示用的是"夏正"。①"辰才"的这种用法，康王后期开始出现，

---

① 李学勤：《由蔡侯墓青铜器看"初吉"和"吉日"》，载《夏商周年代学札记》，第97-104页，沈阳：辽宁大学出版社，1999年。

到西周中期较为流行。"辰"指的是"日干",至于说"日干"为什么叫"辰",这个问题到今天为止,在天文学上还没有一个很好的说法。"初"是"首次"。"㝸"在这里是地名,但"㝸"有时也可读为"馆",见于昭王南征的铜器。① "执驹"一词,见于《周礼·夏官·校人》(详见后文讨论)。"校人"之"校"义为"养马",后代的"校尉"之"校"也是这个意思。"执驹"的铜器现在已经有三件了,这是其中一件,还有一件是在沣西井叔墓中出的,是一个漆器上的盖,漆器已经没有了,就剩下了一个铜片,张长寿先生有过讨论。② 最近又出现了一件"执驹"的铜器。③

② "王乎师虘召盠,王亲告盠驹,易(锡)两䥏"一句,"🈳"字不识,大多数人把这个字读为"旨",但肯定不对。我认为这个字与"徣"字有关,杨树达先生认为"徣"读为"遂"④,我们这里也把"🈳"读为"遂",训为"进"。由于这个说法在文字学上比较牵强,所以只是一个参考的说法,总比读为"旨"要好一些,但不见得对,这就只有等有更好的材料再讨论了。大家要知道,夏、商、西周时期的教育和后代不一样,一直到了东周,也就是春秋以后,才有了我们现在认为的那种知识分子

---

① 整理者按:此即㝸尊、㝸卣。
② 张长寿:《论井叔铜器——1983—1986 年沣西发掘资料之二》,《文物》1990 年第 7 期。
③ 整理者按:此即"作册吴盘"。
④ 杨树达:《䵼伯取簋再跋》,载《积微居金文说》,第 174-175 页,上海:上海古籍出版社,2007 年。

出现,文、武分途在战国时期还不是太普遍,到了秦汉才真正形成,因此到了秦汉才真正出现了现在所谓的"文人墨客"似的人物,西周时是没有这样的人的,所以当时的史官也会出去打仗,当时的"王"也是很勇武的。"叟"即"弁"字,见于《侯马盟书》,"𦄂"字,可读为"繁",也就是"繁缨",是挂在马身上的穗子。

③ "頨首曰:'王弗望乓(厥)旧宗小子,螚皇盠身。'"一句,"頨首"的主语是"盠"。"望"通"忘"。"宗小子"一词,见于何尊,是宗庙之官。我在二十世纪五十年代写文章的时候认为此处的"宗小子"就是"盠"本人[①],现在看起来,这种说法不对,实际上"宗小子"不一定是指"盠"本人,可能是指"盠"的祖先。但不论怎么讲,能够担任"宗伯"之官的人,多为王族,所以"盠"的祖先也应该是王族。"螚"字,从"林"得声,读为"临",训为"降"。"皇"是"休""美"的意思,"螚皇盠身"就是"降美于盠身"。

④ "王䣙₌不(丕)其则,万年保我迈宗"一句,"䣙₌"即"朋朋",盛貌。"不(丕)"训为"大","则"训为"法"。"迈宗"即"万宗",也就是"万邦",见盠方尊。

⑤ "余其敢对扬天子之休,余用乍(作)朕文考大中(仲)宝䜌彝"一句,"天子之休"很特别,一般是"天子休",加了一个虚字"之",使文气更加曲折。虽然这是套话,但中间加了一些虚字,所以读起来还是很漂亮,

---

① 李学勤:《眉县李家村铜器考》,载《李学勤早期文集》,第 38-41 页,石家庄:河北教育出版社,2008 年。

实际上甲骨文中也有很多虚字，只是甲骨文是刻上的，所以把很多虚字简化了。

⑥"其万年用，子=孙=永宝之"一句，"用"字，铭文中阙，是我补的。

这个墓没有被盗，只出了一件驹尊，但这件驹尊有两个盖，一个盖在上面，另一个是从马腹中掏出来的，两个盖上都有铭文，但不大相同（见图3、图4）。

图3　盠驹尊盖一拓本　　图4　盠驹尊盖二拓本

盠驹尊盖一释文：

王雊驹庋，

易（锡）盠驹①。

䊊霝（雷）駐子②。

盠驹尊盖二释文：

王雊驹豆，

易（锡）盠

772

驹。👥䨖（雷）骆子③。

①"王雔驹庛，易（锡）盠驹"一句，"雔"字，从雔省，句声，此即"拘"字。《周礼》郑玄注认为"执驹"即"拘驹"。"庛"是地名。"雔驹庛"和尊铭中的"执驹于庛"的意思是一样的，只是多了一个"于"字，铭文中省略"于"字的例子也还有，比如蔑簋的"博戎胡"。

②"👥䨖（雷）骓子"一句，"👥"字不识，有两种可能：一种为"马具"；另一种为"酒具"，也就是"罍"。是否这种驹尊就可以叫做罍呢？我不太相信后一种说法，因为"罍"是一种比较大的容器，不太可能是驹尊。"骓"是"马"的名字，甲骨文中的"马"都有名字，楚霸王的马也叫"骓"。所谓"骓子"是说王所赐的这匹马是"骓"之子。

③"王雔驹豆，易（锡）盠驹。👥䨖（雷）骆子"一句，"豆"是地名，应该是在宝鸡一带，见于散氏盘。"骆"是"马"的名字。这里的"骆"不是"骆驼"，那个时代还没有骆驼，骆驼的原产地是阿拉伯半岛，通西域之后才引进中国，所以在西汉晚期的器物中就能看到骆驼的形象了。

由此可知，当时应该还有一个驹尊，但那件驹尊可能是"盠"在世的时候损坏了，或者是没了，结果只留下了一个盖，这不可能是同时赐了两匹马,因为两件盖铭中的地点不同,一个在"庽",一个在"豆"。

讨论:"执驹"和"盨的世系"

(一)执驹

"执驹"一词,见于《周礼》的很多篇,但郑玄注《周礼》的时候,对"执驹"的意思不是完全理解,所以就会有一些矛盾。郑玄认为"执驹"犹"攻驹"也,所谓"攻驹"就是"騬其蹄啮者"。《大戴礼记·夏小正》的《传》中认为"攻驹,教之服车",这个解释是对的。"蹄"是"尥蹶子",也就是"踢人","啮"是"咬人"。小马刚出生,由于性野,需要经过训练,方可使之驾车。这种行为在欧洲是很流行的,后来就变成了比赛,美国的牛仔也学这些,带着大帽子,骑着马,不停地跳,以在马上时间长者为胜,这种做法也就是《周礼》中所谓的"攻驹"。按古书的记载,"执驹"有一定的季节性,因为动物生育的时间是有季节性的,生育没有明显季节性的动物,最主要的就是人和黑猩猩。文献中记载"执驹"一般在季春,但也不一定,这篇铭文中的"十二月"就与古书记载不合,这里的"十二月"是周历十二月,为建亥之月,周以建子之月为岁首,也就是以有"冬至"的那个月为岁首。

古人对马非常重视,驯马、养马时,王要亲自出席。秦、赵共祖,秦、赵的祖先就是养马、驾车的,自商朝"太戊"的时候就是如此,到了周代,秦的祖先"非子"为周孝王养马于汧、渭之间,这一点可以参看《秦本纪》和《赵世家》。

英国贵族最讲究的就是骑马了，现在世界上的马术大都源于英国，前些时候英国国会有一个关于打狐狸的讨论，因为英国贵族每年都要骑着马去打狐狸，现在一些动物保护者反对打狐狸，这就引起了争论。我认为还是应该继续打狐狸，因为狐狸太多了也是让人受不了的。最近斯德哥尔摩的兔子成灾，因为当地对兔子的保护过度，所以满城都是兔子，于是政府就下命令去打兔子。结果打完兔了又引起了新的抗议，那就是打死的兔子该如何处理，要是中国人处理，就变得很容易，把兔子吃掉就行了，但当地人不吃，于是就把这些兔子加工成油，当了燃料，这个事情有些太不"兔道"了。

大家可以看到，古代的贵族对于马就像现在的人对汽车一样，生活、战争和仪仗中都离不开，所以当时的王和大臣都是很勇武的，身体也很好，不像后来明朝皇帝那样，基本上都不出后宫。清朝也是很重视马的，清朝皇帝的行围射猎也是当时很重要的事情，所以在北京周围设有围场，最大的围场在热河行宫，现在河北还有围场县。北京的围场在现在大红门那一带，我小时候去看过，当时还有宫墙。

关于"执驹"的讨论，杨向奎先生写过文章①，郭老也提到过②，但论述得最详细的还是沈文倬先生。③

（二）盠的世系

眉县的李家村和杨家村相距仅有二百米左右，2003年杨家村出土的逨盘反映了"盠"的世系。

逨盘释文（部分）：

---

① 杨向奎：《释"执驹"》，《历史研究》1957年第10期。
② 郭沫若：《盠器铭考释》，《考古学报》1957年第2期。
③ 沈文倬：《"执驹"补释》，载《菿暗文存》，第728-738页，北京：商务印书馆，2006年。

> 逨曰：不（丕）显朕皇高祖单公，趄＝克明慎厥德，夹圝文王、武王，达殷膺受天鲁令，匍有三方，并宅氒（厥）堇（勤）彊（疆）土，用配上帝；雩朕皇高祖公叔，克逨匹成王，成受大令，方狄不亯，用奠三或万邦；雩朕皇高祖新室仲，克幽明厥心，柔远能迩，会圝康王，方裹（怀）不廷；雩朕皇高祖惠仲盠父，盭龢于政，有成于猷，用会卲王、穆王，盗政三方，厥伐楚荆……。

这里面提到"逨"的第一代祖先是"单公"，"慎"字读为"慎"，"达"训为"通"，"通殷"即"通有整个殷地"，见《尚书》。①"并"训为"兼"。"勤疆土"即"勤劳开辟的疆土"，见于宗周宝钟。第二代祖先是"公叔"。"方狄"即"方逖"，"方"训为"广"，"逖"训为"远"。"不亯"就是"不献"，也就是"不服从周的统治"。"奠"训为"定"，"万邦"即"多方"。再下一代是"新室仲"。"克幽明厥心"的"幽"是"静"，"明"是"亮"。"柔远能迩"一词《尚书》中出现过几次，孙诒让有考证。"会圝康王"，"会"是"合"，"圝"是"辅助"，所以他是康王时期的大臣。"怀"义为"怀柔"。"不廷"就是"不朝"。第四代祖先是"惠仲盠父"，这个"惠仲盠父"从出土地点看一定就是这个"盠"，这是不会有错的。"猷"义为"谋"。"盗"读为"次"，通"延"，也就是"遍"。"厥"读为"蒯"，"厥伐"即"蒯伐"。

按古书中讲，"单公"是成王之子，但这个说法一定不对，因

---

① 整理者按：后来李先生对此有所补正，李先生认为"达"应读为"黜"。参看李学勤：《试说"达殷之命"》，载《清华简及古代文明》，第110-112页，南昌：江西教育出版社，2017年。

为这些说法都是从唐人的世系表中来的，包括《新唐书·宰相表》以及唐代的碑志。虽然这些记载不对，但还是会有些影子，至少"单公"是周的王族，这是没有问题的。因为"单公"是辅佐"文王"和"武王"的，所以"单公"的辈分很高。

"惠仲盠父"就是"盠"，从这篇铭文中可以知道"盠"是辅佐昭王以及穆王的，所以"盠"的铜器不会到穆王太晚，因为穆王有五十五年，如果"盠"在昭王时代就开始当官，到了穆王晚年，"盠"的年纪就太大了，也就不太可能有"执驹"这样的事情了，所以"盠"这批铜器还是定在穆王早年比较合适。还有一点值得注意，由"雩朕皇高祖惠仲盠父，盭龢于政，有成于猷，用会卲王、穆王，盗政三方，厥伐楚荆"可知，"盠"很有可能参加过昭王伐楚之事。

逨盘铭文：	"盠"的铜器：
文王、武王——单公	
成王——公叔	＝ 文祖益公
康王——新室仲	＝ 文考太仲
昭王、穆王——惠仲盠父	＝ 盠

二者对比可知，"公叔"即"文祖益公"，"新室仲"就是"文考太仲"。最近有些学者写文章，讨论"益公"的"益"是封地，还是谥法，从这里来看，"益公"应该是"单公"的一个分支，当然这个问题还可以继续讨论。照这个表继续往下排，"盠"的下一代就是恭王时的人了，所以有些人认为穆王在位的时间应该没有那么长。我认为这个事情也别想得太死，不太可能是某位周王去世了，与之对应的"逨"的祖先就紧跟着去世了，所以铭文中的世代与王世也就是大致相当，大家不要做过多的推论。

"盨"的器物中,出现了"穆公",还出现了"宰利",我们也是从这里讲起的,如果从金文本身从后向前推,目前只能系联到穆王之时,由穆王到昭王则很难从金文本身进行系联,从金文角度能将昭、穆系联起来的,只有"公叔"的器物,也就是叔方鼎,但在系联时仍需多方考虑。之所以如此,是因为早期铜器铭文的格式、体例与西周中期不同,我们应当注意从穆王开始到西周中后期铭文的格式。

师遽方彝(上)

师遽方彝器盖对铭,是穆王时器,铭文拓本见于《集成》9897。师遽方彝是一件非常著名的器物,在晚清出现,由河南项城的袁保恒送与潘祖荫。潘祖荫官至工部尚书,潘氏确实是很有学问,是公羊学家。之所以这么说,是因为潘祖荫和当时金石学家往来的书信现在还在,从这些书信中就能看出他的学问,所以不能说官大就没有学问,阮元、毕沅也都是如此。潘祖荫与端方不一样,端方只是好古,端方去欧洲的时候把木乃伊的棺材运了回来,还出了一本石印的书,说是相当于中国黄帝时期之物,实际上这个棺材没有那么早,应该是古埃及新王国晚期的东西,这个木乃伊的棺材现在还在国博。朱凤瀚当馆长的时候,我就建议把这个棺材拿出来展览,可是不太好弄成展览。大家要知道,潘祖荫所藏之器,包括大盂鼎、大克鼎,也就是攀古楼的东西,后来都归了上海博物馆,师遽方彝也在上博。

师遽方彝的形制和盨方彝很相似,两边有翘起的双耳,不管是尊还是方彝,有这样的耳的,都是"穆公"时代的器物。当时的人认为师遽方彝的形制特别奇怪,师遽方彝的盖上有两个孔,打开盖,中间有隔梁,所以方彝内部是分为两个部分的,类似的形制在觥上也有,这是为了调鬯。古代祭祀所用的酒是"鬯",也就是用黑米酿成的酒,味道很淡。大家要知道,中国古代没有很浓的酒,最近有学者写文章,提到纣王有酒池肉林,而之所以有酒池,是因为里面掺了水。这个说法是有道理的,因为那个时代的酒是很淡的,祭祀时最好的酒就是"玄酒",是祭祀上帝用的,所谓"玄酒",实际上就是水。"鬯"是一种香草,煮过之后调到酒中,方彝本身有两个勺子用来调酒,这种形制的方彝并不多见,可一器两用,具有调鬯的功能。

"师遽"的"遽"是从"辵"的,但一定是盨驹尊中的"师虡",下面讲到的师遽簋就是恭王三年的器物了,可见同一个人的器物,时间跨度可能较长。

· 2009年下半年第十一次课 ·

"穆公组"青铜器（四）*

师遽方彝（下）

上次我们提到了很著名的一件器物就是师遽方彝（见图1、图2、图3），这件方彝的形制今天看起来已经不稀奇了，但在当时是很特别的，所以师遽方彝在当时是很有名的一件器物。

图1　师遽方彝

图2　师遽方彝盖铭拓本

---

* 包括师遽方彝（下）、师遽簋盖。

图3 师遽方彝器铭拓本

师遽方彝盖铭释文：

隹（惟）正月既生霸丁酉，

王才（在）周康寝①，乡醴②，师

遽蔑厤，眔③。王乎宰利

易（锡）师遽珪一、瑗章

三④，师遽拜頴首，敢对

䨒（扬）天子不（丕）显休，用乍（作）

文且它公宝隣彝⑤，

用匃万年无彊（疆），酬孙子永宝⑥。

① "隹（惟）正月既生霸丁酉，王才（在）周康寝"一句，"霸"在文献中写作"魄"，指月亮有光的部分。

西汉时对于"霸"有两种解释，一种认为"霸"指的是"月亮有光的部分"，另一种以刘歆的"三统历"为代表，认为"霸"指的是"月亮黑体的部分"。今天我们通过金文研究，可以确定"霸"指的就是"月亮有光的部分"，这一点就不用再讨论了，我们有太多的材料可以证明，大家有兴趣可以去看徐凤先的论文。①"既生霸"是已经显现出光亮，所以"既生霸"一定是在"新月初见"之后，"新月初见"一般是"初三"，也就是古书中的"朏"，从历法上来讲，极个别的时候，"朏"是在"初二"。就好像"望"是每个月的十五，也就是月亮最圆的时候，但实际上月亮最圆的时候是在每个月的十六，所谓"十五的月亮十六圆"。"寴"就是"寝"，甲骨文多见，训为"宫"，"康寝"即"康宫"，"康宫"就是"康王之庙"。这里也不必过细地推求"寝"和"宫"的区别，"寝"和"宫"有时也是可以通用的。

②"乡醴"是一种饮酒仪式（详见后文讨论）。

③"师遽蔑厤，吝"一句，"蔑"义为"勉""嘉"，张光裕先生发现了一件器物上面有"加厤"②，"加"读为"嘉"，义为"美""勉"。"厤"亦作"曆"，有"功劳"之义。从宋代以来，一直都在讲"蔑厤"，现在终于有了一点进步，但"厤"字还是解决不了。大家不要以为我们对古文字的认识能有那么多，古文字中的很多我们是不认识的，或者是我们以为认识，可实际上并不对，我

---

① 徐凤先：《以相对历日关系探讨金文月相词语的范围》，《中国科技史杂志》2009年第1期。

② 张光裕：《新见曶簋铭文对金文研究的意义》，《文物》2000年第6期。

们不要总是认为已经终结了这个研究,这是不可能的,很多问题我们还是不知道,因为这些文字太古了。外国的也是一样,讲古埃及文字的杂志每个月要出好几本,其实很多东西也是推测,因为古人终究离我们太远了。"畜"即"侑",义为"酬酒",就是"向王敬酒"。

④"王乎宰利易(锡)师遽珊圭一、瑔章三"一句,"宰利"就是穆王时代的"井利",见于穆公簋盖。"井"是周王朝非常重要的贵族,在恭王以后的铜器中常见,"井"有"井伯氏"和"井叔氏",参见吴其昌的《金文世族谱》。《金文世族谱》是吴其昌先生二十世纪三十年代的作品,吴其昌是王国维先生的弟子,他来到清华国学研究院之后,就跟随王国维先生学习金文。清华国学院出的《国学论丛》中就有王国维先生讲金文和《尚书》的笔记,吴其昌先生就是记录者之一,因为他很喜欢学金文,所以吴先生继承了王国维先生的金文之学。吴其昌先生后来在武汉大学执教,吴先生有几部非常重要的著作,一个是《金文历朔疏证》,是使用金文材料去推定历朔,这是早年的书,现在有人做,现在看来书中的一些结论和今天的情况还是不太一样。另一个是《金文世族谱》,这个书到今天没人做。大家知道,杜预的《春秋释例》当中就有《世族谱》的部分,后来清朝的陈厚耀作了《春秋世族谱》,这是很著名的一部书,读《左传》的人都要用到。吴其昌先生作《金文世族谱》,就是把金文中的人物以及世系排列起来,这个工作是很重要的,当然这是二十世纪三十年代的书,现在要是有人重做,一定是一部很成功的书。"珊圭一、瑔章三"也就是一共

赐了一个圭、四个璋,"珊"和"瑗"到今天还没有定论,因为我们对"玉"的认识还是有限,现在我们对"玉"的了解多是根据《周礼》,特别是《考工记》,但里面的材料还是很有限的。考古发掘中最常见的玉器就是"圭""璋""璧","琮"比较少见。"⌂"是"圭","⌂"是"璋",这种形制的"圭"和"璋",从考古发掘来看,战国晚期才出现。"珊"和"瑗"一定是修饰"圭"和"璋"的,很多人包括陈梦家先生在内,都将"珊"读为"瑁"。①"瑁"是六瑞之一,其形作"⌂",可以和"圭"拼起来,有证验的作用,但这是后人的一种说法,至于说究竟是不是这样,还很难讲,因为"⌂"迄今为止还未见出土,但汉碑上记载"六瑞"的时候,就有"⌂"之形,金文中的族氏有"⌂"。可是如果把"珊"读为"瑁",那么"珊圭"就成了并列关系,而不是偏正关系,变成了"珊"和"圭",成了两件器物,当然"瑁"和"圭"可以配成一套,所以把它理解成一套东西也是可以的。"瑗"最好读为"环",可是"环"和"璋"是无论如何不能配成一套的。陈梦家先生虽然采用了这个说法,但还是比较犹豫,这是因为我们对于商周时期玉器称谓的了解实在是有限。所以我个人的意见,在这里还是理解成"一个圭和四个璋",至于说"珊"和"瑗"究竟应该怎么理解,就有待大家继续研究了。

⑤"用乍(作)文且它公宝障彝"一句,"且"即"祖"。"它"音"tuō",是一个封邑的名称,而非谥法。

---

① 陈梦家:《西周铜器断代》,第159页,北京:中华书局,2004年。

⑥ "用匄万年无彊（疆），酬孙子永宝"一句，"匄"即"丐"字，义为"祈求"。"酬"就是"世"字，义为"世代"，这种写法在穆、恭、懿时期比较流行。

师遽方彝本身没有什么特别，但铭文中出现了"宰利"，所以这件器物与其他几件器物的关系也就很清楚了。

讨论：乡醴

《左传·庄公十八年》："虢公、晋侯朝王，王飨醴，命之宥，皆赐玉五瑴，马三匹。"

《左传·僖公廿五年》："晋侯朝王，王飨醴，命之宥。"

《左传·僖公廿八年》："晋侯献楚俘，王飨醴，命晋侯宥。"

《国语·晋语》："王飨醴，命公胙侑。"

师遽方彝中有"宰利"，所以师遽方彝应该是一个穆王时期的器物，从穆王到春秋已经有几百年了，但是"飨醴"一直流传了下来。春秋"十二公"中，一般我们认为隐、桓、庄、闵是春秋早期，僖、文、宣、成是春秋中期，襄、昭、定、哀是春秋晚期，因此以上我们所举的这些例子是春秋早中期的。"虢公、晋侯朝王"在当时都是很大的事情，于是王就"飨醴"。周王室东迁依靠的是晋国、郑国以及虢国的力量，也就是《左传·隐公十六年》中所说的"我周之东迁，晋郑焉依"。以上的几条记载都是当时的大事，所以"飨醴"并不是一个一般的典礼，是一个很隆重的典礼，虽然我们不知道为什么会举行师遽方彝中的"飨醴"，但一定不是随便就举行的，也不是王一时兴起而举行的。"醴"是一种甜酒，中国古代的酒，酒精浓度并不高，要不然也喝不了那么多。最近有人写了篇文章，认为纣所作的酒池实际上就是水池，我想这个可能不大对，但水比较多这一点是真的。当时喝的是一种甜酒，类似于醪糟，孝感的醪糟很有名，当然醪糟做起来并不容易，要保证是甜的，不能发酸。实际上红酒也是这样，加拿大最有名的特产就是"ice wine"，也就是"冰红酒"，是一种很淡的红酒。

以上的例子中，"飨醴"的主语都是"王"，也就是说只有"王"喝酒，因为"王"的地位是非常高的，"王"和诸侯之间的差别是很大的。"命之宥"就是王让虢公、晋侯去"宥"，没有王命，他们是不能"宥"的。韦昭认为"胙宥"是"赐胙肉，宥币"，杜预认为是"既飨，以币帛宥助"。"币"是一种一定尺寸的丝织品，类似于藏族的哈达。韦昭是三国时期的吴人，杜预是晋人，杜预沿袭了韦昭之说，但韦、杜之注皆误。这一点明朝以后的学者就逐渐地认识到了，最后王引之在《经义述闻》中作了详细论证。①高邮王氏之学确有其独到之处，我们这些学古文字的人，《读书杂志》《广雅疏证》《经义述闻》是必读之书，大家看的时候，可以用王国维先生编的《补高邮王氏说文谐声谱》。王引之据《尔雅·释诂》的"酬、酢、侑，报也"进行了纠正。《尔雅》整体成书是在西汉初，但是《释诂》还是很早的。这里的"报"指的是"劝酒"之"报"，也就是"回敬酒"。"胙"通"酢"，由"王飨醴，命公胙侑"可知，只有"王"允许大臣回敬，大臣才能回敬，所以"报侑"是很光荣的事情，孙诒让的《周礼正义·秋官·大行人》有详细讨论。"马三匹"应该是"马四匹"之误，这是王引之指出来的。②

---

① 王引之：《经义述闻》，第 403 页，南京：江苏古籍出版社，2000 年。
② 王引之：《经义述闻》，第 403-404 页，南京：江苏古籍出版社，2000 年。

王国维先生有一篇《释宥》[①],在《释宥》中王先生引用了鄂侯驭方鼎的铭文,鄂侯驭方鼎有"王南征,伐角、僪,唯还自征,才坏,噩侯驭方内豊于王,乃祼之,驭方酓王"一语,"角""僪"是南方夷人的名称,"酓"即"侑",也就是"回敬酒"。"鄂"在西周初年就在湖北北部那一带,鄂侯的墓在湖北随州羊子山。

由此可知,"师遽"应该是一个很有身份的人,与"师遽"相关的还有一件器物,就是师遽簋盖。

师遽簋盖

师遽簋盖(见图4、图5)见于《集成》4214,是恭王三年时器,现藏上海博物馆。师遽簋盖是一个全瓦纹盖,全瓦纹的器物多流行于西周中期。

图4 师遽簋盖

图5 师遽簋盖拓本

上博是我国收藏青铜器最好的博物馆,就收藏青铜器而言,首推上博。之后是国博,但国博的器物多是从各处调拨而来。辽

---

① 王国维:《释宥》,载《观堂集林》,第1129页,北京:中华书局,1959年。

宁博物馆也不错，罗振玉的一些东西在那里。故宫近年的收藏也很不错，故宫早年的收藏大部分都到了台湾地区。

师遽簋盖释文：

隹（惟）王三祀三（四）月既生

霸辛酉①，王才（在）周，客新宫②。

王征正师氏③，王乎师

朕易（锡）师遽贝十朋④，遽拜

稽首，敢对扬天子不

丕休⑤，用乍文考庚弔（叔）

障簋⑥，世孙子永宝。

① "隹（惟）王三祀三（四）月既生霸辛酉"一句，《尔雅》"夏曰岁，商曰祀，周曰年"，实际上"岁""祀""年"是可以通用的，西周晚期的时候也有称"祀"的。据董作宾先生的研究，商代晚期也就是帝辛时的甲骨文中，有"周祭"的现象，"周祭"一周正好是一年①，这一点已经得到了新发现的卜辞以及青铜器的证明，所以"一祀"等于"一年"在商代晚期可能就已经有了。目前甲骨文中有"王多少祀"的，时代基本上都是商代晚期之物，还没有早于这个时期的。

② "王才（在）周，客新宫"一句，金文中"王在周"的"周"，一般指"宗周"而言，也就是"镐京"，在今陕西西安的长安区。"客"即"格"，训为"至"。"宫"即"庙"，"新宫"就是一座新建的宗庙，并不是说每一

---

① 董作宾：《殷历谱》上编卷一，第一章序言，中央研究院历史语言研究所，1945年。

代王死了之后都要修建一座新宫,所以"康宫"应该是以"康王"为首的一个大的宗庙群。"新宫"一词,多见于穆王晚年和恭王前后时期的器物。

③"王祉正师氏"一句,"祉"读为"诞",虚词。郭沫若先生认为"正"读为"整",义为"整治""校阅"。[①]"师氏"是一种军队,《诗·大雅·常武》有"整我六师"。从这里可以看出"师遽"的身份,应是属于"大司马"一系的官员,和军事有关。

④"王乎师朕易(锡)师遽贝十朋"一句,"师朕"是人名,"师"是官长之称。

⑤"敢对扬天子不杯休"一句,"不杯"即"丕环",义为"盛大"。

⑥"用乍(作)文考旄弔(叔)隣毁"一句,"旄弔"即"旄叔",是"师遽"的父亲,"师遽"的祖父是师遽方彝中的"它公"。

师遽簋盖看上去平淡无奇,但我们应该从这篇铭文中看出这一时代的金文格式。师遽簋盖是很厚重的,我亲自看过这件东西,据《陇右金石录》记载,师遽簋盖出于岐山,曾为吴大澂所藏。吴大澂是清朝晚期最重要的金石学家之一,他写的《说文古籀补》是一部非常好的书,今天看起来也有很多值得我们学习的地方。吴大澂所藏的东西后来大都分散了,不是很集中,师遽簋盖后来也归了潘祖荫。吴大澂不会打仗,但甲午战争时,他自己非要请缨,结果在甲午战争中吃了败仗,他自己也很失意。吴大澂还学

---

① 郭沫若:《两周金文辞大系》,第185页,北京:科学出版社,2002年。

习马援立铜柱,于是就跑到黑龙江立了一个铜柱。吴大澂没有看到自己在政治、军事上只是一介书生,所以最后战败,这一点是不值得肯定的。

这就是我们介绍的一件东西,但恭王时代的东西我们现在不能讲,因为穆王时代还有一些很重要的器物。

· 2009 年下半年第十二次课 ·

"虎组"青铜器[*]

师遽簋盖中有"新宫","新宫"见于好几件铜器,过去很多人认为这个"新宫"应该是恭王或者懿王建的一座宗庙,现在看来"新宫"可以早到穆王后期,这是因为近年出了一件虎簋盖。

虎簋盖

虎簋盖(见图 1、图 2、图 3、图 4)拓本见于《近出殷周金文集录》491,虎簋盖于 1996 年出土于陕西丹凤山沟村,当时出土的簋盖可能不止一件,因为还有一件盖收入了张光裕的《雪斋学术论文二集》[①],这个盖子还连着一个器,不过盖和器的铭文不一样,究竟是出土的时候就是这样,还是古董商给配成这样的,我们就不知道了。这就给我们一点启发,就是山沟村这个地方可能有几个墓。丹凤在商县附近,最早是从商州分出来的,商州是商鞅的封地。

---

[*] 包括虎簋盖、师虎簋、豆闭簋。

[①] 张光裕:《虎簋甲、乙盖铭合校小记》,载《雪斋学术论文二集》,第 243-252 页,台北:艺文印书馆,2004 年。整理者按:张先生在文中称《近出》491 为"甲",另一件为"乙",今沿其称。

图1 虎簋盖（甲）

图2 虎簋盖（乙）

图3 虎簋盖（甲）拓本

图4 虎簋盖（乙）拓本

虎簋盖（甲）释文：

隹（惟）卅年三（四）月初吉甲戌①，王才（在）周
新宫，各（格）于大（太）室，譱弔内右虎，即
立②。王乎入史曰："册令（命）虎。"③曰："䖍乃
且（祖）考史（事）先王，嗣虎臣④，今命女（汝）曰：
'夒𢆶（厥）且（祖）考，疋师戏䤴走马、驭人
眔五邑走马、驭人，女（汝）毋敢不善
于乃政⑤。易（锡）女（汝）赤巿幽黄、玄衣㭉
屯、䜌旂五日，用史（事）。⑥'"虎敢拜頴首，
对扬天子不柸鲁休。虎曰："丕（丕）显
朕剌且（祖）考㫚明，克史（事）先王⑦，䩅天
子弗望𢆶（厥）孙子，付𢆶（厥）尚官，天子

其万年黼兹命⑧。"虎用乍（作）文考日庚
䵼殷，子孙其永宝用，姻夕于宗⑨。

①"隹（惟）卅年三（四）月初吉甲戌"一句，"卅年"指周穆王三十年，很多人想把虎簋盖放在恭王，这是因为"虎"的另外一件器物师虎簋，师虎簋是懿王元年之器。但是恭王有一批从历朔来系联的最好的青铜器，年数最明确，但三十年虎簋盖排不进去。也不可能是周懿王，因为懿王在位时间比较短，肯定到不了三十年，所以虎簋盖放在穆王很合适，并且穆王按照五十五年来推算，和恭王三年的师遽簋盖的历日正合。

②"王才（在）周新宫，各（格）于大（太）室，密㕷内右虎，即立"一句，"周"指"宗周"。"太室"是祭祀之地，所以这里的"新宫"一定是宗庙，不是用来居住的。"密㕷"即"密叔"，"密"也称"密须"，"密须"在今甘肃灵台，甘肃灵台的白草坡出过很多的青铜器。周文王时曾经征伐过密须，在这之后"密"就成了周的封国。大家可能觉得周人本来就在西面，所以周的西面不大会有封国，实际上并不是这样的，"密"就是其中之一，至于说是否还有其他的诸侯国，我们就不知道了。"密叔"可能是密国的国君，也可能是密国的贵族，是在王朝做事的。《国语·周语》记有"周恭王灭密"之事，当时是"密康公"在位，有三个女子非要投靠"密康公"，于是"密康公"就把这三个女子都带回去了，"密康公"的母亲认为这三个女子是"尤物"，就提出反对，但"密康公"不听，后来周恭王就把密国给灭

掉了。所以密国的下限是到周恭王,在周恭王以前,"密"都是很重要的,"密"见于周原甲骨。"内"读为"入"。"即立"就是"即位"。

③ "王乎入史曰:'册令(命)虎。'"一句,"入"就是"内",二者可通用。"内史"是管传命的,"王"本人当时也是在的,但"王"本人是不会读册命的。

④ "飙乃且(祖)考史(事)先王,嗣虎臣"一句,"飙"读为"载",训为"初",义为"以前",与"今"相对。周初的铜器有的写作"在",也是"以前"的意思,"飙"和"在"都是从"才"声的。"虎臣"即"虎贲",是一种军队。

⑤ "今命女(汝)曰:'㖆乎(厥)且(祖)考,疋师戏阘走马、驭人眔五邑走马、驭人,女(汝)毋敢不善于乃政'"一句,"㖆"即"更",读为"赓",训为"续"。"疋"读为"胥",训为"相",义为"帮助"。"走马"即"趣马",也就是"养马的人","驭人"是"驾马的人",见于《周礼·校人》。"眔"相当于"及",义为"与"。"五邑"一词,铭文中见过好几次,是周直属的宗周附近的五个大的城市,文献中未见,具体不详。"走马、驭人"专指"宗周的走马、驭人","虎"除了管理宗周的走马、驭人之外,还要兼管五邑的走马、驭人。师兑簋就是这样,师兑簋有两件,一件是元年的,一件是三年的,但一定是三年师兑簋在前,元年师兑簋在后,因为在三年师兑簋中,"师兑"只是管走马的,而在元年师兑簋中,"师兑"又兼管五邑走马,这是加官了,所以两件师兑簋的顺序不能颠倒,一定是三年的在前。

⑥ "易（锡）女（汝）韍市幽黄、玄衣黹屯、䜌旂五日，用史（事）"一句，"韍"是从"韦"的字，我们猜想应该是"熟皮"。"幽黄"即"幽横"，"幽"是"暗黑色"，"横"是"带子"。"黹"字不识，是一种丝织品的名称。"屯"读为"纯"，是衣服的边缘。"䜌旂五日"即"銮旗五日"，是指长条旗上画有五个太阳，这是张政烺先生的重大发明。①这种做法一直到战国晚期还有，二十世纪八十年代，我去看河南淮阳发掘的楚墓，墓葬旁边的车马坑里就有这样的旗子，当然旗子本身已经腐烂掉了，但上面用一些贝壳镶成的星星还在，是一个长条形的旗子。所以"韍市幽黄""玄衣黹屯""䜌旂五日"都是一样的句式，就是"韍市"上面有"幽黄"，"玄衣"上面有"黹屯"，"䜌旂"上面有"五日"，过去总以为"五日用事"是"用事只有五天"，这是不对的。

⑦ "不（丕）显朕剌且（祖）考朁明，克史（事）先王"一句，"剌"读为"烈"，"朁"字，我认为应读为"廉"②，"克"义为"能够"。

⑧ "䎽天子弗望氒（厥）孙子，付氒（厥）尚官，天子其万年黼兹命"一句，"䎽"即"肆"，是一个虚字。"氒"指代"剌祖考"。"付"义为"给予"。"尚官"即"上官"，也就是"上一代的职位"，"师尚父"在楚简中就写

---

① 张政烺：《王臣簋释文》，载《甲骨金文与商周史研究》，第 238-244 页，北京：中华书局，2012 年。
② 李学勤：《眉县杨家村新出青铜器研究》，载《中国古代文明研究》，第 184-200 页，上海：华东师范大学出版社，2009 年。

作"师上父"。"䚲"读为"申","䚲"实际上是从"陈"省声,在《说文》中,"陈"字的古文是从"申"的,训为"续",也就是"继续"之义。

⑨ "虎用乍(作)文考日庚䵼殷,子孙其永宝用,夙夕于宗"一句,"日庚"是"虎"的父亲,由此也可证明虎簋盖之"虎"与师虎簋之"师虎"是同一个人。

上面我们讲到虎簋盖,虎簋盖有两件:一件明确是在陕西丹凤出土的;另一件估计也是在丹凤出土的,不过流散出去了,先是流到台湾,后来又回到了大陆。这件东西后来没有落在博物馆,具体情况我就不了解了,所以另一件虎簋盖在什么地方还不知道。

虎簋盖是"三十年",这个"三十年"很容易设想是周恭王三十年,当然恭王有没有三十年还不知道,可是恭王一定有比较多的年数,这一点我们以后还会专门讨论。周恭王时代有一批青铜器,这是我们以后要给大家介绍的,当然我们不可能每件都讲,可我们会选几件,恭王这批铜器可以说是所有铜器里面从历朔来联系的最好的,换言之,从历法上来推算,周恭王这一批年数最明确。但是三十年虎簋盖是排不进去的,所以这件器物不可能是周恭王三十年的,上面我们说的能够排进恭王的铜器中,有几件是有"恭王"名号的,这些可能是恭王去世后补作的,可不管怎么说,其中讲的事情和历朔都是恭王时的,这是明确的,也是不能讨论的。所以,虎簋盖就不可能是恭王时代的,这也是我们当年做夏商周断代工程的时候,大家一致的意见。那么能不能是周懿王时的呢?这也是不可能的,因为懿王不可能有三十年,因此唯一的可能就是周穆王三十年,如果按照《史记》记载的穆王在位五十五年的说法,排起来正合适。当然这样推论会有一些假设在里面，但这样排起来确实很合适，我们也只能说到这个程度，穆王是否真的在位五十五年，还可以讨论。大家要知道，一般来说，这种历朔每差五年就比较接近，因此这个推论还有讨论的余地。

由虎簋盖铭文可知，"虎"的祖先是"司虎臣"之官，相当于《周礼》中的"虎贲氏"。"虎"所担任的官是"司走马、驭人"，"走马"即《周礼》中的"趣马"。"虎"的祖先和"虎"本人所司之职都属于《周礼》中的夏官，也就是司马系统的官。从这个角度可以看出西周时代的世官制度，"司祖考××官"可能会和祖考所司之官有一定的差别，但应该是同一类的官，这是我们认识西周世官制度很重要的一个方面。

师虎簋

师虎簋（见图5、图6）是懿王元年时器，无盖，有凹瓦纹，大家可以看到这个簋的双耳下部很细，上面原来应该是有环的，这是被环磨损所致，后来环也坏了，这一点对比豆闭簋就能知道。同时的器物大都具有相同的特征，这是当时的时尚。

师虎簋看上去很干净，这是因为早年出土之后清洗得比较厉害，又因传世已久，器身的颜色也已发黑，我们称这样的器物为"熟器"。一般清末民初发现的器物，每每都是这样，现在出土的一些铜器就不是这样的，不会这样除锈，尤其是不会上蜡。

师虎簋释文：

隹（惟）元年六月既望甲戌，王才（在）杜
𫝆，𢓊（格）于大室①。井白（伯）内右师虎，即

图 5　师虎簋　　　　图 6　师虎簋拓本

立中廷,北乡②。王乎内史吴曰:"册
令(命)虎。"③王若曰:"虎,载先王既令(命)乃
旻(祖)考事,啻官嗣ナ右戏緐荆④;今
余隹(惟)帅井先王令,令女(汝)殷乃旻(祖)考,
啻官嗣ナ右戏緐荆⑤,苟(敬)夙夜勿
瀌(法)朕令(命),易(锡)女(汝)赤舄,用事⑥。"虎敢拜
頴首,对扬天子不(丕)杯鲁休,用乍(作)朕
剌考日庚陴殷⑦,子=孙= 其永宝用。

　　①"隹(惟)元年六月既望甲戌,王才(在)杜竝,
徣(格)于大室"一句,"竝"字,有一件器物上作"廙",
宋人读为"居",是临时设置的类似于"行宫"的地方。
"杜"是地名,在今天的西安曲江一带,这个地方一直到
秦汉时期还很有名。"杜"本为唐尧之后所迁居之地,"唐"

本在山西曲沃、翼城一带，后来周成王灭"唐"，将"唐"的故地封给其弟叔虞，所以"叔虞"又叫"唐叔虞"，为晋之始祖。"唐"的后人在周的时候，就迁徙到了"杜"地，故称"唐杜氏"。"杜"离"宗周"很近，因为"宗周"在今天长安区一带。"佫"读为"格"，训为"至"。"大室"是宗庙正中间的房子，这里的"宗庙"应该是受封在"杜"的贵族的宗庙。像这种年、月、月相、日四要素俱全的器物，目前不超过八十件。

②"井白（伯）内右师虎，即立中廷，北乡"一句，"井伯"是冢司马，见于井伯親簋，"冢司马"即"大司马"。"井"在西周历史上特别是在穆王之后非常重要。《穆天子传》中还有"井公"，与穆王一起玩六博，当然这是小说，但井氏在当时的重要性是不言而喻的。铭文中的"宰利"也就是"井利"，也属于井氏。"井利"和"井伯"有无关系，还不能证明。西周中期以后有"井伯"氏和"井叔"氏，是两家，但具体关系不明，考古所张长寿先生主持发掘的沣西的墓葬就是"井叔氏"的墓葬，代代都是"井叔"，曶鼎中也有"井叔"。

③"王乎内史吴曰：'册令（命）虎。'"一句，"内史吴"是周懿王前后很重要的史官，有多件铜器。"册"字，文献作"策"，"册命"是一种封赏的仪式，这种封赏的特点是一定要有"册"，所谓"册"就是后来人们所说的"诏书"，由"内史"宣读。在册命中，史官有不同的称谓，有时叫"尹氏"，有时叫"史"，有时叫"作册"，有时叫"内史"，一般来说，宣读册命是"内史"之职。

④"虎,截先王既令(命)乃旻(祖)考事,啻官嗣广右戏繇荆"一句,王是很有身份的,所以在册命时直呼其名"虎"。"截"即"载",义为"过去"。"旻"即"祖"字。"啻"义与"管""司"相同,是"管理"的意思。有很多人总想把"啻""管""司"的意思进一步细化,有的是"兼摄",有的是"代理",但这一点在金文中难以论证。有人读"啻"为"适",训为"往",但无法证明。"官"义同"司",商周时期很多时候会有同义连用的现象,"征伐"也是如此。虎簋盖中说他的祖先是"司虎臣"的,实际上"司虎臣"和"嗣(司)广右戏繇荆"是一类事,都是"司马"系统的官,不能认为"司虎臣"就是"司广右戏繇荆",在这种地方,大家一定要活用,不能胶柱鼓瑟。"戏"指"三军之偏",因"偏"故有"左右",也就是"左戏"和"右戏"。对于"偏"一直有两种理解:其一为"左军"和"右军",这是对"中军"而言的,甲骨文有"王作三军,右中左";其二为"三军"之外的军队,讲《孙子兵法》的人多是此种看法。究竟哪一种理解更好,还有待研究。"繇荆"一词,郭沫若认为就等同于《左传》中的"旌繁"①,就是马身上的穗子,所以"繇荆"是"管理马具"。这样读会有两个问题:其一,"繇荆"和"旌繁"是否能够等同?其二,读为"旌繁",这个官就太小了,不成样子。去年有人写文章认为"繇荆"指的是两种人,即"繇人"与"荆人","繇"是四川的繇县,"荆人"也就是"楚人",这样理解

---

① 郭沫若:《两周金文辞大系》,第165页,北京:科学出版社,2002年。

更好一些。据《周礼》记载，西周的军队中有一些蛮夷的人，这些蛮夷之人的编制中有"繁人"和"荆人"也是可能的，但这只是一种想法，无法落实。由虎簋盖可知，穆王三十年的时候，"虎"就开始做官了，当时"虎"比较年轻，穆王在位五十五年，恭王在位怎么也有二十年左右，到了懿王元年，"虎"已年近七十，是一员老将了，在这之后"虎"就不存在了，所以"嗣（司）ナ右戏繇荆"可能是个闲职。

⑤ "今余佳（惟）帅井先王令，令女（汝）敡乃旻（祖）考，啻官嗣ナ右戏繇荆"一句，"今"也就是"现在"，和"截"相对。"帅"义为"循"，也就是"遵循"。"井"通"型"，义为"法"，也就是"效法"。"敡"即"更"字，读为"赓"，训为"续"，也就是"接续"。此处说明了当时的世官制度，所以在册命的时候一定会讲到世系，因为当时的人认为人一代一代传流下去，血缘起了最根本的作用。"今王"效法"先王"和"虎"接续他的祖考本质上是一样的，不管从"王"的角度，还是从受封大臣的角度，都体现了世系上的血缘关系，这对大家理解商、西周到春秋这一段的社会非常重要。到了战国之后，血缘关系就开始说不清了。大家要知道，当时中国社会结构最大的变迁就是"姓"的泯灭，"姓"的泯灭使血亲的关系逐渐混淆，"同姓不婚"的宗法制度也就被打乱了，经过秦以后，"姓""氏"也就逐渐混淆。此前"姓"和"氏"分得是很清楚的，也就是大的血族集团和大的家族集团都是分得很清楚的。

⑥ "苟（敬）夙夜勿灋（法）朕令（命），易（锡）

女（汝）赤舄，用事"一句，"夙夜"即"夙夜"，义为"早晚"。"灋（法）"训为"废"，义为"止"，见《尔雅》。"赤舄"是"红色的鞋子"，之所以只给一双红鞋子，是因为他这个等级该给的东西都已经给过了，现在还是平级，没什么可调整的，就给了一双鞋，表示一下。大家看铭文时会发现有的赏赐非常多，这是初封的原因，到后来再封的时候，可能就给一个铃铛，但仪式还是很隆重。

⑦"用乍（作）朕剌考日庚隣殷"一句，"虎"的父亲是"日庚"，一定是一个周人，所以周人也是有日名的。

《古本竹书纪年》有"懿王元年，天再旦于郑"的记载，所谓"天再旦"就是有日食，懿王元年的日食和懿王元年的师虎簋在历日上排起来正合适。如果我们承认懿王时的"天再旦"是天亮之后的日全食，那么这个日子就不能动，如果肯定了这一点，那么武王伐纣之年就不会早到刘歆所提出的公元前 1122 年，这也就是师虎簋的重要性所在。

豆闭簋

豆闭簋，现存故宫，是故宫博物院在 1957 年收购的。故宫博物院所藏的很多青铜器在故宫文物迁台的时候都被带走了，所以要想看故宫旧藏的青铜器，还是要去台湾地区，因为故宫旧藏大部分都在台湾地区。

二十世纪五十年代，国家文物局收购了不少东西，当时的国家文物局也没有多少人，是一个文物处，处长是张珩，张珩字葱玉，是苏州世家子弟。大家要知道，今天我们讲的金石文物、书画、陶瓷等一些东西，在新中国成立以前，不是所有人都能去接触、研究的，当时真正去接触、研究的人只有很少的几类。一种人有职官之便，比如故宫博物院的院长马衡，再比如参加考古发掘的历史语言研究所的一些人，他们有发掘品。可是在中国历史上，研究文物的人大多是达官贵人，或者是富商，他们都是收藏家。收藏家也分为两类，一种是有钱的，一种是有权势的，最有权势的就是皇帝，所以宋徽宗就可以编《博古图录》，清高宗就可以编《西清古鉴》《石渠宝笈》。还有一部分是大商人，很多重器在大商人手里，研究文物的一般都是如此，每每是世官或者是世商。还有一类人也会去接触、研究文物，这就是古董商，但古董商和上面的几类人不同，他们大多不从艺术和学术上去研究文物，古董商更多地是从经济价值上去衡量文物。当然古董商之间也会有不同，以卖古书为例，来熏阁的老板写的一些东西也都很好，这也就是说，大家要了解当时社会的一些情况。张葱玉先生既有很高的艺术水平，又有世家的背景，所以他能够去进行文物的鉴定、收购。

当时的文物处在北海的团城，大家要知道，经历过战争等事情，当时的社会情况有了很多改变，一些原本有钱的人变得没钱了，所以很多人拿着东西去团城卖。据说当时团城有人排队卖画，于是文物局就派谢辰生先生带着几个人在那里收画，一些古董商当时也还在，所以古董商也经常给他们送东西。我知道的最明确的价钱就是不其簋盖的，当时不其簋盖卖给文物局是旧人民币五十万，合新人民币就是五十块，这个价钱在当时就已经是很多了。豆闭簋是1957年收购的，1957年的时候公私合营已经快完成了，所以豆闭簋可能是从私人手里收购的。

豆闭簋（见图 7、图 8）传说出于"西安"，当然这里的"西安"指的不是西安市里，应该是沣西那一带，当然也可能是在西安市场上买的。但不管怎么说，豆闭簋是出在陕西的，这件东西也是潘祖荫旧藏，但后来没有归到上博。为什么我们要讲豆闭簋呢？因为豆闭簋铭文中也有"师戏"，是恭王时器。

图 7 豆闭簋

图 8 豆闭簋拓本

豆闭簋释文：
唯王二月既眚霸，辰才（在）戊寅，
王各（格）于师戏大（太）室①。井白（伯）入右
豆闭②。王乎（呼）内史册命豆闭。
王曰："闭，易（锡）女（汝）𢧵衣、🌀巿、䜌
旂③。用俾乃且（祖）考事④，䎽䚄俞
邦君、䎽马弓矢⑤。"闭拜頶首，
敢对扬天子不（丕）显休命，用
乍（作）朕文考釐弔宝殷，用易（锡）

㫃𣂏^⑥,万年永宝用于宗室。

① "唯王二月既眚霸,辰才(在)戊寅,王各(格)于师戏大(太)室"一句,"眚"在此处就读为"生",楚文字中"百姓"之"姓"就写为"眚"。由"师戏太室"可知,当时的"王"可以在很多地方举行册命典礼,比较灵活。

② "井白(伯)入右豆闭"一句,"豆闭"之"闭"以前一直作"闭",但2003年杨家村所出的铜器铭文中有这个字,应该是从"甲"的,是"闸"字。

③ "易(锡)女(汝)䞓衣、🌀市、䋺旂"一句,有人认为"䞓衣"就是《尚书·禹贡》中的"䞓衣",也就是"赤黑色的衣服",但这样讲不一定合适,因为䞓簋有"䞓玄衣","玄"是暗黑色,"䞓"是暗红色,所以把"䞓"讲成"赤黑"不太合适。多数学者认为"䞓衣"即"织衣",也就是"丝织的衣服"。《礼记·玉藻》"士不衣织",注云"染丝之织"。"织"是有一定身份的人才能穿的,"士"不能穿。"🌀"字,宋代人读为"环",但"环市"读不通,李亚农读为"予"。^① "🌀市"前面往往有一个"赤"字,所以"🌀市"应该是红色的,"🌀"应该是一种质地的名称。大家看一下楚简就可以知道,楚简遣册中有很多丝织品的名称,分得非常细,很多我们都讲不清楚。从望山1号墓和马王堆出土的丝织品来看,

---

① 李亚农:《释纾》,载《李亚农古文字研究四种》,第493-496页,上海:上海社会科学院出版社,2020年。

当时的丝织品真是漂亮。中国的丝织品在战国时期就开始外传了，二十世纪五十年代苏联的一个考古学家写了一篇文章，专门介绍西伯利亚发现的中国战国时代的丝织品，也就是说，中国的"丝绸之路"很早就有了。"鋚旂"也就是"銮旗"，是一种有铃铛的旗。

④"用俏乃且（祖）考事"一句，"俏"字，从"少"得声，这里最好按照张政烺先生的讲法，读"俏"为"肖"，义为"效仿""学习"。①至于说张先生说的"肖田"究竟正确与否，我们另外讨论。"事"训为"职"。

⑤"嗣窌俞邦君、嗣马弓矢"一句，"窌俞"一词，我认为"窌"从"丩"声，读为"纠"或"收"，"俞"读为"输"，"窌俞"即"纠输"，义为"供给"。"邦君"是诸侯，这是指在朝服职的，特别是畿内的一些诸侯。西周时期的诸侯是分为畿内和畿外的，周公、召公也是畿内诸侯。《周礼》中有"司弓矢"之官，"豆闭"所担任的还是司马系统的官职，所以由"井伯"担任右者。

⑥"用易（锡）昌霝"一句，我认为"昌霝"就是"寿考"之误。我们读铭文，最大的忌讳就是说古人错了，可实际上古人确实有错，我们还是以平常心来看待这种问题。

我们把这几次讲的东西归纳一下，使大家能够看到这些器物之间的关系（见图9、图10）。

---

① 张政烺：《甲骨文"肖"与"肖田"》，载《甲骨金文与商周史研究》，第118-125页，北京：中华书局，2012年。

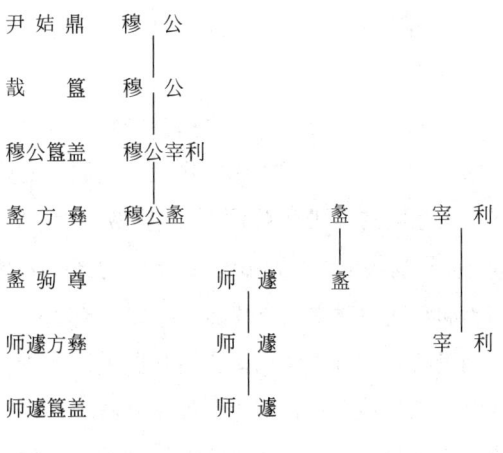

图 9　关系图 1

盠方彝和师遽方彝的器形非常相似,所以这两件器物一定是同时的,以前我曾把利鼎列入此图,因为利鼎铭文中有"井伯",但当时并没有看到利鼎的器形。后来利鼎出现了,在首都师范大学博物馆,从形制上判断,利鼎是西周晚期的器物,不应该录入此图。这就提示我们,系联的时候不能只看铭文,如果只看铭文,系联的时候往往会出错。

"盠"在眉县杨家村的器物中有所提及,是昭、穆时人,除了师遽簋盖是恭王三年之器,其余的器物应该都是穆王时代的器物。

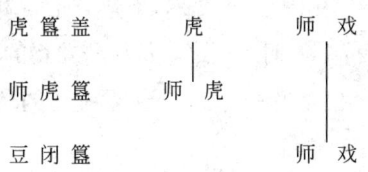

图 10　关系图 2

师虎簋已经到了懿王元年了，这两批器物延续的时间还是很长的。

我们这样去系联，既考虑到了考古类型学的因素，又考虑到了铭文内部人物的关系，还考虑到了历朔的问题，这就和过去仅凭单个的名字去系联的方法有所不同。这样做可以系联很多铜器，大家可以看夏商周断代工程所列出的表，这个表还是很简单的，但是可以给西周的年代学建立一个基础。

现在我们没有办法真正定出幽王时代的铜器，所以用系联的方法只能从宣王末年向上推，但也只能推到穆王，再往上就连不上去了，这是因为穆王之前的铭文不是这样的格式化。成、康、昭时代的铜器是可以挂起来组成一个表的，但我们没有办法把穆王时代的人名和成、康、昭时代的人名挂起来，所以我们现在所看到的西周时代的系联表也只能是如此，这也是青铜器系联上的一个问题，我们期待将来有一天能够出现一件穆王或昭王时代的铜器，可以把这些东西挂起来。

西周早期的青铜器是可以根据文献来定的，因为武、成、康、昭时代的传世文献比较多，但西周中期之后的青铜器能够根据文献来定的就很少了，因为西周中期的传世文献很少，当然宣王时代会有一些，但也不多，所以西周中期之后的历史，主要还是要依靠金文材料来建立。西周中期的传世材料很少，我们连人物都举不出几个，但举不出来并不代表没有，只是因为不是很重要，所以在史书上没有留下他们的痕迹。从这些器物的系联中，我们还可以体会到当时的世官世族制度，吴其昌先生的《金文世族谱》研究的就是这些。

吴其昌先生是一位非常有开创性的学者，他是王国维先生的学生，继承了王国维先生在金文上的研究。吴先生除了《金文世族谱》之外，还作了《金文历朔疏证》，这部书是研究金文历法的，但吴其昌先生当时所掌握的是中国的旧历，并不是像我们现在所掌握的历法。

王国维先生的弟子是特别能继承王国维先生的学问的，继承王国维先生《尚书》那部分研究的就是杨筠如先生，王国维先生本人对此是很肯定的，王国维先生1927年5月为《尚书覈诂》写了序言，6月就去世了，所以这篇序言应该是王国维先生最后的一篇学术类的稿子。最近我想写一篇文章纠正一件事，我曾在《尚书覈诂》的序言中提到杨筠如先生最后是在西北大学过世的，这是我听西北大学的老先生讲的，可能他们记错了。后来我接到了杨筠如先生的外孙寄给我的一封信，信中指出杨筠如先生没有去过西北大学，实际上杨先生是在他家乡湖北的一个中学当校长，在二十世纪四十年代就已经去世了。

我们现在有很多研究夏商周天文历法的专家，比如张培瑜先生、陈久金先生，还有前些时候过世的陈美东先生，他们对于研究中国的古历做出了特别大的贡献。但是天文学家和金文学者毕竟不是一行，所以天文学家研究金文的时候还是要依靠金文学者为他们做一些专业名词上的解释；我们研究金文的学者也终究不像天文学家那样懂得历法，所以在推算的时候就会出现一些问题，这就体现出了多学科结合的重要性。过去金文研究之所以进展得很慢，是因为金文研究本身就不是某一个学科所能解决的事情，必须要多学科相结合。1996年夏商周断代工程启动的时候，很多文科学者不理解为什么要用"工程"这个词，实际上这就是个"工程"，所谓"工程"，是指按照一定的科学规律来设计一个工作进程，"engineer"这个词的词根本身就包含"行进"的意思。因为是多学科相结合，所以有一些看似很简单的问题就不是那么简单，比如从"人名"的角度可以简单地认为虎簋盖和师虎簋是同时的，把虎簋盖放在恭王三十年，把师虎簋放在懿王元年。但从历法上看，把虎簋盖放在恭王三十年根本就排不进去，所以应该把虎簋盖放在穆王三十年，把师虎簋放在懿王元年。由此来看，没有天文历法学的知识，我们研究起来就会出错，这也就是多学科结合的意义，所以我们虽然是研究金文的，但也应该对其他领域的相关知识有一些基本的了解。

· 2009 年下半年第十三次课 ·

覞簋、师瘨簋盖、师永盂（上）

覞簋

这一次我们继续讲西周中期的金文，现在已经进行到了恭王时期，恭王时期的器物是特别多的，我们不可能逐件讲解，但会选出典型的几件给大家讲解，下个学期我们讲西周中期后段一直到西周晚期的器物，今天我们讲覞簋。

覞簋（见图1、图2）见于《中国历史文物》2006 年第 3 期，从裸露的情况来看，这件器物应该在民间流传了很久，具体出土时间、地点不详，应该是在陕西出土的。这件东西一直藏在陕西的私人手里，当时的收藏者并不了解这件东西的重要性，甚至不知道这是一件什么东西，所以这件东西也就没引起重视。后来该家族中的一位女士为了了解这件东西，读了很多的书，并写了一篇考释，这篇考释我看到过，写得相当不错，能够达到一般的发表水平。后来他们和北京的一些单位联系，希望北京的单位能够收藏这件东西，几经辗转，最后由国家博物馆收购，至于说最后的价钱是多少，我就不知道了，但是应该不会太多，因为他们确实不想拿这件东西发财。

我自己有两次机会看这件东西，这件东西的器形实在是非常奇怪，之所以这样说，是因为在器的下部有一个支架，这个支架是必须有的,因为双耳下的垂珥太长了。我看到这件东西的照片之后,第一个疑问就是这个支架是不是后配的,尤其值得注意的是支架上的波带纹,因为波带纹没有这么早的。后来看到原物之后,这个疑问就解开了,这个支架就是原配的,因为支架与器身是铸在一起的,不是焊接的。因此当时我们就劝博物馆,一定要把它收下。这件器物的器主是"井伯",是西周最重要的人物之一。如果不看支架,这件器物的形制与彧簋相似,双耳为鸟形,有垂珥,腹部饰垂冠大鸟纹,是一件穆王二十四年的器物,而且是穆王二十四年的定点器,对推算穆王的年历特别有用。

图1 親簋

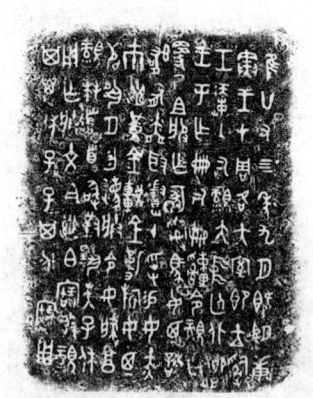

图2 親簋拓本

親簋释文:

隹(惟)廿又三(四)年九月既望庚
寅,王才(在)周,各大(太)室,即立①。嗣
工逑入右親立中廷,北乡②。
王乎乍(作)册尹册釐令親曰③:
曩乃且(祖)服,乍(作)冢嗣马,女(汝)逎諌
噭有粦,取遣十寽④,易(锡)女(汝)赤

市幽黄、金车金勒、旂，女（汝）廼
苟夙夕勿灋（法）朕令，女（汝）肇宦⑤。
覭拜頴首，敢对扬天子休，
用乍（作）朕文且（祖）幽白（伯）宝殷⑥，覭
其万年孙子其永宝用。

①"隹（惟）廿又三（四）年九月既望庚寅，王才（在）周，各大（太）室，即立"一句，在推算历朔的时候，"既望"是最好推的，因为大家对"望"的意见没有什么分歧，一定是"满月"，那么"既望"一定是在"满月"以后这段时间，可能也包括"满月"在内。"才"读为"在"，"各"训为"至"。"太室"也就是宗庙里面的主室，这里并没有说是在什么地方的太室，这是铭文的省略，因为"周"的"太室"不是只有一个，我们可以推想，这里的"太室"应该是"周"最主要的那个太室。"即立"就是"即位"，"即位"的主语是"王"。

②"嗣工遳入右覭立中廷，北乡"一句，"嗣工"即"司空"，"遳"字不识，是一个人名。之所以这个字不认识，是因为这个字写得不够规范，实际上这篇铭文中有好几个字写得都不够规范，比如第四行的"乎"字。因为"遳"是"司空"，是一个很大的官，所以我们希望能够在穆王时期的其他铜器中找到这个人。大家要知道，不管是古文字中的什么内容，最不好读的常常是人名、地名，因为这些字每每不是常用字，特别是地名，有时会保留一些稀见的古字，这一点到了今天也还是如此，所以建国以后有些人就主张改字。陕西、江西的一些地

方就已经改了,但主张改字的人大都是主张文字改革、主张汉字拼音化的人,所以有些地名就改得比较过分,以至于给我们的理解造成了一些困难,但改过之后就很难改回来了。我们国家有一个地名办公室,我不知道他们具体是怎么样的一个做法,地图出版社每年都会出版一个小册子,用以说明这一年中地名的变迁,这也就是说,地名一直在变化,我们没法买到完全符合当前地名的地图,这里面很大的一个原因是很多地方都希望叫"市"。不过某些古字是不得不改的,比如陕西的"盩厔",这两个字大家实在是不认识,后来就改为"周至"。不过怎么改是另外一个问题,完全用谐音写白字的方法是不合适的,比如"郿县"的"郿"字,后来改为了"眉",这样改了之后,当地的百姓并不高兴,因为他们认为把他们的耳朵去掉了,实际上"郿"字也不那么难写。这就说明地名不能轻率地更改,古代也是一样,古代的某些地名读起来莫名其妙,就是不知道为什么叫这个地名。这篇铭文中的"逾"也是一样,用了一个很怪的字。"覢"是人名,这个字见于《说文》,义为"笑视",也就是"笑着看",或许是这个小孩生下来很早就会笑,于是他的父母就给他起名叫"覢"。这种起名的方式在周代还是挺多的,《左传》中就有"周公黑肩",估计是他生下来的时候肩上有一块青色的胎记,所以起了"黑肩"这个名字,可是他后来一直叫"黑肩",直到他当了"周公"之后还是叫"黑肩"。

③ "王乎乍(作)册尹册釐令覢曰"一句,"作册"是史官,"尹"训为"长","作册尹"即"史官之长",

因为“史官之长”都叫“尹”，所以有的时候称之为“尹氏”，这就好像有时候“公”叫“公氏”，“侯”叫“侯氏”一样。“尹”和“公”常常通用，吴方彝盖有“青尹”一词，“青”读为“静”，“青尹”也就是“静公”。“史官”的地位是很高的，所以可称“作册尹”，后世司马迁也自称“太史公”。“史官”一直是很特别的，这一点大家可以看一下《周礼》，“太史”在《周礼》中虽然是属于“春官”的，但“太史”另起一段，是单独来讲的，这也体现了中国史官的独立性，中国史官的特点也就在这里。尽管史官本身有一定的政治、思想倾向，但中国史官所传留的一些东西，大家不要轻易地去怀疑。“作册尹”是很高的官，之所以这里用“作册尹”，是因为此处要封的官很高，是封“大司马”的，这样的青铜器是很少有的，别看毛公鼎很大，铭文多，那是因为已经到了西周晚期了，所以文字就更多一些，实际上“井伯親”的地位不见得比“毛公”低。“䌰”读为“申”，“申令”就是“再命”，这也就是说“親”以前应该有一个官职。

④“䙴乃且（祖）服，乍（作）冢𤔲马，女（汝）廼諫𠻍有粦，取遺十寽”一句，“䙴”即“更”，读为“赓”，训为“续”。“服”训为“事”。值得注意的是，这里用的是“乃祖”，而不是“乃祖考”，我写文章就特别指出了这有两种可能性[①]：一种是“親”的父亲做的是另外一个系统的官职；还有一种可能就是“親”的父亲没有继承

① 李学勤：《论親簋的年代》，载《文物中的古文明》，第 520-523 页，北京：商务印书馆，2008 年。

这个世官,也就是说"observation"的祖父活的时间很长,他的父亲已经去世了,现在就由"observation"来继承他的祖父,做"冢嗣马"这个官。这里附带说一下"井"与"邢"的关系,"井"与"邢"是两回事,这篇铭文中的"井"不是封在外面的"邢",二者在金文中也有些区别,但这些区别并不是那么绝对,有时会混淆。特别是在西周中期的金文中,表示陕西的"井"的时候,"井"字中间都会有一个点作"丼"。在《说文》中,"井"和"丼"是不一样的,"丼"在日文中有,日文的"丼"是一种吃的东西,是一种饼。正是因为"丼"中有这一点,所以有些学者认为"丼"指的就是陕西之"井",而没有点的"井"专指"邢"。但实际上"井"和"丼"是常常混用的,所以这并不是真正的区别,现在楚文字中的"井"字里面还带有一个"水"字。所以我们并不能根据字的写法来区别"井"与"邢",这就跟"吴"和"虞"一样,有时候中原的"虞国"在金文中就写作"吴",而江苏的"吴国"在金文中也会写为从虍的"虞"。"嗣马"即"司马","observation"所担任的官职是"司马",所以"嗣工遷"并不是"observation"的上级,因为"司空"并不是"司马"的上级,在这里应该理解为是一个六卿中的老臣带领一个年轻的六卿之臣去觐见,所以杨宽先生和陈汉平先生所主张的右者都是被右者上级的说法是不对的[①],他们虽然指出了一些问题,但并不能涵盖一切。"冢嗣马"这个词在古书中很难

---

① 杨宽:《西周史》,第 824-825 页,上海:上海人民出版社,1999 年;陈汉平:《西周册命制度研究》,第 107-111 页,上海:学林出版社,1986 年。

找到,"冢宰"就是"太宰",所以"冢䮅马"就是"大司马",这是金文中最明确的一件封"六卿"的器物。"酉"训为"其","諫"字,杨树达先生读为"諫",义为"快速"①,"唆"即"讯","㚔"字,我认为读为"嫌"②,"諫唆有㚔"就是"有嫌疑的人当急速审讯",也就是给"親"一个司法审判权。现在媒体广泛地用"嫌犯"一词,可是如使用不当,还是会出现一些问题。如果有一个人劫持人质,后来被打死了,于是报纸上就说"嫌犯被击毙",从法理上来讲,"嫌犯"和"罪犯"是两回事,"嫌犯"是不能认定为有罪的,没有罪是不能击毙的,所以我觉得报纸上的用词不太妥当。"取遣"指的是"工资",也就是"俸禄","寽"即"锊","十锊"并不高,到了西周晚期"取遣"就会高一些,毛公鼎中"毛公"的工资是"百锊",这可能和西周晚期的通货膨胀有关。也可能是"親"刚开始做这个工作时的工资是十锊,等做过一段时间之后,工资自然会不一样,所以这个问题也不能一概而论。

⑤ "易(锡)女(汝)赤市幽黄、金车金勒、旂,女(汝)酉苟妢夕勿瀍(法)朕令,女(汝)肇亯"一句,"金车"指"有青铜饰件的车",这种车是为了显示当时的级别。"金勒"是有青铜饰件的马缰绳以及马具。"旂"就是"旗",是插在车上的。"苟"读为"敬","妢夕"即"夙夕"。"瀍"即"法",读为"废"。"肇"训为

---

① 杨树达:《全盂鼎再跋》,载《积微居金文说》,第93-94页,上海:上海古籍出版社,2007年。

② 李学勤:《眉县杨家村新出青铜器研究》,载《中国古代文明研究》,第184-200页,上海:华东师范大学出版社,2009年。

"始","言"的本义是"献",多数人认为"献"就是"祭祀"。在这里"献"确实是"祭祀",但实际上"献"有很多种意思,很多铭文中的"言于天子"也就是"献于天子",此处的"献"指对"天子"的一种贡献,并不是在"天子"活着的时候"祭祀天子"。二十世纪五十年代有学者写了一篇文章,认为"王"活着的时候,就能对"王"进行祭祀,这是不可能的事。"肇言"也就是"开始祭祀",之所以是"开始祭祀",是因为"覩"在这个时候刚刚继承了他祖父的官职,这件器物本身就是为祭祀他的祖父所作。

⑥"覩拜頴首,敢对扬天子休,用乍(作)朕文且(祖)幽白(伯)宝殷"一句,"覩"的祖父是"幽伯","幽"是谥法。大家要注意,"覩"的祖父也是"伯","伯"在这里也就是"井伯",覩簋是穆王二十四年,那么"覩"的祖父生活的时代就能到康、昭时期,这也就是说,康、昭时期也有"井伯",只是我们还没有发现康、昭时期"井伯"的器物。大家不要把"井伯"和"井侯"混在一起,"井伯"是畿内的一个贵族,"井侯"也就是"邢侯",是封在河北邢台的。

师瘨簋盖

讨论:为何"覩"就是"井伯"呢?

1963年陕西武功北坡村发现了两件师瘨簋盖(见图3、图4、图5、图6),这两件簋盖纹饰不同,但铭文一样,这个问题有过很多讨论，这两件簋盖确实是出土的，但是是在周围没有其他文物遗迹的地方出土的，可能是出在一个小灰坑，或者是一个小窖藏。

图3　师瘨簋盖一

图4　师瘨簋盖二

图5　师瘨簋盖一拓本

图6　师瘨簋盖二拓本

两件簋盖纹饰不同但铭文一样，并不稀奇，问题在于其中一件的铭文非常规整，另外一件却写得凌乱无章，甚至于在制作铭文的时候，把前一件簋中垫片的痕迹在第二件铭文中错写成了一个圆圈，所以吴镇烽先生就认为后一件是仿前一件而作，是一个仿品，埋在地下是为了作锈。①之后裘锡圭先生提出了一个意见，裘先生认为这两件簋盖其中一件是一个规范器，铭文很正式，另

---

① 吴镇烽：《师瘨簋盖铭文辨伪》，《人文杂志》1981年第6期。

外一件的铭文是俗体,二者还是同时的。①这两家的意见各有所长,究竟是怎么样,我们还无法判断。不过我们可以设想一下,如果真正的簋盖是在宋、元、明、清时发现的,那时候的人仿制了一件,之后就埋在地下作锈,这种事情是有的。宋元时期所作的一些假铜器,因为不像今天可以用化学方法作锈,所以当时作锈的方法就是把作好的假铜器直接埋在地下,过一些年再挖出来。这种作锈的痕迹我想在座的诸位也能够鉴别出来,因为毕竟伪器的入土时间不长。可是大家要考虑到一点,如果这件铜器是宋元时期埋的,之后就一直没挖出来,直到现在我们挖出来了,这样算起来这件伪器从埋藏到现在也有将近千年了,也就变成了真的古董了,这样的事情近几十年出现过好几次,我自己就碰见过一次。

"文革"期间,我去国家文物局整理一些简牍帛书,有一天江西省报告说江西发现了大量青铜器,不久之后这批铜器就送到了文物局,之后文物局就派了几个人去看,这些人里面就有唐兰先生和我。当时我们去的时候,青铜器摆了一桌子,鼎、簋、盘都有,真是青绿斑斓,而且绝大多数都有铭文,铜器上面的锈也是又好又厚。单就铜锈而言是没有什么问题的,可是铭文读起来就很奇怪了,其中有一件器物的铭文和阮元《积古斋钟鼎彝器款识》中的易亥簋相同。易亥簋是西周早期后段的一件器物,虽然二者铭文相同,但该铜器的器形和花纹完全不对,于是我们就觉得这个东西有问题。后来经过调查得知,出土的时候,在这坑铜器的最上面有一个元代的铜权,这就说明这坑铜器是元代时所作的伪器。后来我就提出了一个意见,就是这批铜器不能按照商周时期的铜器来发表,应该作为宋元的器物来发表。可是这些东西到现

---

① 裘锡圭:《殷周古文字中的正体与俗体》,载《裘锡圭学术文集·金文及其他古文字卷》,第394-410页,上海:复旦大学出版社,2012年。

在还没发表,其实我觉得这些东西还是很值得发表的,是很有意思的一批东西。

如果其中一件师㝬簋盖和江西的那批铜器一样,也是宋元时所作,为了作锈埋在地下,可为什么要把那件真的师㝬簋盖也埋了呢?所以吴镇烽先生的说法在这一点上讲不通。裘先生的说法也有难以解释的地方,那就是为什么要把这两件器物一个写为正体,一件写为俗体。大家要知道,作一件像师㝬簋这样的礼器,在当时来讲是一件很大的事,有什么理由把一件写为正体,另一件写为俗体呢?特别是把垫片的痕迹在另一件铭文中错写成圆圈,也不是俗体能够解释的,所以裘先生的解释也还是有些问题。前两年北京展出了与珂生簋相关的两件尊,这两件尊的铭文就是一件写得很规范,另一件写得很不规范,情况和师㝬簋盖类似,但这两件尊都是正式科学发掘出土的,这又是怎么回事呢?当时的器物是一范一铸的,原来作铜器的时候,一定写有一个铭文底本,所有的铜器铭文都是根据底本来作的,可能每一件铜器都需要一个底本,如果要制作多件同铭器物就要抄这个底本,工人作范的时候有的抄得就不好,这样就导致写错了。还有一种可能就是原来的底本没有了,工人照着作好的器物上的铭文来抄,于是就写错了,我想师㝬簋的情况大抵也是如此。[①]当然我的说法也不一定对,虽然有一件师㝬簋盖看起来很差,但我们无论如何也不同意那件师㝬簋盖是假的。

师㝬簋盖有"惟二月初吉戊寅,王在周师嗣马宫,格太室,即位,嗣马井伯䫋入右师㝬入门立中廷"一句,"周师"是一个官职的名称,有的学者指出"周师"就是"司马"。从其他几件有"周

---

① 李学勤:《随记一则》,载《通向文明之路》,第136-137页,北京:商务印书馆,2010年。

师"的器物来看,"周师"在西周中期是一个非常重要的官职,指的是一个具体人物,是一个特指,也就是说了"周师",就不用再说他的名字,如果把"周师"理解成"司马",那"周师司马"就是后文的"司马井伯"。当然"周师"还可以有另一种理解,即"周师"就像"京师""洛师"一样,是一个地名,指的就是"周",但这样就不能解释"周师"为什么在其他铭文中作为人名或官名。我们暂时把"周师"理解为一个官名,至于说这个说法是否正确,我们还需要进一步核对。由"嗣马井伯親"可知,当时的"司马"是"井伯親"。"親"这个名字在当时是很少见的,所以师癭簋盖中的"井伯親"就是親簋中的"親"。但师癭簋盖的时代已经比较晚了,"親"在这时已经是王朝中非常重要的人物了,親簋中所述的是"親"初封时的事情。

"井伯"的器物是特别重要的,实际上涉及"井伯"的器物有很多,这些器物也是非常重要的,师癭簋盖是其中之一,但师癭簋盖的时代比较晚,是恭王后期接近于懿王时期的器物。除此之外还有长囟盉、豆闭簋、五祀卫鼎、七年趞曹鼎、师永盂、走簋、师奎父鼎、师毛父簋、师虎簋。西周时期有很多"井伯",因为可以与其他的器物相结合,我们大致可以判断以上所列的器物是同一时期的,继而能够证明上述诸器中的"井伯"就是"井伯親"。长囟盉中有"穆王"的名号,所以长囟盉应该是穆王晚期的器物,虽然在铸造器物的时候穆王已经去世了,可是铭文中所记载的事情确是穆王生前之事,长囟盉中的"井伯"很可能就是"井伯親"。自五祀卫鼎以下就是恭王时期了,五祀卫鼎是恭王五年,七年趞曹鼎是恭王七年,师永盂和走簋是恭王十二年。师虎簋是懿王元年,"井伯親"就到此为止了,之后未见,可能是他已经去世了。我们可以推算一下,"井伯親"开始做官的时间是親簋中所记载的穆王二十四年,从恭王十二年的走簋开始,他就叫"司马井伯",师奎父鼎中也是"司马井伯",师瘨簋中是"司马井伯親",一直到懿王元年他还在世,之后不久就去世了,从时间上来看,这样推算还是比较合理的,而且终恭王一世,王朝的大司马一直都是"井伯親"。

恭王时代的青铜器是西周铜器中我们排得最好的一段,因为这个时期有一大批同时的器物,相互结合得也比较紧密,而且这批器物一定是恭王时代的,因为其中的一些器物上有"恭王"的称号。虽然这些器物的作器时间可能略晚,但铭文中所记之事确是恭王活着时候的事,这是没有问题的。希望大家能够看一下上面提到过的恭王时代的铜器,这些铜器是很重要的。

师永盂(上)

师永盂(见图7、图8),又称"永盂",1969年出土于陕西蓝田泄湖镇,高47厘米,重36千克,铭文有122字,是一件非常大的盂,现藏陕博。

图7 师永盂

图8 师永盂拓本

师永盂释文：

隹（惟）十又二年初吉丁卯，益公

内，即命于天子，公廼出氒（厥）

命[①]，易（锡）畀师永氒（厥）田湌（阴）昜（阳）洛，

彊（疆）眔师俗父田[②]。氒（厥）眔公出

氒（厥）命：井白（伯）、燹白（伯）、尹氏、师俗父、

遣中（仲）[③]。公廼命酉𤔲徒囟父，

周人𤔲工眉、敔史、师氏邑

人奎父、毕人师同，付永氒（厥）

田[④]，氒（厥）逹履氒（厥）彊（疆）宋句[⑤]。永拜

䭫首，对䍐天子休命，永用

乍（作）朕文考乙白（伯）障盂，永其

萬年，孙子=，永其逹宝用[⑥]。

①“隹（惟）十又二年初吉丁卯，益公内，即命于天子，公廼出氒（厥）命”一句，此处的“十又二年”指“恭王十二年”，这个结论是我们根据已知的那几个定点通过推算历法得到的。“初吉”是一个月最前面的那几天。“益公”是当时很重要的官员。“内”读为“入”，就是“入朝”。之所以一定要讲“内”或者“入”，是因为当时朝廷里的大臣都有自己的封地，他们平时都居住在自己的封邑里面，上朝的时候要从外面进入朝廷中，所以铭文中才说“入”。当然这些人有的是畿外的诸侯，有的是畿内的诸侯，周初的时候，畿外的诸侯会多一些。有很多很重要的诸侯没有就封，仍旧在朝为臣，比如卫康叔就在朝廷里担任司寇，周公、召公也都是派其长子就封，他们本人仍在朝为官。“即命”一词，“即”训为

"就"，意思等同于"受"，"即命"也就是"受命"。"命"的发出者是天子，"益公"是去接受命令的，也就是说这是"王"的命令，但"王"并没有亲自把"师永"找来当面赐命，而是由"益公"传达。实际上，出命之人是"益公"，这就是金文中所谓的"出入王令"，当时的礼仪就是如此。之所以如此，是因为这里讲的是"师永"的田地之事，需要在该田所在之地当场宣命。

②"易（锡）畀师永氒（厥）田淯（阴）易（阳）洛，彊（疆）眔师俗父田"一句，"畀"就是"给予"。此处的"洛"不是河南的"洛"，而是陕西的"西洛水"，所谓"阴阳洛"就是"西洛水的南北两岸"，可见这次给的田地是很大的。"阴阳洛"在金文中还作为一个地名来用，见于敔簋。古代的很多地名都使用"山"和"水"来表示的，山南水北为"阳"，山北水南为"阴"，这种叙述符合北半球的自然情况，如果到了南半球，那情况就正相反。《尔雅》认为最南的地方是"北户"，有一部书叫《北户录》。所谓"北户"就是"门户要向北"，这说的是赤道以南的现象，中国古人为什么能够知道呢？这是一个很值得研究的问题，我认为当时的中国人还是和很远的地方的人有交通的，这样才能有这个知识。不仅是门户，过了赤道以后，就连星相都有所改变，有些一等星只有在南半球才能看到。在中原地区我们所能看到的最南的一等星就是老人星，过去人们认为见到老人星是祥瑞。实际上，到了一定的地方就可以看见老人星了，在广州就比较容易看到老人星。但像南十字那一类的一等星只有过了赤道才能看得见。到了赤道以南就是"北户"了，实际上居住在赤道附近是不用考虑什么"户"

的，因为那里太热了，真正要考虑"北户"的，还是南半球比较靠南的地方，因为那里气温比较低，要考虑阳光的问题。澳大利亚就是这样，所以很多东西都与北半球不同。澳大利亚以前是没有针叶树的，澳大利亚的针叶树都是从欧洲移植过去的，这些是欧洲人对澳大利亚的影响，澳大利亚最常见的树是桉树。美洲也是这样，哥伦布发现美洲之后，对美洲影响最大的除了人以外，就是老鼠，美洲原来的老鼠都是黑毛的，而欧亚大陆的老鼠是灰毛的，灰老鼠随着船队到达了美洲之后就把美洲的黑老鼠统统赶走，现在很少能在美洲的自然界找到黑老鼠。"疆"读为"疆"，"疆"字右边像两个田，中间有界划，之所以从"弓"，是因为古人用一个弓形的器物来测量土地，这种测量土地的器具，一直到近现代还有，我个人没有看到过，但是在一些地方志中还有这种工具的图形，此处的"疆"就是"田界"的意思。"眔"训为"及"，义为"连接"，也就是说"师永"的田地在阴阳洛，与"师俗父"的田地相接。这种地方就涉及当时的土地制度，当时的自由民每个人都会有一块田，所谓"一夫受田百亩"，之所以是一百亩，是因为这一百亩地可以养活一家人，当然官爵不同的人，所赐田地的多少也会有不同，"师永"的田就横跨西洛水两岸。过去的人对于"井田制"有一定的怀疑，认为这种制度难以实现，因为土地的情况不同，并且很多时候没有办法画成一整块。关于这一点，我专门写过一篇文章①，实际上古人是有一个

---

① 李学勤：《〈管子〉"乘马"释义》，载《古文献丛论》，第132-136页，北京：中国人民大学出版社，2010年。

折算土地的方法的。这种方法见于《左传》，也见于《管子·乘马》，这两本书里面记载了专门的折算比例，虽然《左传》和《管子》的时代稍晚，但在道理上是和西周时期一样的，所以"井田制"并不是像很多人所想象的那样，就画成一个方块，画成方块是理论上的规定。这就好像有些人不相信"畿服制"，他们认为从成周往外不可能都是平地，实际上这只是一个理论上的制度，在具体实施的过程中会有一定的折算比例，所以像这类的情况，大家就不能拘泥于古书。这里对于赐给"师永"的田并没有过多的描述，只是说与"师俗父"的田相接，估计是"师永"的这块田一部分被师俗父的田包围，剩下的部分挨着西洛水，所以就没有详细描述这块田的"四至"。所谓"四至"就是这块地东、南、西、北各自到什么地方为止，这种描述"四至"的情况，一直到明清的地契上还有。"师俗父"是一个很大的官，他自己也有青铜器。

· 2009 年下半年第十四次课 ·

师永盂（下）

这一次课，我们继续讲师永盂，前三行已经讲过了，我们从第四行开始讲。

师永盂释文：

隹（惟）十又二年初吉丁卯，益公

内，即命于天子，公廼出氒（厥）

命①，易（锡）畀师永氒（厥）田湌（阴）昜（阳）洛，

彊（疆）眔师俗父田②。氒（厥）眔公出

氒（厥）命：丼白（伯）、焚白（伯）、尹氏、师俗父、

遟中（仲）③。公廼命酉嗣徒㝬父，

周人嗣工眉、致史、师氏邑

人奎父、毕人师同，付永氒（厥）

田④，氒（厥）逢履氒（厥）彊（疆）宋句⑤。永拜

稽首，对扬天子休命，永用

乍（作）朕文考乙白（伯）隣盂，永其

万年，孙子=，永其逢宝用⑥。

③"氒（厥）眔公出氒（厥）命：丼白（伯）、焚白

（伯）、尹氏、师俗父、趞中（仲）"一句，"眔"读为"及"，在此处义为"参与"。"公出氒（厥）命"是指"益公发布王的命令"，"氒（厥）眔公出氒（厥）命"就是"参加了益公发布王命之事的人"。领受王命是"益公"自己去的，但宣布王命的时候就要有其他人在场，这是一个很隆重的事，现在我们的新闻媒体也是这样，比如总理接见外宾的时候，媒体除了报道这件事之外，还会报道都有什么人参与了这项活动。"井伯""焚伯""尹氏""师俗父""趞仲"这五个人是参加发布王命的人，他们是很重要的，这五个人再加上"益公"就是当时的"六卿"，这里面的"六卿"可能和《周礼》中的"六卿"不太一样，因为这里有"尹氏"。"井白"就是"井伯"，而且从时间上来看，此处的"井伯"一定就是"井伯親"。"焚伯"就是"荣伯"，"荣"是一个姬姓的贵族，一直到西周晚期还有，厉王时期有"荣夷公"。"尹氏"是"太史之长"。"趞仲"见于班簋，"趞氏"与"毛氏"应该有一定的关系。"师俗父"的氏我们不知道，但"井氏""荣氏""趞氏"都是西周最重要的大族。并不是所有的土地转让都需要六卿同时参加，比如在卫鼎中就只有其中的五个，这一点给了我们一个启示，如果把恭王时期的器物系联起来，我们就可以看到当时卿一级官员的变迁。

④ "公廼命酉䚇徒㚇父，周人䚇工眉、致史、师氏邑人奎父、毕人师同，付永氒（厥）田"一句，"公"指"益公"，"廼"义为"于是"。"酉䚇徒㚇父"，"酉"读为"奠"，这个字在金文中常见，很多人把金文中所有的"奠"字都读为"郑（鄭）"，这恐怕不对。我认为这里的"奠"

读为"甸"①,是"郊甸"之义,"酉𩁹徒"即"甸司徒",是管理郊甸的司徒,甲骨文中"奠受年"的"奠"也是这种用法。"函父"是人名,过去大家都读"囡"为"函",但"函"是从矢的,这一点王国维先生有过很好的讨论②,裘锡圭先生认为"囡"应该与"𥁕"有关,读为"温"。③"周人𩁹工屖","屖"字应该和"殿"字有关,是一个人名,官职是"司空","周"指"镐京"。"𣪘史"一词,"𣪘"字与"懿"字有关,"𣪘史"应该是一个史官,具体是什么样的史官,我们还不太明白,因为"𣪘"字的左边是不是"亚"还可以讨论,也有可能是"冊"字,之所以封田的时候要有史官参加,是因为需要史官来记录。"师氏邑人奎父","师氏"是属于司马系统的官,但不是正式的司马,"邑人"就是当地的人,名字叫"奎父",这个"奎父"就是青铜器中的"师奎父",由此可知所谓"师奎父"就是"师氏奎父"的简称,至少在这里是如此。但并不是所有的"师"都是"师氏",因为"师"还有"君长"之义。封赐土地的时候,往往会有三有司参加,所谓"三有司"就是指"司徒""司马""司空"。"师同"也有自己的铜器,他是"毕人","毕"这个地方非常重要,"毕"也是周人很重要的一个贵族,第一代是"毕公

---

① 李学勤:《青铜器与古代史》,第260页,台北:联经出版事业股份有限公司,2005年。
② 王国维:《不𣪕敦盖铭考释》,载《王国维全集》第十一卷,第315-324页,杭州:浙江教育出版社,2009年。
③ 裘锡圭:《裘锡圭学术文集·甲骨文卷》,第356-357页,上海:复旦大学出版社,2012年。

高"。近些年有很多人都在研究"毕"的地望,因为按照古书记载,文王葬于毕,而文王之后的西周诸王的王陵也都应该在"毕"。"毕"的地望有几种不同的说法,比较糟糕的是,清朝一些搞历史地理的人,把这个问题弄得很复杂,特别是做过陕西巡抚的毕沅。他到了陕西之后,随便指定,他认为某地应该是历史上的某地,就是某地,包括很多秦汉陵也一样,不仅如此,他还要立个碑来说明,很多碑现在还存在。事实上毕沅所指定的这些地方大都不对,可因为他确实很有学问,所以还是有很多人相信他的说法,这也就造成了种种问题。但不论如何,"毕"的地望有两种可能性,一种可能性是在渭河以北的高台地上,另外一种可能性是在丰镐一带,并且离丰镐很近。离丰镐很近的说法在唐代很流行,近四五十年,丰镐一带出土的唐代墓志上面很多都提到"毕",要是有汉代的墓志就好了,但汉代时是没有墓志的,最近的曹操墓就存在这个问题,有些学者认为曹操那个时代不可能有墓志。实际上这里面是有一个问题的,那就是曹操是算东汉人还是算魏人。这个问题说法不一,因为曹操去世的时候,东汉还没有灭亡,可问题在于曹操埋葬的时间也不会很短,不太可能是陵一修好就入土了。后来曹丕篡汉,建立了曹魏,所以曹操墓叫"东汉大墓"并不是太合适,应该是一个汉魏之间的墓。总之,唐代的一些墓志都认为"毕"是在长安县那一带,但这一点大家还是要警惕的,因为唐代人搞的历史,有些地方特别不可信。比如"申",现在认为"申"在南阳,这是没什么问题的,可唐代人不是这样说,唐人说"申"在信阳，唐人之所以这样说，可能和"申""信"的读音有关，古书中就有"申""信"相通的例子。自《括地志》以降，唐代讲地理的书，很多地方讲的和前人、后人都不一样，有的时候很有依据，可有的时候就没有。即使是如此，大家认为唐代墓志中讲的"毕"的位置还是有可能的，之所以这样说，是因为周文王去世之后是不能运得太远的，所以在"丰镐"一带还是有可能的。这篇铭文中的"毕"一定就是文王所葬之"毕"，但是我们不能从师永盂的出土地推断"毕"就在蓝田泄湖镇，因为铭文中说的是"毕人师同"，只是强调"师同"是毕地之人，但是"毕人师同"参加这个事也可能和"毕"的地理位置有一定的关系，这一点就有待继续研究了。"付"义为"给"，"永"就是"师永"。整体来看，这个仪式还是很大的，先是有"益公"出命，然后朝中的"六卿"都到场参加，就好比后世的内阁人员全都到场一样，这说明封的地并不小，而且这件盂本身也是很大的，也从侧面说明了这件事的重要。

⑤ "氒（厥）逯履氒（厥）彊（疆）宋句"一句，"氒"用法同"其"。"逯"义为"带领"。大家要注意"履"字的写法，释为"履"是很晚的事情，这个字在散氏盘中就有，前人多读作"眉"，或读为"旧"。"履"训为"步"，但在这里"步"有"测量"的意思，因为早期的时候是用"步"来测量的，"一步"相当于当时的"六尺"，而"百步为亩"。人类早期的长度计量每每与人的身体有关，《天方夜谭》里面讲船的长度，是用"肘"来表示的，英文中的"英尺"也是用英王的一只脚的长度作为标准，

中文里面的"寸""尺""寻"也是这个道理。"步"也是一样,当时认为一个成人的步长是差不多的,所以会有"百步为亩"。"宋句"是人名,"氒(厥)遂履氒(厥)彊(疆)宋句"义为"带领他们测量田地的人是宋句"。由此来看,"宋句"应是当地的主政之官。"六卿"之官是来参加仪式的,真正带领人去测量土地的是"宋句",测量完毕之后,史官会记录下来,这些程序完成之后,才意味着这块地归属于"师永"。

⑥"永其遂宝用"一句,"遂"训为"皆"。

这篇铭文的文辞并不难懂,关键就是要把人名分清楚。我过去专门写过一篇《西周金文中的土地转让》的文章①,介绍了金文中土地转让的相关内容,这篇文章写得比较早,后来还有一些更好的材料并没有收录,但基本上的内容都在里面了。

自二十世纪三十年代以来,很多人认为周代没有私有土地,因为《诗经》中有"普天之下,莫非王土,率土之滨,莫非王臣"。现在从金文和楚简来看,有不少材料都涉及土地转让,那么究竟应该怎么理解"普天之下,莫非王土"呢?实际上这句话并不难理解,"普天之下,莫非王土"讲的是主权,"主权"和"所有权"是两回事,国家有一个主权,而代表这个主权的是这个国家的元首。君主制时期,国土是属于君主的,在有疆界的情况下,主权是不能够侵犯的,虽然说周代是"普天之下,莫非王土",但也还是有华夏和蛮夷之分,只是不像后来那么清楚。主权是绝对不可

---

① 李学勤:《西周金文中的土地转让》,载《新出青铜器研究》,第 90-92 页,北京:人民美术出版社,2016 年。

以侵犯的，但"主权"是对于"国家"而言的，具体的一块土地，它的所有权和使用权在不同的时期情况可以有所不同。现在我们就会遇到类似的问题，比如买房，买的房子包括土地吗？这个房子有七十年的使用权，七十年后使用权还可以延长，当然七十年之后我们谁也看不见，究竟怎么样，还是有一些讨论，所以我们要区别开主权、所有权、占有权和使用权。二十世纪五六十年代，中国历史学界对这个问题有过很多讨论，出了一本《中国历代土地制度问题讨论集》。之所以有这些讨论，是因为当时西方学术理论的传入，而这些讨论往往与西方世界的法律史有关。西方的法律史我自己并没有读过，但因为工作需要去查过一些相关书籍，这里面就有关于罗马法的书。大家要知道，西方的法律系是必须要学罗马法的，因为西方的法律理论基本上是两个系统，一个是罗马法系统，另一个是拿破仑法典系统。罗马法的教科书一翻开讲的就是所有权、占有权、使用权等这一类问题，读过之后，我才知道这些与"普天之下，莫非王土"有密切的关系。

"师永"拿到了这块地，拿到了契约，在法律上到了承认，这是没问题的，可是"师永"死去之后，这块地该怎么办，是归"师永"的儿子呢，还是退回呢？如果能够继承，具体能继承几代，其间又能否将这块土地转卖或者送人呢？这些都是问题。包山楚简里有一个例子就涉及这个问题，这个例子讲的也是封给某人一块地，可是那个人后来去世了，就发生了一个争执，这个争执就是继承者是不是那个人的后裔。于是就展开了调查，通过邻居和当地官长的证明，继承者确实是那个人的后裔，但他把地卖给了另外一个人，这就引发了另一个问题，就是这种行为是否合法。这就看出来当时土地是有转让的。实际上在西周时期土地是有转让的，而且能够从青铜器中得到证明。青铜器中所记载的转让是要由官方来核准的，但具体如何转让，从经济史的角度来看如何来做这些事，金文所提供的材料还是很有限的，真正能够研究得比较清楚的是春秋战国以后的那一段。实际上整个先秦这方面的材料都是有限的，可无论如何，当时是有土地转让存在的。

与土地制度相关的器物除了师永盂之外，还有1975年岐山董家村出土的裘卫器群中的卫盉、五祀卫鼎、九年卫鼎，再有就是大簋、格伯簋以及散氏盘。通过研究发现，当时的土地转让基本上有三种情形。第一种情形是赏赐，师永盂就是这样。大家要注意，封地和封爵是有密切关系的，"爵"和"地"在当时是一个整体，一个人有什么样的爵位，相应地也就会有什么样的土地，反之亦然。大簋也是这样，是王把"䞢"的田里赏赐给了"大"。"䞢"字，大家以前多读为"kuí"，现在看起来这个字应该是一个从"眊"声的字，这里我们还是用传统说法，读为"䞢"。王把这块地赐给"大"之后，"䞢"就说"余弗敢斁"，也就是"我不敢贪斁"，可见王对这块地是有处置权的，说给谁就可以给谁。第二种情形是交易，卫盉就属于这一类，"卫"这个人的官职是"裘"，所以又叫"裘卫"。"裘"就是《周礼》中的"司裘"，是管毛皮的，"司裘"的下面还有一个"掌皮"，这两个职务都见于金文，"司裘"在金文中叫"裘某"，"掌皮"叫"皮某"。"司裘"是给王供给毛皮的，"卫"的器物中也多次提到这一点，其中最重要的一件事就是打狐狸，很多人把铭文中的"林狐狸"读为"林孤里"，认为"孤里"是个地名，这是不对的，实际上就是"狐狸"。"卫"器记载，"矩伯"用田地从"裘卫"那里交换皮币，由此可知"矩伯"对他自己的土地还是有一定的权力的，他可以用这些土地来换东西。在这种情况下，土地在一定程度上进入了商品交换，并且是用货币作为交换的尺度。第三种情形是赔偿，散氏盘就是这样，散氏盘开头是"用矢䅽散邑,迺即散用田","矢"应该读为"吴","䅽"应该读为"䠇",或者"践",义为"攻打"。因为"矢"攻击了"散",所以就要赔偿给"散"土地。由此可知,土地在一定情况之下可以用来赔偿。因此,土地转让在金文中有三种情况,分别为赏赐、交易和赔偿。所以当时的贵族对其所拥有土地还是有一定的转让权的,类似这样的例子,大家在春秋以后的文献中也是不难发现的。以上所转让的土地当中,有的单位是"田",有的单位是"里",那"田"和"里"又有什么区别呢?"田"指"农田",单位也是"田","一田"也就是"一夫之田百亩",当时的"一亩"是长百步,宽一步,这是当时一个理论上的计量单位。"里"指"居邑",是住的地方,《尔雅·释言》和毛传都说"里,邑也",所以"田"和"里"的性质是不一样的。

所有的土地一定要经过地界的丈量,至于说什么时候开始有地界的图,我们还不是很清楚。大家要知道,中国的地图是非常早就有的,宜侯矢簋中就有"武王、成王伐商图"和"东国图",这些是涉及地域很大的地图,比较小的图什么时候开始有,还有待讨论。可是散氏盘里面提到了"图",就是付给土地的地图,散氏盘是厉、宣时器,所以在西周晚期就一定有土地的图了。从"裘卫"的器物来看,当时交易土地也应该是有图的,实际上这种"图"和后来所谓的"地券"应该是一类的东西。从汉代就开始有"买地券",但这种"买地券"并不是真正的契约,而是埋在墓里的,但却是按照当时地契的格式写的,所以尽管真正地契的格式我们现在看不到了,可是我们可以从买地券中看到相应的格式。真正封邑的地券,我们现在能看到一件,就是秦惠文王时期的"瓦券",也叫"宗邑瓦书",这件东西在眉县出土,现藏陕西师范大学图书馆。

五祀卫鼎中有"厥逆疆眔厉田，厥东疆眔散田，厥南疆眔散田眔政父田，厥西疆眔厉田"一句，说的就是这块地的"四至"，"逆"通"朔"，也就是"北"。"眔"训为"至"。这块地的北边到"厉"这个家族的田，东边到"散田"，南边与"散田"和"政父田"相接，西边与"厉田"相接。如图1所示：

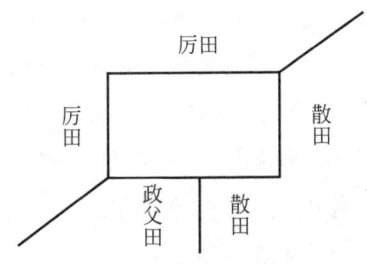

图1　五祀卫鼎田地示意图

东汉的诸葛敬地券的"四至"如下：田东比贺方，南比沈大义，西近大道，北比郑江生。"比"就是"邻"，相当于金文中的"眔"，这个"四至"的格式和金文中的"四至"基本一致，"四至"的格式一直到新中国成立以前的地契上都是如此。

大家可以看一下散氏盘，散氏盘中不仅讲述了地的"四至"，还讲了勘定地界的过程以及这些地界应该如何"封树"。"封树"是古代标明地界的两种方法，即"封"和"树"。我们常说"封建"，实际上"封建"就和"封树"有关。所谓"封"就是做一个一定大小的土堆作为地标，所谓"树"就是种一棵树作为地标，当然二者可以结合起来，就是先做一个土堆，然后在土堆上种一棵树。也正是因为如此，中国的很多地名都与此有关，比如说"械林"，"械"就是"柞树"。楚武王准备起兵伐随的时候，他觉得"余心荡"，这是心脏房颤的表现，还没等到达随国，楚武王就去世了，史载"楚武王卒于樠木之下",这并不是说楚武王死在樠树下面,而是说楚武王死在"樠木"这个标界所在之地。"封"的长、宽、高在当时都有具体的规定,见于秦简。"封"是"起土界",崔豹《古今注》"封疆画界者,封土为台,以表识疆境也;画界者,于二封之间又为堳墇埒,以画分界域也"。四川青川郝家坪发现的木牍秦国《为田律》规定"封高四尺,大乘其高,埒高尺,下厚二尺"。"埒"是在"封"之间起联系作用的土埂,这里的"尺"是"秦尺",一尺约合现在的 23 厘米。青川木牍是我们研究战国时期土地制度最好的材料,这块木牍记载的是《为田律》,所谓"为田律"就是讲述如何作田,此处的《为田律》是秦武王时的宰相甘茂所定,到了西汉基本上还是如此。当时青川出了两块木牍,其中之一就是这块,另外一块以前看着没有字,最近陈伟去给这块木牍照相,结果用红外相机照出很多字。

现在大家就知道为什么要"履地"了,因为要丈量,还要封树,这些都是非常重要的,所以散氏盘有"以南至于大沽,一封;以陟,二封;自根木道左至于井邑封道,以东一封;还,以西一封;陟冈,三封"。如果大家把散氏盘读一下,就会发现当时"封树"的时候并不是直线的,而是要根据地形来划定地界,这些内容能够让我们更好地看到当时的社会风貌。

· 2010 年上半年第一次课 ·

京师畯尊、恭王时代铜器略论、卫簋、卫盉（上）

京师畯尊

前一段时间我给大家讲昭、穆时期的铜器的时候，曾经提到过一件昭王时期的尊（见图1、图2、图3），但当时这件尊没有发表，我还不能介绍给大家，现在这件器物已经发表了，就在《文物》2010年的第1期。这期《文物》里面有一张尊铭的拓片，但这张拓片本身就不好，很不清楚，但我们还是要把它读一下，因为这件尊和我们所讲的昭王时代的史事很有关系。这件器物的铭文有纵的线，金文中有打格子的，但单划线的是非常少见的，所以这是一件非常特别的东西。这件尊是侈口的，具体尺寸我不知道，我本人没见过这件东西，因为工作关系，我看到了这件东西的拓本，第一次看到的是一个半摹半拓的本子，因为拓本很不好，所以上面就又摹了一下。当时我看到之后，我认为是假的，后来我又看到了在《文物》中印的这个拓本，才考虑这件尊是真的。

这件器物不知所踪，我之所以知道这件尊的样子，是第一次看拓本的时候，看到了一张器形的照片，可也是模模糊糊，并不清楚，但是花纹是清楚的。从花纹和形制上可以判断出它的年代，是西周前期的器物，和召尊、景尊比较类似。这件尊腹上有两道带形纹，中间是空素的，这种纹饰一般就是西周前期成、康、昭时代的，北京琉璃河出的复尊的形制也是这样。当时之所以表示怀疑，是因为铭文中的"汉"字，"汉"字在西周金文中看到过：一个是在中甗上，虽然中甗是宋刻本，但铭文是很清楚的；另一个是现藏美国弗利尔美术馆的太保玉戈。这两件东西里都有"汉"字，一般来说，"汉（漢）"字的右边是不从"土"的，可是小篆的"汉"字却是从"土"的，这件尊铭中的"汉"也是从"土"的，这一点就和太保玉戈、中甗不同。

图1　京师畯尊

图2　京师畯尊拓本

图3　京师畯尊铭文照片

京师畯尊释文：

王涉汉伐
楚①，王又胾工②，
京自眈吕斤③，
王𢆶贝④，用乍（作）
日庚宝隣彝，冀。

①"王涉汉伐楚"一句，"涉"义为"渡过"，"王涉汉伐楚"即"王渡过汉水去伐楚"，这句话本身就特别重要，因为这涉及了楚都的地理位置。《史记·楚世家》记载楚国初封在丹阳，但是楚国的初封究竟是在什么地方，现在有很大争论，武汉大学的徐少华有文章发表在石泉先生纪念文集中①，该文对一些说法进行了总结。楚文化起源是一个大问题，涉及考古学上的很多问题，也与历史地理关系密切。楚的起源有七八种说法，但最主要的有三说。最早的说法在秭归，但从考古学上来看不可能成立，因为秭归并没有什么遗迹和器物，从地形上看，秭归也不太可能是一个封地。其二为丹阳说，丹阳也就是丹水之阳，就在今天的淅川附近，由于近年来的南水北调，淅川附近也确实发掘了一些较早的遗址，很多人也相信这个说法。其三为枝江说，丹阳和枝江一个在汉水以北，一个在汉水以南。关于楚和汉水的关系，《古本竹书纪年》有"昭王十六年，伐楚荆，涉汉，遇大兕"的

---

① 徐少华：《古都国、郡县及楚郢都地望辨析》，载《石泉先生诞辰九十周年纪念文集》，武汉：湖北人民出版社，2007年。

记载,称"楚"为"楚荆",见于竹简。"伐楚"就是"伐楚都",古书中都是如此,比如说伐鲁,那么主要的目标就是曲阜,而不是鲁国的边邑,"伐楚"也是如此。但我们并不能据此论证昭王时期"楚都"的位置,因为《古本竹书纪年》上所说的究竟是先涉汉,再伐楚,还是先伐楚,再涉汉,我们还不清楚。尊铭中的"王涉汉伐楚",只能理解为先涉汉,再伐楚,这也就证明了昭王十六年时"伐楚荆,涉汉","楚都"在汉水以南,这就是这件铜器的重要性。当然《楚世家》所说的"熊绎封丹阳"是在成王之时,可能在成王之时楚都是在丹阳。

②"王又戝工"一句,"王又戝工"即"王有戝功",金文和文献中都有类似的例子,《左传·庄公三十一年》云"有四夷之功",也就是"有征伐四夷的功劳"。《左传·成公六年》云"有靠之功",也就是"在靠地作战有功"。现藏上博的鲁侯尊有"唯王命明公遣三族伐东国,在㲋,鲁侯又囚工,用作鼄彝"一语,"明"是美称,不是"公"的名字。"㲋"是地名。"囚"是地名,"鲁侯又囚工"也就是"鲁侯在囚地打仗取得了胜利",所以"王又戝工"也就是"王在戝地打仗取得了胜利"。"戝"字是我补的,不一定对,因为原拓本不清楚,"戝"是地名,见于楚简。

③"京自眕㠯斤"一句,"京自眕"即"京师畯",是一个人名。"京"是地名,或者是国名,"京师畯"也就是"京的师畯"。文献中有很多"京",对于周人而言,"京"指的很可能就是《公刘》中的"京",也就是今天的陕西邠县。金文中作为军队、地名讲的"师"都写作"自",作人名讲的"师"都写作"师"。从拓本上可以看

出"师"当时是写错了,写成了"𠂤",后来发现写错了,就又加了"帀",所以"帀"是后补的,压在了栏线上。"㠯"是一个虚字。"斤"是地名,在昭王的其他铜器上还有见。"京𠂤畞㠯斤"义为"京𠂤畞因在斤地作战有功"。

④"王𢼸贝"一句,"𢼸"即"釐",义为"赏赐"。

这件铜器不知道是哪里来的,也不知道现藏何处,我只是看到了一个拓本和一张模糊的器形照片,而且我拿的还是一个复印本。这个复印本我已经公开了,因为这个铭文太过重要,一般来说,没有公布的东西一般不去发表,但这件东西实在是很重要,所以就把它发表了,如果不发表就太可惜了。

这个不是今天讲课的主题,今天还是要继续讲恭王时代的青铜器。

恭王时代铜器略论

恭、懿、孝、夷是西周中期后段的几个王,这一时期并没有多少传世文献。但到了西周晚期,传世文献材料就会增多。上一次我们讲的是师永盂,实际上恭王的铜器不应该从师永盂讲起,之所以如此,是因为师永盂比较好讲,并且铭文中所涉及的土地制度也比较清楚。师永盂是恭王十二年的器物,实际上恭王的器物有很多,这个学期我们要多讲一些恭王时期的器物。

最近十几年来,在青铜器研究方面有一项重要的工作,就是排金文的历谱,这项工作很早就有人做了,时代可以早到清末,那时是选定一件器物,断定这件器物的时代,比如确定了虢季子白盘是宣王时器，然后再从历法角度进行论证。比较系统地在这方面做整理工作的是吴其昌先生，代表作是《金文历朔疏证》。吴先生是清华国学院的学生，王国维先生的及门弟子。吴其昌先生的文集最近已经由山西古籍出版社出版了，但是其中并不包含这本书，北京图书馆出版社有这本书的影印本，所用的底本就是商务印书馆的线装本。在吴先生之后有很多人研究金文的历法，努力地把金文排列起来，大规模进行此项工作的是夏商周断代工程，夏商周断代工程集中了很多人的力量来做这项工作，最后由中科院的陈久金先生集合在一起，当然我们也都参加了有关工作。这个成果已经体现在夏商周断代工程的简本报告中，后来又出了很多铜器，所以仍在不断地修改，将来繁本出来的时候，大家就可以看到了。

  我们今天编的金文历谱，肯定不可能是十全十美的。西周有近三百年的时间，它的历法前后肯定有所变化，但究竟如何变化，很多还不能明确，所以不论怎么排，还是有个别的铜器排不进去，这个问题不是目前的材料能够解决的，有几件东西简直就无法解释。当然我们有一个简单的办法，就是说它错了。研究古代最大的忌讳就是说古人错了，当然个别铜器我们可以确定它确实有错，可是不能都是错的。所以我们只能承认我们不知道，而不是古人错了。现有的器物中，年、月、月相、干支四因素俱全的器物有六十几件，其中有十分之一是排不进去的，个别可以论证其确实有问题，比如克盨，它前后的两件都卡着，相差只有几个月，可是克盨就是难以排进，所以这件器物确实是有问题。

  更重要的是通过对金文历谱的研究，我们发现有一批四因素俱全的青铜器形成了一个以"恭王"为核心的圈。这个圈中的器物一定是在一块的，这一块周恭王的铜器如果再扩大联系，还可以有几十件，这几十件器物，从历法和内容上可以结合成一个板块，而这个板块是不能动的，因此研究西周的历谱就一定要把这个板块放好。因为这个板块的某些铜器上有"恭王"的名号，所以我们认为这批铜器就是恭王时器，但这并不等于说恭王在世的时候就有"恭王"的谥号，因为谥号是美称，如果王在世的时候有谥号，应该是在世时广泛使用的，但事实上并非如此。既有"成王"的称号又是成王时的器物，目前只有一件，康、昭、穆时期都没有，恭王也只有一两件。之所以说"一两件"是因为器物中的"恭王"究竟是否为名号仍有争论，这说明这些器物是后来补作的，是恭王去世之后所作，但铭文中讲的是以前的事情。这一点给我们一个很大的启示，就是青铜器铭文和青铜器的铸造年代不一定是绝对同时的。比如某铭文中有恭王二十年，我们就说这是恭王二十年的器物，这只是说铭文所述之事是在恭王二十年，不见得这件器物就是恭王二十年时作的，两周时期的某些器物可以证明是后来作的，比如班簋，讲的就是以前的事。这种例子很多，比如春秋时期的一些器物，铭文的前半段没有这个谥号，而后半段这个谥号就出现了，这说明当这件铜器作到一半的时候，这个人去世了。虽然这是个例，但是可以启发我们一些东西，就是带有谥号的青铜器可能是后补的，其他的青铜器虽然没有这种情况，作器的时间仍然较晚，但并不会晚很多，最多也就是晚个十几二十年，晋侯苏钟就一定是后来补的，这里面有种种问题，到时候我们再讨论。

以"恭王"为核心的青铜器板块，从纪年的角度来看是最为理想的一批，因为这批铜器可以从恭王元年排起，有三年、五年、七年、九年、十二年、十五年、十六年、十七年、廿年，一直到廿三年，现在看起来就是这么多。这些器物不仅在历法上合适，而且人物之间也互有关系。如果在此基础上再扩大，就会有几十件器物，占了西周中期青铜器的很大一部分，这是《西周金文历谱》最重要的成果之一。如此便可以了解当时的历法了，也对排西周的历谱大有裨益，这是一个很重要的根据，不仅如此，我们还可以由此板块上推穆王，下推懿、孝。这个板块比较固定，但并非完全不可移动，如果要移动，就会牵扯很多的年数，就会影响全局。因为在这个历谱中要找到两件相同的又可以放进这个板块的器物，二者相隔的时间是很长的，而这个长度足以影响整个西周，所以现在选择的时间是最好的时间，但是这个问题也还可以再讨论。

恭王铜器的另一个重要性，在于西周后期铭文中的一些特征此时已经比较成熟了。对于这一点，我们可以做一些历史哲学的思考，中国历史的很多现象都是如此，不仅在甲骨文、金文等物质的方面，在文化、制度各方面都有所体现。即一个大的改朝换代之后，新风格的形成和新文化的定型都要到的一段时间之后，比如一个王朝的中期。商周之际，周初的东西和商朝的东西还是相当接近的，我们几乎说不出来商代的东西和周初的东西究竟有多大的差别，可是真正的西周风格的形成则要到西周中期，也就是在穆王之后。新的风格定型之后，就不会将商和西周的器物混同，而且通过这一时期的铭文，也可以看出当时的制度、文化在很多方面和商代已经完全不同了。明清之际也是如此，清初有很多的明遗民，因此清初的很多的书籍在学术思想上还有明代的遗风，可到了康熙中叶以后，这些明遗民就不存在了，所以文风丕变。

西周中期的铜器代表了真正在西周时期所形成的风格，但西周中期也有早、中、晚之分，比如中期偏早的穆王时候的器物，还有可能被当作周初的。其中最典型的例子就是鲜簋，鲜簋是我在伦敦找到的，器身上有大鸟纹，是穆王三十四年的器物，属于西周中期的前段。一些制度上的东西也是如此，比如"子子孙孙永宝用"在周初很少见，到了西周中期开始逐渐流行，又如在册命格式、字体变化等很多方面，要到西周中期才真正成型。由于能确定的穆王的器物还不是太多，因而恭王时的器物就变得特别典型了。

  恭王元年：师询簋

  恭王三年：卫盉、师遽簋盖

  恭王五年：五祀卫鼎

  恭王七年：七年趞曹鼎

  恭王九年：九年卫鼎、乖伯簋

  恭王十二年：师永盂、走簋

  恭王十五年：十五年趞曹鼎

  恭王十六年：士山盘

  恭王十七年：询簋

  恭王廿年：休盘

  恭王廿三年：倗伯爯簋

这里面的五祀卫鼎和十五年趞曹鼎都有"恭王"的名号，特别是十五年趞曹鼎是一定不会错的，至于说五祀卫鼎中的"恭王"是否一定是名号还可以讨论。由这个板块向前可推到穆王之时，向后可推到懿王以下，特别是懿王元年有一个"天再旦"，这可能是一个日食记录。当然，所有这些不是没有争论的，但如果历法方面没有改变，想要移动的话动作就会特别大，有人认为历法五年一变,但如果是五年一变,有很多器物就排不进去,所以历法还是应该很多年才能变。

卫篡

"卫"的这批器物,1975年在陕西岐山董家村出土,出土的地方是一个窖藏。大家知道,周原这个地方是专出青铜器窖藏的,董家村窖藏是非常重要的窖藏之一。根据我们现在的研究,窖藏的埋藏都是有原因的,从一般考古学的角度推测,这些窖藏都是在西周覆灭的时候,贵族出逃前所埋。这是有一定道理的,因为窖藏的位置往往是在遗址之外,但又靠近遗址。大家可以设想,这应该是当时的一些贵族想把铜器埋起来,于是就在距其宅院不远的地方挖了一个坑,将铜器埋于坑内。这种窖藏大部分都是在生土里挖的,也就是临时挖的,很少有经过特别制作的,而那些经过特别制作的窖藏,都是那些比较有先见之明的人所做,所以数量很少。眉县杨家村出的那批东西,它的窖藏就是经过特别制作的,我专门去看过。据说宝鸡戴家湾的那些窖藏也有一部分是特别做的,其实这种窖藏做起来也不费劲,实际上就像做一个窑洞那样。不管怎么说,岐山董家村的窖藏是生土窖藏,它的发现时间是1975年。

大家要知道,1966年5月之后,文物考古工作就停了一段,直到1972年周总理批示才又重新恢复。这期间文物考古工作也只是做了一点点事情,非常有限,基本上处于瘫痪状态,也没有刊物。1972年,周总理批示恢复文物考古工作,三大杂志正式复刊,而且举办了"无产阶级文化大革命"期间出土文物展览,在这种情况之下,有些出土发现就得到了及时的报道。比较奇怪的是那几年发现了很多铜器,大概是那个时候我们接触到了一些很重要的青铜器遗址,周原就是其中之一。"伯戜"的那一批器物,还有庄白窖藏的 103 件器物,都是在那个时期出的,这些器物后来也成了宝鸡青铜博物院最主要的展览品。

董家村的这批器物是在 1975 年出土的,但到了 1976 年才为人所知。1975 年到 1976 年的这段时间发现的东西特别多,比如睡虎地秦简就是 1975 年的 12 月末出土的,我在 1976 年 1 月赶到现场,居延新简也是这个时期出土的。董家村的这批铜器发表在《文物》1976 年第 5 期。当时专门请唐兰先生写了一篇考释的文章[1],有关土地制度的问题,则是请林甘泉先生写了一篇文章。[2]

董家村的窖藏堆积得很好,估计也是同一个家族的东西,一共 37 件,从纹饰和形制来判断,应该属于西周中、晚两个时期。"裘卫"四器应该是西周中期偏早之物,是这批铜器中最早的,往下还有东西,最晚的荣有司再可能已经到了幽王时期,但是这些铜器之间的相互关系是说不清楚的。我有一个推测,写了一篇文章[3],收入《新出青铜器研究》,但是我要声明,我只是推测这批器物是同一个家族的东西,不能从铭文上论证,所以也就不像庄白和强家村的窖藏那样能够排出世系。

---

[1] 唐兰:《陕西省岐山县董家村新出西周重要铜器铭辞的译文和注释》,《文物》1976 年第 5 期。

[2] 林甘泉:《对西周土地关系的几点新认识——读岐山董家村出土铜器铭文》,载《林甘泉文集》,第 85-94 页,上海:上海辞书出版社,2005 年。

[3] 李学勤:《试论董家村青铜器群》,载《新出青铜器研究》,第 83-89 页,北京:人民美术出版社,2016 年。

这批窖藏中比较早的就是"卫"的器物,"卫"器的特点在于同一个人的东西有四个不同的年号,也就是一个器主连续作的几件器物都有明确的历法证明,这是很少见的,这对于西周年代学的研究也是非常宝贵的。其中三年卫盉、五祀卫鼎和九年卫鼎从历法上证明肯定属于同一个王,也就是恭王。但是卫簋是二十七年的,从各方面来看,卫簋应是穆王二十七年时器(见图4、图5、图6)。

图4 卫簋

 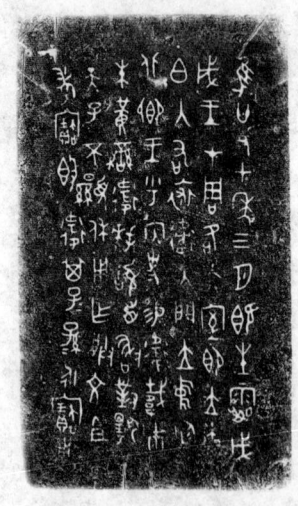

图5 卫簋盖铭拓本　　　图6 卫簋器铭拓本

卫簋释文：

隹（惟）廿又七年三月既生霸戊
戌①，王才（在）周，各大（太）室，即立②。南
白（伯）入右裘卫，入门，立中廷，
北乡③。王乎内史易（锡）卫载市、
朱黄、䜌。卫拜頴首，敢对扬
天子不（丕）显休。用乍（作）朕文且（祖）
考宝殷④，卫其子＝孙＝永宝用。

①"隹（惟）廿又七年三月既生霸戊戌"一句，这件器物四因素俱全，但这件器物的历日与同出的三年卫盉、五祀卫鼎、九年卫鼎的历日不能调和，也就是说卫簋与其他三件器物不属于同一个王世，所以我们不能认为卫簋是恭王二十七年，实际上应该是穆王二十七年。仔细想想，这样说也是有道理的，从铭文来看，应该是"卫"刚刚来见王，地位很低，而且没有职名，后来"卫"这个人成了"裘"，"裘"就是《周礼》中的"司裘"，是为王室生产、供给皮革的官员。《周礼》中有"司裘"和"掌皮"，二者都见于金文，"掌皮"是"司裘"的下属。但在卫簋中，"卫"还没有成为"司裘"，所以这是"卫"早年的器物。由于五祀卫鼎中有"恭王"的名号，而三年卫盉、五祀卫鼎、九年卫鼎同属于一个王世，恭王在位的年数按我们目前的历法来推也不可能有二十七年，最晚的是恭王二十三年。如果现在出了一件恭王二十五年的器物，我们就要修改历谱了，可是二十三年正好不需要修改。懿王在位时间较短，更不会到二十七年，所

以卫簋中的"二十七年"就是"穆王二十七年"。《史记》记载穆王在位五十五年,以穆王五十五年来计算,卫簋和穆王时代的器物排起来正好。穆王的器物我们现在有二十四年的䵼簋,二十七年的卫簋,三十年的虎簋盖,最近还出了一件铜器[①],按照我们的历表推起来只差两天。这样排起来,穆王的历法还算是过得去,所以卫簋是穆王二十七年器。

② "王才(在)周,各大(太)室,即立"一句,金文中有时写"在宗周",有时写"在成周",可是有的时候就写"在周",我们认为"在周"一般指的就是"在宗周"。"即立"就是"即位"。

③ "南白(伯)入右裘卫,入门,立中廷,北乡"一句,"南伯"是南氏,南氏中有"南公",见于大盂鼎,有人猜测"南氏"就是古书里说的"南宫氏",这个说法是否正确还有待进一步研究。此处的"南伯"很可能是康王时期"盂"的后代。"北乡"即"北向","卫"立于庭中,面朝北,王是在阶上南向。

④ "用乍(作)朕文且(祖)考宝殷"一句,"祖考"指祖父和父亲,可见此时"卫"的父亲已经去世了,所以称为"考",这件器物是为其祖父和父亲而作,所以大家不要认为一件铜器就是为某一个人而作,虽然常常是如此,但也有例外。可见当时在礼制上还是比较自由的,在"伯㺇"所作的器物中,"伯㺇"一直在强调他的母亲如何保佑他,而不说他父亲,可见"伯㺇"和他母亲的关

---

① 整理者按:此件器物应是二十六年的佣叔壶。

系非常好,而且"伯威"还为他的母亲作了好几件器物。卫簋中只是说"祖考",并没有说"祖"和"考"的名字,这些地方都很值得我们注意。当然我们可以猜想,之所以只说"祖考"而不说名字,可能是因为"卫"的祖考并没有什么显赫的地位,并且这时候"卫"的地位也比较低。

假定穆王二十七年,"卫"是二十岁,那么到了穆王五十五年,"卫"是四十八岁,到了恭王九年,就是五十七岁,此时"卫"已经是名成业就了,这种情况比较合理。

《史记》记载穆王在位五十五年,《史记》所记载的"共和"以前的西周诸王中,只有两个王有明确的年数,除了穆王在位五十五年就是厉王在位三十七年。虽然有很多人怀疑这两个年数,但我个人认为还是应该尊重这两个年数,因为司马迁只给了这两个年数,司马迁是特别谨慎的,所以这两个年数还是尽可能地不要改动。除此之外,《史记》还有文王五十年,这是根据《尚书》来的,是周朝建立之前的。

我们讲"裘卫"的第二件器物,就是卫盉。

卫盉(上)

卫盉(见图7、图8)释文:
隹(惟)三年三月既生霸壬寅,
王禹旂于丰①。矩白(伯)庶人取
堇章于裘卫,才八十朋,厥贾

图7 卫盉　　　　　图8 卫盉拓本

其舍田十田②。矩或取赤虎
两、麀㡇两、㡇韐一，才廿朋，其
舍田三田③。裘卫廼彶告于
白（伯）邑父、㷔（荣）白（伯）、定白（伯）、䆃白（伯）、单
白（伯）④，白（伯）邑父、㷔（荣）白（伯）、定白（伯）、䆃
白（伯）、单
白（伯）廼令叁有嗣：嗣土散、邑嗣
马单旗、嗣工邑人服⑤，眾
受田：燹趠⑥。卫小子㚔逆
者其乡⑦。卫用乍（作）朕文考惠
孟宝般⑧，卫其万年永宝用。

① "隹（惟）三年三月既生霸壬寅，王爯旂于丰"
一句，此处的"三年"是周恭王的三年。"爯"训为"举"，
"旂"即"旗"。周代已经形成了一些制度，即不同身份
的人有不同的旗帜，旗帜在当时的用处很大。世界各国

都有旗子的问题,清末的时候,中国与世界的交流开始增多,中国人才有国旗,晚清以前,中国是没有国旗的,但是有天子之旗。周天子的旗为日月交龙的花纹,叫做"太常",大家如果有兴趣可以看一下《周礼》的《司常》。在某些礼节中要升旗,这也就是所谓的"称旗",其中最常见的情况就是朝觐。"斿"字在金文中见过若干次,但不见于甲骨文,所以这些年我常常在想甲骨文应该是把"旗"叫做"中",甲骨文的"立中",就相当于"称旗"。甲骨文中凡是讲"立中"的时候,总是要讲刮不刮大风,甲骨文的"中"字作🕴,就是"旗"的样子。实际上"王禹斿于丰"是在"丰"举行朝觐之礼。文王都丰,武王都镐,实际上从考古的角度来看,丰镐遗址是很接近的,二者是相联系的,这就好像把岐周分为周、召,可是很难将周、召划分得很清楚一样。虽然现在有沣东、沣西,但我们还是习惯于称之为丰镐遗址,所以这里"王称旗于丰"还是在王都的范围之内。

②"趄白(伯)庶人取瑾章于裘卫,才八十朋,氒贾其舍田十田"一句,"趄"字,一直以来大家都读为"矩",但这个字读为"矩"在文字学上还是没有很坚强的证据。金文中有"𠂤"字,像人以手持巨,"巨"就是画图的工具,我们今天叫"三角板",所以"趄"字读为"矩"还是有可能的。我认为这里的"矩伯"可能是《春秋》中的"渠氏",是周的一个贵族,《左传》中有一个周大夫叫"渠伯纠"。西周晚期的器物,比如膳夫山鼎、颂鼎都有"瑾章"。"瑾章"即"觐璋",是一种礼玉,是觐见的时候要献的礼物。可是"觐璋"和"裘卫"有什么关系

呢？《周礼·小行人》有"璋以皮"，注称"皮"是"虎豹皮"，也就是说"璋"作为礼玉进献的时候，不能用双手直接进献，而是要用虎豹之皮托着。"裘卫"是"司裘"，他是管理皮子的，所以"裘卫"与此事有关。"才"字的意思相当于我们今天说的"值"，也就是"当"。过去我把"才"读为"财"①，但是读起来不顺，读为"值"就通顺了。当然，这里只是说"才"有"值"的意思，但究竟能否这样用就是另一个值得讨论的问题了。"庶人"可以有两种解释，其一为"矩伯"的名字，但这个解释不太合理，因为还有一件与之时代相近的铭文中有"矩伯厉"，所以这里"矩伯"的名字很可能叫"厉"。第二种解释是"矩伯"的属下，因为是"庶人"，所以不称姓名。但如此贵重的东西却叫一个"庶人"来取，这个事情也是很奇怪的，因为天子的赏赐有时也就是五朋，西周时期百朋之赐是很了不起的，金文中也只见过三四次。"𩫖"就是"贾"字，"贾国"的"贾"就是这样写，贾国在今天山西的闻喜，此处"贾"读为"价"。"舍"义为"给"。这句话就是说"矩伯"派他的属下去"裘卫"那里取了觐璋，价值相当于贝八十朋，但"矩伯"没有给现钱，而是给了"裘卫"十田的地。"一田"也就是"一夫之田"，也就是"百亩"，所以这是一个非常重要的有经济史意义的材料，也就是当时"十田"的价值是八十朋贝，这些材料在西周前期的材料中从未见过。

---

① 李学勤：《试论董家村青铜器群》，载《新出青铜器研究》，第 83-89 页，北京：人民美术出版社，2016 年。

· 2010 年上半年第二次课 ·

卫盉（下）、格伯簋

我们接着上一次的课程，继续讲岐山董家村"裘卫"的器物。"裘卫"的这批器物是研究西周经济制度，特别是土地制度最重要的材料，这个材料的重要性到现在为止，还没有得到充分的认识，大家对这批铜器中所记载的土地关系的讨论并不彻底。实际上这批器物是非常重要的，虽然以前也出过很多与西周土地制度相关的铜器，但是这些铭文我们读不懂。"裘卫"的这批东西出土之后，虽然在某些字词上、某些情节上大家还是有分歧，但这批器物的铭文大体上是很容易读懂的，所以"裘卫"的这批器物是解释以往金文中有关土地、经济问题的钥匙。近些年出土的新材料太多，所以在古文字、古史，甚至整个考古学上都造成了一种"追新"的风气，有人起名叫"追新族"。这一点是必然的，因为新材料总是出现，也就很吸引人，于是大家就都去做新的了，旧的材料就没人管了，"裘卫"的这批材料已经很旧了，所以也就没有人去很好地研究了。我想通过这几次课，让大家对"裘卫"的这批材料有更深入的了解，使大家能够认识到这批器物对西周古史研究的影响是很大的，这跟过去的观点是很不一样的。

卫盉（下）

卫盉释文：

隹（惟）三年三月既生霸壬寅，

王禹旂于丰①。矩白（伯）庶人取

堇章于裘卫，才八十朋，厥贾

其舍田十田②。矩或取赤虎

两、麂䩉两，䩉韐一，才廿朋，其

舍田三田③。裘卫廼龏告于

白（伯）邑父、燮（荣）白（伯）、定白（伯）、㵪白（伯）、单白（伯）④，白（伯）邑父、燮（荣）白（伯）、定白（伯）、㵪白（伯）、单

白（伯）廼令参有嗣：嗣土敖，邑嗣

马单旗，嗣工邑人服⑤，眔

受田：燹趰⑥。卫小子逆

者其乡⑦。卫用乍（作）朕文考惠

孟宝般⑧，卫其万年永宝用。

③"矩或取赤虎两、麂䩉两、䩉韐一，才廿朋，其舍田三田"一句，此句中单说"矩"，指的是"矩氏"，不一定指"矩伯"本人，但意思是"矩伯"本人。比如"齐桓公伐楚"，我们简称"齐伐楚"，但意思上还是齐桓公伐楚，不能认为"齐桓公"就叫"齐"，如果"齐桓公"就叫"齐"，那他的儿子齐孝公又该怎么办呢？二者都叫"齐"，就不利于区别，所以父子的名字必须有所区别。

不但中国如此，从考古人类学的角度来看也是如此，过去学人类学的人都会有一本调查手册，手册中就有我说的这个事，就是人的姓名是为了区别个人的，如果不能区别个人，那这个姓名没有用。古书和金文中有时候会用某人的"氏"来称呼他本人，但这种情况是非常之少的，绝对不能认为这是一个常例，比如金文中的"荣伯"，个别时候会简称为"荣"。现在很多人在讲甲骨文、金文的时候，容易把族氏、人名、地名三者混淆。比如有一个人叫"子画"，又有一个地名也叫"画"，于是很多人就认为这两者有关系，实际上古书中从来都没有这种事。可是一个人的"氏"是可能与地名有关的。《春秋》经传中的国君、卿大夫一级的人用国名作为自己名字的有很多，有叫"郑"的，有叫"蔡"的，等等，可是这些人和作为地名或国名的"郑""蔡"毫无关系，所以又怎么能够论证商和西周时期人名就一定与地名有关呢？《左传》中认为人起名不要用山川，之所以这样，是因为怕避讳，怕他的后人不方便讲话，但实际上这种情况在当时是很多的。今天大家用的名字和地名也有一样的，但二者没有必然的关系，比如某人叫"辉"，那他一定就是河南辉县人吗？所以人名和地名之间没有必然的联系。"或"训为"又"，"或取"就是"又取"，第一次取的是觐璋，现在是第二次去取。"赤虎"一词，有人认为也是一种玉器"琥"，这当然是可能的，但"琥"是用兵之象，《周礼》中有载，与此处关系不大。我认为"赤虎"应该理解为"红黄色的虎皮"。[①]为什么说是虎皮呢？有一个

---

① 李学勤：《试论董家村青铜器群》，载《新出青铜器研究》，第83-89页，北京：人民美术出版社，2016年。

根据，但这个根据不是那么强有力，因为这个根据的时间比较晚一些，《管子·揆度》："令诸侯之子将委质者，皆以双武之皮。"尹之章注："双虎之皮以为裘。"之所以将"虎"写成"武"，是唐朝皇帝为了避先祖"李虎"之讳，我觉得这样比将"虎"读为"琥"要好一些，因为"琥"字在金文中出现过，而且"卫"的官职是"司裘"。"麀䊸"一词，"䊸"字，我们一般都读为"bēn"，在字典中还有一个读音是"bì"，这个字还是应该读"bēn"。清代研究《说文》的人对此有很多讨论，因为《经典释文》中认为"贲"即"斑"之古文，义为"杂色"，还有一个意思就是"装饰"，"麀"是"母鹿"，所以"麀䊸"就是用母鹿皮做的装饰品。"䊸韐"一词，"韐"类似于"市"，《说文》："士无市有韐。"所以"䊸韐"就是"有花色的简易市"。这次一共取了三种东西，都是"皮裘"一类的东西，分别是两件赤虎、两件麀䊸、一件䊸韐，这些都是"裘卫"管辖的东西，所以不要看"裘卫"只是一个职官，他与贵族之间还是有交易的，他所掌管的是一个国营企业。"才廿朋"也就是这三种东西一共价值二十朋，从这里也可以知道"赤虎"应该不是一个玉器，因为上文中"璋"的价值就是八十朋，当然文中没说有多少件璋，应该是一套，再连同皮，这里两件玉器再加上皮子，二十朋就太低了。大家可能会认为虎皮很贵，那时候不一定如此，因为当时老虎多，不像现在，搞一个华南虎还要作假，其实那张照片我第一次看就觉得是假的，不知道那些人为什么非要炒成真的。这三种皮子一共值二十朋,这里也没有付现钱,是用三个单位的田来结算的,也就是三百亩。换算下来,一田的价值约为七朋,上文中十田的价值是八十朋,换算下来一田值八朋,这样看来,两种田的价值差不多,可能是地有好有坏,总之当时田的价值不高。

④ "裘卫廼眔告于白(伯)邑父、燹(荣)白(伯)、定白(伯)、㙅白(伯)、单白(伯)"一句,这里讲的是"裘卫"和"矩伯"之间的一个交易,虽然结算时用的是土地而非贝币,但这说明西周时已经用贝币作为计量单位了,这一点是很重要的。"裘卫"的领地和"矩伯"的领地很可能是邻近的,因为"矩伯"不会给"裘卫"一块飞地,这个问题以后再讨论。这里涉及了土地,而土地是"王"所封,所以要将此事报告给朝廷,得到朝廷的许可,因为"裘卫"的领地和"矩伯"的领地都在王畿之内,因此裘卫"廼眔告于白(伯)邑父、燹(荣)白(伯)、定白(伯)、㙅白(伯)、单白(伯)"。"眔"通"矢",训为"陈",义为"陈述、禀告"。"荣""单"都是我们很熟悉的西周贵族,一共是五个人,这应是当时"六卿"中的五个,师永盂中也提到了五个,并不是"六卿"都在。

⑤ "白(伯)邑父、燹(荣)白(伯)、定白(伯)、㙅白(伯)、单白(伯)廼令参有嗣:嗣土散,邑嗣马单旟、嗣工邑人服"一句,这里没有用代词,而是用的重文号,因为接受报告的人和命的人是一样的,并且涉及的人很多,如果这里用代词,就会产生歧义,说不清指的是所有人,还是其中的某几个人,所以用重文号是比较

好的办法,并不是说当时没有代词。"廼"义为"于是"。"三有司"就是"司徒""司马""司空",一般授予或转让土地的时候,都要有当地的"三有司"参加,因为"三有司"是地方的执行之官,这个"三有司"是指当地的"三有司",并不是朝廷中的大司徒、大司马、大司空。当地的"三有司"都是些什么人呢?有当地的"司徒",名字叫"散","散"就是"微",楚简中的"美"字就是这样写。因为是这个邑的"司马",所以叫"邑䢵马",名叫"单旗",是单氏的人。这里的"司工"就是当地人,所以叫"䢵工邑人服","微"和"单旗"可能不是当地人,但是他们在当地做官,这个地方的行文都是很漂亮的,写得很好。

⑥"眔受田:燹赹"一句,"眔"相当于文献中的"及"字,义为"参与"。"受"读为"授",义为"给予"。"燹"字,我写为"燹"是因为考虑到这个字是从"火"的,很多学者认为这个字就是"齛"字,我觉得这个说法可能还是对的,不过这还需要论证,因为这个字有时候是从"攴"的。"齛"是周的一个地名,"齛氏"应该也是有的,这句是说参加受田的人还有一个"燹赹"。

⑦"卫小子䲭逆者其乡"一句,"䲭"是人名,"逆"是"迎接","者"读为"书",因为"书写"的"书"是从"者"声的。"乡"就是"方向",此处指的是土地的"四至"。卫小子"䲭"来迎接这些人,并且记录下来田地的情况。

⑧"卫用乍(作)朕文考惠孟宝般"一句,"卫"的父亲已经去世,所以"卫"称之为"朕文考","惠"是他父

亲的谥法，庶长子曰"孟"，可见"裘卫"的父亲之母不是正室。"般"读为"盘"，大家会说这件器物是一个盉，怎么说成盘呢？这并不奇怪，因为盘、盉是一套，是用来沐发洗面的，后来变成了盘、匜，匜是敞口的，作用等同于盉。但这只是一种礼节，因为匜或盉中的水不足以将头发洗干净。盉上写为"盘"，盘上写为"盉"，在金文中都有，二者可以互换。我们据此估计，裘卫同样铭文的器物中还应该有一个盘，而且盘上做字更好做，只是现在没有发现。

长期以来，大家拘泥于《礼记·王制》的"田里不鬻"，认为周时的土地是公有的，不可以买卖。但是从这篇铭文来看，当时土地的国有化也并不那么彻底，经过一定的批准，办理相关的手续之后是可以交易的，并且在交易的时候还有一套度量、交付的手续，虽然三年卫盉中叙述得并不是那么清楚，但基本的轮廓还是有的。

大家读懂了三年卫盉，那么过去认为很难读懂的格伯簋也就可以读懂了。

格伯簋

格伯簋见于《集成》4262—4265，共有四件，但这件器物不应该叫格伯簋，而应该叫倗生簋，最强调叫倗生簋的是唐兰先生。[1]过

---

① 唐兰：《西周青铜器铭文分代史征》，载《唐兰全集》第七册，第535-537页，上海：上海古籍出版社，2015年。

去因为此器的器盖分离，有的是器，有的是盖，所以认为这件器物有五件，但这不太可能，因为一般来说是五鼎四簋相配，相当于诸侯一级。后来发现上博的一个盖和一个器可以严密扣合，就连锈色都是一样的，我去上博看过这件东西，所以佣生簋还应该是四件，《殷周金文集成》在编的时候也是编为四器，这四件器物的行款不太一样（见图1、图2、图3、图4、图5、图6、图7、图8、图9）。

图1　格伯簋一

图2　格伯簋三

图3　格伯簋四

图4　格伯簋一盖铭拓本

图5　格伯簋一器铭拓本

图6 格伯簋二盖铭拓本

图7 格伯簋二器铭拓本

图8 格伯簋三器铭拓本

图9 格伯簋四器铭拓本

格伯簋释文：

隹（惟）正月初吉癸巳，王才（在）成周[①]，
格白（伯）取良马乘于倗生，氒（厥）贾
卅田，则析[②]。格白（伯）遂殹妊倓
仡，氒（厥）从格白（伯）安返甸殹[③]。

氒（厥）纫零谷杜木，邃谷旅桑，涉东门④。
氒（厥）书史戠武，立盉成塱⑤，
蠱保毁，用典格白（伯）田，其
迈年子₌孙₌永保用⑥，田。

①"佳（惟）正月初吉癸巳，王才（在）成周"一句，这件事情发生的地点是今天的河南北部，所以"在成周"是合适的，"成周"也就是"洛阳"，这件器物的时代是西周中期，但究竟是哪一代"王"还不确定。

②"格白（伯）取良马乘于倗（倗）生，氒（厥）贾卅田，则析"一句，"格"是很重要的一个地方，我个人认为"格"应该是成周王畿内的一个小封地，处于晋、周之间，究竟是属于晋，还是属于周，大家仍然可以进一步讨论。不过有一点是很清楚的，"格"一定就是战国时期韩国的一个地方，叫"格氏"，在今天的荥阳。之所以这样讲，是因为在荥阳以北的张楼村出土了很多战国时期的陶文，上有"格氏"的字样，至少战国时期的"格氏"就在这个地方，从各方面来看，这个"格氏"就是西周时期的"格"。有一件西周中期的铜器叫格伯簋，其铭曰："唯三月初吉，格伯作晋姬宝簋，子子孙孙其永宝。""晋姬"是"格伯"的妻子，这是"格伯"给他妻子作的器，可见"格"这个贵族是和"晋"通婚的，从地理上看也比较合理，荥阳往北过了黄河就是晋国。晋侯墓地出的一个铜人也与"格"有关。这件铜人出土后就被盗了，流到了香港，在晋侯墓地刚发掘不久，我就听香港那边的人说晋侯墓地流出了一个带字的小铜人，是跪着

且反缚的,可是不知道具体在何处。后来香港中文大学的苏芳淑和北大的李零合作写了一篇文章,介绍这件铜人,印在上博编的《晋侯墓地出土青铜器国际学术研讨会论文集》中,文中有照片和拓本。我也写了一篇文章,收在《中国古代文明研究》中[1],因为这是一个铜人的铭文,所以和一般的铭文有些不太一样,铜人铭文:"唯五月,濉尸伐格,晋侯厬戎,获氒君倏师,侯扬王于兹。"这件铜人是跪着的,上身赤裸,之所以认为是跪着的,是因为这件铜人的上身是直挺的,要是坐着,身体应该是压在脚上的,李济先生有文章专门讨论这个问题。[2]像这种跪着且面缚的,都是逮到的俘虏,成都金沙出了很多这样的东西,这件铜人就是被逮到的淮夷。在金文中,"淮"字多从口,作"濉",甲骨文中的"淮"字应该读作"濉",是"濉水"之"濉",而不是"淮"。实际上把"濉水"之"濉"写作"淮"的情况一直到了汉代还有。金文中的"濉"字一定是"淮夷"之"淮",淮夷伐格,然后晋国出兵,所谓"晋侯厬戎","厬"就是《诗经》中"薄伐猃狁"之"薄",训为"迫"。"获氒君倏师"就是把淮夷的首长名叫"倏师"的人抓住了,抓住之后就献俘于王,所以有"侯扬王于兹"。这是西周晚期厉、宣时事,从这个铭文来看,"格"应该是在成周以北,周、晋交界之处。"倗"也是当时的一个贵族,"倗"在今天

---

[1] 李学勤:《晋侯铜人考证》,载《中国古代文明研究》,第154-158页,上海:华东师范大学出版社,2009年。
[2] 李济:《跪坐、蹲居与箕踞》,载《李济文集·卷四》,第485页,上海:上海人民出版社,2006年。

的山西绛县横北村，横北村出了西周诸侯的墓地，从周初一直到西周中期都有。"生"读为"甥"，"倗生"是指倗人的女子所生，这是张亚初先生的一大发现①，至于说"倗生"本人是属于哪一支的贵族就不知道了。"良马乘"是"四匹良马"，也就是"四匹好马"。"厽（厥）贾卅田，则析"一句，这四匹马的价值是三十田，可见这个马还是非常贵的。"析"字，杨树达先生认为是"券"②，就是协商这件事，拿一个木头从中间劈开，两人各执一半，也就是两人订了契约。实际上这就是一个交易，过去很多人都不懂，问题就在于"取"这个字。这个字铭文中作"㲋"，大家认为这个字是《说文》中的"叉"字，义为"上下相付"，还有人释为"爰"或"孚"，不管怎么读，都不好读。特别是读为"叉"，训为"付"，那就变成了"格伯付良马乘于倗生"，是"倗生"从"格伯"那里拿的马，而读为"取"就是"格伯"从"倗生"那里拿的马，二者的意思完全不同，所以有人说是格伯簋，有人说是倗生簋。如果我们把这五份铭文拿过来看，其中有两三份非常明显是从"耳"的，就是"取"字。对照卫盉中的"矩伯庶人取瑾璋于裘卫，才八十朋，厽贾其舍田十田"，就会发现句式与"格白（伯）取良马乘于倗（倗）生，厽（厥）贾卅田"是一样的，所以"㲋"字就应该隶定为"取"。金文中有些字我们读不懂，是因为这些字写得不规范。

---

① 张亚初：《两周铭文所见某生考》，《考古与文物》1983年第5期。
② 杨树达：《格伯簋跋》，载《积微居金文说》，第43-45页，上海：上海古籍出版社，2007年。

③"格白(伯)遘毁妊彶仫,氒(厥)从格白(伯)安迟甸殷"一句,"遘"字大多数人读为"还","格伯还"就是"格伯回去了",读起来似乎很通顺,但字形不对,实际上这个字是从"梦"的,这一点是唐兰先生指出来的。①唐兰先生是我所看到的这个行业中头脑最为敏感的人,唐兰先生很精细,一直到唐先生去世前也还是如此,所以只有唐兰先生才能看出来这个字是从"梦"的,但唐兰先生只是把这个字隶定出来了,并没有说这个字的意思。我认为"遘"字可以读为"勖",训为"勉"。从"梦"的字和从"冒"的字是同出一源的,这一点王力先生有专门论述。②"毁妊"应该是一个女人,"彶"即"及","仫"即"俊",读为"畯",义为"田官"。"从"义为"跟随"。"安"字,杨树达先生读为"按"③,义为"按行",也就是"巡查"。"迟"即"及",义为"与"。"甸"读为"奠",训为"定"。"殷"是人名,"格伯"将地给了"倗生",并且订了合同,于是"格伯"就到那块地去看一看,勉励一下这块地的管事之人,而跟随"格伯"去"安迟甸"的人就是"殷"。

④"氒(厥)纫零谷杜木,邍谷旅桑,涉东门"一句,"纫"字,前辈学者多读为"到","到"就是"至",也就是"四至","纫零谷"就是这块地的边界在"零谷",

---

① 唐兰:《西周青铜器铭文分代史征》,载《唐兰全集》第七册,第535-537页,上海:上海古籍出版社,2015年。
② 王力:《同源字典》,第245-248页,北京:商务印书馆,2002年。
③ 杨树达:《格伯簋跋》,载《积微居金文说》,第43-45页,上海:上海古籍出版社,2007年。

"杜木"就是种上"杜",以为标识,"杜"是类似于梨树的一种树。"遼谷旅桑"就是在"遼谷"这个地方种桑树,当然也可能"遼谷旅"是一个地名。"涉"训为"入",这是杨树达先生指出来的[①],杨先生引《汉书·高帝纪》注曰:"涉犹入也。""涉东门"就是"入格的东门"。大家要知道,杨树达先生是读《汉书》起家的,近代的学者中有几位都是从《汉书》起家的,最早以《汉书》著称的是王先谦,陈直先生也是读《汉书》起家的,他们都很有成就。

⑤ "氒(厥)书史戬武,立盨成墨"一句,记载这件事的人是一个史官,名叫"戬武",是"佣生"一方的人。"立"读为"涖","盨"是刘雨、张亚初二位先生在做《集成》的时候所隶定的,我认为这个意见比较好,"盨"可读为"歃"。《说文》中有"䢵"字,这个字就是"乡",汉代时的"乡"字都是从两个"邑"的,所谓"成墨"也就是定"四至"。

⑥ "钃保毁,用典格白(伯)田,其迈年子=孙=永保用"一句,"钃"就是"铸"。"典",大册也,此处义为"记述"。

佣生簋是非常难读的,但是把这件器物与三年卫盉对读一下,很多地方就可以读懂了。

这几件器物告诉我们当时确实是有土地贸易的,而且以货币作为价值尺度,这是很大的事情,现在很多讲社会史和生活史的

---

① 杨树达:《格伯簋再跋》,载《积微居金文说》,第 345-350 页,上海:上海古籍出版社,2007 年。

人都没有把这个问题讲得很清楚。过去大家对于文献的理解不够，并且每每有一些比较流行的成见，造成了一些误解。《礼记》的"田里不鬻"就是其中之一，还有就是商君变法之后，贫者无立锥之地，富者田连阡陌，这时候土地才能买卖，在这之前大家认为土地是不能买卖的，这个观点流行了很长一段时间。一个真正的贸易，基本条件首先就是双方所交易的物品是商品，而作为商品的基本的条件之一就是该物品不但有价值，还要有价格，价格是以货币作为价值尺度的，在这篇铭文上，"贝"真正起到了价值尺度的作用。

对考古中出现的"贝"，还应该作进一步鉴定，中原、西北、西南的墓地中都发现过海贝，日本有子安贝。在过去很长的一段时间里，很多人认为中国的海贝是渤海出的，这种说法是有问题的，加州大学的吉德炜在《商代史料》中引用了动物学家的说法，认为中国常见的"贝"是东海甚至更往南的地方出的，究竟中国的墓葬中成堆出土的有可能作为货币的"贝"的产地在哪里，现在很多权威的书，比如《中国钱币大辞典》，对此都没有一个科学的说法，仍可继续研究。

"贝"作为货币的条件之一，坚固且难得，可是"贝"作为货币的职能到了春秋战国就变得逐渐模糊了。《穆天子传》是战国时代的作品，其中的"贝"更多地用作装饰品。战国之后，金属货币比较全面地代替了贝币，楚国的蚁鼻钱保留了"贝"的样子，但这只是贝币的一种遗留，和真的"贝"没有什么关系。遽伯睘簋中记述了作这件簋用贝十朋又四朋，用土地的价值来参照，可见作一件铜器还是挺贵的，这些现象说明货币经济是逐渐地发展起来的。

尽管有这些材料，还是不能掩盖"裘卫"这批器物的重要性，这几件铭文中记述的是土地交易，土地在当时可以交换、转让是件大事。商周时期，特别是周代的很多材料，可以证明土地是由上面封下来的。这种情况一直到商鞅变法及其实行二十等爵时都是如此，是有授田的，这些在《商君书》中记载得很清楚，特别是近年出土的有关秦律和汉初情况的简，在这一点上表现得很明显，可是这个问题迄今为止也没有人进行详细的讨论。现在我们的风气改变了，和二十世纪五六十年代不同。二十世纪五六十年代专门讲这种问题，那时候有"五朵金花"，土地制度就是其中的一朵，古代史分期也涉及土地的问题，这个问题在当时热得不得了，人人都在谈论。现在没有什么人再谈论这些问题了，可是"裘卫"的这批器物在古代史研究中所起的作用，还是比较明显的。

除此之外，还有一个重要的问题，就是卫盉中暗示了"六卿"的制度，师永盂中也有这样一批人，可到哪里去找这批人呢？"荣""定""琼""单"都是贵族，都有各自的封地。很多人认为这个"单"就是 2003 年眉县杨家村所出的器物中的"单"，但我认为眉县杨家村的"单"应该是单叔氏，因为按古书讲，"单"是成王之子的封国，在今天的山东单县，但那可能是东周时期的"单"。不管怎么说，"荣""单"是很著名的，"伯邑父"也很重要，所以想要告知他们，是不太可能一个一个去找的，应该是给这些人打报告。或者这些人在某些情况下会在一起，有一个像"内阁"一样的机构，这些人在一定的时候会在朝中执政，这些事并不需要禀告于"王"，"王"并不参与，这些执政大臣有一个集体办公的制度，但这些大臣是会更换的。这些人看完汇报就会给出一个决定，之后要打个报告，交给政府，由政府决定。总之，这些执政之臣是朝中对土地转让有批准权的一个集体，这个集体可能就是朝中的"六卿"。

·2010 年上半年第三次课·

五祀卫鼎、乖伯簋、九年卫鼎（上）

岐山董家村的这批铜器内容比较特别，实际上从这批铜器出土之后，迄今为止还没有得到比较彻底的研究，因为与之同时出土的东西很多，比如"㝬"的器物、强家村的器物，再比如庄白窖藏的 103 件器物，这些材料都是非常重要的，所以董家村的这批器物在当时大量新发现的器物当中被湮没了，在这之后也很少有人很详细地研究这批器物，所以就遗留下来一些问题，我们将要讲到的五祀卫鼎和九年卫鼎留下来的问题会更多一些。幸亏这几件器物是同时出土的，如果是单独出土，那我们在研究的时候一定是错误百出，因为如果没有对照，很多东西根本看不懂，这种情况就和倗生簋一样，倗生簋在清代就出现了，也算是出土比较早的一批铜器了，可一直都读不懂，不与卫盉对照就很难解释。下面我们来看五祀卫鼎（见图 1、图 2）。

图1　五祀卫鼎　　　　图2　五祀卫鼎拓本

五祀卫鼎

五祀卫鼎释文：

隹（惟）正月初吉庚戌，卫吕邦君

厉告于井白（伯）、白（伯）邑父、定白（伯）、㿝白（伯）、白（伯）俗父①，曰厉曰②："余执龏王，卹工

于邵大（太）室东逆，燓二川。"③曰："余

舍女（汝）田五田。"④正乃讯厉曰："女（汝）

贾田不？"⑤厉乃许曰："余审贾田

五田。"⑥井白（伯）、白（伯）邑父、定白（伯）、㿝白（伯）、白（伯）俗

父乃顜吏厉誓⑦。乃令叁有

𤔲：𤔲土邑人逋、𤔲马頸人邦、𤔲

工陸、矩内史友寺芻帅履裘

卫厉田三（四）田，乃舍寓于氒（厥）邑⑧。

氒（厥）逆疆（疆）眔厉田，氒（厥）东疆（疆）眔散田,氒(厥)南彊(疆)眔散田眔政父田,氒(厥)西彊(疆)眔厉田⑨。邦君厉眔付裘卫田:厉弔(叔)子夙、厉有訇䚅季、庆癸、燹纛、荆人敢、丼人偈犀⑩。卫小子者其乡,觭⑪。卫用乍(作)朕文考宝鼎。卫其万年永宝用。隹(惟)王五祀⑫。

①"隹(惟)正月初吉庚戌,卫吕邦君厉告于丼白(伯)、白(伯)邑父、定白(伯)、琼白(伯)、白(伯)俗父"一句,因为铭文最后是"惟王五祀",所以这里的"正月初吉庚戌"是"五年正月初吉庚戌",把纪年放在最后,在商代时就有了,这篇铭文还带有一些商代的遗风。"初吉"是一个月的前几天,从目前的研究来看,把"初吉"认为是"初旬吉日"也差不太多。"卫"就是"裘卫","邦君厉"是另外一个人,"邦君"一词常见于《尚书》,"邦"就是"国","邦君"就是"国君",所以"邦君厉"是一个诸侯一级的贵族,名叫"厉"。但是从铭文中看,此处的"邦君厉"并不是一个畿外独立诸侯国的国君,估计应该是一个畿内诸侯,实际上就是卫盉中的"矩伯"。之所以这样讲,因为后文中提到了"矩",实际上"裘卫"的这几件铜器,涉及的多是"裘卫"与"矩伯"之间的事情,之所以是这样,最简单的道理就是"裘卫"和"矩伯"的封地是连在一起的,所以两家在有土地交易的时候,是要作铭文的。问题在于"吕"字应该如何解释,"吕"最常见的意思是"带领",但这里解释

为"带领"讲不通，因为通篇来看，"裘卫"和"邦君厉"的地位是平等的，并不是告状，这件事情邦君厉并没有什么意见，所以这里的"昌"字应该训为"与"。文献中"昌"训为"与"的例子是很多的，大家如果有兴趣可以看一下《经传释词》，也就是说是"卫"和"邦君厉"一起去向上级进行报告。这里附带说一下，甲骨文的"昌"字有时也有这种用法，最常见的就是"××昌方"，但究竟如何，还可以进一步讨论。报告的对象是"井伯""伯邑父""定伯""𤼈伯""伯俗父"，一共五个人。三年卫盉中也是五个人，分别是"伯邑父""荣伯""定伯""𤼈伯""单伯"，我们对照一下就会发现到了五祀卫鼎的时候，已经有所变化了，我们可以猜想当时有些官员或许有升迁和变动。不管怎么说，这里的土地交易，一定要得到官府认可，否则就没有法律上的意义。

②"曰厉曰"一句，我认为"曰厉曰"就是"告厉曰"[①]，"告"的主语是"裘卫"。前面一个"曰"字也就是对某人说，这个训诂比较少见，但古书中还是有的。

③"余执龏王，卹工于邵大（太）室东逆，燹二川"一句，这句话是"裘卫"当着五位上级对"邦君厉"说的。"执"义为"服事"。很多人看见"龏王"就想到"周恭王"，这件器物确实为恭王时器，如果有周恭王的谥法，好像"恭王"活着的时候就有"恭王"的谥法。确实有这样的例子，就是十五年趞曹鼎，上面确实有"恭王"

[①] 李学勤：《试论董家村青铜器群》，载《新出青铜器研究》，第 83-89 页，北京：人民美术出版社，2016 年。

的谥法,十五年时离恭王去世也不远了,我们现在做出的历谱恭王是二十三年,所以十五年趞曹鼎上有谥法还可以理解,可是这篇铭文是五年。所以我个人的意见,这里的"龏王"不是周恭王的谥号,这是一个巧合。"龏"应读为"供",义为"供给",因为"卫"是"司裘",是供给"王"皮革的。如果把"龏王"理解为人名,那么"余执龏王"就会是"我把恭王抓起来",这样理解下面就不好读了,因为"恤工"一词见于《尚书·吕刑》,义为"谨慎从事",与"我把恭王抓起来"连起来读不通,所以"龏王"还是理解为"供给王"。我们可以想象,"裘卫"做梦也没想到这个"王"去世以后叫"恭王"。"恤工"是"谨慎从事",那"裘卫"在什么地方谨慎从事呢?大家不要忘了"裘卫"是要办工厂的,实际上裘卫是办了一个皮裘作坊,而且这个作坊就在王官里面,是在"卲太室东逆","卲"就是"昭王"之"昭","太室"是庙的主体部分,所以"昭太室"是昭王之庙,"逆"通"朔",训为"北","东逆"也就是"东北",所以"卲太室东逆"就是"昭太室东北"。"燮"读为"营",通为"萦",义为"萦绕","萦二川"就是"环绕着两条水",这是"裘卫"对办工厂的一个设计。大家要知道,做皮革是离不开水的,所以"裘卫"就选了一块地方,这个地方在昭王之庙的东北,有两条河环绕,这块地方本来是"邦君厉"的,而二者打算交易的就是昭庙东北的这块地。

④"曰:'余舍女(汝)田五田。'"一句,此处"曰"的主语还是"裘卫",一田是百亩,"裘卫"说"我给你五百亩田",这五田一定是"裘卫"给"邦君厉"的,

"裘卫"准备用五田去和"邦君厉"交换昭庙东北的那块地。

⑤"正廼讯厉曰:'女(汝)贾田不?'"一句,"正"是"国之大正",也就是"卿一级的官员",在这里指的就是前面的那五个人,即"井伯""伯邑父""定伯""琼伯""伯俗父"。"讯"义为"问"。"不"读为"否","汝"指代"邦君厉","汝贾田否"即"你卖这块田吗",这块地指的就是昭太室东北的地。甲骨文中"否"也写为"不",但甲骨文中的"不"也有用为疑问词的,并非所有的"不"都是验辞。

⑥"厉廼许曰:'余审贾田五田。'"一句,"许"表示"同意","审"是副词,义为"确实","余审贾田五田"就是"我确实愿意交易五田"。

⑦"井白(伯)、白(伯)邑父、定白(伯)、琼白(伯)、白(伯)俗父廼顡吏厉誓"一句,"顡"有几种不同的解释,过去我把这个字读为"颅"①,理解为"讨论",现在看起来在此处理解为"讨论"还是不太合适,"顡"应当读为"遘",义为"合",就是这些人合在一起。至于说哪个讲法更好一些,大家还可以再讨论,也可能有别的更好的讲法。"吏"读为"使","誓"就是"起誓"。

⑧"廼令参有嗣:嗣土邑人逋、嗣马颂人邦、嗣工隆、矩内史友寺乌帅履裘卫厉田三(四)田,廼舍寓于垺(厥)邑"一句,"逋"就是"逋",是"司徒"的名字,黄组卜辞中有一个卜人也叫"逋"。"逋"是"邑人",所谓"邑

---

① 李学勤:《试论董家村青铜器群》,载《新出青铜器研究》,第83-89页,北京:人民美术出版社,2016年。

人"也就是当地的人。"陆"就是"随",是"司空"的名字。"友"训为"僚","内史友"就是"内史僚",也就是"内史之官",这是"矩"的内史之官,名叫"寺刍"。"邦君厉"也是大贵族,他本人不会亲临其事,他起誓之后就可以了,具体执行的是他的下属"寺刍"。"寺刍"就和当地的三有司"帅履裘卫厉田四田"。"帅"就是"率领","履"就是"步",义为"丈量"。"裘卫厉田四田"即已经给了"裘卫"的原属于"厉"的四田。实际上是"裘卫"用他自己的五田去换属于"邦君厉"的四田,之所以是用五田换四田,是因为"裘卫"主动提出要"邦君厉"的那块地,所以就多给了"邦君厉"一田,"裘卫"是以多换少。"寓"就是"寓",也就是居住的地方。"舍寓"一词见于史墙盘,"史墙"的烈祖是微国的史官,这个"微"就是"微子启"之"微",武王伐纣之后,微氏就来见武王,武王则命周公舍寓,于周俾处,也就是让微氏一族居住在周。根据古书记载,当时已经有类似"户籍"的制度了。因为史墙盘出在周原,所以这里的"周"很可能指"岐周",武王伐纣之后,"岐周"也就是周原一带,已经给周公作为采邑了。"舍寓于毕邑"是说居住的地方是在那个邑里面,这个"邑"也就是"蜀土邑人逦"的"邑",当时的人认为大家都知道,所以就没有明确指出。

⑨"毕(厥)逆疆(疆)眔厉田,毕(厥)东疆(疆)眔散田,毕(厥)南疆(疆)眔散田眔政父田,毕(厥)西疆(疆)眔厉田"一句,"逆"通"朔",训为"北"。"眔"义为"连接"。这一整块地原来都是属于"邦君厉"

的,和"裘卫"交易之后,就把其中的一部分给切出来了,所以"裘卫"所获得的这块地的北面和西面还是"厉"田,东面是"散"的田。"散"也是周代的大贵族,周初有"散宜生"。散氏盘中的"散"并不在这个地方,据王国维先生考证已经到了大散关了①,可这里"裘卫"所获得的地的东面是"散氏"的一块地,南面连着"散"的田和"政父"的田(见图3)。由此可知,当时的田是一块一块比较散的,这对于研究西周史是很重要的。

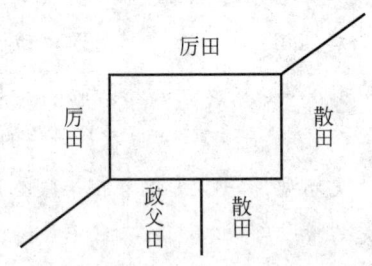

图3 五祀卫鼎田地示意图

⑩ "邦君厉眔付裘卫田:厉弔(叔)子夙、厉有嗣𩁅季、庆癸、燹襄、荆人敢、井人偈屖"一句,此处的"邦君厉"指的是"邦君厉这一方","眔"义为"参加"。"厉叔子夙""厉有嗣𩁅季""庆癸""燹襄""荆人敢""井人偈屖"都是"邦君厉"这一方的人。从这里可以知道,"邦君厉"下面有很多人,这些人都是他的职官,并且是哪里的人都有,有些是周人,比如"燹襄""井人偈屖"。同时还有一些其他地方的人,"𩁅"即"申","𩁅季"就

---

① 王国维:《散氏盘跋》,载《观堂集林》,第886-889页,北京:中华书局,1959年。

是"申季",至于说这里的申是否是"西申"我们就不得而知了。"荆人"应该就是"楚人",楚的祖先鬻熊还做过文王之师,至于说是否有别的"荆",我们不知道,所以"荆人敢"很可能就是楚人。当时还是有人口流动的,并不是所有的人都聚居在一起,像福建土楼那样,都是一家一家的。过去很多故事,大家都不相信,但在当时并不稀奇,比如管仲是颍上人,颍上在安徽,管仲后来到了齐国。"厉叔子夙""厉有嗣飌季""庆癸""燹襃""荆人敢""丼人偈犀"都是参加付田仪式的,换句话说是让这些人作证,之所以要把这些人记在铭文上,就是因为这些人是证人。

⑪"卫小子者其乡,觎"一句,"小子"就是"属下","卫小子"就是"裘卫的下属"。"者"字读为"书","者其乡"即"书其向",也就是记载这块地的"四至"。"觎"字还是需要研究的,我个人的意见是把这个字读为"誊",义为"移书",也就是"抄写"。也就是说,由卫小子记下这块地的"四至",然后再抄写下来,双方各执一份。这种把契约作在青铜器上的做法,就是《周礼》所谓的"凡大约剂书于宗彝,小约剂书于丹图"。

⑫"隹(惟)王五祀"一句,指的是"恭王五年"。

五祀卫鼎是一篇很重要的东西,它的重要性目前来看只有散氏盘可以比拟。这件器物并不大,在这样一件器物上作如此多的铭文真的是很了不起的,与"裘卫"有关的器物,还有九年卫鼎。

九年卫鼎中有"眉敖者膚为吏见于王,王大黹"一句,称"敖"的人,常常是蛮夷之长,也就是当时少数民族的君长,这种情况在楚国很多,楚国的很多君长都称作"敖"。《尚书》中有一篇《旅獒》,有些注家认为"旅獒"的"獒",也是"君长"的意思,实际上不是这样的,"旅獒"的"獒"指的是一种狗,也就是"藏獒",所谓"西旅献獒"。"眉敖"一定是一个少数民族的君长,"眉"字,很多人在考释的时候认为就是《牧誓》八国中的"微",这是很有可能的,因为"微"是西南夷,具体在什么地方就说法不一了,但不论如何,《牧誓》中的八国都是属于西南夷的。很多人考释"眉敖",但并不是考释九年卫鼎中的"眉敖",而是乖伯簋的,所以要想明白这句话的意思,就要先讲乖伯簋。

乖伯簋

乖伯簋(见图4、图5)和九年卫鼎是同一年的东西,都是恭王九年时器。乖伯簋过去有很多种名称,但现在都习惯称为"乖伯簋","乖"字在《说文》中是从"丫"的。

图4 乖伯簋

图5 乖伯簋拓本

乖伯簋释文：

隹（惟）王九年九月甲寅，王命
益公征眉敖，益公至，告①。一月，眉
敖至，见，献贲②。己未，王命中致
归乖白（伯）狐裘③。王若曰："乖白（伯），朕
不（丕）显且（祖）玟珷膺受大命，乃
且（祖）克弼先王，异自它邦，又𢼊
于大命，我亦弗䢍亯邦，易（锡）女（汝）
狐裘。"④乖白（伯）拜手頴首，天子
休，弗望小裔邦⑤，归𠭰敢对氒（扬）
天子不（丕）㬎鲁休，用乍（作）朕皇考
武乖几王䵼彝⑥，用好宗朝，亯
夙夕好䣁友雩百者䂃遘，
用蘄屯彔、永命、鲁寿、子孙，归
𠭰其迈年，日用亯于宗室⑦。

①"隹（惟）王九年九月甲寅，王命益公征眉敖，益
公至，告"一句，乖伯簋和九年卫鼎都是恭王
九年时器，只不过乖伯簋是九月，而九年卫鼎是正月。这两件事都
涉及"眉敖"，可是九月的时候，"王"又派"益公"征
伐"眉敖"，可见周王朝与"眉敖"之间的关系有些复
杂。有人把"征"训为"往"，这个解释恐怕不行，"征"还
是应该理解为"征伐"，因为后文有"益公至，告"。我
曾经写过一篇文章①，来说明这个问题。涉及战争的铜器

---

① 李学勤：《〈世俘〉篇研究》，载《古文献丛论》，第54-63页，北京：中国人民大学出版社，2010年。

铭文中，大都会指出打仗的双方，然后就有"至告"，"至"是指"上级命令征伐的地方"，"告"是指"报告战争的结果"，《逸周书》里面有很多"命××至，告以馘俘"。"益公至，告"也是如此，"益公"所至之处就是所攻打的"眉敖"，"告"就是"报告战果"，据下文判断，"眉敖"最终是投降了。

② "一月，眉敖至，见，献贵"一句，此铭中的"一月"是合文，铭文中多用"正月"而很少说"一月"，所以这里应该是"二月"，这个"二月"应该是第二年的"二月"，也就是恭王十年的二月。由九年卫鼎可知，在九年正月，"眉敖"与王朝的关系还是挺好的，可是到了九年九月的时候"眉敖"却翻脸了，可见"眉敖"实际上是叛服不一的。这一次"眉敖"投降了，"至"是说"眉敖"到周来见"王"，并且献帛。"贵"读为"帛"。

③ "己未，王命中致归乖白（伯）狄裘"一句，"乖伯"就是"眉敖"，这篇器物的难点就在这里，他一共有三个名字，还有一个是"归夆"，实际上这三个名字指的是同一个人，"乖伯"就是"归夆"。称"眉敖"，是因为他是"眉"这个族的君长，他本人的氏是"乖"，并且排行是老大，所以叫"乖伯"，他的名字是"归夆"，这一点过去人们都读不通，是杨树达先生读通的。① "王"对"乖伯"很关心，到了己未这天就让"中致归乖伯狄裘"，

---

① 杨树达：《乖伯簋跋》，载《积微居金文说》，第 146 页，上海：上海古籍出版社，2007 年。

"中(仲)致"是人名,"歸"就是"归",读为"馈",义为"送给"。"貀"读为"貔","貀裘"就是"貔裘","王"送给"乖伯"一件皮袄,之所以送皮袄,是因为"乖伯"所居之地很冷,怎么知道这一点呢?因为"乖"的器物已经发现了,1972年在甘肃灵台的姚家河有一个墓葬,里面出了"乖叔"的铜器,所以"乖伯"离此也不会太远,应该也在甘肃境内。过去讲"眉"也就是"微"之所在,大都认为是西南夷,这是没问题的,但地理位置应该更偏西,而不是偏南。灵台原来是密国之所在,后为周恭王所灭,此事见于《国语》。当时密康公在外游玩,有三个女的非要投靠密康公,于是密康公就把这三个女子都带回去了,密康公的母亲认为这三个女子是"尤物",就提出反对,但密康公不听,后来周恭王就把密国给灭掉了。因为"密"和"眉"都在灵台,所以"密"应该和"眉"有些关系。

④"王若曰:'乖白(伯),朕丕(丕)显且(祖)玟珷雁受大命,乃且(祖)克㲋先王,异自它邦,又芇于大命,我亦弗究亯邦,易(锡)女(汝)貀裘。'"一句,"雁"读为"膺","㲋"字,我一直读为"佐"[①],"异"是"不同"的意思,"异自它邦"义为"与其他的国不同",因为很多人没有辅佐先王,但"乖伯"的祖先是辅佐文王、武王的,所以不同于他国。由此看来,"眉"读为"微",也就是《牧誓》八国中的"微",可能性是很大的。"芇"

[①] 李学勤:《论㝬公盨及其重要意义》,载《新出青铜器研究》,第296-305页,北京:人民美术出版社,2016年。

在《说文》中读为"当","又芇于大命"即"有当于大命",也就是"与大命相合"。"究"字不识,但"我亦弗究喜邦"的意思还是明白的,就是因为你祖先辅佐文王、武王,所以我也才能享国。

⑤"天子休,弗望小裔邦"一句,"休"训为"美";"望"读为"忘"。"裔"读为"裔",是"边远"的意思,"小裔邦"即"边远小国",这个"边远小国"在此指的就是"微"。

⑥"歸乍敢对毁(扬)天子不(丕)杯鲁休,用乍(作)朕皇考武乖几王隣殷"一句,乖伯的父亲是"武乖几王","乖"是氏,"武"是美称,但"几"是什么意思,我们就不得而知了。大家注意,虽然是"小裔邦",但他的父亲是可以称王的,这是因为不属于周王朝直封的一些地区是可以称王的,而有些地方在王朝政令所不及时也是会称王的。

⑦"用好宗朝,喜夙夕好翩友雩百者齟遘,用龕屯彔、永命、鲁寿、子孙,歸乍其迈年,日用喜于宗室"一句,"朝"读为"庙","宗朝"就是"宗庙"。"喜夙夕"就是"夙夕喜"。"雩"读为"与"。"者"读为"诸","齟遘"即"婚媾",指的是"有婚姻关系的人","百诸婚媾"就是"各个有婚姻关系的人"。"龕"读为"祈",义为"祈求"。"屯彔"即"纯禄","纯"训为"美","禄"训为"福"。"永命"就是"长命"。"鲁寿"就是"美寿"。

乖伯簋的铭文写得还是非常雅的,所以"微"虽然是个少数民族,但其汉化程度也是很高的。这篇铭文所记之事是在九年卫鼎之后，实际上与九年卫鼎铭文的主旨关系并不大，但乖伯簋是一件很有名的器物，学金文的都应该对它有所了解。

九年卫鼎（上）

九年卫鼎（见图6、图7）和前两件"裘卫"的器物不太一样，虽然九年卫鼎也和土地有关，但并不是一个一般的土地问题，是和"裘卫"所担任的职官有关系的。九年卫鼎中有几个字变形太多，还有一些器物的名称我们不能够完全读懂，这一点希望大家原谅，我们的知识有限，我个人的知识尤其有限，所以个别的地方会讲得模糊一点，但基本上还是没什么问题的。

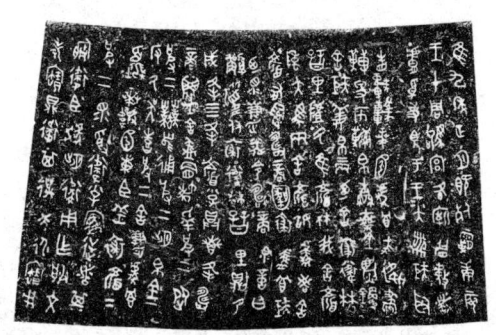

图6 九年卫鼎　　　图7 九年卫鼎拓本

九年卫鼎释文：
隹（惟）九年正月既死霸庚辰，
王才（在）周驹宫，各（格）庙①。眉敖者
膚为吏见于王，王大黹②。矩取
省车：鞁䨥、啇、虎冟、蔡�、画

鞞、弐、师鞻帛、䯂乘、金麃、鋄，
舍矩姜帛三两，廼舍裘卫林
晋里③。叡𠦪（厥）隹（惟）颜林，我舍颜
陡大马两，舍颜妣𢆶谷，舍
颜有𪔄寿商𡇰裘、盠㠯④。矩
廼眔鞣羴令寿商眔啬曰：
"颥𡳐付裘卫林晋里。"则乃
成𠦪三𠦪，颜小子具䇂𠦪，寿
商𡘺⑤。舍盠冒，弔狐皮二，仦
皮二，业舄甬皮二，肷帛金一⑥。
反𠦪（厥）吴喜皮二，舍鞣虎㠯、
燹柔、𡸱、函，东臣羔裘、颜下
皮二⑦。眔受，卫小子家逆，者其
䚢卫臣䱛肷⑧。卫用乍（作）朕文
考宝鼎，其迈年永宝用。

①"隹（惟）九年正月既死霸庚辰，王才（在）周
驹宫，各（格）庙"一句，这些干支放在恭王时期都非
常合适，这是在一个月的下半月，所以说"既死霸"。"驹
宫"究竟是一个怎么样的宫，我们并不清楚，但后面有
"格庙"，可见一定与"宗庙"有关，所以"驹宫"也不
是一个日常休闲的场所。

②"眉敖者膚为吏见于王，王大嬪"一句，"𢎥"字
有些问题，不过一般都读"为"。我个人的意见是将"者"
读为"旅"①，训为"陈"，而"膚"则读为"虜"，"吏"

---

① 李学勤：《试论董家村青铜器群》，载《新出青铜研究》，第 83-89 页，北京：人民美术出版社，2016 年。

见于王"即"使见于王",就是眉敖派使者将其所俘虏的一些人献给王,当然这只是一种想法,不一定对。还有一种可能的想法就是"者膚为"像"归匃"一样是个人名,这还有待研究。但不论如何,是眉敖的使臣前来朝见,而王就"大黹"。"黹"字很多学者读为"致",但意思也是不太明白,因为"黹"在音韵上最接近于"希",所以我过去有一个猜想,就是把"黹"读为"嘻"[1],义为"喜乐",类似于甲骨文中的"侃王",裘锡圭先生认为"衍""侃"都有"喜乐"的意思。[2]

---

[1] 李学勤:《试论董家村青铜器群》,载《新出青铜器研究》,第 83-89 页,北京:人民美术出版社,2016 年。
[2] 裘锡圭:《释衍侃》,载《裘锡圭学术文集·甲骨文卷》,第 378-386 页,上海:复旦大学出版社,2012 年。

· 2010 年上半年第四次课 ·

九年卫鼎（下）

二十世纪七十年代的时候，在考古上有很多重要的发现，而且那段时间的发现特别集中，大家可以想一想那段时间出了多少东西。金文尤其如此，在那个时候出了很多长铭的青铜器，但最近几年这方面的发现就有所减少，也没有那么集中，这是为什么呢？

这不是一个偶然的现象。首先，很多东西是若干年积累下来的，"文革"期间虽然文物考古工作还在断断续续地进行，但大多数的考古工作都处在一种接近停滞的状态，所以就积累了很多东西，后来一下就都发表出来了。其次，那个时候的文物考古工作并不是按照一定的计划配合着基建来做的。就拿最近来说，最近一段时间的考古工作是随着几个大工程来做的，比如说三峡，三峡工程吸引了大量考古工作的力量，因为这不是一个省或一个地区能做得了的，是要集中全国的力量来做的。现在的"南水北调"也是一样，也要调动各省以及各方面的有关力量，所以最近的考古工作就跟着这些大工程来进行，这样就使得若干个遗址的考古工作暂时停止。最近一段时间，周原除了偶然发现的那两个大口尊之外就没有出别的东西,所以我们现在的文物考古工作还是处于一个被动的状态。这是客观事实,但这也有好的方面,因为考古如果不随着基建工程来做,那损失就太大了。三峡还好,因为三峡地区究竟还不是文化积累很深厚的地区,但"南水北调"则不然。"南水北调"所经过的地区有很多是中国古代文化的核心地带,所以就必须集中起来连续地去做,可是核心地带是需要彻底清理的。在这种情况下,我们就不会专门去做某一个区域的考古工作,所以周原在这些年就没有出太多的东西。

九年卫鼎释文:

隹(惟)九年正月既死霸庚辰,

王才(在)周駒宫,各(格)廟①。眉敖者

膚为吏见于王,王大嘼②。矩取

省车:軝鞃、貇、虎冟、蔡韔、画

轉、㝵、帀鞦帛、綪乘、金麃、鈒,

舍矩姜帛三两,廼舍裘卫林

䜌里③。戫氒(厥)隹(惟)颜林,我舍颜

陈大马两,舍颜姒虘谷,舍

颜有嗣寿商䎚裘、盠冟④。矩

廼眔嬴羖令寿商眔啻曰:

"顜履付裘卫林䜌里。"则乃

成夆三夆,颜小子具䇂夆,寿

商貴⑤。舍盠胄,弔羝皮二,迭

皮二,业舃甬皮二,胐帛金一⑥。

反氒(厥)吴喜皮二,舍嬴虎冟、

爕鞃、韁、貇、东臣羔裘、颜下

皮二⑦。眔受,卫小子家逆,者其

觛卫臣虢朏®。卫用乍(作)朕文
考宝鼎,其迈年永宝用。

③"矩取省车:觑㭒、㫚、虎冟、蔡韦、画䡝、㑒、
朿䩞帛、䋆乘、金㾓、鞭,舍矩姜帛三两,廼舍裘卫林
晋里"一句,"矩"是"矩伯"的省称。"省车"是什么
意思,还不太清楚,但我们可以做一个猜想。甲骨文中
有"田省",这个"省"过去有学者读为"狝",就是"秋
猎",所以"省车"一定是和"打猎"有关的车。下面的
东西都是属于这个车的,但这次"矩伯"所取的东西不
像很多金文中讲的是车上所有的部件,而是皮革制品,
这是因为是从"裘卫"那里取的。至于说这个车是否包
括在内,还不是很清楚。我认为车也应该包括在内,但
也不一定,也可能"矩伯"所取的只是车上的一套东西,
如果车也包括在内,那么"矩伯"给"裘卫"的回报应
该很大,但从后文来看,回报并不大,所以此处还可以
再讨论。"觑㭒"一词,"觑"字不清楚是什么意思,但
应该是车上的一个组成部分,"㭒"读为"贲",是"饰
件"的意思,所以"觑㭒"应该是"车觑"上的一种装
饰品。"㫚"即"䩞",指"车轼"中间可以握手的地方
所包裹的皮子。"车轼"也就是车厢前面的扶手,不管什
么样的车厢都有"轼",盘腿坐下的时候手可以搭在上
面,车在行走的时候,遇到要敬礼的人,就需要站起来,
而站起来的时候,就要扶着"车轼",以免摔倒。中国的
车所走的地方,大多数都不是"周道如砥,其直如矢"的,
实际上是很不平坦,很颠簸的,澳大利亚的学者巴纳就

曾经跟我说过,他小时候在新西兰赶着一辆小马车给人送牛奶,不过他只能站在车上面赶车,巴纳说赶这种车难极了,即使是在柏油路上跑都是很累的,更何况周代的车。"虎幦"是指用虎皮做的一种覆盖之物,但我想那个时候哪有那么多老虎皮啊,我们现在就剩那么几只东北虎,当然那个时候老虎比较多,这个问题我们今天不讨论,所以这里的"虎幦"也就是做成虎皮样子的"幦","幦"可以写作"幎"或"幂",是一种覆盖物。"蔡偉"一词,"㭒"即"蔡",这是石经古文的"蔡"字,"蔡"有"杀"义,所以有人认为"蔡"像斩断四肢之形,但这只是一种说法,我个人主张不要望文生义。饶宗颐先生多年以来一直在讲一句话,汉字造字是很早的,发展的时间也很长,千万不要看着字的样子去认字,这样很容易望文生义,所以我们不轻易地讲汉字的原始。《说文》中解释了很多字的造字本义,但从我们今天的知识来看,《说文》中讲这一类的地方正确的很少,许慎看到的东西,有很多我们是看不到的,但很多许慎都说不对,所以切忌望文生义。不客气地说,现在很多考释文字的就是望文生义,字形像什么,他就说是什么,这是不对的。因为考释文字没有那么简单,如果字都那么简单,那就不要讲了,即使是我们现在看到的最早的甲骨文,也是发展了千年以上的文字了。"㭒"字,有的学者读为"帮",也是可以的。"韗"是车四周所围的东西,"幦"是车上面盖着的。中国的车从来都是这样,车上面有一个车伞,至于说商代的车伞是什么样,我们的知识就很有限了,但是从西周的车上我们可以知道西周时期车伞的样子。中国的马车起源是非常早的,二里头遗址里面就有车辙,所以夏代后期就有车,这是没问题的,古书说"奚仲造车"还是合适的,通过这些我们可以知道,当时车的构造是非常复杂的。"画鞈"是车上的一个皮件,"画"就是"绘画",所谓"画鞈"就是皮革上面画有彩绘。彩绘不但可以用在皮革制品上,而且可以用在丝麻制品上,《尚书·皋陶谟》就记载衣服上画有彩绘,也就是所谓的"藻饰",这在中国自古有之,《尚书》中的前几篇对此有过讨论。但是这类皮子上画有彩绘的东西,在考古中就很难看到了。"金"是"鞭"之古文,鞭子也是皮子制成的,鞭子的用处是很大的,不仅能够赶车,还能够鸣鞭作响,还可以在行军或朝廷中用,这就是所谓的"静鞭",这从唐代以后就开始有了,就是上朝的时候,鞭子一响,大家就会安静下来。"厎鞣帛"一词,"厎"字,"厂"是"石"之省文,从石省,从巾,就是我们今天写的"席"字,"席"也就是坐垫,坐垫也是可以包皮子的。"鞣"读为"素","素帛"是席子周边的装饰,或者是和席子有关系的一些东西。"辔乘"一词,"辔"指马具,"乘"是"四个",凡是某些东西称为"乘",那就是四个,因为四马为一乘,"辔乘"就是四根马缰绳,因为一辆车上驾着四匹马。"金膺"即"金镳",是马笼头上面的金属饰件。"鋠"类似于"镳"。实际上"矩"是取了一辆狄车和与该车有关的皮制品,包括上面盖的东西、周围所围的东西、扶手上的皮套、车两旁的饰物、鞭子、坐垫、缰绳以及马笼头上的青铜配件,这些都是"裘卫"的国营皮革厂所生产的。"舍矩姜帛三两"一语,"舍"义为"予",也就是"给",

"♅"是"三两"的合文,看上去是两横,实际上是借了两字最上面的一笔,所以是"三两","两"就是"匹",因为古人在织完丝麻制品之后,两头对折,成为"一两",也就是"一匹",后来不这样对折,卷成一卷了,仍然叫"匹"。估计来取货的人是"矩姜","矩姜"可能是"矩伯"的夫人,"矩"如果就是"渠"氏,那"矩伯"应该是周人,是姬姓的,"裘卫"和"矩伯"离得是很近的,所以"矩姜"就带人把这些东西取回来了。"舍矩姜帛三两"的主语是"裘卫",也就是"裘卫"给了"矩姜"三匹帛,作为回敬之礼。"矩伯"从"裘卫"那里取了这么多东西也还是没有付钱,而是给了"裘卫"一个权利,就是"林晉里"。"廼舍裘卫林晉里"的主语是"矩",这也就证明前一句"舍矩姜帛三两"的主语是"裘卫"。周初的青铜器中,常在"晉"字的下面有一个"竹"字,过去有人读为"冉",这是不对的,应该是"竹",所以在一些燕国的青铜器里出现的"晉竹"一词,我和唐兰先生的意见相同①,应读为"孤竹"。孤竹的中心是在今天的河北卢龙,靠近唐山,它的土地一直延伸到辽宁,是很大的,为商朝所封,孤竹的铜器有很多。"竹"字读为"竹"是大家所公认的,但这个字是否可读为"冉"还是可以讨论的,因为后来有一个"鑫"字,是"衰"之所从,春秋时期齐国铜器上有"衰子",这个"衰"就是古书中的"崔氏"。什么叫"林晉里"呢?大概只有我

---

① 李学勤:《试论孤竹》,载《新出青铜器研究》,第 47-51 页,北京:人民美术出版社,2016 年;唐兰:《从河南郑州出土的商代前期青铜器谈起》,《文物》1973 年第 7 期。

一个人的读法与大家不一样,所有的人都认为"林㹭里"是一块叫"林㹭里"的地,可是这种讲法不对,如果是一块地,为什么叫做"林"呢?古书中讲"在野曰林,在邑曰里","里"是不可能在"林"的,因为"里"是户口的编制。我认为"林㹭里"并不是"㹭里之林",这里的"㹭里"就是"狐狸","林㹭里"就是"树林里的狐狸"。① 《诗经·七月》"取彼狐狸,为公子裘",狐狸皮制成的衣服是当时有权势的贵族所必备的最好的服装。"狐"和"狸"是两种动物,今天所说的"狐狸"在古代称"狐","狸"的范围可能更广一点,指的是类似于"狐"的一种小兽。大家要知道,中国古代是没有猫的,常常有人问十二属相为什么没有猫,实际上中国能够证实有猫要到西汉。前些年,故宫博物院的院长把我找去看一批不知道哪个汉墓出土的漆器,其中有一件漆器上画着一个猫,我觉得那件漆器还是有些说服力的。猫起源于古埃及,古埃及人非常喜欢猫,而且他们把猫看得很神圣,所以人有木乃伊,猫也有木乃伊,也就是彩绘的猫棺,上面还有些咒语。古埃及禁止猫出口,这就好像中国不许蚕出口一样,传说是一个中亚的公主来中国访问,把蚕偷偷地带出了中国,当然这只是传说,没有历史根据。古埃及的猫也是一样,后来就流出去了,先传到希腊,后来传遍全世界,传到中国就很晚了,猫是属于"狸"一类的动物,所以猫最初传到中国的时候

---

① 李学勤:《试论董家村青铜器群》,载《新出青铜器研究》,第 83-89 页,北京:人民美术出版社,2016 年。

就叫"狸",当时并没有"猫"这个词,所以十二属相中没有猫的原因是很清楚的。"舍裘卫林䐓里"也就是"给裘卫树林里面的狐狸"。

④ "叡㫚(厥)佳(惟)颜林,我舍颜䐓大马两,舍颜姒虘谷,舍颜有䚸寿商㒺裘、盇耷"一句,"叡"读为"徂",义为"过去","㫚"指代"这片林","叡厥惟颜林"即"这以前是属于颜氏的林",颜氏的人是"矩伯"的下属,现在要把这片林给"裘卫"了,特别是这片林中打狐狸的权利。"我"指代"裘卫"。铭文中"颜"字的右边是从"首"的,从"首"和从"页"经常通用,所以这里就直接隶定为"颜"。"䐓"右边是从两个"虫"的,上面的那个"虫"是倒过来写的,所以过去写作"屮"是不对的。从两个"虫"的字,在楚简中常见,但这里在两个虫中间有一个"日"字,这就好像"步"字中间有时候也会加一个"日"字,当然加了"日"字的"步"是否还是"步"字还可以讨论,可结构上是一样的,不过"䐓"在这里是人名,我们就不详细讨论了。"颜䐓"就是颜林原来的主人,可是这块地是属于"矩"的,是"矩"让"颜䐓"来管理这块地,现在"矩"把这块地给了"裘卫",所以"裘卫"就给"颜䐓""大马两"作为报酬。所谓"大马两",也就是"两匹大马",这个地方有些特别,因为很少说"大马",所以有人认为应该把"颜䐓"和"大马"连起来读,作"颜䐓大马",可是这样读起来不太通,所以我还是主张将二者分开。"舍颜姒虘谷"一语,"颜姒"就是"颜䐓"的妻子,"谷"字见于《说

文》,又作"膴",是一种肉食,《诗经》中有"嘉殽脾臄"。"羉"字,大多数学者都认为是"虖",但我认为这种讲法不对,应该是从"叕"的,所以这个字可以写为"虡",可读为"腏",也是一种肉食,可能是用剥完动物皮后所剩下的肉做成的吃的。除此之外,"裘卫"还要给"颜陋"手下的人也就是颜有司一些礼物,颜有司名叫"寿商",所给的礼物是"䝙表"和"盠冟","䝙"读为"貉",这种动物今天东北还有。"盠"读为"彖",也就是"猪","盠冟"也就是"彖幂",是一种用猪皮做成的围盖之物。从这里就可以看出"颜陋"也是贵族,因为在他手下还有"有司",但"颜陋"应该是一个小贵族。

⑤ "矩廼罙鄴弜令寿商罙眘曰:'颛履付裘卫林䇔里。'则乃成奉三奉,颜小子具䵼奉,寿商罙"一句,"鄴"字,过去我专门写过文章①,这个字就是文献中"祭公"的"祭"字,"祭"是周公之后,封于"祭"。"弜"字,绝大多数的学者都读为"桀",从字形上看确实像"桀"字,但读为"桀"在金文中很难讲通。我个人认为这个字上面是"炎"字之讹,应该是个谈部字,在金文中常读为"嫌疑"之"嫌"②,但这种讲法从文字学上来看并不是那么理想,所以读为"桀"我也不反对。"鄴弜"属于祭氏家族的人,是周公之后,也是周的贵族,应和"矩伯"有一定的关系,因为"祭"和"渠"都是姬姓的。

---

① 李学勤:《释郭店简〈祭公之顾命〉》,载《重写学术史》,第41-45页,石家庄:河北教育出版社,2002年。
② 李学勤:《眉县杨家村新出青铜器研究》,载《中国古代文明研究》,第184-200页,上海:华东师范大学出版社,2009年。

还有一种可能就是"釁粦"和"矩伯"是邻居,两家的土地相连,所以"釁粦"就和"矩伯"一起命令"寿商"和"崙","眔"义为"及","崙"是"意"去掉"心"字所剩的部分,在此是人名。"顚"读为"遘",义为"一同"。"履"义为"丈量"。"则乃成夆三夆"一语,"则"就是"乃","夆"即"封",是界限的标志,"成夆"就是建立好了这个标志,一共有三个。当时的田地疆界,不管是国与国之间、封邑与封邑之间,还是田与田之间都是要有"封"的,所以叫"封疆"。除了做出土堆之外,还要种树来作为标志,这就是所谓的"封建",所以周时所谓的"封建",很大程度上就是"圈地"一类的活动。清军入关以后,八旗的人都进行圈地,这个制度和周代的制度非常相似。"颜小子具"是颜氏手下的一个小子,也就是属吏,名叫"具"。"蠚"字,屡次见于甲骨文和金文,"蠚"的意思是"助",这一点我在过去所写文章的注释中提到过。①最近首师大的黄天树教授写了一篇文章,很详细地讨论了"蠚"字的意思是"助"②,他可能没看到我的这篇文章。总之,"蠚"字在这里读为"助"就对了。"封"的人是"寿商"和"崙","颜小子具"是帮助他们的。"罠"字,从网,从㸚,很多人把这个字写成从"斗(鬥)"的字,这是不对的,因为这个字上面的中间是交叉的,没有"人"和"手"的形状,"罠"还见

---

① 李学勤:《试论董家村青铜器群》,载《新出青铜器研究》,第83-89页,北京:人民美术出版社,2016年。
② 黄天树:《禹鼎铭文补释》,载《黄天树甲骨金文论集》,第409-416页,北京:学苑出版社,2014年。

于匡卣,只不过写法有些不同。匡卣是现在我们所能见到的唯一一件有"懿王"名号的青铜器,因为懿王在位时间很短,所以匡卣应该是懿王死后补作的。匡卣铭有"唯四月初吉甲午,懿王在射庐,作兔䍙,匡甫鑯二,王曰:'休'"一语,这篇铭文以前没有人读通过,是陈梦家先生在《西周铜器断代》中最先读通的。[①]"射庐"是为射箭而造的一个房子,可能是在野外,所以作"兔䍙"。"䍙"字,陈梦家先生读为"罝",可是"䍙"和"罝"在声母上还是有些远,所以并不是十分好,可意思上是差不多的,所谓"兔䍙"就是"捕兔子的网",《诗经》中有一篇就叫《兔罝》。"甫"读为"捕","鑯"是一种兔子的名称,至于说具体是一种什么样的兔子,那我们就不知道了,大家要知道,兔子的名称很多,在英文、法文中都是如此。总之,是"匡"捉了两只兔子,王说"好",之后"匡"就作了这件铜器,从这里就可以看出来王的威严是很高的。同理可知,"寿商䍙"也就是"寿商设置了打狐狸的网"。

⑥ "舍盉冒,帛羝皮二,豙皮二,业舄桷皮二,朏帛金一"一句,"寿商"和"畜"去丈量该树林,将周围的"封"都做好了,颜的下属"具"来帮忙筑封,之后"寿商"把打狐狸的网也设好了,这才移交给"裘卫",因为事情做得很好,所以"裘卫"也要给他们一些报酬。此句中的"舍"是"舍给寿商",因为"寿商"是交易的主要人物,也是颜氏的代表,给"寿商"的东西有"盉

---

① 陈梦家:《西周铜器断代》,第177页,北京:中华书局,2004年。

冒,帀羘皮二,夶皮二,业舄甬皮二","盎冒"即"豦帽",也就是"猪皮帽子"。"帀羘皮二"就是"两张帀羘皮","帀"读为"叔",有"白色"的意思,"羘"是一种山羊,所以"帀羘皮二"就是"两张白山羊皮"。"山羊"和"绵羊"是两种不同的东西,在英文中有各自的表达方式,"山羊"的英文是 goat,"绵羊"的英文是 sheep,虽然它们都是通过中亚传入中国的,但它们传入中国的时间是不一样的。"夶"读为"豵",义为"小猪",《诗·驺虞》有"壹发五豵",所以"夶皮二"也就是"两张小猪皮"。这些是皮料,是以"皮"为单位的。"业舄甬皮二"一语,"业"可训为"治","舄"是"靴子","甬"可以读为"踊",指"靴子筒","业舄甬皮二"就是"两张做靴子筒的皮"。"朏"是人名,是"裏卫"一方的人,"裏卫"给"寿商"的都是自己生产的皮制品,"寿商"给"朏"的是"帛金一","金"读为"锦","锦"是从帛,金声的,楚简中写作"綨"。此处"寿商"给"朏"帛锦,就好像"裏卫"给"矩姜"帛三两一样,是一种回报。

⑦"反毕(厥)吴喜皮二,舍鞔虎冟、爌䘏、韅、㽎、东臣羔裘、颜下皮二"一句,"反"读为"返"。"吴"读为"虞",是管理山林的一种职官,任何一片山林都会有一个管理者,其官曰"虞"。此处的颜林也是有专门职官的,这个人的名字叫"喜","虞喜"也是属于颜氏一方。但"喜"所获得的皮本来就是他打猎所得,因为他打了很多狐狸,所以"裏卫"就返还给他两张,因此这里用的是"反"而不是"舍"。"鞔"指"鞔鞻","爌"

读为"鞎","爗秡"也就是"鞎贲",是用鞎制的皮子做的装饰品。"韏"读为"璊",指"马肚带"。"靣"读为"靳",是"车轼上的皮套"。"东臣"是人名,应该是"祭"的下属。给"东臣"的是"羔裘"和"颜下皮二","羔裘"就是小羊皮做的裘,"颜下皮二"指的是"颜林所产的次等的皮两张"。

⑧"眔受,卫小子家逆,者其觯卫臣醜胐"一句,"眔"训为"及"。"受"从"裘卫"的角度看可以理解为"接受",也就是"接受这片山林"。"家"是人名,是"卫"的小子,也就是"卫"的属吏,"逆"训为"迎"。"者"读为"书","其"读为"而","觯"读为"誊",义为"抄写"。"醜胐"也就是上文中的"胐",是"卫"的臣属。

这是一篇很复杂的契约,在我看来目的就是出让打狐狸的权利,用这个权利换了很多很宝贵的东西。从这里可以看出西周的社会还是很复杂的,不像很多人想象的那么简单。所以我们不要把商周的社会想得太过简单化,大家知道,花东卜辞的发现使人们对商代社会的认知有了不少改变,但我认为这个改变还不够。现在很多人在猜想花东卜辞中"子"的身份,实际上"子"就是一个贵族,但不论如何,从中可以看到当时的生活是很复杂的。哪位能够写本书从这个角度去讲一讲,我觉得是很有意思的。

"裘卫"的几件东西,我们都讲过了,在周穆王二十七年的时候他的职位很低,自从当了"司裘",他就发迹了。

恭王时期的铜器还有很多,我们一定要讲一下史墙盘,并且和杨家村出的逑盘对照一下,但在讲史墙盘之前,还是先讲一下士山盘。

· 2010 年上半年第五次课 ·

申氏两簋、士山盘

申氏两簋

今天我们继续讲西周中期的青铜器，西周中期有很多重要的器物，我们想选择一些比较有特点的来讲，这次课我们讲士山盘，这是国家历史博物馆近年新入藏的器物。可是在讲士山盘以前，我们先讲一点其他内容，这个跟西周没关系，但我想借这些器物说明一个问题。

这几天见到了几位外地来的朋友，谈起了金文及有关的一些问题，特别是研究方法。大家要知道，真正用现代方法以金文来研究历史，是从王国维先生开始的。在王国维先生以前，和王国维先生最接近，而且在时间上差不多可以相接的就是孙诒让。如果大家去看孙诒让的书，比如《籀庼述林》《名原》等，就会看到孙诒让所用的完全是宋清以来传统的研究方法，不仅孙诒让如此，包括吴大澂在内的一些学者也都是如此。

但王国维先生在研究方法上是有根本的变化的，王先生在1925年所开设的"古史新证"这门课上，总结了他自己所用的方法，即"二重证据法"。王国维先生所提倡的"二重证据法"是与前人有所不同的，如果真要仔细地讨论一下这个问题，是可以以王国维先生的著作为例子写一本书的。大概十年前，张岂之先生想让我去写这本书，但是我没有胆子去写，因为写起来是要评论王先生的成果的，我没有这个资格，所以虽然张先生一再地跟我讲，我也没有能写这本书。

这就涉及怎样像王先生所说的那样，把地上的材料和地下的材料不但是都引用了，而且还能够互相印证起来。这是一个很大的问题，这个问题说起来很容易，但实际上做起来是很难的。因为出土文献和传世文献相互印证，涉及一系列方法论的问题。不过，至少有一点我一定要说，唐兰先生常说，研究古文字的功夫不在古文字。这句话不见于唐先生的任何论文和著作，可是这句话我是直接听唐兰先生说的，我可以很负责任地介绍这句话。这句话非常对，唐兰先生的意思是说研究地下文献的时候，不管是甲骨文、金文还是简帛，真正的功夫并不在地下文献本身，而是在于传世文献。实际上在"二重证据"的关系当中，传世文献应该是非常重要的。所以我们一再主张，如果大家想学好古文字，首先的功夫一定是传世文献。唐兰先生虽然不是王国维先生的在校弟子，但他是罗门四少之一，所以也应该算是王国维先生的及门弟子。唐兰先生在北京大学教古文字的时间最长，一直到西南联大，可以说是专门设立古文字课的前辈学者中，教课时间最长的。《古文字学导论》这本书是张政烺先生整理的，张政烺先生是唐兰先生的学生，张先生见到唐先生是肃立称"先生"的。唐先生讲课的时候真的是意气风发，旁征博引，《古文字学导论》只是那门课的提纲而已。

为什么要讲这些呢？是因为我最近偶然想到了两个例子，这是两篇春秋晚期的金文，而且从格式上来讲是最为普通的金文，可这两篇金文非常值得研究，我尝试着给出一个说法，至于正确与否，还可以再讨论。①

---

① 整理者按：此篇可参看李学勤：《楚国申氏两簠读释》，载《三代文明研究》，第101-103页，北京：商务印书馆，2011年。

最近出了一部《楚系金文汇编》,编者之一是刘彬徽先生。这本书把这两件器物都收了。其中的一件见于《补编》44,是春秋晚期器,此器现在下落不明,这件器物的拓本最先是由黄锡全先生发表的[①],后来收入了《楚系金文汇编》。

拓本见图1:

图1 拓本一

释文:

  隹(惟)正十月初吉
  庚午,䣄文王
  之孙州䣌羃(择)

---

① 黄锡全:《申文王之孙州䣌簠铭文及其相关问题》,载《古文字研究》第二十五辑,北京:中华书局,2004年。

其吉金，自乍（作）
饮臣，永保用之。

还有一件见于《楚辞金文汇编》66，这件东西发表的时间比较早，是在《考古》上发表的。①

拓本见图2：

图2 拓本二

释文：

䤸王之孙弔（叔）姜，
自乍（作）饮臣，其矏（眉）
𠦪（寿）无諆，永保用之。

---

① 胡文魁：《湖北郧县肖家河春秋楚墓》，《考古》1998年第4期。

这两件东西都是楚系文字，器物也都是楚式的，铭文也都是套话，可这种看似最简单的东西，实际上却是最容易产生问题的，而且这些问题表面上来看可能无解。

"䉍"就是"申"，这个结论早就有人猜出来了，但是没有去论证，最后是裘锡圭先生写了一篇文章专门论证的[①]，现在已为学界所公认。"陈"字的古文就是从"申"的，"申"和"陈"是同音字，而且经常通用，"䉍"实际上是从"陈"省的一个字。"正十月"有人认为是"王正十月"，也就是"周正十月"，我认为这里的"正十月"是"夏正十月"[②]，当然这个问题可以讨论，因为这是从历法上推出来的。"臣"可读为"簠"，虽然通转上还有些问题，但从文字学上看就应该读为"簠"。"䉍文王之孙州桒"最简单的理解就是"申文王"之孙，名叫"州桒"，"䉍王之孙甶（叔）姜"也就是"申王之孙"，名叫"叔姜"。

问题在于有没有"申王"呢？

从铭文的角度来看是有"申王"的，大家都读过《春秋》经传，《春秋》经传中"申"有称王的记录吗？大家要注意一点，这两件器物是春秋晚期器，春秋晚期时，"申"完全在"楚"的统治之下，申国在楚文王时期就被灭掉了，楚文王时期是春秋前期，至少在春秋早期之末的时候，"申"就已经成为楚国最重要的城邑之一，也就是今天的河南南阳。近年在南阳的考古已经挖到了申国的铜器，而且还有"彭氏"，"彭氏"就是在楚国的"申"。所以"申氏"是楚国统治下最为重要的地区，楚国封了很多"申公"，

---

① 裘锡圭：《谈曾侯乙墓钟磬铭文中的几个字》，载《裘锡圭学术文集·金文及其他古文字卷》，第50-60页，上海：复旦大学出版社，2012年。

② 李学勤：《由蔡侯墓青铜器看"初吉"和"吉日"》，载《夏商周年代学札记》，第97-104页，沈阳：辽宁大学出版社，1999年。

曾经和孔子有过对话的"白公胜"就做过"申公"。因此,"申"是没有称过王的。

《左传·昭公十三年》:"楚之灭蔡也,灵王迁许、胡、沈、道、房、申于荆焉。平王即位,既封陈、蔡而皆复之,礼也。"许国是一个姜姓国,胡国是一个妫姓国,沈国是一个姬姓国,道、房、申都是小国,到了楚平王正好是春秋晚期,所以有学者据此认为"申"在春秋晚期曾经复国,这种说法是不正确的,这是错读了《左传》。如果申真的复国了,那就不是"既封陈、蔡而皆复之",而是和陈、蔡一样都封了,那么"皆复之"应当如何理解呢?这一点杜预的注讲得很清楚,杜注曰:"灭蔡在(鲁昭公)十一年,许、胡、沈,小国也;道、房、申,皆故诸侯,楚灭以为邑。"这里的"荆"指的是"荆山",也就是说楚灵王灭掉许、胡、沈、道、房、申之后,将其国民强行迁到了荆山,楚国就将这些地方全都占领了。到了楚平王的时候,允许这些人回到故居,所以杜预认为"平王得安民之礼",孔颖达《正义》:"此乃迁动而云安者,以狐死首丘,人心恋旧,往彼灵王偪徙,元情悉恋故居,平王今复,从其所欲,民心获安,故云'得安民之礼'也。"这里哪有什么复国的事呢?大家可以想一想,这几个国家的位置,许国在今天河南的许昌,胡国在今天安徽的阜阳,沈国在今天河南的固始,道和房在今天湖北的北部,申国在今天河南的南阳。如果楚平王为了收买人心而让这些国全都复国,那楚国北面的一半疆域就没有了,这是楚平王所不能接受的,所以许、胡、沈、道、房、申复国的说法是根本不可能的,申国连复国都不可能,又怎么可能称王呢?所以即使是很简单的铭文,也包含了很复杂的问题。既然"申"没有称王,那"申王"又该怎么理解呢?其实只要大家能够对楚国人名的文例有一定的了解,这个问题并不难解。当然我的说法不一定对，但从方法上我们是根据"二重证据法"，从文献上来解释。

前几年我写了一篇文章，发表在《文物》上[①]，这篇文章讲的是2008年出的一批铜器。这批铜器的铭文中有一个人名叫"竞之定"，有的铭文作"竞平王之定"，这是同一个人的名字，那"竞平王之定"应当怎么理解呢？"竞平王"在楚简中见到了，"竞平王"就是"景平王"，"景"和"平"都是"王"的氏，很多"王"都有双氏，但一般只用一个，所以"景平王"就是"平王"，古书中称"平王"，楚简中称"景平王"，所以"景平王之定"就是"景之定"，可以单用一个氏，而这里的"景"就是后来的"景氏"。《史记》有"楚虽三户，亡秦必楚"之语，"三户"指的是三个族，即屈、昭、景，"屈"是很古老的一个别族，"景"就是"景氏"。楚简中有"竞建内之"，"内"读为"纳"，有人认为"竞建内之"是篇名，这个理解不对，"竞建"也就是"景建"，是一个人名。"景之定"的"景"就是一个氏，即"景氏"，"氏"表示其家庭之所出，因其出于"景平王"，故曰"景氏"。"昭"也是如此，"昭"是"楚昭王"之后，故曰"昭氏"。楚简中还有"悼氏"，是"楚悼王"之后。由此可见，"氏"一般来自于其祖父或其父亲的名字，这里应该是从他父亲的名字来的。《左传·成公十六年》有"潘尪之党"，杜注认为"党"是"潘尪"的儿子，这样的文例在世界上非常之多，俄文中就是这样，比如伊凡·伊万诺维奇，就表示"伊万诺维奇"的儿子"伊凡"，英文中也是如此，比如"Mark William"，"Mark"是这个人的名字，"William"表示他所出的家族，这个家族

[①] 李学勤：《论"景之定"及有关史事》，载《通向文明之路》，第118-121页，北京：商务印书馆，2010年。

是他父亲的家族。"潘尪之党"是楚国人,还有一个晋国人叫"申鲜虞之傅挚",见于《左传·襄公二十三年》,杜注认为"傅挚"是"申鲜虞"的儿子。同理可知,"景平王之定"就是"景平王"的儿子"定",当然也不排除是"景平王"的孙子,"景平王"是为了说明他的出身,而出身就是他的"氏","氏"一定是男系的。

《楚系金文汇编》中有很多这一类的东西,其中有一件戈,铭曰"龏王之卯之戠戈","戠"是"造戈"的合文,读为"造"。西周以来的"龙"字都可以加一个"兄"字作为声符,所以"龏王"就是"共王","龏王之卯"也就是"共王"的儿子,名叫"卯",当然也不排除是"共王"的孙子。楚简里还有"龏之脾",也就是"共王"的儿子"脾"。要是不懂这个文例,那就没有办法去读上面那两篇铭文了,这些都是楚国比较流行的说法。淅川楚墓中有一件鼎,见于《集成》2357,铭曰:"楚叔之孙倗之饮鼒。""倗"就是《左传》中的"蒍子冯","楚叔之孙"讲的是"蒍子冯"的远祖,"蒍氏"的祖先是"蒍章","蒍章"见于《左传·桓公六年》,他是"蚡冒"之子,"楚武王"的弟弟,所以称"叔","蒍子冯"是他的玄孙,所以"楚叔之孙"应该在"楚"后断句,即"楚的叔之孙"。

宋朝程公说《春秋分记》云:"楚之申氏有三,申公巫臣之后,屈氏别族也;申舟之后及无宇,即申氏也;申叔时而下,申叔氏也。"楚国有三个"申氏","申公巫臣"之后虽然称"申",但实际上应该是"屈氏"。"申叔时"在《国语》中有,是共王时人,很有学问,但他的后裔应该是"申叔氏"。只有"申舟"之后才是"申氏"。"申舟"又作"申周",是楚庄王时候的人,很是有名,他的名字在文献中除了"申舟"之外,还可以有很多种叫法,《左传》中称之为"子舟""无畏""文之无畏",《吕氏春秋》中称之为"文无畏",《潜夫论》中称之为"申无畏"。商周时代,人的名称是很多的,不同情况下有不同的称呼。之所以叫"申舟",是因为他出自"申氏",他的名字叫"舟"。给他一个尊称,加一个"子"字,就叫"子舟"。"无畏"可能是他的字,也可能"无畏"是名,而"舟"是字,不过我们一般认为一个字的是"名",两个字的是"字"。之所以叫"文之无畏",是因为他是"楚文王"之后,这种文例和"景之定""覸王之卯"是一样的,那么"申文王之孙州傒"就是"楚文王的后人申氏州傒"。同理,"申王之孙"就是王之孙中的"申氏"。有一点大家要注意,这些称谓只能用在男性身上,因为当时是父系社会,"申王之孙叔姜"是在夫氏之后加上女人的姓,这种情况是常有的,"叔"是排行,"申王之孙叔姜"也就是"申叔姜",亦即"申姜"。现在我们读这些东西觉得很费劲,但当时的人读起来却一点也不费劲,因为当时的人怎么也不会将"申"和"王"连在一起读,在读的时候,一定会在"申"字后面停顿一下,所以理解起来是没有什么问题的。

我们研究甲骨文、金文、楚简,很多东西不是我们一时就能懂的,这是我们做不到的。这就和我们读《尚书》和《诗经》一样,很多地方我们并不懂,不懂是常理,很多地方是我们猜的,并不一定是当时的事实,可能我们认为很简单的一件事,实际上并不简单。像申氏两簠就是这样,铭文虽然很简单,但读起来明显与史实不符,因为历史上是没有"申王"的,所以这一类的东西我们能够发现。但有些东西是两可的,这样讲可以,那样讲也可以,下面我们要讲的士山盘就是这样一个例子。对于士山盘,我们只能提供一个讲法,可究竟对不对,我们没有把握。

士山盘

我们来看士山盘（见图3、图4）。

图3　士山盘　　　　　图4　士山盘拓本

士山盘释文：

隹（惟）王十又六年九月既生霸甲
申，王才（在）周新宫①，王各（格）大（太）室，即立（位），
士山入门，立中廷，北乡②。王乎乍（作）册尹
册令山③，曰：于入鄀侯④，徣徵蠚刑
方，服。眔友肁，服。履，服。六孳，
服⑤。鄀侯、蠚、方宾贝、金⑥。山拜𩒨首，
敢对𢾰（扬）天子=不（丕）显休⑦，用乍（作）文
考釐中（仲）宝隮般（盘）、盉，山其万年永用。

①"隹(惟)王十又六年九月既生霸甲申,王才(在)周新宫"一句,此处应注意"既"的写法,这篇铭文中的"既"确实是从"卩"的,这在金文中比较少见。这里的"十六年"是周恭王十六年,从历法上来推完全合适。①

②"王各(格)大(太)室,即立(位),士山入门,立中廷,北乡"一句,恭王时代的很多铜器上都有"新宫",实际上穆王晚年的铜器中也有"新宫",这里有两种可能:一种可能是恭王时期新建了一些房子,所以叫"新宫";还有一种可能是穆王晚年新建了一些房子,到了恭王时期,恭王觉得这些房子还是比较新的,是同一个行宫维持了几十年。大家知道,成周建成之后被称作"新邑","新邑"这个名字也用了几十年。这篇铭文中有一个特点,就是"士山"没有右者,可能是这天有特殊的情况,所以就没有右者。这也是可能的,因为如果要是有右者一般都会写出来。右者多数情况下是被右者的上级,这篇铭文中就是没有右者,是"士山"自己走进去的。这里特别要注意的就是作器者是"士",他的名字叫"山"。"士"这个字在古书中有多种用法,特别是在周代的官制中有很多种不同的理解。比如《尚书》中有一篇叫《多士》,看内容大家就可以知道"多士"指的不仅仅是"士"这一级,而是包括了"卿大夫"在内。晋侯墓地M113所出的方鼎中也有"士",这个"士"也

---

① 整理者按:此点可参看李学勤:《对"夏商周断代工程"西周历谱的两次考验》,载《中国古代文明研究》,第444-448页,上海:华东师范大学出版社,2009年。

包括"卿大夫"在内，我当时在写的时候所引的也是《多士》的注解①，而"士"狭义的用法是指"大夫"下面的一级职称。这里面就给我们一个启示，就是看古书的时候要注意活用。这篇铭文中的"士"是一个具体官名，是司法之官，属于《周礼》的"司寇"。这个用法是很古的，在《尚书》中就有，《尚书·舜典》有"汝作士，五行有服，五服三就"，《孔传》云"士，理官也"。"理官"就是司法之官，有人认为"士"和"理"可以通假，这种说法从韵部上来看是可以的，但是从声上来看还是有点远，所以这两个字是否能通假，还可以进一步讨论。我认为这两个字应该从意义上来理解，而不是从通假上来理解。因为"士"是理官，所以《史记》的《五帝本纪》引用这句话的时候，就把"汝作士"写为"汝作理"。后来的"大理寺"就是主管司法的，"大理"指的就是"大法官"，相当于现在的司法部长。"士"就是《周礼》的司寇之属，所以《周礼·秋官·司寇》里面很多的官都是用"士"的，比如"士师""乡士"等。郑玄认为"士者，察也"，主察狱讼之事，"察"是"监察"，所以"士"是司法之官。

③"王乎乍（作）册尹册令山"一句，"作册"指的是"史官"，"尹"训为"长"，"作册尹"即"史官之长"，又称为"作册尹氏"或"尹氏"，在《尚书》和金文中常见。"令"读为"命"。

---

① 李学勤：《论士山盘——西周王朝干预诸侯政事一例》，载《文物中的古文明》，第195-198页，北京：商务印书馆，2008年。

④"于入菓侯"一句,"于入菓侯"这个册命和常见的不太一样,常见的册命一般是封官或者是赏赐,但这个册命只有一句话,就是"于入菓侯",实际上这是"王"发布的一道命令,当时的"王"给臣子下一道圣旨也就是这样的,就是让大臣去做一件事情,而且是当面命令。这一点特别值得我们注意,因为"王"所发布的命令除了战争铭文之外,在其他类别的金文中很少有。其实西周三百年间"王"发布的命令很多,可是"王"发布的命令大多只是一般的行政事务,所以臣子完成命令之后一般不会得到"王"的赏赐,只有"王"特别有赏赐,或者特别有封赠的时候,大臣才会作器以记,一般的事情是不会记的,所以金文中很少记载"王"的命令。但这件器物所涉及的事情比较特别,而最后"士山"也确实得到了赏赐,所以才会作器以记。那么"于入菓侯"是什么意思呢?一般来说,在动词前面加一个"于"字的情况不是很多,比如塑方鼎的"惟周公于征伐东夷"以及令簋的"惟王于伐楚",还有《尚书·大诰》的"予惟以尔庶邦于伐殷逋播臣",《诗经·棫朴》有"周王于迈",《毛传》"于,往也"。这种训诂如果我们没有若干条文例是不敢用的,有《诗》,有《书》,还有金文,所以这里"于"训为"往","于入"就是"往入"。"入"和"内"是通用的,可读为"纳","于入菓侯"即"往纳菓侯"。《左传·桓公二年》:"惠之三十年,晋潘父杀昭侯而纳桓叔,不克,晋人立孝侯。"这是《春秋》以前的事,是在隐公的父亲鲁惠公的三十年,晋国有一个人叫"潘父",把晋昭侯给杀掉了,"昭侯"就是晋姜鼎中

"晋姜"的儿子,"潘父"想要纳"桓叔",也就是让"桓叔"进入首都即位,因为国人不同意,所以就没成功,最后晋人立了孝侯。《左传·僖公九年》有"晋献公卒,里克、丕郑欲纳文公"。晋献公的时候,晋献公的几个公子出现了纠纷,再加上骊姬的挑拨,所以几个公子走的走,死的死,其中公子重耳就出走了,所谓"重耳走国",是《春秋》里面最为著名的事件之一。到了僖公九年的九月,晋献公去世了,当时的大臣里克、丕郑欲纳文公,"文公"指"重耳",也就是想让重耳回国即位。《左传·成公十七年》:"高、鲍将不纳君,而立公子角。"这说的是齐国,齐国有两大贵族,即"国氏"和"高氏",这里说的是"高氏","鲍"指的是鲍叔牙所在的那个氏,高氏和鲍氏想立公子角,所以就不让原来的储君即位。还有《春秋·昭公十二年》:"齐高偃帅师纳北燕伯于阳。"这是齐国干涉燕国内政的故事,是齐国派人在"阳"这个地方立了北燕伯。《谷梁传·昭公十二年》:"纳,内不受也。"可见"纳"是指在国内不接受时,用强力使之入国即位为君。"入鄀侯"即"纳鄀侯",也就是让"鄀侯"入国即位,当然发布命令的时候,"鄀侯"还没有成为诸侯,从这里大家就可以看出周王朝与诸侯之间的关系。"鄀"在湖北北部。为什么要派"士山"去呢?根据《周礼》的记载,法律上的事情属于大司寇掌管,而司寇下面所属的官吏,有这么几种情况,其中就涉及外交。当然这种外交说的是国内的外交,也就是诸侯之间的往来,比如"大行人"一类的官员,而另外一种就是掌管法律的。这两件事情相结合,所以就派"士山"去了,实际上周朝是有法律的，而周朝的法律是涉及各个诸侯的。现在很多人想象，诸侯国各个独立，然后什么事情王都管不上，这种情况说的是东周，在东周的时候，王确实管不了诸侯的事情。前些年在洛阳出土了一个王鼎，虽然是王作的，但看那个鼎中的字，还不如一个大夫所作的样子，大家就会觉得当时的王实在是泄气。而在东周初年的时候，王还是想摆摆威风的，后来让人一箭射到了肩膀上，结果威风没摆成，之后就再也起不来了，可大家名义上还是尊敬王的，所以后来一直到秦惠文王本人都要称王的时候，周王还是会赐给秦惠文王胙肉。所以在名义上，周天子还是天下的共主，这一点大家不要轻视。但在西周可不是这样，在西周的时候，王是可以干涉诸侯国的内政的，士山盘就是这样。如果大家去读《国语》和《左传》，就会发现这种事情还有不少，特别是《国语》里面记载的西周时的事情，比如鲁国立国君。再比如纪国和齐国都是姜姓之国，两国相邻，因为纪侯进了谗言，所以周夷王烹杀齐哀侯，因此两国有九世之仇，后来齐国就把纪国灭掉了，这是山东的大事，今天山东寿光的纪公台就出纪国的东西。这篇铭文中的鄀国是一个小国，可"王"认为立的国君不对，就要管一下，下面就可以看到"王"是怎么做的。

⑤ "徣徵蠚刑方，服。罙友虡，服。履，服。六孳，服"一句，"徣"字不识，义同于"遂"，也就是"于是"。"徵"读为"惩"，义为"惩罚"。"蠚"即"鄀"，也就是"鄀国"，是一个地处豫西南、陕东南、鄂北交界的少数民族诸侯国，见于古书，后来也归了楚国。"刑"估计是

"肉刑"。"方"是当时的一个诸侯国,见于孝感出土的"安州六器",有人说这个"方"就是"房国"之"房",这也是可能的。"房"是祁姓国,周昭王娶于房。"徵蠹刑方"中的"蠹"和"方"指的是这两个国家的国君,我们可以猜想一下,可能是这两个国家的国君参与了堇国的事件,天子认为这件事不对,于是就派了执法人员前去,宣布"徵蠹刑方"。上面讲"五服三就",表示刑法的结果用"服","服"就是"服从判决",同时也表示这个事情已经执行了。有人把"服"讲为"贡赋",那就没法讲"刑"了,也就与"士"没有关系了。"眔"读为"及"。"友"即"蔡",义为"流放",古书上有"杀管叔而蔡蔡叔"。"虘"和"履"是人名,估计二者都是堇国的人。"▨"就是《说文》中"子"的籀文,甲骨文中的"子"就有这么写的,周初的利簋也是如此。可是对于这个字,我多年以来一直在犹豫,因为伯戜父簋中有"服▨"一语,所以我认为这个字最好读为"蛮(蠻)",是从古文"子",从"䜌"省声。① 可《说文》中"▨"作"孳",是从籀文"子",再加上一个"兹"字,"▨"和"▨"还是有所不同,所以后来我在写文章的时候认为应当尊重《说文》,还是读为"子"。但近些年来,我总觉得还是应该读为"蛮",至于说能否读为"蛮"还可以再讨论,但读为"蛮"是很通的。不管怎么说,这个地方的"六孳"指的是六种少数民族,读为"六蛮"是最好的。"六

---

① 李学勤:《谈西周厉王时器伯戜父簋》,载《文物中的古文明》,第 299-302 页,北京:商务印书馆,2008 年。

蛮"的君长也被流放了,湖北北部这一带正是蛮族聚居的地方。总之,"惩""刑""蔡"都表示法律上的判处,而这些判处的结果都是"服"。

⑥"荆侯、蠚、方宾贝、金"一句,"宾"指做完一件事之后作为回报的一些东西。"荆侯"是一定要"宾"的,这是毫无疑问的,虽然"蠚"和"方"受到了惩罚,但他们的国家还是要表示一下。

⑦"山拜顿首,敢对𩁺(扬)天子=不(丕)显休"一句,士山得到了贝、金,所以要对扬天子之休,"子"后面多了一个重文号,金文中的"子""孙"后面常常多一个重文号,这是因为当时写铭文的人写惯了,当时的人总是写"子子孙孙永宝用",且总是用重文号,所以这里就多出了一个重文号,也就是衍文,这样的例子在金文中并不少见。

读铭文一定要考虑到当时的制度,比如董家村出的"裘卫"的那批器物就改变了人们对于西周土地制度的认识,因为没有办法做出其他的解释,也许有人会说当时的土地所有权不完整,可即使是不完整,也是土地所有权,这和很多人想象的"田里不鬻""普天之下,莫非王土"完全不同。士山盘也是一样,周王听说荆国出了问题,马上就管了,并且派人跑得很远,一直到了湖北北部,鄂北还出了"荆"的其他器物,但都是春秋以后的东西。由此看来,当时周王朝的势力所及比我们想象的要大得多,换言之,也就是周连同其势力所及的诸侯形成了一个政治整体,但这种政治整体不同于后来的郡县制。"于入荆侯"说明原来就已即位,可能是一些人把他给赶出去了,后来周王又派人把他给送回去了,从士山盘可以看出这件事情并不是通过战争来解决的,而是用行政、法律的手段来解决的,所以周王朝是很有权威的。大家可以想象一下,在周恭王在位的时期,周王朝在南方的势力还是比较稳固的。

大家要知道,西周各个时期所受到的侵扰是不同的。周朝刚建立的时候,主要的侵扰来自东方,因为周地处西方,它主要是向东扩展的,所谓"三分天下而有其二,以服事殷",以周而言,"殷"是在东方的。在商纣的晚年,纣曾克东夷,是向东方用兵,因为周当时是附属于商的,所以纣没想到周能反叛,甚至到了西伯戡黎的时候仍旧认为问题不大,所以纣曾有"我生不有命在天"的话,因为纣已经为胜利冲昏头脑了。周朝建立之后,为纣所克的东夷反而支持商朝复辟,所谓"三监之乱"得到了东夷的支持,所以历史上的事情并不是那么简单的,不能一概而论。可是大家要是去看《后汉书·东夷列传》就可以知道,所谓东夷、淮夷在整个西周时期都不安宁,总是要作乱,比如我们以前讲过的班簋所记的就是"三年静东国"之事。有人说班簋所记载的不是周穆王时之事,但"毛班"这个人是见于《穆天子传》的,所以"三年静东国"一定不是周公东征,伐东夷的铜器是很多的,多在康、昭、穆时期。昭王时期最大的一个行动是向南的,昭王南行在史墙盘中就有记载,昭王南行去伐楚,结果很容易就得胜了,后来就去南狩。"郝""方"以及"荆"都是在周王朝的控制之下,所以才会有士山盘中所记载的事情。西周中期曾经有一个相对稳定的时期,当时北方的猃狁也没有作乱,真正发生比较大的变乱则是要到夷王以后。之所以我们要讲士山盘,是因为这篇铭文改变了我们对西周历史以及西周政治制度的一些看法,同时也证明了包括《周礼》在内的一些文献还是有根据的。

有些同学想研究《周礼》，也有一些同学常常问我对《周礼》的看法，实际上我对《周礼》的看法和对《四库全书总目提要》的看法差不多。《周礼》是一部很早的书，有一些内容可以早到西周，不一定是周公所作，但一定有很早的起源。经过历代的修纂，它肯定有许多变化，类似于这种政典性的东西历代都会变的，不可能一成不变，而且里面有很多东西是不能实现的。有一句话我很认同，就是《周礼》这部书没有任何人能够编得出来，因为书中百官之间的关系实在是太紧密了，所以我们不需要像孙诒让那样举出多少例子来证明《周礼》的真。可是《周礼》中有一个工作是从来都没有很好地去做的，过去以刘文淇、孙诒让为代表的很多的学者，都指出来要将《周礼》的研究与《左传》的研究结合起来，可是还没有一个学者能够将这两者的研究结合为一体，或许是不太容易做到，因为每一个都需要花费几十年的精力，想结合起来太难了，所以这种做法确实需要很深的功力才能做得好。现在还可以有进一步的想法，就是将《左传》《周礼》的内容与金文结合起来，当然这样更难，也需要更多的精力，过去郭沫若先生写过《周官质疑》，论述了金文中见于《周礼》的官职，我们看看能不能写一写金文中不见于《周礼》的官职。

· 2010 年上半年第六次课 ·

史墙盘（一）

今天我们讲史墙盘。讲史墙盘是一个很大胆的决定，因为史墙盘中有些地方读不懂。史墙盘是一件很特殊的器物，它在我们整个金文研究史上起了很大的作用。史墙盘出自二十世纪周原最著名的一坑铜器，也是庄白一号窖藏中最主要的一件器物，这个真是国宝，看到过这件东西的人都非常感动。这件盘基本上没有锈，完全是黑漆古的颜色，这不是出土之后经过刷洗造成的，而是出土的时候基本上就是这个样子，后来仅仅是去了一些浮锈，这件盘的铜质特别好，在地下的保存情况也特别好。

庄白窖藏一共出了 103 件器物，这个窖藏有几大特点，所出之器对金文研究有很大贡献，所以在这里给大家特别说明一下，以便加深大家对这个窖藏的印象。这个窖藏被称为庄白一号窖藏，"庄白"是一个村子，在扶风境内。大家要知道，岐山、扶风一带的很多村名都是由人的姓氏构成的，但特别之处在于这些村名常常是由两个姓构成的，"庄白"就是这样，是姓"庄"的和姓"白"的构成的。姓"白"的很多，除了"庄白"之外，还有白家村。这里附带说一下，扶风出周原甲骨的凤雏村也是这种情况，有人怀疑凤雏村和庞统有关系,这种理解是不对的,"凤雏"原作"凤邹",是姓"凤"的和姓"邹"的构成的,后来"邹"音转为"雏",就写作"凤雏"了。

庄白一号窖藏也是偶然发现的,打开窖藏之后发现这坑窖藏中的器物叠得非常整齐。大家要知道,窖藏与窖藏还不一样,有的窖藏只出一件器物,还有的窖藏原来就有一个灰坑,就是作为埋藏用的,后来把铜器放进去。另外一种是专门修的,比如眉县杨家村的窖藏就属于此类。庄白的窖藏是埋藏时现挖的,也就是在生土上挖了一个坑,之后把铜器放进去。生土挖坑的窖藏一般都是在居住遗址之外,但又靠近居住遗址。我们现在推想之所以这样,是因为西周末年社会动乱,这些贵族不能安居了,所以就想往东迁移。这种事情在西周覆灭以前,也就是在宣王晚年就开始有了,大家看《国语·郑语》就能知道,搬家的时候,宗庙中的铜器是最不好搬的,于是当时的贵族就将这些铜器埋在一个坑里。当然这只是一个推测,但如果这个推测正确,那最好的证据就是庄白一号窖藏,因为庄白一号窖藏最大的特点就是它真正是同一个家族的东西。我们过去讲的"㝬"的那批窖藏,还有其他的一些窖藏,这些窖藏中的世系说不太清楚。"裘卫"的那批东西我曾经做过一些尝试[①],想把这批东西排起来,虽然有一些根据,但说服力并不是很强。可庄白的这批东西是没问题的,因为一看就明白了,把这些器物排起来之后,会发现器主共有四代,关于这一点我写过一篇文章。[②]但这只是从存在的器物上排出来的,

---

① 李学勤:《试论董家村青铜器群》,载《新出青铜器研究》,第 83-89 页,北京:人民美术出版社,2016 年。
② 李学勤:《西周中期青铜器的重要标尺》,载《新出青铜器研究》,第 71-79 页,北京:人民美术出版社,2016 年。

如果从铭文的角度来推测，一共可推出七代。从存在的器物来看，我们可以确定这批器物的时代是从昭、穆之世一直到厉王，所以庄白的这批材料是研究西周青铜器分期断代的最好标尺，目前来讲还没有其他的标尺可以替代，因为庄白所提供的是纵向的标尺，我们能找到的多是横向的标尺，也正因如此，这批器物才对西周铜器的断代起到了非常大的作用。

这批东西出土之后，陕西省考古所就拿了一沓照片给我看，结果我一眼就看见那个方彝了，也就是我们现在称之为"析方彝"的那一件，这个方彝的样子和令方彝的样子完全一样，由此我就认出它的重要性了。大家要知道，"康宫"问题是那些年里面争论的最重要的一个问题，总是无法解决，"令器"的时代是解开这个问题的关键。到底是郭老的"成王说"对，还是唐兰先生的"昭王说"对呢？有些问题单从铭文本身的考释来考察是不能够最终确定的，因为对铭文的理解各有不同，所以可以各执一说。如果按照大家现在讲的平等地去看各种说法，那有些问题就很麻烦了，所以只看铭文，有些问题永远也说不清。现在有很多问题也还是这样，所以就得找出一些其他的证据，而这些证据最好是超出金文之外的，庄白这一批东西，就提供了这个依据。我们从器主的名字上能够断出世系，同时这批器物有考古类型学的证据，并且这种类型持续的时间不会很长，在这种条件之下，就一定可以说清楚。析方彝与令方彝形制基本相同，因此确定了析方彝的时代，也就确定了令方彝的时代。根据"史墙"家族历代祖先与周王的对应关系可知，析方彝的器主"析"所处的时代正是昭王，由此也就确定了马坡令器的时代也是昭王，所以唐兰先生的讲法是对的。从类型学的角度来看，这个观点也是定论，完全没有讨论的余地。所以后来比较严肃认真地研究这个问题的人，对于这个结论也没有办法推翻,这并不是我们的本事,而是材料自身决定的。从这里我们可以看出考古学、古文字学都是一种叙述性的科学,研究的基本方法就是归纳描述法,这种方法的特点就是有多少证据说多少话。比如说,最近科学界炒得最火的一件事就是鸟是从恐龙来的,这种说法并不是近年才开始有的,过去就有人猜想过,可是又有多少人相信这种说法呢?但是科学家确实有证据证明鸟是从恐龙来的。所以像这种描述性或归纳性的科学,都是靠证据说话的,现在如果还有人说"令"的铜器是成王时代的,那是站不住脚的。除了青铜器类型学之外,我们还对陕西长安花园村墓地中同出的陶器进行排队,来作为断代的依据,当然陶器排队是从考古学角度来看的,而我们这个是从青铜器类型学的角度来看的,这不是某个学者的看法,而是科学事实。所以庄白一号在西周铭文的断代研究中,甚至在整个西周青铜器的研究中都起到了一个标尺的作用,目前还没有其他的器物可以取代。大家如果想要了解更多的相关内容,可以去看一下尹盛平先生编的《微氏家族青铜器研究》一书。

  庄白一号窖藏本身就是个标尺,但庄白窖藏内部还有一个依据就是史墙盘。庄白的这批器物是根据史墙盘的铭文排队来的,因为史墙盘铭文里面讲了他整个家族的世系,一直到他这一代为止,而且在讲他家族世系的同时还讲了周王的世系,这就更重要了,因此庄白窖藏可以起标尺作用的关键就在于史墙盘,要是不懂史墙盘,就没有办法理解标尺的作用,所以史墙盘是这批器物中最为重要的。

  史墙盘还有一个重要特点,而这个重要特点是需要我们特别强调的,就是史墙盘中所记载的西周世系。"史墙"从文王一直讲到了他所在的那代王,也就是恭王,所以史墙盘把文王到恭王的世系都排起来了。当然这里的记载不够全，但是到了2003年，我们就有了杨家村出的逨盘，逨盘是从文王一直排到了宣王，那么西周的世系也就全了，因为宣王之后就是幽王了，幽王是在共和以后了，所以后面的世系也就没有什么问题了。这一点特别重要，可是很多人对此并没有足够的认识，因为大家都相信《周本纪》，而史墙盘只不过是证明《周本纪》中的世系是对的，这也没有什么。大家要知道，《周本纪》中的世系和《史记》中其他的世系一样，仅仅是一个文献中的世系，并没有得到考古学或者古文字学上的证明。我们是怎么知道《殷本纪》中的世系基本是对的，从而没有人认为商朝是假的呢？就是因为有甲骨文，而且甲骨文是出土的。我过去曾写过一篇文章[①]，认为《殷本纪》中世系的正确性要超过人们的想象，过去人们依据甲骨文所纠正的，其实未必是真正的纠正，恐怕有些地方还是要改的。现在没有人像章太炎那样认为甲骨文是臆刻的，但太炎先生当年确实是这么认为的。太炎先生晚年的时候，也对这个想法有过改变，只是那个时候他地位太高了，说出去的话不方便改，据后来的回忆者说，太炎先生晚年还偷偷地看甲骨文。王国维先生最大的贡献就是用甲骨文证明了《殷本纪》中的世系。《殷本纪》一被证明，大家就觉得《周本纪》更没有问题了，《夏本纪》倒还是可以怀疑一下的，所以很多人就认为夏代如何如何，一直到今天还在说。可是大家不要忘了，长期以来，《周本纪》的世系实际上并没有得到真正的证明。王国维先生有个弟子叫卫聚贤，他的代表著作是《古史研究》，这部书一共有三集，书中多是些惊天动地之论。卫先生是很了不起

---

① 李学勤：《一版新缀卜辞与商王世系》，载《文物中的古文明》，第142-150页，北京：商务印书馆，2008年。

的，他最后在台湾地区病逝，去世时差不多年近百岁。卫先生认为西周大概有一万年，而《周本纪》只是压缩本，当然这个说法不会有人相信。可是有些问题大家还是会怀疑的，比如西周世系中的懿、孝、夷三个王，很多人就怀疑这个次序有问题。恭王之后，就是他儿子懿王，而懿王去世之后是他的叔叔孝王即位，这个问题就有很多人讨论，但是逨盘出来之后就证明这个顺序是对的。即使《周本纪》中的顺序是对的，在此之前也没有得到考古学的证明，史墙盘的出现证明了西周世系的前半段，逨盘证明了整个西周世系。这是很大的事，也是中国古史研究中很重要的事，因为中国不像古代埃及那样在两千多年前就有石刻的王表，这些王表可以排起来组成世系。当然王表并不是全部可信的，它前面那一段也不是很清楚，就像中国的《五帝本纪》那样，可是我们一直就没有王表，但是现在我们有了史墙盘，有了逨盘，那么西周的世系也就得到了明确的证明。

还有一点需要注意，那就是"史墙"本人是一个史官，并且他的祖先也是史官，他的祖上是"微史"，也就是微国的史官，"微"是商代的诸侯国。"史墙"的族氏是"木羊"，传了几代之后，到了"史墙"这个时期就称为"微氏"了，而族徽这种制度也就慢慢消失了，族徽的"族氏"和周代的"氏"还是有一些不太相同的地方，可基本上属于氏，也就是家族的记号。"氏"是表示家族的，"姓"则表示血族，"姓"的范围更大，"氏"在古书中就叫"族"。"姓"和"氏"到了司马迁那个时代就混了，但族徽中的"氏"和周代的"氏"之间还是有一定的差别，至于说究竟是什么差别，还可以进一步研究，虽然现在对这些也有所研究，但是因为材料不够，所以说了半天也还是没有说清楚。

读史墙盘铭文，大家要明白一点，就是商周时候的文字和书风不是只有一种。我们今天也是一样，我们写公文用的语言和平常说的大白话就有所不同，越是日常的语言就越通俗，方言性也就会越突出。在同一个时代，同样的思想和观点，可以用不同的方式来表达。我们当年学英文的时候，老师告诉我们英文一共有四种体，最隆重的是女王诏书的那种体，而最低等的体就是所谓的厨房体，也就是在厨房中所使用的语言。英文在文白之间有四个等级，商周时期的文体一定也有不同的等级，如果不承认这一点，那很多现象就没有办法解释了，所以同样的内容，可以写得比较白，也可以写得比较文。

什么样的东西写得最文呢？就是所谓"典""谟""诰""誓"一类的东西，也就是类似于《尚书》和《诗经》中《雅》《颂》的那一类的东西。《诗经》中的《国风》就相对白得多，因为它多是民间采风而来，但《雅》《颂》就不一样了，特别是《颂》。《颂》是宗庙中用的，不能够随便更改，所以一定是很早就有了，因此也就会显得特别文，而天子的诰命、周公的讲话也都要写得特别的文，因为这些是要传世起重要作用的。

这些特别文的东西又是由谁写的呢？实际上就是史官，所以历代的史官，像"微氏"家族这些人，就经常写那些不好懂的文章，可能这个文章写出来非常美，但就是不好懂。明明是很好懂的意思，却非得用一些比较生僻的字，这种传统在中国的历代文学中一直是有的，比如那些写骈骊文的都是这样。现在有些人认为桐城派也是这样，我认为桐城派完全不是这样，其实桐城派写的文章是相当白的，只有章太炎的文章才是真正的特别文，章太炎写一些东西，他故意让你看不懂。当年有一位先生去清华研究院考试，我们就不说这个人是谁了，当时他报到的时候就已经来晚了，试已经考完了，但是他非要来求学，所以他就写了封信给梁启超先生，梁任公先生一看，这东西写得还不错，就让他来吧。于是就给他举办了一场考试，梁任公先生问了几个问题，都是关于政治、学术史的，之后就是王国维先生问问题，那个学生就把他的答案写出来了，王国维先生一看就说你是章太炎的学生吧，你的写法很像太炎先生的文风，那个学生回答说我不是章太炎的学生，我为了考试，就买了一部《太炎文录》看了看。章太炎先生的文章是比较有特点的，比如说，今天我们说"反正"，但是章太炎先生就说"正乏"，因为在《说文》中是"反正为乏"，这个实在是没有办法。章太炎有两个女儿，一个叫章㠭，一个叫章叕，这就是太炎先生太过好古，可是有些时候并不是像章太炎先生那样一定要特别地返古，而是在当时就有不同的书体。金文也是这样，"裘卫"的那批东西，看起来并不是那么讲究用词遣句，但史墙盘是专门讲究用词遣句的。一方面是因为这讲的是他祖先的事情，所以要写得隆重一点；另外一方面是因为他们家族历代都是史官。虽然逨盘的内容跟史墙盘也差不多，但是逨盘比史墙盘好懂多了。史墙盘应该说是在当时的这种文字里面最为难读的，所以很多地方我们也还是读不懂，因此我们讲的时候，能懂多少讲多少，不去强讲。

史墙盘（见图1、图2）的文例和逨盘有些不一样，逨盘是把逨的祖先和历代周王放在一起来讲，史墙盘是先讲历代周王，之后再讲他自己的祖先，二者的目的是一样的，之所以要讲历代周王，就是要讲他的祖先在历代周王在位时期所起的作用，而不是要给王来树碑立传。实际上，王不用"史墙"和"逨"来树碑立传，但是"史墙"和"逨"在叙述其祖先的时候一定要说到历代周王。

图1 史墙盘　　　　　　图2 史墙盘拓本

史墙盘释文：

曰古文王，初敄龢于政，上帝降懿德大甹，

匍有上下，迨受万邦①。圉圉武王，遹征三（四）方，

达殷畯民，永不（丕）巩狄虘，兊伐尸童②。宪圣

成王，ナ右綬觥刚鲧，用肇彻周邦③。㴲龘

康王，分尹啻彊（疆）④。宖鲁卲王，广骫楚荆，隹（惟）

奂南行⑤。𩁹覝穆王，井帅宇誨⑥。䚈宓天子，天子

翾𦨢文武长剌，天子斖无匄，氋祁上下，亟

狱逗慕，昊昭亡臭。上帝司夒，允保受天子

䵼令，厚福丰年，方繺亡不䚩见⑦。青幽高

且（祖），才（在）散（微）靁处⑧。雩武王既𢦏殷，散（微）史剌且（祖）

廼来见武王，武王则令周公舍圐，于周卑处⑨。

曶叀乙且（祖），逨匹𠌮（厥）辟远猷，𣪘心子㲋⑩。湷

930

明亚且（祖）且（祖）辛，毓子孙，繁䋣多釐，齹角䭰光，义其禴祀⑪。青幽文考乙公，䠋趩𢼑屯无諌，䰜嘗戉䞤佳（惟）辟⑫。孝𡩋史牆（墙），夙夜不墜，其日蔑曆⑬。牆（墙）弗敢沮，对扬天子不（丕）显休令，用乍（作）宝䵼彝⑭。刺且（祖）文考，弋竈受牆（墙）尔䰞，福襃䋣泉、黄耇弥生，龕事氒（厥）辟，其万年永宝用⑮。

①"曰古文王，初𢿍穌于政，上帝降懿德大甹，匍有上下，迨受万邦"一句，"曰古文王"之"曰"，相当于"粤"，《尚书·尧典》有"曰若稽古"，缩略起来也就是"曰古"，追述过去的时候常常这样说，在这种文例上，史墙盘和《尧典》基本是一致的。《舜典》中也有"曰若稽古"，但《舜典》中的前二十八个字是不可信的，因为《舜典》是从《尧典》中分出去的，二者原来是一篇。后来"曰若稽古"到处用，"稽古"用得更多，"稽"有"考察"的意思，所以"稽古"就是"考古"。"曰若"是发语词，同样"曰古"的"曰"也是发语词，"古"就是"过去"，所以"曰古文王"就相当于"曰若稽古文王"。"初𢿍穌于政"一语，古书中讲到过去的时候，常常加上"初""哉""始"一类的词，这类词表明是最早做这类事情的。之所以从文王讲起，是因为西周之人多认为文王是西周的第一代王，也就是说西周是从文王开始的，而非武王。后来的人是从王朝的角度来理解，因为文王的时候并没有形成王朝，所以他们认为武王是西周的第一代王。从古书的记载和各方面的情况来看，文王最后还是称王了，

所谓"文王受命"也就是"文王称王"。为什么很多人不愿意承认文王最后称王这一点呢？这是后来的人想维护文王作为圣贤的道德地位，特别是孔子说周文王是"三分天下有其二，以服事殷"。实际上从清华简来看，文王受命之后，在最后几年是称王的，但这和孔子说的"三分天下有其二，以服事殷"并不矛盾，因为文王虽然在最后的几年称王，但其一生的大部分时间还是服从于商的。从周人的角度来看，西周的世系一定是从文王开始的。文王以前，按照王国维先生的说法就是"先公"了[①]，之后才是"先王"，而"先王"的第一代就是文王。"先公""先王"的概念是王国维提出来的，在甲骨文中并没有体现，但是从甲骨文的祭祀来看，凡是大的祭祀，不是从"上甲"开始，就是从"太乙"，也就是"成汤"开始，"上甲"以前的"先公"多是传说。"𢻤"字还有值得研究的地方，《说文》中有"𥁕"字，可读为"戾"，"龢"也就是"和"，《逸周书·祭公》有"执和"，"执"即"𢻤"之误，可能是汉朝人不认识《逸周书》上的古文字，所以就写成了"执和"。"执和"是读不通的，但"𢻤龢"是见于金文的，除了史墙盘，还见于师询簋。"𢻤龢"究竟应该怎么讲呢？我一直想就此写一篇文章，但一直没有想清楚，过去我在注释史墙盘的时候，想了一个办法，就是《广雅·释诂》有"戾，善也"的训诂，"善和于政"也就可以读通了。但这个读法有一个问题，因为《尚书·君奭》中有"修和"，用法和史墙盘相同，

---

① 王国维：《殷卜辞中所见先公先王考》及《续考》，载《观堂集林》，第409-451页，北京：中华书局，1959年。

但为什么一个是"修和",另一个是"庝和"呢?于是我就想到了"盩"字,这个字音"zhōu",也就是陕西盩厔县的"盩",山曲曰厔,水曲曰盩,明末清初的李颙就是盩厔人,所以他又叫"李二曲"。"盩厔"现改为"周至",我对改地名实在是不赞成,可是"盩厔"是不得不改的,这两个字要是不改,当地的百姓实在是受不了。问题在于"盩"和"修"在音上非常接近,可是铭文中作"敎",这是个很奇怪的事,究竟"敎"和"修"是什么关系,就留待以后再研究。不管怎么样,"敎龢"的意思就是"修和",实际上也就是"调和","调和"的这个读法是何琳仪先生提出来的。① 当然,读为"庝",训为"善"也通,但训为"善"实在是不太好,因为这个训诂是来自于《广雅》,而《广雅》中的训诂有的比较早,有的比较晚;并且大家要是去看《广雅疏证》就会发现,把"庝"训为"善"的这一条,王念孙也没有讲得很明白。"上帝降懿德大甹"一语,这里的"上帝"是合文,不能读为"帝"。"懿"义为"美","懿德"就是"美德"。"甹"读为"屏",义为"遮蔽",在古书中常见,《书·康王之诰》有"建侯树屏"。《康王之诰》原来和《顾命》是一篇,后来分开了,是记载成王去世、康王即位的文献。"建侯树屏"也就是广封宗子,建立诸侯,这是周朝的封建制度,等于树立了很多屏障,保卫王室。所以"懿德大甹"就是"有美德的畿内外的诸侯",实际上这里还可以理解得广泛一点,除了诸侯之外,还应该包括其他的臣子在内,

---

① 何琳仪:《迻盘古辞探微》,载《安徽大学汉语言文字研究丛书·何琳仪卷》,第37-46页,合肥:安徽大学出版社,2013年。

"屏"实际上比喻的是"群臣"。"匍有上下"一语,《书·金縢》中有"敷佑四方",《金縢》是讲武王克商之后过了几年就生病了,周公祭告祖先,想要以他自己代替武王,这是武王时期的文献。"敷佑四方"的"敷",可读为"溥",义为"广大"。"佑"有不同的理解,传统的说法将"佑"讲为"佑助",另有一种说法是将"佑"讲成"有",义为"占有"。传统的讲法更谦虚一些,我过去写文章的时候还是偏向于传统的讲法[①],因为"佑"的对象是"上下"。可是现在想一想读为"有"也不是没可能,因为铭文中的"上下"是就"社会"而言,并不是就"天地"而言。"迨受万邦"一语,"迨"即古文"会"字,义为"合"。"万邦"即"多邦",这里"万"的意思就是"多",铭文中还有"万亿",十万曰亿,"万亿"也是"多"的意思。在理解的时候,大家不要拘泥,现在有很多人愿意拘泥这些,但这只是现在人的想象,和古人的习惯不同,按照古人的习惯,"万邦"就是"多邦"。以上这一句讲的就是"文王受命",这里值得注意的是上帝除了让文王受命之外,还给了文王"懿德大屏",而这个"懿德大屏"就与后文"史墙"的祖先有关了。

②"鬱圉武王,遹征三(四)方,达殷眹民,永不(丕)巩狄虘,罙伐尸童"一句,从"武王"开始,下面的"王"前面都有两个字的形容词,有的形容词我们不太懂,"鬱圉"就是其中之一,但这句话的大概意思是讲"武王征四方"。从历史上看,文王是服从于纣王的,即

---

① 李学勤:《论史墙盘及其意义》,载《新出青铜器研究》,第 63-70 页,北京:人民美术出版社,2016 年。

使后来称王,也没有去征伐纣王。武王是受了文王的遗命去征伐纣王的,按照《史记》上讲"武王伐纣"的时候是"载木主而行",就等于说是文王去伐纣。有一种说法是武王本身并没有纪年,而是继续沿用文王的纪年,这个说法不一定对,还可以讨论。不管怎么说,最后真正去征四方的是武王,武王执行了大命,所以又称"文武受命",实际上从周人的角度来看,"受命"和"克商"是连续的两件事。"㓞"字,很多学者都写为"㓞",但写为"㓞"就很难懂。我一直认为这个字右上的那部分不是从"刉"的,而是从"乃"的①,也就是"盈"字之所从,而从"盈"的字多有"强满"之义。当然我认为从"乃"也只是一种想法,没法从文字学上得到证明,但是看这篇铭文中其他从"刉"的字的写法,就会发现和"㓞"字所从不太一样。从"索"和从"素"常常可通用,而从"索"和从"素"常常可写为从"纟",那么"㓞"就可以写为"緷"。"緷"字是存在的,就是《说文》中的"䋆"字,可读为"挺",《周礼·弓人》的注训"挺"为"直",所以"㓞圉"可读为"挺圉"。《逸周书·谥法》"威德刚武曰圉,刚强理直曰武","挺圉"与"武王"的谥法"武"在意义上比较接近,要说明的是这些都是推想,绕了好几个弯,所以不一定对。我常常说,在释字或者讲训诂的时候,越是简单明了的越对,越是绕弯迂曲的越不对,这里就比较迂曲,所以只是给大家提供一个参考。"遹征四方"的"遹",古书中常写作"聿",

---

① 李学勤:《论史墙盘及其意义》,载《新出青铜器研究》,第 63-70 页,北京:人民美术出版社,2016 年。

很多人根据《尔雅》把"遹"训为"循"。金文中常有"遹省",将"遹省"理解为"循省"没什么问题,但金文中还有"遹征",如果读为"循征"就不通了,所以还是将"遹"读为"聿",用为虚字要更好一些,"遹征四方"就是"征伐四方"。大家要知道,古书中常有一些助词是无义的,最早用西方文法的方式讲中文的是杨树达先生,代表作也就是杨氏的《高等国文法》。杨树达先生的学问是从高邮二王而来,所以杨先生的说法比较接近于传统的注疏,后来的文法越来越西化,也就越来越脱离传统的解释,今天这个问题还是很严重的。"达殷畯民"一语,"达殷"见于《书·顾命》,"顾命"就是"遗嘱",《顾命》有"用克达殷集大命"一语,"克"义为"能","达"训为"通","集"训为"成","用克达殷集大命"即"因此能通殷而成大命"。最早的时候,我总是觉得应该在"达殷"处断句,近些年发现了逨盘,逨盘铭文中也有这个词,所以还是读为"达殷畯民"为好。可是"通殷"究竟是什么意思,还是不太懂,所以《顾命》中"达"字的训诂始终是一个大问题。大家要是看宋代的《尚书》注就会发现当时对"达"字有过很多讨论,最后也没有一个很好的说法。实际上这个字的意思就等同于"取代","达殷"也就是"代殷",训为"通"的意思就是"全都拿了"。可是"通"为什么是这个意思,还是没有一个很好的解释,所以对于"达"字我们现在还找不到一个好的训诂。① "畯"即"唆","唆民"即古书中的"俊民",

---

① 整理者按:关于"达"字,李先生后来训"达"为"黜",参看李学勤:《试说"达殷之命"》,载《清华简及古代文明》,第110-112页,南昌:江西教育出版社,2017年。

义为"贤人",也就是"民献",所以"达殷俊民"就是"商之贤臣都归了武王"。由此,大家可以看出来不管是讲"文王"还是讲"武王",都要讲到文、武的臣子。这是因为下文要讲"史墙"自己的祖先,而他的祖先是从"微"来的,就是"俊民",所以前面讲"懿德大屏",这里讲"达殷俊民",说的都是君臣之间的关系。"永不(丕)巩狄虘"一语,"永"训为"长","巩"义为"固",《诗·大雅·瞻卬》有"藐藐昊天,无不克巩"。"狄虘"很难讲,解决这个问题的是徐中舒先生①,我在写文章的时候,徐先生的文章已经发表了,是他告诉我的,"狄虘"就是《国语·晋语》中的"翟柤",是北方最远的狄人。"㞑伐尸童"一语,"㞑"是"微"字所从,我认为"㞑"在此处读为"敉",义为"平"。②"尸"读为"夷","童"读为"僮",是东夷的一种,指的也是最远的夷人。"僮"这个名称在汉代还有,在徐州附近有僮县。大家要知道,周人对于西方是不需要防守的,因为这是周人自己的地盘,而随"武王"伐纣的《牧誓》八国也都是西南夷。整个西周时期的敌人主要是在北方和东南,一个是戎狄,一个是东南夷。这篇铭文记载武王所伐的是北狄和东夷,这一点大家要注意,因为从史墙盘来看,在周武王的时候,这种情况就已经开始了。

③"𪧟圣成王,左右䋣馼刚鲧,用肇彻周邦"一句,"𪧟"即"宪",《说文》训为"敏","圣"也是"聪明"

---

① 徐中舒:《西周墙盘铭文笺释》,《考古学报》1978年第2期。
② 李学勤:《论史墙盘及其意义》,载《新出青铜器研究》,第63-70页,北京:人民美术出版社,2016年。

的意思。"广右綮馘刚鱼"一语,从"素"与从"纟"可通用,所以"綮"即"绶",读为"纠",训为"合"。"馘"有很多种说法,我认为左边就是"会"字的省文[①],"友"是义符,"会""友"都有"和谐"的意思,所以"馘"可读为"会","綮馘"义为"合会"。"鱼"字,象以手持鱼竿钓鱼之形,在甲骨文中也有这种写法,作""""等形,这个字就相当于"渔"。所以"刚鱼"可读为"刚御",义为"强御",也就是"威武"。大家可能会有一个疑问,就是这样都是对的吗?自古以来读《诗》《书》的人都是这样读,先对某个字的形、音、义进行分析,再找一个最合适的训诂把它读通,我们做清华简的时候就是这样,首先把字形定下来,然后对音、义进行分析,之后把它读通。但是大家要明白一点,读通并不意味着就对,有的时候很直接就读通了,但走的却是弯道,实际上并不对,但是在没有新证据的情况下,也可以作为参考。有时候实在是读不通了,就说"不懂"。自古以来的注疏家大都是这样,现在也是如此。这里还有一个地方需要注意,就是"广右","广右"即"左右","綮馘刚鱼"不仅仅讲"成王",还包括他的左右,"左右"也就是"成王"左右的大臣,实际上指的就是"周公""太公""召公"这些人,特别是周、召,而周、召二公就是"王"的左右。从"大屏"讲到"俊民",到这里是"左右",这些讲的都是王的臣子。"用肇嫠周邦"一语,

---

[①] 李学勤:《论史墙盘及其意义》,载《新出青铜器研究》,第 63-70 页,北京:人民美术出版社,2016 年。

"肇"是一个虚字。"燮"字,现在绝大多数的学者都读为"彻"。"燮"也见于何尊,何尊是"彻命","彻命"一词见于《左传》,这是唐兰先生指出来的。[①]"彻"义为"治","肇燮周邦"也就是"治理周国"。由此看来"成王"还是很有成绩的,他做了很多事,所以在铭文中对他的肯定还是很明显的。在这里大家还要看出一个问题,就是在王世中没有"周公"的位置,很多人认为"周公"曾经称王,但是实际上并没有这回事,因为不管是史墙盘还是逨盘都没有相关的记载。"周公"根本不能算作一代,而且"王"讲到"周公"的时候,也从来没有这样讲,所以后来人用"伊周"也就是拿"伊尹"和"周公"来对比也还是对的,二者都摄过政,但未称王。

④ "渊㦤康王,分尹亿疆(疆)"一句,"𢖻"字,是"肃(肅)"字下面的那一半,也就是"𢖻"字,读为"渊",义为"深"。"㦤"字从折,从德,"德"在这里是一个形符,可读为"哲"。此处用"渊哲"来形容"康王",古书中有"濬哲"一词,"濬"也训为"深",与"渊哲"义近。"分尹亿疆(疆)"一语,"分"字是从"丏"的,读为"宾",训为"敬"。"宾贝""宾帛"之"宾"本身就有"敬"的意思,就好像今天说的"敬酒",实际上"敬酒"也就是"送给你酒"。师望鼎有"虔夙夜出内王命,不敢不分不夌"一语,"分"义为"敬","夌"义为"正","不敢不分不夌"也就是"不敢不敬不正"。"亿"为"意"之所从,读为"亿",训为"多"。"疆"是"疆土"。"亿

---

① 唐兰:《何尊铭文解释》,《文物》1976年第1期。

疆"也就是"多疆",在意思上就相当于"万邦"。"尹"义为"治","分尹啻疆"也就是"治理万邦"。从这句可以看出康王时期并没有什么事,国家很安定,所以《史记》所载的"成康之际,天下安宁,刑错四十余年不用"应该是事实。

· 2010 年上半年第七次课 ·

史墙盘（二）、逨盘（上）

史墙盘（二）

史墙盘中某些字的训诂，我们说不清楚，有些东西还是要等新的材料，像这么长又这么难的铭文在历史上也出现过一些，最著名的就是毛公鼎，毛公鼎到今天为止仍然有很多地方读不懂。毛公鼎公认是宣王时代的，近些年研究毛公鼎最好的材料就是2003年眉县杨家村的那批铜器，因为杨家村的那批铜器也是宣王时代的，同时杨家村器物的某些语句和毛公鼎比较相似，这就能使我们知道得比较多了。所以现在要是再写一篇《毛公鼎考释》，就会比前人更迈进一步，但进步也不会太大，因为毛公鼎中原来不懂的句子在杨家村那批铜器中再出现，也还是不懂，但还是有些可以参照的地方，我们就可以比以前知道得更多一些。但无论如何，这些都是西周晚期的器物，西周晚期的文字就比较接近于春秋了，而现在经过了两千多年，历代学者对于《左传》的研究已经比较深入了，《左传》比《诗》《书》要容易，因为《左传》中有故事，而且时代晚，也就更接近于后世的文字，所以我们对于西周晚期到春秋时期的材料就会感觉更容易一些。但史墙盘可不是这样，史墙盘比毛公鼎的时代还要早，是恭王时期的东西，从时代上来看，更多地还是接近于周初的材料，所以很多东西确实不好懂。

史墙盘释文：

曰古文王，初斁龢于政，上帝降懿德大甹，

匍有上下，迨受万邦①。囏圄武王，遹征三（四）方，

达殷畯民，永不（丕）巩狄虘，㞷伐尸童②。宪圣

成王，ナ右毂觳刚鲧，用肇彻周邦③。肼龥

康王，分尹啻彊（疆）④。宖鲁卲王，广㪅楚荆，隹（惟）

奂南行⑤。𥃼覜穆王，井帅宇诲⑥。𩁹宧天子，天子

𩁹眉文武长刺，天子𩁹无匄，𩁹祁上下，亟

獵逗慕，昊貂亡臭。上帝司夒，允保受天子

䰙令，厚福丰年，方繺亡不䢦见⑦。青幽高

且（祖），才（在）散（微）雷処⑧。雩武王既𠭰殷，散（微）
史剌且（祖）

廼来见武王，武王则令周公舍圖，于周卑处⑨。

㢹𥆞乙且（祖），逑匹氒（厥）辟远猷，匓心子氒⑩。㤶

明亚且（祖）且（祖）辛，毓毓子孙，繁黹多釐，㯱角羴

光，义其燹祀⑪。𩛥房文考乙公，徲趆㕤屯

无諫，戔彧戉譄隹（惟）辟⑫。孝倿史䩵（墙），夙夜不

夽，其日蔑曆⑬。䩵（墙）弗敢沮，对扬天子不（丕）显

休令，用乍（作）宝隲彝⑭。剌且（祖）文考，弋竃受䩵（墙）

尔龖，福裹黹彔、黄耇弥生，龕事氒（厥）辟，其万年永

宝用⑮。

⑤ "宖鲁卲王，广㪅楚荆，隹（惟）奂南行"一句，这句讲的是"昭王"，史墙盘是恭王时代的东西，穆王是恭王的父亲，昭王是恭王的祖父，而且昭王的时代是定的，只有十九年，虽然穆王的时间比较长，但不管怎么

说，这两代王离"史墙"生活的时代还是比较近的，所以恭王时代的"史墙"所讲的昭、穆时候的历史是比较准确的，不会夹杂多少传说。对一个开国之君来说，后世总是有许多传说的，这种情形一直到宋、元、明、清也没有改变过。之所以这样，是因为开国之君很受重视，所以大家就会增加一些东西，从来都是如此。就清朝而言，大家如果看过《满洲源流考》，就会知道努尔哈赤以及更早的一些人，他们的传说还是很多的。因此即使史墙盘中对文、武、成、康的一些东西说得可能比较夸张，但对于昭、穆的记载还是可靠的。"宖"字，是从"弘"的，大家要注意一下"弘"字的写法，多年以来，特别是对于毛公鼎的考释，大家常常把"𢎢"字读为"弘"，这是很普遍的，一直到了今天还有人沿用这个读法。后来于豪亮先生对照马王堆帛书的《周易》，得知这个字是"引"，是"引吉"，而非"弘吉"。①这就纠正了自甲骨文以来的很多问题，所以我们很多字不认识或者是释错了，要等有了新材料才能解决。过去还有一种讲法，即"𢎢"是"肱"之初文，是指事字，也可以通为"弘"。"宖"是从宀，弘声的，所以可通为"宏"，训为"大"。"鲁"训为"美"。"𫵖"字隶定为"卲"，在金文中"昭王"的"昭"字都是这种写法，实际上"昭"字一直都是这种写法，到楚国的昭氏还是如此，"宖鲁卲王"即"宏鲁昭王"。"广㦰楚荆"一语，"广"训为"大"。"㦰"字的说法很

---

① 于豪亮：《说引字》，载《于豪亮学术文存》，第 74-76 页，北京：中华书局，1985 年。

多,但没有一个说法能够令人满意,现在大多数人比较认同吉林大学陈世辉先生的说法①,就是把"畿"读为"惩"。我过去把这个字读为"柔远能迩"的"能",训为"安"②,这是最简单的讲法,但这个讲法也有缺点,因为读为"安"和当时的事实不符,当时的事实不仅仅是"安",更多的还是"征伐",逨盘中讲到这里的时候用的是"征伐",所以读为"安"还是有问题。"畿"字究竟应该如何理解,还有必要进一步讨论。"楚荆(荆)"就是"荆楚",可是在金文中多是"楚荆",而未见"荆楚"。"楚"和"荆"是同一种植物的名称,所以有时候可以代换。有些人认为楚国人只自称为"楚",不称为"荆","荆"是"荆蛮",是后来人对"楚"的贬称,这个说法是不对的。信阳长台关出土的编钟铭文一开头就是"惟荆历","荆历"就是"楚历",是楚国的历法,所以楚人也是自称为"荆"的,《战国策》里面楚人自称为"荆"的也有不少。因此"荆"和"楚"之间也没有什么太大的差别,二者可连称"楚荆","楚荆"指的就是"楚"。"隹(惟)窦南行"一语,"窦"字,大家如果看我早期写的文章就会发现③,我把这个字读错了。之所以如此,是因为史墙盘出土的时候这个字上面有些锈迹,史墙盘基本上是无锈的,但这个字上却有些锈迹没有去除,早

---

① 陈世辉:《墙盘铭文解说》,《考古》1980年第5期。
② 李学勤:《论史墙盘及其意义》,载《新出青铜器研究》,第63-70页,北京:人民美术出版社,2016年。
③ 李学勤:《论史墙盘及其意义》,载《新出青铜器研究》,第63-70页,北京:人民美术出版社,2016年。

期的拓本和今天的拓本是不一样的，除锈之后就看出来这个字就是"奂"字。"奂"在古书中多读为"垣"，在此读为"夐"，义为"盛""大"。"广夐楚荆"和"佳奂南行"就是"昭王"所做的两件大事，按《古本竹书纪年》的讲法，"伐楚荆"发生在昭王的十六年前后，这件事情是一定有的，见于京师畯尊。"南巡"发生在昭王的十九年前后，当然昭王最后没回来，死在了汉水，即"丧六师于汉"，这是西周历史上的一大挫折，最后的结果很不好，但史墙盘中并没有讲，这应该是为贤者讳。

⑥ "䊷覜穆王，井帅宇诲"一句，"䊷"字，宋代著录有杜嬬铺，"铺"是一种平盘豆，"嬬"是古书中的"祁"字，尧就是祁姓，舜是姚姓，舜的后人是妫姓，因为"杜"是"唐尧"之后，所以"杜嬬"是没有问题的，这是郭沫若最先读出来的。① 所以"䊷"字就可以读为"祇"，训为"大"。"覜"在铭文中见过多次，刘心源认为"覜"可读为"頩"②，"頩"字见于《说文》，《说文》认为"頩"是"头頩頩大也"，可是这个意思不太明白，后来注解《说文》的人对这一点也不是很清楚，不过一般认为"頩"就是形容头大。不知道为什么，古代认为头大很特别，《说文·页部》中有很多训"头大"的字。总之"頩"可训为"大"，但这个说法从《说文》来看，不见得好，所以这个说法也不被大家普遍接受。"覜"字的意思在金文中同于"显"，我过去认为"覜"就是"显"，但是后来

---

① 郭沫若：《释嬬》，载《金文丛考》，第217-220页，北京：人民出版社，1954年。
② 刘心源：《史颂敦》，载《奇觚室吉金文述》卷四，后收入《金文文献集成》第十三册，第202页，香港：香港明石文化国际出版有限公司，2004年。

有一件铜器中"覭"和"显"同时出现了①,证明"覭"和"显"并不是同一个字,但"覭"和"显"的用法常常一致,"显"也有"大"的意思。"井帅宇诲"一语,"井"读为"型",训为"法"。"帅"义为"循"。"井帅"也就是"学习遵循"。"宇"训为"大","诲"字就等同于"晦"字,"晦"是"谋"之古文,"宇诲"就是"大谋"。彭裕商先生认为"宇诲"即《诗经·大雅·抑》中"吁谟定命"的"吁谟"②,这是非常好的,"井帅宇诲"就是"学习、遵循大的谋略"。金文中有些语句大家读起来可能不太习惯,但有些词语是传世文献中有的,"井帅宇诲"就是例子,这一点当时我们都没有想到,这并不奇怪,即使是最熟练的文献学家有时候一下也想不到那里。过去《郭店简》中的《语丛》有些话就是《论语》中的,可是大家就是没想到,这种问题常有,也并不稀奇,所以也没有必要责怪任何人。这里如果和逨盘对照一下就会发现,穆王时期并没有多少可以称道的地方,穆王在位时间很长,虽然我们无法直接证明,但我们还是可以从侧面印证《史记》中穆王在位五十五年的说法。很多人认为穆王没有那么长,总想缩短穆王的年数,但我们按照穆王五十五年来排穆王的铜器,还真能排得上,而且按这样来排,恭王的铜器也很合适,这样至少可以给穆王五十五年说一个支持。穆王在位这么长时间,看起来也没有多少大事。班簋中讲"三年静东国",有人认

---

① 整理者按:此件铜器即大克鼎。
② 彭裕商:《金文研究与古代典籍》,《四川大学学报(哲学社会科学版)》1993年第1期。

为这是回忆以前的事,虽然"毛班"是穆王时期的人,但"静东国"并不一定是穆王时期的事。其实穆王时代的事也有不少,《国语》中讲穆王喜欢巡狩,环游天下,最后"祭公谋父"进谏,作了《祈招》之诗,穆王醒悟了,也就没有再去巡狩,最终获没于祇宫,所以穆王并没有太多的功业。逨盘的记载也是如此,我们甚至可以认为当时写铭文的人对穆王不是很尊重,认为穆王不怎么样,也没有说太多的好话。大家不要认为这是很简单的事,这反映了当时人的一种价值观念,就是什么样的国君能够得到国人的尊重。如果一个国君不受尊重,就不会有太多的好话,这一点在文献中也是如此。

⑦ "龏盉天子,天子圉眉文武长剌,天子龏无匄,虥祁上下,巫猴逗慕,昊䚛亡臭。上帝司夒,允保受天子鹴令,厚福丰年,方縊亡不飢见"一句,"龏"即"申"字,但"龏"一般作"䚛","甹"即"陈"字之省,"陈""田"古同音。胡适曾经写过一个白话剧本,讲的是婚姻自由,有一家的女儿是姓陈的,她找了一个男朋友是姓田的,他们两个非常之好,于是就去见女孩的父亲。她的父亲是非常唯心的,认为姓陈的和姓田的是不能结婚的,因为"陈"和"田"是同姓,自古以来就是如此,齐国的"陈氏"就是"田氏",同姓不婚,所以她的父亲不同意他们结婚。有一些楚国的铜器中有"王子申",文献中有两个"王子申",一个是楚共王时候的,另一个是春秋末的,春秋末时的"王子申"也就是"令尹子西",他名叫"申",字"子西"。大家要知道,"名申,字子西"这一点是很重要的,因为"申"属金,是在西方的,这说明

当时十二地支已经有方向的分布了。后来因为"矗"字太复杂了，就写作"王子申"，因为楚共王时的"王子申"时代太早了，所以楚器中的"王子申"应该是"令尹子西"。另外，上博简中也有"王子申"。"矗"义为"长久"，"盗"即"宁"，义为"安"。"矗宁天子"是"天子矗宁"的倒文。"圝"字，杨树达先生认为"貉"即"貉"[①]，所以"圝"应该是从"各"声的字，读为"恪"，训为"敬"。"屑"见于《玉篇》，即"饡"字，通"缵"，训为"继"。裘锡圭先生认为"⿰"也是"缵"字[②]，张政烺先生认为"⿰"字从"少"，所以读为"肖"。[③]究竟哪一个比较好，我们还可以讨论。"剌"读为"烈"，"长剌"即"长烈"。"鬐"即"眉"字。"匄"即"丐"字，此处读为"害"。"鬐无匄"即"眉无害"，《诗·鲁颂·閟宫》"万有千岁，眉寿无有害"，疏曰"使得万有千岁，为秀眉之寿，无有患害"。古人认为"寿"是五福之一，长寿一般有几个表现，其中一个是头发的颜色变黄，还有一个就是"眉寿"，这是说岁数大的人，眉毛会长得很长，实际上这是一种细胞变态，但这是早年长寿之人的一种现象。"鬐无匄"是当时的习语，义为"长寿而没有祸害"。"鬟"字，最开始的时候，我认为这就是一个从"寒"的字，除锈之后发现这个字还多了一部分，唐兰先生认为是从"塞"

---

① 杨树达：《毛公鼎跋》，载《积微居金文说》，第 48-50 页，上海：上海古籍出版社，2007 年。
② 裘锡圭：《史墙盘铭文解释》，载《裘锡圭学术文集·金文及其他古文字卷》，第 6-17 页，上海：复旦大学出版社，2012 年。
③ 张政烺：《甲骨文"肖"与"肖田"》，《历史研究》1978 年第 3 期。

的，隶定作"䚢",有"宣示"之义。①但唐先生的解释在训诂上没有很强的证据，所以还是先存疑。我认为"䚢"可以读为"虔"，"祁"是从"示"声的，可读为"諟"，训为"正"。②"上下"指的不是"天地上下"，而是"君臣上下"。这是我的一种想法，对于这种想法我自己也于心不安，所以这只是一种很凑合的读法，并没有证据，不希望大家相信。不过不管怎么说，"上下"只有两种解释，一为"天地"，一为"君臣"，古书中的"上下"多指"君臣"。"亟獄逗慕"一语，"亟"字，《广雅》训为"敬"，因为"亟"可通"苟"，而"敬"就是从"苟"的。"獄"读为"熙"，这个字一定是对的，因为宝鸡出土的鲁侯獄鬲中的"鲁侯獄"就是文献中的"鲁炀公熙"，"熙"在此处义为"和乐"。"逗"可读为"宣"，训为"和"，《左传·文公十八年》有"宣慈惠和"，《国语·周语》有"宽肃宣惠"。"慕"训为"爱"，"亟獄逗慕"也就是"敬谨和爱"的意思。"昊䚢亡斁"一语，"昊"是形容天之高远。"䚢"读为"昭"，这个字应与"光明"有关，这两个字都是形容"天"的，所以"昊䚢"一定是指"天"而言。"亡斁"即古书中的"无斁"，义为"无厌"。"上帝司夒"一语，"上帝"是合文。"夒"字，我暂时写作"夒"③，可是不太好，很多人，包括我在内，都想把"司夒"读

---

① 唐兰：《略论西周微史家族窖藏铜器群的重要意义——陕西扶风新出墙盘铭文解释》，《文物》1978年第3期。
② 李学勤：《论史墙盘及其意义》，载《新出青铜器研究》，第63-70页，北京：人民美术出版社，2016年。
③ 李学勤：《论史墙盘及其意义》，载《新出青铜器研究》，第63-70页，北京：人民美术出版社，2016年。

为"后稷",但最后说出来的是裘锡圭先生[①],"上帝后稷"读起来就特别好,但问题在于"稷"实在不是"稷"字,所以这个想法我们今天没法论证。当时我写文章的时候就把"司"读为"思",是一个语助词,把"燹"读为"柔",训为"安"。"允保受天子綰令"一语,"允"读为"印",是语首助词。"綰"同"绾",训为"长","綰令"即"长久之命"。"厚福丰年"是套话,大家都可以懂,但从这里大家可以看出当时人民对天子的期望,让百姓吃饱饭是天子的责任。当时真是这样的,《尚书·尧典》的一开头就讲天文历法,实际上是为了风调雨顺、五谷丰登,《诗经》中的颂词中所祈求的往往也是这些,大家可以就此写文章来讨论当时的人民对统治者的看法。《春秋繁露》因为这样,现在很多人批判《春秋繁露》,说它是唯心主义,但实际上这本书写得是很好的,书中是想通过"天人感应"来约束一下当时的天子,所以书中要讲天人三策,讨论天人关系。"方蠻亡不親见"一语,"方蠻"就是"蛮方",虢季子白盘中有"蛮方","方"是"方国","蛮"是"蛮夷",古书中多用"方"指"异邦的诸侯国"。"親"字,《说文》"读若踝",此处读为"果",训为"侍"。我过去写文章认为"親"作为名词的时候是一个官名,即"侍从之官"。[②] "亡不親见"即"无不侍见",也就是"无不侍奉、朝见"。这些话都是歌颂恭王的,并不是说恭王时期就那么天下太平,只是颂词而已。

---

① 裘锡圭:《史墙盘铭文解释》,载《裘锡圭学术文集·金文及其他古文字卷》,第6-17页,上海:复旦大学出版社,2012年。
② 李学勤:《殷商至周初的親与親臣》,载《通向文明之路》,第171-174页,北京:商务印书馆,2010年。

以上是史墙盘的前半段，这部分叙述了自文王以来西周的历史，强调了西周的王世是从文王开始的，并且记录了自文王以来西周的历史上值得记述的事情，以及历代周王的功业，同时也提到了臣子的一些情况，这些是和后文"史墙"讲自己祖先的那一套相配合的。之所以要这样来讲，是因为"史墙"的祖先并不是什么太显赫的人物，"史墙"没有办法把他祖先的事迹和王的功业直接联系起来，所以这两套东西是分开讲的。但是，眉县杨家村出的逨盘可就不是这样了，"逨"的祖先官很大，所以"逨"在讲他祖先的时候，就要把他的祖先和王世结合起来讲。如果把史墙盘的前一部分和逨盘的前一部分对读，大家就会觉得很有意思。

逨盘（上）

我们来看逨盘（见图1、图2）。

图1　逨盘

图2　逨盘拓本

逨盘铭文：

逨曰①：丕显朕皇高祖单公，趞=克明悊氒德，夹昭文王、武王达殷，膺受天鲁令，匍有四方，并宅氒堇疆土，用配上帝②。雩朕皇高祖公叔，克逨匹成王，成受大令，方狄不享，用奠四国万邦③。雩朕皇高祖新室仲，克幽明氒心，顺远能狱，会昭康王，方裹不廷④。雩朕皇高祖惠仲盠父，盭龢于政，有成于猷，用会卲王、穆王，盗政四方，厥伐楚荆⑤。雩朕皇高祖零伯，各明氒心，不家□服，用辟龏王、懿王⑥。雩朕皇亚祖懿仲，致谏言，克匍保氒辟考王、䢗王，有成于周邦⑦。雩朕皇考龏叔，穆=趞=，龢訇于政，明陵于德，亯辟剌王⑧。逨肇䌛朕皇祖考服，虔夙夕敬朕死事，肆天子多锡逨休，天子其万年无疆，耆黄耇，保奠周邦，谏辪四方⑨。……

①"逨"字，我们讲过多次，这个字一定不是从"来"的，我个人把这个字读为"佐"。①

②"丕显朕皇高祖单公，趞=克明悊氒德，夹昭文王、武王达殷，膺受天鲁令，匍有四方，并宅氒堇疆土，用配上帝"一句，后世讲世系的文献，有的是可靠的，有的是不可靠的，还有一种情况就是本来是可靠的，但因长时间的流传而有所歪曲，所以也不是完全不可靠。比如杨家村所出的一个鼎的铭文中就提到了宣王的后人"长父"被封于杨国，这件事在唐代的书中是有的，虽然有一定的歪曲，但还是有的，所以《新唐书》的《宰相世系表》还是有根据的。可是同样的材料里面提到单国之封就不对了，按照后世讲谱系之书的说法，是周成王

---

① 李学勤：《论襐公盨及其重要意义》，《中国历史文物》2002年第6期。

的儿子"臻"封于单，"单"也就是今天山东的单县。可是从铭文来看，这个说法就不对了，因为"单公"是文王、武王之佐，所以就不会是成王之子。因此大家不能够完全相信后来世系的记载，也不能完全不相信后来世系的记载，在这个问题上要批判地看待，要实事求是。"趄趄"是"勇武之貌"。"慫"字，今天我们从楚简来看应读为"慎"，这是近几年来战国文字研究的一个贡献。"夹"是"辅助"的意思，"䜩"读为"绍"，训为"相"，也是"助"的意思。"达殷"也见于史墙盘，我过去一直根据《书·顾命》认为应该在"达殷"处断句，可是在史墙盘中"达殷"并不好读。自古以来讲《尚书》的人，对"达殷"讲得都不是很清楚，《书·顾命》中训"达"为"通"，孔颖达《正义》认为"用能通殷为周，成其大命，代殷为主"。实际上孔颖达也不知道如何解释，但大意就是"代殷"，史墙盘"达殷俊民"的意思也就是统统地把殷之俊民给接收过来。"膺"的意思也是"受"，"膺受"是同义连用。"鲁"训为"大"，"鲁令"即"大命"。"匍有四方"就相当于史墙盘中的"匍有上下"。"并"训为"大"，"宅"训为"居"，"堇"读为"勤"，义为"治"，"并宅㐫堇疆土"义为"大居其所勤治之疆土"，宗周宝钟有"王肇遹省文武勤疆土南国"。"獣"就是"周厉王"。"肇"是一个虚字，不一定非要理解为"初"，"王肇遹省文武勤疆土南国"义为"王去巡省文、武所开辟治理的疆土中南方的那部分"。"用"训为"以"，"配上帝"的主语是"天子"，也就是说"天子"是"上帝之配"。从这里我们就能看出文王、武王的功绩，也就是受命克商。

实际上文王只是做了谋划,并没有克商,克商是由武王执行的,可是从周人的观念来看,这是一回事,文王和武王的事情是连续的,文王在位的时候没有完成克商,是武王最后完成的。

③ "雩朕皇高祖公叔,克逨匹成王,成受大令,方狄丕䚄,用奠四国万邦"一句,"雩"相当于"粤",是一个虚字。"公叔"是器主的第二代高祖。"克逨匹成王"一语,"克"训为"能","逨"读为"佐",训为"助"。"匹"义为"配",也是"辅助"之义。也就是说,"公叔"是辅佐"成王"的。"成受大令"不仅仅是"受大命",而且是"成大命",也就是"完成大命",也就是到了"成王"的时候,西周的王朝才完全建立起来。"方狄丕䚄"一语,"䚄"义为"献",大家要知道,"䚄"的本义是"献",而不是"祭祀",很多人认为"䚄"的意思是"祭祀",其实不是这样的。"祭祀"是一种"献",克罍中有"䚄于乃辟",就是"献于其君",而不是"祭祀其君"。此处的"䚄"指的是"朝献","丕䚄"也就是"不来朝献",也就是"不服从统治的人"。"方"训为"大","狄"读为"逖",训为"远",在这里理解为"赶走"。"方狄不䚄"也就是"赶走不服从统治的人"。这个就比史墙盘好读一些,史墙盘是恭王时期的东西,而逨盘已经是宣王四十几年的东西了,比较接近《左传》。"奠"训为"定","用奠四国万邦"即"用定四国万邦"。"四国"就是"四土",《左传》中有"四土"。"万邦"就是"多邦","万"的意思就是"多",而不是一个具体数字,当时也没有一万个邦国,"用奠四国万邦"也就类似于史墙盘中的"谲

受万邦"。因为成王真正完成了西周王朝的建立，所以叫"成王"。孟子认为孔子是集大成者，所谓"集大成"就是集合了前人的各方面的成果而达到了最高的境界。有人认为在孔子以前没有著作，没有学术思想，如果真是这样，孔子就和上帝一样，什么都是他造的，那孔子也就不能被称为"集大成"了。"集大成"是为后人奠定了一个基础，使之有一个更好的开端，所以孔子被称为"至圣大成先师"，就是因为他在整个过程中总结前人，并且开创后世，有着特殊的地位，这不像后来有些人理解的那样，比如康有为认为在孔子之前什么都没有，廖季平认为在孔子以前汉字是横着写的，我们也不知道廖季平是从哪里来的。"成受大命"说明铭文中的用词是很严谨的，因为"成王"确实起了这个作用，当然这里包括了周公的贡献，从这里也可以看出来周公确实没有称王。

④ "霅朕皇高祖新室仲，克幽明氒心，顨远能狱，会盟康王，方襄不廷"一句，"幽"义为"静"，"明"就是"宣明"。"顨远能狱"就是《诗·大雅·民劳》中的"柔远能迩"，"顨"是从"卤"声的。"柔"和"能"都有"安定"的意思。"会"义为"合"，"盟"读为"绍"，训为"相"，义为"辅助"。"方襄不廷"一语，"廷"义为"朝"，也就是"朝见"。"方襄不廷"就等于毛公鼎中的"率襄不廷方"，"襄"读为"怀"，义为"怀柔"，不是去"攻打"，所以"怀"在这里用得还是很准确的，因为康王是守成之君，从成王后期一直到康王时期共四十余年，天下安宁，所谓"刑错四十余年不用"。

⑤ "霅朕皇高祖惠仲盩父，盭龢于政，有成于猷，

用会卲王、穆王，盗政四方，㦰伐楚荆"一句，"惠仲盠父"就是盠驹尊中的"盠"，之所以说二者是同一个人，是因为这两件器物的出土地仅仅相隔几百米。"猷"训为"谋"，"会"义为"配合"，从"用会卲王、穆王"可知"惠仲盠父"是两代之臣，他活的时间还是挺长的，所以他的铜器放在穆王时期还是很合适的。"盗"是从"次"的字，此处读为"延"，义为"拓展"。"政"理解为"统治"，"盗政四方"即"延政四方"，就是把统治拓展到四方。"㦰"读为"践"，或者读为"翦"，义为"征伐"。这里把昭王和穆王放在一起来讲，"征伐楚荆"是昭王时候的事，所以穆王时期并没有什么事，还是比较安定。穆王到处巡游，不过穆王时期也还是出了一点事，就是在穆王巡游期间，徐偃王作乱，于是穆王就让造父驾车赶回来平定了徐偃王之乱。我们猜想班簋可能就和这件事有些关系，可是这件事并不是什么很大的事情，这点与史墙盘对穆王的记述一致。

・2010年上半年第八次课・

逨盘（下）、史墙盘（三）

逨盘（下）

逨盘铭文：

逨曰①：丕显朕皇高祖单公，趩=克明慝氒德，夹𧻚文王、武王达殷，膺受天鲁令，匍有四方，并宅氒堇疆土，用配上帝②。𩁹朕皇高祖公叔，克逨匹成王，成受大令，方狄不膏，用奠四国万邦③。𩁹朕皇高祖新室仲，克幽明氒心，䪥远能𢾅，会𧻚康王，方襄不廷④。𩁹朕皇高祖惠仲盠父，盭龢于政，有成于猷，用会卲王、穆王，盜政四方，𢾾伐楚荊⑤。𩁹朕皇高祖零伯，𢼸明氒心，不冢口服，用辟龏王、懿王⑥。𩁹朕皇亚祖懿仲，致谏言，克匍保氒辟考王、㳕王，有成于周邦⑦。𩁹朕皇考龏叔，穆=趩=，龢訇于政，明陵于德，亯辟剌王⑧。逨肇𧵽朕皇祖考服，虔夙夕敬朕死事，肆天子多锡逨休，天子其万年无疆，耆黄耇，保奠周邦，谏䤨四方⑨。……

⑥"𩁹朕皇高祖零伯，𢼸明氒心，不冢口服，用辟龏王、懿王"一句，"高祖"一词在铭文中多次出现，包括前几代的祖先，器主都称为"高祖"，这是我们过去所不了解的，这个问题需要大家特别注意。过去，特别是在甲骨学界，对"高祖"的含义有很多争论，有人认为

"高祖"只能指最早的远祖,甲骨文中有"高祖王亥",所以"王亥"应该是某一段世系的第一个。除了"高祖王亥"之外,还有"高祖夒",另外甲骨文中还有单独祭祀"高祖"的,而这里的"高祖"究竟包括几代,就有种种不同的意见了,这就涉及对"高祖"的解释。从这篇铭文来看,大凡比较久远一些的祖先都叫"高祖",并不是专门的某一种尊崇地位的称呼,当然甲骨文中的情况是否也是如此,我们还可以讨论。"霝伯"的"霝"一定不是谥法,应该是一个采邑的名称。西周时期,贵族的后代常被封在某个采邑,并且用这个采邑的名称作为自己的"氏",所以一个人的名字可以有很多种,大家如果有兴趣,可以看一下清人陈厚耀编的《春秋世族谱》,有时候一个人的名字在《春秋》经传中会有十几个,而一个人有五六个名字是常有的事。青铜器铭文中也有这样的问题,即一个名字不一定和某一个人完全对应,就是同样的名字可以指不同的人,比如说"周公",周朝历代都有"周公","周公"的儿子还可以作"周公",因为"周公"是世袭罔替的;而一个人的名字也可以有很多个,有称名的,有称字的,有称氏的,是非常复杂的。这里称"霝伯",估计是有一块小的采邑叫"霝",所以叫"霝伯"。采邑可以变,但"伯"是不能变的,"伯"是排行。大家看器主的历代祖先就会发现,他的祖先并不是每一代都是"伯"。"孟"和"伯"都是长子,但庶长称"孟",所以继承者不一定是嫡长子,也不一定都是长子。"□"处缺了一个字,这是范本身的问题,我们推测这个字最可能的就是"于"。"叡"字,我讲过很多次,从这篇铭文来看，这个字确实是从"炎"的，如果一定把这个字读为"猌"，读起来就不太顺，当然可以把"猌"转读为"令"，训为"善"，但这样也不太好，因为"善"在金文中是很少见的一个字。如果认为这个字是从"炎"的，是一个谈部字，就可以读为"廉"，"廉明"读起来就好一些，但是这个字还需要进一步研究，也许我的想法不对。"豙"读为"墜"，义为"失"。"服"训为"事"，也就是"职务"。"用辟龏王、懿王"的"辟"在这里应该理解为"臣事"，"零伯"也是两朝之臣，"龏王"即"恭王"。

⑦"𩰚朕皇亚祖懿仲，致谏言，克匍保乓辟考王、䇫王，有成于周邦"一句，从"懿仲"开始就称为"亚祖"了，因为"懿仲"的时代和器主比较接近了，"亚祖"一词在文献中罕见，但在金文中见过若干次。"懿仲"的"懿"是谥法，上一代祖先"零伯"的"零"却是采邑名，器主对二者的称呼不太一样，可能是当时习惯称呼哪一个，在铭文中就用了哪一个。一个人会有多种称谓，不能一概而论，所以我们对于金文的人名一定要特别小心。我不客气地说，现在的金文研究中，很多就是因为人名的体例搞不清楚，所以就引起了种种推论，这些推论看起来很聪明，但实际上却不符合事实，我们要特别注意金文中人名的体例，金文中人名的体例和文献中的基本上是一致的。从铭文中的世系来判断，"亚祖懿仲"就是器主的祖父。"致"字，我的意见是读为"匡"，训为"正"，义为"匡正"。①"谏言"在铭文中是合文，"谏言"的意

---

① 李学勤：《眉县杨家村新出青铜器研究》，载《中国古代文明研究》，第184-200页，上海：华东师范大学出版社，2009年。

思就是"向王进谏",所以"懿仲"是一个言官,从这里可以看出当时的朝廷里面有专门司谏的大臣,这是中国自古以来的一个特点,在外国早期的政治历史上是没有类似的职务的。《书·尧典》中有"纳言","纳言"就是谏官,当时君主专门设置了一批人,这些人至少在名义上是来批评君主的。"克匍保辥辟考王、觏王"一语,"克"训为"能","匍"读为"辅","考王"就是"孝王","考"和"孝"在文献、金文中常常互相通用,后来到东周的时候还有一个"考王",东周"考王"的"考"在金文中是怎么写的,我们今天无法知道,但二者应该是不一样的。在金文中如果写成"丂",那就一定是"考",不能读为"孝"。"觏王"就是"夷王",这个次序和《史记·周本纪》完全一致。大家要知道,对于《周本纪》中"懿王""孝王""夷王"的这个次序,过去注释《史记》的人都有所疑惑,因为《史记》认为孝王和恭王是兄弟,恭王死后,恭王的儿子懿王即位,懿王死后,孝王即位,那么孝王就是懿王的叔叔,这个顺序是比较特殊的。不管他们之间的血缘关系是不是《史记》所说的那样,至少这个次序在这篇铭文中得到了证明,所以我常说史墙盘和逨盘的发现,对于西周世系的论定是非常重要的。"成"训为"功","有成于周邦"即"有功于周邦"。

⑧ "雩朕皇考龏叔,穆=趩=,龢匐于政,明陾于德,亯辟剌王"一句,"龏叔"是器主的父亲,"龏"是谥法,"叔"是排行。"趩"读为"翼","穆穆"和"趩趩"都是"恭敬"之貌。金文中常有"严在上"和"翼在下","严"训为"正","翼"训为"敬","严在上"

即"正在上","翼在下"即"敬在下"。"訇"字不见于《说文》正文,是在新附字中,所以过去师訇簋的"訇",有人写作"訇"。不过说实在的,《说文》中失收的字也有不少,有些是一定有的字,可《说文》没有收,究竟是《说文》原来就没有收,还是后来在流传的过程中失落了,都是《说文》学者可以讨论的问题,最常见的例子就是"由"字。"訇"在这里读为"均","龢訇于政"即"和均于政",义同史墙盘的"鳌龢于政",但"鳌龢于政"主要是讲"天子",或者是"天子"旁边最重要的大臣。"陵"读为"济",训为"成","明陵于德"就是"明成于德"。"畗"义为"献"。"刺王"就是"厉王"。"刺"也可以写作"烈",所以"厉王"也就是"烈王",但西周灭亡以后,"幽""厉"就和"桀""纣"一样变成了很不好的词。"桀"实际上就是"杰(傑)","纣"也没有什么不好的意思,这些词自从有这些人之后就变得不好了,就好像唐、宋以后很少有人愿意叫"曹操"的"操"一样,"王莽"的"莽"也是这样。大家可以看出来,器主的父亲其实也不是一个很有作为的人,只是讲得很好听,不过器主的祖上历代都是很重要的臣子,他的家族是很显赫的,从文、武以来就是如此。

⑨"逨肇屃朕皇祖考服,虔夙夕敬朕死事,肆天子多锡逨休,天子其万年无疆,耆黄耇,保奠周邦,谏辥四方"一句,"屃"字有不同的说法,比较可信的说法有两种:一种是张政烺先生提出来的,张先生认为"屃"是从"少"声的,故可读为"肖",义为"像……学习";①

---

① 张政烺:《甲骨文"肖"与"肖田"》,《历史研究》1978年第3期。

另一种说法是裘锡圭先生提出来的,裘先生把这个字隶定为"䏌",读为"缵",训为"继"。①这两种解释的意思差不多,都有一定的道理,当然以后我们也许有新的材料来解释这个字,但目前以我个人的看法,我认为张先生的说法有优胜的地方。因为"少"应该是一个声符,而且这个字见于甲骨文,作为及物动词,和"田"字在一起,作"肖田",张先生据此又有一系列的推论,这些推论就不是我们今天要讨论的问题了。但把这个字读为"缵",更有文献依据。这两种说法都不错,究竟哪种说法更好一点,我们还可以再讨论。"服"训为"事",也就是"职事"。"虔"义为"敬","夙夕"即"早晚","死"在古人来讲是不忌讳的,"死"读为"尸",训为"主","死事"就是"主事"。"銉"是一个虚字,现在多写作"肆"。"耇黄耇"是"长寿"的意思。"奠"训为"定",大家要注意,金文的人名中很多都有"奠"字,其中有相当的一部分都是读为"定"的,"奠"是一种谥法,不是"郑国"之"郑","保奠周邦"就是"保定周邦"。"谏"读为"简",《尔雅》训为"大"。"鬍"就是"乂",义为"治理"。"谏鬍四方"就是"大治四方"。可见器主"逨"也是一个大臣,他的地位是很高的,跟"史墙"不一样。

因为这次我们是配合史墙盘来讲逨盘,所以逨盘也就先讲到此为止,其实逨盘有很多值得讲的东西,我们以后讲到西周晚期

---

① 裘锡圭:《史墙盘铭文解释》,载《裘锡圭学术文集·金文及其他古文字卷》,第6-17页,上海:复旦大学出版社,2012年。

的器物时再讲。逨盘是宣王四十年左右的器物，宣王一共在位四十六年，所以逨盘的时代已经到了西周末年了。

我们来看一下，"逨"的历代祖先与周王的关系（表1）。

表1 "逨"历代祖先与周王关系表

周王	"逨"祖先
文王、武王	单公
成王	公叔
康王	新室仲
昭王、穆王	惠仲盠父
恭王、懿王	零伯
孝王、夷王	懿仲
厉王	龏叔
宣王	逨

对这个表大家不要做过多的推论，表中所列的对应关系只是表示器主历代祖先主要的活动年代，并不是说某代周王去世了，那么与之相对应的"逨"的祖先也去世了，所以表中所列的只是大致对应。我们研究古人的时候，有一个"主要活动年代"的概念，该人"主要活动年代"是什么年代，我们就说这个人是什么年代的人。

有的学者提出了一个问题，按文献记载昭王是十九年，穆王是五十五年，也就是说昭王和穆王的时间加起来有七十四年，这是一个很长的时间，但所对应的器主的祖先只有惠仲盠父一代，这不太合理，所以有的学者就认为穆王在位没有五十五年。这种说法并不是那么坚强有力，因为这个表中的对应关系并不是那么严格，如果对照得特别严格就会引起一些误解。我们从各个方面来看，懿、孝、夷这三代王总共加起来也不会有多少年。

杨家村的这批器物发现之后,我写文章的时候就特别提到了一件方鼎[①],这件方鼎现藏澳大利亚维多利亚博物馆,鼎铭曰"叔作单公宝尊彝",而这个"叔"就是逨盘中的"公叔"。

史墙盘(三)

史墙盘铭文的中间是分开的,大盂鼎也是如此,这是因为铭文范是分成两块来做的,因为当时把这么多铭文做成一块范,在技术上还有些困难,可是逨盘的铭文就不是这样,是由一块范制成,浑然一体,这是因为后来技术提高了。但是毛公鼎和逨鼎的铭文中间都是分开的,这是因为鼎的器身是弯的,做起来难度更大,所以毛公鼎和逨鼎的铭文还是保留了铭文分范的特点,从这里也就可以看出当时制范技术的变化。

史墙盘释文:

曰古文王,初鞍龢于政,上帝降懿德大甹,
匍有上下,迨受万邦[①]。䎽圉武王,遹征三(四)方,
达殷畯民,永不(丕)巩狄虘,尢伐尸童[②]。宪圣
成王,才右觳觳刚鲧,用肇彻周邦[③]。渊悊
康王,分尹啻疆(疆)[④]。宖鲁卲王,广敝楚荆,隹(惟)
寏南行[⑤]。祗觋穆王,井帅宇诲[⑥]。䠗盌天子,天子
䎽眉文武长刺,天子縢无匄,䎽祁上下,巫
猒逗慕,昊炤亡昊。上帝司夒,允保受天子

[①] 李学勤:《眉县杨家村新出青铜器研究》,载《中国古代文明研究》,第184-200页,上海:华东师范大学出版社,2009年。

黿令，厚福丰年，方緣亡不玐见[7]。青幽高

且（祖），才（在）散（微）霝处[8]。雩武王既𢦏殷，散（微）史剌且（祖）

廼来见武王，武王则令周公舍圈，于周卑处[9]。

𤔲叀乙且（祖），逨匹氒（厥）辟远猷，复心子𠭯[10]。咎

明亚且（祖）且（祖）辛，䙴毓子孙，繁𡚬多孷，㮛角𥁕

光，义其𥜹祀[11]。𤲞屖文考乙公，遽趩𠀠屯

无諫，𧃍啬戉䆊隹（惟）辟[12]。孝𡚬史牆（墙），夙夜不

㒸，其日蔑曆[13]。牆（墙）弗敢沮，对扬天子不（丕）显

休令，用乍（作）宝𨺅彝[14]。剌且（祖）文考，弋𡨦受牆（墙）

尔𪓊，福褱𡚬彔、黄耇弥生，龕事氒（厥）辟，其万年永宝用[15]。

⑧“青幽高且（祖），才（在）散（微）霝处”一句，“青”读为“静”，“幽”也是“静”，“青幽”即“静幽”。这里的“高祖”指的不是具体的某一个人，而是“史墙”的祖辈，这就好像逨盘中“逨”的很多代也都称为“高祖”一样。“霝”即“灵”，读为“令”，训为“善”，“处”义为“居”，“在微灵处”就是“灵处在微”的倒文。这里的“微”应该是“微子”所封之国，“微子”所封究竟在什么地方，自古以来有两大类说法：一类说在山东西部，另一类说在山西东南部。据大多数学者的研究，“微”在山西的可能性更大一些，可是今天我们对于“微”的所在并没有一个很好的说法，但无论如何，这里的“微”就是“微子”之“微”，所以“史墙”一家的祖先是从属于微国的。甲骨文中常常有“×子”，“×”指的多是采

邑的名称,比如"箕子""微子"等。甲骨文中有"×侯""×伯""×子",还有一个"雀男",究竟是否可以这样读,我们还可以讨论,但就是没有看到有"×公"的,可是我们不能仅凭这些就像董作宾先生那样认为殷代没有五等爵。①这只是当时的一种称呼习惯,这些习惯到了周代还一直存在,《春秋》经传中讲到一些大臣,都叫"×子"。比如说"单公"这个家族到春秋还有,被称为"单子",另外还有"刘子",但是他们的谥法却是称"公"的,比如"单襄公""刘康公"。所以"微子"之"子"并非"子爵",而是一种大臣之称。我个人一直认为花园村的那个"子"也是这个意思,实际上"史墙"家族的祖先就是在微子之国担任史官。自古以来史官都是非常重要的,中国的史官和古埃及的书记是很类似的,书记在古埃及也是很重要的,大家如果到埃及或者欧洲的博物馆去看看陈列的石像就会发现,除了法老和法老之后,其余的石像多是手中拿笔的书记。中国的史官也是很重要的,《周礼》分为"六官",虽然"太史"隶属于春官,但是读起来就会发现"太史"是单独开头的。

⑨"雩武王既𢦏殷,散(微)史剌且(祖)䢼来见武王,武王则令周公舍𡧍,于周卑处"一句,"𢦏"字,学者一直都在讨论,我也写过文章。②最初的时候大家认为"𢦏"和从"才"声的"𢦏"比较类似,"𢦏"字,《说

---

① 董作宾:《五等爵在殷商》,载《历史语言研究所集刊》第六册,第413-430页,北京:中华书局,1987年。
② 李学勤:《再谈甲骨金文中的"𢦏"字》,载《三代文明研究》,第70-72页,北京:商务印书馆,2011年。

文》训为"伤",在甲骨文中一般通为"灾"。可是"𢦏"字并不是从"才"的,应该隶定为"𢦒",过去我一直赞同社科院语言所管燮初先生的讲法①,管先生认为这个字就是三体石经中的"䤈"字,"䤈"即"捷"。近年来有关的材料越来越多,有时候会写作"𢦒",同样也读为"捷"。读为"捷"与读如"践""伐"之类的词不同,"践""伐"之类的词只有"攻打""得胜"之义,而"捷"字除了可以训为"克""胜"之外,还可以训为"军获",也就是打仗的时候获得的东西以及所俘获的人,这一层意思是其他的词都不可能有的。甲骨文中的"𢦒"确实是当"军获"讲的,比如"其𢦒"或"不其𢦒",当然在这些文例中把"𢦒"读为"克"或"灭"都是可以的,因为"𢦒"在这里是作为动词用的。但在"有𢦒"或"亡𢦒"这种文例中,"𢦒"就很难说是读为"克"或"灭",最好的解释就是读为"军获","有𢦒"即"有获","亡𢦒"即"无获"。这种用法在古书中很多,比如《古本竹书纪年》有"捷其三大夫",也就是"俘其三个大夫",而此处的"武王既𢦒殷"也就是"武王既克殷"。"剌祖"即"烈祖","廼"训为"则",义为"就"。从"微史剌祖廼来见武王"就可以看出来"史墙"的烈祖就是微国的史官,而他的烈祖之所以来见武王,是因为据古书记载,当时"微子"已经代表殷商投降了周,所以微国的人是以和平的方式降周的,而非被暴力征服。同时大家也可以看出史官是一种专业人员,是当时的高级知识分子。

---

① 管燮初:《说𢦒》,《中国语文》1978年第3期。

武王也很高兴,就"令周公舍寓,于周卑处",此处的"周公"就是"周公旦"。"舍寓"即"舍寓",也就是"给一个居住的地方"。"卑"读为"俾",义为"使","处"义为"居","于周卑处"也就是"俾处于周",这是为了押韵,所以就把句子倒过来了。与之类似的句子还有《诗·鲁颂·閟宫》"乃命鲁公,俾侯于东"。"俾处于周"的"周"指的是"岐周",也就是"周公"所辖之地,而"史墙"家族的器物也都出在岐周,这就是"史墙"家族归周的经过。这个例子可以使我们联想到夏商之际的很多历史,因为夏商之际和商周之际的一些历史情况相当类似,都有一些衰落腐败的旧王朝中的人归到新的王朝中去,而这些人中有一部分就是史官。史墙盘就是一个例子,"史墙"的烈祖是归顺于周王朝的。除此之外,青铜器中还有例子,就是中方鼎,中方鼎记载在武王的时候"禠人入事",也就是"禠人"归顺了"武王"。从这篇铭文来看,当时的"史"和"事"已经区别开了,但在甲骨文中"史"和"事"是区别不开的,一直到商末的时候还是很难区别。所以利簋中的"右事"应该读为"右史",这种读法在利簋的时代还是可能的,但到了西周中后期,这种读法就不行了,因为西周中后期"史"和"事"已经能够区分清楚了。这里就给我们一个启示,就是大家在研究的时候要注意文字嬗变的一些情况。

⑩ "䓛叀乙且(祖),逯匹氒(厥)辟远猷,匃心子飙"一句,"䓛"字在金文中见过多次,但一直都没有一个很好的解释,过去很多人都把这个字读为"甬",但实际上不是这样,因为"䓛"字的下半部分不从"用",所

以这个字我们还是先存疑,等待更多的材料。"㞢"读为"惠",训为"平","󰀁"也应该和"惠"义近。"乙祖"就是"祖乙",把日名放在前面的这种情况甲骨文中也常有。"逿匹毕(厥)辟远猷"一语,"逿"读为"佐",义为"帮助","匹"训为"配",也是"帮助"之义。"辟"就是"君主"。"远"义为"大","猷"义为"谋","远猷"即"大谋"。大家要注意一下这里的时代,"静幽高祖"讲的是商代以前的事情,"微史烈祖"曾见过武王,所以应该是在商末周初。"󰀁㞢乙祖"应该是在成、康之时,所以"乙祖"有"逿匹毕(厥)辟远猷"。"匐心子瓤"一语,"匐"即"腹","匐心"即"腹心"。"子"读为"仔",训为"克"。"瓤"字不识,我过去有一个想法,我认为"瓤"是从"仄"的,所以读为"侧"①,但这只是一种想法,这种想法也不一定对。大意就是"乙祖"能够为他的君主谋划大事,并成为君主的腹心之人。

⑪"㾕明亚且(祖)且(祖)辛,毁毓子孙,蠚艐多瘚,𣪘角𡙇光,义其禴祀"一句,"㾕明"读为"廉明"。在铜器铭文中,"高祖"可以有几代,但"亚祖"只有一代,是特指"祖父"这一代,也就是说"史墙"的祖父是"祖辛"。"毁"读为"甄",义为"陶铸"。"毓"即"育",义为"养"。"毁毓子孙"即"甄毓子孙",也就是"陶铸养育了子孙"。"蠚"读为"繁"。"艐"是《说文》"发"字的古文,此处读为"祓",义为"福"。"瘚"读为"釐",

---

① 李学勤:《论史墙盘及其意义》,载《新出青铜器研究》,第 63-70 页,北京:人民美术出版社,2016 年。

义为"福"。"纍媘多弆"即"繁福多釐","繁福"和"多釐"都是"多福"的意思。可见"祖辛"的子孙一定很多,古人认为多子多孙是一种福分。"櫅角龔光"一语,"櫅"读为"齐",义为"正",《礼记·玉藻》注"谦悫貌"。"角"读为"悫",训为"敬"。"龔"字的下半部分像一个人伸两手捧着一个皿,这个字在琉璃河出土的堇鼎铭文中作"㕣",是《说文》"𩰫"字的籀文。"龔"字的上半部分是从"戠"声的,所以可读为"炽",训为"盛"。"义其㷉祀"一语,"义"读为"宜"。但"义"也可以读为"献","献其㷉祀"也是很通的。"㷉"即"禋","㷉"是从火的,周人"尚臭",祭祀时以馨香上达于天。有的同学可能会怀疑这些地方我们读得是否有道理,对于这些地方,我们用了乾嘉以来一直采用的音韵通假的方法,也就是找出一些能够读通的字,作为通假的来源。但这种方法有一定的限制,有的时候一些古音、古义已经遗失了,那就很难再找到,或者即使是找到了,也很可能是不对的,所以这种方法是有时而穷的。可是无论如何,我们读的时候没有太多的弯,如果读的时候转了两三个弯,那很有可能就不对了。我们这样来读也只是一种试验,大家不要太过于相信这些读法,如果想要确定这些读法,那就还要找出一些其他的证据来印证。可是有的时候我们没有办法来印证,很多时候我们只是提出一种说法,因此我们要老实一点,不会就是不会,不要骗自己,也不要骗后人。实际上我们在研究古文字的时候经常会碰到这一类问题,特别是对竹简的研究,我们不可能把每一个字都读出来,有一些字汉朝的时候就读不了。比如竹简中有《逸周书》，通过对照我们就知道了传世本的《逸周书》的某些地方是怎么错的，因为汉朝人读古文的时候读不出来，或者有一些误解，所以就会产生错误，这些可以让我们知道汉朝人是怎么错的。可是有时候汉朝人胆子很大，读不通的时候就前后乱改，这就不好。比如说汉朝人不认识"散"字，不知道可以读为"微"，但在竹简中"散"字和"先"字很像，于是汉朝人就把这个字读为"先"，可是他们想象"先"字下面应该有一个"王"字，所以又在下面加上了一个"王"，变成了"先王"，那整个的意思就完全变了。可是我们也不能责怪前人，因为那个时代并没有整理竹简的经验，因此有的书也就会变成我们认为的伪书，这不是当时的人故意骗我们，而是整理的问题。《兰亭序》有"后之视今，亦犹今之视昔"，我们今天所做的工作，过上五十年或者一百年，后人看我们，或许还不如我们看汉朝人。

商之遗民有不同的政治趋向和政治命运，虽然"史墙"的这批东西有很多学者研究，但在这一点上还没有学者结合相关的历史来进行仔细研究，哪位同学有兴趣，可以把"史墙"家族的历史与当时的历史背景结合起来仔细地研究一下，这是很有意义的。

大家要知道，成、康之后的时期和武王的时期不太相同，虽然武王征伐四方，但武王仍然不认为真正拥有了天下，所以还认为自己是"小邦周"，因此武王要把纣的儿子武庚留在殷地。实际上武王并没有将殷遗民的问题全部解决，由于武王身体不好，所以就只做了一些策划，其中之一就是何尊中讲的要建立一个新的都城，另外一个就是如何将周王朝巩固起来，而这些计划一直到了成王的时候才最后完成。

商朝的人最后也走了不同的道路，有些人在武王的时候就被消灭了，这是一批。还有的要辅保武庚，于是就与东夷结合起来，造成了"三监之乱"，这又是一批。可是在这之后，周朝还是任用了商的一些人，这一点就和后来历史上的很多时期不太一样，这是周初之时周公很重要的一个战略。周公不仅任用了一些商朝时候的人，而且还保留了商的后裔建立了宋国，这一点是很有雄图大略的。其实周公完全可以不这样做，给微子一碗饭吃就可以了，甚至杀掉也没什么问题，但周公并没有这样做，而是封微子于宋，使商能够继续保存下来，这在后来的历史上也是很少见的。

"史墙"这个家族是一个投降派，在归顺武王之后，历代都是周的重要史官，而且历代都在周原这一带，周原是宗周的核心地区，在这一点上也能反映出周公的雄图大略。这与后来的情况很不一样，所以我们读史墙盘，不要只读那些字，还要仔细地看一看当时的具体情况。实际上，"史墙"家族是非常重要的，而且大家要看出来"史墙"家族最后是如何融入周的，后来"史墙"家族就不用原来的族氏"木羊"，而改为"微氏"了。"木羊"是带有典型商代风格的贵族族氏，现在在保利博物馆还有两件周初的簋，也是"木羊"的。周人任用了这些商遗民，并且像《多士》中所说的"惟尔多士攸服，奔走臣我"，这是很特殊的事情，希望大家能够结合史墙盘来考虑一下。

· 2010 年上半年第九次课 ·

史墙盘（四）

"史墙"家族是从商朝来的，"史墙"的"烈祖"就是微国的史官，后来这个家族世代相传，大部分都是史官。大家可以去看一下相关的文献，一直到秦律甚至到汉初的律，史官都是非常重要的，必须是史官的后代才能上培养史官的学校，如此便保持了史官的连续性，这可能是因为当时的史官需要特别的训练。这一点张家山的汉简中讲得都非常清楚，而且当时对史官后裔的要求也是非常高的。《说文》中所引的《尉律》认为要"讽书九千字"，"讽"义为"诵"，"讽诵"不见得是"背诵"，应该是可以一边看一边读，当然那时经常用的字是不会有九千个的，所以应该是一个很长的文献，《说文》的字数应该与此有关，过去学者都讨论过，我们就不详细谈了。史官是历代相传的，所以"史墙"家族一直保留着商代的一些习惯，其中很明显的一个就是"日名"。"日名"也可以叫做"庙号"，是祭祀时用的，"日名"从夏朝就开始有了，商代最为流行，到了西周以后逐渐地被"谥法"所代替，可是在"史墙"家族中，"日名"一直被保留了下来。这样看起来，"史墙"家族是真正的殷遗民的后裔。

史墙盘释文：

曰古文王，初毄穌于政，上帝降懿德大甹，
匍有上下，迨受万邦①。䚄圉武王，遹征三（四）方，
达殷畎民，永不（丕）巩狄虗，尨伐尸童②。害圣
成王，ナ右綬紱刚鯦，用肇瀙周邦③。朏䫉
康王，分尹啻彊（疆）④。宖鲁卲王，广敠楚荆，隹（惟）
奂南行⑤。䵼覞穆王，井帅宇诲⑥。䫉寍天子，天子
䰍鬗文武长刺，天子爨无匃，𩰬祁上下，亟
𤞞逷慕，昊訋亡臭。上帝司夒，允保受天子
鄜令，厚福丰年，方縊亡不䖑见⑦。青幽高
且（祖），才（在）散（微）雷処⑧。雩武王既𢦏殷，散（微）
史剌且（祖）
廼来见武王，武王则令周公舍圉，于周卑処⑨。
㓞叀乙且（祖），逑匹氒（厥）辟远猷，复心子氎⑩。咨
明亚且（祖）且（祖）辛，毃毓子孙，纛䛔多犎，櫅角巤
光，义其龡祀⑪。畜房文考乙公，禭趚邑屯
无諌，蓑啬戉舂隹（惟）辟⑫。孝客史牆，夙夜不
豕，其日蔑曆⑬。牆（墙）弗敢祖，对扬天子不（丕）显
休令，用乍（作）宝隣彝⑭。剌且（祖）文考，弋寰受牆（墙）
尔黼，福褁䛔彔、黄耇弥生，龕事氒（厥）辟，其万年永
宝用⑮。

⑫ "畜房文考乙公，禭趚邑屯无諌，蓑啬戉舂隹（惟）辟"一句，"畜"即"害"，读为"胡"，训为"大"。"𢦏"字在金文中都读为"胡"，是周厉王的名字。这一点从古音上还难以完全说通，但在当时文字上的表现确实是这

974

样的,我们还是先承认这个事实。"屖"读为"夷",训为"平","夷王"的"夷"在金文中写作"犀"。从"静幽高祖"开始,"史墙"的每一代先辈都会有两个字的考语,这些考语和谥法有没有关系还不完全清楚,但总应该与谥法有些联系。春秋之后,古书中的"王"或者"诸侯"都会有一个字的谥法,到后来人太多了,谥法就变成两个字了,比如"魏安釐王"。实际上我们从古文字的材料来看,当时的国君在去世之后很多都有两个字的谥法,后来只是取了一个而已。比如现在都在讨论的"楚平王",在铭文中是"楚景平王",不仅谥为"平",还有一个"景"字。楚国的"王"一般都有双谥,在古书中只是用了一个,可能这一个是主要的,而另一个没那么重要。但是"楚竞平王"就很重要了,"竞"就是"景","齐景公"的"景"在铭文中也写作"竞"。楚虽三户,亡秦必楚,"屈""昭""景"是楚国最大的三个家族,"景"是很重要的,但古书中讲到"楚平王"的时候只用了"平",而没有用"景",这些可能与当时的历史习惯有关,这是特别值得注意的地方。"廉明""胡夷"很像谥号,但不一定真是谥号,但至少在思想上很像谥号,都是后代给祖先的一个评判。谥号本身就是一个评判,当时也是很看重谥号的。谥号的使用是与中国的君主制共始终的,王国维先生还有个谥号,是宣统给的,叫王忠悫公。到了明、清的时候,有功名的人才能用"文",如果没有进士身份,不管做多大官,死后的谥号也不能用"文"。在"文"字之后,最好的就是"正"和"忠",比如曾文正公、李文忠公等,这些在当时都是很重要的,是当时对一个人的官方评价。谥号最初的时候都是一些好词,从商朝开始就有了,"成汤"之"成"在一定意义上和谥号相近。但是有的就和谥号不一样,比如"盘庚"为什么叫"盘"?我们还不是很明白。"河亶甲"我们就更不明白了。后来"武丁"以下,还有"康丁""文武帝乙"等,这些"成""康""文""武"一类的词正好就是周初几个王的谥号,所以这实际上是一种延续,因此谥法是有一个逐渐产生的过程的。"甲房"在当时还不完全是一种谥号,是后代给祖先的一个赞美之词,这些词应该和谥号有一定的关系。大家可以看到,"史墙"的用词习惯和商末周初的一些习惯一致。前文有"乙祖",甲骨文中有时候也有把"祖乙"称为"乙祖"的。"亚祖祖辛"并不叫"亚祖辛",可能"亚祖辛"的含义与"亚祖祖辛"有所不同。"乙公"在甲骨文中未见,因为甲骨文中没有见过用"公"的,但到了西周初年就有了。齐国就是如此,高青陈庄出的引簋中讲"姜太公"也是有日名的,"姜太公"的日名叫"甲",往下就是"丁公彶""乙公德""癸公慈母",他们都有日名,再往下一直到"哀公"才完全用谥号。所以日名和谥号应该共存了一段时间,后来谥号代替了日名,就好像"史墙"家族开始叫"木羊",后来叫"微氏"一样,这中间有一个过渡的阶段。"㝬趩髳屯无諌,蠆嵩戉䅂佳(惟)辟"一语,我们不完全懂,所以就需要讨论。"㝬"可读为"遽",《说文》训为"甚",在古书中常写作"剧",现在北京的年轻人还有这么用的,比如"剧好",意思也是"甚好"。"趩"字实际上并不从"丧",因为"丧"是从噩,亡声的字,而"趩"字并没有从"亡",所以严格隶定应该是从走,从噩,但写为从"噩"的字就没法读了,所以还是认为这个字是从走,从丧省比较好。此处"趯"可读为"爽",训为"明",古书中的"昧爽"就是"未明"。"髬屯"这两个字在金文中出现了上百次,可是我们还是不懂,而且这两个字的隶定也不见得准确。过去学者有很多说法,但没有一个准确的,特别是过去常引用郭沫若先生的说法[1],读为"浑沌",但还是不合适,所以"髬屯"还是阙疑。甲骨文、金文中有很多常用的字是我们所不懂的,王国维先生认为"阙疑"是古文字研究过程中很重要的一点,可是我们这些人都不能够做到"阙疑",因为我们平时要给一些东西写考释,所以就非得想一个办法不可。我们整理清华简就是这样,每个字就总得给出个解释,如果给不出解释,你什么东西都说不知道,那要你干什么。因此很多字我们并不能做到多闻阙疑,这也是我们工作上的一个缺点,可是从社会需要来讲,这个缺点我们又没法纠正,但是大家一定要明白,很多东西我们是应该阙疑的。不仅王国维先生是这样,容庚先生编《金文编》也首提"阙疑"。于省吾先生认字认得最多,这是因为于先生的做法很简单,他不是读全文的,特别是发现一个新的材料,他先不发表意见,等大家的文章都发表了,他把大家的说法互相比对,发现还缺少什么,然后他对这些地方有什么新的见解,就把这些东西写下来。这是一个好办法,也是一个正确的办法,就是我知道多少就说多少,

---

[1] 郭沫若:《释黹屯》,载《金文丛考》,第232页,北京:人民出版社,1954年。

一般的像"祖辛"一类的词,大家都知道就不用讲了,至于真不知道的,就不要说了,在那里瞎说没意义,真正有所知才去说,这是最上乘的方法。对于"穮趯甿屯无諫,蕆甹戉蓸隹(惟)辟",我认为分成两个六字句比分成三个四字句要好。"諫"字在金文中的意思和"谴"字相同,在此处读为"谪","无谪"即"没有罪责"。"蕆甹"就是"农穑"。我过去把"戉"读为"岁","蓸"读为"苗","辟"读为"闢",义为"开垦","农穑岁苗唯辟"就是"农田得到开垦开辟"。这篇文章实在是太难懂了,我觉得"史墙"写文章就好像清末章太炎写文章一样,就是让大家都不懂,"史墙"也是当时非常有学问的人,所以史墙盘也就和一般的铭文大不一样。

⑬"孝旮史牆(墙),夙夜不豖,其日蔑曆"一句,"史墙"给他自己也有两个字的考语,即"孝旮",谦虚又有自诩之意。"旮"就是《说文》中"友"字的古文,"孝"主要是对长辈而言,"友"是对平辈而言,对父母称为"孝",对兄弟称为"友"。"孝友"一词在金文中常见,《诗·小雅·六月》有"张仲孝友"。这里附带说一下,从宋代以来,很多人认为在金文中找到了"张仲",实际上是这些人不认识"🈳"字,这是从耳的一个字,隶定为"弭",现在我们知道"弭氏"是在丰、镐一带,在那里发现了"弭仲"和"弭伯"的器物。宋代就发现了"弭仲"的器物,但当时不认识"弭"字,就把"弭仲"读为"张仲",这个说法后来进了字书,把这个字写成了"弡",读为"张",这是因为误读了古文字而造出来的新字。不管是甲骨文、金文、玺印还是古钱,这些

古文字再难，我们也有一定的破译方法。最难的是明清书画上面的一些图章，研究印章最好的学者是罗福颐先生。罗先生就跟我说，明清书画上的印章是最难认的，经常需要瞎猜，因为明清之人受了古文字误读的影响，有些字猜都猜不到，就是不认识。元朝的《增广钟鼎篆韵》以及明朝的《六书正》《六书通》造成的影响非常大，不过这也有一个好处，就是大家如果看到这些字，就可以断定这应该是宋代以后的东西了，不会早到唐以前。"夙夜"即"夙夜"，义为"早晚"。"豙"读为"坠"，训为"失"。"日"训为"常"，"其日"也就是"日常"。"蔑曆"一词，我们还是不懂，张光裕先生发现了一件智簋①，上面是"加曆"，"加"读为"嘉"，"蔑曆"即"嘉曆"。"曆"字有的从秝，有的从林，下半部分有的从口，有的从"甘"，这个字究竟应该怎么讲还不清楚，应该有"功绩"的意思，"其日蔑曆"就是"经常受到嘉奖"。

⑭ "牆（墙）弗敢狙，对扬天子不（丕）显休令，用乍（作）宝隩彝"一句，"狙"读为"沮"，义为"丧失"。

⑮ "剌且（祖）文考，弋寵受牆（墙）尔龘，福褎媔泉、黄耇弥生，龕事岳（厥）辟，其万年永宝用"一句，"剌"读为"烈"，这里用"烈祖"代指所有的祖先。"弋"读为"式"，是一个句首虚词。从高邮王氏以来，很多学者对中国古文的文法、修辞做了大量的研究，其中很重要的一点，就是指出了商周古文里面有很多虚字，

---

① 张光裕：《新见智簋铭文对金文研究的意义》，《文物》2000年第6期。

汉晋以来的注疏总是要把这些虚词讲成实词，可是讲成实词读起来就不通，高邮王氏集前人之大成，指出来很多句首、句中、句尾的虚词。在这方面后来又有很多学者做了补充，杨树达先生的《词诠》是集大成之作，后来有很多学者补充了《词诠》，发展了杨说。关于虚词方面的书，我们常用的有好几种，其中就有裴学海的《古书虚字集释》。裴先生的书在内容上比杨树达先生的书更为充实，举的例子也多，但裴先生所举的例子有些地方实在是比较牵强，所以失之过宽，很多的语言学家对此都是这种看法。后来还有很多学者也做了很多相关的研究，但我认为关于虚词的研究到杨树达先生那里已经趋于完善。这里的"式"字理解为一个虚词就可以了，大家在这种地方不要太过深究，因为我们能够找到的例子是很有限的，如果根据这些有限的例子再细分，那再出一个新的例子就很可能讲不通了。当然我这个意见也不一定对，只是作为一个参考。"寷"字，从宝，从宫，"宝"可与"贝"通用，"宫"即"宁"字，故"寷"字即"贮"字。夏朝有一位君主叫"帝杼"，有时写作"帝宁"或"帝予"，所以"寷"可读为"予"，义为"赐予"。"尔"字有几种可能的想法，最容易的想法是把"尔"读为"弥"，但这种想法行不通，因为下文有"弥"字，写法与"尔"不同，此处的"尔"或可读为"迩"，训为"近"。"龖"或作"龘"，读为"祚"，训为"福"。"裏"读为"怀"，训为"安"。"䐖"读为"祓"，也就是"福"的意思。"彔"读为"禄"。"弥"训为"久"，"弥生"即"长生"。《逸周书·祭公》"用克龕绍成康之业"，朱右曾的《集训校释》认为"龛"与"堪"同。此处铭文中的"龛"也读为"堪",义为"承受"。从这里来看,《祭公》真是一篇古文,现在我们在清华简中发现了。

"史墙"家族历代人物之关系如下(见图1):

一世	高祖		商末
二世	剌祖		武王
三世	乙祖		成王、康王
四世	亚祖祖辛—析	4件	昭王
五世	乙公—丰	6件	穆王
六世	丁公—墙	3件	恭王、懿王
七世	𰀀	43件	孝王、夷王、厉王

图1 史墙家族人物关系图

"析"字,铭文作"析",多数人想读为"折",可是这个读法是不对的,因为"折"字多作"折",是把一个东西折断,而"析"是把一个东西竖着劈开,所以"析"字应读为"析"。

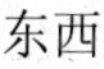

从我们所排历谱来看,"𰀀"的器物已经到了西周晚期了,而且从考古类型学上来看,厉王早期有与之相似的铜器可对照,所以"𰀀"的年代已经到了西周晚期是没问题的。如果这个推断成立,那么懿、孝、夷这三个王的时间一定不会很长,至于说是否像夏商周断代工程所推断的只有二十二年,还可以进一步讨论。"𰀀"有几个编钟,其中一个编钟铭文有"𰀀趩=夙(夙)夕圣趩,追孝于高且(祖)辛公、文且(祖)乙公、皇考丁公",以此为基础,再对照史墙盘,我们就可以知道"史墙"是"丁公",也就可以把"史墙"家族的世系建立起来了。

"癲"一共有两套编钟,其中一套的铭文中有很多词是从史墙盘来的,因为"史墙"家族的人认为史墙盘是他们家族的得意之作,所以史墙的儿子"癲"到了晚年的时候就套用史墙盘中的话又写了一篇文章,这种情况是很少见的,所以我们把这篇铭文讲一下。这篇铭文分散在六个钟上,铭文如下:

曰古文王,初鼇龢于政,上帝降懿德大甹,匍有三(四)方,匐受万邦。雪武王既𢦏殷,散史剌且(祖)【㠯】来见武王,武王则令周公舍寓,曰五十颂处。今癲妯夕虔苟卹氒(厥)死事,肇乍龢鑽钟,用韯妥厚多福,广启癲身,勵于永令,裹受余尔髓福,需冬,癲其万年彳角义文神,无疆覭福,用寓光癲身,永余宝。

对照史墙盘可知,"匐"即"迨",也就是"会"。"㠯"字铭文中原缺,是我补上的。"武王"二字是重文,"五十"是合文。"颂"字,大家有很多理解,但最主要的不外乎两种,一种是将"颂"读为《诗经》中风、雅、颂的"颂",就是"颂诗"之"颂",也就是说他的烈祖掌管五十种颂诗。再有一种是将"颂"读为礼书中的"额","颂"和"额"常通用,"五十颂"即"五十额"。我个人偏向于"五十额"的读法,因为其他的铭文中提到了史官是"秉威仪"的,"威仪"就是"礼仪","额"是"仪"的一种,"五十额"即"五十种礼仪规则"。当然理解为"颂诗"我也不反对,实际上"颂诗"也是要与"礼"相结合的。"虔"义为"敬","苟"读为"敬"。"卹"训为"忧",义为"念"。"死"读为"尸",训为"主","死事"即"尸事",也就是"所主之事"。"龢"义为"和谐"。"鑽钟"一词,《国语》中作"林钟",就是"编钟",因为编钟挂起来像树林一样林林总总，所以称为"林钟"。"韢"即"融"，义为"合"。"妥"读为"绥"，训为"安"。"勵"读为"龠"，但这样读并不理想。"褱"读为"怀"，义为"念"。"霝冬"即"善终"。"𢆶"字不识，但一定不是"敬"字。"乂"读为"献"。金文中的"神"是包括"鬼"在内的，我们现在多认为"鬼"是"恶鬼"，是不好的意思，但古人不这样认为。《说文》"鬼者，归也"，在祭祀的时候"神"和"鬼"是在一起的，二者合在一起可以称为"神鬼"，分开的时候，单称"神"或单称"鬼"都可以，意思是一样的。"永余宝"即"余永宝"之倒文。

与史墙盘对照一下就可以知道，"瘨"在他父亲的文章的基础上加以改造，成了一篇新的文章，这是很少见的，从这里我们也能看出来史官的传统。金文大部分由史官所写，即使是一篇册命，也是如此，被册命的人也不见得去写，大多以史官所起草册命文件为底本，铸在铜器上。所以与周代史官有关的材料是很多的，如果把金文中的这些材料收集一下，进行更深入的研究，我们对当时的历史文化了解得就会更多一些。"史墙"这一家，代代都是"史"，可是他们所做的事却不仅限于"史"，比如"作册析"就跟随昭王南征，并"觅望土于相侯"。按照昭王南征的路线来推断，我认为"相侯"就是"湘侯"[①]，"觅望土于湘侯"这件事是很重要的，可昭王是派"作册析"去的，所以大家不要看"史墙"家族是商朝投降来的，这个家族在西周时期是非常重要的。当然"史墙"家族并不是西周最重要的史官家族，西周最重要的史官家族是"史佚"家族，"史佚"又称"尹

[①] 李学勤：《论西周的南国湘侯》，载《夏商周年代学札记》，第175-179页，沈阳：辽宁大学出版社，1999年。

佚",也叫"尹氏",地位相当于六卿,"尹氏"一直到了春秋时期还存在。

如果大家有时间,可以去读一下《左传》,大家会发现《左传》中有很多语句和西周金文是非常相似的。为什么两个相差了好几百年的东西还能这么相似呢?就是因为一些史官维系着这种文化传统。过去有些人认为《尚书》中的某些语句和《左传》类似,现在看来金文也是如此,这证明了《左传》的真实性,当然也包括《国语》在内。今天我不知道是不是还有学者怀疑《左传》,但二十年前还是有的。前些年,我们在北京语言大学开了个关于《左传》的讨论会,在会上没有人怀疑《左传》。

对《左传》的怀疑,自《左传》一开始出现时就有。按照史书记载,《左传》是北平侯张苍所献,张苍是荀子一派的传人,荀子也是传《左传》的,所以《左传》是流传有序的,先秦诸经的传流中最为可靠的就是《左传》,所传的每一代人都有材料可考。这一点大家如果有兴趣,可以去看一下章太炎先生的《春秋左传读》。由于《春秋左传读》中还有些牵强之处,所以太炎先生在世的时候这部书并没有出版,是他的弟子后来整理出版的,太炎先生生前只是用了这部书的叙录。这部书在《章太炎全集》里面就有。

《左传》在汉代一出现,就有人反对,特别是一些公羊学家,最著名的就是"何休难《左传》",这也就引起了很多争论,但当时的争论主要是围绕着《左传》是否是传《春秋》的,即是否像桓谭所认为的《左传》和《春秋》是表里之作,当时并没有人怀疑《左传》是伪书。认为《左传》本身有问题,则是到了清代常州学派的刘逢禄做《春秋左传考证》之后。刘逢禄认为《左传》并不传经,并且《左传》本身也不是一部独立的书,而是刘歆割裂《国语》而成。后来发展这个论点的就是廖平和康有为，可即使是这样，包括康有为、崔适在内的一些学者也没有怀疑《左传》的历史真实性，只是说里面有刘歆篡改的东西。

真正认为《左传》历史真实性有问题的，是日本人津田左右吉，他做了一些《左传》思想史的研究，认为《左传》中的很多事情都不真实。后来北大的罗倬汉写了《史记十二诸侯年表考证》一书，对津田左右吉的说法进行反驳。罗先生所用的方法就是把《史记》和《左传》相对比，进而证明《史记》是根据《左传》的，并且包括《左传》中的"君子曰"在内，在《史记》中都有。这就证明司马迁在写《史记》的时候所见的《左传》，就是今天我们见到的《左传》，也就是说没有什么东西是后人所加。罗先生的这个书现在很难找，当时是土纸所印。该书是罗先生二十世纪三十年代在日本时写的，当时罗先生已经写好了稿子，准备出版，但过了不久就发生了"七七事变"，所以这个书在当时就没有出版。后来罗倬汉先生到了大后方之后这本书才出版，当时罗先生把这部书拿给顾颉刚先生和钱穆先生看，钱穆先生还为这本书写了个序，顾颉刚先生虽然没有写序，但是他给罗先生写了一封很长的信，二位先生都肯定了这部书。这部书现在很难找，所以我希望能够把这个书重印一下，但是这本书需要校勘，因为错别字很多。钱穆先生在他给罗倬汉的书所写的序言中有一个感想，当然钱穆先生原文是半文半白的，我在这里是用白话来转述。钱先生认为这个书现在看起来并不稀奇，如果你和一个清代中叶的学者讲，我写了一部好书，这部书讨论了《史记》是根据《左传》的，那位清朝学者就会说："你讲这些干什么？谁不知道这个事儿呢？"这是常识，并不值得讨论。这就说明对《左传》的怀疑只能是一时之风气，不可能久长，再过几十年，你拿给后辈学者来看也没什么意思，钱穆先生的序所表达的就是这个意思。这部书是二十世纪四十年代出版的，现在已经快七十年过去了，结果确实是像钱穆先生所说的那样，现在我来跟大家讲罗倬汉先生这本书，大家也没什么兴趣，因为现在已经没有人怀疑《左传》了，可是从学术史的角度来讲，罗倬汉先生对津田左右吉的反驳还是很有价值的。

·2010年上半年第十次课·

师觐鼎、师丞钟、即簋

师觐鼎

狭义的周原遗址就在岐山和扶风两县之间，扶风和岐山是以一条天然形成的大沟作为分界线的，整个周原遗址就被这条沟分开了，周原遗址各个区域的文化性质也有所不同。周原遗址的进一步研究还需要几十年的工作才能够摸得比较清楚，但有些东西我们终究还是不清楚。殷墟遗址从最开始发掘到现在都已经那么多年了，可有些东西还是不太清楚，所以把一个遗址做清楚是一件非常难的事，周原遗址也是一样。

师觐鼎，1974年年底出土于扶风黄堆乡强家村窖藏，黄堆乡位于扶风靠北的部分，这一区域出了很多的墓葬，而且是以墓葬群为主的，但黄堆乡强家村的却是一个窖藏。大家要知道，很多当地的考古工作者多对"黄堆"这个地方抱以希望，因为这个地方名叫"黄堆"，所以他们认为西周的王陵可能会在黄堆乡。大家不要觉得可笑，事实上是真有可能的，因为黄堆乡有很多西周早期的墓葬。这个想法在近些年淡出了，现在已经很少有人再提这个说法了，可这个说法还是可以进一步讨论的。强家村窖藏是在1974年12月发现的，这是二十世纪七十年代在那片区域发现的几个重要的窖藏中的一个，这个窖藏中发现了很多青铜器，其中至少有几件可以判定是同一个家族的,因为这几件器物铭文中的名号是连续的,这一点和庄白一号窖藏比较类似,所以那个时候我们写文章就把二者结合起来写。

以前我曾经讲过师虤鼎,而且讲得也比较细,现在又把这件东西拿出来讲,并不是炒冷饭,而是最近有些新的东西可以与之相联系,这些新东西会告诉我们一些过去完全没有想到的东西,当然这里面也包括我个人过去认识错误的一些地方。师虤鼎并不好读,这件东西出来之后甚至有学者认为是假的,因为这件鼎的字体比较特别,而且同时期的平底弦纹鼎也不多见,所以有学者认为这是当时的古董商作的,之后古董商把这件鼎埋起来了,现在又被我们挖了出来。对于师虤鼎而言,这种情况是不存在的,这件鼎是一个真正的考古发掘品,现在从各方面看这件东西都不会假。

二十世纪七八十年代,周原出土的青铜器特别多,今天早晨我还收到了一封信,信中讲的事情与淳化大鼎有关。淳化大鼎是目前为止见到的最大的鼎,这个鼎共有五个鼎耳,上面有两个,侧面有三个,所以这件鼎是独一无二的,可惜的是没有铭文。这件鼎发现的时候,我是亲自到场。出土这件鼎的墓很是不同,这个墓是在台阶上方,上去的时候就像爬山一样,爬到顶端才能看见墓,这种情况应该是地形变化造成的,实际上这个墓应该是斜着下去的,台阶在墓的上方。虽然出了这么大的一个鼎,但这个墓却小得很,类似的情况还是有的,出后母戊鼎的墓也不大,很多出土很大青铜器的墓却并不大。今早接到的这封信是淳化县领导写的,信中说淳化县已经下决心要建一个淳化县博物馆,希望能让这件大鼎回到淳化县,并且希望借调其他的青铜器一起展览。从这些就可以看出来,二十世纪七八十年代是周原出土青铜器历史上很光荣的一个时期。

下面我们来看师𩛥鼎(见图1、图2)。

图1 师𩛥鼎

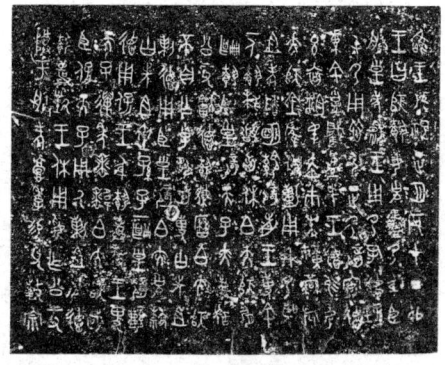

图2 师𩛥鼎拓本

师𩛥鼎释文:

唯王八祀正月辰才(在)丁卯[①],

王曰:"师𩛥!女(汝)克盡乃身,臣

朕皇考穆王[②],用乃孔德,璱

屯乃用心,引正乃辟安德[③]。

叀余小子肇盅先王德,易(锡)女(汝)

玄衮、䌴纯、赤巿、朱横、鑾旂、

大师金雁、攸勒[④],用井乃圣

且(祖)考隓明黹辟前王,事余

一人[⑤]。"𩛥捧(拜)頶首,休白(伯)大(太)师肩

㘚𩛥臣皇辟[⑥],天子亦弗䛗

公上父㝬德,𩛥蔑厤,白(伯)大(太)师

不自乍(作)[⑦]。小子㚤(夙)夕専由先且(祖)

剌德,用臣皇辟,白(伯)亦克猷

由先且(祖)愆,孙子—㘚皇辟懿

德,用保王身[⑧]。𩛥敢肈王,卑

989

天子倗年，朿糦白（伯）大（太）师武，
臣保天子，用乎（厥）剌且（祖）介德^①。
覛敢对王休，用妥乍（作）公上父
隣于朕考章季易父敽宗^②。

  ①"唯王八祀正月辰才（在）丁卯"一句，"唯王八祀"是很重要的，现在还有人拘泥于以前的看法，认为铭文中凡是用"祀"来表时间的，时代都是非常早的，因为用"祀"延续了商代纪年的传统。实际上这是因为我们看到的一些材料称"年"为"祀"，董作宾先生在《殷历谱》中就已经指出商代的"年"不一定都叫"祀"，有时也叫"岁"或者"年"。到周朝的时候也不全都是叫"年"的，也有叫"祀"的，一直到很晚的时候还有这种说法。前些时候，我有一个想法，就是把中山国器中的一个字读为"岁"，这样就不像《尔雅》中所说的"夏曰岁，殷曰祀，周曰年"。实际上《尔雅》中的"夏曰岁，殷曰祀，周曰年"是总体上来说的，具体在用的时候还是会有一些差别。"唯王八祀"就是"唯王八年"，现在我们已经能够明确推定这里的"唯王八年"就是"恭王八年"。以前我们已经说过了，凡是讲"辰在"的，该器物的时代多是在西周早期偏晚到西周中期的这个时间段之内。对于"辰"的解释，我们现在还是没有办法给出一个很好的说明，但是"辰在"之"辰"一定不是古书中所说的"日月交会谓之辰"，也不是后来历算中所说的"辰"，这里的"辰"指的应该就是"六十干支"，"辰才（在）丁卯"就是"六十干支"中的"丁卯"，但"六十干支"

为什么可以叫做"辰",目前为止还没有一个很好的文献学上的解释。

②"王曰:'师酉!女(汝)克盡乃身,臣朕皇考穆王'"一句,"酉"字,在甲骨文中就有,这个字的特点就是一定从"才"声,甲骨文中一共有两种写法,不是从"才",就是从"甾"。"酉"字的原义与"祭祀"有关,所以从"食",从"廾",像两手捧食,又加了声符"才",后来"酉"有所简化,右边就从"又"了。可什么叫"师"呢?大家要知道,周代所谓的"职官之师"和后代所谓的"职官之师"不太一样,这和当时的教育制度有关系。《周礼》中有"师氏"和"保氏","师"和"保"一直是和教育小孩或年轻人有关系的,也就是所谓的"师保之教",但实际上"师氏"所做的很多事情不仅仅是在"文"的方面,很多时候还涉及"武"的方面。这就是说,当时的教育也就是"六艺"应该是文武兼备的,夏、商、西周都是如此。真正出现文人阶层,甚至于文人的教育成为主流则是要到秦汉以后,应该是从孔子的时代就开始萌芽,后来变得普遍化,在那以后,"文"和"武"也就逐渐分途了。后来大家觉得只有文庙是不够的,还应该有武庙,所以就把关公尊为武圣,供奉在武庙。其实孔子也是比较孔武有力的,孔子的学生也是如此,比如"子路"就是"结缨而死",所以即使是孔子也不主张只是学文,后来就改变了,大家都去学文了。现在台湾地区把"文庙"和"武庙"放在了一起,叫做"文武庙",在福建也有这种情况,可是不管怎么说,后来文武分途是很明显的。铭文中的"师",大家不要理解为只是管文

的，实际上是文武兼备的。"师氏"也就是如此，打仗的时候经常是"师氏虎臣"，"师氏"既有文化，又能打仗，"师𩛥"也就是这样一种情况。可是在金文中很多人都称为"师"，这种一般意义上的"师"，也就是"官长"的意思。至于说当时是否有一定的身份才能称"师"，我们还不能论定，如果大家有兴趣可以研究一下"师"究竟都是干什么的，这个问题刘雨和张亚初在《西周金文官制研究》中做过讨论，但讨论得不够全面。[①]不论如何，"王"称他为"师"，这是很尊敬他的，平时"王"都是直呼其名，应该是在一定的条件下，王才会有这种称呼，至于说是什么样的条件，还有待研究。"女（汝）克蓋乃身"一语，"克"训为"能"，"蓋"字是从贝，尽（盡）声的，所以"蓋"在此处可读为"蓋"，训为"忠"，《诗·大雅·文王》有"王之蓋臣"，"蓋臣"就是"忠臣"。"乃身"就是"你自己"。由"臣朕皇考穆王"可知，这个"王"的父亲是穆王，可是大家要知道，穆王的儿子后来做王的，不是只有恭王一个，还有孝王。因为据《史记·周本纪》记载，恭王死后传位于其子懿王，但懿王去世之后，是懿王的叔叔孝王即位。从逨盘来看，这个次序是不会错的。至于说孝王是否是懿王的叔叔，我们还不能确定，现在我们只能是相信《周本纪》，以后恐怕也很难从其他材料来证明。正是因为如此，所以有人就认为应该把师𩛥鼎放在孝王，之所以这样认为，是因为师𩛥鼎的字特别规整，可是我们现在从历法上来推算，这里的

---

① 张亚初、刘雨：《西周金文官职研究》，第3-8页，北京：中华书局，2004年。

"八祀"和"恭王八年"完全符合，而且从师龢的世系来推断也只能是"恭王"，因此这里的"唯王八祀"应该就是"恭王八年"。

③"用乃孔德，璱屯乃用心，引正乃辟安德"一句，这个铭文最大的特点就是特别讲"德"，甚至比《尚书》和《左传》中讲得还多。这句是很重要的，过去讲师龢鼎的人还没有充分发挥。"用"训为"以"，"乃"义为"你的"，"孔德"一词见于《老子》，"孔"训为"美"，"孔德"就是"美德"，"用乃孔德"就是"用你的美德"。"孔德"这个词后来有很多人引用，所以大家就把法国的社会学家"Comte"翻译成"孔德"。孔德是现代社会学的创始人之一，一般认为现代社会学的创始人有两个，除了孔德，还有一个就是斯宾塞，严复曾经翻译过他的作品，取名《群学肄言》，所谓"群学"就是"社会学"。"璱屯乃用心"一语，"璱"通"逊"，义为"谦"，"屯"读为"纯"，训为"正"，"璱屯乃用心"即"谦正乃用心"。"引正乃辟安德"一语，"引"字，《左传·昭公元年》杜注"引，正也"。"乃辟"义为"你的君主"，因为前面已经讲了"臣朕皇考穆王"，所以这里的"辟"指的是"周穆王"。"安德"即"安于德"。此句大意就是"以你的美德谦正你的心，去使你的君主安于德政"。这一点是很重要的，因为从恭王开始就有一个论断，认为穆王是不安于德的，这是因为穆王不顾朝政而好旅行，因此穆王在位时就有很多人去纠正他，其中最典型的例子就是"祭公谋父"。祭公谋父和穆王的祖父同辈，是穆王时期的一个老臣，他作了《祈招》之诗以谏，使穆王停止了巡游。从这篇

铭文来看，"师𫖯"也应该是起了与"祭公谋父"类似的作用。祭公死的时候有《祭公之顾命》，在《礼记》中有引用，实际上这就是《逸周书》的《祭公》，清华简中有这篇文字的全文，这篇文字就是以遗嘱的形式对"穆王"及其臣子进行劝告。正是因为祭公劝谏，所以穆王最终能够"获没于祇宫"，没有死在外面。不能寿终正寝在当时是一件很糟糕的事情，会有很坏的政治影响。这篇铭文是恭王八年，这个时候师𫖯的年纪应该很大了，因为穆王在位有五十五年，而像"祭公谋父"那样劝谏穆王安于德政的事情应该发生在穆王晚年。如果在穆王晚年的时候，"师𫖯"是一个年轻小伙子，那穆王也不会接受他的劝告，恭王也就不会这么说了，所以"师𫖯"在恭王八年的时候年纪已经比较大了。这个道理是比较容易推想的，这一点过去我写文章的时候就已经指出了。[①]

④"叀余小子肇盭先王德，易（锡）女（汝）玄衮、䋛纯、赤市、朱黄、縊旂、大师金雁、攸勒"一句，"叀余小子肇盭先王德"一语，"叀"读为"惠"，"惠"和"唯"在甲骨文中经常通用，有人想要分清楚二者的用法，我认为不要分得太细，就好像"弗"和"勿"一样，实际上"弗"和"勿"有时候是可以相互取代的，所以没有必要区分得太细。"余小子"是"王"的自称。"肇"是一个虚字。"盭"读为"淑"，《尔雅》："淑，善也。"大家在做古文献特别是商周文献注释的时候，要尽可能地

---

① 李学勤：《西周中期青铜器的重要标尺》，载《新出青铜器研究》，第71-79页，北京：人民美术出版社，2016年。

用《尔雅》。前些年出版的《尔雅诂林》在学者之间还没有得到充分运用，其实《尔雅诂林》是很好的一部书，它把很多前人的说法汇集在一起。传说《尔雅》是周公所作，这当然是不会的，可是《尔雅》是先秦一直到汉初训诂的总集，而且《尔雅》中的训诂主要是针对经的，所以才被称作《尔雅》。尔者，近也，"雅"就是"雅言"，《论语》有"子所雅言，诗书执礼，皆雅言也"。之所以后来《尔雅》能列为"十三经"之一，也就是因为它汇集了先秦时期对经学的注释，我认为《尔雅》这部书应当充分加以利用，注释的时候，能用《尔雅》尽量用《尔雅》，实在不行再用《毛传》或者《说文》。"叀余小子肇盩先王德"即"我以先王之德为善"，就是"我要效法先王之德"。这也就是说"师𩵋"原来就是有官职的，该有的东西都有了，所以下面给的东西也就不多。"哀"从口，衣声，可以读为"衣"，"玄哀"即"玄衣"。"黼"是"花纹"，"纯"是"衣边"，"黼纯"就是"有花纹的衣边"。"赤市"即"红色的遮市"。"朱横"就是"朱色的带子"，"朱"和"赤"还不太一样，"朱"是纯红，"赤"比较接近于黑。"鑾"即"銮"，一般认为是马身上所挂的銮铃。"旂"是指车上插的旗。"雁"读为"膺"，本义是"胸"，"金膺"是马胸前的一种铜饰。上个月我们去山东高青看刚发掘出来的车马坑，马的脸上以及身上有很多铜饰，但这些铜饰的样子与中原的有所不同，因为没有做完，所以我们还不能全面地研究。这种装饰品是有等级的，不能随便用，这里是"大师金膺"，也就是"太师"所用的金膺。因为"师𩵋"本人还不够"太师"的资格，所以"王"给了他一个特许,可以用太师金膺,这就提高了"师酓"的地位,同时也就证明了"师酓"之所以称"师",是和"太师"这个系统有关的。"太师"在文献中通常是和"教育"有关的,而古代的"教育"和"音乐"有一定的关系,所以乐师有时候也与"太师"有关。"攸勒"是马络头一类的皮质零件。一般的册命到这里也就差不多了,可是"师酓"应该是一个有文化的人,所以后面就多讲了一些。

⑤"用井乃圣且(祖)考隓明黎辟前王,事余一人"一句,"井"读为"型",义为"效法"。"隓明"读为"廉明",这个我们已经讲过多次。[①]"黎"读为"令",训为"善"。"辟"在此处理解为"臣事"。"事"义为"侍奉","余一人"是王的自称。从"王曰"到此为止是"王"册命的话,当然"王"册命的话有很多,铭文中只是摘录了其中的一部分。

⑥"酓搽(拜)頿首,休白(伯)大(太)师鬲朏酓臣皇辟"一句,这里最大的问题就是出现了"伯太师",我们可以猜想"伯太师"是"师酓"的右者。金文的册命礼中必须有一个右者,右者就是古书中所谓的"傧",也就是带领被册命者的人。在金文中"伯太师"见过好几次,但这些"伯太师"指的不是同一个人,因为时代不同,有的早,有的晚。"王"赐给"师酓"太师金膺,这说明"师酓"的级别不够"太师",但"王"特许他用,

---

[①] 李学勤:《眉县杨家村新出青铜器研究》,载《中国古代文明研究》,第184-200页,上海:华东师范大学出版社,2009年。

这样看起来,"师酉"应该是太师的下属,"伯太师"的地位应在"师酉"之上。"伯太师"之"伯"应该是"伯仲"之"伯",而非"伯爵"之"伯",因为金文中除了"伯太师"之外,还有"仲太师"。实际上"伯太师"应该是"师酉"的哥哥。"肩"是一个从"尸"声的字,金文中常见"肩使",于豪亮先生认为"肩使"就是《周礼·大行人》中的"夷使"。① "夷使"一词,郑众认为是"四夷之使",这是不对的。郑玄认为"夷"是发声之词,是一个虚字,"夷使"就是"使",这个解释是对的,所以这里的"肩"可读为"夷",是一个虚字。"勘"是从"甚"声的,是一个谈部字,可读为"堪",训为"任","肩勘"即"夷任",也就是"任"。"伯太师肩勘酉臣皇辟"也就是"伯太师任用师酉臣皇辟","师酉"原来并不在太师手下做事,是因为"伯太师"提拔他,所以"王"才给了"师酉"一个任命。

⑦"天子亦弗諆公上父猷德,酉蔑曆,白(伯)大(太)师不自乍(作)"一句,"諆"读为"忘",义为"忘记"。"猷"读为"胡",训为"大","胡德"就是"大德"。"公上父"是"师酉"的祖先。"伯太师不自作"表达了"伯太师"的美德,也就是说"师酉"受到赏赐,但"伯太师"并不引以为功。

⑧"小子夙(夙)夕尃由先且(祖)剌德,用臣皇辟,白(伯)亦克猷由先且(祖)曡,孙子一勘皇辟懿

---

① 于豪亮:《陕西省扶风县强家村出土虢季家族铜器铭文考释》,载《于豪亮学术文存》,第7-24页,北京:中华书局,1985年。

德，用保王身"一句，"小子"是"师嫠"的自称。"凤夕"就是"早晚"。"尃"读为"溥"，义为"广"。"由"义为"遵循"。"剌德"即"烈德"。"皇辟"指"恭王"。"伯亦克歖由先祖毚"一语，"伯"是"伯太师"的省称，"克"训为"能"。"歖"字有几种释法，我的意见是"歖"即"狄"①，"狄"就是"柔远能迩"之"迩"，在此处"歖"读为"弥"，训为"大"，"弥由"和"溥由"的意思相同。"毚"读为"蛊"，训为"事"，"干蛊"就是"干事"。"一"训为"皆"，"朎"即"任"，义为"承受"。"一甚"见于《管子》。"懿德"即"美德"。"保"义为"辅佐"。

⑨ "嫠敢荅王，卑天子䖼年，柬糵白（伯）大（太）师武，臣保天子，用𢼸（厥）剌且（祖）介德"一句，"荅"读为"韇"，义为"赞美"。"卑"读为"俾"，义为"使"。"䖼年"即"万年"。"柬糵"二字非常难读，裘锡圭先生读为"范围"。② "武"义为"脚步"，"范围伯太师武"就是"跟随伯太师的步伐"，也就是"以伯太师为范"。此处的"介"字从"卩"，这一点比较特别，我认为读为"介"更好一些③，"介"训为"大"。这句话中有一些倒装，如果还原一下就可以变成"嫠敢荅王，卑天子䖼年，用𢼸（厥）剌且（祖）介德臣保天子，柬糵白（伯）大（太）师武"。

---

① 李学勤：《师嫠鼎剩义》，载《新出青铜器研究》，第 80-82 页，北京：人民美术出版社，2016 年。
② 裘锡圭：《说"柬糵白大师武"》，载《裘锡圭学术文集·金文及其他古文字卷》，第 18-20 页，上海：复旦大学出版社，2012 年。
③ 李学勤：《师嫠鼎剩义》，载《新出青铜器研究》，第 80-82 页，北京：人民美术出版社，2016 年。

⑩ "訇敢对王休,用妥乍(作)公上父隚于朕考鄣季易父敦宗"一句,"对王休"是"对扬王休"的省称。"妥"即"绥","绥"也可以写作"緌",所以"妥"可以通为"委",义为"属""付""委任"。"隚"后面省了一个"彝"字。"鄣季易父"一词,"鄣"在金文中有两种读法,一种读为"墉",另一种读为"郭",在这篇铭文中"鄣"应该读为"郭","郭"是氏,和封地有关。"季"是排行,"易父"是字,因为"郭季易父"是"师訇"的父亲,所以称字。"敦"读为"达",义为"侧室","宗"是"宗庙"。"于朕考鄣季易父敦宗"义为"在我父亲郭季易父宗庙的侧室"。"公上父"是"师訇"的祖先,我们通常认为由别子分立出来的小宗是不能直接祭祀始祖的,所以"师訇"在祭祀的时候就要放在他父亲"郭季易父"的宗庙中来附带祭祀,至于说是否就是如此,还可以再讨论,因为这里确实不太符合礼制。那么这个"公上父"又是谁呢?其实"公上父"就是"齐太公",楚简中称"齐太公"为"师上父","师上父"在文献中作"师尚父"。

师訇鼎是恭王八年的器物,按照我们所排的金文历谱,恭王共有二十三年。现在我们发现了恭王二十三年的器物,如果再发现一个我们就要改历谱了,可是现在还没有,所以恭王二十三年的这个排法暂时还能维持。文献中讲恭王有二十五年,可如果按照恭王有二十五年来排,那后面懿、孝的器物整个就接不上,所以我们暂时还是认为恭王有二十三年。

师訇鼎是近年来发现的文辞最好的金文之一了,大家要知道,研究金文有两个角度，一个是结合古文字从"史"的角度去研究，还有一个就是从"文"的角度去研究。近代以来很多学者从"文"的角度去研究金文，比较有代表性的就是桐城派出身的那些学者，比如吴汝伦之子吴闿生。吴闿生先生的《吉金文录》是他的弟子于省吾先生给印的，吴闿生和于省吾是桐城派的正宗，于省吾先生自己也著有《双剑誃吉金文选》一书，也是从"文"的角度来研究金文。后来于省吾先生没有再做关于金文文选的工作，我想如果于先生继续做此类工作，师𩛥鼎一定会入选。

师丞钟

师𩛥鼎要与同出的即簋和师丞钟（见图3、图4、图5）一起来读，才能理解得更为深入。强家村的这批器物中，师丞钟是最晚的，所以我们先来读师丞钟，读完师丞钟大家就知道这几件器物的关系了，然后我们再谈其他的相关器物。

图3　师丞钟　　图4　师丞钟钲部拓本　　图5　师丞钟左鼓部拓本

师丞钟释文：
师丞庫（肇）乍（作）朕剌且（祖）虢季、宽公、
幽弔（叔）、朕皇考德弔（叔）大酱
钟①，用喜侃前文人，用蘄屯（纯）
鲁永令（命），用匄釁（眉）壽（寿）无彊（疆）②，师
丞其万年
永宝用言。

①"师丞庫（肇）乍（作）朕剌且（祖）虢季、宽公、幽弔（叔）、朕皇考德弔（叔）大酱钟"一句，"丞"字，有人读为"奥"，我认为读为"奥"不大合理，因为"丞"字中间是从"人"的，所以还是读"丞"为好。"宽"是金文中常见的谥法，就是"宣"字，"宣"作为谥法见于《史记》。"酱钟"也就是古书中的"林钟"，义同于"编钟"。

②"用喜侃前文人，用蘄屯（纯）鲁永令（命），用匄釁（眉）壽（寿）无彊（疆）"一句，"侃"也有"喜"的意思，即"取悦于"。"前文人"指的是"祖先"。"蘄"读为"祈"，训为"求"。"匄"即"丐"，义为"祈求"。

师丞钟是这个家族中最晚的一件青铜器，要注意这件器物中的"虢季"，我认为这个"虢季"就是师酉鼎中的"郭季"，"虢"和"郭"是通用的，《春秋》经传中有"郭公"，"郭"亦作"虢"。难点也就在这里，因为大家看到"虢公"就会想到"东虢"和"西虢"，我过去也这样想，并且还想到"虢叔"是"武王"之师，所以这一家都是"师"。①现在看起来这个想法不对，师丞钟里面的

---
① 李学勤：《西周青铜器的重要标尺》，载《新出青铜器研究》，第 71-79 页，北京：人民美术出版社，2016 年。

"虢季"实际上应该写成"郭季",写为"虢"只是一个假借字,和"东虢""西虢"没关系,更不是其他的什么"虢",不管师丞钟里用"虢"还是"郭",与文王的兄弟"虢仲""虢叔"都没有关系。

"师丞"的世系如下(见图6):

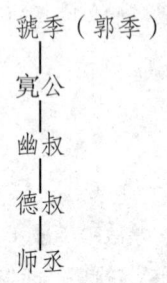

虢季(郭季)

寏公

幽叔

德叔

师丞

图6 师丞世系图

即簋

即簋(见图7、图8)和师虢鼎同出,是同一个家族的器物。即簋是一个全瓦纹双耳垂环簋,器形与师虎簋相似,时代为西周中期后段。

图7 即簋

图8 即簋拓本

即簋释文：

隹（惟）王三月初吉庚申，王才（在）
康宫，各大（太）室，定白（伯）入，右即①。
王乎令女（汝）赤市、朱黄、玄衣、
黹屯（纯）、䜌旂②，曰："嗣琱宫人虣、
膳，用事。"③即敢对䞣（扬）天子不（丕）
显休，用乍（作）朕文考幽弔（叔）宝
𣪕④，即其万年子=孙=永宝用。

① "隹（惟）王三月初吉庚申，王才（在）康宫，各大（太）室，定白（伯）入，右即"一句，"康宫"是"康王之庙"。"各"读为"格"，训为"至"。"太室"是宗庙中的主室。"定伯"是一个卿士之官，"裘卫"的那批器物中也有"定伯"，至于说"裘卫"诸器中的"定伯"和即簋中的"定伯"是否为同一人，还可以考虑，但是如果二者为一人，在时间上可能长了一点。

② "王乎令女（汝）赤市、朱黄、玄衣、黹屯（纯）、䜌旂"一句，王呼的是史官，即太史、内史、尹氏一类的官。"王乎令女"既像"王"的话，又不太像"王"的话，这是因为古汉语有时候在逻辑上不是那么严谨，大家对此也不必苛求。这些赏赐的物品在师𩛥鼎中大部分都有，可见这个家族世代所担任的官职都差不多，只不过有的官职高一些，有的官职低一些。

③ "嗣琱宫人虣、膳，用事"一句，"琱"可以读为"雕"，在这里我们还是读为"周"，指的是"岐周"。"虣"到了唐代还有这种写法，是"赞"之本字。"膳"见于觞

姬簋,是一个嫘姓少数民族,嫘姓是很少的。大家要知道,在周代的时候,姓是很少的,有些是古书中没有的,但在金文中有,比如嫘姓。可是有些是古书中有的,金文中也有,只是大家没有认出来,比如"妠"姓,"妠"实际上应该是"飒","几"是"凡"的讹变,而"风"就是从"凡"的,宿国就是飒姓,是"太昊"之后。所以金文中的姓不见于古书的是很少的,但"嫘"是其中之一。"宫人"是宫中的侍卫,"虢"和"膴"是守卫王宫的少数民族的族称,这是见于《周礼·师氏》的,因为"师氏"有一个职责就是"掌四夷之隶"。"王"让"即"来管理"瑚宫人虢、膴",所以"即"也应该是"师"。

④ "用乍(作)朕文考幽弔(叔)宝毁"一句,"即"的文考是"幽叔",所以"即"本人就是师丞钟里的"德叔"。

· 2010 年上半年第十一次课 ·

师望壶、师望鼎、师𥂴钟、姬寏母豆、内史亳同

师望壶

青铜器之间的联系、组合是研究青铜器的一个重要方面，宋代以来，青铜器的研究多是以个体为对象，也就是一件一件单独地进行研究。到了晚清以后，才有人试着去把青铜器组合起来进行研究，而大规模地进行则要到现代。陈梦家先生给这种研究起了一个名字，叫做"系联"，这个提法现在很流行。大家要知道，青铜器之间的系联横着进行比较容易，同一时期或者是同一时代的器物里面有共同的事件、人物、称谓等因素，把这些器物按照这些因素横着联系起来，就能找出其中的一些关系。这个比较容易做，特别是同一个人的器物，有时是成群同出的，有的虽然不是发掘品，我们也能找到一些线索，但这样做并不能解决分期的问题。所以长期以来，我们希望能够找到可以纵着排起来的同一个家族的器物，如果能找到一些这样的器物，那我们研究分期就方便多了。可是这样做是相当难的，实际上能够纵着排起来的例子相当少，所以我们讲到西周中期青铜器的时候就特别选了庄白一号窖藏，因为这是目前为止最好的一批可以纵着排列的器物，

大家可以去看一下尹盛平编的《微氏家族青铜器研究》，如果大家仔细去看，就会对青铜器纵着排列的理解更为深刻。

除了扶风庄白的这一批，强家村的器物是可以纵着排列的第二批，但是强家村的这一批器物没有庄白的多，但好在强家村的这批东西还和其他的器物有些关系，可即使是像强家村这样的材料也很难找。近些年来我们又发现了一批很好的材料，这就是晋侯墓地。我们现在可以知道，晋侯墓地的墓葬是可以从晋国的第二代"晋侯燮父"一直排下来的，按我个人的意见，一直可以排到"殇叔"为止。可惜的是这个墓地中有几个墓被盗了，其中就有时代最早的"晋侯燮父"的墓，也就是 M113 和 M114，这是不可挽回的损失，因为以后恐怕很难再找到同样的墓地，可是我们也没有办法。虽然如此，我们还是可以把晋侯墓地的青铜器排起来。尽管晋国和西周王朝的关系相当密切，但晋国毕竟是一个地方诸侯国，有些地方和宗周、成周的器物还是有所区别，这一点是不可避免的。因此在王朝的铜器里面，能够纵着排列的器物，庄白一号和强家村的还是特别好的，我们希望还能发现类似的器物。

上一次我们讲了师𩵦鼎、即簋和师丞钟，由这三篇铭文，我们可以得出这个家族的世系如下：

公上父— 虢季（郭季）— 师𩵦……即 — 师丞

大家认为省略号的部分可能连不上，但是陕西的学者指出有两件器物正好可以补进去，这就是师望鼎和师望壶，因为师望壶比较简单，所以我们先来介绍师望壶。

师望壶（见图1、图2）是一个波带纹的壶，壶盖已经没有了，现在只有器身还在。这是一个很漂亮的壶，而且相当大。

图 1 师望壶

图 2 师望壶拓本

师望壶释文：

    大（太）师小子师
    望乍（作）宝壶，
    其万年子
    孙=（孙孙）永宝用。

这个铭文很简单，但是大家要注意，师望壶开头自称"太师小子"，实际上这个家族自"师訇"以下，历代都与"太师"有关。

师望鼎

师望鼎（见图3、图4）是很有名的一件青铜器，是在晚清的时候出现的，相传师望鼎是左宗棠在收复新疆时发现的，不过这件器物不会是新疆出土的，应该是左宗棠在收复新疆的过程中得到的。这件鼎后来又流传了好几家，最后归于上海的陈仁涛，在此之前师望鼎的拓片就已经有所著录，但都没有照片，照片最早刊在陈仁涛所著的《金匮论古初集》中。《金匮论古初集》是香港二十世纪五十年代出版的,当时香港出版的书能够在内地买到的是很少的,除了《金匮论古初集》之外,还有饶宗颐先生编的《日本所见甲骨录》,是港大出版的《东方文化》的抽印本,还有就是《巴黎所见甲骨录》,也是饶先生编的。

图3　师望鼎　　　　图4　师望鼎拓本

师望鼎释文:

大(太)师小子师望①曰:"不(丕)显皇

考宪公,穆=克盟氒(厥)心,悊

氒(厥)德,用辟于先王,㝬屯

亡敃②。望肇帅井皇考,虔

夙(夙)夜,出内王令,不敢不

分不𡢃③。王用弗䚄圣人

之后,多蔑曆,易(锡)休④。"望

敢对扬天子不(丕)显鲁休,用

乍朕皇考宪公䵼鼎,师

望其万年子=孙=永宝用。

① "大(太)师小子师望"一句,"小子"在这里是"僚属"之义,"太师小子师望"也就是"太师的下属师望"。"小子"为"僚属"之义这一点,杨树达先生在《积微居金文说》中有详细考证①,"师望"和"师承"一样,都是"太师小子",而且他们家族世代都是如此,这就是周代"世官"制度的反映。当然"世官"不是必然的,但在周代十分普遍,尤其是带有专业性质的一些官职常常如此。"师"就是这样,"师望"的官职在"太师小子"的范围之内,但他自己称为"师",这种意义的"师"只是一种称号。这里要声明一下,并不是所有的"师"都是称号,但"师望"之"师"确实是称号。这篇铭文以器主的姓名开头,这种情况在金文中是很常见的。

② "不(丕)显皇考宖公,穆=克盟氒(厥)心,惠氒(厥)德,用辟于先王,雩屯亡敃"一句,"宖"就是"宫","宖"是一个合音字,"九"也是声符,这一点过去有人讨论过。"宫"是一个谥号,可如果大家查《逸周书》的《谥法》和《史记》书后所附的《谥法解》,就会发现里面并没有"宫"这个谥号。但是如果大家去查《史记》的《世家》,就会发现里面有好几个以"宫"为谥号的例子,所以"宫"是一个谥号,不过在古书中漏掉了。过去我在这个问题上太过拘泥,我在写文章讲秦怀后石磬中"厥益曰义"的时候②,认为谥法中没有"义",这就太拘泥于古书了,古书中虽然没有,但在现实中用

---

① 杨树达:《师望鼎跋》,载《积微居金文说》,第131-132页,上海:上海古籍出版社,2007年。
② 李学勤:《秦怀后磬研究》,载《中国古代文明研究》,第237-242页,上海:华东师范大学出版社,2009年。

作谥号的例子还是有的。"克"训为"能"。"盟"读为"明","明心"在古书中见过多次,但总是有人不相信琉璃河出土的克盉、克罍中的"明心","明心"在古书中也有,如果大家有兴趣可以专门就此写一篇文章。"愍"字,近年从楚简上得知可读为"慎","慎德"亦见于《尚书》。"明厥心"和"慎厥德"所用的代词都是"厥",用"厥"是比较古的,到了东周以后,用"厥"的地方多改为用"其"。"辟"有两个意思,一个是"君主",另一个是"臣事","用辟于先王"之"辟"理解为"臣事"。"曷屯"在金文中见过多次,但没有人能够给出一个好的解释,因为这个词太常见了,所以还是应该从文献中找到与之对应的例子。"昏"读为"昏","亡昏"即"无昏"。

③"望肇帅井皇考,虔夙(夙)夜,出内王令,不敢不分不妻"一句,"肇"是一个虚字,"帅"读为"率",义为"遵循","井"读为"型",义为"效法","肇帅井皇考"即"遵循效法皇考",而"皇考"指的就是上文的"宽公"。"虔"训为"敬","夙夜"指"早晚"。"内"读为"纳","出内王令"即"出纳王命",这个词在文献和金文中见过多次,所谓"出纳王命"就是对外传递,对内报告。"分"多数学者读为"宾",训为"敬",甲骨文中的"王宾岁"就是"王敬岁"。"妻"即"画",训为"正","不敢不分不妻"就是"不敢不敬不正"。甲骨文中的"洀"即"潚",也就是"潚水"。

④"王用弗鬯圣人之后,多蔑曆,易(锡)休"一句,"用"义为"因此"。"鬯"就是"忘",金文中的"忘"均用"鬯"来假借,"弗鬯"就是"没有忘记"。在金文中用"圣人"的情况并不多见,这是一个很突出的例子。大

家要知道,古文献里的"圣人"和孔子当"圣人"之后的"圣人"不同,孔子当了圣人之后,很长一段时间内只有孔子才能称"圣",后来孟子也可以称"亚圣"。在这以前"圣人"的意思没有这么郑重,但也是一个非常崇高的说法。这里的"圣人"指的应该就是"师尚父",也就是"姜太公"。相传《六韬》为"太公"所作,但应该不是"太公"本人作的,但《六韬》是先秦时代的书,这是没问题的。

这篇文章的用词非常好,字写得也好,写得也很顺,并不是所有的金文都能写得如此之顺。

师丞钟开头有"师丞肇作朕剌祖虢季、宽公、幽叔,朕皇考德叔大酓钟"一语,就可以看出这个家族的世系,因为师望的父亲是"宽公",所以"幽叔"就是"师望",这不是我的发明,是陕西学者讨论的时候提到的。①

该家族世系如下(见图5):

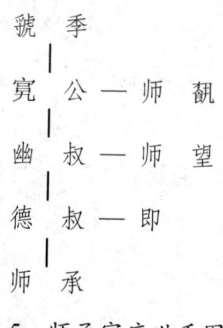

图5 师丞家庭世系图

如果从青铜器本身来看,"师承"的器物是西周晚期的,"师

---

① 吴镇烽、雒忠如:《陕西省扶风县强家村出土的西周铜器》,《文物》1975年第8期。

望"的器物是西周晚期早段,最早也是西周中晚期之间,师虎鼎的时间是恭王八年,所以"恭王"往下的"懿""孝""夷"这三代的时间一定很短,这一点是跟我们以前讨论的"史墙"家族的器物是一样的。"史墙"的儿子"癞"厉王十几年的时候还在世,所以从各方面来看,"懿""孝""夷"这三代王在位的时间加起来也不会很长,这也与《西周金文历谱》中的推断相符。也许是我们把这三个王在位的时间看得有些短了,我们认为这三个王在位的时间一共只有二十二年。

除了这些器物之外,与强家村的这批器物相关的还有师丞钟。

师丞钟

师丞钟(见图6、图7),1992年在陕西扶风召公乡东南的巨良海家村出土,当时巨良海家村出土了一批青铜器,这批器物里有两个钟,一大一小,是套在一起的,比较大的那个就是师丞钟。师丞钟是一件西周晚期的器物,但这个钟有残损,应该是埋藏的时候就已经损坏了。虽然这个钟有残损,但还是可以看到铭文,铭文在中间的钲部,发表在《文物》1994年第2期。这里附带说一下,虽然扶风有召公乡,但我们不敢说"召公"一定封在这里,因为按古书里讲,召公封在召亭,召亭不一定在今天的召公乡。

师丞钟释文:

师丞自乍(作)朕皇且(祖)大(太)公、章公、
虎公、鲁中(仲)、害(宪)白(伯)、考公,
朕剌考静【公】宝龢钟,用喜侃前
【文人】……韇永令义孙子……。

图6　师盉钟　　　　　图7　师盉钟拓本

作器者是"师盉",他也是"师",而且钟铭的格式和上面几件器物也很相似。"㦽"字,从止,从丮,"丮"可以理解为"邦"或"封",所以"㦽"就相当于"𢒈",也就是"蘁",因为"㦽"和"献"都是月部字,所以"㦽"可读为"献",在这里是一个谥号。"鲁中"之"鲁"也是一个谥号,也有可能是一个地名,但在这里作为地名,一定不是"鲁国"之"鲁"。

师盉钟发表了之后,刘雨先生就写了一篇《师盉钟和姬奭母豆》的文章,发表在《古文字研究》第二十六辑。[1]刘雨先生

---

[1]　刘雨:《师盉钟和姬奭母豆》,载《古文字研究》第二十六辑,第165-171页,北京:中华书局,2006年。

指出在宋朝的书中有一件东西是和师寰钟直接联系的，就是姬寏母豆。

姬寏母豆

姬寏母豆（见图8、图9）著录在《考古图》卷五，薛尚功《历代钟鼎彝器款识法帖》上也有记载。这两本书的记载是一致的，因为薛尚功也没有见过这件东西，是从《考古图》上翻刻来的。据《考古图》上讲，这件豆是有盖的，但图上却没有盖。豆的腹上是窃曲纹，但画得不是很清楚，足上是波带纹和雷纹。刘先生认为这件豆与"曹国"有关，我不大同意，其实《考古图》已经说了

图8 姬寏母豆

图9 姬寏母豆摹本

这是一件齐豆，之所以吕大临这样认为，是因为看见铭文中有"太公"。

姬寏母豆释文：

> 姬寏母乍（作）大（太）公、荁公、【靬】公、鲁中（仲）、㝬白（伯）、孝公、静公豆，用旛䵎（眉）壽（寿）、永命、多福，永宝用。

"姬寏母"的"寏"即"垣"之古文，"寏母"是字，"姬"是姓。"寏"是个好词，妇女的字一般都是好词，比如"妇好"，字"巧母"，"好"和"巧"互训，这就好像今天说的"刘巧儿"一样。"㝬白"应该就是师㝬钟中的"宪伯"，可能是描的时候不太清楚这是个什么字，所以就没描明白，但是下面的"目"还在。"靬公"的"靬"字原缺，是我们根据师㝬钟补的。

大家要注意一点，我们不能由"姬寏母"推出"师㝬"也是姬姓的，因为没有女儿来祭祀历代祖先的，"姬寏母"应该是一个夫人，而非女儿，因为她已经有字了，有字就说明她已经嫁人。夫人单独作一件器已经很不容易了，所以这是很特别的。古时同姓不婚，因为"姬寏母"是姬姓，所以反过来也就证明"师㝬"不是姬姓。我们猜想"姬寏母"是"静公"的妻子，此时"静公"已死，她的地位类似于后来的"太后"，从铭文来看"姬寏母"的口气很大，所以她在当时可能掌权。

《考古图》中记载了蔡博士的话，蔡博士云："按《齐世家》言，太公之卒百有余年，子丁公吕伋始立。如荁公以下三世至孝公始见于史，自吕伋十四世矣，余文不可考，然知为齐豆无疑。"

蔡博士认为铭文中的"孝公"是春秋时期的"齐孝公",所以有"自吕伋十四世",这个理解是不对的,但他认为这是齐豆是没有问题的。

西周时期并不是所有的人都能称"太",西周时期能够称"太"的都是具体的某一个人,比如"太姒""太姜",还有"太姬","太姬"是武王的女儿,后来嫁给了"陈胡公"。在整个西周文献里,能称为"太公"的只有一个,那就是"齐太公",也就是"太公望"。齐国五世皆反葬于周,这说明齐和周的关系是非常密切的,我们猜想"太公"应有后裔在朝为官,这一点和周、召一样。周初的时候,与王朝关系密切的人,比如姬、姜二姓,一部分被封在外面,还有一部分则在朝为官,鲁、燕皆是如此,鲁国如此是大家都知道的,实际上燕国也是如此,这一点已经从金文中得到了明确的证明。

姬寏母豆中的"郭公"应该是"太公"的一个儿子,但"郭公"和"郭季"是否为同一个人还可以讨论,但不管怎么说都是"齐太公"的后人,被封在郭地,留在了朝中,后来就一代一代地传下来了。由此来看,"郭公"和"虢仲""虢叔"没有关系,因为"虢仲"和"虢叔"是文王的弟弟。但不管"郭公"和"郭季"是否为同一个人,二人都不可能是长房,因为长房是"丁公吕伋"。这种亲缘关系,五世之后也就没什么关系了,中国的"五服"之制是古已有之的,这一点大家看甲骨文就可以知道,甲骨文中也只是追祭五代,从礼制上来说,出了"五服",亲缘关系也就远了。现在我们已经不讲这些了,但台湾地区的《六法全书》中还有,而且一开头就是五服图。

如果我们把这两批东西结合起来,就会有一个很好的世系图(见图10):

图 10 世系图

"太公"是"文""武""成"时期的人,"成王"去世时,是"丁公吕伋"在"成王"身旁,这时"太公"已经去世了,所以"太公"可以到"成王"。那么我们设想"郭公"和"郭季"是"成""康""昭"时代的人,剩下的可依次类推。这里有一点需要注意,因为师毇鼎是恭王八年时器,所以"郭季"不会再降一代。如果从"成王"时代算起,王世是九代,"师寰"一脉是八代,"师承"一脉是六代,并且"懿""孝""夷"在位的时间很短,如果"师承"家族每一代活的时间都比较长,这个排法还是在可以接受范围之内的。

内史亳同

《考古与文物》2010 年第 2 期发表了一件铜器(见图 11、图 12),

陕西考古研究院的吴镇烽先生和王占奎先生写了文章。①这件铜器是 2009 年 8 月份吴镇烽先生去西安鉴定青铜器时所见,是一件私家藏品,传说是从山西来的,但这一点大家也不要太过相信,因为古董商的话大部分都不太可信。

图 11　内史亳同　　　　图 12　内史亳同拓本

这是一件周初的觚,这个觚的样子很普通,并没有什么特别。它的形制、纹饰与庄白一号中的两个觚完全一致,在足部都有鸟纹,庄白一号的觚鸟眼睛是凹下去的,但这件觚的鸟眼睛上镶了绿松石。西周的青铜器上镶绿松石的情况,过去我们没有见过,但在商代是很多的。至于说这个觚上的绿松石是否为原有的,我们还没有见过原器,所以不好说。我讲实话,即使看到原器也没

---

① 吴镇烽:《内史亳丰同的初步研究》,《考古与文物》2010 年第 2 期;王占奎:《读金随札——内史亳同》,《考古与文物》2010 年第 2 期。

法鉴定,因为绿松石本身是没法鉴定的,只是把绿松石黏在了铜器上,又怎么能知道是原来黏的,还是后来黏的?除非去鉴定镶嵌绿松石的黏合物,看看黏合物的成分究竟是古代的还是现代的,可是这个现在恐怕也很难做到,所以究竟如何也就很难讲,我个人对这一点表示存疑。不过1931年在浚县辛村所出的铜器中有一件镶了一个贝壳,梅原末治曾经看到过这件东西,梅原末治认为贝壳是后加的。这件东西我在美国也看过,而且还用放大镜特别观察,我认为贝壳不是后加的,因为上面的锈迹不会假。由此来看,西周初期还是有镶嵌技术的,这种技术在漆器上很多。带有镶嵌的漆器在琉璃河出土了很多,尤其是商代很多铜器都有镶嵌,所以这种东西一直到西周还有,也是很可能的,我们不能简单地否定,所以还是存疑为好。如果不考虑这一点,这件铜器是没有问题的。

这件觚的字特别多,大家要知道,觚上面一般没有多少字,因为觚的外面是不能作铭文的,像这种满花的觚更是如此。觚的铭文一般都是在圈足的里面,因为圈足一般不大,而且里面是很粗糙的,所以铭文的范也不会太好,但是这件觚有不错的铭文。

内史亳同释文:

成王易(锡)内

史亳豐[①],襗[②]。

弗敢虞[③],乍(作)

襗同[④]。

[①]"成王易(锡)内史亳豐"一句,过去有人主张周王有"生称谥法",近些年经过学者的反复讨论,现在很少有人还认同这个观点。这里的出现了"成王",我们

推想这件铜器应该是成王去世后不久补作的，铭文讲的是过去的事，但这件铜器作成的时候，"成王"已经去世了，所以铭文中会有"成王"。这种情况在文献中也有，比如《书·酒诰》有"成王若曰"，所以《酒诰》也应该是成王去世后所作。吴镇烽先生认为"亳豊"是一个名字，王占奎先生认为"亳"是一个名字，我认同王占奎先生的说法，"亳"是人名，"内史"是官名。"豊"字，过去我们讲天亡簋的时候，给大家讲过"豊"和"豐"的区别，这篇铭文中的"▨"字就是"豊"，这是没有问题的，此处读为"醴"，是一种甜酒。

② "祼"字，多年以来都没有一个很固定的读法，最近几年这个字的读法就比较集中了，多数人都读为"祼"，古书中通为"灌"。"祼"是古代的一种礼，由于场合不同，也就有两种不同的解释。一种与"祭神"有关，也就是《论语》中所说的"禘，自既灌而往者"之"灌"。"祭神"的时候是用"尸"来代表神的，所以祭祀的酒是让"尸"来饮用的，但"尸"只是及齿，并不喝下去，而是把酒倒在地上，有些时候会倒在茅上，这就表示酒是神喝了。"祼"的另一种意思就比较普通了，是指"王"对大臣的赏赐，也就是"王"赏赐给大臣一杯酒喝，这篇铭文中的"祼"也就是这个意思，是"成王"给他的"内史"一个赏赐。"内史"并不是一个很大的官，大家不要把这件事想得那么复杂。"王"赏赐给他的"内史"一杯甜酒，然后"内史"就喝下去了，这是真喝的。有关的问题，在礼书上有种种争论，但总的来说就是上面的这两种，前一种解释在金文中就有，见于小盂鼎，

但小盂鼎残得太多了,有些地方我们看得也不是太清楚。后面的一种解释在金文中比较多,我举一些例子,大家就会理解得更深入。比如史兽鼎"尹令史兽立工于成周,十又一月癸未,史兽献工于尹,咸献工,尹赏史兽靦,易(锡)方鼎一、爵一……"。"尹"等于说"公",应该是"卿士"之官。"立"读为"莅",义为"检查"。"工"即"工事",具体是什么不得而知,可能是修城,也可能是修宫殿。"十又一月癸未,史兽献工于尹",也就是在十一月癸未那天,"史兽"来报告,现在也经常有这种事,工程完工之后,就会派一个人去验收,验收完之后就要来报告。"咸"义为"既","咸献工"也就是"既献工"。之后"尹"就给了"史兽"赏赐,除了"祼"之外,还有一个方鼎和一个爵。大家要注意,这里赏赐给"史兽"的是具体的一件事,就是"祼",但"祼"并不是一件具体的器物,因为下面有"易(锡)方鼎一、爵一"。实际上也就是让"史兽"喝鬯酒,这是赏赐下属的一种礼仪,而且"赏"和"赐"是分开的,当时应该是举行了一个宴会,在宴会的过程中,让"史兽"喝了一杯酒,之后又赐了两件铜器让他拿回家去了。再比如鄂侯驭方鼎"王南征,伐角、僪,唯还自征,才坏,噩侯驭方内豊于王,乃卿(祼)之,驭方䐁王,王休宴,乃射,驭方卿王射,驭方休阑王宴,咸畲,王寴易(锡)驭方玉五瑴……"。这是讲周厉王南征归来,在"坏"这个地方,鄂侯驭方"内豊于王",唐兰先生认为"豊"是"壶"[①],但也没关系,

---

[①] 唐兰:《西周青铜器铭文分代史征》,第404页,北京:中华书局,1986年。

实际上"醴"就是"醪糟"。"鄂"是一个很大的国,在今天的湖北北部,鄂侯的墓葬也在随县,这个地方专门出醴酒,到现在也是如此。随县擂鼓墩出的冰鉴就是装醪糟用的,因为醪糟非常容易坏,要是不冰镇,夏天很容易酸。"鄂侯"纳醴之后,就举行了祼礼,也就是"王"赏赐"鄂侯",让他喝酒,酒虽然是"鄂侯"的,但"王"举行仪式,让"鄂侯"喝,那是很了不起的事。"驭方酢王"也就是"驭方"回敬给"王",这也是一个很大的恩宠。从这里就可以看出"驭方"一定是喝酒了,要不哪有"王"喝两杯的道理呢。"王休宴,乃射","休"义为"止",就是宴会举行到一半,"王"很高兴,于是就暂停了宴会,开始射箭。"驭方卿王射","卿"读为"会",也就是"驭方"和"王"一起射箭。最后等到宴会结束,都喝完酒了,"王"就赐给了"驭方"一些东西。从这里就能看出来"祼"也是"赐酒给臣子喝"。除此之外,还有庚嬴鼎,"庚嬴"是一个女官,鼎铭曰"隹(惟)廿又二年三(四)月既望己酉,王卻琱宫,卒事,丁巳,王蔑庚嬴曆,易(锡)鬯(祼),靭贝十朋,对王休,用乍(作)宝鼎"。这里的"二十二年"过去多认为是康王二十二年,但这个历日和大、小盂鼎还有新出的覚公簋都配不上,应该是摹本有误,但究竟是怎么错的,就很难讲了。"卻"是与祭祀有关的一个字。"琱"就是"周",指的是"周原"。丁巳那天,"王"赐给"庚嬴"一杯酒喝。"靭"字,近年来一些学者读为"赣",也就是"贡",义为"赐",实际上"子贡"的"贡"在楚简中就写作"赣"。从庚嬴鼎来看,所赐的"祼"和所赏的"贝"也是分开的。可是有的时候会把二者混起来,例如荣簋,簋铭"隹(惟)正月甲申,荣各(格),王休,易(赐)乓臣父荣瓚,王霁(祼)贝百朋,对扬天子休,用作宝障彝"。"荣"是一个大臣,在大盂鼎中也有,从荣簋的内容来看,"荣"的地位很高。"瓚"就相当于"瓉",是一种礼器。类似的铭文还有不少,这样我们就能够读懂觚上的铭文了。

③"弗敢虒"一句,"虒"读为"弛",《谷梁传·襄公二十四年》训"弛"为"废","弗敢虒"即"不敢废"。

④"乍(作)禋同"一句,这里的"㝬"字是很特别的,下面的两个点是"金"字的初文,甲骨文中的"金"字就是这么写的,所以说甲骨文中没有"金"字是不对的,甲骨文中的"黄",就是"黄金",所以"㝬"字就相当于"铜"。"同"作为器名,特别是祼时所用之"同",见于《书·顾命》,而且《顾命》的某些本子就写作"铜"。关于这一点,大家可以回去看一下王国维先生的《观堂集林》,里面有一篇《同瑁说》。① 《说文》的大徐注认为"同"是一种爵杯,在这篇铭文中是"祼同",也就是"祼"的时候所用的一种器皿,这是第一次发现。大家要知道,《顾命》中的"同",谁也讲不明白,公认最好的说法就是王国维先生的说法,可是王先生还是没有说清楚"同"是怎么回事。现在大家可能就会提出一个问题,即"铜"是否就是"觚"。吴镇烽和王占奎先生都认为"铜"就是"觚",但这一点我们今天还不能百分之百论定。我有一

---

① 王国维:《书顾命同瑁说》,载《观堂集林》,第68-70页,北京:中华书局,1959年。

种猜想，古人在作器物的时候，常常把相配合的放在一起，比如说"盘"和"盉"，盘上可以叫"盉"，盉上可以叫"盘"。这种例子很多，"盘"和"匜"也是一样，而"爵"和"斝"也是相配合的，所以"铜"可能还是"爵"的名称，至于说这个说法正确与否，大家还可以继续讨论。

· 2010 年上半年第十二次课 ·

曶鼎（上）

曶鼎是我们发现的所有西周金文中最不好讲的，这并不是因为它的文辞特别古奥，而是因为它的内容不太容易理解。曶鼎的铭文有三大段，每一段的铭文还各有不同，过去很多学者对此做过探讨。人们对曶鼎的理解逐步深入，这是前辈学者的贡献，但是现在对曶鼎的理解还是有一些障碍。

曶鼎的拓本存世的有不少，但是原器没有了。大家要知道，赵宋古器能流传到今天的是很少的，其中很重要的一件就是兮甲盘，可是兮甲盘在民国时期莫名其妙地就不见了，到现在也不知道兮甲盘的真器究竟在哪里。现在有两件兮甲盘存在，一件在香港中文大学，另一件在日本东京的书道博物馆，这两件都不可靠。但是容庚先生的《商周彝器通考》中还有兮甲盘的器形照片，既然有照片，说明至少在清末民初的时候还存在，可是在此之后，这件东西就不存在了。兮甲盘是非常重要的，比它更为重要的还有两件，也是清朝以来逐渐流散了，一件是我们讲过的小盂鼎，再有一件就是曶鼎。

曶鼎是清代中叶毕沅当陕西巡抚的时候得到的。毕沅，字秋帆,是一个很有名的学者,他在很多方面都很有贡献,特别是在《墨子》方面,孙诒让的《墨子间诂》很重要,但在此以前,研究《墨子》最好的就是毕秋帆。毕沅是当时的著名人士,学问也不错,对陕西也很有贡献,不知道大家是否看过《品花宝鉴》,《品花宝鉴》中的"田春航"实际上就是毕秋帆。

曶鼎最早发表在阮元的《积古斋钟鼎彝器款识》上,是一个刻本,虽然是刻本,但刻得还是不错的。从阮元的书中,我们能够了解到阮元本人是没有见过这件东西的,可是他引到了这件东西的形制。书中说曶鼎是款足,上有牛首,高二尺。按照清朝的营造尺来讲,"高二尺"还是不小的,应该有六十多厘米的样子。"款足"就是"空足",但是这里我们要强调一下,西周中期是不会有像二里岗时期那样只有足跟的大款足出现的,阮元所谓的"款足",我想应该说的是鼎足里面是空的,而比较大的鼎常常如此,但清朝人不太知道这种情况;可能就是一个蹄足,足上中空,并有一个牛首的形状,这种情况是完全可能的。因为阮元没有谈到其他的形制,所以曶鼎一定不是一个满花的鼎,如果鼎腹上是满花的,阮元不可能没有一点形容,估计鼎腹上只有弦纹,或者是只有简单的花纹。我们对曶鼎所能做的推测,目前也就只有这么多了。

尤为可惜的是曶鼎的原器最后失传了,可是拓本还留下不少,这些拓本有"已剔"和"未剔"之别,不过必须指出当时人在剔的时候是有些问题的。所谓"剔"是一种去锈的方式,就是用金属制作的锋刃把字口上的锈迹除掉。这种纯粹的、物理的、机械的除锈方法在当时是比较多的,因为当时的人不懂得怎么样用一些化学的方法来做。这种去锈的方法在今天是绝对不允许的,可是当时还是很流行的,而且"剔"的时候还有很多讲究,比如究竟怎样剔好，怎样剔不好，等等。其实我觉得无所谓剔得好与不好，只要能把锈去了就是好。所以大家看拓本的时候就会发现已剔本和未剔本在某些字的字口上有些不同，继而也就产生了一些问题，这也是没有办法的事情。因为曶鼎的拓本有不少存世，所以过去有《曶鼎拓本八种集存》一书，今年听说上海就影印过这本书，可是我自己没有看见，我手里也没有这本书，所以很抱歉不能给大家介绍。

曶鼎很大的一个特点就是它的铭文不是像大盂鼎和毛公鼎铭文那样是从中间分开的，也就是说，曶鼎的铭文不是用两块带铭文的范铸成的。从拓本来看，曶鼎的铭文整体上是比较平的，因此我们就可以猜测原器是平底，这也正符合西周中期铜器的特征，因为五祀卫鼎、九年卫鼎的底也是比较平的。比较奇怪的就是这件东西怎么会没有了，具体的情况也不太清楚。"文革"时在苏州发掘了毕沅的墓，里面有一些随葬品，其中就有一些小件的铜器，还有一些不错的玉器，这些东西现在都在国博。不只是毕沅的墓，就连毕沅那几个如夫人的墓也都发掘了，墓中就是没有曶鼎，所以曶鼎的流传经过不详，有一些不同的说法，但这些问题我们就不在这里细谈了。

大家如果看拓本还能发现一件事，就是上半段铭文的下面缺了很多，后半段铭文虽然缺得少了一些，可有些字还是不全。这应该是到了鼎折边的地方，而折边的地方在铸造的时候可能就有些毛病，所以铭文就会有一些问题。这种现象在后来出现的一些器物中也不少见，可能是在铸造的时候就损坏了，也有可能是在地下埋藏的时候损坏的，现在我们看不到曶鼎的原器了，也就不好做判断。鼎铭上所缺的部分，有些是可补的，有些是不可补的，对于不可补的这些地方，我们也只能是阙疑。

这个鼎还有一点大家要特别注意，就是这个鼎上面一共有三段话，实际上是三个铭文，这种现象迄今为止还只有这一件。而且铭文中所记的肯定不是同一年的事，第一段写的是"元年六月"的事，第二段是"惟王四月"，并且"惟王四月"的干支和"元年六月"的干支是不调和的。根据我们现在所掌握的西周历法知识，我们可以知道整个西周的闰月都是放在年末的，根据这个知识来推论，这两个事情是不能放在同一年的。如果一定要放在一年，那中间就要加一个闰月，可是这个闰月加不进去，因为不在年末，所以这样说起来，这两件事情不是在同一年。最后一段是"昔馑岁"，也就是"过去饥荒的那一年"，也就是说这和以上两件事明显不在一年，而且可能是相当早的事情。这里就给我们一个知识，就是铭文的铸造时间和铭文的内容不是同时的，当然二者不会距离太大，可一定不是同时的，也就是说铸造的时间和铭文记事的时间会有一定的脱节，这一点大家一定要牢记在心，这样我们在利用形制、纹饰还有铭文进行断代的时候，就不能说某件器物一定是铭文中记述的那年作的。大家可以去想象一下，比如周昭王南征，我们能找出好多件器物，这些器物的铭文中都说某天作器，可是南征的时候都打到湖北快接近湖南了，在战争过程中哪里还有时间作器呢？所以这些铜器都是战争结束之后作的，而战争结束以后所作的青铜器的形制、纹饰、铭文的特点是作器时间的特点，而不是铭文中所记载的时间的特点。一般情况下，我们可以忽略这一点，但是在某些情况下是不能忽略的，如果忽略就会出问题。长囟盉就是如此，长囟盉的铭文中有"穆王"的称号，但这件铜器一定是恭王时代作的，铭文是追记穆王时候的事情。所以长囟盉的形制代表的不是穆王时代的特点，而是恭王初年的特点。

大家应该还记得我们讲过的师虎簋和另外两件虎簋盖，我们认为虎簋盖的时间一定在师虎簋之前,而这一点对于判断曶鼎的时代起了决定性的作用。因为过去认为曶鼎的时间有可能是"恭王""孝王""夷王"等,但从师虎簋和虎簋盖以及其他方面的信息综合判断,曶鼎只能是懿王元年器。虎簋盖是"三十年四月初吉甲戌",师虎簋是"元年六月既望甲戌",曶鼎开头是"元年六月既望乙亥",师虎簋的历日与曶鼎的历日只差一天,除非把"既望"当作定点,可如果是这样,师虎簋和曶鼎就不可能放在一年。可是我们现在从各方面来研究,"既望"不可能是具体的某一天,"既望"指的是"望日"以后且包括"望日"的一段时间,所以师虎簋和曶鼎应该是连续的两天,一个是"甲戌",一个是"乙亥",师虎簋在前,曶鼎在后。师虎簋和虎簋盖目前为止最好的排法就是把虎簋盖放在穆王三十年,把师虎簋放在懿王元年,中间隔着

图1　曶鼎铭文拓本(未剔)

一个恭王,假定穆王的在位时间就像《史记》说的是五十五年,那排起来就正好。所以把师虎簋放在懿王元年是学术界一般公认的,而这一年正好是和《古本竹书纪年》中"懿王元年天再旦"的记载是一致的,也就是公元前899年。这样看来,曶鼎(见图1、图2)也应该是在这一年,也就是懿王元年,即公元前899年。

图2 曶鼎铭文拓本(已剔)

曶鼎释文:

隹(惟)王元年六月既望乙亥,王才(在)周,穆王大(太)【室①,王】

若曰:"曶,令(命)女(汝)敞乃且(祖)考嗣卜事,易(锡)女(汝)赤㠯【市、䜌】,

用事。"②王才(在)遵应,井弔易(锡)曶赤金、䚓,曶受休□□

王③。曶用丝金乍（作）朕文考宄白（伯）鸁牛鼎，曶其万【年】用祀，子=孙其永宝④。

隹（惟）王三（四）月既眚（生）霸，辰才（在）丁酉，井弔才（在）异为□，【曶】

吏乎（厥）小子䚄曰限讼于井弔（叔）⑤："我既賣女（汝）五【夫，效】

父用匹马、束丝。"⑥限詰曰："觝则卑我赏马，效父则卑复乎（厥）丝于䚄。"效父迺詰⑦。䚄曰："于王参门□□木榜，用䜌，徂賣丝五夫用百䙴，非出五夫，□□旞，迺䚄又旂罙䡍金。"⑧井弔曰："才（在）王廷迺賣用□，不逆，付曶，毋卑式于觝。"⑨曶则拜頜首，受丝（兹）五【夫】，曰陪、曰恒、曰耤、曰䚇、曰眚，事乎⑩。曰告觝，迺卑□曰曶酉彶羊、丝三䙴，用侄丝人⑪。曶迺每于觝□次□舍䚄矢五秉，曰："弋尚卑处乎（厥）邑，田乎（厥）田。"⑫觝则卑復令曰："【若】"。⑬

昔饉岁，匡众、乎（厥）臣廿夫寇曶禾十秭⑭。曰匡季告东宫，东宫迺曰："求乃人，乃弗得，女（汝）匡罚大。"⑮匡迺頜（稽）首，于曶用五田，用众一夫：曰嗌，用臣：曰疐，【曰】朏，曰奠，曰："用丝。"⑯三（四）夫頜首曰："余无直具寇，正□不出，俊余。"⑰曶或曰匡季告东宫，曶曰："弋唯朕【禾】赏。"⑱东宫迺曰："赏曶禾十秭，遗十秭，为廿秭，来岁弗赏，则付卌秭。"⑲迺或即曶用田二，又臣【一】，凡用即曶田七田，人五夫。曶貟匡卅秭⑳。

①"隹(惟)王元年六月既望乙亥,王才(在)周,穆王大(太)【室】"一句,此句应在"周"后面断句,是在"周"这个地方的"穆王太室",而不是"周穆王太室",因为"穆王太室"是在"周"的。金文中讲某位"王"的时候,一般不加"周"字。比如讲"武王""成王"的时候,就说"武王""成王",而不说"周武王""周成王"。当然小盂鼎中有"周王",但这个"周王"指的是"周文王",因为"文王"是最开始称王的,所以叫"周王"。既然是"穆王太室",那这件器物本身就要在穆王之后了,上文已经说了,这件器物的时代是懿王元年,这一点从各方面来说都是比较合适的。

②"智,令(命)女(汝)政乃且(祖)考嗣卜事,易(锡)女(汝)赤㕣【市、䜌】,用事"一句,"智"字在金文中很常见,但这个字出名就是因为智鼎。"𦥑"应该是一个从爪,从曰的字,郭沫若先生隶定为"䚋"[①],徐中舒先生释为"昌"[②],但是清代的人都是读成"智"的,因为《说文》中"智"字的籀文作"𦥑",可是从形体分析来看,现在很多人都不赞成,因为二者并不像。近年随县擂鼓墩大墓出土了一个漆盒,上面有一个字,隶定作"匰",是箱子的名称,就是一个从"智"的字,所以"𦥑"字现在我们所有人都读为"智"。对于自宋至清的一些学者的论断,我们不要轻易地否定,他们有很多非常好的地方,我们并没有继承好,实际上他们也做

[①] 郭沫若:《两周金文辞大系考释》,第210页,北京:科学出版社,2002年。
[②] 徐中舒:《汉语古文字字形表》,第259页,北京:中华书局,2010年。

了很多研究，而且他们离古代比较近，一些直觉上面的东西，我们还达不到。名叫"智"的人，在西周很普遍，其实在东周也不少见，但在东周是写成"忽"的。《左传》《战国策》中叫"忽"的人很多，朱骏声在《说文通训定声》中指出"智"和"忽"在古书中是通用的，所以"忽"在周代是一个很普遍的名字，在智鼎中也是如此。这也就告诉我们，西周金文中叫"智"的有很多，未必指的都是同一个人。"敆"即"更"字，训为"续"，义为"接续"，古书中多作"赓"。既然是接续祖考的职官，也就是说，到"智"这里至少有三代了，实际上还可能更多，因为"祖"可以指代很多辈。"智"所接续的职务是管占卜的，从《周礼》来看，属于"太卜"之官，"太卜"之官不太高，但也属于"大夫"一级，在《周礼》中，"太卜"是下大夫。祝、宗、卜、史都是属于太史一系的官，一般比较长的铭文都是这类人所写，因为他们本身就是知识分子，史墙盘也是如此。这篇铭文中的"䚄"是"䚄"字最典型的写法。"䜌"字不识，过去一般读为"雍"。"䜌"读为"銮"，后面常常有一个"旂"字。"䜌"现在有两种解释，一种是车前横木上能响的青铜器，也就是"和銮"之"銮"，这在《诗经》中有，在出土的材料中也有。另外一种是旗子上本身就带有銮铃。至于说究竟怎么解释，还有待研究。但不论如何，"銮"就是"銮旂"的省称，在金文中只写"銮"的还有望簋，大家要注意，"望簋"之"望"并不是"师望"。"用事"就是"用以从事你的职务"。这是把一篇很长的册命缩得很短，所以这篇铭文是很简练的。

③"王才(在)遹应,井弔昜(锡)智赤金、䰧,智受休□□王"一句,■"字,从辵,从童,从人,从口,至于说下面的"人"是和"童"连在一起,还是其他的写法就不好讲了,所以暂时隶定作"遹",是一个地名。"应"字,我们见过多次,但是到现在也没有一个确切的读法,多数人认为"应"就是"廙"字,义为"行屋",也就是临时居住的帐篷,相当于离宫。在前一天的师虎簋中记载"王在杜应","杜"的地理位置是很清楚的,就在今天陕西长安县的曲江那一带,"杜"这个地名非常之古,可以追溯到甲骨文。"王"甲申那天是在"杜",乙亥是在"穆王太室",之后就是在"遹",所以"杜"和"遹"应该是在首都的范围之内。"王"本来是在"穆王太室"举行册命,册命一般是在"王"祖先的宗庙中举行,有时甚至是在大臣的宗庙中举行,可是一定是在宗庙中举行,这一点汉朝人在《白虎通》中就指出了。在"穆王太室"的事情和在"遹"的事情应该是连续的,都在乙亥那天,所以就没有再记。"王"到了"遹"之后,跟随着"王"的有一个大臣叫"井叔",在以前讲的金文中,多次见到"井伯",目前能够断定时间的"井叔"器,这件算是早的了。师虎簋中就有"井伯",如果师虎簋和智簋记载的是前后两天的事情,那"井伯"和"井叔"就是同时在朝的。当然"井伯"不是一代,"井叔"也不是一代,但是在懿王元年的时候,"井伯"和"井叔"同时在朝廷里做大臣,器主"智"从"井叔"那里得到了一些赏赐,赐的是"赤金"和"䰧"。"䰧"就应该读为"鬱(郁)",我不知道是陈梦家先生第一个读出来的,还

是于省吾先生第一个读出来的，应该是他们在研究的时候互相沟通过，两位先生差不多同时指出来这种读法。"鬱（郁）"字见于甲骨文，作"㼜"。"鬱（郁）"是一种香草，又叫"郁金"，今天在中药店里面还能买到，所以"鬯"是从"金"的，而用"郁金"制作的香酒就叫做"鬯"。赏赐的东西除了"郁"之外，还有"赤金"。古时的"金"有很多种，有赤金、白金、黄金等，黄金就是今天的金子，也就是Au，可是赤金和白金的区别现在还有些争论，不过一般的理解，赤金就是今天我们所说的铜，白金究竟是银还是铅，抑或是锡，还有可以讨论的余地。可不论怎么说，"井叔"给的东西是"赤金"和"郁"。这是当时赏赐的一种规范，这种规范在其他金文中也有，比如康王时代的小子生尊赐的就是"金"和"郁鬯"，西周早期的叔卣赐的是"郁鬯""白金"和"制牛"，令尊和令方彝赐的是"鬯""金"和"牛"，后面还有"用祓"。对照一下这几件东西，大家就能够看出来赏赐的东西是成套的，一类是"金"，还有一类是"郁鬯"，所以智鼎所赐的"郁"并不是"香草"，而是"鬯酒"。除此之外，有的时候还有"牛"。令方彝中还讲到了祭祀，也就是"用祓"。"祓"字，能从文字学上讲清楚的只有两种，一种是读为"祓"，还有一种是读为"祷"。"祓"这种除灾的祭祀比较少见，而"祷"在字形上又有些说不通，所以这两种读法都不是特别好。但不管怎么说"鬯""金"和"牛"都是在祭祀中用的东西，因为祭祀中最基本的活动是"祼祭"，而"祼祭"中是一定要用到"鬯酒"的，盛"鬯酒"要用一些礼器，而礼器一定要用"金"来制作。

"牛"就是祭祀要用的牺牲,如果给的少一点就没有"牛",如果给的多一点就会有"牛"。对比一下我们就可以看到赐给"智"的东西是符合规范的。"智受休□□王"一语,"受"是"接受",虽然中间缺了两个字,但大意还是"智"感谢"王",所以虽然看上去是"井叔"赐的,但实际上是"王"赐的,"王"之所以要赏赐"智",估计还是和"祭祀"有关系。在穆王太室册命完"智"之后,"王"就到了"遼",在这之间很可能是举行了一个祭祀,祭祀是一定要占卜的,而"智"是司卜事的,所以"智"应该是进行了占卜,"王"认为"智"做得很好,所以"王"会对"智"有所赏赐,但"王"不是亲自给的,而是派"井叔"给的。这是我们的猜测,大致如此。

④"智用丝金乍(作)朕文孝穽白(伯)蠻牛鼎,智其万【年】用祀,子=孙其永宝"一句,"丝"读为"兹","兹金"也就是"这个金",即"所赐的赤金"。"智"使用这些赤金去作"文孝穽白(伯)蠻牛鼎",当时的"金"本身就有一定的货币意义,可以去换一些东西。大家可以想象一下,"智"作鼎所用的不一定是赏赐给"智"的金子,因为"智"只是把赏赐的金子拿到了加工厂,至于说这件鼎是否就是用"智"所送去的金子作的,那可不一定。这就好比以前农村里拿着麦子去磨坊换面,换到的面不一定就是拿去的麦子磨的,在这些地方,大家不要看得那么死。"孝"和"考"经常通用,所以"文孝"就是"文考",是"智"的父亲,从上文可知,"智"的父亲也是"太卜"。"穽"就是"宫",是一个谥号。"蠻"义为"献","蠻牛鼎"即"献牛的鼎",也就是煮肉的鼎。

大家不要认为是把一整头牛装进去,智鼎没有那么大,实际上装的是几块牛肉。这个地方也提到了"牛",所以祭祀的时候一定要有"鬯酒""礼器"和"牛",当然作为祭祀的工具,有时还会有一些玉器,这一点我们以后还会讲到。这一段已经够一篇完整的铭文了,可是智鼎并不限于此,后面还有两大段,是借铸造这个器物的机会,把另外两段涉及法律的事情给记录下来了。金文中涉及法律的有很多,前些年中国政法大学编《中国法制史》的时候就引用了这些金文材料,这也就是《周礼》中所谓的有了重要的事情就要"铭之盘盂",因为这样可以长久流传。

⑤ "隹(惟)王三(四)月既眚(生)霸,辰才(在)丁酉,井弔才(在)异为囗,【智】叓乎(厥)小子氦曰限讼于井弔(叔)"一句,"既生霸"是在一个月的上半月,是在"朒"以后,"望"以前。用"辰在"的多在西周早期后段到西周中期前段之间,这里的纪日方式和第一段的"隹(惟)王元年六月既望乙亥"不同。从这里大家就可以看出当时的纪日方式还是比较灵活的,而且这段话一定早有记录,只是趁着作这件鼎的机会把这段文字铸出来。所以这件事情究竟是发生在哪一年,铭文中并没有说清楚,只是说在"四月既生霸……丁酉"。我们现在并不知道金文中对上一代"王"如何称呼,比如这件器物是懿王元年,那么懿王的上一代王,也就是"恭王三年"在懿王元年的时候应该怎么表达呢?金文中并没有这样的例子,所以我们并不清楚。可是第二件事情应该是发生在懿王元年以前,但很遗憾的是铭文中并没

有记载年数。"异"是一个地名,为什么"井叔"在"异"这个地方呢?在这里我们有一种设想,就是"异"是"井叔"执行公务的地方,"井叔"是很重要的一个大臣,身份和"井伯"差不多,应该是井氏家族的一个别子,"井"是西周时期最重要的氏族之一。"为"下面的一个字,我们就猜不到了,过去谭戒甫先生把这个字补为"理",训为"法"①,"为理"就是"举行审判"。当然西周时期的铭文是不会这么写的,在战国时期会写作"李",所以这个地方我们也没有把握这样来读,但意思一定是对的,因为下文讲的就是一个诉讼的事情。这个诉讼的原告和被告一直都没有定论,所以下面这个字也就有很多种猜想,大家可以去查一下各家的说法,我个人认为下面这个字应该是"智",当然这也只是一家之言。"吏"读为"使","小子"是下属的官员,也就是"属吏"。"㠯"训为"与"。"【智】吏髟(厥)小子䵳㠯限讼于井弔(叔)"也就是"智"派遣他的下属"䵳"跟着"限"去"井叔"那里打官司,"限"是被告。在西周的时候,一个人如果有一定的身份就不会亲自出席审判,有的时候被告也不亲自出席,而是找一个代理人,也就是让他的下属出席审判。这种事情在古书中有明确的记载,《周礼·小司寇》"凡命夫、命妇不躬坐狱讼"。"命夫""命妇"也就是"有册命身份的人","坐讼"也就是"互相对质","凡命夫、命妇不躬坐狱讼"的意思就是"凡是有册命身份的人是不会亲自出席审判的"。郑玄注"为治狱吏亵尊者也;躬,

---

① 谭戒甫:《西周"舀"器铭文综合研究》,载《中华文史论丛》1963年第3辑。

身也，不身坐者，必使其属若子弟也"。"若"训为"或"，在出土的秦、汉材料中，"若"多训为"或"，而非"如果"，在这些文献中，"即"通常当"如果"来讲。也就是说，因为怕狱吏冒犯尊者，所以"命夫""命妇"一定要让他们的下属或者子弟来出席审判，"小子"就是下属的一种。"𢽳"是"智"的下属，他和"限"去"井叔"那里辩论。

⑥"我既賣女（汝）五【夫，效】父用匹马、束丝"一句，"既"义为"已经"。"賣"在《说文》中读为"yù"，并不是"买卖"的"卖"字，只是后来写成这样了。此处"賣"可以读为"赎"，之所以读为"赎"，是因为最后这五个人回来了，"赎"是"出钱使之回来"。"五夫"是"五个人"，称为"夫"的人一定是男丁，也就是成年男性，所谓"一夫之田百亩"，并不是说生了一个男娃娃就给一百亩地，而是成丁之后才给。"用"和"㠯"在这篇铭文中常常带有"付给"的意思，此句中的"用"也是"付给"的意思。"智"和"𢽳"以及下文的"㡀"是一起的，是原告。"限"和"效父"是一起的，是被告。"智"的一方已经赎了五个人，但是"限"的一方并没有把这五个人给"智"，而是给了一匹马和一束丝，这就是"智"所控告的事情。由于双方已经讲好的是让"五夫"回来，结果"限"的一方违反了约定，只给了一匹马和一束丝，"智"不同意，所以才有了这个诉讼。一匹马不算什么，一束丝更不算什么，为什么"五夫"变成了"匹马束丝"呢？大家可能以为周代没有很成熟的法律，这个想法完全不对，文献中有"周作九刑"，而且《尚书》中的《吕刑》和《逸周书》中的《尝麦》都讲到了刑法，

《左传》和《国语》中还有一些关于刑法的引文。从这些文献来看，周代的刑法是相当细腻的，而且就用了"法律"这个词。所以当时并不完全是人治，一定还有法治。大家要知道，"束丝"在周代的刑法里面是有特别意义的，《墨子·非乐上》中有"其刑，君子出丝二卫"一语，"君子"指"士大夫"，"卫"通"纬"，是丝的单位。"出丝"是赔礼受刑的一种表现，是带有象征意义的，并不只是看所赔偿之物的价值。这篇铭文中的原告、被告双方所争执的也就在这里。

⑦"限詒曰：'氐则卑我赏马，效父则卑复毕（厥）丝于雯。'效父廼詒"一句，这句话的关键就在于"詒"字，过去的人多把"詒"字读为"许"，从文字上看，读为"许"是对的，可是只要把这个字读为"许"，那这句话就讲不明白，这个字从"午"是没问题的，但是我认为应该读为"诉"。①我们讲过多次，"御方"就是"朔方"，也就是说"御"可读为"朔"，而"御"就是从"午"声的字，"诉"又可以写为"愬"或"謝"，而"斥"字和"杵"字都是昌母鱼部字，"詒"在此处可读为"诉"，义为"陈述"。"卑"读为"俾"，义为"使"。"赏"读为"偿"，也就是"赔偿"。实际上这"五夫"是属于"氐"的，最后这"五夫"回到"氐"那里去了。"限"陈述的内容为："氐"是让我们赔马的，所以"效父"就让"我"把丝还给"雯"。"雯""雯""𩰚"是同一个名字的不同写法，实际上指的是同一个人。这句的意思是这五个人犯了法，

---

① 李学勤：《青铜器与古代史》，第 382 页，台北：联经出版事业股份有限公司，2005 年。

被"效父"扣住了,"瓰"作为这五个人的主人,根据当时的刑法就赔了丝,表示认罪,之后"瓰"就让"效父"赔给他一匹马,而那五个人也就作为"效父"的奴隶,不再回到"瓰"那里了,而"效父"在给马的同时把丝也就还给"瓰"了,所以给的是"匹马束丝"。"效父乃誩"就是"效父也陈述了",但"效父"陈述的话并没有写出来,因为"效父"所说的话和"限"所说的意思是一样的,所以"效父"的话也就省略了。

⑧"鼃曰:'于王参门□□木榜,用䝼,征賣丝五夫用百孚,非出五夫,□□𩂅,𤿥又𩂅罙鞼金。'"一句,关于这"五夫",原告、被告双方在此之前已经有过约定了,这个约定是在"王参门"做的。"参门"也见于小盂鼎,也就是"雉门"。按礼书来说,周的王宫有五门,分别是皋门、库门、雉门、应门、路门,而这五道门的制度到了今天北京的故宫还是如此,三门之内就是中廷。"榜"读为"枋","木榜"也就是"木板"。当时双方已经签约了,并且把约定写在了王参门的木板上。"䝼"即"征",训为"验","用䝼"即"以之为证"。"征賣丝五夫用百孚"一语,"征"读为"诞",是一个虚字,"賣"读为"赎","丝"读为"兹"。"孚"是货币单位,至于说具体是多少,还有不同的说法。"征賣丝五夫用百孚"也就是"以百孚来赎这五个人"。"𩂅"读为"倍",也就是"背约",不出"五夫"就是背约。"𤿥又𩂅罙鞼金"一语,"又"即"有","罙"训为"及","鞼"读为"凯",也就是"觊觎","𤿥又𩂅罙鞼金"即"𤿥违背了契约而且还觊觎金钱"。

· 2010 年上半年第十三次课 ·

曶鼎（下）

曶鼎这件器物在近代特别是在新中国成立以后很受重视，因为在讨论中国古代社会性质的时候，曶鼎被认为是中国奴隶制社会的一大证明。当时很多人主张西周是奴隶制社会，以郭沫若为代表，而郭老举的很重要的一个材料就是曶鼎。但也有人主张西周是封建社会，以范文澜先生《中国通史简编》中的《西周封建论》为代表。曶鼎确实可以在一定程度上证明当时是有奴隶制的，可是有奴隶制并不等于奴隶社会，所以曶鼎以及其他的一些金文材料只能证明当时有奴隶制，但不能证明当时就是奴隶社会。美国在南北战争以前是典型的奴隶制，但不能说美国就是奴隶社会。究竟怎样才是奴隶社会，那讨论就多了，这并不是我们这个课程所讨论的问题，但是大家在读铭文的时候对这一点还是要引起注意。现在大家对中国古代社会性质的讨论已经比较少了，可是这在中国学术史上却是一件很大的事。

曶鼎释文：

隹（惟）王元年六月既望乙亥，王才（在）周，穆王大（太）【室①，王

若曰："曶,令(命)女(汝)更乃且(祖)考嗣卜事,易(锡)女(汝)赤⸺【市、縊】,

用事。"②王才(在)墔应,井弔易(锡)曶赤金、䚄,曶受休□□

王③。曶用丝金乍(作)朕文考弅白(伯)鬻牛鼎,曶其万【年】用祀,子=孙其永宝④。

隹(惟)王三(四)月既眚(生)霸,辰才(在)丁酉,井弔才(在)异为□,【曶】

吏乎(厥)小子䚄吕限讼于井弔(叔)⑤:"我既賣女(汝)五【夫,效】

父用匹马、束丝。"⑥限諆曰:"氐则卑我赏马,效父则卑复乎(厥)丝于䙴。"效父迺諆⑦。䚄曰:"于王参门□□木榜,用償,征賣丝五夫用百罕,非出五夫,□□

旊,迺嬰又旊罖鞾金。"⑧井弔曰:"才(在)王廷迺賣用□,不逆,付曶,毋卑式于氐。"⑨曶则拜頴首,受丝(兹)五【夫】,

曰陪、曰恒、曰棘、曰蠠、曰眚,事孚⑩。吕告氐,迺卑□

吕曶酉彶羊、丝三孚,用侄丝人⑪。曶迺每于氐□次□舍䚄矢五秉,曰:"弋尚卑处乎(厥)邑,田乎(厥)田。"⑫氐则卑復令曰:"【若】"。⑬

昔馑岁,匡众、乎(厥)臣廿夫寇曶禾十秭⑭。吕匡季告东宫,东宫迺曰:"求乃人,乃弗得,女(汝)匡罰大。"⑮匡迺頴(稽)首,于曶用五田,用众一夫:曰嗌,用臣:曰疐,【曰】朏,曰奠,曰:"用丝。"⑯三(四)夫頴首曰:"余无卣具寇,正□不出,俊余。"⑰曶或吕匡季告东宫,曶曰:"弋唯朕【禾】

赏。"⑱东宫廼曰:"赏智禾十秭,遗十秭,为廿秭,来岁弗赏,则付卅秭。"⑲廼或即智用田二,又臣【一】,凡用即智田七田,人五夫。智覓匡卅秭⑳。

⑨"井弔曰:'才(在)王廷廼賣用□,不逆,付智,毋卑式于𢓊。'"一句,在诉讼完了之后,"井叔"就给了一个判决。"在王廷"就是"于王参门",也就是"在中廷"。"用"下缺一个字,我们猜想用的应该是钱。"不逆"即"不错",也就是"没有错"。"不逆"还见于周厉王时期的多友鼎,多友鼎里面有"武公"说的一句话,即"余肇吏(使)女(汝),休,不逊(逆),又(有)成事,多禽(擒)","武公"是氏,而非谥法,武氏是西周时期的大贵族,《春秋》中还有"武氏子"。"多友"是"武公"的下属,有人猜测多友是郑桓公,这是不可能的,因为"郑桓公"不会当"武公"的下属。"余"代指"武公",这里的"肇"可以读得实一些,义为"始"。"休"是"美",也就是说"多友"干得不错。"不逆"也是"没有出错"的意思。"成"是"功","有成事"就是"有功绩"。"多擒"就是"有很多俘获"。从这里可以看出"不逆"就是"休",也就是"有成事"。智鼎中"井叔"之所以对"智"说"不逆",是因为"智"这样做是合法的,因为在王廷中立的契约一定是在朝廷官员的监督之下,这是有证据的,想赖也赖不掉。"付智"就是"把五夫给智"。"卑"读为"俾","式"就是"貳",训为"离","毋卑式于𢓊"也就是"不要让这五个人离开𢓊"。这五个人应该是有侵犯"效父"的事情,"效父"把他们扣押了,这五个人本

来是"瓩"的下属,而"瓩"又是"智"的下属,所以"智"就出面了,并且出了钱把这五个人赎了回来,所以"井叔"说不要让这五个人离开"瓩"。这五夫应该是有一定的罪行,所以才称之为"赎",而"智"也承认是要赎的,可是赎要通过一定的协议才能生效,如果"效父"不同意赎,估计"智"也就没有办法了,当时应该是有赎人的规定,这种规定到了春秋时期还有。"智"赎五夫所用的钱是很多的,有百乎,结果"效父"拿了钱却不放人,只是给了"匹马束丝","效父"这样做是不对的,所以才需要"井叔"来裁定。这说明当时是有法律的,而且当时的王朝和所属的官吏是执行法律的。对于西周有法律这一点,过去认识得非常不够,很多研究者认为法律到了"子产"之后才比较成型,实际上这种看法一定是不对的,包括清华简在内的很多材料都证明在周初法律就已存在,周文王时期就有刑法,大家可以看一下《尚书》的《吕刑》。这里"井叔"就是在落实并推进刑法,为这个事情做出一个合理的判决。

⑩ "智则拜頴首,受丝(兹)五【夫】,曰陪、曰恒、曰棘、曰𩵋、曰眚,事乎"一句,"则"就是"乃","井叔"做了判决之后,"智"就对"井叔"拜稽首。"受"是"接受","丝"读为"兹","受兹五【夫】"就是"智接受了这五夫"。大家可以看到,诉讼的时候,"五夫"是在场的。"事"义为"献","事乎"就是"献乎",也就是一手交钱一手交人,执行了所订立的契约。"陪""恒""棘""𩵋""眚"是这五夫的名字,"𩵋"字不识,暂时隶定为"𩵋",是一个人名。"棘"字,我认为隶定成"棘"

就可以了,没有必要再加下面的部分,因为"耒"这个器物本身就是这样的,它是一个起土的工具,铲头有两个尖,也叫"踏锄"。有人认为"耒"是由肩胛骨发展而来的,这个说法我们还可以讨论,我过去写文章提到在日本、韩国还保存着这样的器物①,现在我们考古中的一些坑就是用"耒"来挖的。甲骨文中有"🦬"字,至于说能不能读为"协(協)"还可以讨论,因为"协(協)"是从"力"的。我们现在称名字的时候常常说"名某某",在古代用"曰某某",比如现存英国的家谱刻辞中记述名字的时候用的就是"曰","曰"也就是"名","曰某某"也就是"名某某"。

⑪"吕告𢀌,𢓊卑□吕智酉彶羊、丝三寽,用侸丝人"一句,"吕告𢀌"就是"把这件事情告诉𢀌",之后"𢀌"就"𢓊卑□吕智酉彶羊","卑"读为"俾",义为"使"。"吕"义为"带给","酉"即"酒","彶"训为"与"。"丝"读为"兹",我们在"裘卫"器中讲过,这种"兹"有"值"的意思,"丝三寽"就是"值三寽",就是这些"酒"和"羊"的价值是"三寽"。"卑"下面缺的那个字应该是一个人名,"𢀌"派人把价值"三寽"的酒和羊送去给"智"。"侸"读为"致","用侸兹人"也就是来取这五个人,把他们带回去。

⑫"智𢓊每于𢀌□次□舍𤉲矢五秉,曰:'弋尚卑处㠯(厥)邑,田㠯(厥)田。'"一句,"𢀌"没有亲自到"智"那里去,是派人到"智"那里去领人,并且送给"智"

---

① 李学勤:《力、耒和踏锄》,载《走出疑古时代》,第 302-306 页,沈阳:辽宁大学出版社,1997 年。

酒和羊。"每"读为"诲",义为"教训"。"次"义为"至"。"舍"义为"给"。"矢五秉"是"五把箭","五"这个数字一定和"五夫"有关系,这应该是当时的一个制度,这一点我们不是很清楚,可我们还是有些根据的。《周礼·大司寇》:"以两造禁民讼,入束矢于朝,然后听之。"郑玄注:"造,至也。使讼者两至。既两至,使入束矢,乃治之也,不至,不入束矢,则是自服不直者也,必入矢者,取其直也。""造"就是"至","两造"就是"两至",也就是"原告"和"被告"。"双方"都要交一捆箭,因为箭是直的,如果箭都不敢交,就是自认为理亏。《诗·小雅·大东》有"周道如砥,其直如矢",《国语》《管子》和《淮南子》中都有"束矢"的记载,从这个地方大家就可以明白,郑玄的注是有道理的。箭是直的,"曶"让"瓱"给了"㩗"五把箭,就表明官司赢了。这当然是我们的推测,可是还是有一定的根据。"双方"这个词后来还在用,现在大家对法律的事情都很感兴趣,电视台也有很多法制节目,有些案件是可以全部播给观众看的,但有些就不允许转播或者录像。其实这种事情很早就有,我小的时候,报纸上就有法庭记录,所谓法庭记录就是法官问话,原告如何说,被告如何说,证人如何说,最后一定有一句话就是"双方斥退",这是当时的一种格式。有些审判是不能公开的,能去旁听的也是极少数,最近有一个片子叫《孽缘》,讲的是性犯罪的事情,里面有一个镜头是用大屏幕把这个事情公布出来,现实中这种情况是不可能的,因为现实中是不允许这样做的。"弋尚卑处㕑(厥)邑,田㕑(厥)田"一语,"弋"读为"式",很多学者对于《诗经》中的"式"都有过研究,现在普遍认为"式"有"当"的意思。"尚"就读为"当","弋尚"就是"式当","式"和"当"的意思是一样的,就是"应当"。"卑"读为"俾",义为"使","处"训为"居"。"邑"是一个比较大的聚居地,古人住在邑内,出去种地,据《汉书》记载,当时邑内还有看门的人,晚上到点就把门关上,白天再打开,邑里面还有监工的人,每天督促人们出去种地,这种情况就和生产队的性质差不多。一夫有百亩之田,这"五夫"每个人都有自己的田地,所以"弋尚卑处氒(厥)邑,田氒(厥)田"就是让他们回去,住在他们自己该住的地方,种他们自己该种的地,这也就是前文所说的"毋卑式于甿","甿"既是地名,又是贵族的名字。

⑬"甿则卑甸令曰:'【若】'"一句,"卑"读为"俾",训为"使"。"甸"即"复","勹"是声符,"甸令"即"复命"。"若"读为"诺",训为"是"。"智"教训完了"甿"之后,"甿"就派人复命于"智"。这个案子对于西周法律研究是很重要的,应该结合其他相关材料进行仔细的研究。

⑭"昔馑岁,匡众、氒(厥)臣廿夫寇智禾十秭"一句,"馑"是"饥荒",古时候的"饥荒"有不同的说法,有的叫"饥",有的叫"馑",所谓"谷不熟曰饥,蔬不熟曰馑",这是分开说的,二者合称"饥馑",也就是没得吃了。"昔馑岁"也就是"过去饥馑那年",也没有说具体是哪一年,这里是用大事来纪年的。用大事纪年《左传》就有,特别是近年出的楚简中有很多也是用大事

来纪年。有人认为用大事纪年指的是上一年,这是讲不通的。当时一件比较大的事情,通常会人所周知,不管离得远近,都会用大事纪年,这也说明当时一定有信息流通的方式。在这里就理解成"过去灾荒那年"就可以了,这就好像今天我们说"三年困难时期"指的就是1960年到1962年一样。"匡"即"匡",是一个贵族封君的名字。"匡众""匡臣"指的是两种人,一种是"众",一种是"臣"。大家要注意,拓本上的这个"众"字和其他地方的"众"字不太一样,就是下面的"人"字没有出头,可这并不妨碍它还是"人"字,这种地方应该是和当时的剔锈有关,可能是剔得不太好。正因为如此,郭沫若先生认为这个字应该读为"众"①,可是从拓本来看,郭老的这个说法还是不行,而且后面也是有"众"有"臣"。"众"是家中的自由人,"臣"是家中的奴仆,所谓"男为人臣,女为人妾"。"寇"就是"盗"。"秭"是粮食的单位,一种是二百秉,十秭就是两千秉,这个数量还是很大的,这里的"禾"是指带杆的,不是"米",也不是"粟"。估计是盗割,也就是拿着镰刀到"智"的地里去,把麦子都割走了,这种事在古代经常有。饿的时候,有一种情况叫"吃青",就是庄稼还没太熟就拿去吃了,不知道大家有没有这个经验,我本人是有这个经验的,麦子没熟是没法吃的,所以铭文中讲的"禾"是"黍稷"一类的作物,不是麦子。北方人如果收成不好,急着要吃,那就先种大麦,因为大麦熟得早,大麦比小

---

① 郭沫若:《两周金文辞大系考释》,第211页,北京:科学出版社,2002年。

麦要早熟十天，甚至更多，所以先吃大麦，后吃小麦，但是大麦产量低。

⑮ "曰匡季告东宫，东宫廼曰：'求乃人，乃弗得，女（汝）匡罚大。'"一句，"季"是兄弟中排行最小的，"匡季"是这个地方的君长，因为"匡"的"众"和"臣"盗割了"智"的粮食，所以"智"就把"匡季"告到"东宫"那里去了。"东宫"一般认为是太子，至于说是否已经被任命为太子，我们还不敢说，但至少是周的一个王子。之所以要告到东宫那里，我认为是因为"智"和"匡季"应该与"东宫"有些关系。"智"并不知道盗禾的这些人是谁，因为偷粮食这种事一定是在夜里，要是白天去干，那就是明火执仗，被发现了是要发生械斗的。正因为"智"不知道是谁干的，所以就只能来找他们的负责人"匡季"了。"求"是"寻找"，"得"是"找到"。"求乃人"就是"找到那二十个人"，如果找不到，那就是"汝匡罚大"，也就是"你们匡家整个受罚"。这样看起来，并不是"匡"家整体犯案，而是那二十个人犯的案，如果像郭老那样读为"匡眔乓臣"[①]，理解为"匡季"本人带领这些人犯案，那就不是这样处罚了。

⑯ "匡廼頴（稽）首，于智用五田，用众一夫：曰嗌，用臣：曰疐，【曰】朏，曰奠，曰：'用丝。'"一句，"匡廼頴首于智用五田"有两种读法，一种是在"首"后断句，另一种是在"智"后断句，我过去在"智"后断句，现在看起来还是应在"首"后断句，因为"匡季"頴首的

---

① 郭沫若：《两周金文辞大系考释》，第211页，北京：科学出版社，2002年。

对象应该是"东宫"。这句中的"用"有"给付"的意思，"田"是指"一夫之田"，也就是"一百亩"，"于智用五田"也就是赔给"智"五百亩地。但是大家要明白一点，就是"匡季"不愿意把这些人都交出来，因为一共有二十个人，而且有"众"有"臣"，全交出来损失就太大了。所以"匡季"赔了地之后，就只交出了一个"众"和三个"臣"，一共四个人。"众"的名字叫"噬"，三个"臣"分别叫"䉛""朏"和"奠"。"用丝"即"用兹"，就是把这四个人交给"智"。

⑰ "三（四）夫頾首曰：'余无卣具寇，正□不出，俊余。'"一句，这四个人见了"智"之后说了一段话，即"余无卣具寇，正□不出，俊余"。"余"是"我们"，指代这四个人。"卣"读为"由"，"无卣"即"无由"，也就是"无从"。"具"训为"来"，这是《诗经》的郑玄注说的。"余无卣具寇"也就是"我们没有来偷过粮食"，也就是说这四个人不是正犯。"俊"字，"夋"即古文"鞭"字，训为"驱"，义为"驱赶"。"正□不出，俊余"的意思应该就是"正犯不出来，结果把我们赶来了"。由此看来"匡季"还是很狡猾，这四个人也不能忍受这个事，所以就把这个事情揭发了。

⑱ "智或曰匡季告东宫，智曰：'弋唯朕【禾】赏。'"一句，"或"训为"又"，"智"发现"匡季"捣鬼，于是又把"匡季"告到"东宫"那里去了。"弋"读为"式"，训为"当"。"赏"读为"偿"。"弋唯朕【禾】赏"就是"应当赔偿我的禾"。从这里就可以看到五百亩田再加上这四个人并不能赔偿两千秉禾。

⑲ "东宫廼曰:'赏曶禾十秭,遗十秭,为廿秭,来岁弗赏,则付卌秭。'"一句,这是"东宫"做的第二次判决,这次的判决和上一次有所不同,上一次是"求乃人",也就是"抓罪犯",可是"东宫"认为让"匡季"交人可能不现实,所以这一次就判"匡季"赔粮食。"赏"读为"偿","遗"是"加",古书里讲射箭的"遗矢"就是"加矢"。"赏曶禾十秭,遗十秭,为廿秭"就是赔偿"曶"十秭禾,另外再加十秭,一共是二十秭,这是赔实物,而不是折钱。"来岁弗赏,则付卌秭"就是说"如果第二年不赔偿,就要给四十秭粮食",也就是赔偿再加一倍。这就是判决的内容,大家可以看到,当时"东官"是很有权威的。

⑳ "廼或即曶用田二,又臣【一】,凡用即曶田七田,人五夫。曶覓匡卅秭"一句,这个判决很重,"匡季"有些接受不了,就和"曶"采取了协议的办法,所以最后的结果还是有一定的变化的。"或"训为"又"。"即"有"付给"的意思。"用"训为"以"。"廼或即曶用田二,又臣【一】"是说"匡季"再一次付给"曶"两百亩地和一个奴仆。"凡用即曶田七田,人五夫"也就是说加上前面所赔的东西一共是七百亩田和五个人。"覓"字也见于班簋,可是我们并不知道这个字应该怎样读,但在这里的意思应该是"减免"。我一直猜想"覓"应该和"抑"有关系。① "曶覓匡卅秭"即"曶减免了匡季三十秭粮食",实际上"匡季"还是要赔十秭粮食。

---

① 李学勤:《班簋续考》,载《古文字研究》第十三辑,北京:中华书局,1986年。

曶鼎里面有很多的问题，我们需要仔细地分析、讨论。

第一，从曶鼎中我们可以看到周代贵族的一些争执，特别是在偷粮食、赎人、违约的问题上，审判权在一些卿大夫的手中，"东宫"虽然是王子，但也是属于有卿大夫职务的人。这些审判的结果，随意性还是比较大的，所以当时像这类的问题，也只是给一个原则性的罚款，不一定有很细的律条，人的作用还是比较明显的。找谁告状当时一定有所规定，我们可以设想，"井叔"应该是一个司寇之官，专门管法律，因此才有"在异为囗"，也就是在"异"这个地方执法，这也就相当于现在的法院了，因为"井叔"的职责就在此。"东宫"不一样，"东宫"只是在执行他作为贵族的权力。从这里就可以看出来，当时的法律弹性比较大。很多册命金文会提到赐予被册命者狱讼之权，在这一点上就和春秋以后的制度有所不同，春秋以后在这方面就更制度化、机构化。现在我们看到的司法方面正式的文书档案，最早的就是战国中期的包山楚简，其中有一套审判狱讼的文书，记录了什么样的案情，应该怎样处理，这里面是有一定的规律的，而且涉及了很多的法律问题，有杀人、偷盗、财产等，最重要的是当时有一个专门的机构去管理人们告状，并不是任何一个贵族都可以进行判决。在西周的时候，这种制度还没有那么具体，可是一直到很晚的时候，一些有权势的贵族在法律问题上都有权做出审判，中国自古以来就是这样。《红楼梦》就是如此，贾家的老爷还是能够管很多事，可是石呆子没了扇子这件事，他就告到官府了。这些和古代的制度是一脉相承的，曶鼎中所表现的例子也是这样的。"井叔"是真正管理司法的人，"东宫"只是一个王子，但他是贵族，也是有审判权的，"曶"和"匡季"应该也和"东宫"有些关系。还有一点就是判决的结果是可以变通的，因为这是民事财产纠纷，大概和杀人越货不太一样。

第二,"十秭"的赔偿是非常大的,相当于"田七田"再加上"人五夫",但我们不能认为"十秭"的粮食就值这么多,这里要考虑两方面的情况:一方面,"匡季"是有罪的,所以这里面有一定的赎罪成分,因此"田七田"和"人五夫"不仅仅是经济的赔偿,还有罪责的追究;另一方面,当时是灾荒时期,那个时期的粮食一定特别值钱,而且很难得,所以"匡季"也真是拿不出粮食。

第三,"曶"只是一个占卜之官,但他的地是很多的,在这一点上,我们应该对当时的社会有进一步的考虑。大家如果有兴趣,可以关注一下二十世纪五六十年代关于中国古代社会性质的一些讨论,虽然有些地方现在看来并没有必要过多讨论,但至少证明奴隶制在当时还是存在的,曶鼎中的"交人"并不是要判罪,而是要交给对方为奴。

我过去写过一篇文章讲云梦秦简的《日书》[①],《日书》里面有两种选择吉日的材料,一种是秦的,一种是楚的。秦的里面"出入人民"的记录特别多,赵纪彬先生的《论语新探》认为"人"和"民"有别,"民"专指"奴隶",这一点现在看起来恐怕不妥,因为曶鼎中的"臣"也是可以称为"人"的,但是"众"和"臣"还是有区别的。"出入人民"就是"买卖人口","人民"就是"人口",有时候把"人民"和"马牛"放在一起,《周礼》也是如此。《红楼梦》里面也是一样,袭人的祖上就是奴仆,所以他们家代代都是奴仆,可是有奴仆的身份不见得就没钱,袭人家里也不穷。晴雯的家境要差一些,晴雯家的房子不太好,床睡着不太舒服,

---

① 李学勤:《睡虎地秦简〈日书〉与楚、秦社会》,载《李学勤集——追溯·考据·古文明》,第284-293页,哈尔滨:黑龙江教育出版社,1989年。

晴雯的病，我认为很有可能是急性肺炎。可是像庄头乌进孝家就很有钱了，他家里的钱有时候比贾府还多，所以当时的社会并不是那么简单化，可是他们作为家奴这一点是不能变的。所以到了清代晚期的法律里面，"良"和"贱"的区别很清楚，如果家里是奴仆或者包衣，那么很多事情是不能参加的，因为他们不属于一般的自由人。

关于"身份"一类的问题，我们最近研究得已经特别少了。《云梦秦简》出了之后，"隶臣妾"问题讨论得尤为热烈，因为"隶臣"和"隶妾"在《汉律》中是有期徒刑，可是在《秦律》中却是无期徒刑，而且"隶臣妾"的子女还是奴隶身份。"隶臣妾"究竟是怎样从无期徒刑变为有期徒刑的，还需要深入讨论。张家山汉简中也谈论了很多"隶臣妾"的问题，而且里面的很多内容是《秦律》中所没有的，因为汉承秦制，所以有很多东西可以从张家山汉简中得到解释。那么《周礼》中的"隶"和"臣"是怎样变为《秦律》中的那个样子，又是怎样变为《汉律》中的样子的呢？我认为这个问题还是很值得讨论的。

这里面就牵扯到一个问题，就是当时很多人都把甲骨文中的"众"讲成"奴隶"，从曶鼎来看，"众"一定不是奴隶，我认为甲骨文的"众"就是"庶"，"众人"也就是"庶人"。

· 2010 年上半年第十四次课 ·

师酉簋、师酉鼎、询簋

师酉簋

在这个学期里面,西周中期金文几个比较重要的序列,我们都提到了,还有一组有序列关系的青铜器就是"师询"和"师酉"的器物。在这个序列里面有一件师酉鼎,目前只在《中国历史文物》上有照片,因为师酉鼎的铭文是填黑的,就是字口里面填了一种黑色的物质,这种黑色的物质不是在埋藏时造成的,而是在铸造的时候就涂进去的,有人认为是填漆,至于说是不是漆还没法证明,只能说是填了一种黑色的物质。这样的青铜器就不能拓,因为铭文表面是平的,照相也很困难,所以就不能给大家提供比较好的材料。

之所以要讲师酉鼎,是因为它和"师询"的器物有关系。这几件器物里面,有一件"询"的器物是在宋朝著录的,师酉簋是在清代发现的,而且还有好几件,后来大家就得到了一个普遍承认的结论,即"师酉"在前,"师询"在后,也就是说"师酉"是"师询"的父亲,这个观点非常流行,可以说是公认的。但事实并非如此,实际上"师询"应该是"师酉"的父亲。这一观点得以纠正主要有两个方面的原因,其中一个是 1996 年启动的夏商周断代工程。夏商周断代工程里面有一个课题,是由考古所的王世民先生、陈公柔先生和张长寿先生共同主持的,完全以考古类型学的标准来看与分期断代有关系的青铜器,主要就是看器物的类型,最后出了一本书就是《西周青铜器分期断代研究》,1999年在文物出版社出版。这本书出版之后,我个人写了一个书评,指出了这本书的重要性,因为它在好几个问题上都取得了突破性的成果,"师询"和"师酉"的关系就是其中之一。从器形来看,师酉簋是一个很典型的西周晚期的青铜器,这是不会错的,当然我们会尽可能地把它推早一些,因为师酉簋的字体和晚期的不太一样,有典型的中期风格。但是从器形来看师酉簋和颂簋是很相似的,而且师酉簋上有一大一小的重环纹,有这种重环纹的铜器有几件,最典型的就是不其簋,不其簋是明确的西周晚期偏早的器物,并且师酉簋的圈足下面有三个小足,这也是西周晚期器物的典型特征。询簋是一个全瓦纹的簋,两侧有小耳,并有垂环,这明显是西周中期偏早的器形,所以从考古类型学的角度上来看,师酉簋的时代一定晚于询簋。这也就给了我们一个很重要的教训,就是我们在研究西周青铜器分期排队的时候,除非有特别的原因,否则就一定要以考古类型学作为第一标准。除此之外,还有一个学者也提出了相同的看法,这就是美国芝加哥大学的夏含夷。夏含夷教授在引用类型学的基础上,从铭文研究的角度也得出了同样的结论。[①]这就是说,客观事实总是会被揭露的,即使是经过长时间的蒙蔽,也会最终变得清楚,所以才能从不同的角度得出相同的结论。

"师询"和"师酉"的器物一共有四件,根据我们现在能够排出的金文历谱,师询簋是恭王元年,询簋是恭王十七年,师酉鼎是孝王四年,师酉簋是厉王元年。按照我们现在所知道的西周历

---

① 夏含夷:《父不父,子不子:试论西周中期询簋和师酉簋的断代》,载《古史异观》,第201-204页,上海:上海古籍出版社,2005年。

法知识，这些年数之间是没有矛盾的，当然这只是一个推论，年数仅供参考，但这个顺序一定是对的。

在讲这些器物的时候，我想倒着讲，也就是先讲年代最晚的那件器物，因为这样与历史上的研究顺序比较一致。

师酉簋现在我们知道的一共有四件，西周晚期的墓葬，四簋是经常有的，很多的墓是五鼎四簋，五鼎四簋一般是卿大夫一级的，但有的诸侯，包括一些晋侯也是五鼎四簋，所以五鼎四簋是常见的一个组合。这四件师酉簋分别是《集成》的 4288、4289、4290、4291，其中 4290 和 4291 只有一个铭文，并没有说明究竟是盖还是器，4288 和 4289 都是有盖又有器。4288、4290、4291 这三件在故宫博物院，4289 在国家博物馆。师酉簋的基本情况就是这样，这四件器物的行款不太一样，我们用 4288 的拓本（见图 1、图 2、图 3、图 4、图 5、图 6、图 7、图 8、图 9、图 10、图 11）。

图 1　师酉簋一

图 2　师酉簋二

图 3　师酉簋三

图 4　师酉簋四

图 5　师酉簋一盖铭拓本

图 6　师酉簋一器铭拓本

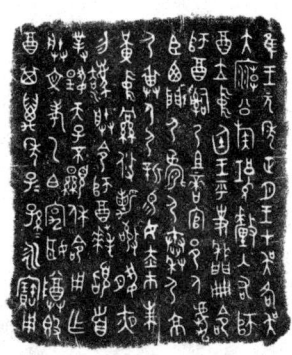

图 7　师酉簋二盖铭拓本

图 8　师酉簋二器铭拓本

图 9　师酉簋三盖铭拓本

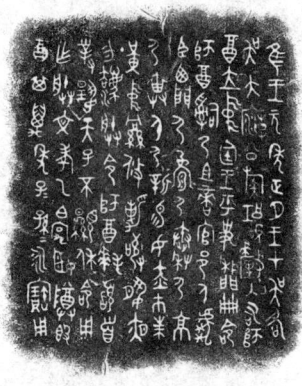

图 10　师酉簋三器铭拓本

图 11　师酉簋四器铭拓本

师酉簋一器铭释文：
隹（惟）王元年正月，王才（在）吴，各（格）
吴大（太）庙①。公族䛬釐入右
师酉立中廷②。王乎史牆册
令师酉③："嗣乃且（祖），啻官邑人
虎臣、西门尸、㝬尸、秦尸、
京尸、弁𢎿尸④，新易（锡）女（汝）赤市、
朱黄、中絅、攸勒，敬夙夜，
勿灋（法）朕令。⑤"师酉拜頴首，
对𢦓（扬）天子不（丕）显休令，用乍（作）
朕文考乙白（伯）、宄姬𨸏殷⑥，
酉其万年子=孙=永宝用。

①"隹（惟）王元年正月，王才（在）吴，各（格）吴大（太）庙"一句，这里只有"正月"但没有具体的日子，青铜器中有"王元年正月"的，不止这一件，前辈学者做出过一种推论，就是当时并没有"三年守制"的说法，现在还有人想论证"听于冢宰三年"的说法，实际上当时是没有这种说法的。所谓"王元年正月"也就是"继位称王那一年的正月"，当然也有可能是继位的次年改元，所以继位的时间可能是在前一年的某个月。可是不管怎么讲，也没有守三年之丧的，所以"听于冢宰三年"是不存在的，这只是后来的一种传说。"王在吴"的"吴"并不是指江苏的"吴"，而是"虞国"之"虞"，也就是位于山西平陆的"虞"。大家如果读《史记》的《吴世家》就可以知道，"吴"和"虞"是兄弟关系。当年太

伯和仲雍让位于季历，出走到了吴这个地方，和当地的一些人结合，组成了一个政权。武王克商之后，封"周章"于吴，后来成王把太伯和仲雍后人中的一个带到了中原，让他在山西平陆建立了虞国，《史记》中的这个材料是从《左传》来的。在金文中，北方的"虞"，有时候就写成"吴"，南方的"吴"有时候也写成"虞"，所以"吴"和"虞"是可以通用的，宜侯夨簋中的"虞"实际上就是"吴"，因为宜侯夨簋是在江苏丹徒出土的。师西簋中的"吴"也就是山西平陆的"虞"，"格吴太庙"也就是"格虞太庙"。西周时期，一般比较重要的册命都是在宗庙里举行的，这篇铭文中册命也是在宗庙里，但这不是在"周"的宗庙，而是在"虞"的宗庙。有时候一些册命是在某人之宫举行的，现在看起来，这些"宫"也应该理解为"宗庙"。

②"公族瑪𧽾入右师酉立中廷"一句，"瑪"就是"鸿"，因为"鸿"是从"江"声的，而"江"是从"工"声的。大家如果看铭文就会发现"瑪"的右边不太像"鸟"字，更接近于"乌"，"乌"字和"鸟"字的结构是比较接近的，到今天还是如此，可从工从乌是不成字的，所以这个字还是"瑪"，也就是"鸿"。"瑪𧽾"即"鸿𧽾"，是一个人名，他是"公族"，"公族"是官名，见于《诗经》。什么叫"公族"呢？这个问题还可以进一步探讨，从《诗经》和《左传》等材料来看，"公族"是一种武官，西周的宗法制度是很严格的。按古书里面讲，宗法往上能行使到诸侯、卿大夫一级，但并不能行使到"天子"本人。现在很多人都讲"天子"是天下之大宗，可是这一点在

古书里并不能得到证明,这是金景芳先生指出来的[①],并且金先生的论证是无法反驳的。如果我们真的可以从出土材料中证明"天子"是天下之大宗,那这个问题还可以继续再讨论,可是从文献中是没有办法证明这一点的。不管怎么说,诸侯、卿大夫一级是一定要行宗法的,可是宗法是否能下到"庶人"那一级是很难讲的,现在并没有很明确的论证。因此,宗法应该是在广义的贵族层面上来实行的。宗法制度和"兵农合一"的制度有关,在宗法范围之内,嫡长子是继承人,如果排辈的话,"伯"就是继承人,并且从一定意义上讲,祖先的财产和职官都可以这样世袭下去。可问题在于这个人并不是只有一个儿子,比如"鲁有三桓""宋有七穆",要是有三个儿子或者七个儿子怎么办呢?这就涉及财产的分配和爵位的世袭,也涉及社会中其他的各个方面。比如说打仗的时候要征兵,当时的征兵就是按照宗族制度来运作的,如果父亲老了,那么他的嫡长子就代表他父亲带兵出征了,可是下面的"仲""叔""季"这三个儿子怎么办呢?这是宗法制度里面很大的一个问题,就是如何处理嫡长子之外的儿子,特别是在打仗的时候,这些人应该如何处理呢?实际上这一类的事情都是属于"宗人"来管理的。有一个职官,不知道西周有没有,但是在春秋战国时期是一定有的,这就是"余子",也叫"庶子",这个官是专门管理"别子"的,所谓"别子"也就是除了嫡长子之外的儿子。这种官我们在青铜器中就可以看到,

---

[①] 金景芳:《论宗法制度》,载《金景芳全集》第七册,第3491-3517页,上海:上海古籍出版社,2015年。

比如在西安出了一个魏国的龙阳庶子灯,这就是"庶子"的东西,"余子"也见于很多的玺印。在晋国就有专门管理"别子"的官,比如说"公族大夫",在打仗或者平时训练的时候,"公族大夫"就会把"别子"组成一种专门的军队,这说明"别子"是有组织的,但是这个组织究竟是如何运行的,我们还不得其详。总之,"公族"就是专门管理"别子"的官员,因为可以把"别子"组成军队,所以"公族"和"师氏"在某些程度上是很类似的,他们都是管理军队的,带有"武装"的意义。"鸿釐"就是"公族"之官,在这里大家还要注意一个问题,就是"公族"的"公"并不一定是"五等爵"中的"公",因为在"王"的家族里面,也是叫"公族",并不叫"王族"。周王的战车,也叫"公车",就是国家的、政府的车。"公族瑦釐"是"师酉"的右者,"中廷"指的是虞太室的中廷。至于说"公族瑦釐"是否为虞国的公族,那我们还不敢说,但"师酉"是周王朝的官,这一点大家看其他的器物就能明白了,所以这次册命只是恰逢"王"在虞国的时候作的。

③"王乎史牆册令师酉"一句,虽然是"王"在虞国册命,但过程是一样的,所以下面"王"就要让史官来宣读册命了。史官的名字叫"牆(墙)",这个字是孙诒让在《古籀余论》中隶定的①,孙诒让对金文是细辨毫发的,他认为这个字就是"墙"字,金文中的墙字多作"牆",而"牆"作" ",不过就是少写了一个"禾"字,这个

---

① 孙诒让:《古籀余论》,第33页,北京:中华书局,1989年。

说法远在史墙盘发现之前,是在清末民初之时。如果师酉簋中的"墙"就是史墙盘中的"史墙",那在时间上就值得考虑。大家要知道,"史墙"是周恭王时候的人,按照夏商周断代工程所排的西周历谱,恭王在位二十三年,即使是把"史墙"放在恭王晚年,至少还要经过"懿""孝""夷"才能到厉王元年。如果我们承认这一点,那么"懿""孝""夷"的时间一定特别短,这点从"史墙"家族的器物也可以证明。唐兰先生把这个字隶定为"𤔲"①,我也用过这个隶定②,但是最近一些年再看这件器物的时候,我觉得隶定成"𤔲"恐怕还真不合适,还是孙诒让说得更有道理,因为这篇铭文的第五行有"门"字,作"𨵿","𨵿"字上面多了两个小横,这是门枢。这个"𤔲"和"𤔲"的下半部分不太像,所以孙诒让认为"𤔲"是"墙"字并不是没有可能,这个问题我们先留在这里,以供大家讨论。如果"𤔲"真是"史墙",那就是一个很有意思的事情,这能够明确证明"懿""孝""夷"这三个王不会长。根据夏商周断代工程的历谱,"懿""孝""夷"加在一起也就是二十二年,如果把"史墙"排在恭王晚年,再加上这二十二年,总共也就三十年左右,到了厉王元年的时候,"史墙"也就是六七十岁,这是大家可以接受的。

④ "嗣乃且(祖),啻官邑人虎臣、西门尸、𦅫尸、秦尸、京尸、弁𣎵尸"一句,"嗣"读为"嗣",义为"继承",或者就读为"嗣",理解为"管理"也是可以的,

---

① 唐兰:《西周青铜器铭文分代史征》,第427页,北京:中华书局,1986年。
② 李学勤:《西周青铜器研究的坚实基础》,载《中国古代文明研究》,第51-61页,上海:华东师范大学出版社,2009年。

不过我自己认为读为"嗣"更好一些。"啻"有多种读法,但并没有一个很好的解释,但"啻官"应该就是"啻管",意思就等同于"管理"。"邑"是居住的地方,大家看《汉书》就可以知道,当时的人居住在"邑"里面,然后出去种地,这种情况在北方多见。大家要知道,北方农村和南方农村不太一样,南方的农村是非常分散的,每一户与每一户之间可以离得很远,北方则是聚居在一起的。周代的时候,周原地区是聚居的,"邑人"就是"在邑中居住的人"。"师酉"之"师"实际上就是"师氏"之官,金文中常见"师氏虎臣",所以他是管理"虎臣"的。"虎臣"是在一般的行伍中选拔出的一些精锐部队,作战时冲锋在前,也称"虎贲",武王伐纣的时候就有"虎贲三百人"。所以"邑人虎臣"就是"邑人中的虎臣"。"尸"即"夷",也就是"夷人","师酉"除了管理"虎臣"之外,还管理一些"夷人",包括"西门尸""㝬尸""秦尸""京尸""弁月尸","㝬"字不识,是一个很常见的字,在甲骨文中也有,是一个地名,近年发现的西周早期的善鼎中有"㝬侯"。"月"可以理解为"身"字,所以唐兰先生直接写为"身"。①这些人都是在部队中的,所以"师酉"应该是一个武官,类似于《周礼》中"四夷之吏"。

⑤ "新易(锡)女(汝)赤市、朱黄、中𪓑、攸勒,敬夙夜,勿灋(法)朕令"一句,"新"不能读为"亲",因为在册命中无所谓"王亲自赐予",这里的"新赐"也就是"新给",可见"师酉"以前当过官。"中𪓑"不知

---

① 唐兰:《西周青铜器铭文分代史征》,第427页,北京:中华书局,1986年。

道是什么意思，前人认为与"带子"有关。"瀍（法）"，训为"废"。

⑥"用乍（作）朕文考乙白（伯）、宄姬隩殷"一句，"宄"就是"宫"字，是一个谥号。"乙伯"是"师酉"的父亲，"宫姬"是"师酉"的母亲。在称谓上，有的是日名，有的是谥号，可见在这个时候日名和谥号还是在交替使用。

师酉鼎

师酉鼎（见图12、图13），现藏保利博物馆，师酉鼎的铭文照片发表在《中国历史文物》2004年第1期，朱凤瀚教授写了一篇文章，名为《师酉鼎与师酉簋》。这件器物后来收在钟柏生编的《新收殷周青铜器铭文暨器影汇编》中，号码是1600。

图12 师酉鼎　　　　图13 师酉鼎铭文照片

师酉鼎释文：

隹（惟）王三（四）祀九月初吉丁
亥，王各（格）于大（太）室，吏师俗
召师酉①。王寴袤宕师酉，
易（锡）豹裘②，曰："圝㚇（夙）夜辟事
我一人。"③酉敢拜頴首，对
扬皇天子不（丕）显休，用乍（作）
朕文考乙白（伯）、宀瓦姬宝隣
鼎④。酉其用追孝，用㯱竇
䇏、媸彔、屯鲁。酉其万年
子=孙=永宝用，亯孝于宗⑤。

① "隹（惟）王三（四）祀九月初吉丁亥，王各（格）于大（太）室，吏师俗召师酉"一句，"祀"就是"年"，在西周金文中用"祀"的还是很多的，一直到西周晚期还有。从历法上来看，应该把这件器物排在孝王四年。"初吉"是在一个月开端的部分，"丁亥"是吉日。大家要知道，"丁亥"作为吉日，见于好几种文献，比如《大戴礼》中的《夏小正》。周代铸器的时候多喜欢用"丁亥"，西周时期的"丁亥"，应该是真正去找"丁亥"那天。可到了春秋战国的时候，有些"丁亥"就是假题了，不见得真是"丁亥"那天作的，因为不可能什么东西都是"元年正月丁亥"所作。当然这只是一种可能性，我们没法论证，但西周铭文中的"丁亥"应该都是确有其事。"格"训为"至"，"太室"是宗庙中最核心的地方，"王格于太室"就是"王至于太室"。虽然这里没有明确说是在哪个

太室,但应该就是在"宗周"的太室,因为"王"在宗周。"吏"读为"使"。"吏师俗召师酉"也就是"让师俗召师酉"。西周金文中有"师俗父",又叫"伯俗父",但"师俗父"所处的时代要早于"师俗",也就是说"师俗父"和"师俗"不是同一个人,而且如果把二者看成同一个人,那就没法排了。西周金文中同名的人不是太多,这是其中的一个,可是二者还是有区别的,就是一个有"父"字,一个没有"父"字。"师俗"这个人还是很值得注意的,又见于厉王三年的师晨鼎,"晨"实际上就是"振"字。师晨鼎有"王乎作册尹册令师晨,疋师俗䚃邑人:隹小臣、善夫、守□、官犬,眔奠人:善夫、官守友"一语,"作册尹"即"作册之长",也就是"史官之长"。"疋"读为"胥",训为"助","疋师俗"也就是"让师晨帮助师俗",所以"师晨"是"师俗"的下属。"䚃"义为"管理"。"邑人"和后面的"奠人"是对称的,"奠"即"甸","甸人"也就是在"邑"外之人。"邑人:隹小臣、善夫、守□、官犬"就是"邑人里面的小臣、善夫、守□、官犬"。"小臣"是侍从之官。"善夫"即"膳夫",是类似于"宰"一类的官。"官"就是"职","官犬"就是管打猎的,这一点大家看甲骨文就可以知道,类似于《周礼》中的"迹人"。"甸人"里面也有"膳夫"。"官"也是"职"的意思,"官守"是一种职官的名称,"友"是"僚属","官守友"也就是"官守的僚属"。从这里就可以看到"师俗"也是管理邑人的,所以"师酉"就在这个系统里面。师酉鼎讲的是"王"让"师俗"去叫"师酉",而不是一个正式的册命,所以就没有史官,正因为没有史官,才有下面的话。

②"王寴衮宦师酉,易(锡)豹裘"一句,"衮"是从"矛"声的,所以可读为"懋",训为"勉"。"宦"读为"杍",通为"予"。"豹裘"就是"豹皮做的皮袄"。"王寴衮宦师酉,易(锡)豹裘"就是"王亲自勉励并赐予师酉豹裘",这里并没有通过史官册命。大家要知道,"赐皮袄"是很特别的一件事,周历的正月是在有冬至的那个月,也就是夏历的十一月,二者相差两个月。师酉鼎中的"九月"就是夏历的"七月",在这个时候给皮袄正好是反季节的。"豹裘"是武将之服,而且是"王"亲自给的,所以"王"一定很喜欢"师酉"。

③"圝夙(凤)夜辟事我一人"一句,"圝"字,杨树达先生认为"貊"可读为"貉",所以"圝"可读为"恪",训为"敬"。①"辟"义为"臣事"。"我一人"也就是"余一人",就好像说"孤寡"或"不谷"一样,是君长的谦称。从这里也可以看到"师酉"此时应该比较年轻,因为"王"这时没有给他一套完整的册命,可能是"师酉"刚刚为官,所以师酉鼎的时间比师酉簋要早。

④"对扬皇天子不(丕)显休,用乍(作)朕文考乙白(伯)、宽姬宝隣鼎"一句,在"休"下面没有"命"字,可见"命"是专指"册命"而言,这里并不是册命,就是给了"师酉"一件皮衣而已。"文考乙白(伯)、宽姬"和师酉簋是一样的,只不过师酉簋中的"宽"写作

---

① 杨树达:《毛公鼎跋》,载《积微居金文说》,第48-50页,上海:上海古籍出版社,2007年。

"宪",但综合起来看,"宽姬"就是"宪姬",所以有时候我们不能太拘泥于笔画。

⑤ "酉其用追孝,用蘄覭簪、媰彔、屯鲁。酉其万年子=孙=永宝用,言孝于宗"一句,"追孝"是对先人而言,先人已经去世了,所以用"追"。这种格式西周中期铭文比较多见,晚期就很少用了。"蘄"读为"祈",义为"求"。"覭簪"即"眉寿"。"媰"读为"祓","媰彔"即"祓禄",也就是"福禄"。"屯鲁"即"纯鲁",义为"大美"。"言"训为"献","宗"就是"宗庙","言孝于宗"说明这件鼎是宗庙中的祭器。

师酉鼎属于典型的西周中期器,是一个附耳鼎,器身的纹饰类似于窃曲纹,但和典型的窃曲纹还有所不同。下面是平底,类似于这样平底的鼎,过去也出现过几件,它们的时代都是西周中期,鼎的蹄足还不是很发达。综合起来看,师酉鼎还是具有西周中期鼎的特点,所以我们把这件鼎排在孝王四年,还是比较合理的。

下面我们再来看"师询"的器物。

询簋

询簋(见图14、图15),1959年出土于陕西蓝田寺坡村,拓本见于《集成》4321。蓝田在西安的东南,询簋出土之后就引起了关注,很多人写了文章,特别是郭沫若先生。[①]

[①] 郭沫若:《弭叔簋及訇簋考释》,《文物》1960年第2期。

图14 询簋

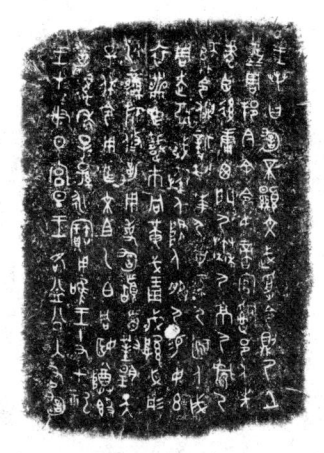

图15 询簋拓本

询簋释文：

王若曰①："訇！不（丕）显文、武受令（命），则乃且（祖）
奠周邦②，今余令（命）女（汝）啻官嗣邑人，先
虎臣，后庸：西门尸、秦尸、京尸、夷尸、
师笭侧新、罪华尸、弁月尸、厨人、成
周走亚、戍秦人、降人、服尸③，易（锡）女（汝）玄
衣黹屯、䩨市、冋黄、戈琱祓、歇必、彤
沙、䜌旂、攸勒，用事④。"訇𩒹首，对𩂣（扬）天
子休令（命），用乍（作）文且（祖）乙白（伯）、同姬䵼殷，
訇偁年子=孙永宝用。隹（惟）王十又七祀，
王才（在）射日宫，旦，王各（格），益公入右訇。

① "王若曰"一句，这篇铭文是从"王若曰"开始的，但是纪年以及其他的很多话都放在了最后，这个比较特别，"询"的器物都是这样写的，师询簋也是如此，

这可能和商朝以来的传统有关，因为商朝铭文的纪年多是放在最后。

②"訇！不（丕）显文、武受令（命），则乃且（祖）奠周邦"一句，"訇"是人名，唐兰先生隶定作"韵"。[①] 实际上这个字就是"询"，之所以写作"訇"，是因为"询"字不见于《说文》正文，而是在新附字里面，可能是《说文》漏收了，但这不一定是许慎的问题，可能是在流传的过程中丢掉了。《说文》中漏收的字有很多，最为典型的就是没有"由"字。"受命"就是"受天之大命"，也就是"称王代商"。"则"训为"乃"，是一个虚字。"乃祖"也就是"你的祖先"。"奠"训为"定"。"不（丕）显文、武受令（命），则乃且（祖）奠周邦"义为"在文武受命的时候，你的祖先安定了周邦"。从这可以看出"师询"的祖先应该也是一个武官，至少是有武功的。

③"今余令（命）女（汝）啻官嗣邑人，先虎臣，后庸：西门尸、秦尸、京尸、䍧尸、师笭侧新、罤华尸、弁月尸、𢇛人、成周走亚、戍秦人、降人、服尸"一句，师西簋中只提到了"虎臣"，在这里是"先虎臣，后庸"，"虎臣"是冲锋在前的，所以谓之"先"。"庸"即"佣"，是指"服役的人"，不是真正的战斗部队，而是管后勤的，所以谓之"后"。中间就是"邑人"组成的正式部队，这是非常重要的，它反映了当时军队的结构。"尸"即"夷"，"后佣"中还有很多的"夷人"。"师笭"不完全懂，"师"指"军队"，可是"笭"字不详，"侧新"就是"铡薪"，

[①] 唐兰：《西周青铜器铭文分代史征》，载《唐兰全集》第七册，第509-510页，上海：上海古籍出版社，2015年。

也就是"采薪",所以"师笎侧新"就是"烧火做饭之人"。大家如果有兴趣,可以看一下《司马法》,《司马法》这部书现在没有了,但佚文还在,比如《左传》的注疏里面就引过两条《司马法》的佚文,其中讲到了军队的构成,就是像铭文中所说的样子。军队里面必然会有一些人管埋锅造饭、砍柴修路的事情,询簋中的这些"夷人"就是干这些事情的,都是属于"后佣"的,师西簋中提到的"夷人"就是"后佣",所以就没有单提"后佣",只是说"虎臣"。大家要特别注意"成周走亚","走"是"仆佣"的意思,"亚"是"恶",指"犯罪之人","成周走亚"即"成周走恶",也就是"从成周发配来的人"。"戍秦人"就是"戍守的秦人",有人以为"秦"是地名,就在今天甘肃礼县以西。"降人"是打仗时投降来的人,应该不是"夷人"。"服尸"即"臣服的夷人",应该是按照一定的氏族或部落单位来的,"宗周宝钟"里面有"服蛮","服蛮"也有读为"服子"的,可是从这里来看,"夷"和"蛮"应该是相对应的。大家要知道,"夷"并不一定是东方的,在金文和古书中,"蛮""夷""戎""狄"很多时候是通用的。询簋中的"夷人"很多,到了师西簋的时候,"夷人"的名称就少了一些,但基本上差不多,可能某些"夷人"过了一些年也就没有了,或者是微不足道了。这里面特别值得注意的就是"秦",有些"秦人"作为"戍",有些"秦人"作为"夷",这究竟应该如何解释,还有待进一步研究。如果把"先虎臣,后佣"和"夷人"结合起来看,大家就可以知道当时军队的规模是很大的,因为"后佣"中就包括了很多人。

④ "易(锡)女(汝)玄衣黹屯、䵓市、同黄、戈琱㦸、㪿必、彤沙、綅旂、攸勒,用事"一句,"玄"是赤黑色,"黹屯"即"黹纯",是"有刺绣的衣边","玄衣黹屯"也就是"有刺绣的衣边的赤黑色的衣服"。"䵓市"就是"柔皮做的市"。"同黄"现在还说不大明白。"戈琱㦸"是"柄部有雕花的戈"。"㪿必"即"厚柲",也就是"戈的杆很厚重"。"沙"读为"綏",是"穗子"。"彤沙"即"彤綏",也就是"红色的穗子"。

・2010年上半年第十五次课・

师询簋

今天是这个学期的最后一次课,西周中期的金文能够举例的,我们基本上已经都讲了,我们讲的西周中期的金文,应该说量是比较大的,但更重要的西周金文是在西周晚期,正如我们这门课在开始设立的时候给大家讲的,我们要尽可能用文献材料与金文对读。这次讲的师询簋是可以和《逸周书》的《祭公》对读的,《祭公》中的很多文句是和今天我们所要讲的师询簋一致的。今天我特意没有把《祭公》的原文发给大家,这是因为清华简中有《祭公》这一篇,而且是很完整的,如果去对照,大家就可以看到今本的《祭公》有很多地方是不对的,这是因为汉朝的人在传抄的过程中产生了讹误。一直到晋代,孔晁在作《逸周书》的注的时候,他看到的本子就已经是很不好的本子了。但是由于清华简的《祭公》还没有发表,我们又不能在这个课上发表这个材料,所以只能期待以后有机会大家再去对照。我在《中国古代文明研究》里面有一篇文章,讲的是师询簋和《祭公》的对照[①],可是写这篇

---

① 李学勤:《师询簋与〈祭公〉》,载《中国古代文明研究》,第62-65页,上海:华东师范大学出版社,2009年。

文章的时候，我们还没有发现清华简的材料，主要是根据传世的本子来做的，所以有些地方还是不准确，我也就不推荐这篇文章了，如果哪位同学有兴趣想看一看这篇文章，还是可以去看一下。

师询簋是宋代著录的，见于《集成》4342，从宋代传下来的摹本就是这个样子了，这里面有不少错字，其中有些字在宋代著录的不同本子里面还是可以有所修正的。

宋朝的摹本在当时是有拓本的，北宋时期已经有了拓青铜器铭文的技术，宋代的金文拓本中，王复斋《钟鼎款识》的一部分拓本，即毕良史青笺的十五种，到了清代阮元的时候还有，后来就遗失了。可是虽然宋代人会拓，但宋代人不会制版，就是不能像现在一样，用光学摄影的办法把拓本印在书里面，所以只能根据拓本来刻版，因为当时是不能把拓本蒙在版上来刻的，只能是根据拓本来摹写，实际上是用刻版的方法摹写了拓本。因此，我们现在看到的这些，只能作为摹写本来看待，也正因为是摹写本，所以里面必然会有不少错误。这些错误大体可以分为两种：一种是拓本比较清楚，但摹刻的时候出现了错误；还有一种是拓本本身就不够清楚，在摹写刊刻的时候，把这些不清楚的地方变成了错误。不管是哪一种情况，这种摹刻的本子总是有一些不可靠性，而这也是不可避免的。师询簋也是如此，这个本子中有很多错误，可是这篇铭文实在太过重要，我们又不能不去研究，好在现在有了询簋、师酉簋等一些材料，我们还可以用来对读，这也就是我们为什么要倒过来讲，最后介绍师询簋，这样讲也更有利于大家理解铭文中的一些东西。

我们在读师询簋的过程中，有些地方必然是猜测，我们在猜测的时候，更多地是依据和师询簋相关的一些材料，以及铭文中的一些通例。

询簋铭文的用词和师询簋（见图1）有相似之处，当时写好一篇铭文是一件很不容易的事，会收录到文集里，后面再写铭文的时候，就会仿照前面的范文，所以有些铭文也是层层相因的。史墙盘就是这样，"史墙"的铭文写得很好，后来他的儿子"癫"再写的时候，就参考了史墙盘的铭文。

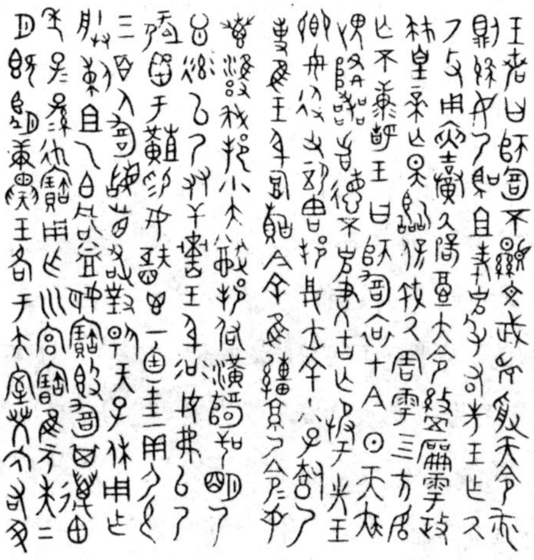

图1　师询簋摹本

师询簋释文：
王若曰："师訇，不（丕）显文、武，膺受天令①，亦
则隹女（汝）乃圣且（祖）考克𤔲右先王，乍（作）氒（厥）
厶𠭯，用夹𧶽氒（厥）辟，奠大令，𧪜屖雩政②，
䌛皇帝亡斲临保我又周，雩三（四）方民
亡不康静③。"王曰："师訇，哀才！今日天疾
畏降丧，首德不克爰，古亡承于先王④，
乡女（汝）彶文䣝周邦，妥立余小子，𥂴乃
事，隹（惟）王身厚顈⑤，今余隹（惟）䚄𢍰乃令，令女（汝）

蠶雝我邦小大猷,邦佑潢辥,苟明乃心,率㠯乃友,干䖒王身,谷女(汝)弗㠯乃辟圅于囏⑥。睗(锡)女(汝)鬯一卣、圭鬲、尸允三百人⑦。"訇頴首,敢对覴(扬)天子休,用乍(作)朕剌且(祖)乙白(伯)、同益姬宝殷⑧,訇其䍙囚年⑨,子=孙=永宝用,乍(作)州宫宝⑩,隹(惟)元年二月既望庚寅,王各(格)于大(太)室,焚内右訇⑪。

① "王若曰:'师訇,不(丕)显文、武,膺受天令'"一句,询簋和师询簋都是以"王若曰"开头的,"师訇"是"王"对"询"的敬称。"膺"字有点看不清楚,是我们猜的,如果对照不同的刊本来看,"膺"字还略存其形,"膺"字,义为"承受"。询簋中是"丕显文、武受令","这里的"膺受天令"也就是"受命","文武受命"是西周人的传统说法。最近还有人写文章讨论"文王受命"的问题,我想随着清华简的逐步发表,今后还会有很多人来研究这个问题。"文王受命"自古以来就有很多说法,主要问题集中在"受命"是不是"称王",因为《论语》中有文王"三分天下有其二,以服事殷"的记载,所以有些人就认为文王是不会称王的。还有就是"文王受命"和"文武受命"的关系,金文中有时说是"文武受命",实际上"文王受命"和"武王克商"是结合起来的,"克商"是"受命"的结果,"文""武"的事业是一件事。有一种说法认为,武王是没有年号的,是继续了文王的年号,武王是载文王木主而行的,所以实际上还应该算是文王出征,这些说明"文武受命"在西周人的观念中

是一个统一的事情。有一点要注意,就是这里用的是"天命"而不是"大命",金文中常用"大命",但这里用"天命",并不是摹本有误,因为《祭公》中就有"天命"。《祭公》篇是祭公临去世时所留下的一篇遗嘱性的文献,时间应该是在穆王晚年,师询簋是在恭王元年,二者在时间上非常接近。

② "亦则隹女(汝)乃圣且(祖)考克豸右先王,乍(作)乓(厥)厶殳,用夹嚚乓(厥)辟,奠大令,蝥屚雩政"一句,"亦"字在这里不要认为一定训为"也",它的意思实际上是和"惟"比较类似的,"亦则"就是"则","亦""则""隹"这三个字在语法上是差不多的,不过是一种婉转的用法。"汝"义为"你","乃"的意思也是"你",不过"乃"有时用为领格,可是也不一定,"汝"有时候也可以用为领格,所以"汝"就是"乃"。"亦则隹女(汝)乃"实际上就是"唯乃",但是在这篇铭文里,器主写得更庄重。《尚书》和《诗经》中都有类似的情况,就是用一些同义的词,把句子写得更典雅、更婉转。"圣"训为"明",大家如果仔细看,就会发现"🙂"字下面有一个"人"形,"圣(聖)"字实际上是从"人"的,有时写作"𡈼",而不是简单地写作"耴"。这里有"祖"也有"考",所以在"师询"以前,一直到"文""武"时期,一定不是只有一代,应该是有好几代,具体是多少代我们并不清楚,因为我们不知道"祖"具体指多少代。"克"训为"能"。"豸"是我们猜的,此处读为"左","豸右先王"即"左右先王"。"厶"是"肱"字的古文,《说文》中认为"厶"是象形字。在座的同学大多没有学过国语注音

字母，台湾地区现在还在学，现在拼音中的"eng"，在国语拼音字母中用的就是"厶"，因为"厶"是用"eng"作韵母的。所以国语注音字母每一个都是很有根据的，相当讲究，当初是由黎锦熙、钱玄同等一些语言文字学家做的。"殳"就是"股"，"厶殳"就是"肱股"，只不过在文献中作"股肱"，实际上"肱股"和"股肱"的意思是一样的。除了"肱股"之外，西周晚期铭文中还有"爪牙"，在古书中也很常见，但"肱股"和"爪牙"在意思上有所不同，"肱股"是支撑的，"爪牙"是抓人的。"乍（作）氒（厥）厶殳"也就是"作为王的股肱之臣"，从这里我们也可以看到"师询""师酉"家族是西周时期很重要的贵族家庭，这也进一步证明了西周的世族世官制度是很重要的。关于这些问题，近些年研究得比较少。实际上材料是很多的。有一点要提醒大家注意，西周的金文到现在为止已经发现了很多了。大家要把这些整个梳理起来，就会发现当时不会有很多的世族。西周是由世族构成的社会，在外面就是封诸侯，在朝内就是世官。实际上不管是封在外面的，还是留在朝内的，都是世袭的，当然这里面有调整、变化的可能性，但从原则上来讲，都是一个血缘的世袭制度。因此不管是一个王朝，还是一个大的诸侯国，世官并不会太多。我们看整个二百四十二年的春秋历史，其中鲁国和晋国的材料最为翔实，但是这两个国家中的世官也不过就是那几个，所谓"鲁有三桓""郑有七穆"。楚国也是一样，上次我们讲的"申氏"就是"楚文王"的后人，也就是从王族中所分出来的一些庶子和别子，这些人中有的就成了世族，历代都是如此。至于说有些异姓来王朝或某国为官，后来成为世族的，也并不是太多。当然这种情况在晋国更多一点，因为晋国的情况比较特殊。由于政治上的原因，晋国的公子不盛，所以晋国大多由异姓掌权，"韩""赵""魏"就是如此，三者都不是晋国的公室。相对比来看，其他国家的公室就比较强。"夹"字在铭文上看得还是很清楚的，"㠯"字摹得就有很多错误，"㠯"是从"召"声的，金文中"召公"的"召"就写作"㠯"。"夹"和"㠯"都有"辅助"的意思。"厥辟"就是"其君"。"奠"训为"定"，"大令"即"大命"，指的是"王位"，"奠大令"即"定大命"。"盩䵼雩政"一词，我们讲过多次，"盩䵼"也就是"协和""调和"的意思，"䵼"字的写法比较特别，但见过不止一次。

③"䚃皇帝亡斁临保我又周，雩三（四）方民亡不康静"一句，"䚃"是虚字。"帝"上面有一短横，所以有人主张读为"皇上帝"，这样读也不是不可以，"皇帝"指的就是"上帝"。大家要知道，"皇帝"这个词在古书中并不多见，但见于《尚书·吕刑》。胡厚宣先生曾指出甲骨文中有"王帝"一词[①]，"皇"是从"王"声的，所以"王帝"就是"皇帝"，《周礼》中的"三王五帝之书"，实际上就是"三皇五帝之书"。"斁"就是"斀"，训为"厌"，"亡斁"也就是"不厌"，义为"长久"。"临"义为"监视"，"皇帝亡斁临保我又周"就是"皇帝长久地临保我

---

① 胡厚宣：《殷卜辞中的上帝和王帝》（上），《历史研究》1959年第9期；又见胡厚宣：《殷卜辞中的上帝和王帝》（下），《历史研究》1959年第10期。

又周"。"雩"是一个虚字。"康"训为"安","亡不康静"即"无不安静"。以上是"王"在追述"师询"祖先的功绩,这种情况就和史墙盘中讲的差不多。询簋中有"不(丕)显文、武受令(命),则乃且(祖)奠周邦"一句,意思和师询簋的这段话差不多,只不过师询簋写得很长而已。从这里就可以看出师询簋中的这段话并不是他自己编的,而是"王"所给的册命中的内容,可见这些是当时册命中的一些套话,就好像后来的"奉天承运,皇帝诏曰"一样。

④"王曰:'师訇,哀才!今日天㚔畏降丧,首德不克毖,古亡承于先王'"一句,"哀才"就是"哀哉",把"哉"写为"才",一直到隶定古文《尚书》的时候还是如此。"㚔"像一个人旁边有一支箭,实际上就是"疾"字,这是甲骨文"疾"字的其中一种写法,有时候箭还弯过来射到人身上。"今日天㚔畏降丧"有可讨论的地方,杨树达先生引《诗·召旻》"旻天疾威,天笃降丧",认为二者很相似,所以杨先生以为"日"和"天"有可能是连起来的,实际上应该是"旻"字①,这样就可以和《诗经》对照了。杨先生对古书非常熟,这是一个非常聪明的想法,但是没法证明,因为读为"今日"也是可以通的。"今日"就是"今",大家不要认为"今日"就指"今天"。"首"指的是"君",但这一点仍然可以讨论。"元首"一词,见于《尧典》,"元"就是"首",《左传》有

---

① 杨树达:《师訇簋跋》,载《积微居金文说》,第 120-121 页,上海:上海古籍出版社,2007 年。

"勇士不忘丧其元"。"克"训为"能"。"斐"即"画"，训为"正"。"古"读为"故"。"承"义为"续"。这句话的意思是说上天疾威降丧，因为君德不够正，所以不能继承先王之业，这是恭王在说他自己，是谦词。恭王之所以这样说，是因为恭王刚刚即位，穆王新丧不久，所以"天疾畏降丧"指的是上一代"王"，也就是穆王已经去世了。有人认为这是批评穆王的话，因为穆王有些失德的地方，这一点我不相信，因为恭王是不会在册命中讲这个事的。

⑤ "乡女（汝）彶文卹周邦，妥立余小子，甗乃事，佳（惟）王身厚頾"一句，"乡"读为"向"，也就是"过去"，因为现在已经到了元年的二月。"汝"指的是"师询"。"彶"就是"及"，是一个连词。"文"字，我有一个猜想，最近一些年，大家读了很多竹简和玺印，很多人写文章指出"臤"字的左边很像一个黑点，应该是"贤"字很特殊的一种写法，所以我猜想"文"就读为"贤"，至于是否如此还可以讨论，"女（汝）彶文"就是"你和这些贤德的人"。"卹"训为"忧"。"妥"读为"绥"，训为"安"。"余小子"指"恭王"自己，"恭王"名叫"繄扈"，古书中是这样讲，《穆天子传》中也是这样讲，这个名字错不了，因为我们根本就不懂"繄扈"的意思。"甗"读为"载"，训为"行"，"甗乃事"就是"行乃事"。"王身厚頾"是"厚頾王身"的倒文，"頾"训为"至"，"王身"就是"周恭王自身"。这段话的大意是"你们立了我，并且做你们的事，这样恩德就到了我身"。元年比较长的册命很少见，所以这篇东西是很宝贵的。

⑥ "今余佳（惟）齸橐乃令，令女（汝）䵼雍我邦

小大猷，邦佑潢辥，苟明乃心，率吕乃友，干菩王身，谷女（汝）弗吕乃辟圅于囏"一句，"䚘䛨"一词我们讲过多次，就是"申就"，"申"训为"重"，"就"训为"至"，"䚘䛨乃令"即"重至乃命"，也就是重新再给一次册命。凡是说"申就"或"申命"的，多是以前就册命过的，这一点需要大家特别注意，下学期我们读到西周晚期的器物时，这个词还会看到许多次。"䇂"就是"助"，至于说为什么是"助"还不清楚。"雍"义为"和"。"猷"训为"谋"。"辥"即"乂"，因为金文中有的"辥"写作"叒"，"乂"训为"治"。"佑"训为"福"。"潢"读为"广"。"邦佑潢辥"即"邦福广治"，也就是使国家得到福惠，得到普遍的治理。这是我的一种推想，至于正确与否还可以进一步讨论。"苟"读为"敬"。"明乃心"讲过多次，这是当时很重要的一个思想，也是当时的君主对臣下的一个要求。"明乃心"就是"明明德"，因为古人认为德行是成于中的，也就是在心里面，如果心能够开明，就能够建立自己的道德，所以《大学》云"大学之道，在明明德，在亲民，在止于至善"，实际上"明明德"和"明心"是一回事。怎么样才能"明明德"呢？关键在于"敬"。"率"和"吕"的意思是一样的，都是"带领"。把"吕"读为"与"，训为"和"也是可以的，但不管怎么讲，"率"是很清楚的，一定是"带领"的意思。"友"是"僚属"的意思。"菩"是从吾声的字，大家要注意，此处的"五"字中间有一竖，"五"字中间一般是没有竖的，但作为偏旁的"五"字中间常常是有竖的。"干菩"即"捍敔"，就是"捍御"，义为"保卫"，"干菩王身"也就是"保卫王身"。由此看来,"师询"应该是"师氏"之官,是带领军队保卫周王的武装人员,相当于后来的侍卫长。"虎臣"就是这样的,实际上"虎臣"就是一种侍卫,"师氏"是要管理"虎贲"的,这一点大家去读《周礼》就能够明白。"谷"读为"欲",训为"愿"。"圅"读为"陷"。"艱"在甲骨文中常见,就是"艰"字,但甲骨文的"艰"字是从女的,作"",可这个字为什么是"艰",还是没有说清楚。《逸周书·祭公》有"陷于难","艰"和"难"可以通用。"谷女(汝)弗弖乃辟圅于艱"义为"希望你不要让你的君主陷于为难的境地",类似的语句也见于毛公鼎。这是"王"对"师询"做的一些原则性的要求,但并没有给"师询"一些具体的安排,具体安排是在十几年之后的询簋中,由此也可以看出"师询"在当时是一个非常重要的人。

⑦"赐(锡)女(汝)𩰬鬯一卣、圭瓚、尸允三百人"一句,"𩰬"在文献中作"秬",是"黑色的黍米","𩰬鬯"就是用黑色的黍米加上郁金所做成的一种香酒,是祭祀时用的一种非常隆重的东西,不是一般情况能有的。"卣"是一种装酒的器皿。大家看到"卣"就会联想到提梁卣,提梁卣是青铜器的一种名称,至于说提梁卣是否就是古书中的"卣",目前还不清楚,因为从来就没有一个自名为"卣"的器物出土,但从宋代以来传统上认为这种器物就是"卣",所以我们现在还这样说。至于说铭文中的"𩰬鬯一卣"是否就是用提梁卣装的,我们还不敢说。"瓚"就相当于古书中的"瓚",是一种勺子,用来舀酒浇灌,这种勺子的柄是用"圭"或者"璋"

一类的玉器做的,用"圭"作为柄的叫"圭瓒",用"璋"作为柄的叫"璋瓒"。"圭"的上面是尖的,"璋"是"圭"的一半,上面是斜角的,从汉代以来就是这样认为,但考古中就不一定是这样了。现在考古中出土的一些柄形器,很多人认为就是"瓒"一类的东西。"尸"就是"夷","尸允"也就是"夷允"。"允"读为"讯","折首执讯"的"讯"在金文中作"嚙",是一个从"允"声的字。"讯"是"审问"的意思,"执讯"是抓到之后被审问的俘虏,"尸允"是指抓回来的夷人的俘虏,"尸允"共有三百人。可见"师询"真的是打仗的,在战胜之后俘虏了一些人,"王"就把这些人赐给了"师询",这就是师西簋和询簋中所讲的各种"夷人",当然师西簋和询簋中的"夷人"肯定不止三百个,数量可能更多。

⑧ "用乍(作)朕剌且(祖)乙白(伯)、同益姬宝毁"一句,询簋中是"乙伯、同姬","同"字,很多学者都猜测是古书中的"凡",实际上这个字是"凡"再加上一个"口",并不是"同"。"凡"是周公之子,"伯禽"和"君陈"之弟,留在朝中任职。在《春秋》里面,"凡伯"还是一个很重要的大臣。"益"也是一个国名,我猜测"益"是从"凡"分出去的,所以此处称为"凡益姬",也可以称为"凡姬",询簋中的右者就是"益公","益公"可能就是从"凡"分出去的,所以是姬姓,周公之后。

⑨ "匋其徧卤年"一句,"卤"即"思"之所从,此处读为"斯","徧卤年"即"万斯年",见于《诗经》。"万斯年"在金文中只见过这一次,周原甲骨中的"卤",也是据此读为"斯"的。

⑩ "乍（作）州官宝"一句，铭文中的"州"看起来是"川"字，但实际上应该是"州"，因为"州官"也见于其他铜器，是一个地名。

⑪ "隹（惟）元年二月既望庚寅，王各（格）于大（太）室，焚内右訇"一句，这种纪年方法和询簋一样，为了突出"王若曰"，就把这些内容放在了最后。"焚"就是"荣"，也就是"荣伯"或"荣公"。"荣"在周初的铜器中出现过多次，大盂鼎中就有，而且"荣"也有自己的铜器。此处的"訇"字摹得一点都不像，我们对照询簋才认出来。

我们把这几件东西按照原来的次序再看一遍，就会对这个家族的事情以及西周中期这几件重要的铜器有更好的理解。

师询簋是周恭王元年的一道册命，实际上"师询"在穆王晚年的时候就已经任职了，恭王在和"师询"谈话的时候就讲到了"师询"的祖先。大家要知道，西周时期很多贵族的祖先多是在文武时期就有的人，我常常说想要了解西周，有一个最好的对照就是清朝，实际上西周的某些情况和清朝差不多。清朝中期以前，大凡讲到满族的大臣，多是从努尔哈赤、皇太极的时候讲起，一直到顺治、康熙时期。西周也是如此，所以西周时期在讲一些重要大臣的时候，每每都要讲"文武受命"的时候其祖先如何，这也就是西周世族世官制度的明显表现。在这一点上，清朝与西周不同，清朝认识到了世官制度的缺点。大家要知道，从柳宗元作《封建论》以来，对封建制度的讨论历代不绝。所谓封建制度实际上就是一个世袭的、血缘的传承制度，研究者大多从西周时期封建制度所造成的弊病讲起，因为西周时期一般的情况下官职都是世传的，所以西周时期很多的贵族把持着很多权力，占有很多职位，并且世代都是如此，那么别人就进不去了。这样就很麻烦了，造成的结果也就可想而知，西周的衰亡和这些是有关系的。"师询"是绥立恭王的人物之一，也就是辅保恭王登基的人之一，地位相当于顾命大臣。"师询"已经是大臣了，所以恭王给"师询"的册命是一个"申就"之命，也就是再次给他一个册命，而且给他的封赏是很大的。

询簋是恭王十七年的器物，到了十七年的时候，恭王的地位已经比较稳固了，按照我们现在的推算，恭王有二十三年，所以十七年已经是恭王晚期了，这个时候恭王让"询"去管理更多的人，"询"也就掌握了更多实际的兵权。大家可以想象，如果"询"在穆王晚年就已经是大臣了，此时"询"的年纪就已经不小了，他在恭王十七年的时候，权势也更大。询簋的最后记载了"询"的右者是"益公"，"询"的祖先"乙伯"娶了"凡益姬"，那么"询"和"益公"也就有一定的血缘关系，所以在西周王朝里面，血缘关系的网络还是很清楚的，这些地方是我们研究金文的时候特别要注意的。"文祖乙伯"一定是"询"这一支比较早的祖先，但不会太早，到不了文武时期，因为文武时期还没有"凡"，估计"乙伯"应该在康昭时期，这样来讲"乙伯"作为"询"的祖父，在时间上也还可以。

"师酉"不一定就是"师询"的儿子，也有可能是"师询"的孙子，过去有很多人包括我在内[①]，都认为"师酉"是"师询"的父亲，因为"师酉"的器物后面是"文考乙伯"，而"师询"的器

---

① 李学勤：《西周中期青铜器的重要标尺》，载《新出青铜器研究》，第 71-79 页，北京：人民美术出版社，2016 年。

物后面是"文祖乙伯",可是这样理解是不对的。这个错误是两方面指出的,一个是夏商周断代工程,还有一个就是夏含夷教授。夏含夷教授认为一个是"乙伯同益姬",还有一个是"乙伯公姬",这两个不会是同一个人①,这一点是我们过去没有意识到的。比较理想的讲法就是"师酉"是"师询"的孙子,但也不排除儿子。从孝王四年的师酉鼎来看,这个时候"师酉"还没有做什么事,并不是一个实职人员。根据师酉簋的记载,到了厉王元年的时候,"师酉"就真正接替了他的祖先去管理那些人。

"师询""师酉"的这批铜器中,还有一个非常值得注意和研究的地方就是和"秦"的关系。这批器物中有"秦夷",还有"戍秦人","秦夷"是否就是"秦人"呢?如果"秦夷"就是"秦人",那"秦人"在当时的地位就不怎么高。最近在甘肃东部的清水、张家川这一带做了大量的考古工作,这是因为甘肃礼县发现了秦公大墓,以及春秋前半期"秦"的墓葬群。张家川简称张川,是从清水分出来的,原来并没有张家川县。《秦本纪》中讲"秦人"最初也没有什么地位,"秦人"代代都是养马的,到了"非子"这一代,非子为孝王在汧渭之会养马,结果马大繁息,孝王就封了一块地给非子,让他"邑于秦","秦"这块地就在清水牛头河一带。清水这一带在考古文化上和其他地区不太一样,它更接近商文化的因素,近年的考古调查充分地证明了这一点,这究竟说明了什么问题,还有待于进一步研究。可不管怎么说,天水、清水、礼县一带就是"秦"的发源地。过去清华国学研究院有一位毕业生叫冯国瑞,是天水人,他曾经报导过天水、礼县这一带出土了

---

① 夏含夷:《父不父,子不子:试论西周中期询簋和师酉簋的断代》,载《古史异观》,第201-204页,上海:上海古籍出版社,2005年。

西周中期的青铜器。"秦夷"应该是当地和"戎"有关系的一种人，至于说是否就是后来"秦人"的祖先，还可以继续讨论，"秦"被称为"夷"也是可能的，因为在这个地方"蛮""夷""戎""狄"往往不分。"戍秦人"应该是"戍守在秦地的人"，这些人不一定是"夷人"，这是非常值得注意的问题，所以大家不要轻视这几件铜器，实际上这几件铜器是非常重要的。